Jinty Nelson

D1806620

Archäologie und
Geschichte des ersten Jahrtausends
in Südwestdeutschland

ARCHÄOLOGIE UND GESCHICHTE

Freiburger Forschungen zum ersten Jahrtausend in Südwestdeutschland

Herausgegeben von
Hans Ulrich Nuber, Karl Schmid, Heiko Steuer
und Thomas Zotz

Band 1

JAN THORBECKE VERLAG SIGMARINGEN
1990

Archäologie und Geschichte des ersten Jahrtausends in Südwestdeutschland

JAN THORBECKE VERLAG SIGMARINGEN
1990

Gedruckt mit Unterstützung

der Burda GmbH, Verlagshaus Hubert Burda, München,
der Daimler-Benz AG, Stuttgart,
des Elektrizitätswerks Mittelbaden AG, Lahr,
der Landeszentralbank in Baden-Württemberg, Stuttgart,
der Sparkasse Freiburg, Freiburg,
der Stadt Freiburg,
der Stadt Lahr,
der Wissenschaftlichen Gesellschaft in Freiburg,
des Landesdenkmalamtes Baden-Württemberg.

CIP-Titelaufnahme der Deutschen Bibliothek

Archäologie und Geschichte des ersten Jahrtausends
in Südwestdeutschland. – Sigmaringen: Thorbecke,
1990
   (Archäologie und Geschichte; Bd. 1)
   ISBN 3-7995-7352-6
NE: GT

© 1990 by Jan Thorbecke Verlag GmbH & Co., Sigmaringen

Gesamtherstellung: M. Liehners Hofbuchdruckerei GmbH & Co. Verlagsanstalt, Sigmaringen
Printed in Germany · ISBN 3-7995-7352-6

Inhalt

Vorwort

Im Jahr 1985 fand in Freiburg das erste Kolloquium zu »Archäologie und Geschichte des ersten Jahrtausends in Südwestdeutschland« statt. Es sollte dazu dienen, die Ziele des Forschungsverbundes zu umreißen, der sich den gleichen Namen gegeben hat und mit dieser Veranstaltung die Ausgangslage für zukünftige Forschungen präzisieren wollte. Träger des Forschungsverbundes sind die Abteilung Provinzialrömische Archäologie des Seminars für Alte Geschichte, die Abteilung Landesgeschichte des Historischen Seminars und das Institut für Ur- und Frühgeschichte, die alle der Universität Freiburg angehören.

Da die Ergebnisse jenes Kolloquiums erst nach fast fünf Jahren erscheinen, geben die vorliegenden Beiträge nicht nur die Ausgangslage der Forschungen wieder, sondern enthalten bereits erste Ergebnisse der angelaufenen Arbeiten. Neue Ergebnisse sind vor allem in jene Aufsätze mit eingeflossen, deren Abfassung erst kurze Zeit zurückliegt. Außerdem wurden die Beiträge von Michael Borgolte zu Conversatio cottidiana und von Gerd Althoff zu Breisach aufgenommen, obwohl sie nicht zum Programm des Kolloquiums gehörten; doch ergänzen sie das Themenbündel im Sinne der Zielsetzung des Forschungs- verbundes.

Im Abschlußbericht der Kommission »Forschung Baden-Württemberg 2000«, vorgelegt im Juli 1989, wird die Zielsetzung des Forschungsverbundes als ausgesprochen aktuell und wichtig bezeichnet. In den Strukturüberlegungen, die der Kommission für die Begutachtung vorgelegt worden sind, haben die Träger des Forschungsverbundes geschrieben: »Angeregt durch die für Baden-Württemberg einmalige Konzentration der drei altertumskundlichen Fächer an der Universität Freiburg Provinzialrömische Archäologie, Frühgeschichtliche Archäologie und Mittelalterliche Landesgeschichte haben die Vertreter dieser Disziplinen 1984 einen Forschungsverbund begründet, dessen Aufgabe die Erforschung einschneiden- der Umbrüche (Epochengrenzen) in der frühen Geschichte des Südwestens ist. Das betrifft den Wechsel der Bevölkerung ebenso wie die Umgestaltung der gesellschaftlichen Organisa- tion, die Einführung technischer Neuerungen und die Änderung der Wirtschaftsstruktur. Spiegel dieser Veränderungen kann auch ein Wandel der ›natürlichen‹ Umwelt sein. Bergbau und Verhüttung vernichten den Wald; Klimawechsel beeinflussen das Besiedlungsbild der Landschaft: Die ökologischen Auswirkungen sozialökonomischer Verhaltensweisen und umgekehrt die Anpassung der Bevölkerung an neue Umweltbedingungen.

Derartige Nahtstellen im geschichtlichen Ablauf sind: 1. der Wechsel von der keltischen zur römischen Besiedlung im Südwesten, 2. die Verdrängung der galloromanischen Bevölkerung durch die Alemannen, 3. der Wechsel von der alemannischen Stammesgesell- schaft zum Teilherzogtum des fränkischen Reichs, 4. der Wechsel vom ländlichen Besied- lungsgefüge auf agrarischer Grundlage zum Stadt-Land-Muster vor dem Hintergrund erster Industrialisierung, womit im Südwesten der mittelalterliche Bergbau auf Blei und Silber gemeint ist, und 5. der Wechsel vom landsässigen zum burgsässigen Adel mit seiner neuen

Raumordnung... Die Konzentrierung der Forschungsziele auf den deutschsprachigen Südwesten setzt die Einbeziehung der Ergebnisse zu den angesprochenen Themen in der Schweiz und in Frankreich/Elsaß voraus«.

Mehrere Forschungsprojekte, finanziert über Drittmittel durch die Deutsche Forschungsgemeinschaft oder die Volkswagen-Stiftung und andere Fördereinrichtungen, unterstützt auch durch das Landesdenkmalamt Baden-Württemberg, sind im Gange. Die Reihe »Archäologie und Geschichte – Freiburger Forschungen zum ersten Jahrtausend in Südwestdeutschland« wird die Ergebnisse vorlegen. Ein ausführlicher Bericht über die Tätigkeit des Forschungsverbundes wird an anderer Stelle veröffentlicht.

Es gilt herzlich zu danken: Frau Christa Scheuerbrandt und Herrn Dr. Alfons Zettler für die mühevolle Arbeit der Redaktion und der Texterfassung über die der Abteilung Landesgeschichte gehörenden EDV-Anlagen, Frau Ansel-Mareike Andrae-Rau und Frau Eyla Hassenpflug-Jäger für die Erstellung des Registers, Herrn Dr. Joachim Bensch und seinen Mitarbeitern vom Jan Thorbecke Verlag dafür, daß die Reihe in so ansprechender Form gestartet werden konnte, und den zahlreichen Förderern, die durch Druckkostenzuschüsse das Erscheinen erst ermöglicht haben.

Die Herausgeber

Begründung und Zielsetzung des Forschungsvorhabens

Von Karl Schmid

Ist es Sache des Historikers oder nicht vielmehr des Archäologen, zu dem Kolloquium ›Archäologie und Geschichte‹[1], zu dem wir zusammengekommen sind, einleitend etwas zu sagen? Wenn es auf Wunsch der Archäologen der Historiker wagt, dies zu tun, so könnte vielleicht ein Grund dafür sein, daß es Archäologie ohne ›Geschichte‹ nicht gibt. Dennoch gehören Archäologen und Historiker verschiedenen Disziplinen an: Archäologie und Geschichtswissenschaft unterscheiden sich darin, daß sich diese wesentlich auf die sog. ›Schriftquellen‹ stützt, während sich jene hauptsächlich mit Bodenfunden und Bodenbefunden, mit sog. ›Bodendenkmälern‹, mit der ›sichtbaren Hinterlassenschaft der vergangenen Menschen‹, beschäftigt[2]. Durch die Zeugnisbereiche, mit denen sie es zu tun haben, unterscheiden sich demnach die beiden Fächer. Und es wäre gleich weiter nach der Verschiedenheit der jeweils zur Anwendung kommenden wissenschaftlichen Methodik zu fragen. Zunächst jedoch seien die räumliche und die zeitliche Komponente des Vorhabens angesprochen.

Denn Raum und Zeit – Grundkategorien der Geschichte – grenzen ein und grenzen ab oder gar aus. Das erste Jahrtausend in Südwestdeutschland ist ein Zeitraum, der durch epochale Veränderungen gekennzeichnet ist. Diese haben die Menschen betroffen, die durch dieses Land gezogen sind oder es besiedelt haben. Es genügt schon, die Stichworte ›Kelten, Römer, Alemannen‹ zu nennen, um den ›Wandel‹ als Charakteristikum der Geschichte dieses Raumes in der genannten Zeit herauszustellen. Vorübergehend reichte der Einflußbereich der Ostgoten von Italien her gar bis an die Donau und dann herrschten hier mehr oder weniger intensiv die Franken[3], bis dieser Raum zu einem kleineren Teil zum

1 Zum Problem vgl. Walter Schlesinger, Archäologie des Mittelalters in der Sicht des Historikers, Zeitschrift für Archäologie des Mittelalters 2, 1974, S. 7-31; Reinhard Wenskus, Randbemerkungen zum Verhältnis von Historie und Archäologie, insbesondere mittelalterliche Geschichte und Mittelalterarchäologie (Geschichtswissenschaft und Archäologie. Untersuchungen zur Siedlungs-, Wirtschafts- und Kirchengeschichte, hg. von H. Jankuhn und R. Wenskus, Vorträge und Forschungen 22, 1979, S. 637-657); allg. Herbert Jankuhn, Archäologie und Geschichte I: Beiträge zur siedlungsarchäologischen Forschung, 1976. Vgl. auch Eckhard Müller-Mertens, Die Genesis der Feudalgesellschaft im Lichte schriftlicher Quellen und die Frage des Historikers an den Archäologen, in: Probleme des Frühmittelalters in archäologischer und historischer Sicht, 3. Tagung der Fachgruppe Ur- und Frühgeschichte der Deutschen Historiker Gesellschaft vom 13. bis 16. April 1964 in Leipzig, hg. von Heinz A. Knorr, Berlin (Ost) 1966, S. 9-38; Paul Grimm, Der Beitrag der Archäologie für die Erforschung des Mittelalters, ebd., S. 39-74 (s. Anm. 98a,b).
2 Ernst Buschor, Begriff und Methode der Archäologie, in: Handbuch der Archäologie (1939), ND in: Ders., Von griechischer Kunst, Ausgew. Schriften, München ²1963, S. 206-220, hier S. 206. Nach ihm erfaßt die Archäologie ›die Kunde vom Anfänglichen‹, das ›sichtbare geschichtliche Leben‹; ihr tritt die Erforschung der aus »den Schriftdenkmälern erschlossenen ›unsichtbaren‹ Geschichte… zur Seite« (S. 207).
3 Vgl. Grundfragen der alemannischen Geschichte. Mainauvorträge 1952 (Vorträge und Forschungen 1, 1955, ⁴1976), darin Theodor Mayer, Grundlagen und Grundfragen, S. 7-35 und Franz Beyerle, Süddeutschland in der politischen Konzeption Theoderichs des Großen, S. 65-84; vgl. ferner die Beiträge in:

burgundischen Königreich gezogen wurde und schließlich größtenteils im Reich der Ottonen, Salier und Staufer aufging[4]. Von den herrschaftlichen und gesellschaftlichen Veränderungen indessen abgesehen, trat – wie anderswo – der gravierendste Wandel im Bereich des Kultes ein: die Christianisierung der Bevölkerung nämlich, die gewiß als zentraler Vorgang der Übergangsepoche von der Antike zum Mittelalter auch in diesem Gebiet zu betrachten ist[5].

Die Raumbezeichnung ›Südwestdeutschland‹ mag im Blick auf das erste Jahrtausend befremdlich sein, weil sie in ähnlicher Weise anachronistisch erscheint wie vergleichsweise etwa ›Die Schweiz in römischer Zeit‹ oder ›Die Kelten in Baden-Württemberg‹. Daß Bezeichnungen dieser Art Titel von bekannten Büchern sind[6], weist indessen auf den Standort der Betrachtung hin und macht schon deutlich, daß die Eingrenzung, Bestimmung und Bezeichnung des Raumes, um den es geht, nicht unerhebliche Schwierigkeiten bereitet. Gewiß vermögen geographische Bezeichnungen wie ›Raum am oberen Rhein‹, ›am oberen Neckar‹ und ›an der oberen Donau‹ vielleicht mehr zu besagen als ›Südwestdeutschland‹, weil Flüsse in diesem Sprachgebrauch nicht Grenzen meinen. So könnte etwa eine Bezeichnung ›südliches Oberrheingebiet‹ eine Vorstellung hervorrufen, in der die nördliche Schweiz im Süden des Hochrheins einbezogen wäre. Doch lohnt es sich, darüber nachzudenken, weshalb es für den Raum, der gemeint ist, keine geeignet erscheinende Bezeichnung gibt: Weder ›Dekumatland‹ noch ›Alemannien‹, d.h. ›Land der Alemannen‹, weder ›Baden-Württemberg‹ noch ›Oberrheingebiet‹, noch auch ›Südwestdeutschland‹ taugen als Bezeichnung für den südwestlichen Raum im ersten Jahrtausend, der aus unserer Sicht – man könnte sie heute unter dem Gesichtspunkt der die Menschen verbindenden Sprache eine ›deutsche‹ nennen – Gegenstand der Erörterung und Forschung sein soll. Vielmehr bleibt festzustellen, daß in räumlicher Beziehung die Veränderungstendenzen offenbar noch erheblich stärker waren als das Beharrungsvermögen, so daß dieser Raum kaum je als eine irgendwie geartete, in sich geschlossene Einheit mit einem Kerngebiet in Erscheinung tritt[7]. Man möchte eher von einem ›offenen‹ Raum sprechen.

Das Land nördlich der Westalpen zwischen Bodensee und Genfersee, zwischen Lech

Wolfgang MÜLLER (Hg.), Zur Geschichte der Alemannen (Wege der Forschung 100) Darmstadt 1975 (s. Anm. 98d). – Hagen KELLER, Fränkische Herrschaft und alemannisches Herzogtum im 6. und 7. Jahrhundert, Zeitschrift für die Geschichte des Oberrheins 124, NF 85, 1976, S. 1-30; Rudolf MOOSBRUGGER-LEU, Die Alemannen und Franken (Ur- und frühgeschichtliche Archäologie der Schweiz 6: Das Frühmittelalter, Basel 1979) S. 39ff.
4 Karl WELLER, Geschichte des schwäbischen Stammes bis zum Untergang der Staufer, 1944; zuletzt Hagen KELLER, Reichsstruktur und Herrschaftsauffassung in ottonisch-frühsalischer Zeit, Frühmittelalterliche Studien 16, 1982, S. 74-128. Allg. Karl S. BADER, Der deutsche Südwesten in seiner territorialstaatlichen Entwicklung, Stuttgart 1950, Sigmaringen ²1978. Vgl. auch Bausteine (wie Anm. 15).
5 Wolfgang MÜLLER, Die Christianisierung der Alemannen (wie Anm. 20) S. 169-183 und unter dem gleichen Titel in dem Sammelband ›Zur Geschichte der Alemannen‹ (wie Anm. 20) S. 401-429 mit weiteren Hinweisen ebd. Anm. 1. DERS., Zur frühen Situation des Christentums im deutschen Südwesten, in: Bausteine (wie Anm. 14) S. 85-100.
6 Ernst STÄHELIN, Die Schweiz in römischer Zeit ³1948; Kurt BITTEL – Wolfgang KIMMIG – Siegwalt SCHIEK (Hgg.), Die Kelten in Baden-Württemberg, Stuttgart 1981, vgl. auch Philipp FILTZINGER – Dieter PLANCK – Bernhard CÄMMERER (Hgg.), Die Römer in Baden-Württemberg, Stuttgart – Aalen 1976, 3., völlig neu bearbeitete Auflage 1986 (s. Anm. 98h).
7 Erwähnung verdient hier auch die sog. ›Regio‹, die als Partnerschaft im Dreiländereck verstanden und seit den 1960er Jahren aktiviert und propagiert wird. Vgl. Hans W. WEINER, Die Regio (Nachbarn, Regio Basiliensis, Freiburger Regio-Gesellschaft, Regio du Haut-Rhin Nr. 1, 5. Juli 1985) S. 2; Lothar Späth: ›Ich sehe gerade in der Regio, in der Landschaft des Oberrheins, die immer schon mehr verbunden als getrennt hat, einen hoffnungsvollen Ansatzpunkt für gemeinsame beispielhafte Forschungsaktivitäten in Europa‹ (ebd. Nr. 2, Dezember 1985) S. 1.

und Vogesen, am oberen Rhein und an der oberen Donau mit dem dazwischenliegenden Schwarzwald, zwischen Schweizer Jura und Schwäbischer Alb, zwischen der Burgundischen Pforte und dem Fränkischen Ries ist gleichwohl angesichts seiner zentralen Lage als Durchgangsland oder gar als Drehscheibe, als Grenzland oder als Reliktgebiet zu betrachten, das gerade im ersten Jahrtausend eine kaum übersehbare geschichtliche Rolle spielen sollte. Man denke nur an die römische Reichsverteidigung am obergermanisch-rätischen Limes und dann an der Oberrhein- und Hochrheinfront[8].

So sehr bei der Eingrenzung der Thematik des Kolloquiums an Bekanntes erinnert werden mußte, so kommt es nun darauf an, das Zueinander von Archäologie und Geschichte zu problematisieren – ein Zueinander, bei dem sich die Frage stellt, ob es zu einem ›Miteinander‹ werden kann. Davon aber hängt ganz wesentlich ab, ob die Erwartung neuen und wesentlichen Erkenntnisgewinns berechtigt ist. Die Meinung, archäologische Forschungen richteten sich auf typische Vorgänge, während sich die Geschichtsforschung mehr für die Einmaligkeit und Einzigartigkeit historischen Geschehens interessiere, könnte wohl nicht ganz befriedigen, weil die Alternative unstatthaft erscheint. Dessen ungeachtet sei ganz einfach daran erinnert, daß es um ein Kolloquium über ›Archäologie und Geschichte des ersten Jahrtausends in Südwestdeutschland‹ geht, das dazu dienen soll, einen ›Forschungsverbund von Archäologie und Geschichte‹ begründen zu helfen[9].

›Begründung und Zielsetzung des Forschungsvorhabens‹ heißt denn auch das Thema des mir zugedachten Vortrages. Schon sein Titel gliedert ihn in die Teile ›Begründung‹ und ›Zielsetzung‹.

I

Ein wesentliches Kriterium für die Begründung, mehr noch: für die Notwendigkeit der Einrichtung eines solchen Verbundes der Forschung ist die Beschaffenheit, besser: die Eigenart der aus dem ersten Jahrtausend überkommenen archäologischen und historischen Quellen. Die Archäologie, deren Ruf angesichts spektakulärer Schatzfunde fast kometenhaft gestiegen ist, sieht sich allerdings wohl selbst etwas entzaubert, wenn es um den Alltag der Erforschung von Bodenzeugnissen im Rahmen der sog. ›Bodendenkmalpflege‹ geht. Zwar sind in den letzten Jahren erneut kelten- und alemannenzeitliche Schatzfunde etwa bei Hochdorf oder Hüfingen geborgen worden[10]. Doch die im ganzen wohl eher mühsame Siedlungsarchäologie wie die Burgen-, Kirchen- und neuerdings die Stadtkern-Archäologie verlangen nicht weniger, sondern eher größere Sorgfalt und Geduld als die schon seit langem praktizierte Gräber-Archäologie. Und immer stärker wird das Fach von naturwissenschaftlichen Methoden bestimmt; einige wenige Anwendungsgebiete, etwa Archäome-

---

8 Willi BECK – Dieter PLANCK (Hgg.), Der Limes in Südwestdeutschland, Stuttgart 1980; Dieter PLANCK, Ein neuer römischer Limes in Baden-Württemberg (Archäologische Ausgrabungen in Baden-Württemberg 1982, 1983, S. 94-99). Zur Befestigungslinie am Hochrhein: Joachim GARBSCH, Der spätrömische Donau-Iller-Rhein-Limes (Limes-Museum Aalen 6, Stuttgart 1970) Abb. 2. Vgl. hier Anm. 14 und 98e.
9 Über die Gründung des Forschungsverbundes im November 1984 und seine Ziele gibt das Memorandum: Einrichtung eines Forschungsverbundes an der Universität Freiburg i. Br. ›Archäologie und Geschichte des ersten Jahrtausends in Südwestdeutschland‹ Auskunft. Vgl. ferner: Albert-Ludwigs-Universität Freiburg im Breisgau, Forschungsbericht 1984/85.
10 Jörg BIEL, Der frühkeltische Fürstengrabhügel von Hochdorf (Der Keltenfürst von Hochdorf: Methoden und Ergebnisse der Landesarchäologie, Katalog zur Ausstellung Stuttgart 1985) S. 32-43 und Alfred CZARNETZKI, Der Keltenfürst von Hochdorf - Rekonstruktion eines Lebensbildes (ebd. S. 43-56). – Gerhard FINGERLIN, Hüfingen, ein zentraler Ort der Baar im frühen Mittelalter (ebd. S. 410-447) mit ausführlichen Literaturhinweisen.

tallurgie und Pollenanalyse, Anthropologie und Paläozoologie oder die Paläoethnobo-
tanik, Dendrochronologie und Luftbildarchäologie z.B.[11] verdeutlichen schon, was gemeint
ist. Indessen ist die Erforschung gerade des ersten Jahrtausends deshalb von außergewöhn-
licher Bedeutung für die Archäologie, weil sie in der Überschneidung mit der vom 6./8.
Jahrhundert an merklich zunehmenden schriftlichen Überlieferung in ein Diskussionsfeld
gerät, das herkömmlicherweise auch von den Historikern bestellt wird. Umgekehrt sehen
sich die Historiker angesichts einer kargen und dazu noch von außen bestimmten (römischen und griechischen) schriftlichen Überlieferung[12] durch die stark expandierende
Archäologie in einer Weise herausgefordert und von Bodenfunden umgeben, ja, geradezu
eingedeckt, daß sie die Erforschung und die Darstellung frühgeschichtlicher Kulturen und
Völkerschaften weitgehend den Archäologen zu überlassen geneigt sind, ohne die sie
jedenfalls nie und nimmer auskommen. Das Zueinander von Bodenzeugnissen und Schrift-
zeugnissen methodisch einwandfrei zu diskutieren und beide Zeugnisgruppen für ein nicht
auseinanderklaffendes, sondern zusammenstimmendes Geschichtsbild auszuwerten, ist
eine Aufgabe, deren Lösung noch weitgehend aussteht. Denn fächerübergreifende Forschung will nicht nur gefordert, sondern durchgeführt sein. Sie wird, was die ältere Zeit
angeht, nicht ohne die Diskussion von Deutungsmodellen bestimmter historischer Pro-
zesse auskommen und sollte im Blick auf die jüngere Zeit die Fragen nach dem jeweiligen
Selbstverständnis handelnder und bekannter oder wenigstens dem Namen nach faßbarer
Personen und Personengruppen nicht außer acht lassen.

Das seit einiger Zeit immer lebhafter erwachte Interesse für die Erforschung der
Lebensweise der mittelalterlichen Menschen, der sog. Alltagsgeschichte, verlangt eine enge
Zusammenarbeit der mediävistischen Fächer. Das tägliche Leben in Funden von
Gebrauchsgegenständen zu spiegeln und deren Bezeichnung, Anwendung und Funktion
aus der schriftlichen Überlieferung zu ermitteln, kann vielleicht am besten, weil auf
praktische Art und Weise, die Angewiesenheit der archäologischen und historischen
Forschung deutlich machen[13].

Die Begründung eines Forschungsverbundes ›Archäologie und Geschichte des ersten
Jahrtausends in Südwestdeutschland‹ erfolgt im Angesicht einer überaus regen Grabungs-
und archäologischen Forschungstätigkeit. Sie beruht auf einer rühmlichen Tradition,
erscheint aber für den ganzen Raum noch kaum koordiniert und wird schon gar nicht
zentral gelenkt, was auch nicht wünschenswert wäre. Zwar hat es einmal eine erwähnens-
werte ›Reichslimeskommission‹ gegeben, deren Sitz unter Fabricius in Freiburg gewesen

11 Während die zunächst genannten Bereiche die Archäologie seit längerem schon beschäftigen, erregt die
›Luftbildarchäologie‹ neuerdings mehr und mehr Aufsehen; vgl. Otto BRAASCH, Luftbildarchäologie in
Süddeutschland, Aalen 1983; Rainer CHRISTLEIN – Otto BRAASCH, Das unterirdische Bayern, Stuttgart
1982; Dieter PLANCK – Rolf GENSHEIMER, Luftbildarchäologie in Baden-Württemberg (Archäologische
Ausgrabungen in Baden-Württemberg 1982, 1983) S. 13-17; Dieter PLANCK – Wolfgang STRUCK, Luftbildarchäologie in der südlichen Oberrheinebene (ebd., S. 18-23). – Allg. vgl. Barthel HROUDA, Methoden
der Archäologie. Eine Einführung in die wissenschaftlichen Techniken, München 1978 (Hinweis
Ch. Strahm); s. Anm. 98e.
12 Die Schriftquellen sind zusammengestellt in der Anm. 21 zitierten Schriftenreihe ›Quellen zur alemannischen Geschichte‹. Zur Archäologie vgl. Wolfgang HÜBENER, Methodische Möglichkeiten der Archäologie zur Geschichte der Alemannen in spätrömischer Zeit, in: Zur Geschichte der Alemannen (wie Anm. 4)
S. 1-19; DERS., Der Beitrag der frühgeschichtlichen Archäologie zur geschichtlichen Landeskunde des
alemannischen Raumes (wie Anm. 20) S. 27-44 (s. Anm. 98d).
13 Als Beispiel aus archäologischer Sicht sei Heiko STEUER, Spiegel des täglichen Lebens: Archäologische
Funde des täglichen Lebens aus Köln, Kölnisches Stadtmuseum. Bulletin 1982; aus historischer Sicht
Michael BORGOLTE in diesem Band S. 295 ff.; s. Anm. 98c.

ist, von wo aus das 1937 abgeschlossene Limeswerk geleitet wurde[14]. Und es gibt bekanntlich für die Erfassung, Erforschung und Pflege der Denkmäler staatliche Einrichtungen, als oberste Behörde das Landesdenkmalamt, dann – mehr auf die Geschichte gerichtet – das ›Alemannische Institut‹. Doch ist nicht zu verkennen, daß sich die einzelnen Länder und Staatsgebilde vor allem auch deshalb für die archäologische und historische Forschung interessieren und sich ihrer gewiß mit gutem Grund annehmen, weil sie – bewußt oder unbewußt – die Wurzeln ihres Selbstverständnisses und ihres Eigenbewußtseins in der Geschichte suchen und finden wollen: Das von der Landesregierung gewünschte und geförderte und von der Historischen Kommission betreute, mit der Ur- und Frühgeschichte beginnende Handbuch der ›Geschichte Baden-Württembergs‹ ist unter diesem Aspekt nicht anders zu beurteilen als etwa das schon 1967 begonnene Handbuch der bayerischen Geschichte oder die Geschichte Niedersachsens; inzwischen haben fast alle alten und neuen Bundesländer ihre ›Geschichte‹, es gibt aber auch eine mehrbändige ›Ur- und frühgeschichtliche Archäologie der Schweiz‹[15], ganz zu schweigen von den zahlreichen Veröffentlichungen zur ›Geschichte der Schweiz‹.

Jede Darstellung der Geschichte und Archäologie eines Landes erwächst ganz selbstverständlich aus der in ihm betriebenen Wissenschaft. Sie wird zurecht durch die Landesforschung erarbeitet und als das hingenommen, was sie sein will: das Bemühen um die eigene Geschichte. Wenn dieses Bemühen um die eigene Geschichte jedoch zu Fund- oder Besitzkarten führt, die an den Landesgrenzen aufhören, in der Darstellung oder auf der Karte plötzlich aussetzen oder gar schroff abgeschnitten werden, wird eine Abgrenzung vorgenommen, die unzulässig ist. Hören doch die Befunde und geschichtlichen Erscheinungen an den Grenzen nicht auf. Vielmehr überschreiten sie diese. Daher drohen Begrenzungen oder gar Beschneidungen und Verkürzungen dieser Art zu Mißverständnissen und gar zu Fehlschlüssen zu führen. Beispiele solcher Karten und Darstellungen gibt es, wie man weiß, zuhauf[16]. Sie sind ein Indiz dafür, daß die gewiß verdienstvolle bisherige frühgeschichtliche Forschung im deutschsprachigen Südwesten zwar nach Ländern aufge-

---

14 Hans Ulrich NUBER, Limesforschung in Baden-Württemberg (Denkmalpflege in Baden-Württemberg. Nachrichtenblatt des Landesdenkmalamtes 12, 1983) S. 109-118 mit Hinweis auf das Vorwort von Ernst FABRICIUS (Literaturhinweise S. 118) des Limes-Werkes: Der obergermanisch-raetische Limes des Römerreiches, hg. von E. FABRICIUS – F. HEFFER – O. VON SARWAY, Berlin – Leipzig 1894-1937, Abt. A: Streckenbeschreibungen, Abt. B: Beschreibung der Kastelle; s. auch Anm. 8: Dieter PLANCK, Neue Forschungen zum obergermanischen und rätischen Limes (Aufstieg und Niedergang der römischen Welt II 5.1, 1976) S. 404 ff.

15 Das von der Kommission für geschichtliche Landeskunde in Baden-Württemberg besorgte ›Handbuch der Geschichte Baden-Württembergs‹ ist in Arbeit; vgl. Bausteine zur geschichtlichen Landeskunde von Baden-Württemberg, hg. von der Komm. f. gesch. Landeskunde Bad.-Württ. anläßlich ihres 25jährigen Bestehens, Stuttgart 1979. Als erstes ist das von Max Spindler herausgegebene ›Handbuch der bayerischen Geschichte‹ erschienen. Die anderen Bundesländer folgten, etwa ›Geschichte Niedersachsens‹ I, hg. von H. PATZE (Veröfflichungen der Historischen Kommission für Niedersachsen 36, 1977). – Zu nennen ist hier auch das mehrbändige Werk Ur- und frühgeschichtliche Archäologie der Schweiz, insbes. Bd. 6: Das Frühmittelalter, Red. W. DRACK, Basel 1979.

16 Beispiele bieten sowohl der Historische Atlas von Baden-Württemberg, etwa die Karte VIII. 2: Besitz karolingischer Reichsabteien um 900, oder die Karte V, 5: Hochadelsbesitz im 12. Jahrhundert (Zähringer/ Welfen) – Karten, die nicht den Gesamtbesitz erfassen, der jeweils durch Übersichtsskizzen im Beiwort vermittelt wird – und die entsprechenden Karten im Historischen Atlas der Schweiz, hg. von Hektor AMMANN und Karl SCHIB, Aarau 1958. Vgl. weitere Beispiele und Erläuterungen bei Karl SCHMID, Königtum, Adel und Klöster am Bodensee bis zur Zeit der Städte (Der Bodensee. Landschaft – Geschichte – Kultur, hg. von Helmut MAURER = Bodensee-Bibliothek 28 = Veröff. d. Alem. Inst. Freiburg i. Br. 51, 1982, sowie Schriften des Vereins für Geschichte des Bodensees und seiner Umgebung 99/100, 1981/82) S. 531-576, bes. S. 533 ff.

teilt ist, aber dadurch nicht begrenzt, nicht einmal eingeengt und nicht behindert werden darf. Mit anderen Worten: die geschichtliche Gewordenheit der staatlichen Strukturen im Oberrheingebiet, das gleich mehrere Staatsgrenzen aufweist, deutet darauf hin, daß dieses Gebiet aus politischer Sicht nicht als eine Mitte erscheint. Und das ist schon lange so. Wenn man danach Ausschau hält, wann das Gebiet am Oberrhein als Einheit oder gar als Zentrum kulturellen Lebens in Erscheinung trat, gewissermaßen eine Mittelpunktlage innehatte, dann ist man insbesondere auf das Mittelalter zurückverwiesen.

In der Tat: Im Blick auf das erste Jahrtausend treten im Südwesten die Alemannen in den Vordergrund[17]. Und dies so stark, daß es scheinen könnte, als seien sie das eigentliche Thema, der zentrale Gegenstand des Forschungsverbundes ›Archäologie und Geschichte des ersten Jahrtausends in Südwestdeutschland‹. Dienen doch ihrer Erforschung zahlreiche wichtige Veröffentlichungen: Von den neueren wäre etwa die höchst verdienstvolle Darstellung Rainer Christleins ›Die Alamannen. Archäologie eines lebendigen Volkes‹[18] zu nennen. Auch der erste Band der ›Vorträge und Forschungen‹ des Konstanzer Arbeitskreises mit dem Titel ›Grundfragen der alamannischen Geschichte‹[19], ein Band der Veröffentlichungen des alemannischen Instituts Freiburg im Breisgau von 1974 ›Die Alamannen in der Frühzeit‹[20] oder die ›Quellen zur Geschichte der Alamannen‹[21], könnten genannt werden. Und zahlreiche Beiträge zu diesem Gegenstand finden sich in Schriftenreihen, in den ›Forschungen und Berichten des Landesdenkmalamtes‹, den ›Forschungen zur oberrheinischen Landesgeschichte‹, den ›Oberrheinischen Studien‹, dem ›Alemannischen Jahrbuch‹ und den vielen landesgeschichtlichen Zeitschriften[22] diesseits und jenseits der Landesgrenzen, deren Erwähnung zu weit führen würde. Doch ist im Elsaß, in der Schweiz, in Vorarlberg und im bayerischen Grenzgebiet am Lech das Interesse an der Erforschung der Alemannen im Vergleich zu Baden und Württemberg jeweils anders gelagert, wodurch

17 Vgl. mit ausführlichen Literaturhinweisen Heiko STEUER, Archäologisches, und Hans JÄNICHEN, Geschichtliches (des Artikels:) Alemannien, in: Johannes HOOPS, Realenzyklopädie der germanischen Altertumskunde I, Berlin-New York ²1973, S. 138-163. Zuletzt Dieter GEUENICH und Hagen KELLER, Alamannen, Alamannien, alamannisch im frühen Mittelalter. Möglichkeiten und Schwierigkeiten des Historikers beim Versuch der Eingrenzung (Die Bayern und ihre Nachbarn, Teil 1, Berichte des Symposions der Kommission für Frühmittelalterforschung, 25.-28. Okt. 1982, Stift Zwettl, Niederösterreich, hg. von Herwig WOLFRAM und Andreas SCHWARCZ, Österreichische Akademie der Wissensch. Phil.-hist. Kl. Denkschriften 17, Wien 1985) S. 135-157. Wolfgang HARTUNG, Süddeutschland in der frühen Merowingerzeit. Studien zu Gesellschaft, Herrschaft, Stammesbildung bei Alamannen und Bajuwaren (Vierteljahrschrift für Sozial- und Wirtschaftsgeschichte. Beiheft 72, 1983). - Allg. vgl. Reinhard WENSKUS, Stammesbildung und Verfassung. Das Werden der frühmittelalterlichen Gentes, Köln – Graz 1961, Neudr. Köln – Wien 1977, S. 14ff.
18 Erschienen Stuttgart – Aalen 1978; dazu Keller (wie Anm. 23).
19 Mainau-Vorträge 1952, hg. vom Institut für geschichtliche Landesforschung des Bodenseegebietes in Konstanz, geleitet von Theodor Mayer, Lindau und Konstanz 1955. 4., unveränderte Auflage Sigmaringen 1976.
20 Hg. von Wolfgang HÜBENER (Veröffentlichung des Alemannischen Instituts Freiburg i. Br. Nr. 34, Bühl 1974).
21 Hg. v. Camilla DIRLMEIER – Günther GOTTLIEB – Klaus SPRIGADE (Heidelberger Akademie d. Wiss., Kommission für Alamannische Altertumskunde, Schriften Bde. 1-5, 1978/87).
22 Es handelt sich um die Veröffentlichungen von staatlichen und universitären Institutionen, von Historischen Kommissionen, Arbeitskreisen und Historischen Vereinen, sowie um die von ihnen herausgegebenen landesgeschichtlichen Zeitschriften, unter denen die ›Zeitschrift für Württembergische Landesgeschichte‹ und die ›Zeitschrift für die Geschichte des Oberrheins‹ herausragen, sowie die archäologisch-denkmalpflegerischen Periodica: ›Fundberichte aus Baden-Württemberg‹, ›Denkmalpflege in Baden-Württemberg‹, schließlich die ›Landesbibliographie von Baden-Württemberg‹.

die Gefahr der Ideologisierung historischer Ethnika verständlicherweise gesteuert wird. Gleichwohl ist ein übersteigertes Bewußtsein von einem alemannischen Volkstum – wie man weiß – in unserem Jahrhundert propagiert und zu politischen Zwecken gar mißbraucht worden. Kritische Forschung vermag diese Gefahr abzuwenden und vor einem mißverständlichen Alemannen-Bild, wie es der gewiß in anderer Absicht so formulierte Untertitel zu Christleins Alemannen-Buch ›Archäologie eines lebendigen Volkes‹ hervorrufen könnte zu warnen und zu schützen. Es gilt also auch nach den Römern und den anderen in diesem Gebiet nachzuweisenden Völkerschaften zu fragen. Es gilt zu fragen, wer ›die Alemannen‹ waren und worin sich das spezifisch ›Alemannnische‹ gezeigt hat und noch zeigt, wie Hagen Keller in seinen Überlegungen zu Christleins Buch bemerkt hat[23]. Gewiß: man spricht von der ›alemannischen Geschichte‹, der ›alemannischen Landnahme‹, dem ›Volksstamm der Alemannen‹, dem ›alemannischen Brauchtum‹, von der ›alemannischen Mundart‹, dem ›alemannischen Herzogtum‹, dem ›alemannischen Adel‹. Ein ›rex Alamannorum‹, der ›exercitus Alamannorum‹, der ›populus‹ bzw. der ›ducatus Alamannorum‹, die ›Alamannorum patria‹ bzw. ›provincia‹, das ›confinium Alamannorum‹ und ›leges Alamannorum‹ sind tatsächlich bezeugt[24]. Doch treten die damals in unserem Land wohnenden Leute nicht nur als Alemannen, sondern bekanntlich auch als Schwaben in Erscheinung. Vom 10. Jahrhundert an nennt sich gar der ›dux‹ der Alemannen ›dux Suevorum‹; und es gibt einen ›ducatus Sueviae‹[25]. Karl Weller schrieb ›Die Geschichte des schwäbischen Stammes‹[26] und Helmut Maurer hat vor kurzem ein Buch mit dem Titel ›Der Herzog von Schwaben‹[27] veröffentlicht.

Ohne auf die Frage des Zueinanders von ›Alamannisch‹ und ›Schwäbisch‹, von ›Alamanni‹ und ›Suevi‹, ›Alamannia‹ und ›Suevia‹ näher eingehen zu wollen, sei nur daran erinnert, daß der Name ›Sueben‹ bereits bei Caesar und Tacitus genannt wird[28], während von ›Alamanni‹ erst zum Jahr 213 bei Cassius Dio[29] die Rede ist. Die Bezeichnung ›Alamannen‹ bedeutet ›Männer im Gesamten genommen‹ und gilt als Sammelbezeichnung vor allem von suebischen Scharen, zu denen auch Quaden und Juthungen etwa gehört haben dürften[30]. Während der Begriff ›Sueben‹ nach Peschel ›auf eine Summe von militärischen Zweckverbänden übertragen worden sein‹ dürfte[31], scheint der Sammelname ›Alamannen‹ (wie übrigens der der Franken) auf einen zusammengefügten ›Stammesbund‹

23 Hagen KELLER, Archäologie und Geschichte der Alemannen in merowingischer Zeit, Zeitschrift für die Geschichte des Oberrheins 129, 1981, S. 1-51.
24 Die Belege finden sich in der Anm. 21 zitierten Quellensammlung.
25 Vgl. Werner GOETZ, ›Dux‹ und ›ducatus‹. Begriffs- und verfassungsgeschichtliche Untersuchungen zur Entstehung des sogenannten ›jüngeren‹ Stammesherzogtums an der Wende vom neunten zum zehnten Jahrhundert, Bochum 1977, passim.
26 Wie Anm. 4. Bis zum Untergang der Staufer, lautet der vollständige Titel des im Oldenbourg-Verlag München und Berlin 1944 erschienen Buches.
27 Mit dem Untertitel: Grundlagen, Wirkungen und Wesen seiner Herrschaft in ottonischer, salischer und staufischer Zeit, Sigmaringen 1978.
28 Realenzyklopädie der Germanischen Altertumskunde Bd. 4, hg. von Johannes HOOPS, Straßburg 1918-19, S. 297f.
29 Quellen zur Geschichte der Alamannen 1 (wie Anm. 21) S. 9f.
30 Ernst SCHWARZ, Die Herkunft der Alemannen (Grundfragen der alemannischen Geschichte, wie Anm. 19) S. 37; Bruno BOESCH, Name und Bildung der Sprachräume (Die Alemannen, wie Anm. 20, S. 89-12) S. 91; DERS., Der alemannische Sprachraum im Bereich des heutigen Baden-Württemberg. Ein geschichtlicher Überblick (Bausteine, wie Anm. 4, S. 71-84) S. 71f.; zuletzt Dieter GEUENICH, Die Landnahme der Alemannen, Frühmittelalterliche Studien 16, 1982, S. 25-44, bes. S. 27f. (s. Anm. 98g).
31 Karl PESCHEL, Zu den Anfängen germanischer Besiedlung im Mittelgebirgsraum. Sueben – Hermunduren – Markomannen (Ethnographisch-Archäologische Zeitschrift 17, 1976) S. 663.

hinzudeuten. Schließlich ist auf die Quellenstelle hinzuweisen: *Suavia, que nunc Alamannia dicetur*[32].

Diese kurzgefaßten Andeutungen machen klar, daß eine Grundfrage der alemannischen Geschichte lautet: Hat es je eine politische Zusammenfassung – um nicht zu sagen: einen Zusammenschluß – der Alemannen gegeben? Diese Frage, die offen gehalten werden soll, weil sie nicht ohne weiteres eine eindeutige und klare Antwort finden kann, scheint gleichwohl zu den tieferen Gründen der Alemannenproblematik zu führen. Diese Gründe lassen es geraten erscheinen, das Alemannenthema als solches nicht quasi auf den Schild zu heben und es ausschließlich oder gar schlechthin zum Gegenstand von Archäologie und Geschichte des ersten Jahrtausends im südwestdeutschen Sprachgebiet zu machen. Die Probleme der ›Landnahme‹, der alemannischen Streifzüge weit in den Westen, Süden und Osten und der Expansion nicht durch Eroberung, sondern durch Einsickern in das Grenzland des Römischen Reiches, aber auch Problemkreise wie die römische Reliktbevölkerung oder die sog. ›Verfrankung‹ der alemannischen Führungsschicht[33], würden dabei Gefahr laufen, unterschätzt oder übersehen zu werden. Vielmehr ist zu ergründen, weshalb es trotz der Existenz eines alemannischen Volkes oder Stammes und eines ›ducatus Alemanniae‹ bzw. ›Sueviae‹ nicht zu einem festgefügten und unabhängigen staatlichen Gebilde ›Alemannien‹ oder ›Schwaben‹ gekommen ist. Wenn nun nicht nur die ›Schweizerische Eidgenossenschaft‹ und das deutsche Bundesland Baden-Württemberg Alemannen beherbergen, sondern auch in ›Frankreich‹ mit den Elsässern, in ›Österreich‹ mit den Vorarlbergern und in ›Bayern‹ mit den bayerischen Schwaben Menschen wohnen, die – mit wachem Bewußtsein oder nicht – ihren Ursprung auf die Alemannen zurückführen, so ist dies ein die Geschichte der Alemannen kennzeichnendes Symptom.

Die Frage nach der politischen Einheit des alemannischen Stammes erscheint nicht zuletzt deshalb offen, weil die Alemannen über lange Strecken ihrer Geschichte hinweg abhängig waren. So versteht es sich, wenn Rudolf Moosbrugger-Leu für seinen Beitrag im Sammelwerk ›Archäologie der Schweiz‹ die Überschrift ›Die Alemannen und der Franke‹ erwogen hat, um zwischen Volkstum und politischem Anspruch unterscheiden zu können[34]. Dennoch kann über die geschichtliche Bedeutung und die kulturelle Leistung, die der alemannisch-schwäbische Raum des Mittelalters hervorgebracht hat, wohl kein Zweifel bestehen. Es sei nur daran erinnert, daß eine ganze Reihe der berühmtesten Geschlechter Europas ihren Stammsitz im alemannisch-schwäbischen Stammesgebiet hatten: die Welfen und die Staufer und auch die Habsburger und die Zollern, berühmte Adels-, Königs- und Kaisergeschlechter der europäischen Geschichte[35]. Zu nennen sind auch die Zähringer, die

32 Cont. Fredegarii c. 23 (wie Anm. 21) Bd. 3, S. 16; vgl. Vita s. Galli, Prolog auct. Walafridi (wie Anm. 21) Bd. 3, S. 34-35.

33 Heinrich Büttner, Franken und Alamannen in Breisgau und Ortenau (Schwaben und Schweiz im frühen und hohen Mittelalter. Gesammelte Aufsätze von Heinrich Büttner, hg. v. H. Patze, Vorträge und Forschungen 15, 1972) S. 31-59.

34 Rudolf Moosbrugger-Leu, Die Alemannen und Franken (wie Anm. 3) S. 39-52, formuliert S. 39: ›Der Titel dieses Aufsatzes erweckt den Anschein, als stünden zwei Völkerschaften einander gegenüber. Treffender wäre die Überschrift ›Die Alemannen und der Franke‹. Dadurch würde deutlich, daß wir es auf der einen Seite mit dem fränkischen Königshaus der Merowinger, eben mit ›dem Franken‹, und seiner Hauspolitik, mit einem Politikum, zu tun haben‹.

35 Darauf habe ich 1971 aufmerksam gemacht: Karl Schmid, Adel und Reform in Schwaben (Investiturstreit und Reichsverfassung, hg. v. J. Fleckenstein, Vorträge und Forschungen 17, 1973, S. 295-319, Neudr. in: Karl Schmid, Gebetsgedenken und adliges Selbstverständnis im Mittelalter. Ausgewählte Beiträge, Sigmaringen 1983) S. 336-359.

als wesentliche Förderer des Städtewesens in die Geschichte eingegangen sind[36]. Ferner gehören dazu die Egisheimer mit ihrem Bischof Bruno von Toul, der als Papst Leo IX. einer der bedeutenden Reformer der römischen Kirche gewesen ist[37]. Und dem Aufbruch des schwäbischen Adels um die erste Jahrtausendwende entsprach ein Aufbruch des schwäbischen Mönchtums[38]. Es genügt, an die monastischen Reformzentren Hirsau, St. Blasien und Schaffhausen zu erinnern[39]. Und daran, daß mit dem Aufstieg der Staufer zum Königtum und Kaisertum das alemannisch-schwäbische Land eine beachtliche Blütezeit erlebte. In jener von Basel bis Mainz reichenden Provinz habe die *maxima vis regni*, die größte Kraft des Reiches, gelegen, berichtet Otto von Freising[40].

Gewiß: der ›Aufbruch des schwäbischen Adels und Mönchtums‹ ist eine Angelegenheit des Hochmittelalters. Doch stellt dieser Aufbruch angesichts einer in der Zeit davor weithin mangelnden einheitlichen Herrschaftsstruktur einen bisher zu wenig beachteten, erstaunlichen Befund dar. Er fordert nämlich dazu heraus, nach den Kräften und Einflüssen zu forschen, die eine so einzigartige geschichtliche Emanation bewirkten. Man weiß zwar, daß seit dem 10. Jahrhundert die Herzogsherrschaft in Schwaben, die in der Auseinandersetzung der Adelskräfte aufgerichtet wurde, bis zur Zeit des Investiturstreits von verschiedenen, zumeist stammesfremden Familien und zuweilen von der Königsfamilie selbst ausgeübt wurde[41]. Und es ist bekannt, daß die Rivalität der Geschlechter des hohen Mittelalters in diesem Raum, der Welfen im Südosten, der Staufer im Nordosten und Nordwesten und der Zähringer im Südwesten bereits in früheren Zeiten bestand. Man denke an die im Baarenraum mächtigen Bertolde, die rätischen Burchardinger und die elsässischen Guntramme[42]. Der Rebell Guntram nämlich hatte bereits einflußreiche gleichnamige Vorfahren, wie jüngst gezeigt werden konnte[43]. Angesichts der Kämpfe um die

36 S. die Publikationen zur Zähringer-Ausstellung in Freiburg i. Br. 1986, hg. von Hans SCHADEK und Karl SCHMID, I. Die Zähringer. Eine Tradition und ihre Erforschung (mit Verzeichnis des Schrifttums) und: II. Die Zähringer. Anstoß und Wirkung, Katalog zur Ausstellung Freiburg 1986, beide erschienen Sigmaringen 1986.
37 Rudolf HUELS, Kardinäle, Klerus und Kirchen Roms 1049-1130 (Bibliothek des Deutschen Historischen Instituts in Rom 48, 1977) S. 268.
38 Wie Anm. 35, bes. S. 306 ff. bzw. S. 347 ff.
39 Bernoldi Chronicon ad a. 1083 (Monumenta Germaniae Historica, Scriptores 5) S. 439: *Eo autem tempore in regno Teutonicorum tria monasteria cum suis cellulis, regularibus disciplinis instituta egregia pollebant: quippe coenobium sancti Blasii in Nigra Silva, et sancti Aurelii, quod Hirsaugia dicitur, et sancti Salvatoris, quod Scafhusin, id est navium domus, dicitur.*
40 Ottonis episcopi Frisingensis et Rahewini Gesta Friderici I/12, ed. Franz-Josef SCHMALE (Ausgewählte Quellen zur Geschichte des Mittelalters, Freiherr vom Stein-Gedächtnisausgabe 17, 1965) S. 152 f. Vgl. Stauferzeit. Geschichte, Literatur, Kunst (Karlsruher Kulturwissenschaftliche Arbeiten 1, Stuttgart 1979).
41 Vgl. Gerd TELLENBACH, Vom karolingischen Reichsadel zum deutschen Reichsfürstenstand (Adel und Bauern im deutschen Staat des Mittelalters, hg. von Th. MAYER, Leipzig 1943, S. 22-73, Neudr. in: Herrschaft und Staat im Mittelalter, Wege der Forschung 2, 1956, Neudr. 1984) S. 191-242, bes. S. 40 ff. bzw. S. 208 ff.; Hans-Walter KLEWITZ, Das alemannische Herzogtum bis zur staufischen Epoche. Aufgaben und Probleme der Erforschung seiner inneren Entwicklung und ihrer geschichtlichen Voraussetzungen (Oberrheiner, Schwaben und Südalemannen, Arbeiten vom Oberrhein 2, 1942, S. 79-110); zuletzt Helmut MAURER (wie Anm. 27) bes. S. 132 ff.
42 Zu den Grafschaften und Grafen Alemanniens im früheren Mittelalter vgl. neuerdings Michael BORGOLTE, Geschichte der Grafschaften Alemanniens in fränkischer Zeit (Vorträge und Forschungen, Sonderband 31, Sigmaringen 1984); DERS., Die Grafen Alemanniens in merowingischer und karolingischer Zeit. Eine Prosopographie (Archäologie und Geschichte. Freiburger Forschungen zum ersten Jahrtausend in Südwestdeutschland 2, 1986); DERS., Die Geschichte der Grafengewalt im Elsaß von Dagobert I. bis Otto dem Großen, Zeitschrift für die Geschichte des Oberrheins 131, NF 92, 1983, S. 3-54.
43 Karl SCHMID, Unerforschte Quellen aus quellenarmer Zeit: Zur amicitia zwischen Heinrich I. und dem westfränkischen König Robert im Jahre 923, Francia 12, 1984 (1985), S. 119-147, bes. S. 128 ff.

Vorherrschaft in diesem Raum interessiert die Herrschaftsstruktur bei den Alemannen in der Frühzeit in besonderer Weise; und auch, inwieweit zu ihrer Erkenntnis archäologische Befunde wichtig sind[44]. Es fragt sich, ob nicht dem Stammesbund der Alamannen seit früher Zeit eine mehr zentrifugale Herrschaftsorganisation eignete, ob sich – mit anderen Worten – die mangelnde politische Einheit nicht nur aus sozial- und herrschaftsgeschichtlichen, sondern auch aus geographischen Gegebenheiten erklärt. Und dies vor allem deshalb, weil der alemannischsprachige Südwesten keine geographische Mitte aufzuweisen hat; wird er doch vielmehr durch den Schwarzwald in das Oberrheingebiet, die Baaren und die Bodenseelandschaft zerteilt[45].

Kann dieser Eindruck verifiziert werden? Fraglos handelt es sich dabei um Probleme, die ohne Mitwirkung des Archäologen nicht gelöst werden können. Damit wären wir, da eine Charakteristik des archäologischen Forschungsstandes einem Fachvertreter dieser Disziplin überlassen bleiben muß, fast schon bei der Zielsetzung des Forschungsverbundes angelangt. Wohlgemerkt, aus der Sicht des Historikers.

Auch wenn es um ›Archäologie und Geschichte‹ geht, muß die notwendige Beteiligung weiterer Disziplinen am Forschungsverbund angesprochen werden. Gemeint sind die Rechtsgeschichte[46] und vor allem die Sprach- und Namenforschung[47], die bekanntermaßen einen unentbehrlichen eigenen Beitrag zur Erforschung der Geschichte des ersten Jahrtausends, auch des deutschen Südwestens, beizusteuern vermag. Das ist bereits durch wichtige Beiträge erwiesen. Gerade weil diese Forschungen immer erneut zu fruchtbaren, auch fachinternen Diskussionen führen[48], stellen Gewässer-, Landstrichs-, Bezirks-, Siedlungs- und Personennamen ein Überlieferungsgut dar, das den gleichen Rang wie die übrigen Quellen beanspruchen darf. Daher sind die Historiker wie die Archäologen, die durch neu zutage geförderte Bodenfunde die Forschung mächtig anzutreiben vermögen, auf sich anbietende Kontakte zu allen die Erkenntnis fördernden Nachbardisziplinen angewiesen.

---

44 In diesem Zusammenhang spielen Begriff und Nachweis von ›Adel‹ und von ›Adelsgräbern‹ eine Rolle; vgl. Rudolf MOOSBRUGGER-LEU und Hagen KELLER, Der Adel (Ur- und frühgeschichtliche Archäologie der Schweiz 6: Das Frühmittelalter, Zürich 1979) S. 53-74; KELLER (wie Anm. 23) S. 39 ff.; von der umfangreichen Literatur sei nur noch genannt: Joachim WERNER, Zu den alamannischen Burgen des 4. und 5. Jahrhunderts (Speculum Historiale. Festschrift für Johannes Spörl, Freiburg i. Br. – München 1965, S. 349-453, Neudr. in: Zur Geschichte der Alemannen, wie Anm. 17, S. 67-90); s. Anm. 98e.

45 Vgl. KLEWITZ (wie Anm. 41) S. 91 f.; Friedrich MAURER, Zur Einführung (Oberrheiner, Schwaben, Südalemannen, Arbeiten vom Oberrhein 2, 1942, S. 9-23) S. 17 ff. – Allg. aus geographischer Sicht: Robert GRADMANN, Süddeutschland, Stuttgart 1931.

46 Zum Recht vgl. Clausdieter SCHOTT, Pactus, Lex und Recht, in: Die Alemannen (wie Anm. 20) S. 135-168. DERS. (Hg.), Beiträge zum frühalemannischen Recht (Veröffentlichungen des Alemannischen Instituts Freiburg i. Br. Nr. 34) Bühl/Baden 1974 (s. Anm. 98d).

47 Einen bedeutenden Anlauf dazu nahm Friedrich MAURER, Zur Sprachgeschichte des deutschen Südwestens (Oberrheiner, Schwaben, Südalemannen. Arbeiten vom Oberrhein 2, 1942) S. 167-336; vgl. neuerdings Wolfgang KLEIBER, Der Historische Südwestdeutsche Sprachatlas in sprachhistorischer Perspektive, und: Deutsche Sprachgeschichte und Wirtschaftsgeschichte (Sprachgeschichte. Ein Handbuch zur Geschichte der deutschen Sprache und ihrer Erforschung hg. von W. BESCH – O. REICHMANN – St. SONDEREGGER, Bd. 1, Berlin – New York 1984) S. 70-86 bzw. S. 833-844, mit Literaturhinweisen S. 842 ff. Vgl. die Würdigung von Ruth SCHMIDT-WIEGAND in ihrer Einleitung zu: Text und Sachbezug in der Rechtssprachgeographie (Münstersche Mittelalter-Schriften 52, 1985) S. 15 ff. (s. Anm. 98d).

48 Als Beispiel sei die Kontroverse zwischen Bruno Boesch und Wolfgang Kleiber genannt, s. Bruno BOESCH, Grundsätzliche Erwägungen zu den nichtdeutschen Orts- und Flurnamen am Oberrhein und im Schwarzwald, Zeitschrift für die Geschichte des Oberrheins 113 NF 74, 1965, S. 1-28.

II

Hinsichtlich der Zielsetzungen des Forschungsverbundes können aus der Vielzahl der Archäologen wie Historiker bewegenden Fragen nur einige ausgewählt werden. Sie an die Problematik der Gräber, der Siedlungen und der Befestigungen zu knüpfen, hat den Vorteil, daß das Fragen angesichts der archäologischen Quellen, der Skelette, Grabbeigaben und Friedhöfe, der Wohnplätze, Hausgrundrisse, heidnischen und christlichen Heiligtümer, schließlich der Wälle, Gräben, Mauern und Türme, fast von selbst beginnt. Sich für den Glauben und die Lebensweise von Menschen zu interessieren, liegt nicht weniger nahe als nach deren Tracht und Bewaffnung, nach sozialem Rang und Mobilität, ständischer Schichtung und wirtschaftlicher Lage, nach dem Lebensunterhalt und der Lebensbehauptung und nicht zuletzt nach der Verteidigung ihrer Unabhängigkeit zu fragen.

Zwar können die Bereiche ›Gräber, Siedlungen, Befestigungen‹ nicht streng voneinander geschieden werden. Lassen doch Gräber auf Siedlungen schließen; richtiger: gehören doch zu den Siedlungen der Menschen deren Gräber. Und auch Befestigungen hatten fraglos etwas mit Siedlungen zu tun. Daher läßt sich in einem umfassenderen Verständnis die ›Siedlungsarchäologie‹ als Angelpunkt archäologischer Erforschung der Frühgeschichte ansprechen[49].

Mit der Gräberforschung, die zur Entdeckung kostbarer Grabbeigaben geführt und damit der Archäologie wesentlich zu Ruhm und Ansehen verholfen hat[50], begnügt sich die frühgeschichtliche Archäologie längst nicht mehr. Skelette und Grabbeigaben aller Art wie die Grabanlagen und Grabbauten selbst sind seit langem mit der Methode des Vergleichs untersucht und Erkenntnissen zugeführt worden, die nicht nur den Bereich der Sachkultur als solchen betreffen. Gibt es doch inzwischen einen Sammelband von Kolloquiumsbeiträgen, der den stolzen Titel ›Archäologie und Geschichtsbewußtsein‹ trägt[51]. Auch fördern nunmehr naturwissenschaftliche, anthropologische und historische Untersuchungen von

---

49 Vgl. Herbert JANKUHN, Archäologie und Geschichte. Vorträge und Aufsätze I: Beiträge zur siedlungsarchäologischen Forschung, Berlin – New York 1976; DERS., Einführung in die Siedlungsarchäologie, Berlin – New York 1977; ferner in dem von H. JANKUHN und R. WENSKUS herausgegebenen Sammelband ›Geschichtswissenschaft und Archäologie‹. Untersuchungen zur Siedlungs-, Wirtschafts- und Kirchengeschichte (Vorträge und Forschungen 22, 1979) die Beiträge von Herbert JANKUHN, Siedlungsarchäologie als Forschungsmethode, Walter JANSSEN, Methoden und Probleme archäologischer Siedlungsforschung, S. 101-191; B. MEYER, Bodenkunde und Siedlungsforschung (Reallexikon für Germanische Altertumskunde 3, 1977) S. 117-120; Paul DONAT – Herbert ULLRICH, Einwohnerzahlen und Siedlungsgröße der Merowingerzeit, Zeitschrift für Archäologie 5, 1971, S. 234-265; Gerhard FINGERLIN, Zur alamannischen Siedlungsgeschichte des 3.-7. Jahrhunderts (Die Alemannen, wie Anm. 20) S. 45-88.

50 Als Beispiele können Troja, Tut-ench-Ammun oder Sutton-Hoo genannt werden. – Vgl. Adolf Heinrich BORBEIN, Zur Entwicklung der archäologischen Forschung im 18. und 19. Jahrhundert (Archäologie. Forschung und Information 21, 1977) S. 30 ff.; Joachim HERRMANN, Archäologie als Geschichtswissenschaft, 1977.

51 Hermann MÜLLER-KARPE räumt in der ›Einführung‹ zu dem Sammelband des Kolloquiums zur Allgemeinen und Vergleichenden Archäologie 3, München 1982, ›Archäologie und Geschichtsbewußtsein‹ S. 2 f. ein, daß ›sich uns das Geschichtsbewußtsein einer Kultur oder eines Staates aus den Schriftquellen (erschließt), weshalb... vor allem von den Hochkulturen die Rede sein wird. Wenn von da aus auch Licht auf die archäologischen Denkmäler fällt, und diese darüber hinaus dann sogar einen nicht unwesentlichen Beitrag zur Erhellung des Geschichtsbewußtseins zu leisten in der Lage sind, so legt dies nicht nur einen Vergleich zwischen den so interpretierten gegenständlichen Geschichtszeugnissen der einzelnen hochkulturellen Gebiete und Zeitalter nahe, sondern so ergeben sich von daher Möglichkeiten zu gewissen Rückschlüssen auf schriftlose, nur archäologisch zu beurteilende Kulturen und Zeitalter‹. Dieser Band enthält auch die Beiträge von Josef FLECKENSTEIN, Zum mittelalterlichen Geschichtsbewußtsein (S. 53-68), Herbert FRANKE, Archäologie und Geschichtsbewußtsein in China (S. 69-83) und Hermann MÜLLER-KARPE, Zur Bedeutung der Archäologie für das Geschichtsbewußtsein der Gegenwart (S. 111-124).

Bestatteten Befunde zutage, die sich in vielerlei Hinsicht auswerten lassen. Und der Lage wie dem Zueinander der Gräber, den Friedhöfen also, werden interessante Aussagen entlockt. Die Diskussion darüber, was die Bestattungen in der sogenannten ›Reihengräberzivilisation‹ für die Sozialstruktur der Frühzeit besagen können[52], und was sie (zumindest bis jetzt) nicht erkennen lassen, ist in vollem Gange. Heiko Steuer benannte vorwärtsdrängend Phänomene, die vor allem mit rechtlichen Aspekten zusammenhängen und bisher archäologisch nicht nachweisbar sind: Freiheit bzw. Unfreiheit, rechtlicher Stand, auf Geburt beruhender Adel, Abhängigkeit und Besitz, d.h. Reichtum[53]. Nach ihm ergibt sich aus den Gräbern für die frühgeschichtliche Zeit ein Bild, das aus Großfamilien bestehende Verwandtschaftsverbände mit Rangunterschieden zeigt, während eine Schichtenbildung der Gesellschaft mit ständischer Gliederung nach seiner Feststellung erst gegen Ende der Beigabenperiode eintrat. Es ist somit von einer ›offenen‹ Gesellschaft von großer geographischer und sozialer Mobilität auszugehen, die herausragende Einzelne, aber keine Dynastiebildung kannte[54]. In diesem Zusammenhang wären etwa das von Gerhard Fingerlin entdeckte reiche Gräberfeld von Hüfingen und der auf der Hüfinger Giershalde bestattete Reiter zu diskutieren[55].

Die Zeit der Reihengräber aber findet nach Steuer ihr Ende in einem zweiten revolutionären Einschnitt von noch größerer Tiefe. Die Beseitigung der vorher offenen Gesellschaft durch eine streng geschichtete, in Stände gegliederte Bevölkerung habe – so meint er – zum Abbruch der Gräberfelder und damit der Beigabensitte wie zum Grabraub erstaunlichen Ausmaßes geführt. Dabei sei die Bevölkerung zu einem hohen Prozentsatz in Abhängigkeit geraten. Die Verordnungen für den Heeresdienst durch die Karolinger seien damit im Zusammenhang zu sehen, was schon die Aufzeichnung der Stammesrechte bewirken sollte[56].

Als Historiker möchte ich indessen nicht gerne einer monokausalen Erklärung beipflichten, die sich als Alternative zum Aufhören der Grabbeigaben infolge der Ausbreitung des Christentums versteht, das Bestattungen in oder im Bereich von Kirchen, die Gründung von sog. Eigenkirchen bzw. die Ausbildung einer Pfarrkirchen-Organisation mit sich brachte[57]. Denn es kann wohl kein Zweifel sein, daß die von der Kirche propagierte Sorge für das Heil der Seelen nicht etwa nur zum Verzicht auf die Beigabe von Speise und Trank für die Toten führte, sondern bald eine immer stärker werdende Welle von Schenkungen an

---

52 Statt ›Sozialstruktur‹ ist auch von ›Gesellschaftsstruktur‹ die Rede, aber auch von ›Sozialordnung‹ oder ›Gesellschaftsordnung‹; zum Ansatz der Diskussion vgl. Rolf HACHMANN, Zur Gesellschaftsordnung der Germanen in der Zeit um Christi Geburt, Archäologia Geographica 5, 1956, S. 24.

53 Heiko STEUER, Frühgeschichtliche Sozialstrukturen in Mitteleuropa (Abhandlungen der Ak. d. Wiss. in Göttingen, Phil.-Hist.Kl. 3. Folge 128, 1982) S. 517ff.; vgl. schon DERS., Frühgeschichtliche Sozialstrukturen in Mitteleuropa. Zur Analyse der Auswertungsmethoden des archäologischen Quellenmaterials (Geschichtswissenschaft und Archäologie, wie Anm. 49) S. 595-633.

54 STEUER (wie Anm. 53) S. 531.

55 Gerhard FINGERLIN, Ein alamannisches Reitergrab aus Hüfingen (Studien zur vor- und frühgeschichtlichen Archäologie. Festschrift für Joachim Werner zum 65. Geburtstag, Teil 2: Frühmittelalter, München 1974) S. 591-628; DERS., Neue alamannische Grabfunde aus Hüfingen. Texte zu einer Ausstellung, Freiburg 1977; vgl. jetzt DENS (wie Anm. 10).

56 STEUER (wie Anm. 53) S. 517-530.

57 Zur Frage der Christianisierung s. Anm. 5. Außerdem sind zu nennen: Vorromanische Kirchenbauten. Katalog der Denkmäler bis zum Ausgang der Ottonen, hg. von F. OSWALD – L. SCHAEFER – H. R. SENNHAUSER, München 1966ff.; vgl. auch Günter P. FEHRING, Mission und Kirchenwesen in archäologischer Sicht (Geschichtswissenschaft und Archäologie, wie Anm. 49) S. 547-591, bes. S. 574ff. – Zur Frage der frühen Kirchenorganisation zuletzt: Rudolf SCHIEFFER, Die Entstehung von Domkapiteln in Deutschland (Bonner Historische Forschungen 43, ²1982/3).

die Kirche ausgelöst hat. Gütertraditionen, insbesondere Kirchen- und Klostergründungen um des Seelenheiles willen sind in steigender Anzahl vorgenommen worden und werden für die ältere Zeit archäologisch vom 8. Jahrhundert an dann auch urkundlich immer besser faßbar[58]. Die sog. ›Stiftergräber‹[59] in und bei Kirchen sind doch wohl in einen Prozeß einzuordnen, in dem die Vergabe sowohl von Grund und Boden als auch die Gabe von Gold und Edelsteinen für den Erhalt jenes Lebens, zu dem der Tod das Eingangstor darstellte, zunehmende Bedeutung gewannen. Heilige, die Schutz gewähren konnten und Fürbitte zu leisten imstande waren, wurden als Kirchen- und Klosterpatrone die Empfänger der Gaben. Als Opfer brachte man sie auf deren Altären dar und veranlaßte auf diese Weise die Mönche, die ihrerseits durch Gebet und Opfer die erbetenen Gegenleistungen zu erbringen hatten, zur Partnerschaft nicht nur mit geistlichen Brüdern, sondern auch mit Laien[60]. Kein Wunder, daß Grabbeigaben nunmehr ihren Sinn zu verlieren begannen. Wurde doch nun die persönliche Ausrüstung und Habe nicht dem Grab, sondern gegen Entgelt – die Anwartschaft auf das ewige Leben – der Kirche anvertraut[61]. Bei der christlichen Bestattung von Würdenträgern aber begnügte man sich dann mit Beigaben liturgischer Symbole und/oder Geräte, von Kelchen oder Abts- bzw. Bischofsstäben. Pontifikalbekleidung und

58 Ein hervorragendes Beispiel sind die älteren St.Galler Urkunden, hg. von Hermann WARTMANN, Urkundenbuch der Abtei Sanct Gallen 1 und 2, Zürich 1863/66, dazu Michael BORGOLTE, Gedenkstiftungen in St.Galler Urkunden (Memoria. Der geschichtliche Zeugniswert des liturgischen Gedenkens im Mittelalter, hg. von K. SCHMID und J. WOLLASCH, Münstersche Mittelalter-Schriften 48, 1984) S. 578-602; M. BORGOLTE, Kommentar zu den Ausstellungsdaten, Actum- und Güterorten der älteren St.Galler Urkunden (Subsidia Sangallensia I, St. Galler Kultur und Geschichte 16, 1985) S. 323-486.
59 Anläßlich der neuen Arbeiten von Gudrun SCHNEIDER-SCHNEKENBURGER, Churrätien im Frühmittelalter auf Grund der archäologischen Funde (Veröffentlichungen der Kommission zur archäologischen Erforschung des spätrömischen Raetiens der Bayerischen Akademie der Wissenschaften, Münchner Beiträge zur Ur- und Frühgeschichte 25, 1980) und DIES., Raetia I vom 4. bis 8.Jahrhundert auf Grund der Grabfunde (Von der Spätantike zum frühen Mittelalter. Aktuelle Probleme in historischer und archäologischer Sicht, hg. von J. WERNER und E. EWIG, Vorträge und Forschungen 25, Sigmaringen 1979) S. 179-191, diskutiert Michael BORGOLTE anschaulich die Probleme in seinem Beitrag zur Festschrift für P. Iso Müller OSB unter dem Titel: Der churrätische Bischofsstaat und die Lehre von der Eigenkirche. Ein Beitrag zum archäologisch-historischen Gespräch. – Vgl. Rudolf MOOSBRUGGER-LEU, Gräber frühmittelalterlicher Kirchenstifter?, Jahrbuch der Schweizerischen Gesellschaft für Urgeschichte 45, 1956, S. 69-75; Arnold TSCHIRA, Ausgrabungen in der Kirche St.Peter in Lahr, Stadtteil Burgheim (Neue Ausgrabungen in Deutschland, hg. von W. KRÄMER, Berlin 1958) S. 477-483; Günter P. FEHRING, Kirche und Burg, Herrensitz und Siedlung, Zeitschrift für die Geschichte des Oberrheins 120 NF 81, 1972, S. 1-50 mit 36 Abb.; Hans Rudolf SENNHAUSER, Kirchen und Klöster (Ur- und frühgeschichtliche Archäologie, wie Anm. 15) S. 136 ff.; STEUER (wie Anm. 53) S. 393-399.
60 Da das in Urkunden häufig genannte Motiv von Schenkungen und Stiftungen: pro remedio animae meae in der bisherigen Forschung kaum Aufmerksamkeit fand und eher wie eine Formel gewertet wurde, ist die Frage nach der Gegenleistung der Empfänger von Schenkungen und Stiftungen bisher nicht aufgetaucht. Hier lohnen sich Nachforschungen die das Opfer- und das Verbrüderungswesen betreffen. Vgl. Hermann HENRICI, Über Schenkungen an die Kirche, Weimar 1916; Joachim WOLLASCH, Die mittelalterliche Lebensform der Verbrüderung (Memoria, wie Anm. 58) S. 215-232; Karl SCHMID, Stiftungen für das Seelenheil (Gedächtnis, das Gemeinschaft stiftet, hg. von K. SCHMID, Schriftenreihe der Kath. Akademie der Erzdiözese Freiburg, 1985) S. 51-73.
61 *Adalhram* vermacht im Jahre 806 seinen ganzen Nachlaß an beweglichem Eigentum an das Kloster St.Gallen: *quicquid in die exitus mei de hac luce in peccuniali causa non datum et non usatum reliquerim, id est caballis domalibus cum cetero troppo, caballis cunctis, auro argentoque, scuta cum lanceis, vestibus vel omnibus utensilibus, ... trado ... pro anime mee salutem ...;* WARTMANN, wie Anm. 58, Bd. 1, Nr. 191, S. 182; vgl. MOOSBRUGGER-LEU (wie Anm. 3) S. 51; allg. Alfred SCHULTZE, Der Einfluß der Kirche auf die Entwicklung des germanischen Erbrechts, Zeitschrift der Savigny-Stiftung für Rechtsgeschichte, Germ. Abt. 35, 1914, S. 75-110.

auch der Königsornat oder Kronen, in der Form von Grabkronen etwa[62], dienten zuweilen
zur Kennzeichnung des vom Verstorbenen innegehabten Ranges oder Amtes[63]. Der
fundamentale Wandel im Bereich des religiösen Kultes, den das Christentum mit sich
brachte, hatte für die Einschätzung, Funktion und Organisation der Besitz- und Herr-
schaftsstrukturen erheblich größere Bedeutung, als die Forschung anzunehmen geneigt ist.
Nicht nur die Entstehung geistlicher Grundherrschaften, sondern auch deren differenzierte
rechtliche Struktur sollten noch eingehender untersucht werden, wobei das Präkariensy-
stem oder auch das kirchliche Benefizialwesen neue Forschungen verdienten[64]. Die Ver-
kirchlichung fast aller Bereiche des menschlichen Lebens hat sich nicht nur auf das
Bemühen der Menschen um liturgische Kommemoration, von der sie sich das Heil ihrer
Seele erhofften, sondern auch auf das mittelalterliche Bestattungswesen ausgewirkt[65]. Wie
sich der antike, man könnte auch sagen, der heidnische ›Totenkult‹ und der christliche
›Seelenkult‹ miteinander verschmolzen und ob davon die Rede sein kann, im Mittelalter
habe der ›Totenkult‹ gegenüber dem ›Seelenkult‹ die Oberhand gewonnen, bleibt zu
fragen[66].

Seitdem die frühgeschichtliche Archäologie die zu den Gräbern und Nekropolen
gehörenden Siedlungen entschlossen und gezielt sucht, hat in ihr ein neuer Forschungsab-
schnitt vor allem deshalb begonnen, weil nunmehr die wirtschaftlichen Belange der
frühgeschichtlichen Menschen stärker in den Blick rücken[67]. So kommt es, daß die Funde
von Gebrauchsgegenständen, von Waffen und Schmuck, auf ihre Herkunft und Herstellung hin befragt werden, nach der Art und den Umständen der Produktion, nach den
Werkstätten, ihrer Lokalisierung und Organisation. Auch die Gewinnung von Rohstoffen
durch Bergbau etwa gehört in den Zusammenhang der Siedlungsarchäologie. So scheut
man sich nicht, auch im Hinblick auf das Mittelalter von ›Industrie-Archäologie‹[68] zu
sprechen. Und dies ist besonders deshalb aufschlußreich, weil die Produktion von Hand-
werkszeug, Waffen und Schmuck den Warenaustausch entscheidend bestimmte. Dieser
aber förderte seinerseits gewiß das Streben nach politischer Selbstbehauptung und Unab-

62 Als Beispiele seien die Churer oder Augsburger Bischofsgräber oder das Eginograb in Reichenau-
Niederzell genannt. Zur letzterem vgl. Konrad BEYERLE, Aus dem liturgischen Leben der Reichenau (Die
Kultur der Abtei Reichenau 1, München 1925) S. 380 ff.; Frank HOFFMANN, Wolfgang ERDMANN – Alfred
CZARNETZKI – Rolf ROTTLÄNDER, Das Grab des Bischofs Egino von Verona in St.Peter und Paul zu
Reichenau-Niederzell (Die Abtei Reichenau. Neue Beiträge zur Geschichte und Kultur des Inselklosters,
hg. von H. MAURER, Bodensee-Bibliothek 20, Sigmaringen 1974) S. 545-575.
63 Die Speyrer Kaisergräber sind wohl das bekannteste Beispiel; vgl. Sigrid MÜLLER-CHRISTENSEN –
Hans Erich KUBACH – Günter STEIN, Die Gräber im Königschor (Der Dom zu Speyer, Die Kunstdenkmäler von Rheinland-Pfalz 5, Textband 1972) S. 913-1093.
64 Aus dieser Sicht bedarf die Geschichte des kirchlichen Benefizialwesens einer neuen Erforschung; vgl.
bisher Ulrich STUTZ, Geschichte des kirchlichen Benefizialwesens von den Anfängen bis auf die Zeit
Alexanders III., Band 1, 1895.
65 Dazu neuerdings: Memoria (wie Anm. 58) und Otto Gerhard OEXLE, Memoria und Memorialüberlieferung im früheren Mittelalter, Frühmittelalterliche Studien 10, 1976, S. 70-95; Karl SCHMID, Das liturgische Gebetsgedenken in seiner historischen Relevanz, Freiburger Diözesan-Archiv 99, 1979, S. 20-44,
Neudr. in: DERS., Gebetsgedenken und adliges Selbstverständnis im Mittelalter, Sigmaringen 1984, S. 620-
644.
66 Vgl. SCHMID, Stiftungen für das Seelenheil (wie Anm. 60) S. 57 ff.; vgl. schon SCHULTZE (wie Anm. 61)
S. 82.
67 Dies kommt eindrucksvoll darin zum Ausdruck, daß in dem Sammelwerk ›Geschichtswissenschaft
und Archäologie‹ (wie Anm. 49) Beiträge unter der Überschrift: ›Archäologische Beiträge zur Wirtschaftsgeschichte‹ (S. 269 ff.) zusammengestellt sind.
68 Vgl. Richard PITTIONI, Über Ergebnisse und Probleme der Industrie-Archäologie (wie Anm. 67)
S. 373-391, speziell mit Bezug auf die ›Bergbaukunde‹; s. auch Anm. 70.

hängigkeit und führte zu einer Steigerung des Lebensstandards. Davon wiederum hing die Repräsentation des eigenen Vermögens und Reichtums ab, eine Repräsentation, die in der Wahl einer entsprechenden Tracht ebenso zum Ausdruck gebracht wurde wie im Erwerb von begehrten Luxuswaren auf dem Wege des Handels[69]. So versteht sich unter anderem auch die große Bedeutung, die dem Bergbau zukam. Seine Erforschung im Schwarzwaldgebiet erweist sich daher als ein besonders wichtiges und reizvolles Anliegen[70].

Die Archäologie ländlicher Hof- und Höfegruppen wie der Dorfsiedlung im Zeitalter zwischen antiker Stadtkultur und hochmittelalterlichem Städtewesen vermag Aufschluß darüber zu geben, ob tatsächlich von einer Diskontinuität im Bereich der menschlichen Behausungen gesprochen werden muß oder ob es vielleicht nicht doch Anhaltspunkte für Kontinuität im Bereich der häuslichen Organisationsformen und Siedlungsstrukturen gibt. Dabei dürfen neue Entdeckungen, wie sie auf dem Runden Berg bei Urach gemacht werden konnten und vielleicht auch auf dem Zähringer Burgberg zutagetreten könnten, ganz besonderes Interesse beanspruchen[71]. Darüber hinaus hat sich der Blick noch stärker als bisher auf zerstörte und aufgegebene Siedlungen, auf Ruinen, Auflassungen und Wüstungen, allgemein gesprochen, auf Siedlungsprozesse und den Landesausbau zu richten[72]. Diese Vorgänge haben in der schriftlichen Überlieferung, insbesondere in den Ortsnamen ihren historischen Niederschlag gefunden. Siedlungsnamen können für die archäologische Forschung ein Korrektiv bei der Erschließung der Besiedlungsetappen bis in die vorrömische Zeit zurück darstellen[73]. Es genügt, den Namen des Oppidums Tarodunum als Beispiel zu nennen[74].

Wo die Wohn- und Herrschaftssitze der im Lande einflußreichen Herren zu suchen sind

69 Ein gutes Beispiel dafür ist der sog. ›Reiter von Hüfingen‹ mit seinen silbernen Zierscheiben. – In diesem Zusammenhang ist auch ein Hinweis auf die Handelswege und auf die Geschichte des Verkehrs angebracht; vgl. Dietrich DENECKE, Methoden und Ergebnisse der historisch-geographischen und archäologischen Untersuchung und Rekonstruktion mittelalterlicher Verkehrswege (Geschichtswissenschaft und Archäologie, wie Anm. 49) S. 433-483 mit ausführlichen Literaturhinweisen; Willi A. BOELKE, Handel und Verkehr in Alemannien (Alemannisches Jahrbuch 1981, 1983) S. 33-54.

70 Die Untersuchung des Bergbaues im Schwarzwald auf archäologischer Grundlage ist das zentrale Anliegen eines von Heiko Steuer geleiteten Projekts.

71 Vladimir MILOJČIĆ, Der Runde Berg bei Urach. Ergebnisse der Untersuchungen von 1967-1972 (Ausgrabungen in Deutschland, gefördert von der Deutschen Forschungsgemeinschaft 1950-1975, Römisch-Germanisches Zentralmuseum zu Mainz 1, 1975) S. 181-198, und DERS., Zu den bisherigen Ergebnissen der Untersuchungen am Runden Berg bei Urach, 1968 bis 1975 (Geschichtswissenschaft und Archäologie, wie Anm. 49, S. 519-544), dazu die Schriftenreihe ›Der Runde Berg bei Urach‹, hg. von V. MILOJČIĆ im Rahmen der Schriften der Kommission für Alamannische Altertumskunde der Heidelberger Akademie der Wissenschaften. – Gerhard FINGERLIN, Der Zähringer Burgberg, eine neuentdeckte Höhensiedlung der Völkerwanderungszeit, Gemeinde Gundelfingen, Kreis Breisgau-Hochschwarzwald (Archäologische Ausgrabungen in Baden-Württemberg 1983, 1984) S. 181-183; DERS., in: Die Zähringer. Eine Tradition und ihre Erforschung (wie Anm. 36) S. 1-4; Heiko STEUER, in diesem Band S. 139ff.

72 Vgl. Helmut JÄGER, Wüstungsforschung in geographischer und historischer Sicht (Geschichtswissenschaft und Archäologie, wie Anm. 49) S. 193-240 mit ausführlichen Literaturhinweisen. Vgl. auch Wilhelm ABEL (Hg.), Wüstungen in Deutschland, Frankfurt a.M. 1967, darin: Wolfdieter SICK, Wüstungen im württembergischen Keuperbergland, S. 28-36.

73 Bruno BOESCH, Das Frühmittelalter im Ortsnamenbild der Basler Region (Onoma. Bibliographical and Information Bulletin 20, 1976, S. 164-193; Neudr. in: DERS., Kleine Schriften zur Namenforschung, Namenforschung Beiheft 20, 1981) S. 393-422. Wolfgang KLEIBER, Zwischen Antike und Mittelalter. Das Kontinuitätsproblem in Südwestdeutschland im Lichte der Sprachgeschichtsforschung, Frühmittelalterliche Studien 7, 1973, S. 27-52 (s. Anm. 98d).

74 Vgl. Karl SCHMID (Hg.), Kelten und Alemannen im Dreisamtal. Beiträge zur Geschichte des Zartener Beckens (Veröffentlichungen des Alemannischen Instituts Freiburg i. Br. 49, 1983), darin: Bruno BOESCH, Zarten und Zähringen, S. 15-24; vgl. Wolfgang KLEIBER (Alemannisches Jahrbuch 1971/72) S. 229-238.

und in welchem Verhältnis sie zu den sich im Laufe der Zeit herausbildenden kleineren räumlichen Einheiten, etwa zu den Gauen, Baaren und Huntaren, verhalten haben, ist bis in die Zeit des Hochmittelalters noch kaum zu sagen. Erst dann tauchen nämlich Adelssitze vermehrt in den schriftlichen Quellen auf[75]. Man würde daher gerne wissen, ob und gegebenenfalls wo und wie die Herzöge der Alemannenzeit ›residierten‹. Zwar kennt man mit Überlingen oder Cannstatt wenigstens zwei in Frage kommende Siedlungsnamen[76]. Doch ist es ungewiß, ob diese Plätze über längere Zeit hinweg Herzogssitze gewesen sind. Und die sog. ›Fürstengräber‹ – genannt sei etwa Wittislingen[77] – geben lediglich zu Vermutungen Anlaß, mehr indessen nicht. Es bleibt zu fragen, ob nicht deutlichere Spuren und Anhaltspunkte in der archäologischen wie historischen Überlieferung zu erwarten wären, wenn es feste und dauerhafte Herrschaftsmittelpunkte gegeben hätte.

Das auf die Römerzeit zurückgehende Fiskalgut scheint hauptsächlich im Elsaß, am Ober- und Hochrhein entlang bis zum Bodensee eine gewisse Verdichtung aufgewiesen zu haben[78]. Es spiegelt sich in der Lage der Bischofssitze Straßburg, Basel und Konstanz wie auch der frühen Klostergründungen in deren Umkreis. Wenn die ältesten Wurzeln der meisten hochmittelalterlichen Grafengeschlechter weniger in dieser Zone als vielmehr im Gebiet an der oberen Donau und des oberen Neckar in Erscheinung treten, so ist das des Nachdenkens wert[79]. Dieses Gebiet liegt nämlich jenseits der bis zum 5. Jahrhundert gehaltenen römischen Oberrhein-Hochrhein-Iller-Linie. Obwohl der räumliche Horizont der Fundorte von Goldblattkreuzen dieses Gebiet an der oberen Donau und am oberen Neckar einschließt[80], dürfte die Aussonderung und die Existenz des Dekumatlandes dazu beigetragen haben, daß der südliche Teil Alemanniens im Mittelalter eine so auffallend starke Bindung nach Italien aufweist. Das läßt noch die ›Divisio regnorum‹ von 806 erkennen. Nach ihr sollte Pippins italienischer Reichsteil auch den südalemannischen Raum umfassen und (wie einst die Ostgotenherrschaft) bis an die Donau rei-

75 Vgl. Karl Schmid, Zur Problematik von Familie, Sippe und Geschlecht, Haus und Dynastie beim mittelalterlichen Adel. Vorfragen zum Thema ›Adel und Herrschaft im Mittelalter‹, Zeitschrift für die Geschichte des Oberrheins 105, NF 66, 1957, S. 1-62, Neudr. in: Gebetsgedenken und adliges Selbstverständnis im Mittelalter, Ausg. Beiträge, Sigmaringen 1983, S. 183-244; Hans-Martin Maurer, Die Entstehung der hochmittelalterlichen Adelsburg in Südwestdeutschland, Zeitschrift für die Geschichte des Oberrheins 117, NF 78, 1969, S. 295-332.
76 Vita s. Galli, ed. Bruno Krusch (Monumenta Germaniae Historica, Scriptores rerum Merovingicarum 4) S. 229-334; vgl. Keller (wie Anm. 3) S. 14 ff.; Wartmann, UB St. Gallen (wie Anm. 58) Nr. 1 S. 1.
77 Joachim Werner, Das alemannische Fürstengrab von Wittislingen, München 1950.
78 Dementsprechend stellt Keller (wie Anm. 3) S. 11 f. fest: ›...die Führer der Alemannen waren keineswegs alemannische ›Stammesherzöge‹. Sie waren fränkische Amtsträger, die auf linksrheinischem Gebiet verankert waren und deren Amtsgewalt sich vor 561 nicht einmal nur auf alemannisches Gebiet erstreckte. Inneralemannien wurde m. E. von den festen Basen kontrolliert, die die Franken südlich des Hochrheins und vielleicht auch im Elsaß noch aus dem spätrömischen Erbe übernehmen konnten... Das alemannische Herzogtum war gegründet auf die Herrschaft über alemannisch-romanische Gebiete links des Rheins.‹
79 Vgl. Karl Schmid, Königtum, Adel und Klöster am Bodensee bis zur Zeit der Städte (Der Bodensee. Landschaft – Geschichte – Kultur, hg. von H. Maurer, Bodensee-Bibliothek 28 = Veröffentlichungen des Alemannischen Instituts Freiburg i. Br. 51, und: Schriften des Vereins für Geschichte des Bodensees und seiner Umgebung 99/100, 1982) S. 531-576, bes. S. 549 ff. und S. 561 f. mit Kartenskizze nach Klewitz (S. 564).
80 Zu den Fundorten der Goldblattkreuze nördlich der Alpen vgl. Müller, Zur frühen Situation des Christentums (wie Anm. 57) S. 93 ff.; Fehring, Missions- und Kirchenwesen (wie Anm. 57) S. 552 f.; Wolfgang Hübener (Hg.), Die Goldblattkreuze des frühen Mittelalters (Veröffentlichungen des Alemannischen Instituts Freiburg i. Br. 37, Bühl/Baden 1975).

chen[81]. Damit zusammenhängend stellt sich die Frage nach der Entstehung, Herrschaftsstruktur und Ausdehnung der Baaren-Landschaft im inneralamannischen Gebiet diesseits
des obergermanisch-rätischen Limes und jenseits der römischen Hochrheinfront[82].

Mit diesen Bemerkungen ist das Problem der Grenzen, ihrer Verschiebung bzw.
Stabilität und ihrer Verteidigung angesprochen. Spielen für die militärische Selbstbehaup-
tung Befestigungen und Wehranlagen eine zentrale Rolle, so hängt die Wehrtüchtigkeit der
Krieger nicht zuletzt von ihrer Bewaffnung ab, worüber fast ausschließlich die Gräberar-
chäologie Aufschluß zu geben vermag. Das Kriegertum, dessen Organisation auch das
Problem des sog. Gefolgschaftswesens nach sich zieht und zum Gegenstand hat, ist für die
Sozialgeschichte von großer Bedeutung[83]. Von der römischen Art der Sicherung und
Verteidigung der Grenzen des Imperiums durch sog. Limites – vom obergermanisch-
rätischen Limes und der Kastellfront am Ober- und Hochrhein war schon die Rede –
unterscheidet sich das militärische Vorgehen der Alemannen, das von unsystematischen
Vorstößen, um nicht zu sagen: Beutezügen, die großer Beweglichkeit bedurften, geprägt
gewesen ist[84].

Wie die Besiedelung nach der wanderzeitlichen Landnahme in Hof- und Höfegruppen
oder Dorfanlagen hinsichtlich ihrer Befestigung zu beurteilen ist, bleibt zunächst weitge-
hend offen, zumal die Anlage von Siedlungen wie auf dem Runden Berg bei Urach und
Befestigungen wie auf dem Limberg bei Sasbach natürliche Schutzmöglichkeiten nutzten[85].
Auch bleibt zu bedenken, daß die fränkischen Herren ihre Herrschaft durch militärische
Stützpunkte zu festigen suchten.

Die Annahme, während der Karolingerzeit habe der Adel im allgemeinen nicht in festen
Burgen, sondern in großen Wirtschaftshöfen im Verband von Dörfern oder auch in
Einzelanlagen gewohnt, und in Entsprechung dazu seien auch die Pfalzen und Höfe der
fränkischen Könige in der Regel nicht befestigt gewesen[86], mag den Blick um so stärker auf
das danach das Land prägende Zeitalter der mittelalterlichen Burgen richten, in dem
bekanntlich das Rittertum seine Blüte hatte[87]. Doch erscheinen solche Entwicklungslinien
viel zu grob, als daß man sich mit ihnen zufrieden geben könnte – vor allem deshalb, weil

---

81 Dazu Karl SCHMID, Zur historischen Bestimmung des ältesten Eintrags im St.Galler Verbrüderungsbuch (Alemannica. Landeskundliche Beiträge. Festschrift für Bruno Boesch, zugleich Alemannisches
Jahrbuch 1973/75) S. 500-532, bes. S. 522 ff.

82 Darüber neuerdings Michael BORGOLTE, Geschichte der Grafschaften Alemanniens (wie Anm. 42),
bes. S. 126 ff. mit weiteren Hinweisen.

83 Aus archäologischer Sicht zuletzt STEUER (wie Anm. 53) S. 54 ff., der auch auf die einschlägigen
historischen Arbeiten eingeht.

84 Zum spärlichen archäologischen Fundgut der Alemannen seit der Landnahme bis zur Mitte des
5. Jahrhunderts vgl. FINGERLIN, Zur alemannischen Siedlungsgeschichte (wie Anm. 20) S. 77 ff.

85 Gerhard FINGERLIN, Vor- und Frühgeschichte um den Limberg und am nördlichen Kaiserstuhl
(Naturschutzgebiet Limberg am Kaiserstuhl. – Führer ›Natur- und Landschaftsschutzgebiete Baden-
Württemberg‹ 2, Karlsruhe 1978) S. 55-80.

86 Josef FLECKENSTEIN, Über Pfalzen und Königshöfe im karolingischen Alemannien (Bausteine, wie
Anm. 14, S. 101-111) S. 103 betont, eine Pfalz könne ›unter Umständen – keineswegs aber stets – auch
befestigt‹ gewesen sein. Vgl. Thomas ZOTZ, Vorbemerkungen zum Repertorium der deutschen Königspfalzen, Blätter für deutsche Landesgeschichte 118, 1982, S. 177-203, der unter Berufung auf F. Gauert
feststellt, ›daß vom 10. Jahrhundert an die Burg das bestimmende Merkmal ländlicher Regierungsstätten
der Könige‹ geworden sei. Vgl. neuerdings STREICH (wie Anm. 94) S. 730 ff., der S. 138 für die Karolingerzeit ›eine Unterscheidung zwischen Pfalz und Burg noch durchaus typologisch (für) sinnvoll‹ hält (s.
Anm. 98f).

87 Josef FLECKENSTEIN (Hg.), Das ritterliche Turnier im Mittelalter. Beiträge zu einer vergleichenden
Formen- und Verhaltensgeschichte des Rittertums (Veröffentlichungen des Max-Planck-Instituts für
Geschichte 80, 1985).

die archäologische Erforschung administrativ und herrschaftlich wichtiger Siedlungen noch viel zu lückenhaft ist. Ein beachtliches Forschungsfeld öffnet sich hier besonders im Blick auf die archäologische Erforschung der frühgeschichtlichen und der mittelalterlichen Burgen; es ist ein weites Feld, das noch der gründlichen Bestellung bedarf[88].

Im Verlauf der Auflösung des karolingischen Großreichs nahmen die tüchtigsten und vornehmsten Männer wieder mehr und stärkeren Anteil an der politischen Organisation der Bevölkerung. Man spricht von der sich bildenden Adelsherrschaft[89], die sich im Streben nach zunehmender Selbständigkeit in der Herrschaftsausübung und – damit übereinstimmend – an der Tendenz zur Weitergabe der Herrschaft in der Familie äußerte, was dem Vorgang einer gewissen Differenzierung im Adel gleichkam. Die Ausbildung von Herrschaftszentren und der vermehrte Bau von Burgen, insbesondere auf besser zu verteidigenden Höhen, vergrößerte den Abstand zur bäuerlichen Bevölkerung. Der befestigte Wohnsitz machte die Herreneigenschaft und die herrschaftliche Stellung der Burgherren nach außen hin sichtbar[90]. Herrschten dann mehrere Generationen am gleichen Platz, so bewirkte die Familienfolge in der Herrschaft eine neue Qualität derselben. Herrschaftskontinuität gab es nun nicht mehr allein im Bereich des Königtums, sie verlagerte sich auch nach unten. Adelsgeschlechter begannen sich zu formieren, sich auf einen Mittelpunkt hin auszurichten und fanden in Stammsitz und Herrschaft ein objektives Substrat. Die Stammsitze aber wurden zu Bezugspunkten ihres Geschlechterbewußtseins[91]. Dabei gingen die großen Herren voran. Nach ihren Stammburgen benannte Geschlechter, in Schwaben etwa die Egisheimer, Nellenburger, Zähringer und Staufer treten nun auf den Plan[92]. Im Verherrschaftlichungs- und Territorialisierungsprozeß spielte die Burg gewiß eine zentrale Rolle. Und letztlich ist das Verhältnis Burg – Markt – Stadt auch unter territorialpolitischen, siedlungs- und wirtschaftsgeschichtlichen, nicht nur unter verkehrsgeographischen Aspekten zu sehen. Burgen wurden zu Ausgangspunkten für die Stadtentstehung[93]. Der Zusammenhang von Burg und Stadt in seiner ganzen Vielfalt und Tragweite[94] ist für die Herrschaftsbildung und Kulturentwicklung von ähnlicher Bedeutung gewesen wie das Zueinander von Burg und Kirche, insbesondere von Burg und Kloster[95]. Es genügt, an Freiburg, Nellenburg, Calw oder

---

88 Vgl. den Beitrag von Alfons ZETTLER, in diesem Band, S. 219ff., mit weiteren Literaturhinweisen. Vgl. Hans PATZE (Hg.), Die Burgen im deutschen Sprachraum. Ihre rechts- und verfassungsgeschichtliche Bedeutung, 2 Bde. (Vorträge und Forschungen 19, Sigmaringen 1969); s. Anm. 98e.

89 Darüber schon eingehend Karl SCHMID, Geblüt, Herrschaft, Geschlechterbewußtsein. Grundfragen zum Verständnis des Adels im Mittelalter, Habil.-Schrift Freiburg i. Br. 1961 (Masch.).

90 Das Zeitalter der Burgen markiert die Zeit der Blüte der Adelsherrschaft.

91 Zum Geschlechterbewußtsein zuletzt Karl SCHMID, Zur Entstehung und Erforschung von Geschlechterbewußtsein (Vortrag beim Kolloquium der Arbeitsgemeinschaft für geschichtliche Landeskunde am Oberrhein über ›Staufer, Welfen, Zähringer. Ihr Selbstverständnis und seine Ausdrucksformen‹ in Karlsruhe am 19.1.1985; mittlerweile erschienen in: Zeitschrift für die Geschichte des Oberrheins 134, NF 95, 1986, S. 21-33).

92 Wie Anm. 37 und Anm. 91.

93 Zum Thema ›Burg und Stadt‹ grundlegend Walter SCHLESINGER, Stadt und Burg im Lichte der Wortgeschichte, Studium Generale 16, 8, 1963, S. 433-444; danach ein kaum noch übersehbares Schrifttum. – Für Alemannien zuletzt: Jürgen SYDOW, Bemerkungen zu den Anfängen des Städtewesens im südwestdeutschen Raum (Alemannisches Jahrbuch 1981/1983, ersch. 1984) S. 93-142.

94 Ein hervorragendes Beispiel für die sog. Stadtkernarchäologie bietet Zürich, s. Jürg R. SCHNEIDER, Zürichs Weg zur Stadt. Archäologische Befunde zur frühen Marktgeschichte (12.-13. Jahrhundert), in: Nobile Turegum multarum copia rerum, Zürich 1982, S. 2-37 (s. Anm. 98e).

95 SCHMID, Adel und Reform (wie Anm. 35) S. 316f. bzw. S. 357f.; neuerdings Gerhard STREICH, Burg und Kirche während des deutschen Mittelalters (Vorträge und Forschungen Sonderband 29, 1984) S. 335ff. und S. 343ff. bzw. S. 483ff. im Hinblick auf Stiftsgründungen.

an St. Peter im Schwarzwald, an Sulzburg, Hirsau, St. Blasien oder Allerheiligen in Schaffhausen zu erinnern[96].

Die Entstehung von Herrschaftszentren zumeist in einem Geflecht sakraler Bindungen, von Haus- oder Dynastenklöstern vor allem, ist für die Ausbildung der Landesherrschaft bedeutsam geworden und hat zur Bildung von Residenzen geführt. Daher ist es nicht erstaunlich, wenn aus Adelsherrschaften Dynastien und aus solchen im Laufe der Zeit schließlich Länder entstanden sind. Neben der einen ganz anderen Werdegang nehmenden Schweizer Eidgenossenschaft entstanden die Länder Baden und Württemberg. Sie tragen bekanntlich nach den Sitzen der Markgrafen von Baden und der Grafen von Wirtemberg ihre Namen[97]. Ursprünglich adlige Herrschaftssitze wurden also nicht nur für Adelsgeschlechter, sondern schließlich für staatliche Gebilde mit ihrer je eigenen Verfassungsgeschichte, für souveräne Staaten namengebend. Und seit der Entstehung des sog. ›Südweststaates‹ aus den Ländern Baden und Württemberg gibt es in der Bundesrepublik Deutschland das Bundesland ›Baden-Württemberg‹[98].

96 Einen wunden Punkt seiner Darstellung hat STREICH (wie Anm. 95) in der Einleitung (S. IX) selbst genannt, wenn er bemerkt: ›Eine nicht ganz unproblematische Ausweitung des Untersuchungsgegenstandes bedeutete die Einbeziehung von Stifts- und Klostergründungen in und bei Burg- und Herrschaftskomplexen...‹, weshalb notgedrungen die sog. ›Hausklöster‹ zu wenig berücksichtigt werden.

97 Über die Markgrafschaft Baden vgl. Werner RÖSENER, Ministerialität, Vasallität und niederadlige Ritterschaft im Herrschaftsbereich der Markgrafen von Baden vom 11. bis 14. Jahrhundert (Herrschaft und Stand. Untersuchungen zur Sozialgeschichte des 13. Jahrhunderts, hg. von J. FLECKENSTEIN, Veröffentlichungen des Max-Planck-Instituts für Geschichte 51, 1977) S. 40-91, bes. S. 42 ff.

98 Der im Juni 1985 gehaltene Vortrag ist geringfügig überarbeitet und mit Anmerkungen versehen Anfang 1986 in den Satz gegeben worden. Auf einige seither erschienene Beiträge kann, da der Vortragstext beibehalten wird, nur in einem kurzen Nachtrag hingewiesen werden:
a) Günter P. FEHRING, Methodische Möglichkeiten und Grenzen der Archäologie des Mittelalters, Blätter für deutsche Landesgeschichte 122, 1986, S. 193-205 (zu Anm. 1).
b) Günter P. FEHRING, Einführung in die Archäologie des Mittelalters, Darmstadt 1987 (mit Literaturhinweisen) (zu Anm. 1).
c) Heiko STEUER (Hg.), Zur Lebensweise in der Stadt um 1200. Ergebnisse der Mittelalterarchäologie (= Zeitschrift für Archäologie des Mittelalters, Beiheft 4, 1986) (zu Anm. 13 und 14).
d) Pankraz FRIED – Wolf-Dieter SICK (Hgg.), Die historische Landschaft zwischen Lech und Vogesen. Forschungen und Fragen zur gesamtalemannischen Geschichte, Augsburg 1988 (zu Anm. 2); darin Wolfgang HÜBENER, Der alemannische Raum im frühen Mittelalter: Die archäologischen Quellen, S. 39-73 (zu Anm./12); Clausdieter SCHOTT, Zur Gestaltung der Lex Alemannorum, S. 75-106 (zu Anm. 46); Dieter GEUENICH, Zur Kontinuität und zu den Grenzen des Alemannischen, S. 115-136 (zu Anm. 47 und 73).
e) Dieter PLANCK (Hg.), Archäologie in Württemberg, Stuttgart 1988 (zu Anm. 11); darin DERS., Der obergermanisch-rätische Limes, S. 251-280 (zu Anm. 8); Dietrich LUTZ, Mittelalterliche Burgen, S. 371-380 (zu Anm. 44 und 88); Judith OEXLE, Mittelalterliche Stadtarchäologie in Baden-Württemberg, S. 381-412 (zu Anm. 94).
f) Die deutschen Königspfalzen, hg. vom Max-Planck-Institut für Geschichte, Red. Thomas ZOTZ, Bd. 3: Helmut MAURER (Hg.), Baden-Württemberg, 1. Lieferung 1988 (zu Anm. 86).
g) Tagung des Konstanzer Arbeitskreises für mittelalterliche Geschichte: ›Ausgewählte Probleme europäischer Landnahme des Früh- und Hochmittelalters. Methodische Grundlagendiskussion im Grenzbereich zwischen Archäologie und Geschichte‹, Tagungsort Reichenau Herbst 1988. Bes. Hagen KELLER, ›Probleme der frühen Geschichte der Alamannen aus historischer Sicht‹ (zu Anm. 30).
h) Walter DRACK – Rudolf FELLMANN (Hgg.), Die Römer in der Schweiz, Stuttgart – Jona SG 1988 (zu Anm. 6).

Die Besiedlung Südwestdeutschlands am Ende der Latène-Zeit

Von Franz Fischer

Siedlungsgeschichte ist ein legitimes Thema der Archäologie. Dennoch sind hier Vorbehalte zu beachten. Die Zeiten sind vorbei, in denen man glaubte, man könne mit der Erfassung des bisher Bekannten auf der Karte und in der Analyse gewissermaßen wie in einem Spiegel den Gang der Besiedlung, die Wandlungen und Veränderungen, ja sogar Bevölkerungsbewegungen erkennen. Wir haben gelernt, der ›Trugspiegelung der Denkmälerstatistik‹ – um eine bekannte Formulierung Paul Reineckes zu zitieren[1] – Rechnung zu tragen und grundsätzlich vorauszusetzen, daß wir immer nur einen Ausschnitt zu fassen bekommen, der jeweils auf seine individuellen Bedingungen hin geprüft werden muß. Natürliche Vorgänge und Eingriffe des Menschen haben Siedlungsniederschläge aller Art teils zerstört, teils unkenntlich gemacht und damit der Beobachtung und Erfassung entzogen. Die Intensität der Beobachtung schwankt außerordentlich, doch ist gerade das im Kartenbild in der Regel nicht darstellbar; vor allem schlagen diese Schwankungen niemals von selbst durch bis in die positive Registratur der archäologischen Landesforschung. Last but not least: auch was wir auf die eine oder andere Weise erfaßt haben, ist keineswegs gleichmäßig erschlossen – geschweige denn befriedigend publiziert. Kein Wunder also, daß mehr oder weniger begründete Vermutungen, selten echte Hypothesen das Feld beherrschen.

Trotz dieser Hindernisse muß der Versuch immer erneut gewagt werden. Neue Funde, neue Ausgrabungsergebnisse und neue Beobachtungen regen dazu an. Im vorliegenden Fall liegt ein besonderer Reiz noch darin, daß die archäologischen Daten mit einer Überlieferung konfrontiert werden können, die ihrerseits nur knapp berichtet, aber Vorstellungen spiegelt, auch wenn diese nicht von vornherein ›richtig‹ sein müssen. Natürlich mangelt es bei diesem Doppelaspekt nicht an Fallgruben; sie zu vermeiden ist eine Kunst, die wohl niemand je vollkommen beherrscht hat oder beherrschen wird. Ich kann aber jenem methodologischen Purismus keinen Geschmack abgewinnen, der wegen dieser Fallgruben schon vor dem Versuch, diesem Doppelaspekt gerecht zu werden, warnen zu müssen glaubt. Gewiß besteht die Gefahr, daß wir uns anhand der unmittelbar sprechenden Überlieferung ein Bild machen, das wir der Interpretation der archäologischen Zeugnisse unwillkürlich als Raster unterlegen. Aber wenn eine Gefahr sehen ihr zu begegnen heißt, dann hier. Denn wir müssen ja auch die Überlieferung auf ihre Aussagen hin kritisch prüfen, und dabei wird der Kenner die Archäologie ebensowenig aus seinem Bewußtsein verdrängen können wie umgekehrt. Überdies aber ist diese Prüfung nicht ohne weiteres die gleiche wie diejenige, die der Philologe anstellt. Die lange Geschichte solcher Prüfungen muß man kennen; dennoch entbindet diese Kenntnis keineswegs von eigenem Urteil. Auf jeden Fall wäre es ganz verfehlt, wegen der hier auftretenden Probleme den Wert der

---

1 Germania 22, 1938, S. 235. Reinecke hat sich auch sonst skeptisch gegen die unmittelbare Spiegelung der Besiedlungsgeschichte in der Fundstatistik geäußert: Bericht RGK. 23, 1933, S. 151.

Überlieferung überhaupt leugnen zu wollen. Letztlich ergibt ja erst die kritische Zusammenschau jenen Maßstab, an dem wir die Aussagekraft der einen wie der anderen Quellengattung im konkreten Fall messen können. Denn am Ende geht es ja nicht um Gedankenspiele oder um unverbindliche Theorien, sondern um das Erkennen historischer Sachverhalte und Vorgänge.

Die Siedlungsgeschichte Südwestdeutschland in der Latènezeit ist lange Zeit im Licht einer allmählichen Ausdünnung gesehen worden[2], wie es im Grunde auch die 1934 im Druck erschienene Marburger Dissertation von Kurt Bittel »Die Kelten in Württemberg« zu bestätigen schien[3]. Dies ist von der historischen Forschung vor allem in der Schweiz, allen voran von Felix Staehelin, in Verbindung mit einer indirekt aus historischen Nachrichten erschlossenen Auffassung gesehen worden[4]. Die Helvetier, für die mehrere antike Quellen ältere Wohnsitze in Süddeutschland belegen[5], seien demnach während des 2. und frühen 1. Jahrhunderts v. Chr. in die Schweiz abgewandert, dort also noch gar nicht allzu lange ansässig gewesen, als sie sich entschlossen, aus ihren von Caesar b. G. 1, 2, 3 beschriebenen Wohnsitzen im Schweizerischen Mittelland[6] auszuwandern. Gegen diese Hypothese hat allerdings der Schweizer Prähistoriker David Viollier schon früh eingewandt, daß archäologisch ein solcher Vorgang in keiner Weise belegt werden könne[7]; vor allem lasse sich auch ein Bevölkerungswechsel auf Grund der Funde nicht nachweisen. Hauptstütze hierfür war die Fundstatistik; mit formalen Indizien, das hatte sich inzwischen ergeben, waren Stammesgrenzen ohnedies nicht zu erkennen. Die neueren Ergebnisse der archäologischen Landesforschung haben diese Auffassung nur bestätigen können[8].

Nach dem letzten Kriege hat die Forschung vor allem in der Durcharbeitung des Quellenstoffs, aber auch in der Erschließung und Untersuchung größerer Siedlungen Fortschritte gemacht. Das gilt nicht zuletzt für die Erforschung, aber auch den Nachweis der vielbehandelten ›Viereckschanzen‹, die man heute nach dem Vorschlag Kurt Bittels überwiegend als ›nemeta‹, als keltische Heiligtümer bezeichnet[9]; dabei ist aber deutlich,

2 Wegweisend für eine frühe Phase der Forschung wurden vor allem die Darlegungen K. SCHUMACHERS, z.B. Praehist. Zeitschrift 6, 1914, S. 406 ff.

3 K. BITTEL, Die Kelten in Württemberg. Röm.-German. Forsch. 8 (1934), bes. S. 115 ff. Auf jüngerem Stand der Fundstatistik habe ich eine Übersicht gegeben Fundber. aus Schwaben NF 18/1, 1967, S. 61 ff., besonders S. 80 ff. Eine allgemeine Übersicht siehe bei K. BITTEL, W. KIMMIG und S. SCHIEK (Hrsg.), Die Kelten in Baden-Württemberg (1981).

4 F. STAEHELIN, Die Schweiz in römischer Zeit[3] (1948) S. 27 ff.

5 Tacitus, Germania cap. 28. Klaudios Ptolemaios Geogr. II 11, 6 (Helvetiereinöde). Cassius Dio Hist. Rom. XXXVIII 33, vgl. dazu E. HOWALD und E. MEYER, Die römische Schweiz (o.J.; 1940) S. 34 f. Anm. 1; H. NESSELHAUF, Bad. Fundber. 19, 1951, S. 71 ff., besonders S. 76 Anm. 8; den Versuch von J. DE WEVER und R. VAN COMPERNOLLE, Latomus 25, 1966, S. 526 ff., das Zeugnis Cassius Dios als unzutreffend zu erweisen, halte ich nicht für geglückt.

6 Ob diese Beschreibung von Caesar selbst stammt oder, wie gelegentlich angenommen wird, später interpoliert wurde, ändert nichts daran, daß sie offenkundig zutraf.

7 D. VIOLLIER, Les sépultures du second âge du fer sur le plateau suisse (1916) S. 90 f.

8 Zum neueren Forschungsstand siehe etwa Ur- und frühgeschichtliche Archäologie der Schweiz Bd. 4: Die Eisenzeit (1974), hier etwa L. BERGER S. 61 ff. zur jüngeren Latènezeit und E. MEYER S. 197 ff. zu den ethnographischen Fragen.

9 K. BITTEL, Viereckschanzen und Grabhügel - Erwägungen und Anregungen. Zeitschr. f. Schweiz. Archäologie u. Kunstgeschichte 35, 1978, S. 1 ff. S. SCHIEK, Zu Viereckschanzen und Grabhügeln. Fundber. aus Baden-Württ. 7, 1982, S. 221 mit weiteren Beispielen.

Grabfunde aus Südbayern   Siedlungsfunde aus Manching

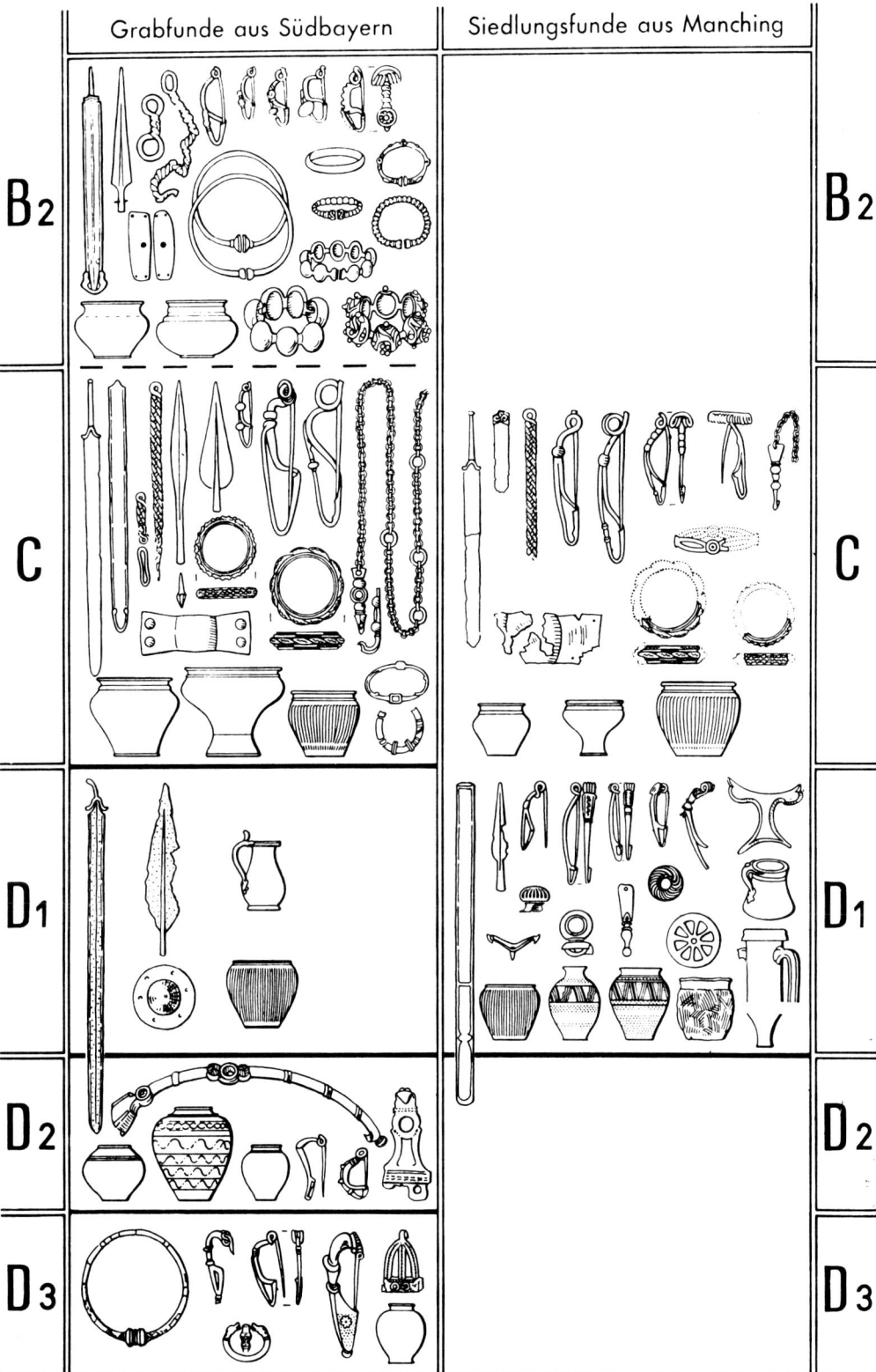

Abb. 1 Die Stellung Manchings im Schema der Latènechronologie in Südbayern. Nach W. Krämer, Germania 40, 1962, S. 306 Abb. 1

daß wir sowohl zeitliche als auch sachliche Auffächerungen zu berücksichtigen haben[10]. Im übrigen muß vornehmlich auf die Untersuchung einiger größerer Siedlungen, vor allem einiger Oppida, verwiesen werden[11]. Schließlich muß ich wegen der Bedeutung für unser Thema etwas ausführlicher auf die in einer langen Diskussion erarbeitete, feinere Aufgliederung des Materials in chronologischer Hinsicht eingehen. Hierbei geht es recht eigentlich um die jüngste der vier ›Stufen‹ der mitteleuropäischen Latène-Kultur in der von Paul Reinecke zu Beginn unseres Jahrhunderts entworfenen Nomenklatur, unter dem Kürzel ›LT D‹ allgemein bekannt; während ihr Ende von Anfang an mit dem Beginn der römischen Okkupation unter Augustus festgelegt wurde, unterlag ihr Beginn schon bei Reinecke selbst erheblichen Schwankungen[12]. Diese ›Stufe‹ LT D hat Werner Krämer 1962 auf Grund der bis dahin bei den Untersuchungen im Oppidum von Manching erzielten Ergebnisse in drei Phasen unterteilt; freilich hatten diese Ausgrabungen bestenfalls 8% des einst besiedelten Areals dieses Oppidums erfaßt[13], und wie groß sich dieser Anteil nach den 1984 und 1985 unter der Leitung von Ferdinand Maier durchgeführten Ausgrabungen[14] darstellen wird, bleibt abzuwarten. Dieser Gesichtspunkt ist nicht ganz unwesentlich für das Verständnis der Diskussion. Krämer hat seine Aufgliederung in der vielbeachteten Tabelle Abb. 1[15] optisch dargestellt: die jüngste Besiedlungsphase des Oppidums umschrieb er als LT D 1, ungefähr identisch mit dem Formenensemble, das Reinecke einst für seine Stufe LT D überhaupt genannt hatte; zwei durch offenkundig jüngere Formen charakterisierte Gräbergruppen hat Krämer dann als LT D 2 und LT D 3 bezeichnet. Während uns die Phase LT D 3, weil offenkundig schon frühkaiserzeitlich, nicht zu beschäftigen braucht, bedarf die Gliederung in LT D 1 und LT D 2 einiger Erläuterungen.

Der Auffassung Reineckes[16] folgend, hatte Krämer das Ende des Oppidums von Manching als katastrophales Ereignis im Sinne einer umfassenden Zerstörung der Siedlung verstanden und in unmittelbarem Zusammenhang mit dem Alpenfeldzug der beiden Augustus-Stiefsöhne Tiberius und Drusus im Jahre 15 v. Chr. gesehen[17]. Doch nur wenige Jahre später haben Rainer Christlein und Peter Glüsing, später auch Sabine Rieckhoff[18] zeigen können, daß die von Krämer umschriebene Phase LT D 2 – vornehmlich charakteri-

10 Darauf hat BITTEL, a.a.O. und Kelten in Baden-Württemberg S. 112f., 116 mit gutem Grund hingewiesen. Vgl. auch R. CHRISTLEIN und S. STORK, Der hallstattzeitliche Tempelbezirk von Aiterhofen, Landkreis Straubing-Bogen, Niederbayern, Jahresber. Bayer. Bodendenkmalpflege 21, 1980, S. 43 ff.
11 Eine Übersicht, freilich längst ergänzungsbedürftig, geben U. SCHAAFF und A. K. TAYLOR, in: Ausgrabungen in Deutschland gefördert von der Deutschen Forschungsgemeinschaft 1950-1975 III (1975) S. 313 ff. Auf einzelne Untersuchungen ist zurückzukommen.
12 Reinecke hat Festschr. d. Röm.-German. Zentralmuseums Mainz (1902) S. 65 (= P. REINECKE, Mainzer Aufsätze zur Chronologie der Bronze- und Eisenzeit, 1965, S. 100) den Beginn seiner Stufe LT D »zweifellos mit dem Festsetzen der römischen Macht in Südgallien« zusammengebracht, aber Ber. RGK. 23, 1933, S. 150 korrigiert und die Zeit der gallischen Feldzüge Caesars für diesen Beginn genannt, sofern die Station La Tène etwas mit dem Auszug der Helvetier im Jahre 58 v. Chr. zu tun habe. Dieser Ansatz hat die Forschung lange Zeit maßgeblich beeinflußt.
13 So W. KRÄMER, in: Ausgrabungen in Deutschland gefördert von der Deutschen Forschungsgemeinschaft 1950-1975 I (1975) S. 291.
14 Berichte darüber aus der Feder von F. MAIER und Mitarbeitern siehe Germania 63, 1985, S. 17 ff.; 64, 1986, S. 1 ff.
15 Vgl. W. KRÄMER, Germania 40, 1962, S. 293 ff., die Tabelle Abb. 1 auf S. 306.
16 Sammelbl. Hist. Ver. Ingolstadt 59, 1950, S. 31 f. (mit Anm. 42).
17 Germania 40, 1962, S. 309.
18 R. CHRISTLEIN, Datierungsfragen der spätestlatènezeitlichen Brandgräber Südbayerns. Bayer. Vorgeschichtsbl. 29, 1964, S. 241 ff. P. GLÜSING, Frühe Germanen südlich der Donau. Offa 21/22, 1964/65, S. 7 ff.; S. RIECKHOFF, Datierungsfragen früher gallo-römischer Fibelformen. Arch. Informationen 1, 1972, S. 77 ff.

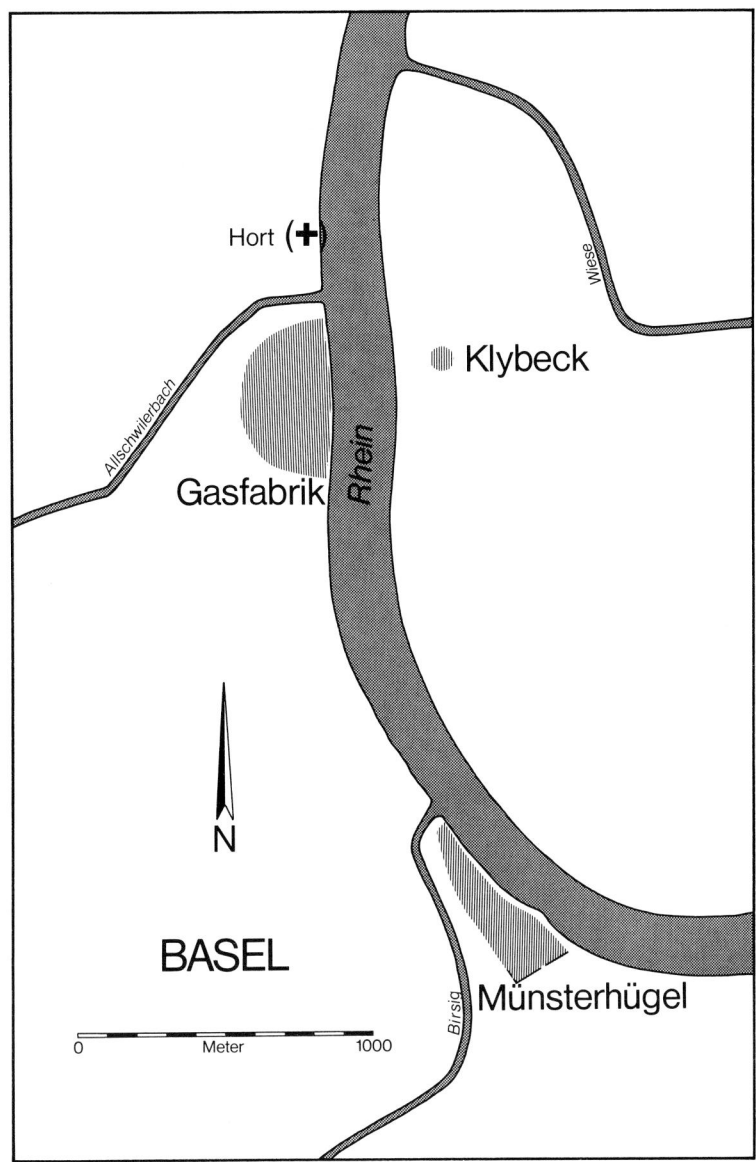

Abb. 2
Basel, Topographie der
Spätlatène-Siedlungen.
Entwurf Fischer.
Die Lokalisierung des
Hortes von ›Saint-Louis‹
ist hypothetisch

siert durch die ›Geschweifte Fibel‹ – im wesentlichen schon vor dem Jahre 15 v. Chr. angesetzt werden muß, so daß die ›Nauheimer Fibel‹ – charakteristisch für LT D 1 – um wenigstens eine Generation früher zu datieren ist[19]; Forschungen von Alfred Haffner im linksrheinischen Bergland – historisch gesprochen: im Treverergebiet – haben dieses Ergebnis bestätigt[20]. Wir haben heute damit zu rechnen, daß die von Reinecke als ›Stufe Latène D‹ bezeichnete, spätlatènezeitliche Typengesellschaft schon einige Zeit vor 100 v. Chr. beginnt und ungefähr in der Mitte des letzten vorchristlichen Jahrhunderts mindestens bei den Fibeln einer neuen Gruppierung Platz macht.

19 Zum schärferen Erfassen des Übergangs LT D 1/2 siehe unten S. 35 ff.
20 A. HAFFNER, Zum Ende der Latènezeit im Mittelrheingebiet unter besonderer Berücksichtigung des Trierer Landes. Arch. Korrespondenzbl. 4, 1974, S. 59 ff. DERS., Zur absoluten Chronologie der Mittellatènezeit. Ebenda 9, 1979, S. 405 ff.

Dieses Ergebnis hatte indessen, worauf ich hier nur kurz hinweisen kann, Hansjürgen Müller-Beck schon 1964 bei der Vorlage seiner Untersuchungen am inneren Wall des Oppidums auf der Berner Engehalbinsel vorweggenommen[21]. Dort war nämlich die für LT D 1 bezeichnende Nauheimer Fibel nicht nur in der Wall-Aufschüttung, sondern auch in einer Grube unter dem Wall nachgewiesen worden. Müller-Beck kam auf Grund einer historischen Kombination, die man als Hypothese noch immer gelten lassen darf, zu dem Ergebnis, daß der erwähnte ›innere‹ Wall eine Befestigung des Oppidums darstellt, die zu dem entsprechend Caesars Wiederaufbau-Befehl b. G. 1, 28, 3 restaurierten, wenn auch räumlich reduzierten Oppidum gehört[22].

Der wichtigste Forschritt ist aber in den siebziger Jahren in Basel erzielt worden. Dort kannte man durch die von Emil Major vor und nach dem 1. Weltkrieg durchgeführten Untersuchungen eine große Spätlatène-Siedlung bei der alten Gasfabrik[23] (Abb. 2). Sie hat aus zahlreichen Gruben und einigen Gräbern ein sehr reiches Fundmaterial geliefert, das einen umfassenden Überblick über das antiquarische Material von der ausgehenden Mittellatènezeit – Reineckes Stufe LT C – bis weit in die Zeit ausschließlicher Geltung der Nauheimer Fibel bietet[24]. Im Vergleich mit Krämers Manching-Tabelle Abb. 1 mußte aber bemerkt werden, daß hier einige Fibeln fehlen, die Krämer in Manching noch der Phase LT D 1 zugerechnet hatte, und die man etwa in der Wetterau und am Mittelrhein in einiger Zahl belegen konnte. Gemeint sind die sogenannte Schüsselfibel – hier in Abb. 3 Nr. 3 – und die Fibel Almgren 65 – hier in Abb. 3 Nr. 4 – , von Elisabeth Ettlinger ›Knotenfibel‹ genannt[25], die als Ausgangsform einer ganzen Reihe von Fibelformen der Römischen Kaiserzeit eine wichtige Rolle spielt. Infolge ihrer weiten Verbreitung von Oberitalien und Krain bis ins Rheingebiet, nach Nordgallien und bis nach Böhmen ist diese Fibel für chronologische Untersuchungen besonders geeignet, bedarf aber erst noch einer systematischen Sammlung und Variantengliederung, bevor man sich ganz auf sie verlassen darf[26].

Diese Beobachtung erhielt besonderes Gewicht durch die Untersuchungen, die in den frühen siebziger Jahren auf dem Münsterhügel zu Basel begonnen wurden und in den Ausgrabungen im Münster selbst ihren Höhepunkt gefunden haben[27]. Dazu muß man freilich wissen, daß der Münsterhügel früher schon einmal als Oppidum der Rauraker in Verdacht geraten, wegen des ausgesprochen negativen Befundes einer Grabung auf dem Münsterplatz selbst während des letzten Krieges aber dann doch als erst in der frühen Römischen Kaiserzeit besetzter Platz betrachtet worden war[28]. Ganz überraschend konnte

---

21 H. MÜLLER-BECK und E. ETTLINGER, Die Besiedlung der Engehalbinsel in Bern auf Grund des Kenntnisstandes vom Februar des Jahres 1962. Ber. RGK. 43-44, 1962-63 (1964) S. 107-153.
22 H. MÜLLER-BECK, a.a.O., S. 137, 143.
23 E. MAJOR, Gallische Ansiedelung mit Gräberfeld bei Basel (1940). Das hier in einem Zusammendruck zahlreicher Vorberichte nur auszugsweise gebotene Fundmaterial ist so vollständig wie noch möglich vorgelegt worden von A. FURGER-GUNTI und L. BERGER, Katalog und Tafeln der Funde aus der spätkeltischen Siedlung Basel-Gasfabrik. Basler Beiträge zur Ur- und Frühgeschichte Bd. 7 = Untersuchungen zur spätkeltisch-frührömischen Übergangszeit in Basel Bd. 2 (1980); dazu siehe V. PINGEL, Germania 64, 1986, S. 229ff.
24 FURGER-GUNTI und BERGER (Anm. 23) S. 13 mit Taf. 1-7.
25 E. ETTLINGER, Die römischen Fibeln in der Schweiz (1973) passim, bes. S. 48ff. zu Typ 8. Vgl. auch FURGER-GUNTI (Anm. 27) S. 55f.
26 Eine monographische Bearbeitung ist in Tübingen als Dissertation in Arbeit.
27 Grundlegend jetzt A. FURGER-GUNTI, Die Ausgrabungen im Basler Münster I: Die spätkeltische und augusteische Zeit (1. Jahrhundert v. Chr.). Basler Beiträge zur Ur- und Frühgeschichte Bd. 6 = Untersuchungen zur spätkeltisch-frührömischen Übergangszeit in Basel Bd. 1 (1979).
28 Dazu ausführlich R. FELLMANN, Basel in römischer Zeit. Monographien zur Ur- und Frühgeschichte der Schweiz Bd. 10 (1955) S. 17ff. mit Einzelnachweisen.

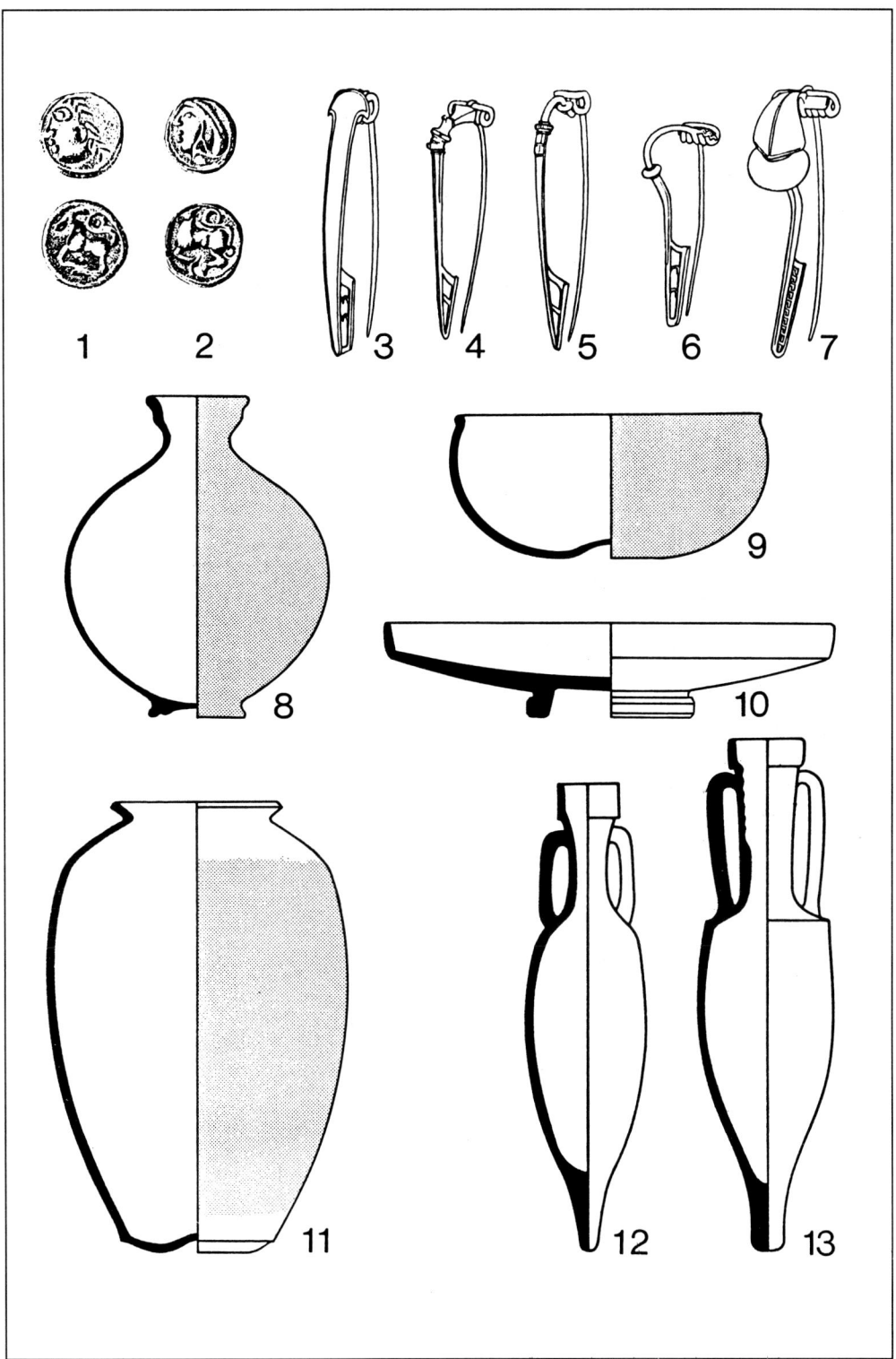

Abb. 3   Zusammenstellung charakteristischer Typen aus dem Oppidum Basel-Münsterhügel. Nach A. Furger-Gunti, Die Ausgrabungen im Basler Münster I (1979) S. 125 Abb. 61

Ludwig Berger zusammen mit Andres Furger-Gunti 1971/72 im Verlauf des südöstlichen Zugangs zum Münsterplatz in der Rittergasse eine spätlatènezeitliche Toranlage mit Ansätzen der Befestigung nach Art des *murus Gallicus* (b. G. 7, 23) feststellen[29], und ebenso wie diese Befestigung erwiesen sich dann auch die im Münster selbst sorgfältig untersuchten Niederschläge der Siedlung als mehrperiodig[30]. Hier interessiert vor allem, daß die in der Gasfabriksiedlung noch fehlenden Fibeltypen Manchings auf dem Münsterhügel zusammen mit eindeutigen Fibeln der Phase LT D 2 (nach Krämer) auftreten, die für LT D 1 typische Nauheimer Fibel aber nur noch in wenigen Exemplaren nachweisbar ist (Abb. 3). Einiges Interesse verdient sodann, daß sich auch bei einigen Gattungen der Keramik Unterschiede feststellen lassen. So erscheinen auf dem Münsterhügel erstmals gallische, offenbar auf italische Anregungen zurückzuführende Dolien, und bei den Amphoren läßt sich auf dem Münsterhügel ein Überwiegen der jüngeren Form Dressel 1 B überdeutlich feststellen (Abb. 3)[31].

Diese Beobachtungen haben zu dem Schluß geführt, daß sich die Siedlung Basel-Gasfabrik und das Münsterhügel-Oppidum zeitlich ungefähr ausschließen. A. Furger-Gunti hat mit statistischen Untersuchungen zu klären versucht, ob sich das Ende der Gasfabrik-Siedlung mit dem Beginn des Münsterhügel-Oppidums überschneidet, deckt oder ob eine gewisse Lücke dazwischen bleibt, ohne daß ein eindeutiges Ergebnis hätte erzielt werden können[32]. Das ist aber, wie immer im Falle enger zeitlicher Berührung, von derartigen Untersuchungen auch gar nicht zu erwarten. Für unsere Betrachtung genügt es zunächst, daß ein zeitlicher Ausschluß ungefähr gelten kann.

Wichtig bleibt an diesem Ergebnis, daß die Trennung zwischen Basel-Gasfabrik und Basel-Münsterhügel im Rahmen der Nomenklatur Krämers noch innerhalb der Phase LT D 1, wenn auch vermutlich nahe an deren Ende anzusetzen ist. Das Gewicht dieser Feststellung ist deshalb erheblich, weil sie sich offenbar nicht auf den Raum Basel beschränkt, sondern ebenso bei Breisach und am nordwestlichen Kaiserstuhl zu beobachten ist. Lange bekannt ist die Spätlatène-Siedlung von Breisach-Hochstetten[33], die sich – auch auf Grund neuerer Untersuchungen, so viel mir bekannt – mit einem Beginn während der ausgehenden Mittel-Latènezeit (LT C 2 nach Krämer, vgl. Abb. 2) dann ganz auf die Phase LT D 1 beschränkt und jedenfalls nichts mehr von LT D 2 enthält; aber wie in Basel-Gasfabrik fehlen auch hier Schüsselfibeln und Knotenfibeln[34]. Umgekehrt scheint es Indizien zu geben, die es erlauben, die Funde vom Breisacher Münsterberg, den man heute allgemein im Sinne eines Oppidums interpretiert, zeitlich mit denen des Basler Münster-Hügel-Oppidums zu parallelisieren[35]. Ähnliches wiederholt sich bei Sasbach am Nord-

29 Außer zwei Vorberichten sind vor allem wichtig zwei Aufsätze von A. FURGER-GUNTI: Jahrb. Schweiz. Gesellsch. f. Ur- u. Frühgeschichte 58, 1974/75, S. 77 ff.; ebd. 63, 1980, S. 131 ff. Vgl. ferner Furger-Gunti (Anm. 27) S. 131 ff. mit weiteren Nachweisen.
30 FURGER-GUNTI (Anm. 27) passim.
31 FURGER-GUNTI (Anm. 27) S. 87 ff. (Dolien); S. 90 ff. (Amphoren).
32 FURGER-GUNTI (Anm. 27) S. 120 ff.
33 G. KRAFT, Bad. Fundberichte III, 1933-1936, S. 225 ff. F. FISCHER, Spätkeltische Funde aus dem Badischen Oberland. Ungedr. Phil.-Diss. Tübingen 1952, passim. Funde aus neuen Ausgrabungen sind bearbeitet in der in München abgeschlossenen, vor dem Druck stehenden Dissertation von I. STORK, vgl. vorläufig Arch. Nachr. aus Baden 15, 1975, S. 3-9.
34 So nach freundlicher Mitteilung von Herrn Dr. I. Stork, Stuttgart.
35 H. BENDER, Neuere Untersuchungen auf dem Münsterberg in Breisach. 1: Die vorrömische Zeit. Arch. Korrespondenzbl. 6, 1976, S. 213 ff., bes. S. 221 ff., wo der Verf. sich auf Darlegungen von I. Stork stützt. Arch. Nachr. aus Baden 16, 1976, S. 6. FURGER-GUNTI (Anm. 27) S. 130 Abb. 64.

westeck des Kaiserstuhls und dem hochgelegenen Limberg-Oppidum, so weit ich freundlichen Mitteilungen von Gerhard Fingerlin und Rolf Dehn entnehmen darf[36].

Wenn diese Gleichzeitigkeit der Aufgabe einer offenen, mindestens nicht massiv befestigten Siedlung am Flußufer und der Anlage einer befestigten, doch wohl als Oppidum im Sinne Caesars zu bezeichnenden Siedlung in Schutzlage auf einem Berg als überörtlich am südlichen Oberrhein angenommen werden darf, wie es den Anschein hat, stellt sich natürlich die Frage nach der absoluten Datierung. A. Furger-Gunti hat sich in sorgfältiger Analyse der in Betracht zu ziehenden, aussagefähigen Fundgattungen dahingehend ausgesprochen, daß die Ereignisse des Jahres 58 v. Chr. – Auszug und Rückkehr der mit den Helvetiern verbündeten Rauraker – zwar den plausibelsten Ansatz darstellten, die Koinzidenz aber gleichwohl unbeweisbar bleibe[37]. Dabei konnte er jedoch die erst 1979 publizierten Überlegungen Alfred Haffners zur absoluten Datierung der Mittleren Latènezeit[38] noch nicht berücksichtigen. Diese fallen deshalb ins Gewicht, weil Furger-Gunti unter anderem auch auch mit einem vorsichtigen Vergleich der Fundmengen der Gasfabrik und des Münsterhügel-Oppidums operierte und hierfür von einem Beginn der Spätlatènezeit – Übergang LT C 2 / LT D 1 – um 100 v. Chr. ausging[39], während Haffner eben diesen Zeitpunkt (wenn man diesen Begriff überhaupt verwenden darf) rund eine Generation früher, um 125 v. Chr., angesetzt hat. Innerhalb der von Furger-Gunti vorgetragenen Argumentation wirkt die von Haffner mit einleuchtenden Überlegungen begründete Rückverschiebung jedenfalls erleichternd. Auch wenn man nicht aus dem Auge verlieren darf, daß der Ansatz des Wechsels Gasfabrik/Münsterhügel in Basel im Jahre 58 v. Chr. eine Hypothese bleibt, so wird man ihr doch so viel Gewicht beimessen dürfen, wie nötig ist, um bis zum sicheren Beweis ihrer Unrichtigkeit mit ihr arbeiten zu dürfen. Unter dieser Voraussetzung ist die Frage legitim, ob denn nicht auch in der Region von Breisach und am nordwestlichen Kaiserstuhl-Vorland dieser Vorgang ursächlich für die Aufgabe einer unmittelbar auf die Flußschiffahrt bezogenen, offenen Ufersiedlung und die Neugründung einer hochgelegenen, befestigten Siedlung gewesen sein könnte. Mit anderen Worten: hat Caesar nicht nur den Helvetiern befohlen, die vor der Auswanderung zerstörten Siedlungen einschließlich der *oppida* wieder aufzubauen, sondern auch den an dieser Stelle gar nicht eigens erwähnten Raurakern (b. G. 1, 28, 3) – und, sollten die Bewohner von Breisach und am Kaiserstuhl gar nicht zu ihnen gehören, auch deren für uns namenlose Nachbarn?[40] Die Absicht, ganz Gallien und besonders den strategisch wichti-

---

36 Vgl. G. Fingerlin, Arch. Nachrichten aus Baden 10, 1973, S. 5ff.; 15, 1975, S. 9ff.; 16, 1976, S. 8ff; Ders., in: Studien zu den Militärgrenzen Roms II (Beih. Bonner Jahrb. 38, 1977) S. 131ff., Fundberichte aus Baden-Württemberg 5, 1980, S. 105; S. 234ff. und G. Fingerlin, in: K. Schmid (Hrsg.), Kelten und Alemannen im Dreisamtal. Veröffentl. des Alemann. Instituts Freiburg 49 (1983) S. 40ff.

37 A. Furger-Gunti, Jahrb. Schweiz. Gesellsch. f. Ur- und Frühgeschichte 58, 1974/75, S. 121; S. 129.

38 A. Haffner, Zur absoluten Chronologie der Mittellatènezeit. Arch. Korrespondenzbl. 9, 1979, S. 405ff. Vgl. auch W. Krämer, Die Grabfunde von Manching und die latènezeitlichen Flachgräber in Südbayern. Die Ausgrabungen in Manching 9 (1985) S. 44.

39 Furger-Gunti (Anm. 27) S. 129.

40 Dazu zuletzt F. Fischer, Caesar und die Helvetier. Neue Überlegungen zu einem alten Thema. Bonner Jahrb. 185, 1985, S. 1ff., besonders S. 11f. (Abschn. IX). Die Argumentation von H. Nesselhauf, Bad. Fundberichte 19, 1951, S. 21f. Anm. 2, wonach der Name der Rauraker in b. G. 1, 28, 3 zwingend ergänzt werden müsse, war mir dabei entgangen. Nach reiflicher Erwägung scheint mir Nesselhauf die enzyklopädische Genauigkeit Caesars doch etwas zu überschätzen. Ich möchte jedenfalls daran festhalten, daß man das Fehlen des Rauraker-Namens an dieser Stelle ernst nehmen sollte; welche Schlüsse man daraus ziehen darf, wird freilich immer Ermessenssache bleiben, und was ich für möglich halte, habe ich am zitierten Ort gesagt. Zustimmen möchte ich Nesselhauf aber bezüglich seiner Einschätzung der verschiede-

gen Aufmarschraum im Gebiet der Saône gegen Einfälle sei es aus dem Alpengebiet, sei es
aus dem rechtsrheinischen Gebiet der *Germani qui trans Rhenum incolunt* (b. G.1, 1, 3;
28, 4) nach Möglichkeit abzuschirmen, ist ja ausdrücklich in der Begründung des Rückwei-
sungsbefehls an die Helvetier (b. G. 1, 28 4) enthalten, wäre also auch für die rechtsrheinischen Siedlungen am oder gar im Flußbereich unmittelbar verständlich [41].

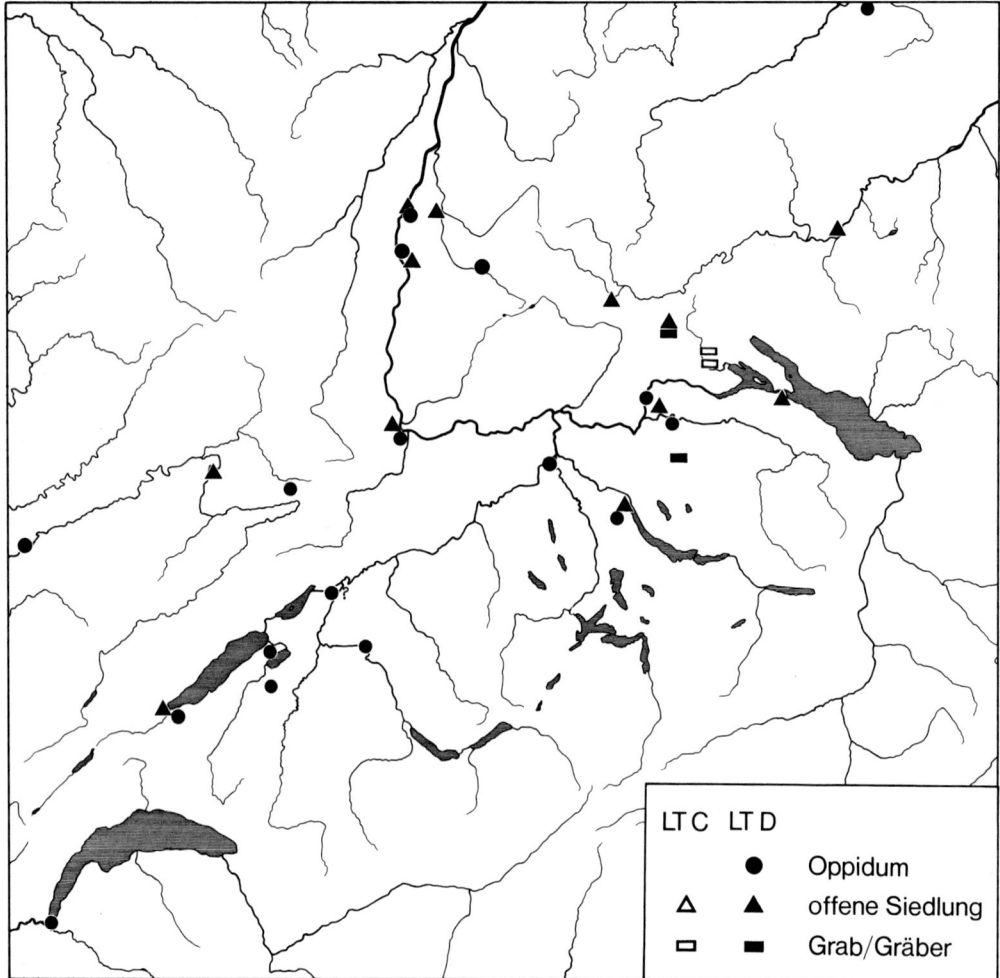

Abb. 4 Die wichtigeren, im Text erwähnten Fundpunkte. Entwurf Fischer

Daß dies im Widerspruch steht zu Maßnahmen, die wir später unter Augustus' Oberbe-
fehl sich vollziehen sehen, ist nicht ohne weiteres ein Grund, an dem vermuteten
Zusammenhang zu zweifeln. Gewiß hat Augustus in einigen nachweisbaren Fällen –
erwähnt sei nur Bibracte [42] – die Verlegung von befestigten Bergsiedlungen in die Ebene

nen antiken Nachrichten über die späteren Wohnsitze der Rauraker. Eine namentliche Benennung der
spätlatènezeitlichen Einwohner von Breisach-Hochstetten und des Limbergs ist nun einmal nicht möglich,
weil Quellen fehlen; das bedeutet natürlich nicht, daß sie von dem Festsetzen Ariovists und den
Ereignissen des Jahres 58 v. Chr. unberührt geblieben sind.
41 Zu der politisch-strategischen Kalkulation Caesars siehe meine Darlegungen a.a.O., passim, besonders
S. 10 (Abschn. VIII).
42 J. Déchelette, Manuel d'Archéologie préhistorique, celtique et galloromaine II 3 (1914) S. 948 ff;
J.-P. Guillaumet, Bibracte, capitale déchue des Eduens. Archéologie no. 53, mai 1981, S. 8-15.

veranlaßt; selbst in Italien läßt sich ein solcher Vorgang namhaft machen[43]. Aber hier darf man doch die Unterschiede der jeweils gültigen Absichten nicht übersehen. Dafür bietet vielleicht gerade Bibracte einen Hinweis. Otto Hirschfeld hat sich einst mit einem – freilich etwas unsicheren – Beleg für eine von Caesar in Bibracte gegründete oder wenigstens geplante *colonia* des Namens *Iulia Pollia* beschäftigt und die Tatsache selbst für keineswegs abwegig gehalten[44]. Sollte sie zutreffen, was hier nicht weiter verfolgt werden kann, würden auch die einst von Franz Oelmann genauer gewürdigten hellenistischen Bauten auf dem Mont Beuvray[45] eine andere Bedeutung bekommen, als man sie ihnen bisher meistens im Sinne von Wohnsitzen der haeduischen Aristokratie beigemessen hat[46]. Die geographische und verkehrspolitische Lage Bibractes zeigt jedenfalls klar, daß Caesar andere Gesichtspunkte im Auge hatte als später Augustus: ihm mußte es um die Sicherung oder Behauptung wichtiger Punkte in Gallien gehen, und daß er dieses Ziel sogar in dem wichtigsten Ort der seit alters mit Rom verbündeten Haeduer verfolgt haben soll, ist nach deren Verhalten während des großen Vercingetorix-Aufstandes im Jahre 52 keineswegs unverständlich; auch die in seinem Namen oder Auftrag deduzierten Kolonien Julia Equestris, Raurica und Lugdunum entsprechen dieser Absicht[47]. Augustus dagegen war offenkundig eher darauf bedacht, mögliche Ansatzpunkte von Aufständen auszuschalten, weil er die Truppen aus Gallien an den Rhein vorschieben wollte. Im ersten Jahr des Gallischen Krieges wiederum lag es durchaus in Caesars Interesse, am südlichen Oberrhein Stützpunkte in Form von befestigten Höhensiedlungen – *oppida* in dem von Caesar viel gebrauchten Sinne[48] – einzurichten durch einheimische Gallier, die ohne große Not unter Kontrolle gehalten, vielleicht sogar auf diplomatischen Wegen als Verbündete gewonnen werden konnten; wir werden daher Caesars wirkende Hand auch in Breisach und am Limberg vermuten dürfen.

So gut man sich also in Basel, in Breisach und am Limberg den vermutlich 58 v. Chr. erfolgten Wechsel der Siedlungsplätze verständlich machen kann, soll doch nicht verschwiegen werden, daß noch genug Fragen offen bleiben. An erster Stelle ist hier das Ptolemaios Geogr. II 11, 15 genannte Tarodunum zu nennen, das seit langem mit der großen Befestigung im Kirchzartener Talkessel identifiziert wird[49]. Trotz aller Bemühungen durch Denkmalpfleger und sonstige Interessenten hat sich eine Siedlung im Innern bisher nicht zu erkennen gegeben; die wenigen Funde, die Ernst Fabricius und Friedrich Leonhard bei ihrer Grabung am Tor des ›Heidengrabens‹ 1901 angetroffen haben, scheinen sich eher zu den Funden der Basler Gasfabrik-Siedlung als zu jüngerem Material zu

43 Saepinum bei Altilia: H. PHILIPP, RE I A (1920) Sp. 1723f.; E. KORNEMANN, ebenda XVIII (1942) Sp. 713. CIL IX 2438. Heute Sepino (Molise).
44 O. HIRSCHFELD, Kleine Schriften (1913) S. 202 mit Anm. 3.
45 F. OELMANN, Haustypen in Bibrakte. Germania 4, 1920, S. 49-60.
46 So etwa bei J. WERNER, Die Bedeutung des Städtewesens für die Kulturentwicklung des frühen Keltentums. Die Welt als Geschichte 4, 1939, S. 380-390.
47 Dazu K. KRAFT, Die Rolle der Colonia Iulia Equestris und die römische Auxiliarrekrutierung. Jahrb. RGZM 4, 1957, S. 81 ff.
48 W. DEHN, Die gallischen ›oppida‹ bei Cäsar. Saalburg-Jahrb. 10, 1951, S. 36-49.
49 F. FISCHER, Beiträge zur Kenntnis von Tarodunum. Bad. Fundberichte 22, 1962, S. 37-49. Einen neueren Forschungsstand bieten in dem Band K. SCHMID (Hrsg.), Kelten und Alemannen im Dreisamtal (Anm. 36) die Beiträge von G. FINGERLIN, Das keltische Oppidum von Tarodunum (S. 25-44) und R..NIERHAUS, Zur literarischen Überlieferung des Oppidums Tarodunum (S. 45-70); für die literarische Überlieferung ist ebenso zu beachten R. NIERHAUS, Zu den topographischen Angaben in der ›Geographie‹ des Klaudios Ptolemaios über das heutige Süddeutschland. Fundber. aus Baden-Württemberg 6, 1981, S. 475-500.

stellen[50]. Ähnliches gilt offenbar für die Spätlatène-Siedlung bei Riegel[51] und auch für die interessante Befestigung auf dem ›Kegelriß‹ bei Ehrenkirchen[52]. Die nicht wenigen kleineren, verstreuten Fundgruppen im Breisgau[53] sind vielfach zu klein, um aussagefähig zu sein. Insgesamt bleibt vorläufig aber doch der Eindruck, daß der Wechsel von der Flußufersiedlung zum Oppidum, wie man sie in Basel, in Breisach und wahrscheinlich am Limberg konstatieren kann, mit einer Aufgabe kleinerer Siedlungsplätze, aber auch befestigter Siedlungen wie Tarodunum und Kegelriß verbunden war, die sich vorläufig einer Erklärung nicht recht öffnen will[54] (Abb. 4).

Östlich des Schwarzwaldes, der damals als siedlungstechnische Scheidelinie zu gelten hat, auch wenn er sicher keineswegs undurchlässig war, stehen wir vor ähnlichen Fragen. Noch vergleichsweise klar liegen die Verhältnisse bei dem Doppel-Oppidum von Altenburg-Rheinau südlich von Schaffhausen[55]. Hier schneiden Befestigungsanlagen die beiden vom Rhein durch eine große Doppelschleife gebildeten Halbinseln ab und schirmen offenkundig einen alten Rheinübergang und zugleich die Kopfstation der Rheinschiffahrt unterhalb des Rheinfalls. Die Funde der bei Altenburg, also auf dem rechten Ufer gelegenen spätlatènezeitlichen Siedlung lassen den Schluß zu, daß die Siedlung am Übergang von der Mittleren zur Späten Latènezeit – also ungefähr um 120 v. Chr. – angelegt und im zeitlichen, wohl auch ursächlichen Zusammenhang mit dem Alpenfeldzug des Jahres 15 v. Chr. wieder aufgelassen wurde. Bisher gibt es keine klaren Hinweise auf eine gewaltsame Zerstörung am Ende; ob sich die Ereignisse des Jahres 58 v. Chr. in irgend einer Form hier archäologisch niedergeschlagen haben, bleibt abzuwarten. Die Befestigung bei Altenburg hat sich bei einer ersten, 1973 durchgeführten Sondierung als zweiphasige Pfostenschlitzfront mit wallartiger Hinterschüttung erwiesen; wann sie angelegt, wann repariert wurde, läßt der Befund nicht erkennen, auch wenn man an dem Zusammenhang mit der spätlatènezeitlichen Siedlung sicher nicht zu zweifeln braucht. Die Befestigung an dem linken Ufer, bei Rheinau, dürfte nach der neuen Untersuchung durch Walter Drack ungefähr der gleichen Zeit angehören[56]. Insgesamt lassen aber nicht nur südliche Importfunde wie italische (und wohl auch südgallische) Campana-Ware und Weinamphoren, sondern auch die überraschend zahlreichen Münzfunde erkennen, daß wir es hier in erster Linie mit einem Handels- und Umschlagplatz im Netz des spätkeltischen Fernhandels zu tun haben, das erst durch die römische Besetzung von Rhein und Donau zusammengebrochen ist[57].

---

50 Bei FINGERLIN a.a.O. (Anm. 49) S. 39 Abb. 11 in Zeichnung abgebildet. – Einen neuen Forschungsstand gibt R. DEHN, Denkmalpflege in Baden-Württemberg 17, 1988, S. 94–97, und in: D. Planck (Hrsg.), Arch. Ausgrabungen in Baden-Württemberg 1987 (1988), S. 85–88.
51 Bad. Fundberichte 18, 1948-50, S. 262ff. mit Taf. 49, E; 50. Zur Bedeutung wichtig sind auch die nahebei gefundenen Viereckschanzen: Arch. Nachr. aus Baden 33, 1984, S. 4 Abb. 2; Fundber. aus Baden-Württemberg 10, 1986, S. 518.
52 R. DEHN, in: D. PLANCK (Hrsg.), Arch. Ausgrabungen in Baden-Württemberg 1983 (1984) S. 100f. Vgl. auch Anm. 50.
53 Nach dem Stand von 1950 sind diese (inzwischen vermehrten) Fundgruppen notiert bei F. FISCHER, Spätkeltische Funde aus dem Badischen Oberland. Ungedr. Diss. Tübingen 1952 (Katalogteil).
54 Zum Thema hat sich FINGERLIN außer a.a.O. (Anm. 49) auch noch geäußert in: J. WERNER und E. EWIG (Hrsg.), Von der Spätantike zum frühen Mittelalter (1979) S. 379ff. Zum Zusammenhang in frührömischer Zeit vgl. jetzt H. SCHÖNBERGER, Ber. RGK. 66, 1985 (1986) S. 321ff., hier bes. S. 334ff.
55 F. FISCHER, Germania 44, 1966, S. 286ff. DERS. in: Ausgrabungen in Deutschland gefördert von der Deutschen Forschungsgemeinschaft 1950-1975, 1 (1975) S. 312ff.; DERS., in: Festschr. Walter Drack (1977) S. 84ff.
56 W. DRACK, in: Zürcher Denkmalpflege, 10. Bericht 1979–1982 I (1986) S. 209ff. unter Rheinau.
57 Ein erster Teil der Fundmünzen aus Altenburg ist publiziert von D. F. ALLEN, The Coins from the Oppidum of Altenburg and the Bushel Series. Germania 56, 1978, S. 190ff. Der 1977 vorliegende Bestand

Im übrigen kennen wir aber östlich des Schwarzwaldes nur kleine und kleinste Fund-gruppen. Erwähnt werden muß zunächst die etwas umfangreichere Siedlung bei Hüfingen, die offenkundig in die Phase LT D 1 gehört[58]. Dann haben wir im Hegau bei Anselfingen eine kleine Siedlung mit einigen Gräbern, die offenbar der gleichen Zeit zuzurechnen sind[59]. In Singen a.H. und in Rielasingen kennen wir bis jetzt nur Gräber der Mittellatène-Zeit[60], und auch der sehr kleine Fundbestand der Heuneburg scheint allenfalls LT D 1-zeitlich zu sein[61]. Wie man das Oppidum Heidengraben bei Grabenstetten auf der Uracher Alb zu datieren hat, läßt sich bis jetzt nur anhand ganz weniger Funde und der Fundmün-zen einschätzen; aber auch hier kommt man, wenn nicht alles täuscht, nicht in die Phase LT D 2 herab[62]. Dasselbe scheint auch für die neuen Spätlatène-Funde von Konstanz zu gelten[63]. Dieser Befund sollte aber, darauf lege ich einigen Wert, nur als vorläufig aufgefaßt werden, weil sich unter den nicht wenigen, noch nie genauer durchgearbeiteten Keramik-funden von zahlreichen Fundorten im östlichen Baden-Württemberg – auch und gerade im Zusammenhang mit römischen Siedlungsplätzen – noch Überraschungen verbergen kön-nen. Daß hier der Forschung eine Aufgabe gestellt ist, steht außer Frage, doch bedarf ihre Lösung zäher, entsagungsvoller Geduld.

Infolgedessen wird man ein gültiges Bild der Vorgänge, die sich hier im ausgehenden 2. und im 1. Jahrhundert v. Chr. abgespielt haben, im Augenblick noch kaum zeichnen können. Von einer germanischen Neubesiedlung, womit früher wegen der pauschalen *Germani qui trans Rhenum incolunt* Caesars gerechnet wurde, kann vorläufig sicher keine Rede sein. Im übrigen dürfte eine keltische Restbevölkerung im Lande gesessen haben, als römisches Militär erst bis zur Donau, dann über die Schwäbische Alb bis zum Neckar und an die Rems vordrang – also bis in die Zeit der flavischen Kaiser. Von einer Entleerung des Landes deshalb zu sprechen, weil wir bis jetzt so feine archäologische Unterscheidungen nicht treffen können, wäre sicher verfrüht und so wenig berechtigt wie im schwäbisch-bayerischen Alpenvorland, wofür gerade diese Vorstellung erst kürzlich formuliert worden ist[64]. Allerdings sollte man bei solchen Überlegungen auch nicht übersehen, daß wir in dem

ist zugrundegelegt bei D. MANNSPERGER, Münzen und Münzfunde, in: BITTEL-KIMMIG-SCHIEK, Die Kelten in Baden-Württemberg (Anm. 3) S. 228 ff. Zu den Handelswegen siehe auch R. NIERHAUS, Fundber. aus Schwaben NF 14, 1957, S. 100 ff.

58 P. REVELLIO, Kastell Hüfingen. ORL B V 2 Kastell Nr. 62a (1937), zur Datierung kurz F. FISCHER, Germania 44, 1966, S. 306 ff., bes. Anm. 88. Vgl. ferner S. RIECKHOFF, Saalburg-Jahrb. 32, 1975, bes. S. 11 ff.; vgl. auch Fundber. aus Baden-Württemberg 5, 1980, S. 95 f. mit Taf. 120, S. 1-4. Vgl. ferner P. RAU, Die Spätlatènekeramik vom »Galgenberg« bei Hüfingen, Kr. Schwarzwald-Baar. Magister-Hausarbeit Tübingen 1986.

59 Meist als noch mittellatènezeitlich beschrieben, vgl. F. GARSCHA, Bad. Fundber. 13, 1937, S. .89f.; F. FISCHER, in: Festschr. Peter Goessler (1954) S. 35 ff.; Fundber. aus Baden-Württemberg 2, 1975, S. 73; 10, 1986, S. 510.

60 Bad. Fundber. II 1929-32, S. 212 f.; III 1933-36, S. 157; 13, 1937, S. 16 f. Die Gräber sind insgesamt bearbeitet in der 1986 in Tübingen abgeschlossenen Dissertation von R. KRAUSE, Die vorgeschichtlichen Gräber auf der Nordstadtterrasse von Singen am Hohentwiel - hier Teil II, Katalog Nrn. 320-326.

61 Vgl. vorläufig S. SIEVERS, Die Kleinfunde der Heuneburg. Die Funde aus den Ausgrabungen von 1950-1979. Heuneburgstudien V = Röm.-German. Forschungen 42 (1984) Taf. 52 Nr. 646. Zu dieser Fibel könnten einige Keramikfragmente passen, die noch unpubliziert sind.

62 F. FISCHER, Der Heidengraben bei Grabenstetten. Ein keltisches Oppidum auf der Schwäbischen Alb bei Urach. Führer zu archäologischen Denkmälern in Baden-Württemberg 2³ (1982) S. 136.

63 R. CORDIE-HACKENBERG und J. OEXLE, in: D. Planck (Hrsg.), Archäologische Ausgrabungen in Baden-Württemberg 1984 (1985) S. 76 ff.

64 R. CHRISTLEIN, Zu den jüngsten keltischen Funden Südbayerns. Bayer. Vorgeschichtsbl. 47, 1982, S. 275-292. Die Grabfunde jetzt übersichtlich bei KRÄMER, Die Grabfunde von Manching (Anm. 38) Taf. 104-107.

Gebiet östlich des Schwarzwaldes im 1. Jahrhundert n. Chr. offenbar keine durchschlagende politische Organisation mehr vorfinden; als die römischen Truppen von Straßburg und Vindonissa aus nach Rottweil vorgestoßen waren, erhielt ihr Kommandeur die Triumphalinsignien *ob res in Germania prospere gestas*[65], und die bekannte Formulierung des Tacitus über die Bewohner der *decumates agri* Germania cap. 29, 3, die ein *solum dubiae possessionis* bewohnen, könnte ungeachtet aller Zweifelsfragen über die Lokalisierung der *decumates agri* auch hier sehr gut zutreffen.

Postskriptum:

Das Manuskript dieser Arbeit wurde im Winter 1985/86 abgeschlossen. Inzwischen habe ich das gleiche Thema in wenig abgeänderter Form unter dem Titel »Südwestdeutschland im letzten Jahrhundert vor Christi Geburt. Anmerkungen zum Forschungsstand der Spätlatènezeit« behandelt in dem von D. Planck herausgegebenen Band »Archäologie in Württemberg. Ergebnisse und Perspektiven archäologischer Forschung von der Altsteinzeit bis zur Neuzeit« (Stuttgart 1988) S. 235–250. Dort sind nicht nur weitergeführte Überlegungen, sondern auch aktualisierte Nachweise zu dem hier Gebotenen zu finden.

Tübingen, im Juli 1989   *Franz Fischer*

---

65 CIL XI 5271, vgl. F. STAEHELIN, Die Schweiz in römischer Zeit[3] (1948) S. 211 mit Anm. 1.

Zur frühesten römerzeitlichen Besiedlung im rechtsseitigen, südlichen Oberrheingebiet

Von Rudolf Asskamp

Die Erforschung der Römerzeit im Oberrheingebiet geht zurück bis in die Anfänge des 19. Jahrhunderts. Neben einer Reihe von Fundortverzeichnissen, wie die von C. Wielandt[1], W. Weick[2] und K. Bissinger[3], die dann zu Anfang dieses Jahrhunderts in den noch heute unentbehrlichen Kompendien von E. Wagner[4] und K. Schumacher[5] gipfelten, erschienen nur wenige Einzeluntersuchungen, in denen die historischen Bedingungen und Zusammenhänge herausgearbeitet wurden, unter denen sich die Eroberung und Romanisierung dieses Gebietes vollzogen[6]. Dabei wurde von einem Besiedlungsbeginn in flavischer Zeit ausgegangen, was ja auch durch den Bau der Kinzigtalstraße 73/74 n. Chr., die Einrichtung der Provinz Germania superior in den achtziger Jahren des 1. Jahrhunderts n. Chr., zu der das Gebiet schließlich gehörte, und durch das flavische Anfangsdatum größerer Siedlungen wie Badenweiler, Bad Krozingen, Riegel oder Lahr-Dinglingen naheliegend zu sein schien.

Erst nach der Vorlage von claudisch datierbarer Terra Sigillata aus Riegel durch O. Fritsch[7] wurde ein Problem erkannt, das sich in der Folgezeit zu einer zentralen Frage entwickelte, ob nämlich das rechtsseitige, südliche Oberrheingebiet schon vor dem Bau der Kinzigtalstraße unter Cn. Pinarius Cornelius Clemens römisch besiedelt oder gar militä-

---

1 C. Wielandt, Beitraege zur aeltesten Geschichte des Landstrichs am rechten Rheinufer von Basel bis Bruchsal, und Aufzählung der Reste von Monumenten dieser Gegend. Aus den Zeiten der alten Römer, Karlsruhe 1811.
2 W. Weick, Römische Niederlassungen an den beiden Ufern des Rheins von Windisch (Vindonissa helvetica) bis Mainz, eine akademische Abhandlung, Freiburg 1822.
3 K. Bissinger, Verzeichnis der Trümmer- und Fundstätten aus Römischer Zeit im Großherzogtum Baden, Karlsruhe 1885.
4 E. Wagner, Fundstätten und Funde aus vorgeschichtlicher, römischer und alamannisch-fränkischer Zeit im Großherzogtum Baden I: Das badische Oberland, Tübingen 1908. II: Das badische Unterland, Tübingen 1911.
5 K. Schumacher, Siedelungs- und Kulturgeschichte der Rheinlande von der Urzeit bis in das Mittelalter 2: Die römische Periode, Mainz 1923.
6 H. Schreiber, Über die neuentdeckte römische Niederlassung zu Riegel im Breisgau, Freiburg 1825; Ders., Die römische Töpferei zu Riegel (Zeitschrift der Gesellschaft für die Beförderung der Geschichts-, Altertums- und Volkskunde von Freiburg, Breisgau und angrenzenden Landschaften 1, 1867-1869); E. Herzog, Zur Okkupations- und Verwaltungsgeschichte des rechtsrheinischen Römerlandes (Bonner Jahrbücher 102, 1898) S. 83 ff.; K. Schumacher, Zur römischen Keramik und Geschichte Südwestdeutschlands (Neue Heidelberger Jahrbücher VIII, 1898) S. 94 ff.; E. Fabricius, Die Besitznahme Badens durch die Römer (Neujahrsblätter der Badischen Historischen Kommission NF 8, 1905) S. 1 ff.
7 O. Fritsch, Römische Gefäße aus Terra Sigillata von Riegel am Kaiserstuhl, Karlsruhe 1910.

risch besetzt war[8]. Nachdem F. Kuhn[9], R. Nierhaus[10] und Ph. Filtzinger[11] neue archäologische Funde und Aspekte in die Diskussion eingebracht hatten, schien die frührömische Geschichte des Oberrheingebietes in ihren Grundzügen geklärt. Das weitgehende Fehlen vorflavischer archäologischer Funde war jedoch die Ursache dafür, daß die Untersuchungen eigentlich immer eher hypothetischen Charakter besaßen, denen eine beweiskräftige Materialgrundlage fehlte.

Einen neuen Ansatz boten endlich zwei Gräberfelder und zwei Militäranlagen aus vorflavischer Zeit, deren Entdeckung in den siebziger Jahren der Arbeit der archäologischen Denkmalpflege in Freiburg unter G. Fingerlin verdankt wird und die alsbald der wissenschaftlichen Erforschung zur Verfügung gestellt wurden[12]. Mit weiteren Neufunden konnte nun trotz des Fehlens antiker literarischer Quellen und der nur begrenzten Aussagekraft weniger epigraphischer Zeugnisse ein Zeitraum neu untersucht werden, den E. Fabricius einmal als die »vielleicht traurigste Periode« in der Geschichte Badens bezeichnete[13]. Dabei brauchte nicht wie bis dahin die Frage nach dem Zeitpunkt des Einsetzens der Besiedlung im Vordergrund zu stehen. Vielmehr sollten vor allem Fragen nach der Herkunft und sozialen Einordnung derjenigen, die die Besiedlung durchführten, beantwortet werden, desweiteren Fragen nach der Art und damit verbunden der Dichte der Besiedlung, nach den Umständen bzw. Bedingungen, unter denen sie sich vollzog, nach den vorausgegangenen Verhältnissen und schließlich die Frage nach den Gründen für eine Besiedlung unseres Gebietes zu jener Zeit[14].

Bei der Lösung der skizzierten Probleme, der durch unseren Forschungsgegenstand methodisch enge Grenzen gesteckt sind, kommt den beiden Gräberfeldern von Weil am Rhein und Bötzingen am Kaiserstuhl eine zentrale Rolle zu. Während der Jahre 1978-1981 wurden in Weil am Rhein beiderseits der ›Mittleren Straße‹ sukzessive 94 Brandgräber ausgegraben[15]. Bei den Grabgruben handelt es sich um schlichte, meist unregelmäßige Vertiefungen im Boden; lediglich bei einem Grab wurden Spuren einer Umfriedung, ehemals vermutlich eine Hecke, entdeckt. Es ließen sich an ihnen insgesamt vier Bestattungsarten, je nach Art der Bergung des Leichenbrandes unterschieden, feststellen: Urnengräber, Brandschüttungsgräber mit Urnen, Brandschüttungsgräber mit einem Leichen-

8 Vgl. etwa H. HOFMANN, Zur Frage der vorflavischen Okkupation des rechten Rheinufers (Mainzer Zeitschrift 6, 1911) S. 31 ff.; E. RITTERLING, Truppenziegeleien in Rheinzabern und Leg. VII gemina am Rhein (Römisch-Germanisches Korrespondenzblatt 4, 1911) S. 37 ff.
9 F. KUHN, Frührömische Terra-Sigillata aus dem Alemannenfriedhof von Herten (Badische Fundberichte 15, 1939) S. 79 ff.
10 R. NIERHAUS, Zur Bevölkerungsgeschichte der Oberrheinlande unter der römischen Herrschaft (Badische Fundberichte 15, 1939) S. 91 ff.; DERS., Zwei frühkaiserzeitliche Fibeln von Bad Krozingen (Badische Fundberichte 17, 1941-47) S. 182 ff.
11 Ph. FILTZINGER, Bemerkungen zur römischen Okkupationsgeschichte Südwestdeutschlands (Bonner Jahrbücher 157, 1957) S. 181 ff.
12 Vgl. dazu jetzt R. ASSKAMP, Das südliche Oberrheintal in frührömischer Zeit (Forschungen und Berichte zur Vor- und Frühgeschichte in Baden-Württemberg 33) Stuttgart 1989.
13 FABRICIUS (wie Anm. 6) S. 28.
14 Die Grenzen des Untersuchungsgebietes, die im Süden und Westen mit den heutigen politischen Grenzen zur Schweiz und zu Frankreich zusammenfallen, sind nicht von den Staatsgrenzen abhängig, sondern haben sich aus dem Untersuchungsgegenstand selbst ergeben. Etwa eine Generation früher als das rechtsseitige Oberrheingebiet lagen Teile des rechtsseitigen Hochrheingebietes schon in römischem Einflußbereich; das linksseitige Oberrheingebiet dürfte zu diesem Zeitpunkt bereits zum obergermanischen Heeresbezirk gehört haben.
15 Dazu vorläufig R. DEHN – G. FINGERLIN, Ausgrabungen der archäologischen Denkmalpflege Freiburg im Jahr 1980 (Archäologische Nachrichten aus Baden 26, 1981) S. 23 ff.; Fundberichte aus Baden-Württemberg 10, 1985, S. 585 ff.

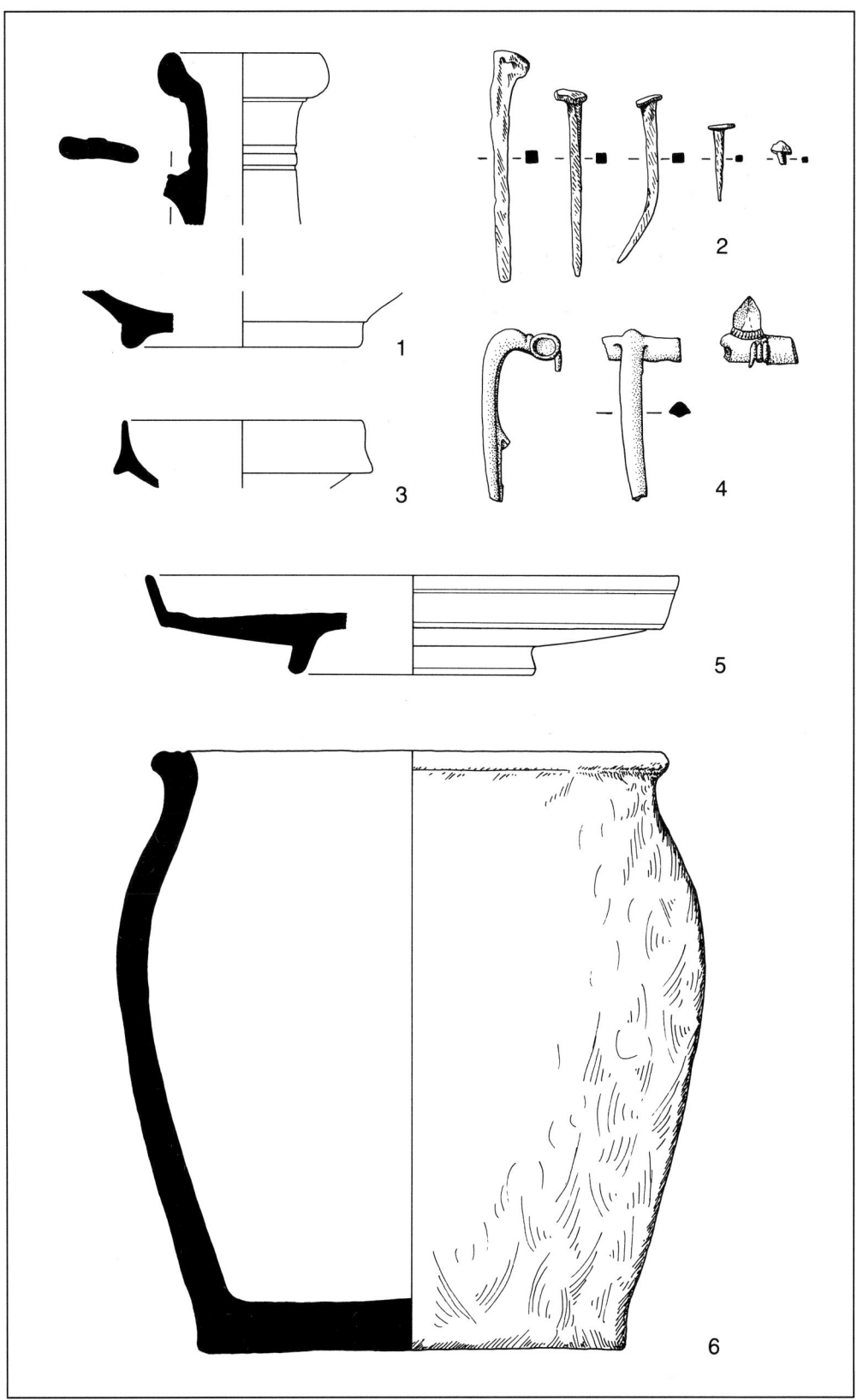

Abb. 1 Weil am Rhein, Grab 5. M. 1:2

brandbehältnis aus vergänglichem Material und Brandgrubengräber. Die hauptsächlich keramischen Beigaben waren durchweg auf dem Scheiterhaufen zusammen mit dem Leichnam verbrannt worden, nur in ganz wenigen Gräbern wurden unverbrannte Teile vom Spendegeschirr, Trachtbestandteile oder Münzen gefunden. In beinahe allen Gräbern befanden sich Knochenreste von verbrannten Tieren.

Das Gräberfeld von Weil, an dem sich horizontalstratigraphisch ein fortschreitender Belegungsablauf rekonstruieren ließ, war ab claudischer Zeit bis etwa in das vierte Viertel des 2. Jahrhunderts n. Chr. belegt worden. Eine Reihe von Gräbern im nordöstlichen Bereich des Friedhofs bilden auf Grund ihrer Lage, ihrer Ausstattung mit Beigaben sowie ihrer Zeitstellung eine relativ homogene Gruppe. Gerade an ihnen lassen sich für die vorflavische Zeit (Zeitstufe 1) charakteristische Grabinventare erkennen, da in Weil der direkte Vergleich mit jüngeren Gräbern im selben Gräberfeld möglich ist. Als Urnen wurden in diesen Gräbern im Gegensatz zu den jüngeren hauptsächlich handgeformte Kochtöpfe und Terra Nigra Schultertöpfe verwendet. Die Fibelbeigabe ist praktisch auf Gräber der Zeitstufe 1 beschränkt, lediglich ein Grab im Übergang zur nächsten Zeitstufe enthielt noch eine Fibel. Die Beigabe von Tellern, Näpfen und Schalen in Imitation von Terra Sigillata und belgischer Ware sowie von grünglasierten Balsamarien tritt gegenüber der geringen Terra Sigillata Beigabe deutlich hervor. Andererseits fehlen bestimmte Beigaben oder treten nur in verschwindend geringer Zahl auf, die an anderen Fundorten mit gleicher Zeitstellung sehr wohl vorkommen, deren Nichtvorhandensein in Weil also keine ausschließlich chronologischen Gründe haben kann. Glasurnen wurden in Gräbern der ersten Zeitstufe nicht verwendet, wie überhaupt die Glasbeigabe im Gegensatz zu den jüngeren Gräbern relativ selten ist. Außer Fibeln ist kein weiterer Trachtbestandteil oder Schmuck vorhanden; lediglich in einem Grab fand sich eine Münze. Auffällig ist auch das beinahe völlige Fehlen von Bechern beim Trinkgeschirr in Gräbern der Zeitstufe 1, was auch mit dem Gebrauch hölzerner Trinkgefäße erklärt werden könnte, die in Weil allerdings archäologisch nicht nachweisbar sind. Darüber hinaus sind die Beigaben fast regelmäßig nur einmal vorhanden, während sie in den jüngeren Gräbern häufig in größeren Zahlen auftreten. Abb. 1 zeigt ein für diese Bestattungen typisches Inventar: In einer flachen Mulde stand als Urne ein handgeformter Kochtopf (6), der Leichenbrand von einem frühadulten, vielleicht weiblichen Individuum sowie verbrannte Knochen von einem jungen Schwein enthielt; im Brandschutt befanden sich verbrannte Reste von einem Teller, Terra Sigillata Imitation Typ Drack 3E (5), einem Napf, Terra Sigillata Imitation Typ Drack 12B (3), Scherben eines Kruges mit abgewinkeltem Kragenrand (1) sowie Scherben eines Unguentariums aus dunkelblauem Glas; weiter eine fragmentierte bronzene Hülsen-spiralfibel (4) sowie verschiedene Eisennägel (2).

Trotz des deutlichen Einschlags römischen Kulturgutes scheinen sich bei der in Weil bestatteten Bevölkerung weitgehend keltische Traditionen erhalten zu haben, was sich besonders bei der handgeformten Keramik, aber auch in der Verwendung von Terra Sigillata Imitation und Imitationen belgischer Ware anstelle von importierter Terra Sigillata sowie in der Benutzung von Fibeln, die allesamt dem gallischen Fibelkreis entstammen, zeigt[16]. Bei der gewöhnlichen Keramik wurden enge Beziehungen zur nahegelegenen Colonia Augusta Raurica und zu Vindonissa deutlich. Die Bestattungsarten, vor allem aber die Beigabensitten in Weil gleichen denen von Friedhöfen in der benachbarten Nord-

---

16 Zum Weiterleben keltischer Traditionen in der Schweiz vgl. auch A. FURGER-GUNTI, Die Helvetier, Zürich 1984, S. 127 ff.

schweiz wie z. B. Neu-Allschwil[17], Lenzburg[18] oder Wenslingen[19]. Alle diese linksrheinischen Gräberfelder konnten der einheimischen, gallorömischen Landbevölkerung zugewiesen werden, wobei ›gallo‹ hier in keltischer Tradition stehend bedeutet und ›römisch‹
eher römerzeitlich meint. Mit großer Wahrscheinlichkeit haben wir es auch in Weil mit
gallorömischen Siedlern eines bäuerlichen Anwesens zu tun, deren Herkunft aus, zumindest aber deren enge Beziehungen zum linksrheinischen Raum durch Grabbräuche und
Fundmaterial nahegelegt werden. Veränderungen in den Grabausstattungen, hier sind vor
allem das später stark verminderte Auftreten von handgeformter Keramik und Terra
Sigillata Imitation sowie das Fehlen von Fibeln gemeint, andererseits das ungleich stärkere
Auftreten von importierten Luxusgütern wie Terra Sigillata und Glas, stellen sich erst ab
flavischer Zeit ein. Sie zeigen eine fortgeschrittene Romanisierung an, die zunächst mit dem
Bau der Straße über den Schwarzwald, darüberhinaus aber natürlich mit der Einbeziehung
des südbadischen Raumes in die Provinz Germania superior im Zusammenhang zu sehen
ist.

Beim Gräberfeld von Bötzingen am Kaiserstuhl[20], dem zweiten wichtigen Fundort für
die vorflavische Zeit, gestalten sich die Auswertungs- und Vergleichsmöglichkeiten weitaus
ungünstiger. Im Zuge von Flurbereinigungsmaßnahmen wurden die Gräber im Gewann
›Kaltenbrunnen‹ im Winter 1972 entdeckt und innerhalb von drei Tagen in einer Notgrabung geborgen; auf einem am Hang gelegenen Geländestreifen konnten noch 27 Brandgräber ausgegraben werden. Zeitlich lassen sich die Gräber von frühclaudischer bis in
frühflavische Zeit einordnen, in etwa den gleichen Zeitraum wie die Gräber der Zeitstufe 1
von Weil. Ein fortschreitender Belegungsablauf ist in Bötzingen nicht zu erkennen; von
den vier aus Weil bekannten Bestattungsarten ließen sich in Bötzingen nur zwei, nämlich
Brandschüttungsgräber mit Urnen und Brandschüttungsgräber mit Leichenbrandbehält-
nissen aus vergänglichem Material feststellen. In ihrer Zusammensetzung gleichen die
Grabinventare denen von Weil, wenn auch die Herkunft der Stücke teilweise eine andere
ist; die Leute am Kaiserstuhl scheinen damals zumindest einen Teil ihrer Keramik aus dem
Elsaß bezogen zu haben. In Bötzingen wurden sehr häufig handgeformte Töpfe als Urnen
verwendet; oft waren die Gräber mit Imitationen von Terra Sigillata und belgischer Ware
sowie mit Fibeln ausgestattet. Nur in zwei Gräbern wurde Glas und nur in einem Grab
eine Münze gefunden. Lampen fehlen völlig, wohingegen Becher beim Trinkgeschirr
geringfügig häufiger auftreten als in Weil.

Auffällig ist das gehäufte Vorkommen handgeformter Keramik in Bötzingen (Abb. 2).
Die meist als Urnen genutzten Töpfe, deren Feuerfestigkeit durch Quarzmagerung und
kräftige Wandstärken gewährleistet wurde, zeigen durch Brandspuren ihre frühere Nutzung als Kochtopf an. Die handgeformte Ware in Bötzingen weist ein etwas anderes
Formenspektrum als die von Weil auf; überdies gleicht kaum eine Randform der anderen[21].
Die Profilierung dieses einfachen, groben Kochgeschirrs scheint noch stark in Spätlatène-
traditionen eingebunden gewesen zu sein. Vergleicht man unsere handgeformten Töpfe mit

17 E. ETTLINGER – W. SCHMASSMANN, Das Gallo-Römische Brandgräberfeld von Neu-Allschwil, Basel-
Landschaft (Tätigkeitsbericht der Naturforschenden Gesellschaft Baselland 14, 1944) S. 181 ff.

18 W. DRACK, Die neuen Funde aus dem römischen Brandgräberfeld im Lindwald (Lenzburger Neujahrsblätter 18, 1947) S. 3 ff.

19 S. MARTIN-KILCHER, Römische Gräber in Wenslingen (Baselbieter Heimatbuch 13, 1977) S. 279 ff.

20 Siehe Anm. 12.

21 Auch bei der handgeformten Ware von Neu-Allschwil fällt die große Zahl der Unikate unter den
Kochtöpfen auf, was dafür spricht, daß eher ungeübte Leute dieses Geschirr vielleicht auf jedem größeren
Anwesen selbst hergestellt haben; vgl. ETTLINGER – SCHMASSMANN (wie Anm. 17), S. 209 f. und S. 202
Abb. 5, 33-41.

Abb. 2 Bötzingen, handgeformte Kochtöpfe. M. ca. 1:3. (Foto LDA Freiburg)

Exemplaren von der Gasfabrik[22] und dem Münsterhügel[23] in Basel, so werden sowohl die Verwandtschaft als auch die Unterschiede zu den spätlatènezeitlichen Kochtöpfen deutlich: Die Formen werden annähernd beibehalten, wobei die Töpfe sich von schlankeren zu bauchigeren Formen entwickeln, und auch bei den Randbildungen lassen sich Übereinstimmungen bis in claudische Zeit feststellen[24]; während aber die echte Spätlatèneware sehr häufig Grübchendekor oder Kammeinstichmuster zeigt, haben die Töpfe aus Weil und Bötzingen nur Kamm- oder Besenstrichverzierung[25].

Die weitgehenden Übereinstimmungen bei den Grabinventaren der Gräberfelder von Bötzingen und Weil, Zeitstufe 1, lassen den Schluß zu, daß wir an beiden Orten mit einer sehr ähnlich strukturierten Bevölkerung rechnen können, nämlich gallorömischen Bewohnern eines Gutshofes.

Von zwei weiteren Fundorten sind claudische Gräber bekannt, in denen die charakteristischen Elemente zeitgleicher Gräber aus Weil und Bötzingen vorhanden sind. In Bad Bellingen konnten die Reste von einem oder mehreren zerstörten Gräbern geborgen werden[26]. Aus einem Seitental bei Oberbergen im Kaiserstuhl stammen zwei ebenfalls

22 A. FURGER-GUNTI – L. BERGER, Katalog und Tafeln der Funde aus der spätkeltischen Siedlung Basel-Gasfabrik (Basler Beiträge zur Ur- und Frühgeschichte 7 = Untersuchungen zur Spätkeltisch-frührömischen Übergangszeit in Basel 2) Derendingen-Solothurn 1980.

23 A. FURGER-GUNTI, Die Ausgrabungen im Basler Münster I: Die spätkeltische und augusteische Zeit, 1. Jahrhundert v. Chr. (Basler Beiträge zur Ur- und Frühgeschichte 6 = Untersuchungen zur spätkeltisch-frührömischen Übergangszeit in Basel 1) Derendingen-Solothurn 1979.

24 Vgl. etwa Typ 3 von Basel-Gasfabrik: FURGER-GUNTI – BERGER (wie Anm. 22) S. 158 Taf. 39 mit einem Topf aus Bötzingen, s. o. S. 48 Abb. 2a.

25 Bei den Kochtöpfen aus dem Basler Münster verschwindet das Grübchenmuster schon fast ganz beim Übergang von der spätkeltischen zur untersten römischen Schicht: FURGER-GUNTI (wie Anm. 23) S. 74.

26 Vgl. Fundberichte aus Baden-Württemberg 10, 1985, S. 524.

claudische Gräber[27]. Die Gemeinsamkeiten der über das ganze rechtsseitige, südliche Oberrheingebiet verstreuten Bestattungen werden nun deutlich: Es sind Brandbestattungen aus vorflavischer Zeit, an deren Fundmaterial das Fortleben spätlatènezeitlicher Traditionen einerseits sowie Verbindungen ins linksrheinische Gebiet andererseits sichtbar werden; aus der Zusammensetzung des Materials und den Beigabensitten kann die Zugehörigkeit zu einer gallorömischen Landbevölkerung erschlosssen werden.

Es sind aber nicht nur Grabfunde, die das Bild der vorflavischen Besiedlung im Oberrheingebiet bestimmen. Auch das Material, meist Zufallsfunde, von acht weiteren über das gesamte Gebiet verteilten Orten läßt sich darin einordnen. Hier seien nur die Terra Sigillata Funde aus dem Gebiet des Alamannenfriedhofs von Herten[28], die frühen Funde aus dem Bereich einer Villa bei Auggen[29] und die frühclaudischen Sigillaten einer Fundstelle bei Denzlingen[30] erwähnt. Auf militärische Aktivitäten deuten die gestempelten Ziegel der 21. Legion aus Wolfenweiler[31] hin, wenngleich sie, wie auch die anderen Einzelfunde, noch in keinen Befundzusammenhang gebracht werden können.

Wohl sicher zu vorflavischen Militäranlagen gehören dagegen Lagergräben in Sasbach und Riegel[32]. Sie lassen erkennen, daß die Besiedlung unter Duldung und Aufsicht des Militärs vor sich ging. An strategisch wichtigen Punkten angelegt, konnten zu dieser Zeit von den Lagern aus nicht nur Verwaltungsaufgaben wahrgenommen werden, sondern sie dienten gleichzeitig der Sicherung und Kontrolle der Verbindungswege. Auffällig ist die unmittelbare Nähe fast aller unserer frühen Fundpunkte zur rechtsrheinischen Nord-Südstraße, deren Datierung durch die Meilensteine von Bühl und Sinzheim erst für trajanische Zeit gesichert ist[33]. Dadurch wird meines Erachtens nahegelegt, daß diese Verkehrsverbindung, in welcher Form auch immer, schon in vorflavischer Zeit existiert haben muß. Durch sie konnte die damals einsetzende Besiedlung neue Impulse erhalten, wurde wirtschaftliche Entwicklung ermöglicht, und darüberhinaus ergab sich für das Militär eine Abkürzung der direkten Verbindung zwischen den Standorten Vindonissa und Argentorate.

Spätestens seit claudischer Zeit müssen wir also im rechtsseitigen, südlichen Oberrheingebiet mit einer römisch beeinflußten Besiedlung rechnen, die wesentlich intensiver gewesen sein dürfte, als bisher angenommen werden konnte. Zwischen dem Ende der spätlatènezeitlichen Oppida bzw. Siedlungen, beispielsweise Tarodunum, Breisach-Hochstetten, Breisach ›Münsterberg‹, Sasbach ›Limberg‹ und Ehrenstetten ›Kegelriß‹, und dem derzeit für uns sichtbaren Siedlungsbeginn in claudischer Zeit klafft immer noch eine unüberbrückbare Lücke von mindestens zwei Generationen, so daß wir nicht sagen

---

27 R. DEHN – G. FINGERLIN, Ausgrabungen der archäologischen Denkmalpflege Freiburg im Jahr 1978 (Archäologische Nachrichten aus Baden 22, 1979) S. 28.

28 KUHN (wie Anm. 9) S. 79 ff.

29 Fundberichte aus Baden-Württemberg 9, 1984, S. 666 ff.; W. STRUCK, Reste aus einem römischen Gutshof bei Auggen, Kreis Breisgau-Hochschwarzwald (Archäologische Ausgrabungen in Baden-Württemberg 1983) S. 138 f.

30 Fundberichte aus Baden-Württemberg 10, 1985, S. 543 f.

31 R. WIEGELS, Zeugnisse der 21. Legion aus dem südlichen und mittleren Oberrheingebiet. Zur Geschichte des obergermanischen Heeres um die Mitte des 1. Jahrhunderts n. Chr. (Epigraphische Studien 13, 1983) S. 4 ff.

32 Vgl. R. ASSKAMP, Die Lager von Herten/Wyhlen (?), Sasbach und Riegel. Studien zu den Militärgrenzen Roms III. 13. Internat. Limeskongreß Aalen 1983. (Forschungen und Berichte zur Vor- u. Frühgeschichte in Baden-Württemberg 20) Stuttgart 1986, S. 74 ff.

33 Vgl. auch R. NIERHAUS, Römische Straßenverbindungen durch den Schwarzwald (Badische Fundberichte 23, 1967) S. 152 ff.

könnten, wer die direkten Vorgänger – wenn es sie gab – unserer Siedler gewesen sein könnten. Die vorflavische Bevölkerung kann sich sowohl aus einer geringen keltischen Restbevölkerung, die wir im Fundmaterial allerdings nicht fassen können, als auch gallorömischen Siedlern aus dem linksrheinischen Raum und aus Veteranen zusammengesetzt haben. Die Siedlungsart wird in Einzelhöfen bestanden haben, denn keiner der römischen Orte, die ab flavischer Zeit hervortreten, geht auf eine größere zivile Siedlung aus vorflavischer Zeit zurück. In diese Richtung deuten auch die Gräber, die wohl alle zu Gutshöfen gehört haben. Eine mehr oder weniger verstreut auf Einzelhöfen lebende Landbevölkerung dürfte das Bild dieser Landschaft in frührömischer Zeit geprägt haben. Die guten Böden der Schwarzwaldvorbergzone und der Niederterrasse des Rheins sowie die Erschließung des Gebietes durch die rechtsrheinische Nord-Südverbindung dürften Siedler angelockt haben. Eisenschlacken von den schon erwähnten Fundstellen Auggen und Denzlingen sowie allerdings erst für spätere Zeit nachgewiesene Bergbautätigkeit und Eisenverhüttung zeigen eine weitere mögliche Ursache für die Attraktivität dieses Gebietes auf[34].

34 F. KIRCHHEIMER, Das Alter des Silberbergbaus im südlichen Schwarzwald, Freiburg 1971, S. 18 ff.; W. WERTH, Römische Eisenverhüttung im ›Hebelhof‹ Hertingen (Festschrift E. Schmid, Basel 1977) S. 290 ff.; S. MARTIN-KILCHER – H. MAUS – W. WERTH, Römischer Bergbau bei Sulzburg ›Mühlematt‹, Kreis Breisgau-Hochschwarzwald. Mit einem Beitrag von S. Kuss (Fundberichte aus Baden-Württemberg 4, 1979) S. 170 ff.

Das Ende des Obergermanisch-Raetischen Limes – eine Forschungsaufgabe

Von Hans Ulrich Nuber

Jenseits von Rhein und Donau (Abb. 1) umzieht der obergermanisch-raetische Limes (ORL) auf etwa 550 Kilometer Länge ein Gebiet von über 30 000 Quadratkilometer Fläche, das sich heute die Bundesländer Rheinland-Pfalz, Hessen, Baden-Württemberg und der Freistaat Bayern in ungleichen Ausschnitten teilen[1]. In römischer Zeit waren es die flavischen Kaiser (69-96 n. Chr.), die, nachdem die augustisch-tiberischen Feldzüge (11 v.-16 n. Chr.) zu keinem längerfristigen Erfolg geführt hatten[2], damit begannen, diese Territorien, von denen der nordwestliche Teil auf die spätere Provinz Germania Superior, der südöstliche auf die Provinz Raetia entfiel, wieder unter unmittelbare Kontrolle zu bringen und durch Straßenbauten für eine Besiedlung zu erschließen[3]. Der so entstandene ›sinus imperii‹[4] war nach der Mitte des 2. Jahrhunderts in beiden Provinzabschnitten nochmals merklich vorgeschoben worden[5]. In dieser Zeit seiner größten Ausdehnung sorgte entlang seiner Randzone eine Armee von über 20 000 Auxiliarsoldaten in 60

1 Grundlegende Literatur: E. Fabricius, RE 13/1 (1926) S. 572 ff., s. v. Limes. – L. Schmidt, Die Westgermanen. Geschichte der deutschen Stämme bis zum Ausgang der Völkerwanderung II,1 (2. Aufl., 1940) S. 3 ff., Neudruck (1970) S. 223 ff. – W. Schleiermacher, Der obergermanische Limes und die spätrömischen Wehranlagen am Rhein. Ber. RGK 33, 1951, S. 133 ff. – K. Christ, Antike Münzfunde Südwestdeutschlands. Vestigia 3 (1960). – H. Nesselhauf, Umriß einer Geschichte des obergermanischen Heeres. Jahrb. RGZM 7, 1960, S. 151 ff. – R. Roeren, Zur Archäologie und Geschichte Südwestdeutschlands im 3. bis 5. Jahrhundert n. Chr. Jahrb. RGZM 7, 1960, S. 214 ff. – E. de Ruggiero, Dizionario Epigrafico di Antiquità Romane, Bd. 4 fasc. 37-38 (1960) S. 1168 ff., s. v. limes della Germania Superior; Ders., ebd., fasc. .38 (1960) – 39 (1962) S. 1204 ff., s. v. limes Raetiae. – A. Alföldi, Studien zur Geschichte der Weltkrise des 3. Jahrhunderts nach Christus (1967). – H. Schönberger, The Roman Frontier in Germany. An Archaeological Survey. Journal of Roman Studies 59, 1969, S. 144 ff.; Ders., Die römischen Truppenlager der frühen und mittleren Kaiserzeit zwischen Nordsee und Inn. Ber. RGK 66, 1985, S. 321 ff. – K. Weidemann, Untersuchungen zur Siedlungsgeschichte des Landes zwischen Limes und Rhein vom Ende der Römerherrschaft bis zum Frühmittelalter. Jahrb. RGZM 19, 1972, S. 99 ff. – D. Geuenich, Zur Landnahme der Alamannen. Frühmittelalterliche Studien 16, 1982, S. 25 ff. – L. Okamura, Alamannia Devicta: Roman-German Conflicts from Caracalla to the First Tetrarchy (A. D. 213-305). Ann Arbor, Michigan (1984).
2 Unter Verwertung aller literarischer und archäologischer Quellen zuletzt H.-G. Simon in: H. Schönberger und H.-G. Simon, Römerlager Rödgen. Limesforsch. 15 (1976) S. 247 ff. – Vgl. auch Nesselhauf a.a.O. (Anm. 1) S. 154 ff. und Schönberger (1985) a.a.O. (Anm. 1) S. 324 ff.
3 Schönberger (1969) a.a.O. (Anm. 1) S. 155 ff.; Ders. in: H. Schönberger und H.-G. Simon, Das Kastell Okarben und die Besetzung der Wetterau seit Vespasian. Limesforsch. 19 (1980) S. 37 ff.; D. Planck, Arae Flaviae I. Neue Untersuchungen zur Geschichte des römischen Rottweil (1975) S. 201 ff., bes. S. 209 ff.; H. U. Nuber, Decumates agri, in: J. Hoops, Reallexikon der Germanischen Altertumskunde 5 (2. Aufl., 1984) S. 277 ff.
4 Tacitus, Germania 29.
5 Fabricius a.a.O. (Anm. 1) S. 593 ff.; Schönberger (1985) a.a.O. (Anm. 1) S. 394 ff.; G. Alföldy, Caius Popilius Carus Pedo und die Vorverlegung des obergermanischen Limes. Fundber. aus Baden-Württemberg 8, 1983, S. 55 ff.; E. Schallmayer, Das zweite römische Militärbad von Neckarburken, Gemeinde Elztal, Neckar-Odenwald-Kreis, mit neuen Inschriften. Fundber. aus Baden-Württemberg 9, 1984, S. 435 ff., bes. S. 459 ff.

größeren Truppenstandorten sowie fast 1000 Kleinkastellen und Wachtürmen für die Sicherheit, die dem weitgehend agrarisch genutzten Hinterland, von gelegentlichen Rückschlägen abgesehen, eine kontinuierliche Entwicklung und Wohlstand brachte.

Die allgemeine Lage begann sich nach einer wirtschaftlichen und kulturellen Blüte unter den Severern (196-235 n. Chr.) ab den 30er Jahren des 3. Jahrhunderts in das Gegenteil zu kehren. Unter dem Druck der andrängenden Germanen sah sich Rom binnen kurzer Zeit gezwungen, seine Soldaten wieder entlang der beiden großen Flüsse Rhein und Donau zu postieren, an denen bereits 200 Jahre zuvor Grenzdienst versehen worden war.

Während bis in jüngste Zeit das Augenmerk überwiegend auf die Entwicklung der Limessysteme in Südwestdeutschland gerichtet war, nehmen sich neue Forschungsergebnisse hinsichtlich Niedergang und Ende des obergermanisch-raetischen Limes eher bescheiden aus. Die historische Entwicklung – teils durch lokale Ereignisse forciert, teils imperiumsweit vorgezeichnet – ist mehrfach erörtert worden[6].Das verhängnisvolle Zusammenspiel unterschiedlicher Kräfte zwang Rom zur Aufgabe von Grenzterritorien, ja ganzer Provinzen; andauernde, immer rascher wiederkehrende Angriffe äußerer Feinde an den Rändern des Reiches und in der Folge Usurpationen und Bürgerkriege lösten Entvölkerung und wirtschaftlichen Niedergang aus, was wiederum Finanzprobleme grossen Ausmaßes als Wegbereiter von Steuerdruck und sozialer Unruhen mit sich brachte, um nur einige der schwerwiegendsten Urachen zu nennen[7].

Zu dieser allgemein negativen Entwicklung kam infolge der Ereignisse von 260 n. Chr., nach der Gefangennahme Valerians im Osten und der Usurpationen – vor allem des Postumus im Westen[8] – die besondere geopolitische Lage des Limesgebietes jenseits von Rhein und Donau: ein territoriales Dreieck, an dessen Grundlinien die angreifenden Germanen und widerstreitende römische Bürgerkriegsparteien aufmarschierten, zunächst eine Pufferzone, zuletzt ein Niemandsland[9]. Äußere Bedingungen also, unter denen eine geordnete militärische Abwehr ebensowenig möglich war, wie ein Halten der stadtartigen Kristallisationspunkte, von den offenen Siedlungen des flachen Landes ganz zu schweigen. Wer immer die Macht besaß, benutzte das Gebiet für Durch- oder demonstrative Rachefeldzüge; der jeweilige Gegner oder lohnende Ziele lagen häufig erst jenseits.

6 A. ALFÖLDI, Die Bewegungen der dakischen und germanischen Völker am Pontus, an der Donau und am Rhein. Studien zur Geschichte der Weltkrise des 3. Jahrhunderts nach Christus (1967) S. 329 ff. – K. F. STROHECKER, Die Alamannen und das spätrömische Reich, in: W. HÜBENER (Hrsg.), Die Alamannen in der Frühzeit (1974) S. 9 ff., bes. S. 11.
7 A. DEMANDT, Der Fall Roms. Die Auflösung des römischen Reiches im Urteil der Nachwelt (1984) bes. S. 590 ff. - G. WALSER, Zu den Ursachen der Reichskrise im dritten nachchristlichen Jahrhundert. Schweiz. Beitr. zur Allgem. Geschichte 18/19, 1960/61, S. 142 ff., bes. S. 153 ff. – E. NORDEN, Alt-Germanien (1934), zu Südwestdeutschland bes. S. 23 ff.
8 I. KÖNIG, Die gallischen Usurpatoren von Postumus bis Tetricus. Vestigia 31 (1981) S. 43 ff.
9 ALFÖLDI a.a.O. (Anm. 6) S. 331. – STROHECKER a.a.O. (Anm. 6) S. 11. – SCHÖNBERGER (1985) a.a.O. (Anm. 1) S. 424. – In diesem Zusammenhang wäre auch insbesondere die Frage nochmals zu erörtern, ab wann die angreifenden Germanen des 3. Jahrhunderts die vielgenannte, und als erste (im Gegensatz zur zweiten ab dem späten 5. Jahrhundert) in die Literatur eingeführte ›Landnahme‹ (SCHMIDT a.a.O., Anm. 1, S. 24; ROEREN a.a.O., Anm. 1, S. 223; H. STEUER, Alemannen, in: J. HOOPS, Reallexikon der Germanischen Altertumskunde 1, 1973, S. 145 ff.; GEUENICH a.a.O., Anm. 1, S. 25) im Sinn hatten (vgl. WALSER a.a.O., Anm. 7, S. 153 ff., bes. S. 158 mit Anm. 65) oder ob nicht erst durch die Ereignisse infolge des römischen Rückzuges eine erneute Aufsiedlung des Gebietes im Interesse Roms erfolgte, die nur mehr mit Hilfe von Germanen überhaupt zu vollziehen war, d.h. hier einer jener Siedlungsvorgänge vorliegt, wie sie mutatis mutandis seit der Vernichtung der Eburonen und Umsiedlung der Ubier (H. VON PETRIKOVITS, Rheinische Geschichte 1,1: Altertum, 1978, S. 53) zur römischen Siedlungspolitik in den Grenzgebieten gehörte; ALFÖLDI a.a.O. (Anm. 1) S. 341.

kreten Befunden wie Kampfspuren, Brand- und Zerstörungsschichten in Truppenlagern[13], offenen und geschlossenen Siedlungen[14] sowie Versteckfunden von Münzen und Wertgegenständen[15], die in diesen unruhigen Zeiten der Erde anvertraut wurden. Drei verallgemeinernde, sich teils überdeckende, teils ausschließende Grundvorstellungen werden für das Ende der römischen Herrschaft im Rechtsrheinischen vorgebracht:

- der Limes wird auf breiter Front von den Germanen erobert[16], durchbrochen[17] oder überrannt[18], die Grenzschutzorganisation zerschlagen[19], das Hinterland geht verloren[20] und wird von den Germanen weiträumig besetzt[21] (1. Landnahme);
- die römischen Soldaten, zuletzt nur noch stützpunktartig einzelne Kastellbesatzungen[22], halten bis zum bitteren Ende aus; wer von der Zivilbevölkerung noch nicht geflohen ist, verbleibt unter germanischer Oberhoheit[23];

13 In diesem Zusammenhang immer wieder angeführt werden Niederbieber: C. F. HOFFMANN, Über die Zerstörung der Römerstädte an dem Rheine zwischen Lahn und Wied (2. Aufl. 1823) S. 13 ff.; RITTERLING a.a.O. (Anm. 12) S. 118 ff. und Pfünz: Fr. WINKELMANN, Das Kastell Pfünz. ORL B VII Nr. 73 (1901) S. 7; vgl. auch die Skizze mit Eintragung aller Stellen mit Brandschutt etc. bei OKAMURA a.a.O. (Anm. 1) S. 185 Abb. 6. - Weitere Skelettfunde wie in Weißenburg: E. FABRICIUS (Hrsg.), Das Kastell Weißenburg. ORL B VII Nr. 72 (1906) S. 7, halten einer genaueren Überprüfung nicht stand, da später in den Ruinen vergrabene Tote nicht auszuschließen sind.

14 Über Erschlagene in offenen Siedlungen liegen jetzt zwei neuere Befunde vor, aus Heldenbergen: W. CZYSZ, Heldenbergen, Gde. Nidderau, Main-Kinzig-Kreis. Römische Lager und Zivilsiedlung. Arch. Denkmäler in Hessen 13 (1980) S. 12 und aus Regensburg-Harting: U. OSTERHAUS, Zwei römische Brunnen aus einer villa rustica in Regensburg-Harting. Das Archäol. Jahr in Bayern 1984, S. 115 ff., bes. S. 117; P. SCHRÖTER, Skelettreste aus zwei römischen Brunnen von Regensburg-Harting als archäologische Belege für Menschenopfer bei den Germanen der Kaiserzeit. Ebd., S. 118 ff.

15 H.-J. KELLNER, Ein neuer Münzschatz beim Kastell Gunzenhausen und der Fall des raetischen Limes. Germania 31, 1953, S. 168 ff. – ROEREN a.a.O. (Anm. 1) – H.-J. KELLNER, Der römische Verwahrfund von Eining. Münchner Beiträge zur Vor- u. Frühgesch. 29 (1978). – DERS. und G. ZAHLHAAS, Der römische Schatzfund von Weißenburg (1983).

16 ROEREN a.a.O. (Anm. 1) S. 218: ›Limes auf seiner ganzen Länge erobert‹. – GEUENICH a.a.O. (Anm. 1) S. 25: ›Mitte des 3. bis zum Ende des 5. Jahrhunderts hat die gens Alamannorum ... das Gebiet zwischen Rhein, Iller und Donau erobert und in Besitz genommen‹.

17 ROEREN a.a.O. (Anm. 1) S. 215: ›233 durchbrachen die Alamannen – offensichtlich auf breiter Front – den... Limes‹. – STEUER a.a.O. (Anm. 9) S. 139: ›Endgültig wurde der Limes 259/260 durchbrochen, in einem gewaltigen Ansturm...‹.

18 HERTLEIN a.a.O. (Anm. 10) S. 149: ›... Kastelle am bayerischen Limes überrannt und zerstört‹. – FILTZINGER a.a.O. (Anm. 10) S. 10) S. 87: ›Die Alamannen überrennen 233 n. Chr. den Limes‹. – CASTRITIUS a.a.O. (Anm. 11) S. 12: ›In den Jahren 259/260 überrannten die Alamannen... den Limes‹.

19 FILTZINGER a.a.O. (Anm. 10) S. 94: ›Grenzschutzorganisation zwischen Rhein und Donau war zerschlagen‹.

20 Während z.B. der Althistoriker STROHECKER a.a.O. (Anm. 6) S. 11 formulierte: ›Dieser Erfolg der Alamannen... war von bleibender Wirkung. Zum ersten Mal ging damit römisches Gebiet auf die Dauer an einen germanischen Stamm verloren‹, sprechen Forscher, die diesen Zeitraum vom Mittelalter her betrachten, von der ›ersten Landnahmephase‹, die sich von 260 bis ins 5. Jahrhundert erstreckt; vgl. oben Anm. 9.

21 ROEREN a.a.O. (Anm. 1) S. 218: ›große Teile Galliens... überflutet‹. – GEUENICH a.a.O. (Anm. 1) S. 25: ›Gebiet zwischen Rhein, Iller und Donau erobert und in Besitz genommen‹.

22 RITTERLING a.a.O. (Anm. 12) S. 116 ff.; FABRICIUS a.a.O. (Anm. 1) S. 611; SCHLEIERMACHER a.a.O. (Anm. 1) S. 153; KELLNER a.a.O. (Anm. 15) S. 177; NESSELHAUF a.a.O. (Anm. 1) S. 177; ROEREN a.a.O (Anm. 1) S. 218.

23 HERTLEIN a.a.O. (Anm. 10) S. 155; NORDEN a.a.O (Anm. 7) S. 39 f.; ROEREN a.a.O. (Anm. 1) S. 221 f. mit Anm. 47; GEUENICH a.a.O. (Anm. 1) S. 40 mit Anm. 112; dagegen SCHLEIERMACHER a.a.O. (Anm. 1) S. 134 und S. 158.

– unter dem steigenden Druck der Germanen erkennt die militärische Führung die Sinnlosigkeit weiteren Haltens und räumt (mehr oder weniger planmäßig) den Limes[24], verzichtet auf das Hinterland[25] und weist es germanischen Foederaten zu[26].

Zum Entwurf dieser Geschichtsbilder dienten weitgehend dieselben Quellen. Grundlage aller archäologischen Betrachtungen ist das 1937 von E. Fabricius abgeschlossene Limeswerk[27], das W. Schleiermacher hinsichtlich unserer Fragestellung erstmals im gesamten ausgewertet hat[28]. Die Ergebnisse der Nachkriegsgrabungen flossen vor allem in die zusammenfassenden Betrachtungen von H. Schönberger ein[29]. Stärker vom Interesse an den nachrömischen, germanischen Verhältnissen sind die Arbeiten von L. Schmidt, R. Roeren, K. Weidemann und D. Geuenich geprägt[30].

Die dürftigen literarischen Quellen zur Mitte des 3. Jahrhunderts, längst bekannt[31] und vielfach ausgewertet[32], überliefern trotz ihrer Lückenhaftigkeit und Verderbtheit die von der Forschung heute allgemein akzeptierte Tatsache, daß unter Gallienus das Land jenseits von Mainz[33] und nördlich der Donau[34] einem Besitzerwechsel unterlag. Über die genaueren Umstände und den Zeitpunkt freilich schweigen sie.

So ist es bis heute ungeklärt, ob noch unter der gemeinsamen Regierung Valerian/ Gallienus (253-260 n. Chr.), in welcher der Letztgenannte für den Westen des Reiches

24 Hertlein a.a.O. (Anm. 10) S. 150: ›Andere Kastelle scheinen geräumt worden zu sein, nachdem der Durchbruch erfolgt war‹; S. 153: ›... obergermanischer Limes geräumt...‹; Baatz a.a.O. (Anm. 10) S. 217: ›Die Kastelle des Taunus- und Wetteraulimes sind eher kampflos geräumt worden, vermutlich waren ihre Besatzungen ohnehin zu schwach, um sich verteidigen zu können‹; Schönberger 1985 a.a.O., (Anm. 1) S. 423: ›... die Römer den Limes erst 259/260 aufgaben‹; Weidemann a.a.O. (Anm. 1) S. 99: ›Der unter dem Druck der Alamannen vorgenommene Rückzug...‹.
25 Hertlein a.a.O. (Anm. 10) S. 149: ›... das Land jenseits der Donau ist damals aufgegeben worden‹; Ders., ebd. S. 155ff.; Norden a.a.O. (Anm. 7) S. 23ff.; Schleiermacher a.a.O. (Anm. 1) sprach S. 133 vom Rückzug (oder der Vernichtung) der römischen Auxilien, S. 152 von der Räumung bzw. Aufgabe der Limeskastelle, S. 155 vom Verzicht auf den Limes und sein Hinterland.
26 Völlig unterschiedlich wird die Nachricht von Zosimos (I, 30) gedeutet, wonach Gallienus mit einem rechtsrheinischen Germanenfürsten einen Vertrag zur Abwehr von Angreifern gegen das Rheingebiet abgeschlossen hat. Während Hertlein a.a.O. (Anm. 10) S. 153 die Nachricht im Sinne einer Gebietsüberlassung auffaßte, vgl. auch Alföldi a.a.O. (Anm. 1) S. 334 und 340, lehnte Schmidt a.a.O. (Anm. 1) S. 14 mit Anm. 5 dies als abwegig ab.
27 E. Fabricius – F. Hettner – O. von Sarwey, Der obergermanisch-raetische Limes des Roemerreiches, Abt. A Strecken 1-15, Abt. B Kastelle 1-75 (1894-1937).
28 Schleiermacher a.a.O. (Anm. 1).
29 Schönberger 1985 a.a.O. (Anm. 1).
30 Vgl. alle Zitate in Anm. 1.
31 A. Riese, Das Rheinische Germanien in der Antiken Literatur. Nachdruck (1969); C. Dirlmeier u. a., Quellen zur Geschichte der Alamannen I-VI. Heidelberger Akad. d. Wiss., Schriften d. Komm. f. Alam. Altertumskunde (1976-1987).
32 Neben der in Anm. 1 genannten Literatur verdanke ich insbesondere A. Alföldi, A Gót Mozgalom És Dácia Feledása (Die Gotenbewegungen und die Aufgabe der Provinz Dakien). Egyetemes Philologiai Közlöny (Archivum Philologicum) 1929/30 viele wertvolle Informationen und Anregungen. Die ungarische Originalpublikation stellte mir Frau E. Alföldi-Rosenbaum (Princeton) zur Verfügung; St. Foltiny hat sie übersetzt. Beiden gilt mein herzlicher Dank.
33 Laterc. Veron. 15 (in: Not. Dig., ed. Seeck, S. 253): ›Trans castellum montiacesenam (= Mogontiacensem) LXXX leugas trans Renum Romani possederunt. Istae civitates sub Gallieno imperatore a barbaris occupatae sunt‹. – Gegen einen Bezug auf das rechtsrheinische Limesgebiet Obergermaniens Ritterling a.a.O. (Anm. 1) S. 115f.; Norden a.a.O. (Anm. 7) S. 24f. mit Anm. 4; Schleiermacher a.a.O. (Anm. 1) S. 154f. mit Anm. 54; für einen Bezug: Alföldi a.a.O. (Anm. 1) S. 331 mit Anm. 82.
34 Paneg. Lat. IV (8) 10, ed. E. Galletier (1952): ›sub principe Gallieno... amissa Raetia‹. Dazu H. Zeiss a.a.O. (Anm. 12) S. 45; Alföldi a.a.O. (Anm. 1) S. 331 mit Anm. 81; Schönberger (1985) a.a.O. (Anm. 1) S. 423.

verantwortlich war, oder erst unter seiner Alleinregierung ab 260 n. Chr. die entscheidenden Germaneneinfälle stattfanden, die zum Verlust des rechtsrheinischen Gebietes führten.
Weiter ist die Frage ungeklärt, inwieweit Gallienus persönlich mit den genannten Vorgängen in Verbindung gebracht werden muß – bekanntermaßen hat die parteiische, senatori-
sche Überlieferung gerade an diesem Kaiser wenig Gutes gelassen und ihn für zahlreiche
negative Entwicklungen nicht nur seiner Zeit zu Unrecht verantwortlich gemacht[35]. Meint
die Überlieferung ›sub Gallieno principe‹ vordergründig den Zeitraum seiner Regierung
oder sollte auch die persönliche Schuld am Verlust zum Ausdruck gebracht werden? Wenn
ja, welche Rolle spielten hierbei die Prätendenten des gallischen Sonderreiches, allen voran
Postumus[36], der ja nach Quellenlage der Scriptores Historiae Augustae Gallien besonderen
Schutz angedeihen ließ, indem er z. B. ›castra per septem annos in solo barbarico aedifica-
verat‹?[37].

Auch die Inschriften haben sich, wenigstens was die Spätzeit anbetrifft, in den vergange-
nen 50 Jahren nicht mehr entscheidend vermehrt[38]. Noch immer bilden die beiden
Meilensteine aus Ladenburg[39] und Heidelberg[40], in den Jahren 254 oder 255 n. Chr. für
Valerian und Gallienus gemeinsam gesetzt, gewissermaßen die jüngsten chronologischen
Eckpfeiler für eine intakte rechtsrheinische Civitasverwaltung, zumindest der Suebi Ni-
cretes[41].

Am Bad des obergermanischen Limeskastells Jagsthausen wurden unter den beiden
Philippi Bauarbeiten ausgeführt (ihr eradierter Name bezeugt eine arbeitende Standortver-
waltung noch Ende 249 n. Chr.)[42]. Aus Raetien nördlich der Donau ist es die altbekannte

35 A. ALFÖLDI (Anm. 1) Die Hauptfaktoren der Geschichtsentwicklung zwischen 249 und 271 nach
Christus, S. 416 ff.
36 ALFÖLDI a.a.O. (Anm. 1) S. 335 wies diesem nicht unbeträchtliche Schuld am Verlust des Limesgebietes zu. – Münzfunde dieses Kaisers wie beispielsweise von der Saalburg (H. JACOBI, Späte Münzen.
Saalburg-Jahrb. 6, 1927, S. 52), aus Nida, Frankfurt/M.-Heddernheim (H. SCHUBERT, Römische Fundmünzen aus Nida-Heddernheim. Archäologische Reihe 2, 1984, S. 56) oder Heidelberg-Neuenheim
(E. WAHLE, Schatzfund römischer Münzen in Heidelberg-Neuenheim. Germania 6, 1922, S. 37 ff.) bzw.
Lopodunum-Ladenburg (B. HEUKEMES, Der spätrömische Burgus von Lopodunum-Ladenburg am Nek-
kar. Vorbericht der Untersuchung von 1979. Fundber. aus Baden-Württemberg 6, 1981, S. 458 mit
Anm. 19) machen m. E. deutlich, – vgl. auch die Karte XVIII bei CHRIST a.a.O. (Anm. 1) Bd. 2 – daß es
zumindest brückenkopfartig im Rhein/Main- und Neckarmündungsgebiet noch römische Einflußzonen
auch nach dessen Thronbesteigung gab; vgl. aber RITTERLING a.a.O. (Anm. 12) S. 118 mit Anm. 1.
37 SHA trig. tyr. 5,4 (vita Laeliani).
38 Einzige Ausnahme ist der Stein des Victorinus aus Illingen (H. NESSELHAUF, Ein Leugenstein des
Kaisers Victorinus von Illingen, Ldkrs. Rastatt. Bad. Fundber. 22, 1962, S. 79 ff. – Ann. Ép. 1971, S. 95
Nr. 279; U. SCHILLINGER-HÄFELE, Vierter Nachtrag zu CIL XIII und zweiter Nachtrag zu Fr. VOLLMER,
Inscriptiones Baivariae Romanae. Inschriften aus dem deutschen Anteil der germanischen Provinzen und
des Trevererebietes sowie Rätiens und Noricums. Ber. RGK 58, 1977, S. 557 Nr. 214), der jedoch
ursprünglich auf linksrheinischem Territorium gestanden haben soll (G. WALSER, Zu zwei germanischen
Meilensteinen. Mus. Helv. 27, 1970, S. 255 ff.).
39 CIL XIII 9103 (Ladenburg).
40 CIL XIII 9111 (Heidelberg).
41 SCHLEIERMACHER a.a.O. (Anm. 1) S. 154, rechnete um das Jahr 255 noch mit einer geordneten
Provinzverwaltung in der Rheinebene. – Der Auflösung der Abkürzung S(...) N(...) zu S(altus) N(icerini)
bei KÖNIG a.a.O. (Anm. 8) S. 197 Nr. 26 und 27 vermag ich nicht zu folgen.
42 CIL XIII 6562 (Jagsthausen); F. HAUG und G. SIXT, Die römischen Inschriften und Bildwerke
Württembergs (2. Aufl. 1914) S. 655 Nr. 456. – Die Namenszüge wurden nach dem Tod der beiden (im
September?) 249 n. Chr. im Zuge ihrer damnatio memoriae ausgemeißelt; zu den obergermanischen
Inschriften zuletzt SCHÖNBERGER 1985 a.a.O. (Anm. 1) S. 422 f.

Inschrift aus Hausen ob Lontal, die Gallienus als Urheber einer unbekannten bzw. unvollendeten (?) Baumaßnahme nennt[43].

Auf den ersten Blick besteht eine weitgehende Übereinstimmung der literarischen und epigraphischen Quellen, die jedenfalls bis 254 n. Chr., dem Jahr eines großen Germaneneinfalls[44], den Bestand des rechtsrheinischen Landes bezeugen. Für die Zeit danach ist man – ähnlich wie im transdanubischen Dakien[45] – weitgehend auf archäologische Zeugnisse angewiesen.

Während das meiste Fundmaterial aus den Limeskastellen nur vage chronologische Anhaltspunkte liefern kann, allenfalls kulturgeschichtliche Einblicke gestattet, vermag die zahlenmäßig beachtliche Fundgruppe der Münzen eher verwertbare Hinweise auf historische Einschnitte zu geben. In diesem Zusammenhang sollen sie nicht vorrangig als unmittelbare Zeugnisse der zeitgenössischen Selbstdarstellung der römischen Staatsführung herangezogen werden, denen weitreichende Erkenntnisse gerade für das 3. Jahrhundert abgewonnen worden sind[46], sondern es soll die Rede von den Fundmünzen, also jenen Geldstücken sein, die an einem Ort zufällig als Verlust in die Erde gerieten oder ihr bewußt als Hort- bzw. Versteckfunde anvertraut wurden. In Form von Schatzfundhorizonten sowie Zusammensetzung und Schlußdaten von Münzreihen spielen sie im überörtlichen Vergleich für die historische Interpretation eine entscheidende Rolle. Oder um es einfacher auszudrücken: der letzte Soldat hat sicher keine Inschrift mehr aufgestellt, um den Tag seines Abmarsches zu verewigen, viel eher könnte bei einem überstürzten Aufbruch seine Geldbörse in Verlust geraten sein.

Beginnen wir mit dem literarisch überlieferten Katastrophenjahr von 233 n. Chr., das besonders im südwestdeutschen Raum als das Jahr der Wende gesehen wird. In früheren Auswertungen wurden alle Schatzfunde, die mit Münzen des Severus Alexander (222-235 n. Chr.) endeten, mit demselben Symbol kartiert und aus ihrem Verbreitungsbild die Stoßrichtungen der Alamannenzüge wiedergewonnen[47]. Zwischenzeitlich setzte sich jedoch die Erkenntnis durch, daß diese Methode unzuverlässige Ergebnisse liefern kann und die innere Zusammensetzung der Schätze zu berücksichtigen ist, auf Grund derer ältere von jüngeren Horten zu trennen sind[48]. Zwar enden beide Gruppen, wie gesagt, mit Severus

---

43 CIL III 5933 (Hausen ob Lontal), HAUG und SIXT a.a.O. (Anm. 42) S. 85 Nr. 30 und ihnen folgend eine Reihe von Forschern datieren die Inschrift auf Grund des Siegerbeinamens 256 oder 257 n. Chr.; L. WICKERT (RE 13/1, 1925, Sp. 354, s. v. Licinius, Egnatius) rechnet unter Hinweis auf CIL XI 2914 (Bisenzo), die allerdings nur für Valerian im Dezember 254 n. Chr. gesetzt ist, mit der Möglichkeit, daß dieser Titel auch von Gallienus schon Ende 254 n. Chr. angenommen wurde. – Gegen die Ausdeutung der Inschrift bei KÖNIG a.a.O. (Anm. 8) S. 29 als Sockel eines Kaiserbildes spricht der Nominativ des Kaisernamens; eine Brückenbauinschrift (HAUG und SIXT a.a.O., Anm. 42, S. 85 Nr. 30) ist gleichfalls nicht beweisbar. Es hat aber den Anschein, als sei die Inschrift tatsächlich nicht fertig geworden, da im unteren Teil genügend Platz für hier zu erwartende Angaben vorhanden ist, während der obere Teil mit der Titulatur des Valerian abgebrochen sein dürfte.
44 SCHMIDT a.a.O. (Anm. 1) S. 12 f.; ALFÖLDI a.a.O. (Anm. 1) S. 334. – Der Einfall ist indessen nicht unumstritten wie KOETHE a.a.O. (Anm. 12) S. 200 ausführte.
45 Vgl. ALFÖLDI a.a.O. (Anm. 32); DERS. (Anm. 1) S. 325 ff.
46 Hier sind insbesondere die zahlreichen Arbeiten von A. ALFÖLDI zu diesem Themenkreis zu nennen, vgl. seine Bibliographie (hrsg. von G. ALFÖLDY – E. ALFÖLDI-ROSENBAUM – J. F. GILLIAM) in: Andrew Alföldi 1895-1981. The Institute for Advanced Study (Princeton 1982). Siehe ferner die Literaturzusammenstellung bei M. R.-ALFÖLDI, Antike Numismatik II (1978) S. 307 f.
47 So etwa in den frühen Arbeiten von KELLNER (Anm. 15) S. 175 Abb. 2; vgl. auch ROEREN (Anm. 1) S. 266 Abb. 1.
48 CHRIST a.a.O. (Anm. 1) S. 140 ff. – Zuletzt D. BAATZ, Ein Beitrag der mathematischen Statistik zum Ende des rätischen Limes. Limes-Studien III (1986) S. 78 ff.

Alexander-Münzen, aber letztgenannte stehen von ihrer inneren Struktur Schatzfunden mit späteren Schlußmünzen sehr viel näher, können daher auch erst zu einem späteren Zeitpunkt in die Erde gelangt sein. Die bisherigen Verbreitungskarten sind entsprechend zu verbessern bzw. anders auszudeuten.

Die Erscheinung, daß sich neugemünztes Geld in verschiedenen Provinzen ungleichmäßig im Fundbild niederschlägt, d.h. einem stärkeren oder schwächeren Zustrom unterliegen kann, je nach örtlichem Bedarf oder staatlicher Zufuhr, spielt in der historischen Interpretation gerade der Severus Alexander-Münzen eine weitere wesentliche Rolle. Unter der Regierung dieses Kaisers gelangt offenbar nochmals eine große Menge neugemünzten Geldes an den Limes, während die Münzen seiner Nachfolger im allgemeinen seltener vorkommen. Dieses Phänomen hat irrtümlich zu recht weitreichenden Schlüssen geführt[49], die meistens in Verbindung mit dem Schatzfundhorizont von 233 n.Chr. auch die ersten Kastellücken am Limes zeitigten[50], obgleich nach literarischer Überlieferung Maximinus Thrax (235-238 n.Chr.) die Lage wiederhergestellt hat[51].

Daß das Übergewicht der Severus Alexander-Münzen besonders bei kleineren Münzreihen tatsächlich ein irreführendes Bild zu zeichnen vermag, ist nicht unbekannt. In Echzell endete die Münzreihe (27 Stück) seinerzeit mit einem Denar des Severus Alexander, als neuere Ausgrabungen die vermauerte Spolie einer Julia Mamaea-Inschrift erbrachten[52]. Aus Altenstadt kennen wir eine Weiheinschrift aus dem Jahre 242 n.Chr., die Münzreihe bis Severus Alexander umfaßt 16 Stück[53]. Öhringen-Ostkastell erbrachte zwei Fragmente einer Bauinschrift unter Maximinus Thrax, unter den 25 bekannten Münzen sind noch drei von Severus Alexander[54].

Diese Beispiele sollten genügen, um vor einer vorschnellen Verknüpfung von vermeintlich eindeutigem numismatischen Befund und der historischen Überlieferung zu warnen. Wie sehr auch jene Fälle in die Irre führen, in denen › unpassende‹ (meist spätere) Münzen in der Auswertung infrage gestellt[55], schlicht weggelassen oder den schon fast zwangsläufig bemühten, später in den Ruinen Kampierenden oder Plünderern aus dem Beutel gefallen sein sollen, hat beispielhaft der Fall Holzhausen gezeigt. Der Befund dieses Limeskastells war längere Zeit als Beleg dafür herangezogen worden, daß nach 233 n.Chr. nicht mehr alle Zerstörungen am Limes beseitigt bzw. einzelne Kastelle bereits aufgegeben worden sind[56]. Die Untersuchung des übrigen, besonders des keramischen Fundmaterials, hat indessen gezeigt, daß dies keineswegs der Fall war, und daß dem schon früh, aber vereinzelt von dort überlieferten, und unberücksichtigt gebliebenen Antoninian des Philippus Arabs sein historisches Gewicht uneingeschränkt beizumessen ist[57].

---

49 SCHLEIERMACHER versuchte dies Phänomen u.a. mit der Einführung des Naturalsoldes zu erklären, a.a.O. (Anm. 1) S. 153; vgl. jedoch DERS., Forschungen und Beobachtungen am Limes. Saalburg-Jahrb. 13, 1954, S. 70; CHRIST a.a.O. (Anm. 1) S. 138 f.

50 SCHLEIERMACHER a.a.O. (Anm. 1) S. 148; KELLNER a.a.O. (Anm. 15) S. 174.

51 Eutropius. 9, 1; Orosius 7, 19, 1; CHRIST a.a.O. (Anm. 1) S. 143 mit Anm. 32 (Lit.).

52 D. BAATZ, Limeskastell Echzell. Saalburg-Jahrb. 22, 1965, S. 146 f. mit Abb. 1.

53 H. SCHÖNBERGER - H.-G. SIMON, Die Kastelle in Altenstadt. Limesforsch. 22 (1983) S. 63.

54 H. SCHÖNBERGER, Das Römerkastell Öhringen-West (Bürgkastell). Ber. RGK 53, 1972, S. 296.

55 RITTERLING a.a.O. (Anm. 12) S. 118 mit Anm. 1; vgl. dagegen JACOBI a.a.O. (Anm. 36) S. 52.

56 SCHLEIERMACHER a.a.O. (Anm. 1) S. 148. – Übernommen u.a. von NESSELHAUF a.a.O. (Anm. 1) S. 177; SCHÖNBERGER 1969 a.a.O. (Anm. 1) S. 175 mit Anm. 246 meldete jedoch bereits Bedenken an, mit Hinweis auf eben diese Münze. – Ein weiterer ›Klassiker‹ dieser Gruppe ist der Kastellort Pfünz; vgl. die Bemerkungen von SCHÖNBERGER 1985 a.a.O. (Anm. 1) S. 416.

57 B. PFERDEHIRT, Die Keramik des Kastells Holzhausen. Limesforsch. 16 (1976) S. 19 f.

Wie sehr der Fund dieser seltenen, oft einzigen Münze, die den Historiker über die Schwelle von 233 n. Chr. hinweghebt, vom Zufall getragen sein kann, habe ich bei zwei meiner eigenen Grabungen feststellen können. Im Kastellbad Schwäbisch Gmünd-Schirenhof[58] enthielt die letzte ›Benutzungsschicht‹ eines Raumes, ein bis zu 6 cm dickes Schmutzstratum über einem Mörtelstrichboden, neben verschiedenen Kleinfunden auch Münzen. Der Zufall wollte es – dieser fundträchtige Fußboden war nur noch stellenweise und nicht mehr durchgehend erhalten –, daß unter fünf Münzen auch ein einzelner Antoninian des Philippus Arabs zutage kam[59], bis heute das späteste bekannte Gepräge vom Kastellort selbst, in dem Severus Alexander-Münzen vergleichsweise zahlreich auftreten.

Im Centurienkastell Haselburg, dessen Inneres durch landwirtschaftliche Nutzung bereits stark abgetragen war, fanden wir bei unseren Grabungen 13 Münzen, die jüngste ein Denar des Severus Alexander[60]. In einem per Hand ausgeführten Schnitt durch den Graben des Kastells erschien unter dem Versturz der Kastellmauer als oberste Abschlußschicht des lang nicht mehr ausgeräumten, bereits stark verflachten Wehrgrabens eine dunkle Verfüllung mit römischer Keramik, Knochen, etc. Offensichtlich diente in der Spätphase des Kastells der Graben als Abfallplatz. Diese jüngste römische Schicht enthielt auch einen Antoninian des Gallienus[61].

Diese Befunde können beispielhaft eine Serie unvollständiger Münzreihen in Limeskastellen beleuchten: in all den Fällen, in denen keine ausreichenden Grabungen stattgefunden haben und daher die Münzreihe klein geblieben ist[62] und vor allem in Lagerarealen, die späterer landwirtschaftlicher Nutzung unterlagen, hat gerade diese die obersten, jüngsten Schichten besonders beeinträchtigt, d.h. die ohnehin seltenen späten Münzen können dort

58 H. U. NUBER, Ausgrabungen auf dem Schirenhof (Schwäbisch Gmünd). Studien zu den Militärgrenzen Roms II (1977) S. 225ff.; DERS., Kohortenkastell und Lagerdorf Schirenhof am rätischen Limes. Die Römer in Baden-Württemberg, hrsg. von Ph. FILTZINGER – D. PLANCK – B. CÄMMERER (3. Aufl. 1986) S. 546ff.; M. KLEIN, Das römische Limeskastell Schirenhof-Schwäbisch Gmünd. Diss. Freiburg (1987) S. 1010 und 1030 Fundkomplex 44, Raum D 1, Laufschicht Periode 3.

59 RIC 49 b, Rom 244-247 n. Chr. – Die übrigen Münzen aus der Schicht waren 3 AE-Prägungen des 2. Jahrhunderts und ein Denar des Caracalla. – Zu den Münzfunden des Bades hat M. KLEIN eine eingehende Besprechung gegeben, ebd., S. 682ff. bes. S. 700ff.

60 H. U. NUBER, Das römische Kastell Haselburg, Gemeinde Walldürn-Reinhardsachsen, Neckar-Odenwald-Kreis. Freiburger Univ.Bll. H. 65, 1979, S. 63ff.; DERS., Centurienkastell Haselburg, in: Die Römer in Baden-Württemberg (Anm. 58), S. 606ff.

61 Die Münze (Fd. Nr. H 75/16) ist abgebildet bei NUBER 1979 a.a.O. (Anm. 60) S. 67, Abb. 5 rechts und inzwischen auch in der Literatur eingegangen: SCHÖNBERGER 1985 a.a.O. (Anm. 1) S. 421 und 492f. – Nach P. H. WEBB, The Roman Imperial Coinage V/1 (1927) S. 176 Nr. 512a wurde das undatierte Stück in Mailand zwischen nach 259 und vor 268 n. Chr. geprägt. Folgt man jedoch R. GÖBL, Der Aufbau der römischen Münzprägung in der Kaiserzeit V/2: Gallienus als Alleinherrscher. Num. Zschr. Wien 75, 1953, S. 5ff., bes. S. 21, so gehört der signierte Antoninian zur 5. Mailänder Emission, die Göbl Anfang 264 bis Mitte 265 n. Chr. datiert. – Der Schnitt durch den Graben erfolgte etwa in der Mitte der südlichen Längsseite des Kastells, an der kein Durchgang o. ä. festgestellt wurde. Die Münze fand sich beim Abgraben des 2. Planums, d. h. unter Planum 2 und über Planum 3. Beim Tieferlegen von Planum 2 wurde die Steinlage des Kastellmauerbruchs bis zu den darunterliegenden Erdschichten entfernt. Diese zeigten auf Planum 3 im Grabenzentrum vor allem ein schwarzlehmiges Abfallstratum mit Knochen und ausschließlich römischer Keramik des späten Niederbieberhorizontes. Es ist nicht mit allerletzter Sicherheit auszuschließen, daß die Münze auch in einer Zeitspanne nach Auflassung des Kastells und vor Einbruch der Mauersteine an ihren Fundort im Kastellgraben gelangt sein könnte. Selbst rechne ich jedoch mit der größeren Wahrscheinlichkeit, daß dieselbe zusammen mit dem römischen Abfall dorthin kam.

62 Vgl. hierzu BAATZ a.a.O. (Anm. 48) S. 80f. - Bei seinem gewählten Beispiel ist nur in einem Drittel der Schatzfunde im Umfang von ca. 100 Münzen auch die datierende Schlußprägung zu erwarten.

meist nur noch sehr zufallsbedingt und bei weiträumigen Forschungsunternehmungen gefunden werden[63].

Die Warnung vor einer allzu raschen und damit häufig in die Irre führenden Interpretation der Fundmünzen auf der Grundlage einer ungenügend großen Münzreihe ist nicht neu, die Forderung nach einer genügend großen Stichprobe heute jedoch nicht mehr für alle Orte zu erfüllen. Viele, inzwischen überbaute Kastellplätze stehen für großflächige Untersuchungen nicht mehr zur Verfügung, die geschützten sollen späteren Archäologengenerationen erhalten bleiben. Die heutzutage in Form von Rettungsgrabungen untersuchten Objekte sind vorrangig bereits durch neuzeitliche Überbauung oder intensive Agrikultur gefährdete Lagerplätze, die längst vom Untergang erfaßt sind.

Das bedeutet für die historische Forschung, daß augenblicklich nur beispielhaft die Grabungsergebnisse von Orten herangezogen werden können, an denen die münzführenden, nach der Mitte des 3. Jahrhunderets datierenden Schichten aufgedeckt worden sind. Dabei handelt es sich vor allem um einige Kastelle im Taunus und Odenwald[64] und um das berühmte Niederbieber[65], das durch seine Schatzfunde den bis heute gültigen Datierungsanhalt (259/260 n. Chr.) zum Limesfall geliefert hat[66].

Indessen hat schon Schleiermacher die datierende Sonderstellung dieses Platzes zurechtgerückt und darauf hingewiesen, daß die Reihe der Einzelmünzen von Niederbieber sich kaum von der des Zugmantel, der Kapersburg oder Inheiden unterscheidet[67]. Die Münzreihen dieser Orte haben aber alle eines gemeinsam; sie dünnen nach einem letzten großen Anstieg unter Severus Alexander bis Philippus Arabs merklich aus, um danach fast ganz zu versiegen; ein Phänomen, das schon früh Erklärungen forderte und zu Deutungen anregte.

H. Koethe brachte diesen Tatbestand mit dem Abzug der Soldaten in Verbindung, da die Münzen nach Philippus nie mehr in größerer Stückzahl auftreten, also auch nicht mehr als Sold an die letzten Besatzungen ausgegeben sein können, weil sie sonst wenigstens in den gewaltsam zerstörten Kastellen in größeren Mengen gefunden sein müßten[68]. Gegen diese Auslegung wandte sich Schleiermacher[69] mit Hinweis auf die bekannte Stelle in den

63 Die eindringlichste Illustration dieser Tatbestände vermittelten schon die Ausführungen von H. JA-COBI zu den Münzen der Saalburg (vgl. Anm. 36). Als beispielhaft für neuere Forschungsergebnisse sind die Untersuchungen der Archäologischen Denkmalpflege Stuttgart in den Principia des Kastells Aalen zu nennen, vgl. D. PLANCK, Kastellgrabung Aalen 1983. Arch. Ausgr. in Baden-Württemberg 1983 (1984) S. 158 ff., bes. S. 161, wo sich jetzt die gesicherte Münzreihe aus dem Kastell bis zu einem Antoninian des Aemilian (253 n. Chr.) verlängert hat (U. KLEIN, Fundmünzen aus Württemberg ebd., S. 18 ff. mit Abb. 7p), was auch die beiden früher gefundenen Antoniniane des Valerian und Gallienus (FMRD II/4: Nordwürttemberg, 1964, S. 27, Nr. 48 und 49) in einem anderen Licht erscheinen läßt.
64 In Ermangelung einer neueren Zusammenstellung vgl. die Auflistung bei SCHLEIERMACHER a.a.O. (Anm. 1) S. 152, Beilage 1.
65 RITTERLING a.a.O. (Anm. 12).
66 RITTERLING ebd. S. 118; NORDEN a.a.O. (Anm. 7) S. 26 mit Anm. 3; KOETHE a.a.O. (Anm. 12) S. 200 f.; ROEREN a.a.O. (Anm. 1) S. 219; H.-J. KELLNER Die Römer in Bayern (1971) S. 148.
67 SCHLEIERMACHER a.a.O. (Anm. 1) S. 153: ›Ohne die beiden Münzschätze, die unter Gallienus vergraben wurden, nimmt sich z.B. die Münzreihe von Niederbieber nicht anders aus als die vom Zugmantel, von der Kapersburg oder von Inheiden‹. Die drei Schatzfunde aus Niederbieber (3. bzw. 27. Sept. 1900 und 1906), von denen zwei (a,c) neben Münzen (vgl. RITTERLING a.a.O., Anm. 12, S. 95 ff. und S. 100 ff.; DERS., Das Kastell Niederbieber, Bonner Jahrbb. 120, 1911, S. 273) auch Schmuck und Gefäße enthielten (H. LEHNER, Ausgewählte Einzelfunde aus Niederbieber, ebd. S. 279 ff.) sind offenbar verloren bzw. nicht mehr aus dem Versteck geholt worden (RITTERLING, ebd. S. 273; zu den Fundpunkten vgl. Taf. 16, Kreuze bei a-c. Fundpunkt a müßte nach der Beschreibung von 1901 durch RITTERLING a.a.O., Anm. 12, S. 95 f., eigentlich innerhalb des Gebäudes liegen).
68 KOETHE a.a.O. (Anm. 12) S. 200.
69 SCHLEIERMACHER a.a.O. (Anm. 1) S. 148, S. 153.

Scriptores Historiae Augustae[70], wonach sich seit Severus Alexander der Übergang zum Naturalsold zumindest für die Mannschaften der Limeskastelle vollzog. Nur vom Sold der weiterhin mit Münzgeld ausgezahlten Offiziere sei damit zu rechnen, etwas wiederzufinden. Die zitierte Stelle ist jedoch nicht in diesem Sinne zu interpretieren[71] und nicht ohne weiteres auf die obergermanisch-raetischen Limesabschnitte zu übertragen. Denn es wird nichts darüber ausgesagt, daß die dort genannten Landschenkungen anstelle von Soldzahlungen traten. Auch gab es weder in Obergermanien noch Raetien den Feinden abgenommenes Gebiet – allenfalls von Feinden gesäubertes – die damals für diesen Bereich noch kaum Siedlungsinteresse aufgebracht haben dürften.[72] Zum dritten sind gewichtige Zweifel angebracht, ob die Limestruppen Obergermaniens und Raetiens für eine landwirtschaftliche Tätigkeit größeren Stils, die sie auch längerfristig von den Kastellen weggeführt hätte, überhaupt willens und in der Lage waren. Denn gerade im 3. Jahrhundert wurden offenbar immer größere Teile der militärischen Versorgung in Naturalien eingezogen und über die *annona militaris* an die Soldaten ausgegeben. Nach D. van Berchem[73] wurde diese Naturalsteuer unter Septimius Severus eingeführt. Neuerdings hat sich G. Rickman[74] gegen eine regelmäßige Abgabe bereits zu dieser Zeit ausgesprochen. R. Develin[75] hat wiederum gute Gründe dafür beigebracht. Wie auch immer die regelmäßige Einführung datiert wird, wobei Septimius Severus durchaus Initiativen in dieser Richtung zuzutrauen sind, jedenfalls ist davon auszugehen, daß mit Diocletian diese Entwicklung zu einer festen Einrichtung wird, die ihren Beginn ursprünglich in Sondermaßnahmen hatte. Diese wurden im Laufe der Zeit immer mehr zur Notwendigkeit und müssen spätestens unter Gallienus zur Versorgung seiner beweglichen Armeen bereits funktioniert haben[76]. Jedenfalls hat die *annona militaris* das Heer an der Grenze nicht etwa autark im Sinne der Eigenversorgung der *limitanei* des 4. Jahrhunderts gemacht[77], sondern zeigt eher das Gegenteil, die wachsende Abhängigkeit von Nachschublieferungen[78], da auch der Kleinhandel in den offenen Kastellvici gegen die Mitte des 3. Jahrhunderts immer stärker beeinträchtigt wurde[79].

Es gibt schließlich – wie schon Koethe erkannt hatte – noch einen Grund, der zur steigenden Seltenheit der späten Münzen am Limes beigetragen hat: die zahlenmäßig schwindende Größe der einzelnen Kastellbesatzungen. Auch wenn man sich nur auf die literarischen Quellen stützt, in denen von feindlichen Überfällen die Rede ist, mit den

70 SHA Alex.Sev. 58,4: Sola quae de hostibus capta sunt, limitaneis ducibus et militibus donavit, ita ut eorum essent, si heredes eorum militarent, nec unquam ad privatos pertinerent, dicens attentius eos militaturos si etiam sua rura defenderent.

71 ALFÖLDI a.a.O. (Anm. 1), Die Hauptfaktoren der Geschichtsentwicklung zwischen 249 und 271 nach Christus, S. 395.

72 WALSER a.a.O. (Anm. 7) S. 157f.

73 D. VAN BERCHEM, L'Annone Militaire dans l'Empire Romain au IIIe Siècle. Mém. Soc. Nat. Antiqu. France 80, 1937, S. 116ff.

74 G. RICKMAN, Roman Granaries und Store Buildings (1971) S. 278ff.

75 R. DEVELIN, The army pay rises under Serverus und Caracalla, and the Question of Annona militaris. Latomus 30, 1971, S. 687ff. bes. S. 692ff.

76 D. VAN BERCHEM, L'Annone Militaire est-elle un Mythe? in: Armées et Fiscalité dans le Monde Antique. Coll. Nat. CNRS (1977) S. 331ff.

77 ALFÖLDI a.a.O. (Anm. 1) S. 394f.

78 Zum Umfang der Selbstversorgung römischer Truppen, wobei Annexions- und Okkupationsphasen zu unterscheiden sind, vgl. H. VON PETRIKOVITS, Militärisches Nutzland in den Grenzprovinzen des Reiches. Actes du VIIe Congrès Internat. d'Épigraphie Grecque et Latine (1979) S. 229ff.

79 H. VON PETRIKOVITS, Römischer Handel an Rhein und Donau. Abhandl. Akad. Wiss. Göttingen, Phil.-Hist.Kl. 3. Folge 143 (1985) S. 321ff.

entsprechenden Verlusten an Toten sowie dem kurzfristig wiederholten Abzug von Teileinheiten, die in anderen Reichsgebieten zum Einsatz kamen und nicht mehr zurückkehrten, auf der anderen Seite die Lage der zahlenmäßig immer stärker zurückgehenden Zivilbevölkerung unter den Vicani berücksichtigt, – einst das Reservoir der lokalen Conscription –, so müßte schon daraus zu folgern sein, daß die Grenztruppen immer weiter unter ihre Sollstärke gerieten. Eine Bestätigung findet dieses Bild durch neuere Grabungsergebnisse in den Kastellbädern von Walldürn[80], Schwäbisch Gmünd – Schirenhof[81] und Rainau-Buch[82], die bis in severische Zeit fortlaufend ausgebaut und vergrößert wurden, um dann ab den späten 30er Jahren auf die jeweils notwendigsten Einrichtungen zusammenzuschrumpfen. Im Centurienkastell Haselburg zogen in der Spätzeit offenbar auch die Frauen hinter die schützenden Kastellmauern[83], was einerseits die gefahrvolle Lage in den offenen Kastellvici[84] beleuchtet, andererseits bedeutet, daß Platz im Lager vorhanden war. In diesen Zusammenhang sind auch die Zumauerungen einzelner Kastelltore zu stellen[85]; offenbar herrschte kein solch reger Verkehr mehr, der ein Doppeltor nötig machte; darüber hinaus sparte man Wachen und erhöhte die Sicherheit.

Zusammenfassend läßt sich die große Seltenheit späterer, d.h. nachseverischer bzw. nachphilippischer Fundmünzen auf ein Bündel von Ursachen zurückführen. Offenbar gelangte, auch durch die Verringerung der Besatzungen beeinflußt, immer weniger frisch gemünztes Geld an den Limes. Vor allem die spätesten Münzen können ihren zeitlich verschobenen Umlaufshöhepunkten folgend[86] nur noch entsprechend weniger verloren werden, gerade sie werden zum Schluß überwiegend mitgenommen bzw. von der Gegenseite erbeutet, und gerade die sie führenden Fundschichten unterlagen in nachantiker Zeit als erste der Zerstörung. Das bedeutet, daß jede einzelne, im Zusammenhang beobachtete Fundmünze nach 253 n. Chr. den erstrebenswerten Hinweis[87] auf ein post quem- bzw. ante quem non-Verlassen des betreffenden Kastells oder Siedlungsplatzes ergibt. Umgekehrt kann beim Fehlen dieser Münzen eben nur mit der gebotenen Vorsicht und nicht ohne Berücksichtigung weiterer Indizien auf einen frühzeitigen Ausfall eines Lagers geschlossen werden[88].

80 D. BAATZ, Das Badegebäude des Limeskastells Walldürn (Odenwaldkreis). Saalburg-Jahrb. 35, 1978, S. 87 ff. mit Abb. 22.

81 NUBER (1977) a.a.O. (Anm. 58) S. 228.

82 D. PLANCK, Das Freilichtmuseum am rätischen Limes im Ostalbkreis. Führer zu arch. Denkm. in Baden-Württemberg 9 (1983) S. 99 ff. mit Abb. 65, bes. S. 107 f. - G. SEITZ, Steinbauten im Römischen Kastellvicus von Rainau-Buch (Ostalbkreis). Diss. Freiburg (1986) S. 74 und S. 90 ff. mit Abb. 13.

83 NUBER (1979) a.a.O. (Anm. 60) S. 68. - Vgl. auch den Schmuck aus Niederbieber (Anm. 67), der allerdings nicht nur seiner Funktion wegen, sondern um seines Metallwertes willen gehortet gewesen sein könnte.

84 PFERDEHIRT a.a.O. (Anm. 57) S. 30 f.

85 Osterburken (ORL B IV Nr. 40, 1895, S. 18); Pfünz (ORL B VII Nr. 73, 1901, S. 6).

86 H. GEBHART - K. KRAFT, u.a., Bemerkungen zur kritischen Neuaufnahme der Fundmünzen der römischen Zeit in Deutschland (›Antiker Münzfundkatalog‹). Jahrb. Num. u. Geldgesch. 7, 1956, S. 9 ff. bes. S. 43 ff.

87 JACOBI a.a.O. (Anm. 36) S. 52: ›... und schließlich kam auch im Jahre 1911 im Kastell westlich vom Praetorium der bisher vermißte Gallienus (Billon Nr. 1296, Coh. V, 714) zum Vorschein‹. Es war die Münze Nr. 1296!

88 Diesen Zusammenhang beleuchtet der Befund aus Brunnen 13 im Vicus des Kastells Buch. Seine Füllung enthielt u.a. ein Holzstück, dessen Fällungsjahr 261 +/- 10 n. Chr. datiert wird: PLANCK a.a.O. (Anm. 82) S. 141 f. - Über den Beweiswert eines solchen Datums für den Bestand des Kastells wird man erst nach endgültiger Vorlage des Befundes urteilen können.

Leider sind heute, von wenigen Ausnahmen abgesehen[89], bei dem Großteil der aus dem Limesgebiet überlieferten Gallienus-Münzen[90] die genauen Fundumstände nicht mehr bekannt, allzu häufig ist auch ihre Herkunft zu unsicher, so daß sie der Bestätigung durch Neufunde bedürfen[91]. Auch wiederholte tabellarische Auflistungen unter verschiedenen Gesichtspunkten führen kaum über die Feststellungen von K. Christ[92] hinaus, daß Münzen des Gallienus und seiner Nachfolger am Limes noch vorkommen. Die Tabellen vermögen die verlorenen Angaben über Umstände und Zeitpunkt, an denen die Münzen ihren Fundort erreichten, nicht zu ersetzen.

Bei der Betrachtung der späten Münzen habe ich mich bewußt in dem durch die Überlieferung vorgegebenen Zeitrahmen bis zum Tod des Gallienus (268 n. Chr.) gehalten, wohl wissend, daß damit die Chronologieprobleme am Limes keineswegs erschöpft sind. Während für das 4. Jahrhundert seit der Zusammenstellung von K. Weidemann[93] neue münzdatierte Zeugnisse für eine germanischen Aufsiedlung ehemaliger Kastellplätze hinzugekommen sind[94] und sich auch die lange gesuchten Hinweise auf Siedlungsneugründungen eingestellt haben[95], bedürfen die Fundmünzen der 2. Hälfte des 3. Jahrhunderts, sofern man sie nicht überwiegend als später verloren betrachtet, hinsichtlich ihrer Verwertbarkeit als Zeugnisse für die Anwesenheit römischen Militärs oder verbliebener romanischer Restbevölkerung, Handelsbeziehungen römischer Händler mit Germanen oder beginnender germanischer Besetzung und Besiedlung noch weitgehend der archäologischen Untermauerung.[96]

Betrachtet man unter diesen Gesichtspunkten nochmals den Befund von Niederbieber,

89 Neben den genannten Kastellen Niederbieber (Anm. 67), Saalburg (Anm. 36), Kapersburg (ORL B II Nr. 12, 1906, S. 20) und Haselburg (Anm. 60) ist auch Frankfurt/M.-Heddernheim zu nennen, wo die Fundumstände einer Gallienus-Münze genau beschrieben wurden (U. Fischer-W. Schleiermacher, Eine Dendrophoreninschrift aus Heddernheim. Germania 40, 1962, S. 73 ff. bes. S. 76 mit Abb. 5,4).
90 Für Hessen ist noch immer die Liste bei Schleiermacher a.a.O. (Anm. 1) zu vergleichen, für die badischen, bayerischen und württembergischen Limesabschnitte die Bände der Fundmünzen der Römischen Zeit in Deutschland (FMRD), auf denen auch die Fundkarten bei Christ a.a.O. (Anm. 1) II, S. 121 ff. beruhen.
91 Vgl. oben Saalburg (Anm. 36) und Aalen (Anm. 63).
92 Vgl. Christ a.a.O. (Anm. 1) II Karte XVIII.
93 Weidemann a.a.O. (Anm. 1) S. 100 ff.
94 Seligenstadt: E. Schallmayer in: Die Römer in Hessen, a.a.O. (Anm. 10) S. 479. – Heidenheim: B. Cichy, Das römische Heidenheim (1971); Ph. Filtzinger a.a.O. (Anm. 10) S. 296.
95 Sontheim i. St.: D. Planck, Eine frühalamannische Siedlung in Sontheim im Stubental, Kreis Heidenheim. Fundber. aus Baden-Württemberg 3, 1977, S. 539 ff.; Ders., Neue Untersuchungen in der frühalamannischen Siedlung von Sontheim i.St., Gde. Steinheim am Albuch, Kreis Heidenheim. Arch. Ausgr. in Baden-Württemberg 1981 (1982) S. 182 ff. - Heidenheim-Großkuchen: D. Planck, Untersuchungen einer frühgeschichtlichen Siedlung bei Großkuchen, Stadt Heidenheim. Arch. Ausgr. 1978, S. 86 ff.
96 Schon Jacobi a.a.O. (Anm. 36) S. 50 ff. war sich der Problematik von Interpretationen bewußt, Schönberger 1985 a.a.O. (Anm. 1) S. 424 hat den Stand der Dinge jüngst nochmals zusammengefaßt. Christ a.a.O. (Anm. 1) I, S. 151 sprach allgemein von zunehmender Intensität römischen Einflusses im 4. Jahrhundert, die er Handel und Verkehr zuschrieb; die Alamannen als Träger von Geldwirtschaft lehnte er jedoch ab (ebd. S. 146). – In Ermangelung weiterer Grabungsergebnisse aus Südwestdeutschland (vgl. jedoch Anm. 94) dürfte ein Blick auf die Verhältnisse rechts des Niederrheins hilfreich sein (H. Beck, Hrsg., Spätkaiserzeitliche Funde in Westfalen. Bodenaltert. Westfalens 12, 1970, S. 1 ff.), wo B. Korzus den zeitgleichen Münzen aus den Germanensiedlungen von Castrop-Erin und Westick, Kr. Unna, eine eingehende Studie gewidmet hat. Bis zu einer besseren Erkenntnislage gilt, was Weidemann a.a.O. (Anm. 1) S. 112 zum Ausdruck brachte, der im 4. Jahrhundert mit einer verbreiteten alamannischen Siedlungstätigkeit, bevorzugt an römischen Orten rechnete, wobei er offen ließ, wie weit dabei noch römische Bevölkerungselemente eine Rolle spielten.

dessen ›Fall‹ im Jahr 260 n. Chr.[97] als Eckdatum bzw. als späteste Möglichkeit für den Zusammenbruch des gesamten obergermanisch-raetischen Limes gesehen wird, so kann dies nur unter der letztlich unbewiesenen Voraussetzung geschehen, daß Niederbieber am ganzen Limes wirklich das letzte Kastell war, das fiel. Wirklich sicher ist hingegen nur, daß in Niederbieber nach 259/260 n. Chr., dem Prägedatum, das wir der jüngsten dort gefundenen Münze zuschreiben[98], kein weiterer Geldzustrom mehr nachweisbar ist und in keinen der drei Münzfunde spätere Einlagen erfolgten[99]. Um nicht mißverstanden zu werden, es soll hier nicht der selten eindrucksvolle archäologische Befund wie die Angriffsspuren[100], Brandschichten[101], Überreste Gefallener[102] und ein erstaunlich reiches, trotz Plünderung offensichtlich übersehenes Fundmaterial, darunter die berühmten Signumteile[103] anders als im Sinne eines im Kampf untergegangenen Limeskastells gedeutet werden. Aber immer ist dabei mit Überzeugung – oder jedenfalls m. W. nie hinterfragt – davon ausgegangen worden, daß die Germanen (Alamannen) das Kastell gestürmt haben[104]. Aber waren die Angreifer wirklich Germanen und wenn ja, handelten sie aus

97 RITTERLING 1911 a.a.O. (Anm. 67) S. 276: ›Drei größere geschlossene Kassenbestände aus Silbergeld, die wie die Fundumstände ausser Zweifel setzen, bei der Zerstörung des Kastells verborgen wurden bzw. verloren gingen... enthalten Münzen bis zur Regierung des Kaisers Gallienus (253-268), als dessen jüngste Gepräge Prägungen aus dem Jahre 259/260 vertreten sind. In diesem Jahre muß demnach die Aufgabe des Kastells... erfolgt sein‹.
98 Abgesehen davon, daß gerade die Münzdatierungen dieser Zeit, abhängig vom Zeitpunkt der Gefangennahme Valerians und der Usurpation des Postumus, zu den heftigst diskutierten Problemen der Althistorie und Numismatik zählen, liegt für Niederbieber weder die endgültige Liste der Einzelfundmünzen noch die Veröffentlichung des 3. Schatzfundes in zeitgemäßer Form vor. Solange wird man mit der damit verbundenen Unsicherheit davon ausgehen müssen, daß weder Gepräge aus der Alleinregierung des Gallienus (260-268 n. Chr.) noch solche des Postumus im Lagerbereich gefunden worden sind (vgl. RITTERLING 1901 a.a.O., Anm. 12, S. 110).
99 Zur Charakterisierung des Stellenwertes der Schlußmünze eines Fundes vgl. R. GÖBL, Römischer Münzhort Tulln 1966. Num. Zschr. Wien 83, 1969, S. 8.
100 Unterminierung des Westtores (RITTERLING a.a.O., Anm. 12, S. 119).
101 RITTERLING, ebd. S. 96, S. 100.
102 RITTERLING, ebd. S. 119.
103 H. G. HORN, Cohors VII Raetorum equitata. Signumscheibe aus Niederbieber. Das Rhein. Landesmus. Bonn 1982/4, S. 52ff.
104 Angefangen bei HOFFMANN a.a.O. (Anm. 13) S. 13f. unter der Überschrift: ›Stadt und Festung wurden von den Deutschen erstürmt und zuletzt wurde noch in den Häusern selbst gestritten, wobei Menschen und Thiere niedergemacht sind‹.
›Wo nur immer gegraben wurde, kamen sowohl Menschen- als Thierknochen (...) nicht blos einzeln, sondern in großer Menge heraus: ja, ich fand noch ganze Menschenskelette. So wurde im obern Hofe des Prätoriums ein ganzes Gerippe entdeckt, unter dessen Füßen noch alle Schuhnägel der Sohlen, von welchen mit Rost durchzogene Trümmer zu sehen waren, beysammen lagen; ein anderes wurde in dem Hauptzimmer des Prätoriums, wo der von einer deutschen Waffe durchbohrte silberne Fahnenschild, ein Helm mit einem Silberbleche, worauf COH.V., der Genius der Veteranen mit seiner Inschrift usw. gefunden, entdeckt. Vielleicht gehörte es dem Signifer oder Träger jener Fahne. Man fand es an der Wand in einer sitzenden Stellung, wie die Lage der Knochen zeigte. Bey jedem lag ein Spieß, ohne Zweifel die Waffe des Gebliebenen. Eben so wurden auch allerorten Waffen, sowohl römische, als deutsche, zerstreut gefunden, wovon eine ziemliche Anzahl zusammengebracht ist.
Um diese allgemeine Verbreitung der Knochen und Waffen zu erklären, muß man annehmen, daß allerorten und zuletzt noch in den Häusern selbst gekämpft wurde, daß die Eroberer, ... auch das vorhandene Vieh tödteten, ... verzehren und die Knochen von sich warfen ...‹. – Eine Rolle spielte seither auch die von einem Speerwurf, der ein vierkantiges Loch unterhalb des jugendlichen Feldherrn hinterließ, getroffene Silberscheibe, ein Feldzeichenteil, dessen Bildnis nach gängiger Auffassung Salonius darstellen soll (HORN, ebd. S. 55). Der Erste, der m.W. in dem hier vorgetragenen Sinn die Zerstörung von Niederbieber deutete und diese in einen Zusammenhang mit der Usurpation des Postumus brachte, war L. OKAMURA a.a.O. (Anm.1) S. 257ff. Seine Erklärungen zu den Tierknochen (= Schlachtvieh der

eigener Initiative oder im Auftrag[105]? Im Hinblick auf den Zeitpunkt (260 n. Chr.), der Bedeutung und exponierten Lage des Kastells zur Nachbarprovinz, dem Zuzug der Cohors VII Raetorum aus dem nächsten Standort u. a. m.[106] sollte die Frage ernsthaft verfolgt werden, ob in dem bekannten archäologischen Niederschlag nicht auch eine kriegerische Auseinandersetzung ihre Spuren hinterlassen haben könnte, die ursächlich mit der Usurpation des Postumus zusammenhing und nicht vordergründig mit dem Untergang der letzten Bastion des obergermanisch-raetischen Limes[107].

Verfolgt man diesen Gedankengang weiter und löst das Datum des Untergangs von Niederbieber aus seiner vermeintlichen Allgemeingültigkeit für die Limites zweier Provinzen – auch unter Berücksichtigung späterer Münzfunde wie dem von der Haselburg[108] – so beginnt sofort danach ein Zeitabschnitt, der geprägt wird vom tiefen Gegensatz innerrömischer Auseinandersetzungen, die eben dieses Gebiet unmittelbar betreffen. Im Norden (Germanien) residiert Postumus, sein Bedarf an Truppen löst umfangreiche Anwerbungen jenseits der Provinzgrenzen aus[109]. Gallienus hält den Südabschnitt (Raetien), auch er muß sich aus Truppenmangel germanischer Hilfe versichern[110]. Durch das Limesgebiet, seit drei Jahrzehnten bereits Ziel germanischer Überfälle, gefolgt von wirtschaftlicher Rezession,

Belagerten, ebd. S. 259 f.), den menschlichen Skeletten (signifer, imaginifer, ebd. S. 260), den Unterminierungen der Mauer durch römische Pioniere, ebd. S. 260) haben mindestens ebenso viel für sich wie die bisherigen.

105 Das Fundmaterial aus Niederbieber, das eventuell Hinweise auf die Herkunft der Angreifer geben könnte, ist bislang nur unvollständig vorgelegt worden: F. OELMANN, Die Keramik des Kastells Niederbieber. Materialien zur Röm.-Germ. Keramik 1 (1914; Nachdr. 1968); J. OLDENSTEIN, Zur Ausrüstung römischer Auxiliareinheiten. Ber. RGK 57, 1976, S. 58 ff. – W. GAITZSCH, Eiserne römische Werkzeuge. BAR Internat. Ser. 78/1-2 (1980); M. GECHTER, Die Fibeln des Kastells Niederbieber. Bonner Jahrbb. 180, 1980, S. 589 ff. – Unter den Fibeln finden sich zwei Exemplare (GECHTER, Nr. 46 und 48), die germanischer Provenienz sind; diese kommen aber auch in anderen Lagern vor (A. BÖHME, Die Fibeln der Kastelle Saalburg und Zugmantel. Saalburg-Jahrb. 29, 1972, S. 33 ff. Typ 37). GECHTER Nr. 48 scheidet auf Grund ihrer Fundumstände für unsere Betrachtung aus. – Leider sind insbesondere die Waffen aus Niederbieber nicht veröffentlicht; unter dieser Fundgrupe erkannte schon HOFFMANN (vgl. Anm. 104) ›deutsche‹ Formen.

106 Anders beurteilt M. P. SPEIDEL, Exploratores. Mobile Elite Units of Roman Germany. Epigr. Stud. 13 (1983) S. 78 Anm. 65 das Auftauchen der Kohorte in Niederbieber. – RITTERLING a.a.O. (Anm. 12) S. 110 hob mehrfach auf das Fehlen von Postumus-Münzen ab (ebd. S. 118 ff.), weiterhin vermerkte er, daß das Kastell nach dem Brand nicht wieder aufgebaut wurde (ebd. S. 96).

107 RITTERLING a.a.O. (Anm. 12) S. 116 ff. – OKAMURA a.a.O. (Anm. 1) S. 261 trennte die Ereignisse in Niederbieber von der Alamanneninvasion und brachte sie mit der Erhebung des Postumus in Verbindung. – Eine gewisse Skepsis klingt auch bei CHRIST a.a.O. (Anm. 1) S. 143 an, der für 259/260 n. Chr. als Zeitpunkt für den Verlust der Gesamtanlage keinen Auschließlichkeitsbeweis erbracht sieht, im Gegensatz etwa zu SCHMIDT a.a.O. (Anm. 1) S. 235 mit Anm. 3.

108 Hält man am bisherigen Datum für den Fall des obergermanischen Limes 259/260 n. Chr. fest, sieht man sich gezwungen, die Münze der Haselburg, die ja tatsächlich außerhalb des Kastells gefunden wurde (vgl. oben Anm. 60), einer nachkastellzeitlichen Siedlergruppe zuzuschreiben, die allerdings ausschließlich römische Keramik benutzte, oder man negiert überhaupt einen Zusammenhang mit dem noch bestehenden Kastell. Billigt man ihr jedoch historischen Aussagewert als bislang jüngstes Lebenszeichen einer verbliebenen Besatzung zu, muß man sich fragen, wie ein Kastell dieser Größenordnung an einer solchen Stelle nach 259/260 n. Chr. noch existieren konnte, vorausgesetzt, in diesem Jahr war der Limes tatsächlich zusammengebrochen. – Weiterhin bedarf es einer Erklärung für die Münzen der Gallienus-Nachfolger des letzten Drittels des 3. Jahrhunderts, die in den Kastellorten gefunden wurden; vgl. CHRIST a.a.O. (Anm. 1) S. 137 und Bd. 2 Karte XIX.

109 J. WERNER, Bemerkungen zur mitteldeutschen Skelettgräbergruppe Hassleben-Leuna. Zur Herkunft der ingentia auxilia Germanorum des gallischen Sonderreiches in den Jahren 259-274 n. Chr. Festschrift für Walter Schlesinger, Bd. 1 (1973) S. 1 ff., bes. S. 23 ff., mit Hinweis auf Scriptores Hist. Aug. trig. tyr. 6,2.

110 ZOSIMOS 1,30. – SCHMIDT a.a.O. (Anm. 1) S. 234 mit Anm. 5; ALFÖLDI a.a.O. (Anm. 1) S. 334.

Flucht und Bevölkerungsrückgang[111], verläuft jetzt die umstrittene Demarkationslinie zweier Machtbereiche rivalisierender Herrscher, die beide trotz vergeblicher Versuche – jeder für sich – nicht in der Lage sind, militärisch den anderen auszuschalten. Die Verbindungsstraße Augsburg – Mainz, um deretwillen das Limesgebiet einst mehrfach erweitert worden war, ist jetzt unterbrochen und verliert ihre Bedeutung. Als dritte Komponente kommen die Germanen hinzu, die aus eigenem Antrieb, auf Geheiß oder Versprechen des einen oder anderen Machthabers, in den Bereich des Gegners nur allzu bereitwillig einfallen[112]. Welche Truppenstärken sind nach den unmittelbar vorausgegangenen Kämpfen mit den Germanen und den Abzügen für die rivalisierenden Streitkräfte in den Kastellen noch zu erwarten? Welche Funktion sollte und konnte unter diesen Bedingungen der obergermanische oder raetische Limes in seiner alten, starren Form noch erfüllen? Der Krieg zwischen Gallienus und Postumus unter Mitwirkung der Germanen, dessen chronologische Abfolge im einzelnen unklar ist, zieht sich über Jahre, jedenfalls über 265 n. Chr. hinaus. In dieser Zeitspanne und unter diesen Umständen beginnt sich das Ende des obergermanisch-raetischen Limes abzuzeichnen. Niederbieber war demnach nicht das letzte, sondern möglicherweise eines der ersten Kastelle, das am Limes nicht wieder aufgebaut wurde.

Das weitere Schicksal des Limesgebietes rechts des Rheins und nördlich der Donau ist vorgezeichnet. Es wird in dem Augenblick wieder zum römisch kontrollierten, aber nicht mehr unmittelbar verwalteten Vorland, als Aurelian (270-275 n. Chr.) die Voraussetzungen schafft, indem er den letzten gallischen Kaiser Tetricus schlägt (274 n. Chr.) und Raetien von eingedrungenen Germanen befreit[113]. Man geht heute davon aus, daß Probus (276-282 n. Chr.) den neuen Donau-Iller-Rheinlimes einrichtete[114]. Diese Maßnahme bildete zwangsläufig den Abschluß einer nicht mehr rückgängig zu machenden Entwicklung, die 260 n. Chr. mit der Usurpation des Postumus ausgelöst wurde und die es in der Folgezeit immer weniger erlaubte und sinnvoll erscheinen ließ, den Limes in seiner alten Organisationsform und Streckenführung zu halten bzw. wieder zu besetzen. Im Jahre 281 n. Chr.[115], spätestens aber 294 n. Chr.[116], mußte es jedem noch jenseits der neuen Militärli-

111 Während sich die Absetzbewegungen der staatstragenden Schicht an den Inschriften ablesen läßt (W. SCHLEIERMACHER, Die letzten römischen Dekurionen am Untermain. Mélanges d'Arch. et d'Hist. offerts à André Piganiol Bd. 3, 1966, S. 1387ff.) – möglicherweise wurde auch die Ala Indiana oder Abteilungen von ihr in dieser Zeit aus Echzell (H. U. NUBER, Weihung eines Reiterpräfekten aus Echzell, Kr. Büdingen. Fundber. aus Hessen 11, 1971, S. 77ff.) nach Mainz zurückverlegt, wo zwei Sarkophage verstorbener Gattinnen von Alendecurionen (CIL XIII 7028 Mainz; CIL XIII 7257 Kleinwinternheim) gefunden wurden – sieht sich die Bewohnerschaft der ungeschützten villae rusticae in großer Zahl gezwungen, ihren Besitz zu verlassen (O. PARET, Die Siedlungen des römischen Württemberg. Die Römer in Württemberg III, 1932, S. 215ff.).
112 Diese Praxis läßt sich schon beim Bataveraufstand 69 n. Chr. beobachten (H. VON PETRIKOVITS a.a.O., Anm. 9, S. 72), wird aber besonders deutlich 352 n. Chr. (anderer Ansicht ist H. VON PETRIKOVITS ebd. S. 187, aber der Umstand, daß man derartige Gerüchte für wahr verkaufen konnte, zeigt m. E. doch, daß solche Schachzüge nicht unbekannt waren). Vgl. auch A. RADNÓTI, Die germanischen Verbündeten der Römer (Frankfurt 1967).
113 RADNÓTI ebd. S. 3f. mit Verweis auf Dexippos (FGr. Hist. II F 6, S. 456f.).
114 J. GARBSCH, Der spätrömische Donau-Iller-Rhein-Limes. Kl. Schr. z. Kenntnis der röm. Besetzungsgesch. Südwestdeutschlands 6 (1970) S. 7f. – KELLNER a.a.O. (Anm. 10) S. 153f.
115 Die Inschrift aus Augsburg (F. WAGNER, Neue Inschriften aus Raetien. Nachträge zu Fr. VOLLMER, Inscriptiones Baivariae Romanae. Ber. RGK 37-38, 1957, S. 224 Nr. 30 Taf. 12), Probus als ›Restitutori provinciarum et operum publicorum providentissimo‹ im Jahre 281 n. Chr. gesetzt, möchte man trotz der Formelhaftigkeit mit konkreten Erfolgen des Kaisers in Verbindung sehen, vgl. KELLNER ebd. S. 153.
116 Bauinschrift für das diokletianische Kastell in Oberwinterthur (CIL XIII 5249). Ob die Inschrift CIL XIII 5203 trotz des Votums von H. LIEB, Zur Datierung und Bedeutung einer Altenburger Inschrift.

nie verbliebenen Romanen bewußt geworden sein, daß er von nun an ›in solo barbarico‹ siedelte[117].

Die Erhellung jener Zeitabschnitte, die noch unter römischem Verwaltungsanspruch und danach unter römischer Einflußnahme zur endgültigen Neuaufsiedlung Alamanniens geführt haben, bietet noch ein weites Betätigungsfeld und ist eine Zukunftsaufgabe der archäologisch/historischen Landesforschung. Der Forschungsverbund ›Archäologie und Geschichte des ersten Jahrtausends in Südwestdeutschland‹ soll dazu beitragen, den Ablauf der Geschichte durch Abbau von Nahtstellen stärker als bisher in den Vordergrund treten zu lassen und auch dem ›Limesfall‹ den Verdacht einer Grenzscheide zweier Fachrichtungen zu nehmen: ›Ich habe diese unterschiedlichen Meinungen (zum Limesende) zitiert, da sie zweifellos weiter verfolgt zu werden verdienen. Stellung dazu nehmen muß ich hier aber nicht, da mein Bericht mit der Behandlung des Limesfalles von 259/260 schließt‹[118]. ›Das Jahr 260 ist die Geburtsstunde des Alamannischen Stammes als Staatsgebilde‹[119].

Das Manuskript des Vortrages konnte ich im Frühjahr 1986 während eines Forschungsaufenthaltes am Institute for Advanced Study in Princeton (USA) überarbeiten und mit Anmerkungen versehen, wofür ich mich der genannten Institution und ihrer Leitung sehr zu Dank verpflichtet fühle.

Jahresber. Ges. Pro Vindonissa 1948/49, S. 22 ff. sicher genug datiert ist, um einen Auffanglimes am Hochrhein schon unter Gallienus im Jahre 260 n. Chr. zu beweisen, bedarf noch weiterer Unterstützung.
117 NORDEN a.a.O. (Anm. 7) S. 37 ff.
118 H. SCHÖNBERGER 1985 a.a.O. (Anm. 1) S. 424.
119 R. CHRISTLEIN, Die Alamannen. Archäologie eines lebendigen Volkes (1978) S. 24.

Die Wiederbesiedlung der Schwäbischen Alb und des Neckarlandes durch die Alamannen

Von Dieter Planck

Von den Veranstaltern des Kolloquiums wurde ich aufgefordert, über ein Thema zu sprechen, das nur am Rande mit meinem Spezialgebiet zu tun hat. Wie so oft, wird ein Denkmalpfleger mit Problemen konfrontiert, die nicht direkt zu seinem unmittelbaren Spezialgebiet gehören. Dies ist das Los des Denkmalpflegers, und ich habe mich in diesem Zusammenhang bemüht, so weit wie möglich die Befunde und Funde zu dokumentieren und in verschiedenen Abhandlungen auszuwerten[1].

Sämtliche bis 1974 bekannten Funde aus der Zeit zwischen dem Fall des obergermanisch-rätischen Limes als militärische Grenze nach 406 n. Chr. wurden von Rainer Christlein im Historischen Atlas von Baden-Württemberg zusammengestellt[2]. Es kann hier nicht der Ort sein, auf alle Befunde und Funde dieser Zeit aus dem Bereich der Schwäbischen Alb und des mittleren Neckerlandes einzugehen. Ich möchte deshalb schwerpunktmäßig Grabungen und Funde aus dem Neckarland zwischen Stuttgart und Heilbronn und der mittleren Schwäbischen Alb vorstellen, die in jüngerer Zeit diesen Abschnitt der frühen württembergischen Landesgeschichte beleuchtet haben (Abb. 1).

Betrachten wir zunächst einmal das Neckarland, so gibt es in den vergangenen Jahren einzelne Siedlungsbefunde, insbesondere bei kleineren Baumaßnahmen, die anzeigen, daß wir hier mit mehr Siedlungspunkten rechnen müssen, als dies Rainer Christlein 1974 noch feststellen konnte (Abb. 1). Ich möchte hier nur neue Siedlungsfunde nennen aus Korntal-Münchingen, Lkr. Ludwigsburg, Inzigkofen, Lkr. Sigmaringen[3] und Rottenburg a. N., Lkr. Tübingen, Siedlungsreste, die R. Koch zwischen Kirchheim/Teck und Reutlingen, im Vorfeld der Schwäbischen Alb, nachweisen konnte. Im Jahre 1974 konnte am Südrand der Stadt Nürtingen eine zeitgleiche Siedlung entdeckt werden, zu der ohne Zweifel auch eine Münze des Magnentius aus dem Jahre 350 n. Chr. gehört[4]. Schließlich seien die Grab- und

---

1 D. PLANCK, Eine frühalamannische Siedlung in Sontheim im Stubental, Kreis Heidenheim. Fundberichte aus Baden-Württemberg 3, 1977, S. 539 ff. – DERS., Frühalamannische Funde aus dem Heidenheimer Raum. In: 75 Jahre Heimat- und Altertumsverein Heidenheim 1901-1976 (1976) S. 97 ff. – DERS., Untersuchungen in einer frühgeschichtlichen Siedlung bei Großkuchen, Stadt Heidenheim. Archäologische Ausgrabungen 1978, S. 86 ff. – DERS., Neue Untersuchungen in der frühalamannischen Siedlung von Sontheim im Stubental, Gemeine Steinheim am Albuch, Kreis Heidenheim. Archäologische Ausgrabungen in Baden-Württemberg 1981 (1982) S. 182 ff.

2 R. CHRISTLEIN, Die frühe Alemannenzeit. 3. bis frühes 5. Jahrhundert n. Chr. Beiwort zur Karte III, 6. Historischer Atlas von Baden-Württemberg (3. Lieferung 1984).

3 H. REIM, Ein römischer Gutshof bei Inzigkofen, Kreis Sigmaringen. Fundberichte aus Baden-Württemberg 3, 1977, S. 402 ff., 434 f., Abb. 25. – Korntal-Münchingen (unveröffentlicht). – Rottenburg a. N.: vgl. E. SCHMIDT, Die Notgrabung im Gebiet der Wüstung Sülchen. Der Sülchgau 26, 1982, S. 4 ff. bis S. 13.

4 R. KOCH, Frühalamannische Siedlungsfunde von Kirchheim unter Teck und Großgartach. Fundberichte aus Baden-Württemberg 3, 1977, S. 528 ff. – D. PLANCK, FUNDBERICHTE AUS BADEN-WÜRTTEMBERG 8, 1983, S. 413 f., TAF. 231A.1-3.

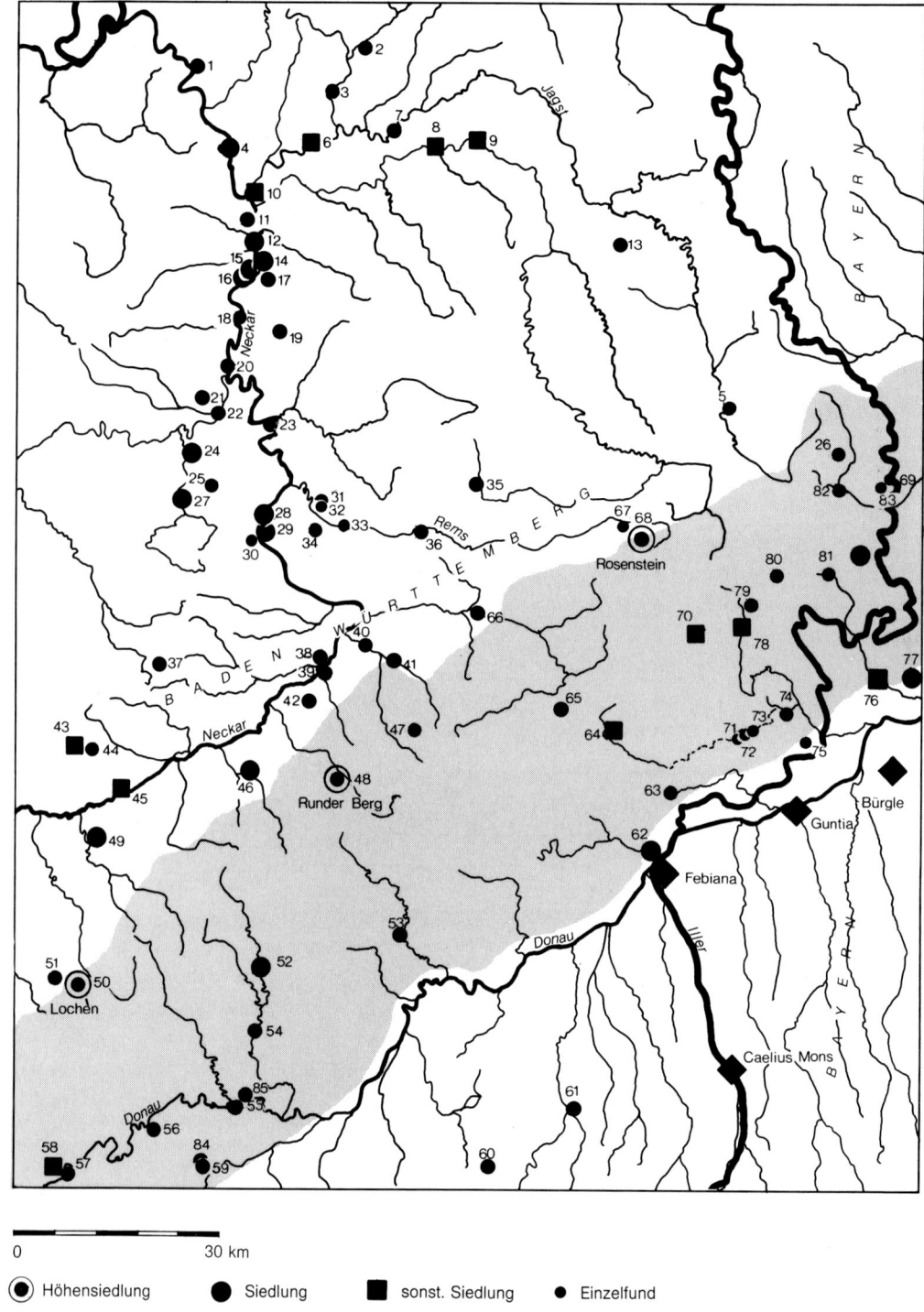

Abb. 1 Frühe alamannische Besiedlung im Neckarland und auf der Schwäbischen Alb (nach Rainer Christlein mit Ergänzungen)

Siedlungsfunde aus Lauffen und Forchtenberg erwähnt[5]. Gerade in Lauffen a. N. konnte im Zusammenhang mit der Ausgrabung eines römischen Gutshofes im Rebflurbereinigungsgebiet ›Konsten‹ etwa 400 m nördlich des römischen Gutshofes eine Siedlung des 4. nachchristlichen Jahrhunderts ermittelt werden (Abb. 2). Leider konnte keine größere Flächengrabung durchgeführt werden. Doch die Befunde zeigen deutlich, daß sich die frühen Alamannen neben dem römischen Gutshof niedergelassen und diesen soweit wie möglich geplündert hatten. Im gleichen Zusammenhang mit den frühalamannischen Befunden wurden zahlreiche römische Gegenstände der mittleren Kaiserzeit geborgen, Gegenstände, die noch brauchbar und für eine Wiederverwendung bestimmt waren, unter anderem etwa Dachziegel, Gefäßbruchstücke und Metallgegenstände. Es ist deshalb nicht verwunderlich, daß auch einzelne germanische Keramikfragmente innerhalb des römischen Gutshofes gefunden worden sind[6]. Besonders überraschend war die Entdeckung von zwei reich ausgestatteten frühalamannischen Adelsgräbern, die von H. Schach-Dörges bearbeitet worden sind (Abb. 3). Sie nimmt an, daß Grab 1 – die Bestattung eines jungen Mädchens – um die Mitte des 4. Jahrhunderts in den Boden gekommen ist. Grab 2, das das Skelett einer jungen Frau enthält, ist offenbar etwas jünger (Abb. 4 und 5). Wenn wir auch keine scharf datierbaren Funde aus der dazugehörenden Siedlung haben, so müßte die Siedlung auf jeden Fall zeitgleich oder etwas früher bestanden haben. Der römische Gutshof war zu dieser Zeit schon als Ruine brachgelegen, und man hat den Eindruck, daß ganz bewußt hier in unmittelbarer Nachbarschaft zu einer sehr ergiebigen Quelle diese neue alamannische Siedlung angelegt wurde. Diese Quelle war ohne Zweifel schon der Ausgangspunkt für die Anlage des römischen Gutshofes und anderer prähistorischer Siedlungen gewesen, die hier nachgewiesen werden konnten[7]. Interessant ist die Beobachtung, daß jüngere alamannische Funde aus dieser Siedlung nicht nachweisbar sind (Abb. 6 und 7). Ähnlich wie in den Siedlungen auf der Schwäbischen Alb scheint auch diese Siedlung kurz nach der Mitte des 4. Jahrhunderts aufgegeben worden zu sein. Mittelalterliche Funde aus dem 10. und 11. Jahrhundert könnten mit der urkundlich überlieferten, im 13. Jahrhundert abgegangenen Siedlung ›Konstheim‹ in Verbindung gebracht werden.

Aus der Reihengräberzeit kennt man auf der Gemarkung Lauffen sechs Fundstellen, die sich deutlich in der topographischen Situation unterscheiden. Die dazugehörenden Gräberfelder liegen fast alle im bebauten Stadtgebiet und zeigen damit einen Beginn der frühmittelalterlichen Siedlung an. Der Bruch zwischen frühalamannischer und merowingerzeitlicher Siedlung ist besonders auffallend und beleuchtet schlaglichtartig die Verhältnisse im Neckarland. War man bis vor wenigen Jahren der Meinung, daß hier nur eine dünnbesiedelte Landschaft nach dem Fall des obergermanischen Limes vorliege, so zeigen die sich mehr und mehr häufenden Siedlungsspuren eine dichtere Besiedlung auf (Abb. 1). Gerade in den Lößgebieten des mittleren Neckarlandes ist außerdem der Forschungsstand und die Erhaltung der Siedlungsareale zu berücksichtigen. Durch Erosion und intensive landwirtschaftliche Nutzung sind hier jüngere Besiedlungsphasen sehr oft weitgehend

5 H. SCHACH-DÖRGES, Frühalamannische Funde von Lauffen am Neckar. Fundberichte aus Baden-Württemberg 6, 1981, S. 615 ff. – R. KOCH, Terra nigra-Keramik und angebliche Nigraware aus dem Neckargebiet. Fundberichte aus Baden-Württemberg 6, 1981, S. 579 ff.

6 H. Schach-Dörges, Frühalamannische Funde von Lauffen am Neckar. Fundberichte aus Baden-Württemberg 6, 1981, S. 656 ff. und Abb. 20. – DIES., Alamannische und fränkische Besiedlungsspuren auf Gemarkung Lauffen am Neckar. Heimatbuch anläßlich des Stadtfestes 1984, S. 75 ff.

7 K. WEHRBERGER, Vorgeschichtliche Besiedlung der Gemarkung Lauffen a. N. und Umgebung. Heimatbuch anläßlich des Stadtfestes 1984, S. 9 ff., bes. Abb. 37. – J. BIEL, Archäologische Fundstellen im Lauffener Rebflurbereinigungsgebiet Konsten. Heimatbuch anläßlich des Stadtfestes 1984, S. 40 ff.

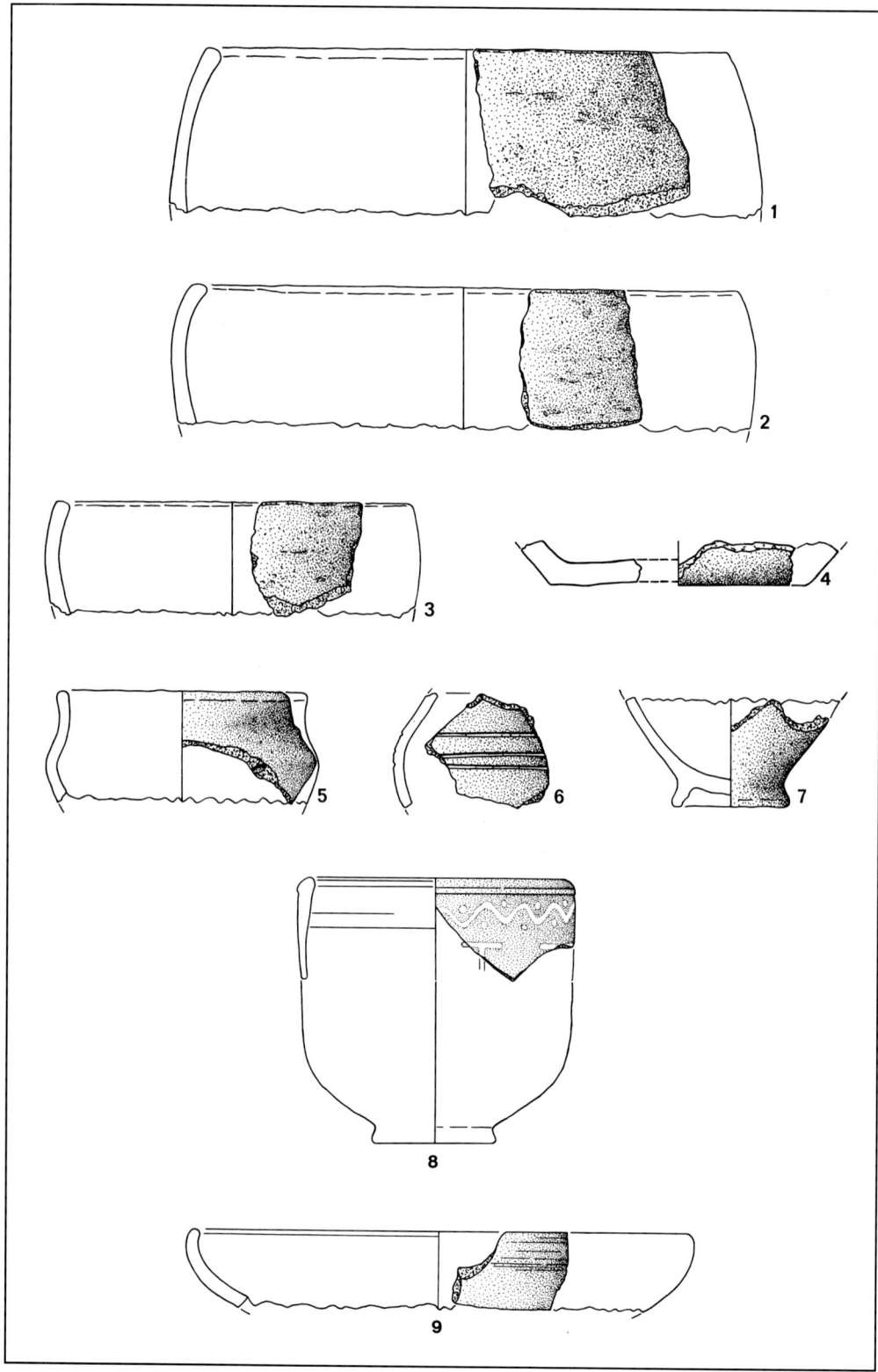

Abb. 2 Kirchheim unter Teck. Auswahl germanischer (1-7) und römischer Drehscheibenkeramik (8-9) der späten Kaiserzeit (Maßstab 1:3)

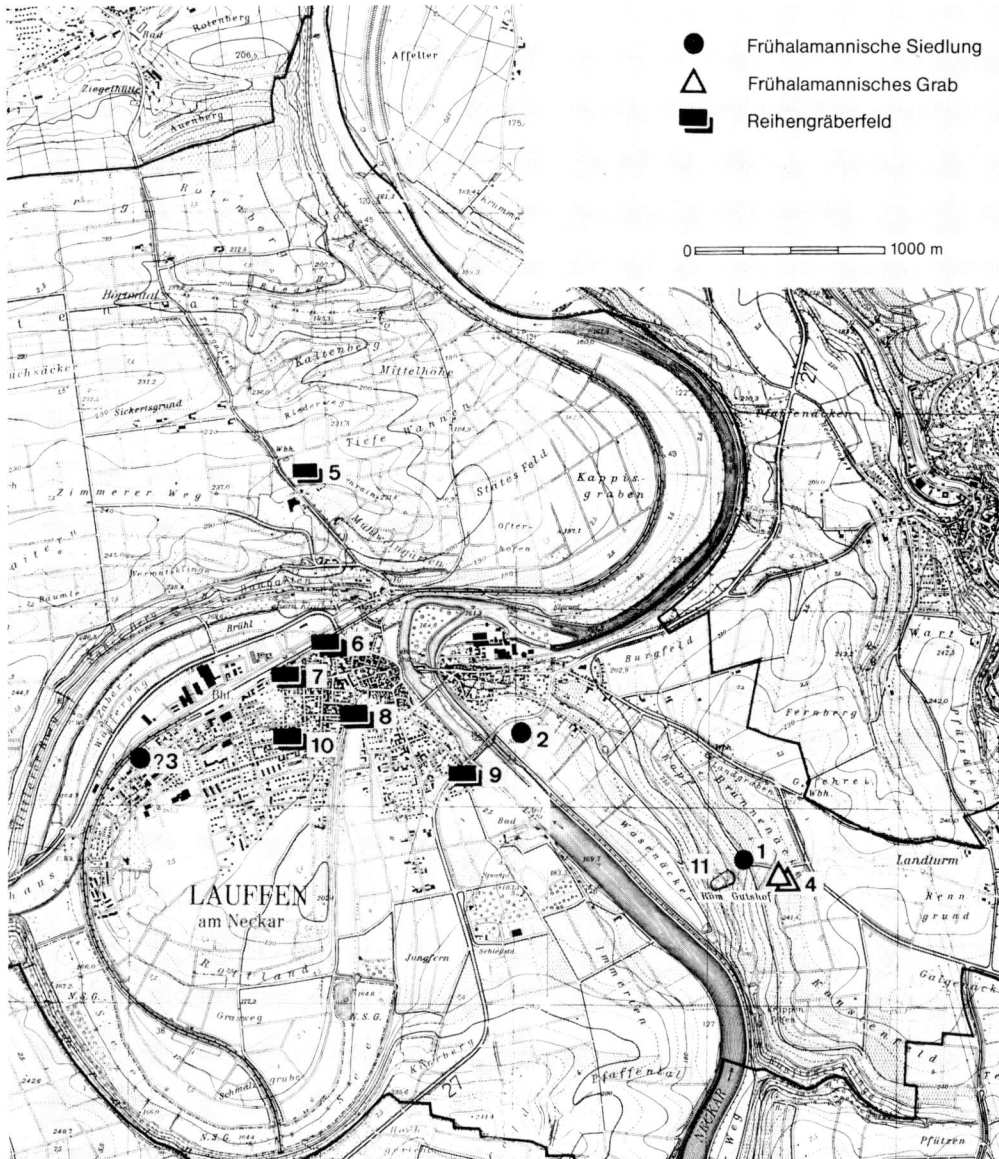

Abb. 3 Lauffen a. N. 1-3 frühalamannische Siedlungen; 4 frühalamannische Gräber; 5-10 merowingerzeitliche Reihengräberfelder; 11 römischer Gutshof oder Siedlung. (Ausschnitt aus TK 1:25.000, Blätter
6920 und 6921; vervielfältigt mit Genehmigung des Landesvermessungsamtes Baden-Württemberg)

zerstört, so daß wir hier zwar in der Regel viele neolithische Fundschichten und Siedlungs-
stellen beobachten können, jüngere Siedlungspunkte der Metallzeiten bis hin zur Spätlatènezeit sind jedoch relativ selten. Erst die tiefgreifenden römischen Steinbauten mit ihren
z.T. beachtlich tiefen Fundamenten lassen sich wieder archäologisch besser fassen. Ich
meine, gerade dieser Gesichtspunkt sollte bei zukünftigen siedlungsgeschichtlichen Aussagen in diesem Raum besonders berücksichtigt werden.

Ganz anders sind die Verhältnisse auf der Schwäbischen Alb. Hier in den schweren
Böden, die dazuhin in weiten Bereichen einer nicht so intensiven Landwirtschaft unterworfen sind, haben sich weit mehr Siedlungspunkte erhalten. Der Runde Berg bei Urach

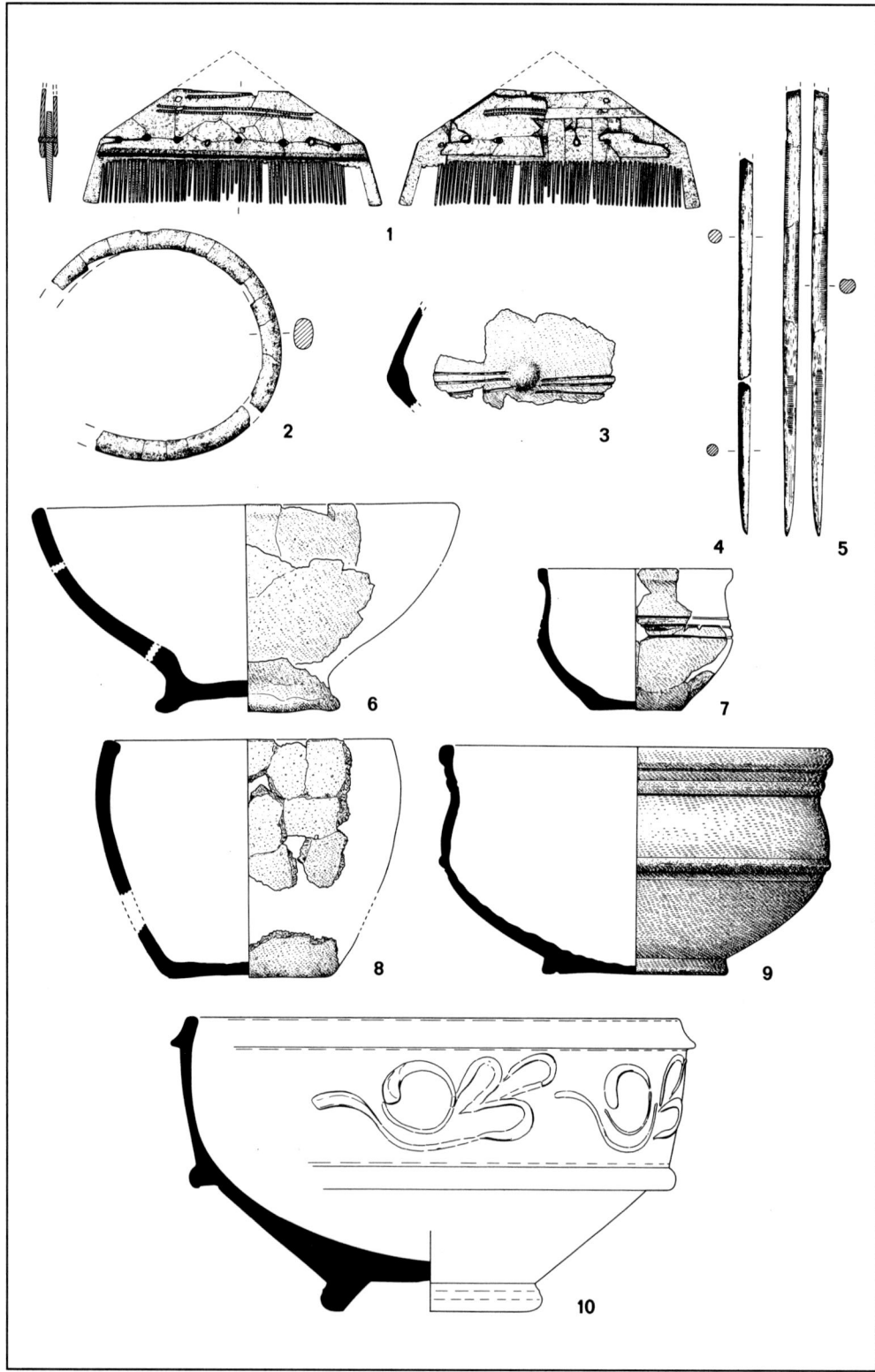

Abb. 4   Lauffen a. N. Beigaben aus Grab 1 (Maßstab 1:3)

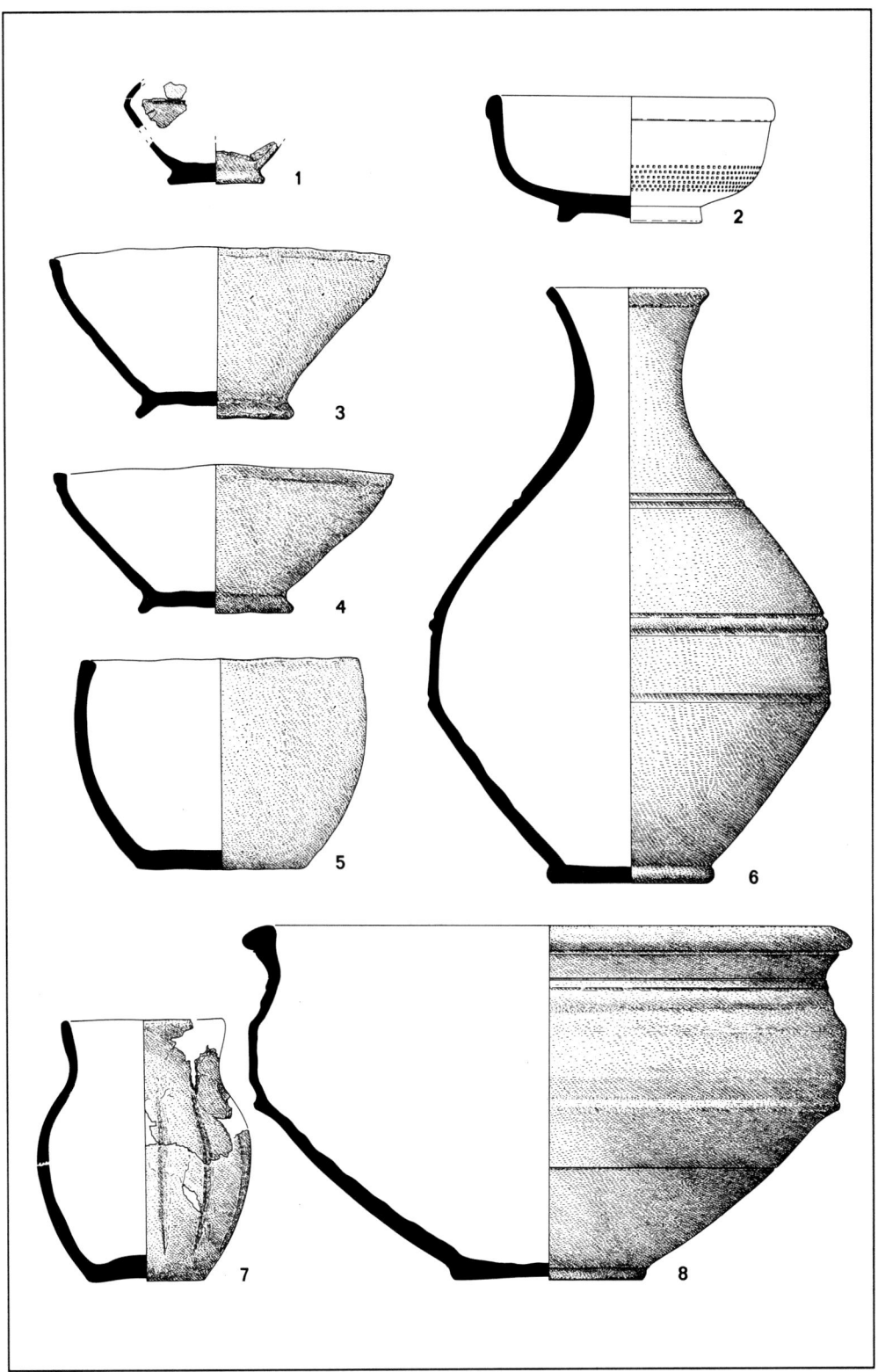

Abb. 5 Lauffen a. N. Beigaben des Grabes 2. Keramik (Maßstab 1:3)

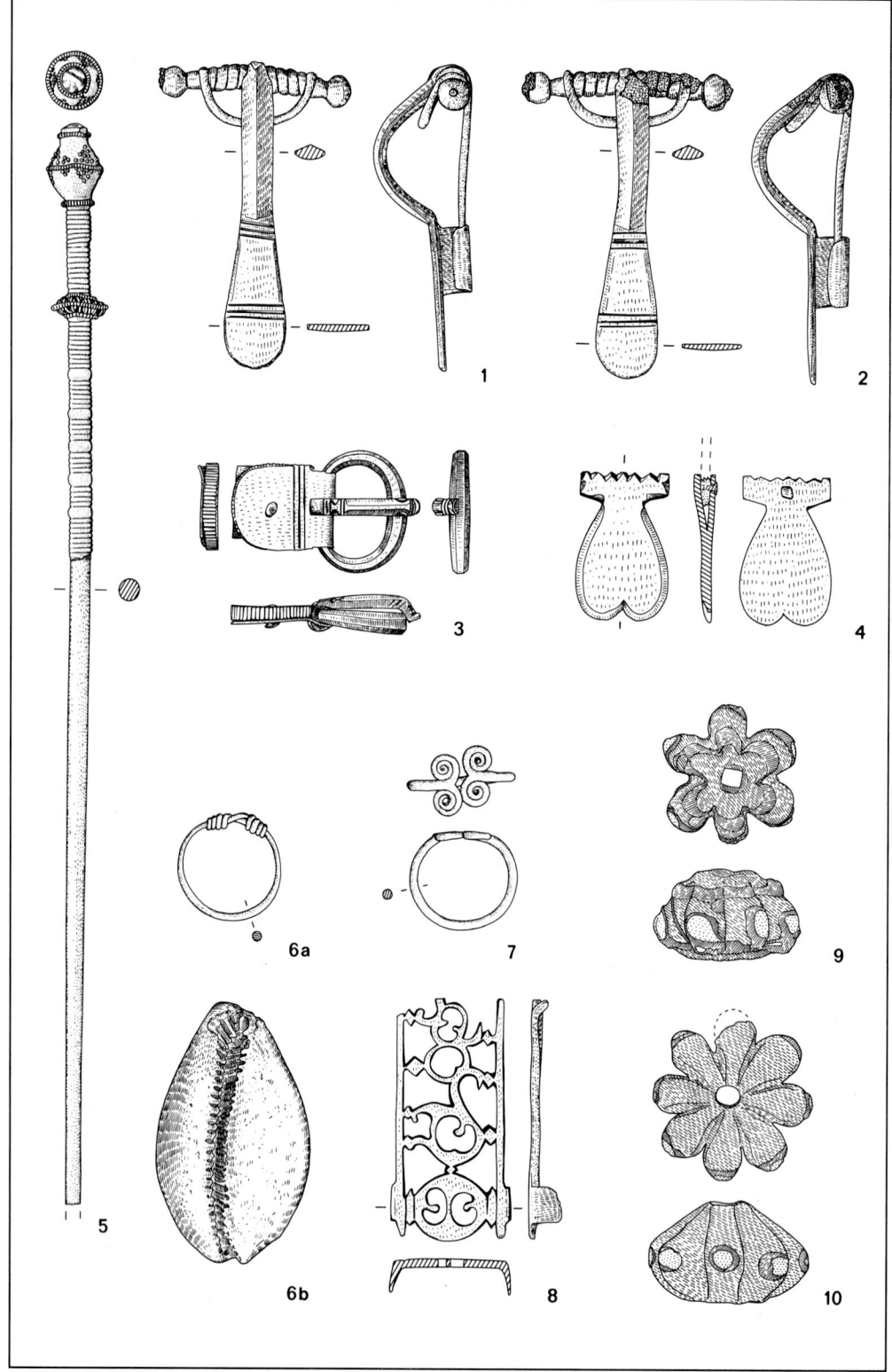

Abb. 5b Lauffen a. N. Beigaben des Grabes 2. Tracht und Schmuckbestandteile
(Maßstab 2:3, 5 Maßstab 1:1)

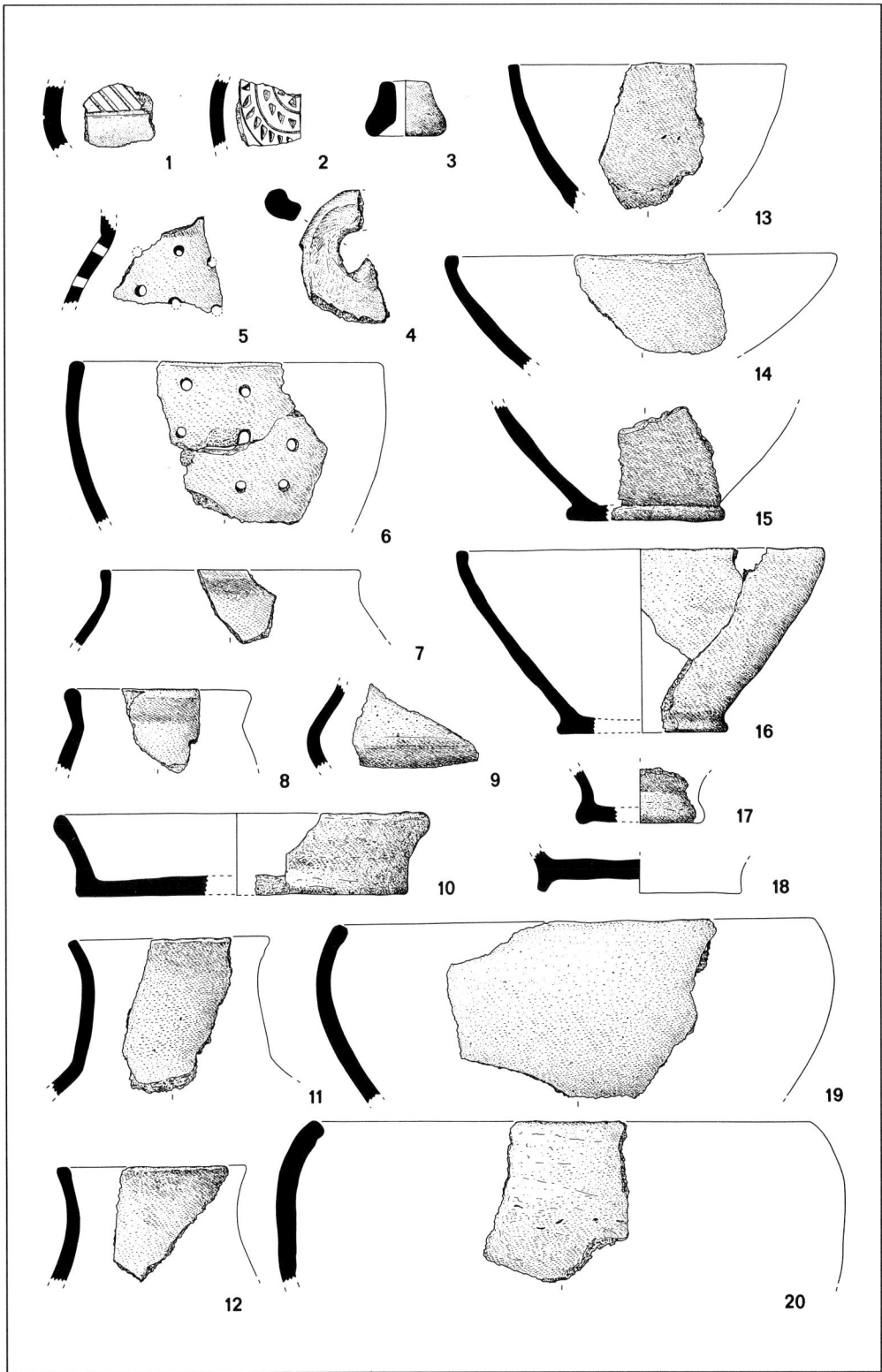

Abb. 6   Lauffen a. N. Handgemachte Keramik aus der frühalamannischen Hofstelle in Gewann ›Brunnen-äcker‹ (Maßstab 1:3)

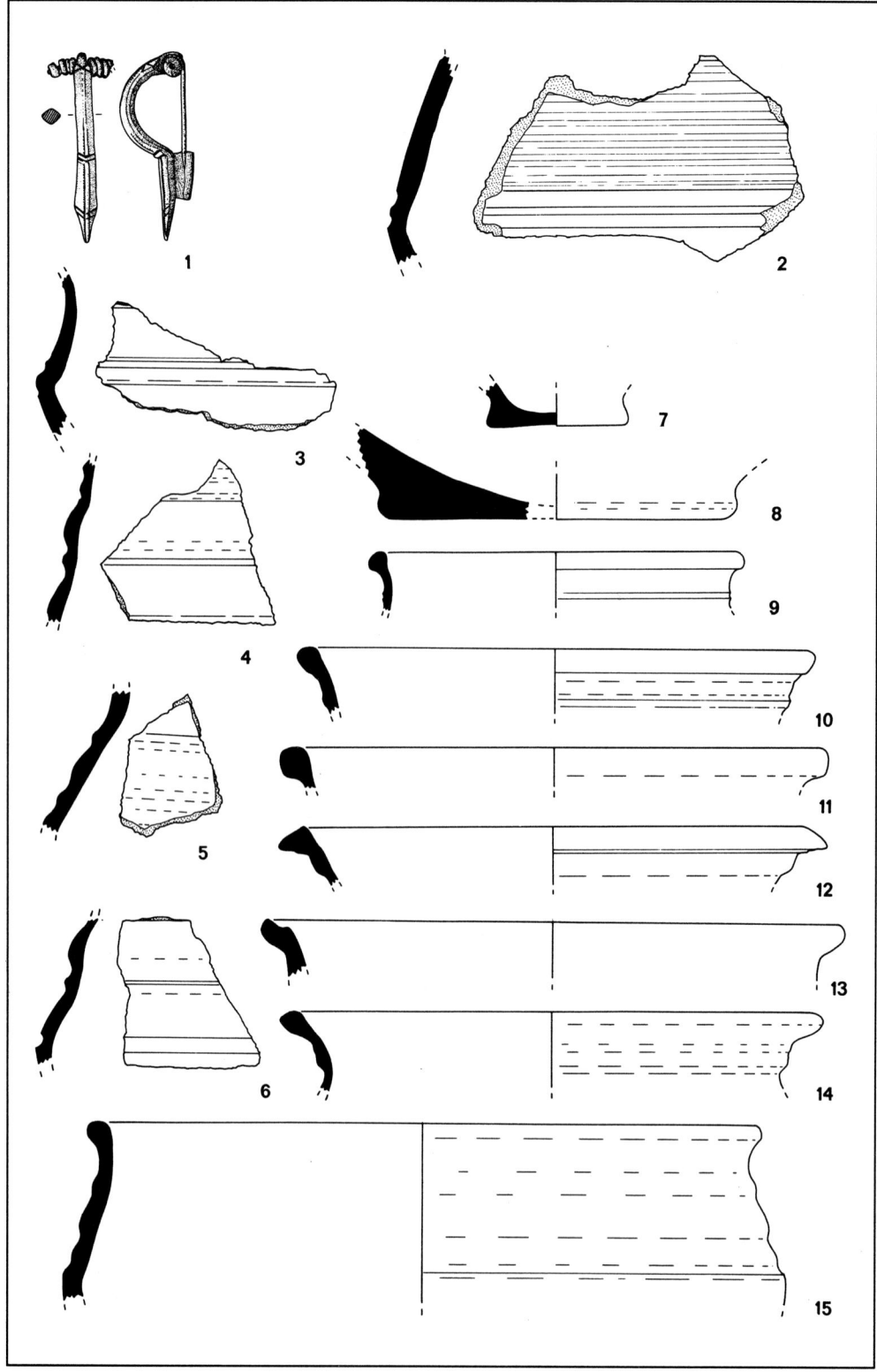

Abb. 7   Lauffen a. N. Funde aus der frühalamannischen Siedlung in Gewann ›Brunnenäcker‹. 1 Bronzefibel; 2-15 Terra nigra (Maßstab 1:2)

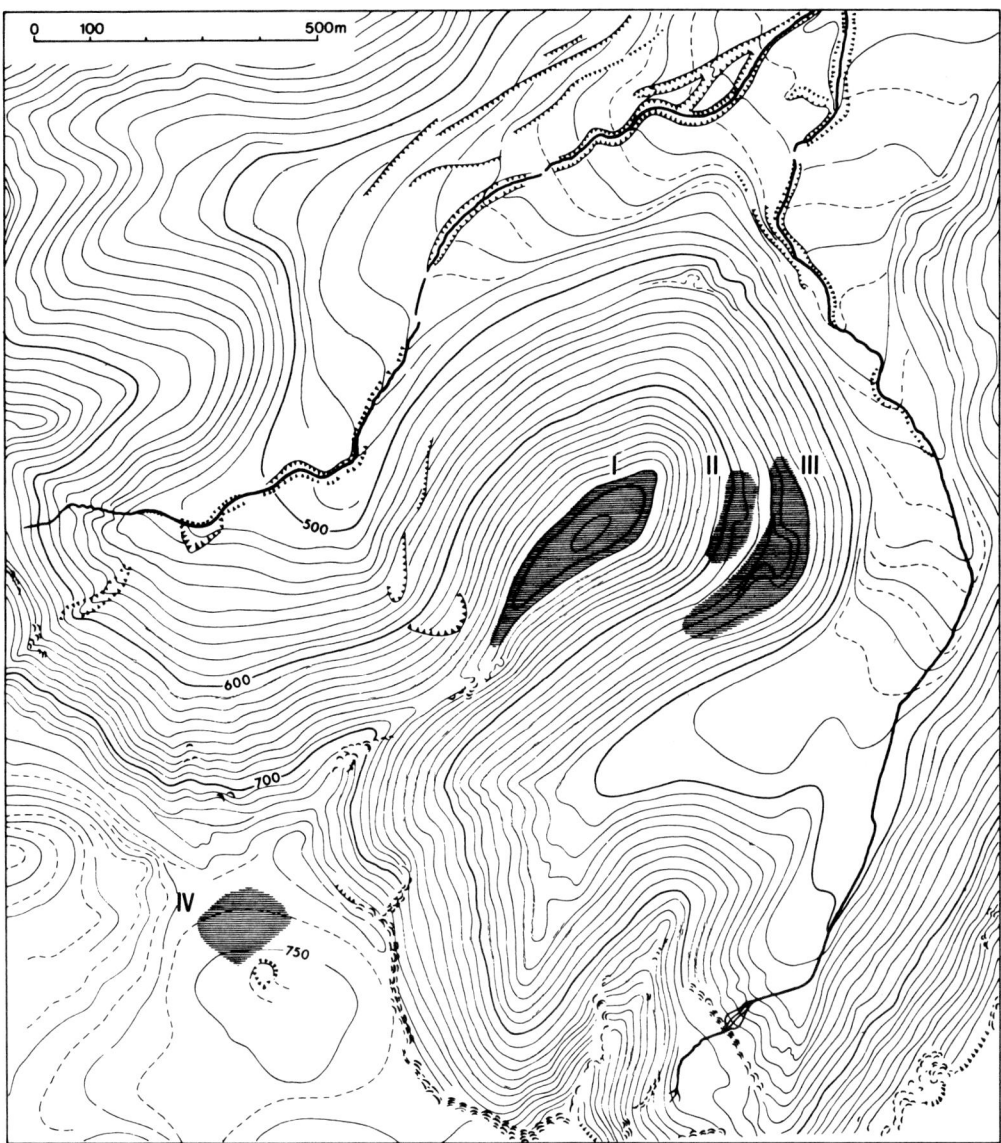

Abb. 8   Urach, Runder Berg. I Besiedelte Hochfläche. II – III Terrassen. IV Siedlungsbereich um den ehemaligen Rutschenhof (nach Ursula Koch)

(Abb. 8) mit seiner frühalamannischen Adelsburg[8], die zwischen 1969 und 1985 systematisch erforscht wurde, soll hier nicht näher behandelt werden. An dieser Stelle sollen vor allem Siedlungspunkte im östlichen Bereich der Schwäbischen Alb erläutert werden. Zunächst konnte H. Reim bei Ausgrabungen im Lagerdorf des Kastells Urspring auf der

8 V. MILOJČIĆ, Zu den bisherigen Ergebnissen der Untersuchungen am Runden Berg bei Urach 1968-1975. Vorträge und Forschungen 12 (1979) S. 519ff. – R. CHRISTLEIN, Der Runde Berg bei Urach I: Die frühgeschichtlichen Kleinfunde außerhalb der Plangrabung (1974). DERS., Der Runde Berg bei Urach III: Kleinfunde der frühgeschichtlichen Perioden aus den Plangrabungen 1967-1972 (1979). – U. KOCH, Der Runde Berg bei Urach V: Die Metallfunde der frühgeschichtlichen Perioden aus den Plangrabungen 1957-1981 (1984). – B. KASCHAU und U. KOCH, Ausgrabungen auf dem Runden Berg bei Urach, Kreis Reutlingen, 1977-1984. Archäologische Ausgrabungen in Baden-Württemberg 1984 (1985) S. 159ff. (mit weiterer Literatur).

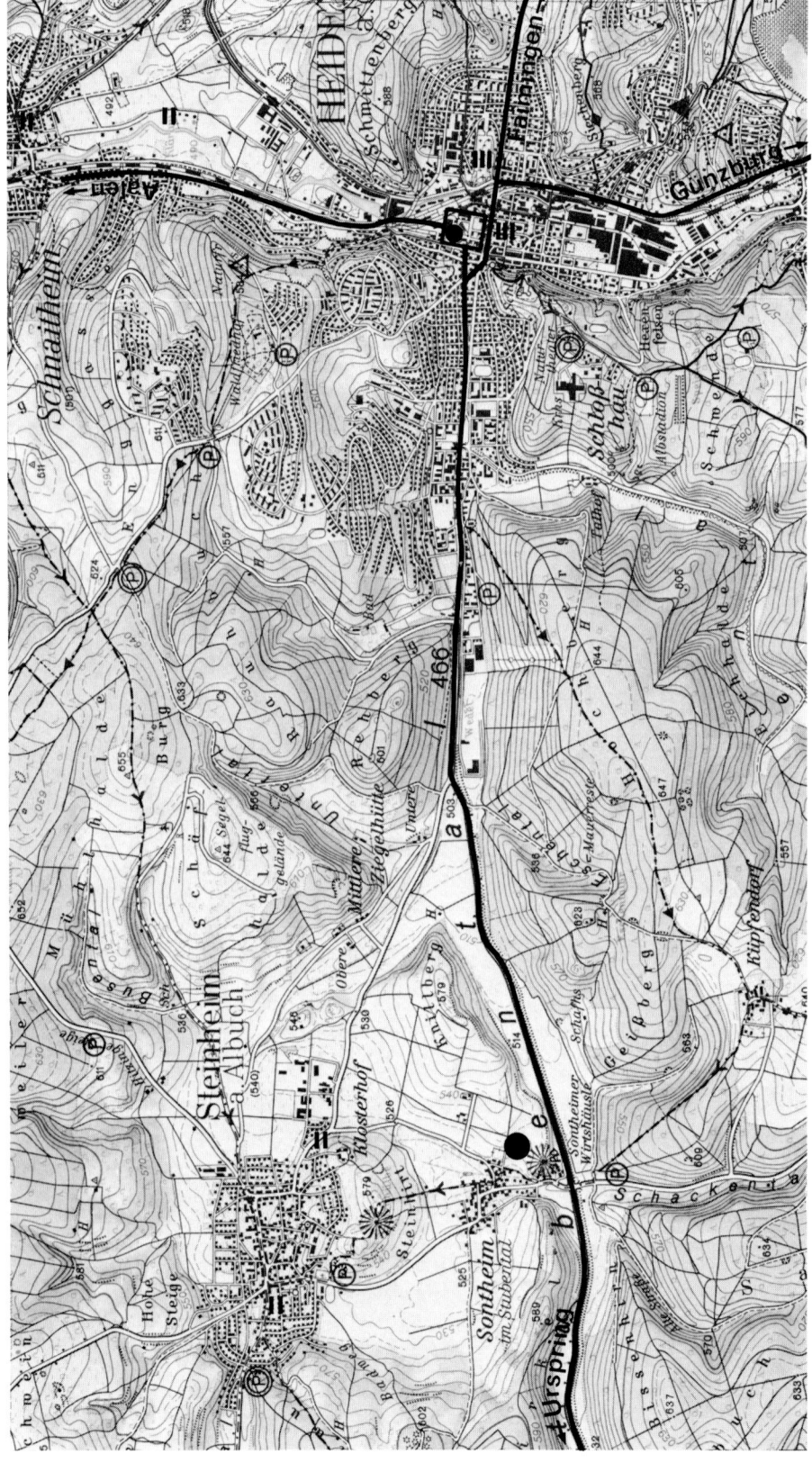

Abb. 9 Der Raum Heidenheim in frühgeschichtlicher Zeit.
Römische Straße Urspring – Heidenheim; runder Punkt: frühalamannische Siedlung; Doppelstrich: Reihengräberfriedhöfe des 5. bis 7. Jahrhunderts

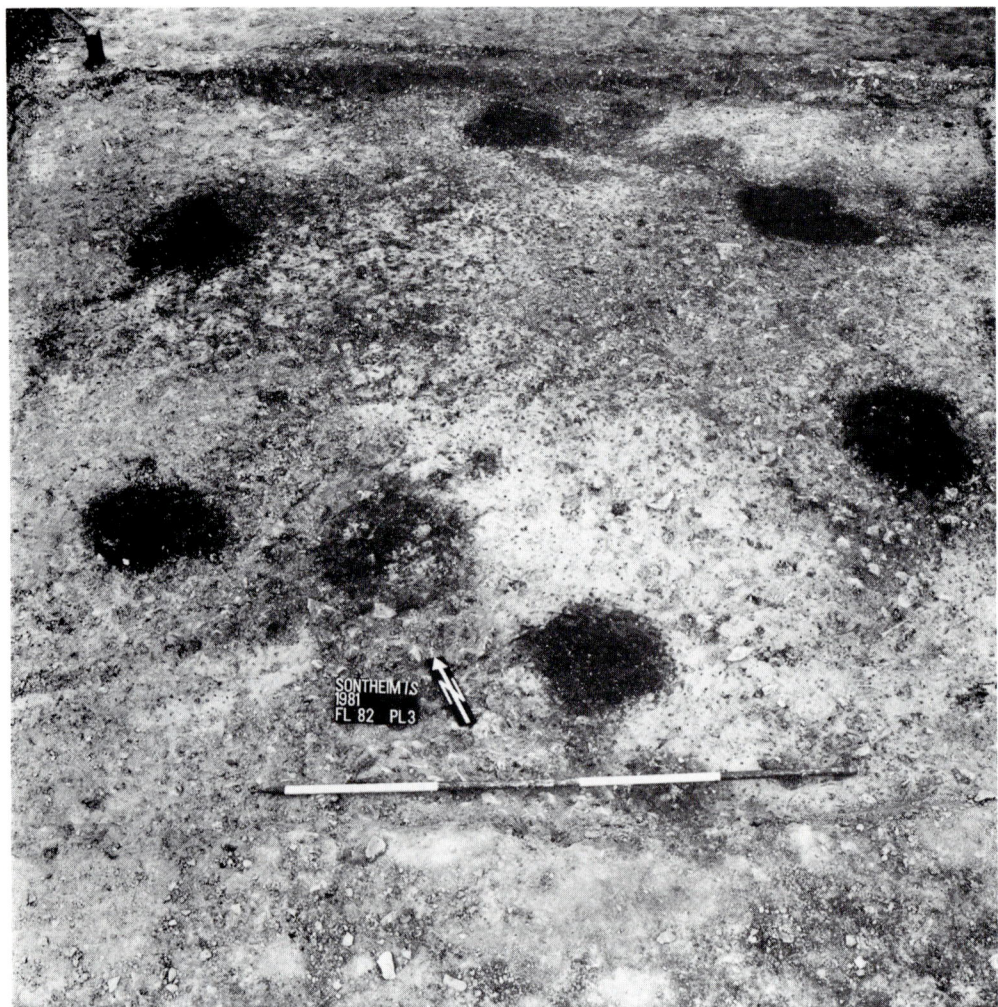

Abb. 11 Sontheim im Stubental, Gem. Steinheim am Albuch. Pfosten der runden Hütte während der Ausgrabung im Jahre 1981

Talsohle der Lone östlich des Ortes umfangreiche frühmittelalterliche Siedlungsreste des 4.-9. Jahrhunderts freilegen[9]. Charakteristische Keramikfunde zeigen einen Beginn dieser Siedlung im 4. Jahrhundert an. Ob allerdings eine durchgehende Besiedlung vorliegt, muß erst die genauere wissenschaftliche Auswertung des Fundmaterials erbringen[10]. Zur gleichen Zeit wurde in Sontheim im Stubental, Gemeinde Steinheim am Albuch, bei Erweiterungsarbeiten des Dorfes eine Siedlung des 4. Jahrhunderts angeschnitten und von uns systematisch untersucht[11]. Die im Neubaugebiet ›Hochfeld‹ entdeckte Siedlung wurde

9 Fundberichte aus Schwaben NF 18/2, 1967, S. 155. – H. REIM, Eine frühmittelalterliche Siedlung bei Ursprung, Alb-Donau-Kreis. Archäologische Ausgrabungen 1974 (1975) S. 52 ff.
10 Das gesamte Fundmaterial aus dem 3. bis 5. Jahrhundert wird zur Zeit in einer Marburger Dissertation von Frau S. Spoers bearbeitet. Bis zur Vorlage dieser Arbeit, in der die genaue Analyse des Fundstoffes enthalten sein wird, können hier nur vorläufige Angaben über die Chronologie der jeweiligen Fundmaterialien gegeben werden.
11 Fundberichte aus Baden-Württemberg 9, 1984, S. 741 ff.

1973 (Abb. 9), 1974 und 1981 untersucht. Es handelt sich hierbei um eine befestigte Ansiedlung, von der die Südseite mit Toranlage und doppelter Palisade sowie die Ostseite der Befestigung auf eine Länge von ca. 70 m und Teile der Nordseite nachgewiesen werden konnten (Abb. 10). Soweit die bisherigen Funde eine Aussage erlauben, liegt hier eine Anlage von ca. 70 m Länge und über 60 m Breite vor. Schon 1973 und 1974 konnten im Innenraum mehrere Hausgrundrisse erfaßt werden. Auch 1981 sind vier Häuser aufgedeckt worden (Abb. 11), die zweifellos zu einem in sich abgeschlossenen Gebäudekomplex gehören. Aber auch außerhalb der Palisade wurden Hausgrundrisse freigelegt, so daß man damit rechnen muß, daß hier ein frühalamannisches Dorf vorliegt, von dem ein wesentlicher Bereich mit einer Befestigung umgeben war. Vielleicht handelt es sich hierbei um den Wohnbereich eines sozial höher gestellten Personenkreises. Diese Art der Befestigung besitzt in Süddeutschland kein Vergleichsstück. Sehr verwandt sind Anlagen, wie sie vor allem aus der späten römischen Kaiserzeit aus Norddeutschland bekannt sind[12]. Der 1981 ergrabene runde Bau besitzt bisher meines Wissens zu dieser Zeit in Süddeutschland keinen Vergleich, paßt sich jedoch in die Gruppe kaiserzeitlicher Rundspeicher des 1. Jahrhunderts bis 3. Jahrhunderts n. Chr. in Norddeutschland an, die jüngst von W. H. Zimmermann vorgestellt worden sind[13]. Die in zahlreichen Gruben geborgene Keramik gibt einen guten Überblick über den Formenbestand spätkaiserzeitlicher Keramik. Insbesondere die hier gefundenen Rand- und Wandscherben gehören vorwiegend der Gruppe der spätkaiserzeitlichen Schalenurnen an. Sie besitzen sehr oft einen kurzen, leicht ausbiegenden Rand, wie er zahlreich aus dem sächsisch-thüringischen Raum bekannt geworden ist (Abb. 12). Neben dieser rein germanischen Keramik ist besonders auffallend das fast völlige Fehlen importierter spätrömischer Keramik und die Fülle einfacher grober Gefäßformen. Für die chronologische Einordnung der Siedlung sind ein dreieckiger Kamm und drei Bronzefibeln von Wichtigkeit (Abb. 13). Die Armbrustfibel mit dreieckigem Fußabschluß (Gruppe Almgren VI,2) gehört, wie E. Keller herausgestellt hatte[14], in Süddeutschland in die Stufe C 2 und läßt sich auf Grund verschiedener Grabfunde bis in die erste Hälfte des 4. Jahrhunderts nachweisen. Die zweite Fibel, eine Armbrustfibel mit geradem Abschluß und leicht facettiertem, sonst aber glattem Bügel hat dieselbe Zeitstellung[15]. Die dritte Fibel schließlich gehört in die Gruppe der Fibeln mit umgeschlagenem Fuß, die ebenfalls ins 4. Jahrhundert datiert werden können[16]. Die Sontheimer Fibeln gehören damit alle dem späten 3. und 4. Jahrhundert an, wobei ein Schwerpunkt vermutlich in der ersten

12 P. Schmid, in: Archäologische und naturwissenschaftliche Untersuchungen an Siedlungen im deutschen Küstengebiet 1: Ländliche Siedlungen (1984) S. 193 ff. – Ders., Die kaiserzeitlich-völkerwanderungszeitliche Besiedlung auf der Gestinsel Flögeln im Elbe-Weser-Dreieck. Untersuchungen zur eisenzeitlichen und frühmittelalterlichen Flur in Mitteleuropa und ihre Nutzung 1 = Abhandl. der Akad. d. Wiss. Göttingen, Phil.-hist. Kl. III. Folge, Nr. 115 (1979) S. 250 ff. – Ders., Ländliche Siedlungen der vorrömischen Eisenzeit bis Völkerwanderungszeit in niedersächsischen Küstengebiet. Offa 39, 1982, S. 73 ff., bes. S. 88 ff. – W. H. Zimmermann, Die Siedlung Flögeln bei Cuxhaven. Sachsen und Angelsachsen (1983) S. 363 ff.
13 W. H. Zimmermann, in: Archäologische und naturwissenschaftliche Untersuchungen an ländlichen und frühstädtischen Siedlungen im deutschen Küstengebiet vom 5. Jahrhundert v. Chr. bis zum 11. Jahrhundert n. Chr. 1: Ländliche Siedlungen, S. 259 ff.
14 E. Keller, Zur Chronologie der jüngerkaiserzeitlichen Grabfunde aus Südwestdeutschland und Nordbayern. Studien zur vor- und frühgeschichtlichen Archäologie. Festschrift für Joachim Werner zum 65. Geburtstag (1974) S. 255 ff., bes. S. 263 f. – Vgl. dazu auch B. Schmid, Jahresschrift Halle 40, 1956, S. 208 f.
15 E. Keller, a.a.O., S. 253 ff.
16 Ch. Pescheck, Ein germanisches Gräberfeld in Oberfranken. Germania 47, 1969, S. 129 ff., S. 132, Abb. 8.4. – H. W. Böhme, Archäologisches Korrespondenzbl. 4, 1974, S. 65 ff., Abb. 1.1.

Hälfte dieses Jahrhunderts vorliegt. Funde, die sicher nach 350 oder später zu datieren sind, liegen unseres Erachtens nicht vor. Besonders interessant sind in diesem Zusammenhang Eisenschlacken, die hier in großer Menge gefunden worden sind und die meines Erachtens den wirtschaftlichen Hintergrund der Siedlung in diessem Raum widerspiegeln. Leider steht die Untersuchung noch aus.

Nur wenige Kilometer weiter östlich im aufgegebenen römischen Kastell der Ala II Flavia in Heidenheim konnten schon 1965 in der Nordwestecke des Kastells mehrere Befunde, so eine unförmige Grube und ein 3,3 auf 2,8 m großes Grubenhaus ermittelt werden, die jedoch damals in ihrer Bedeutung nicht erkannt wurden[17] (Abb. 14). Diese Befunde liegen im Bereich der ebenerdigen Mannschaftsbaracken. In der Fundstelle 1 fand sich unter anderem ein Münzschatz, der aus 68 Kupfermünzen besteht. Herrn Dr. U. Klein vom Münzkabinett des Württembergischen Landesmuseums verdanke ich folgende Hinweise zu diesem Fund: Fast alle Münzen gehören zu den sogenannten Minimi, das heißt in Gewicht und Größe von den ›regulären‹ Emissionen abgesetzten Kleinstprägungen. Bei nicht weniger als 62 Stücken liegen die Gewichte unter einem Gramm und bewegen sich die Durchmesser lediglich zwischen 8 und 15 mm.

In ihren Münzbildern greifen die Prägungen überwiegend Motive der Münzstätten Trier und Lugdunum (Lyon) aus der Zeit Konstantins des Großen und seiner Söhne auf (Abb. 15). Diese Münzen sind einwandfrei im alamannischen Zusammenhang zu sehen. Dies wird deutlich, wenn wir die dabei geborgenen Keramikfunde betrachten, die alle germanischen Ursprungs sind (Abb. 16). Bei der Fundstelle 2 handelt es sich wie bei Fundstelle 1 um Reste eines Grubenhauses aus dem Zusammenhang einer frühen alamannischen Siedlung, die in der Ruine des aufgelassenen, wohl noch als Ruine erhaltenen, römischen Kastells angelegt worden ist. Ein Pfostenhaus läßt sich ebenfalls in diesen frühen Zusammenhang einordnen.

Wenn wir auch bisher auf Grund des kleinen Siedlungsausschnittes den Beginn und die Struktur dieser Siedlung nicht sicher angeben können, so zeigt die hier gefundene Keramik, daß sie offenbar doch längere Zeit benutzt wurde. Sowohl die vereinzelten spätrömischen Münzen, wie auch eine Armbrustfibel aus dem 4. Jahrhundert, die schon 1873 bei der Brauerei Neff zwischen Brenz- und Christianstraße gefunden worden sind[18], geben Hinweise, daß mitten in der römischen Siedlung ein frühalamannisches Gehöft entstanden ist. Wie diese Siedlung aussah, vor allem die Frage, ob hier mehrere Einzelgehöfte bestanden, kann auf Grund der bisher bekannten Befunde nicht sicher entschieden werden. Die aus der Siedlung in Heidenheim stammende alamannische Keramik unterscheidet sich in der groben handgemachten Keramik nicht von dem Sontheimer Siedlungsmaterial. Die sogenannten spätrömischen Töpfe – Schalen mit schräg waagerecht abgestrichenem Rand – machen den Hauptbestandteil aus. Besonders auffallend ist die große Verwandtschaft von Ton und Magerung. Die tonnenförmigen, sogenannten spätrömischen Töpfe finden sich sehr häufig im spätkaiserzeitlichen Fundbestand Südwestdeutschlands[19]. Die wenigen

---

17 D. PLANCK, Frühalamannische Funde aus dem Heidenheimer Raum. 75 Jahre Heimat- und Altertumsverein 1901-1976, S. 97 ff.

18 H. ZÜRN, Katalog Heidenheim. Veröffentl. des Staatl. Amtes f. Denkmalpflege Stuttgart. Reihe A, Heft 3 (1957) Taf. 16.8.

19 W. MATTES, Die nördlichen Elbgermanen in spätrömischer Zeit. Mannusbibliothek 48 (1931) S. 9 ff. - E. KELLER, Zur Chronologie der jüngerkaiserzeitlichen Grabfunde aus Südwestdeutschland und Nordbayern. Studien zur vor- und frühgeschichtlichen Archäologie. Festschrift für Joachim Werner zum 65. Geburtstag (1974) S. 247 ff., bes. S. 262 und Abb. 2 (mit weiterer Literatur). - Bayerische Vorgeschichtsblätter 33, 1968, S. 204, Abb. 38.3; Abb. 35.2.6.7. - Badische Fundberichte 21, 1958, S. 157 ff., Taf. 56.1.

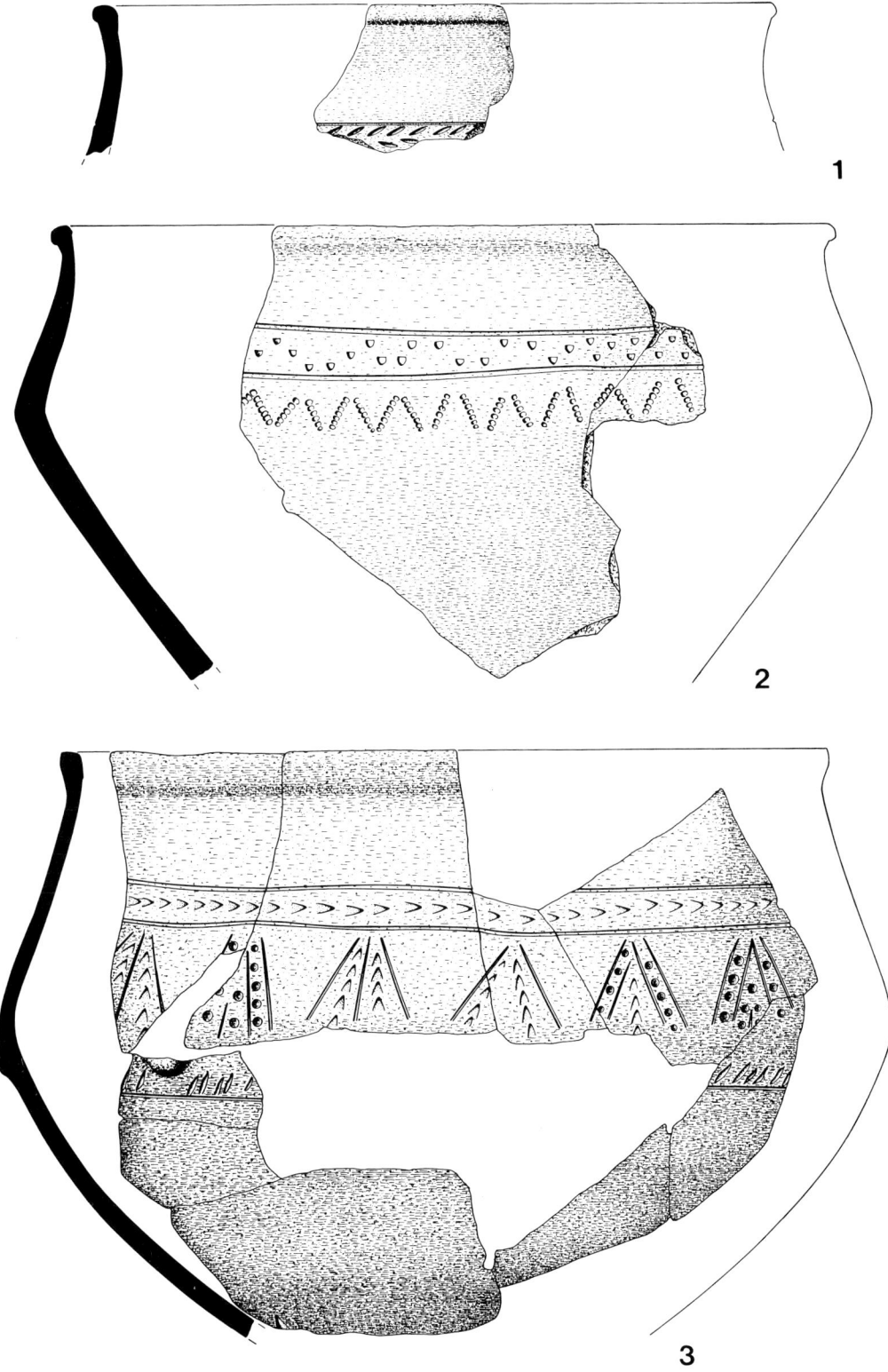

Abb. 12 Sontheim im Stubental, Gem. Steinheim am Albuch. Feinkeramik aus der Grabung 1973
(Maßstab 1:2)

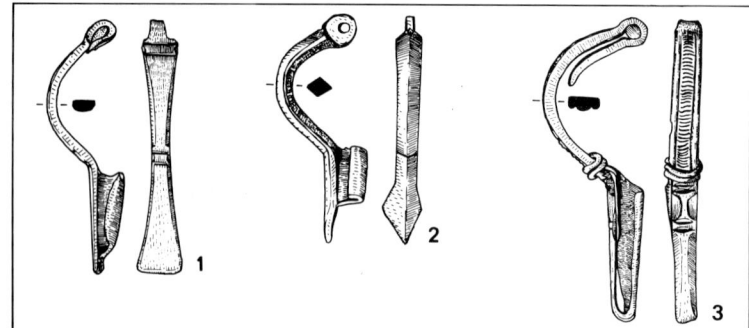

Abb. 13
Sontheim im Stubental,
Gem. Steinheim
am Albuch.
Frühalamannische
Fibeln (Maßstab 2:3)

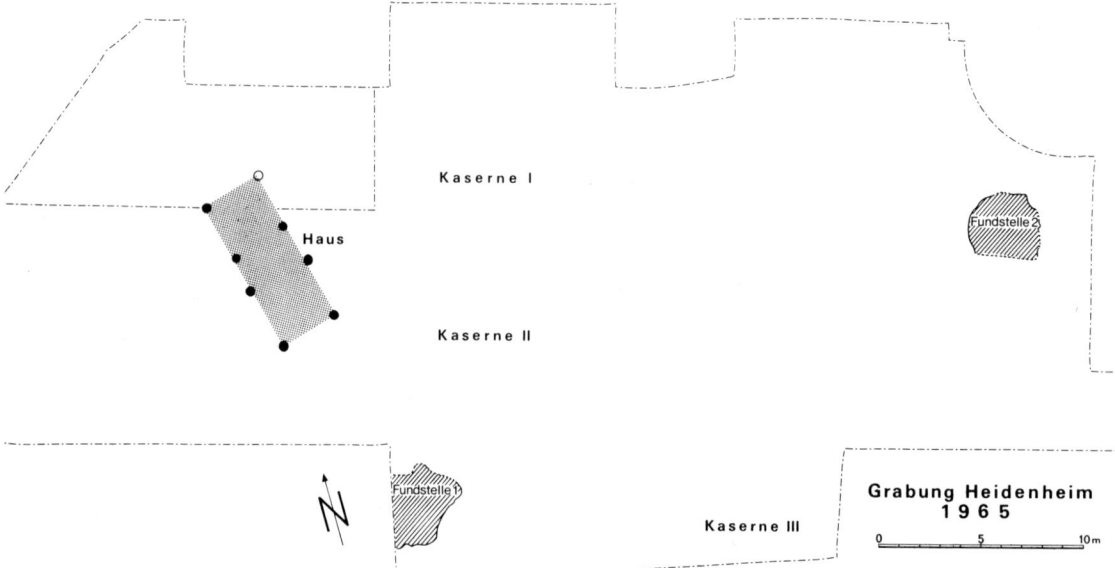

Abb. 14 Heidenheim, Ausgrabung 1965 an der Marienstraße. Gesamtplan der frühalamannischen Befunde im Bereich der Nordwestecke des Alenkastells Heidenheim

Randbruchstücke von germanischen Schalenurnen lassen sich nicht näher chronologisch einordnen. Ihr Profil ist für eine feinere Datierung nicht weit genug erhalten. Demgegenüber sind die beiden kleinen Wandscherben von Schalenurnen mit der für elbgermanische Keramik charakteristischen Verzierung besonders hervorzuheben. Die kreisrunde Anordnung von ovalen bzw. quadratischen Einstichen, bei dem einen Stück noch um eine Delle gruppiert, findet sich sehr häufig im spätkaiserzeitlichen Material, das vorwiegend in die Stufe C1/C2 datiert wird[20]. Die Bruchstücke mit breiten Riefen gehören vermutlich zu einem handgemachten, doppelkonischen Gefäß, wie es E. Keller aus dem Grab 10 von Neuburg an der Donau vorlegen konnte. Dieses Grab gehört in das mittlere Drittel des 4. Jahrhunderts[21].

20 H. SCHACH-DÖRGES, Die Bodenfunde des 3.-6. Jahrhunderts n. Chr. zwischen unterer Elbe und Oder. Offabücher 23 (1970) S. 106 f., Taf. 78.5; Taf. 66.8.9; Taf. 50.8; Taf. 39.19.
21 E. KELLER, Ausgrabungen im spätrömischen Bestattungsplatz von Neuburg an der Donau. Archäologisches Korrespondenzblatt 1, 1971, S. 177 ff.

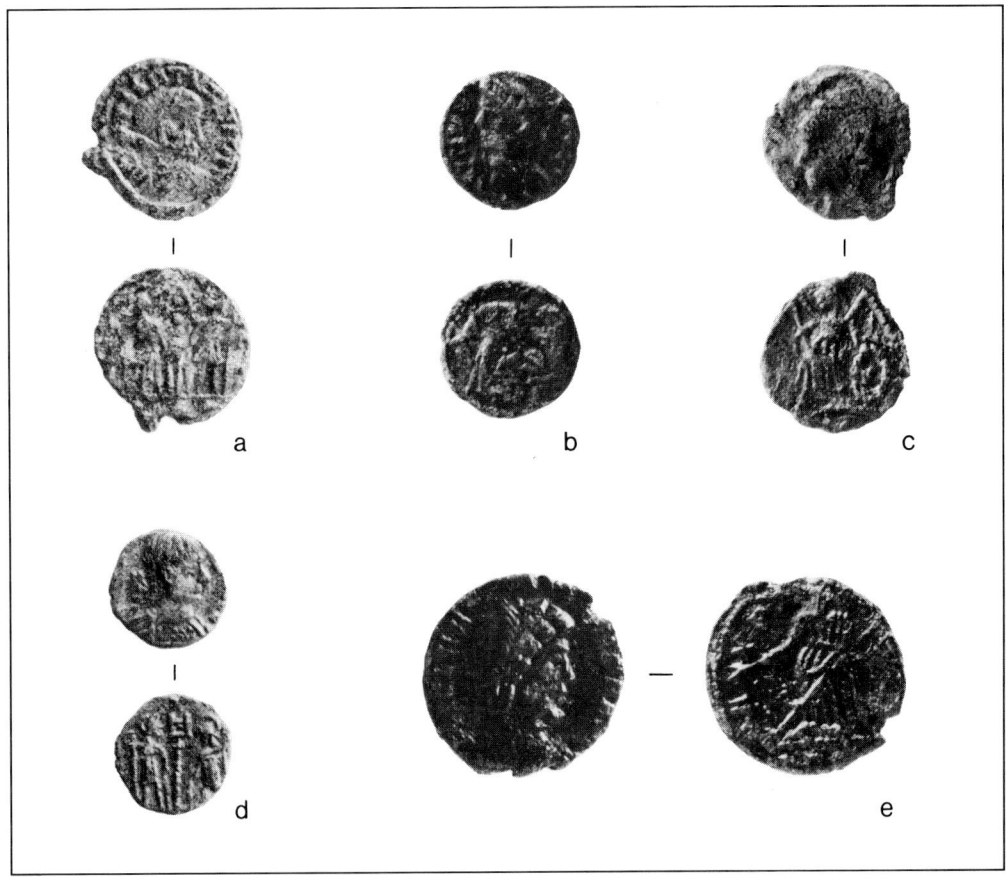

Abb. 15   Heidenheim, Ausgrabung 1985, Auswahl römischer Nachprägungen aus dem Münzschatzfund in Fundstelle 1 (Maßstab 2:1)
a) ›Feldzeichen-Typ‹ mit Kaiserbüste und zwei Soldaten neben einem Feldzeichen
b) ›Urbs Roma-Typ‹ mit Romakopf und Wölfin mit den römischen Zwillingen
c) ›Constantinopolis-Typ‹ mit Kopf des Constantinopolis und schreitender Victoria
d) ›Feldzeichen-Typ‹ mit Kaiserbüste und zwei Soldaten neben einem Feldzeichen
e) ›Helena-Typ‹ mit Büste der Helena (Mutter Konstantins des Großen) und stehender Pax

Nur wenige Kilometer östlich von Heidenheim wurde in den Jahren 1976-1978 im Rahmen von Erschließungsmaßnahmen eines Neubaugebietes am Nordrand von Heidenheim-Großkuchen auf dem Härtsfeld in einem Bereich mit reichem Bohnerzvorkommen eine frühalamannische Siedlung entdeckt und in Teilen ausgegraben[22]. Ausgangspunkt für die Untersuchungen waren einzelne spätkaiserzeitliche Funde, insbesondere Keramik des 4. Jahrhunderts, die zufälligerweise am Nordrand des Dorfes geborgen worden sind (Abb. 17). Dabei fanden sich schon massenhaft Eisenschlacken, die darauf hindeuten, daß

22   D. PLANCK, Untersuchungen in einer frühgeschichtlichen Siedlung bei Großkuchen, Stadt Heidenheim. Archäologische Ausgrabungen 1978 (1979) S. 86 ff. – DERS., Eisen in der Vor- und Frühgeschichte in Baden-Württemberg. 12. Werkstoffkolloquium ›Die Bedeutung der Eisenherstellung im süddeutschen Raum in der Vor- und Frühgeschichte‹ (1983) Teil 1, S. 1 ff. – D. POHL, Metallographische Untersuchungen von Schlacken und Eisengegenständen aus der alamannischen Siedlung Großkuchen bei Heidenheim. 12. Werkstoffkolloquium ›Die Bedeutung der Eisenherstellung im süddeutschen Raum in der Vor- und Frühgeschichte‹ (1983) Teil 1, S. 4.1 ff.

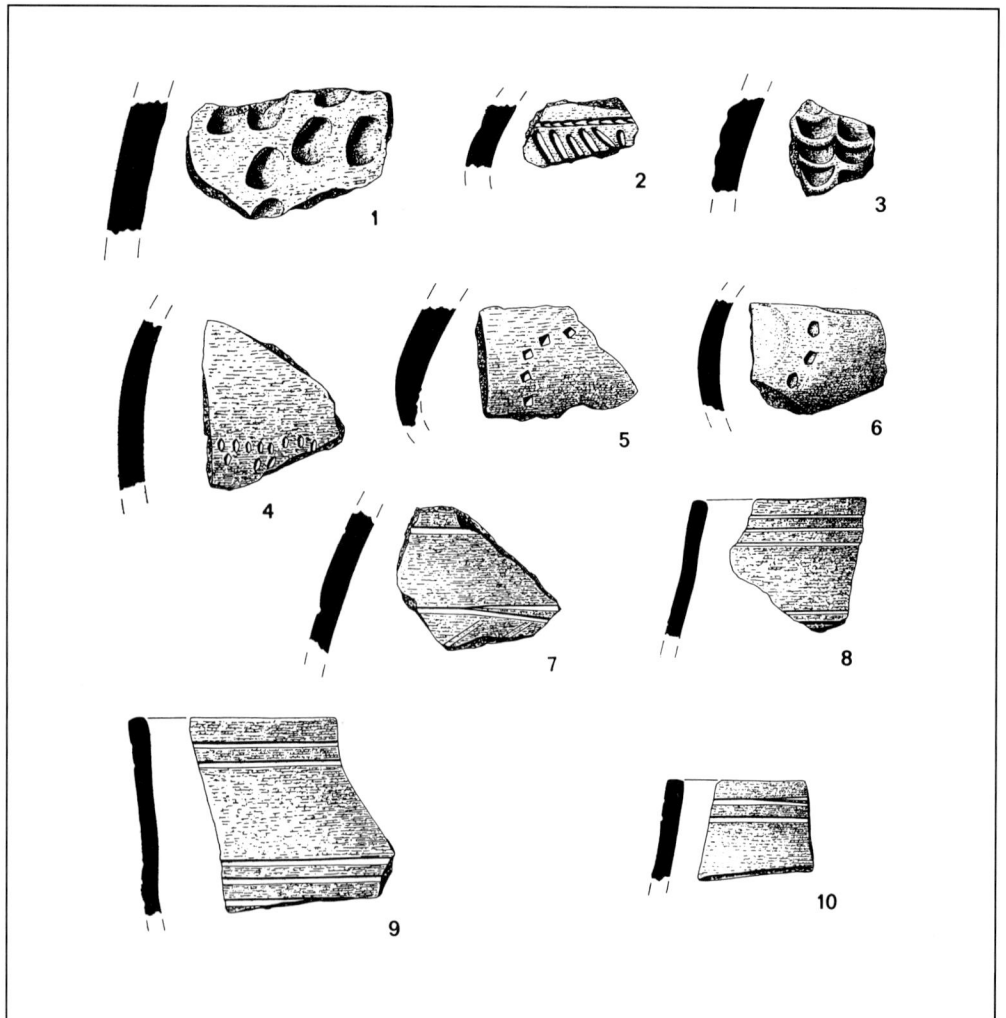

Abb. 16   Heidenheim, Ausgrabung 1965. Verzierte frühalamannische Siedlungskeramik (Maßstab 1:2)

wir hier in unmittelbarer Nachbarschaft mit einer Eisenverhüttung rechnen mußten. Die Grabung ergab neben prähistorischen Siedlungsstrukturen der Urnenfelder- und der Hallstattzeit umfangreiche Befunde aus frühalamannischer Zeit. Die Siedlung bestand offenbar nur kurz, da im gleichen Areal ein kleiner vollständig erfaßter Reihengräberfriedhof des späten 5. und frühen 6. Jahrhunderts ergraben werden konnte. Weitere Gräberfelder der Merowingerzeit liegen in der Nachbarschaft und sind jüngst von A. Heege vorgelegt worden[23]. Zahlreiche Pfostenstellungen einfacher Holzbauten aus dem 4. Jahrhundert konnten in dem jetzt untersuchten Areal erfaßt werden. Der hier zu behandelnde Siedlungsausschnitt im Gewann ›Gassenäcker‹ befindet sich auf einem nach Nordosten geneigten Abhang. Besonders zu erwähnen sind neben Holzbauten mehrere tiefe Gruben, die wir als Zisternen ansprechen möchten. Darin fanden sich zum Teil hölzerne Gegen-

23   A. Heege, Grabfunde der Merowingerzeit aus Heidenheim-Großkuchen. Materialhefte zur Vor- und Frühgeschichte in Baden-Württemberg 9 (1987) 13 ff.

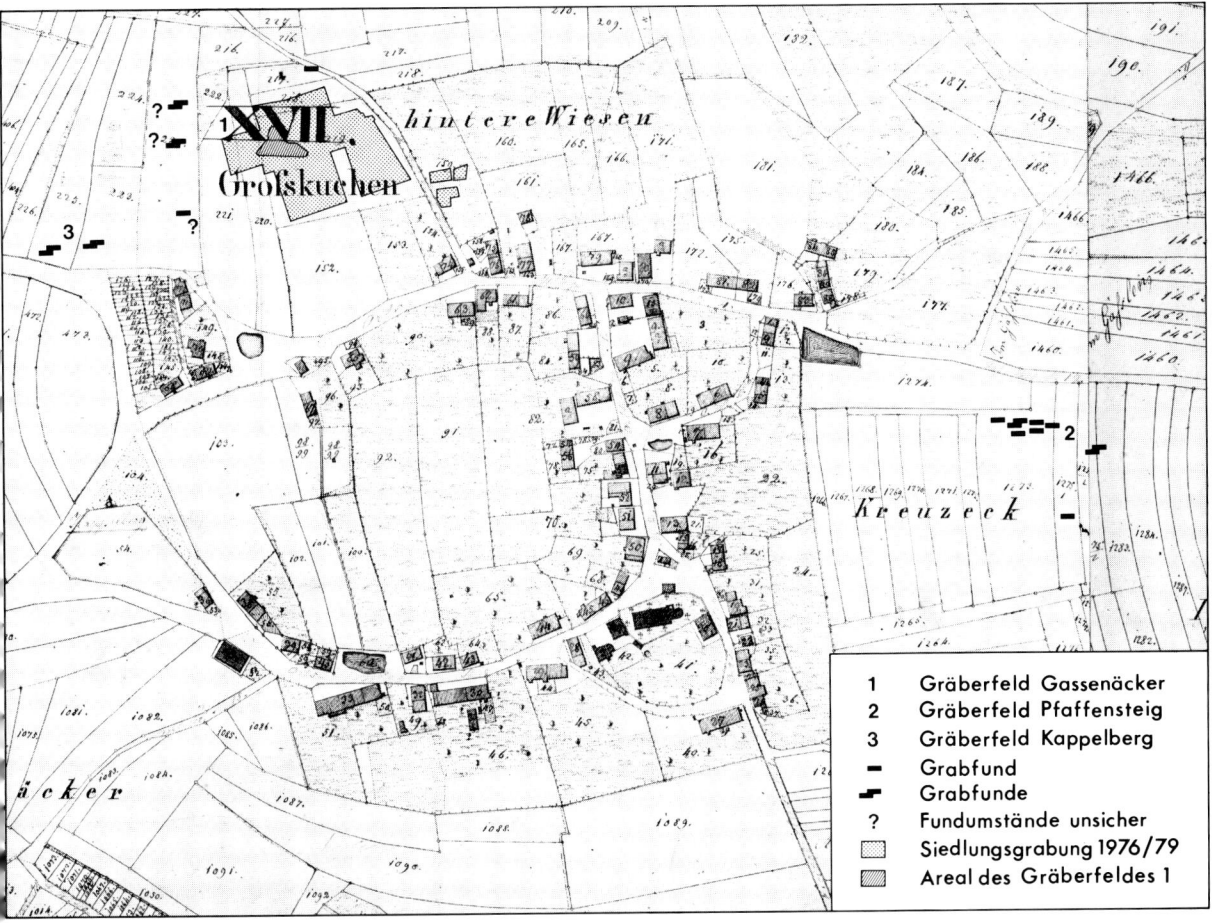

1	Gräberfeld Gassenäcker
2	Gräberfeld Pfaffensteig
3	Gräberfeld Kappelberg
-	Grabfund
⌐	Grabfunde
?	Fundumstände unsicher
▨	Siedlungsgrabung 1976/79
▨	Areal des Gräberfeldes 1

Abb. 17 Großkuchen, Stadt Heidenheim. Gesamtplan der Topographie der alamannischen Siedlung und der bisher bekannten Gräberfelder (nach Andreas Heege)

stände, unter anderem eine Holzschale und zahlreiche Bauhölzer, die dendrochronologisch in die Jahre zwischen 368 und 385 n. Chr. datiert werden konnten[24].

Zahlreiche frühalamannische Tongefäße, die bisher ohne direkte Parallelen aus Württemberg sind, konnten dabei geborgen werden (Abb. 18). Sie passen sehr gut in den Fundbestand spätkaiserzeitlicher Keramik um die Mitte des vierten nachchristlichen Jahrhunderts. In der untersten Füllung des eben erwähnten Schachtes fand sich ein aus Kalkstein gearbeiteter Pinienzapfen römischer Herkunft, der stellenweise noch seine schuppenförmige Verzierung besaß. Die oberste Kappe des Steines besitzt ein Loch und starke sekundäre Bearbeitungsspuren, die wohl von einem Hammer stammen müssen. In das genannte Loch könnte ein eiserner Amboß eingesetzt gewesen sein. Es besteht daher der Verdacht, daß dieser Pinienzapfen in früher alamannischer Zeit zur Bearbeitung von Eisen benutzt worden ist. Schließlich kamen am östllichen Rand der bisher untersuchten Fläche bisher 15 rechteckige Steinsetzungen zum Vorschein (Abb. 19), die wir als Herdstellen deuten möchten. Diese Herdstellen sind in einer Reihe oder rechtwinklig zueinander angeordnet und hatten nur geringen Abstand zueinander. Rot und schwarz verfärbte Flächen und einige Schlacken wurden hier gefunden. Die Untersuchungsergebnisse der

24 Für die dendrochronologische Datierung sei an dieser Stelle Herrn Dr. B. Becker vom Botanischen Institut der Universität Stuttgart-Hohenheim recht herzlich gedankt.

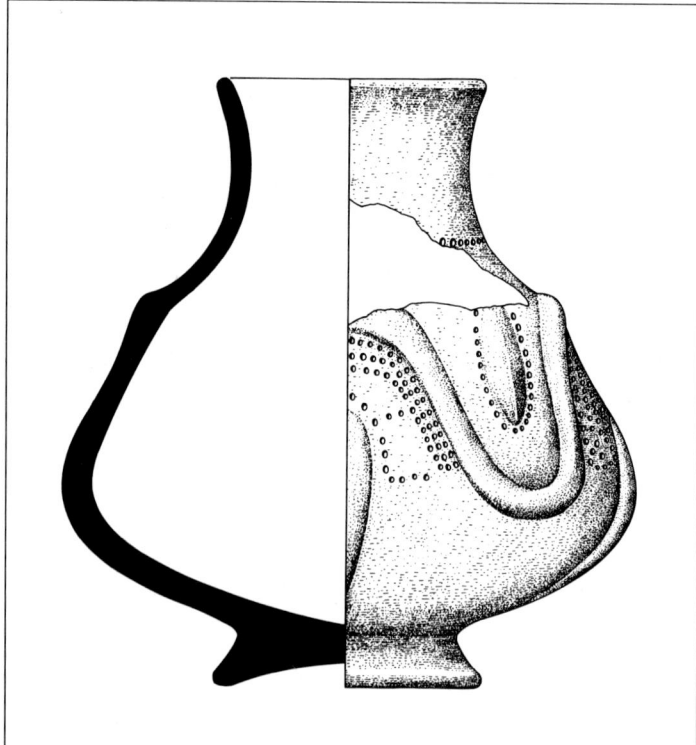

Abb. 18 Großkuchen,
Stadt Heidenheim. Ver-
ziertes frühalamannisches
Gefäß (Maßstab 1:2)

Schlacken- und der Eisenlupenuntgersuchungen verdanken wir D. Pohl, Schwäbische Hüttenwerke Aalen-Wasseralfingen[25].

Danach kann es als sicher gelten, daß hier in Großkuchen Eisenherstellung betrieben wurde. Örtliche Erzvorkommen können zur Gewinnung des Eisens gedient haben. Die Untersuchungen zeigten aber auch, daß Kupfer oder kupferhaltige Erze verarbeitet worden sind. Da fast nur Schlacken und nur ganz wenig Erz geborgen werden konnte, darf damit gerechnet werden, daß die Werkstätten planmäßig aufgegeben worden sind.

In unmittelbarer Nachbarschaft zu den eben erwähnten Herdstellen konnte eine Zisterne aufgedeckt werden, die in Trockenmauertechnik errichtet wurde (Abb. 20). Sie hat eine Tiefe von etwa 2,5 m. Auch hier wurden Funde aus frühalamannischer Zeit geborgen.

Es besteht kein Zweifel, daß wir hier eine handwerkliche Siedlung entdeckt haben, die zweifellos ihren wesentlichen wirtschaftlichen Hintergrund in der Eisenverhüttung bzw. Eisenverarbeitung gehabt hatte. Wenn wir auch die eigentlichen Verhüttungsöfen bisher noch nicht lokalisieren können – sie liegen sehr wahrscheinlich, um den Hangwind besser ausnützen zu können, weiter nordöstlich, unmittelbar am Steilabhang – so deuten die reihenweise angeordneten Herdstellen darauf hin, daß es sich hierbei um eine fabrikations-mäßige Eisenverhüttung handelt. Bei diesen Öfen handelt es sich nach unserer Auffassung um Schmiedefeuer zur weiteren Verarbeitung der Rohluppen. Da in absehbarer Zeit das Neubaugebiet erweitert werden soll, ist es unsere Absicht, hier weitere Flächengrabungen durchzuführen, um die eigentlichen Rennfeueröfen zu finden.

---

25 D. POHL, Metallographische Untersuchungen von Schlacken und Eisengegenständen aus der alemanni-schen Siedlung Großkuchen bei Heidenheim. 12. Werkstoffkolloquium ›Die Bedeutung der Eisenherstel-lung im süddeutschen Raum in der Vor- und Frühgeschichte‹ (1983) Teil 1, S. 4.1 ff.

Abb. 19
Großkuchen,
Stadt Heidenheim.
Öfen zur
Weiterverarbeitung
von Roheisen
im Bereich der
alamannischen
Siedlung

Abb. 20
Großkuchen,
Stadt Heidenheim.
Zisterne in
Trockenmauer-
technik im Bereich
der alamannischen
Siedlung

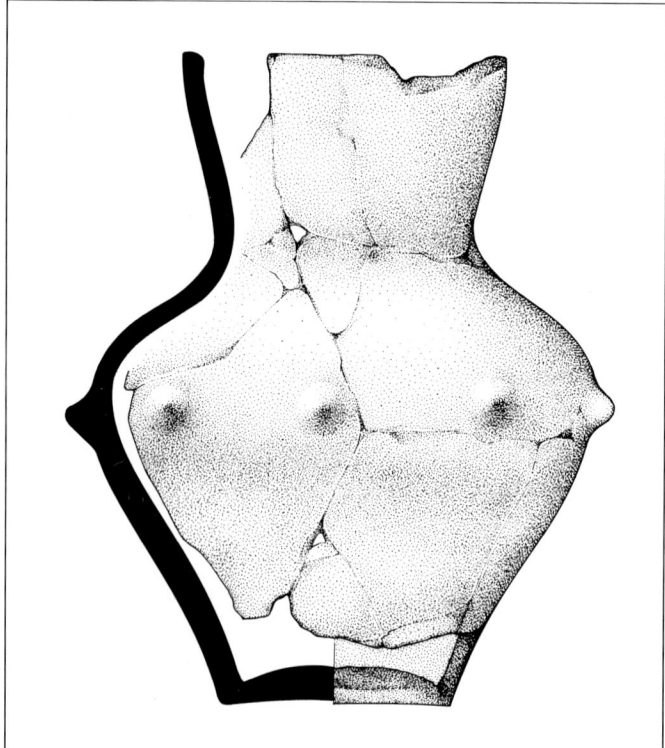

Abb. 21
Lenningen-Schopfloch,
Otto-Hofmeister-Haus.
Keramik aus dem Bereich
einer frühalamannischen
Siedlung (Maßstab 1:2)

Schließlich sei noch eine Siedlungsstelle erwähnt, die erst 1981 auf Markung Schopfloch, Gem. Lenningen, Krs. Esslingen beim Otto-Hofmeister-Haus unmittelbar auf der Hochfläche südlich der Teck entdeckt wurde[26]. Die dabei geborgene Keramik (Abb. 21) gehört ebenfalls dem 4. Jahrhundert an. Jüngeres Material fehlt. Weitere Siedlungen von Wittlingen bei Urach, Lkr. Reutlingen und Burladingen, Zollernalbkreis, sollen hier nur erwähnt werden[27].

Mit der Vorlage einiger dieser in jüngerer Zeit entdeckten und teilweise untersuchten frühalamannischen Siedlungen möchte ich schließen. Zunächst war es überraschend, daß eine dichtere Konzentration von Siedlungsarealen im unmittelbaren Vorfeld des spätantiken Donau-Iller-Rhein-Limes besteht[28] und nicht nur eine Konzentration im sicheren Hinterland des oberen und mittleren Neckars. Schon R. Christlein hat bei der Darstellung der frühen Alamannenzeit deutlich gemacht, daß im mittleren Neckarraum vereinzelte frühalamannische Grabfunde aus den Arealen jüngerer Reihengräberfelder wohl im Sinne einer Siedlungskontinuität gedeutet werden können[29]. Es handelt sich hier demnach um den Beginn der Siedlungen im 3. und 4. Jahrhundert, so etwa von Markgröningen,

---

26 Bisher unpubliziert.
27 Bisher unveröffentlicht. Für die freundliche Mitteilung danke ich an dieser Stelle Herrn Dr. Jörg Heiligmann, Landesdenkmalamt Baden-Württemberg, Abt. Archäologische Denkmalpflege, Außenstelle Tübingen.
28 K. WEIDEMANN, Untersuchungen zur Siedlungsgeschichte des Landes zwischen Limes und Rhein vom Ende der Römerherrschaft bis zum Frühmittelalter. Jahrbuch Röm.-Germ. Zentralmuseum 19, 1972, S. 99 ff., bes. S. .105 f.
29 R. CHRISTLEIN, Die frühe Alamannenzeit. 3.-5. Jahrhundert n. Chr. Beiwort zur Karte III, 6. Historischer Atlas von Baden-Württemberg (3. Lieferung 1974) S. 2. - DERS., Die Alamannen (1978) S. 27 ff.

Ditzingen und Stuttgart-Münster[30]. Auch die zahlreichen Einzelfunde, die wir im Zusammenhang mit großen römischen Siedlungen kennen, dürfen möglicherweise als Hinweis auf eine Siedlungskontinuität gedeutet werden. Ich möchte hier nur an frühalamannische Funde aus den Kastellplätzen Osterburken, Jagsthausen, Benningen, Welzheim, Unterböbingen und Walheim a. N. erinnern[31]. Ich meine, daß gerade diese Einzelfunde dafür sprechen, daß zumindest in unmittelbarer Nachbarschaft zu diesen Militäranlagen mit frühen alamannischen Siedlungen zu rechnen ist.

Betrachten wir abschließend noch die Siedlungsstruktur, so haben wir neben den bisher erfaßten, durch neue Grabungen ermittelten offenen Siedlungen teilweise auch befestigte Siedlungen, die alamannischen Höhenburgen, zu denen wohl der Rosenstein bei Heubach, Ostalbkreis[32], der Lochen bei Balingen im Zollernalbkreis[33], der Waldenbühl bei Donzdorf, Lkr. Göppingen[34] und natürlich der Runde Berg bei Urach, Lkr. Reutlingen zu zählen sind. Sicherlich läßt sich diese Zahl noch erhöhen. Die auf dem Runden Berg geborgenen Funde zeigen einerseits einen handwerklichen Schwerpunkt in diesen Siedlungen, andererseits eine ausgesprochen wohlhabende Bevölkerung, die in diesen befestigten Höhenburgen gewohnt hat. Vor allen Dingen aber die großflächigen Grabungen in Ursping, Alb-Donau-Kreis, Sontheim im Stubental, Lkr. Heidenheim und Großkuchen, Stadt Heidenheim, haben für die frühalamannische Besiedlungsgeschichte des Raumes östlich des Schwarzwaldes bis hin zum spätantiken Donau-Iller-Rhein-Limes (Abb. 1) neue Gesichtspunkte erbracht. Hier konnten zum ersten Mal große Siedlungsausschnitte der frühen Zeit untersucht werden. Wenn auch einige Fragen vorerst unbeantwortet bleiben müssen, so zeigt der befestigte Teil eines Dorfes in Sontheim im Stubental eine bisher völlig unbekannte Siedlungsart im rechtsrheinischen Gebiet Südwestdeutschlands. Hier spiegelt sich meines Erachtens das Charakteristikum kaiserzeitlich-germanischer Siedlungen wider, wie sie in der alten Heimat an der mittleren und unteren Elbe häufig zu beobachten sind, nämlich Einzelgehöfte oder kleine Weiler mit Umhegungen und Toranlagen. Diese werden von einem begrenzten Familienverband gegründet und bewohnt. Dies spiegelt sich auch wider in den Friedhöfen, die meistens nur wenige Bestattungen aufweisen. Es wird deutlich, wenn wir die hier geborgenen Funde in Verbindung mit ihrer topographischen Lage betrachten, daß die ehemaligen römischen Gutsanlagen zweifellos einen Anziehungspunkt für die frühen Alamannen gebildet hatten. Dies konnte nicht nur in Lauffen, sondern auch in anderen Gutsanlagen, so in Bondorf, Lkr. Böblingen[35], Rommelshausen, Gemeinde Kernen, Rems-Murr-Kreis[36] und Inzigkofen[37], um nur drei in

30 R. ROEREN, Zur Archäologie und Geschichte Südwestdeutschlands im 3.-5. Jahrhundert n. Chr. Jahrbuch Röm.-Germ. Zentralmuseum 7, 1960, S. 214 ff. Katalog-Nr. 42.6 und 62. Der von R. Christlein als Grabfund bezeichnete Fund von Stuttgart-Bad Cannstatt, vgl. R. CHRISTLEIN, Archäologisches Korrespondenzblatt 2, 1972, S. 48 ff., ist sicher nicht als Grab zu deuten. Das Stück gehört zweifellos in römische Zeit und wurde aus einer römischen Siedlungsschicht geborgen. Den Hinweis verdanke ich freundlicherweise Herrn Prof. Dr. W. Reiff, Stuttgart.
31 R. ROEREN, a. a. O., Nr. 137, S. 109. – Fundberichte aus Schwaben NF 15, 1959, Taf. 32.11. – ORL Abt. B Nr. 65 (1894) Taf. 2.6. – Die Fibel von Walheim ist unpubliziert. – ROEREN, a. a. O., Nr. 37 und 124.
32 C. OEFTIGER, und E. WAGNER, Der Rosenstein bei Heubach. Führer zu archäologischen Denkmälern in Baden-Württemberg 10 (1985) S. 28 ff.
33 ROEREN, a. a. O., Nr. 80, S. 34.
34 E. M. NEUFFER, Der Reihengräberfriedhof von Donzdorf. Forschungen und Berichte zur Vor- und Frühgeschichte in Baden-Württemberg 2 (1972) S. 35.
35 Bondorf, Lkr. Böblingen, Flur ›Mauren‹, Römischer Gutshof, untersucht im Jahre 1975, unpubliziert.
36 Fundberichte aus Baden-Württemberg 2 (1975) S. 203, Abb. 117a.
37 H. REIM, Ein römischer Gutshof bei Inzigkofen, Kreis Sigmaringen. Fundberichte aus Baden-Württemberg 3, 1977, S. 402 ff., S. 434 f.

jüngerer Zeit untersuchte Anlagen zu nennen, nachgewiesen werden. In Heidenheim selbst haben zweifellos die Ruine des römischen Reiterkastells und des Vicus eine besondere Anziehungskraft ausgeübt. Die verfallenen Steinbauten wurden sehr wahrscheinlich in manchen Bereichen wieder notdürftig instand gesetzt, um als zeitweiliger Unterschlupf zu dienen. Ganz anders dagegen sind die Neuanlagen von Siedlungen, so etwa in Steinheim im Stubental oder in Großkuchen, zu beurteilen, für deren Lokalisierung wohl in erster Linie wirtschaftliche Gesichtspunkte ausschlaggebend waren. Eisenerz, vor allen Dingen das Bohnerz, spielt hier wohl eine entscheidende Rolle. Es ist interessant, daß gerade diese beiden Siedlungen offenbar dann ganz aufgegeben worden sind oder daß neue Gehöfte daneben angelegt wurden, wie es in Großkuchen den Anschein hat. Dies läßt sich in Großkuchen durch die Lage von drei zeitlich verschiedenen Gräberfeldern belegen[38]. Wir haben dort wohl eine fast ununterbrochene Siedlungskontinuität auf engstem Raum.

Ähnliche Verhältnisse konnten durch die Grabungen am Runden Berg bei Urach, in Urspring und auf dem Lochenstein bei Balingen, um nur einige aus dem Bereich der Schwäbischen Alb zu nennen, nachgewiesen werden, wo wir offenbar eine ungebrochene Bevölkerungskontinuität vom 4. bis ins 5. Jahrhundert n. Chr. nachweisen können.

Betrachten wir abschließend noch einmal den Fundbestand der bisher ergrabenen Siedlungen im östlichen Württemberg, so ist es auffallend, daß hier offenbar im Gegensatz zu den Siedlungen am mittleren Neckar – dies wird deutlich in der importierten Terra Sigillata im Grab von Lauffen – spätrömischer Import fast völlig fehlt. Weder die immer wieder in frühalamannischen Siedlungen auftauchende Rädchensigillata noch die sogenannte Mayener Keramik ist hier vertreten, obwohl beide Siedlungen in unmittelbarem Vorland des spätantiken Donau-Iller-Rhein-Limes liegen. Besonders schwierig ist die Frage zu beantworten, was mit der nach 260 n. Chr. zurückgebliebenen Bevölkerung im rechtsrheinischen Gebiet geschah. Man darf sicherlich annehmen, daß eine, wenn auch wohl zahlenmäßig stark reduzierte einfache Landbevölkerung hier ansässig geblieben ist, die sich wohl sehr schnell mit den nachrückenden Alamannen vermischt hat. Es ist jedoch auf Grund des derzeitigen Forschungsstandes in dem von mir angesprochenen Raum wohl kaum möglich, das Nebeneinander frühalamannischer Bewohner und der zurückbleibenden romanisierten Bewohner zu beurteilen, und es ist wohl wenig glaubhaft, daß die zurückbleibende, an die römische Zivilisation gewohnte Bevölkerung plötzlich wieder einfachere Holzbauten errichtet hat. Soweit wir bis heute beurteilen können, liegen uns aus dem späten 3. bis 7. Jahrhundert jedoch keine Steinbauten vor. Eine Ausnahme bildet hier nur die Anlage auf dem Runden Berg bei Urach, dessen Bedeutung als einem zentralen Sitz alamannischer Herren die Grabungen der letzten Jahre deutlich werden ließ. Hier klafft unseres Erachtens in unserem Kenntnisstand eine bisher nicht geschlossene Lücke. Neue Quellen zu erschließen, die zur Beantwortung dieser für die Landesgeschichte überaus wichtigen Fragen beitragen, ist für die Zukunft eine wesentliche Aufgabe der Landesarchäologie östlich des Schwarzwaldes.

---

38 R. CHRISTLEIN, Die Alamannen (1978) S. 146 Nr. 147-149, vgl. auch Anm. 23.

ANHANG

Liste der Fundstellen

1 Neckargerach, Odenwaldkreis, Einzelfund   (Christlein Nr. 16; FMRD II, 1172)

2 Osterburken, Odenwaldkreis, Einzelfunde (Christlein Nr. 14; Roeren Nr. 137)

3 Roigheim, Lkr. Heilbronn, Einzelfund (Veeck S. 235, Taf. 11 A, 2; Christlein Nr. 18)

4 Gundelsheim, Lkr. Heilbronn, Körpergrab (Roeren Nr. 18)

5 Ellwangen, Ostalbkreis (Planck, Fundberichte aus Baden-Württemberg 2, S. 335)

6 Siglingen, Lkr. Heilbronn, Siedlung? (Christlein Nr. 24)

7 Jagsthausen, Lkr. Heilbronn, Einzelfund (Christlein Nr. 20; Fundberichte aus Schwaben NF 15, 1959, Taf. 32, 11)

8 Forchtenberg-Wülfingen, Hohenlohekreis, Siedlung (Christlein Nr. 25; Fehring, Zeitschrift für Agrarsoziologie 21, 1973, S. 4/kff.)

9 Ingelfingen, Hohenlohekreis, Siedlung (Christlein Nr. 26; Robert Koch, Fundberichte aus Schwaben NF 19, 1971, S. 124/kff.)

10 Jagstfeld, Gde. Bad Friedrichshall, Lkr. Heilbronn, Siedlung (Christlein Nr. 27; Robert Koch, 26. Veröff. Hist. Ver. Heilbronn, 1969, S. 30/kff., bes. S. 34)

11 Obereisesheim, Lkr. Heilbronn (Planck, Fundberichte aus Baden-Württemberg 5, 1980, S. 305)

12 Heilbronn-Neckargartach, Körpergrab (Christlein Nr. 31)

13 Ilshofen, Lkr. Schwäbisch Hall, Einzelfund (Christlein Nr. 32; Fundberichte aus Schwaben NF 9, 1935/38, S. 135; Fundberichte aus Schwaben NF 18/2, 1967, S. 94 Taf. 172.2)

14 Heilbronn, Wartberg, Körpergrab (Christlein Nr. 34; Roeren Nr. 25)

15 Heilbronn-Böckingen, Grabfund (Christlein Nr. 34; Roeren Nr. 25)

16 Heilbronn-Böckingen, Grabfund (Christlein Nr. 36; Roeren Nr. 24)

17 Heilbronn-Sontheim, Einzelfund (Christlein Nr. 35; Roeren Nr. 123)

18 Lauffen a. N., Lkr. Heilbronn

19 Abstatt, Lkr. Heilbronn, Einzelfund (Christlein Nr. 37; Fundberichte aus Schwaben NF 14, 1957, Taf. 27B.6; NF 15, 1959, Taf. 33.14)

20 Walheim, Lkr. Ludwigsburg, Einzelfund (Christlein Nr. 39; Roeren Nr. 150)

21 Löchgau-Weißenhof, Lkr. Ludwigsburg, Münzschatz (Christlein Nr. 40; FMRD II, 4350)

22 Bietigheim, Lkr. Ludwigsburg, Einzelfund (Christlein Nr. 41; Roeren Nr. 110)

23 Benningen, Lkr. Ludwigsburg, Einzelfund (Roeren Nr. 109; Christlein Nr. 42)

24 Markgröningen, Lkr. Ludwigsburg, Grabfund (Roeren Nr. 42; Christlein Nr. 42)

25 Hof Mauer, Gde. Münchingen, Lkr. Ludwigsburg

26 Kerkingen, Ostalbkreis (Fundberichte aus Baden-Württemberg 2, 1975, S. 338)

27 Ditzingen, Lkr. Ludwigsburg, Körpergrab (Roeren Nr. 6; Christlein Nr. 48)

28 Stuttgart-Münster, Körpergrab (Roeren Nr. 62; Christlein Nr. 51)

29 Stuttgart-Bad Cannstatt, Körpergrab (Roeren Nr. 60; Christlein Nr. 54)

30 Stuttgart-Bad Cannstadt, Einzelfund (Christlein Nr. 53; FMRD II, 4476, 110-111)

31 Waiblingen, Rems-Murr-Kreis (Fundberichte aus Baden-Württemberg 5, 1980, S. 315)

32 Beinstein, Gde. Waiblingen, Rems-Murr-Kreis, Einzelfund (Christlein Nr. 50; Fundberichte aus Schwaben NF 14, 1957, Taf. 27B.2)

33 Waiblingen, Rems-Murr-Kreis (Fundberichte aus Baden-Württemberg 9, 1984, S. 703)

34 Rommelshausen, Rems-Murr-Kreis, Siedlung (Fundberichte aus Baden-Württemberg 2, 1975, S. 203)

35 Welzheim, Rems-Murr-Kreis, Einzelfund (Fundberichte aus Schwaben NF 14, 1957, Taf. 27B.6; NF 15, 1959, Taf. 33.14; Christlein Nr. 45)

36 Schorndorf, Rems-Murr-Kreis, Siedlung (Fundberichte aus Baden-Württemberg 5, 1980, Taf. 203.I)

37 Holzgerlingen, Lkr. Böblingen, Einzelfund (Fundberichte aus Schwaben NF 3, 1926, Taf. 27.8; Christlein Nr. 68)

38 Nürtingen, Lkr. Esslingen, Siedlung (Fundberichte aus Baden-Württemberg 8, 1983, S. 13/kff.)

39 Nürtingen, Lkr. Esslingen, Siedlung (Fundberichte aus Baden-Württemberg 3, 1977, S. 537)

40 Kirchheim/T., Lkr. Esslingen, Siedlung (Fundberichte aus Baden-Württemberg 3, 1977, S. 529)

41 Jesingen, Lkr. Esslingen, Einzelfund (Roeren Nr. 164; Christlein Nr. 67)

42 Großbettlingen, Lkr. Esslingen, Siedlung (Fundberichte aus Baden-Württemberg 2, 1972, Taf. 297A)

43 Bondorf, Lkr. Böblingen, Siedlung (Roeren Nr. 88; Christlein Nr. 77)

44 Bondorf, Lkr. Böblingen, Siedlung (Fundberichte aus Baden-Württemberg 2, 1975, Taf. 293F)
45 Rottenburg/N., Lkr. Tübingen, Einzelfund (Christlein Nr. 88; FMRD II 3317, 506; Christlein Nr. 80)
46 Reutlingen, Gräber (Roeren Nr. 40; Christlein Nr. 78)
47 Hofmeister Haus, Gde. Schlopfloch-Lenningen, Lkr. Esslingen, Siedlung
48 Urach, Runder Berg, Lkr. Reutlingen, Siedlung (Christlein Nr. 79; Rainer Christlein, Der Runde Berg bei Urach I, 1974, mit weiterer Literatur)
49 Hirrlingen, Lkr. Tübingen, Einzelfund (Christlein Nr. 81)
50 Lochen, Gde. Tieringen und Weilstetten, Zollern-Alb-Kreis, Siedlung (Roeren Nr. 80; Christlein Nr. 89)
51 Dotternhausen, Zollern-Alb-Kreis, Einzelfund (Roeren Nr. 114; Christlein Nr. 90)
52 Gammertingen, Lkr. Sigmaringen, Grabfund (Roeren Nr. 118; Christlein Nr. 88)
53 Indelhausen, Lkr. Reutlingen, Einzelfund (Roeren Nr. 74; Christlein Nr. 86)
54 Veringenstadt, Lkr. Sigmaringen, Einzelfund (Roeren Nr. 77; Christlein Nr. 92)
55 Inzigkofen, Lkr. Sigmaringen, Siedlung (Fundberichte aus Baden-Württemberg 3, 1977, S. 436)
56 Leibertingen, Lkr. Sigmaringen, Einzelfund (FMRD II 2254; Christlein Nr. 102)
57 Tuttlingen, Lkr. Tuttlingen, Depotfund (Roeren Nr. 156; Christlein Nr. 105)
58 Tuttlingen, Ldr. Tuttlingen, Siedlung (Christlein Nr. 106)
59 Meßkirch, Lkr. Sigmaringen, Einzelfund (Roeren Nr. 133; Christlein Nr. 104)
60 Bad Schussenried, Lkr. Biberach, Münzschatz (FMRD II 3043; Christlein Nr. 103)
61 Unterbalzheim, Lkr. Biberach, Siedlung (?) (Fundberichte aus Baden-Württemberg 2, 1975, S. 219)
62 Ulm, Grabfund (Roeren Nr. 147; Christlein Nr. 84)
63 Bernstadt-Hövelsingen, Alb-Donau-Kreis, Siedlung (Fundberichte aus Baden-Württemberg 2, 1975, S. 333)
64 Urspring, Alb-Donau-Kreis, Siedlung (Fundberichte aus Schwaben NF 18/2, 1967, S. 155, Taf. 140D; Christlein Nr. 71)
65 Türkheim, Gde. Geislingen, Alb-Donau-Kreis, Einzelfund (Fundberichte aus Schwaben NF 16, 1962, S. 316 Nr. 589; Christlein Nr. 70)
66 Göppingen, Einzelfund (Fundberichte aus Schwaben NF 15, 1959, Taf. 32.10; Christlein Nr. 62)
67 Böbingen, Ostalbkreis, Einzelfund (Der obergermanisch-raetische Limes B Nr. 65, 1894, Taf. 2.6; Christlein Nr. 59)
68 Rosenstein bei Heubach, Ostalbkreis, Siedlung (Roeren Nr. 73 und 124; Christlein Nr. 59)
69 Goldburghausen, Ostalbkreis, Einzelfund (Fundberichte aus Schwaben NF 3, 1926, S. 117; Christlein Nr. 46)
70 Sontheim im Stubental, Lkr. Heidenheim, Siedlung (Christlein Nr. 63)
71, 72, 73 Asselfingen, Hohlensteinhöhle, Alb-Donau-Kreis, Einzelfunde (Roeren Nr. 21; Seewald, Fundberichte aus Schwaben NF 19, 1971, S. 372/kf.; Christlein Nr. 72-74)
74 Burgberg, Lkr. Heidenheim, Siedlung (Fundberichte aus Baden-Württemberg 2, 1975, S. 334)
75 Niederstotzingen, Lkr. Heidenheim, Einzelfund (FMRD II 4205, 3; Christlein Nr. 75)
76 Wittlingen (Christlein ohne Nummer)
77 Bergheim (Christlein ohne Nummer)
78 Heidenheim, Siedlung (Bodo Cichy, Das römische Heidenheim, 1971, S. 32/kff.; Christlein Nr. 64)
79 Heidenheim-Schnaitheim (Fundberichte aus Baden-Württemberg 2, 1975, S. 337)
80 Großkuchen, Stadt Heidenheim, Siedlung
81 Neresheim, Ostalbkreis, Siedlung (Fundberichte aus Baden-Württemberg 5, 1980, S. 310)
82 Bopfingen, Ostalbkreis, Siedlung (Fundberichte aus Baden-Württemberg 5, 1970, S. 294)
83 Goldburghausen, Gem. Riesbürg, Ostalbkreis, Einzelfund (Fundberichte aus Schwaben NF 3, 1926, S. 117; Christlein Nr. 46)
84 Meßkirch, Lkr. Sigmaringen, Siedlung (?) (nach Mitteilung von Dr. H. Reim)
85 Laiz, Lkr. Sigmaringen, Siedlung (nach Mitteilung von Dr. H. Reim)

Abkürzungen

Robert ROEREN, Zur Archäologie und Geschichte Südwestdeutschlands im 3. bis 5. Jahrhundert (Jahrbuch des Römisch-Germanischen Zentralmuseums Mainz 7, 1960, S. 214-294) Liste
Rainer CHRISTLEIN, Die frühe Alemannenzeit. 3. bis 5. Jahrhundert n. Chr. Beiwort zur Karte III. 6 (Historischer Atlas von Baden-Württemberg, 3. Lieferung 1984) Liste
Walter VEECK, Die Alamannen in Württemberg, 1931.

Frühe Alamannen im Breisgau

Zur Geschichte und Archäologie des 3.–5. Jahrhunderts zwischen Basler Rheinknie und Kaiserstuhl

Von Gerhard Fingerlin

Mit der Einwanderung der Alamannen und dem erzwungenen Rückzug der Römer auf die Rheinlinie entstand im 3. nachchristlichen Jahrhundert für Südwestdeutschland eine grundlegend neue Situation: Das etwa zweihundert Jahre lang römisch besiedelte und geprägte ›Dekumatland‹ hinter dem Limes war für das Imperium endgültig verloren. Zum ersten Mal war es einem germanischen Volk gelungen, ein größeres Gebiet aus dem römischen Reich herauszulösen und als eigenes Siedlungsland zu behaupten[1]. Schon gegen Ende des 3. Jahrhunderts zog Rom mit dem defensiven Ausbau der Reichsgrenze an Hoch- und Oberrhein, weiter östlich an Bodensee, Iller und Donau die notwendigen Konsequenzen (Abb. 1). Beide Seiten hatten sich auf dauernde Nachbarschaft einzurichten, die trotz mancher vertraglicher Regelungen keineswegs spannungsfrei war, wie wir aus der antiken Geschichtsschreibung wissen, was aber auch die massiven Festungswerke der Römer auf dem linken und vorgeschobene Brückenköpfe auf dem rechten Rheinufer bezeugen (Abb. 2)[2]. Auch Zerstörungshorizonte (Brandschichten) in den Kastellen[3] und hin und wieder entdeckte Versteckfunde sprechen eine deutliche Sprache, Münzdepots oder der berühmte Silberschatz von Kaiseraugst, der in den Katastrophenjahren nach 350 vergraben worden ist[4]. Mehrfach wurde der Krieg auch ins alamannische Gebiet hinübergetragen[5], bis zum Jahr 378 n. Chr., in dem zum letzten Mal ein römischer Kaiser (Gratian) an der Spitze seiner Truppen rechtsrheinisches Gebiet betreten hat.

Nachweislich aber hat es in der langen Zeit der Grenznachbarschaft auch Perioden

---

1 Zur geschichtlichen Situation: K. F. Stroheker, Die Alamannen und das spätrömische Reich. In: W. Hübener (Hrsg.), Die Alemannen in der Frühzeit. Veröffentl. Alemann. Inst. Freiburg 34 (1974) S. 9. – D. Geuenich, Zur Landnahme der Alemannen. Frühmittelalterl. Stud. 16, 1982, S. 25 ff.

2 W. Schleiermacher, Der obergermanische Limes und die spätrömischen Wehranlagen am Rhein. 33. Ber. RGK (1943-1950) S. 133 ff. – J. Garbsch, Der spätrömische Donau-Iller-Rheinlimes. Kl. Schr. z. Kennt. d. röm. Besetzungsgesch. Südwestdeutschlands 6, 1970. – H. von Petrikovits, Fortifications in the Northwestern Roman Empire from the third to the fifth centuries A. D. Journal Rom. Stud. 61, 1971, S. 178 ff. – M. Hartmann, Militär und militärische Anlagen. In: Ur- und frühgesch. Arch. d. Schweiz Bd. 5: Die römische Epoche (1975) S. 15, bes. S. 22 ff. – W. Drack, Die spätrömische Grenzwehr am Hochrhein. Arch. Führer der Schweiz 13 (1980).

3 Breisach ›Münsterberg‹: H. Bender, Neuere Untersuchungen auf dem Münsterberg in Breisach (1966-1975) 2: Die römische und nachrömische Zeit. Arch. Korrbl. 6, 1976, S. 309 ff., S. 314 mit Anm. 22. – Jechtingen ›Sponeck‹: R. M. Swoboda, Eine spätrömische Anlage auf Burg Sponeck. Fundber. Baden-Württemberg 4, 1979, S. 316 ff., S. 326 (Schadenbrand in Turm 3).

4 Münzdepots: Ur- und frühgesch. Arch. d. Schweiz Bd. 5: Die römische Epoche (1975) S. 173 Abb. 3 (Verbreitungskarte). – A. Cahn, A. Kaufmann-Heinimann u.a., Der spätrömische Silberschatz von Kaiseraugst (1984).

5 Darüber berichtet vor allem Ammianus Marcellinus in seinen ›rerum gestarum libri‹. Vgl. dazu C. Dirlmeier, G. Gottlieb, Quellen zur Geschichte der Alemannen von Cassius Dio bis Ammianus Marcellinus. Quellen zur Geschichte der Alemannen I, Schr. d. Komm. f. Alam. Altertumskunde an d. Heidelberger Akad. d. Wiss. Bd. 1 (1976).

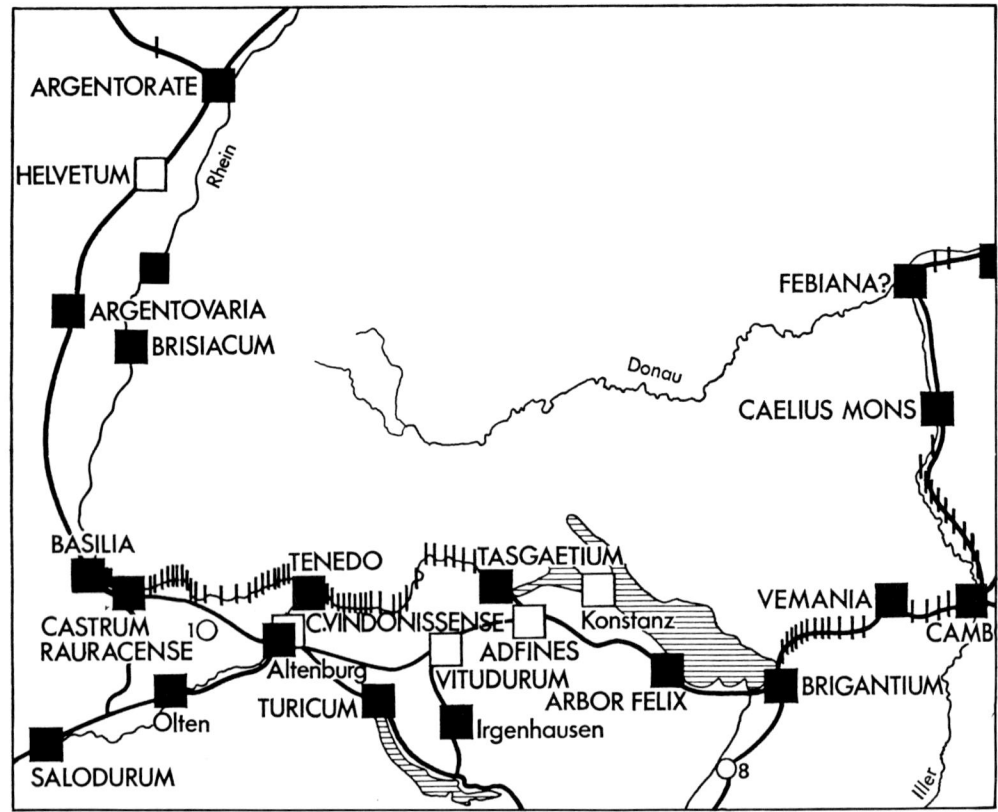

Abb. 1 Spätantike Reichsgrenze: Kastelle, Türme, Straßen. Nach H. J. Kellner ergänzt

friedlichen Zusammenlebens gegeben. Alamannen der Grenzgaue dienten nicht nur in der
römischen Armee, in der sie teilweise zu hohem Rang aufstiegen[6], sie bevölkerten
wahrscheinlich auch die Märkte großer Grenzstädte wie Kaiseraugst oder Straßburg und
wurden in ihren eigenen Dörfern von römischen Händlern aufgesucht. Bronzegegenstände, Gläser und Sigillata-Gefäße beispielsweise lassen solche Handelsbeziehungen
erkennen[7]. Funde von Bronzemünzen, die offenbar als Zahlungsmittel akzeptiert worden
sind, unterstreichen die wirtschaftliche Verflechtung in den Grenzgebieten[8]. Spärliche
Nachrichten lassen sogar vermuten, daß bei verschiedenen Anlässen früh schon alamanni-

6 K. F. STROHEKER, Alamannen im römischen Reichsdienst. In: Germanentum und Spätantike (1965)
S. 30 ff., bes. S. 41 ff.
7 R. ROEREN, Zur Archäologie und Geschichte Südwestdeutschlands im 3. bis 5. Jahrhundert n. Chr.
Jahrb. RGZM 7, 1960, S. 214 ff. Verzeichnis spätrömischen Importguts S. 263 mit Verbreitungskarte
Abb. 24. – Unter den neueren Funden sind vor allem die Sigillaten vom Runden Berg zu erwähnen:
R. CHRISTLEIN, Die Alamannen. Archäologie eines lebendigen Volkes (1978) Abb. 71. – Rädchensigillata:
Verbreitungskarte bei W. HÜBENER, Eine Studie zur spätrömischen Rädchensigillata (Argonnensigillata).
Bonner Jahrb. 168, 1968, S. 241 Abb. 1. - Zur Nigra-Ware im germanischen Gebiet vgl. hier Anm. 41-42.
8 Die Beurteilung der Münzfunde ist allerdings nicht einheitlich. K. WEIDEMANN, Untersuchungen zur
Siedlungsgeschichte des Landes zwischen Limes und Rhein vom Ende der Römerherrschaft bis zum
Frühmittelalter. Jahrb. RGZM 19, 1972, S. 99 ff. wertet die zahlreichen nachlimeszeitlichen Münzen an
ursprünglich römischen Plätzen als Hinweis auf Wiederbenutzung durch die Alamannen, nicht als
›Zeugnisse weniger zurückgebliebener Romanen‹. Er lehnt die Deutung W. SCHLEIERMACHERS (hier
Anm. 2) ab, der einen Zusammenhang mit römischen Truppenbewegungen rechts des Rheins für wahr-
scheinlich hält. Vgl. Anm. 16.

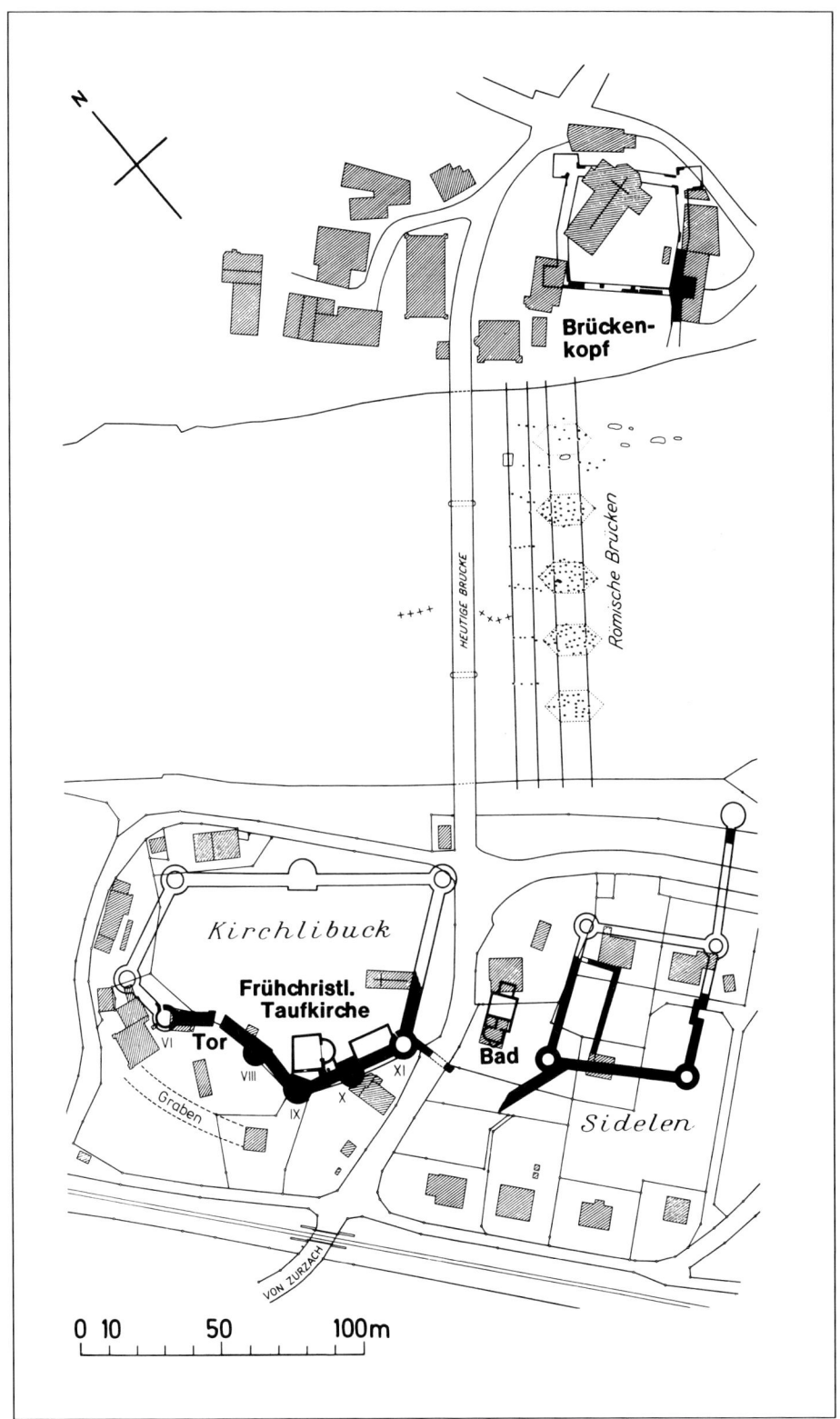

Abb. 2 Das spätantike Kastell Zurzach mit rechtsrheinischem Brückenkopf Rheinheim. Nach W. Drack und Unterlagen LDA Freiburg

sche Siedler im linksrheinischen Gebiet aufgenommen worden sind. Brücken und andere Übergänge an Hoch – und Oberrhein erweisen sich so als wichtige Kontaktstellen zwischen der spätantiken und der germanischen Welt[9]. Über diese Orte lief der materielle und kulturelle Austausch, hier bot sich Gelegenheit zu ständiger Begegnung, auch zu sprachlicher Assimilation, nicht zuletzt auch deshalb, weil die hier stationierten Grenztruppen einen gewissen Anteil germanischer, auch alamannischer Hilfstruppen aufwiesen[10]. Für das Jahr 378 n. Chr. beispielsweise ist überliefert, daß der Teilstamm der Lentienser (Linzgaubewohner) nach einer Niederlage Soldaten für die römischen Einheiten an der Grenze stellen mußte. Ein anderer Teilstamm, bei Ammian nach einem bedeutenden Fürsten nur ›Vadomarii plebs‹ genannt, wird in der Notitia Dignitatum erwähnt.

Die Geschichte der Breisgaubewohner, geprägt durch die Grenzlage, kann hier nicht im einzelnen nachgezeichnet werden. Sie ist auch nur ausschnitthaft bekannt, wobei vor allem Verträge und Auseinandersetzungen mit König Vadomar für die römische Seite und damit auch für die römische Geschichtsschreibung von Interesse waren[11]. Hier sollen daher nur wenige Ereignisse aufgeführt werden, die den Grenzabschnitt Kaiseraugst – Breisach und sein Vorfeld betreffen.

Um die Mitte des 4. Jahrhunderts wurde bei einem großen Alamanneneinfall nach Gallien wahrscheinlich das Kastell auf dem mons Brisiacus[12] zerstört, aber bald danach wieder aufgebaut. 354 ist ein Feldzug Constantius' II. gegen die Breisgaufürsten Gundomad und Vadomar überliefert. Wie andere militärische Unternehmungen dieser Zeit nahm er seinen Ausgang vom Castrum Rauracense (Kaiseraugst). Er endete mit einem Vertrag, an den sich Vadomar offenbar in den folgenden Jahren gebunden fühlte, denn am Krieg von 357, der mit einer vernichtenden Niederlage der Alamannen bei Straßburg endete, war

---

9 Dies gilt vor allem für den Rheinübergang bei Kaiseraugst mit dem Brückenkopf Wyhlen am rechten Rheinufer, aber auch für Jechtingen am Kaiserstuhl, wo auf der ›Sponeck‹ ein vorgeschobenes Kastell angelegt wurde, wahrscheinlich in valentinianischer Zeit. Zu Kaiseraugst/Wyhlen: M. MARTIN, Zur Topographie und Stadtanlage von Augusta Rauricorum. Archäologie der Schweiz 2, 1979, S. 172 ff. bes. S. 176 ff.: ›Die Disposition Kastell Kaiseraugst-rechtsrheinischer Brückenkopf spiegelt – im Kleinen – die Kombination Köln-rechtsrheinischer... Brückenkopf Köln-Deutz wieder‹. – Zu Jechtingen ›Sponeck‹ s. hier Anm. 3 (R. SWOBODA).

10 E. VOGT, Germanisches aus spätrömischen Rheinwarten. In: Provincialia. Festschr. R. Laur-Belart (1968) S. 632 ff. – Germanische Ware auch in den Kastellen von Breisach ›Münsterberg‹ und Jechtingen ›Sponeck‹ (vgl. hier Anm. 3). – In diesen Zusammenhang gehören auch die spätrömischen Gürtelgarnituren, die aus Gräbern und Höhenburgen Südwestdeutschlands bekannt sind und als Hinweise auf germanische (alamannische) Söldner im römischen Heer zu werten sind. Vgl. dazu H. W..BÖHME, Germanische Grabfunde des 4. bis 5. Jahrhunderts zwischen Unterer Elbe und Loire. Münchner Beitr. z. Vor- und Frühgeschichte 19 (1974) S. 202 und S. 205 f. Solche Garnituren bzw. Teile davon sind u. a. bekannt vom Runden Berg bei Urach, vom Lochenstein bei Balingen, vom Zähringer Burgberg bei Freiburg und neuerdings auch vom Hohenkrähen bei Singen/Hegau (vgl. hier Anm. 44). - Zur alamannisch-juthungischen Besatzung eines Grenzkastells (Neuburg a.d.Donau): E. KELLER, Germanische Truppenstationen an der Nordgrenze des spätrömischen Raetiens. Arch. Korrbl. 7, 1977, S. 63 ff., bes. S. 70. – Zu den geschichtlich überlieferten Verhältnissen vgl K. F. STROHEKER, Die Alamannen und das spätrömische Reich. In: Zur Geschichte der Alemannen. Wege der Forschung Bd. 100 (1975) S. 20 ff. – DERS., Alamannen im römischen Reichsdienst (wie Anm. 6). – M. WAAS, Germanen im römischen Dienst im 4. Jh. n. Chr. (1965). – D. HOFFMANN, Das spätrömische Bewegungsheer und die Notitia dignitatum (1969) I S. 165 f., S. 168.

11 P. GOESSLER, Vadomar, ein alamannischer Gaufürst im Breisgau. Volk und Vorzeit 1, 1940, S. 7 ff. – RE VII A 2064. – K. F. STROHEKER (wie Anm. 1 und 10). – C. DIRLMEIER, G. GOTTLIEB (wie Anm. 5).

12 H. BENDER (wie Anm. 3) S. 314: ›Die Münzreihe bestätigt die Zerstörung auch des Breisacher Kastells ähnlich anderen Anlagen am Oberrhein in der Mitte des 4. Jahrhunderts n. Chr.‹. ...›Das Haus ging beim Schadenbrand in der Mitte des 4. Jahrhunderts zu Grund‹... ›Der Keller eines weiteren abgebrannten Gebäudes enthielt Münzen der gleichen Zeit‹.

er persönlich nicht beteiligt. Offenbar wegen seiner Parteinahme in innerrömischen Auseinandersetzungen wurde Vadomar 360 gefangen genommen und nach Spanien deportiert. Acht Jahre später fiel sein Sohn Vithikab einem von Valentinian I. inszenierten Mordanschlag zum Opfer. Zwei Ereignisse, die zeigen, wie eng auch die politischen Verflechtungen gewesen sind und wie sich Römer und Breisgau-Alamannen sogar in die inneren Verhältnisse der anderen Seite eingemischt haben.

Wie weit die Breisgauer an einem Raubzug nach Gallien im Jahr 378 beteiligt waren, ist nicht bekannt. Bei diesem Unternehmen, das bei Horbourg (Colmar) mit einer schweren Niederlage endete, hat vermutlich das Kastell bei Jechtingen eine Rolle gespielt. Wenig später, in den Unruhen von 383 n. Chr., ist es zerstört oder doch stark beschädigt worden[13]. Allerdings wurde auch dort die Anlage wieder instand gesetzt und mit einer Besatzung gesichert.

Erst im Lauf des 5. Jahrhunderts, mit dem allmählichen Niedergang des weströmischen Reiches, wurde die Grenze durchlässiger. Bewohner des Breisgaus und der Mortenau waren es wohl in erster Linie, die jetzt das Elsaß besiedelten. Spätestens nach der Jahrhundertmitte gingen dann auch die Kastelle in alamannische Hände über und dienten weiterhin zur Sicherung und Kontrolle wichtiger Rheinübergänge, bis schließlich gegen Ende des Jahrhunderts auch in diesem Gebiet die Franken ›das Erbe Roms‹ antraten[14]. Soweit die Skizze der geschichtlichen Zusammenhänge, des Hintergrunds, vor dem wir die gleichzeitigen Funde aus dem Breisgau betrachten und deuten müssen.

Zum Thema ›Breisgau-Alamannen‹ hatte die archäologische Landesforschung lange Zeit nur wenig zu sagen. Die unbefriedigende Quellensituation, die geringe Zahl bekannter Fundplätze also, wurde in sehr unterschiedlicher Weise erklärt. Von angeblich geringer Seßhaftigkeit der eingewanderten Alamannen und der unmittelbar folgenden Generationen war die Rede, W. Veeck vermutet, daß die Verteilung des neugewonnenen Gebiets nicht sofort erfolgte[15]. Auffällig war jedenfalls schon immer, daß erst zweihundert Jahre nach der Landnahme mit dem Einsetzen der sogenannten Reihengräberfelder die germanische Besiedlung auch in quantitativer Hinsicht deutlich wird. Die Archäologie hat deshalb auch immer wieder betont, daß diese eigenartige Fundlücke zum Teil aus dem Grabritus der

---

13 R. Swoboda (hier Anm. 3). – Dies., Arch. Korrbl. 7, 1977, S. 226.

14 G. Fingerlin, Kastellorte und Römerstraßen im frühmittelalterlichen Siedlungsbild des Kaiserstuhls. Archäologische Aspekte fränkischer Herrschaftssicherung im südlichen Oberrheintal. In: Von der Spätantike zum frühen Mittelalter. Vorträge und Forschungen Bd. 25 (1979) S. 379 ff.

15 G. Fingerlin, Zur alamannischen Siedlungsgeschichte des 3.-7. Jahrhunderts. In: Die Alamannen in der Frühzeit. Veröffentl. Alemann. Inst. Freiburg 34 (1974) S. 45 ff. bes. S. 77 ff. – W. Veeck, Die Alamannen in Württemberg. German. Denkm. d. Völkerwanderungszeit 1 (1931) S. 92: ...›unruhige Verhältnisse der auf die Landnahme folgenden ersten 150 Jahre... Erst mit der wirklichen Seßhaftmachung der Alamannen beginnen... die Reihengräberfriedhöfe‹. – Die geringe Zahl der Fundstellen könnte man nach H. Steuer auch damit erklären, ›daß die Alemannen weiterhin z. T. in Mitteldeutschland wohnen blieben und nur zu Beutezügen in das römische Gebiet einfielen‹. Dies kann allerdings nur für die ersten Jahrzehnte gelten, demnach ›beginnt... die endgültige Niederlassung von Alemannen erst seit 300 nach Chr.‹. Für das 4. Jahrhundert nimmt er an, daß ›Lebensweise und Bestattungsbräuche der Anfangszeit archäologisch nicht faßbar‹ sein könnten, was sowohl im Sinne einer Fundlücke wie einer Forschungslücke interpretierbar ist. H. Steuer, Alamannen. In: Reallexikon der germanischen Altertumskunde 1, S. 145. – ›Semipermanente Wohnweise‹ vermutet D. Geuenich, Zur Landnahme der Alemannen. Frühmittelalterl. Stud. 16, 1982, S. 25 ff., bes. S. .40. – Die Frage, ob man zunächst ›mit einer tiefen, kaum besiedelten und wenig genutzten Grenzzone‹ rechnen müsse, findet sich – unbeantwortet – bei D. Geuenich, H. Keller, Alamannen, Alamannia, Alamannisch im frühen Mittelalter. In: Die Bayern und ihre Nachbarn Teil 1. Österr. Akad. d. Wiss. Veröfftl. d. Komm. für Frühmittelalterforschung Bd. 8, 1985, S. 135 ff. Dort auch S. 138 der Hinweis auf entsprechende, durch Schriftquellen bezeugte Verhältnisse im Elsaß vor der Grenzreorganisation Julians.

Frühzeit erklärt werden müsse, weil eben die Erfassung schlichter Brandgräber, die in
erster Linie zu erwarten sind, sehr vom Zufall abhängig ist. Sie hat aber auch immer mit
echten Forschungslücken gerechnet, da gleiches ja nicht für die Siedlungsplätze gelten
kann. Tatsächlich sind trotz jahrzehntelanger intensiver Denkmalpflege solche Lücken
vorhanden, teilweise sind aber auch ältere Beobachtungen lange nicht richtig eingeordnet
und interpretiert worden. So spricht heute vieles dafür, daß die Ankömmlinge sich auch
in römischen Kastellen und Siedlungen niedergelassen haben, manchmal auch im Bereich
von Gutshöfen, was lange Zeit, teilweise wegen fehlender Beobachtungen, aber auch auf
Grund einiger Schriftquellen, gar nicht in die Überlegungen einbezogen worden war[16].
Auch läßt sich mancher ältere Fundkomplex erst nach heutiger Materialkenntnis richtig
einordnen und dementsprechend finden sich immer wieder Hinweise auf frühalamannische Siedlungen unter den Museumsbeständen prähistorischer Perioden, meist solchen
der Latènezeit.

So haben Neubewertungen, Beobachtungen und Ausgrabungen der letzten Jahre das
Bild früher alamannischer Besiedlung erheblich verändert. Noch erreicht zwar eine Kartie-
rung der völkerwanderungszeitlichen Gräber und Siedlungsplätze nicht annähernd die
Fundstellendichte der Merowingerzeit, ergibt aber doch schon ein Bild, das eher der

16 R. ROEREN (wie Anm. 7) S. 225 f. bespricht die Frage der Weiterbenutzung römischer Gebäude, kann
aber (1960) nur den Gutshof von Frankfurt-Praunheim und die städtische Siedlung von Frankfurt-
Heddernheim (Nida) anführen und auf Ammian XVII 1,7 verweisen, der »domicilia... curatius ritu
Romano constructa« für das untere Maingebiet bezeugt. Die Münzfunde wertet Roeren allerdings im Sinne
eines Weiterlebens römischer Bevölkerung »in einigen Gebietsteilen des ehemaligen Dekumatlandes«
(S. 222). – Anders K. WEIDEMANN (wie Anm. 8). Er deutet die spätrömischen Münzfunde an Kastell- und
Siedlungsplätzen des Dekumatlandes im Sinne alamannischer Nutzung der von ihren militärischen oder
zivilen Vorbewohnern verlassenen Orte. Bei der von ihm gegebenen Zusammenstellung frühalamannischer
Funde an römischen Plätzen ist demnach zu prüfen, ob nur Münzen oder auch andere, vor allem
keramische Funde in einiger Anzahl vorliegen. Dies gilt für nachrömisch ›benützte‹ Kastellplätze ebenso
wie für vici oder villae rusticae. Nachträge zu K. Weidemanns Zusammenstellung sind inzwischen möglich
und z. T. von R. CHRISTLEIN (unten) auch schon vorgelegt. Gutshöfe von Bondorf, Kr. Böblingen.
Denkmalpflege in Baden-Württemberg. Nachrichtenblatt des Landesdenkmalamtes 5, 1976, S. 116.
Hechingen. H. REIM, Der römische Gutshof bei Hechingen-Stein, Zollernalbkreis (1982) S. 62. Büßlingen,
Kr. Konstanz. Hegau-Museum Singen. Publikation durch K. Batsch in Vorbereitung. Siedlungen von
Ursprung, Alb-Donaukreis (Randbereich des Kastellvicus): Fundber. Baden-Württemberg 2, 1975,
S. 220 ff. mit Taf. 286 und Arch. Ausgrabungen 1974. Bodendenkmalpflege in den Regierungsbezirken
Stuttgart und Tübingen S. 52 (mit Plan). Ladenburg. D. BAATZ, Lopodunum-Ladenburg a. N. Die Grabun-
gen im Frühjahr 1960. Bad. Fundber. Sonderh. 1 (1962) S. 34, Ösenhalsring abgebildet Fundber. Baden-
Württemberg 2, 1975, S. 261, Taf. 301.2. Kastelle. Heidenheim. D. PLANCK in: 75 Jahre Heimat- und
Altertumsverein Heidenheim 1901-1976 (1976) S. 97 ff. Abb. 1. Welzheim. Planck rechnet mit der Existenz
einer frühalamannischen Ansiedlung innerhalb der Ruinen des Ostkastells. In: 800 Jahre Welzheim.
Jahresh. Hist. Verein Welzheimer Wald 1, 1980, S. 59. – Zur Bewertung von Einzelfunden vgl. unten
H. SCHACH-DÖRGES und R. CHRISTLEIN. – Nicht übersehen werden darf in diesem Zusammenhang der
interessante Befund von Lauffen am Neckar, wo im Areal der römischen Villa wenige handgemachte
Scherben ergraben wurden. Dort sind aber in unmittelbarer Nähe ein frühalamannischer Siedlungsplatz
und ein Bestattungsplatz mit zwei reichen Gräbern des 4. Jahrhunderts bekannt. Die Bearbeiterin
H. Schach-Dörges zieht daraus den Schluß, daß die Alamannen im verlassenen römischen Gutshof nicht
gesiedelt haben können (zu geringe Fundmenge!). Nach ihrer Auffassung belegen die Funde von Lauffen,
daß zwar die römischen Feldfluren von den alamannischen Neusiedlern genutzt, die Wohnplätze aber in
der Regel nicht übernommen worden sind. Einzelfunde dieser Zeit von römischen Plätzen können ihrer
Auffassung nach nicht als Siedlungshinweise betrachtet werden. H. SCHACH-DÖRGES, Frühalamannische
Funde von Lauffen am Neckar. Fundber. Baden-Württemberg 6, 1981, S. 615 ff. bes. S. 656 und 660. –
Anders urteilt R. CHRISTLEIN, Die frühe Alamannenzeit. 3. bis frühes 5. Jahrhundert n. Chr. In: Histor.
Atlas von Baden-Württemberg. Beiwort zu Karte III 6, für den diese Einzelfunde »zumeist als Siedlungs-
funde« anzusprechen sind.

Überlieferung einer ›gens populosa‹ und auch eher den geschichtlich überlieferten Vorgängen entspricht[17].

Bei der Zusammenstellung der Quellen für das Oberrheintal und beim Versuch einer Interpretation sind allerdings die anderen Voraussetzungen, die Besonderheiten dieses Raumes, zu beachten, die ihn von Siedlungsgebieten östlich des Schwarzwaldes unterscheiden. Im Westen vom tiefeingeschnittenen, breit mäandrierenden Fluß, im Osten vom Gebirge begrenzt (Abb. 3), bildet die rechte Talseite einen sehr langgezogenen, aber relativ schmalen Siedlungsraum, der sich nur im Mündungsbereich größerer Nebenflüsse weitet[18]. Diese Flußtäler, schon in römischer Zeit als Wege genutzt, bilden zugleich die wenigen Verbindungsmöglichkeiten nach Osten. Auch nach Westen ist diese Landschaft nur an den Stellen offen, die günstige Wege durch die Rheinniederung bieten und deshalb seit vorrömischer und römischer Zeit als Übergänge benutzt worden sind. Gleichzeitig bildet diese Talseite in spätantiker Zeit das unmittelbare Vorland der römischen Reichsgrenze. In diesem Raum waren demnach die Alamannen von ihren Ressourcen östlich des Schwarzwaldes weit entfernt, zugleich den römischen Einflüssen in besonderem Maße ausgesetzt. Dies gilt in wirtschaftlicher wie kultureller Hinsicht, besonders aber auch in militärischer, da Städte und Kastelle wie Speyer (Noviomagus), Straßburg (Argentorate), Horbourg (Argentovaria) oder Kaiseraugst (Castrum Rauracense), teilweise mit starken Garnisonen, auch eine beachtliche Machtkonzentration auf römischer Seite und ein entsprechendes Drohpotential darstellten.

Ganz besonders gilt diese Feststellung für das südliche Oberrheintal, das Gebiet etwa zwischen Kaiseraugst und dem Nordrand des Kaiserstuhls, also für den schon beschriebenen Breisgau, das Stammesgebiet der Brisigavi[19]. Von archäologischem Interesse ist dabei auf Grund der Quellenlage vor allem dessen nördlicher Teil (Abb. 4). Die Siedlungsschwerpunkte im Mündungsgebiet des Neckars und des Mains, ebenfalls dem Oberrheingebiet zugehörig, bleiben hier außer Betracht.

Unter den skizzierten Voraussetzungen stellt sich für unser Arbeitsgebiet zu allererst die Frage, ab wann die einwandernden Alamannen hier seßhaft geworden sind. Trotz der exponierten Lage und entsprechend schwieriger Bedingungen läßt sich aber eine rasche Besetzung nach dem Fall des Limes keineswegs ausschließen, denn es dauerte offenbar eine gewisse Zeit, bis sich die römische Seite reorganisiert hatte und gegen Ende des 3. Jahrhunderts mit der Sicherung und dem Ausbau der neuen Grenzlinie beginnen konnte. Zu dieser Entwicklung hat wohl auch die unmittelbare Bedrohung der Rheinlinie beigetragen.

---

17 Quellen und geschichtlich bezeugte Ereignisse übersichtlich zusammengestellt in den »Quellen zur Geschichte der Alamannen I-VI. Heidelberger Akad. d. Wiss. Komm. f. Alamann. Altkde., Schr. Bd. 1, 3, 5, 6, 8, 9 (1976-1984), bearbeitet von C. DIRLMEIER, G. GOTTLIEB, K. SPRINGADE und W. KUHOFF.

18 Dies ist vor allem im hier nicht behandelten Mündungsgebiet des Neckars und im Kraichgau der Fall, aber auch in der Freiburger Bucht, in die Dreisam und Glotter münden. Wichtig auch die Kinzigmündung im Vorland von Straßburg und die Mündung der Murg gegenüber Selz. Der Forschungsstand in den angesprochenen Gebieten ist sehr unterschiedlich.

19 Zum ›historischen‹ Breisgau, weit größer als die heute mit diesem Namen verbundene Landschaft (von Dinkelberg/Hochrhein im Süden bis zur Bleich im Norden): J. CRAMER, Die Geschichte der Alamannen als Gaugeschichte (Breslau 1899, Reprint 1971) S. 70, 452. – C. VON GAGG, Geschichte des Breisgaus. Schauinsland 1, 1873. – H. BÜTTNER, Breisgau und Elsaß. Ein Beitrag zur frühmittelalterlichen Geschichte am Oberrhein. Schauinsland 67, 1941, S. 3. – Siedlungsgeschichte des Breisgaus: K. SCHUMACHER, Zur Besiedlungsgeschichte des rechtsseitigen Rheintals zwischen Basel und Mainz. Festschr. zum fünfzigjährigen Bestehen des RGZM (1902) S. 16ff. – H. STOLL und H. BÜTTNER, Die frühmittelalterliche Besiedelung des Breisgaues. Schauinsland 65/66, 1938-1939, S. 122ff. – Zu den in der Notitia Dignitatum genannten Brisigavi vgl. K. F. STROHEKER (wie Anm. 1).

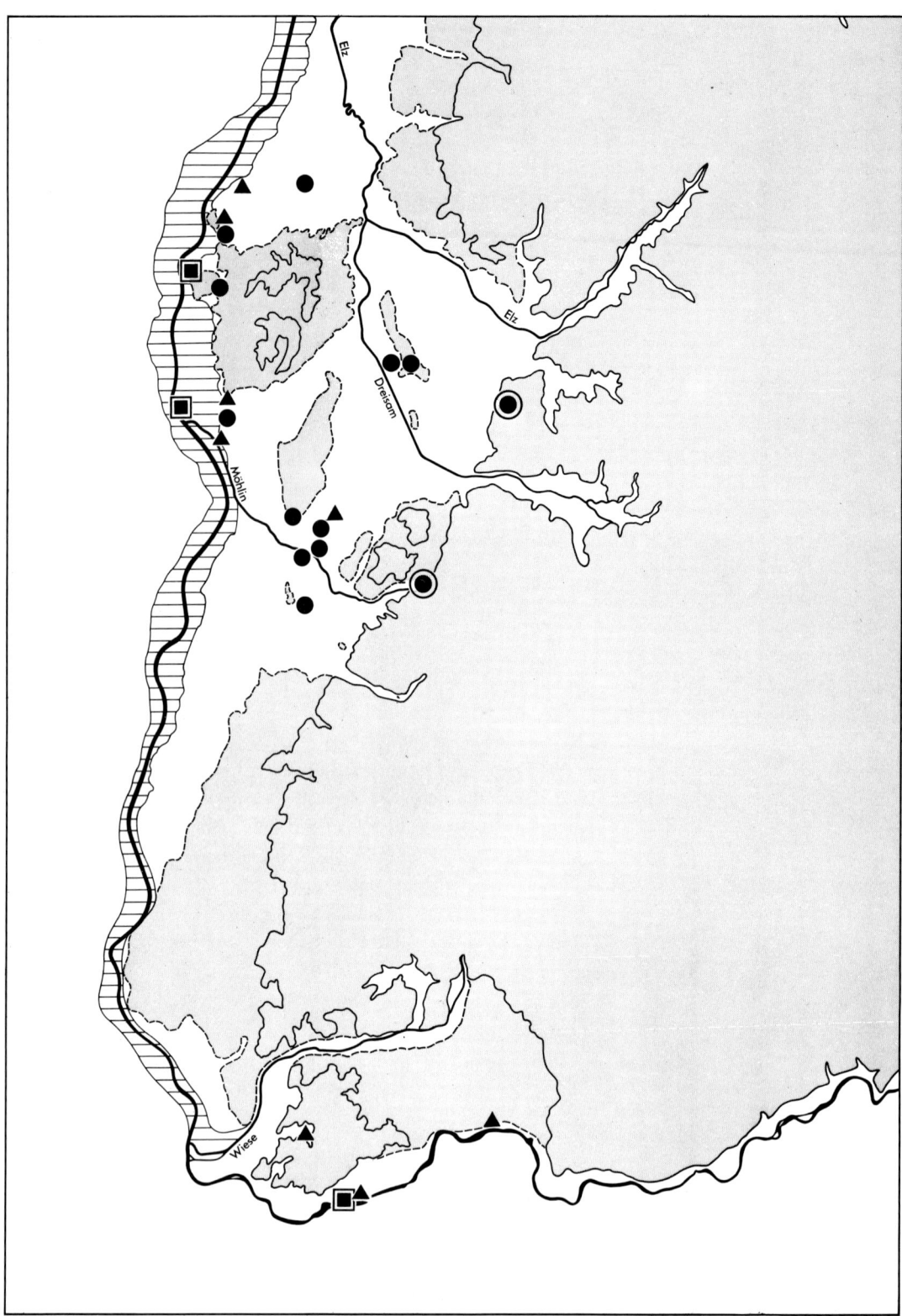

Abb. 3 Fundstellen der Völkerwanderungszeit im antiken Breisgau.
Doppelkreis: Höhensiedlung, Kreis: Siedlung, Dreieck: Grabfund(e)

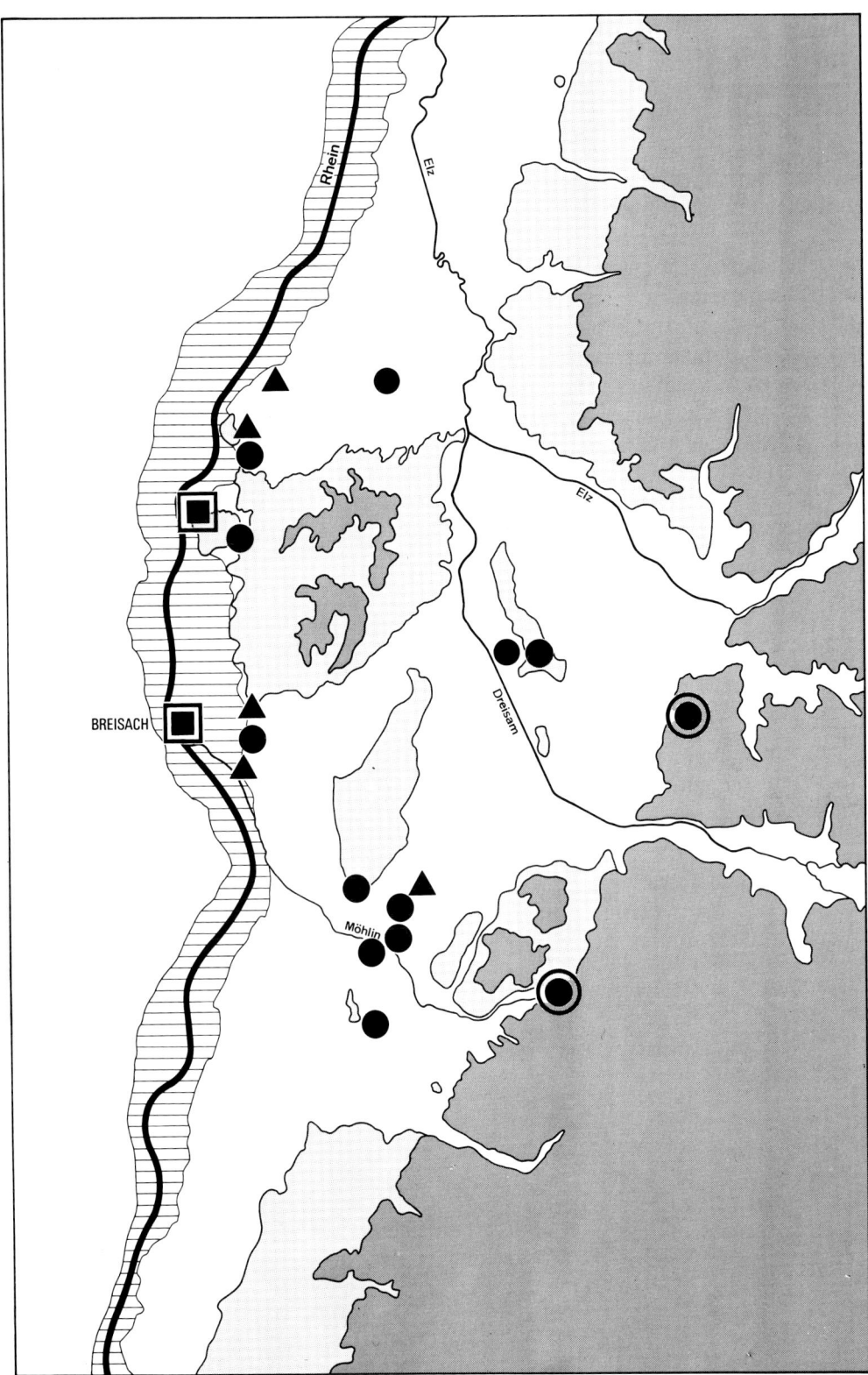

Abb. 4 Spätantike Reichsgrenze und Fundstellen der Völkerwanderungszeit im heutigen Breisgau.
Quadrat: spätantikes Kastell, Doppelkreis: Höhensiedlung (nördlicher Punkt = Zähringer Burgberg),
Kreis: Siedlung, Dreieck: Grabfund(e)

Trotzdem darf die beispielsweise im Fundmaterial des Runden Berges bei Urach[20] ables-
bare sofortige Besiedlung des Landes nach dem Limesdurchbruch nicht a priori auch für
das südliche Oberrheintal vorausgesetzt werden. Eine Antwort auf die Frage nach dem
Zeitpunkt und der Art der Besiedlung dieses exponierten Gebietes kann vielmehr nur von
der Archäologie gegeben werden, und es sei gleich vorweg bemerkt, daß dies beim heutigen
Forschungsstand nur in Ansätzen möglich ist. Bezogen auf den ganzen Raum römisch-
alamannischer Auseinandersetzung haben wir dabei zwei Quellengattungen zur Verfügung: einmal die spätantiken Befestigungen an und vor der Rheinlinie sowie andere Spuren
römischer Reaktion auf die nach 260 entstandene Lage[21]. Auf der Gegenseite sind es in
erster Linie alamannische Höhenburgen, Siedlungen, Gräber und vereinzelte Opferfunde,
die uns Informationen liefern können[22]. Schwierig sind die nachlimeszeitlichen Münzfunde
zu beurteilen, aus denen man teilweise ein Fortleben römischer Siedlungen bis weit ins
4. Jahrhundert (Münzreihe von Riegel bis 395 n. Chr.), teilweise eine Übernahme dieser
Siedlungen durch die Alamannen erschlossen hat[23].

Entsprechende Probleme ergeben sich bei der geschichtlichen Interpretation von Münzschatzfunden, wobei das Spektrum der Meinungen erneut Extreme einschließt: einerseits
werden sie mit römischem Militär auf rechtsrheinischen Feldzügen in Verbindung
gebracht, andererseits denkt man an einen gewissen Anteil des Münzumlaufs an den

20 V. MILOJČIĆ, Zu den bisherigen Ergebnissen der Untersuchungen am Runden Berg bei Urach. 1968-
1975. In: Geschichtswissenschaft und Archäologie. Vorträge und Forschungen Bd. 22 (1979) S. 519 ff. bes.
S. 523.
21 Zusammenstellung der größeren spätantiken Anlagen bei R. ROEREN (wie Anm. 7) S. 241 (vgl. auch die
Literaturangaben Anm. 2). – Hochrheintürme und Kleinkastelle: K. STEHLIN, Die spätrömischen Wach-
türme am Rhein von Basel bis zum Bodensee 1. Untere Strecke: von Basel bis Zurzach (bearb. von
V. VON GONZENBACH). – Zum neuen Kastell bei Jechtingen vgl. hier Anm. 3, zum Burgus von Kleinbasel:
R. MOOSBRUGGER-LEU, Arch. Korrbl. 4, 1974, S. 161. – Eine nicht fertiggestellte rechtsrheinische Anlage
fand sich auf dem ›Bergrain‹ bei Kirchen (Kr. Lörrach): Bad. Fundber. 17, 1941-47, S. 322 ff. Abb. 16. –
Neuerdings ist auf dem Breisacher Münsterberg eine ähnlich provisorisch wirkende Anlage (Spitzgraben)
aus den Jahrzehnten zwischen dem Fall des Limes und dem Bau des spätantiken Kastells bekannt
geworden. Diese Zeitstellung ergibt sich inzwischen eindeutig aus stratigraphischen Beobachtungen,
nachdem der Graben zunächst vermutungsweise als frührömisch angesehen worden war. Arch. Ausgrabungen in Baden-Württemberg 1982, S. 187 Nr. 2 (vgl. hier Abb. 8).
22 Grundlegende Materialzusammenstellung, wenn auch in vielem korrekturbedürftig und vor allem weit
hinter dem Forschungsstand zurück, bei R. ROEREN (wie Anm. 7) S. 243 ff. – Höhenburgen: J. WERNER, Zu
den alamannischen Burgen des 4. und 5. Jahrhunderts. In: Speculum Historiale. Festschr. J. Spörl (1965)
S. 439 ff. – Grabfunde: E. KELLER, Zur Chronologie der jüngerkaiserzeitlichen Grabfunde aus Südwestdeutschland und Nordbayern. In: Studien zur vor- und frühgeschichtlichen Archäologie. Festschr.
J. Werner (1974) Bd. 1, S. 247 ff. – Allgemeines: G. FINGERLIN (wie Anm. 15). – E. KELLER, Möglichkeiten
der Synchronisierung spätrömischer Fundgruppen aus den Provinzen an Oberrhein und oberer Donau mit
elbgermanischen der jüngeren Kaiserzeit. In: Arch. Beitr. z. Chronologie der Völkerwanderungszeit.
Antiquitas Reihe 3 Bd. 20 (1977) S. 11 ff. – R. CHRISTLEIN, Die Alamannen (wie Anm. 7). – Für Südwestdeutschland fehlt ein Katalog der Fundstellen, wie er für Mainfranken vorliegt: Chr. PESCHEK, Die
germanischen Bodenfunde der Römischen Kaiserzeit in Mainfranken. Münchner Beitr. z. Vor- und
Frühgesch. 27 (1978).
23 Vgl. hier Anm. 16. Die Frage wurde schon früh gestellt und damals im Sinne eines ›fortgesetzten
römischen Verkehrs und Handels, mit dem die Alemannen sehr vertraut geworden waren‹ beantwortet.
K. VON BECKER, Geschichte des Badischen Landes zur Zeit der Römer (1876) S. 14. – Das Material bietet
übersichtlich (mit zahlreichen Ortsdiagrammen) K. CHRIST, Antike Münzfunde in Südwestdeutschland
(1960). Fortleben römischer Siedlungen: z. B. O. PARET, Spätrömische Münzen in Württemberg. In:
Festschr. zum 25-jährigen Bestehen des Württ. Vereins für Münzkunde (1927) S. 49 ff. – R. ROEREN (wie
Anm. 7) S. 222. – R. NIERHAUS, Zur Bevölkerungsgeschichte der Oberrheinlande unter der römischen
Herrschaft. Bad. Fundber. 15, 1939, S. 91 ff., bes. S. 98 mit Anm. 17. – Übernahme durch alamannische
Siedler: K. WEIDEMANN (wie Anm. 16) S. 112.

Abb. 5 Historische Ansicht des Breisacher Münsterbergs, von SW. Breisach

wirtschaftlichen Verhältnissen Alamanniens, was durch entsprechende Funde auch in rein alamannischen Siedlungen, z. B. auf dem Runden Berg, nahegelegt wird[24]. R. Christlein zog sogar in Erwägung, ob nicht eines Tages mit Hilfe der Münzschätze ›die Reichweite römischer Geldwirtschaft ins Alamannengebiet hinein‹ abgesteckt werden könne. Wegen dieser Unsicherheiten der Deutung, aber auch wegen des geringen Vorkommens im Arbeitsgebiet, bleibt diese Fundkategorie außerhalb unserer Betrachtung.

Eingangs schon kurz skizziert wurde die römische Grenzsituation im Breisgau mit ihren Angelpunkten Kaiseraugst, Breisach und Straßburg. Auf die topographisch bedingten Unterschiede zwischen Hochrhein und Oberrheintal ist hier nicht weiter einzugehen, vielleicht nur daran zu erinnern, daß am Hochrhein[25] mit seinen vielen Türmen und Burgi eine mehr lineare Verteidigungslinie vorliegt, während im Oberrheintal[26] das römische Augenmerk hauptsächlich auf die Sicherung des Straßennetzes und der Rheinübergänge gerichtet war.

In den letzten Jahren wurde vor allem der Mons Brisiacus, der Münsterberg von Breisach (Abb. 5) intensiv erforscht[27], auf dem sich ein in konstantinischer Zeit gegründetes und in valentinianischer Zeit nach einer Zerstörung erneuertes Kastell befindet (Abb. 6),

24 Römisches Militär: W. SCHLEIERMACHER (wie Anm. 2). – H. SCHÖNBERGER, Neue Grabungen am obergermanischen und raetischen Limes. Limesforschungen 2 (1962) S. 100. – Anteil am römischen Münzumlauf: K. CHRIST (wie Anm. 23) 1. Teil, S. 151. – R. CHRISTLEIN (wie Anm. 7) S. 43 und 108. – Zu den Münzen des Runden Berges: R. CHRISTLEIN, Die frühgeschichtlichen Kleinfunde außerhalb der Plangrabungen. Der Runde Berg bei Urach I (1974) S. 22 f.
25 K. STEHLIN, Wachttürme (wie Anm. 21).
26 K. Bender, Arch. Korrbl. 6, 1976, S. 316 ff. – F. PETRY, Das Elsass in der Spätantike. Pfälzer Heimat 2, 1984, S. 52 ff. mit Karte der Straßen und Kastelle (Abb. 2). – Zu Breisach und Jechtingen vgl. hier Anm. 3.
27 Vgl. hier Anm. 3. Die Publikation der Grabungsergebnisse wird in München bei der Kommission für die Erforschung des spätrömischen Raetien an der Bayer. Akad. d. Wiss. vorbereitet (Hrsg. J. Werner).

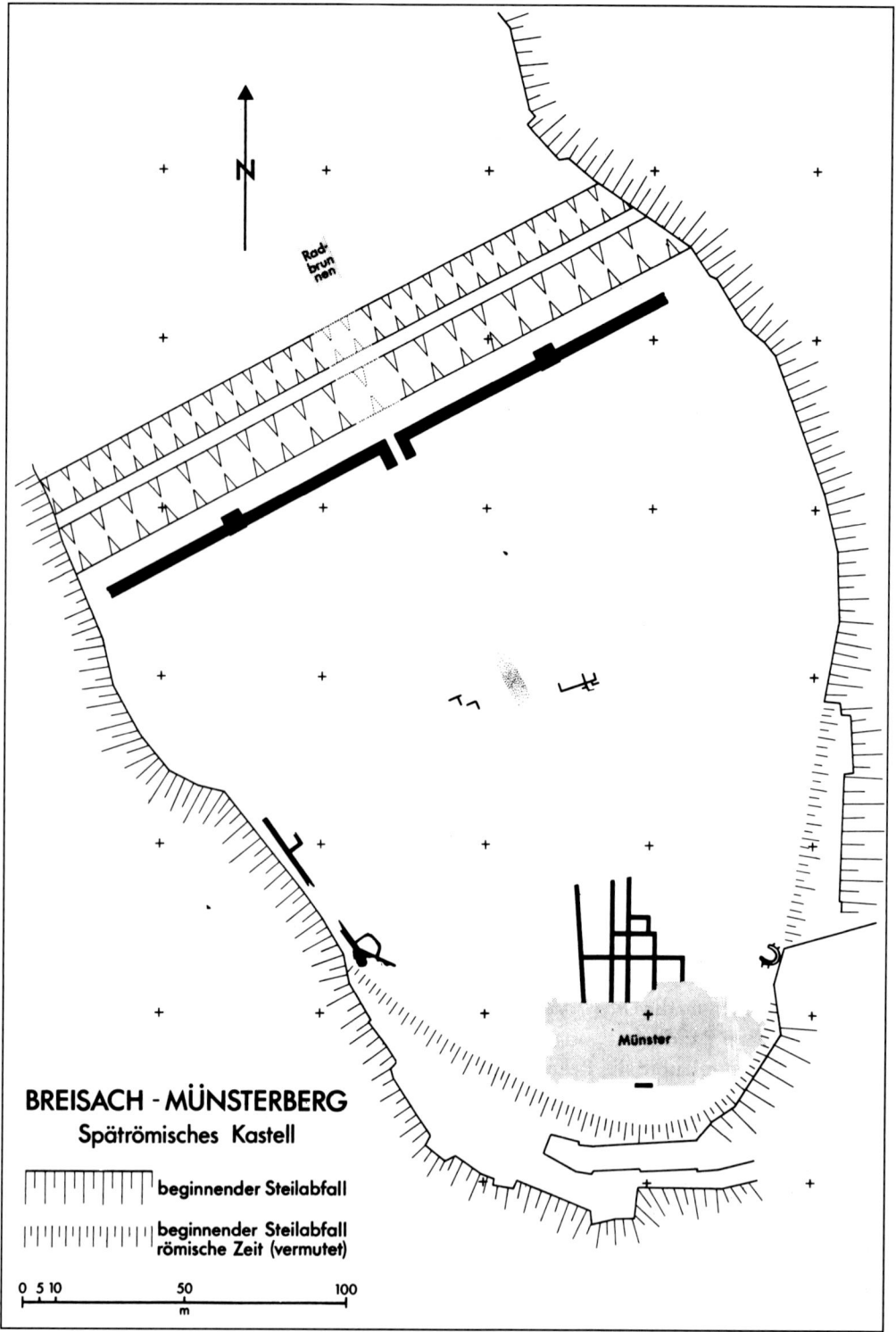

Abb. 6   »Münsterberg«. Spuren des spätrömischen Kastells (Mauern und Gräben). Nach H. Bender

Abb. 7
Breisach »Münsterberg«.
Ziegelstempel der Legio I
Martia. M. 3:5

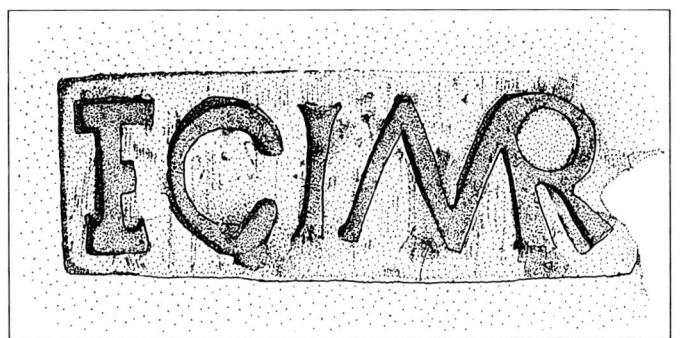

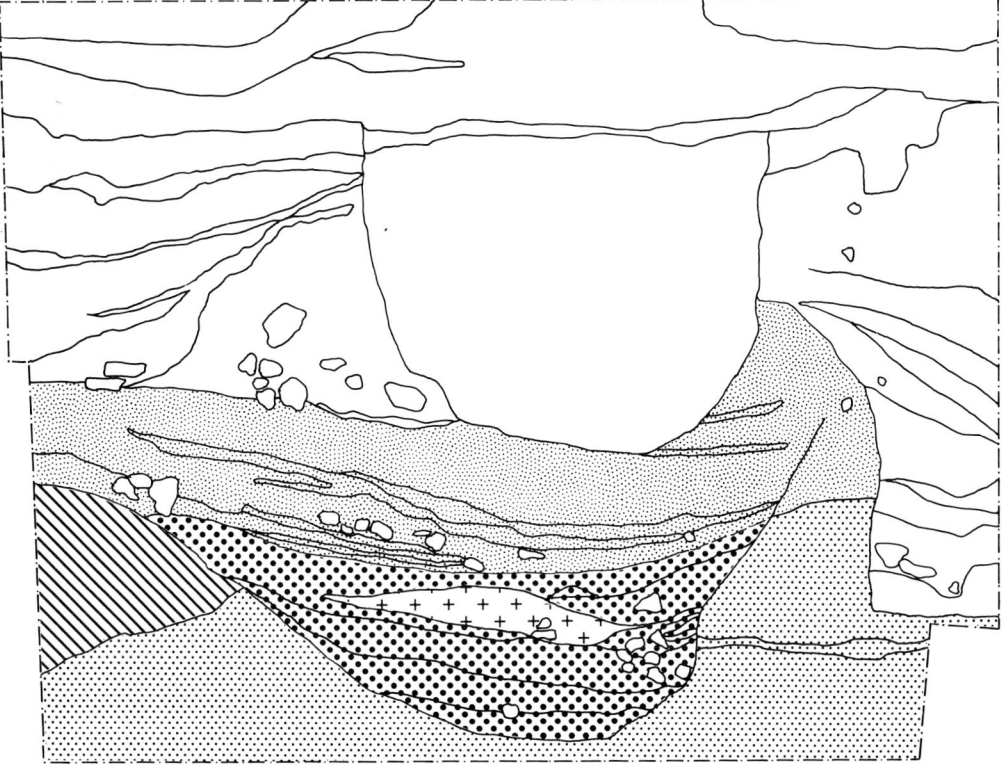

Abb. 8 Breisach »Münsterberg«. Schnitt durch einen vorkastellzeitlichen spätrömischen Graben

das offenbar einem größeren Truppenkontingent als Garnison diente (Abb. 7). Bei den
jüngsten Grabungen wurde dort aber auch ein Spitzgraben entdeckt (Abb. 8), der möglicherweise einen noch größeren Teil des Plateaus einschloß und nach verschiedenen
Anhaltspunkten in die zweite Hälfte des 3. Jahrhunderts gesetzt werden muß. Vielleicht
läßt sich nach Auswertung der Funde dieses Datum noch präziser fassen. Im Augenblick
erscheint dieser Graben jedenfalls als Hinweis auf eine vorkastellzeitliche Befestigung, die
wegen ihres leichten und provisorischen Charakters wie eine eilige Reaktion auf das
Erscheinen des alamannischen Gegners im Oberrheintal wirkt. Möglicherweise also ein
Refugium für die Zivilbevölkerung, vielleicht aber auch eine der ersten militärischen
Einrichtungen zur vorläufigen Stabilisierung der Grenze? In der gleichen Zeit sind

beispielsweise südlich des Hochrheins Anlagen wie das Wittnauer Horn[28] entstanden, denen wahrscheinlich für Jahrzehnte eine ähnliche Funktion zukam. Die unfertig gebliebene Befestigung auf dem Bergrain bei Kirchen, südlich von Müllheim[29], also auf dem östlichen Rheinufer, sei hier nur der Vollständigkeit halber vermerkt.

Bleibt damit die erste römische Reaktion für uns noch schwer erfaßbar und deutbar, ist durch die neueren Untersuchungen verschiedener spätantiker Plätze, nicht zuletzt auch auf Grund der Grabungen in Kaiseraugst[30], ein recht differenziertes Bild des 4. Jahrhunderts auf römischer Seite entstanden. Dazu gehört auch das vor wenigen Jahren entdeckte rechtsrheinische Kastell auf der Sponeck bei Jechtingen (Abb. 9), das vor allem wegen des dort gefundenen zugehörigen Friedhofs für unser Thema von besonderem Interesse ist[31].

Auf der Gegenseite zeigt die Fundstellenkartierung eine starke Verdichtung im Kaiserstuhlbereich (Abb. 3), wobei sich eine Konzentration vor den wichtigen Kastellen und Flußübergängen abzeichnet, die sicher nicht zufällig ist.

Sehen wir zunächst einmal ab von der Situation beim Brückenkopf Wyhlen/Kaiseraugst[32], auf die in späterem Zusammenhang noch einzugehen ist, beschränken sich die einschlägigen Funde auf den nördlichen Breisgau, das Vorfeld von Breisach im weiteren Sinn (Abb. 4). Berücksichtigt wurden bei der Kartierung und bei der folgenden Übersicht Fundstellen und Funde, die in die Zeit vom Fall des Limes bis zum Beginn der frühesten großen Reihengräberfelder gehören. Nach der vor allem von E. Keller modifizierten Chronologie K. Godłowskis[33] handelt es sich dabei um die Zeitstufen C2, C3 und D, wobei die terminologische Trennung von C2 und C3 als jüngere Kaiserzeit und D als Völkerwanderungszeit hier keine Rolle spielt. Der ganze Zeitraum wird vielmehr als Einheit aufgefaßt, auch wenn sich im beginnenden 5. Jahrhundert manches ändert und diese Änderungen auch ihren archäologischen Niederschlag finden. Für den hier in Frage stehenden Raum ist jedoch damit zu rechnen, daß die bis zur Mitte des 5. Jahrhunderts wenigstens in Teilbereichen aufrechterhaltene staatliche Existenz Westroms von Bedeutung blieb und bis zuletzt die Verhältnisse am südlichen Oberrhein geprägt oder doch beeinflußt hat. Eine historische Zäsur jedenfalls, soweit wir dies heute beurteilen können, liegt nicht beim Abzug von Limitantruppen zu Beginn des 5. Jahrhunderts (Stilicho), denn die Rheingrenze blieb weiterhin bestehen, auch wenn sie vielleicht durchlässiger wurde und die alamannische Ansiedlung im Elsaß nach 401 auf geringeren Widerstand stieß als zuvor. Der von R. Christlein im historischen Atlas Baden-Württembergs[34] dargestellte Zeitraum wird damit um einige Jahrzehnte erweitert, auch wenn wir auf diese Weise in den Überschneidungsbereich zur frühen Merowingerzeit geraten, die sich aber selbstverständlich nicht mit linearer Schärfe von den vorausgehenden Jahrzehnten trennen läßt. Der hier

28 G. BERSU, Das Wittnauer Horn (1945) bes. S. 86ff. – L. BERGER und W. BROGLI, Wittnauer Horn und Umgebung. Arch. Führer der Schweiz 12 (1980).
29 Vgl. hier Anm. 21.
30 Über neuere Grabungen und Funde aus Kaiseraugst informieren die seit 1980 erscheinenden ›Jahresberichte aus Augst und Kaiseraugst‹. – M. MARTIN, Bibliographie von Augst und Kaiseraugst, 1911-1970. In: Beiträge und Bibliographie zur Augster Forschung (1975) S. 289ff.
31 Arch. Nachr. aus Baden 24, 1980, S. 17 Abb. 13. – Ebd. 34, 1985, S. 37 Abb. 8-9. – Publikation durch R. Swoboda in Vorbereitung (Komm. München, wie Anm. 27). Inzwischen erschienen (1986).
32 Die Römer in Baden-Württemberg (2. Aufl. 1976) S. 566. – Lörrach und das rechtsrheinische Vorland von Basel. Führer zu vor- und frühgeschichtlichen Denkmälern 47 (1981) S. 259.
33 K. GODŁOWSKI, The chronology of the late roman and early migration periods in Central Europe. Prace 1 Materia Arch. 11, 1970. – E. KELLER, Zur Chronologie der jüngerkaiserzeitlichen Grabfunde (hier Anm. 22).
34 Vgl. hier Anm. 16.

Abb. 9 Jechtingen »Sponeck«. Spätantikes Turmfundament während der Ausgrabung. Im Hintergrund Reste der mittelalterlichen Burg

besprochene und kartierte Zeitraum umfaßt damit auch K. Böhners Stufe 1 [35] und ist absolut zwischen 260 und etwa 450 n. Chr. anzusetzen.

In Biengen, Oberdottingen, Mengen (Abb. 10), Munzingen, Bad Krozingen, auf dem Hochgestade gegenüber Breisach (Gewann ›Kinkelrain‹ Abb. 11), in Jechtingen, 2 km vom Kastell entfernt (Abb. 12), in Sasbach und in Hugstetten bei Freiburg wurden Siedlungsplätze dieser Frühzeit festgestellt (Abb. 13) [36]. Umfangreiche Flächengrabungen in Mengen brachten den Beweis, daß größere alamannische Dörfer wenige Kilometer von der Reichsgrenze entfernt angelegt worden sind [37].

Trotz ungünstiger Erhaltungsbedingungen und eingeschränkter Beobachtungsmöglichkeiten waren in Mengen auch einige Erkenntnisse über Art und Charakter der Siedlung zu gewinnen (Abb. 14). Als große ebenerdige Pfostenbauten waren die Wohnhäuser angelegt, zahlreiche kleine, zu einem Drittel in Erdreich eingetiefte ›Grubenhäuser‹ dienten verschiedenen, meist hauswirtschaftlichen oder gewerblichen Zwecken. Neben der Landwirtschaft gab es offenbar in bescheidenem Umfang Eisenverhüttung und Weiterverarbeitung des Rohmaterials. Möglicherweise wurden auch schlichte handgemachte Tongefäße am Ort hergestellt. Im Fundmaterial, zu dem römische Münzen und Sigillata-Gefäße gehören (Abb. 15), zeigen sich die schon erwähnten Beziehungen ins Reichsgebiet [38]. Von dort kamen auch Anregungen, die einheimische Handwerker, vor allem Töpfer, Bronzegießer, Kamm- oder Perlenmacher, in eigene Produkte umsetzten. Schließlich ergab sich in Mengen auch eine für die weitere Siedlungsgeschichte wichtige Feststellung. Irgendwann im 5. Jahrhundert wurde die Siedlung von ihren Bewohnern verlassen, sie fand keine Fortsetzung in der Merowingerzeit. Zwar liegt ein kleines Dorf des 7. Jahrhunderts fast an der gleichen Stelle (Abb. 14), doch ist dies bei einem zeitlichen Abstand von mehreren Generationen nur eine scheinbare Kontinuität. Vermutlich sind die Bewohner des völkerwanderungszeitlichen Dorfes nach Westen, über den Rhein abgewandert und haben für nachfolgende Gruppen Platz gemacht. Ähnliches muß sich am südlichen Oberrhein in vielen Fällen abgespielt haben. Das nach dem Abzug der Grenztruppen leichter zugängliche römische Gebiet bot anscheinend für die Neusiedler besonders vorteilhafte Bedingungen und Möglichkeiten zur Verbesserung ihrer Lebensverhältnisse. Nur in dem verkehrsgeographisch günstig gelegenen Sasbach, wo es auf engem Raum mehrere frühmittelalterliche Siedlungsplätze gibt, hat sich offenbar die Entwicklung ohne Bruch in die Merowingerzeit fortgesetzt [39].

In keinem Fall läßt sich bei den Siedlungen heute schon eine gesicherte Aussage zum Zeitpunkt der Gründung machen. Das liegt in den meisten Fällen zunächst einmal daran, daß bisher nur kleine Ausschnitte, manchmal nur einzelne Gruben bekannt geworden sind.

35 K. Böhner, Die fränkischen Altertümer des Trierer Landes. German. Denkm. d. Völkerwanderungszeit Ser. B. Bd. 1 (1958) S. 15 ff.

36 G. Fingerlin, Brisigavi im Vorfeld von Breisach. Archäologische Spuren der Völkerwanderungszeit zwischen Rhein und Schwarzwald. Arch. Nachr. aus Baden 34, 1985, S. 30 ff., Karte Abb. 3. Neu hinzugekommen und kartiert sind Buchheim (Kr. Breisgau-Hochschw.) und Forchheim (Kr. Emmendingen).

37 Auch in Jechtingen (Gewann ›Lachenmüngle‹) könnte es sich nach der Topographie des Fundplatzes um eine größere Siedlung handeln, die dann fast unmittelbar, nur durch eine Anhöhe getrennt, im Vorfeld des spätantiken Grenzkastells gelegen hätte.

38 Funde im Magazin des LDA Freiburg.

39 Arch. Nachr. aus Baden 24, 1980, S. 28.

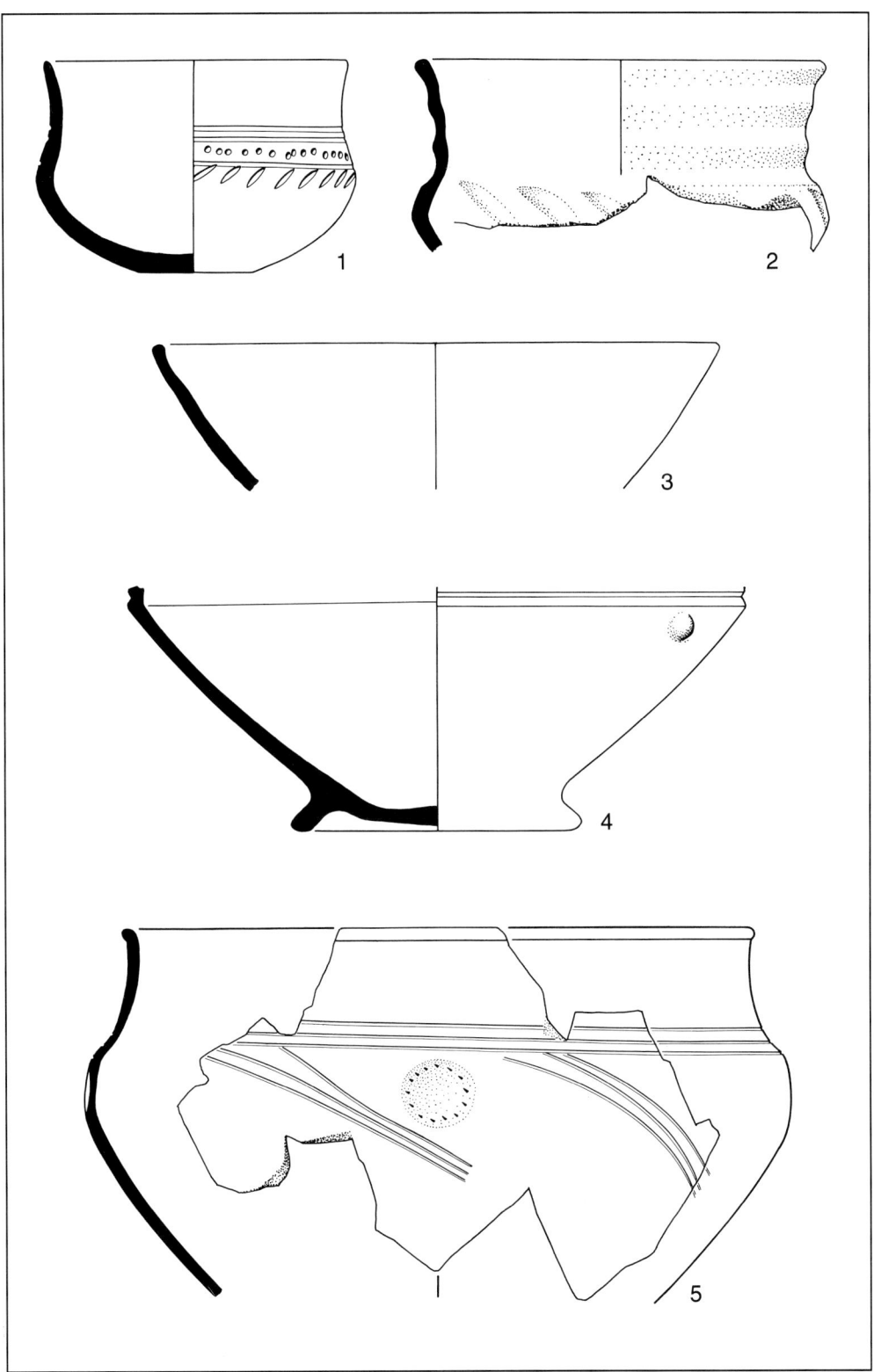

Abb. 10 Mengen »Löchleacker«. Keramik aus der völkerwanderungszeitlichen Siedlung. M. 2:3

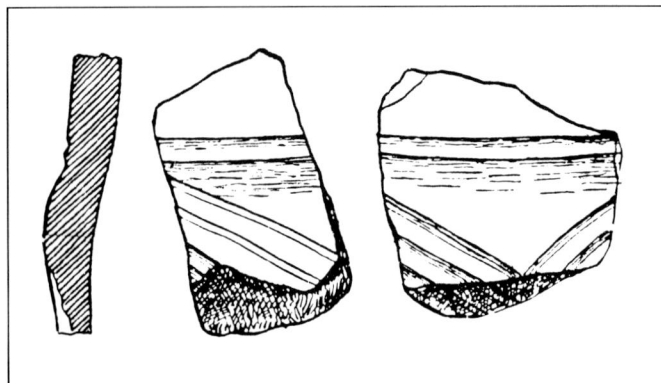

Abb. 11 Breisach »Kinkelrain«.
Keramik aus der völkerwanderungszeitlichen Siedlung. M. 1:1

Abb. 12 Jechtingen »Lachenmüngle«. Kannelierte Schale
aus der völkerwanderungs-
zeitlichen Siedlung. M. 1:2

Abb. 13 Hugstetten »Obere Rie-
del«. Bruchstück einer rädchen-
verzierten spätrömischen Sigillata-
schüssel. Siedlungsfund (?),
eventuell aus zerstörtem Grab.
M. 2:3

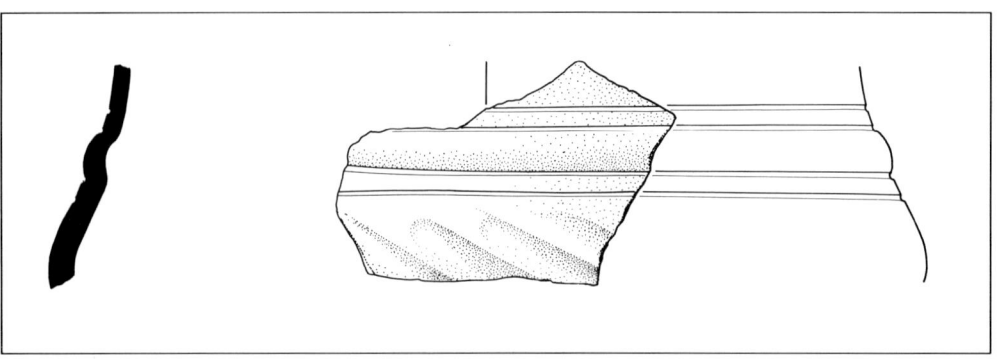

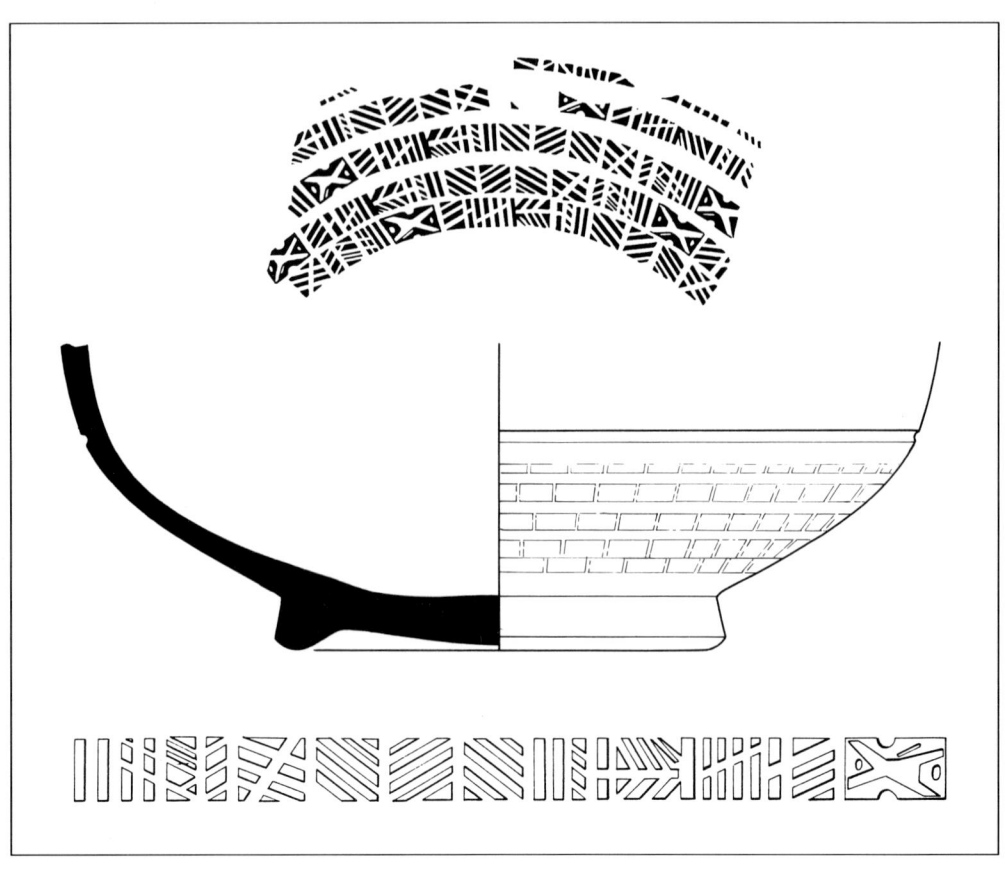

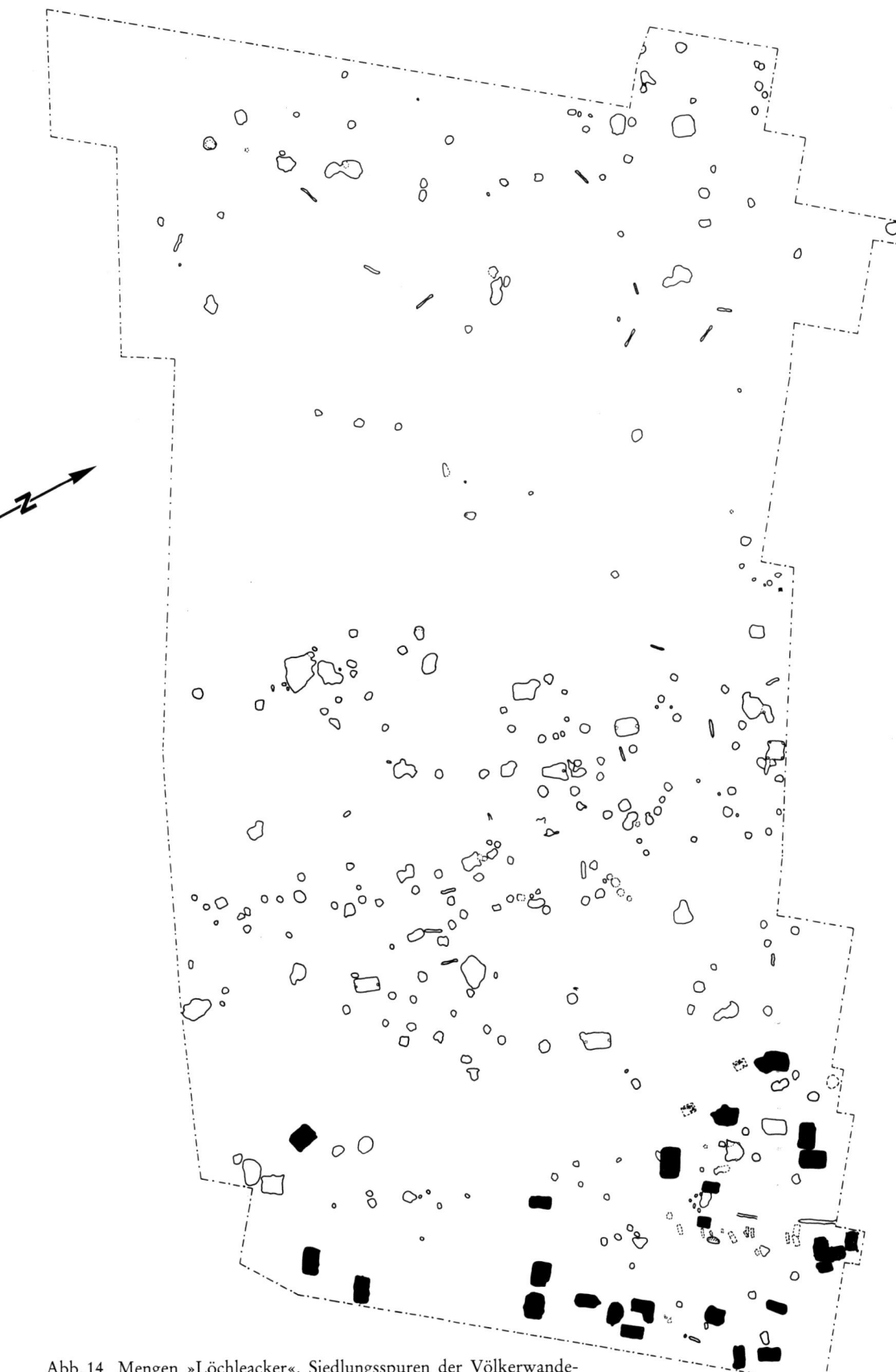

Abb. 14 Mengen »Löchleacker«. Siedlungsspuren der Völkerwanderungszeit
(darunter auch latènezeitliche Gruben),
schwarz ausgefüllte Grubenhäuser: jüngste Merowingerzeit und später

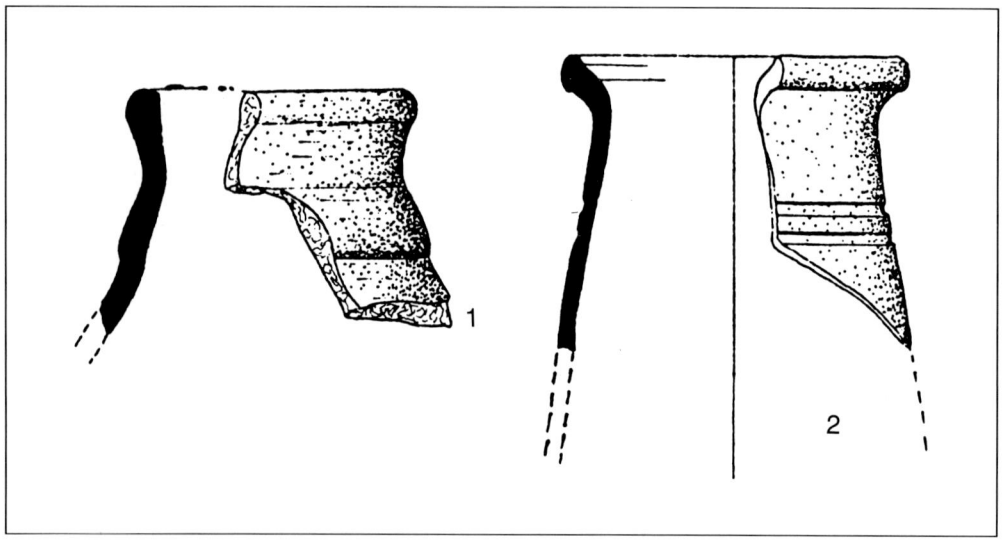

Abb. 15 Mengen »Löchleacker«.
Spätrömische Importkeramik. M. 1:1

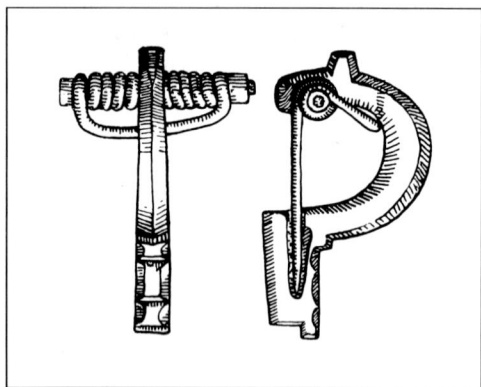

Abb. 16 Breisach »Kinkelrain«.
Bronzene Armbrustfibel
der Völkerwanderungszeit. M. 1:1

Bei der großflächig untersuchten Siedlung von Mengen läßt sich vor einer Auswertung der umfangreichen Keramikbestände nichts Verbindliches sagen. Chronologisch aussagefähige römische Funde sind nicht allzu zahlreich und gehören jedenfalls durchweg dem 4. Jahrhundert an. Metallgegenstände, vor allem Fibeln und Gürtelteile, auf die sich unsere Zeitvorstellungen ganz wesentlich stützen, sind in Siedlungsmaterialien des Breisgaus nur spärlich vertreten (Abb. 16)[40]. Auch sie weisen immer wieder ins 4. Jahrhundert. Ferner bleibt vorerst unsicher, wieweit die vor allem an Grabfunden erarbeiteten chronologischen Vorstellungen auch auf Siedlungen übertragbar sind und ob sie sich überhaupt für die Gliederung großer Keramikbestände eignen. Trotz der Arbeiten von H. Roth, R. Koch und anderen[41] steckt die Kenntnis der spätkaiserzeitlich/völkerwanderungszeitlichen Keramik immer noch in den Anfängen, was sich beispielsweise sehr gut an der kontrover-

40 Z.B. die hier abgebildete Armbrustfibel aus Breisach-Hochstetten, Gewann ›Kinkelrain‹. Bad. Fundber. 3 (1933-36) S. 389 Abb. 169.
41 H. ROTH, Skelettgräber des 4. Jahrhunderts n./Chr. aus Ilbenstadt (Wetterau). Saalburg-Jahrb. 11, 1952, S. 5 ff. – K. MILDENBERGER, Terra Nigra aus Nordhessen. Fundber. Hessen 12, 1972, S. 104 ff. – R. KOCH, Terra-Nigra-Keramik und angebliche Nigra-Ware aus dem Neckargebiet. Fundber. Baden-Württemberg 6, 1981, S. 579 ff.

Abb. 17 Gundelfingen »Zähringer Burgberg« von NW

sen Diskussion über die nigra-ähnliche Ware Südwestdeutschlands ablesen läßt, die heute noch nach Herkunft und Zeitstellung sehr unterschiedlich beurteilt wird[42].

Leider steht für diese Frage auch von der neuentdeckten Höhensiedlung auf dem Zähringer Burgberg (Abb. 17) noch nicht genügend Material zur Verfügung[43]. Unter den bisher bekannt gewordenen Metallfunden überwiegen allerdings relativ junge Formen aus der zweiten Hälfte des 4. und aus dem Beginn des 5. Jahrhunderts (Abb. 18). Aber auch die mittlere Kaiserzeit scheint vertreten, ohne daß eine genauere Fixierung möglich wäre. Fraglos liegt in dieser Anlage, deren Erforschung erst am Anfang steht, ein wichtiger Schlüssel für die frühalamannische Geschichte dieses Raumes, nicht nur, weil es zum ersten Mal gelungen ist, einen strategisch wichtigen Platz dieser Art in unmittelbarer ›Reichweite‹ eines größeren Kastells an der spätantiken Reichsgrenze zu lokalisieren (Abb. 4) [44].

Im Vergleich mit den folgenden Jahrhunderten (Reihengräberzeit) ist auch heute noch die Zahl völkerwanderungszeitlicher Bestattungen verschwindend gering. Brandgräber, die in den Herkunftsgebieten der Alamannen die Regel sind, fehlen in dem hier behandelten Raum völlig, obwohl wir annehmen müssen, daß die große Mehrzahl der alamannischen

42 Sehr vorsichtig in dieser Frage R. KOCH (wie Anm. 41) S. 598 mit der Feststellung: »...umfangreichen Keramikimport wird man auf alle Fälle in Rechnung stellen müssen, wenn man in Zukunft versucht, den eigenen Anteil an der Produktion von Drehscheibenkeramik in den germanischen Gebieten östlich des Rheins zu ermitteln«.
43 G. FINGERLIN, Der Zähringer Burgberg, eine neuentdeckte Höhensiedlung der Völkerwanderungszeit, Gemeinde Gundelfingen, Kreis Breisgau-Hochschwarzwald. Arch. Ausgrabungen Baden-Württemberg 1983, S. 181 ff. - Arch. Nachr. aus Baden 34, 1985, S. 41 ff. Abb. 14-17.
44 Vgl. Karte bei J. WERNER (wie Anm. 22). Ein Fibelfund weist auf eine weitere Höhensiedlung auf dem »Kegelriß« bei Ehrenstetten (Kr. Breisgau-Hochschw.). Vgl. hier Karte Abb. 4 (südlich von Freiburg). Spätantike Münzen und Kleinfunde sind neuerdings auch vom Hohenkrähen auf Gemarkung Duchtlingen im Hegau bekannt. Bisher nur Münzen publiziert: J. AUFDERMAUER, Römische Münzen vom Hohenkrähen, Kreis Konstanz. Arch. Ausgrabungen Baden-Württemberg 1984, S. 157.

GERHARD FINGERLIN

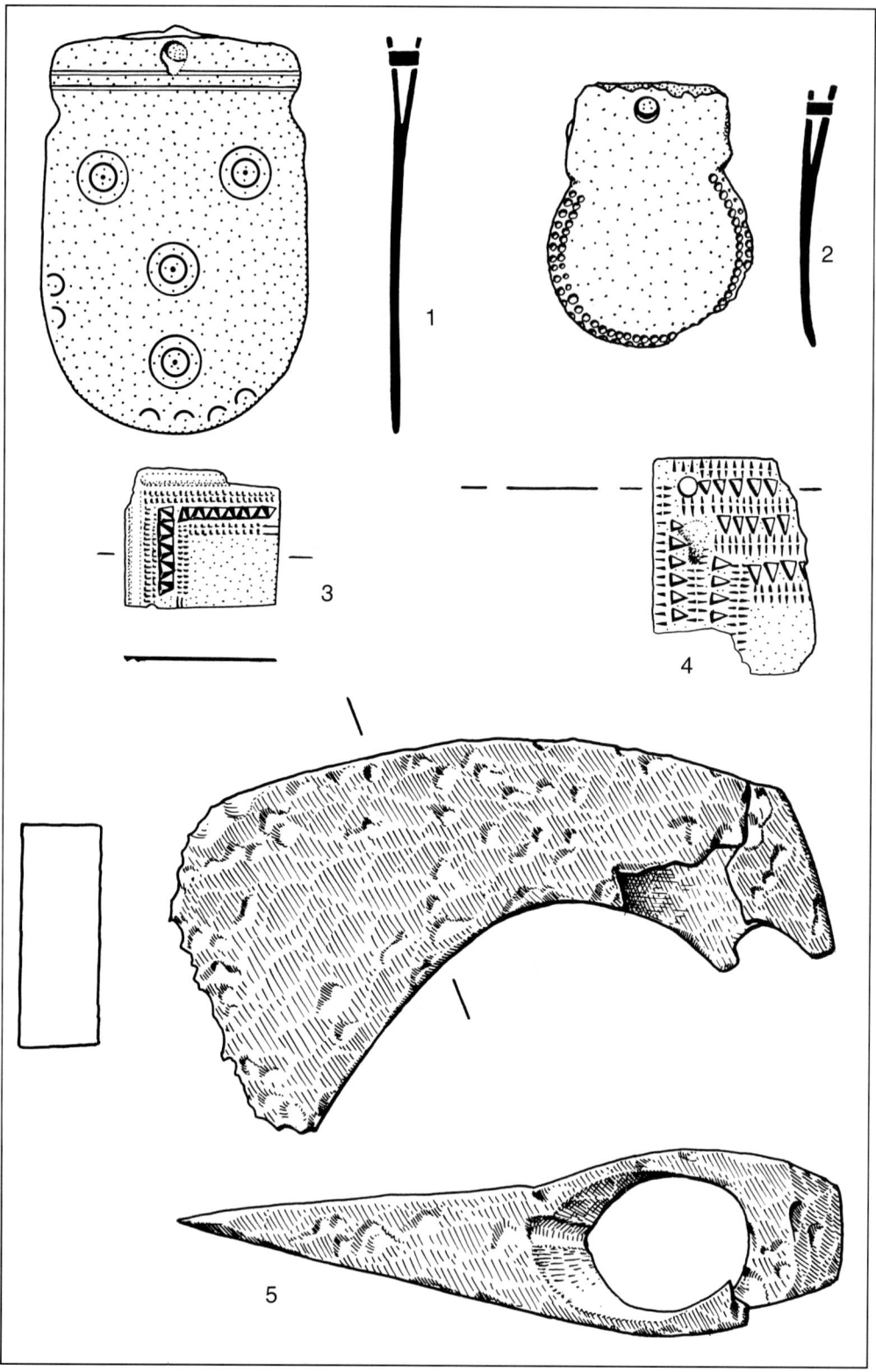

Abb. 18 Gundelfingen »Zähringer Burgberg«. Bronze- und Eisenfunde der Völkerwanderungszeit. M. 1:1

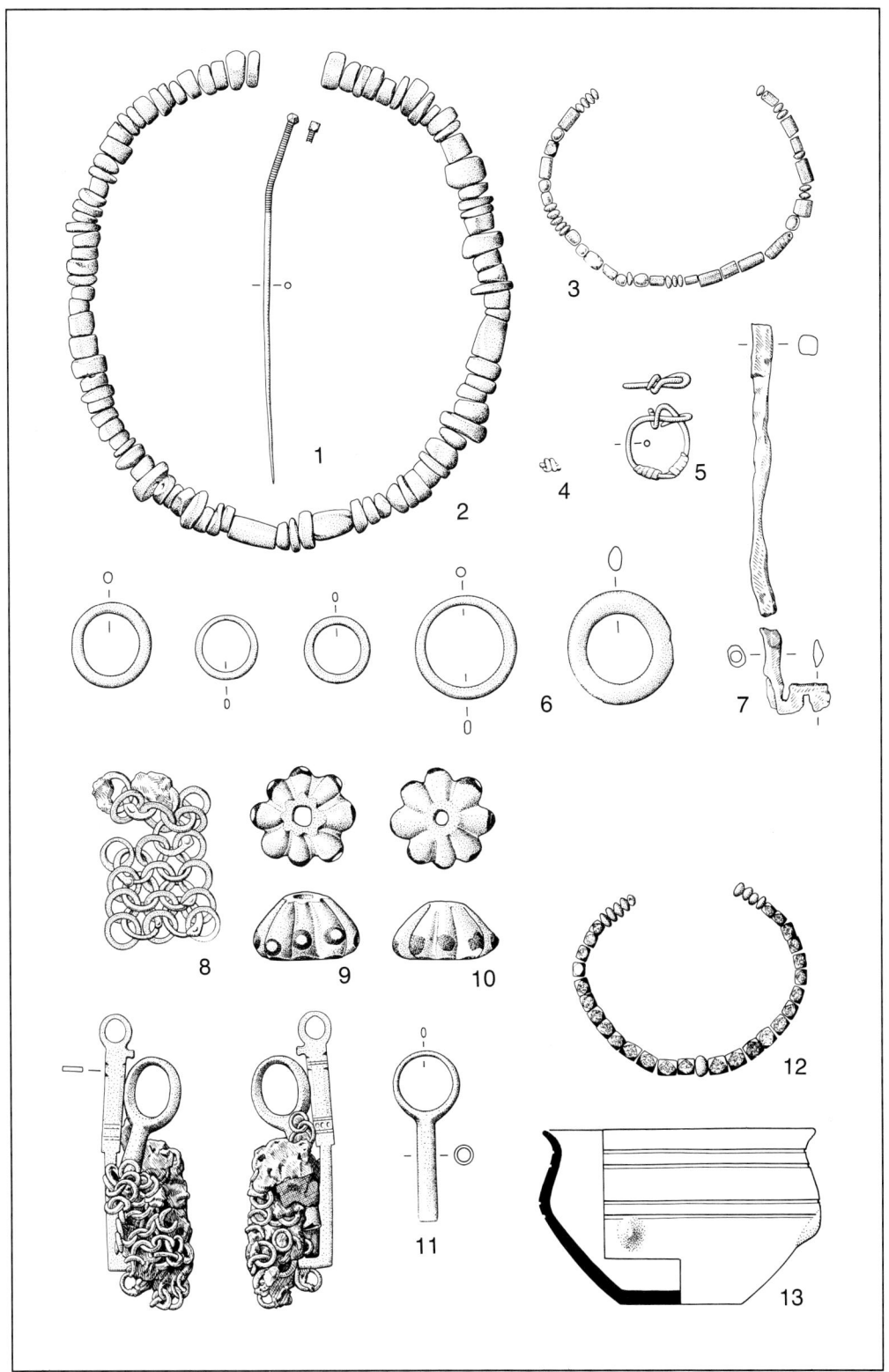

Abb. 19 Mengen »Löchleacker«. Grabfunde der Völkerwanderungszeit. 1–11 Grab 1 (vgl. auch Abb. 20), 12–13 Grab 2. M. 2:3

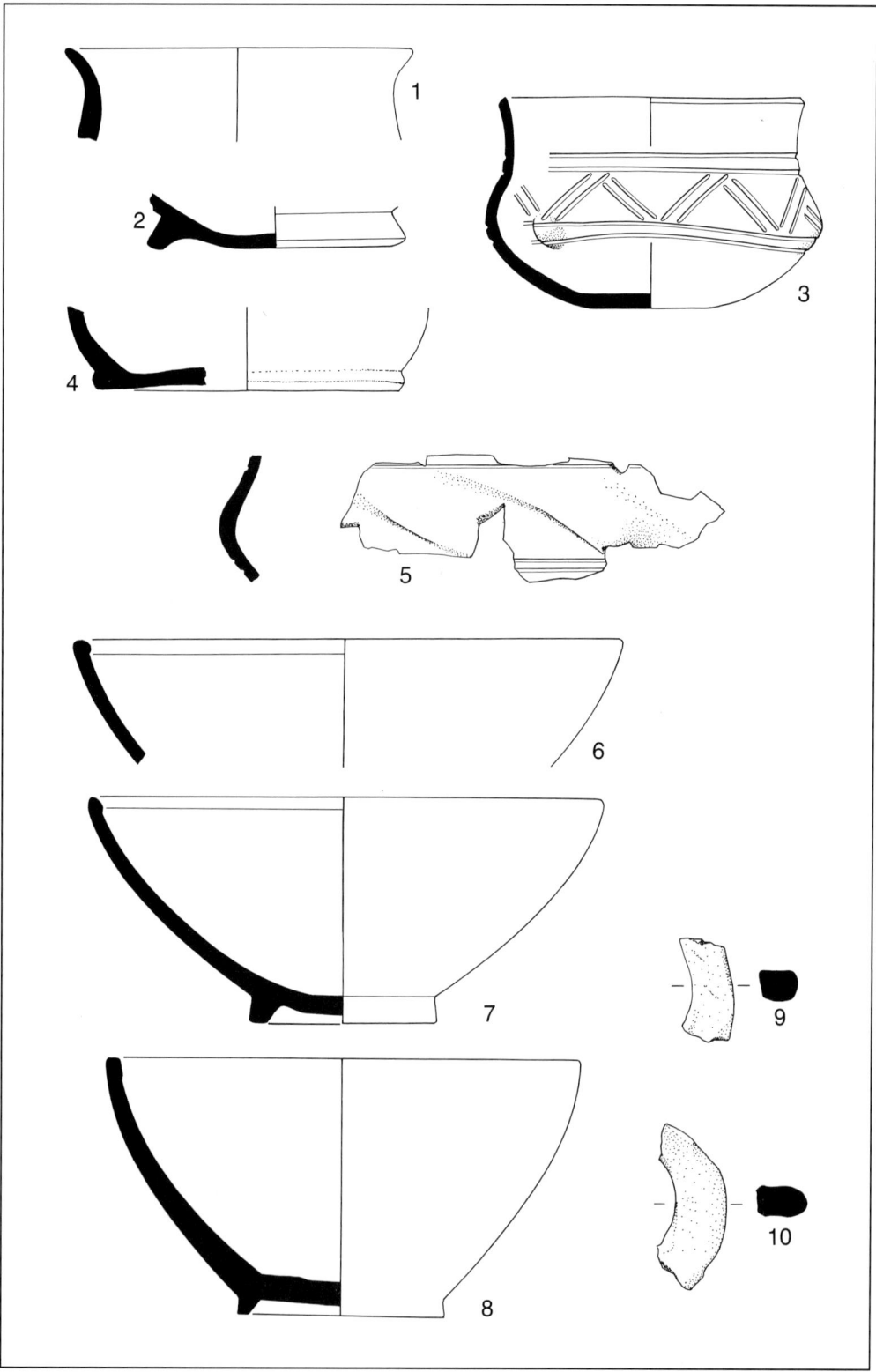

Abb. 20   Mengen »Löchleacker«. Keramik aus Grab 1 (vgl. Abb. 19). M. 2:3

Abb. 21 Sasbach
»Hirschländer«.
Keramik aus Grab 6
(Völkerwande-
rungszeit).
Dm 9,5 cm

Abb. 22 Breisach
»Hochstetter Feld«.
Schalenurne
aus einem völker-
wanderungszeitlichen
Grab. M. 2:3

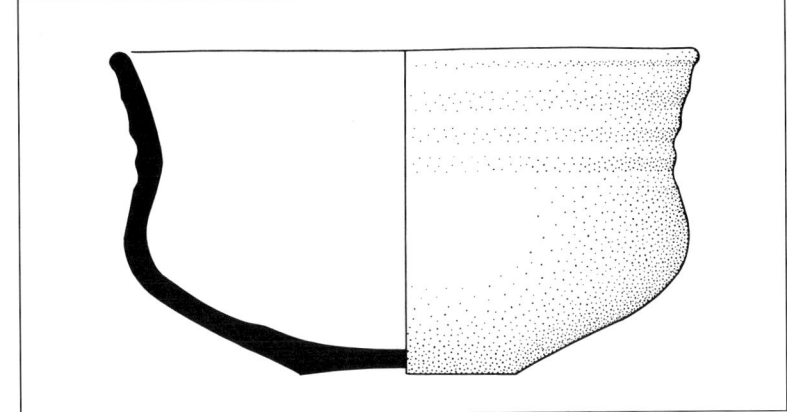

Bewohner des Breisgaus in dieser Weise bestattet wurde. Offenbar bleibt die Sitte, die Verstorbenen unverbrannt beizusetzen, auf eine gehobene Schicht beschränkt[45], und wir erfassen deshalb in den wenigen Fundplätzen zwischen Rhein und Schwarzwald jeweils nur die Angehörigen führender Familien einer Ortschaft. Besonders deutlich wird dies in Mengen (Abb. 14), wo zu einem großen, lange Zeit benützten Siedlungsareal nur zwei Frauengräber mit Schmuck und Keramik gehören (Abb. 19–20), wobei der am Dorfrand gelegene Bestattungsplatz mit Sicherheit keine weiteren Gräber aufgenommen hat[46]. Auch in Sasbach ist bisher zu einer völkerwanderungszeitlichen Siedlung nur ein einziges Körpergrab (Abb. 21) bekannt geworden[47]. Dementsprechend könnte es sich auch in anderen Fällen, wo keine großflächigen archäologischen Untersuchungen möglich waren,

45 Ähnlich beispielsweise in Mainfranken. Chr. PESCHEK (wie Anm. 22) S. 109.
46 Die Siedlung wurde allerdings nicht vollständig untersucht. Nach Westen und teilweise auch nach Norden und Süden setzt sich das bewohnte Areal fort. Auch dort könnten in den Randbereichen Bestattungen angelegt worden sein.
47 R. ROEREN (wie Anm. 7) Katalog Nr. 53.

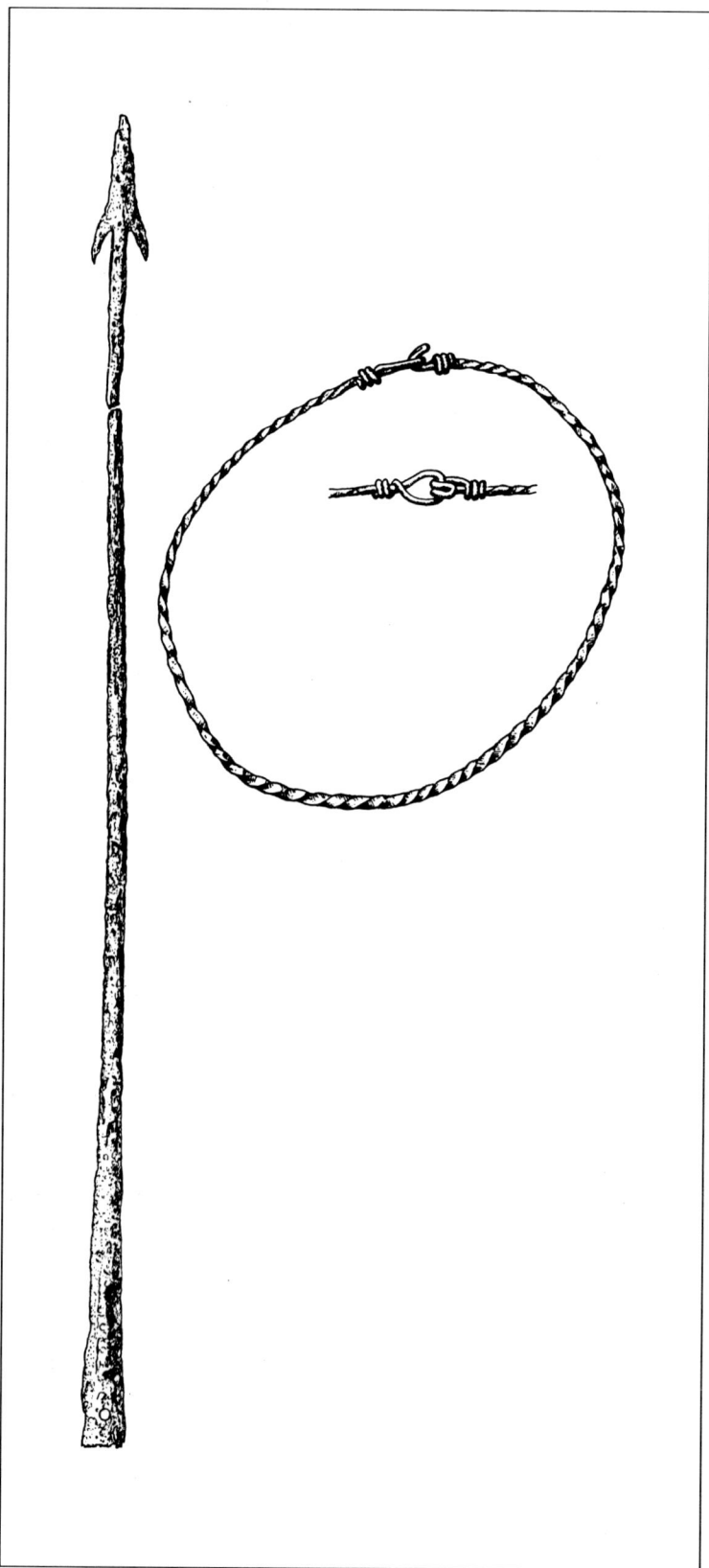

Abb. 23
Ihringen »Winklerfeld«.
Beigaben aus
einem Männergrab der
Völkerwanderungszeit.
M. 1:3

FRÜHE ALAMANNEN IM BREISGAU

um Einzelgräber handeln, so auf dem Hochstetter Feld gegenüber Breisach (Abb. 22)[48] oder in Ihringen (Abb. 23)[49], wo in Sichtweite des spätrömischen Kastells ein alamannischer Krieger mit tordiertem Halsreif und langer Lanze bestattet worden ist. Keines dieser Gräber ist der eigentlichen Landnahmezeit zuzuweisen. Soweit zu beurteilen gehören sie den Stufen C3 und D an. Vor einer voreiligen siedlungsgeschichtlichen Aussage muß aber nachdrücklich gewarnt werden. Auch in anderen Gebieten des Dekumatlandes sind die Grabfunde spärlich, die sich noch vor 300 n. Chr. datieren lassen, aber eben doch vorhanden[50]. Hier kann also jeder Tag eine Neuentdeckung bringen, die das bisherige Manko ausgleicht.

Einen Sonderfall stellt das Gräberfeld von Jechtingen ›Sponeck‹ dar (Abb. 24), das als Friedhof des spätrömischen Grenzkastells anzusehen ist[51], auch wenn sich die dort gefundenen Gräber auf den ersten Blick kaum von denen der Breisgau-Alamannen unterscheiden[52]. Dies kann allerdings damit zusammenhängen, daß, wie schon erwähnt, germanische Hilfskontingente auch im Kastell Dienst taten (Abb. 25), und daß die ebenfalls hier bestatteten Frauen der Kastellsoldaten offenbar keine Römerinnen waren und wohl aus den umliegenden alamannischen Dörfern stammten. Leider lassen sich diese Fragen kaum noch schlüssig beantworten, da dieser kleine Bestattungsplatz bis in jüngste Zeit immer wieder gestört worden ist und in manchen Gräbern nur noch Reste der ehemaligen Beigaben erhalten geblieben sind. Auch konnte er bisher nicht vollständig untersucht werden.

In jedem Fall haben wir im Zusammenhang mit dem Sponeck-Kastell, das mit größter Wahrscheinlichkeit in valentinianischer Zeit entstanden ist, einen chronologischen Anhaltspunkt, einen terminus post quem für diese Gräber. Leider sind angebliche Waffenfunde der Vorkriegszeit nicht erhalten geblieben. Was an Schmuck (Abb. 25–26), Gürtelzubehör (Abb. 25) und Gläsern aus den durchweg bescheidenen Inventaren vorliegt, erlaubt aber immerhin einige Querverbindungen zum Fundmaterial alamannischer Bestattungen. So finden sich z. B. gleichartige Perlenketten mit silbernen Verschlußteilen (Abb. 26) wenige Kilometer nördlich von Jechtingen in einem Bestattungsplatz bei Wyhl (Abb. 27)[53], der mit etwa 25 Gräbern als relativ groß bezeichnet werden muß (Abb. 28). Er stellt also nach unserer bisherigen Kenntnis eine Ausnahme dar und eine Ausnahmestellung müssen wir auch der Gruppe von Alamannen zubilligen, die sich hier gegen Ende des 4. oder zu Beginn des 5. Jahrhunderts mehrere Jahrzehnte am Rheinufer, an einer alten Übergangsstelle niedergelassen hat, also unmittelbar an der spätrömischen Reichsgrenze (Abb. 4). Ganz eindeutig läßt sich aus den Beigaben der besondere Rang dieser Gruppe ablesen. Ziemlich singulär sind silberne, teilweise vergoldete und mit niellierten Gitter- oder Netzmustern verzierte Fibeln (Abb. 29), die sich nach Details in Form und Dekor aber doch mit einer Fibelgruppe verbinden lassen, die in der ersten Hälfte des 5. Jahrhunderts im alamannischen Gebiet sporadisch vorkommt und sich durch große Individualität

48 R. ROEREN (wie Anm. 7) Katalog Nr. 89.

49 R. ROEREN (wie Anm. 7) Katalog Nr. 28.

50 Mit der Chronologie E. KELLERS (wie Anm. 22) setzt sich kritisch Helga SCHACH-DÖRGES (wie Anm. 16) S. 654f auseinander (Gräber der Zeitstufe Leuna-Haßleben in Südwestdeutschland zusammengestellt in Anm. 193).

51 Vgl. hier Anm. 31.

52 Dies gilt vor allem für die Beigabe von Schmuck-Ketten aus wellenbandverzierten schwarzen und dunkelblauen Perlen und S-förmigen silbernen Schließhaken, aber auch für Gürtelzubehör oder die Beigabe von Gläsern.

53 G. FINGERLIN, Frühalamannische Grabfunde aus Wyhl am Kaiserstuhl, Kreis Emmendingen. Arch. Ausgrabungen Baden-Württemberg 1982, S 159ff.

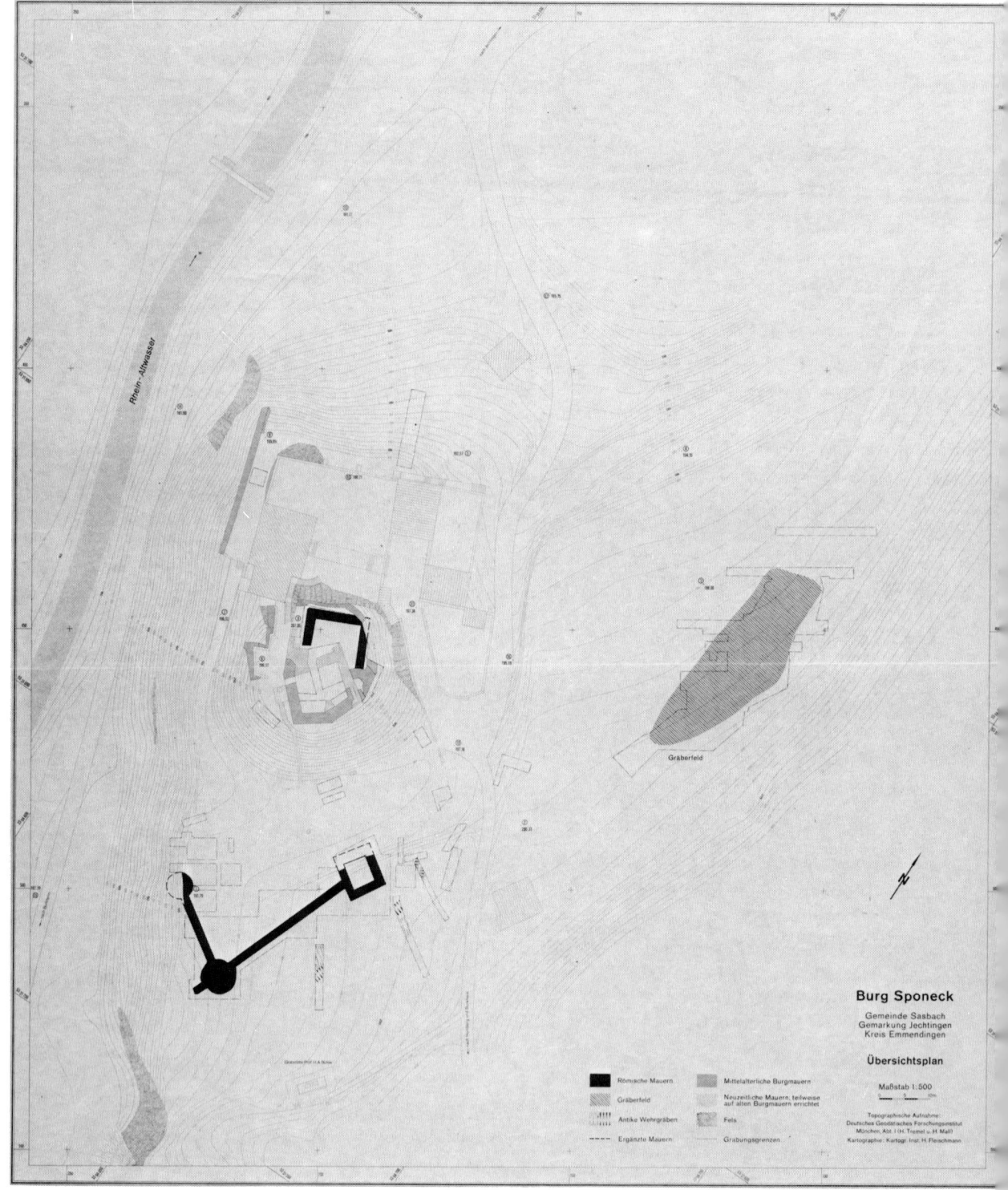

Abb. 24   Jechtingen »Sponeck«. Plan des spätrömischen Kastells mit zugehörigem Bestattungsplatz

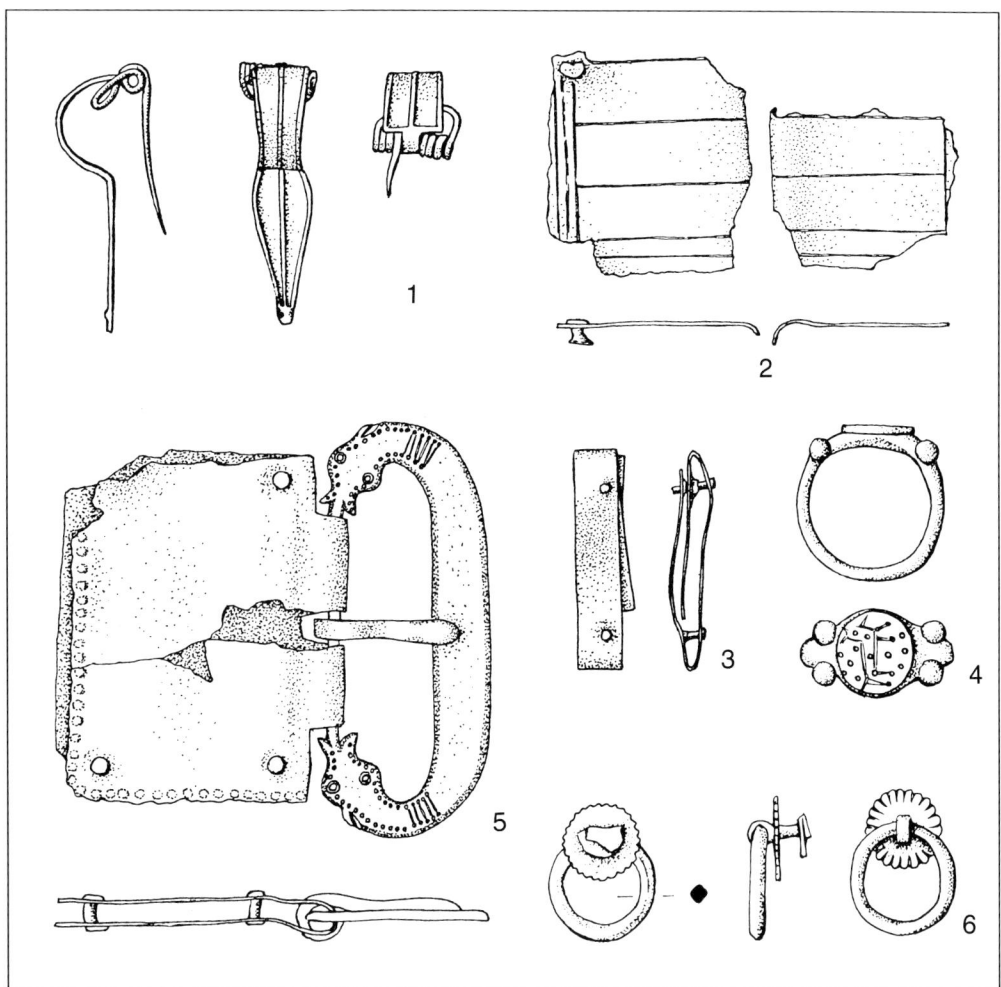

Abb. 25 Jechtingen »Sponeck«. Funde aus dem spätantiken Gräberfeld. M. 4:5

in der Formgebung auszeichnet. Alle diese Fibeln vom sogenannten Typ Wiesbaden[54] bestehen aus Silber, sind teilweise feuervergoldet und weisen niellierte Gittermuster auf. Eine formkundliche Analyse der Wyhler Stücke, die auch Details anderer Fibelgruppen und nicht zuletzt qualitätvoller spätantiker Silberarbeiten einbeziehen müßte, steht allerdings noch aus.

Zur weiblichen Tracht in Wyhl zählt außerdem eine Silberfibel mit halbrunder Kopfplatte (Abb. 29), die eindeutig in spätantiker Tradition steht und ein silberner Halsreifen (Abb. 30), der mit entsprechendem Schmuck aus reichen alamannischen Frauengräbern des späteren 5. Jahrhunderts vergleichbar ist und ein spezifisch ›germanisches‹ Element darstellt. Aus spätrömischen Werkstätten bzw. ihren Nachfolgebetrieben bezog man rotgestrichene, der Sigillata entsprechende Keramik und feine Trinkgläser (Abb. 31-32). In einem relativ späten Männergrab fand sich ein Schwert vom sogenannten Typ Samson

---

54 J. WERNER, Zu einer elbgermanischen Fibel des 5. Jahrhunderts aus Gaukönigshofen, Ldkr. Würzburg. Ein Beitrag zu den Fibeln vom ›Typ Wiesbaden‹ und zur germanischen Punzornamentik. Bayer. Vorgeschbl. 46, 1981, S. 225 ff. – M. SCHULZE, Die spätkaiserzeitlichen Armbrustfibeln mit festem Nadelhalter (Gruppe Almgren VI 2). Antiquitas Reihe 3, 19 (1977).

Abb. 26 Jechtingen »Sponeck«.
Kettenschließhaken und Perlen aus dem
spätantiken Gräberfeld. Vergrößert

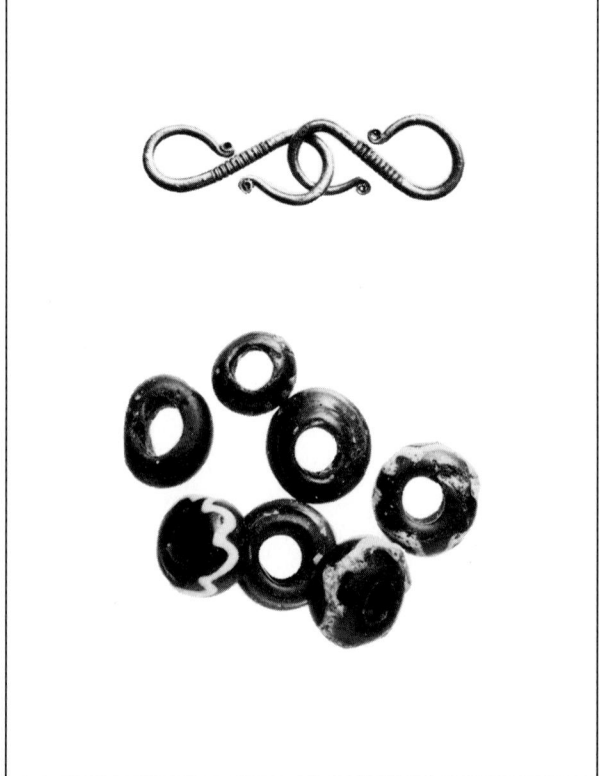

Abb. 27 Wyhl »Am Leiselheimer
Kreuz«. Kettenschließhaken
und Perlen aus dem
völkerwanderungszeitlichen
(frühalamannischen) Gräberfeld.
M. 1:1

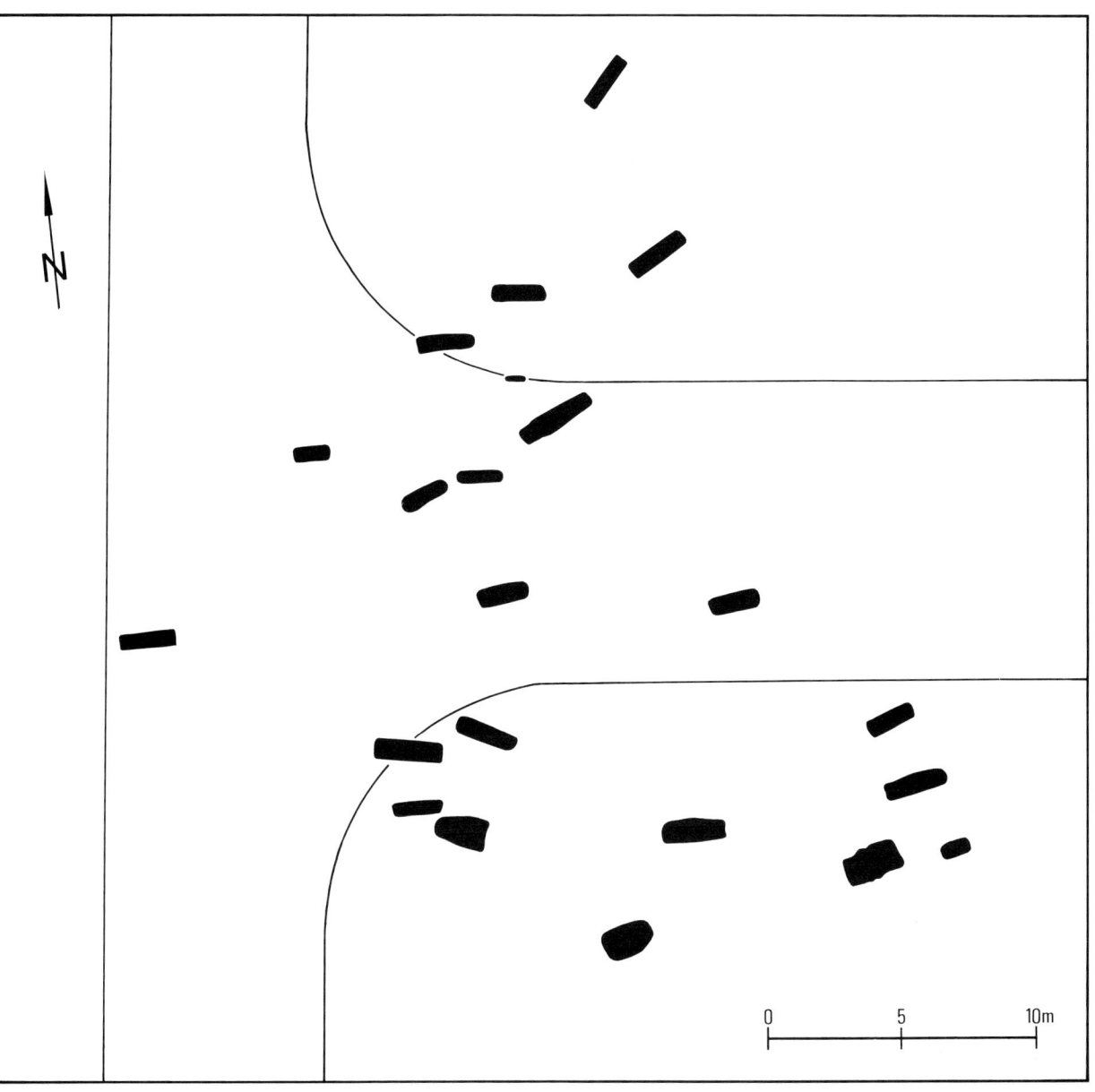

Abb. 28 Wyhl »Am Leiselheimer Kreuz«. Plan des völkerwanderungszeitlichen (frühalamannischen) Gräberfeldes

Abb. 29 Wyhl »Am Leiselheimer Kreuz«. Silberfibeln aus völkerwanderungszeitlichen Frauengräbern. Wenig vergrößert

(Abb. 33)[55], der nach Feststellung J. Werners aus einer in spätantiker Tradition arbeitenden Werkstatt des Namurois stammt. Ein vergleichbares Schwert aus der frühmittelalterlichen Nekropole von Hemmingen[56] und ein Bruchstück von Schleitheim[57], ebenfalls aus dem Gräberfeldbereich, zeigen, daß dieser Typ, der sehr weiträumig verbreitet ist, auch bei Männern der alamannischen Oberschicht Anklang fand.

Fraglos ist mit diesem Grab die Mitte des 5. Jahrhunderts überschritten, doch steht der hier bestattete Mann eben nicht am Anfang einer frühmerowingischen Gruppe, sondern am Ende einer Siedlung, die keine Fortsetzung in jüngeren Generationen fand und Jahrzehnte früher unter ganz anderen Aspekten angelegt worden war.

Bei dieser besonderen Situation, der Ansiedlung einer vornehmen Sippe (Optimaten-Familie) der Breisgau-Alamannen unmittelbar an einer wichtigen Übergangsstelle ins spätantike Reichsgebiet stellt sich sofort die Frage nach dem Verhältnis zu Rom. Zumin-

55 J. WERNER, Zu fränkischen Schwertern des 5. Jahrhunderts (Oberlörick-Samson-Abingdon). Germania 31, 1953, S. 38 ff. – DERS., Fränkische Schwerter des 5. Jahrhunderts aus Samson und Petersfinger. Germania 34, 1956, S. 156 ff.

56 H. F. MÜLLER, Das alamannische Gräberfeld von Hemmingen (Kreis Ludwigsburg). Forsch. u. Ber. zur Vor- und Frühgesch. in Baden-Württemberg 7 (1976) S. 95 f. Taf. 7, A 1 und Tafel 15.1-3.

57 Nach H. F. MÜLLER (wie Anm. 56) S. 96 als Derivat des Typs Samson zu betrachten. W. U. GUYAN, Das alamannische Gräberfeld von Schleitheim-Hebsack. Materialh. zur Ur- und Frühgesch. d. Schweiz 5 (1965) Taf. 10g (›Grab‹ 68).

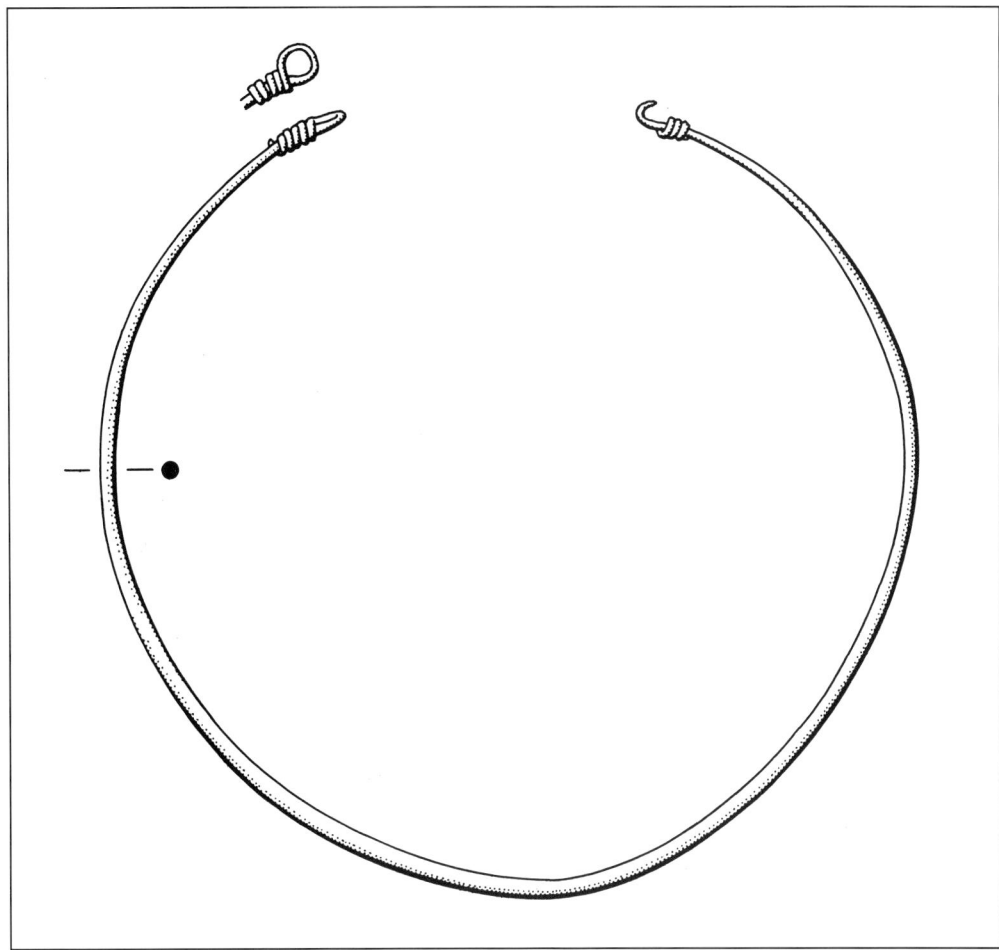

Abb. 30 Wyhl »Am Leiselheimer Kreuz«. Silberner Halsring aus einem völkerwanderungszeitlichen Kindergrab. M. 1:1

dest im Vorfeld der Kastelle wie auch unmittelbar am Rheinufer läßt sich germanische Seßhaftigkeit ohne Regelung der nachbarlichen Beziehungen schwer vorstellen. Dabei kann man an Siedlungen denken, die hauptsächlich dem grenzüberschreitenden Handel und damit einem gemeinsamen friedlichen Interesse dienten. Nicht zu übersehen ist aber auch die strategische Bedeutung grenznaher Plätze, vor allem der an wichtigen Flußübergängen gelegenen Orte, deren Bewohner wohl meist in einem vertraglich geregelten Verhältnis zum römischen Imperium standen und als ›foederati‹ (Verbündete) Aufgaben der Vorfeldsicherung wie den unmittelbaren Grenzschutz übernahmen[58].

Vor allem gegen Ende des 4. und in der ersten Hälfte des 5. Jahrhunderts, der Zeit, in die der Wyhler ›Grenzposten‹ gehört, wurden diese Aufgaben wohl mehr und mehr von der eigentlichen römischen Grenztruppe auf föderierte Stämme übertragen, nicht nur im Breisgau. So dürfen wir in Wyhl den Sitz einer alamannischen Adelsfamilie sehen, die im Rahmen eines ›foedus‹ über längere Zeit den Rheinübergang an dieser Stelle kontrollierte. Ihre wahrscheinlich befestigte Siedlung, in unmittelbarer Nähe der Gräber zu vermuten, ist leider bisher noch nicht gefunden worden.

58 Vgl. E. KELLER (wie Anm. 16).

Abb. 31 Wyhl »Am Leiselheimer Kreuz«. Spätrömische, rotgestrichene Importkeramik. Dm Teller 29,7 cm

In diesem Zusammenhang ist noch ein kurzer Blick auf das spätantike Brückenkastell von Wyhlen[59] gegenüber Kaiseraugst (Abb. 34) und auf die ältesten Gräber des in unmittelbarer Nachbarschaft liegenden Alamannenfriedhofs von Herten (Abb. 35)[60] zu richten. Das Brückenkastell gilt allgemein als Anlage der valentinianischen Zeit, die Funde bestehen hauptsächlich aus Ziegeln mit dem Stempel der Legio I Martia. Erst in jüngster Zeit kam hier eine Bronzefibel zum Vorschein (Abb. 36), die eine Besetzung des Brücken-kopfs im 5. Jahrhundert durch Alamannen, entsprechend der Situation in Wyhl am Kaiserstuhl also durch alamannische Foederati nahelegt. In diese Zeit, noch vor die Mitte des 5. Jahrhunderts, gehören aber auch die ältesten Gräber des Friedhofs von Herten (Abb. 37), die leider nicht planmäßig und deshalb wohl auch sehr unvollständig geborgen worden sind.

Trotzdem ist aus den erhaltenen Resten der Rang dieser Gruppe ablesbar, in der wir mit größter Wahrscheinlichkeit Angehörige einer alamannischen Kastellbesatzung vermuten

59 Vgl. hier Anm. 32.
60 F. GARSCHA, Die Alamannen in Südbaden. Katalog der Grabfunde. German. Denkm. d. Völkerwande-rungszeit Ser. A, Bd. 11 (1970) S. 86 ff. – U. GIESLER, Das rechtsrheinische Vorland von Basel und Augst im frühen Mittelalter. In: Lörrach und das rechtsrheinische Vorland von Basel. Führer zu vor- und frühgeschichtlichen Denkmälern 47 (1981) S. 92 ff. – G. FINGERLIN, Alamannisches Gräberfeld bei Herten, ebd., S. 251 ff. – Eine Gesamtpublikation dieses bisher nicht ausreichend vorgelegten und richtig gewürdig-ten Fundplatzes ist als Dissertation an der Universität Bonn (A. GROßKOPF) in Vorbereitung.

Abb. 32 Wyhl »Am Leiselheimer Kreuz«. Importierte spätrömische Gläser. Ohne M.

dürfen, die mit ihren Familien nahe beim Brückenkopf am Rheinhochgestade bestattet wurden. Eine gewisse räumliche Absonderung vom übrigen Gräberfeld, das während des ganzen 6. und 7. Jahrhunderts benützt wurde, ist dabei unverkennbar. Trotzdem haben wir hier einen der seltenen Fälle kontinuierlicher Belegung seit der Völkerwanderungszeit, ganz ähnlich wie im wenig rheinabwärts gelegenen Kleinhüningen[61], ohne daß wir bis auf weiteres die Gründe angeben könnten, die zu diesen im rechtsrheinischen Gebiet unge-wöhnlichen Verhältnissen geführt haben. Der Zusammenhang mit dem in nachantiker Zeit weiterbenützten Brückenkastell ist allerdings für Herten ganz eindeutig und zeigt, wie gerade in solchen Grenzgebieten die von den Römern geschaffenen Voraussetzungen auch im frühen Mittelalter wirksam geblieben sind.

Im archäologischen Befund traten die Brisigavi des südlichen Oberrheintales in den letzten Jahren deutlicher als bisher in Erscheinung. Wohnplätze und Bestattungen zeigen, daß das Vorland der spätantiken Reichsgrenze relativ dicht besiedelt war. Römische Fundstücke, darunter Münzen, zeugen von Beziehungen durchaus auch friedlicher Art zum römischen Reichsgebiet. In Gräbern wie aus Wyhl, an einem wichtigen Rheinüber-gang, wird für uns eine Sippe vornehmer Alamannen faßbar, die an dieser Stelle ihre Wach- und Kontrollfunktion nur im Einverständnis mit Rom, im Rahmen eines foedus, erfüllen konnte, während wenige Kilometer flußaufwärts (Sponeck) der Übergang der Hauptstraße

61 Zu Kleinhüningen vgl. U. GIESLER (wie Anm. 60) S. 92 ff. Gesamtpublikation durch U. Giesler in Vorbereitung.

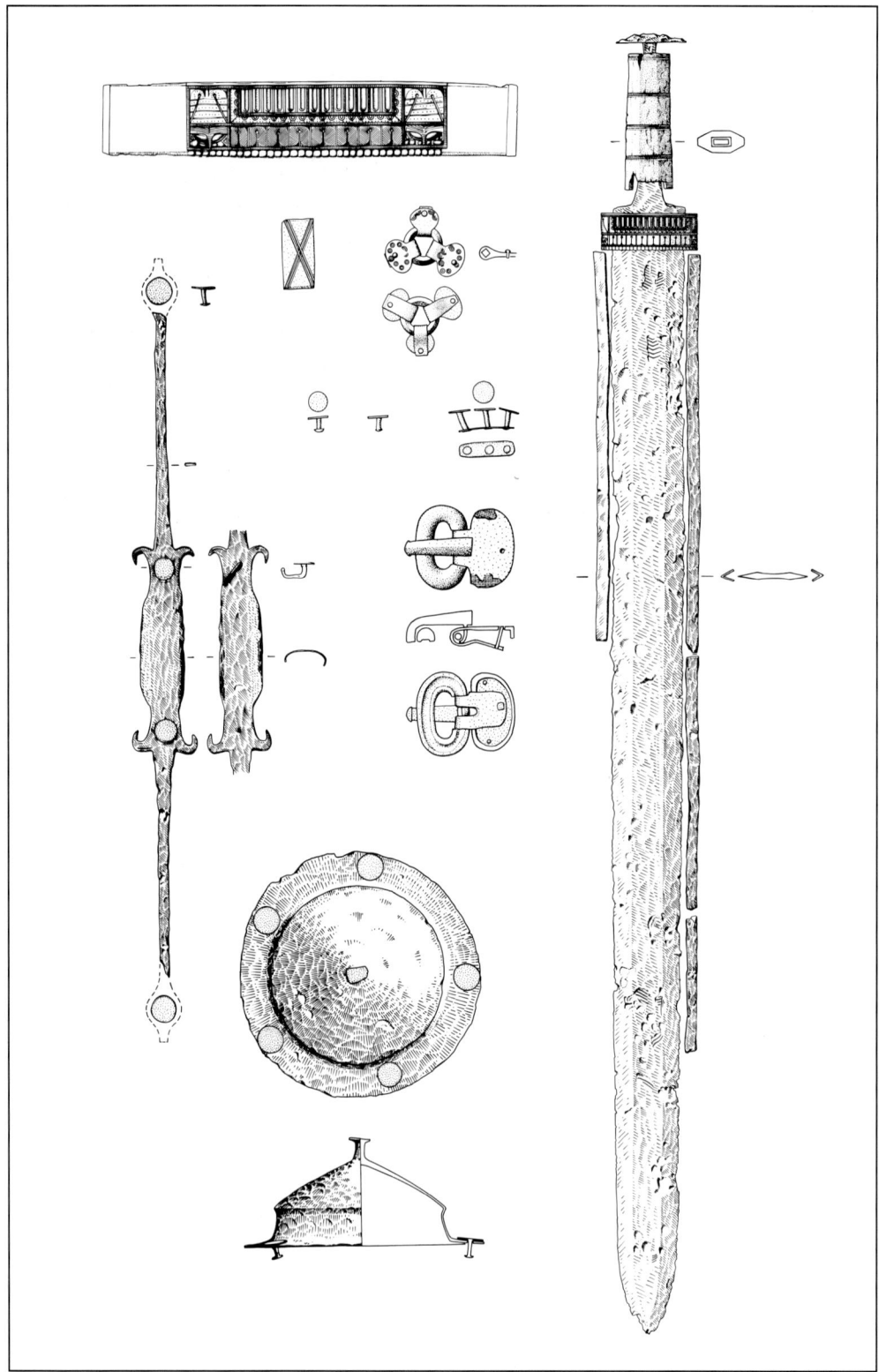

Abb. 33 Wyhl »Am Leiselheimer Kreuz«. Inventar eines Männergrabes (Grab 22, 5. Jahrhundert n. Chr.).
Verschiedene M. Länge des Schwerts 0,90 m

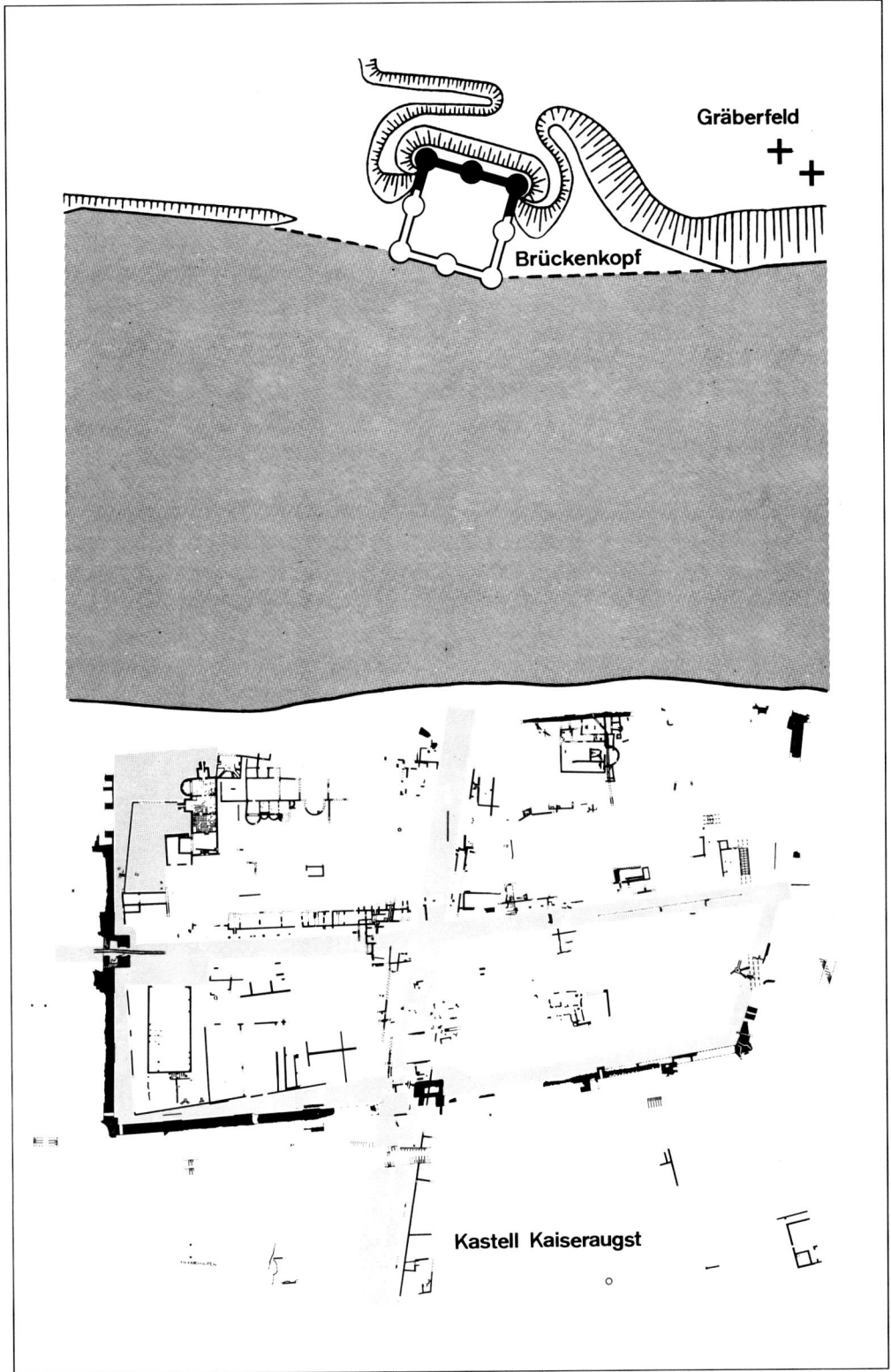

Abb. 34 Spätantikes Kastell Kaiseraugst (Castrum Rauracense) mit rechtsrheinischem Brückenkopf Wyhlen. Nach M. Martin und Unterlagen LDA Freiburg

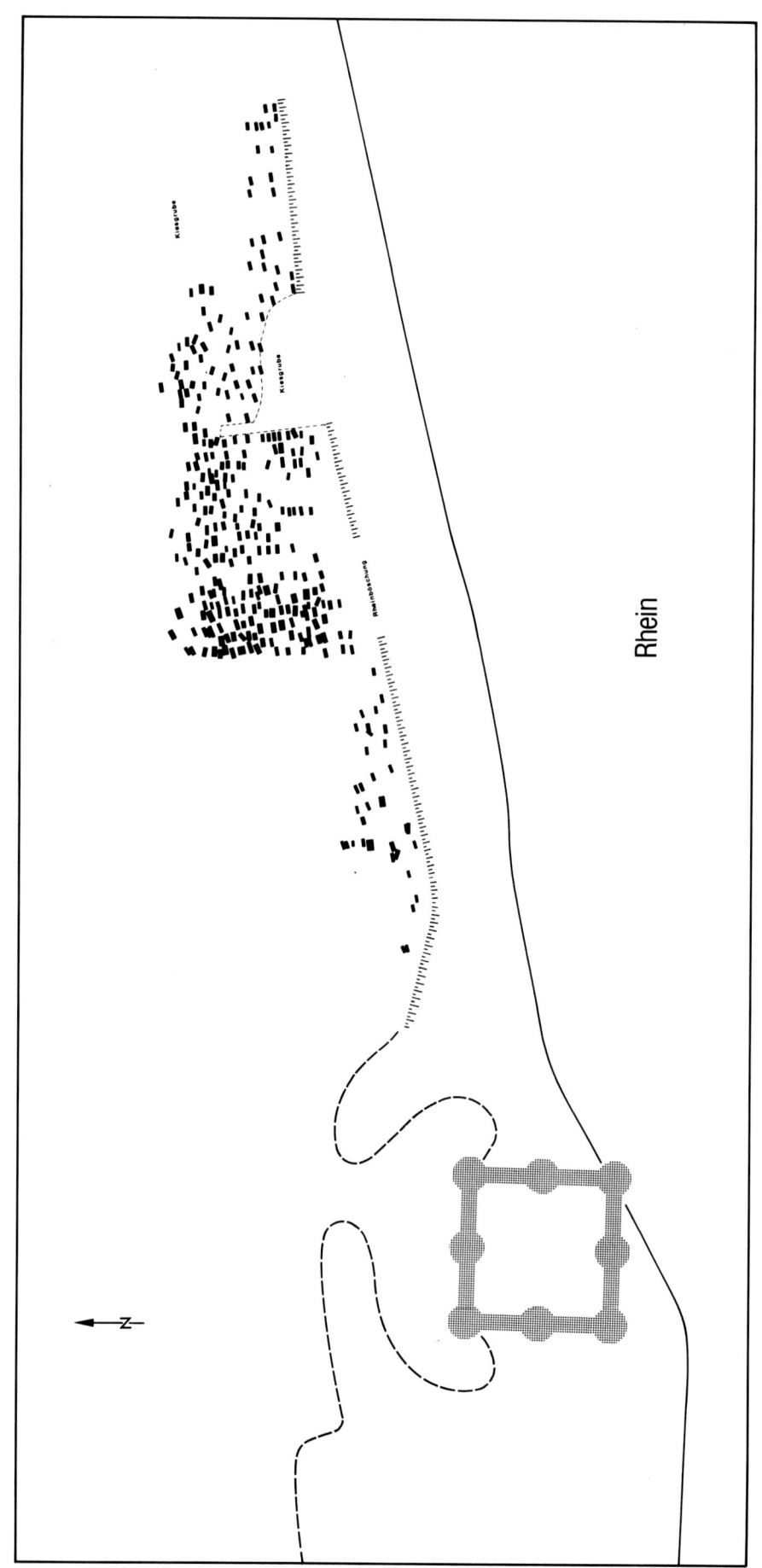

Abb. 35 Herten »Weberalten«. Übersichtsplan des alamannischen Reihengräberfeldes. Die ältesten Gräber (5. Jahrhundert n. Chr.) im Bereich der »Kiesgrube«. Links rekonstruierter Grundriß des Brückenkastells von Wyhlen

Abb. 36 Wyhlen, spätrömischer
Brückenkopf (Brückenkastell).
Bronzefibel des 5. Jahrhunderts
n. Chr. Stark vergrößert

Abb. 37 Herten »Weberalten«.
Funde aus teilweise zerstörten
Gräbern des 5. Jahrhunderts
n. Chr. Nach E. Wagner, ohne M.

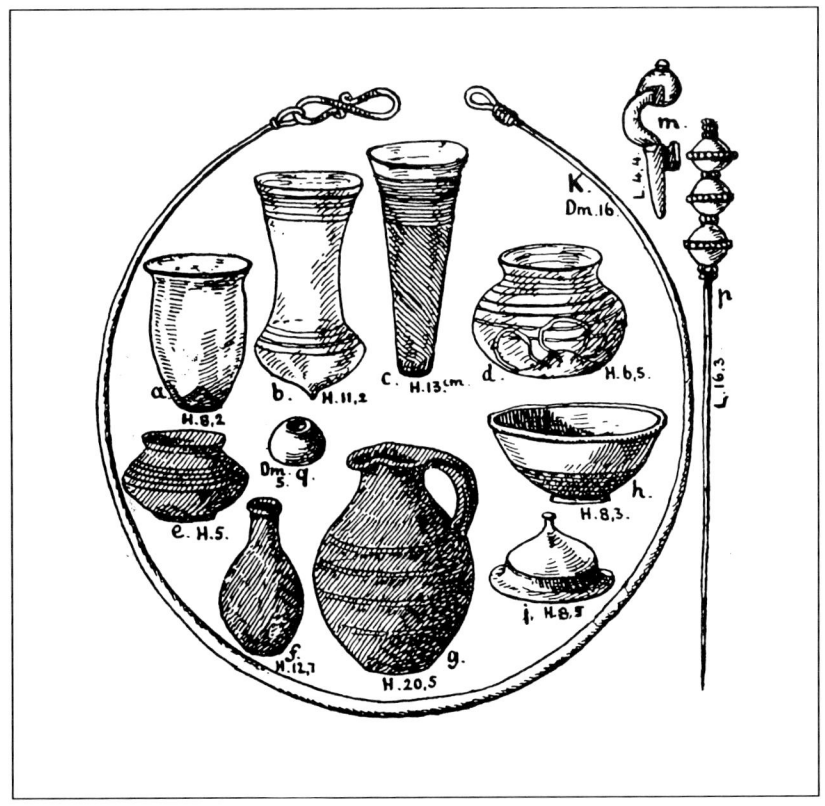

sogar am rechten Ufer durch ein Kastell gesichert war. Analoge Verhältnisse zeigen sich mit den frühesten Gräbern von Herten beim Brückenkastell Wyhlen auch im westlichen Hochrheintal.

Schließlich zeigen Anlage und Funde auf dem Zähringer Burgberg, daß die Brisigavi auch befestigte Anlagen besaßen, Gegengewichte zu Kastellen und Städten auf römischer Seite, vielleicht sogar an diesem Platz einen Stammesmittelpunkt, Sitz eines Fürsten wie etwa Gundomad oder Vadomar.

Trotz mancher Neufunde und neuen Interpretationsversuchen an älteren Fundbeständen sind aber derzeit mehr Fragen offen, als beantwortet werden können. Deuten wir beispielsweise die Fundlücke des 3. Jahrhunderts richtig? Und warum gibt es bisher keine Brandgräber, die doch die Bestattungsform des Großteils der Bevölkerung gewesen sein müssen? Wann beginnen und wann enden die Siedlungen? Ist das Abbrechen der Dörfer im 5. Jahrhundert real und allgemein gültig oder spielen bei unserer Interpretation die Analogieschlüsse etwa zum besser bekannten mainfränkischen Gebiet[62] die entscheidende Rolle?

Wann schließlich wurde ein Stammeszentrum wie der Zähringer Burgberg eingerichtet und gibt es noch weitere Anlagen dieser Art, beispielsweise im Hochrheingebiet mit dem spätantiken Kaiseraugst auf der anderen Seite? Genau besehen wissen wir auch nicht, was sich nach 400 an der Reichsgrenze im südlichen Oberrheintal verändert. Für Kaiseraugst läßt sich zumindest die Siedlungskontinuität aus dem Gräberfeld ablesen – was aber war das Schicksal des Sponeck-Kastells und des Breisacher Münsterbergs im 5. Jahrhundert? Hier läßt uns der archäologische Befund weitgehend im Stich und unsere Vorstellungen werden sehr stark von dem geprägt, was wir historisch für wahrscheinlich halten, nicht von dem, was sich wirklich erweisen läßt. Eng mit diesem Problem verknüpft ist die Frage nach den Foederaten und ihrer Rolle in den letzten Jahrzehnten des weströmischen Reiches. Und wie drückt sich dann, nach der Jahrhundertmitte, alamannische Eigenstaatlichkeit im archäologischen Bild der Grenzzone aus? Haben wir vielleicht im Gräberfeld von Herten einen Schlüssel zu dieser Frage? Oder im Verhältnis von Gräberfeldern wie dem von Wyhl beispielsweise zu den ältesten Generationen in Kleinhüningen bei Basel oder zu der alamannischen Adelssippe von Basel-Gotterbarmweg?[63]. Auch die Frage nach der Herkunft der Einwanderer, von der ersten limeszeitlichen Welle bis zu den kontinuierlich nachrückenden Gruppen der folgenden Jahrhunderte, ist mit dem Stichwort ›elbgermanisch‹ keineswegs erschöpfend beantwortet.

Schließlich fehlen uns für die ersten Generationen nach der Einwanderung weitgehend die Kriterien der sozialen Gliederung, soweit sie nicht in anderen Gebieten erarbeitet sind und hierher übertragen werden. Ein Beispiel dafür bietet R. Christleins umstrittener Versuch, die in Mitteldeutschland mit der Gruppe Leuna-Hassleben faßbare Oberschicht auch in Südwestdeutschland nachzuweisen[64] und ihr innerhalb einer alamannischen Nobilität besonderen Rang zuzuordnen. Tatsächlich können wir weder dem Krieger von Ihringen noch den Frauen von Mengen ihren genauen sozialen Ort zuweisen, sondern lediglich feststellen, daß sie sich durch ihre Bestattungsform deutlich vom Gros ihrer Zeitgenossen unterscheiden.

Schließlich – und nicht zuletzt – wären auch wirtschaftsgeschichtliche Fragen zu stellen,

62 Chr. Peschek, Mainfranken (wie Anm. 22).

63 E. Vogt, Das alamannische Gräberfeld am alten Gotterbarmweg in Basel. Anz. Schweiz. Altkde. 32, 1930, S. 145 ff.

64 R. Christlein, Anzeichen von Fürstengräbern der Gruppe Leuna-Hassleben aus Südwestdeutschland. Arch. Korrbl. 2, 1972, S. 47 ff.

nach eigener Produktion bei den Alamannen (Eisengewinnung und Verarbeitung, Bronze-guß, Keramikherstellung), Fragen nach Art, Umfang und Wegen des Handels, nach der Intensität des Austauschs mit den römischen Nachbarn und seinen vielfältigen Auswirkungen[65].

Dies allerdings kann die Denkmalpflege allein nicht leisten, in erster Linie deshalb, weil sie nicht speziellen Fragen nachgehen, keine gezielten Forschungsgrabungen durchführen kann. So bedarf es der Zusammenarbeit mit anderen Institutionen, um unsere Kenntnis der ältesten alamannischen Geschichte voranzubringen. Dazu sind auch historische und philologische Disziplinen aufgerufen, doch kann es nicht zweifelhaft sein, daß weitere Aufschlüsse zu den hier knapp angedeuteten Fragen in erster Linie von einer landesgeschichtlich orientierten Archäologie zu erwarten sind.

---

65 Zu diesem Fragenkomplex: B. KASCHAU, Die Drehscheibenkeramik aus den Plangrabungen 1967-1972. Der Runde Berg bei Urach II (1976). – U. KOCH, Die Metallfunde der frühgeschichtlichen Perioden aus den Plangrabungen 1967-1981. Der Runde Berg bei Urach V (1984) bes. S. 190. Beide Arbeiten erschienen in der Schr. d. Komm. f. alamann. Altkde. an der Heidelberger Akad. d. Wiss. – R. KOCH, Spätrömische Ösenperlen aus kobaldblauem Glas. Festschr. W. Haberey (1976) S. 71 ff. – DERS., Spätkaiserzeitliche Fibeln aus Südwestdeutschland. in: Festschr. J. Werner (1974) S. 227 ff. – DERS., Die spätkaiserzeitliche Gürtelgarnitur von der Ehrenbürg bei Forchheim (Oberfranken). Germania 43, 1965, S. 105 ff.

Höhensiedlungen des 4. und 5. Jahrhunderts in Südwestdeutschland

Einordnung des Zähringer Burgberges
Gemeinde Gundelfingen, Kreis Breisgau-Hochschwarzwald

Von Heiko Steuer

Inhaltsübersicht

1. Zur Forschungsgeschichte

Vor rund zwanzig Jahren hat Joachim Werner in einem Aufsatz ›Zu den alamannischen Burgen des 4. und 5. Jahrhunderts‹ erstmals die damals vorliegenden archäologischen Funde und Befunde zusammengefaßt und in der Diskussion mit der Geschichtswissenschaft den Burgencharakter der Höhensiedlungen allgemein bewußt gemacht[1]. Zumeist waren es Einzelfunde, die von einer ›Begehung‹ der Höhen in diesen Jahrhunderten

[1] J. WERNER, Zu den alamannischen Burgen des 4. und 5. Jahrhunderts. In: Speculum Historiale. Festschrift für Johannes Spörl (Freiburg i. Br., München 1965) S. 439-453; wieder abgedruckt in: W. MÜLLER (Hrsg.), Zur Geschichte der Alemannen. Wege der Forschung 100 (Darmstadt 1975) S. 67-90. Kartierung und Deutung wurden in das Stichwort ›Alemannen‹, Reallexikon der germanischen Altertumskunde, Bd. 1 Lfg. 2 (Berlin, New York 1970) S. 146 Abb. 17 (H. STEUER), übernommen. Doch war im Anschluß an Ammianus Marcellinus (XXXI 10,12 f.) schon früher eine Gruppe von Höhenburgen mit den spätantik-frühvölkerwanderungszeitlichen Alemannen in Zusammenhang gebracht worden, zumeist unter dem Blickwinkel der Fluchtburg, da sich – so Ammianus – in Krisensituationen die Alemannen auf unzugängliche Berghöhen zurückgezogen hätten. Vgl. dazu P. REINECKE, Befestigungen der Vorzeit in Süddeutschland. Bayer. Vorgeschichtsfreund 8, 1929, S. 13 ff.; P. GOESSLER, An der Schwelle vom germanischen Altertum zum Mittelalter. Württemberg. Vierteljahreshefte für Landesgeschichte NF 30, 1921, S. 1 ff.; E. KOST, Spuren von Belegung vorgeschichtlicher Bergbefestigungen Süddeutschlands in der mittleren und jüngeren Großgermanenzeit (200-800 n. Chr.). Mannus 32, 1940, S. 165 ff.; dazu auch C. OEFTIGER, E. WAGNER, Der Rosenstein bei Heubach. Führer zu archäologischen Denkmälern in Baden-Württemberg 10 (Stuttgart 1985) S. 28. – Schließlich ist R. Roeren zu nennen, der u. a. die Höhen mit spätantikem Fundstoff germanischen Charakters kartiert hat: R. ROEREN, Zur Archäologie und Geschichte Südwestdeutschlands im 3.-5. Jahrhundert n. Chr. Jahrb. RGZM 7, 1960, S. 214-294, bes. S. 254 f. mit Nr. 78-84 (Höhensiedlungen). – Vor dem historischen Hintergrund der alemannischen Landnahme diskutiert auch H. CASTRITIUS, Die spätantike und nachrömische Zeit am Mittelrhein, im Untermaingebiet

zeugten, ohne den Charakter der Nutzung näher erkennen zu lassen. Größere Ausgrabungen gab es nur auf dem Glauberg bei Büdingen in Oberhessen und auf der Gelben Bürg bei Gunzenhausen in Mittelfranken.

Wiederum eine Generation vorher, im Jahr 1941, hatte Heinrich Dannenbauer mit seinem Aufsatz ›Adel, Burg und Herrschaft bei den Germanen‹ den Stein ins Rollen gebracht, indem er ganz neue Schwerpunkte in der Diskussion um die germanische Sozialstruktur setzte[2]. Vereinfacht formuliert war seine These, daß nicht die Masse der ›gemeinfreien‹ germanischen Krieger und Bauern kennzeichnend für die Sozialverfassung der Germanen war, also eine Art demokratisches Gemeinwesen bildeten, sondern daß von der Zeit des Tacitus bis ins Mittelalter herrschaftliche Strukturen entscheidend waren, wobei ein Adel, der sich auf Grundbesitz und eine Burg als Herrschaftsmittelpunkt stützte, selbstverständliche Voraussetzung war[3].

Das Problem war nur, daß Burgen – stark befestigte Plätze – eigentlich für die Germanen der Römischen Kaiserzeit, der Völkerwanderungs- und Merowingerzeit nicht bekannt waren, weder aus der schriftlichen Überlieferung, noch aus dem archäologischen Geländebefund. Erst der Adel des Mittelalter war in seinen Burgen tatsächlich zu fassen[4].

Hier setzte nun der Aufsatz von J. Werner an und zeigte für das 4./5. Jahrhundert einen Burgenhorizont auf. Etwa ein Dutzend gesicherter und vermuteter Höhenburgen wurde registriert und auf einer Karte festgehalten.

Heute hat sich die Zahl der zu diskutierenden Plätze stark vermehrt. K. Weidemann listete 1975 schon 23 Burgen auf[5]. Noch einmal beträchtlich erweitert wurde die Gruppe der Höhenburgen, für die eine zeitweilige Nutzung auch im 4./5. Jahrhundert nachzuweisen bzw. zu vermuten ist, durch G. Mildenberger[6]. Gerade dieses Buch ist auch eine Antwort auf die Frage Dannenbauers und drückt die Stellungnahme durch den Hinweis ›Germanische‹ Burgen schon im Titel aus. B. Schmidt kartierte die Burgen des 4./5. Jahrhunderts im Zusammenhang mit den alamannischen Vorstößen in das Gebiet zwischen Rhein und Donau[7]. Für das Gebiet Baden-Württemberg hat R. Christlein die Höhensiedlungen kartiert[8], doch sind inzwischen mehrere Plätze hinzugekommen[9]. Für Teilgebiete

und in Oberhessen. In: Alte Geschichte und Wissenschaftsgeschichte, Festschr. f. Karl Christ zum 65. Geb. (Darmstadt 1988) S. 57-78, hier S. 74f. mit Anm. 62 die Höhensiedlungen.

2 H. DANNENBAUER, Adel, Burg und Herrschaft bei den Germanen. Hist. Jahrb. 61, 1941, S. 1-50; wieder abgedruckt in einer ergänzten Fassung in: Herrschaft und Staat im Mittelalter. Wege der Forschung 2 (Darmstadt 1956, [2]1974) S. 66-134.

3 Ausführlich dazu H. STEUER, Frühgeschichtliche Sozialstrukturen in Mitteleuropa. Abh. Akad. Wiss. Göttingen, Phil.-Hist.Kl. Dritte Folge Nr. 128 (Göttingen 1982).

4 Vgl. H. PATZE (Hrsg.), Die Burgen im deutschen Sprachraum. Ihre rechts- und verfassungsgeschichtliche Bedeutung, T. I und II. Vorträge und Forschungen 19 (Sigmaringen 1979); K.-U. JÄSCHKE, Burgenbau und Landesverteidigung um 900. Vorträge und Forschungen, Sonderband 16 (Sigmaringen 1975); H.-M. MAURER, Die Entstehung der hochmittelalterlichen Adelsburg in Südwestdeutschland. Zeitschrift für die Geschichte des Oberrheins 117, 1969, S. 295-332; H.-W. HEINE, Studien zu Wehranlagen zwischen junger Donau und westlichem Bodensee. Forschungen und Berichte der Archäologie des Mittelalters in Baden-Württemberg 5 (Stuttgart 1978); vgl. A. ZETTLER in diesem Band.

5 K. WEIDEMANN, Germanische Burgen rechts des Rheins im 5. Jahrhundert. In: Ausgrabungen in Deutschland (Mainz 1975) T. 3, S. 362f. mit Karte S. 361.

6 G. MILDENBERGER, Germanische Burgen (Münster 1978) mit den Karten 4 bis 6.

7 B. SCHMIDT, Die Alamannen, in: B. KRÜGER und Autorenkollektiv, Die Germanen. Geschichte und Kultur der germanischen Stämme in Mitteleuropa II (Berlin 1984) S. 343 Abb. 69.

8 R. CHRISTLEIN, Die frühe Alemannenzeit. 3. bis frühes 5. Jahrhundert n. Chr. Historischer Atlas von Baden-Württemberg. Karte III,6 mit Beiwort (Stuttgart 1974).

9 Vgl. dazu die Katalogisierung der heute bekannten Höhensiedlungen S. 146ff. Dort auch die Lit. für die im folgenden einzeln genannten Burgplätze.

des südwestdeutschen Raumes gibt es Detailkartierungen, so für das Rhein-Main-Gebiet[10]; neue Höhensiedlungen wurden bekanntgegeben, so in der Mainschleife bei Urphar, Kreuzwertheim, oder auf dem Reißberg bei Scheßlitz im Landkreis Bamberg. Auch für das fränkische Gäuland sind mehrere neue Plätze anzuführen[11] (Abb. 1a, b).

Die Frage nach den frühvölkerwanderungszeitlichen Höhensiedlungen muß inzwischen erweitert werden; es gilt, auch für die Merowingerzeit und für die frühe Karolingerzeit im Südwesten einen Burgenhorizont zu erschließen, worauf nicht erst die Grabungen auf dem Runden Berg bei Urach hingewiesen haben. Für das fränkische Gäuland kann L. Wamser über ein Dutzend Höhen anführen, die während der jüngeren Zeitabschnitte begangen worden sind[12].

Doch auch die Höhensiedlungen des 4./5. Jahrhunderts müssen heute in einem weiteren Rahmen bewertet werden. Den germanischen Höhensiedlungen im alamannischen oder burgundischen Raum stehen nicht nur die spätrömischen Befestigungsanlagen im Zuge des jüngeren Limes an Rhein und Donau gegenüber[13], sondern vor allem auch spätrömische

10 D. ROSENSTOCK, Völkerwanderungszeitliche Körpergräber aus Dettingen. Das archäologische Jahr in Bayern 1984 (Stuttgart 1985) S. 128-130 mit Karte Abb. 93; DERS., Zwei völkerwanderungszeitliche Körpergräber aus Dettingen, Gde. Karlstein a.Main, Ldkr. Aschaffenburg, Unterfranken. Bayer. Vorgeschichtsbl. 52, 1987, S. 105-131 mit Karte Abb. 3.

11 L. WAMSER in einem Vortrag im Januar 1987 in Freiburg. – Weitere Kartierungen von Burgen des 4./5. Jahrhunderts z. B. bei K. WEIDEMANN, Archäologische Zeugnisse zur Eingliederung Hessens und Mainfrankens in das Frankenreich vom 7. bis 9. Jahrhundert. In: Althessen im Frankenreich. Nationes 2 (Sigmaringen 1975) S. 95 ff., hier S. 105 Abb. 3 (Burgen im Hessischen) und bei R. KOCH, Frühalamannische Siedlungsfunde von Kirchheim unter Teck und Grossgartach. Fundberichte aus Baden-Württemberg 3, 1977, S. 528-538, bes. S. 537 Abb. 5 (Karte mit Siedlungen und den Höhensiedlungen Runder Berg sowie Achalm); zu hessischen Höhensiedlungen vgl. auch F.-R. HERRMANN, Frühgeschichtliche Befestigungen in Mittel- und Südhessen. In: H. ROTH, E. WAMERS (Hrsg.), Hessen im Frühmittelalter. Archäologie und Kunst. Ausstellungskatalog (Sigmaringen 1984) S. 64-66. – Zusammenfassend R. VON USLAR, Studien zu frühgeschichtlichen Befestigungen zwischen Nordsee und Alpen (Köln, Graz 1964) und DERS., s. v. Burg, in: Reallexikon der germanischen Altertumskunde, Bd. 4, Lfg. 1/2 (Berlin, New York 1979) S. 176 ff. (germanische Burgen der Spätlatène- und römischen Kaiserzeit, frühgeschichtliche Burgen).

12 L. WAMSER, Merowingerzeitliche Bergstationen in Mainfranken - Stützpunkte der Machtausübung gentiler Gruppen. Das archäologische Jahr in Bayern 1984 (Stuttgart 1985) S. 136-140 mit Karte Abb. 98; DERS., Zur Bedeutung des Schwanberges im frühen und hohen Mittelalter. In: Aus Frankens Frühzeit. Festgabe für P. Endrich. Mainfränkische Studien 37 (Würzburg 1986) S. 164-192 mit Karte Abb. 13; zum gleichen Gebiet D. ROSENSTOCK., Ein reicher Keramikkomplex der Großromstedter Kultur aus Oberstreu, Landkreis Rhön-Grabfeld, ein Beitrag zur frühgermanischen Besiedlung in Mainfranken. In: Aus Frankens Frühzeit, a.a.O., S. 113-132 mit Karte Abb. 1: Großromstedter Fundstellen aus Höhenbefestigungen, Hinweis auf eine ältere Phase von Höhensiedlungen (?). - Ähnlich liegt das Problem bei der frühslawischen Landnahme: J. BUBENIK, Zu den frühslawischen Fundorten in exponierten Lagen in Böhmen. Pamatky Arch. 79, 1988, S. 183-198 mit slawischen Funden in alten Burgwällen.

13 Zum spätrömischen Limes am Rhein: R. M. SWOBODA, Eine spätrömische Anlage auf der Burg Sponeck Gemarkung Jechtingen, Kreis Emmendingen. Fundberichte aus Baden-Württemberg 4, 1979, S. 316-343; DIES., Die spätrömische Befestigung Sponeck am Kaiserstuhl. Münchner Beiträge zur Vor- und Frühgeschichte 36 (München 1986); G. FINGERLIN, Kastellorte und Römerstraßen im frühmittelalterlichen Siedlungsbild des Kaiserstuhls. In: J. WERNER, E. EWIG (Hrsg.), Von der Spätantike zum frühen Mittelalter. Vorträge und Forschungen 25 (Sigmaringen 1979) S. 379-409; DERS., Brisigavi im Vorfeld von Breisach. Archäologische Spuren der Völkerwanderungszeit zwischen Rhein und Schwarzwald. Archäologische Nachrichten aus Baden, Heft 34, 1985, S. 30-46, mit Lit. zu Sponeck und Breisach. – Zu spätrömischen Anlagen an der Donau: J. WERNER (Hrsg.), Der Lorenzberg bei Epfach. Die spätrömischen und frühmittelalterlichen Anlagen. Münchner Beiträge zur Vor- und Frühgeschichte 8 (München 1969); J. GARBSCH, Der Moosberg bei Murnau. Münchner Beiträge zur Vor- und Frühgeschichte 12 (München 1966); I. MOOSDORF-OTTINGER, Der Goldberg bei Turkheim. Münchner Beiträge zur Vor- und Frühgeschichte 24 (München 1981); R. CHRISTLEIN, Das spätrömische Kastell Boiotro zu Passau-Innstadt. Formen der Kontinuität am Donaulimes im rätisch-norischen Grenzbereich. In: J. WERNER, E. EWIG

Höhensiedlungen im weiteren Hinterland, im belgischen Raum, im Hunsrück-Eifelgebiet oder auch in der Schweiz[14]. Schließlich sollten auch die frühmittelalterlichen Anlagen im mittleren und östlichen Alpengebiet in das Gesamtbild einbezogen werden[15].

(Hrsg.), a.a.O., S. 91-123; DERS., Die rätischen Städte Severins. Quintanis, Batavis und Boiotro und ihr Umland im 5. Jahrhundert aus archäologischer Sicht. In: Severin zwischen Römerzeit und Völkerwanderungszeit (Linz 1982) S. 217-253. – W. DRACK, Die spätrömische Grenzwehr am Hochrhein. Archäologische Führer der Schweiz 13 (1980) ; M. HARTMANN, Militär und militärische Anlagen. In: Ur- und frühgeschichtliche Archäologie der Schweiz V (1975) S. 15-30, das späte 3. und 4. Jahrhundert S. 22 ff.
14 *Allg.* H. VON PETRIKOVITS, Fortifications in the Northwestern Roman Empire from the Third to the Fifth Centuries A.D. Journal of Roman Studies 61, 1971, S. 178 ff.; DERS., Altertum. Rheinische Geschichte I/1 (Düsseldorf 1978) S. 185 f., S. 230 f. (Fluchtbefestigungen der ländlichen Bevölkerung); R. VON USLAR, Studien zu frühgeschichtlichen Befestigungen zwischen Nordsee und Alpen (1964). IV. Befestigungen in spätröm. Zeit, 1. Irreguläre Befestigungen im römischen Bereich, S. 16-24; DERS., Burg, Sp. 31 ff., in: Reallexikon der germanischen Altertumskunde, Bd. 4, Lfg. 1/2 (Berlin, New York 1979) S. 176 ff.; – *für das Hunsrück-Eifel-Gebiet:* K.-J. GILLES, Die Alteburg bei Zell. Arch. Korrespondenzblatt 3, 1973, S. 657-674; DERS., Kleinfunde von zwei spätrömischen Höhensiedlungen bei Hontheim und Pünderich. Trierer Zeitschrift 37, 1974, S. 99-122; und vor allem jetzt DERS., Spätrömische Höhensiedlungen in Eifel und Hunsrück. Trierer Zeitschrift, Beiheft 7 (Trier 1985); E. MAREY-WIGHTMAN, Roman Trier and the Treveri (1971) S. 172-182; Die Römer an Mosel und Saar. Ausstellungskatalog (Mainz 1983) S. 331 f.; H. BERNHARD, Die spätantike Höhensiedlung ›Großer Berg‹ bei Kindsbach, Kr. Kaiserslautern - ein Vorbericht zu den Grabungen 1985-1987. Mitt. Hist. Verein Pfalz 85, 1987, S. 37-77 mit Karten zu den spätantiken Münzschatzfunden in Frankreich sowie der Höhensiedlungen; H. NORTMANN, Die Wildenburg im Hunsrück von der Latènezeit bis zur Spätantike. Trierer Zeitschr. 50, 1987, S. 31-115; – *für Belgien* z. B.: J. MERTENS, H. REMY, Le Cheslain d'Ortho, Refuge du Bas-Empire. Arch. Belgica 129 (1971); DIES., Un refuge du Bas-Empire à Éprave. Arch. Belgica 144 (1973); R. BRULET, La fortification de Hauterecenne à Furfooz (1978). – R. BRULET, La Roche à Lomme à Dourbes. Fortification du Bas-Empire Romain et Refuge Médiéval. Arch. Belgica 160 (1974); J. MERTENS, A. DESPY-MEYER, La Belgique à l'époque romaine (Bruxelles 1968); J. P. LEMANT, Les proto-Mérovingiens du Mont-Vireux. In: La region du Viroin du temps des cavernes au temps des châteaux 2, 1986, S. 59-73 (Höhensiedlung des 4. Jahrhunderts) mit Karte der Kerbschnittgürtelgarnituren – *für die Schweiz:* M. HARTMANN (wie Anm. 13) S. 22 ff. (Wittnauer Horn, Stürmenkopf bei Wahlen, Mandacher Egg, Krüppel bei Schaan); A. GERSTER, Spätrömische Befestigung auf dem Stürmenkopf. Ur-Schweiz 32, 1968, S. 17-29 und Zeitschrift für Schweizer. Archäologie und Kunstgeschichte 26, 1969, S. 117-150; G. BERSU, Das Wittnauer Horn im Kanton Aargau (1945); E. GERSBACH, Zur Baugeschichte der Wehranlagen auf dem Wittnauer Horn in spätrömischer Zeit und im frühen Mittelalter. In: Provincialia, Festschr. f. R. Laur-Belart (Basel, Stuttgart 1968) S. 551-569; eine Reihe von Höhensiedlungen ist auch angeführt bei Anita SIEGFRIED-WEISS, Regula STEINHAUSER, Margarita PRIMAS, Archäologischer Beitrag zum Formationsprozeß des frühmittelalterlichen Churrätiens. In: Geschichte und Kultur Churrätiens. Festschr. f. Pater Iso Müller OSB zu seinem 85. Geburtstag (Disentis 1986) S. 1-48, bes. Horizont 4./5. Jahrhundert. – Inzwischen gibt es eine neue Kartierung möglicher römerzeitlicher Refugien des 3. und 4. Jahrhunderts im Gebiet des Jura zwischen Aare, Rhein und Ajoie: Chr. Ph. MATT, Der Große Chastel bei Bad Lostorf, ein spätrömisches Refugium im Solothurner Jura. Archäologie des Kantons Solothurn 5, 1987, S. 67-155, mit dem Kapitel 5.3. Spätrömische Fluchtsiedlungen, S. 107-111 und Karte Abb. 33 (38 Fund-Nrn.). – In den Kreis spätrömischer Befestigungen sollten auch die befestigten Villae, die zivilen Burgi, des 3./4. Jahrhunderts am Niederrhein mit einbezogen werden, vgl. J. KUNOW, Die Militärgeschichte Niedergermaniens. In: H. G. HORN (Hrsg.), Die Römer in Nordrhein-Westfalen (Stuttgart 1987) S. 27-109, hier S. 84 ff. mit den Karten Abb. 47 und 50. Dazu auch Chr. REICHMANN, Die spätantiken Befestigungen von Krefeld-Gellep. Arch. Korrespondenzbl. 17, 1977, S. 507-521.
15 V. BIERBRAUER, Frühmittelalterliche castra im östlichen und mittleren Alpengebiet: Germanische Wehranlagen oder romanische Siedlungen? Ein Beitrag zur Kontinuitätsforschung. Arch. Korrespondenzblatt 15, 1985, S. 497-513; DERS., Die germanische Aufsiedlung des östlichen und mittleren Alpengebietes im 6. und 7. Jahrhundert aus archäologischer Sicht. In: Frühmittelalterliche Ethnogenese im Alpenraum. Nationes 5 (Sigmaringen 1985) S. 9-47; DERS., Jugoslawien seit dem Beginn der Völkerwanderung bis zur slawischen Landnahme: die Synthese auf dem Hintergrund von Migrations- und Landnahmevorgängen. In: K.-D. GROTHUSEN (Hrsg.), Jugoslawien. Integrationsprobleme in Geschichte und Gegenwart (Göttingen 1984) S. 439-497; DERS., Kontinuitätsprobleme im Mittel- und Ostalpenraum zwischen dem 4. und 7. Jahrhundert aus archäologischer Sicht. Berichte zur deutschen Landeskunde 53, H. 2, 1979, S. 343-369. –

Bezieht man auch den Mittelmeerraum in eine Gesamtbetrachtung ein, dann wird deutlich, daß der Aufstieg zu den Höhen und die Gründung von Höhensiedlungen – bei gleichzeitiger Auflassung der ländlichen Siedlungen im flachen Land – ein Zug der Zeit war, der sicherlich in erster Linie auf äußere Bedrohung zurückzuführen ist, aber darüber hinaus auch zu einer neuen Auffassung vom Siedeln geführt zu haben scheint. In den Landschaften nördlich von Rom und auch in Griechenland konnte durch archäologische Feldforschungen diese Umgestaltung der Siedlungslandschaften nachgewiesen werden. Die ländliche Besiedlung ging vom 2. bis zum 6. Jahrhundert ständig zurück. Parallel zur Aufgabe der Landgüter entstanden kleine Befestigungen auf den Höhen, in denen sich die kleiner gewordenen Bevölkerungsgruppen sammelten. Es waren nicht punktuelle kriegerische Ereignisse wie die Bedrohung Italiens durch Alarich 410 oder die ostgotisch-byzantinischen Kriege, die zur Veränderung des Siedlungsbildes führten, sondern auch die Wirtschaftsform wandelte sich parallel zur sinkenden Bevölkerungszahl, die zeitgleich war mit der Abnahme der Einwohnerzahlen in den Städten. Höhensiedlungen waren Ausdruck einer neuen Zeit und Lebensweise[16]. Doch kehren wir zu den germanischen Höhensiedlungen in Südwestdeutschland zurück.

Für den Herkunftsraum der germanischen Stämme läßt sich zu Befestigungen über das hinaus, was G. Mildenberger zusammengestellt hat, nichts Neues beitragen; Plätze wie Heidenschanze und Heidenstadt oder die Burg von Archsum bleiben Einzelbefunde[17]. Befestigte Herrenhöfe innerhalb einer größeren bäuerlichen Siedlung sind in unterschiedli-

S. CIGLENEČKI, Kastel, utrjeno naselje ali refugij? (Kastell, befestigte Siedlung oder Refugium?). Arheološki vestnik 30, 1979, S. 459-472; DERS., Der Verlauf der Alternativstraße Siscia-Aquileia im Raum von Westdolenjsko und Notranjsko in der Zeitspanne vom 4. bis zum 6. Jahrhundert – Präliminarbericht über die Erforschung des Korinjski hrib und die Rekognoszierungen von Westdolenjsko. Arheološki vestnik 36, 1985, S. 255-284; DERS., Ein frühchristliches Zentrum auf dem Kučar in Bela Krajina. In: Hrvatsko arheološko društvo 10, 1985 (1986), S. 137-150 mit älterer Lit.; P. PETRU, Th. ULBERT, Vranje bei Sevnica. Frühchristliche Kirchenanlagen auf dem Ajdovski gradec (Ljubljana 1975); L. BOLTA, Fifnik pri Šentjurju (Ljubljana 1981); Th. ULBERT, Zur Siedlungskontinuität im südöstlichen Alpenraum (vom 2.-6. Jahrhundert), dargestellt am Beispiel von Vranje. In: J. WERNER, E. EWIG (Hrsg.), Von der Spätantike zum frühen Mittelalter. Vorträge und Forschungen 25 (Sigmaringen 1979) S. 141-157; P. GLEIRSCHER, H. STADLER, Die Notgrabung auf dem Kirchbichl von Lavant in Osttirol 1985. Ein Vorbericht. Veröff. des Tiroler Landesmuseums Ferdinandeum 66, 1986, S. 5-31 mit älterer Lit. zu Lavant; F. GLASER, Die römische Stadt Teurnia (Klagenfurt 1983) und zuletzt DERS., Die frühchristliche Bischofskirche in Teurnia, mit einem Vorbericht zur Grabung in Molzbichl. Carinthia I/176, 1986, S. 109-122 mit älterer Lit.; DERS., Die römische Siedlung Iuenna und die frühchristlichen Kirchen am Hemmaberg (Klagenfurt 1982) und zuletzt DERS., Die Ausgrabung Hemmaberg 1985. Carinthia I/176, 1986, S. 131-136 mit älterer Lit.; H. VON PETRIKOVITS, Duel. In: Reallexikon der germanischen Altertumskunde 6 (Berlin, New York 1986) S. 226-238; J. WERNER, C. METZGER, V. POPOVIĆ, Objets de Caricin grad. Caricin grad I (Belgrad, Rom 1984) S. 147-184. – Weitere Höhensiedlungen in: Recueil des travaux du Musée National 16, 1986 (Čačak 1986) S. 47-60: Die Gradina auf Lecica; S. 61-66: Die frühbyzantinische Befestigung auf der Čava in Lis bei Guča. Jüngst erschienen: V. BIERBRAUER, Invillino-Ibligo in Friaul I: Die römische Siedlung und das spätantik-frühmittelalterliche castrum. Münchner Beiträge zur Vor- und Frühgeschichte 33 (München 1987) mit Lit. zu den übrigen Höhensiedlungen, auch zum Duel; S. CIGLENEČKI, Höhenbefestigungen aus der Zeit vom 3. bis 6. Jahrhundert im Ostalpenraum. Slovenska Akademija 31/Institut Arh. 15 (Ljubljana 1987) mit Katalog und verschiedenen Kartierungen nach Zeitphasen und Funktion (Militärstationen, befestigte Dauersiedlungen, Fliehburgen).

16 R. HODGES, D. WHITEHOUSE, Mohammed, Charlemagne & the origins of Europe (London 1983) S. 36-48 mit dem Beispiel der ›Entsiedlung‹ Südetruriens, während der eine Teil der Bevölkerung nach Rom zog, ein anderer, der nördliche, auf Höhenplätze, vgl. S. 41, fig. 14. Die Autoren vermuten, daß erst im 6. Jahrhundert die Höhen aufgesucht wurden; doch beginnt die Veränderung der Siedlungslandschaft bereits im 3./4. Jahrhundert.

17 G. MILDENBERGER (wie Anm. 6) S. 36ff., S. 75, S. 123.

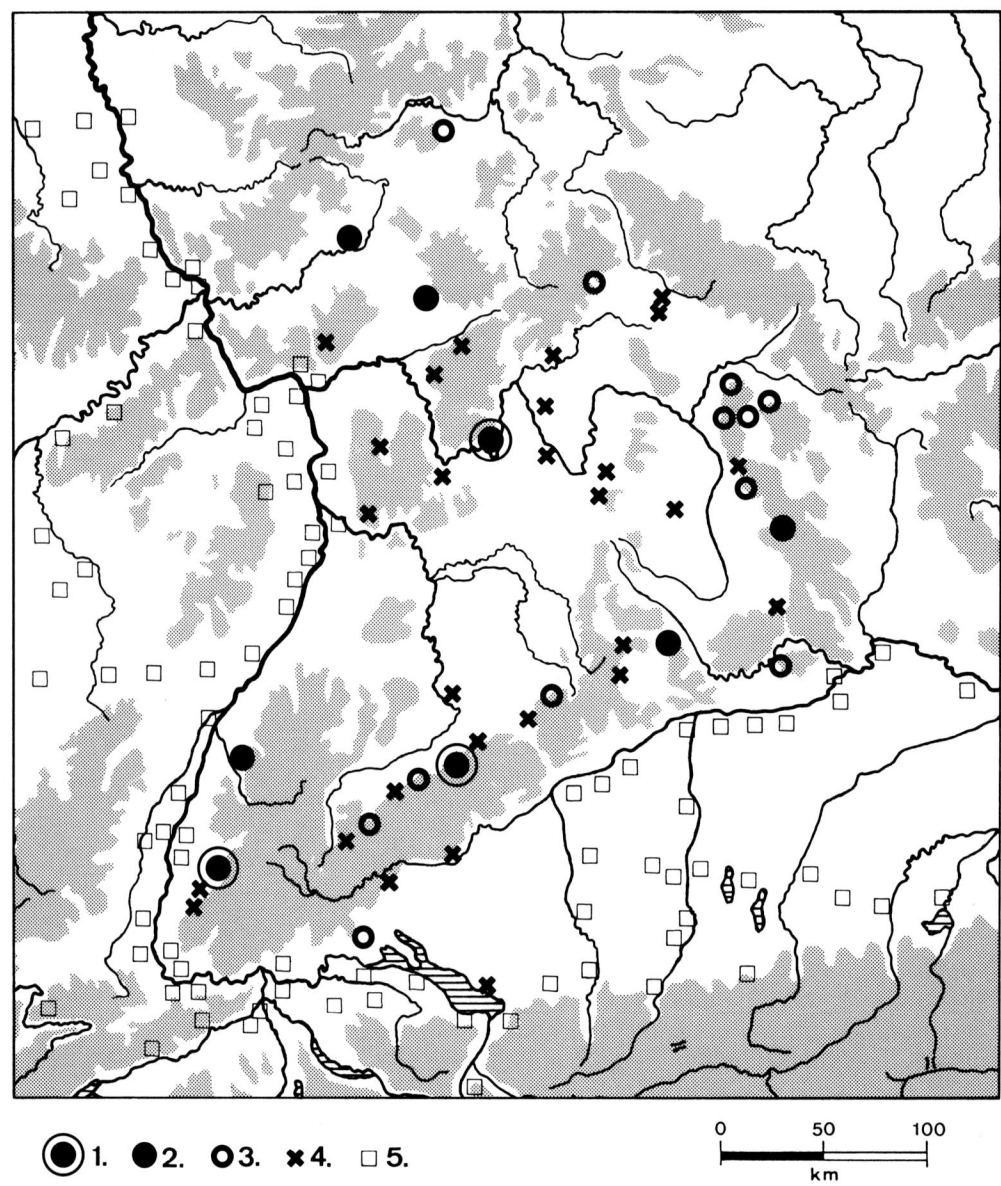

●1. ●2. ○3. ✕4. □5.

Abb. 1a Höhensiedlungen des 4./5. Jahrhunderts. (Die folgende Klassifizierung ist unsicher und vom gegenwärtigen Forschungsstand abhängig). – 1 Umfangreichere Grabungen in jüngster Zeit, die den Charakter der Höhensiedlung beschreiben lassen. – 2 Umfangreiches Fundmaterial oder einzelne Funde, die eine Dauerbesiedlung des Berges sowie handwerkliche Tätigkeiten belegen. – 3 Funde oder Geländespuren, die mit gewisser Wahrscheinlichkeit für eine Höhensiedlung sprechen. – 4 Einzelfunde auf Höhen, die u. U. auf eine Höhensiedlung hinweisen können. – 5 Kastell-Linie des spätrömischen Limes

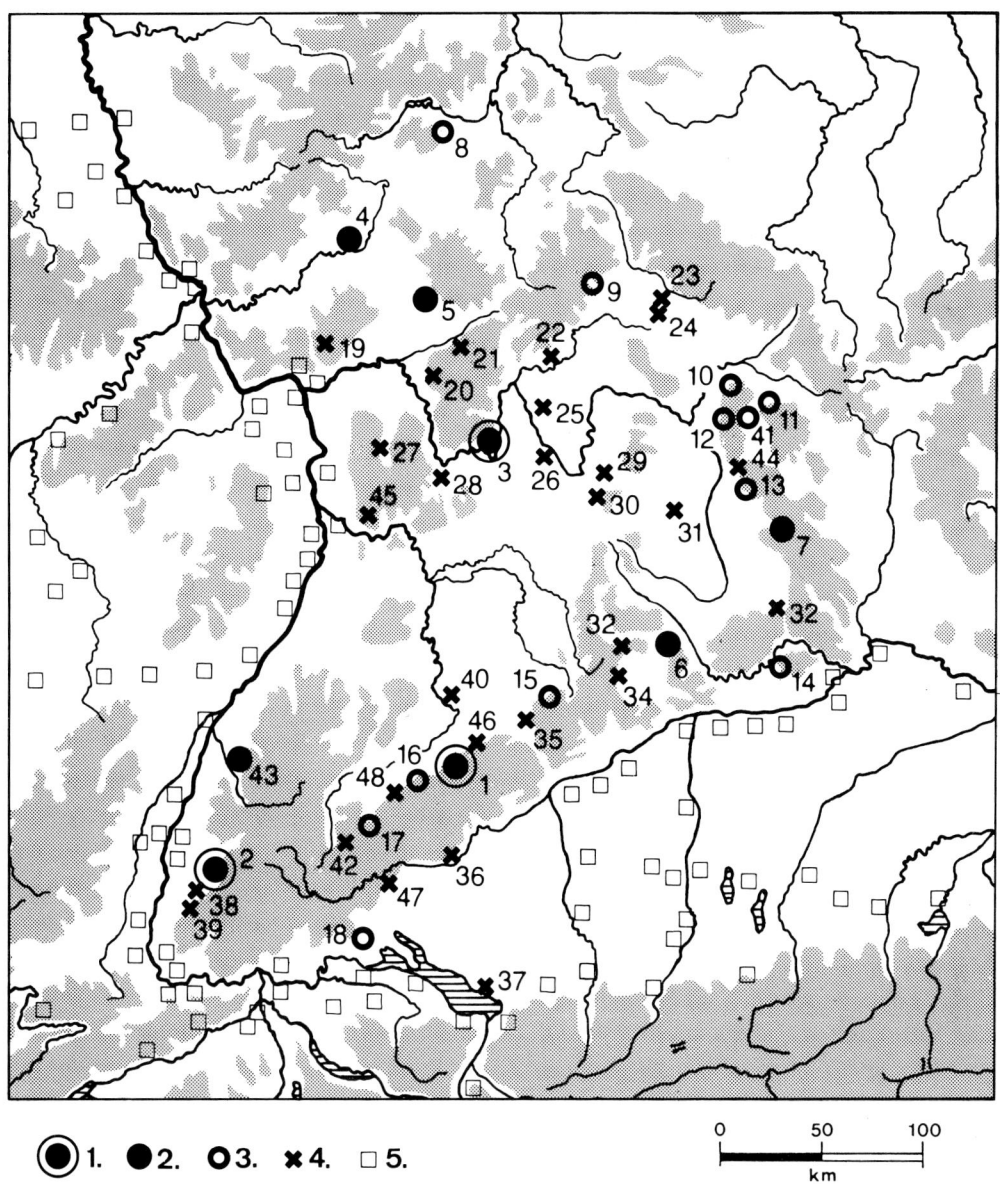

Abb. 1b Höhensiedlungen des 4./5. Jahrhunderts. Die Fundortnummern beziehen sich auf den Katalog

cher Ausprägung bei den jüngeren Siedlungsgrabungen in den Niederlanden, in Norddeutschland und Dänemark für das 3. bis 5. Jahrhundert mehrfach freigelegt worden, so daß der Herrenhof von der Feddersen Wierde nicht mehr allein dasteht. Dazu wird später noch einiges gesagt werden.

Die Vorstellung von der Struktur einer alemannischen Höhensiedlung wird vor allem bestimmt von den langjährigen Grabungen auf dem Runden Berg bei Urach. Während der Fundstoff weitgehend veröffentlicht ist, fehlt leider noch eine überzeugende Vorlage der Baubefunde. In den bisherigen Berichten gibt es dazu nämlich durchaus widersprüchliche Aussagen. Inzwischen haben weitere Grabungen auf der Höhenstation in der Mainschleife bei Urphar stattgefunden und Forschungen auf dem Zähringer Burgberg bei Freiburg. Kleine Untersuchungen wurden vor dem Bau eines Fernsehturmes auf dem Reißberg bei Scheßlitz durchgeführt.

Auch auf der Gelben Bürg und auf dem Staffelberg sind neue Grabungen durchgeführt worden, die aber – wie etwa beim Staffelberg – nicht direkt der Frage einer Besiedlung im 4./5. Jahrhundert nachgingen.

Ältere Grabungen, die zumeist aber nicht genügend publiziert sind, galten dem Glauberg, dem Dünsberg und dem Goldberg. Während die Auswertung der alten Untersuchungen auf dem Glauberg zu neuen Grabungen 1986 geführt hat, die jedoch bisher nicht veröffentlicht sind, sind die Funde vom Dünsberg durch G. Jacobi vorgelegt worden und erlauben eine Bewertung des Platzes, und der Goldberg ist mit seinen Befunden von P. Schröter neu bekanntgegeben worden.

2. Die Höhensiedlungen des 4./5. Jahrhunderts

Im folgenden lege ich erneut einen Katalog all der Plätze vor, die von verschiedenen Autoren in die Gruppe der Höhensiedlungen aufgenommen worden sind.

Die archäologisch untersuchten und durch ein größeres Fundspektrum bekannt gewordenen Höhensiedlungen erhalten eine ausführliche Beschreibung, während andere nur kurz charakterisiert oder nur in der Liste aufgeführt werden.

Dabei werden nach Aufführung der wichtigen Literatur, in der auch Abbildungen des Fundstoffs wiedergegeben sind, die Lage und die Baubefunde, die Datierung – mit Nennung auch der anderen ur- und frühgeschichtlichen Besiedlungsphasen – und die Funde besprochen und eine abschließende Wertung gegeben.

2.1. Katalog

1) Der Runde Berg bei Urach, Kr. Reutlingen

Lit.: V. MILOJČIĆ, Der Runde Berg bei Urach. Ergebnisse der Untersuchungen von 1967 bis 1974. In: Ausgrabungen in Deutschland, Bd. 2 (Mainz 1975) S. 181-198; DERS., Zu den bisherigen Ergebnissen der Untersuchungen am Runden Berg bei Urach 1968-1975. In: H. Jankuhn, R. Wenskus (Hrsg.), Geschichtswissenschaft und Archäologie. Vorträge und Forschungen Bd. 22 (Sigmaringen 1979) S. 519-544. –

R. CHRISTLEIN, Die frühgeschichtlichen Kleinfunde außerhalb der Plangrabungen. Der Runde Berg bei Urach I (Heidelberg 1974); B. KASCHAU, Die Drehscheibenkeramik aus den Plangrabungen 1967-1972, a.a.O. II (Heidelberg 1976); R. CHRISTLEIN, Kleinfunde der frühgeschichtlichen Perioden aus den Plangrabungen 1967-1972, a.a.O. III (Heidelberg

1979); J. STADELMANN, Funde der vorgeschichtlichen Perioden aus den Plangrabungen 1967-1974, a.a.O. IV (Heidelberg 1981); U. KOCH, Die Metallfunde der frühgeschichtlichen Perioden aus den Plangrabungen 1967-1981, a.a.O. V (Heidelberg 1984); DIES., Die Glas- und Edelsteinfunde aus den Plangrabungen 1967-1983, a.a.O. VI (Heidelberg 1987); DIES., Die Gläser einer herrschaftlichen Gesellschaft auf dem Runden Berg bei Urach Kr. Reutlingen. Arch. Korrespondenzblatt 17, 1987, S. 227-233. – B. KASCHAU, U. KOCH, Ausgrabungen auf dem Runden Berg bei Urach, Kreis Reutlingen, 1967-1984. In: Archäologische Ausgrabungen in Baden-Württemberg 1984 (Stuttgart 1985) S. 159-171; U. KOCH, Die frühmittelalterlichen Funde vom Runden Berg bei Urach. Arch. Korrespondenzblatt 12, 1982, S. 81-92; DIES., Handwerker in der alamannischen Höhensiedlung auf dem Runden Berg bei Urach. Arch. Korrespondenzblatt 14, 1984, S. 99-109. –
V. MILOJČIĆ, Handwerk auf dem Runden Berg bei Urach. In: H. Jankuhn, W. Janssen, R. Schmidt-Wiegand u. H. Tiefenbach (Hrsg.), Das Handwerk in vor- und frühgeschichtlicher Zeit, Teil II (Göttingen 1983) S. 90-92; R. CHRISTLEIN, Anzeichen von Fibelprodukten in der völkerwanderungszeitlichen Siedlung Runder Berg bei Urach. Arch. Korrespondenzblatt 1, 1971, S. 47-49.

Lage: Kegelförmige Bergkuppe im Ermstal, mit der Albhochfläche nur durch einen wenige Meter breiten Grat verbunden; etwa 250 m über der Talsohle in rund 700 m über NN ein ca. 120 m langes und bis zu 40 m breites Plateau (etwa 0,45 ha) auf der Kuppe; am Hang terrassenartige Flächen mit dichter Besiedlung, insgesamt ebenfalls 0,45 ha; weitere Siedlungsfläche schon auf der Alb, zwischen 750 und 760 m über NN, beim ehemaligen Rutschenhof. MILOJČIĆ schätzte das besiedelte Areal auf und am Runden Berg auf ungefähr 1,5 ha. Der Abstand zwischen Siedlungsfläche auf der Alb und der Kuppe beträgt etwa 900 m.

Baubefunde: Befestigung 1 aus einer Reihe von Pfostenpaaren, Abstand im Mittel 2,50 m, umgibt den Ostteil des oberen Plateaus und unterteilt dies in der Mitte; die Westhälfte war unbefestigt. Es handelt sich wohl um eine leichte Faschinenbefestigung, die mit Erde und Steinen aufgefüllt war. Eine Datierung der Befestigung in die Zeit nach 300 wird angenommen, eine Zeit, in der auch die frühgeschichtliche Besiedlung beginnt.

Befestigung 2 besteht aus einer mächtigen steinernen, 3 m starken Mauer, die das ganze Plateau umläuft. Zwei sorgfältig gesetzte Schalen aus Kalkstein, teilweise noch bis zu 0,80 m Höhe erhalten, bilden die Mauerfronten.

Auf der Innenseite der Mauer 2 standen mehrere Bauten mit Steinfundamenten, 8-9 m lang, 5-6 m breit oder auch nur 4 mal 5 m groß. Die größeren Bauten wurden in den plattig zu brechenden Steinuntergrund eingetieft. Pfostenspuren stammen von den Dach- oder Obergeschoßkonstruktionen. Die Bauten rufen den Eindruck von Bastionen am Hang hervor.

Befestigung 2 und die Steinfundament-Bauten gehören in die Zeit nach 500.

Mitten auf der östlichen Plateauhälfte stand ein Pfostenbau von 20 m Länge und 10 m Breite, eine dreischiffige Anlage mit mächtigen, bis zu 1 m in den Felsen eingetieften Pfostengruben. Dieser Bau gehört in die Merowingerzeit oder ist noch jünger.

Weiterhin wurden zahlreiche Grubenhäuser, in den anstehenden Fels eingetieft, Öfen und andere Grundrisse ausgegraben. Mengen an Pfostengruben auf dem gesamten Plateau stammen von zahlreichen, bisher nicht näher zu rekonstruierenden Bauten.

Datierung: Nach Siedlungsphasen in vorgeschichtlichen Zeiten beginnt die frühgeschichtliche Besiedlung um 300 oder im frühen 4. Jahrhundert. Eine erste Katastrophe führt zur Vernichtung der Siedlung um 400. Brandschutt, Metallabfall und Siedlungsreste wurden einplaniert und eine zweite Siedlung um oder nach 400 neu errichtet. Eine zweite

Katastrophe vernichtete diese Siedlung um 500; Hortfunde, Fibelschmuck aus Silber, Werkzeuge eines Schmiedes, vergraben in einem Eimer, weitere Schmiedehorte, vergraben am Hang und verbogene Lanzenspitzen sowie zerbrochene Schwertteile zeugen von Kampf. Die Doppelpfosten-Befestigung gehört wohl zu den beiden älteren Siedlungen des 4./5. Jahrhunderts, die Steinmauer und die Steinbauten in die Zeit nach 650. Die Katastrophe um 400 liegt zeitlich parallel zur Aufgabe des spätrömischen Limes; die Katastrophe um 500 wird mit der Niederlage der Alamannen und der fränkischen Eroberung nach 497 zusammengebracht.

Funde: Das reichhaltige Fundmaterial ermöglicht eine überregionale Einbindung der Höhensiedlung. Die Metallfunde haben die Vielfalt der Handwerke erkennen lassen und darüber hinaus die ungefähre Position der Werkstätten. Glas und andere wertvolle Funde lassen sozialgeschichtliche Aussagen zu.

Deutung: Während der älteren Siedlungsphase vor der ersten Katastrophe haben innerhalb und außerhalb der Pfosten-Mauer die gleichen Leute, auch Handwerker gelebt. Nach der Katastrophe gibt es einen Unterschied zwischen den Bewohnern des umzäunten Areals und des übrigen Plateaus. Bronze- und Silberschmiede arbeiteten näher vor dem umwehrten Areal als Eisen- und Holzhandwerker. Die Funddichte an Glasbruch nimmt zur Umwehrung hin immer mehr zu. Um 400 hat sich eine soziale Differenzierung ereignet; Schmiede und andere Handwerker, die zuvor überall auf dem Plateau wohnten und arbeiteten, werden im 5. Jahrhundert ins Vorburg-Gelände gebracht. Im befestigten Areal wohnen ranghohe Leute, wie die Konzentration der Waffenteile, der Scherben von importierten Gläsern, von Bronzegeschirr und Pferdezaumzeug bezeugt.

Das Handwerk ist belegt durch zahlreiche Werkzeuge, durch Rohmaterial und Halbfabrikate. Metallschrott, das Bruchstück eines Bleimodels für eine Bügelknopffibel, Formbruchstücke für Bügelfibeln sowie ein Musterstück für Vogelfibeln belegen Kunsthandwerk für verschiedene Phasen der Siedlung.

2) Zähringer Burgberg, Kr. Breisgau-Hochschwarzwald

Lit.: F. FINGERLIN, Der Zähringer Burgberg, eine neuentdeckte Höhensiedlung der Völkerwanderungszeit. Archäologische Ausgrabungen in Baden-Württemberg 1983 (Stuttgart 1984) S. 181–184; DERS., Brisigavi im Vorfeld von Breisach. Archäologische Spuren der Völkerwanderungszeit zwischen Rhein und Schwarzwald. Archäologische Nachrichten aus Baden 34, 1985, S. 30–45; DERS., Der Zähringer Burgberg, eine neu entdeckte Höhensiedlung der Völkerwanderungszeit. In: Die Zähringer. Eine Tradition und ihre Erforschung. Veröff. zur Zähringer-Ausstellung Bd. I (Sigmaringen 1986) S. 1–4; H. STEUER, Erste Ausgrabungen auf dem Zähringer Burgberg. Archäologische Ausgrabungen in Baden-Württemberg 1985 (Stuttgart 1986) S. 173–176; 1986 (1987) S. 186–190; 1987 (1988) S. 156–160; DERS. und M. HOEPER, U. VOLLMER 1988 (1989) S. 203–208; DERS., Der Zähringer Burgberg. In: Die Zähringer. Anstoß und Wirkung. Veröff. zur Zähringer-Ausstellung Bd. II (Sigmaringen 1986) S. 23–32; DERS., Der Zähringer Burgberg bei Freiburg im Breisgau, eine Höhensiedlung des 4./5. Jahrhunderts. Arch. Korrespondenzbl. 19, 1989, S. 169–184.

Lage: Schwarzwald-Randberg über der oberrheinischen Tiefebene, Plateau in 450-460 m über NN, ungefähr 200 m über dem Rheintal, dem Breisgau; ovale Fläche von 350 zu 200 m, also etwa 5 ha.

Baubefunde: Die Ausgrabungen seit 1985 haben erkennen lassen, daß die Kuppe des Berges, rund um die hochmittelalterliche Burg der Zähringer – die sich auf herausgeschälten Felsen erhebt – , künstlich zu einem Plateau mit ineinander übergehenden Terrassen umgestaltet worden ist. Dies wurde durch Erhöhung der Ränder der Gneiskuppe erreicht, die teilweise über 6 m beträgt und zugleich zu einer Übersteilung der Bergflanken geführt hat.

Im Abstand von 2,80 m wurden rechtwinklig zum heutigen Plateaurand aus groben Steinen gefügte Rippen aufgebaut und durch Querriegel miteinander verbunden; sie bilden die konstruktive Abstützung der Randzone des Berges. Die Zwischenräume sind mit Erde und Steinen aufgefüllt, so daß ein horizontales Fundament für eine Siedlungsbebauung entstand. Am Plateaurand wurden bisher keine Befestigungsbauten gefunden. Auf halber Höhe am Hang, etwa 20 m unterhalb des künstlichen Plateaus umgibt ein Graben den Berg, der von Halden und Pingen mittelalterlicher oder frühneuzeitlicher Eisengewinnung überlagert wird, aber sonst bisher nicht näher datiert werden kann.

Der Aufbau des Plateaus und der Terrassen erfolgte in mehreren Phasen; die Plateaukante hat zumindest zwei übereinanderliegende Bauphasen erbracht, in deren Schüttungsmaterial Funde des 4./5. Jahrhunderts lagen.

Noch nicht näher zuzuordnende gefügte Mauern als Stützen für Wohnpodeste und andere Reste von Trockenmauerfundamenten sowie Pfostenloch-Reihen weisen auf Bebauung hin, die vorerst noch nicht näher zu datieren ist.

Datierung: Da die Plateau-Aufschüttungen wenig vorgeschichtliches, aber Fundmaterial des 4./5. Jahrhunderts erbracht haben, gehört die Umgestaltung des Berges wohl in frühalemannische Zeit. Da auch auf der Oberfläche neben hochmittelalterlichem Fundstoff aus der Zeit der Zähringer Burg frühvölkerwanderungszeitliche (und karolingerzeitliche) Funde geborgen werden konnten, sprechen die Indizien für einen Ausbau der Bergkuppe zur Gewinnung eines Siedlungsareals von 5 ha im 4. und frühen 5. Jahrhundert, eine neue Nutzung des Plateaus erfolgte dann im 8./9. Jahrhundert.

Funde: Der Fundstoff besteht aus spätrömischer Keramik (Terra Sigillata und Terra Nigra) sowie germanischer Ware, aus Perlen, einer Silbernadel, Bruchstücken von Halsringen aus Bronze und Silber und aus zahlreichen Resten von Kerbschnitt-Gürtelgarnituren. Außerdem wurden an Waffen zwei Lanzenspitzen und drei Äxte gefunden.

Handwerk belegen umfangreicher Bronzeblech-Schrott, der an mehreren Plätzen gefunden wurde, römische Altstücke, teils zerstört, und zerschnittene Reste von Kerbschnittgürtelblechen.

Deutung: Der Berg hat eine Siedlung des 4./5. Jahrhunderts getragen, in der neben Kriegern auch Frauen gelebt und Handwerker gearbeitet haben. Für den Nachweis der Art einer Bebauung reichten die Grabungen bisher nicht aus. Beachtlich sind die Steinbruch- und Erdarbeiten, die zur Umgestaltung der gesamten Bergkuppe geführt haben. Die im Südbereich noch mehr oder weniger offen liegenden Rippenkonstruktionen der Fundamentierung für die Terrassen (auf den ersten Plänen als ›Störungen‹ gekennzeichnet) zeigen, daß der Ausbau nicht ganz vollendet werden konnte.

3) Mainschleife bei Urphar, Kreuzwertheim, Ldkr. Main-Spessart, Unterfranken (Wettenburg)

Lit.: L. WAMSER, Eine völkerwanderungszeitliche Befestigung im Freien Germanien: Die Mainschleife bei Urphar, Markt Kreuzwertheim, Ldkr. Main-Spessart, Unterfranken. Das archäologische Jahr in Bayern 1981 (Stuttgart 1982) S. 156-157 und 27 mit Abb. 16 (Kleinfunde des 4. und 5. Jahrhunderts); B. OVERBECK und L. WAMSER, Ein Schatzfund spätrömischer Münzen von der völkerwanderungszeitlichen Befestigung in der Mainschleife bei Urphar. Das archäologische Jahr in Bayern 1982 (Stuttgart 1983) S. 96-97, mit Abb. 84: Plan der Befestigung. L. WAMSER, Vortrag am 29. 1. 1987 in Freiburg i. Br.; D. ROSENSTOCK, Bayer. Vorgeschichtsbl. 52, 1987, S. 105-131, Kat.-Nr. 6 (Karte).

Lage: Bergzunge in einer Mainschlinge mit bis zu 100 m tief zum Fluß abfallenden Steilhängen; Kamm nur 40 m breit und 1200 m lang, zweiteilige Befestigung mit jeweils 400 m langen durch Abschnittswälle befestigten Arealen, also je etwa 1,5 ha groß.

Baubefunde: Auf der Höhe des Kamms, der Nord-Süd verläuft, im Norden zur Hochfläche an der engsten Stelle zwei dicht aufeinander folgende Abschnittswälle als Nordgrenze der Hauptburg, 400 m weiter nach Süden ein Wall als Begrenzung einer Vorburg. Grabungen fanden 1985 und 1986 am mittleren Wall statt, die jedoch zu keiner sicheren Datierung geführt haben. Eine 6 m breite Zweischalenmauer mit Balkenschlitzen im Abstand von 2,80 m wurde freigelegt; in die Wallkuppe ist eine jüngere Befestigung/ Holzerdemauer mit zwei parallelen Fundamentgräben im Abstand von 3,50 m eingebaut worden. Linksrheinische Eifelware des 4./5. Jahrhunderts und germanische völkerwanderungszeitliche Keramik in den Baugruben sowie eine Pfeilspitze des 9. Jahrhunderts lassen eine Bauabfolge ahnen: erste Abschnittsbefestigung im 4./5. Jahrhundert, zweite Phase im Mittelalter; doch ist eine Datierung in vorgeschichtliche Zeit für die erste Phase und in das 4./5. Jahrhundert für die jüngere Phase ebenfalls möglich.

Datierung: Ein Münzschatzfund dicht hinter dem Hauptwall gehört in den Anfang des 5. Jahrhunderts; die Masse der Metallfunde stammt aus dem fortgeschrittenen 4. Jahrhundert, der Zeit um 400 und der ersten Hälfte des 5. Jahrhunderts. Das Ende der Nutzung des Platzes liegt im 2. Drittel des 5. Jahrhunderts.

Funde: Die Mehrheit der geborgenen Funde war verlagert und stammt aus dem Hangschutt. Die übrige Fundstreuung richtet sich nach den Befestigungsriegeln.

Eine große Anzahl an Waffen, etwa 40 Äxte, Pfeilspitzen, Messer, Griffplatten von Schwertern, dafür wenig Frauenschmuck bestimmen das Fundbild. In das Krieger-Milieu gehören auch die zahlreichen Teile von Kerbschnittgürtel-Garnituren und ›ostgermanische‹ D-förmige Schnallen und Schnallendorne.

Handwerkliche Betätigung wird durch Schmiedewerkzeug des Grobschmieds angezeigt, die des Feinschmieds durch Gußtiegel, Silberklumpen, Bronzeblechschrott und durch ein Bleimodel für ›ostgermanische‹ Schnallendorne mit Tierkopfende. Germanische Keramik, u. a. schrägkanneliert, und zahlreiche Keramik linksrheinischer Herkunft sind zu nennen.

Deutung: Der Platz gehört zu den kleinsten Höhensiedlungen, die bisher bekannt sind; für eine Dauerbesiedlung sprechen die verschiedenartigen Belege für Handwerk. Auffällig ist der starke linksrheinische Anteil am Fundmaterial – bis hin zu den Verzierungstechniken auf den Kerbschnittbronzen (L. WAMSER) – sowie der ›ostgermanische‹ Einfluß. Hat der Zweck der Anlage oder haben die Bewohner gewechselt; statt eines germanischen Höhensitzes käme auch ein Foederatenlager in Frage, wofür der Münzschatz – römisches Kupfer-Kleingeld – sprechen könnte, bei dem es sich kaum um Rohmaterial für den Bundmetallhandwerker gehandelt hat. Schon R. CHRISTLEIN (Das archäologische Jahr in Bayern 1981, S. 26) hat einen burgundischen Gaukönig in Erwägung gezogen; ebenso würden ostgermanisch-burgundische Foederaten das Fundspektrum erklären.

Nach dem Runden Berg bei Urach stellt die Mainschleife bei Urphar den größten Fundkomplex des 4./5. Jahrhunderts. Die Ranghöhe der Bewohner charakterisieren die Bruchstücke zweier feuervergoldeter Silberfibeln (eine vom Typ Wiesbaden).

4) Dünsberg bei Biebertal-Fellinghausen, Kr. Gießen

Lit.: F.-R. HERRMANN, Der Dünsberg bei Gießen. Archäologische Denkmäler in Hessen 60 (Wiesbaden 1986); Chr. SCHLOTT (Hrsg.), Archäologie um Königstein. Heimatkundliche Geschichtsbl. Königstein im Taunus 8, 1982, S. 127-131; D. ROSENSTOCK, Bayer. Vorgeschichtsbl. 52, 1987, S. 105-131, Kat.-Nr. 51 (Karte); W. DEHN, s. v. Dünsberg, in:

Reallexikon der germanischen Altertumskunde Bd. 6, Lfg. 3/4 (Berlin – New York 1986) S. 260-263; D. Baatz, Dünsberg. In: D. Baatz, F.-R. Herrmann, Die Römer in Hessen (Stuttgart 1982) S. 259-261 mit Abb. 186; J. Werner (wie Anm. 1) S. 439 ff.; Mildenberger 1978 (wie Anm. 6) S. 57, 69, 74; Ders., Die germanische Besiedlung des Dünsberges. Fundber. aus Hessen 17/18, 1977/78 (1980) S. 157 ff.; G. Jacobi, Die Metallfunde vom Dünsberg. Materialhefte zur Vor- und Frühgeschichte Hessens 2 (Wiesbaden 1977) S. 42-51 mit Plan Abb. 16; Ders., Neue Eisenfunde vom Dünsberg. Fundberichte aus Hessen 17/18, 1977/78 (1980) S. 151 ff.; R. Spehr, Rez. zu G. Jacobi, Die Metallfunde von Dünsberg. Germania 56, 1978, S. 613-621, hier 620 f.; W. Dehn, Der Dünsberg und seine Wallanlagen. In: Führer zu vor- und frühgeschichtlichen Denkmälern 1 (Mainz 1964) S. 50-63, auch Bonner Jahrb. 158, 1958, S. 64 ff.; F.-R. Herrmann, Frühgeschichtliche Befestigungen in Mittel- und Südhessen. In: H. Roth, E. Wamers (Hrsg.), Hessen im Frühmittelalter. Ausstellungskatalog (Sigmaringen 1984) S. 64-66; H. Schoppa, Fundber. aus Hessen 5/6, 1965/66, S. 95 Abb. 2 (spätrömische Keramik).

Lage: freiliegende Kuppe als Ausläufer des Westerwaldes, bis 500 m über NN und die umgebenden Berge um 100 m überragend; drei Wallringe umgeben die Kuppe, der äußere schließt 90 ha ein, der innere hat einen Durchmesser von 350 m und faßt beinahe 10 ha ein.

Baubefunde: Trotz zahlreicher Grabungen am Anfang des Jahrhunderts ist die Abfolge der Befestigungslinien unbekannt; wesentliche Züge und einige Tore sind sicher in der Spätlatènezeit entstanden. Baubefunde des 4./5. Jahrhunderts sind nicht bekannt.

Datierung: Die vorgeschichtliche Besiedlung endet mit einer germanischen Phase um oder kurz nach Christi Geburt; römische Waffenfunde (3 Schleuderbleie, ein Dolch, eine Pilumspitze) wurden von Jacobi mit den Drusus-Feldzügen in Verbindung gebracht.

Relativ viele Funde, Keramik und Metallgegenstände gehören in das 4./5. Jahrhundert, einige auch in die Merowingerzeit (Schnallen, vielleicht ein Sax und einige der Schwerter).

Funde: Jacobi (1977) nennt eine Bronzegürtelschnalle, mehrere Bruchstücke von Schnallen sowie eine kerbschnittverzierte Riemenzunge, das Randstück eines Bronzegefäßes, eine bronzene kleine Waagschale, und Bronzeblechfragmente, außerdem zahlreiche Waffen: zwei Schwerter und 16 Bruchstücke von solchen, darunter vier damaszierte Klingen, zwei Schaftlochäxte und eine Breitaxt.

Gefunden wurde römische Keramik, Eifelware, und germanische Keramik.

Deutung: Die Menge der Waffenfunde, die außerdem meist Kampfspuren aufweisen, fällt auf; doch ist zu bedenken, daß der Berg systematisch mit Metallsuchgeräten begangen worden ist. Die Funde stammen vom Südhang, aber vor allem vom Ostsporn zwischen oberem und mittlerem Wallring, so daß eine Zuordnung der Fundstreuung zu einem Befestigungsverlauf nicht gegeben ist (vgl. Jacobi 1977, Plan Abb. 16). Jacobi (1977, S. 50 Anm. 402) läßt die Frage einer eventuellen Befestigung in der frühen Völkerwanderungszeit offen, erwägt jedoch, eine Ausbauphase des obersten Walles (>Schlackenwall<) in diese Zeit zu stellen.

Wann, wenn nicht im Mittelalter, Eisen – im Ostbereich des Berges – gewonnen und verarbeitet worden ist, bleibt ebenfalls völlig ungeklärt (vgl. Eisengewinnung und -verarbeitung auf dem Zähringer Burgberg).

Von einer Höhensiedlung kann auf Grund der Funddichte aber ausgegangen werden, auch wegen des zahlreichen Gebrauchsgeräts. Jacobi vermutet eine Besiedlung im 4./5. und eine Neubesetzung im späten 5./frühen 6. Jahrhundert; Mildenberger (1980) erwägt eine zusammenhängende Besiedlung vom 4. bis zum frühen 6. Jahrhundert.

Die Besiedlung im 4./5. Jahrhundert könnte ein gewaltsames Ende um 500 gefunden haben (zerbrochene Waffen mit Kampfspuren, Skelette, vgl. Jacobi 1977, 50 Anm. 404);

eine merowingerzeitliche Phase könnte folgen. Ähnliche Beobachtungen ergeben sich für den Runden Berg bei Urach.

5) *Glauberg, Wetteraukreis*

Lit.: W. ERK, Zur Literatur über den Glauberg. Büdinger Geschichtsblätter 9/10, 1980/81, S. 169 ff. mit Verzeichnis S. 181 ff.; U. DAHMLOS, Archäologische Funde des 4. bis 9. Jahrhunderts in Hessen (1979) S. 27 Nr. 5; F.-R. HERRMANN, Der Glauberg am Ostrand der Wetterau, Führungsblatt zu den vorgeschichtlichen bis mittelalterlichen Befestigungen bei Glauburg-Glauberg, Wetteraukreis. Archäologische Denkmäler in Hessen 51 (Wiesbaden 1985) mit Lit. –
H. KLUMBACH, Schnallengußformen der frühen Völkerwanderungszeit vom Glauberg in Oberhessen. Saalburg-Jahrb. 9, 1939, S. 46 f.; J. WERNER, Merowingisches vom Glauberg. Fundberichte aus Hessen 14, 1974, S. 389-392. –
D. BAATZ, Glauberg FB. Germanische Burg der spätrömischen Kaiserzeit. In: D. BAATZ, F.-R. HERRMANN (Hrsg.), Die Römer in Hessen (Stuttgart 1982) S. 319 ff.; J. WERNER, Zu den alamannischen Burgen des 4. und 5. Jahrhunderts. In: Speculum Historiale, Festschr. J. Spörl (1965) S. 439 ff. (vgl. hier Anm. 1); K. WEIDEMANN, Archäologische Zeugnisse zur Eingliederung Hessens und Mainfrankens in das Frankenreich vom 7. bis zum 9. Jahrhundert. In: Althessen im Frankenreich. Nationes Bd. 2 (Sigmaringen 1975) S. 95-119, hier S. 103 ff.; G. MILDENBERGER 1978 (wie Anm. 6) S. 69 f., 95 f., 132 f.; R. ROEREN, Jahrb. RGZM 7, 1960, S. 254 Nr. 79. –
S. SPORS, Spätrömische Drehscheibenkeramik vom Glauberg (Wetteraukreis). Jahrb. RGZM 33, 1986, 2. Teil, S. 417-468; D. ROSENSTOCK, Bayer. Vorgeschichtsbl. 52, 1987, S. 105-131, Kat.- Nr. 45 (Karte).

Lage: langrechteckiges Plateau in etwa 260 m Höhe über NN von 900 m Länge und 80 bis 180 m Breite, rund 8 ha werden von einer Befestigung eingefaßt; ein dreieckiger Annex, durch Wälle befestigt, schließt sich nach Norden an, reicht hinab bis zu einer Höhe von 210 m NN und erweitert die Anlage auf 19,7 ha. Ähnliche Annexwälle – in Resten – könnten ein Gesamtareal von fast 45 ha eingeschlossen haben.

Baubefunde: Die Grabungen durch H. Richter 1933 bis 1939, zu denen jetzt neue Untersuchungen durch F.-R. Herrmann gekommen sind, haben Höhensiedlungen und Befestigungen vom Neolithikum bis zur hochmittelalterlichen Reichsburg ergeben. Die Interpretation, vor allem die Datierung der Befunde, seien es Baureste im Innern der Anlage oder Befestigungslinien, ist weitgehend offen. Die stärkste Befestigung erfolgte im 6./5. Jahrhundert v. Chr. in der Späthallstatt- und Frühlatènezeit, als auch die nach Norden vorspringenden Annexlinien entstanden, um ein Wasserreservoir einzuschließen. –

Aus der frühalemannischen Zeit, dem 4./5. Jahrhundert, stammt wohl eine 1,50 m dicke Trockenmauer, die das Bergplateau umschließt, eine Schalenmauer aus Basaltblöcken, errichtet auf den älteren Ringmauern. Zwei Quermauern unterteilen den Innenraum, so daß drei Bereiche entstehen. Überall finden sich dichte Siedlungsspuren und Belege für Handwerksbetriebe.

Eine neue Befestigung erfolgte in spätmerowingisch-frühkarolingischer Zeit, im späten 7./8. Jahrhundert. Unter anderem entstand ein kleines ›Kastell‹ im Südwesten hinter der Enzheimer Pforte, wahrscheinlich wurden auch andere Teile der Befestigung weiter ausgebaut. –

Die von J. Werner und anderen beschriebenen Innen-Bebauungsreste sind nur unter Vorbehalt für die Zeit des 4./5. Jahrhunderts zu nehmen: Größere Hauskomplexe liegen im östlichen Bereich der Hochfläche, u.a. datiert durch eine Siliqua des Arcadius (um 400), während kleinere Häuser im muldenförmigen Graben auf der Innenseite der Wallmauer aufgereiht erscheinen; dieser Graben ist entstanden, als man das Baumaterial für die Trockenmauer des 4. Jahrhunderts auf der Innenseite des alten Walles gebrochen hatte. Die Häuser sind also jünger, könnten nach den Plänen aber zur mittelalterlichen Reichsburg gehören. Doch sind die Häuser teilweise untersucht worden, haben Herdstellen aus Lehmplatten und scheinen Handwerkerhäuser gewesen zu sein, da in einem ›teilweise‹! freigelegten Haus Gußformen – 10 Stück – zur Anfertigung von bronzenen Gürtelschnallen gefunden wurden. Von einer Mehrphasigkeit der Bebauung mit Häusern kann ausgegangen werden.

Eine 20 m breite und 4 m tiefe Grube in der Plateaumitte wird als Wasserspeicher angesehen. Um diese herum sind Schmelz- und Gießgruben nachgewiesen.

Datierung: J. Werner hat das noch erhaltene Fundmaterial untersucht, wonach die Besiedlung in nachrömischer Zeit in der 2. Hälfte des 3. Jahrhunderts beginnt, während die Masse der Funde aus dem 4. und der ersten Hälfte des 5. Jahrhunderts stammt und keine Spuren darauf hinweisen, daß die Burg über das Jahr 500 hinaus gehalten wurde. Münzfunde belegen diese Zeitspanne.

Funde: Zum Fundstoff gehören importierte Eifelkeramik, Terra Sigillata aus den Argonnen, römische Zwiebelknopffibeln, germanische Bügelknopffibeln, kerbschnittverzierte Gürtelgarnituren, Glasbecher mit Fadenverzierung, frühmerowingische Bügelfibeln und eine eiserne Tüllenlanze.

Aufmerksamkeit verdienen vor allem die tönernen Gußformreste zum Gießen von Schnallen, zu datieren in die Mitte bzw. zweite Hälfte des 5. Jahrhunderts.

Seit der Mitte des 7. Jahrhunderts ist der Berg wieder genutzt. Richter beschrieb das fränkische Kastell im Westen des Berges und sprach ›von großen fränkischen Häusern und einem Reihengräberfeld‹. J. Werner hat neben Keramik ›einige fränkische Bronzeobjekte – Riemenzungen und Anhänger – aus der zweiten Hälfte des 7. und des 8. Jahrhunderts‹ gesehen und außerdem einen durchbrochenen Beschlag aus der Mitte des 7. Jahrhunderts veröffentlicht, mit nahen Parallelen aus Rheinhessen.

Deutung: Ob der gesamte obere Bereich des Glauberges, also die Fläche von 8 ha, im 4./ 5. Jahrhundert besiedelt war, läßt sich nicht mit Sicherheit sagen. Nachgewiesen ist handwerkliche Tätigkeit auf dem Berg.

G. MILDENBERGER hat auf Spuren der ersten Jahrzehnte des 1. Jahrhunderts auf dem Berg hingewiesen (S. 69 f.), er nennt einige Scherben sowie zwei Bronzefibeln der Form Almgren 22. Weiterhin wurden zwei Terra Sigillata Scherben des späten 2. oder frühen 3. Jahrhunderts gefunden. G. Mildenberger weist auf eine der Hauptbefestigung entsprechende Trockenmauer hin, die auch auf den nördlichen Annexwällen gefunden worden sei, was ein Hinweis auf die Benutzung der Gesamtanlage im 4./5. Jahrhundert sein könnte.

Für das 4./5. Jahrhundert spricht die Masse der Funde für eine Dauerbesiedlung, die Ansiedlung von Handwerkern ist belegt, durch Schmuck auch die Anwesenheit von Frauen, nicht nur von Kriegern. H. Richter deutete mehrere größere Hausanlagen im östlichen Teil des Ringwallareals als ›Fürstensitz‹, dem die kleineren Handwerkerhäuser zugeordnet seien (G. MILDENBERGER S. 95 f.). Nach den Äußerungen von F.-R. HERRMANN im Führungsblatt (1985) sollte man bei der zeitlichen Einordnung der Befunde aber zurückhaltend sein. Nach dem Führungsblatt (1985) gehören die in den Materialgraben hineingebauten Häuser, steinerne Kellerfundamente von Fachwerkhäusern, dem Hochmittelalter an.

Die Auswertung der spätrömischen Drehscheibenkeramik durch S. Spors hat den Zeitansatz zweite Hälfte 4. und erste Hälfte 5. Jahrhundert bestätigt. Vielleicht kann man aus einigen Keramikfunden sowie nach den Metallgegenständen eine Nutzung des Platzes bis um 500 erschließen.

6) Gelbe Bürg bei Dittenheim, Ldkr. Gunzenhausen, Mittelfranken

Lit.: W. MENGHIN, Spätrömische und frühmittelalterliche Zeit. In: Landkreis Weißenburg-Gunzenhausen, Archäologie und Geschichte. Führer zu archäologischen Denkmälern in Deutschland 14 (Stuttgart 1987) S. 122-167 (Gelbe Bürg, S. 122-128); DERS., Der Reihengräberfriedhof von Westheim und die frühmittelalterliche Archäologie im südwestlichen Mittelfranken. Begleitheft zur Sonderausstellung Museum Gunzenhausen (1987); K. BÖHNER, Hof, Burg und Stadt im frühen Mittelalter, a.a.O., S. 168-246 (Gelbe Bürg, S. 168-175); H. DANNHEIMER, Völkerwanderungszeit und frühes Mittelalter. Römermuseum Weißenburg. Führer Prähistorische Staatssammlung (1984) S. 4-9. –

F.-R. HERRMANN, Neue Ausgrabungen in Mittelfranken. Jahrb. des Hist. Vereins für Mittelfranken 85, 1969/70, S. 211-227; DERS., Ausgrabungen an den Ringwallanlagen der Gelben Bürg bei Dittenheim. In: Neue Ausgrabungen in Bayern. Probleme der Zeit, Zeitschrift für Wissenschaft, Wirtschaft und Kultur (München 1970) S. 36-41; H. DANNHEIMER, Die germanischen Funde der späten Kaiserzeit und des frühen Mittelalters in Mittelfranken (Berlin 1962) S. 170-176; H. MÜLLER-KARPE, Funde von bayerischen Höhensiedlungen (München 1959) S. 20ff.; R. CHRISTLEIN, Die Alamannen (Stuttgart 1978) Abb. 23; Die Germanen. Ein Handbuch, Bd. 2 (Berlin 1983) S. 350 Abb. 73 (Plan); G. MILDENBERGER 1978 (wie Anm. 6) S. 96f.; R. ROEREN, Jahrb. RGZM 7, 1960, S. 254 Nr. 78; H. KOSCHIK, Schutzmaßnahmen auf der vor- und frühgeschichtlichen Höhensiedlung Gelbe Bürg bei Dittenheim. Das Archäologische Jahr in Bayern 1982 (Stuttgart 1983) S. 57-59.

Lage: Ein dreieckiger Berg (ein aus der Jurahochebene des Hahnenkammes nach Norden gegen die Altmühl heraustretender Bergkegel) am Nordrand der Fränkischen Alb wird von einer doppelten Ringwallanlage eingefaßt. Ein oberes Plateau bei 625 m über NN mit 225 zu 275 m, also etwas mehr als 3 ha, wird 30 m tiefer am Hang durch eine zweite Wall-Linie eingefaßt. Insgesamt liegt das obere Plateau etwa 650 m über der Niederung. Die Gesamtgröße des befestigten Areals erreicht 12-14 ha.

Baubefunde: Grabungen 1908-1911 durch H. Eidam haben an der Kante des oberen Plateaus zwei Befestigungen nachgewiesen. Die ältere besteht aus einer Doppelreihe senkrechter Pfähle von dem Durchmesser 0,15-0,40 m, die in einem Abstand von 1,75-2,00 m nebeneinander stehen, während die beiden Reihen 1,00-1,30 m auseinander liegen. Ein kleiner Graben bzw. eine Reihe von Gruben begleitet außen diese Befestigung, die von H. Eidam nach den Scherben in den Pfostengruben etc. in die Hallstattzeit datiert wurde, während K. Böhner im Vergleich zur Befestigung auf dem Runden Berg bei Urach das 3.-5. Jahrhundert vorschlägt. Überlagert wird diese ältere Holzbefestigung von einer 3 m dicken Mauer, die beidseitig von Trockenmauern gefaßt wird. H. Eidam sah auch diese Mauer als eisenzeitlich an, während K. Böhner im Vergleich zum Runden Berg das 7. Jahrhundert vorschlägt.

Grabungen 1968 haben die untere Wall-Linie untersucht und dabei eine 13,30 m breite Mauer freigelegt, die aus jeweils 2 m starken Trockenmauern besteht, zwischen denen Steine und Erde eingeschüttet worden sind. In dieser Füllung lag eine Glasschale der zweiten Hälfte des 4. Jahrhunderts, die – als Bauopfer (H. Dannheimer) – diese Befestigung in das 4. Jahrhundert datieren würde. Handelt es sich jedoch nur um einen verlagerten Fund, dann könnte diese mächtige Befestigung auch jünger sein. Von einer wiederum jüngeren Befestigung sind nur die 5 m breiten Fundamente einer Steinkonstruktion erhalten, die in die ältere Mauer eingetieft worden sind.

Die von verschiedenen Autoren vorgeschlagenen sehr unterschiedlichen Zeitansätze für die Befestigungen weisen also darauf hin, daß eine sichere Datierung einer der Befestigungslinien in das 4./5. Jahrhundert noch nicht erreicht werden kann. Besiedlungsbefunde sind bisher nicht ergraben worden.

Datierung: Die für die zweite Hälfte des 3. Jahrhunderts in Anspruch genommenen Funde (Dannheimer) können, so MILDENBERGER 1978, S. 97, auch in die erste Hälfte des 4. Jahrhunderts datiert werden. Die Masse der Funde gehört in das fortgeschrittene 4. und das frühe 5. Jahrhundert.

Zwei frühmerowingische Bügelfibeln und zwei Spitzbecher bezeugen die Benutzung der Anlage in der Zeit um oder bald nach 500.

Auch aus dem späten 6. und dem 7. Jahrhundert liegen nur wenige Funde vor, aus dem 10./11. Jahrhundert ist die Fundanzahl (Sporen) größer.

Funde: Die meisten Funde des 4./5. Jahrhunderts stammen vom oberen Plateau: bronzene und eiserne Fibeln, Nadeln und Halsringe aus Bronze, mehrere (mit Kerbschnitt) verzierte Gürtelbeschläge, Schnallen und Riemenzungen; Perlen; Beinkämme; eiserne Geräte wie zahlreiche Messer, dann Waffen, eine Axt, Pfeilspitzen; römische und germanische Keramik, u.a. mit Kanneluren, außerdem ein Bronzekessel mit alten Flickstellen. H. Dannheimer hat den Fundstoff zusammengestellt (1962, Abb. 27-30, Taf. 2-6 und 17-21) und eine chronologische Gliederung vorgenommen (S. 176).

Deutung: Die Masse der Funde vom – nicht bewaldeten – Plateau spricht für eine intensive Besiedlung, was mit den durch die neuen Grabungen nachgewiesenen Befestigungsbauten des 4./5. Jahrhunderts nun das Bild einer großen Höhensiedlung entstehen läßt. Unter dem Fundstoff fehlen Hinweise auf handwerkliche Tätigkeit; doch mag dies an der Art der Sammeltätigkeit liegen, bei der z. B. Bronzeblechschrott etc. nicht beachtet wurde.

7) *Houbirg bei Happurg, Ldkr. Nürnberger Land, Mittelfranken*

Lit.: Die Houbirg im Nürnberger Land. Archäologische Forschungen in Vergangenheit und Gegenwart. Schriftenreihe der ›Altnürnberger Landschaft‹ Bd. 32 (Nürnberg 1985); H. KOSCHIK, Ein Schnitt durch den Wall der Houbirg bei Happurg, Landkreis Nürnberger Land, Mittelfranken. Das archäologische Jahr in Bayern 1982 (Stuttgart 1983) S. 54-56; G. MILDENBERGER 1978 (wie Anm. 6) S. 103; H. W. BÖHME, Ein germanischer Gürtelbeschlag der Zeit um 400 aus Oberfranken. Studien zur Sachsenforschung 1 (Hildesheim 1977) S. 23 Anm. 27 und Abb. 8; J. GÖBEL, Ein germanischer Fund von der Houbirg. Jahresmitt. der Naturhist. Gesellschaft Nürnberg 1975, S. 74 Abb.; G. RASCHKE, Germanische Funde im Regnitzraum. Jahrb. für fränk. Landesforschung 20, 1960, S. 97-128, hier S. 99 ff.; H. DANNHEIMER, Die germanischen Funde der späten Kaiserzeit und des frühen Mittelalters in Mittelfranken (Berlin 1962) S. 188 und Taf. 72 C.; P. REINECKE, 23. Ber. RGK 1933, S. 192 (Bronzefibel) und 24./25. Ber. RGK 1934/35, S. 231 (Perle).

Lage: Ringwallanlage von 4,5 km Länge auf einer Bergkuppe in 500 bis 650 m Höhe über NN, etwa 1200 auf 900 m, also etwa 100 ha.

Baubefunde: Befestigungslinie aus einem urnenfelderzeitlichen Wall, der in der Frühlatènezeit mehrfach ausgebaut wurde.

Datierung: Römerzeitliche Funde (Fibel mit Bügelknoten, Fundort aber unsicher) und Funde des 4./5. Jahrhunderts bezeugen eine Wiederbegehung der vorgeschichtlichen Anlage.

Funde: Große grüne Glasperle mit Rippen und weißen Auflagen der Zeit um 400, weitere Perle aus schwarzem Glas mit roter Fadeneinlage, eine halbkreisförmige Schnalle aus Eisen (DANNHEIMER Taf. 72 C) und das Fragment einer spätrömischen Kerbschnittgürtelgarnitur (BÖHME Abb. 8).

Deutung: Die wenigen Funde als Beleg für eine Höhensiedlung des 4./5. Jahrhunderts gewinnen dadurch an Gewicht, daß die Kerbschnittbronze ein mit der ›Blechschere‹ zurechtgeschnittenes rechteckiges Fragment ist, das – wie Parallelen von anderen Höhensiedlungen belegen können – als Rohmaterial für einen Buntmetallhandwerker dienen sollte: ein indirekter Nachweis für Handwerk auf der Houbirg.

8) Büraburg, Gem. Ungedanken, Kr. Fritzlar-Homberg

Lit.: H. W. BÖHME, Völkerwanderungszeitliche Metallgegenstände vom Büraberg bei Fritzlar. Arch. Korrespondenzblatt 4, 1974, S. 165-171; G. MILDENBERGER 1978 (wie Anm. 6) S. 69; N. WAND, Der Büraberg bei Fritzlar. Führer zur nordhessischen Ur- und Frühgeschichte 4 (Kassel 1974) S. 32 ff.

Auf dem Areal der karolingerzeitlichen Burg, etwa 278 m über NN und gut 100 m über dem Edertal, insgesamt ohne Vorburgen 8 ha groß, sind Funde der älteren, der jüngeren römischen Kaiserzeit und des 4./5. Jahrhunderts gemacht worden: eine Aucissa-Fibel, Terra-sigillata-Scherben des 2. oder 3. Jahrhunderts, eine Fibel mit hohem Nadelhalter, dann eine Fibel mit umgeschlagenem Fuß, eine bronzene Nadel und die Bronzeröhre einer Kerbschnittgürtelgarnitur. Jedoch ließen sich weder vormittelalterliche Siedlungsschichten noch Befestigungsanlagen nachweisen.

Die Reste metallener Männer- und Frauentrachtelemente auf dem Berg sowie mehrere Plätze im Fritzlarer Becken mit Funden des 4./5. Jahrhunderts (BÖHME S. 169) sind Indizien für eine germanische Höhensiedlung auf dem Büraberg.

9) Gangolfsberg, Oberelsbach, Rhön, Unterfranken

Auf dem bis zu 737 m ansteigenden Gangolfsberg wurden der Teil einer Kerbschnittgürtelgarnitur und eine scheibenförmige Riemenzunge gefunden; auch das 8./9. Jahrhundert sah wieder eine Befestigung des Berges (G. Wamser, Vortrag am 29. 1. 1987 in Freiburg i. Br.).

10) Staffelberg, Staffelstein-Romansthal, Ldkr. Lichtenfeld, Oberfranken

Lit.: B.-U. ABELS, Archäologischer Führer Oberfranken. Führer zu archäologischen Denkmälern in Bayer. Franken 2 (Stuttgart 1986) S. 171-176; K. SCHWARZ, Die vor- und frühgeschichtlichen Geländedenkmäler Oberfrankens. Materialhefte zur bayer. Vorgeschichte 5 (1955) S. 162 ff.; U. OSTERHAUS, Vorgeschichtliche Befestigungen auf dem Staffelberg bei Staffelstein. In: Probleme der Zeit. Neue Ausgrabungen in Bayern (1970) S. 18 ff.; B. U. ABELS, Neue Ausgrabungen auf dem Staffelberg. Jahresber. der Bayer. Bodendenkmalpflege 21, 1980, S. 62 ff.; DERS., Ausgrabungen und Rekonstruktion der spätlatènezeitlichen Befestigungsmauer auf dem Staffelberg. Das archäologische Jahr in Bayern 1983 (Stuttgart 1984) S. 83-85; DERS., Eine Siedlungsgrabung auf dem Staffelberg-Hochplateau. Das archäologische Jahr in Bayern 1984 (Stuttgart 1985) S. 73-75 (S. 74 Nennung der völkerwanderungszeitlichen Funde, S. 75 Farb-Abb.); MILDENBERGER 1978 (wie Anm. 6) S. 102, 127; Ausgrabungen und Funde in Oberfranken 2, 1979-1980, S. 24 und Abb. 36,4 sowie S. 29 und Abb. 39, S. 3-5 (frühe Völkerwanderungs- und Karolingerzeit); Ausgrabungen und Funde in Oberfranken 3, 1981-1982, S. 21 und Abb. 32, S. 21-22, Abb. 33,11 sowie S. 25-27 und Abb. 32; Ausgrabungen und Funde in Oberfranken 4, 1983-1984, S. 26-28 und Abb. 33,5-8; Chr. PESCHECK, Die germ. Bodenfunde der röm. Kaiserzeit in Mainfranken (München 1978) S. 276; R. ROEREN, Jahrb. RGZM 7, 1960, S. 255 Nr. 83.

Lage: Ausläufer der Fränkischen Alb, Plateau etwa 530 m über NN und 280 m über dem Maintal bzw. 50 m über der Alb; etwa 125 zu 356 m, also 3 ha groß; auf der Albhochfläche ist zusätzlich ein 700 zu 900 m großes Gebiet durch einen Wall begrenzt, mehr als 50 ha.

Baubefunde: Ein Grabungsschnitt 1982 im Randwall des Hochplateaus ergab die Abfolge einer späthallstattzeitlichen, einer frühlatènezeitlichen und einer vorgeblendeten spätlatènezeitlichen Mauer mit angeschüttetem Wall; überdeckt war diese Abfolge durch eine Planierungsschicht, auf die eine 3,6 m breite zweifrontige Steinmauer aufgesetzt ist, die keine Holzpfostenkonstruktion enthält. ›Diese Mauer, deutlich jünger als die Spätlatène-mauer, muß auf Grund der Funde spätgermanisch sein‹ (ABELS 1986, S. 176).

Ein 4 m langes Grubenhaus, das eine Latènegrube schneidet, könnte zur germanischen Innenbebauung gehören (Ausgrabungen und Funde in Oberfranken 4, 1983-1984, S. 27).

Datierung: Eine eiserne und eine bronzene Fibel (Chr. PESCHECK, Frankenland NF 19, 1967, S. 268 ff.), Fragmente eines Bronzesiebs (EGGERS, S. 160-162) und u. U. Terra-Sigillata gehören in die jüngere römische Kaiserzeit (MILDENBERGER 1978, S. 102; PESCHECK 1978, S. 276), während Kerbschnittbronzen, Perlen etc. das 4./5. Jahrhundert belegen. Erneut wird der Berg in der Karolingerzeit besetzt.

Funde: Germanische Keramik (PESCHECK 1978, Taf. 133, 1-4), eine kerbschnittverzierte Riemenzunge, Glasperlen, Bronzebeschläge (MILDENBERGER 1978, S. 102), ein mit Kreis-augen verzierter länglicher Knochengegenstand, ein kleiner Würfel, Teile eines Dreilagen-kammes und das Bruchstück einer Argonnen-Sigillata – aus Grabungen 1983 – (Ausgra-bungen und Funde in Oberfranken 4, 1983-84, S. 27 f.), mehrere Terra-Sigillata-Bruch-stücke (a. a. O. 2, 1979-80, Abb. 36, 5-6 und 3, 1981-82, S. 21, auch Abb. 32, 21-22), Glasperlen (a. a. O., Abb. 32, 30-32) bilden erst einen dünnen Niederschlag der Besiedlung im 4./5. Jahrhundert. Eine Niemberger Fibel erwähnt ABELS (Das archäologische Jahr in Bayern 1983, S. 85). H. W. BÖHME, Studien zur Sachsenforschung 1 (Hildesheim 1977) S. 23 Anm. 25 erwähnt Bestandteile mehrerer Gürtel mit Kerbschnittzier, vgl. ABELS 1986, S. 88 und 175.

Deutung: Der vermutete Ausbau des Plateaus im frühvölkerwanderungszeitlichen Milieu ist durch die jüngsten Ausgrabungen bestätigt worden, da endlich der Nachweis einer Befestigungsphase gelungen ist. Die Auswertung der Flächengrabungen mag durch exakte Ansprache der Keramik einen stärkeren Siedlungsniederschlag erkennbar werden lassen; auch die bisher geborgenen eisernen Werkzeuge brauchen nicht alle latènezeitlich zu sein.

11) *Turmberg bei Kasendorf, Ldkr. Kulmbach, Oberfranken*

Lit.: B.-U. ABELS, Archäologischer Führer Oberfranken. Führer zu archäologischen Denkmälern in Bayer. Franken 2 (Stuttgart 1986) S. 146-149; K. SCHWARZ, Die vor- und frühgeschichtlichen Geländedenkmäler Oberfrankens. Materialhefte zur Bayer. Vorge-schichte 5 (1955) S. 111 ff.; G. MILDENBERGER 1978 (wie Anm. 6) S. 102; H. W. BÖHME, Germanische Grabfunde des 4. bis 5. Jahrhunderts zwischen unterer Elbe und Loire. Münchner Beiträge zur Vor- und Frühgeschichte 19 (München 1974) S. 15 mit Abb. 4; R. ROEREN, Jahrb. RGZM 7, 1960, S. 254 Nr. 81.

Lage: Bergsporn bis fast 500 m über NN, der die Niederung um rund 110 m überragt; ein äußerer Wallring schließt 14 ha ein (500 zu 380 m), die innere, zweigeteilte Gipfelbefe-stigung hat 1 ha Größe (180 zu 100 m).

Baubefunde: Der südwestliche Randwall weist drei Bauphasen auf (eine lehmgebundene

Mauer, eine mit Gußmörtel gefestigte Kalktrockenmauer und eine gemörtelte Tuffquader-
mauer), die alle wohl karolingisch-ottonisch zu datieren sind. Die außen verlaufende
Befestigung scheint latènezeitlich zu sein, ist aber in ottonischer Zeit überbaut worden.
　　Nach Südosten ist die Gipfelbefestigung künstlich abgesteilt worden, und unterhalb der
13 m hohen Kante schließt sich eine ebenfalls durch einen Graben befestigte Terrasse an.
　　Datierung: Einige Funde gehören in das 4./5. Jahrhundert, so eine Bronzefibel mit
Stützplatte, die auf dem Wall gefunden worden sein soll (MILDENBERGER 1978, S. 102; aber
auf welchem Wall?).
　　Funde: Neben der bronzenen Stützarmfibel (Vorläufer der gleicharmigen Kerbschnittfi-
beln) des späten 4. Jahrhunderts ist auch Keramik gefunden worden.
　　Deutung: Die Ausgräber rechnen mit einer offenen germanischen Siedlung am Gipfel
(MILDENBERGER 1978, S. 102 Anm. 260 nach K. SCHWARZ), da bei den neuen Ausgrabungen keinerlei Hinweise auf eine völkerwanderungszeitliche Befestigung gewonnen werden
konnten.

*12) Reißberg bei Scheßlitz, Ldkr. Bamberg, Oberfranken (auch als Schlappenreuther Berg
　　bei Burgellern bezeichnet)*

Lit.: B.-U. ABELS, Eine neue germanische Befestigungsanlage auf dem Reißberg bei
Scheßlitz. Das archäologische Jahr in Bayern 1983 (Stuttgart 1984) S. 129-130; H. W.
BÖHME, Ein germanischer Gürtelbeschlag der Zeit um 400 aus Oberfranken. Studien zur
Sachsenforschung 1 (Hildesheim 1977) S. 13-24, hier S. 21 ff.; G. MILDENBERGER 1978 (wie
Anm. 6) S. 102; K. WEIDEMANN (wie Anm. 5) S. 363; Ausgrabungen und Funde in Ober-
franken 4, 1983-1984, S. 22 und Abb. 35 auf S. 65 mit 23 Metallfunden der römischen
Kaiserzeit bzw. des 4./5. Jahrhunderts; B.-U. ABELS, Archäologischer Führer Oberfranken
(Stuttgart 1986) S. 166-168 mit Lit.
　　Lage: Inselförmiger Sporn der Fränkischen Alb, nach Westen vorgeschoben und nur
über eine flaschenhalsartige Enge mit der Albhochfläche verbunden; etwa 150 m über der
Niederung liegendes Plateau von ungefähr 400 mal 125 m Größe, insgesamt 5 ha (MILDEN-
BERGER) oder bis zu 12 ha (ABELS 1986, S. 168).
　　Baubefunde: Die Schmalstelle zur Albhochfläche wird durch zwei Abschnittswälle
überquert; der innere Wall geht in eine künstlich versteilte Hangkante über, die das
gesamte Plateau umgibt. Grabungen im Hangbereich haben drei Siedlungsphasen ergeben,
eine spätbronzezeitliche, die des 4./5. Jahrhunderts und eine spätmittelalterliche. Zur Phase
des 4./5. Jahrhunderts gehört eine Pfostenreihe, einziger Rest einer Befestigung – einer
Pfostenschlitzmauer.
　　Datierung: Höhensiedlung des 4./5. Jahrhunderts, datiert durch Teile von Kerbschnittgürtelgarnituren.
　　Funde: 1964 wurde am Hang des Berges das bronzene Beschlagstück eines Militärgürtels, bei dem es sich um eine einheimische Nachahmung, eine germanische Kopie (ABELS
S. 129; BÖHME S. 15 f.) einer spätrömischen Form handelt. Die Grabungen im Hangbereich
erbrachten germanische Keramik, Glasperlen, das Bruchstück einer Spatha und drei Teile
spätrömischer Kerbschnitt-Gürtel, darunter eine Riemenzunge (ABELS S. 130, Abb. 88),
weiterhin eine verzinnte Bronzehülse, werkstattgleich mit Funden von der Ehrenbürg.
Blechreste von römischen Bronzegefäßen, ein Bohrer aus Eisen etc. könnten Spuren von
handwerklicher Tätigkeit sein.
　　Deutung: Schon der Zufallsfund des Gürtelbeschlages haben BÖHME (1977), WEIDE-
MANN (1975), MILDENBERGER (1978) veranlaßt, den Berg unter die germanischen Höhensiedlungen des 4./5. Jahrhunderts einzureihen. Die Grabungen Abels haben dies bestätigt,

wobei auch das relativ reich ausgestattete Kriegergrab in Scheßlitz, ausgegraben 1955, nur 2,5 km vom Burgberg entfernt, berücksichtigt wurde. – Die einheimische Nachahmung eines Kerbschnittbeschlages ließ BÖHME (1977) die Vermutung wagen, daß auch ein Handwerksbetrieb auf dem Berg bestanden haben könnte.

Lit. zum Kriegergrab: Chr. PESCHECK, Die germanischen Bodenfunde der römischen Kaiserzeit in Mainfranken, 2 Bde. (München 1978) Taf. 144 f.; B.-U. ABELS, Archäologischer Führer Oberfrankens. Führer zu archäologischen Denkmälern in Bayern Franken, Bd. 2 (Stuttgart 1986) S. 87 f. mit Abb. 52.

13) Ehrenbürg, Kirchehrenbach bzw. Wiesenthau-Schlaifhausen, Ldkr. Forchheim, Oberfranken

Lit.: H. WÖLFLICK u. a., Ehrenbürg, Schlaifhausen. In: Ausgrabungen und Funde in Oberfranken 5, 1985-1986. Geschichte am Obermain. Jahrbuch Colloquium Historicum Wirsbergense 16, 1987/88, S. 31 und Abb. 35.24-26; B.-U. ABELS, Neue Fibelfunde von der Ehrenbürg bei Schlaifhausen. Das archäologische Jahr in Bayern 1986 (Stuttgart 1987) S. 103-104 mit Karte Abb. 69; DERS., Archäologischer Führer Oberfranken. Führer zu archäologischen Denkmälern in Bayern Franken 2 (Stuttgart 1986) S. 195-198; K. SCHWARZ, Die vor- und frühgeschichtlichen Geländedenkmäler Oberfrankens. Materialhefte zur bayer. Vorgeschichte 5 (1955) S. 93 ff. und Beilage 2; Chr. PESCHECK, Die germanischen Bodenfunde der römischen Kaiserzeit in Mainfranken, 2 Bde. (München 1978) S. 230 f.; R. KOCH, Die spätkaiserzeitliche Gürtelgarnitur von der Ehrenbürg bei Forchheim (Oberfranken). Germania 43, 1965, S. 105-120; H. W. BÖHME, Ein germanischer Gürtelbeschlag der Zeit um 400 aus Oberfranken. Studien zur Sachsenforschung 1 (Hildesheim 1977) S. 13-24, bes. S. 115 ff.; MILDENBERGER 1978 (wie Anm. 6) S. 103, 127; zuletzt auch N. BAUM, Frühlatènezeitliche Fibelhalbfabrikate von der Ehrenbürg, Ldkr. Forchheim, Oberfranken. Archäologisches Korrespondenzblatt 16, 1986, S. 79-82 mit Lit.; D. ROSENSTOCK, s. v. Ehrenbürg, in: Reallexikon der germanischen Altertumskunde, Bd. 6 Lfg. 5/6 (Berlin – New York 1986) S. 504-506; R. ROEREN, Jahrb. RGZM 7, 1960, S. 255 Nr. 82.

Lage: Ein etwa 1500 m langer und ca. 300 m breiter Inselberg, der sich bis zu 255 m über die Niederung erhebt und dessen Hochfläche bei 500 bis 530 m über NN liegt; die Hochfläche hat etwa 36 ha.

Baubefunde: Der gesamte Berg ist von einer Befestigung umzogen, das Nordende trägt den gesondert befestigten Teil ›Walberla‹, das Südende die Befestigung Rodenstein. Während das gesamte Plateau in vorgeschichtlicher Zeit, vor allem zur Früh-Latène-Zeit befestigt war, wurde im 4./5. Jahrhundert erneut der Rodenstein als Befestigung ausgebaut. – Jüngste Grabungen haben auch spätkeltische Funde (Kammstrichware, Graphittonkeramik und Fibeln vom Mittellatèneschema) erbracht.

Datierung: Eine Münze der Zeit um 145 und eine silberne Gürtelgarnitur der Zeit um 400 weisen u. U. in die römische Kaiserzeit und dann in die frühe Völkerwanderungszeit.

Funde: PESCHECK (1978) führt die Münze, die Gürtelgarnitur, Reste eines flachen Bronzebeckens, die eiserne Seitenstange (Renaissance-Zeit) einer Pferdetrense und zwei Scherben eines Topfes mit eng gestellter Fingernagelzier (Hallstattzeit?, doch eher völkerwanderungszeitlich) an. Gürtelgarnitur und Bronzegefäßrest sind am Rodenstein hinter dem Wall geborgen worden, und nach Verfärbungsresten könnte die Garnitur im Gefäß gelegen haben (PESCHECK 1978, S. 231 nach G. RASCHKE). ROSENSTOCK (1986, S. 506) erwähnt eine spätkaiserzeitliche Fibel.

Einige spätkaiserzeitliche Keramikscherben, eine blaue, weiß eingelegte Glasperle sowie

ein kleiner mit Kerbschnitt verzierter Bronzebeschlag; spätkaiserzeitliche Fibel mit polyedrischem Bügel- und Fußknopf, zum jüngsten Typ der Bügelknopffibeln gehörend
(Verbreitungskarte dieses Fibeltyps der Zeit um 400: Bügelknopffibel mit gestieltem
polyedrischem Kopf – Typ Leipferdingen nach R. Koch – und verwandter Stücke bei
WÖLFLICK 1987/88, S. 35 und ABELS 1987, Abb. 69).

Deutung: Geländebefunde lassen eine Aktivität zur Befestigung und längeren Besied-
lung des Berges im 4./5. Jahrhundert noch nicht erkennen. Grabungen datieren auch die
Befestigungen des Rodensteins bisher nicht. Die von B.-U. ABELS in Ausgrabungen und
Funde in Oberfranken 1, 1977/78 – 4, 1983/84 vorgelegten Funde von der Ehrenbürg
gehören in ältere Zeitabschnitte. Doch in 4, 1983/84, S. 23 mit Abb. 33, S. 10 heißt es ›Im
Sattelbereich wurde eine wohl spätgermanische Glasperle gefunden‹. (Vgl. dazu die
Entdeckungsgeschichte zur alemannischen Höhensiedlung auf dem Zähringer Burgberg
bei Freiburg).

BÖHME (1977, S. 21) vermutet eine Herstellung der qualitätvollen Gürtelgarnitur in einer
alemannischen Werkstatt Süddeutschlands, ohne natürlich eine nähere Lokalisierung vornehmen zu können; die weniger qualitätvolle Parallele vom Reißberg könnte nach ›Vorbil-
dern‹ aber auf dem Reißberg selbst hergestellt worden sein.

Den näheren Nachweis einer Höhensiedlung auf der Ehrenbürg werden erst Grabungen
erbringen können.

14) *Michelsberg bei Kipfenberg, Kr. Eichstätt*

Lit.: H. DANNHEIMER, Die germanischen Funde der späten Kaiserzeit und des frühen
Mittelalters in Mittelfranken (Berlin 1962) S. 165 und Taf. 53, A 1-3; G. MILDENBERGER
1978 (wie Anm. 6) S. 100.

Lage: Schmaler Sporn mit Steilhängen auf drei Seiten, befestigtes Areal von 200 zu
100 m, also 2 ha.

Baubefunde: Der Sporn wird im Südwesten durch drei Abschnittswälle geschützt,
dahinter liegt ein breiter Sohlgraben mit einem 25 m breiten und 6 m hohen Wall. In die
Wallkrone ist eine Trockenmauer eingetieft, ›deren Bauweise an Mauern der spätrömischen
Zeit erinnert‹ (MILDENBERGER S. 100).

Datierung: Die Abschnittswälle scheinen eisenzeitlich zu sein, der Sohlgraben wird als
mittelalterlich angesehen. Die Trockenmauer könnte spätrömisch sein.

Aus dem Innenraum der Befestigung stammen Funde des 4./5. Jahrhunderts, am Fuße
des Berges liegt ein Gräberfeld mit Bestattungen des 4./5., aber vor allem des 6./7. Jahrhunderts.

Funde: Buchstück einer spätrömischen Reibschale mit Innenglasur, mehrere Scherben
von hartgebrannten, schwarzen Tongefäßen mit Schrägkanneluren, datiert ins 5. Jahrhundert.

15) *Rosenstein bei Heubach, Kr. Schwäb. Gmünd*

Lit.: G. MILDENBERGER 1978 (wie Anm. 6) S. 99 mit Lit.; C. OEFTIGER, E. WAGNER, Der
Rosenstein bei Heubach. Führer zu archäologischen Denkmälern in Baden-Württemberg,
Bd. 10 (Stuttgart 1985) S. 28 ff. und Lit.; P. GOESSLER, An der Schwelle vom germanischen
Altertum zum Mittelalter. Württembergische Vierteljahreshefte für Landesgeschichte
NF 30, 1921, S. 1 ff.; F. KELLER, Rosensteins Urgeschichte (1. Aufl. 1921, 3. Aufl. 1982).

Lage: Ein 2 km breiter quer vor der Schwäbischen Alb (hier Albuch) gelegener Berg mit
einem im Osten etwa 720 m über NN und im Westen etwa 690 m über NN hohen Plateau,
das im mittleren Bereich nach Süden mit der Albhochfläche verbunden ist; der schmale

Sporn im Westen trägt die hochmittelalterliche Burg; durch einen Abschnittswall wird eine Fläche im Westen von etwa 450 m Länge und im Mittel 150 m Breite, also von 65,5 ha, abgetrennt. Sie liegt etwa 250 m über dem Tal.

Baubefunde: Die im Weißen Jura entstandenen Höhlen an den Plateau-Rändern haben Funde des 4./5. Jahrhunderts erbracht. Zumindest eine jüngere Phase, wenn nicht der ganze Abschnittswall, gehört in die frühalamannische Zeit oder könnte auch noch jünger sein, da bei Grabungen Kalkguß, geschnittene Tuffsteine und die Reste eines spätantiken Bronzekessels gefunden worden sind; die hallstattzeitlichen Scherben im Wall scheinen aus einer älteren Siedlungsschicht zu stammen.

Die über 400 m lange Befestigungslinie zur Alb gehört in vorgeschichtliche Zeit, wahrscheinlich zu einem Oppidum, das den ganzen Berg und u. U. auch die befestigten Nachbarberge umfaßte, doch haben Grabungen Spuren einer jüngeren Ausbauphase, nämlich im Versturz Tuffsteine, erbracht.

Vom Plateau selbst sind keine Befunde bekannt.

Datierung: Keramik und eiserne Werkzeuge des 4./5. Jahrhunderts stammen aus Höhlen, eine spätrömische Riemenzunge von der Westspitze des Berges, so daß eine Nutzung im 4./5. Jahrhundert belegt ist.

Funde: Aus der Höhle Haus ist Keramik zu nennen, nämlich eine Fußschale, riefen- und rippenverzierte Ware, Ware mit Leitermotiv in Kerbtechnik; aus der Höhle Finsterloch stammt eine Rädchensigillata-Scherbe; aus der Höhle Haus sind zudem eiserne Gerätschaften – ein Hort (?) – geborgen, Löffelbohrer, Schere, Speerspitze, Beil und Reste von Eimerbeschlägen, außerdem kommen eine größere Bernsteinperle und ornamentierte Knochenlamellen von dort. Aus der Höhle Kleine Scheuer stammt das verzierte Futteral eines einzeiligen Kammes. Eine scheibenförmige Riemenzunge von der Westspitze des Berges ist der einzige sichere Fund außerhalb der Höhlen, der in die Zeit um 400 gehört.

Deutung: Lage, Größe, der Befestigungsriegel in Form des Abschnittswalles mit dem Fund eines Kesselrestes sprechen für eine alamannische Höhensiedlung; die Funde in den Schutz bietenden Höhlen, auch der Fundkomplex aus Eisengeräten, betonen zwar den Charakter als Fluchtburg, doch die umfangreichen Arbeiten an dem alten Befestigungszug sowie beim neuen Abschnittswall sprechen für ständige Besiedlung.

P. REINECKE, P. GOESSLER und auch E. KOST (vgl. Anm. 1) haben daher den Rosenstein schon frühzeitig in die Reihe der alamannischen Fluchtburgen aufgenommen.

16) Achalm bei Reutlingen, Ldkr. Reutlingen

Lit.: L. BIEL, Vorgeschichtliche Höhensiedlungen in Südwürttemberg-Hohenzollern (Stuttgart 1987) S. 153 und Kat.-Nr. 61 sowie Taf. 132,22; R. KOCH, Frühalamannische Siedlungsfunde von Kirchheim unter Teck und Großgartach. Fundberichte aus Baden-Württemberg 3, 1977, S. 528-538 (nur auf der Karte Abb. 5); R. CHRISTLEIN, Die Alamannen (Stuttgart 1978) S. 163 Nr. 293; Fundberichte aus Schwaben NF 16, 1962, S. 285 f. und Abb. 29.

Bruchstück einer Bronzeschnalle des frühen 5. Jahrhunderts (gefunden 1948), sowie römische Münzen.

17) Lochenstein bei Hausen am Tann, Balingen, Zollernalbkreis

Lit.: J. BIEL, Vorgeschichtliche Höhensiedlungen in Südwürttemberg-Hohenzollern (Stuttgart 1987) S. 152 f. mit Abb. 49, Kat.-Nr. 25 mit Taf. 96; G. BERSU, P. GOESSLER, Der Lochenstein bei Balingen. Fundberichte aus Schwaben NF 2, 1924, S. 73-103, bes. S. 103 und Taf. 7.2; G. MILDENBERGER 1978 (wie Anm. 6) S. 99 mit Lit.; R. CHRISTLEIN, Die

Alamannen (Stuttgart 1978) S. 156 und Taf. 21 (Luftaufnahme) und 27 (Riemenzunge); R. ROEREN, Jahrb. RGZM 7, 1960, S. 254 Nr. 80.

Lage: Isolierter Tafelberg am Rande der Alb mit 940-960 m Höhe über NN; etwa 100 m über der Niederung. Das Plateau ist dreieckig mit 240 m messenden Langseiten und umfaßt 2,5 ha.

Baubefunde: Spuren einer Randbefestigung sind nicht vorhanden. Trockenmauern und andere Fundamentspuren vorgeschichtlicher Bauten sind ergraben worden, aus der römischen Zeit und dem 4./5. Jahrhundert fehlen alle Befunde.

Datierung: Römische Funde (Münzen, Eisengeräte, Keramik und Glas) belegen eine Besiedlung am Ende des 2. und zu Anfang des 3. Jahrhunderts. Aus dem 4./5. Jahrhundert liegen einige Gegenstände, aber keinerlei Keramik (so BERSU, GOESSLER 1924) vor.

Funde: Kerbschnittverzierte Schnalle, Riemenzunge, verziertes Bronzeblech, Gürtelbeschlag, Glasperle.

Deutung: Schon Goessler hat 1924 den Berg zu den germanischen Höhensiedlungen gerechnet, auf die sich nach Ammianus Marcellinus die Alamannen in schwierigen Zeiten zurückzogen. Über die Art der Ansiedlung kann nichts Näheres ausgesagt werden; alle Funde des 4./5. Jahrhunderts und der Römischen Kaiserzeit lagen in der dünnen Deckschicht oberhalb der vorgeschichtlichen Straten, so daß Abschwemmung und schlechte Erhaltungsbedingungen den Nachweis von Bauspuren schwierig machen.

18) Hohenkrähen, Kr. Konstanz

Lit.: J. AUFDERMAUER, Römische Münzen vom Hohenkrähen, Kreis Konstanz. Archäologische Ausgrabungen in Baden-Württemberg 1984 (Stuttgart 1985) S. 157-159.

Im Hangschutt unterhalb der hochmittelalterlichen Burg wurden 13 z. T. spätrömische Münzen gefunden, die auf eine römische Ansiedlung schließen lassen, die spätestens um die Mitte des 2. Jahrhunderts n. Chr. errichtet wurde und bis weit ins 4. Jahrhundert besetzt war. Auch ein Terra-Sigillata-Fragment soll gefunden worden sein. Unter den Metallfunden sollen sich Teile von Kerbschnittgürtelgarnituren befinden.

19) Burgberg bei Königstein im Taunus, Hessen

Lit.: G. MILDENBERGER 1978 (wie Anm. 6) S. 101; U. FISCHER, Aus Frankfurts Vorgeschichte (Frankfurt 1971) S. 134f., S. 202; D. ROSENSTOCK, Bayer. Vorgeschichtsbll. 52, 1987, S. 105-131, Kat.-Nr. 53 (Karte).

Vom Burgberg stammt eine Axt des 4. Jahrhunderts, außerdem (ROSENSTOCK) Mayener Ware und Rädchensigillata. 1956 wurde eine gemörtelte, jedenfalls nachrömische Mauer entdeckt.

20) Schwedenschanze bzw. Schanzenkopf, Michelbach, Stadt Alzenau, Unterfranken

Lit.: D. ROSENSTOCK, Bayer. Vorgeschichtsbll. 52, 1987, S. 105-131, Kat.-Nr. 16 (Karte).
›Spärlicher Siedlungsniederschlag der Völkerwandungszeit‹, unpubliziert, Mitt. L. Wamser.

21) Alte Burg auf dem Hoppesberg, Kassel bei Biedergemünd, Kr. Gelnhausen

Lit.: G. MILDENBERGER 1978 (wie Anm. 6) S. 101; H. SCHOPPA, Fundber. aus Hessen 4, 1964, S. 219 und Abb. 17; U. FISCHER, Aus Frankfurts Vorgeschichte (Frankfurt 1971) S. 202; D. ROSENSTOCK, Bayer. Vorgeschichtsbll. 52, 1987, S. 105-131, Kat.-Nr. 24 (Karte).

22) Hammelberg bei Hammelburg, Ldkr. Bad Kissingen

Lit.: H. W. BÖHME, Bemerkungen zum frühen Mittelalter im Gebiet zwischen fränkischer Saale und Grabfeldgau. Führer zu vor- und frühgeschichtlichen Denkmälern 28 (Mainz 1975) S. 45-51, bes. S. 49f.; G. MILDENBERGER 1978 (wie Anm. 6) S. 103f. mit Lit. in Anm. 268; R. KOCH, Bodenfunde der Völkerwanderungszeit aus dem Main-Tauber-Gebiet (1967) S. 129ff.; K. WEIDEMANN, Frühmittelalterliche Burgen als Zentren der Königsherrschaft an der fränkischen Saale und im Grabfeld. Führer zu vor- und frühge-schichtlichen Denkmälern 28 (Mainz 1975) S. 52ff., hier S. 54f.

Auf einem Bergsporn nördlich von Hammelburg liegt eine kleine Abschnittsbefestigung mit einer doppelten Steinwallbefestigung. Zwei reich ausgestattete Gräber der zweiten Hälfte des 5. Jahrhunderts innerhalb des Burgbereiches, aber am Hang gelegen, weisen auf eine Höhensiedlung hin. Während WEIDEMANN (S. 54) eine Befestigung nennt, meint MILDENBERGER (S. 103), daß sich sichere Befestigungen – an den Hängen – nicht nachwei-sen ließen.

23) und 24) Kleiner und Großer Gleichberg bei Römhild, Thüringen

Lit.: G. MILDENBERGER 1978 (wie Anm. 6) S. 102.

›Auf dem kleinen Gleichberg, der latènezeitlichen Steinburg, wurden eine eiserne Pfeilspitze und eine Axt gefunden, die G. Neumann der jüngeren Kaiserzeit zuweist. Eine wahrscheinlich gleichzeitige Pfeilspitze stammt vom Großen Gleichberg mit einer jung-bronzezeitlichen Befestigung. Ob diese wenigen Funde eine Benutzung der Burgen durch Germanen belegen können, steht freilich dahin‹.

25) Saupürzelberg bei Karlstadt, Kr. Karlstadt

Lit.: G. MILDENBERGER, Germanische Burgen (1978) S. 101; P. REINECKE, 23. Ber. RGK 1933, S. 200.

Mehrere römische Münzen wurden gefunden, doch ist eine Befestigung bisher nicht nachgewiesen.

26) Würzburg – Marienberg

Lit.: G. MILDENBERGER 1978 (wie Anm. 6) S. 101; Chr. PESCHECK, Marienberg über Würz-burg. Führer zu vor- und frühgeschichtlichen Denkmälern 27 (Mainz 1975) S. 90 und 197.

Befestigungen von der Urnenfelderzeit bis zur Latènezeit sind nachgewiesen, die Begehung des Berges auch zur frühen römischen Kaiserzeit, wie germanische Keramik der späten Latènezeit und der beginnenden römischen Kaiserzeit belegen. Aber auch aus der jüngeren Kaiserzeit gibt es Keramik, weiter sind seit langem Münzen des Antoninus Pius und des Elagabal (218-222) bekannt. Eine Franziska der frühen Merowingerzeit wird registriert.

L. WAMSER, Castellum, quod nominatur Wirciburc. In: Kilian, Mönch aus Irland – aller Franken Patron, hrsg. von J. Erichsen, Veröff. zur Bayer. Geschichte und Kultur 19 (München 1989) S. 173–226, hier S. 214 mit Anm. 131: Gefäßfragmente des 4./5. Jh.

27) Heuneburg auf der Altscheuer bei Lichtenberg, Kr. Darmstadt-Dieburg

Lit.: F.-R. HERRMANN, Heuneburg bei Lichtenberg, In.: H. ROTH, E. WAMERS (Hrsg.), Hessen im Frühmittelalter. Ausstellungskatalog (Sigmaringen 1984) S. 262; G. MILDEN-BERGER 1978 (wie Anm. 6) S. 100f.; D. ROSENSTOCK, Bayer. Vorgeschichtsbll. 52, 1987, S. 105-131, Kat.-Nr. 36 (Karte).

Lage: Steile felsige Bergkuppe im nördlichen Odenwald; ein ovaler Ringwall von 110 zu 170 m Durchmesser umgibt die Kuppe; eine Vorburg im Süden erweitert das Befestigungs-areal auf 150 mal 250 m, also 3,5 ha.

Datierung: Keramikfunde beweisen die Besetzung der Höhe im 4. Jahrhundert; doch ist unklar, ob dieser Zeit schon eine Befestigung zuzuweisen ist. Eine mittelalterliche Burg gehört frühestens ins 8. Jahrhundert.

Funde: germanische Keramik, Rädchensigillata, Kerbschnittgürtelgarnitur (unpubl. Mitt. L. Wamser).

28) Greinberg, Miltenberg, Unterfranken

Lit.: D. ROSENSTOCK, Bayer. Vorgeschichtsbll. 52, 1987, S. 105-131, Kat.-Nr. 9.

Einzelfund 1. Hälfte 5. Jahrhundert: eiserne Fibel einer Spätform des Typs Almgren VI 2 mit tordiertem Bügel.

29) Schwanberg bei Iphofen, Ldkr. Kitzingen

Lit.: G. MILDENBERGER 1978 (wie Anm. 6) S. 101; Chr. PESCHECK, Der Schwanberg im Steigerwald. Wegweiser zu vor- und frühgeschichtlichen Stätten Mainfrankens 1 (Würz-burg 1968); DERS., Der Schwanberg im Steigerwald bei Rödelsee. Führer zu vor- und frühgeschichtlichen Denkmälern 27 (Mainz 1975) S. 255-262; L. WAMSER, Zur Bedeutung des Schwanbergs im frühen und hohen Mittelalter. In: Aus Frankens Frühzeit. Festgabe für P. Endrich. Mainfränkische Studien 37 (Würzburg 1986) S. 164-192.

Der beherrschend aus dem Steigerwald in das Maintal vorspringende Schwanberg mit einer Höhe von 474 m über NN überragt das Umland um durchschnittlich 200 m. Das Gesamtplateau umfaßt 125 ha und ist durch Abschnittswälle unterteilt. Nach Osten hin wird die Landbrücke zum Steigerwald im Mittelbereich des Plateaus durch eine mehrgliedri-rige Abschnittsbefestigung abgeriegelt, von der die Aufschüttung eines jüngeren Walls ältere umgelagerte Siedlungsreste mit Keramik des 2. bis 4. Jahrhunderts enthielt. Auch in tieferen Lagen des Wallschnitts (PESCHECK 1975, Abb. 16) lagen spätkaiserzeitlich anmu-tende Scherben, so daß eine Wiederbefestigung in frühgeschichtlicher Zeit vermutet werden kann. Eine sichere Beurteilung der wenigen Keramik ist aber nicht möglich.

Wamser zählt den Schwanberg zu einer Gruppe von merowingerzeitlichen Befestigun-gen des 7. Jahrhunderts; auch liegt ein frühkarolingisches Schwert vor.

30) Bullenheimer Berg, Ldkr. Kitzingen, Unterfranken

Lit.: B.-U. ABELS, Die vor- und frühgeschichtlichen Geländedenkmäler Unterfrankens. Materialhefte zur Bayer. Vorgeschichte B, 6 (1979) S. 101 f.; DERS., Der Ringwall bei Bullenheim. Führer zu vor- und frühgeschichtlichen Denkmälern 27, 1975, S. 244-248; G. DIEMER, Urnenfelderzeitliche Depotfunde und neue Grabungsbefunde vom Bullenhei-mer Berg. Ein Vorbericht. Arch. Korrespondenzbl. 15, 1985, S. 55-65, hier Anm. 7; Vortrag L. Wamser am 29. 1. 1987 in Freiburg i. Br.

Lage: Nach Westen vorgeschobener exponierter Tafelberg des Steigerwaldes; das ebene Plateau in etwa 450 m über NN überragt das Umland um 150 m. Die Hochfläche ist 1200 m lang und zwischen 180 und 400 m breit, umfaßt etwa 30,5 ha.

Baubefunde: Das gesamte Plateau ist von einem Ringwall eingefaßt; der schmale Bereich in der Mitte der Hochfläche wird von drei Querwällen überbrückt, die zwei Areale von je ungefähr 100 zu 150 m, also 1,5 ha befestigen.

Datierung: Die Hauptnutzungsphasen gehören in die Urnenfelderzeit, die Latènezeit und in das frühe Mittelalter. Immer wieder werden einige Scherben erwähnt, die frühmittelalterlich sind. ›Die Bedeutung der... kaiserzeitlichen Funde bleibt vorerst unklar‹ (DIEMER S. 55).

Funde: Wamser erwähnte in seinem Vortrag Funde des 2.-4. Jahrhunderts; u. a. eine Ringfibel und eine Fibel Almgren VI 2.

Deutung: L. Wamser zählt den Bullenheimer Berg zu den germanischen Höhensiedlungen des 4./5. Jahrhunderts.

31) Burgstall bei Oberhöchstädt, Kr. Neustadt/Aisch

Lit.: G. MILDENBERGER 1978 (wie Anm. 6) S. 103.

Um 1830 wurde eine Bronzemünze, wahrscheinlich des Antoninus Pius (138-161), gefunden.

32) Sulzbürg, Kr. Neumarkt, Oberpfalz

Lit.: G. MILDENBERGER 1978 (wie Anm. 6) S. 103; A. STROH, Verh. Hist. Ver. f. Oberpfalz und Regensburg 103, 1963, S. 457 Abb. 6; J. WERNER (wie Anm. 1), 1975, S. 84 und Anm. 35; DERS., Zu einer elbgermanischen Fibel des 5. Jahrhunderts aus Gaukönigshofen, Ldkr. Würzburg. Ein Beitrag zu den Fibeln vom ›Typ Wiesbaden‹ und zur germanischen Punzornamentik. Bayer. Vorgeschichtsbll. 46, 1981, S. 224-254, hier S. 240 mit Abb. 6 b.

33) Hesselberg bei Gerolfingen, Kr. Dinkelsbühl

Lit.: H. DANNHEIMER, Die germanischen Funde der späten Kaiserzeit und des frühen Mittelalters in Mittelfranken (Berlin 1962) S. 155 f.; G. MILDENBERGER 1978 (wie Anm. 6) S. 100; F. R. HERRMANN, Eine Notgrabung am Wall auf der Kuppe des Hesselberges (Ehinger Berg) im Jahre 1972. Bayer. Vorgeschichtsbll. 39, 1974, S. 55-66.

Vom langgestreckten, freistehenden befestigten Berg im Mittel 680 m über NN und 100 m über dem Tal mit einer etwa 120 auf 80 m, also knapp 1 ha messenden rechteckigen Hauptburg und einer ungefähr gleich großen Vorburg sind am Hang Reihengräberfunde nachgewiesen. Insgesamt sind aus vielen Epochen der Ur- und Frühgeschichte Funde bekannt; die wenigen spätkaiserzeitlichen Gegenstände, so ein Tongefäß, sind verschollen. Eine Riemenzunge (DANNHEIMER Taf. 23 K 6) aus Bronzeblech, mit Kerben verziert, gehört ins 4. Jahrhundert.

Auch in der Merowingerzeit wurde der Berg wieder aufgesucht, wie ein Sporn aus Eisen belegt; Gräber der Reihengräberzeit liegen am Südwesthang. Sie sind in die ausgehende Merowinger- oder in die Karolingerzeit zu datieren.

Die auf dem Ehinger Berg durch die Grabungen 1972 nachgewiesene Befestigungsmauer gehört nach den Keramikfunden in das 8./9. Jahrhundert.

34) Goldberg bei Goldburghausen, Kr. Aalen

Lit.: G. MILDENBERGER 1978 (wie Anm. 6) S. 100, 134; P. SCHRÖTER, Zur Besiedlung des Goldberges im Nördlinger Ries. Ausgrabungen in Deutschland, Bd. 1 (Mainz 1975) S. 98-114, hier S. 111 f. mit Abb. 15, 9.17.

Der Goldberg, ein markanter Süßwasserkalkklotz am Westrand des Nördlinger Ries, erhebt sich 60 m über die Riesebene, erreicht 515 m über NN, mißt auf der fast ebenen Hochfläche etwa 150 zu 250 m, also 3,5 ha; das Plateau ist archäologisch weitgehend untersucht und hat vor allem neolithische und hallstattzeitliche Funde erbracht und entsprechende Siedlungsbefunde.

Römische Keramik und Kleinfunde des 1./2. Jahrhunderts korrespondieren mit der römischen Besiedlung des Umlandes, zwei Aucissa-Fibeln und eine Scherbe mit Rädchenverzierung können auf frühe Germanen hinweisen (MILDENBERGER).

Aus dem 4. Jahrhundert sind eine Bügelknopffibel mit kurzem Rechteckfuß und Terra-Nigra-Scherben bekannt.

Beim Umfang der Grabungen spricht die geringe Fundzahl aus dem 4. Jahrhundert kaum für eine nennenswerte Nutzung des Berges, zumal die Bügelknopffibel nicht sicher vom Goldberg stammt (SCHRÖTER S. 111). In der Merowingerzeit ist der Berg erneut aufgesucht worden.

35) Waldenbühl bei Donzdorf, Ldkr. Göppingen

Lit.: E. M. NEUFFER, Der Reihengräberfriedhof von Donzdorf. Forschungen und Berichte zur Vor- und Frühgeschichte in Baden-Württemberg, Bd. 2 (Stuttgart 1972) S. 56.

Eine alemannische Höhensiedlung wird nur angenommen; Wall und Trockenmauerfundamente gehören ins 8. Jahrhundert bzw. ins Mittelalter.

36) Heuneburg bei Hundersingen an der Donau, Kr. Sigmaringen

Lit.: R. KOCH, Frühgeschichtliche Funde von der Heuneburg bei Hundersingen an der Donau (Kreis Sigmaringen). Frühmittelalterliche Studien 17, 1983, S. 479-509, bes. S. 481-484; E. GERSBACH, Zu Beginn und Funktion der Heuneburg bei Hundersingen a. d. Donau (Kreis Sigmaringen) in der Merowingerzeit. Festschr. Walter Drack (Zürich 1977) S. 129-136.

Die Heuneburg, deren Plateau etwa 600 m über NN und rund 60 m über der Donau liegt und als Dreieck etwa 300 zu 150 m mißt, also 3 ha, hat auch einige spätkaiserzeitliche Funde erbracht. Scherben von drei Gefäßen aus dem Zeitraum vom späten 3. bis zum frühen 5. Jahrhundert und eine bronzene Riemenzunge aus der Mitte des 3. Jahrhunderts. Zahlreicher sind die Funde aus der Merowingerzeit.

37) Lenensburg bei Betznau, Gem. Kreßbronn, Bodenseekreis

Lit.: J. BIEL, Vorgeschichtliche Höhensiedlungen in Südwürttemberg-Hohenzollern (Stuttgart 1987) S. 153 und Kat.-Nr. 36, sowie Taf. 112; G. BERSU, Die Lenensburg im Argental, OA Tettnang. Fundberichte aus Schwaben 21, 1913, S. 32-39; G. WEIN, Die Lenensburg bei Betznau, Gemeinde Kreßbronn, Bodenseekreis. Kulturdenkmale in Baden-Württemberg, Kleine Führer Blatt 6 (1972); G. MILDENBERGER 1978 (wie Anm. 6) S. 99.

Lage: Dreieckiger Sporn, etwa 500 m über NN; Hauptburg 95 m lang und bis zu 65 m breit. Vorburg 75 m lang und bis zu 20 m breit, insgesamt etwa 0,7 ha.

Baubefunde: Die Befestigung der Hauptburg besteht anscheinend aus einer Doppelpfostenreihe, von der durch Grabung drei Paare im Abstand von 1,60 bis 2,00 m nachgewiesen werden konnten.

Gebäudereste wurden in der Vorburg und in der Hauptburg nachgewiesen, darunter ein Grubenhaus von 4,20 zu 2,50 m.

Datierung: Höhensiedlung (unbefestigt?) der Hallstattzeit; Höhensiedlung der frühalamannischen Zeit des 3./4. Jahrhunderts (unbefestigt?); Burg der spätmerowingisch-karolingischen Zeit des 7./8. Jahrhunderts.

Funde: Keramik des 3./4. Jahrhunderts, die G. Bersu seinerzeit nicht erkannt hatte. Hort (?) von Eisengeräten.

Deutung: Die Keramik spricht für eine Begehung in der frühalamannischen Zeit, im Vergleich mit dem Runden Berg könnte die Doppelpfostenbefestigung auch in diesen Zeitabschnitt gehören.

38) Kegelriß bei Ehrenstetten, Gem. Ehrenkirchen, Kr. Breisgau-Hochschwarzwald

Lit.: R. DEHN, Eine keltische Stadtsiedlung auf dem Kegelriß bei Ehrenstetten. Archäologische Ausgrabungen in Baden-Württemberg 1983 (Stuttgart 1984) S. 100-101 (nur zur Lage des Platzes).

Bei Begehungen wurde außer zahlreichen keltischen Münzen und anderen Metallfunden auch eine spätrömische Bronzefibel entdeckt.

39) Feimlisburg, Gem. Kirchhofen, Kr. Breisgau-Hochschwarzwald

Lit.: W. HÜBENER, Die Feimlisburg. Schauinsland 90, 1972, S. 197-203.

Vom Ehrenstetter Grund, etwa 250 m über NN, steigen die Schwarzwald-Randberge auf 500 bis 600 m an und bilden rundlich verwitterte Gneiskuppen; die eine, bis 546 m NN ansteigend, trägt die Feimlisburg. Ihre befestigte obere Terrasse mißt 1,5 ha. Als einziger Fund, entdeckt am Wall, ist ein bronzener Armring bekannt, den W. Hübener ins 7. Jahrhundert datiert hat, der jedoch nach Parallelen aus spätkaiserzeitlichen Gräberfeldern auch ins 4. Jahrhundert gehören kann.

40) Ailenberg, Rüdern, Stadt Esslingen, Ldkr. Esslingen

Lit.: R. CHRISTLEIN, Waffen aus dem völkerwanderungszeitlichen Grabfund von Esslingen-Rüdern. Germania 50, 1972, S. 259-263; G. MILDENBERGER 1978 (wie Anm. 6) S. 99.

Auf dem Gipfel des 120 m über dem Neckar liegenden Ailenberges wurden Gräber, darunter ein ›fürstlich‹ ausgestattetes Männergrab gefunden, die zu einer Höhensiedlung gehören könnten. Doch goldene Schnalle und Reste der Spatha gehören in die zweite Hälfte des 5. Jahrhunderts.

41) Wiesentfeld, Stadt Hollfeld, Ldkr. Bayreuth, Oberfranken

Lit.: J. GARDILL, Wiesentfeld. Ausgrabungen und Funde in Oberfranken 5, 1985-1986, S. 31 mit Abb. 35,24; zugleich: Geschichte am Obermain. Jahrbuch Colloquium Historicum Wirsbergense 16, 1987/88, S. 32.

›Im Bereich der kleinen Befestigung oberhalb von Loch‹ wurde neben Scherben der Hallstatt- und der Latènezeit ein kerbschnittverziertes Astragalröhrchen aus Bronze gefunden.

Lit.: Bayer. Vorgeschichtsbll., Beiheft 1, 1987, S. 150 und Abb. 97,5.

›Im Bereich der kleinen Befestigung oberhalb von Loch wurde neben hallstatt- und frühlatènezeitlichen Funden ein bronzenes, kerbschnittverziertes Astragalröhrchen der späten römischen Kaiserzeit gefunden. Neben dem Staffelberg, dem Reißberg bei Burgellern, der Ehrenbürg bei Forchheim und dem Turmberg bei Kasendorf ist diese Befestigung die fünfte Anlage in Oberfranken mit spätkaiserzeitlichem Fundgut‹.

42) Dreifaltigkeitsberg bei Spaichingen, Kr. Tuttlingen

Lit.: J. BIEL, Vorgeschichtliche Höhensiedlungen in Südwürttemberg-Hohenzollern (Stuttgart 1987) S. 153 und Kat.-Nr. 68.

Lage: Nach Süden vorgestreckter Ausläufer des Großen Heubergs, durch einen Sattel mit der Albhochfläche verbunden; etwa 600 m lang und bis zu 200 m breit, in rund 950 m Höhe. Ein Wall befestigt etwa 8 ha; Wälle gehören in die vorgeschichtliche und in die Zeit nach dem 8. Jahrhundert.

Funde: Aus einer Grube mit Frühlatènefunden stammen Scherben, die ›wohl spätrömisch oder frühmittelalterlich sind‹. Einige Scherben scheinen frühalamannisch zu sein, ebenso eine Lanzenspitze (Taf. 133,5).

43) ›Kügeleskopf‹, Ohlsbach/Ortenberg, Ortenaukreis

Lage: Höhensiedlung – etwa 370 m über NN mit 200 m über dem Tal – in beherrschender Lage am Ausgang des Kinzigtales zur Oberrheinebene; dreieckige Fläche, gegen die Höhen der Schwarzwaldrandberge im Sattel durch Wall und Graben befestigt.

Begehungen 1988.

Funde: Römische Münzen, ein Dutzend Teile von Kerbschnitt-Gürtelgarnituren und andere Metallfunde des 4./5. Jahrhunderts.

Deutung: Die Menge der in kurzer Zeit geborgenen spätantiken Metallfunde spricht für eine intensive Nutzung der Kuppe in hervorragend strategisch günstiger Lage als Höhensiedlung, vergleichbar der Situation auf dem Zähringer Burgberg nördlich Freiburg am Schwarzwaldrand über dem Breisgau.

44) Eggolsheim-Drügendorf, Ldkr. Forchheim

Lit.: Bayer. Vorgeschichtsbll., Beiheft 1, 1987, S. 145 und Abb. 97,2.

›Bruchstück einer spätgermanischen Bronzefibel aus dem Graben der wohl karolingischen Befestigungsanlage auf dem Schloßberg.‹

Nachträge: Dem Beitrag M. KNAUT, Frühe Alamannen in Baden-Württemberg, in: D. PLANCK (Hrsg.), Archäologie in Württemberg (Stuttgart 1988) S. 311-331 mit Karte Abb. 2 auf S. 315 mit Katalog entnehme ich noch folgende Angaben zu möglichen Höhensiedlungen:

45) Heiligenberg bei Heidelberg, KNAUT Nr. 183; U. GROSS, Bemerkenswerte Funde völkerwanderungszeitlicher Keramik auf dem Heiligenberg bei Heidelberg. Archäologische Nachrichten aus Baden 42, 1989, S. 13–20 (gegen die Einreihung unter die Höhensiedlungen wegen zu geringen Fundniederschlags).

46) ›Calverbühl‹ bei Dettingen, Kr. Reutlingen, KNAUT Nr. 163.

47) Lehenbühl bei Fridingen, Kr. Tuttlingen, KNAUT Nr. 161.

48) ›Schalksburg‹ bei Laufen an der Eyach, Zollernalbkreis, KNAUT Nr. 205.

49) Gegenüber dem Kügeleskopf (Nr. 49) auf der anderen Seite der Kinzig wurde 1989 eine weitere Höhensiedlung mit einem beachtlichen reichen Fundniederschlag entdeckt.

2.2. Der Kenntnisstand

Eine Durchsicht aller Funde und Befunde von Plätzen, die als alemannische bzw. germanische Höhensiedlungen des 4./5. Jahrhunderts angesehen werden, läßt nur ein äußerst unbefriedigendes Bild entstehen.

Vom Runden Berg bei Urach (1) über die Mainschleife bei Urphar (3) und den Zähringer Burgberg bei Freiburg (2) zum Glauberg (5), Dünsberg (4) und der Gelben Bürg (6) verläuft die Reihe des immer geringer werdenden Kenntnisstandes; und alle übrigen Plätze haben nur Einzelhinweise erbracht.

Doch lassen sich trotzdem einige generalisierende Bemerkungen machen:

Die *Lage* der Höhensiedlungen ist dadurch gekennzeichnet, daß nicht in erster Linie besonders geschützte Orte aufgesucht wurden, sondern auffällig aus einem Gebirgsstock vorspringende Tafelberge, Randberge, Kegel, die von ihrer Position über einer Siedlungs-Landschaft her auf Repräsentation angelegt sind.

Die *Größe* der Höhensiedlungen ist begrenzt. Die Fläche reicht von einem halben Hektar, wie beim Runden Berg (1) und der Lenensburg (37), über Plätze mit ein bis zwei

Hektar, wie beim Turmberg (11), dem Michelsberg (14), dem Hesselberg (33), und solche mit zwei bis fünf Hektar, wie bei der Gelben Bürg (6), dem Lochenstein (17), der Mainschleife bei Urphar (3), dem Reißberg (12), dem Staffelberg (10), dem Zähringer Burgberg (2), dem Goldberg (34) bis zu Siedlungen mit rund zehn Hektar, zu denen der Dünsberg (4), der Glauberg (5), vielleicht doch auch die Gelbe Bürg (6) und der Büraberg (8) gehören. Hierbei ist jedoch festzustellen, daß nur ein begrenzter Ausschnitt des Areals im 4./5. Jahrhundert besiedelt war. Die Kartierung der Funde im Bereich des Dünsberges (4) ist dafür ein überzeugendes Beispiel. Noch größere Anlagen wie die Ehrenbürg (13) mit 36 ha oder der Schwanberg (29) mit 125 ha bestätigen diesen Befund. Benötigt wurde anscheinend nur eine gesicherte Fläche von 1,5 bis 3, in Ausnahmefällen wie beim Zähringer Burgberg von 5-6 ha.

Kaum je ist eine sichere Aussage über die *Befestigung* einer Höhensiedlung zu machen. Für viele Anlagen, zu denen auch der Zähringer Burgberg gehört, ist eine Befestigungsmauer bisher überhaupt nicht nachweisbar. Andere wie der Runde Berg (1), vielleicht die Lenensburg (37) oder auch der Reißberg (12) haben Pfostenreihen erbracht, die eine leichte Holzerdemauer zu belegen scheinen. Andere Höhensiedlungen weisen eine Trockenmauer auf, eingesetzt in die Kuppe eines älteren Befestigungswalles, so der Staffelberg (10), der Michelsberg (14) und vielleicht der Glauberg (5). Eine Holzerde-Befestigung oben auf einem älteren Wallzug konnte bei der Mainschleife von Urphar (3) nachgewiesen werden. Die Lage der Berge bringt es mit sich, daß fast immer ältere oder frühmittelalterliche bzw. mittelalterliche Befestigungen vorhanden sind, die es erschweren, Ausbauphasen gerade des 4./5. Jahrhunderts sicher nachzuweisen.

Auch die große Ausbauphase der Gelben Bürg (6) mit dem unteren Bering, der aus einer über 13 m starken Mauer bzw. einer zweiphasigen Mauer besteht, ist durch die Glasschale des 4. Jahrhunderts nicht sicher datiert, da die Befestigungswerke auch jünger sein könnten und nur Funde des 4. Jahrhunderts verlagert haben.

Somit können vorerst auch Aufwand und Größenordnung der Bauarbeiten auf den Höhensiedlungen nicht ausreichend abgeschätzt werden. Eine Ausnahme bildet anscheinend das 5 bis 6 ha große Plateau des Zähringer Burgberges (2), da die Gewinnung des ebenen, leicht terrassierten Baugrundes nicht nur zu einer Übersteilung der Bergflanken geführt hat, sondern zu künstlichen Aufschüttungen und Aufbauten von über 6 m Höhe: eine gewaltige organisatorische Leistung, die viele Jahre in Anspruch genommen haben wird.

Mit *Innenbebauung* sieht es noch schlechter aus: Nicht einmal für den Runden Berg läßt sich bisher sagen, welche Hausbaustrukturen in das 4./5. Jahrhundert gehören. Die leicht erkennbaren Bauten sind merowingerzeitlich; die Masse der sonst nachgewiesenen Pfosten und Gruben müssen erst noch interpretiert werden.

Die früher als Handwerkerhäuser gedeuteten Bauten auf dem Glauberg sind mittelalterlich, sie überlagern u. U. ältere Bauten.

So bleibt es bei der Vermutung, daß die Bauten bzw. Gehöfte auf den Höhen ähnlich ausgesehen haben werden wie die im Tal: Größere ebenerdige Pfostenbauten und kleinere Grubenhäuser in eingezäunten Hofplätzen.

Das Grubenhaus auf dem Staffelberg (10) ist nicht sicher ins 4./5. Jahrhundert zu datieren.

Die *Funde* – Keramik, Waffenteile, Kerbschnittgürtelgarnituren und Glasperlen – spiegeln eine normale Bevölkerung aus Männern und Frauen, nicht etwa nur Krieger. Doch ist die Anzahl der Funde oft derart begrenzt, daß eine nähere Bewertung unterbleiben muß.

Die Grabungen auf dem Runden Berg (1) haben ein umfassendes Fundmaterial erbracht, die älteren Untersuchungen auf dem Glauberg (5) ebenfalls; die Oberflächenfunde und die ergrabenen Gegenstände vom Zähringer Burgberg (2) oder von der Mainschleife bei Urphar (3) sind sehr zahlreich. Auch vom Dünsberg (4) und der Gelben Bürg (6) liegen größere Fundzahlen vor.

Sonst aber handelt es sich meist nur um einzelne Fundstücke: Von der Heuneburg, auf der jahrzehntelang gegraben wurde, liegen nur Scherben von drei Gefäßen und eine Riemenzunge des 3. Jahrhunderts vor (36); auch die seinerzeit umfangreich untersuchte Anlage auf dem Goldberg hat nur eine Fibel und wenige Terra Nigra Scherben erbracht (34).

Bei den übrigen Anlagen sind es wenige Lesefunde: von der Ehrenbürg (13) die prächtige Gürtelgarnitur und einige Scherben, vom Lochenstein (17) vier Metallfunde und eine Perle, vom Reißberg (12) wenige Kerbschnittbronzen; auch vom Staffelberg sind es nur einige Fundstücke (10). Dabei ist auch die zeitliche Einordnung recht breit: von der Lenensburg ist Keramik des 3./4. Jahrhunderts bekannt (37), vom Königstein (19) eine Axt des 3. Jahrhunderts (?), von Würzburg-Marienberg (26) Münzen des 2./3. Jahrhunderts, von der Heuneburg Keramik und eine Riemenzunge des 3. Jahrhunderts (36), dafür von der Sulzbürg nur eine Fibel des 5. Jahrhunderts (32). Oftmals liegt nur ein einziger Fund vor, so von der Achalm (16) das Bruchstück einer Kerbschnittschnalle, oder vom Kegelriß eine spätrömische Fibel (38).

Für den Waldenbühl bei Donzdorf (35) wird überhaupt nur wegen der Lage und der Nähe zu einem frühen alemannischen Gräberfeld vermutet, daß einst eine Höhensiedlung bestanden hat.

Bei der Hammelburg (22) sind es zwei reiche frühalamannische Bestattungen unmittelbar am Hang, die als Indiz für eine Höhensiedlung genommen werden. Ähnlich ist es mit dem ›Fürstengrab‹ auf dem Ailenberg (40) bei Esslingen aus dem späten 5. Jahrhundert. Beim Hesselberg (33) gehören die Gräber in die Merowingerzeit; einige Funde des 4./5. Jahrhunderts weisen auf eine Höhensiedlung hin.

Die Wiederbesetzung der Höhen in merowingischer Zeit, durch Einzelfunde, Befestigungsausbauten oder Gräber nachzuweisen, kann hier nicht weiter verfolgt werden.

Spuren von *Handwerk* sind der entscheidende Hinweis auf eine ständig bewohnte Höhensiedlung mit einer üblich zusammengesetzten Bevölkerung.

Die Gußformen für Gürtelschnallen vom Glauberg (5), die Model und Gußformen vom Runden Berg (1), die Model für Schnallendorne von der Mainschleife bei Urphar (3) sind direkter Niederschlag einer kunsthandwerklichen Produktion. Dazu gehört u. U. auch die schlichte Nachahmung eines Gürtelbeschlages vom Reißberg (12), aber mit Sicherheit Bronzeschrott als Rohmaterial, darunter zerschnittene Kerbschnittgürtelteile wie von der Houbirg (7), vom Zähringer Burgberg (2). Bronzeblechfragmente sind vom Runden Berg (1), von der Mainschleife bei Urphar (3) und vom Zähringer Burgberg (2) zu nennen. Werkzeuge der Handwerker liegen in großer Zahl vom Runden Berg, aber auch in erstaunlichem Umfang von der Höhensiedlung in der Mainschleife bei Urphar vor.

Das vermutliche *Aussehen* einer alemannischen bzw. germanischen Höhensiedlung läßt sich etwa wie folgt beschreiben: Ein oder mehrere Großgehöfte, deren jeweilige Grundfläche um 60 zu 60 oder 70 zu 70 m betragen haben wird, also etwa einen halben Hektar, werden auf schon früher aufgesuchten Höhen mit möglichst ebener Siedlungsfläche errichtet. Die Bauten werden aus ebenerdigen Pfostenhäusern und Grubenhäusern bestanden haben; der Hofkomplex ist mit einer Palisade oder einer Trockenmauer leicht befestigt. Zu den Bewohnern der Gehöfte gehören Handwerker, oder Handwerker halten sich hier längere Zeit auf und stellen Waffen, Trachtbestandteile aus Bronze und andere alltägliche Dinge her.

Die Gehöfte können ausgesehen haben wie die im flachen Land, von denen jedoch bisher nur wenige ausgegraben sind, z.B. der Komplex von Sontheim im Stubental[18].

3. Die schriftliche Überlieferung

Die Angaben in der schriftlichen Überlieferung zu möglichen Höhensiedlungen einer ranghohen Führungsschicht bzw. zu Burgen überhaupt sind für den Bereich germanischer Stämme wie bekannt denkbar knapp und nichtssagend.

Dies gilt sowohl für die ältere römische Kaiserzeit als auch für die spätrömische Epoche.

Im Jahr 15 wurde der Cherusker Segestes von seinem Schwiegersohn Arminius belagert (Tac. Ann. 1,57) und vom römischen Feldherrn Germanicus befreit. Segestes wird mit einer großen Schar von Verwandten und Hörigen befreit, d.h. das Anwesen kann nicht ganz klein gewesen sein. Aber von einer Burg wird nicht gesprochen; ein mit Palisaden bewehrter Herrenhof, wie er in zahlreichen Siedlungen der ersten nachchristlichen Jahrhunderte nachgewiesen worden ist, kann es sehr gut gewesen sein.

Der Markomannenkönig Marbod wird angegriffen und seine Königsburg und das benachbarte Kastell (regia castellumque iuxta situm) erstürmt (Tac. Ann. 2,62), wo sich die Schätze befanden und Händler bzw. Kaufleute aus den römischen Provinzen sich aufhielten. Der Vorort der Chatten (Mattium id genti caput) wird von römischen Truppen verbrannt (Tac. Ann. 1,56). Ob es sich um eine Befestigung gehandelt hat, wird nicht gesagt.

J. Werner vermutet, daß es sich beim Kastell des Marbod und beim Vorort der Chatten um Anlagen vergleichbar den spätlatènezeitlichen Oppida gehandelt habe, die weiter benutzt wurden. Der Königswohnsitz, regia, des Marbod lag bezeichnenderweise nicht im Kastell[19].

Auch für das 4. Jahrhundert sagen die Quellen kaum mehr aus. Die ausführlichen Berichte des Ammianus Marcellinus nennen in keinem Falle Befestigungen, sondern nur Rückzugsräume der Alemannen tief in den Wäldern.

So heißt es Amm. 27,10,9[20]: ›Da sie keine andere Möglichkeit sahen, ihr Leben zu schützen, außer wenn sie sich in schnellem Angriff verteidigten, hatten sie im Vertrauen auf ihre Ortskenntnis und in einmütiger Entschlossenheit einen hohen Berg besetzt, der außerdem mit zerklüfteten Höhen auf allen Seiten steil und unzugänglich war, mit Ausnahme der Nordseite, wo er einen leichten und sanften Abhang besaß‹. Hier setzte denn auch der Angriff der Römer an: ›Über struppiges und rauhes Strauchwerk‹ wurde ›unter großer Kraftanstrengung die Höhe erklommen‹. Die Schlacht ging für die Aleman-

---

18 D. Planck, Eine frühalamannische Siedlung in Sontheim im Stubental, Kr. Heidenheim. Fundberichte aus Baden-Württemberg 3, 1977, S. 539-574; Ders., Neue Untersuchungen in der frühalamannischen Siedlung von Sontheim i. St., Gde. Steinheim am Albuch, Kreis Heidenheim. Archäologische Ausgrabungen in Baden-Württemberg 1981 (Stuttgart 1982) S. 182-185; auch Fundberichte aus Baden-Württemberg 9, 1984, S. 741-745.
E. Weinlich, Eine germanische Siedlung des 4./5. Jahrhunderts n. Chr. bei Treuchtlingen-Schambach. Das arch. Jahr in Bayern 1984 (Stuttgart 1985) S. 126-128.
19 J. Werner (wie Anm.1) 1975, S. 68, S. 70f.
20 Die gegebenen Übersetzungen nach W. Seyfarth (Hrsg.), Ammianus Marcellinus. Römische Geschichte, Lat. u. Deutsch. Schriften und Quellen der Alten Welt, hrsg. von der Sektion für Altertumswissenschaft bei der Deutschen Akademie der Wissenschaften zu Berlin, Bd. 21, Vier Teile (1968-1971).

nen verloren, die Überlebenden ›verbargen sich verstreut in den Schlupfwinkeln der Wälder‹.

An anderer Stelle wird berichtet (Amm. 31,10,12): ›Da sie (die Lentienser gegen Truppen Gratians) keine auch nur kurze Atempause finden konnten, um Widerstand zu leisten, etwas zu tun oder zu unternehmen, eilten sie mit schnellem Entschluß zu den von unwegsamen Klippen blockierten Bergen. Hier blieben sie auf den im Umkreis abschüssigen Felsen stehen und wollten ihre Habe und Familien, die sie mit sich geführt hatten, mit aller Macht verteidigen‹. Der römische Angriff wird abgewehrt und nach Beratung ›beschloß man, auf römischer Seite der Truppe Ruhe zu gönnen und die Barbaren mit einem Wall einzuschließen und auszuhungern... Doch mit gleicher Beharrlichkeit widersetzten sich die Germanen und suchten, zumal sie der Gegend kundig waren, andere, noch höhere Berge im Vergleich zu denen auf, die sie vorher besetzt hielten...‹.

Dann gibt es einen Beleg (Amm. 28,2,5), daß die angreifenden Römer im Alemannengebiet eine Befestigung errichteten. Kaiser Valentinian entschloß sich, ›rasch jenseits des Rheins auf dem Pirusberg, der im Barbarenland liegt, eine Festung (munimentum) zu errichten... Die Barbaren griffen die halbnackten Soldaten an, die noch mit Erdarbeiten beschäftigt waren, und erschlugen sie...‹[21].

Gang und gäbe war es bei den Germanen von der Zeit Caesars bis in die Merowingerzeit, die Sicherung des Rückzugs oder der Verstecke durch die Anlage von Astverhauen und den Bau von Sperren aus gefällten Bäumen zu erreichen (z. B. Tac. Germania 30; Gregor von Tours, Hist. Franc. II,9; III,28; IV,42)[22]. Auch Ammianus Marcellinus erwähnt öfter diese Verteidigungsweise der Alemannen.

Alle Beispiele beziehen sich auf spontane Verteidigungsmaßnahmen im Krieg zum Schutz des Rückzugs sowie der Familien. Höhen werden aus diesem Grunde aufgesucht, in erster Linie in unwirtlichem Gelände und zusätzlich durch Axtverhaue gesperrt.

In keinem Fall liegt der Hinweis auf eine dauernd bewohnte Höhensiedlung der Germanen vor. Diese Quellenlage hat denn auch dazu geführt, daß die Höhensiedlungen der Alemannen erst so spät von der Archäologie entdeckt und registriert worden sind. Daß sie nicht in das Bewußtsein römischer Schriftsteller rückten, mag auf zwei Ursachen zurückzuführen sein.

Die einen Höhensiedlungen lagen so weit vom römischen Gebiet und der Einflußzone der Heereszüge entfernt, daß diese Siedelweise unbekannt blieb; die anderen in der Nähe zum spätrömischen Limes könnten so spät gegründet worden sein, daß sie nicht mehr in die Zeit der intensiven Auseinandersetzungen zwischen Römern und Germanen gehören. Doch sowohl die Befunde auf dem Runden Berg bei Urach (1), als auch die ersten Ergebnisse auf dem Zähringer Burgberg (2) sprechen davon, daß zumindest in der Zeit Valentinians I. diese Höhenplätze ausgebaut wurden. Da sie anscheinend nur gering umwehrt waren, hatten sie nicht den Charakter von Burgen, sondern – wie schon gesagt – eher von repräsentativen Höhensiedlungen, die dann bei den militärischen Vorgängen ausgespart bleiben konnten. Aber zu einer näheren Bewertung reichen die bisherigen Ergebnisse noch nicht aus.

---

21 Diese Handlungsweise Valentinians I. (364-375) paßt im übrigen zu seinem allgemeinen Ausbau des spätrömischen Limes am Rhein. Vgl. W. DRACK, Die spätrömische Grenzwehr am Hochrhein. Archäologische Führer der Schweiz 13 (1980); Rosanda M. SWOBODA, Die spätrömische Befestigung Sponeck am Kaiserstuhl. Münchner Beiträge zur Vor- und Frühgeschichte 36 (München 1986) S. 116ff.: Die Stellung der Sponeck im valentinianischen Befestigungssystem am Oberrhein.
22 Margarete WEIDEMANN, Kulturgeschichte der Merowingerzeit nach den Werken Gregors von Tours (Mainz 1982) Bd.2, S.272.

Doch so viel scheint sicher, daß es sich bei den Plätzen weniger um Verteidigungsanlagen als vielmehr um auf die Höhe gebrachte Großhöfe der ranghohen Germanen handelt. Nicht der militärische Aspekt, sondern die Siedlungslage steht im Vordergrund.

4. Die Bedeutung des Handwerks

4.1. Handwerk in Großgehöften

Im germanischen Gebiet sind mit Schwerpunkt in einem Streifen an der Nordsee zwischen den Niederlanden und Belgien zahlreiche Dörfer ausgegraben worden; leider fehlen entsprechende Untersuchungen in ausreichendem Umfang noch im Binnenland, im mittleren Deutschland und vor allem in jenen Räumen, aus denen die Alemannen durch ständigen Zuzug ihren Bevölkerungsdruck auf die römische Reichsgrenze und den deutschen Südwesten speisten. Eine längere Entwicklung von den Jahrhunderten um Christi Geburt bis ins 4./5. Jahrhundert ist dabei zu verfolgen: Die Dörfer bestehen aus einer größeren Anzahl von beachtlichen, aber unterschiedlich großen Gehöften, die durch Zäune, die Palisadenstärke erreichen können, begrenzt sind. Oftmals steht mehr als ein großes Hallenhaus mit seinen Nebengebäuden auf einem Hofgrundstück, so daß man von Mehrbetriebseinheiten spricht, deren Deutung noch nicht geklärt ist. Die beiden Hauptansichten ›Hofherr‹ mit seiner Familie und Familien von ›Abhängigen‹ oder Hofherr und Söhne des Herrn mit ihren ›Familien‹ können die Gruppensiedlung bilden.

Die Gehöfte einer Siedlung sind nicht immer gleich groß, und sie entwickeln sich vor allem im Laufe der Zeit ganz unterschiedlich. Manche nehmen an Größe, Zahl der Hausbauten und des aufzustallenden Viehstapels zu, andere beharren im alten Zuschnitt und wieder andere verschwinden: eine Dynamik, die in einigen Fällen zu besonders großen Anwesen geführt hat, die innerhalb des Dorfes wie eine isolierte befestigte Anlage wirkten. Belege lassen sich schon für die ersten beiden christlichen Jahrhunderte nennen, ausgeprägt tritt diese Erscheinung im 4. Jahrhundert auf[23].

23 Allg. dazu H. JANKUHN, R. SCHÜTZEICHEL, F. SCHWIND (Hrsg.), Das Dorf der Eisenzeit und des frühen Mittelalters. Siedlungsform – wirtschaftliche Funktion – soziale Struktur. Abh. Akad. Wiss. Göttingen, Phil.-Hist. Kl. Dritte Folge Nr. 101 (Göttingen 1977) mit den Beiträgen von M. MÜLLER-WILLE, H. JANKUHN, W. HAARNAGEL; H. STEUER, Frühgeschichtliche Sozialstrukturen in Mitteleuropa. Abh. Akad. Wiss. Göttingen, Phil.-Hist. Kl. Dritte Folge Nr. 128 (Göttingen 1982) S. 258 ff.; G. KOSSACK, K.-E. BEHRE, P. SCHMID, Ländliche Siedlungen. Archäologische und naturwissenschaftliche Untersuchungen an ländlichen und frühstädtischen Siedlungen im deutschen Küstengebiet vom 5. Jahrhundert v. Chr. bis zum 11. Jahrhundert n. Chr., Bd. 1, DFG (Weinheim 1984); P. SCHMID, Ländliche Siedlungen der vorrömischen Eisenzeit bis Völkerwanderungszeit im niedersächsischen Küstengebiet. Offa 39, 1982, S. 73-96; W. H. ZIMMERMANN, Zur funktionalen Gliederung völkerwanderungszeitlicher Langhäuser in Flögeln-Eekhöltjen, Kr. Cuxhaven. Probleme der Küstenforschung im südlichen Nordseegebiet 16, 1986, S. 55-86. – S. HVASS, Ländliche Siedlungen der Kaiser- und Völkerwanderungszeit in Dänemark. Offa 39, 1982, S. 189-195; DERS., Hodde. Et vestjysk landsbysamfund frer aeldre jernalder. Arkeologiske Studier 7 (Kopenhagen 1985). – P. H. RAMQVIST, Gene. On the origin, function and development of sedentary Iron Age settlement in Northern Sweden. Archaeology and Environment 1 (Umeå 1983). – W. A. VAN ES, Wijster. A native village beyond the imperial frontier, 150-425 A. D. Palaeohistorica 11, 1967, 595 S.; DERS., Ländliche Siedlungen der Kaiserzeit in den Niederlanden. Offa 39, 1982, S. 139-154; H. T. WATERBOLK, Mobilität von Dorf, Ackerflur und Gräberfeld in Drenthe seit der Latènezeit. Offa 39, 1982, S. 79-137, und vor allem zu den befestigten Hofkomplexen, die bis in die römische Kaiserzeit reichen DERS., Walled enclosures of the Iron Age in the north of the Netherlands. Palaeohistorica 19, 1977 (1978), S. 97-172. – C. REICHMANN, Ländliche Siedlungen der Eisenzeit und des Mittelalters in Westfalen. Offa 39,

Am überzeugendsten erforscht ist immer noch der Befund auf der Wurt Feddersen Wierde im Elbe-Weser-Dreieck[24], wo sich vom 2. zum 4. Jahrhundert eine besonders große Hofanlage innerhalb des Gesamtdorfes herausentwickelt und abgrenzt, indem eine Palisade rundum errichtet wird. Auf dieser Parzelle stehen ein großes Wohnstallhaus, ein langes Wohnhaus, eine ›Versammlungshalle‹, mehrere Speicher und Nebengebäude; außerdem wurden hier massiert Spuren von handwerklicher Tätigkeit gefunden, und zwar Hinweise auf Eisenverarbeitung und Buntmetallgießerei neben den Resten einer Stellmacherwerkstatt. Die Funde reichen von Ausheizherden und Bronzegußtiegeln bis zu Gußformen[25].

Die Verarbeitung von Eisen läßt sich seit dem 2. Jahrhundert auf der Feddersen Wierde nachweisen; sie gewinnt im 3. Jahrhundert deutlich an Kontur und ist während dieser Zeit vor allem an den Herrenhof gebunden. Der Umfang der Eisenverarbeitung nimmt im 3. und 4. Jahrhundert weiter zu; jetzt verlagern sich die Werkplätze vom Herrenhof an den Ostrand der Siedlung. Der Bronzeguß beginnt schon eher auf der Wurt; im 1. und 2. Jahrhundert lagen die Werkplätze am Rande des Dorfplatzes, seit dem 2./3. Jahrhundert treten sie überwiegend nur in den Werkstattgebieten des Herrenhofs auf. Bronzeguß ist bis zum 5. Jahrhundert nachgewiesen.

Schmiede, darunter u. U. auch Waffenschmiede, Bronzegießer und Töpfer standen ›seit Herausbildung des Herrenhofes zum überwiegenden Teil in seinen Diensten‹. Ein sich entwickelnder ›Adel‹ ist gekennzeichnet – im archäologischen Befundbild – durch das Verfügungsrecht und den Versuch der Monopolbildung über das Spezialhandwerk, das nicht allein notwendig war zur Selbstversorgung jedes bäuerlichen Betriebs. Bei der Eisenverarbeitung zu Geräten ist diese Situation insgesamt nicht eindeutig, die Bindung des Schmiedes an das gesamte Dorf, an bevorzugte Hofplätze oder an jeden Betrieb ist möglich[26], wie ein Vergleich der ausgegrabenen Dorfgrundrisse und Schmiedeplätze belegt. Ebenso ist nicht geklärt, welche soziale Position die Buntmetallhandwerker einnehmen, deren Werkstattreste im Bereich bevorzugter Höfe gefunden werden. Handelt es sich um abhängige, ständig am Platz wohnende Handwerker oder um freie, unabhängige Wanderhandwerker, die von Großhof zu Großhof ziehen?[27]

1982, S. 163-182. – J. HERRMANN, Die germanischen und slawischen Siedlungen und das mittelalterliche Dorf von Tornow, Kr. Calau (Berlin 1973).

24 W. HAARNAGEL, Die Grabung Feddersen Wierde. Methode, Hausbau, Siedlungs- und Wirtschaftsformen sowie Sozialstruktur (Wiesbaden 1979); DERS., Das eisenzeitliche Dorf ›Feddersen Wierde‹, seine siedlungsgeschichtliche Entwicklung, seine wirtschaftliche Funktion und die Wandlung seiner Sozialstruktur. In: H. JANKUHN u. a. (Hrsg.), Das Dorf der Eisenzeit (wie Anm. 23) S. 253-284. – Das zweite große Unternehmen an der deutschen Nordseeküste ist noch nicht ausreichend publiziert, vgl. G. KOSSACK, O. HARCK, J. REICHSTEIN, Zehn Jahre Siedlungsforschung in Archsum auf Sylt. Ber. RKG 55, II, 1974, S. 261-427; P. SCHMID u. a. in K.-E. BEHRE etc. (Hrsg.) (wie Anm. 24) S. 177ff., S. 231ff., und zwar was die Frage nach dem Handwerk auf den Gehöften betrifft.

25 W. HAARNAGEL, Das Handwerk im Verband der kaiserzeitlichen Marschensiedlung Feddersen Wierde. In: H. JANKUHN u. a. (Hrsg.), Das Handwerk in vor- und frühgeschichtlicher Zeit. Abh. Akad. Wiss. Göttingen, Phil.-Hist. Kl. Dritte Folge Nr. 123 (Göttingen 1983) T. II, S. 67-89, bes. S. 86f.

26 M. MÜLLER-WILLE, Der Schmied im Spiegel archäologischer Quellen. In: H. JANKUHN u. a. (Hrsg.), Das Handwerk (wie Anm. 25) S. 216-261, bes. S. 226f.

27 Zu diesem Problemkreis J. WERNER, Zur Verbreitung frühgeschichtlicher Metallarbeiten. Early Medieval Studies 1, Antikvariskt Arkiv 38 (Stockholm 1970) S. 65-81; vor allem auch die Diskussion um die Bronzegießer von Helgö: W. HOLMQUIST, Eisenschmiede und Bronzeguß auf Helgö. In: H. JANKUHN u. a. (Hrsg.), Das Handwerk (wie Anm. 25) S. 93-119; DERS., Relief Brooches. In: Excavations at Helgö IV. Workshop Part I (Stockholm 1972) S. 230-255; Kr. LAMM, The character and function of the settlement. Excavations at Helgö VIII (Stockholm 1982) S. 1-6, und demgegenüber P. H. RAMQVIST, Gene. On the origin, function and development of the sedentary Iron Age settlement in Northern Sweden (Umeå 1983).

Daß auch im Binnenland auf germanischen Großhöfen neben der landwirtschaftlichen Tätigkeit Handwerker gewirkt haben, die Schmuck aus Bronze herstellten, belegen zwar noch nicht Befunde in Südwestdeutschland – dazu reichen die Grabungsergebnisse bisher nicht aus –, aber Werkstattreste, Handwerksgerät und Gußtiegel für Bronzeguß sowie Bronzeblechabfall, vorgesehen zum Wiedereinschmelzen, liegen aus dem hessischen Raum vor. In der großflächig untersuchten Siedlung Geismar bei Fritzlar, bei der Bonifatius während seiner Missionsversuche die Donar-Eiche gefällt haben soll, sind Nachweise für die späte römische Kaiserzeit zutage gekommen[28]. In germanischen Siedlungen der reichen Skelettgräber-Gruppe vom Typ Haßleben-Leuna ist mit gleichartigen Befunden zu rechnen. Das Halbfabrikat eines silbernen Halsringes aus einer Siedlung bei Dienstedt, Kr. Arnstadt, die Konzentration der Drehscheibenkeramik örtlicher Produktion nur in einem Teil der reichen Grabgruppe, nämlich bei Haßleben sowie die Massierungen von importierter Terra-Sigillata signalisieren Herrenhöfe, an die sich auch die qualitätvolle handwerkliche Produktion anlehnt[29].

Aus dem südwestdeutschen Gebiet kann vorerst nur die Siedlung Sontheim im Stubental[30] genannt werden, da hier Befunde die Grundstruktur eines Herrenhofes erkennen lassen, während Grabungen in anderen durch Keramik und Metallgegenstände des 4. Jahrhunderts identifizierten Siedlungen über die innere Struktur bisher wenig aussagen. In Sontheim wurde eine dörfliche Siedlung teilweise untersucht, in der eine große Hofanlage von einer massiven Palisade umgeben war, deren Stärke und Bauweise D. Planck mit Limespalisaden am obergermanischen und am rätischen Limes vergleicht und die somit eine Befestigung bildete. Repräsentativen Charakter gewinnt der Hof einerseits durch die Verdoppelung der Palisade an der Südseite und dem dort über dem Eingang errichteten

Zur Produktion von Schmuckgegenständen aus Bronze oder Edelmetall mit Hilfe von Bleimodellen, Gußformen aus Ton und Preßmodeln vgl. allg. jetzt H. ROTH, Kunst und Handwerk im frühen Mittelalter. Archäologische Zeugnisse von Childerich I. bis zu Karl dem Großen (Stuttgart 1986) S. 46-53; Ch. BONNET und M. MARTIN, Bleimodell einer angelsächsischen Fibel aus Saint-Pierre in Genf. Archäologie der Schweiz 5, 1982, S. 210ff.; T. CAPELLE und H. VIERCK, Modeln der Merowinger- und Wikingerzeit. Frühmittelalterliche Studien 5, 1971, S. 42-100 und DIES., Weitere Modeln der Merowinger- und Wikingerzeit. Frühmittelalterliche Studien 9, 1975, S. 110-142; zur Produktionsweise von Metallschmuck in der Wikingerzeit, die sich kaum von den Verfahren der älteren Epochen seit der Spätantike unterscheidet, H. STEUER, Der Handel der Wikingerzeit zwischen Nord- und Westeuropa auf Grund archäologischer Zeugnisse, in: Untersuchungen zu Handel und Verkehr der vor- und frühgeschichtlichen Zeit in Mittel- und Nordeuropa Teil IV., Abh. Akad. Wiss. Göttingen, Phil.-Hist. Kl. Dritte Folge Nr. 156 (Göttingen 1987) S. 113-197, hier S. 167f., S. 182; hingewiesen sei auf den Beutel mit 42 Preßmodeln, den ein reisender Kunsthandwerker im Hafen von Haithabu verloren hat.

28 H. ROTH, Bronzeherstellung und -verarbeitung während der späten römischen Kaiserzeit in Geismar bei Fritzlar, Schwalm-Eder-Kreis, und Altendorf bei Bamberg (Oberfranken). Fundberichte aus Hessen 19/20, 1979/80, S. 795-806.

29 R. FEUSTEL, Das Adelsgrab von Nordhausen. Ein Beitrag zur Technik, Ökonomie und Sozialstruktur während der späten römischen Kaiserzeit. Alt-Thüringen 20, 1984, S. 140-206; zur Drehscheibenware S. DUŠEK, H. HOHMANN, Interdisziplinäres Forschungsprogramm zur Produktion spätkaiserzeitlicher Drehscheibenkeramik in Thüringen. Ausgrabungen und Funde 26, 1981, S. 217-223 (Siedlung Haarhausen mit Töpferöfen); G. BEHM-BLANCKE, Keltische und germanische ›Herrensitze‹ in Thüringen. In: Burg und Stadt in Geschichte und Gegenwart. Wiss. Zeitschr. der Friedrich Schiller Universität Jena 28, H. 3, 1979, S. 325-348 (Ges. und Sprachwiss. Reihe), bes. S. 337ff. zu Herrenhöfen bei Dienstedt, Kablow, Tornow, Haarhausen – Dienstedt: Herrenhof aus zwei Langhäusern und einer Wohnhalle, zwei Getreidespeicher und ein Werkplatz von Handwerkern (zahlreiche Feuer- und Ofenanlagen; Reste der Eisenverarbeitung, zerschnittenes Bronzeblech, Halbfabrikat des Silberhalsringes in einer der Werkhütten); Haarhausen, Henfstädt und Oberhof: römische Importobjekte wie Fibeln, Münzen und defekte Gegenstände werden eingeschmolzen als Rohstoff für eigene Schmuckerzeugnisse (S. 341).

30 Vgl. Anm. 18 und die Beiträge von D. PLANCK sowie G. FINGERLIN in diesem Band.

Torhaus – einem Holzturm mit massiven Pfosten – und andererseits durch den Portikus an der Langseite eines der größeren Gebäude auf dem Hofgelände. Die Siedlung wurde im 3. Jahrhundert gegründet, wohl nach dem Fall des Limes, und die jüngsten Funde gehören noch in die zweite Hälfte des 4. Jahrhunderts.

An dieser Stelle kann nicht weiter verfolgt werden, ob die Entwicklung zu Großhöfen mit Konzentration von Handwerk eine autochthone ist, die sich aus den wirtschaftlichen und sozialen Veränderungen in Germanien zu Beginn der Völkerwanderungszeit herleitet, oder ob römischer Einfluß dabei eine entscheidende Rolle spielt. Die Villa rustica als landwirtschaftlicher Großbetrieb mit Einbeziehung des Handwerks führte eine Gutswirtschaft vor Augen, die durchaus Vorbildcharakter gehabt haben kann, vor allem in grenznahen Gebieten.

Da spielen die vorgeschobenen römischen Stationen, bis zu 70 km und mehr vor der Grenze in Mähren oder Böhmen gelegen, eine zentrale Rolle[31]. Aber auch in den Niederlanden ist der römische Einfluß auf die Umgestaltung der einheimischen Gehöfte unmittelbar zu fassen[32], so wie schon seit langem die rechteckigen Hofeinfassungen im Germanischen auf römische Lager zurückgeführt werden[33]. Im Zuge des Küstenhandels ist eine Beeinflussung auch auf der Feddersen Wierde möglich, und deshalb gibt es die These, daß es sich bei deren Herrenhof um eine römische Handelsstation handeln könne, zumindest um einen Sammlungsplatz für den Handelsaustausch mit dem Römischen Reich[34].

Auf die Parallelität der Entwicklung von Höhensiedlungen zwischen provinzialrömischen Gebieten und dem südwestdeutschen Raum wurde schon hingewiesen (vgl. S. 142). Auch diese spätrömischen Plätze wirken wie auf die Höhen verlagerte Villae rusticae[35] oder kleine Vici, und es verwundert deshalb nicht, wenn oftmals Spuren handwerklicher Produktion auf diesen Höhenstationen erkannt werden konnten. Neben der notwendigen Eisenverarbeitung ist Buntmetall-Gießerei mehrfach belegt[36].

31 H. W. Böhme, Archäologische Zeugnisse zur Geschichte der Markomannenkriege (166-180 n. Chr.). Jahrb. RGZM 22, 1975, S. 153-217, hier S. 190 ff. mit Karte Abb. 13; T. Kolnik, Römische Stationen im slowakischen Abschnitt des nordpannonischen Limesvorlandes. Arch. Rozhledy 38-4, 1986, S. 411-434; J. Tejral, Neue Erkenntnisse zum römischen Stützpunkt im Burgstall bei Mušov in Südmähren. Arch. Rozhledy 38, 1986, S. 395-410; J. Hecková, Römischer Baukomplex in Stupava. Arch. Rozhledy 38, 1986, S. 378-394.

32 W. A. van Es, 1982 (wie Anm. 23) S. 149 ff. (Siedlung Druten-Klepperhei/Gelderland); R. S. Hulst, Druten-Klepperhei. Vorbericht der Ausgrabungen einer römischen Villa. Berichten ROB 28, 1978, S. 133-151; vgl. auch G. Cuyt, De inheems-Romeinse nederzetting te Wijnegem. Archaeologia Belgica I-2, 1985, S. 67-70; W. J. H. Willems, Romans and Batavians. A regional study in the Dutch Eastern river area II. Berichten ROB 34, 1984, S. 39-331.

33 H. T. Waterbolk 1978 (wie Anm. 23); H. Steuer (wie Anm. 23) S. 174 ff.

34 G. Ulbert, Die römischen Funde von Bentumersiel. Zeugnisse für die Anwesenheit römischer Truppen zu Beginn des 1. Jahrhunderts n. Chr. an der unteren Ems und für den römisch-germanischen Handel in der mittleren Kaiserzeit. Probleme der Küstenforschung im südlichen Nordseegebiet 12, 1977, S. 33-66.

35 Zu einem ›neuartigen Siedlungstyp‹ im spätrömischen Raetien vgl. jetzt H. Bender, Die spätrömische Siedlung von Weßling-Frauenwiese, Landkreis Starnberg, Oberbayern. Das archäologische Jahr in Bayern 1980 (Stuttgart 1981) S. 146 f.: Auf einem Hügel liegt die mit Palisaden befestigte Siedlung von 150 zu 80 m, gegründet etwa um 300 und aufgegeben im frühen 5. Jahrhundert. Es handelt sich kaum um einen ›Weiler‹, wie H. Bender meint, sondern um einen Villa-ähnlichen Betrieb, der auf die Höhe verlegt worden ist und mit der frühen Alemannensiedlung Sontheim sowie den kleineren Höhensiedlungen verglichen werden kann.

36 K.-J. Gilles, Spätrömische Höhensiedlungen in Eifel und Hunsrück (Trier 1985) S. 74 und der Katalog mit zahlreichen Hinweisen auf Bronzeblechschrott, Teile von Kerbschnitt-Gürtelgarnituren, die zum Wiedereinschmelzen gedacht waren.

4.2. Handwerk in Höhensiedlungen

Deshalb ist es auch ganz einsichtig, daß die meisten Formen des Metallschmucks der Germanen im 4./5. Jahrhundert ebenfalls auf den Großhöfen und damit auch in den Höhensiedlungen hergestellt worden sind. Leitfunde sind die Kerbschnittbronzen spätrömischer Männergürtel, die anfangs als reine Militärgürtel gedient haben und aus zahlreichen Kastellen im gesamten Limes-Bereich bekannt sind[37]. M. Sommer, der diese Gürtel jüngst erneut im Zusammenhang behandelt hat, kann belegen, daß sie im 4./5. Jahrhundert ihre rein militärische Funktion – auch im Gebiet des spätrömischen Reichs – längst verloren hatten und zur allgemeinen Erscheinung in der Trachtausstattung der männlichen Grenzbevölkerung geworden sind[38]. Germanen als Soldaten und Siedler im römischen Reich hatten diese Mode übernommen und sorgten für ihre Verbreitung über die alten Reichsgrenzen hinweg ins germanische Gebiet. H. W. Böhmes Analyse der germanischen Grabfunde zwischen unterer Elbe und Loire hat dies nachdrücklich belegt. So werden die Kerbschnittbronzen allgemein außerhalb des spätrömischen Reichs als Teile germanischer Tracht und nicht mehr als Bestandteil römischer Soldatenausrüstung angesehen.

Entscheidend wird dafür die Beobachtung, daß die Gürtelbeschläge nicht mehr Produkte spätrömischer Waffenfabriken sind, aus denen sich die Germanen auf welchen Wegen auch immer versorgten, sondern daß sie auch in germanischen Gebieten hergestellt worden sind. Denn Gußformreste belegen, daß Gürtelteile aus Metall überwiegend in kleinen Werkstätten innerhalb und außerhalb der Reichsgrenzen fabriziert wurden, bei römischen Kastellen, in germanischen Siedlungen und in alemannischen Höhenburgen[39]. M. Sommer hat die Gußformen, Modeln und Halbfabrikate zu den Gürtelbeschlägen zusammengestellt[40]. Im gallorömischen Vicus von Mamer, Luxemburg, wurde ein Schnallenbügel aus Blei gefunden, der zur Fertigung der Formen diente. Im Kastell bei Bonn wurde das Halbfabrikat einer Riemenzunge entdeckt mit Randtierverzierung sowie Vorfabrikate für Endbeschläge. In der germanischen Wurt Emmerich-Praest im Kreis Kleve wurde die Lehmgußform eines Kerbschnittbeschlags mit Randtierverzierung zusammen mit Keramik und anderen Siedlungsresten in einem Brunnen gefunden[41]. Auch zerschmolzene Bronzereste und Schlacken lagen dabei, neben ›westgermanischer‹ Keramik und importierter römischer Ware. Die Form diente nicht unmittelbar zum Metallguß, wie Analysen gezeigt haben, sondern zur Anfertigung eines Wachsmodells, und zwar für hochrechteckige Gürtelbeschläge mit angegossenen Astragalröhrchen und Kerbschnittverzierung, wie bei der dreiteiligen Gürtelgarnitur vom Typ Vieuxville, deren Hauptverbrei-

37 Zu den Kerbschnittbronzen H. W. Böhme, Germanische Grabfunde des 4. bis 5. Jahrhunderts zwischen unterer Elbe und Loire (München 1974); H. Bullinger, Spätantike Gürtelbeschläge. Diss. Arch. Gandenses 12 (1969); J. Ypey, Zur Tragweise frühfränkischer Gürtelgarnituren auf Grund niederländischer Befunde. Berichten ROB 19, 1969, S. 89-127.
38 M. Sommer, Die Gürtel und Gürtelbeschläge des 4. und 5. Jahrhunderts im römischen Reich. Bonner Hefte zur Vorgeschichte 22 (Bonn 1984) S. 96 ff.
39 M. Sommer (wie Anm. 38) S. 101 ff.; Belege für die Weiterarbeit spätrömischer Fabricae, wie sie Böhme noch annimmt, gibt es nicht und damit auch keine Hinweise auf eine serienmäßige Anfertigung. D. Benea und R. Petrovszky, Werkstätten zur Metallverarbeitung in Tibiscum im 2. und 3. Jahrhundert n. Chr. Germania 65 (1), 1987, S. 226-239 stellen die Reste aus schlichten römischen Werkstätten vor, die sich im Vicus zu einem Lager gefunden haben: Schmelztiegel, Gußformen und Gußfragmente.
40 M. Sommer (wie Anm. 38) S. 102 mit Abb.
41 W. Janssen, Ein Brunneninhalt der römischen Kaiserzeit aus der Grabung Blouswardt in Emmerich-Praest, Kreis Kleve. Das Rhein. Landesmuseum Bonn, Sonderheft Ausgrabungen im Rheinland 77 (Bonn 1978) S. 95-108, bes. S. 106 ff. mit Abb. 89-92.

tungsgebiet in Belgien und im rheinischen Raum liegt. Die Wachsform bezeugt die Herstellung solcher Gürtel außerhalb des Reichsgebiets, wenn auch im unmittelbaren Vorfeld, und gehört in die Zeit 380/420.

Am Hang des Reißberges bei Scheßlitz (12) wurde vor mehreren Jahren der Beschlag einer kerbschnittverzierten Gürtelgarnitur gefunden, der als wenig qualitätvolle Nachahmung, wohl durch Handwerker in dieser Höhensiedlung hergestellt, einer Garnitur-Art, wie sie von der Ehrenbürg (13) bekannt ist, bewertet wird. Ein Astragalröhrchen vom Reißberg scheint werkstattgleich mit einem Stück von der Ehrenbürg zu sein[42]. Damit könnten Spuren eines Handwerkbetriebes erfaßt worden sein, der für beide benachbart liegenden Siedlungen gearbeitet hat, bzw. durch Abformung in Ton ließen sich von vorliegenden Originalen über Wachsformen Kopien oder bei Veränderungen auch Nachahmungen herstellen. Bei der Besprechung der scheibenförmigen Riemenzungen wird darauf zurückzukommen sein.

Der Runde Berg bei Urach (1) hat genügend Spuren und Werkzeuge für verschiedene Handwerksarten gebracht, über deren Verteilung auf dem Siedlungsareal U. Koch die Lokalisierung mancher Werkstätten und auch ihre Verlagerung nachweisen konnte[43], was mit einer Veränderung der sozialen Organisation zusammenhängen mag. R. Christlein hat unter den älteren Lesefunden vom Runden Berg Model und Fragmente von Modeln für Fibeln der Zeit um 500 aufgeführt[44]. U. Koch fügt ein Model zu einem schweren massiven Schnallenbügel des 5./6. Jahrhunderts hinzu[45]. Aber hier interessiert mehr das Bleimodel einer Kerbschnittarbeit, das bei den Grabungen 1967-72 gefunden worden ist[46].

Daß die Vorbilder zur Herstellung von Metallschmuck nicht nur im römischen Gebiet zu suchen sind, zeigen die folgenden Beispiele: Vom Runden Berg ist das bronzene Halbfabrikat einer Armbrustfibel mit spitzwinklig-dreieckigem Fußabschluß zu nennen[47]. Dieser Fibel-Typ ist im Elbegebiet und in Südwestdeutschland verbreitet[48] und läßt sich in die Zeit zwischen 300 und der 2. Hälfte des 4. Jahrhunderts datieren. Die gleiche Verbreitung von Mecklenburg bis nach Südwestdeutschland haben auch die Bügelknopffibeln, datiert mit Schwergewicht in die 2. Hälfte des 4. Jahrhunderts, für die R. Koch ebenfalls eine Herstellung unter anderem im alemannischen Gebiet annimmt[49] (Typ Leutkirch).

---

42 Vgl. Lit. im Katalog-Teil Nr. 12 und 13.

43 U. Koch, Handwerker in der alamannischen Höhensiedlung auf dem Runden Berg bei Urach. Arch. Korrespondenzblatt 14, 1984, S. 99-109; Dies., Die Metallfunde der frühgeschichtlichen Perioden aus den Plangrabungen 1967-1981. Der Runde Berg bei Urach V (Heidelberg 1984).

44 R. Christlein, Anzeichen von Fibelproduktion in der völkerwanderungszeitlichen Siedlung Runder Berg bei Urach. Arch. Korrespondenzblatt 1, 1971, S. 47-49 mit Abb.; Ders., Die frühgeschichtlichen Kleinfunde außerhalb der Plangrabungen. Der Runde Berg bei Urach I (Heidelberg 1974) Taf. 9,3-7.

45 U. Koch, Metallfunde, 1984 (wie Anm. 43) S. 185 und Taf. 30,29.

46 R. Christlein, Kleinfunde der frühgeschichtlichen Perioden aus den Plangrabungen 1967-1972. Der Runde Berg bei Urach III (Heidelberg 1979) Taf. 7,2.

47 R. Christlein, Anzeichen, 1971 (wie Anm. 44) Abb. 1,1; Ders., Kleinfunde, 1974 (wie Anm. 44) Taf. 10,2. Gußnähte nicht abgearbeitet.

48 U. Koch, Metallfunde, 1984 (wie Anm. 43) S. 23f. mit Karte Abb. 1; R. Koch, Spätkaiserzeitliche Fibeln aus Südwestdeutschland. In: Studien zur vor- und frühgeschichtlichen Archäologie, Festschr. J. Werner, Teil 2 (München 1974) S. 227-246.

49 U. Koch, Metallfunde, 1984 (wie Anm. 43) S. 26ff. mit Karte Abb. 2; R. Koch (wie Anm. 48) S. 238f. und Karte Abb. 7; Ders., Die Tracht der Alamannen in der Spätantike. In: Aufstieg und Niedergang der römischen Welt II Principat, 12. Bd., 3. Teilband (Berlin, New York 1985) S. 456-546, hier S. 496ff. mit Karte Abb. 14.

Von der Höhensiedlung in der Mainschleife bei Urphar (3) stammen Bleimodel für Dorne zu sog. ›ostgermanischen‹ Schnallenformen[50]. Die überregionalen Verbindungen der Bewohner dieser Höhensiedlung bezeugen auch zwei Fragmente – aus Silber und vergoldet – von Fibeln des Typs Wiesbaden, mit rhombischer Fußplatte, die zuletzt J. Werner zusammenfassend nach Herkunft und Zeitstellung untersucht hat[51]. Auch diese Fibelform ist ein Mittler zwischen den Ausgangsgebieten der Völkerwanderung in Norddeutschland und dem Mittelrheingebiet mit Zwischenfunden wie denen von Urphar. Mit weiteren Siedlungs- bzw. Grabfunden scheint das Maingebiet in der West-Ost-Ausbreitung eine entscheidende Rolle gespielt zu haben. Die Fibeln gehören in die erste Hälfte des 5. Jahrhunderts. Sie sind aus starkem Blech geformt, nicht gegossen, und oft punzverziert. Zusammenhänge mit dem Blechstil donauländischer Fibeln sind gegeben, aber zugleich auch mit der westlichen Kerbschnitt- und Punzverzierung spätrömischer Gürtelbeschläge, worauf L. Wamser besonders hingewiesen hat[52].

Ob man sich den Thesen J. Werners anschließen will, daß nämlich die Fibeln des Typs Wiesbaden von Goldschmieden im Mainmündungsgebiet gefertigt worden sind, oder ob man ein anderes Produktionsmodell in Erwägung zieht, auf jeden Fall ist beachtenswert, daß die Gesamtverbreitung sich durchaus vergleichen läßt mit der anderer Fibelformen, die im norddeutschen Gebiet entstanden, aber später dann auch auf süddeutschen Höhensiedlungen hergestellt worden sind.

Andererseits machen sich im übrigen Fundgut mancher Gebiete im Südwesten und damit auch der Höhensiedlungen intensive Beziehungen zum römischen Reichsgebiet bemerkbar. Neben Keramik, die ihre Herkunft aus dem Nordosten erkennen läßt und eine über lange Zeit bestehende Verkehrsachse dokumentiert[53], ist das aus römischen Werkstattzentren importierte Keramik, späte Sigillata, aber vor allem Drehscheibenkeramik der Terra-Nigra-Arten, was die Verbreitungskarten von R. Koch[54] oder H. Bernhard[55] belegen.

50 L. Wamser, Das archäologische Jahr in Bayern 1981 (1982) S. 27 Abb. 16,16 (!).
51 L. Wamser (wie Anm. 50) Abb. 16,25-26; J. Werner, Zu einer elbgermanischen Fibel des 5. Jahrhunderts aus Gaukönigshofen, Ldkr. Würzburg. Ein Beitrag zu den Fibeln vom ›Typ Wiesbaden‹ und zur germanischen Punzornamentik. Bayer. Vorgeschichtsbl. 46, 1981, S. 225-254.
52 Vortrag am 29.1.1987 in Freiburg i.Br.
53 T. Springer, Germanenfunde der Völkerwanderungszeit in Nordbayern. Bemerkungen zur Keramik vom Typ Friedenhain-Přeštovice. Arch. Korrespondenzblatt 15, 1985, S. 235-243. Karte Abb. 3 zur Verbreitung der schrägkannelierten Keramik läßt im Südwesten eine große Lücke erkennen, die inzwischen durch Funde im Breisgau etwas geschlossen werden kann.
G. Fingerlin in diesem Band und Ders., Archäologische Nachrichten aus Baden 34, 1985, S. 33 etc. – Vgl. auch Anm. 115.
54 R. Koch, Terra-Nigra-Keramik und angebliche Nigra-Ware aus dem Neckargebiet. Fundberichte aus Baden-Württemberg 6, 1981, S. 579-602.
55 H. Bernhard, Studien zur spätrömischen Terra Nigra zwischen Rhein, Main und Neckar. Saalburg-Jahrb. 40/41, 1984/85, S. 34-120. Abb. 58 mit der Verbreitung von Nigra-Ware der ›Mainzer Werkstatt‹ belegt die Ausstrahlung den Main aufwärts. Die beiden Karten Abb. 1 (spätrömische Nigraware) und Abb. 69 (graue Nigraware) lassen im Südwesten eine weite Lücke erkennen, obwohl Nigraware den Neckar aufwärts und südlich der Donau vorkommt; für den Breisgau sind inzwischen Fundorte zu nennen, u. a. in der Siedlung Mengen und auf dem Zähringer Burgberg, im spätrömischen Kastell Sponeck, vgl. R. Swoboda (wie Anm. 21) S. 132 und Taf. 24-25.
Eine Zusammenstellung der Terra Nigra Funde im Breisgau und dem deutschen Südwesten wird vorbereitet.

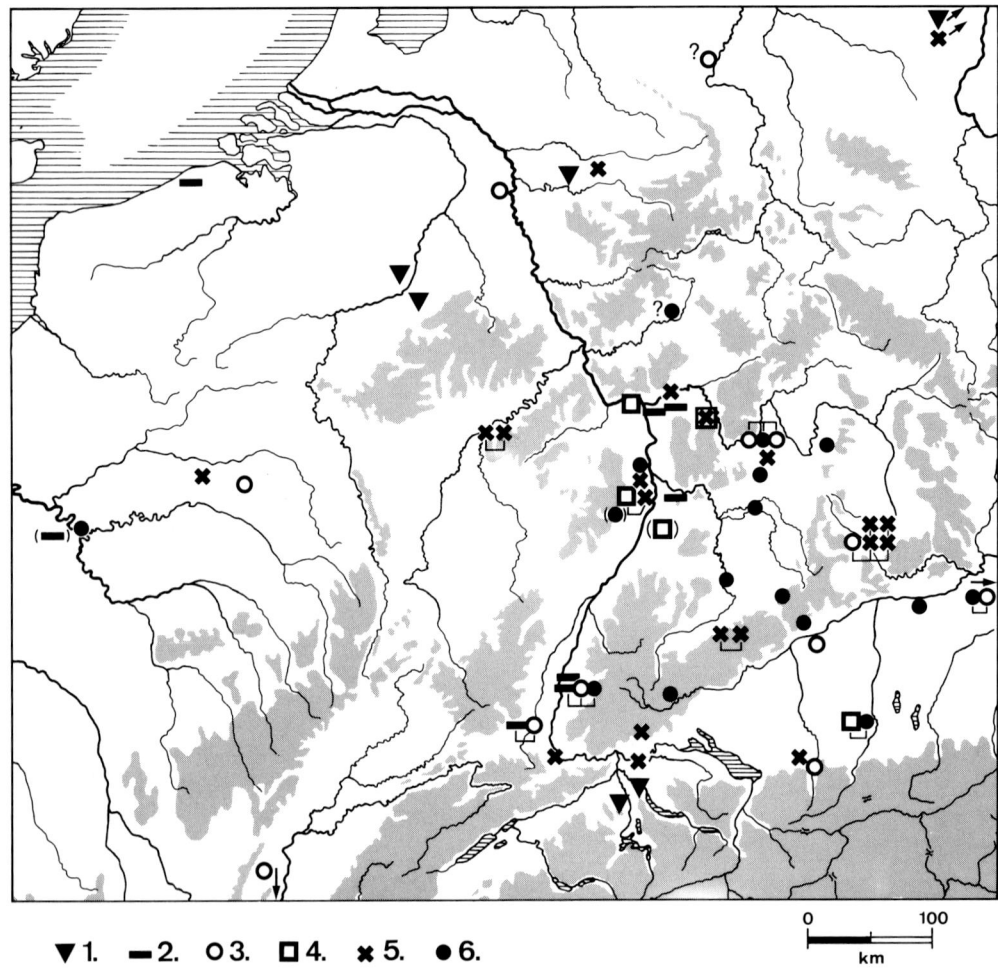

▼1.   —2.   ○3.   □4.   ✖5.   ●6.

Abb. 2a Fundorte der scheibenförmigen Riemenzungen 1 mit trapezförmiger Zwinge, 2 mit rechteckiger Zwinge, 3 mit Randtieren an der Zwinge, 4 mit röhrchenförmiger Einfassung der Scheibe, 5 mit freistehenden Tierköpfen an der Zwinge, 6 mit U-förmigem Umriß. – Mehrere Stücke von einem Platz sind durch eine Klammer zusammengefaßt

4.3. Scheibenförmige Riemenzungen und ihre Herstellung

Einblick in die Arbeitsweise des Buntmetallhandwerks rechts des Rheins soll die Betrachtung einer Teilgruppe von Beschlägen der Kerbschnittgürtelgarnituren ermöglichen, nämlich der scheibenförmigen Riemenzungen mit teils seitlich angebrachten Tierköpfen (Abb. 3–11). Eine erste Zusammenstellung stammt von J. Werner[56], der sie in zwei Gruppen unterteilte, solche mit seitlichen, nach außen blickenden Pferdeköpfen (B 1) und solche ohne Tierköpfe (B 2). H. W. Böhme stellte die Riemenzungen dieses Typs erneut zusammen[57], differenzierte aber bei der Kartierung nicht nach unterschiedlicher Ausformung, berücksichtigte diese – so die Pferdeköpfe – aber in der beschreibenden Liste. Im Rahmen der Gesamtverbreitung von Kerbschnittgürtelgarnituren haben diese punzverzier-

56 J. WERNER, Kriegergräber aus der ersten Hälfte des 5. Jahrhunderts zwischen Schelde und Weser. Bonner Jahrb. 158, 1958, S. 372-413, hier S. 411 f mit Karte 4 Abb. 15 (25 Fund-Nummern).
57 H. W. BÖHME (wie Anm. 37) S. 374 und Karte 18 (34 Fund-Nummern).

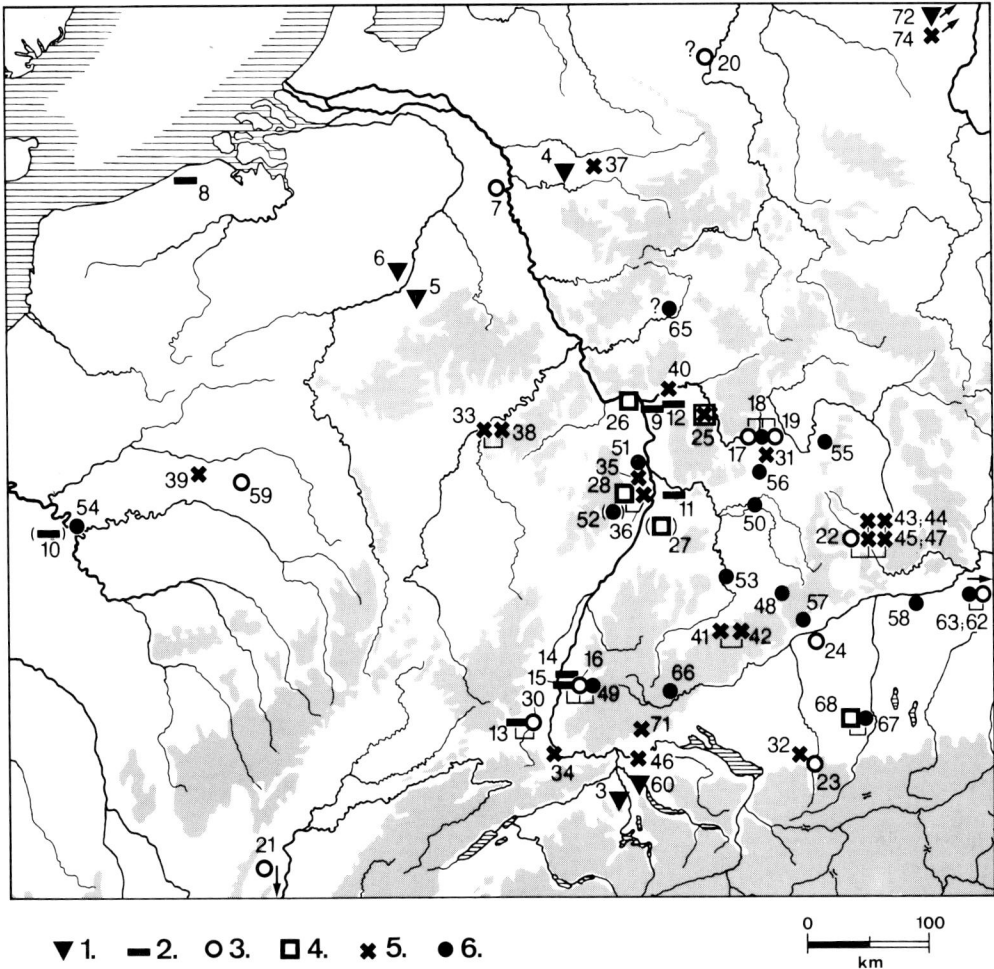

▼ 1. ▬ 2. ○ 3. ☐ 4. ✖ 5. ● 6.

Abb. 2b Fundorte der scheibenförmigen Riemenzungen. Die Nummern beziehen sich auf die Liste S. 202 ff.

ten Riemenzungen eine stärker südliche Verbreitung mit Konzentrationen im Main- und Neckar-Gebiet sowie südlich der Donau und in der Nordschweiz. Die jüngste Kartierung der scheibenförmigen Riemenzungen veröffentlichte R. Koch, bezog weitere Formen ein, blieb aber im Grunde bei der Unterscheidung in solche mit und solche ohne Tierköpfe.

R. Koch[58] sonderte nach Hinzufügung einiger Neufunde im östlichen alemannischen Gebiet eine Untergruppe von Riemenzungen mit zungen- bzw. U-förmigem Umriß aus, die im östlichen Alemannen-Gebiet in einigen Exemplaren vorkommen, kartierte aber zugleich auch die Normalgruppe mit seitlichen Pferdeköpfen. U. Koch[59] hatte parallel dazu 1984 diese Gruppe mit Pferdeköpfen weiter aufgegliedert und vier Untergruppen kartiert; getrennte Pferdeköpfe mit fast vollrunder Scheibe[60], getrennte Pferdeköpfe mit bogenförmigen Scheiben[61], getrennte Pferdeköpfe mit gedrungenem Zwingenteil, wegen

58 R. Koch, Die Tracht der Alamannen (wie Anm. 49) S. 525-530 mit einer ›Typen-Tafel‹ und der Verbreitungskarte Abb. 28. Die Nummern 48, 50, 53, 55 und 57 unserer Liste und der Abb.
59 U. Koch, Die Metallfunde, 1984 (wie Anm. 43) S. 59 f. mit Karte Abb. 7 auf S. 61.
60 Die Nummern 41 a, b, 42, 34-36 sowie 44 und 45 unserer Liste und der Abb.
61 Die Nummern 32, 38, 40 und 46 unserer Liste und der Abb.

eines eingeschobenen Zwischenstücks[62], und Pferdeköpfe ohne Trennung von dem trapezförmigen oder rechteckigen Zwingenteil[63].

Böhme schildert eine vermutete typologische Entwicklung, Koch bildet Gruppen durch
den Vergleich von Größe und Verzierung der Riemenzungen. Beide und früher schon
Werner haben jedoch den Eindruck, daß eine im Prinzip einheitliche Gruppe vorliegt,
deren Hauptverbreitungsgebiet im südwestdeutschen alemannischen Raum zu suchen ist.
Eine bildliche Zusammenstellung aller Riemenzungen über die ausgewählten Beispiele bei
Koch hinaus zeigt aber, daß sie alle verschieden sind und nur näherungsweise eine
verwandte Mode beschreiben, wobei die Übergänge zu anderen Riemenzungen, seien es
amphorenförmige, rechteckige oder zungenförmige, nicht eindeutig zu beschreiben sind.
Diese Situation erklärt sich aus der Art der Herstellung und trifft in ähnlicher Form auch
für die anderen Beschlag-Gruppen der Gürtel des 4./5. Jahrhunderts zu.

Die Herkunft der Riemenzungen-Mode aus dem spätrömischen Gebiet und ihre Nachahmung im alemannischen Raum wird allgemein postuliert, wobei anfänglich meist ein
direkter Import der Stücke – gleich auf welche Art und Weise – angenommen wurde,
jedoch kaum eine Herstellung im alemannischen Gebiet selbst. Jüngst hat sich diese
Vorstellung deshalb gewandelt, weil man gerade auf den Höhensiedlungen mehrfach diese
Riemenzungen gefunden hat, so in der Mainschleife bei Urphar, auf dem Zähringer
Burgberg, auch auf dem Runden Berg und früher schon auf der Gelben Bürg.

Welche Hinweise lassen sich diesen scheibenförmigen Riemenzungen zur Frage des
Handwerks auf den Höhensiedlungen abgewinnen? Unter der Masse der Kerbschnittbronzen bzw. der punzverzierten Gürtelteile bilden sie nur eine kleine Gruppe von knapp
70 Exemplaren. Die Stücke sind sehr verschieden, was die Größe, den Umriß, die Verzierung und das Konstruktionsprinzip angeht. Zwar gibt es einige Exemplare jeweils, die auf
den äußeren Eindruck hin ähnlich erscheinen, aber Unterschiede gibt es doch. Die
vorgestellten Untergruppen sind demnach auch immer etwas willkürlich[64], weshalb ich
noch einmal alle Exemplare zum direkten Vergleich nebeneinander abgebildet habe.
Außerdem besteht jede Untergruppe nur aus wenigen Stücken, die zudem noch sehr weit
gestreut verbreitet sind. Schwerpunkte im Kartenbild sind nicht auszumachen. Scheibenförmige Riemenzungen sind nicht um ihrer selbst Willen hergestellt worden, sondern sie
gehören zu Gürtelgarnituren, mit denen sie in Gräbern auch zusammen vorkommen. Nur
in den Siedlungen werden die Stücke isoliert gefunden. Verzierungen der Riemenzungen
korrespondieren durchaus mit denen der übrigen Gürtelteile einer Garnitur[65], so daß
eigentlich eine Gruppenbildung nur für Riemenzungen dieser Art allein nicht statthaft sein

---

62 Die Nummern 25, 33, 37 und 43 unserer Liste und der Abb.

63 Die Nummern 23 und 24 unserer Liste und der Abb.

64 Wieder eine andere, abweichende Gruppierung schlägt auch M. SOMMER (wie Anm. 38) vor: Form C
Typ c, Liste S. 139, Taf. LV.
Die Gruppenbildung müßte selbstverständlich auch die Herstellungstechnik im einzelnen berücksichtigen;
denn auch diese ist unterschiedlich: Ein Teil der scheibenförmigen Riemenzungen ist massiv aus Bronze
gegossen; andere bestehen aus zwei zusammengeklappten gleichgeschnittenen Blättchen. Vom Runden
Berg sind die beiden gleichen Teile der Zwinge einer Riemenzunge zu nennen, das Exemplar von Neuburg
an der Donau besteht sichtbar aus ›einem zusammengeklappten Blechstück‹, aus dem die Riemenzunge
geschnitten ist, vgl. E. KELLER 1979 (wie Anm. 110) S. 42.

65 Die Garnituren von Krefeld-Gellep (unter den Einzelfunden sind eine Riemenzunge und eine Schnalle
mit gleicher Verzierung, vgl. H. W. BÖHME, wie Anm. 37, Nr. 103 und Taf. 81: mehrfache Kreisaugen),
Heidelberg-Neuenheim (vgl. H. BULLINGER, wie Anm. 37, Taf. XX,3-4), Mainz-Kostheim (vgl. H. BUL-
LINGER, wie Anm. 37, Taf. XXXIII), Trier-Pallien oder Trier-Maximinstraße (vgl. H. BULLINGER, wie
Anm. 37, Taf. LVII) etc. belegen dies.

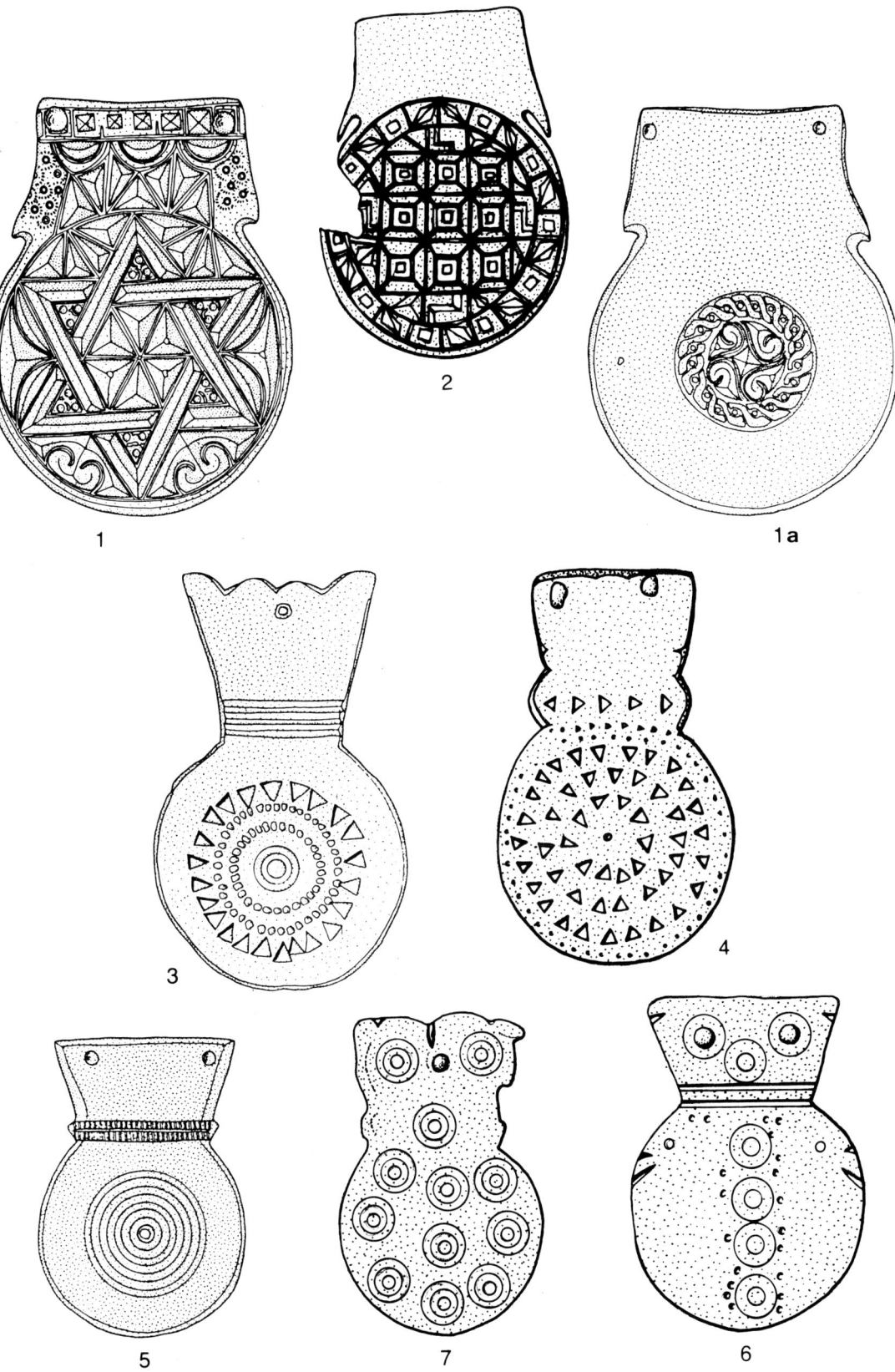

1   2   1a

3   4

5   7   6

Abb. 3   Scheibenförmige Riemenzungen, M. 1:1. Vgl. Liste S. 202

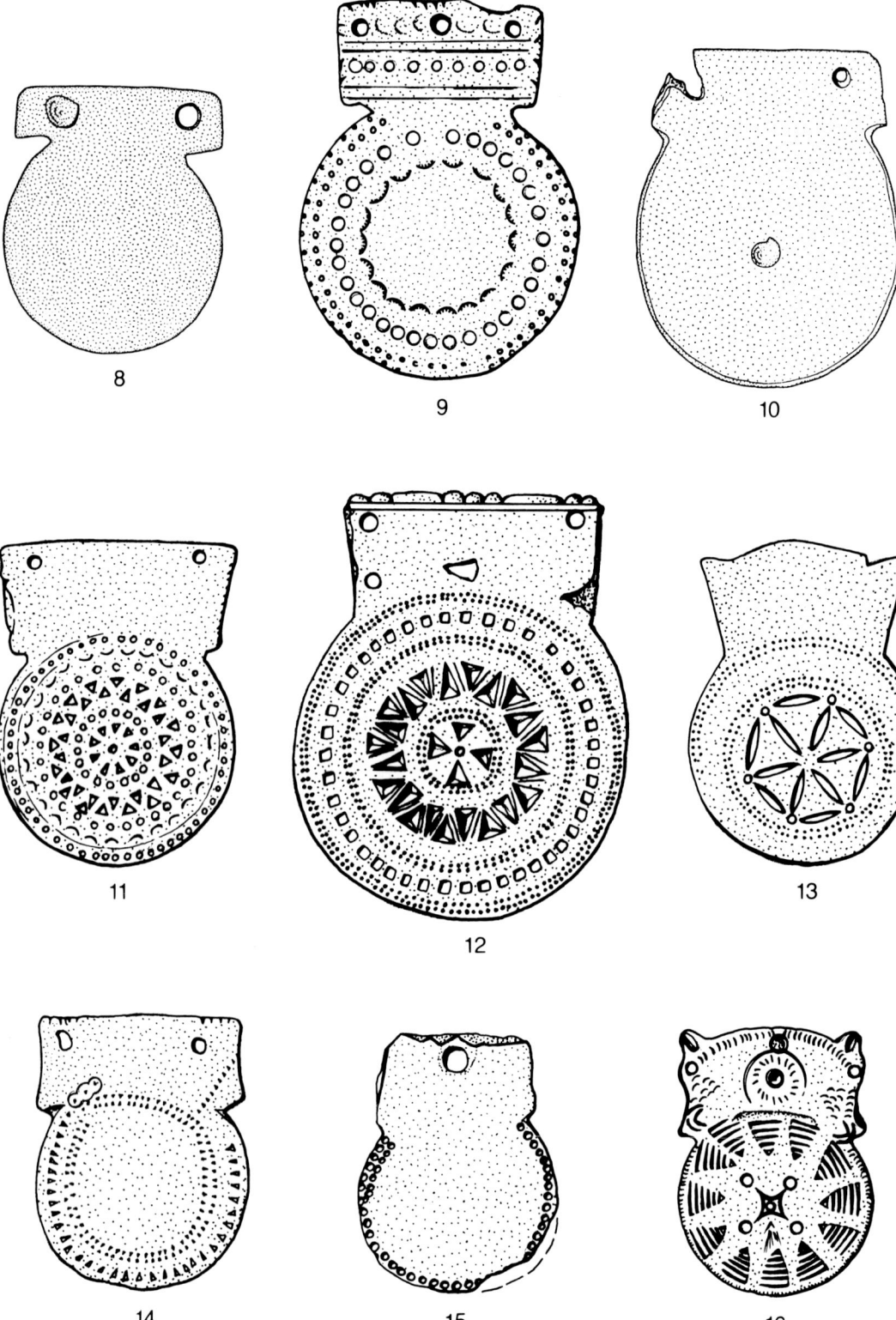

Abb. 4 Scheibenförmige Riemenzungen, M. 1:1. Vgl. Liste S. 202

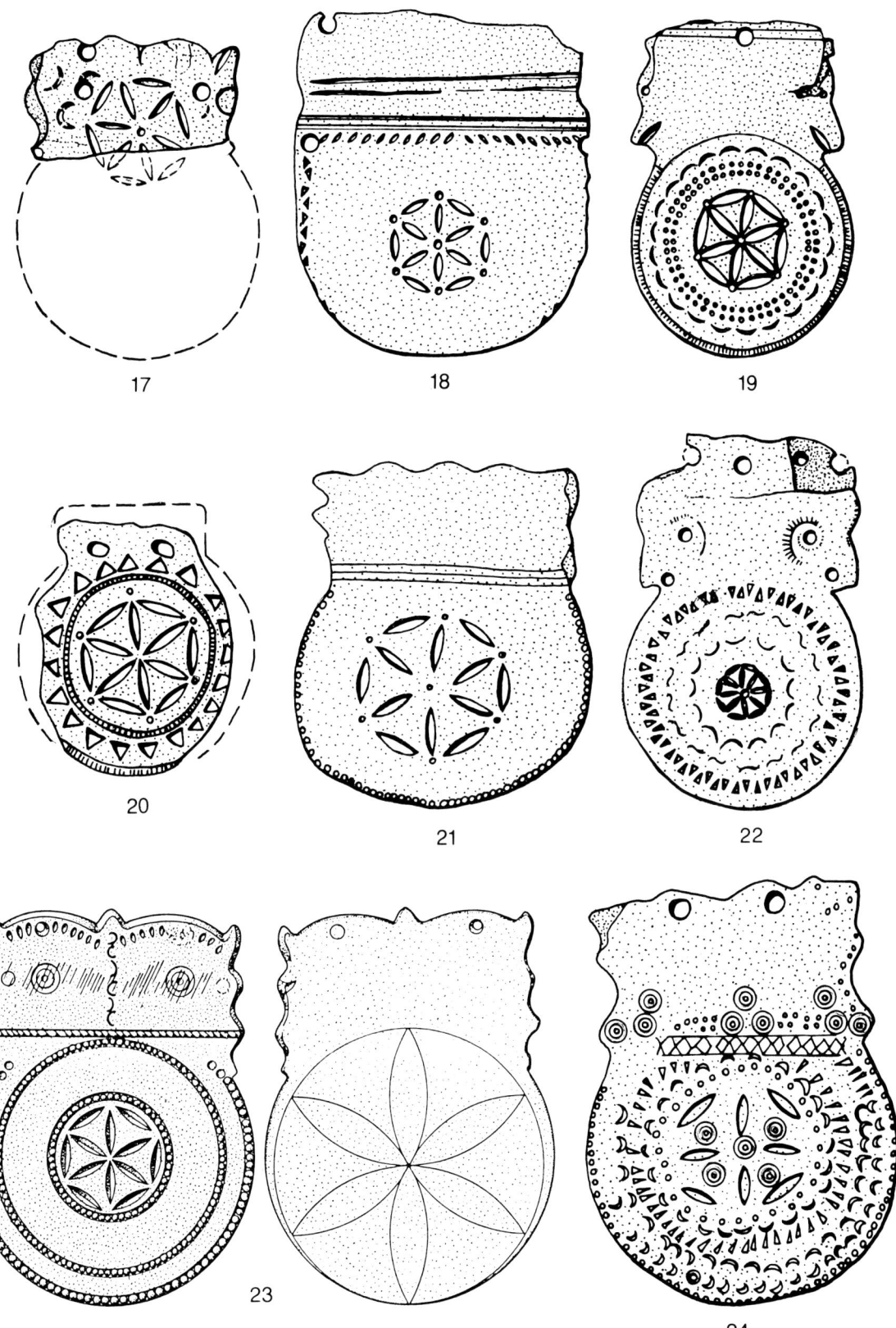

17 18 19

20 21 22

23 24

Abb. 5 Scheibenförmige Riemenzungen, M. 1:1. Vgl. Liste S. 203

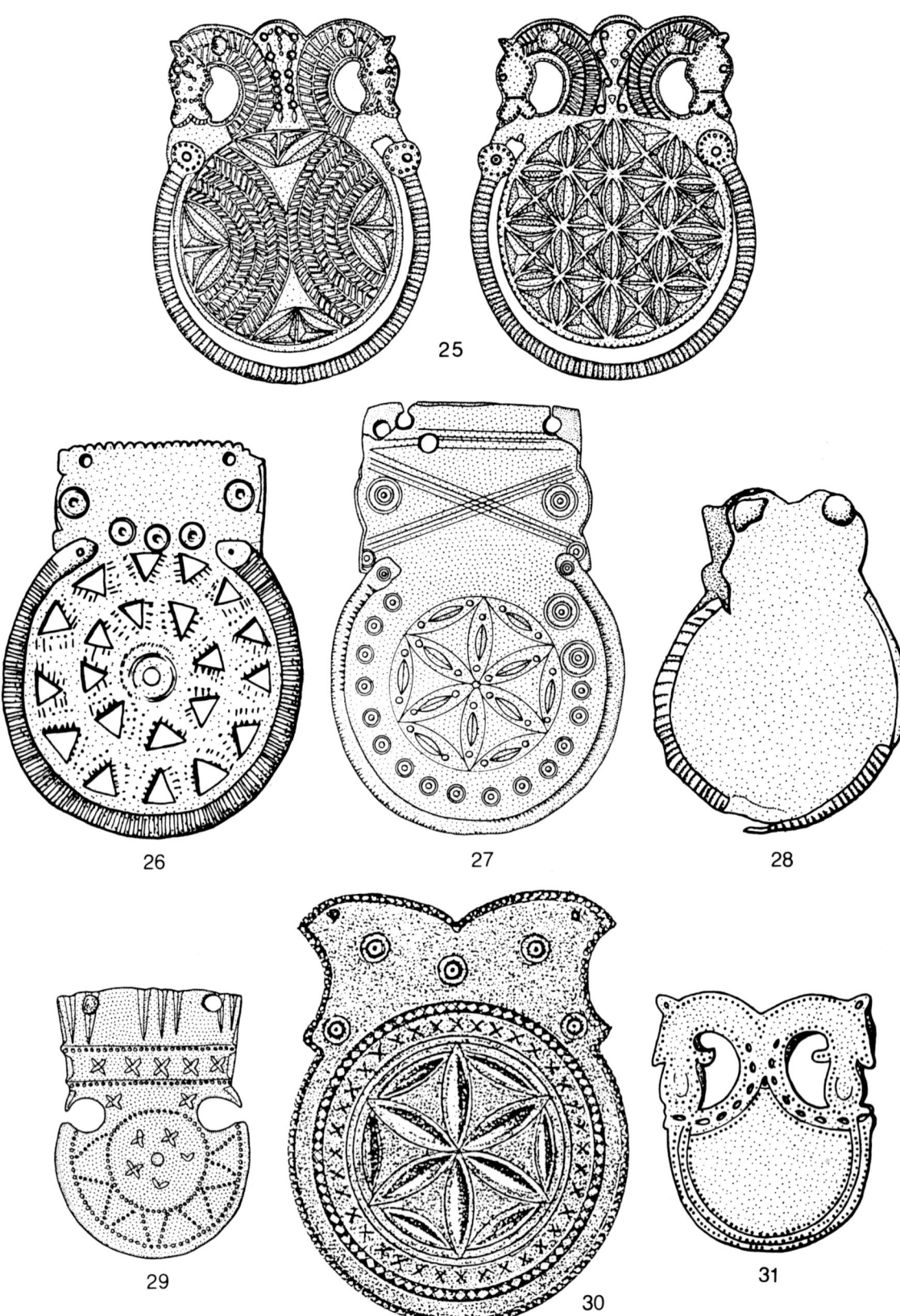

25

26   27   28

29   30   31

Abb. 6 Scheibenförmige Riemenzungen, M. 1:1. Vgl. Liste S. 203

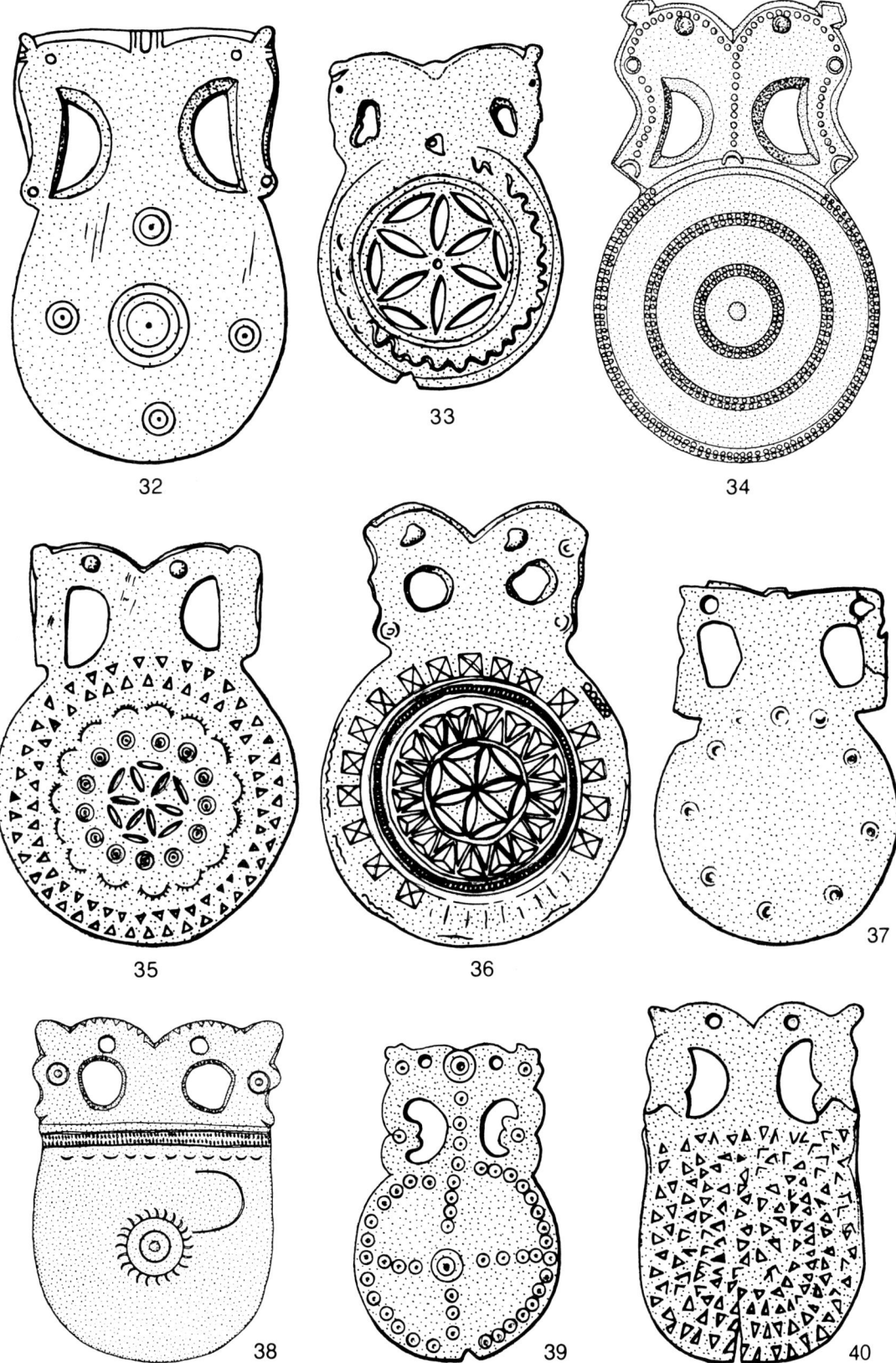

Abb. 7 Scheibenförmige Riemenzungen, M. 1:1. Vgl. Liste S. 203

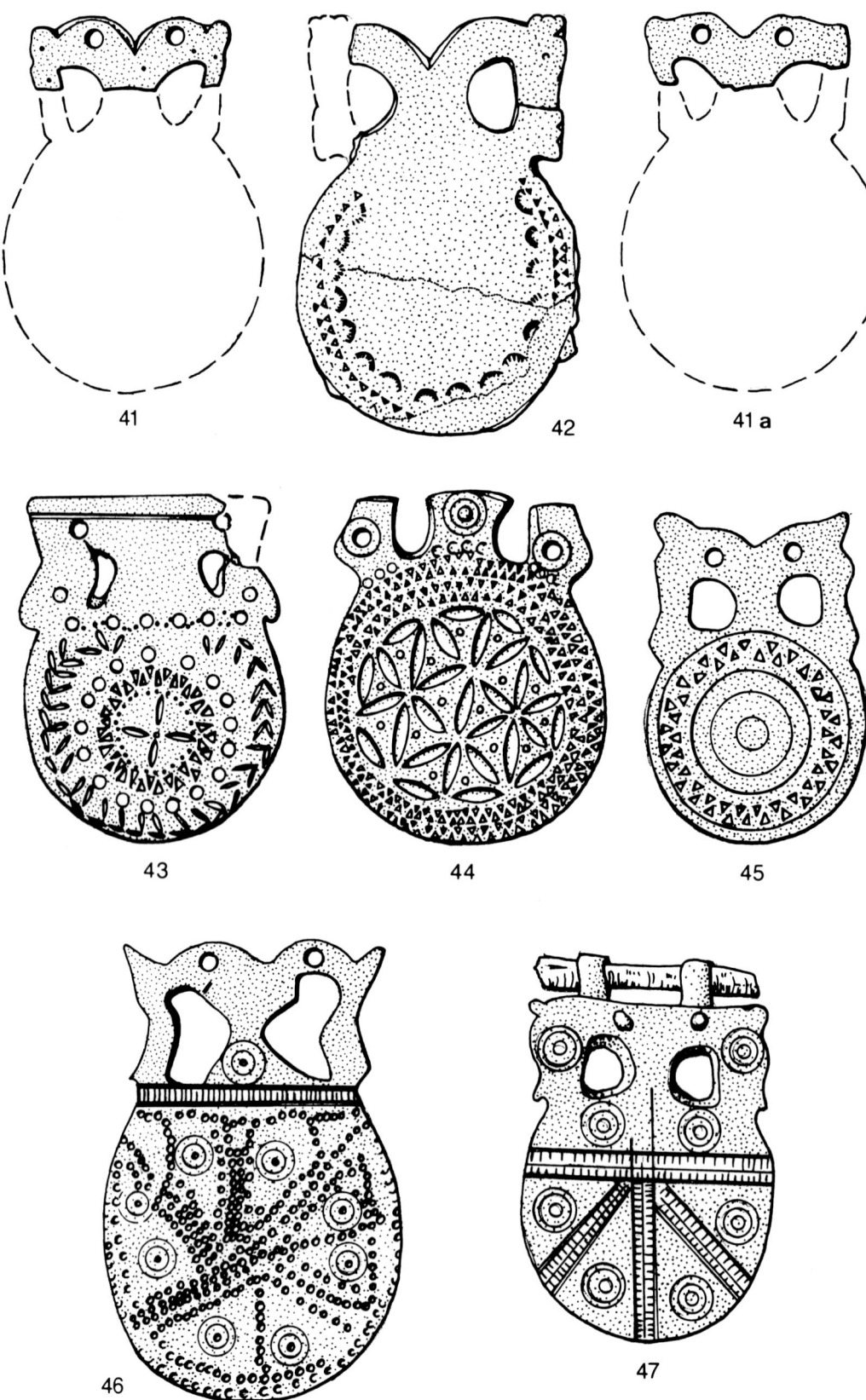

41   42   41 a

43   44   45

46   47

Abb. 8 Scheibenförmige Riemenzungen, M. 1:1. Vgl. Liste S. 203

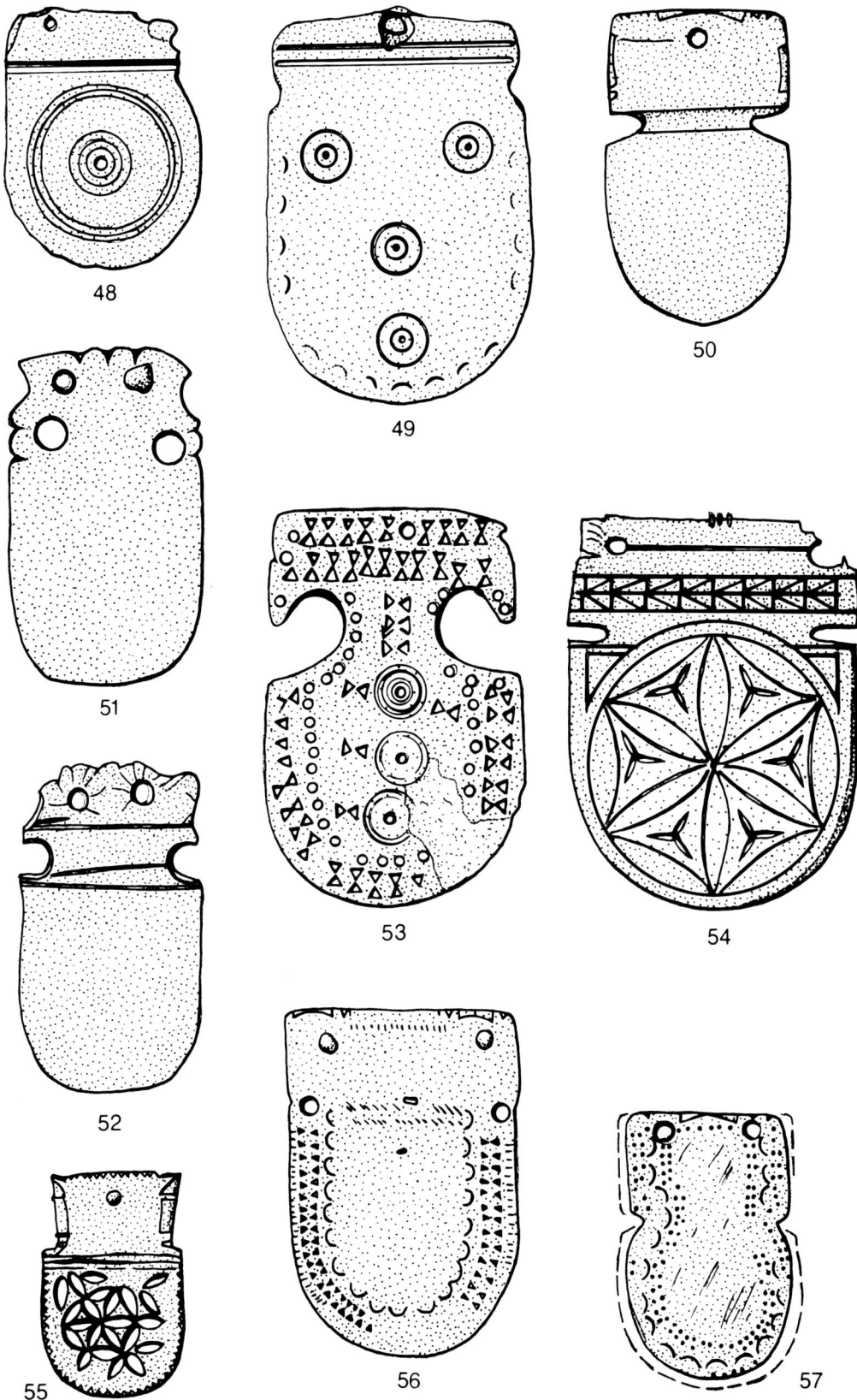

Abb. 9 Scheibenförmige Riemenzungen, M. 1:1. Vgl. Liste S. 203

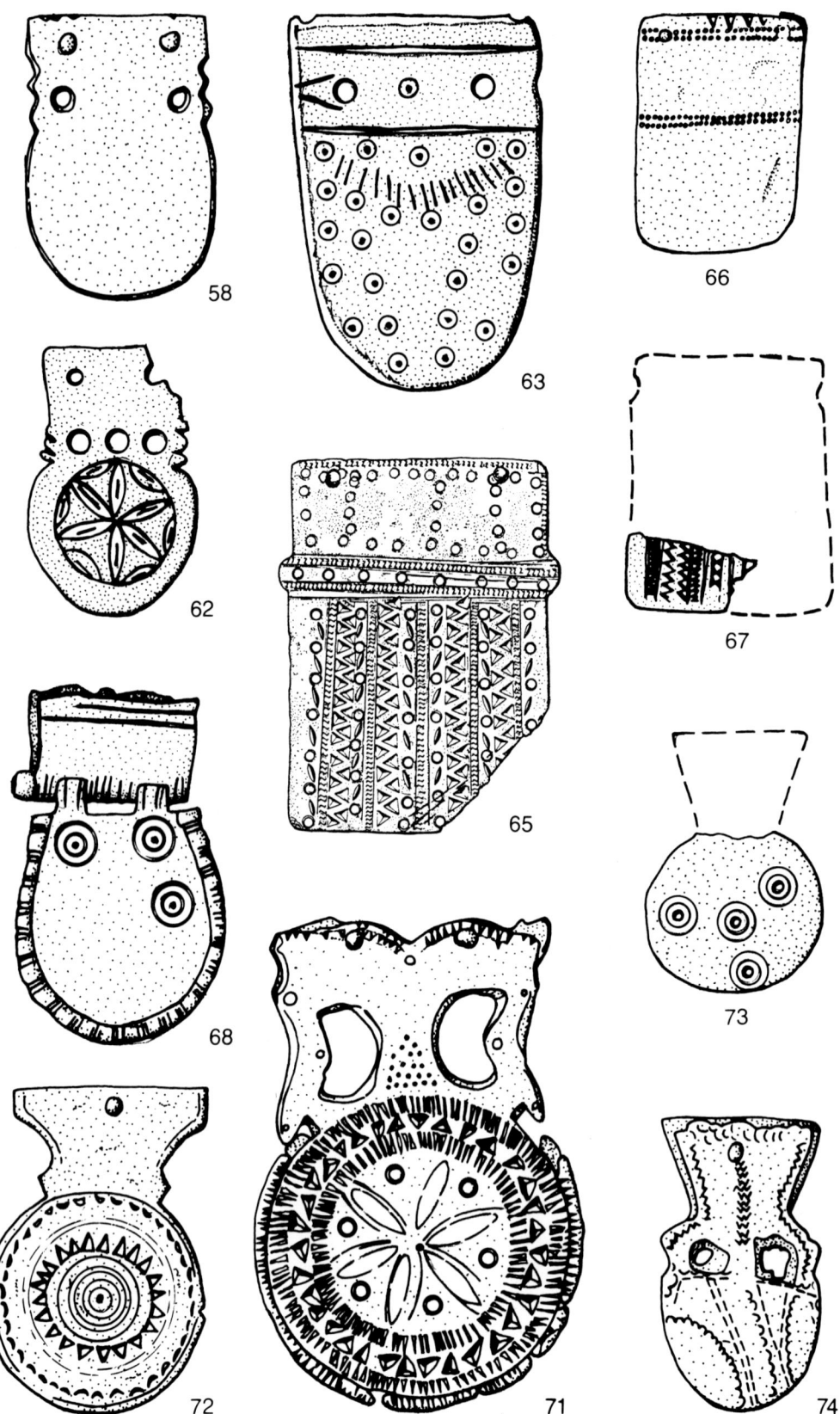

Abb. 10 Scheibenförmige Riemenzungen, M. 1:1. Vgl. Liste S. 204

Abb. 11 Riemenzunge
von Downtown, Wiltshire,
England, M. 1:1.
Vgl. Liste S. 204, Nr. 64.

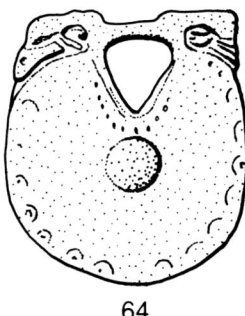

64

dürfte. Auch der Typ des Gürtels scheint verwandt, denn scheibenförmige Riemenzungen gehören zu schmalen Gurten und Schnallen, die jedoch überbreite Gürtel mit entsprechenden Beschlägen zusammenhalten. Unter diesen Beschlägen fallen solche mit trapezförmigen Enden auf[66].

Zur prächtigen silbernen Riemenzunge von der Ehrenbürg äußerte sich 1965 ausführlich R. Koch[67] und fragte, ob germanische oder provinzialrömische Handwerker das Stück gefertigt hätten. Es sollte linksrheinische Herstellung und damit Import nicht ausschließen, denn die Analyse von Metallwahl, Stilistik und Punzen ließ beide Möglichkeiten offen. Silber wird im römischen Milieu ebenso verwendet wie im germanischen, die spitzovalen Mandelpunzen werden im germanischen Umkreis des Sösdala-Stils ebenso verwendet wie in Mitteleuropa oder auf römischem Prunkgeschirr (Theodosius-Missorium/Kaiserschale von Großbodungen). Die Abhängigkeit von provinzialrömischen Arbeiten ist natürlich eindeutig; für die scheibenförmigen Riemenzungen mit Tier- bzw. Pferdeköpfen an der Zwinge sind als entsprechende Vorbilder das Stück von Babenhausen und ein Exemplar aus Paris, Musée Carnavalet, zu nennen[68].

Irgendwelche typologischen Entwicklungsstränge – so R. Koch – wie sie H. W. Böhme beispielsweise auch annähme, brauchte man nicht zu suchen, da zum einen dafür kaum genügend Zeit im späten 4. Jahrhundert und um 400 sei und zum anderen zeitgenössische Vorbilder aus Spitzenwerkstätten vorhanden seien[69].

Die schlichte Ausführung des Gürtelbeschlages vom Reißberg im Vergleich zur Prachtausgabe von der Ehrenbürg hatte H. W. Böhme 1977 dazu veranlaßt, bei diesem Stück von einheimischer Produktion zu sprechen[70]. Aber auch für die Ehrenbürg-Garnitur – der Platz liegt knapp 30 km vom Reißberg entfernt – nahm er mit großer Wahrscheinlichkeit eine Herstellung in einer alemannischen Werkstatt Süddeutschlands an. Wesentliches

---

66 Als Beispiele seien genannt: Basel-Aeschenvorstadt Grab 379 (vgl. H. BULLINGER, wie Anm. 37, Abb. 35 - Astragale, Trapezbeschläge und an der Riemenzunge getrennte Pferdeköpfe), Oudenburg Grab 263 (vgl. H. BULLINGER, wie Anm. 37, Abb. 36 - Astragale, Trapezbeschläge, Riemenzunge mit trapezförmiger Zwinge), Trier-Pallien und Trier-Maximinstraße (vgl. H. BULLINGER, wie Anm. 37, Abb. 36 und 37 - Astragale, Beschläge mit trapezförmigen Enden und getrennte Pferdeköpfe an der Riemenzunge) etc.
67 R. KOCH, Germania 43, 1965, S. 115.
68 R. KOCH (wie Anm. 67) S. 117; zum Exemplar aus dem Mus. Carnavalet mit der Darstellung von Daniel in der Löwengrube auf der Kreisscheibe und nach außen blickenden Sphinxen an der Zwinge IPEK 1941-42, S. 162 Taf. 72 und in Farbe in: Paris Mérovingien. Bulletin du Musée Carnavalet 33, 1980, Nos. 1 et 2, 13 Fig. 6. Jetzt auch abgebildet bei H. W. BÖHME, Bemerkungen zum spätrömischen Militärstil. In: H. ROTH (Hrsg.), Zum Problem der Deutung frühmittelalterlicher Bildinhalte (Sigmaringen 1986) S. 235-49, hier Abb. 17: Paris-St. Marcel.
69 R. KOCH 1985 (wie Anm. 49) S. 529.
70 H. W. BÖHME, Ein germanischer Gürtelbeschlag der Zeit um 400 aus Oberfranken. Studien zur Sachsenforschung 1 (Hildesheim 1977) S. 13-24.

Argument war die Gesamterscheinung der Gürtelgarnituren; denn im Gegensatz zu den klaren Typen der spätrömischen Kerbschnittgürtelgarnituren zeigten die punzverzierten Garnituren eine ungewöhnliche Formenvielfalt mit zahlreichen Übergangstypen[71]. Innerhalb der einzelnen Formengruppen gleicht keine Garnitur gänzlich einer anderen. Die Verbreitung erfaßt Gebiete innerhalb und außerhalb des römischen Reichs. Der Fund aus St. Andéol ist die germanische Imitation eines überbreiten Militärgürtels des späten 4. Jahrhunderts. Sie könnte – so Böhme – einem rechts des Rheins beheimateten Franken oder Alemannen gehört haben, der zu den Entsatztruppen des in Arles eingeschlossenen Usurpators Constantin III. (407-411) geworben worden war. Hier wird eigentlich noch deutlicher ausgedrückt, daß ein Wandel in der Herstellung der Gürtelgarnituren eingesetzt haben muß. Während zuvor im 4. Jahrhundert noch Fabriken römisches Militär versorgten, scheinen jetzt zahlreiche kleine Werkstätten innerhalb und außerhalb des Reiches Gürtelteile hergestellt zu haben. ›Gürtelgarnituren... der Zeitstufe III sind meist nicht mehr in zentralen Werkstätten hergestellt worden. Sie zeigen vielfach individuelle Züge und vereinfachte Herstellungsweisen (Herdguß, festes Beschläg). Sie können in der Mehrzahl als Produkte lokaler Handwerker gelten‹[72].

J. Werner hat 1981 bei der Behandlung der Fibeln vom Typ Wiesbaden[73] aus der ersten Hälfte des 5. Jahrhunderts Bemerkungen zur Punzornamentik gemacht, die im hier angesprochenen Zusammenhang kurz berücksichtigt werden müssen. Für die Frage nach der Gruppengliederung von Fundstoff des 4./5. Jahrhunderts und der handwerklichen Herstellung ist bemerkenswert, daß Werner eine Fibel-Gruppe ›Typ Wiesbaden‹ zusammenstellt, die bei Mechthild Schulze auf fünf andere Gruppen aufgeteilt wurde[74], also nach ihrer Meinung keine sinnvolle Gruppe bildet. Somit hätten die chronologischen Aussagen und die Bemerkungen zur Verbreitung keinerlei kulturgeschichtliche Relevanz, meint J. Werner, was man nun auch für seine Gruppenbildung fragen dürfte. Die Fibeln vom Typ Wiesbaden mit nielliertem Gittermuster auf der Fußplatte kommen aus Werkstätten des Mainmündungsgebietes, andere Fibeln – gefunden zwischen Thüringer Wald, Mittelelbe und Havel – verziert mit Würfelaugen, sind Produkte einheimischer Handwerker, so J. Werner[75]. Kleine spitzovale Einschläge, seinerzeit von W. Kubitschek als Mandelpunzen bezeichnet, gibt es auf den Fibeln des Typs Wiesbaden in schlichter Reihung, was bei den nordwestlichen Metallfunden zwischen Elbe und Loire nicht vorkäme und somit als Besonderheit der mittelrheinischen Werkstätten angesehen werden könnte. Mandelpunzen als Rosettenmuster dagegen wären überall verbreitet, vor allem auch auf den scheibenförmigen Riemenzungen des späten 4. und frühen 5. Jahrhunderts und hätten somit weder chronologisch noch regional etwas auszusagen[76]. Dem kann nur zugestimmt werden, zumal bei den scheibenförmigen Riemenzungen allein die Form die Anordnung von Mandelpunzen als Rosette nahelegt. Doch ebenso kann aus anderen Anordnungen der Mandelpunzen, nämlich als Reihe, kein anderer Schluß – etwa auf Werkstatteigentümlich-

---

71 H. W. BÖHME (wie Anm. 70) S. 18.

72 H. W. BÖHME 1974 (wie Anm. 37) S. 97. Vgl. auch die Bemerkungen hier S. 177.

73 J. WERNER, Zu einer elbgermanischen Fibel des 5. Jahrhunderts aus Gaukönigshofen, Ldkr. Würzburg. Ein Beitrag zu den Fibeln vom ›Typ Wiesbaden‹ und zur germanischen Punzornamentik. Bayer. Vorgeschichtsbl. 46, 1981, S. 225-254.

74 M.SCHULZE, Die spätkaiserzeitliche Armbrustfibel mit festem Nadelhalter (Gruppe Almgren VI,2) (Bonn 1977); so DIES. jüngst wieder: M. SCHULZE-DÖRRLAMM, Romanisch oder germanisch? Untersuchungen zu den Armbrust- und Bügelknopffibeln des 5. und 6. Jahrhunderts aus den Gebieten westlich des Rheins und südlich der Donau. Jahrb. RGZM 33, 1986, 2. Teil, S. 593-720, passim.

75 J. WERNER (wie Anm. 73) S. 240f.

76 J. WERNER (wie Anm. 73) S. 245 und 251.

keit – gezogen werden, da Reihen auf anderen Gegenständen, beispielsweise Fibeln, vorkommen und ein elementares Verzierungsmuster darstellen.

Die Beziehungen zum skandinavischen Sösdala-Stil und zu östlichen Pferdegeschirrteilen der Art von Untersiebenbrunn zeigen nur, so meine ich, daß Mandelpunzen zum Geschmack und Repertoire aller Kunsthandwerker der verschiedenen Landschaften und Stämme gehören, daß aber nicht zwischen ›Rosetten‹ als in spätrömischer Tradition stehend und ›Reihen‹ als barbarischem Geschmack entsprechend unterschieden werden kann.

Rosettenmuster aus Mandelpunzen kommen nämlich nicht nur auf den scheibenförmigen Riemenzungen vor, die in den in spätrömischer Tradition arbeitenden und auch Kerbschnittbronzen herstellenden Werkstätten gefertigt worden sind, sondern auch auf zahlreichen Exemplaren, die in alemannischen Höhensiedlungen entstanden sind.

Um Erkenntnisse über diese Herstellung zu gewinnen, helfen die Gruppenbildungen – sei es bei Fibeln oder Riemenzungen – nicht weiter, auch die Interpretation scheinbar schlüssiger Verbreitungsbilder liefert keine überzeugenden Ergebnisse. Wenn R. Koch meint, daß Riemenzungen ›mit seitlichen Tierköpfen weitgehend auf das alamannische Siedlungsgebiet zwischen Mittelrhein und oberer Donau‹ beschränkt vorkommen und eine ›gewisse Anzahl... außerdem in spätrömischen Grenzstationen‹, aber nur wenige tiefer im Innern der Provinzen[77], so werden damit – ich weise auch auf die Funde von Trier-Pallien und Trier-Maximinstraße hin – keine Unterschiede formuliert. Die begrenzte Fundanzahl und die Verbreitung sagen nur, daß derartige Riemenzungen im späten 4. und frühen 5. Jahrhundert Mode waren[78], bzw. die Gürteltracht insgesamt war die Mode. So verwundert es denn auch nicht, daß auf dem Zähringer Burgberg neben Riemenzungen mit seitlichen Tierköpfen das Bruchstück eines Beschlages für einen überbreiten Gürtel mit

---

77 R. KOCH (wie Anm. 49) 1985, S. 529.
78 Eine genauere Datierung läßt sich nicht gewinnen. Die wenigen Grabfunde gehören in diesen Zeitabschnitt. Die Gräber von Basel-Aeschenvorstadt (Grab 379) und von Oedenburg (Grab 129) gehören in die Stufe I (350-400) nach H. W. BÖHME (wie Anm. 37) S. 82 f., das Grab von Vieuxville in die Stufe II (380-420). Der Grabfund von Saint-Andéol in die Zeit um 400 nach H. W. BÖHME (wie Anm. 70) S. 19 f.; das Grab von Leutkirch nach R. KOCH, Spätkaiserzeitliche Fibeln aus Südwestdeutschland. Studien zur vor- und frühgeschichtlichen Archäologie, Festschr. J. Werner (München 1974) S. 227-246, hier S. 236 ff., in das späte 4. Jahrhundert. – Das Grab von Mainz-Kostheim mit Spatha ist in das frühe 5. Jahrhundert einzuordnen.
H. W. BÖHME, Das Ende der Römerherrschaft in Britannien und die angelsächsische Besiedlung Englands im 5. Jahrhundert. Jahrb. RGZM 33, 1986, 2. Teil, S. 469-574, gibt S. 498 ff. mit Anm. 71 jetzt nicht nur einen Nachtrag zu den scheibenförmigen Riemenzungen, sondern schlägt auch eine neue Datierung mehrheitlich in das frühere 5. Jahrhundert vor. Er gewinnt diese Datierung über die Einordnung der sog. punzverzierten Gürtelgarnituren, zu deren festem Bestandteil scheibenförmige Riemenzungen gehören. Der Vergleich zweier Verbreitungskarten, nämlich die der punzverzierten und der einfachen Garnituren, beide Nachfolger der Kerbschnittgürtelgarnituren des späten 4. Jh. veranschaulicht dies. Die einfachen Garnituren sind auf den äußersten Norden Galliens und das rechtsrheinische Vorland begrenzt, während die punzverzierten ›in den Provinzen am Oberrhein und an der Donau sowie in deren unmittelbarem barbarischen Vorfeld, dort, wo die Wohnsitze der Alamannen und Burgunden lagen‹ gefunden werden (vgl. dort S. 500 und Karte Abb. 23). Dieses räumliche Nebeneinander spricht eher für Gleichzeitigkeit als für eine chronologische Abfolge, meint Böhme überzeugend, schließt dann aber weiter auf unterschiedliche Militärbezirke, wie sie im mittleren 4. Jahrhundert nachweisbar seien, und Truppenverschiebungen würden zur Überlappung der Kartenbilder geführt haben. Damit wird aber die Produktion von Militärgürteln über Militärbezirke wieder an zentrale Werkstätten gebunden, was gerade für die Zeit um 400 nicht mehr dem Fundstoff an Produktionshinweisen entspricht.

trapezförmigen Enden gefunden worden ist, wie er aus Grab 379 von Basel-Aeschenvorstadt bekannt ist[79].

Mode waren die Tierköpfe seitlich an den Riemenzungen, so wie überhaupt an den
Gürtelbeschlägen. Qualitätvolle Stücke römischer Herkunft mögen Sphingen zeigen,
andere Pferdeköpfe; waren die Handwerker weniger perfekt, so werden die Tierköpfe
weniger präzise ausgebildet und die Entscheidung, ob ein Pferd oder ein anderes Tier
dargestellt werden sollte, bleibt offen[80].

Das Exemplar vom Zähringer Burgberg zeigt zumindest mit Sicherheit keine Pferdeköpfe, sondern Hunde- oder eher noch Eberköpfe, wie die deutlich eingepunzten Hauer
und der Backenbart ausdrücken. Für die Eberdarstellung gibt es qualitätvolle römische
Vorbilder, auch auf Militärgürteln[81]. Zu den schraffierten Dreiecken auf dieser Riemenzunge, die vielleicht Imitationen der sonst üblichen tiefen Kerbschnittpunzen sein sollen,
ist mir nur ein Vergleichsstück bekannt geworden[82]. Der Kamm der Eber ist aber – wie
sonst die Mähne der Pferdeköpfe – durch schlichte ovale oder halbkreisförmige Punzen
erzeugt worden[83], d. h. daran kann man Eber und Pferd nicht unterscheiden.

Um zusammenzufassen: Unter den Gürtelbeschlägen des ausgehenden 4. und frühen
5. Jahrhunderts kommen auch scheibenförmige Riemenzungen vor, insgesamt etwa 70, die
an den verschiedensten Orten im ehemaligen römischen Reichsgebiet und im germanischen
Gebiet hergestellt worden sind. Die Form läßt sich äußerlich in ähnliche Gruppen gliedern,
wobei innerhalb einer Gruppe kaum ein Stück dem anderen gleicht, so daß jede Gruppenbildung ein Maß an Beliebigkeit umfaßt und eine Differenzierung nach strengen Maßstäben kaum möglich ist. Die Reihung auf meinen Abbildungen gibt eine mögliche Gruppen-
sortierung wieder[84], die auch im Kartenbild festgehalten wird (Abb. 2 a, b). Doch reichen

---

79 Vgl. z. B. W. DRACK, Die spätrömische Grenzwehr am Hochrhein (Zürich 1980) S. 12; aber auch
J. GILLES, Spätrömische Höhensiedlungen in Eifel und Hunsrück (Trier 1985) Taf. 36,2 (Minheim,
Burgley).
80 Seitliche, auswärts blickende Tierköpfe hat auch die Riemenzunge von Charlton Plantation, Grab 38,
vgl. Liste Nr. 64, die zwar einem anderen Zusammenhang zuzuordnen ist, bei rein typologisch-formen-
kundlichen Auflistungen jedoch berücksichtigt werden müßte (Abb. 11).
81 Mit gleichartig einfachen kalbkreisförmigen Punzen wurde der Backenbart auf einer Riemenzunge von
Bremen-Mahndorf gestaltet, vgl. H. W. BÖHME (wie Anm. 37) Taf. 15,14 bzw. M. SOMMER (wie Anm. 38)
Taf. 20,12.
82 Z. B. Gürtelschnalle von Leihgestern, Kr. Gießen, vgl. M. SOMMER (wie Anm. 38) Taf. 7,1.
83 Vgl. Riemenzunge von Kempten (Nr. 23), Basel-Aeschenvorstadt (Nr. 34), Trier-Maximinstraße
(Nr. 38).
84 Meine Gruppen sehen folgendermaßen aus:
(1) Nr. 1 und 2 – Riemenzungen mit trapezförmiger Zwinge, deren schmale Seite oben ist,
(2) Nr. 3 und 4 – Riemenzungen mit langer trapezförmiger Zwinge,
(3) Nr. 5 und 6 sowie ähnlich Nr. 72 – Riemenzungen mit kurzer, breiter trapezförmiger Zwinge,
(4) Nr. 8-13 – Riemenzungen mit rechteckiger Zwinge,
(5) Nr. 7,14-24 sowie ähnlich Nr. 62 – Riemenzungen mit seitlichen Tierköpfen, deutlich ausgeprägt wie
Nr. 16, oder degeneriert, wie Nr. 14. Kreisaugen können Innenzeichnung für die Tierköpfe sein, z. B. bei
Nr. 17, 22, 23 und 24.
(6) Nr. 25-28 – Riemenzungen mit die Kreisscheibe einfassender, aufgeschobener Hülse sowie mit anderer
Konstruktion Nr. 68; doch dies ist je nach Auffassung eine Nebeneigenschaft. Denn Nr. 25 könnte zur
nächsten Gruppe (7) gezählt werden, Nr. 26 zur Gruppe (4) und Nr. 27 zur Gruppe (5). – Die Stücke
Nr. 29-31 bilden eigene Formen, die unter verschiedene andere Gruppen subsumiert werden könnten.
(7) Nr. 32-47 und 71 sowie 74 – Riemenzungen mit getrennten auswärts blickenden Tier-, meist Pferdeköpfen, d. h. zwischen Scheibe und Pferdehals ist eine offene, durchbrochene Stelle, so daß aus den Köpfen
›Henkel‹ werden. Auch Nr. 22 läßt sich hier einordnen, da Durchbrüche (als Augen oder Nüstern)
vorhanden sind. Nr. 64 gehört in einen ganz anderen Zusammenhang und ist nur zum Vergleich
aufgeführt. –

die Gruppendefinitionen nicht aus, begrenzte Verbreitungen und damit den Wirkungsbereich einer Werkstatt oder von Wanderhandwerkern zu fassen. Vielmehr ist davon auszugehen, daß in jeder (Höhen-)Siedlung Metallbeschläge wie diese scheibenförmigen Riemenzungen hergestellt worden sind, wenn Vorbilder zur Hand waren. Mit diesen schuf man neue Wachsmodelle, Formen, und hatte so die Möglichkeit eigener Veränderungen.

Es ist jedenfalls auffällig, daß die Riemenzungen, die auf derselben Höhensiedlung gefunden worden sind, untereinander ähnlicher sind als Riemenzungen von verschiedenen Orten. Zwei Stücke vom Zähringer Burgberg sind nach Größe und Umriß gleich und sehr ähnlich dem Stück von der wenig entfernten spätrömischen Anlage bei der Sponeck. Die drei Stücke von der Mainschleife bei Urphar gehören zur Gruppe mit den nur randlich angedeuteten Tierköpfen, während alle Stücke von der Gelben Bürg freistehende Tierköpfe haben, ebenso wie die beiden Exemplare vom Runden Berg. Ein chronologischer Unterschied ist nicht anzunehmen; die statistische Fundwahrscheinlichkeit hätte dieses ›sortierte‹ Bild nicht entstehen lassen können, wenn ganz unterschiedliche Formen auf jeder Höhenburg vorhanden gewesen wären. Ich gehe davon aus, daß die Handwerker auf dem Zähringer Burgberg ein anderes Muster bevorzugten als die auf der Gelben Bürg oder die in der Mainschleife bei Urphar.

Hervorstechendes Merkmal der Höhensiedlungen ist neben der Konzentration von Kriegern die Zusammenfassung von Handwerk, dessen breite Palette durch die Funde vom Runden Berg bei Urach geschildert wird. Buntmetall-Guß, nachgewiesen durch Gußformen und Halbfabrikate, erzeugt Schmuck und Gürtelbeschläge der herrschenden Mode in wohl allen Höhensiedlungen. Daß dies keine zeitlich begrenzte Erscheinung ist, geht aus den wenigen bisher bekannten direkten Fundstücken hervor, die Handwerk am Ort belegen: Das Halbfabrikat einer Armbrust-Fibel mit dreieckigem Fußabschluß vom Runden Berg, datiert in die Zeitspanne von etwa 300 bis in die zweite Hälfte des 4. Jahrhunderts, markiert die ältere Phase der Höhensiedlungen. Kerbschnittgürtelteile wie das Exemplar vom Reißberg decken das fortgeschrittene 4. und das frühe 5. Jahrhundert ab. Aber auch die ›ostgermanischen‹ Schnallendorn-Model von der Mainschleife bei Urphar sind um 400 bzw. im frühen 5. Jahrhundert entstanden[85]. Acht Gußformen für Schnallen vom Glauberg stammen etwa aus der Mitte des 5. Jahrhunderts und gehören somit zur jüngeren Gruppe der Altertümer, die in den Höhensiedlungen gefertigt worden sind[86].

(8) Nr. 48-57 – Zungenförmige oder U-förmige Riemenzungen. Von diesen könnten die Nr. 51 und 52 zur Gruppe (5) gezählt werden, die Nr. 50, 54 und 57 zur Gruppe (4) etc. Die Gruppen (5) und (7) decken sich mit von U. Koch gebildeten Gruppen, die Gruppe (8) mit der von R. Koch herausgestellten Gruppe. – Die Nr. 54-57, 63, 65-67 illustrieren den Übergang von den schon nicht mehr scheibenförmigen, vielmehr lanzettförmigen Riemenzungen zu rechteckigen Exemplaren.

85 L. WAMSER, Das archäologische Jahr in Bayern 1981 (1982) S. 156 und Abb. 16 auf S. 27; zu derartigen Schnallen im Rhein-Main-Gebiet vgl. auch H. BERNHARD, Germanische Funde der Spätantike zwischen Straßburg und Mainz. Saalburg-Jahrb. 38, 1982, S. 72-109, hier S. 82f. mit Abb. 15 (Wolfsheim), S. 98 mit Abb. 33 (Mainz); in der Schweiz BERNHARD a.a.O., S. 98 Anm. 186 bzw. M. HARTMANN, in: Gallien in der Spätantike (Mainz 1980) S. 136 Nr. 191 – nicht 196b (Windisch-Oberburg Grab 8, Kt. Aargau).

86 J. WERNER, Zur Verbreitung frühgeschichtlicher Metallarbeiten (Werkstatt – Wanderhandwerk – Handel – Familienverbindung). Early Medieval Studies 1, Antikvariskt Arkiv 38 (Stockholm 1970) S. 65-81, hier S. 66 mit Taf. 1; H. KLUMBACH, Schnallengußformen der frühen Völkerwanderungszeit vom Glauberg in Oberhessen. Saalburg-Jahrb. 9, 1939, S. 46f. und Taf. 23.

5. Zum gesellschaftlichen Rang der Bewohner der Höhensiedlungen

Haben die germanischen Höhensiedlungen des 4./5. Jahrhunderts tatsächlich den Charakter großer ›herrschaftlicher‹ Anwesen, wie sie als Herrenhöfe oder Mehrbetriebseinheiten im norddeutschen Raum ausgegraben worden sind, dann werden dort die Spitzen der Gesellschaft, z. B. die Führer der Gefolgschafts- oder Stammesgruppen, die reges oder reguli, gelebt haben; zugleich als Verfügungsberechtigte über das Handwerk.

Ranghöhe der Bewohner belegen auch die Funde; nicht nur, daß überproportional häufig Waffen oder Waffenteile geborgen werden konnten, sondern auch, weil die Qualität der Fundstücke darauf hinweist. Ich habe vor einiger Zeit darauf hingewiesen, daß Gräber des 4./5. Jahrhunderts im Gebiet zwischen Elbe und Loire, die Edelmetallgegenstände enthalten, vor allem Silber, nicht von vornherein deshalb dem hohen Adel zugeordnet werden dürfen, da auch in Siedlungen mit normal großen Bauerngehöften gleichartige Gegenstände aus Silber geborgen worden sind[87].

Massierung jedoch deutet Ranghöhe an. Dies trifft für die Glasfunde vom Runden Berg zu[88], vielleicht auch für die silbernen Fibelfragmente, darunter eine des Typs Wiesbaden, von der Mainschleife bei Urphar[89]. Beachtlich ist vor allem die silberne, auch im Dekor höchst qualitätvolle Gürtelgarnitur von der Ehrenbürg[90]. An dieser Stelle soll auf diesen Themenkreis nicht näher eingegangen werden. Die Zweiteilung des kleinen Siedlungsareals auf dem Runden Berg mit Konzentration der Glasfunde im befestigten Hofbereich und der verschiedenen Werkstätten in einem ›Vorburg‹-Areal gibt die beste Beschreibung.

Für die südwestdeutschen Höhensiedlungen und vor allem für den Zähringer Burgberg bietet sich an, die historische Überlieferung bis hin zu den Namen der königlichen Heerführer der Alemannen mit den Höhensiedlungen in Beziehung zu setzen[91]. Doch sollte dabei vorerst größere Zurückhaltung geübt werden; denn die archäologisch faßbare Blütezeit der Anlagen setzt mit der zweiten Hälfte des 4. Jahrhunderts nach dem Ende der meisten bekannten Alemannenführer z. B. der Brisigavi ein. Gundomad im nördlichen Breisgau wird vor der Schlacht bei Straßburg 357 ermordet. Sein Bruder Vadomar, mehr im südlichen Breisgau am Oberrhein wirkend, wird im Zuge des politischen Wechselspiels als General 365/366 in den Osten des Römischen Reichs versetzt. Sein Sohn Vithikap wird 368 ermordet. Seit 369 wird von Kaiser Valentinian II. der spätrömische Limes am Rhein ausgebaut.

Nicht mit Sicherheit kann bisher gesagt werden, ob zu dieser Zeit der Zähringer

---

87 H. STEUER, Frühgeschichtliche Sozialstrukturen in Mitteleuropa (Göttingen 1982) S. 294f.
88 U. KOCH, Archäologische Ausgrabungen in Baden-Württemberg 1984 (Stuttgart 1985) S. 169 mit Abb. 157; DIES., Die Glas- und Edelsteinfunde aus den Plangrabungen 1967-1983. Der Runde Berg bei Urach VI (Heidelberg 1987).
89 L. WAMSER (wie Anm. 85) Abb. 16 auf S. 27.
90 R. KOCH, Die spätkaiserzeitliche Gürtelgarnitur von der Ehrenbürg bei Forchheim (Oberfranken). Germania 43, 1965, S. 105-120.
91 G. FINGERLIN, Brisigavi im Vorfeld von Breisach. Archäologische Spuren der Völkerwanderungszeit zwischen Rhein und Schwarzwald. Archäologische Nachrichten aus Baden 34, 1985, S. 30-45; S. JUNG-HANS, Sweben – Alamannen und Rom (Stuttgart 1986) S. 158ff. – Allg. dazu D. GEUENICH, Zur Landnahme der Alemannen. Frühmittelalterliche Studien 16, 1982, S. 25-44; doch sollte man heute nicht mehr von einer ›semipermanenten Wohnweise‹ (S. 40) der Alemannen sprechen, da sich inzwischen das Fundbild deutlich verdichtet hat. – Weiterhin D. GEUENICH, H. KELLER, Alamannen, Alamannien, Alamannisch im frühen Mittelalter. Möglichkeiten und Schwierigkeiten des Historikers beim Versuch der Eingrenzung. In: H. WOLFRAM, A. SCHWARCZ (Hrsg.), Die Bayern und ihre Nachbarn T. 1 (Wien 1985) S. 135-157, hier S. 140ff. zur politischen Struktur der Alemannen und der Rolle der reges und reguli.

Burgberg schon als Höhensiedlung besetzt war. Daher sollte man diese Höhensiedlungen als Zeiterscheinung im Rahmen der allgemeinen Siedlungsentwicklung bewerten; z. B. als sichtbare Zurschaustellung eines ›gehobenen Lebensstils‹ im Sinne des Wortes, bei dem weniger der militärische Aspekt, als vielmehr der wirtschaftliche im Mittelpunkt gestanden haben mag. Mit Zunahme der Zahl bekannter Höhensiedlungen wandelt sich auch die Interpretation: Von der Höhenburg der ranghöchsten militärischen Stammes- und Gefolgschaftsführer zur hoch gelegenen repräsentativen Ansiedlung ranghoher Leute, die je nach Macht und wirtschaftlichem Vermögen in unterschiedlichem Grad in der Lage waren, diese hochgelegenen Plätze auszubauen.

6. Die Höhensiedlungen im Rahmen der allgemeinen Besiedlungsgeschichte seit der Landnahme

Die Beiträge von H. U. Nuber, D. Planck und G. Fingerlin in diesem Band zur Besiedlungsgeschichte des südwestdeutschen Raumes[92] geben den Hintergrund ab für die Bewertung der Höhensiedlungen als eine Erscheinung des Siedlungsbildes. Die Zahl der Siedlungen und der Gräberfelder hat in den letzten Jahren deutlich zugenommen, auch konnte ein größerer Teil dieser Fundkomplexe publiziert werden. Dabei erhebt sich aber die Frage, welche Bevölkerungsgruppe denn eigentlich über diese Funde erfaßt wird, Römer oder Germanen. Das gilt für alle Gebiete unmittelbar an Rhein und Donau und für die Agri decumates[93], Räume, die zeitweilig im römischen Reichsverband integriert waren. Zwar liegt der größte Teil der bisher bekannten Höhensiedlungen außerhalb des ehemals römischen Gebiets; aber andere, wie der Zähringer Burgberg, aber auch der Runde Berg bei Urach liegen im Bereich des erst nach 260 von den Römern aufgegebenen Areals. Ist die romanisierte Bevölkerung vollständig abgezogen und von Germanen ersetzt worden?

Und umgekehrt haben seit langem Germanen auch innerhalb des noch durch den spätrömischen Limes gesicherten Gebiets des Römerreichs gelebt[94], und nicht nur als Angehörige der Armee. Das belegen germanische Funde in römischen Siedlungen und Kastellen, aber auch zahlreiche Grabfunde.

H. W. Böhmes Karte der gesicherten Waffengräber des 4./5. Jahrhunderts weist Germanen im ganzen nördlichen Frankreich und in der Rheinzone bis hinunter nach Straßburg nach, mit gleichartiger Grabausstattung aber auch im ›freien Germanien‹ bis hin zur Elbe. Das gleiche ist der Frauentracht mit germanischer Fibelmode abzulesen[95]. D. h. es besteht in vielen Zügen kein Unterschied im zivilisatorischen Zuschnitt diesseits und jenseits des spätrömischen Limes.

Die im gleichen Jahr 1974 von K. Weidemann[96] publizierten Karten zeigen den Besiedlungsgang: römische Siedlungen und Kastelle mit Funden aus der Zeit vom Limesfall 260 bis in die erste Hälfte des 5. Jahrhunderts, wobei offen bleibt, wer nun diese Plätze

---

92 Vgl. S. 51 ff., 69 ff., 97 ff.

93 G. Neumann, D. Timpe, H. U. Nuber, Decumates agri. In: Reallexikon der germanischen Altertumskunde, Bd. 5, Lfg. 3/4 (Berlin – New York 2. Aufl. 1983) S. 271-286.

94 M. Schulze-Dörrlamm (wie Anm. 74).

95 H. W. Böhme (wie Anm. 37) Karte 19 und z. B. Karte 6 und 7.

96 K. Weidemann, Untersuchungen zur Siedlungsgeschichte des Landes zwischen Limes und Rhein vom Ende der Römerherrschaft bis zum Frühmittelalter. Jahrb. RGZM 19, 1972, S. 99-154; auf der Basis der Arbeit von R. Roeren, Zur Archäologie und Geschichte Südwestdeutschlands im 3.-5. Jahrhundert n. Chr. Jahrb. RGZM 7, 1960, S. 214-294; vgl. auch M. Müller-Wille, J. Oldenstein, Die ländliche Besiedlung des Umlandes von Mainz in spätrömischer und frühmittelalterlicher Zeit. Ber. RGK 62, 1981, S. 261-314.

weiterbesiedelt hat – Römer oder Germanen; Reihengräberfelder mit Funden aus der ersten Hälfte des 5. Jahrhunderts, die vor allem die dicht besiedelte Landschaft am unteren Main und mittleren Neckar beschreibt[97]. Eine weitere Karte mit Gräbern des 4./5. Jahrhunderts ohne gesicherten Zusammenhang mit Bestattungen späterer Reihengräberfelder fügt die Siedlungslandschaft am unteren Neckar hinzu. Ein Ergebnis des Kartenvergleichs ist für mich die Tatsache, daß keine kontinuierliche Siedlungsentwicklung von der Landnahme bis zur Reihengräberfelder-Zeit die frühe alemannische Phase bestimmt, sondern daß es Abschnitte gibt:

– Niederlassung der landnehmenden Alemannen in und bei römischen Siedlungen im 3. und 4. Jahrhundert.

– Verlassen dieser Siedlungsstandorte im 4. Jahrhundert und Begründung neuer Siedlungen im 4. und frühen 5. Jahrhundert, mit den zugehörigen Friedhöfen.

– Erneute Umgestaltung des Siedlungsgefüges am Ende des 5. Jahrhunderts bzw. um 500 (wohl verursacht durch die Einbindung des alemannischen Gebietes in das fränkische Reich) und Einsetzen der Reihengräberfelder, die dann im 6. Jahrhundert weiter belegt werden.

Der Anteil von Germanen und Romanen an diesen Siedlungen der verschiedenen Phasen ist kaum zu erfassen; bisher geben nur charakteristische Trachtbestandteile und Keramikarten Hinweise auf romanische, aber deutlicher auf germanische Elemente der Bevölkerung. 1982 hat H. Bernhard[98] die germanischen Funde der Spätantike zwischen Straßburg und Mainz beiderseits des Rheins zusammengestellt und vor allem die linksrheinischen Fundkomplexe, die also innerhalb des spätrömischen Limesgebiets in die Erde gekommen sind, diskutiert. Für das linksrheinische Gebiet geben somit heute die Karten von R. Roeren[99], H. W. Böhme[100] und H. Bernhard[101], für das rechtsrheinische Gebiet die Karten von R. Christlein[102], K. Weidemann[103] neben R. Roeren[104], G. Fingerlin[105], ergänzt durch die Kartierungen spätrömischer Terra-Nigra-Ware rechts des Rheins durch R. Koch[106] und H. Bernhard[107] eine ausreichende Grundlage für ein Bild der Besiedlung. Doch bleibt die Interpretation dieses Bildes noch kontrovers, wenn man fragt, wer in diesen Siedlungsplätzen denn gelebt habe.

---

97 Die Landschaft rund um den Kaiserstuhl konnte damals noch nicht mit kartiert werden, da erst in jüngster Zeit hier die Fundnachweise dichter geworden sind! H. Bender, R. M. Swoboda, B. Heiligmann, Neuere Untersuchungen auf dem Münsterberg in Breisach (1966-1975). 2. Die römische und nachrömische Zeit. Arch. Korrespondenzblatt 6, 1976, S. 309-320; G. Fingerlin, Kastellorte und Römerstraßen im frühmittelalterlichen Siedlungsbild des Kaiserstuhls. In: J. Werner, E. Ewig (Hrsg.), Von der Spätantike zum frühen Mittelalter. Vorträge und Forschungen XXV (Sigmaringen 1979) S. 379-409; Ders., (wie Anm. 91).

98 H. Bernhard, Germanische Funde der Spätantike zwischen Straßburg und Mainz. Saalburg-Jahrb. 38, 1982, S. 72-109.

99 R. Roeren (wie Anm. 96) Abb. 2.

100 H. W. Böhme (wie Anm. 37) Karte 19.

101 H. Bernhard (wie Anm. 98) Abb. 1 und Abb. 51.

102 R. Christlein, Die frühe Alemannenzeit. 3. bis frühes 5. Jahrhundert n. Chr. Beiwort und Karte III,6 des Hist. Atlas von Baden-Württemberg (1974).

103 K. Weidemann (wie Anm. 96) Abb. 13, Abb. 25, Abb. 40.

104 R. Roeren (wie Anm. 96) Abb. 2.

105 G. Fingerlin (wie Anm. 91) Abb. 3.

106 R. Koch, Terra-nigra-Keramik und angebliche Nigra-Ware aus dem Neckargebiet. Fundberichte aus Baden-Württemberg 6, 1981, S. 579-602, hier Abb. 5, Abb. 8 und Abb. 9.

107 H. Bernhard, Studien zur spätrömischen Terra Nigra zwischen Rhein, Main und Neckar. Saalburg-Jahrb. 40/41, 1984/95, S. 34-120, hier die Karten Abb. 1, Abb. 58, Abb. 62 und 63 sowie Abb. 69.

Dabei geht es nicht nur um den Gegensatz Römer und Germanen, sondern auch um die Frage, welche germanische Stammesgruppe denn jeweils erfaßt werden könnte. Sind ostgermanisch-donauländisch anmutende Schnallen[108] Hinweis auf östliche Germanengruppen im Rheinland oder in der Mainschleife bei Urphar, oder stellen Kunsthandwerker derartige Schnallen einfach her, weil sie über ein Vorbild, ein Model gerade verfügten.

Der Kern dieses Problems wird berührt, wenn es darum geht, spätrömische Kastellbesatzungen als Romanen oder Germanen anzusprechen. Im spätrömischen Kastell Sponeck[109], nur wenige Kilometer vom Zähringer Burgberg entfernt, wurde der gleiche Fundstoff wie auf den Höhensiedlungen geborgen: Kerbschnittgürtelteile, Fibeln und sogar germanische Keramik. So ist es demnach nicht ganz ausgeschlossen, daß parallel zum Ausbau des Kastells auf dem Breisacher Berg (die Besiedlung setzt auf dem Mons Brisiacus, dem Münsterberg, unmittelbar nach dem Fall des Limes 259/60 ein und ist bis gegen 400 nachweisbar) und zum Bau der Anlage bei der mittelalterlichen Burg Sponeck unter Valentinian I. (in den Jahren 367 bzw. 369, alle Funde gehören in die zweite Hälfte des 4. Jahrhunderts) sich römische Bevölkerung auf den Zähringer Burgberg zurückgezogen und diesen zur Höhensiedlung ausgebaut haben könnte.

Allgemein wird angenommen, daß verschiedene Fibeltypen, eiserne Rund- und Ovalschnallen, Halsringe, Kämme mit runder, dreieckiger oder glockenförmiger Griffplatte, Stollenarmringe, Haarpfeile, Feuerstähle, Spinnwirtel, Scheren, Holzeimer mit eisernen oder bronzenen Beschlägen sowie freihandgemachte Keramik, die im römischen Fundmilieu des 4./5. Jahrhunderts fremd sind, als Zeugnisse für die Ansiedlung von germanischer

108 E. KELLER, Germanische Truppenstationen an der Nordgrenze des spätrömischen Raetien. Arch. Korrespondenzblatt 7, 1977, S. 63-73, kann zeigen, daß z. B. auf dem Gräberfeld von Neuburg a. D., einem Kastellfriedhof, germanische Kontingente bestattet worden sind, zuerst alemannisch-juthungische, dann ostgermanisch-gotische Gruppen, daß die Verteidigung des Neuburger Donauabschnitts während des ganzen 4. Jahrhunderts in germanischen Händen lag. – Keller zählt auch die einzelnen Funde germanischen Charakters von weiteren Kastellorten auf (S. 70). Ausführlich DERS., Das spätrömische Gräberfeld von Neuburg an der Donau (Kallmünz/Opf. 1979). – Der Einsatz germanischer Truppenverbände, darunter solche ostgermanisch-gotischer Herkunft, ist nicht nur für die Donaugrenze vermutet worden, sondern zum Beispiel auch für Höhensiedlungen wie die Mainschleife bei Urphar, vgl. L. WAMSER (wie Anm. 50). Die Anwesenheit fremder Truppeneinheiten auch am Rhein deutet sich in sarmatischen Funden an, vgl. R. PIRLING, Römer und Franken am Niederrhein (Mainz 1986) S. 121-124 mit Abb. 106; DIES., Ein sarmatischer Spiegel aus Krefeld-Gellep. Germania 66 (2), 1988, S. 455-464; vgl. auch M. SCHULZE, Spätkaiserzeitliche Gürteltaschen mit Knebelverschluß. Arch. Korrespondenzbl. 12, 1982, S. 501-509, mit einer Verbreitungskarte germanischer Kriegergräber des 3.-4. Jahrhunderts mit einer Waffenkombination aus Axt und Bogen (Burgunden). Vgl. in diesem Aufsatz auch das Grab von Kleinlangheim mit scheibenförmiger Riemenzunge, hier Nr. 55. – Weiterhin M. SCHULZE-DÖRRLAMM, Germanische Kriegergräber mit Schwertbeigabe in Mitteleuropa aus dem späten 3. Jahrhunderts und der ersten Hälfte des 4. Jahrhunderts n. Chr. – Zur Entstehung der Waffenbeigabensitte in Gallien. Jahrb. RGZM 32, 1985, S. 509-569: Ostgermanen als Söldner im römischen Heer bringen die Waffenbeigabensitte mit. – Die vergleichbare Problematik für das 5. und 6. Jahrhundert wird in ihrem Aufsatz ›Romanisch oder germanisch?‹ (vgl. Anm. 74) diskutiert.
109 R. M. SWOBODA, Die spätrömische Befestigung Sponeck am Kaiserstuhl (München 1986) mit Vergleich zwischen Kastellfunden, z. B. Taf. 1, und Grabfunden, Taf. 36-37. Vgl. auch DIES., Zu spätantiken Bronzeschnallen mit festem, dreieckigem Beschlag. Germania 64, 1986, S. 91-103 (mit zwei Exemplaren aus Südwestdeutschland, vom Breisacher Burgberg und aus der Anlage bei der Burg Sponeck), S. 100 mit der Diskussion, ob man diese Schnallen mit Germanen – als Foederaten z. B. in Furfooz – in Verbindung bringen könnte und der Entscheidung, S. 101 f., sie schlicht als Trachtzubehör der Männer, d. h. des Militärs in spätrömischer Zeit, dem 4. und 5. Jahrhundert anzusehen.

Bevölkerung auf römischem Reichsboden angesehen werden können[110]. Einerseits ist dies richtig, da derartige Fundtypen weit verbreitet im germanischen Gebiet vorkommen und vor allem in Grabzusammenhängen mit Waffen, die sicherlich Germanen zuzuweisen sind. Aber andererseits haben Keller[111] und in seiner Folge auch Hübener[112] mit Nachdruck darauf hingewiesen, und auch Weidemann deutet dieses Problem an[113], daß nämlich nicht zu entscheiden sei, ob sog. germanische Fundarten auch germanische Bevölkerung beweisen müssen. Die einen entscheiden sich dafür, daß im Reichsgebiet vor 400 auf diese Weise Germanen in Siedlungen mit römischen Bewohnern und in Befestigungen als Besatzung aufgespürt werden können. Auf diese Weise sei es möglich, über einzelne Funde Germanen in einer Villa rustica oder in einem Burgus zu erkennen[114]. Die anderen – so Keller[115] – sind zwar auch der Ansicht, daß in Gebieten hinter dem spätrömischen Limes wie z.B. in Bayern Germanen und Römer zusammenlebten, daß aber mit den genannten Fundarten nur ein bestimmtes zivilisatorisches Milieu umschrieben werde, das allein auch durch Romanen entstanden sein könnte, wie derartige Funde in spätrömischen Höhenfestungen wie vom Bürgle bei Gundremmingen[116], vom Lorenzberg bei Epfach[117] oder dem Moosberg bei Murnau[118] beweisen würden. (Für das Trierer Gebiet und die Eifel ließe sich jetzt das gleiche sagen[119]). Die Kämme seien von gleicher Qualität wie die römischen Erzeugnisse, könnten also ebenso gut eingehandelt sein[120]. Beinkämme germanischer Art[121] sind aber auch in den Provinzgebieten hergestellt worden, wie in der Rheinwarte Köpferplatz, Kanton Zürich, belegt, wo Halbfabrikate mit handgemachter Keramik zusammen vorkommen[122]. Hier könnte eine germanische Besatzung Kämme hergestellt haben.

Freihandgemachte Keramik spricht nach Keller[123]dagegen, daß man diese schlichte Ware importiert habe und eher dafür, daß tatsächlich Germanen sie hergestellt haben. Hübener[124] ist auch für diese Fundgruppe vorsichtiger und spricht von einer bestimmten

110 H. BERNHARD (wie Anm. 98) S. 765; E. KELLER, Die spätrömischen Grabfunde in Südbayern (München 1971) S. 175 ff.; DERS., Das spätrömische Gräberfeld von Neuburg an der Donau (Kallmünz/Opf. 1979) S. 23; H. W. BÖHME (wie Anm. 37) S. 166 f.

111 E. KELLER (wie Anm. 110) S. 181 f.

112 W. HÜBENER, Methodische Möglichkeiten der Archäologie zur Geschichte der Alemannen in spätrömischer Zeit. In: W. MÜLLER (Hrsg.), Zur Geschichte der Alemannen. Wege der Forschung Bd. 100 (Darmstadt 1975) S. 1-19, hier S. 14 ff.

113 K. WEIDEMANN (wie Anm. 96) S. 130, 154.

114 H. BERNHARD (wie Anm. 98); E. VOGT, Germanisches aus spätrömischen Rheinwarten. Provincialia, Festschr. f. R. Laur-Belart (Basel-Stuttgart 1968) S. 632-646.

115 E. KELLER, Germanenpolitik Roms im bayerischen Teil der Raetia Secunda während des 4. und 5. Jahrhunderts. Jahrb. RGZM 33, 1986, 2. Teil, S. 575-592 erläutert die Vorstellung vom Zusammenleben: Keramik des Typs Friedenhain-Přeštovice ist nördlich der Donau flächig verbreitet, südlich der Donau jedoch begrenzt auf spätrömische Befestigungen; germanische Söldner aus den nördlichen Gebieten wurden zur Grenzsicherung angeworben, und zwar bis etwa 476, dem Ende des Weströmischen Reichs. Weiterhin sind gotische Formtraditionen und elbgermanische Einflüsse im Fundmaterial der Grenz- und Binnenlandbefestigungen zu registrieren.

116 G. BERSU, Die spätrömische Befestigung ›Bürgle‹ bei Gundremmingen (München 1964).

117 J. WERNER (Hrsg.), Der Lorenzberg bei Epfach (München 1969).

118 J. GARBSCH, Der Moosberg bei Murnau (München 1966).

119 J. GILLES, Spätrömische Höhensiedlungen in Eifel und Hunsrück (Trier 1985).

120 E. KELLER (wie Anm. 110) 1971, S. 180; H. BERNHARD (wie Anm. 98) S. 75.

121 S. THOMAS, Studien zu den germanischen Kämmen der römischen Kaiserzeit. Arbeits- und Forschungsberichte zur sächsischen Bodendenkmalpflege 8, 1960, S. 54-215; H. W. BÖHME (wie Anm. 37) S. 122-126.

122 E. VOGT (wie Anm. 114).

123 E. KELLER (wie Anm. 110) S. 181.

124 W. HÜBENER (wie Anm. 112) S. 17 ff.

Versorgungslage: Römer und Germanen können sich mit dieser Ware versorgen, wenn keine besseren Importe zur Verfügung stehen. ›Aber ebensowenig wie etwa aus den Argonnen importierte Terra Sigillata auf alemannischen Höhensiedlungen (jetzt auch in alemannischen Siedlungen in der Ebene) des 4. Jahrhunderts zwingend die Anwesenheit von Römern bezeugen muß, sowenig bezeugen die in der Germania libera weit verbreiteten Keramiken die Anwesenheit von Alemannen oder anderer Germanen in einem römischen Burgus am Hochrhein.‹ [125]

Spinnwirtel ins Grab mitzugeben, ist ein germanischer Brauch, die Funde derartiger Spinnwirtel in den Siedlungen vom Bürgle bei Gundremmingen, vom Moosberg bei Murnau oder vom Lorenzberg bei Epfach haben demgegenüber keine ethnische Aussage, da auch Romaninnen Spinnwirtel verwendeten und ›römische‹ und germanische Spinnwirtel noch nicht zu unterscheiden sind [126].

Während Bernhard zu erwägen gibt, ob Gürtelgarnituren mit Kerbschnitt- oder Punzverzierung nicht generell im zivilen Bereich Germanen nachweisen würden [127], gibt Keller zu bedenken, ob von Germanen bevorzugte Gürtelmoden nicht auch wieder von Romanen übernommen worden sein könnten, so wie das germanische Beinkleid seit dem 3. Jahrhundert Teil der römischen Tracht geworden sei [128].

Die Weiterbesiedlung der römischen Kastelle, Vici und Villae nach dem Rückzug der Reichsverwaltung, die Weidemann anhand der Münzspektren und vor allem auch anhand der freihandgeformten Keramik nachweisen kann, braucht nicht auf Inbesitznahme durch Alemannen zurückzugehen. Die Vorbevölkerung mag weiter hier gelebt haben, zu der sich Alemannen gesellten, sich einquartierten; man versorgte sich mit Keramik aus römischen Betrieben oder aus germanischer Produktion. Der Lebensstil glich sich an, was eine Abschätzung von zahlenmäßigem Nebeneinander romanischer und germanischer Siedler kaum möglich macht.

Der zivilisatorische Zuschnitt stellt also für beide Bevölkerungsgruppen im 4./5. Jahrhundert einen gleichartigen Formenbestand zur Verfügung: in gleichartigen Gürtelwerkstätten werden die verzierten Gürtel hergestellt, in Töpfereien Keramik römischer Qualität, aber auch germanischen Geschmacks und schlichter Technik hergestellt. Ein Handel, über dessen Organisation wir wenig wissen, führt zur Verbreitung von Keramik, Glas und Bronzen, auch Waffen, die noch in altem römischen Milieu entstanden sind. Der Kreis schließt sich: Es geht um die Verfügungsgewalt über römische oder germanische Handwerker und Händler. Als Unternehmer bringen germanische ranghohe Herren Handwerker in ihre auf den Höhen liegenden Wohnsitze und lassen sie dort Bronzegegenstände wie Gürtelbeschläge produzieren. Als Rohstoff dient römisches Altmaterial, das sich auf diesem Weg in Fibeln germanischer Tradition verwandelt. Erinnert sei an die bekannte Stelle in der Vita Severini des Eugippius (um 500), der lange in der Provinz Noricum gelebt hatte [129]. Er berichtet (c. 8), daß die Rugierkönigin Giso fremde Goldschmiede zur Anfertigung von Schmuck gegen deren Willen am Hofe festhielt. Die Handwerker hatten dann den Sohn des Königs zur Geisel genommen und drohten, diesen zu töten, wenn sie nicht die Freiheit wiedererlangten. Die Parallele zur Wilandsage ist offensichtlich [130], in der es

---

125 W. HÜBENER (wie Anm. 112) S. 19.
126 E. KELLER (wie Anm. 110) S. 181.
127 H. BERNHARD (wie Anm. 98) S. 109.
128 E. KELLER (wie Anm. 110) S. 181.
129 B. KRÜGER (Hrsg.), Die Germanen. Ein Handbuch, Bd. 2 (Berlin 1983) S. 201.
130 Zur rechtlichen Stellung des frühgeschichtlichen Handwerkers vgl. H. JANKUHN u. a. (Hrsg.), Das Handwerk in vor- und frühgeschichtlicher Zeit, T. I. Abh. Akad. Wiss. Göttingen, Phil.-Hist. Kl. Dritte

heißt, daß auf Befehl des Königs Nidhard dem Wiland die Füße gelähmt wurden, damit er nicht entfliehen konnte.

Die enge Verzahnung römischer und germanischer Siedlungsstrukturen wird gerade auch im Umfeld zum Zähringer Burgberg faßbar, worauf G. Fingerlin in mehreren Arbeiten hinweisen konnte[131]. Die kleinen Gräbergruppen und die Siedlungsplätze liegen teilweise unmittelbar im Weichbild der spätrömischen Kastelle, so bei der Sponeck, was den Eindruck hervorruft, dies war bewußt organisiert, entweder um für die Kastellbesatzungen rekrutieren zu können oder weil diese Kastelle zeitweilig gar in germanischer Hand waren. Viele politische Situationen lassen sich vorstellen, um ein solches Siedlungsbild zu interpretieren. Jedenfalls zeichnet sich – nicht nur für den Breisgau – ab, daß Höhensiedlungen mit Konzentration von Handwerk erst in einer zweiten Phase germanischer Landnahme entstanden, nachdem man sich vom römischen Siedlungsmuster gelöst hatte und die eigenen Formen wieder aufnahm bzw. auch neu entwickelte. Vorläufiges Ende für diese ranghohe Siedlungsweise brachte die fränkische Eroberung.

Liste der scheibenförmigen Riemenzungen

Lit.: J. WERNER, Kriegergräber aus der ersten Hälfte des 5. Jahrhunderts zwischen Schelde und Weser. Bonner Jahrbb. 158, 1958, S. 372-413, 411-412, Nr. 1-25 und Karte Abb. 15 auf S. 390. H. W. BÖHME, Germanische Grabfunde des 4. bis 5. Jahrhunderts zwischen unterer Elbe und Loire (München 1974) Liste 18 Nr. 55-90. R. KOCH, Die Tracht der Alamannen in der Spätantike. In: Aufstieg und Niedergang der römischen Welt Bd. II, 12, 3. Teilband (Berlin–New York 1985) S. 456-545, hier S. 525-530 mit Karte Abb. 28.

1 Ejsbøl-Moor, Dänemark (BÖHME Nr. 89), Silber.
2 Traprain Law, Schottland (WERNER Nr. 1, BÖHME Nr. 88), Silber.
3 Muri, Kt. Aargau, Schweiz (WERNER Nr. 20, BÖHME Nr. 83).
4 Castrop-Rauxel, Westfalen (WERNER Nr. 22, BÖHME Nr. 62).
5 Vieuxville, Belgien (WERNER Nr. 4, BÖHME Nr. 59).
6 Tongern, Belgien (WERNER Nr. 5, BÖHME Nr. 58).
7 Krefeld-Gellep, Rheinland (WERNER Nr. 6, BÖHME Nr. 61).
8 Oedenburg Grab 129, Belgien (BÖHME Nr. 55).
9 Bischofsheim Grab 6, Hessen (BÖHME Nr. 66).
10 Fundort unbek., Musée Saint-Germain-en-Laye (M. SOMMER, Die Gürtel und Gürtelbeschläge des 4. und 5. Jahrhunderts im römischen Reich, Bonn 1984, Taf. 22,7).
11 Heidelberg-Neuenheim, Baden (WERNER Nr. 12, BÖHME Nr. 71).
12 Umgebung von Frankfurt (WERNER Nr. 10, BÖHME Nr. 67 a).
13 Illzach, Elsaß (J. SCHWEITZER, L'habitat rural en Alsace au Haut Moyen Age, Guebwiller 1984, Pl. 45,2).
14 Sponeck, Baden (R. M. SVOBODA, Die spätrömische Befestigung Sponeck am Kaiserstuhl, München 1986, Taf. 1,7).

Folge Nr. 122 (Göttingen 1981) mit den Beiträgen von D. CLAUDE, Der Handwerker der Merowingerzeit nach den erzählenden und urkundlichen Quellen (S. 204 ff.) und H. NEHLSEN, Die rechtliche und soziale Stellung der Handwerker in den germanischen Leges (S. 267 ff.).
131 G. FINGERLIN (wie Anm. 91).

15 Zähringer Burgberg, Freiburg, Baden.

16 Zähringer Burgberg, Freiburg, Baden.

17 Mainschleife bei Urphar, Unterfranken (Das archäologische Jahr in Bayern 1981, 1982, S. 27 Abb. 16,18).

18 Mainschleife bei Urphar, Unterfranken (a.a.O., Abb. 16,13).

19 Mainschleife bei Urphar, Unterfranken (a.a.O., Abb. 16,12).

20 Schinna, Niedersachsen (BÖHME Nr. 64).

21 Saint-Andéol, Dép. Vaucluse, Grab 16 (BÖHME Nr. 84A).

22 Gelbe Bürg, Mittelfranken (WERNER Nr. 19, BÖHME Nr. 76; H. DANNHEIMER, Die germanischen Funde der späten Kaiserzeit und des frühen Mittelalters in Mittelfranken, 1962, Taf. 4,9).

23 Kempten, Bayern (WERNER Nr. 17, BÖHME Nr. 79).

24 Günzburg, Körpergrab, Bayern (WERNER Nr. 18, BÖHME Nr. 77).

25 Babenhausen, Kr. Dieburg, Hessen (WERNER Nr. 11, BÖHME Nr. 68).

26 Mainz-Kostheim (WERNER Nr. 7, BÖHME Nr. 65).

27 Fundort unbek., Museum Darmstadt (BÖHME Nr. 86).

28 Speyer-Germansberg Grab 2, Rheinland-Pfalz (BÖHME Nr. 72a).

29 Mautern, Grab 3, Niederösterreich (BÖHME Nr. 84).

30 Illzach, Elsaß (a.a.O. vgl. Nr. 13, Pl. 45, 3).

31 Werbach, Kr. Tauberbischofsheim, Baden-Württemberg (WERNER Nr. 13, BÖHME Nr. 73).

32 Leutkirch, Kr. Wangen, Bayern (WERNER Nr. 16, BÖHME Nr. 78).

33 Trier-Pallien (WERNER Nr. 21a, BÖHME Nr. 60a).

34 Basel-Aeschenvorstadt Grab 379 (WERNER Nr. 25, BÖHME Nr. 80).

35 Altrip, Kastellfund, Rheinland-Pfalz (WERNER Nr. 8, BÖHME Nr. 70).

36 Speyer ohne Fundzusammenhang (BÖHME Nr. 72b).

37 Westick bei Kamen, Westfalen (WERNER Nr. 23, BÖHME Nr. 63).

38 Trier-Maximinstraße (WERNER Nr. 21b, BÖHME Nr. 60b).

39 Brény, Dép. Aisne (WERNER Nr. 3, BÖHME Nr. 56) – gehört zu einer anderen Formengruppe.

40 Main bei Frankfurt (WERNER Nr. 9, BÖHME Nr. 67b).

41a/b Runder Berg bei Urach, Württemberg (U. KOCH, Der Runde Berg bei Urach, Bd. V, 1984, Taf. 5,15-16 und S. 59: ›...der in zwei Teile zerfallene Zwingenteil einer Riemenzunge‹. Die beiden Teile lagen jedoch einige Meter auseinander).

42 Runder Berg bei Urach, Württemberg (R. CHRISTLEIN, Der Runde Berg bei Urach, Bd. III, 1979, Taf. 2,20).

43 Gelbe Bürg, Mittelfranken (WERNER Nr. 19, BÖHME Nr. 76; H. DANNHEIMER, vgl. Nr. 22, Taf. 4,10).

44 Gelbe Bürg, Mittelfranken (WERNER Nr. 19, BÖHME Nr. 76, H. DANNHEIMER, vgl. Nr. 22, Taf. 4,10).

45 Gelbe Bürg, Mittelfranken (WERNER Nr. 19, BÖHME Nr. 76; H. DANNHEIMER, vgl. Nr. 22, Taf. 4,6).

46 Rheinsfelden-Schloßbuck, Kt. Zürich (WERNER Nr. 24, BÖHME Nr. 81; W. DRACK, Die spätrömische Grenzwehr am Hochrhein, 1980, S. 36).

47 Gelbe Bürg, Mittelfranken (WERNER Nr. 19, BÖHME Nr. 76, H. DANNHEIMER, vgl. Nr. 22, Taf. 4,11).

48 Heubach ›Rosenstein‹, Württemberg (WERNER Nr. 14, BÖHME Nr. 75).

49 Zähringer Burgberg, Freiburg, Baden.

50 Wüstung Wülfingen bei Forchtenberg, Württemberg (KOCH Abb. 27,3).

51 Rheingönheim, Kr. Ludwigshafen, Baden (BÖHME Nr. 69).

52 Fundort unbek., Museum Speyer (BÖHME Nr. 87).

53 Benningen, Kr. Ludwigsburg, Württemberg (WERNER Nr. 15, BÖHME Nr. 74).

54 Paris, Saint-Marcel (Paris Mérovingien. Musée Carnavalet. Bulletin du Musée Carnavalet 33, 1980, Nos. 1 et 2,15 Fig. 7).

55 Kleinlangheim bei Kitzingen (KOCH Abb. 27,4); zur Rekonstruktion des Gürtels von Kleinlangheim Grab 144 vgl. jetzt auch M. SCHULZE, Spätkaiserzeitliche Gürteltaschen mit Knebelverschluß. Arch. Korrespondenzblatt 12, 1982, S. 501-509. Anders Chr. PESCHECK, Germanische Gürtel- und Handtaschen in Mainfranken. In: Aus Frankens Frühzeit. Festgabe für P. Endrich. Mainfränkische Studien 37 (Würzburg 1986) S. 153-163, der einen neuen Konstruktionsvorschlag für die Taschen vorlegt.

56 Gamburg (Chr. PESCHECK, Die germanischen Bodenfunde der römischen Kaiserzeit in Mainfranken, München 1978, Taf. 71,1).

57 Sontheim-Brenz bei Heidenheim, Württemberg (KOCH Abb. 27,3).

58 Neuburg an der Donau, Grab 47 (E. KELLER, Das spätrömische Gräberfeld von Neuburg an der Donau, Kallmünz/Opf. 1979, S. 42 und Taf. 4,2).

59 Reims (WERNER Nr. 2; BÖHME Nr. 57); nicht abgebildet.

60 Zürich-Albisrieden (BÖHME Nr. 82); nicht abgebildet

61 Tiddis, Algerien (BÖHME Nr. 85); nicht abgebildet.

62 Petronell-Carnuntum (Fundberichte aus Österreich 23, 1984, ersch. 1986, S. 298 und Abb. 563).

63 Petronell-Carnuntum (Fundberichte aus Österreich 23, 1984, ersch. 1986, S. 298 und Abb. 564).

64 Downtown, Wiltshire, England (S. M. DAVIES et alii, The Excavation of an Anglo-Saxon Cemetery at Charlton Plantation near Downtown. The Wiltshire Arch. and Nat. Hist. Magazine 79, 1985, S. 109 ff., Fig. 7 – Grab 38. Die scheibenförmige Riemenzunge bzw. der Riemenbeschlag sollte als Vergleich gesehen werden, auch wenn das Stück nicht unmittelbar den gleichen Typ vertritt.

65 Dünsberg bei Gießen, Hessen (H. W. BÖHME, Jahrbuch RGZM 33, 1986, Teil 2, S. 498 Anm. 71; Chr. SCHLOTT, Hrsg., Archäologie um Königstein, Heimatkundl. Geschichtsbl. Königstein 8, 1982, Abb. 2,B).

66 Tuttlingen, Baden-Württemberg (H. W. BÖHME, wie Nr. 65; Fundberichte aus Schwaben NF 4, 1926-28, Taf. 20,1).

67 Epfach, Bayern (J. WERNER, Hrsg., Der Lorenzberg bei Epfach, Bd. 2, 1969, Taf. 39,3).

68 Epfach, Bayern (H. W. BÖHME, wie Nr. 65; J. WERNER, Hrsg., Der Lorenzberg bei Epfach, Bd. 2, 1969, Taf. 39,1).

69 Gangolfsberg bei Oberelsbach, Unterfranken, Bayern (Mündl. Mitt. L. Wamser); nicht abgebildet.

70 Sulzfeld bei Königshofen, Unterfranken, Bayern (Mündl. Mitt. L. Wamser); nicht abgebildet.

71 Schleitheim-Hebsack, Schaffhausen, Schweiz (B. RUCKSTUHL, Ein reiches frühalamannisches Reihengräberfeld von Schleitheim-Hebsack SH. Archäologie der Schweiz 11, 1988, S. 15-31, hier Abb. 7,7b).

72 Kremmin, Kr. Ludwigslust, Bez. Schwerin, Grab 181 (H.-U. VOSS, Untersuchungen zur Geschichte der germanischen Besiedlung zwischen Elbe/Saale und Oder/Neiße im 3.-7. Jahrhundert. Masch. Diss. Berlin 1987, Kat.-Nr. 58 und Taf. XII,181); dabei Reste eines Dreilagenkammes.

73 Premslin, Kr. Perleberg, Bez. Schwerin (H.-U. Voß, a.a.O., Nr. 78; H. SCHACH-
DÖRGES, Die Bodenfunde des 3. bis 6. Jahrhunderts n. Chr. zwischen unterer Elbe und
Oder, Neumünster 1970, S. 79 und Taf. 100,3); als Einzelfund vom Urnengräberfeld
Fragment einer bronzenen scheibenförmigen Riemenzunge, Nietplatte fehlt, auf der
runden Platte konzentrische Punktkreise.

74 Schlemmin, Kritzow, Kr. Lübz, Bez. Schwerin, Grab 9 (H.-U. Voß, a.a.O., Nr. 65;
H. SCHACH-DÖRGES, a.a.O., S. 79 und Taf. 30,8).

Der Landesausbau und seine Träger
(8.–11. Jahrhundert)

Von Dieter Geuenich

Vorbemerkung

Die im Titel angesprochene Begrenzung des Themas auf den Zeitraum des 8. bis 11. Jahrhunderts läßt sich, was die untere Zeitgrenze betrifft, damit begründen, daß nach allgemeiner Auffassung die Besiedlung des Altsiedellandes auf der Schwäbischen Alb, im Neckargebiet und im Oberrheinland bis zum 8. Jahrhundert weitgehend abgeschlossen war. Daraus darf aber nicht gefolgert werden, daß unmittelbar nach 700 abrupt oder auch nur in Ansätzen erkennbar der Übergang von der Besiedlung des Altsiedellandes zum Ausbau der zuvor nicht oder kaum besiedelten Schwarzwaldhöhen eingesetzt hätte. Gleichwohl ist die erste Hälfte des 8. Jahrhunderts, in der Pirmin die Kette seiner Klostergründungen von der Bodenseeinsel Reichenau ausgehend bis ins pfälzische Hornbach zog[1], in der die Aufzeichnung des nun christlich beeinflußten alemannischen Rechts in der Lex Alamannorum erfolgte[2] und in der schließlich (746) das sogenannte ältere alemannische Herzogtum beseitigt wurde[3], eine Umbruchzeit, die in vielfacher Hinsicht eine Zäsur rechtfertigt[4]. Bedenklicher ist die obere zeitliche Begrenzung des Themas im 11. Jahrhundert, in dem der Landesausbau keineswegs seinen Abschluß fand oder allmählich auslief, sondern geradezu in eine entscheidende Phase trat. Es sei nur an das im 12. Jahrhundert einsetzende Wirken der Zisterzienserklöster erinnert oder an die von Theodor Mayer geprägte Formulierung vom ›Staat der Herzoge von Zähringen‹, der, wenn er je bestanden hat[5], erst nach 1100 (bis 1218) die Rodung des Landes ›für den politisch-organisatorischen Staatsaufbau‹ einsetzte[6]. Auch stieg das im 10. Jahrhundert einsetzende Bevölkerungswachstum – zweifellos ein

1 Vgl. zuletzt Arnold ANGENENDT, Monachi peregrini. Studien zu Pirmin und den monastischen Vorstellungen des frühen Mittelalters (Münstersche Mittelalter-Schriften 6) München 1972.

2 Vgl. Clausdieter SCHOTT, Pactus, Lex und Recht (Die Alemannen in der Frühzeit, hg. von Wolfgang HÜBENER, Bühl 1974, S. 135-168); Beiträge zum frühalemannischen Recht, hg. von Clausdieter SCHOTT, Bühl 1978.

3 Vgl. Otto FEGER, Zur Geschichte des alemannischen Herzogtums (Zeitschrift für Württembergische Landesgeschichte 16, 1957, S. 41–94); wiederabgedruckt in: Zur Geschichte der Alemannen, hg. von Wolfgang MÜLLER (Wege der Forschung 100) Darmstadt 1975, S. 151-222; Hagen KELLER, Fränkische Herrschaft und alemannisches Herzogtum im 6. und 7. Jahrhundert (Zeitschrift für die Geschichte des Oberrheins 124, NF 85, 1976, S. 1-30).

4 Vgl. zuletzt: Dieter GEUENICH, Die politischen Kräfte im Bodenseegebiet in der Zeit zwischen dem älteren und dem jüngeren alemannischen Herzogtum (746–917) (Geistesleben um den Bodensee im frühen Mittelalter, hg. von Achim MASSER und Alois WOLF, Freiburg 1989, S. 29–56).

5 Vgl. etwa die kritischen Äußerungen bei Karl Siegfried BADER, Zur Tal-, Dorf- und Stadtverfassung des Schwarzwaldes (Der Schwarzwald. Beiträge zur Landeskunde = Veröffentlichungen des Alemannischen Instituts 47, hg. von Ekkehard LIEHL und Wolfdieter SICK, Bühl 1980, S. 230-246) S. 230f.; Berent SCHWINEKÖPER, Die heutige Stadt Villingen – eine Gründung Herzog Bertolds V. von Zähringen (1186-1218) (Schau-ins-Land 104, 1985, S. 1-32) S. 2f.

6 Theodor MAYER, Der Staat der Herzoge von Zähringen (Freiburger Universitäts-Reden 20) Freiburg 1935, S. 19 (wiederabgedruckt in: DERS., Mittelalterliche Studien. Gesammelte Aufsätze, Lindau – Konstanz ²1972, S. 350-364).

wichtiger Grund für den rasch zunehmenden Ausbau des Landes – bis zur Mitte des 13. Jahrhunderts weiter kontinuierlich an und und erreichte erst um 1300 sein Maximum[7]. Wir müssen uns also im folgenden der Tatsache bewußt bleiben, daß vom 8. bis 11. Jahrhundert allenfalls die Anfänge des Landesausbaus im deutschen Südwesten in den Blick treten, nicht aber der gesamte Zeitraum der Erfassung und Erschließung des Schwarzwaldes, der uns hier in Freiburg natürlich besonders interessiert, aber auch des Odenwaldes, des Schwäbisch-Fränkischen Waldes und der Voralpengebiete.

Zu beachten ist weiterhin, daß mitunter auch in einem anderen Sinne von frühmittelalterlichem Landesausbau die Rede ist. Auch innerhalb der bereits besiedelten Gebiete fand ein Ausbau statt; die fruchtbaren Böden des Altsiedellandes, die zunächst nur extensiv bewirtschaftet worden waren, konnten nun dank der neuen Wirtschaftsformen[8] intensiver genutzt werden und boten damit mehr Menschen Nahrung und Platz für neue Siedlungen. Diese Entwicklung konnte aber auch zur Zusammensiedlung von Einzelhöfen zu größeren Dorfagglomerationen führen[9], ein Vorgang, der sich im Grunde bis in die Neuzeit hinein fortsetzte. Wir wollen uns im folgenden jedoch, zumal diese Entwicklung im Frühmittelalter kaum oder jedenfalls sehr viel schwerer faßbar ist, dem Landesausbau im erstgenannten Sinne zuwenden, das heißt in unserer näheren Umgebung: dem kolonisatorischen Vordringen in den bis zum 7. Jahrhundert siedlungsmäßig noch nicht erschlossenen Schwarzwald. Damit ist der Raum angesprochen, mit dem wir uns im folgenden in erster Linie befassen wollen, denn in unserem Umkreis sind es im wesentlichen die Täler des Schwarzwaldes, in die hinein sich seit der Karolingerzeit die ›Binnenkolonisation‹[10] höher gelegener Flächen vollzogen hat, die den ersten alemannischen Siedlern noch als unwegsam und wirtschaftlich wenig ertragreich erschienen waren. Bedeutete die Siedlung der Alemannen bis ins 8. Jahrhundert hinein im wesentlichen ›Wieder‹-Besiedlung[11], so haben wir uns unter dem Landesausbau seit der Karolingerzeit auch eine Neubesiedlung vorzustellen: ein kolonisatorisches Vordringen in wirtschaftlich und kulturell noch nicht oder noch kaum erschlossenes Land.

Die wesentlichen Gründe für diesen Landesausbau wurden mit der rasch anwachsenden Bevölkerung einerseits und den zunehmend verbesserten Formen der Bewirtschaftung, die auch einen Anbau auf weniger fruchtbaren Böden erlaubten, bereits angesprochen. Eine ungefähre Vorstellung über das Gebiet, das bis zum 8. Jahrhundert besiedelt war und im folgenden als ›Altsiedelland‹ bezeichnet wird, vermitteln die Verbreitungskarten der Reihengräber und der -ingen-Ortsnamen im Historischen Atlas von Baden-Württemberg[12]. Auf die Tatsache, daß die kartographische Erfassung der archäologischen Grabfunde mit dem Bild, das die Kartierung der -ingen-Siedlungen ergibt, weitgehend übereinstimmt, sowie auf den daraus ablesbaren engen Zusammenhang von -ingen-Ort und

7 Wirtschafts-Ploetz, hg. von Hugo OTT und Hermann SCHÄFER, Freiburg – Würzburg, S. 47.

8 Zu den Anfängen der Dreifelderwirtschaft, bzw. der ›Dreizelgenwirtschaft‹ Willi A. BOELCKE, Römisches Erbe, alemannische Landnahme und die Entstehung der Grundherrschaft im deutschen Südwesten (Ludwigsburger Geschichtsblätter 27, 1975, S. 2-57) S. 36 ff. (mit weiterer Literatur).

9 Vgl. BOELCKE (wie Anm. 7) S. 35 f.

10 Alfons DOPSCH, Die Wirtschaftsentwicklung in der Karolingerzeit, vornehmlich in Deutschland, 1. Teil, Köln – Graz ³1962, S. 196.

11 Vgl. die Beiträge von Dieter PLANCK, Die Wiederbesiedlung der Schwäbischen Alb und des Neckarlandes durch die Alemannen, und von Gerhard FINGERLIN, Die Wiederbesiedlung des Oberrheintales durch die Alemannen, in diesem Band.

12 Historischer Atlas von Baden-Württemberg, Karte 3/7: Die Reihengräber der Merowingerzeit (Beiwort von Albrecht DAUBER, Stuttgart 1976) und Karte 4/1: Der alemannische und fränkische Siedlungsraum (Beiwort von Hans JÄNICHEN, Stuttgart 1972).

Reihengräberfeld ist bereits mehrfach hingewiesen worden[13]. Außer den beiden genannten Forschungsdisziplinen der Archäologie und der Toponomastik sind noch einige weitere Fachrichtungen zu berücksichtigen, wenn eine Antwort auf die Frage nach dem Landesausbau und seinen Trägern gesucht wird: die Siedlungsgeographie[14], die Rechtsgeschichte des Dorfes[15], die Wirtschafts- und Sozialgeschichte[16], um nur die wichtigsten zu nennen. Angesichts dieser Aufgabe liegt es auf der Hand, daß allenfalls Einblicke in die oft kontrovers geführte Argumentation der beteiligten Disziplinen vermittelt und der jeweilige Forschungsstand skizziert werden können.

1. Der Ausbau des Landes nach dem Zeugnis der Ortsnamen

Auf die Problematik der regionalen und der ethnischen Eingrenzbarkeit einzelner Ortsnamentypen, auf den oft behaupteten Gegensatz von alemannischen -ingen und fränkischen -heim-Namen[17], ist im vorliegenden Zusammenhang nicht einzugehen; vielmehr können wir entsprechend dem Befund der Verbreitungskarten und den Erkenntnissen der Ortsnamenforschung davon ausgehen, daß die -ingen und -heim-Namen im deutschen Südwesten die frühesten Siedlungen in der Zeit nach der Landnahme der Alemannen bezeichnen. Ob sie bereits in der frühen Phase vor 500 oder erst nach der Niederlage gegen die Franken Verbreitung gefunden haben, läßt sich auf Grund die Überlieferungslage nicht mehr ermitteln[18] und ist für unser Thema auch nicht relevant. Entscheidend ist, daß die -ingen- und heim-Orte beim Einsetzen der urkundlichen Überlieferung, etwa in den St. Galler Urkunden oder in den Kopialbüchern aus Lorsch, Fulda, Weißenburg usw. zu Hunderten bezeugt sind. Sie lassen sich zu Beginn unseres Untersuchungszeitraumes in der Regel[19] auf den fruchtbaren Böden des Altsiedellandes lokalisieren und scheinen nach dem Ausweis der dort vorgefundenen Reihengräberfriedhöfe zu diesem Zeitpunkt bereits ein höheres Alter zu haben. Stellvertretend für viele andere -ingen-Orte sei hier die 786 in einer St.Galler Urkunde genannte *villa qui dicitur Maghingas* erwähnt, der das heutige Mengen

13 Vgl. Walther VEECK, Die Alemannen in Württemberg, Textband, Berlin – Leipzig 1931, S. 115; Peter GOESZLER, Die Alemannen und ihr Siedlungsgebiet. Neue Beiträge zur frühalemannischen Geschichte und Kultur (Deutsches Archiv für Landes- und Volksforschung 7, 1943, S. 113-152) S. 138-140; Adolf BACH, Deutsche Namenkunde 2,2: Die deutschen Ortsnamen in geschichtlicher, soziologischer und psychologischer Betrachtung, Heidelberg 1954, § 466, S. 116; Heiko STEUER, Alemannen: Archäologisches (Johannes HOOPS, Reallexikon der germanischen Altertumskunde 1, hg. von Heinrich BECK u.a., Berlin – New York ²1973, S. 142-163) S. 149.

14 Vgl. etwa Robert GRADMANN, Siedlungsgeographie des Königreichs Württemberg, Stuttgart 1914; DENS., Siedlungsformen als Geschichtsquelle und als historisches Problem (Zeitschrift für Württembergische Landesgeschichte 7, 1943, S. 25-56).

15 Vgl. Karl Siegfried BADER, Studien zur Rechtsgeschichte des mittelalterlichen Dorfes, Bände 1-3, Weimar 1957/1962 und Köln – Wien – Graz 1973; DENS., Zur Tal-, Dorf- und Stadtverfassung des Schwarzwaldes (wie Anm. 5) S. 230-246.

16 Vgl. Friedrich LÜTGE, Deutsche Sozial- und Wirtschaftsgeschichte, Berlin – Göttingen – Heidelberg 1952; DOPSCH (wie Anm. 9)

17 Vgl. dazu BACH (wie Anm. 13) § 640-651; Fritz LANGENBECK, Die Entstehung der elsässischen heim-Ortsnamen. Sprachliche Einstrahlung oder fränkische Siedlung? (Beiträge zur Namenforschung 9, 1958, S. 45-104 und nochmals a.a.O. 10, 1959, S. 209-219); Bruno BOESCH, Ortsnamenprobleme am Oberrhein (Festschrift für Friedrich Maurer, Stuttgart 1963); wiederabgedruckt in: DERS., Kleine Schriften zur Namenforschung (Beiheft zu den Beiträgen zur Namenforschung NF 20) Heidelberg 1981, S. 245-265.

18 Dieter GEUENICH, Zur Landnahme der Alemannen (Frühmittelalterliche Studien 16, 1982, S. 25-44) S. 42.

19 Zu den Ausnahmen s. unten S. 211 mit Anm. 30 und 31.

südlich des Tunibergs entspricht[20]; Heidenheim an der Brenz oder Niederschopfheim im Ortenaukreis können exemplarisch für die -heim-orte genannt werden[21]. Die Beobachtung, daß die Ortsnamen auf -hausen, -hofen und stetten einerseits ebenfalls bereits beim Einsetzen der schriftlichen Überlieferung bezeugt sind, andererseits aber oft am Rande der vermutungsweise älteren -heim- oder -ingen-Gemarkungen liegen, hat dazu geführt, daß in ihnen meist ältere Ausbausiedlungen der Mitte des 7. Jahrhunderts oder der Zeit ›um 700‹ gesehen werden[22].

Mit den -weiler-Ortsnamen schließlich sind wir dann in unserem Gebiet nach dem weitgehend übereinstimmenden Urteil der Siedlungsgeographie und der Ortsnamenforschung[23] in dem uns interessierenden Zeitraum angelangt. Die Argumente der Archäologie verstummen hier, da ›zu diesem Zeitpunkt... mit den beigabenführenden Gräbern eine wichtige Quellengattung verschwindet, die – im Augenblick jedenfalls noch – als hauptsächliche Grundlage archäologischer Aussagen gelten muß‹[24]. Das dem Lateinischen entlehnte villare (deutsch: wilari), später neben -weiler auch zu -weil kontrahiert, ist ›eindeutig ein jüngerer Ausbautyp des 8. und 9. Jahrhunderts‹[25]. Die Verbreitungskarte der badischen -weiler-Ortsnamen zeigt dementsprechend, daß diese vor allem talaufwärts zwischen dem Altsiedelland in der Ebene und den ersten Schwarzwaldhöhen zu finden sind: Heuweiler am Eingang des Glottertales, Littenweiler und Weiler (bei Stegen) am Eingang des Höllentales können hier als Beispiele der näheren Umgebung dienen[26].

Noch weiter – räumlich in Richtung auf den Schwarzwald und zeitlich in das 10. Jahrhundert – gelangen wir mit den Siedlungsnamen auf -kirch oder -zell: Waldkirch im Elztal, Sitzenkirch in einem Seitental der Kander und Wilmarszell, wie das spätere Kloster St. Ulrich im Möhlintal südlich von Freiburg bis ins 13. Jahrhundert hieß, sind monastische Gründungen der Ausbauphase[27]. In diese Zeit des 8. bis 11. Jahrhunderts werden von der Ortsnamenforschung auch die Anfänge der Benennung von Siedlungen nach dem Gelände und nach Geländeformen datiert, unter vielen anderen beispielsweise die Namen auf -bach oder -tal, wie Siensbach und Bleibach im Elztal oder Suggental, Glottertal, Föhrental, Wildtal, Wittental bis Günterstal, um wiederum die nächstgelegenen Beispiele zu nennen, die das Vordringen in die Schwarzwaldtäler innerhalb der Freiburger Bucht zu verdeutli-

---

20 Urkundenbuch der Abtei Sanct Gallen, Theil 1: Jahr 700-840, hg. von Hermann WARTMANN, Zürich 1863, Nr. 110, S. 104. – Zum Gräberfeld von Mengen s. Friedrich GARSCHA, Die Alamannen in Südbaden,. Katalog der Grabfunde, Textband (Germanische Denkmäler der Völkerwanderungszeit, Serie A, Band 11) Berlin 1970, S. 215-220.

21 Vgl. Gerhard FINGERLIN, Zur alemannischen Siedlungsgeschichte des 3.-7. Jahrhunderts (Die Alemannen in der Frühzeit, hg. von Wolfgang HÜBENER [Veröffentlichung des Alemannischen Instituts Freiburg i. Br. 34] Bühl 1974, S. 45-88) S. 64 und 83; Rainer CHRISTLEIN, Die Alamannen. Archäologie eines lebendigen Volkes, Stuttgart – Aalen ²1979, S. 149.

22 FINGERLIN (wie Anm. 21) S. 81; Hermann STOLL, Alamannische Siedlungsgeschichte archäologisch betrachtet (Zeitschrift für württembergische Landesgeschichte 6, 1942, S. 1-25) S. 15f.

23 Vgl. etwa Robert GRADMANN, Süddeutschland, Band 1, Darmstadt 1964, S. 78; Karl BOHNENBERGER, Die heim- und weiler-Namen Alemanniens (Württembergische Vierteljahrshefte für Landesgeschichte 31, 1922/24, S. 1-28); STOLL (wie Anm. 22) S. 13; Heinrich LÖFFLER, Die Weilerorte in Oberschwaben. Eine namenkundliche Untersuchung, Stuttgart 1968, S. 23-39; Bruno BOESCH, Name und Bildung der Sprachräume (Die Alemannen in der Frühzeit, wie Anm. 21, S. 89-120) S. 106 (wiederabgedruckt in: DERS., Kleine Schriften, wie Anm. 16, S. 361-392, hier S. 378).

24 FINGERLIN (wie Anm. 21) S. 45.

25 BOESCH (wie Anm. 23) S. 106 (S. 378).

26 Vgl. neben den in Anm. 12 zitierten Karten die Darstellung der südbadischen villare-Orte bei BOESCH (wie Anm. 23) S. 111 (383).

27 BACH (wie Anm. 13) § 493f., S. 192-194.

chen vermögen[28]. Als letzter Ortsnamentyp seien die unmittelbar auf eine Rodungstätigkeit hinweisenden Siedlungsnamen auf *-reut* und *-ried* genannt; in unserer Gegend reichen sie von Kolmarsreute und Windenreute im Nordosten bis Birkenreute oder Oberried im Südosten von Freiburg[29].

Die genannten und einige weitere Ortsnamentypen, die von der Namenforschung in unseren Untersuchungszeitraum datiert werden, verhelfen in kartographischer Darstellung zwar zu einem großflächigen Bild und zu einer annähernd gültigen Vorstellung vom Umfang des Landesausbaus im 8. bis 11. Jahrhundert, geben aber so noch keinen Hinweis auf die Träger und Motive der Urbarmachung der Schwarzwaldtäler, die in der sogenannten ersten Ausbauphase vor 700 noch nicht in die wirtschaftliche Nutzung einbezogen worden waren. Allenfalls können die im Bestimmungswort rekonstruierbaren Personennamen, wie *Succo* in Suggen-tal, *Kolmar* in Kolmars-reute, *Sizo* in Sitzen-kirch oder *Wilmar* in Wilmars-zell, im Einzelfall Hinweise auf die Träger der Binnenkolonisation geben. Wir haben damit aber in der Regel nur die Namen, ohne daß wir über die damit bezeichneten Personen und ihren sozialen Status, ihre verwandtschaftlichen Bindungen, ihre Herkunft usw. etwas Sicheres aussagen können. Zudem ist das durch die Ortsnamenforschung vermittelte Bild, wie gesagt, nur annähernd gültig und bedarf in jedem Einzelfall der kritischen Überprüfung durch die vorhandenen schriftlichen Zeugnisse. Für die erst relativ spät bezeugten *-ingen*-Orte des Hotzenwaldes etwa ist nach allem, was wir wissen, ein weitaus geringeres Alter anzunehmen als für die *-ingen*-Siedlungen in der Oberrheinebene[30]. Ähnliches gilt auch für die wenigen *-ingen*-Orte im südlichen Oberschwaben, das vermutlich erst in der Karolingerzeit besiedelt worden und damit für diese Zeit als alemannisches Kolonialland zu bezeichnen ist[31]. Der ansonsten für die früheste Landnahmephase charakteristische *-ingen*-Typ scheint demnach auch in dieser späten Zeit vereinzelt noch fruchtbar gewesen zu sein, vielleicht besonders in jenen Gegenden, in denen eine der frühen Landnahme vergleichbare Situation völliger Neubesiedlung und Landaufteilung vorlag. Schon von der Siedlungsform lassen sich die vergleichsweise unbedeutenden Höfe und Gehöftgruppen auf *-ingen* im Hotzenwald und im südlichen Oberschwaben von den weitaus umfangreicheren frühen *-ingen*-Siedlungen unterscheiden.

Umgekehrt erscheinen von der Ortsnamenforschung als spät eingestufte Bildungen mitunter recht früh: Die bereits 772 im Besitz des Klosters Lorsch bezeugte Siedlung Reute nördlich von Freiburg liegt trotz des auf Rodungstätigkeit hinweisenden Namens *Reuden*[32] inmitten des fruchtbaren Altsiedellandes der Rheinebene und ist zudem schon ein bis zwei Jahrhunderte früher urkundlich erwähnt als die benachbarten *-ingen*-Orte[33]. Auch Badenweiler wird man auf Grund des – übrigens erst sekundär angefügten – *-weiler*-Grundwortes nicht unter die für die spätere Zeit typischen Ausbauorte einreihen wollen[34]. Diese und weitere ähnliche Beispiele stellen die oben skizzierten Ergebisse der Ortsnamen-

---

28 BACH (wie Anm. 13) § 464, S. 107, § 498, S. 201.
29 BACH (wie Anm. 13) § 569, S. 300.
30 Vgl. Bruno BOESCH, Zu den Ortsnamen (Der Schwarzwald, wie Anm. 5, S. 247-267) S. 254 f. mit Hinweis auf Günther HASELIER, Geschichte des Hotzenwaldes, Lahr 1973 und BOESCH, Ortsnamenprobleme am Oberrhein (wie Anm. 17) S. 157 (264).
31 Viktor ERNST, Zur Besiedlung Oberschwabens (Forschungen und Versuche zur Geschichte des Mittelalters und der Neuzeit. Festschrift Dietrich Schäfer zum siebzigsten Geburtstag, Jena 1915, S. 40-63).
32 Codex Laureshamensis, Band 1, hg. von Karl GLÖCKNER (Arbeiten der Historischen Kommission für den Volksstaat Hessen) Darmstadt 1929 (Neudruck 1963) S. 65, Nr. 2666.
33 Gundelfingen a. 1008, Denzlingen a. 884 (Albert KRIEGER, Topographisches Wörterbuch des Großherzogtums Baden, 2 Bände, Heidelberg ²1904-1905, Band 1, Sp. 389 und 786).
34 Vgl. die Belege bei KRIEGER (wie Anm. 33) Band 1, Sp. 105-110.

forschung nicht in Frage, mahnen aber zur Vorsicht und warnen vor generellen Aussagen allein auf Grund des Namens einer Siedlung. Denn wir kennen auch zahlreiche Beispiele von Ortsnamen, die sich insofern als instabil erwiesen, als jüngere Benennungen ältere ursprüngliche Namen verdrängten oder der Name einer benachbarten jüngeren Siedlung auf eine ältere übertragen wurde und umgekehrt[35].

2. Die schriftlichen Zeugnisse

Im konkreten Einzelfall können, wie die angeführten und vergleichbare Beispiele zeigen, nur die schriftlichen Quellen über die Datierung, den Vorgang und vor allem die Träger des Landesausbaus Auskunft geben. Und in der Tat gibt es in der frühen und reichen St.Galler Urkundenüberlieferung nicht wenige Zeugnisse, die eine Siedlung als im Entstehen begriffen erkennen lassen: So schenkt ein Priester namens *Ratpot* im Nibelgau 788 an das Kloster St.Gallen unter anderem *unum villare, quod meis propriis adquesi manibus, aut quidquid ibidem deinceps elaborare potuero*[36]. Ein solches durch Rodungstätigkeit urbar gemachtes Landstück wird in den Urkunden meist *novale* genannt: *novale, quod vulgariter dicitur Gervet*, oder an anderer Stelle: *novale, quod Reût vulgari eloquio nunccupatur*[37]. Besonders interessant hinsichtlich der Siedlungsnamengebung ist eine Urkunde aus dem Jahre 830, in der ein *Engilram... unum novale quod nominatur Adalrammiswilare* an St.Gallen schenkt, und zwar soviel sein Vater *Adalram... ad eundem locum tam territorii, quam silvarum adjacentiis circumquaque excolere videbatur*[38]. Das durch Rodung des Vaters entstandene *novale* wird hier vom Sohn bereits nach dem Vater ›Adalrams-weiler‹ genannt. Zahlreiche analoge Beispiele, wie *Amalgeriswilare, Altiricheswilare* usw.[39], lassen sich für diesen Vorgang beibringen.

Der Begriff Weiler erscheint mitunter geradezu als gleichbedeutend mit einer aus mehreren *novalia* bestehenden Rodungssiedlung. Nach Robert Gradmann darf man davon ausgehen, daß jeweils drei bis sechs Genossen innerhalb eines solchen Weilers eine Gemeinschaft zum Schutz nach außen und zur gegenseitigen Hilfeleistung in Notfällen bildeten[40]. Gemeinsam errichteten sie die erforderlichen Brunnen, Viehtränken, Waldzäune und dergleichen und hielten sie in Stand. Da die Rodungstätigkeit nur soweit betrieben wurde, wie günstiges Gelände und einigermaßen fruchtbarer Boden vorgefunden wurde, entstanden jene vergleichsweise regellosen Flurstücke, die für die Weilersiedlungen geradezu charakteristisch sind. Sie heben sich dadurch schon rein äußerlich von den Gewanndörfern des Altsiedellandes ab. Das *novale*, auch umschrieben als *terra semper inculta ut nemorosa*, wird in späteren deutschen Übersetzungen meist als Neubruch oder Neugereute bezeichnet: ›Ein Neureut und Neubruch ist nichts anders, dann ein Grund

---

35 So heißt die Ortschaft mit dem merowingerzeitlichen Gräberfeld von Engen heute Altdorf; zu diesem und weiteren Beispielen FINGERLIN (wie Anm. 21) S. 83f. mit Abbildungen S. 19ff.
36 Urkundenbuch der Abtei Sanct Gallen (wie Anm. 20) Nr. 117, S. 111, vgl. auch a.a.O. Nr. 119, S. 112: *...quicquid deinceps elaborare potuero in ipso loco trado ad monasterium ...*
37 Nürnberger Urkundenbuch (Quellen und Forschungen zur Geschichte der Stadt Nürnberg 1) Nürnberg 1959, Nr. 422, S. 260 (14.3.1267), Nr. 749, S. 438 (26.4.1287). Zu diesen und weiteren Belegstellen Karl Siegfried BADER, Rechtsformen und Schichten der Liegenschaftsnutzung im mittelalterlichen Dorf (= Band 3 der Studien zur Rechtsgeschichte, wie Anm. 15, Wien – Köln – Graz 1973) S. 174 Anm. 44.
38 Urkundenbuch der Abtei Sanct Gallen (wie Anm. 20) Nr. 334, S. 308.
39 Urkundenbuch der Abtei Sanct Gallen (wie Anm. 20) Nr. 157, S. 149; Nr. 209, S. 199; Nr. 464, Band 2, S. 81; Nr. 764, Band 2, S. 365.
40 GRADMANN, Siedlungsgeographie (wie Anm. 14) S. 105f.

und Boden, so zum erstenmal aufgebrochen ist, als man da reutet, d.i. Gestäud und Reiswerck, item Bäume, oder alte Stöcke, Steinwurtzeln und dergleichen ausgrabt, ausbrennet, und ausreutet, und dann solches aufbricht und anbauet‹[41].

In der Regel ist davon auszugehen, daß Rodungen nur mit Erlaubnis der jeweiligen Grundherrschaft vorgenommen werden durften. In den überlieferten Weistümern wird einleitend darauf stets mit Nachdruck hingewiesen[42]. Ursprünglich lag die Forsthoheit beim König, und alles herrenlose Land, vor allem die großen Waldgebiete, galt als Königsgut. Im Bestreben, die Rodung und Urbarmachung der Wälder nach Kräften zu fördern und zu unterstützen, wurden diese Gebiete jedoch in besonders großzügiger Weise an weltliche und geistliche Empfänger vergeben. So trug Karl der Große den königlichen *villici* im Aachener Capitulare auf: *Et ubicumque inveniunt utiles homines, detur illis silva ad stirpandum, ut nostrum servitium immelioretur*[43]; und ähnlich heißt es im Capitulare de villis: *Et ubi locus fuerit ad stirpandum, stirpare faciant*[44]. In der Forschung ist mehrfach darauf hingewiesen worden, daß diese in fränkisch-karolingischer Zeit noch weitgehend beachtete königliche Kompetenz der Forsthoheit in der Folgezeit, soweit es sich nicht um Bannforste handelte, recht bald verlorenging. Wilder Rodungstätigkeit gebot jedoch die Grundherrschaft Einhalt, und später trat ihr die Landesherrschaft entgegen.

Grundsätzlich war der geistlichen Herrschaft aus den Erträgen neu kultivierter Gereute oder Brüche der sogenannte Novalzehnt, Rottzehnt oder Bruchzehnt zu entrichten. Diese spezielle Form des Kirchenzehnten wurde zu einer beachtlichen Einnahmequelle für die Kirche, wurde aber auch von weltlichen Grundherren nicht selten beansprucht. Streitfälle, die sich daraus ergaben, waren des öfteren Gegenstand gesetzlicher Regelungen. Im Capitulare ecclesiasticum Ludwigs des Frommen (818/19) wurde festgelegt, daß der Zehnte von neugegründeten Weilern den darin errichteten Kirchen zustehen solle: *Sanccitum est de villis novis et ecclesiis in eisdem noviter constructis, ut decimae de ipsis villis ad easdem ecclesias conferantur*[45]. Wurde ein Neubruch ohne neue Kirche angelegt, so sollte der Novalzehnt der alten Pfarrkirche zustehen; so bestimmte es die Synode von Tribur (895)[46]. Bei Rodungen *in aliqua silva vel deserto loco* weiter als vier oder fünf Meilen von einer Pfarrkirche entfernt gestand die Synode dem Rodenden selbst die Verfügungsgewalt über den Novalzehnten zu, falls er eine Kirche errichtete und einen Priester anstellte. Dieses Zugeständnis an einen – auch laikalen – Eigenkirchenherrn blieb, zumal von bischöflicher Seite, nicht unangefochten, da die Bischöfe als Diözesanherren den Rodungszehnten auf Grund des kanonischen Zehntgebotes grundsätzlich forderten. Vor allem während der Auseinandersetzungen des Investiturstreites wandte sich die Kirche gegen Zehntrechte in der Hand von Laien, mußte aber hinsichtlich des Novalzehnten oftmals Kompromisse schließen.

41 Christoph BESOLD, Thesaurus practicus, Stadt am Hof 1740, Band 1, S. 764f. und Band 2, S. 492. Vgl. zu dieser und weiteren Definitionen BADER (wie Anm. 37) S. 175f. Anm. 52.
42 S. die Beispiele bei BADER (wie Anm. 37) S. 174 mit Anm./46.
43 MGH Capitularia 1, Hannover 1883 (Neudruck 1960) S. 172, cap. 19.
44 MGH Capitularia (wie Anm. 43) S. 86. Vgl. DOPSCH (wie Anm. 9) S. 195.
45 MGH Capitularia (wie Anm. 43) S. 277, cap. 12. Vgl. dazu auch Hans Kurt SCHULZE, Artikel ›Neubruchzehnt‹ (Handbuch für Rechtsgeschichte, Band 3, Berlin 1984, Sp. 953).
46 MGH Capitularia 2, Hannover 1890-1897 (Neudruck 1980/1984) S. 221, cap. 14; vgl. SCHULZE (wie Anm. 45) Sp. 954.

3. Die Träger des Landesausbaus

a) 8./9. Jahrhundert: Die Tatsache, daß die Quellen über die kolonisatorische Tätigkeit geistlicher Grundherren, der Klöster und Bischofskirchen, schon auf Grund der einseitigen Überlieferungslage im Frühmittelalter, im allgemeinen reichlicher fließen als über die weltlicher Grundherren darf nicht darüber hinwegtäuschen, daß auch laikale Kräfte maßgeblich am Landesausbau beteiligt waren. Zu gering ist meist ihr originärer Besitz, vor allem aber ihr derivativer Erwerb von Grund und Boden, veranschlagt worden. Alfons Dopsch und andere haben immer wieder darauf hingewiesen, wie sehr die Laien am stark angewachsenen Kirchengut partizipierten, und zwar ›nicht nur durch Prekarien und Lehen, sondern auch auf Grund ihrer Amtsgewalt als Grafen, Vikare und Vögte‹[47]. Dies ist angesichts der Besitzkarten der Klöster Reichenau, St.Gallen, Ellwangen, Weißenburg, Lorsch, Prüm und Fulda im Historischen Atlas von Baden-Württemberg, die den Besitz-stand um 900 detailliert nachweisen[48], zu beachten; diese kartographischen Darstellungen sind auch schon deshalb problematisch, weil sie nichts von der Dynamik des Prozesses der Besitzerwerbung erkennen lassen.

Wenn auch in den meist ausgeschmückten Klostergründungsberichten als Topos immer wieder von Rodung und mühsamer Erschließung unwirtlicher Gegenden die Rede ist – die Vita Sancti Trudperti kann hier als anschauliches Beispiel dienen[49] –, so stehen diese punktuellen monastischen Siedlungen doch niemals im Zusammenhang mit einem syste-matisch betriebenen Landesausbau. Überhaupt hat man, vielleicht auf Grund der Bene-diktsregel, die den Eremitenmönchen die Rodungstätigkeit als Berufspflicht auferlegte[50], die Nachrichten in den erzählenden Quellen und in den Urkunden über die Rodungen karolingischer Klöster weit überschätzt. Dies hat bereits Georg Caro festgestellt, der bei der Durchsicht der St. Galler Urkunden nur wenige Zeugnisse für eine kolonisatorische Tätigkeit des Klosters ausmachen konnte: ›Statt Beifänge anzulegen, tauschten die Mönche doch lieber kultiviertes Land gegen ungerodetes ein‹. Und er folgerte daraus: ›Nicht die organisierte Gewalt der geistlichen Grundherrschaft, sondern selbständige Arbeit des freien Mannes hat Sumpf und Wald in fruchtbaren Acker verwandelt‹[51]. Der wahre Kern dieser zweifellos überspitzten Aussage Caros hat nicht allein im Blick auf das Galluskloster Gültigkeit. Auch die Mönche des Bonifatiusklosters Fulda, das einst von Sturmi und seinen Gefährten nach dem Bericht der Vita seines Gründers[52] in der unwegsamen Einöde der Buchonia durch Rodung errichtet worden war, erwarben im Jahre 827 von einer Rodungs-

47 DOPSCH (wie Anm. 10) S. 312.

48 Historischer Atlas von Baden-Württemberg, Karte 8/2: Besitz karolingischer Reichsabteien um 900, mit dem Beiwort von Joseph KERKHOFF und Gerhard Friedrich NÜSKE, Stuttgart 1977, S. 7 (Lorsch, Prüm) S. 17 (Reichenau, St.Gallen).

49 Passio Thrudperti martyris Brisgoviensis, ed. Bruno KRUSCH (MGH Scriptores rerum Merovingi-carum 4, 1902, Neudruck 1977) S. 352-363, bes. S. 359f. Vgl. dazu Theodor MAYER, St. Trudpert und der Breisgau (DERS., Mittelalterliche Studien, Lindau-Konstanz 1959, S. 273-288) S. 274ff.

50 Benedicti Regula, ed. Rudolph HANSLIK (Corpus scriptorum ecclesiasticorum Latinorum 75) Wien 1960, cap. 1, S. 17ff., cap. 48, S. 114ff u.ö.

51 Georg CARO, Studien zu den älteren St.Galler Urkunden (Jahrbuch für Schweizerische Geschichte 27, 1902, S. 185-368) S. 355f. Vgl. dazu DOPSCH (wie Anm. 10) S. 268.

52 Die Vita Sturmi des Eigil von Fulda, hg. von Pius ENGELBERT (Veröffentlichungen der Historischen Kommission für Hessen und Waldeck 29) Marburg 1968, S. 129-170; zum Einsamkeitsideal des Eremiten-tums ENGELBERT, a.a.O., S. 126f. und zuletzt Karl SCHMID, Die Frage nach den Anfängen der Mönchsge-meinschaft in Fulda (Die Klostergemeinschaft von Fulda im früheren Mittelalter, hg. von DEMS., Band 1 = Münstersche Mittelalter-Schriften 8/1, München 1978, S. 108-135) S. 112.

genossenschaft einen Neubruch durch Kauf und gaben in der Folgezeit zahlreiche Neubrüche, die dem Kloster übertragen worden ware, als Prekarien an die Tradenten wieder aus[53]. Überhaupt scheint die prekarische Verleihung von Rodungsgebieten durch klösterliche Grundherren die Binnenkolonisation gefördert und entscheidend vorangebracht zu haben. Das häufige Vorkommen entsprechender Passagen in den Formulae Marculfi[54] und in anderen Formelsammlungen[55], in denen von einer Vergabe *ad excolendum terras* die Rede ist, kann als Indiz für die große Verbreitung dieser klösterlichen Gepflogenheit angesehen werden.

Heinrich Büttner hat am Beispiel der Besiedlung des Brettenbachtales, das sich östlich von Emmendingen in den Schwarzwald hinein erstreckt, aufzeigen können, daß es die ›kleinen, adligen Familien des Breisgaues‹ waren, die als ›Pioniere‹ in die Schwarzwaldtäler vorstießen[56]. Das ist in diesem Falle umso erstaunlicher, als sich der Hof zu Sexau, am Ausgang des Brettenbachtales in die Rheinebene, bereits 880/81 im Besitz des elsässischen Klosters Andlau befand[57]. Die Kaiserin Richgardis hatte diesen Hof im Jahre 862 von Ludwig dem Deutschen zusammen mit einigen anderen Orten als Morgengabe erhalten und 880/81 mit Zustimmung ihres Gemahls, Karls III., an das elsässische Kloster übertragen, dessen Äbtissin sie daraufhin wurde[58]. Da der Sexauer Salhof im 9. Jahrhundert als *in quodam saltu* gelegen bezeichnet wird[59], dürfte das Brettenbachtal zu dieser Zeit weiter talaufwärts noch weitgehend unbesiedelt gewesen sein. Gleichwohl hören wir in der Folgezeit nichts von einer Rodungstätigkeit und Erschließung im Auftrag des Klosters. Dieses begnügte sich vielmehr offensichtlich mit dem Ausbau der Sexauer Gemarkung; an der Erschließung des Freiamtes weiter oben im Tal war Andlau in den beiden folgenden Jahrhunderten als Grundherr nicht beteiligt, obwohl später Hintersassen des Klosters in Freiamt nachweisbar sind[60]. Auch dieses Beispiel zeigt, daß die Rodungen im Frühmittelalter nicht als ein planmäßiger Erfolg der wirtschaftlichen Aktivität grundherrschaftlicher Organisationen aufzufassen sind[61], sondern meist auf Einzelaktionen voneinander unabhängiger Kräfte zurückzuführen sind, die allenfalls von den klösterlichen Grundherrschaften durch entsprechende Landleihen dazu in die Lage versetzt wurden. Anderes wäre angesichts der Streulage der klösterlichen Besitzungen zu dieser Zeit auch kaum zu erwarten. Wie sollte unter diesen Umständen ein zielgerichteter, systematischer Landes-

---

53 Codex diplomaticus Fuldensis, hg. von Ernst Friedrich Johann DRONKE, 1950 (Neudruck Aalen 1962) Nr. 471 und Nr. 352. Vgl. weiterhin Nr. 118, 119, 165, 256, 266, 269, 271, 293, 297, 311, 313, 332, 354, 377, 395, 412, 453, 460, 462, 463, 465, 467, 472 usw.; DOPSCH (wie Anm. 10) S. 268 Anm. 3 und 4.

54 MGH Formulae Merowingici et Karolini aevi, ed. Karl ZEUMER, 1882-1886 (Neudruck 1963) S. 70 (Z. 30), S. 78 (Nr. 5), S. 81 (Nr. 9), S. 99 (Nr. 39), S. 100 (Nr. 40).

55 Vgl. DOPSCH (wie Anm. 10) S. 269.

56 Heinrich BÜTTNER, Andlau und der Schwarzwald (Schau-ins-Land 67, 1941, S. 32-44) wiederabgedruckt in DERS., Schwaben und Schweiz im frühen und hohen Mittelalter (= Vorträge und Forschungen 15, Sigmaringen 1972, S. 117-130) S. 37 (123).

57 Zu Andlau: Albert BRACKMANN, Germania Pontificia, Band 3/3 Berlin 1935, S. 39-43; BÜTTNER (wie Anm. 56) S. 32 ff. (117 ff.).

58 MGH DD LdD, Nr. 108, S. 155 f.; Philip André GRANDIDIER, Histoire de l'église et des princes-évêques de Strasbourg, Band 2, Straßburg 1778, Nr. 165, S. 304; Albert BRUCKNER, Regesta Alsatiae aevi Merovingici et Karolini, Band 1, Straßburg – Zürich 1949, Nr. 656, S. 390-396.

59 GRANDIDIER (wie Anm. 58) Nr. 165, S. 304; BRUCKNER (wie Anm. 58) Nr. 656, S. 395: *...et in Secchesouua in quodam saltu...*

60 Zum Jahre 1311: Regesten der Markgrafen von Baden und Hachberg, Band 1, hg. von Richard FESTER, Innsbruck 1900, Nr. 143. Vgl. Karl Siegfried BADER, Das Freiamt im Breisgau und die freien Bauern am Oberrhein, Freiburg 1936, S. 109; BÜTTNER (wie Anm. 56) S. 38 (123).

61 DOPSCH (wie Anm. 10) S. 270.

ausbau erfolgen? Er konnte nur der örtlichen Initiative Einzelner oder genossenschaftlich verbundener Gruppierungen entspringen, die mit Billigung der Grundherrschaft und zu deren langfristigem Nutzen Rodungen vornahmen.

b) 10. Jahrhundert: Die im Vergleich zur Karolingerzeit wenigen monastischen Neugründungen des 10. Jahrhunderts entstanden in unserem Raum alle mehr oder weniger im Zusammenhang mit dem alemannischen Herzogtum. Dies gilt für Einsiedeln, das, wie Hagen Keller gezeigt hat[62], die karolingischen Reichsklöster schon bald an Bedeutung weit übertraf, ebenso wie für das Margarethenkloster in Waldkirch[63] und die Mönchsgemeinschaft auf dem Hohentwiel, die kurz nach der Jahrtausendwende nach Stein am Rhein übersiedelte[64]. Nicht mehr der König verlieh und garantierte nun in ottonischer Zeit das wirtschaftliche Fundament dieser Kommunitäten, sondern – zumindest in der Anfangsphase – die Herzogsfamilie; in anderen Fällen kam den Bischöfen nun entscheidende Bedeutung zu[65].

Wählen wir die nächstgelegene dieser Neugründungen des 10. Jahrhunderts, das Margarethenkloster in Waldkirch, als Beispiel, so erfahren wir über den Besitz und die Ausstattung des vor 926 gegründeten Klosters erst aus einem Privileg Papst Alexanders III. aus dem Jahre 1178, in dem aber nach dem Urteil von Thomas L. Zotz ›mit Sicherheit die ursprüngliche Dotation zu fassen ist‹[66]. Recht umfangreich ist die Besitzausstattung im Altsiedelland der Freiburger Bucht, die bereits in stärkerem Maße als bei den karolingischen Klöstern auf eine Region, hier auf den nördlichen Breisgau, konzentriert erscheint[67]; doch interessiert in unserem Zusammenhang des Landesausbaus besonders die Situation im Elztal, an dessen Ausgang zur Rheinebene die ›Kirche im/am Wald‹ (*Waltchilicha*)[68] errichtet wurde. In der Aufzählung von 1178 werden zwar mit Bleibach, Ober- und Niederwinden, Simonswald und Prechtal schon einzelne Siedlungen zumindest aus vier der fünf Meiertümer genannt, die später für die grundherrschaftliche Einteilung des Ausbauge-

---

62 Hagen KELLER, Kloster Einsiedeln im ottonischen Schwaben (Forschungen zur oberrheinischen Landesgeschichte 13) Freiburg 1964.

63 Vgl. Max WETZEL, Waldkirch im Elztal. Stift, Stadt und Amtsbezirk, Teil 1, Freiburg 1912; L. WERKMANN, Beiträge zur Geschichte des Frauenstiftes Waldkirch (Freiburger Diözesan-Archiv 3, 1868, S. 123-163); Heinrich ROTH, Der Gründer des Klosters Waldkirch (Freiburger Diözesan-Archiv 72, 1952, S. 54-73); Heinrich BÜTTNER, Waldkirch und Glottertal (DERS., Schwaben und Schweiz, wie Anm. 56, S. 87-115); Helmut MAURER, St. Margarethen in Waldkirch und St. Alban in Mainz (Festschrift für Helmut Beumann zum 65. Geburtstag, hg. von Kurt-Ulrich JÄSCHKE und Reinhard WENSKUS, Sigmaringen 1977, S. 215-223) bes. S. 216f.

64 Vgl. Theodor MAYER, Das schwäbische Herzogtum und der Hohentwiel (Hohentwiel. Bilder aus der Geschichte des Berges, hg. von Herbert BERNER, Konstanz 1957, S. 88-113); Franz Beyerle, Das Burgkloster auf dem Hohen Twiel (a. a. O., S. 125-135); Helmut MAURER, Der Herzog von Schwaben, Sigmaringen 1978, S. 41 ff., S. 55 ff. u. ö.

65 Vgl. etwa die Bedeutung des Bischofs Adalbero von Basel für das Kloster Sulzburg (KELLER, wie Anm. 62, S. 119 ff.), des Bischofs Erchanbald von Straßburg für den Neubau des (abgebrannten) Klosters St. Trudpert (Theodor MAYER, St. Trudpert und der Breisgau, in: DERS., Mittelalterliche Studien, wie Anm. 6, S. 273-288) S. 276f.

66 Thomas L. ZOTZ, Der Breisgau und das alemannische Herzogtum (Vorträge und Forschungen, Sonderband 15) Sigmaringen 1974, S. 83. Zum Privileg Alexanders III. Philipp JAFFÉ – S. LOEWENFELD, Regesta Pontificum Romanorum, Band 2, Leipzig 1888, Nr. 13087.

67 Vgl. die Karte 1 im Anhang bei ZOTZ (wie Anm. 66).

68 Der Rotulus Sanpetrinus nach dem Original im Großh. General-Landesarchiv zu Karlsruhe, hg. von Friedrich von WEECH (Freiburger Diözesan-Archiv 15, 1882, S. 133-184) S. 141. – Vgl. KRIEGER (wie Anm. 33) Band 2, Sp. 1318-13 (mit den weiteren Namenbelegen).

bietes im Elztal maßgeblich waren[69]; aber noch im ausgehenden 12. Jahrhundert war damit dieses Gebiet nur gewissermaßen abgesteckt und nicht etwa schon ausgebaut und grundherrschaftlich erfaßt. Bei der Ausstattung des Margarethenklosters im 10. Jahrhundert hatte man der Abtei das mittlere und obere Elztal lediglich als Interessegebiet zugewiesen; die bäuerliche Nutzung innerhalb der Grundherrschaft des Klosters und der damit verbundenen Rechtsinstitutionen setzte erst sehr viel später ein. Noch 1178 wurde die Bedeutung des unteren Elztales, des späteren Meiertums Waldkirch, höher eingeschätzt als die wirtschaftliche Erschließung der übrigen Talgebiete[70]. Und an dieser später einsetzenden Erschließung waren wiederum laikale Kräfte maßgeblich beteiligt. Heinrich Büttner hat die Bedeutung der Herren von Schwarzenberg als Vögte des Klosters Waldkirch für den Landesausbau im Elztal während des 12. Jahrhunderts deutlich herausgearbeitet und kam zu dem Schluß: ›Die Aufgaben, die im 10. Jahrhundert das Stift Waldkirch von den schwäbischen Herzögen übernommen hatte, waren an die Vögte, an die Herren von Schwarzenberg, übergegangen und dienten ihnen als Grundlage zum Auf- und Ausbau ihrer Herrschaft‹[71].

c) 11. Jahrhundert: Die Feststellung Büttners über die Bedeutung der Klostervögte für die Erschließung des Elztales leitet bereits zur Frage nach den Trägern des Landesausbaus in der Zeit der sogenannten ›Reform‹-Klöster über, die in der zweiten Hälfte des 11. Jahrhunderts in großer Zahl entstanden oder aus älteren monastischen Kommunitäten umgebildet wurden und fortan das Bild im deutschen Südwesten maßgeblich bestimmten. Wir können diese Phase, da mit ihr die Zeit des Rahmenthemas ›Archäologie und Geschichte des ersten Jahrtausends‹ überschritten ist, nur noch kurz streifen.

Waren es in der Karolingerzeit vor allem der König und in ottonischer Zeit der Herzog, beziehungsweise der Bischof, so ist es nun ›ein insbesondere in den Jahren des Investiturstreites selbstbewußt gewordener Adel, der sich Eigenklöster errichtete, sie dotiert und (zumindest anfänglich) getragen hat‹[72]. Während die monastischen Gründungen der ersten beiden Perioden noch im Altsiedelland oder an seinem Rand lagen, sind für Hirsau, Alpirsbach, St. Georgen, St. Peter, Zwiefalten, St. Blasien usw. bereits die Höhenlagen des Schwarzwaldes charakteristisch. Um diese geistlichen Zentren schufen sich die Herren von Calw, von Zollern, von Achalm, die Zähringer und wie sie alle heißen[73], straff organisierte Grundherrschaften, die nun eine planvolle Kolonisation der Schwarzwaldtäler und -höhen in Angriff nahmen. Jetzt wurde nicht mehr beliebig gerodet, sondern es wurden genau vermessene Flächen abgesteckt, die den einzelnen Siedlern zur Rodung und Urbarmachung zugewiesen wurden[74]. Als Ergebnis dieses planvollen Vorgehens der Klosterherren sind die streng geregelten Fluren der sogenannten Waldhufendörfer entstanden, die seit dem ausgehenden 11. Jahrhundert allenthalben angelegt wurden; im Bereich der Grafen von Calw etwa, um einige charakteristische Ortsnamenbeispiele zu nennen, wurden zu dieser Zeit die Siedlungen Sommenhardt (*Sumenhart*), Lützenhardt (*Lutzelenhart*), Unterlengenhardt (*Niderlengenhart*) – Würzbach (*Wirtzbach*), Oberkollbach (*Cobelbach*), Maisenbach

69 Waldkirch, Yach, Simonswald, Biederbach, Gebrech; vgl. Karl Siegfried BADER, Zur älteren Geschichte der Stadt Elzach (Zeitschrift des Freiburger Geschichtsvereins 45, 1934, S. 91-122) S. 94; BÜTTNER, Waldkirch und Glottertal (wie Anm. 63) S. 91f.
70 BÜTTNER (wie Anm. 63) S. 92.
71 BÜTTNER (wie Anm. 63) S. 115.
72 Hansmartin SCHWARZMAIER, Klöster bis zum Ende des Investiturstreits 1122 (Beiwort zur Karte 8/3 des Historischen Atlas von Baden-Württemberg [wie Anm. 12] S. 6). Zum ›Aufbruch‹ des Adels nach dem Jahre 1000 s. auch oben Karl SCHMID, Begründung und Zielsetzung des Forschungsvorhabens, S. 16f.
73 Vgl. SCHWARZMAIER (wie Anm. 72) S. 8.
74 GRADMANN, Siedlungsgeographie (wie Anm. 13) S. 109.

(*Meisenbach*) – Bieselsberg (*Böselsberg*), Schömberg (*Schamberg*) – Igelsloch und Eberspiel (*Ebersbuhel*) gegründet[75]. Nun erst, beginnend in der zweiten Häfte des 11. Jahrhunderts, kann von einer zielgerichteten Rodungstätigkeit und Kolonisation die Rede sein, die maßgeblich von den genannten monastischen Gründungen und ihren weltlichen Schutz-herren gefördert und getragen wurde. Karl Schmid hat dies für Hirsau und Hans Josef Wollasch für St. Georgen deutlich gemacht[76]; Hugo Ott hat St. Blasien geradezu als ›Rodungskloster‹ des 11. Jahrhunderts bezeichnet[77]. Verfassungsrechtlich ergab sich bei den Reformklöstern dann in der Folgezeit eine Trennung zwischen Grundherrschaft und Vogtei, indem die Grundherrschaft und damit die wirtschaftlichen Rechte ganz in den Händen der klösterlichen Grundherren lagen und die politische Herrschaft über das Klostergebiet meist den früheren Eigenkirchenherren, die oft als Erbvögte auftraten, verblieb.

Zusammenfassung

Für den Vorgang des Landesausbaus im deutschen Südwesten vom 8. bis 11. Jahrhundert bieten die Zeugnisse der Ortsnamen wichtige Informationen, die generelle großräumige Aussagen über die Ausbreitung der Besiedlung vom Altsiedelland in das Neuland der Schwarzwaldtäler und -höhen zulassen. Die Ortsnamenforschung vermag aber lediglich eine ungefähre und annähernde zeitliche Fixierung der Entstehung von Siedlungen zu vermitteln und kann in der Regel nicht die Frage nach den Trägern, den Motiven und dem Vorgang der Besiedlung erhellen. Dazu muß in jedem Einzelfall die schriftliche Überliefe-rung herangezogen werden, die, anders als in der vorausgehenden Phase der Landnahme und Wiederbesiedlung des Altsiedellandes, seit dem 8. Jahrhundert reichlicher fließt. Sie ergibt das Bild eines zunächst von einzelnen lokalen Kräften getragenen Landesausbaus, der von den geistlichen und weltlichen Grundherren durch Landleihen ermöglicht und auch gefördert, aber noch nicht zielgerichtet und planmäßig betrieben wurde. Erst um und nach der Jahrtausendwende setzt dann im Gebiet des Schwarzwaldes ein systematischer Landesausbau ein, der zwar mit den sogenannten Reformklöstern verbunden, aber wesent-lich von den diese ausstattenden weltlichen Kräften initiiert worden ist.

75 Zu diesen und weiteren 1075 für Hirsau genannten Ortsnamen vgl. GRADMANN, Siedlungsgeographie (wie Anm. 14) S. 108 mit Anm. 2; Karl SCHMID, Kloster Hirsau und seine Stifter (Forschungen zur oberrheinischen Landesgeschichte 7) Freiburg 1959, S. 86 f.
76 SCHMID (wie Anm. 75); Hans-Josef WOLLASCH, Die Anfänge des Klosters St. Georgen im Schwarz-wald (Forschungen zur oberrheinischen Landesgeschichte 14) Freiburg 1964.
77 Hugo OTT, Benediktinisches Mönchtum im Alltag. Zur mittelalterlichen Wirtschaftsgeschichte von St. Blasien (St. Blasien. Festschrift aus Anlaß des 200jährigen Bestehens der Kloster- und Pfarrkirche, hg. von Heinrich HEIDEGGER und Hugo OTT, München – Zürich 1983, S. 65-77), S. 67. Vgl. auch DENS., Die Klostergrundherrschaft St. Blasien im Mittelalter. Beiträge zur Besitzgeschichte (Arbeiten zum Histori-schen Atlas von Südwestdeutschland 4) Stuttgart 1969.

Die Burgen im mittelalterlichen Breisgau

Ein Forschungsprojekt der Abteilung Landesgeschichte
am Historischen Seminar[*]

Von Alfons Zettler

I. Über den Stand der Burgenforschung am südlichen Oberrhein

Um die Erforschung der mittelalterlichen Burgen am badischen Ufer des Oberrheins und im Südschwarzwald ist es schlecht bestellt. Im großen und ganzen verharrt die wissenschaftliche Burgenkunde auf einem Stand, den Julius Naeher und Heinrich Maurer mit dem Werk »Die altbadischen Burgen und Schlösser des Breisgaus« ([2]1896)[1] und Eduard Schuster in seinem Buch »Burgen und Schlösser Badens: Der Breisgau« (1908)[2] grundgelegt haben. Die 1940 in der von Friedrich Metz herausgegebenen Schriftenreihe des Alemannischen Instituts erschienene Freiburger Dissertation »Die Burgen des mittelalterlichen Breisgaus«[3] von Alfons Kohler aus der Schule Theodor Mayers konnte diese Ansätze unter vorwiegend landeskundlich-historischen Aspekten erweitern. Mit einem Umfang von rund hundert Seiten darf dieses Buch neben den bereits darauf gründenden Schriften Joseph Schlippes heute noch immer als das wichtigste Werk zum Thema mittelalterlichen Burgenbaus im Breisgau gelten. Kohlers Ziele mögen die einleitenden Bemerkungen verdeutlichen: »Es ist Aufgabe der... Arbeit, die Burgen im Breisgau auf ihre einstige Bedeutung zu untersuchen. Ich habe in den Kreis meiner Betrachtungen nur die Burgen gezogen, deren Existenz und Geschichte durch sichere Quellen, Urkunden oder Berichte zeitgenössischer Schreiber unter dem Namen Castrum, wighafter bu, vesti, Schloß verbürgt sind, auch wenn heutzutage kein Stein mehr ihr einstiges Dasein verrät. Dagegen liegen die Burgen außerhalb der Betrachtung, deren frühere Existenz uns vielleicht noch Mauerreste oder sogar nur noch Flurnamen verraten, die aber durch schriftliche Quellen nicht faßbar sind.« Ein knappes Hundert Burgen bezog Kohler in seine Ausführungen ein. Acht Burgen seien im 11., 21 im 12., je 24 aber im 13. bzw. 14. Jahrhundert erbaut worden. Die Arbeit will, so heißt es weiter in der Einleitung, »die Beziehungen aufweisen, welche die Burgen mit der Landschaft gehabt haben, in der sie sich erhoben, und feststellen, welches die Ursachen gewesen sind, die zu ihrer Entstehung geführt haben, und welchen

---

[*] S. den Nachtrag unter Anm. 165.

1 Erschienen in Emmendingen 1884, 2., verb. u. erw. Aufl. 1896, ND Freiburg i. Br. 1981; ferner: Julius Naeher, Die Burgenkunde für das südwestdeutsche Gebiet (München 1901; ND Frankfurt/Main 1979).
2 Erschienen in Karlsruhe 1908.
3 Alfons Kohler, Die Burgen des mittelalterlichen Breisgaus. Quellennachrichten über Entstehung, Besitzverhältnisse, militärische und wirtschaftliche Bedeutung der Breisgauer Burgen (Diss. phil. Freiburg i.Br. 1940). – Ferner Joseph Schlippe, Burgen im Breisgau (Oberrheinische Heimat 28, 1941: Der Breisgau) S. 126-72; Ders., Burgen der Zähringer (Badische Heimat 39, 1959) S. 273-312; Wilhelm Arnold Tschira, Wasserburgen im Breisgau (ebd. 16, 1929) S. 165-77; C(hristian). A. Müller, Burgen und Schlösser im Markgräflerland (Das Markgräflerland, hg. von Wolfgang Müller = Veröffentlichung des Alemannischen Instituts 24, Bühl/Baden 1969) S. 89-134 (Kohlers Arbeit nicht genannt).

Einfluß diese Burgen auf die Entstehung eines Territoriums gehabt haben. Die Gründe, die zu ihrer Entstehung beigetragen haben, können jedoch nur dann mit einiger Sicherheit erfahren werden, wenn man das politische Streben und Trachten ihrer Gründer zu erforschen sucht. Bei dieser Betrachtungsweise wird sich auch ergeben, ob bei diesen Burgen gewisse Merkmale auftreten, die vielen Burgen gemeinsam sind, und ob man darüber hinaus auch verschiedene Burgentypen nach ihrer militärisch-wirtschaftlichen Bedeutung unterscheiden kann. Diese Überlegungen führen zur Betrachtung der einzelnen Adelsgeschlechter«[4]. Demgemäß gliederte Kohler das Buch in sechs Kapitel und behandelt die »Burgenpolitik« der wichtigsten weltlichen Herrschaften im Breisgau vom 12. bis ins 14. Jahrhundert, nämlich der »Herzoge von Zähringen«, der Herren von Üsenberg, von Schwarzenberg, der Markgrafen von Hachberg/Sausenberg und der Herren von Rötteln sowie der Stadt Freiburg und schließlich der »Herzoge von Österreich«.

Exemplarischen Einblick in die Arbeitsweise Kohlers gewährt etwa seine Kartierung der breisgauischen Zähringerburgen[5]. Die schwarz gefüllten Kreise bezeichnen Orte, wo Kohler den urkundlich bezeugten zähringischen Ministerialen eine Burgstelle zuordnen konnte, leere Kreise indessen Orte, wo zwar Ministerialen, jedoch keine Burg namhaft zu machen war[6]. Dies weist auf ein Hauptproblem der Arbeit hin, das Kohler in seiner oben zitierten Einleitung selbst angesprochen hat: die Beschränkung auf schriftlich klar bezeugte Burgstellen. Infolgedessen bezieht das Buch noch nicht einmal die Hälfte der ehemaligen Burgstellen im mittelalterlichen Breisgau ein, wie wir anhand unserer Materialsammlung bereits abschätzen können.

Im gewählten Arbeitsgebiet, dem mittelalterlichen Breisgau, ist den bisherigen Recherchen zufolge mit über 200 Burgstellen zu rechnen, während Kohler nur mit einem knappen Hundert operierte – und dies innerhalb eines geographischen Rahmens, der über den unseren weit hinausgreift, insbesondere nach Osten in den Schwarzwald und die Baar sowie nach Norden in die Ortenau[7]. In den genannten Landschaften stünde – so kann man gleich weiter folgern – zusammengenommen eine derart hohe Zahl von Burgstellen zu erwarten, daß ein auf vollständige Sammlung zielendes Forschungsvorhaben angesichts der Ausstattung der Abteilung Landesgeschichte von vornherein in Frage gestellt wäre. Insofern steht die offenbar dichte Besetzung der mittelalterlichen Landschaft am Oberrhein mit Burgen in unmittelbarem Zusammenhang der Problematik einer historisch-geographischen Eingrenzung unseres Vorhabens. Wie noch näher auszuführen sein wird, erscheint es sinnvoll, den mittelalterlichen Breisgau als groben Rahmen zu wählen. An dessen Grenzen soll sich das Forschungsprojekt der Landesgeschichte orientieren[8]. Unsere bisherige Arbeit hat ferner gezeigt, daß sich dieser Rahmen an der Obergrenze des mit unseren Mitteln zu Leistenden bewegt. Wenn in unserer Sammlung von über 200 Burgstellen die eine oder andere Burg noch fehlen mag, bis sie vielleicht durch Prospektion am Boden oder aus der Luft und entsprechende Quellenstudien ermittelt wird, so scheint mittlerweile doch die überwiegende Mehrzahl der Plätze erfaßt zu sein, denn die genannten, vorläufigen Resultate nehmen sich im Vergleich mit dem angrenzenden Elsaß, den Schweizer Kantonen beider Basel, des Aargaus und Solothurns weit realistischer aus als

4 KOHLER (wie Anm. 3) S. 9.
5 Ebd., S. 11 mit Abb. 1; vgl. die knappen Bemerkungen bei SCHLIPPE, Burgen der Zähringer (wie Anm. 3) S. 290f.; jetzt auch: Die Zähringer 2 (wie Anm. 29) S. 53-6 Nr. 32.
6 Nach Eduard HEYCK, Geschichte der Herzoge von Zähringen (Freiburg i.Br. 1891; ND Aalen 1980) S. 539-59.
7 Vgl. beispielsweise KOHLER (wie Anm. 3) S. 10ff.
8 Zur Begründung s. unten S. 242ff.

Kohlers knappes Hundert kartierter Burgen, von denen er übrigens nur einen Teil auch näher behandelt hat.

So verzeichnet beispielsweise der 1976 erschienene »Dictionnaire des châteaux de l'Alsace médiévale« 455 mittelalterliche Burgen und Burgstellen im Elsaß[9] – in einem Gebiet also, das etwa die doppelte Fläche des alten Breisgaus umgreift. Dies mag einmal mehr verdeutlichen, wie weit die Forschung auf der deutschen Seite des Oberrheins ins Hintertreffen geraten ist. Das Handbuch wendet sich sowohl an den Wissenschaftler als auch an den interessierten Burgenfreund, für beide erweist es sich als brauchbar und nützlich. Ziel der Autoren war ein möglichst lückenloses Verzeichnis der mittelalterlichen Burgen im Elsaß, was wohl kaum gelungen wäre, hätte nicht Joëlle Burnouf zur gleichen Zeit die Niederungsburgen vom Typ der »Motte«, also mit künstlich aufgeschüttetem Burghügel, ermittelt und zusammengestellt[10], die erheblich schwieriger zu erfassen sind als die Ruinen der Höhenburgen. So liegt mit dem ›Dictionnaire‹ seit geraumer Zeit ein moderner Katalog der elsässischen Burgen und Burgstellen vor, dessen Brauchbarkeit allenfalls durch die nur sehr summarisch vermerkten Quellen und Literaturangaben eingeschränkt wird.

Neben diesem Handbuch kann das Elsaß auch auf dem Feld der Burgenarchäologie beachtliche Erfolge verzeichnen. Seit einigen Jahren sind, um nur ein Beispiel zu nennen, Ausgrabungen in einer landesgeschichtlich interessanten Niederungsburg nahe der Dorfwüstung Butenheim bei Ottmarsheim[11] im Gange, worüber bereits mehrere Vorberichte und eine umfangreiche Zwischenbilanz vorliegen[12]. Auch das ist bezeichnend für die Situation der Burgenforschung in unserem Arbeitsgebiet, denn Butenheim führt klar vor Augen, daß man auf dem französischen Rheinufer, wo es um die Mittelalterarchäologie traditionell nicht zum besten stand, heute gegenüber dem Breisgau einen weiten Vorsprung gewonnen hat. Ganz ähnliches ist ferner hinsichtlich der Erforschung von Burgruinen im

---

9 Hg. von Charles-Laurent SALCH – Dominique MARTINEZ (Strasbourg 1976); der ›Dictionnaire‹ wurde erarbeitet im ›Centre d'Archéologie Médiévale de Strasbourg‹; ferner Charles-Laurent SALCH – Joëlle BURNOUF – Jean Francois FINÓ, L'Atlas des Châteaux-Forts en France (Strasbourg 1977), und Robert WILL – Paul SCHMITT – Jean WIRTH – Charles-Laurent SALCH, Châteaux et guerriers de l'Alsace médiévale (Strasbourg 1975), schließlich Jean WIRTH, Les châteaux-forts alsaciens du XIIe au XIVe siècle. Etude architecturale 1 (Strasbourg 1975); vgl. auch die bei Werner GOEZ, Das Leben auf der Ritterburg (Mentalität und Alltag im Spätmittelalter, hg. von Cord MECKSEPER – Elisabeth SCHRAUT, Göttingen 1985, S. 9-33) S. 14f. für Oberfranken genannten Zahlen. – Zahlreiche Hinweise auf neuere Forschungen über Burgen im Elsaß bietet BURNOUF, Les mottes castrales (wie Anm. 10). Mehr auf den Bedarf der Wanderer und Ausflügler zugeschnitten sind die Burgenführer von Alain MORLEY – Roland RECHT, Le Guide des châteaux de France 67/68: Bas-Rhin/Haut-Rhin (Paris 1981); Ferdinand MEHLE, Die Burgruinen der Vogesen auf Wanderwegen von der pfälzischen Grenze bis Belfort (Kehl 1986). – Bildband: Stauferburgen am Oberrhein (Karlsruhe 1977).

10 Joëlle BURNOUF, La motte castrale: structures particulières de l'habitat seigneurial en Alsace au moyen âge (Thèse de 3e cycle, Strasbourg 1978; Masch.); DIES. (wie Anm. 89); jetzt DIES., Les mottes castrales en Alsace (Revue d'Alsace 111, 1985) S. 3-45; Forts. Bd. 112, 1986); Bernhard METZ, Les mottes castrales en Alsace. Quelques compléments (Revue d'Alsace 113, 1987) S. 57-79; vgl. SALCH, Dictionnaire (wie Anm. 9) S. 12f.

11 Ebd., S. 55f. Nr. 53.

12 Vorbericht zuletzt: Joëlle BURNOUF, Butenheim, bilan de la campagne 1985, avec la collaboration de Marc LEVY, Jean-Jacques SCHWIEN, Jacques WILHELM (Annuaire de la Société d'Histoire Sundgauvienne 1985) S. 31-47; umfangreicher Zwischenbericht: Butenheim: une motte castrale en Alsace. Bilan de quatre campagnes de fouilles archéologiques (Annuaire de la Société d'Histoire Sundgauvienne, Numero spécial 1986); ferner haben Frau Burnouf und Herr Metz im Rahmen des 2. Internationalen Colloquiums zur oberrheinischen Geschichte 1987 mit dem Thema »Frühe Burgen am Oberrhein« über: »Die Erstanlage von Butenheim – historisch und archäologisch betrachtet«, gesprochen.

Elsaß festzustellen. Darum bemühen sich nämlich seit einigen Jahren der Berliner Kunsthistoriker Thomas Biller und der Straßburger Historiker Bernhard Metz im Rahmen eines breitangelegten, interdisziplinären Projekts, das die wissenschaftliche Erfassung von rund 80 Burgruinen vor allem unter bau- und landesgeschichtlichen Aspekten anstrebt[13]. Zugegeben, der gute Erhaltungszustand vieler Elsässer Burgen, die Tatsache, daß dort viele Ruinen noch bis zum Dachansatz aufrechtstehen und ihre reiche bauplastische Ausstattung bewahren konnten, fordert solche Untersuchungen geradezu heraus – ein Vorhaben, das auf der badischen Seite des Rheines angesichts der um vieles schlechter erhaltenen Burgen längst nicht so attraktiv wäre. Die Arbeiten von Biller und Metz versprechen neben kunstgeschichtlichen Erkenntnissen reichen landesgeschichtlichen Ertrag, insbesondere zum Thema des hochmittelalterlichen Landesausbaus im Elsaß, denn die Zusammenschau des meist unveröffentlichten Quellenmaterials aus den Archiven und der Ergebnisse gründlicher Bauanalysen der Burgruinen führt beispielsweise zu gesicherten Datierungen, ist, kurz gesagt, landesgeschichtliche Grundlagenforschung. In der soeben erschienenen Dissertation Billers über die Burgengruppe Windstein zeichnen sich Perspektiven dieses interdisziplinären Projekts an einem Ausschnitt des Arbeitsgebietes bereits ab[14]. Erscheinen soll das Werk beim Alemannischen Institut in Freiburg.

Während die Burgenarchäologie im Breisgau nahezu ruht – es ist hier in jüngerer Zeit keine einzige Burgstelle in größerem Umfang und planmäßig ausgegraben[15] – kann das Elsaß in dieser Hinsicht manche Fortschritte verzeichnen. Von der Grabung in der Niederungsburg Butenheim bei Ottmarsheim im Sundgau war schon die Rede. Es handelt sich hier um einen bedeutenden und frühen Adelssitz im hochmittelalterlichen Elsaß, landesgeschichtlich gesehen um einen Zentralort der frühen Habsburger, was mit der Erwähnung des nur wenige Kilometer entfernten Nonnenklosters Ottmarsheim und mit der Tatsache, daß Graf Otto von Habsburg 1111 in Butenheim ermordet wurde, nur angedeutet sei[16]. Noch bemerkenswerter scheint die große Zahl von Burgengrabungen in

13 Thomas BILLER – Bernhard METZ, Interdisziplinäre Zusammenarbeit von Historiker und Architekt zur Erforschung der mittelalterlichen Adelsburg an elsässischen Beispielen (Vortrag im Rahmen der Elsaß-Reihe des Alemannischen Instituts Freiburg i.Br. im Wintersemester 1983/84 am 23. November 1983).
14 Thomas BILLER, Die Burgengruppe Windstein und der Burgenbau in den nördlichen Vogesen. Untersuchungen zur hochmittelalterlichen Herrschaftsbildung und zur Typenentwicklung der Adelsburg im 12. und 13. Jahrhundert (30. Veröffentlichung der Abteilung Architektur des Kunsthistorischen Instituts der Universität zu Köln, 1985); ferner: DERS., Die ›Ottrotter Schlösser‹. Teil 2: Burg Rathsamhausen (Burgen und Schlösser, 1975) S. 68-87; DERS., Bemerkungen zu Bestand und Entwicklung der Hohkönigsburg im 12. und 13. Jahrhundert (ebd. 1979) S. 2-10; DERS., Architektur der Defensive – die Entwicklung der Adelsburg im Elsaß 1150-1250 (Bauwerk und Bildwerk im Hochmittelalter. Anschauliche Beiträge zur Kultur- und Sozialgeschichte, hg. von Karl CLAUSBERG – Dieter KIMPEL – Hans-Joachim KUNST – Robert SUCKALE = Kunstwiss. Untersuchungen des Ulmer Vereins 11, Gießen 1981) S. 55-86; DERS., Die Entwicklung der hochmittelalterlichen Adelsburg im Elsaß im 12. Jahrhundert (Koldewey-Gesellschaft. Bericht über die 30. Tagung für Ausgrabungswissenschaft und Bauforschung vom 24.-28. Mai 1978 in Colmar/Frankreich, Bonn 1980) S. 86-92. – Weitere Informationen über dieses interdisziplinäre Burgenforschungsprojekt verdanke ich Herrn Bernhard Metz, Straßburg; vgl. jetzt: Bernhard METZ, L'état de nos connaissances sur l'architecture des châteaux-forts Alsaciens (Saisons d'Alsace 27, 1983) S. 11-26 (mit Bibliographie).
15 Nachtrag: Mittlerweile ist beispielsweise am Isteiner Klotz gegraben worden: Peter SCHMIDT-THOMÉ, Eine Grottenburg am Isteiner Klotz, Gemeinde Efringen-Kirchen, Kreis Lörrach (Nachrichten des Schweizerischen Burgenvereins 60, 1987) S. 42-47.
16 Die ältesten Urkunden von Allerheiligen in Schaffhausen, Rheinau und Muri, hg. von Franz Ludwig BAUMANN – Gerold MEYER VON KNONAU – Martin KIEM (Quellen zur Schweizer Geschichte III/3, Basel 1883) S. 40; Regesta Habsburgica. Regesten der Grafen von Habsburg und der Herzoge von Österreich aus dem Hause Habsburg 1, bearb. von Harold STEINACKER (Publikationen des Instituts für österreichische

der benachbarten Schweiz. Ihnen verdanken wir entschieden neue Einblicke in die Frühgeschichte der Adelsburg, so daß die Burgenforschung der Regio heute auf den in der Schweiz gelegten Fundamenten aufbauen muß. Dort vertritt ein renommierter, mittlerweile über ein halbes Jahrhundert herangewachsener »gesamtschweizerischer« Burgenverein[17] nicht nur das populäre Interesse am Wanderziel Burgruine, sondern auch – und dies verdient besondere Hervorhebung – die Belange einer breit angelegten und wissenschaftlich seriösen Burgenforschung, die interdisziplinärer Zusammenarbeit gegenüber aufgeschlossen ist. Davon zeugt vor allem die ansprechende, mittlerweile elf Bände umfassende Schriftenreihe des Vereins, die »Schweizer Beiträge zur Kulturgeschichte und Archäologie des Mittelalters«, in der nicht nur Berichte über Schweizer Burgengrabungen, sondern auch kulturgeschichtlich übergreifende Themen, wie »Herd und Ofen im Mittelalter« Raum fanden[18]. Die »Nachrichten des Schweizerischen Burgenvereins«, eine zweimonatlich erscheinende Zeitschrift, informieren über aktuelle Grabungen, Bauforschungen, Veranstaltungen, Ausstellungen und gelegentlich auch über zum Kauf angebotene Burgen.

Auf nationaler Ebene wurden die Burgen unseres südlichen Nachbarlands seit 1974 in der »Burgenkarte der Schweiz« verzeichnet[19]. Erschienen sind vier Kartenblätter, jeweils mit ausführlichem Beiwort[20]. Die Karten sprechen zwar vor allem den interessierten Laien und den Burgenfreund an, sind aber daneben durchaus für wissenschaftliche Zwecke brauchbar. Zur Burgenkarte der Schweiz treten nationale und regionale Burgenbücher: etwa das kürzlich erschienene »Burgenbuch von Graubünden« aus der Feder von Otto P. Clavadetscher und Werner Meyer[21], entstanden in vorbildlicher landesgeschichtlich-

Geschichtsforschung, Innsbruck 1905) S. 12 Nr. 31; vgl. Oswald REDLICH, Rudolf von Habsburg. Das deutsche Reich nach dem Untergange des alten Kaisertums (Innsbruck 1903; ND Aalen 1965) S. 11. Der heute wüste Ort mit der markanten Niederungsburg lag im Kern des Sundgauer Habsburger Besitzes: Aloys SCHULTE, Geschichte der Habsburger in den ersten drei Jahrhunderten (erg. Sonderausgabe aus den Mittheilungen des Instituts für österreichische Geschichtsforschung 7/8, Innsbruck 1887) S. 1 ff. und die ›Karte der habsburgischen Besitzungen am Oberrhein von den ältesten Zeiten bis 1648‹ (nach S. 152); vgl., jetzt den Ausstellungskatalog: Die Zeit der frühen Habsburger. Dome und Klöster 1279-1379 (Kataloge des Niederösterreichischen Landesmuseums NF 85, Wien 1979) S. 348f. (mit Hinweisen) sowie die Karte S. 500f. – Zur Burg Butenheim vgl. die oben Anm. 11-12 genannte Lit. sowie WILSDORF (wie Anm 157) S. 64f.

17 Der Verein feierte im Jahre 1977 sein 50-jähriges Bestehen: Werner MEYER, 50 Jahre Schweizerischer Burgenverein. Rückschau und Standortbestimmung (Schweizerischer Burgenverein 1927-1977 = Nachrichten des Schweizerischen Burgenvereins 50, 1977, Heft 4) S. 77-80; ferner: Burgen aus Holz und Stein. Burgenkundliches Kolloquium in Basel 1977 (Schweizer Beiträge zur Kulturgeschichte und Archäologie des Mittelalters 5, Olten – Freiburg i. Br. 1979) S. 7-9 (Geleit und Vorwort): Der Band steht unter dem Motto ›50 Jahre Schweizerischer Burgenverein‹. – Besonders in der Nordschweiz kann auch die Burgenarchäologie auf eine längere Tradition zurückblicken, vgl. etwa Hugo SCHNEIDER, Adel – Burgen – Waffen (Monographien zur Schweizergeschichte 1, Bern 1968) S. 70ff. mit Angaben über Einzelberichte S. 96; zu denken wäre auch an die Burgengrabungen etwa von K. Heid. – Über die internationale Arbeitsgemeinschaft der deutschsprachigen Burgenvereine das Heft Nr. 2 der Zeitschrift Arx. Burgen und Schlösser in Bayern, Österreich und Südtirol (Jg. 1984) Editorial S. 3.

18 Beispielsweise Bd. 7 der Reihe: Jürg TAUBER, Herd und Ofen im Mittelalter. Untersuchungen zur Kulturgeschichte am archäologischen Material vornehmlich der Nordwestschweiz (9.-14. Jahrhundert).

19 Thomas BITTERLI-WALDVOGEL, Burgenkarte der Schweiz 1974-1985. Konzept und Grundlagen (Nachrichten des Schweizerischen Burgenvereins 58, 1985) S. 46-51.

20 Burgenkarte der Schweiz, Blatt 1: Nordwestschweiz, Jura und Neuenburg (1976/78); Blatt 2: Ostschweiz, Zentralschweiz und Teile des nördlichen Bündnerlandes (1978); Blatt 3: Westschweiz und Wallis (1974/78); Blatt 4: Graubünden und Tessin (1985), hg. vom Bundesamt für Landestopographie, Wabern.

21 Das Burgenbuch von Graubünden, hg. von Otto P. CLAVADETSCHER – Werner MEYER (Zürich – Schwäbisch Hall 1984); vgl. ferner: Maria-Letizia BOSCARDIN – Werner MEYER, Burgenforschung in

burgenkundlicher Zusammenarbeit auf der Basis des gleichnamigen, 1930 in Zürich
erschienenen Werks von Erwin Poeschel. Eine Auswahl der schönsten Burgen der Eidgenossenschaft präsentiert das »Große Burgenbuch der Schweiz«[22], und unter dem Titel
»Burgen von A bis Z« hat Werner Meyer 1981 ein Burgenlexikon der Regio Basel
herausgegeben[23], das auch für den südlichen Teil des alten Breisgaus heute den besten
Informationsstand bereithält[24]. Unsere kurze Umschau im benachbarten Ausland unter-
streicht noch einmal die desolate Situation im badischen Oberrheingebiet. Im Hinblick auf
die Erforschung der Burgen bildet der Breisgau das Schlußlicht der genannten Landschaften.

    Gegen dieses Urteil könnte man nun freilich einwenden, daß doch auch im deutschen
Teil des Dreiländerecks fast jedes Jahr neue Burgenbücher erscheinen, um nur einige zu
nennen: »Burgen im südlichen Baden« (1979)[25], »Burgen einst und jetzt« (1984)[26], »Burgen
und Schlösser in Südbaden« (1984)[27]. Außerdem erleben ältere Werke wie Naehers
»Burgenkunde für das südwestdeutsche Gebiet« Nachdrucke[28] und scheinen erneut großen Anklang zu finden. Daß solche Reprints offensichtlich in eine Marktlücke stoßen,
weist einmal mehr auf das beträchtliche Interesse an unseren mittelalterlichen Burgen, dem

Graubünden (Schweizer Beiträge zur Kulturgeschichte und Archäologie des Mittelalters 4, Olten –
Freiburg i. Br. 1977). – Als weiteres Beispiel einer schweizerischen ›Burgensammlung‹ auf kantonaler
Ebene sei genannt das Werk von Emil STAUBER, Die Burgen des Bezirkes Winterthur (285. Neujahrsblatt
der Stadtbibliothek Winterthur, 1953); Die Burgen und adeligen Geschlechter der Bezirke Zürich,
Affoltern und Horgen, nach einem Manuskript von Dr. Emil STAUBER, bearb. von Dr. Paul PFENNINGER
(Basel 1955); dazu Paul KLÄUI, Hochmittelalterliche Adelsherrschaften im Zürichgau (Mitteilungen der
Antiquarischen Gesellllschaft in Zürich 40 = 124. Neujahrsblatt, 1960); über denkmalpflegerische und
archäologische Maßnahmen auch an den Burgen des Kantons Zürich berichtet in vorbildlicher Weise:
Zürcher Denkmalpflege (Berichte 1-9, 1958/59-1979, zuletzt erschienen: Bericht 10/2, Zürich 1989). – Ein
Beispiel für die Bearbeitung einer mittelalterlichen ›Burgenlandschaft‹ der Schweiz gibt der Sammelband:
Die Grafen von Kyburg. Kyburger-Tagung 1980 in Winterthur (Schweizer Beiträge zur Kulturgeschichte
und Archäologie des Mittelalters 8, Olten – Freiburg i. Br. 1981), darin der Beitrag von Werner MEYER,
Der Burgenbau im kyburgischen Machtbereich (S. 69-85). – Ein Seitenblick auf das dem Bündnerland
benachbarte Tirol: Tiroler Burgenbuch 7: Oberinntal und Außerfern, hg. von Oswald TRAPP – Magdalena
HÖRMANN-WEINGARTNER (Bozen – Innsbruck – Wien 1986), sowie Martin BITSCHNAU, Burg und Adel in
Tirol zwischen 1050 und 1300. Grundlagen zu ihrer Erforschung (Österreichische Akademie der Wissen-
schaften, Phil.-hist. Kl., Sitzungsberichte 403 = Mitteilungen der Kommission für Burgenforschung und
Mittelalter-Archäologie, Sonderbd. 1, Wien 1983); Vorarlberg und Liechtenstein: Andreas ULMER, Die
Burgen und Edelsitze Vorarlbergs und Liechtensteins (Dornbirn 1925; ND 1978); allg. für Österreich:
Michael MITTERAUER, Burg und Adel in den österreichischen Ländern (Die Burgen im deutschen
Sprachraum 2, wie Anm. 37) S. 353-385.
22 Hg. von Werner MEYER – Eduard WIDMER (Zürich 1977; 4. Aufl. 1981).
23 Burgen von A bis Z. Burgenlexikon der Regio, hg. von Werner MEYER (Basel 1981).
24 Vgl. die Liste ausgewählter südbadischer Burgen ebd. S. 3, sowie das Urteil von METZ (wie Anm. 14)
S. 26: ›W.Meyer‹.
25 Helmut BENDER – Karl-Bernhard KNAPPE – Klauspeter WILKE, Burgen im südlichen Baden (Freiburg
i. Br. 1979).
26 Gerhardt HAUPTMANN, Burgen einst und jetzt. Burgen und Burgruinen in Südbaden und angrenzenden Gebieten (Konstanz 1984); Bd. 2 (Konstanz 1987); die Burgenartikel des Werks geben unter anderem
praktische Hinweise für den Ausflügler und (gelegentlich recht phantasievolle) Rekonstruktionsskizzen;
sie waren zuvor in loser Folge in der Konstanzer Tageszeitung ›Südkurier‹ erschienen (seit 1980). –
Hauptmanns Büchern macht jetzt Konkurrenz: Rainer KIEWAT, Ritter, Bauern und Burgen im Hegau.
Eine Chronik (Hegau-Bibliothek 46, Konstanz 1986).
27 Robert FEGER, Burgen und Schlösser in Südbaden (Würzburg 1984); dazu die Rez. von Klauspeter
WILKE (Zeitschrift des Breisgau-Geschichtsvereins: ›Schau-ins-Land‹ 104, 1985) S. 306f. – Soeben erschienen: Volker HIMMELEIN, Burgen und Schlösser im Schwarzwald (Stuttgart 1985).
28 Vgl. oben Anm. 1.

die neuen, teils wenig attraktiv aufgemachten Burgenbücher nur unzureichend entgegen-kommen. So förderlich die neuen Burgenbücher dem allgemeinen Wissen um die Denkmä-ler adligen Lebens im Mittelalter sein mögen: Sie leiden hierzulande vor allem am Stillstand der Burgenforschung. Den Autoren bleibt oft nicht viel anderes übrig, als das bereits in den Burgenkunden und Denkmälerinventaren der Jahrhundertwende niedergelegte Material und Wissen neu aufzuputzen oder gar bloß wieder abzudrucken[29]. Gerade weil in der Schweiz und im Elsaß mittlerweile professionelle Burgenarchäologie betrieben wird, konnte dort in den neuen Handbüchern ein bemerkenswerter Weg zwischen wissenschaft-lich kompetenter und allgemein verständlicher Darstellung gefunden werden. Die eben gestreiften Werke aus unseren Nachbarländern atmen den Geist lebendiger Forschung, sie haben Neues zu bieten, namentlich auch Ergebnisse moderner Burgenarchäologie. Nicht zuletzt deshalb scheinen sich dort verlegene Rückgriffe auf romantisches Gedankengut zu erübrigen, wie sie in neueren südbadischen Burgenbüchern manchmal anklingen[30]. Und es ist interessant, daß gerade von der Schweiz, wo die nationale Geschichte ein festes, der Entzauberung nicht leicht zugängliches Bild von Burg und Adel bereitzuhalten scheint, wo die Themen »Burg« und »Adel« jedenfalls nur wenig positiven historischen Identifika-tionswert beinhalten[31], in den vergangenen Jahrzehnten die fruchtbarsten Impulse zur Erforschung der mittelalterlichen Burg ausgegangen sind[32].

II. Zielsetzung und Eingrenzung des Projekts: Gegenstand – Raum – Zeit

Die Zielsetzung des Burgenprojekts der Abteilung Landesgeschichte ergibt sich unmittel-bar aus dem eben skizzierten Forschungsstand im südbadischen Oberrheingebiet: Da ein heutigen Ansprüchen genügender Katalog der Burgen fehlt, wird die Erfassung und Sammlung der Burgstellen eines im folgenden noch genauer einzugrenzenden Arbeitsge-biets vorrangig sein. Der projektierte Katalog könnte durchaus ähnlich angelegt und

29 Ein Beispiel: BENDER – KNAPPE – WILKE (wie Anm. 25) S. 176-80 (Burg Staufen) folgen der Baube-schreibung in: Die Kunstdenkmäler der Amtsbezirke Breisach, Emmendingen, Freiburg (Land), Neustadt, Staufen und Waldkirch, bearb. von Franz Xaver KRAUS (Die Kunstdenkmäler des Großherzogtums Baden 6, Tübingen – Leipzig 1904) S. 478-80, denn seither ist über die Baugeschichte der Ruine, die zu den besterhaltenen Höhenburgen Südbadens gehört, kaum mehr geforscht worden: Die Zähringer. Anstoß und Wirkung, hg. von Hans SCHADEK – Karl SCHMID (Veröffentlichungen zur Zähringerausstellung II, hg. vom Archiv der Stadt Freiburg i. Br. und der Landesgeschichtlichen Abteilung des Historischen Seminars der Albert-Ludwigs-Universität, Sigmaringen 1986 = Katalog zur Ausstellung; im folg. zit.: Die Zähringer 2) S. 59 ff. Nr. 36.

30 S. etwa BENDER – KNAPPE – WILKE (wie Anm. 25) Vorsatzblatt (Zitate von Josef Bader, 1844; Ortega y Gasset); die im Mittelalterbild der Romantik wurzelnde Verklärung der Höhenburgen und Burgruinen auf schroffem Fels und in bewegender Naturszenerie ist dem historischen Verständnis des Phänomens ›Adelsburg‹ nicht gerade förderlich; vgl. das Editorial und die Beiträge von Ernst BACHER sowie Werner MEYER in: Arx (wie Anm. 16) S. 3-8.

31 Vgl. beispielsweise Werner MEYER, Burgenbruch und Bildung der Eidgenossenschaft (DERS. – Jakob OBRECHT – Hugo SCHNEIDER, Die bösen Türnli. Archäologische Beiträge zur Burgenforschung in der Urschweiz = Schweizer Beiträge zur Kulturgeschichte und Archäologie des Mittelalters 11, Olten – Freiburg i. Br. 1984) S. 192-6; ferner Roger SABLONIER, Adel im Wandel. Eine Untersuchung zur sozialen Situation des ostschweizerischen Adels um 1300 (Veröffentlichungen des Max-Planck-Instituts für Geschichte 66, Göttingen 1979) S. 10 f.

32 S. beispielsweise die sich gegen herkömmliche Vorstellungen vom Burgleben richtenden Bemerkungen von Werner MEYER, Der mittelalterliche Adel und seine Burgen im ehemaligen Fürstbistum Basel (140. Neujahrsblatt, hg. von der Gesellschaft zur Beförderung des Guten und Gemeinnützigen, Basel 1962) S. 79.

aufgebaut sein wie der »Dictionnaire des châteaux de l'Alsace médiévale«[33], und er wird gewiß zuallererst einen Anschluß an den erheblich weiter fortgeschrittenen Forschungsstand der angrenzenden Landschaften anzustreben haben, denn seit Kohler und Schlippe hat die Burgenforschung am südöstlichen Oberrhein keine wesentlichen Fortschritte mehr verzeichnen können. Das spiegelt beispielsweise auch der eben im Abschluß begriffene »Historische Atlas von Baden-Württemberg«, der für weite Teile des Bundeslandes, insbesondere für die südbadischen Oberrheinlande, Burgenkarten nicht zu bieten hat[34]. Hierzu fehlen offenbar vor allem die Vorarbeiten, die einer – wohl sehr stark auf Differenzierung angewiesenen – Kartierung zugrundegelegt werden könnten. Landesgeschichtlich aussagefähige Burgenkarten bedürfen der Grundlage regionaler Burgenkataloge, und nur auf beidem kann sinnvolle landeskundliche Burgenforschung – bis hin zu auf den ersten Blick abgelegen scheinenden Aspekten wie der Burgnamenkunde[35] – aufbauen.

Burgen und Burgenkunde liegen – man braucht es kaum zu betonen – am Herzen der mittelalterlichen Landesgeschichte[36] und sind engstens verflochten mit zahlreichen anderen

33 Vgl. die Bemerkungen zur Konzeption des ›Dictionnaire‹ von SALCH (wie Anm. 9) bei: C. MECKSEPER – G. WANGERIN – H. ZANDER, Bestandsaufnahme mittelalterlicher Adelssitze (Burgen) in der Bundesrepublik Deutschland – Voruntersuchung = Schriften des Instituts für Bau- und Kunstgeschichte der Universität Hannover 3, 1979) S. 49f. – Unser Burgenkatalog soll darüberhinaus die historischen Ansichten und Pläne der Burgstellen sowie Luftbilder enthalten.

34 Der ›Historische Atlas von Baden-Württemberg‹, hg. von der Kommission für geschichtliche Landeskunde in Baden-Württemberg (Stuttgart 1972-1989), enthält lediglich Burgenkartierungen zweier ausgewählter Landschaften: Karte V/5 ›Burgen im Land am unteren Neckar‹ (Erläuterungen: Beiwort zur Karte V/5 von Meinrad SCHAAB) sowie Karte V/6 ›Burgen zwischen Alb und mittlerem Neckar‹ (Beiwort von Hans-Martin MAURER, vgl. dessen Bemerkungen S. 1). – Wenn der ›Historische Atlas‹ auf eine ›Gesamtburgenkarte‹ verzichtet (ebd.), so sei ergänzend hinzugefügt, daß dieser eben nicht nur kartierungstechnische Hindernisse entgegenstehen, sondern daß heute eine solche Kartendarstellung schon deswegen nicht möglich sein dürfte, weil die nötigen Vorarbeiten fehlen. – Burgensammlungen und Burgenkunden für den deutschen Südwesten bieten, um einige neuere Arbeiten zu nennen: Hans-Martin MAURER, Bauformen der hochmittelalterlichen Adelsburg in Südwestdeutschland (Zeitschrift für die Geschichte des Oberrheins 115, 1967) S. 61-116; DERS., Hochmittelalterliche Burgen im Hegau (ebd. 123, 1975) S. 65-91; DERS., Burgen (Die Zeit der Staufer. Geschichte – Kunst – Kultur, Katalog der Ausstellung Stuttgart 1977) Bd. 3, S. 119-128; DERS. (wie Anm. 82); Ferner Alexander ANTONOW, Burgen des südwestdeutschen Raums im 13. und 14. Jahrhundert unter besonderer Berücksichtigung der Schildmauer (Veröffentlichungen des Alemannischen Instituts Freiburg i.Br. 40, Bühl/Baden 1977); DERS., Planung und Bau von Burgen im süddeutschen Raum (Frankfurt/Main 1983); Burgen und Schlösser in Mittelbaden, hg. von Hugo SCHNEIDER (= Die Ortenau 64, 1984); vgl. auch Meinrad SCHAAB, Geographische und topographische Elemente der mittelalterlichen Burgenverfassung nach oberrheinischen Beispielen (Die Burgen im deutschen Sprachraum 2, wie Anm. 37) S. 13 Abb. 2.

35 Für die Schweiz neuerdings: Heinrich BOXLER, Die Burgnamengebung in der Nordostschweiz und in Graubünden (Studia Linguistica Alemannica 6, Frauenfeld – Stuttgart 1976). – Die historischen Atlanten anderer Bundesländer bemühen sich in der Regel durchaus stärker um die Burgen; vgl. beispielsweise Fred SCHWIND, Karte 32a-b: Burgen I und II (Geschichtlicher Atlas von Hessen. Text- und Erläuterungsband, hg. von DEMS., Marburg/Lahn 1984) S. 201ff. – Unser Projekt soll zu ähnlichen Karten führen, wie sie SALCH, Dictionnaire (wie Anm. 9) S. 354/5 und 391-4, bietet: Verbreitung der katalogisierten Burgstellen (S. 354); ›Carte archéologique‹ mit den Angaben: sichtbar – verschwunden und der Einteilung in die Typen: Höhenburg – Niederungsburg – Motte (S. 355); bei den folgenden Karten Nr. 3-16 hätte man sich eine etwas größere Wiedergabe und die Beifügung der Katalognummern gewünscht; sie vermitteln einen Überblick über Ersterwähnungen von Burgen und über die soziale Stellung der Burgherren. Wir streben an, zusätzlich die für die landesgeschichtliche Auswertung solcher Burgenkarten unverzichtbare herrschaftliche und später territoriale Gliederung unseres Arbeitsgebietes auf den Skizzen anzugeben. – Zum Problem der Kartierung vgl. auch SCHAAB, Elemente (wie vorige Anm.) S. 9ff. mit Karten Abb. 1ff. – Curt TILLMANN, Lexikon der deutschen Burgen und Schlösser 4 (1961) Karte 44e.

36 S. beispielsweise Karl LECHNER, Sinn und Aufgaben geschichtlicher Landeskunde (zuerst 1950; wiederabgedr. in: Probleme und Methoden der Landesgeschichte, hg. von Pankraz FRIED = Wege der

Teilgebieten der Geschichtswissenschaft und der Geschichtlichen Landeskunde, etwa der Siedlungsgeschichte[37] mit dem Zweig der Wüstungs- oder Altsiedlungskunde[38] oder der Agrargeschichte[39], aber auch der Sozial- und innerhalb dieser insbesondere der Adelsgeschichte[40]. All diese hier als Beispiele gewählten Teil- und Nachbardisziplinen der

Forschung 492, Darmstadt 1978, S. 83-116), bes. S. 100; Herbert JANKUHN, Archäologie und Landesgeschichte (zuerst 1970; wiederabgedr. in: ebd., S. 370-389), bes. S. 389; Alois GERLICH, Geschichtliche Landeskunde des Mittelalters. Genese und Probleme (Darmstadt 1986) S. 297 ff. (mit Hinweisen); Gerhard STREICH, Burg und Kirche während des deutschen Mittelalters. Untersuchungen zur Sakraltopographie von Pfalzen, Burgen und Herrensitzen (Vorträge und Forschungen, Sonderbd. 29, Sigmaringen 1984) Teil I, S. 1 ff.; Günter P. FEHRING, Einführung in die Archäologie des Mittelalters (Darmstadt 1987) S. 10-13 und S. 230-238; vgl. ferner den Art. ›Burg‹ (Lexikon des Mittelalters, wie Anm. 42) S. 965 ff.; MAURER, Burgen (im Stauferkatalog, wie Anm. 34) S. 128, urteilt: »Die eigentlich große Epoche der Burg aber war die Stauferzeit. Damals verwandelten sich weite Teile unseres Landes in wahre Burgenlandschaften, damals wurde der klassische Stil der Ritterburg entwickelt. Von zahllosen Höhen herab grüßten oder drohten die stolzen Bauwerke. Der aristokratisch bestimmten Gesellschaftsordnung entsprach die von Burgen geprägte Geographie des Landes. Man könnte die staufische Zeit pointierend eine Burgenzeit und ihre adlige Elite eine Burgengesellschaft nennen«. Vgl. auch die zusammenfassenden Bemerkungen von SCHAAB, Elemente (wie Anm. 34) S. 46.

37 Allg. Herbert JANKUHN, Einführung in die Siedlungsarchäologie (Berlin – New York 1977), bes. S. 20 f. sowie S. 147 ff.; ein gutes Beispiel für die Betrachtung einer Burgenlandschaft unter vorwiegend siedlungsgeschichtlichen Aspekten bieten: Brigitte JANSSEN – Walter JANSSEN, Burgen, Schlösser und Hofesfesten im Kreis Neuss (Schriftenreihe des Kreises Neuss 10, 1980); vgl. ferner die einschlägigen Beiträge in: Die Burgen im deutschen Sprachraum. Ihre rechts- und verfassungsgeschichtliche Bedeutung, hg. von Hans PATZE (Vorträge und Forschungen 19, Sigmaringen 1976); für die Schweiz: Werner MEYER, Burg, Rodung und Herrschaft (Burgen aus Holz und Stein, wie Anm. 16) S. 43-80; für das Elsaß: BILLER, Die Burgengruppe Windstein (wie Anm. 14) S. 27 ff.; den entsprechenden Gehalt einer interessanten Schriftquelle, der Historia comitum Ghisnensium des Lambert von Ardres, behandelt Franz IRSIGLER, Über Stadtentwicklung: Beobachtungen am Beispiel von Ardres (Zeitschrift für Archäologie des Mittelalters 11, 1983) S. 7-19.

38 Allg. etwa die Beiträge des Bandes: Geschichtswissenschaft und Archäologie, hg. von Herbert JANKUHN – Reinhard WENSKUS (Vorträge und Forschungen 22, Sigmaringen 1979), insbesondere den Beitrag JÄGER, Wüstungsforschung in geographischer und historischer Sicht (S. 193-240); Hinweise zur Wüstungsforschung in unserem Raum enthält beispielsweise das neue Buch von Konrad WANNER, Siedlungen, Kontinuität und Wüstungen im nördlichen Kanton Zürich, 9.-15. Jahrhundert (Geist und Werk der Zeiten 64, Bern – Frankfurt/Main – Nancy – New York 1984) S. 380-404, sowie: Meinrad SCHAAB, Beiwort zur Karte IV/23 ›Abgegangene agrarische und gewerbliche Siedlungen vom Frühmittelalter bis zum Ersten Weltkrieg‹ (Historischer Atlas von Baden-Württemberg, wie Anm. 34) bes. S. 18 f.; zu den archäologischen Aspekten JANKUHN (wie vorige Anm.) S. 96 ff.

39 Dazu allg. der Sammelband: Untersuchungen zur eisenzeitlichen und frühmittelalterlichen Flur in Mitteleuropa und ihrer Nutzung, hg. von H. BECK – D. DENECKE – H. JANKUHN (Abhandlungen der Akademie der Wissenschaften in Göttingen. Phil.-hist. Kl., 3. Folge 115/116, 1979/80); Vorwiegend auf die Aspekte klösterliche Grundherrschaft, Landesausbau und Landwirtschaft beschränkt sich: Villa – curtis – grangia. Landwirtschaft zwischen Loire und Rhein von der Römerzeit zum Hochmittelalter, hg. von Walter JANSSEN – Dierich LOHRMANN (Beihefte der Francia 11, München – Zürich 1983); vgl. ferner JANKUHN (wie Anm. 37) bes. S. 159.

40 Vgl. Karl SCHMID, Adel und Reform in Schwaben (Investiturstreit und Reichsverfassung, hg. von Josef FLECKENSTEIN = Vorträge und Forschungen 17, Sigmaringen 1973; wiederabgedruckt in: Karl SCHMID, Gebetsgedenken und adliges Selbstverständnis. Ausgewählte Beiträge. Festgabe zu seinem 60. Geburtstag, Sigmaringen 1983) S. 337-362; DERS., ›Eberhardus comes de Potamo‹. Überlegungen über das Zueinander von Pfalzort, Kirche und Adelsherrschaft (Bodman. Dorf – Kaiserpfalz – Adel, hg. von Herbert BERNER, Bd. 1, Sigmaringen 1977) S. 317-344; Hans-Martin MAURER, Die Entstehung der hochmittelalterlichen Adelsburg in Südwestdeutschland (Zeitschrift für die Geschichte des Oberrheins 117, 1969) S. 295-332; Helmut MAURER, Die Rolle der Burg in der hochmittelalterlichen Verfassungsgeschichte der Landschaften zwischen Bodensee und Schwarzwald (Die Burgen im deutschen Sprachraum II, wie Anm. 37) S. 191 ff.; DERS., Der Herzog von Schwaben (wie Anm. 65) S. 33 ff.; Werner MEYER, Frühe Adelsburgen zwischen Alpen und Rhein (Nachrichten des Schweizerischen Burgenvereins 57, 1984, S. 70-79; nochmals abgedruckt in: Das ritterliche Turnier im Mittelalter. Beiträge zu einer vergleichenden Formen- und Verhal-

Mediävistik und der mittelalterlichen Landesgeschichte kommen ohne Burgenkunde nicht aus, genausowenig jene ohne diese. Die Erstellung eines Burgenverzeichnisses oder -kataloges gibt sich daher als ureigenes Anliegen der Landesgeschichte zu erkennen, welches sich andererseits trifft mit der »Archäologischen Landesaufnahme«[41], die zu den vordringlichen Aufgaben der Bodendenkmalpflege zählt. Auch den Denkmalpflegern geht es um die Erfassung sämtlicher Burgstellen, vor allem der verschwundenen, denen ja wirksamer Denkmalschutz erst dann zuteil werden kann, wenn sie ermittelt sind. So verlangt die im Rahmen unseres Projektes vorgesehene Zusammenstellung eines »modernen« Burgenkataloges engste Zusammenarbeit mit dem Denkmalamt, das sich bei der Landesaufnahme neben prospektiven Verfahren seinerseits wiederum im wesentlichen landesgeschichtlichen Wissens bedient.

Der Gegenstand

Bevor wir uns dem geographischen und zeitlichen Rahmen, der dem Projekt gesteckt sein soll, zuwenden, bedarf zunächst der Gegenstand, die »Burg«, der näheren Eingrenzung. Welche Objekte, welche Anlagen sollen in unseren Katalog aufgenommen werden?

Da unser Begriff »Burg« aus anderer Wurzel stammt als das englische Castle oder das französische Château-fort, welche beide auf eine vergleichsweise festumrissene Anlage, das antike Castellum, zurückweisen, und von jeher ein breites Bedeutungsspektrum faßte, zudem im Mittelalter ein höchst produktives Ortsnamenelement war (Hamburg, Würzburg), wollen wir einige Überlegungen zum Burgbegriff voranstellen. In der Mediävistik pflegt man die »Burgen« unter dem Aspekt beispielsweise ihrer Funktion, vor allem aber ihrer Rechtsqualität in Kategorien einzuteilen, in Burgengruppen, wie man auch sagen könnte, die mithilfe entsprechender Komposita unterschieden werden, wie »Adelsburgen«, »Reichsburgen« usf.[42]. Zu der geschichtswissenschaftlichen Terminologie tritt in der Burgenkunde, in der Kunstgeschichte und in der Archäologie eine Vielfalt form-, gelände- und baubeschreibender sowie typisierender Begriffe hinzu, etwa »Wehranlagen«, »Befestigungen«, »Höhen-«, »Niederungs-« oder »Tiefburgen«, »Wasserburgen«[43], »Turmhügel-

tensgeschichte des Rittertums, hg. von Josef FLECKENSTEIN = Veröffentlichungen des Max-Planck-Instituts für Geschichte 80, Göttingen 1986, S. 571-587), allg. für das spätere Mittelalter: SABLONIER (wie Anm. 31) bes. S. 45 ff. sowie S. 68 ff.

41 Dazu allg. Herbert JANKUHN, Art. ›Archäologische Landesaufnahme‹ (Reallexikon der germanischen Altertumskunde, begr. von Johannes HOOPS, Bd. 1, 2. Aufl. Berlin – New York 1973, hg. von Herbert JANKUHN u. a.) S. 391 ff.; DERS. (wie Anm. 37) S. 25 ff. Vgl. auch: Methoden der Archäologie. Eine Einführung in ihre naturwissenschaftlichen Techniken, hg. von Barthel HROUDA (München 1978), zu den Prospektionsverfahren.

42 Hierüber orientiert jetzt im Überblick: Art. ›Burg‹ (Lexikon des Mittelalters, hg. von Robert-Henri BAUTIER, München – Zürich 1979) Bd. 2, Sp. 957 ff.; ›Reichsburgen‹: Fred SCHWIND, Zur Verfassung und Bedeutung der Reichsburgen, vornehmlich im 12. und 13. Jahrhundert (Die Burgen im deutschen Sprachraum I, wie Anm. 37) S. 85-122; Vgl. ferner MAURER, Burgen (Stauferkatalog, wie Anm. 34) S. 119; ›Königsburgen‹: Carl A. WILLEMSEN, Die Bauten Kaiser Friedrichs II. in Süditalien (ebd.) S. 143 ff.; DERS., Die Bauten der Hohenstaufen in Süditalien. Neue Grabungs- und Forschungsergebnisse (Arbeitsgemeinschaft für Forschung des Landes Nordrhein-Westfalen. Geisteswissenschaften, Heft 49, Köln – Opladen 1968); Wolfang METTERNICH, Die Königsburgen von Wales (Darmstadt 1984). – Die terminologischen Fragen behandelt ausführlich: Michael MITTERAUER, Herrenburg und Burgstadt (Zeitschrift für bayerische Landesgeschichte 36, 1973) S. 470 ff. sowie S. 517 ff.

43 Vgl. etwa die Titel einiger Arbeiten, die unsere Region betreffen: Hans-Wilhelm HEINE, Ergebnisse und Probleme einer systematischen Aufnahme und Bearbeitung mittelalterlicher Wehranlagen (Château Gaillard. Etudes de Castellologie médiévale 7, Caen 1977) S. 121-134; DERS., Studien zu Wehranlagen zwischen junger Donau und westlichem Bodensee (Forschungen und Berichte der Archäologie des

burgen« und »Motten«[44], um nur die geläufigsten Termini zu nennen[45]. Da sich unser Burgenkatalog auf einen sinnvollen Ausschnitt der mit dem Begriff »Burg« angesprochenen mittelalterlichen Anlagen beschränken muß, erscheint es mir weniger angebracht, nun eine abstrahierende Definition unseres speziellen Untersuchungsgegenstandes zu versuchen als vielmehr in einem chronologischen Abriß konkrete Beispiele derjenigen Anlagen im Arbeitsgebiet, dem Breisgau, zu nennen, welche im Rahmen des Projekts bearbeitet bzw. aus ihm ausgeschieden werden sollen.

Es empfiehlt sich – das sei gleich im Vorgriff auf das folgende gesagt – auch von den Monumenten her, eine obere Zeitgrenze am Ausgang der ostfränkischen Karolingerherrschaft zu ziehen, an der – wenn man so will – epochalen Zäsur zwischen dem mitteleuropäischen karolingischen Großreich und dem ottonischen »deutschen« Reich, wobei die Jahre um 911, da der letzte ostfränkische Karolinger Ludwig das Kind verstarb, und 919, da die ottonische Dynastie mit der Königswahl Heinrichs I. in das Licht der Geschichte tritt, nur Anhaltspunkt, nicht starre Linie sein sollte. Die Zeit des Verfalls des karolingischen Reiches – eine Epoche inneren Wandels und äußerer Bedrohung – erweist sich als chronologische Markierung im Hinblick auf die Thematik und den Gegenstand unseres Projektes deshalb als sinnvoll, weil in eben jener Periode die Ursprünge der hochmittelalterlichen Adelsburg gesucht werden[46].

Frühgeschichtliche Burgen, im Arbeitsgebiet also alamannische und merowingerzeitliche Burgen[47], sollen in unserem Katalog an sich keine Aufnahme finden. Solche Anlagen

Mittelalters in Baden-Württemberg 5, Stuttgart 1978); allg.: Art. ›Burg‹ (Lexikon des Mittelalters 2, wie Anm. 42) Sp. 958 f. – Vgl. auch Wolfang HÜBENER, Die frühmittelalterlichen Wehranlagen in Südwestdeutschland nach archäologischen Quellen (Die Burgen im deutschen Sprachraum 2, wie Anm. 37) S. 47-75; DERS., Der alemannische Raum im frühen Mittelalter: Die archäologischen Quellen (Die historische Landschaft zwischen Lech und Vogesen, wie Anm. 116, S. 39-59) S. 55-59: ›3. Burgen und Wehranlagen‹.
44 Die Typenbezeichnung ›Wasserburg‹ ist sogar als Fremdwort in SALCH, Dictionnaire (wie Anm. 9) Conclusion S. 357 ff., eingegangen. – Hermann HINZ, Motte und Donjon. Zur Frühgeschichte der mittelalterlichen Adelsburg (Zeitschrift für Archäologie des Mittelalters, Beiheft 1, Köln – Bonn 1981); vgl. auch Jean-François MARÉCHAL, Der Ursprung der feudalen Motten und die Entstehung der Wehrtürme (Zeitschrift für Archäologie 13, 1979) S. 101-112; Hans-Jürgen BRACHMANN, Zum Ursprung und zur Entwicklung des feudalen Befestigungsbaues (Zeitschrift für Archäologie 16, 1982) S. 165-175; ausführlicher DERS., Der mittelalterliche Befestigungsbau. Untersuchungen zu Stellung und Funktion der Wehrbauten im Geneseprozeß der mitteleuropäischen Feudalgesellschaft (Diss. Berlin 1983; Masch.) S. 251 ff.
45 Vgl. etwa Walter HOTZ, Kleine Kunstgeschichte der deutschen Burg (Darmstadt 1979) S. 1 ff.; MAURER, Burgen (Stauferkatalog, wie Anm. 34) S. 121 ff.; ANTONOW, Burgen (wie Anm. 34) S. 8 ff.; DERS., Planung und Bau (wie Anm. 34) passim (jeweils mit besonderer Berücksichtigung des südwestdeutschen Raumes); jetzt: Art. ›Burg‹ (Lexikon des Mittelalters 2, wie Anm. 42) Sp. 958 f.
46 Vgl. ebd., bes. S. 330 ff. sowie mit bedeutend früherem Ansatz für unser Gebiet MEYER (wie Anm. 40) S. 70-79 mit Anm. 39; anhand ausgegrabener Burgen: DERS., ›Salbüel‹. Eine hochmittelalterliche Holzburg im Kanton Luzern (Château Gaillard. Etudes de Castellologie médiévale 11, Caen 1983) S. 233-242; DERS., Die Holzbauten auf der Frohburg (ebd. 8, Caen 1976) S. 247-268, sowie nochmals DERS., Frühe Adelsburgen im Luzernischen. Burgenkundliche Bemerkungen zur Ausgrabung auf ›Salbüel‹ bei Hergiswil LU (Helvetia Archaeologica 15, 1984) S. 265-272.
47 Allg. Raffael VON USLAR, Studien zu frühgeschichtlichen Befestigungen zwischen Nordsee und Alpen (Beihefte der Bonner Jahrbücher 11, Köln – Graz 1964); DERS., Art. ›Burg‹ III. Archäologisches (Reallexikon der germanischen Altertumskunde, 2. Aufl., Bd. 3, Berlin – New York 1979) S. 124-197; Gerhard MILDENBERGER, Germanische Burgen (Veröffentlichungen der Altertumskommission im Provinzialinstitut für westfälische Landes- und Volksforschung 6, Münster/Westf. 1978); mit weiteren Hinweisen Heiko STEUER, Frühgeschichtliche Sozialstrukturen in Mitteleuropa (Abhandlungen der Akademie der Wissenschaften in Göttingen, Phil.-hist. Kl., 3. Folge 128, 1982) S. 99-102. – Für die Landschaft im deutschen Südwesten Vladimir MILOJČIĆ, Der Runde Berg bei Urach. Ergebnisse der Untersuchungen von 1967-1974 (Ausgrabungen in Deutschland = Monographien des Römisch-Germanischen Zentralmuseums

können freilich dann nicht außer acht bleiben, wenn darauf später eine Adelsburg errichtet wurde. In solchen Fällen harren Fragen wie beispielsweise nach dem Verhältnis der älteren Burg oder »Höhensiedlung« zur jüngeren Anlage der Klärung; Beispiele im Breisgau wären der Zähringer Burgberg[48] und die Limburg bei Sasbach[49]. Gegen die Einbeziehung und regelrechte Katalogisierung der frühgeschichtlichen »Burgen« im Rahmen des Projekts spricht eine Reihe von Gründen. Zum einen steht es um die Erforschung solcher Plätze, die angesichts des Fehlens schriftlicher Quellen ganz überwiegend auf archäologischem Wege geschehen muß, noch schlechter als bei den mittelalterlichen Adelsburgen. Zum anderen ist nicht zu erwarten – urteilt man nach den bislang in Süddeutschland bekanntgewordenen alamannischen Burgen[50] – daß sich eine beträchtliche Anzahl solcher Anlagen in unserem Arbeitsgebiet finden wird. Außer dem erst kürzlich durch Lesefunde und 1985 begonnene Grabungen in den Kreis dieser Denkmäler gerückten Zähringer Burgberg stehen nur

1, Mainz 1975, Teil 2) S. 181-98; Wolfgang HÜBENER, Der Beitrag der frühgeschichtlichen Archäologie zur geschichtlichen Landeskunde des alamannischen Raumes (Die Alemannen in der Frühzeit, hg. von DEMS. = Veröffentlichung des Alemannischen Instituts Freiburg i. Br. Nr. 34, Bühl/Baden 1974) S. 41-44; DERS., Die frühmittelalterlichen Wehranlagen (wie Anm. 43), bes. S. 48ff.; DERS., Der alamannische Raum im frühen Mittelalter (wie Anm. 43) S. 55-59; Gerhard FINGERLIN, Zur alamannischen Siedlungsgeschichte des 3.-7. Jahrhunderts (ebd.) S. 78f. und S. 86ff. mit Abb. 6; Günter P. FEHRING, Kirche und Burg, Herrensitz und Siedlung (Zeitschrift für die Geschichte des Oberrheins 120, 1972) S. 18ff.; Rainer CHRISTLEIN, Die Alamannen. Archäologie eines lebendigen Volkes (Stuttgart – Aalen 1978) S. 43ff.; dazu Hagen KELLER, Archäologie und Geschichte der Alamannen in merowingischer Zeit. Überlegungen und Fragen zu einem neuen Buch (Zeitschrift für die Geschichte des Oberrheins 129, 1981) S. 23ff.; zu den historischen Aspekten Dieter GEUENICH, Zur Landnahme der Alemannen (Frühmittelalterliche Studien 16, 1982) S. 40 mit Anm. 111; DERS. – Hagen KELLER, Alamannen, Alamannien, alamannisch im frühen Mittelalter. Möglichkeiten und Schwierigkeiten des Historikers beim Versuch der Eingrenzung (Die Bayern und ihre Nachbarn 1, hg. von Herwig WOLFRAM – Andreas SCHWARCZ = Österreichische Akademie der Wissenschaften, Phil.-hist. Kl., Denkschriften 179 = Veröffentlichungen der Kommission für Frühmittelalterforschung 8, Wien 1985) bes. S. 136ff. mit Anm. 22; ferner Wolfgang HARTUNG, Süddeutschland in der frühen Merowingerzeit. Studien zu Gesellschaft, Herrschaft, Stammesbildung bei Alamannen und Bajuwaren (Vierteljahrschrift für Sozial- und Wirtschaftsgeschichte, Beiheft 73, Wiesbaden 1983) S. 75-77, vgl. dazu die Rezension von Volker BIERBRAUER (Zeitschrift für Archäologie des Mittelalters 12, 1984, S. 209-212). – Merowingische *castra*: May VIEILLARD-TROIEKOUROFF, Les *castra* de la Gaule mérovingienne d'après les écrits de Grégoire de Tours (Archéologie militaire, wie Anm. 157) S. 42-52; zum historischen Aspekt vgl. jetzt auch Margarete WEIDEMANN, Kulturgeschichte der Merowingerzeit nach den Werken Gregors von Tours (Römisch-Germanisches Zentralmuseum, Monographien 3, Mainz 1982) T. 2, S. 66-75; BRACHMANN, Der mittelalterliche Befestigungsbau (wie Anm. 44) bes. S. 87ff..
48 Gerhard FINGERLIN, Der Zähringer Burgberg, eine neuentdeckte Höhensiedlung der Völkerwanderungszeit (Die Zähringer. Eine Tradition und ihre Erforschung, hg. von Karl SCHMID = Veröffentlichungen zur Zähringerausstellung I, wie Anm. 29) S. 1-4; Heiko STEUER, ›Der Zähringer Burgberg‹ (Die Zähringer 2, wie Anm. 29) S. 23ff. Nr. 12, sowie: ›Funde vom Zähringer Burgberg‹ (ebd.) S. 27ff. Nr. 13; jetzt DERS. (wie Anm. 52) und DERS. in diesem Band S. 139ff.
49 Helmut NAUMANN, Die Frühgeschichte der Limburg bei Sasbach am Rhein (Alemannisches Jahrbuch 1961) S. 250-280; Gerhard FINGERLIN, Vor- und Frühgeschichte um den Limberg und am nördlichen Kaiserstuhl, sowie Peter SCHMIDT-THOMÉ, Sasbach am Kaiserstuhl. Zeugnisse der mittelalterlichen und neueren Geschichte um den Limberg (Naturschutzgebiet Limberg am Kaiserstuhl. Begleiter zum wissenschaftlichen Lehrpfad bei Sasbach a. Rh. = Führer durch Natur- und Landschaftsschutzgebiete Baden-Württembergs 2, Karlsruhe 1978) S. 55-91.; zum Problem der mittelalterlichen Limburg a. Rh. und den immer wieder angenommenen Bezügen zur schwäbischen Limburg/Weilheim: Die Zähringer 2 (wie Anm. 29) S. 21f. Nr. 10 (mit Hinweisen); vgl. jetzt Karl SCHMID, Sasbach und Limburg. Zur Identifizierung zweier mittelalterlicher Plätze (Zeitschrift für die Geschichte des Oberrheins 137, 1989) S. 33ff.
50 Die Karte III/6 ›Die frühe Alemannenzeit. 3. bis frühes 5. Jahrhundert n. Chr.‹, bearb. von Rainer CHRISTLEIN (Historischer Atlas von Baden-Württemberg, wie Anm. 34) sowie die folgende Karte III/7 ›Die Reihengräber der Merowingerzeit‹, bearb. von Albrecht DAUBER, vermitteln einen Überblick; vgl. FINGERLIN (wie Anm. 62) Abb. 3.

wenige andere Plätze im Verdacht, zu den frühgeschichtlichen »Burgen« am südöstlichen Oberrhein zu zählen: Funde des 7. Jahrhunderts haben etwa die Feimlisburg, der Kegelriß, Gem. Ehrenkirchen und der Limberg/Sasbach erbracht[51]. Es würde sich daher eher anbieten, diese »Burgen« oder Höhensiedlungen der frühgeschichtlichen Epoche, vielleicht gemeinsam mit den karolingischen Anlagen, in einem gesonderten Projekt zu bearbeiten[52].

Wenn bei drei Paradebeispielen frühgeschichtlicher »Burgen« in Süddeutschland, dem Runden Berg bei Urach, dem Glauberg und der Gelben Bürg bei Dittenheim übereinstimmend ein Besiedelungsunterbruch vom Beginn des 6. bis ins 7. Jahrhundert hinein zu konstatieren ist[53] – wie das übrigens auch bei der Feimlisburg nahe Freiburg angenommen wird[54] – und andererseits der Fundstoff im 7. Jahrhundert wieder einsetzt, dann verweist dies auf eine weitere Gruppe von Anlagen, über die wir in unserer Region allerdings noch schlechter unterrichtet sind als über die wanderungszeitlichen alamannischen Höhensiedlungen und die mittelalterlichen Adelsburgen: spätmerowingische und karolingische Burgen, wie sie jedenfalls aus anderen Landschaften gut bekannt sind. Mit dem »auswärtigen« Beispiel der Büraburg bei Fritzlar wäre auch gleich das historische Thema angeschnitten, in dessen Kontext diese Monumente stehen – die intensivierte fränkische Durchdringung ostrheinischer Landschaften im Verlauf des 8. Jahrhunderts[55]. Was unser Arbeitsgebiet betrifft, ließ sich indessen noch kein Beispiel sicher ausmachen.

51 Heiko STEUER, Erste Ausgrabungen auf dem Zähringer Burgberg, Gemeinde Gundelfingen, Kreis Breisgau-Hochschwarzwald (Archäologische Ausgrabungen in Baden-Württemberg 1985, Stuttgart 1986) S. 173-176.
52 So der Vorschlag Heiko Steuers in der Diskussion dieses Beitrags; vgl. STEUER (wie Anm. 51) S. 176. Über den Stand der Erforschung vor- und frühgeschichtlicher Befestigungen im Landesteil Württemberg, die auf eine lange Tradition zurückblicken kann, berichtet Claus OEFTIGER, Vor- und frühgeschichtliche Befestigungen. Eine Standortbestimmung (Archäologie in Württemberg. Ergebnisse und Perspektiven, hg. von Dieter PLANCK, Stuttgart 1988) S. 355-369, während in Baden in dieser Hinsicht eine auch für die mittelalterliche Burgenforschung schmerzliche Lücke klafft.
53 MILDENBERGER (wie Anm. .48) S. 132 ff.; vgl. jetzt STEUER (wie Anm. 51) S. 176.
54 MILDENBERGER (wie Anm. 48) S. 133 mit Anm. 13 (Hinweise); vgl. HÜBENER, Die frühmittelalterlichen Wehranlagen (wie Anm. 43) S. 55 f. mit Abb. 4.
55 Allg. zu spätmerowingisch-frühkarolingischen Burgen: Rolf GENSEN, Frühmittelalterliche Burgen und Siedlungen in Nordhessen (Ausgrabungen in Deutschland, wie Anm. 48, Teil 2) S. 313-337; Klaus SCHWARZ, Der frühmittelalterliche Landesausbau in Nordost-Bayern archäologisch gesehen (ebd.), bes. S. 338 f. sowie S. 384-409; s. jetzt den Ausstellungskatalog: Hessen im Frühmittelalter – Archäologie und Kunst, hg. von Helmut ROTH – Egon WAMERS (Sigmaringen 1984) mit zahlreichen Beiträgen zum Thema; grundlegend BRACHMANN, Der mittelalterliche Befestigungsbau (wie Anm. 44), bes. S. 98 ff.; für die spätere Karolingerzeit Kurt-Ulrich JÄSCHKE, Burgenbau und Landesverteidigung um 900. Überlegungen zu Beispielen aus Deutschland, Frankreich und England (Vorträge und Forschungen, Sonderbd. 16, Sigmaringen 1975); Herbert JANKUHN, Die sächsischen Burgen der karolingischen Zeit (Die Burgen im deutschen Sprachraum I, wie Anm. 37) S. 359-382; Paul GRIMM, Zu Burgenproblemen des 8.-10. Jahrhunderts westlich der mittleren Saale (Zeitschrift für Archäologie 16, 1982) S. 203-210; Frankreich: Gabriel FOURNIER, Les forteresses rurales en France à l'époque carolingienne (Archéologie militaire, wie Anm. 157) S. 53-59; Rheinland: Günther BINDING, Die spätkarolingische Burg Broich in Mülheim an der Ruhr (Rheinische Ausgrabungen 4, Düsseldorf 1968); DERS., Schloß Broich in Mülheim/Ruhr (Kunst und Altertum am Rhein. Führer des Rheinischen Landesmuseums in Bonn Nr. 23, Düsseldorf 1970); DERS., Spätkarolingisch-ottonische Pfalzen und Burgen am Niederrhein (Château Gaillard. Etudes de castellologie médiévale 5, Caen 1972) S. 23-35; Wilhelm JANSSEN, Mittelalterlicher Burgbau am Niederrhein. Zum Verhältnis von archäologischem Befund und schriftlicher Bezeugung (Zeitschrift für Archäologie des Mittelalters 3, 1975) S. 121-128; vgl. auch FEHRING (wie Anm. 48) S. 21 ff. – MITTERAUER (wie Anm. 42) S. 470-521 (zu den verfassungsgeschichtlichen Problemen im europäischen Rahmen). – Südwestdeutschland: HÜBENER, Die frühmittelalterlichen Wehranlagen (wie Anm. 43) S. 53 ff.; DERS., Der alamannische Raum (wie Anm. 43) S. 55-59.

Gleichwohl sind Überlegungen angestellt worden, welche Rolle Plätze wie der Limberg bei Sasbach, der Breisacher Berg, der Riegeler Felsen und die Sponeck im 7./8. Jahrhundert gespielt haben könnten. Und auch die neuen Funde auf dem Zähringer Burgberg geben Anlaß zu der Frage, was dort zwischen der alemannischen Besiedlung und dem Bau der zähringischen Burg geschah. Der Limberg jedenfalls trug am südöstlichen Sporn eine (Abschnitts-?)Befestigung, deren archäologische Untersuchung eine Riemenzunge des 7. Jahrhunderts ans Licht förderte[56]. Genaueres läßt sich einstweilen nicht sagen.

Ähnliches gilt für das 10. Jahrhundert, welches bereits zu dem Zeitraum rechnet, den unser Projekt umspannen soll. Es ist dies die Epoche der sogenannten Burgenbauordnung Heinrichs I., der Ungarnnot und der frühen Adelsburg[57]. Ein bekanntes Beispiel für kurzfristig errichtete und nur zeitweilig genutzte feste Plätze wäre – wiederum außerhalb unseres Arbeitsgebietes – die Fliehburg der St. Galler Mönche, über welche der Kloster-chronist Ekkehard IV. († ca. 1060) ausführlich berichtet, freilich ex eventu, und die gewöhnlich in der Waldburg bei Bernhardzell SG gesucht wird[58]. Die Waldburg gehört offenbar in den Rahmen einer ganzen Reihe von Fliehburgen in Bayern und Schwaben, einem Gebiet, das neben den südlichen Alpenländern besonders heftig von dem Reitervolk aus dem Osten heimgesucht worden ist. Da auch der südliche Oberrhein, insbesondere das Elsaß, von den Ungarnzügen nicht verschont blieb[59], ist es nicht ausgeschlossen, daß derartige Anlagen im Arbeitsgebiet unseres Burgenprojekts bestanden haben könnten. Bisher kennen wir freilich kein einziges gesichertes Beispiel. Die temporär genutzten Befestigungen des 10. Jahrhunderts sind von besonderem Interesse für die Genese der hochmittelalterlichen Adelsburg, weil sie in mancher Hinsicht Aufschluß geben über deren

56 FINGERLIN (wie Anm. 50) S. 74 ff. sowie DERS., in: Archäologische Nachrichten aus Baden 20 (1978) S. 20. - Zur Sponeck ebd. 18 (1977) S. 11 f.; ebd. 22 (1979) S. 30; ebd. 24 (1980) S. 17; FINGERLIN (wie Anm. 50) S. 69 ff.; zur mittelalterlichen Burg SCHLIPPE, Burgen im Breisgau (wie Anm. 3) S. 143 f.; Gernot UMMINGER, Von Württembergs Burgfeste zum romantischen Malerturm (Badische Heimat 51, 1971) S. 213-218; SCHMIDT-THOMÉ (wie Anm. 49) S. 87 f.; BENDER – KNAPPE – WILKE (wie Anm. 25) S. 87 f.
57 ›Burgenbauordnung‹: JÄSCHKE (wie Anm. 56) S. 18-33; Martin LAST, Art. ›Burgenbauordnung Heinrichs I.‹ (Lexikon des Mittelalters 2, wie Anm. 42) Sp. 1004 f.; STREICH (wie Anm. 36) bes. S. 145 ff. – BRACHMANN, Der mittelalterliche Befestigungsbau (wie Anm. 44) bes. S. 243 ff.; SCHWARZ (wie Anm. 56) S. 394 ff.; HÜBENER, Die frühmittelalterlichen Wehranlagen (wie Anm. 43) S. 63 ff.; Württemberg: OEFTIGER (wie Anm. 52) S. 362. Zum archäologischen Niederschlag der Ungarneinfälle im 9./10. Jahrhundert jetzt ausführlich Mechthild SCHULZE, Das ungarische Kriegergrab von Aspres-lès-Corps. Untersuchungen zu den Ungarneinfällen nach Mittel-, West- und Südeuropa (899-955 n. Chr.) mit einem Exkurs zur Münzchronologie altungarischer Gräber (Jahrbuch des Römisch-Germanischen Zentralmuseums Mainz 31, 1984) S. 473-514; ferner Ingo STORK – Joachim WAHL, Eine Doppelbestattung aus Bietigheim, Kreis Ludwigsburg, als Beleg der Ungarneinfälle des 10. Jahrhunderts (Fundberichte aus Baden-Württemberg 13, Stuttgart 1988) S. 741-775. – Eine interessante Anlage am Lechufer bei Rederzhausen, die als ›Feldlager‹ aus dem Zusammenhang der Ungarnschlacht 955 gedeutet wird, findet sich abgebildet bei CHRISTLEIN – BRAASCH (wie Anm. 116) S. 154 f. Nr. 27. – Vgl. ferner Eckehart SCHUBERT, Die vor- und frühgeschichtlichen Wallburgen Südtirols (Berichte der Römisch-Germanischen Kommission 65, 1984) S. 15 f.; Zürcher Denkmalpflege. 8. Bericht 1975-76 (1980) S. 153-157.
58 Ekkehardi IV. Casus s. Galli, cap. 51, hg. von Gerold MEYER VON KNONAU (St. Gallische Geschichts-quellen 3 = Mittheilungen zur vaterländischen Geschichte, hg. vom historischen Verein in St. Gallen 15/16, 1877) S. 193-198 (mit ausführlichem Kommentar) sowie jetzt hg. von Hans F. HAEFELE (Ausgewählte Quellen zur deutschen Geschichte des Mittelalters. Freiherr vom Stein-Gedächtnisausgabe 10, Darmstadt 1980) S. 114 f. (mit Übertragung); dazu SCHWARZ (wie Anm. 56) S. 404 mit Plan (Beilage 40.6) sowie SCHULZE (wie Anm. 56) S. 495 mit Abb. 24; vgl. ferner Karl SCHMID, Zum Quellenwert der Verbrüde-rungsbücher von St. Gallen und Reichenau (Deutsches Archiv 41, 1985) S. 377 ff.
59 Einen Überblick über die bezeugten Ungarnzüge bieten die Kartierungen von SCHULZE (wie Anm. 56) S. 480 ff. Abb. 6-9. – Der Historische Atlas von Baden-Württemberg (wie Anm. 34) verzichtet auf eine entsprechende Karte.

Wurzeln, insbesondere der Befestigungselemente, die dann beim hochmittelalterlichen Burgenbau eine gewichtige Rolle spielen sollten.

Gehören die ungarnzeitlichen Fliehburgen in befestigungstechnischer Hinsicht zu den Vorfahren der Adelsburg, so gilt ähnliches für Plätze wie den mächtigen Inselberg Breisach[60], der bereits in vorgeschichtlicher Zeit ein bedeutender Ort am Oberrhein gewesen sein dürfte[61]. Das spätrömische Grenzkastell auf dem *mons Brisiacus* beherrschte einen von der Natur vorgezeichneten Rheinübergang[62]. Nicht umsonst klingt der Ortsname, der mit den frühgeschichtlichen Brisigavi zu tun hat, auch im Namen der umliegenden Landschaft, dem Breisgau, an. Die Frage nach Breisachs Funktion und Bedeutung im früheren Mittelalter hat neulich Gerd Althoff aufgegriffen[63]. Daß der markante, einst wohl vom Strom umflossene Berg, der als herzoglicher »Vorort« gilt[64], in der Zeit der ottonischen Herrscher mehrfach oppositionellen Gruppen als »Schlupfwinkel«[65], als »Burg« diente, gibt Anlaß, ihn in eine Reihe von Natur aus fester bzw. bereits in römischer Zeit befestigter Vorfahren der Adelsburg – genannt seien der Hohentwiel bei Singen, Stammheim ZÜ und Zürich/Lindenhof – einzuordnen. Wie der Hohentwiel[66] 915 unter König Konrad I. erlebte Breisach in ottonischer Zeit eine Belagerung durch den König, und zwar im Zusammenhang des Aufstandes gegen Otto den Großen im Jahre 939[67], wobei das *castellum munitissimum*[68], wie zuvor der Hohentwiel, wohl nicht eingenommen werden konnte. Während wir über das Aussehen des ottonischen Breisach nur mutmaßen kön-

60 Günter Haselier, Geschichte der Stadt Breisach am Rhein 1: Von den Anfängen bis zum Jahr 1700 (Breisach 1969) S. 1 ff.

61 Zuletzt Gerhard Fingerlin, Brisigavi im Vorfeld von Breisach. Archäologische Spuren der Völkerwanderungszeit zwischen Rhein und Schwarzwald (Archäologische Nachrichten aus Baden 34, 1985) S. 30-45.

62 Rolf Nierhaus, Zur Topographie des Münsterberges von Breisach (Badische Fundberichte 16, 1940) S. 94-113; Helmut Bender – Rolf Dehn – Ingo Stork, Neuere Untersuchungen auf dem Münsterberg in Breisach (1966-1975) (Archäologisches Korrespondenzblatt 6, 1976) S. 213-224 sowie S. 309-320; Die Römer in Baden-Württemberg, hg. von Philipp Filtzinger – Dieter Planck – Bernhard Cämmerer (3., völl. neubearb. Aufl. Stuttgart – Aalen 1986) S. 257-261 (mit weiteren Hinweisen).

63 In diesem Band S. 457 ff.; vgl. jetzt Helmut Maurer, Art. ›Breisach‹ (Die deutschen Königspfalzen 3: Baden-Württemberg, 1. Lieferung, Göttingen 1988) S. 46-62. Zu den großflächigen Ausgrabungen in Breisach während der letzten Jahre: Michael Schmaedecke, Archäologische Ausgrabungen in Breisach a.Rh., Breisgau-Hochschwarzwald (Archäologische Ausgrabungen in Baden-Württemberg 1982, Stuttgart 1983; ebd. 1983, Stuttgart 1984) S. 186-190 bzw. S. 202-205; jetzt Ders., Die topographische Entwicklung der Stadt Breisach am Rhein vom 5. Jahrhundert bis zum Ausgang des 13. Jahrhunderts unter besonderer Berücksichtigung der Ergebnisse der Ausgrabungen von 1980 bis 1986 (Diss. phil. Freiburg i. Br. 1989; Masch.).

64 Helmut Maurer, Der Herzog von Schwaben. Grundlagen, Wirkungen und Wesen seiner Herrschaft in ottonischer, salischer und staufischer Zeit (Sigmaringen 1978) S. 75-82; vgl. auch Zotz (wie Anm. 68).

65 Vgl. den Beitrag von Gerd Althoff in diesem Band S. 461.

66 Theodor Mayer, Das schwäbische Herzogtum und der Hohentwiel (Hohentwiel. Bilder aus der Geschichte des Berges, hg. von Herbert Berner, Konstanz 1957) S. 88-113; Karl Schmid, Burg Twiel als Herrensitz: 12. bis 15. Jahrhundert (ebd.) S. 148 ff.; H.-M. Maurer, Die Entstehung (wie Anm. 40) S. 304, 306 f.; ausführlich auch H. Maurer (wie Anm. 65) S. 36 ff.

67 Heinrich Büttner, Geschichte des Elsass 1: Politische Geschichte des Landes von der Landnahmezeit bis zum Tode Ottos III. (Neue deutsche Forschungen, Abt. Mittelalterliche Geschichte 8, Berlin 1939) S. 180 f.; Haselier (wie Anm. 61) S. 56 ff.; Maurer (wie Anm. 65) S. 77; Thomas L. Zotz, Der Breisgau und das alemannische Herzogtum. Zur Verfassungs- und Besitzgeschichte im 10. und beginnenden 11. Jahrhundert (Vorträge und Forschungen, Sonderbd. 15, Sigmaringen 1974) S. 112 ff.; jetzt Gerd Althoff in diesem Band S. 458 ff.

68 So (Adalberti) Continuatio Reginonis ad a. 939 (Reginonis abbatis Prumiensis Chronicon cum continuatione Treverensi, hg. von Friedrich Kurze, MGH SS rerum Germ. 50, Hannover 1890, ND 1978, S. 160 f.); vgl. dazu jetzt H. Maurer, Art. ›Breisach‹ (wie Anm. 63) S. 52 ff.

nen[69], ist erst die zähringische Burg des späteren 12. Jahrhunderts, die sich gewiß auf Älterem erhob, den Umständen nach gut bezeugt[70]. Sie gehört natürlich in unseren Burgenkatalog, und im betreffenden Artikel muß auch das frühmittelalterliche Breisach zur Sprache kommen.

Über die Besitzverhältnisse an den eben genannten Plätzen Hohentwiel, Stammheim und Zürich/Lindenhof sind wir meist besser orientiert als beim Breisacher Berg. Sie gehörten ursprünglich zum Königsgut oder waren gar Mittelpunkt eines königlichen *fiscus*. Befestigt und besetzt, usurpiert, wenn man so will, wurden sie jedoch von den um die Herzogsherrschaft ringenden alemannischen Großen[71]. Bei Breisach hingegen bleiben die Besitzverhältnisse bis in die Zähringerzeit völlig unklar. Sicher ist nur, daß hier die Herzöge Hermann, Liudolf, Burkhard III. und Heinrich (wohl der spätere Kaiser Heinrich II.) Münzen schlagen ließen; ob auch Breisach Königsgut war, dann vielleicht von den Konradinern oder von dem elsässischen Grafen Guntram dem Reichen usurpiert wurde, all das ist nicht ausreichend bezeugt[72]. Das am Oberrhein besonders dichte Königs- bzw. Reichsgut[73], zu dem Breisach einst gehört haben könnte, weist hin auf eine weitere Wurzel der hochmittelalterlichen Adelsburg: Pfalzen und Königshöfe. Für die Landschaft, in der

---

69 Von Bedeutung in diesem Zusammenhang ist die Frage nach dem Schicksal der römischen Kastellmauern im früheren Mittelalter; vgl. oben Anm. 62 und 63.

70 Joseph SCHLIPPE, Die Burg Breisach (Nachrichtenblatt der Denkmalpflege in Baden-Württemberg 2, 1959) S. 272-312; DERS., Burgen im Breisgau (wie Anm. 3) S. 136-139; DERS., Burgen der Zähringer (wie Anm. 3) S. 287-290; vgl. jetzt auch: Die Zähringer 2 (wie Anm. 29) S. 91 f. Nr. 69, sowie S. 281 f. Nr. 246.

71 Vgl. MAURER (wie Anm. 64) S. 36 ff. – Stammheim kann geradezu als Paradebeispiel einer frühen ›Adelsburg‹ gelten (ebd. 42 f.), wenn wir den Worten des St. Galler Mönches Ekkehard IV., der allerdings über ein Jahrhundert nach den Ereignissen schrieb, trauen dürfen. Bereits 879 hatte Karl III. den Königshof Stammheim an St. Gallen gegeben; Abt Hartmut ließ sich diese Memorialstiftung des Herrschers an den hl. Otmar im Herbst 883 nochmals urkundlich bestätigen. König Konrad I. schließlich habe – so Ekkehard IV. – den noch in der Hand des Königs verbliebenen Rest des *fiscus* Stammheim anläßlich eines Besuchs im Galluskloster 911 ebenfalls dem hl. Otmar tradiert (Karl SCHMID, Brüderschaften mit den Mönchen aus der Sicht des Kaiserbesuchs im Galluskloster vom Jahre 883, in: Helmut MAURER, Hrsg., Churrätisches und st.gallisches Mittelalter. Fs. f. Otto P. Clavadetscher, Sigmaringen 1984, S. 179-181 mit den Nachweisen; vgl. jetzt Thomas ZOTZ in diesem Band S. 287 f.). Laut Ekkehard hatten die beiden gräflichen Brüder Bertold und Erchanger, die in jenen Jahren um die Herzogsherrschaft rangen, über dem Ort eine Burg erbaut: *Carpuntur iterum cordibus fratres illi sepe dicti pro damno regii fisci. Nam castellum quoddam super Stamhem iam dudum struxerant, quod conquisitionis suę proprietate coram rege sibi vendicabant. Quibus rex: ›Castellum‹, inquit, ›sine oppidanorum dampno habere nequibitis; quibus si iniuriosi quidem fueritis, mei gratia carebitis.‹* Ekkehardi IV. Casus s. Galli (wie Anm. 59) c. 16, S. 66 f. (MEYER VON KNONAU) bzw. S. 44 f. (HAEFELE). Nach der Gefangennahme der Grafen habe König Konrad die Burg dann dem hl. Otmar, dem Kloster St. Gallen also, zur Zerstörung überlassen (ebd. c. 21, S. 79 bzw. S. 52 f.): *Rex vero castellum illud odiosum sancto Otmaro, causa mali tanti, tradidit diruendum.* Auch wenn man Ekkehards ›Klostergeschichten‹ nicht in allen Einzelheiten für bare Münze nehmen darf, so kommt hier doch eine Grundkonstellation zum Ausdruck, nämlich adelige Herrschaftsbildung auf durch andere Rechte gebundenem, wenn man so will, usurpiertem Gut, die sich unter anderem konkretisiert in einem befestigten Mittelpunkt, einer Burg. Vgl. MAURER (wie Anm. 65) S. 41 ff. auch zu archäologischen Aufschlüssen auf dem Stammheimer Berg (TA 2) und mit Hinweis auf die Bemerkungen MITTERAUERS (wie Anm. 42). Zu den bei Ekkehard in unserem Zusammenhang außerdem genannten, teils indessen nicht identifizierten Burgen neuerdings Eberhard DOBLER, Die Schrotzburg – eine alemannische Herzogsburg des 8. Jahrhunderts (Hegau 24/25, 1979/1980) bes. S. 21-23.

72 Zuletzt ALTHOFF, in diesem Band S. 463 mit Anm. 29, und Thomas ZOTZ, König Otto I., Graf Guntram und Breisach (Zeitschrift für die Geschichte des Oberrheins 137, 1989) S. 64 ff.

73 Kartiert von Hansmartin SCHWARZMAIER, Karte V/2 ›Das Königsgut in karolingischer, ottonischer und salischer Zeit‹ (Historischer Atlas von Baden-Württemberg, wie Anm. 34); vgl. Michael BORGOLTE, Besitz- und Herrschaftsverbindungen über den Schwarzwald in der Karolingerzeit (Kelten und Alemannen im Dreisamtal, wie Anm. 95) S. 77-99, sowie ZOTZ in diesem Band S. 275 ff.

sie lagen, waren die meist als königliche Aufenthaltsorte bezeugten *palatia* und *villae* oder *curtes regiae* gewiß Mittelpunkte, die – worauf man des öfteren hingewiesen hat – gelegentlich auch befestigt sein konnten[74]. Freilich: Was Umfang und Ausdehnung des Königsgutes und auch die Herrscheraufenthalte angeht, steht der Breisgau sicherlich im Schatten des benachbarten Elsaß mit der bedeutenden Pfalz Schlettstadt, den weitläufigen königlichen Forsten des Hardtwaldes und von Hagenau. Zwei königliche *villae* oder *curtes* sind allerdings auch im Breisgau bezeugt: Kirchen bei Lörrach und Sasbach am Kaiserstuhl. Auf der Terrassenzunge »Bergrain« in Kirchen erschloß eine Notgrabung mehrere Gebäude, teils Holz- teils Steinbauweise, und eine den Geländesporn abriegelnde Abschnittsbefestigung. Fundmaterial aus Gräbern der Karolinger- und Ottonenzeit führte zu der Vermutung, es könnte sich hierbei um das Gelände des durch Schriftquellen bezeugten Königshofes handeln[75].

Werfen wir aber einen Seitenblick auf das benachbarte rudolfingische Hochburgund! Es ist von größtem Interesse für die »Frühgeschichte« der mittelalterlichen Burg in den Oberrheinlanden, daß Grabungen in der königlichen *curtis* Bern-Bümpliz ein Ensemble ans Licht brachten, welches formal ganz unmittelbar an frühe, einfache Typen der Niederungsburg erinnert: Die ältesten aufgefundenen (Holz-)Gebäude erhoben sich auf einem durch einen imposanten Ringgraben gleichsam aus dem flachen Gelände »herausgeschnittenen« Platz[76]. Wenn die vorhin genannten Berge wie der Hohentwiel und Stammheim zu den Vorfahren der mittelalterlichen Höhenburgen zählen, so gehört Bümpliz gewiß zu den »Ahnen« der Niederungsburg, welcher unser Projekt besondere Aufmerksamkeit widmen muß[77].

Damit wären wir beim eigentlichen Gegenstand unseres Vorhabens angelangt: der mittelalterlichen Adelsburg. Sie könnte man definieren als befestigten, demonstrativ wehrhaften, bewohnbaren Platz und Bau, von dem aus Herrschaftsrechte ausgeübt werden, die sich an seine Bewohner knüpfen, als einen Ort auch, an dem sich ritterliches, adeliges Leben abspielte. Dies findet unter anderem Ausdruck darin, daß der Adel sich nach den Burgen zubenennt, auf ihnen urkundet, lebt, und – wie es gelegentlich bezeugt ist – dort

---

74 S. beispielsweise Josef FLECKENSTEIN, Über Pfalzen und Königshöfe im karolingischen Alemannien (Bausteine zur geschichtlichen Landeskunde von Baden-Württemberg. Hg. von der Kommission für geschichtliche Landeskunde in Baden-Württemberg anläßlich ihres 25-jährigen Bestehens, Stuttgart 1979) S. 103; Thomas ZOTZ, Vorbemerkungen zum Repertorium der deutschen Königspfalzen (Blätter für deutsche Landesgeschichte 118, 1982) S. 179; allg. DERS., Königspfalz und Herrschaftspraxis im 10. und frühen 11. Jahrhundert (Blätter für deutsche Landesgeschichte 120, 1984) S. 19-46; ferner STREICH (wie Anm. 36) S. 138.

75 FLECKENSTEIN (wie Anm. 74) S. 108 ff. (mit den Nachweisen) sowie Gerhard BAAKEN, Fränkische Königshöfe und Pfalzen in Südwestdeutschland. Eine Forschungsbilanz aus der Sicht des Historikers (Ulm und Oberschwaben 42/43, 1978) S. 34. – MEYER, Burgen von A bis Z (wie Anm. 23) S. 21; Hansmartin SCHWARZMAIER in: Lörrach. Landschaft – Geschichte – Kultur (Lörrach 1983) S. 98-101. Zu den Grabungsbefunden in Kirchen HÜBENER (wie Anm. 43) S. 58 f. mit Abb. 5 und Hinweisen. – Vgl. jetzt Thomas ZOTZ in diesem Band S. 287 und 289.

76 Werner MEYER, Das ›Alte Schloß‹ von Bümpliz, ein mittelalterlicher Adelssitz (Château Gaillard. Etudes de Castellologie médiévale 7, 1975) S. 159 ff.; vgl. DENS. (wie Anm. 40) S. 70, ferner: Geschichte des Kantons Freiburg 1 (Freiburg i. Ü. 1981) S. 112 ff., bes. S. 119. Man vgl. zu den *curtes* der in der späten Karolingerzeit zum Königtum aufgestiegenen Rudolfinger auch die Bemerkungen von MITTERAUER (wie Anm. 42) S. 495 hinsichtlich der Liudolfinger. Allg. zum sog. *curtis*-Problem BRACHMANN, Der mittelalterliche Befestigungsbau (wie Anm. 44) S. 309 ff.

77 Vgl. SALCH, Dictionnaire (wie Anm. 9) S. 361: ›Il ressort des études récentes que les édifices qui ont le plus influencé la production castrale des XIe et XIIe siècles sont les grandes enceintes impériales. Celles-ci sont construites en plaine ...‹. – Allg. zum Zueinander von Königsgut, Pfalz und Burg: MITTERAUER (wie Anm. 42) passim, und BRACHMANN, Der mittelalterliche Befestigungsbau (wie Anm. 44) bes. S. 243 ff.

das irdische Leben beschließt, usf. Die hochmittelalterliche Burg gehört daher wesenhaft zum dynastischen Adel, zur Herrschaft über Land und Leute; ihre Erforschung ist – wir sagten es schon – ein zentrales Thema der Landesgeschichte. Entwicklung und Ausformung der »Burgenlandschaft« vom 10. Jahrhundert bis zum Ende des Mittelalters spiegeln adelige Dynastiebildung und Herrschaft, Landesausbau, Territorienbildung, um nur einige Stichworte zu nennen. Eine weitere Aufgabe des Projektes wäre deshalb, neben dem geplanten Burgenkatalog Charakteristika der »Burgenlandschaft« Breisgau herauszuarbeiten; unserem Repertorium der Breisgauer Burgen müssen entsprechende Studien zur Seite treten, die Aufschluß geben über die rechtlich-herrschaftliche Zuordnung der Burgstellen, aber auch über die Bedingungen ihrer Entstehung und Existenz. Notwendig ist die Erforschung und Kartierung der Herrschafts- und Besitzstrukturen, wie das in vorbildlicher Weise bei der Ausstellung »Les châteaux normands de Guillaume le Conquerant à Richard Coeur de Lion« erprobt worden ist[78].

Auf den ersten Blick mag es so scheinen, als wäre die südbadische Oberrheinebene im Vergleich mit den umliegenden Regionen des Elsaß, der Nordschweiz oder auch der innerschwäbischen Landschaften an Neckar, Donau und Bodensee eine »spätentwickelte« Burgenlandschaft gewesen, eine Landschaft, wo der Bau adliger Burgen erst spät eingesetzt hätte. Ob dieses Bild zutrifft oder ob es nur den unzulänglichen Stand der Burgenforschung spiegelt, bleibt zu prüfen. Walter Klewitz' Kartierung der in den Urkunden Barbarossas bezeugten Grafen[79] zeigt indessen zweifellos strukturelle Unterschiede zwischen Innerschwaben und dem Breisgau im Hochmittelalter auf, die der Erklärung bedürfen. Sie gibt klar zu erkennen, daß das Land östlich des Schwarzwaldes eine große Zahl gräflicher Geschlechter hervorgebracht hat (die sich natürlich vorwiegend nach Höhenburgen zubenannten, weswegen die Karte in gewisser Hinsicht auch auf die frühen Adelsburgen hinweist), während der Breisgau mit dem Zähringer nur ein einziges Grafengeschlecht zu verzeichnen hat, das zudem längst in den herzoglichen Rang aufgestiegen war. Dieser Befund verdient besondere Aufmerksamkeit: Charakterisiert er den Breisgau zwar zunächst einmal als zentralen Herrschaftsbereich der Zähringer, so hilft er doch auch, die Probleme der »Burgenlandschaft« Breisgau besser zu erkennen. Denn wenn in Inneralemannien vor allem die besagten Grafengeschlechter Träger des frühen Burgenbaus im 11. Jahrhundert waren[80], dann wirft dies die Frage auf, wann und wo im Breisgau der Burgenbau einsetzt und welche Rolle die Zähringerherrschaft in diesem Zusammenhang gespielt hat.

Wir werden also besonderes Augenmerk richten müssen auf die Frage, ob der Breisgau im 11. und früheren 12. Jahrhundert den anderen Landschaften Schwabens tatsächlich an

---

78 Im Katalog Ville de Caen. Neuvième centenaire de la mort de Guillaume le Conquérant (1087-1987): Les châteaux normands de Guillaume le Conquerant à Richard Coeur de Lion. Musée de Normandie, Eglise Saint-Georges du Château Caen 15 mai - 31 août (Publication du Musée de Normandie n° 6) sind die ausgestellten Karten leider nicht abgebildet und kommentiert worden.
79 Hans-Walter KLEWITZ, Das alemannische Herzogtum bis zur staufischen Epoche. Aufgaben und Probleme der Erforschung seiner inneren Entwicklung und ihrer geschichtlichen Voraussetzungen (Oberrheiner – Schwaben – Südalemannen. Räume und Kräfte im geschichtlichen Aufbau des deutschen Südwestens, hg. von Friedrich MAURER = Arbeiten vom Oberrhein. Veröffentlichungen des Instituts für geschichtliche Landeskunde an der Universität Freiburg i. Br., Straßburg 1942) S. 102 ff. mit Karte 8; zuletzt Karl SCHMID in diesem Band S. 24.
80 H.-M. MAURER, Die Entstehung (wie Anm. 40) S. 296 f.

Burgendichte nachsteht[81] – während das ja im 13. Jahrhundert gewiß nicht der Fall ist[82] – und, wenn dies so wäre, ob und in welcher Weise die Verlagerung des zähringischen Herrschaftskerns in den Breisgau seit 1079 auf den Burgenbau eingewirkt hat. Denn der aus dem Innerschwäbischen gut bekannte Zug der Adelsgeschlechter aus den Altsiedlungen auf die Höhen, der mit dem Bau von »Höhenburgen« einherging[83], der wohl auch zu tun hat mit der Herausbildung allodialer Adelsherrschaften, ist im Breisgau vielleicht nicht in vergleichbarem Ausmaß oder in vergleichbarer Qualität eingetreten. Und ob der innerschwäbische Raum nun zu Recht oder zu Unrecht als schon früh und überwiegend von *Höhenburgen* geprägte Landschaft gilt[84], so war dies der Breisgau bis zum Ausgang der Zähringer 1218 sicherlich in geringerem Ausmaß. Angesichts dessen scheint es um so wichtiger, in unserem Arbeitsgebiet den Anfängen des Burgenbaus in den Altsiedlungen der Rheinebene besondere Beachtung zuzuwenden, vor allem auch dem Burgenbau der zähringischen Ministerialität, die ja überwiegend im Flachland des Breisgaus ansässig war. Das Zahlenverhältnis hochmittelalterlicher Höhen- zu Niederungsburgen dürfte im Breisgau eher noch markanter zugunsten der letzteren ausfallen, als es neulich im Elsaß festgestellt wurde: Dort verteilt sich der Gesamtbestand mittelalterlicher Burgen zu etwa einem Drittel auf die Höhen und zu rund zwei Dritteln auf Niederungsburgen/Wasserschlösser in der Ebene[85].

Der Gegenstand des Vorhabens bedarf schließlich der Abgrenzung gegen die spätmittelalterlich-frühneuzeitlichen Wehranlagen vom Typ des Landhags oder Letze und der Schanzen[86], deren Aufnahme weder unter chronologischen Gesichtspunkten noch thematisch sinnvoll wäre, handelt es sich hierbei doch um rein militärisch-strategische Bauten, die nach Wesen und Funktion über das Mittelalter hinausweisen und den Anbruch einer neuen Epoche markieren.

Wenn die Sammlung und wissenschaftliche Katalogisierung der Burgen im Arbeitsgebiet Breisgau noch so etwas wie Pionierarbeit ist, so kommen dem Projekt Erfahrungen zugute, die mit der Erstellung von Burgenbüchern und Katalogen einzelner Burgtypen in vielen anderen Landschaften bereits gesammelt werden konnten. In den 1970er Jahren ist überdies eine »Bestandsaufnahme mittelalterlicher Adelssitze (Burgen) in der Bundesrepublik Deutschland« in Angriff genommen worden; ein entsprechender Vorbericht setzt sich ausführlich mit den Problemen sachgerechter Burgenkatalogisierung auseinander[87]. Auch

81 Freilich ist die Karte nicht im Hinblick auf Burgen hergestellt worden. Klewitz verzeichnete die in den Urkunden Friedrich Barbarossas genannten Grafengeschlechter (S. 103); im großen und ganzen vermittelt sie jedoch auch einen ungefähren Eindruck von der frühen Burgenlandschaft Alemanniens, geprägt durch die von Klewitz herausgearbeitete, im Frühmittelalter wurzelnde ›Dreiteilung‹, allerdings bezogen auf eine etwas frühere Zeit. – Über den Raum östlich des Schwarzwaldes informiert jetzt umfassend der Sammelband: Zwischen Schwarzwald und Schwäbischer Alb. Das Land am oberen Neckar, hg. von Franz QUARTHAL = Veröffentlichung des Alemannischen Instituts Freiburg i. Br. 52, Sigmaringen 1984), zu den Burgen und der Burgenlandschaft darin der Beitrag von Hans-Martin MAURER, S. 111-160.

82 Vgl. oben S. 220.

83 H.-M. MAURER, Die Entstehung (wie Anm. 40) bes. S. 296-301.

84 ANTONOW, Burgen des südwestdeutschen Raums (wie Anm. 34) S. 5-8; vgl. dazu aber BURNOUF, Les mottes castrales (wie Anm. 10) S. 6 ff.

85 SALCH, Dictionnaire (wie Anm. 9) S. 355 carte n° 2 und S. 368 (Zahlenangaben); vgl. auch die bei BURNOUF, Les mottes castrales (wie Anm. 10) S. 4 genannten Zahlen.

86 Vgl. etwa die bekannten Landhage/Letzen im Hauensteiner Land: Rudolf METZ, Geologische Landeskunde des Hotzenwalds (Lahr 1980) S. 247 ff.; Burgen von A bis Z (wie Anm. 23) S. 33, 37 usf.; Fridolin THOMA, Von den Anfängen der Besiedelung bis zur Neuzeit (Rickenbach. Geschichte der Einung, des Kirchspiels und der Gemeinde, Konstanz 1985) S. 68 ff.

87 MECKSEPER – WANGERIN – ZANDER (wie Anm. 33).

davon kann unser Vorhaben profitieren, wenngleich es scheint, daß sich regionale Burgen-sammlungen bisher gut bewährt haben und ihre Erarbeitung für sämtliche Landschaften unabdingbare Voraussetzung einer bundesweiten Inventarisierung wäre. Sie bleiben über-schaubar, ihre Realisierung hält sich in einem vertretbaren zeitlichen Rahmen und sie bieten die nicht zu unterschätzende Möglichkeit, weitgehend mit landesgeschichtlichen Fragestellungen zu arbeiten.

Vielfältiger als hier angedeutet werden konnte, sind die Themen, die bei der Erstellung eines Breisgauer Burgenbuchs Berücksichtigung finden müssen. Nicht nur die Entstehung und Frühgeschichte der einzelnen Burgen, sondern auch ihre bauliche und geschichtliche Entwicklung, ihr Ende, Verfall oder ihre Zerstörung, ihre Überlagerung durch ein Schloß oder eine Festung usf. sollen zur Sprache kommen.

Schließlich sei aufmerksam gemacht auf das wenig beachtete, landesgeschichtlich indes-sen höchst interessante und ohne Zweifel bedeutende Phänomen der »Burgentradition«, etwa bei spätmittelalterlichen Chronisten, sowie die nicht weniger bemerkenswerten Anfänge der Burgenkunde, insbesondere im Zusammenhang der unser Arbeitsgebiet zentral betreffenden frühneuzeitlichen Habsburger »Hofgenealogie«. Schon die Frage, ob nun eine in der Geschichtsschreibung überlieferte Burg tatsächlich existiert hat oder ob es sich um eine »fiktive« Anlage handelt, die bereits der mittelalterliche Historiograph oder seine Gewährsleute – aus welchen Anhaltspunkten auch immer – erschlossen haben, ist ja von grundsätzlicher Bedeutung für die Entscheidung, ob diese Aufnahme im Burgenkata-log finden muß oder nicht.

Als Beispiel für eine, historisch betrachtet, zunächst »fiktive« Burg nenne ich die Anekdote in des Mathias' von Neuenburg »Chronica« (1355) über die Vertreibung der angeblich älteren Kiburger Grafen von einer »Kibburg« auf dem Kibfelsen südlich oberhalb Freiburgs durch die Zähringer – ein Stoff, der gelegentlich noch in der Neuzeit rezipiert und verbreitet worden ist, so etwa in Hieronymus Gebwilers »Epitome« (1530)[88].

88 Dazu jetzt Die Zähringer 2 (wie Anm. 29) S. 307 Nr. 267 sowie S. 317 Nr. 278. - Vgl. außerdem Dieter MERTENS, Die Habsburger als Nachfahren und als Vorfahren der Zähringer (Die Zähringer 1, wie Anm. 97) S. 163, auch über eine angebliche Gitzenburg/Geisenburg in den Bergen um das Elztal. Zum Kibfelsen A. MEZGER, Der Kibfelsen und das Kibbad (Schau-ins-Land 3, 1876) S. 73 ff.; Bruno BOESCH, Kyburg. Rätsel eines Burgennamens (Festschrift Paul Zinsli, Bern 1971, S. 161-169; wiederabgedr. in: DERS., Kleine Schriften zur Namenforschung 1945-1981, Heidelberg 1981) S. 343-351; zu den Ausgrabungen auf dem Kibfelsen O. KANTOROWICZ, Die Kyburg bei Freiburg i. Br. (Schau-ins-Land 54/55, 1929) S. 26-33. - Zur Suche nach der ›ursprünglichen Habsburg‹ und ihrer ›Lokalisierung‹ unter anderem im Elsaß: Gerd ALTHOFF, Studien zur habsburgischen Merowingersage (Mitteilungen des Instituts für österreichische Geschichtsforschung 72, 1979) S. 98 ff. (mit Hinweisen). – Zum folgenden: Johann Jacob FUGGER, Spiegel der Ehren des höchstlöblichsten kayser- und königlichen Erzhauses Österreich ... (Nürnberg 1668) S. 19; es handelt sich um ein in den Jahren 1547-1555 entstandenes Werk, das in der Originalfassung nie gedruckt wurde. Ein Exemplar liegt in der Bayerischen Staatsbibliothek (Inv. Nr. Cgm 895/96), je ein weiteres in Wien und Dresden: Welt im Umbruch. Augsburg zwischen Renaissance und Barock (Augsburg 1980) Bd. 1, S. 223 Nr. 160. Sigmund von Birken hat das mit zahlreichen Kaiser- und Ritterportraits sowie Stammbäumen, Wappen und Landschaften illustrierte Werk über ein Jahrhundert nach der Niederschrift Clemens Jägers überarbeitet und in Nürnberg 1668 zum Druck gebracht. – Die Frage, inwieweit die hier behandelte Illustration des Birken-Druckes auf die Fuggersche Vorlage zurückgeht, bedarf der (mir nicht möglich gewesenen) Überprüfung an den Hss., ebenso die Frage nach dem genauen Standort der Habsburgergeschichte Fuggers bis auf Maximilian I. in dem weitverzweig-ten Baum der Habsburgersagen und -genealogien (Herrn Prof. Dr. D. Mertens, Tübingen, bin ich für Hinweise zu Dank verpflichtet). - Der erläuternde Text Birkens zu der Illustration (S. 20) lautet: ›*Otbertus* (Ottwert) ware ein Sohn / oder (wie etliche wollen) ein Enkel *Sigeberti*: von welchem zuvermuthen ist / daß ihme / als den jüngern / das Erbländlein *Avendum* zu theil worden / da die ältern Brüder das Herzogtum Schwaben / und andere reichere Herrschafften behalten. Dieser hat um das Jahr Christi *660* /

Wenngleich außer Frage steht, daß auf dem extrem exponierten und deshalb für eine Adelsburg in mancherlei Hinsicht wenig geeigneten Kibfelsen hochmittelalterliche Funde gehoben und im Zuge einer Ausgrabung Mauerspuren festgestellt werden konnten, ist darin nicht unbedingt eine Bestätigung der Erzählung des Neuenburgers zu sehen. Die Anekdote entstand vielmehr nach dem Abgang einer wie immer gearteten Besiedelung auf der Felsspitze südlich Freiburgs, an welche man sich offenbar undeutlich erinnerte, und ist mit dem vorgetragenen Gehalt erst in der Zeit König Rudolfs von Habsburg denkbar, der bekanntlich über die Kiburger Grafen einen Teil des letztlich rheinfeldisch-zähringischen Erbes angetreten hatte und stark auf seine »herzoglich-schwäbischen« Zähringerahnen rekurrierte. Reagenzmittel und Gußform der Geschichte scheinen die exponierte Lage des Kibfelsens im einstmals zähringischen Herzen des Breisgaus und die vermutlich ältere Wurzel des Toponyms Kib-, über deren Erklärung man sich streitet, abgegeben zu haben.

Nicht weniger interessant erscheint in diesem Zusammenhang die Suche Sigismund Birkens und Marquard Herrgotts nach »frühhabsburgischen« Plätzen, insbesondere Burgen, und nach den »Stammsitzen« des Hauses Habsburg unter anderem im Breisgau, die nur vor dem Hintergrund der bekannten habsburgischen Herkunftssagen und der genealogischen Forschungen Sunthayms und Mennels für Maximilian I. verständlich ist. Je nachdem, welche Vorfahren man dem österreichischen Hause fand und zusprach, fiel die Lokalisierung der entsprechenden Plätze aus. So konnte die Habsburg ebenso im Elsaß wie im Breisgau gesucht und gefunden, »identifiziert«, ja sogar angesiedelt, »kartiert« und bildlich fixiert werden. Solche »Burgen« und »Plätze« dürfen zwar ähnlich den »habsburgischen Zähringervorfahren« als Bewußtseinszeugnisse gelten, die einer kritischen Prüfung auf ihre tatsächliche Existenz gewöhnlich nicht standhalten. Dennoch haben sie bis in die Burgenkunden unserer Zeit nachgewirkt und Spuren hinterlassen.

Fassen wir zwei Beispiele näher ins Auge! In Sigismund Birkens 1668 zu Nürnberg gedruckter »offiziöser« Bearbeitung des Fuggerschen Österreicher Ehrenspiegels findet sich eine Darstellung des »Habsburgische(n) Ankunfftgelaende(s)« (I. Buch, III. Cap., S. 19: »Urerster Habsburgischer Ankunffts-Ort«), nämlich des Breisgaus; der Betrachter blickt von einer Anhöhe im südlichen Elsaß auf Rheinebene und Schwarzwaldrand zwischen Breisach und Neuenburg. Über den Schwarzwaldkuppen erscheint ein Schriftband »Avendum. Comitatum«, das etwa von Freiburg bis Sulzburg reicht. Auf den Bergen dieser Landschaft im mittleren Breisgau fallen eine »Altenburg«, eine »Habsburg« und das »Otberthal« ins Auge. Was die »Altenburg« betrifft, so erinnert man sich unwillkürlich an die Kibfelsen-Anekdote des Mathias von Neuenburg, denn auf Birkens Illustration krönt diese den höchsten Schwarzwaldberg knapp südlich Freiburgs. Als »Habsburg« figuriert hingegen ein Gemäuer auf der höchsten Kuppe im Bereich des Münstertales, dargestellt jedenfalls oberhalb St. Trudperts. Über Sulzburg (»Sultsberg«) schließlich findet sich ein »Otberthal«, gemeint ist sicher das Sulzburger Tal, eingetragen (Abb. 1).

Die Frage, auf welcher Schwarzwaldkuppe Birken die »Habsburg« angesiedelt hat, führt sogleich weiter zu unserem zweiten Beispiel. Zur Auswahl stehen hier nämlich vor allem die Etzenbacher Höhe, die »Rödelsburg« und vielleicht noch die Kuppe der Obermünstertäler Burg Scharffenstein (Höhen 765 m, 773 m bzw. 914 m üNN.), Plätze also, mit deren »burgverdächtigen« Namen wie »Altes Schloß«, »Horburg« (Etzenbacher Höhe) oder »Regels-« und »Rödelsburg« sich noch Schuster – mit Hinweis auf Marquard Herrgotts

in gedachtem und figurlich-vorgewiesenem Thalgelände / zwey Bergschlösser gegeneinander über erbauet: und das eine / weil seine Vorfahren darauf gewohnt / *Altberg oder Altenburg* / das andere aber / nach dem nahmen dieses seines Erbländleins / *Avendi Castrum, Habentumsburg oder Habensburg* (woraus hernach der nahme Habsburg worden) genennet ...‹

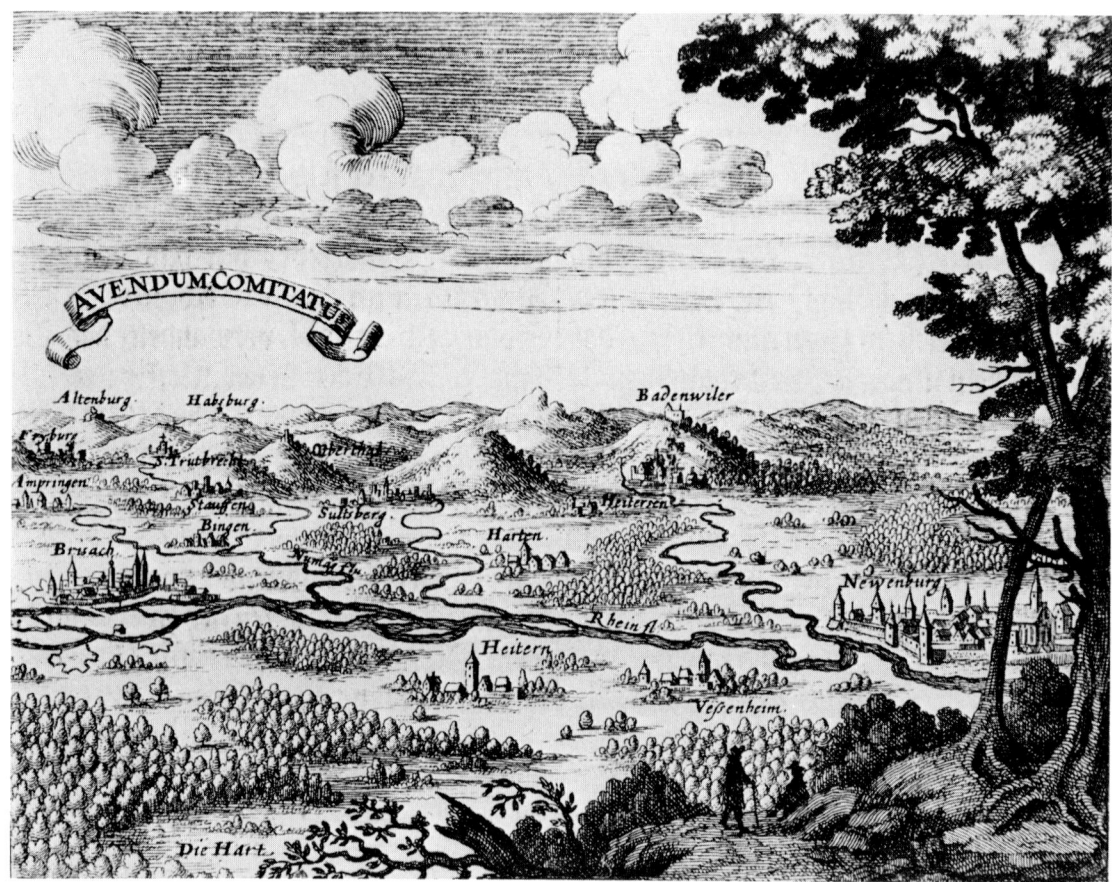

Abb. 1 ›Habsburgisches Ankunfftsgelaende‹ in dem von Sigmund Birken 1668 zu Nürnberg gedruckten
›Spiegel der Ehren ... des Erzhauses Österreich ... ‹ Johann Jacob Fuggers (1555)

»Genealogia diplomatica augustae gentis Habsburgicae« (Wien 1737) – und andere Burgen-
kundler auseinanderzusetzen hatten[89], denn Herrgott bringt auf seiner Tafel 2 (»Castra
Quae eminent in Pago Brisgoiae juxta Monasterium S. Trutperti, quorum nonnulla a
quibusdam Scriptoribus pro primis Almae Gentis Habspurgicae Sedibus perperam haben-
tur. Quibus accedit species veteris urbis Friburgensis.«) neben einem Prospekt Freiburgs
mit der Zähringerburg (»Arx vetus Zaringensis, ac munimenta Oppidi Friburgensis:
quemadmodum praesenti Facie hospitibus alludit. –«), einer Vogelschau des mittleren
Breisgaus sowie Randbildern der Münstertäler Burgen »Scharffenstein« und Staufen auch
ein Bild der »Regelspurg« (»Regelspurg Castrum«). Wie bei Birken erscheint bei Herrgott
– wenn auch um einiges kritischer, was im einzelnen zu untersuchen bliebe – der Raum
zwischen Freiburg und St. Trudpert, insbesondere das Münstertal, als »urhabsburgische«
Burgenlandschaft (Abb. 2).
    An der hier angedeuteten Burgentradition im Gefolge frühneuzeitlicher Habsburgerge-
nealogien wird man bei der Erarbeitung eines Breisgauer Burgenkataloges schon deshalb

89 SCHUSTER (wie Anm. 2) S. 203 f. Nr. 347 ff. - Zum folgenden: Herrgotts Breisgauer Burgentafel findet
sich als zweite Abbildung nach einer Landkarte am Schluß der ›Prolegomena‹ (S. LXXII); sie illustriert das
zweite Kapitel (S. 9 ff.) mit der Überschrift: ›De pago Brisgoviae, in quo, secundum diplomata a nobis
collecta, Majores gentis Habsburgicae sedes suas collocaverant‹, in welchem Herrgott zunächst die ›drei
Burgen des Münstertales‹ untersucht und sich unter anderem kritisch mit Birkens Darstellung auseinander-
setzt (bes. S. 14).

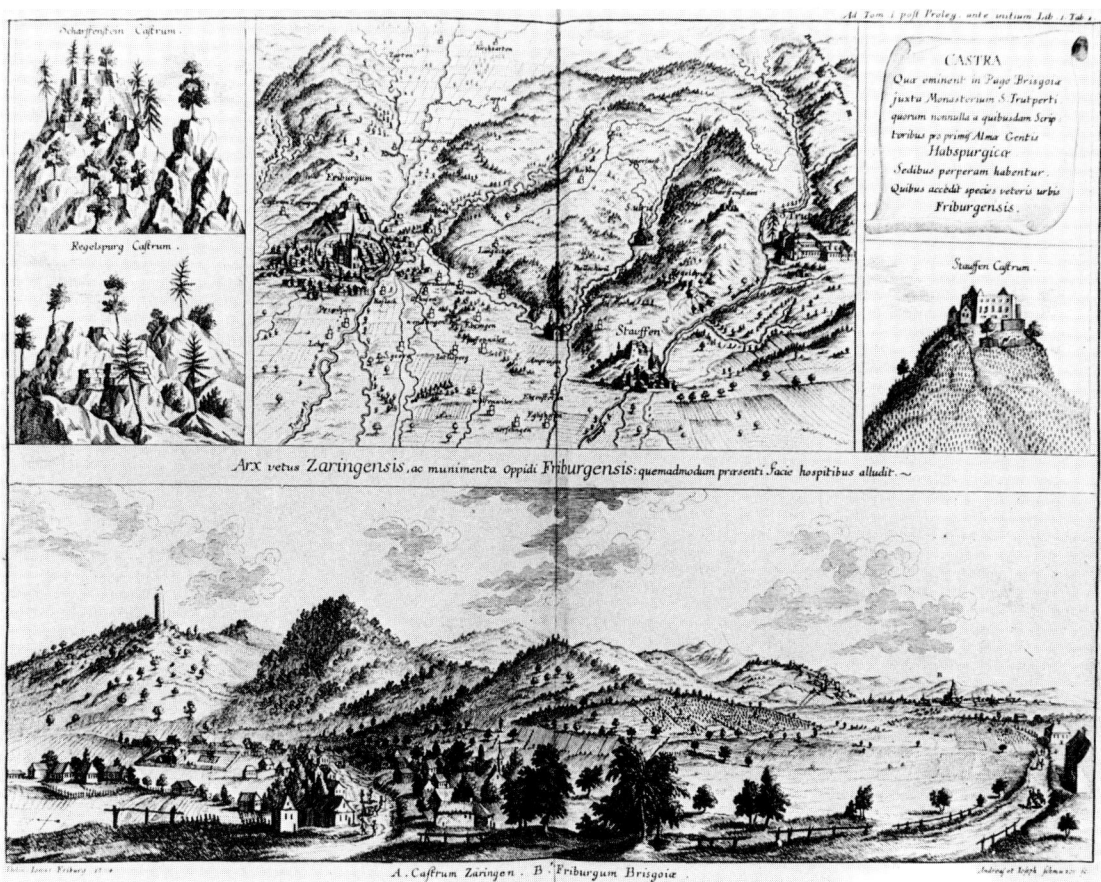

Abb. 2 Die Breisgauer Burgen in Marquard Herrgotts ›Genealogia diplomatica augustae gentis Habsburgicae‹ (1737).

nicht vorbeigehen können, weil die genannten »Monumente« zum Teil bis auf den heutigen Tag in den Burgenkunden erscheinen, ihre Verifizierung oder Falsifizierung (als »mittelalterliche Burgen«) indessen nicht primär auf dem üblicherweise im Projekt zu beschreitenden Weg – der Zusammenschau von Prospektionsergebnissen und historischen Quellen – bewältigt werden kann, sondern darüberhinaus eine kritische Aufarbeitung von offenbar die Periodengrenze zwischen Mittelalter und Neuzeit überspannenden Traditionen verlangt.

Raum und Zeit

Als Arbeitsgebiet des Projektes wählen wir anders als manche in den letzten Jahren erschienene regionale Burgensammlung[90] einen historischen Bezirk, den alten Breisgau, der im frühen und hohen Mittelalter den Amtsbereich eines Grafen bildete[91]. Mindestens

90 An modernen Verwaltungsbezirken orientieren sich etwa die Burgenkataloge von JANSSEN – JANSSEN (wie Anm. 37), MÜLLER–WILLE (wie Anm. 137) und SALCH, Dictionnaire (wie Anm. 9), an einer staatenübergreifenden ›Regio‹ das Werk Burgen von A bis Z (wie Anm. 23) usf.; vgl. auch die Bemerkungen von Joëlle BURNOUF, Les châteaux sur motte dans la seigneurie épiscopale de Strasbourg (Actes du 103e Congrès national des Sociétés savantes, Section d'archéologie et d'histoire de l'art: La Lorraine. Etudes archéologiques, Nancy – Metz 1978, 1980) S. 165 mit Anm. 7.
91 Vgl. die Karte bei KLEWITZ (wie Anm. 81) S. 87 Nr. 6; Wolfgang STÜLPNAGEL, Der Breisgau im Hochmittelalter (Schau-ins-Land 77, 1959) S. 3-17; zu dem hier interessierenden Zeitraum jetzt vor allem

für die Früh- und Blütezeit des Burgenbaus am Oberrhein erfassen wir damit die
Burgstellen in einer Landschaft, die damals »politisch« gewissermaßen eine Einheit bildete.
Die territoriale Eingrenzung frühmittelalterlicher »Grafschaften« bietet zwar gewöhnlich
Schwierigkeiten, gerade beim Breisgau fällt eine genaue Umschreibung wegen der markan-
ten natürlichen Gegebenheiten vergleichsweise leicht. Der Rhein umfaßt den Breisgau im
Süden und Westen, der Bleichbach, der im Hochschwarzwald entspringt und durch das
Muckental bei Bleichheim in die Ebene austritt, wo er heute in das Altwassersystem des
Rheines bei Rust mündet, im Norden[92]. Gegen Osten bilden die Hochlagen des Schwarz-
walds die natürliche Grenze des alten Breisgaus, wobei man sich freilich mit schematischen
Grenzlinien begnügen muß; hier erlaubt die Überlieferung nur die Verbindung einiger
Landmarken wie Hünersedel und Feldberg[93].

Die Ursprünge der eben grob umrissenen Breisgaugrafschaft reichen zurück ins 8. Jahrhundert, in die Zeit der karolingischen Reorganisation Alemanniens[94]. Seit dieser Epoche
ist der so umgrenzte Breisgau sowohl als herrschaftlicher als auch kirchlicher Bezirk oder,
wenn man so will, als Verwaltungseinheit faßbar, als frühmittelalterliche »Grafschaft«[95]
und als bischöflich-konstanzisches Archidiakonat[96]. Auch wenn die karolingische Graf-

Thomas L. ZOTZ, Der Breisgau und das alemannische Herzogtum. Zur Verfassungs- und Besitzgeschichte
im 10. und beginnenden 11. Jahrhundert (Vorträge und Forschungen, Sonderbd. 15, Sigmaringen 1974);
Hans JÄNICHEN, Beiwort zur Karte IV/3: ›Bezirksnamen des 8. bis 12. Jahrhunderts‹ (Historischer Atlas
von Baden-Württemberg, wie Anm. 34)

92 Es handelt sich um den historischen Flußlauf vor der Rheinkorrektion Tullas im 19. Jahrhundert mit
seinen ehemals nur schwer zugänglichen Auen; vgl. dazu Eugen REINHARD, Karte IV/19 ›Veränderungen
der Kulturlandschaft durch die Rheinkorrektion seit 1817. Südteil‹ (Historischer Atlas von Baden-
Württemberg, wie Anm. 34). – Die Rheinkorrektion berührt unser Projekt in wenigen Fällen. Ein Beispiel:
Unklar ist die Lage von Froeschbach zum historischen Verlauf des Stroms (vgl. SALCH, Dictionnaire, wie
Anm. 9, S. 98 Nr. 102, sowie bereits HEYCK, wie Anm. 6, S. 529).

93 Gegen den Hochrhein zu gilt den einen die Hauensteiner Murg (so etwa STÜLPNAGEL, wie Anm. 91,
S. 4), anderen eine Linie östlich der Werra gegen die Murg als historische Grenze des alten Breisgaus:
Hermann SCHWARZWEBER, Der Breisgau in Landschaft, Geschichte, Bau, Klima, Siedlung und Wirtschaft
(Freiburg und der Breisgau = Badische Heimat, Karlsruhe 1929, S. 1-25) S. 8; SCHUSTER (wie Anm. 2) S. 177
(Wasserscheide zwischen Murg und Werra).

94 Heinrich BÜTTNER, Die Entstehung der Konstanzer Diözesangrenzen (Zeitschrift für Schweizerische
Kirchengeschichte 48, 1954) S. 225-274, bes. S. 237-241; DERS., Breisgau und Elsaß. Ein Beitrag zur
frühmittelalterlichen Geschichte am Oberrhein (Schau-ins-Land 67, 1941; wiederabgedr. in: Schwaben
und Schweiz, wie Anm. 131, S. 61-85) S. 67f.; Otto FEGER, Geschichte des Bodenseeraumes 1 (Lindau –
Konstanz 1956) S. 202; ZOTZ (wie Anm. 68) S. 20f.

95 Die territoriale Erstreckung kann in Umrissen angegeben werden durch die Kartierung der entspre-
chenden Grafenformel: Michael BORGOLTE, Geschichte der Grafschaften Alemanniens in fränkischer Zeit
(Vorträge und Forschungen, Sonderbd. 31, Sigmaringen 1984) S. 111-12, bes. Karte S. 114 (mit Hinweisen);
vgl. DERS., Besitz- und Herrschaftsverbindungen über den Schwarzwald in der Karolingerzeit (Kelten und
Alemannen im Dreisamtal. Beiträge zur Geschichte des Zartener Beckens, hg. v. Karl SCHMID =
Veröffentlichung des Alemannischen Instituts Freiburg i. Br. 49, Bühl/Baden 1983) S. 77-99, sowie DERS.,
Die Grafen Alemanniens in merowingischer und karolingischer Zeit. Eine Prosopographie (Archäologie
und Geschichte. Freiburger Forschungen zum ersten Jahrtausend in Südwestdeutschland 2, Sigmaringen
1986) unter den jeweiligen Breisgaugrafen. – Für die spätere Zeit: Meinrad SCHAAB, Landgrafschaft und
Grafschaft im Südwesten des deutschen Sprachgebiets (Zeitschrift für die Geschichte des Oberrheins 132,
1984) S. 31-55.

96 Die räumliche Erstreckung des Archidiakonatsbezirks ergibt sich vor allem aus der Urkunde Friedrich
Barbarossas für Bischof Hermann von Konstanz (MGH D Friedr. I. Nr. 128, 1155 Nov. 27) sowie aus dem
›Liber decimationis cleri Constanciensis pro Papa de anno 1275‹, hg. von W. HAID (Freiburger Diözesan-

schaftsverfassung in der Folge zerfiel und die alten Bezirke seit der Jahrtausendwende ihr ursprüngliches Gepräge zunehmend verloren, so scheint es dennoch gerechtfertigt, den Breisgau als Arbeitsgebiet zu wählen; denn die karolingische Verwaltungsgliederung hat in vielfältiger Weise in das hohe Mittelalter hinein fortgewirkt. So wurde das Grafenamt, das die Vorfahren der Zähringer, die Bertolde, vielleicht im Zuge der Neuordnung des Oberrheingebiets durch Heinrichs II. und Konrads II. Burgundpolitik erlangten[97], zu einem der Ausgangspunkte zähringischer Herzogsherrschaft vom 11. bis zum 13. Jahrhundert. Denn seit der Eroberung des Breisgaus durch Bertold II. im Jahre 1079[98] waren diese schwäbischen Dynasten ohne Zweifel die unbestrittenen Herren zwischen Schwarzwald und Oberrhein und konnten hier ihre Herrschaft in einer Weise ausbauen und intensivieren, wie es in den linksrheinisch-burgundischen, aus dem Rheinfelder Erbe stammenden Landschaften in der heutigen Schweiz wohl nicht gelang. So brachte die Zähringerzeit die Ausbildung und Blütezeit der Burgenlandschaft und des ritterlichen Lebens am südöstlichen Oberrhein mit sich: Hier konnten die Herzoge sich ganz überwiegend auf »Ministerialen«, ihre hauseigenen »Dienstmannen«, stützen, deren Sitze sich in einem dichten Netz über den Breisgau spannten, dichter als im älteren zähringischen Herrschaftskern am Albtrauf, großflächiger auch als in den ehemaligen Rheinfelder Landen zwischen Reuss und Aare[99].

Kennzeichnend für den Stellenwert des Breisgaus im Rahmen der Zähringerherrschaft ist auch, daß sich hier kaum andere Grafengeschlechter neben den Herzogen behaupten konnten: Die Nimburger, die seit Ende des 11. Jahrhunderts über den Grafentitel verfügten, gelten als einziges Beispiel gräflicher Breisgauer Vasallen der Zähringer[100], während andere, wie vielleicht die Herren von Staufen, sich dem Sog der jüngeren zähringischen Herrschaftsbildung am Oberrhein wohl nicht entziehen konnten und trotz bedeutender angestammter Herrschaftsrechte, wie in diesem Falle der Vogtei über das Kloster St. Trud-

Archiv 1, 1865) S. 198-212; danach FEGER (wie Anm. 94) und STÜLPNAGEL (wie Anm. 91); Martin WELLMER, Der vorderösterreichische Breisgau (Vorderösterreich. Eine geschichtliche Landeskunde, hg. von Friedrich METZ, Freiburg ²1967) S. 282-288; vgl. jetzt: Meinrad SCHAAB, Beiwort zur Karte VIII/5 ›Kirchliche Gliederung um 1500‹ (Historischer Atlas von Baden-Württemberg, wie Anm. 34) mit Hinweisen, sowie DERS. (wie Anm. 95) S. 38 f.

97 ZOTZ (wie Anm. 68) S. 172 ff.; zuletzt Gerd ALTHOFF, Die Zähringerherrschaft im Urteil Ottos von Freising (Die Zähringer. Eine Tradition und ihre Erforschung, hg. von Karl SCHMID, Veröffentlichungen zur Zähringerausstellung I, wie Anm. 29) S. 53 f. – Vgl. auch Die Zähringer 2 (wie Anm. 29) S. 19 f.

98 Karl SCHMID, Die Burg Wiesneck und die Eroberung des Breisgaus durch Bertold II. im Jahre 1079 (Kelten und Alemannen im Dreisamtal, wie Anm. 95, S. 115-139) bes. S. 136-139; DERS. in: Die Zähringer 2 (wie Anm. 29) S. 19-23 Nrn. 10-11.

99 Vgl. die Kartierung des Zähringerbesitzes am Oberrhein: Hansmartin SCHWARZMAIER – Joachim FISCHER, Karte V/3 ›Hochadelsbesitz im 12. Jahrhundert (Zähringer, Welfen)‹ (Historischer Atlas von Baden-Württemberg, wie Anm. 34); eine Kartierung des Zähringergutes im gesamten Herrschaftsgebiet der Herzoge fehlt bis heute (vgl. meine Bemerkungen in: Die Zähringer 2, wie Anm. 29, S. 17 f. Nr. 9, mit Hinweisen). – Karte der Zähringer Ministerialen: wie oben Anm. 5.

100 Sie erlangten spätestens 1094 die Grafenwürde, wobei bislang nicht geklärt ist, auf welche Weise: Ulrich PARLOW, Die Grafen von Nimburg. Zur Frage ihrer Herkunft und ihrer verwandtschaftlichen Beziehungen (Zulassungsarbeit zur Wissenschaftlichen Prüfung Freiburg i. Br. 1984; Masch.) bes. S. 49-54. Bereits geraume Zeit vor dem Ende der Zähringer gaben die Nimburger ihre Herrschaft zugunsten der Teilnahme am vierten Kreuzzug auf, überließen sie jedoch nicht dem Zähringerherzog, sondern dem König und dem Bischof von Straßburg. Für unser Projekt ist auch von Bedeutung, daß einige Burgen im nördlichen Breisgau zur Nimburger Herrschaft gehörten. – Zu den anderen kleinen Herrschaften im nördlichen Breisgau, deren Anfänge noch in die Zähringerzeit zurückreichen: KOHLER (wie Anm. 3) S. 31 ff. sowie Rolf BRINKMANN, Burgruine Hochburg (Emmendingen 1984) S. 7 ff.

pert im Münstertal, in dienstrechtliche Abhängigkeit von den Herzögen, in die *familia* oder *domus ducis* gerieten oder sich begeben mußten[101].

Zusammenfassend darf man wohl sagen, daß der hochmittelalterliche Breisgau eine nachhaltig von der Herzogsherrschaft der Zähringer geprägte Landschaft war und als Kultur- und Burgenlandschaft durchaus ein eigenes Gesicht gezeigt haben dürfte[102], das sich in manchem abgehoben haben mag vom benachbarten bischöflichen Baselbiet[103] und vom Elsaß auf der anderen Rheinseite[104]. Unter dem Aspekt der naturräumlichen Gegebenheiten betrachtet, forderte der Breisgau die mittelalterlichen Burgherrn und Architekten freilich in ähnlicher Weise heraus wie die Nachbarlandschaften. Die kleinteilige und abwechslungsreiche Gliederung in die Rheinaue mit ausgedehnten, sumpfigen Wäldern, eine nach Norden hin sich öffnende Tiefebene mit den markanten Höhenzügen des Kaiserstuhls und Tunibergs, eindrucksvollen Inselbergen wie Breisach, Limberg/Sasbach, Schönberg und Staufener Burgberg, sowie den Bergen und Tälern des Hochschwarzwalds hatte wohl eine sehr differenzierte Burgenbaukunst zur Folge[105].

Als das Erbe der Zähringer nach dem Tode Herzog Bertolds V. 1218 unter den Urachern, Kiburgern und Teckern aufgeteilt wurde[106], da vollzog sich auch im alten Breisgau jene territoriale Aufsplitterung, wie sie für weite Teile des spätmittelalterlichen Reichs als typisch gilt. Im einstigen Zähringerland am Oberrhein konnte nun mancher ehemaliger Vasall oder Ministeriale der Herzoge eine eigene Herrschaft aufbauen oder erweitern und sichern, während andererseits die aufstrebenden Städte und die Habsburger ihre Position nicht zuletzt durch den Erwerb von Burgen mit deren Zubehör zu konsolidieren trachteten[107]. Was die Spätzeit des Mittelalters betrifft, ist das Projekt daher gefordert, den bereits von Kohler erreichten landesgeschichtlichen Forschungsstand auszubauen und die politische Rolle der Burgen genauer zu beschreiben und zu verstehen.

Die untere zeitliche Begrenzung setzen wir im allgemeinen am Ende des Mittelalters, auch wenn diese Periodengrenze in einzelnen Artikeln überschritten wird. Falls eine mittelalterliche Burgstelle zu einem Schloß oder zu einer Festung umgebaut wurde, was nicht selten geschah und noch häufiger angenommen wird, muß dies Erwähnung finden, ebenso das Schicksal der Burgruinen in der Neuzeit. So erscheinen gelegentlich auch

101 Die Zähringer 2 (wie Anm. 29) S. 53 ff. sowie S. 59 ff. Nr. 36-38.
102 Vgl. Kohler (wie Anm. 3) S. 10 bzw. 30, wo von der ›Burgenpolitik der Herzoge‹ und von einem ›systematische(n) Burgenbau‹ der Zähringer mit dem Ziel, die ›Schwarzwaldpässe‹ zu beherrschen, die Rede ist.
103 Die Burgenlandschaft im Baselbiet charakterisiert Meyer (wie Anm. 32) S. 68-74, im Kiburger Herrschaftsgebiet Ders. (wie Anm. 20) S. 69 ff. – Allg. vgl. Schaab, Elemente (wie Anm. 34) S. 9.
104 Vgl. Lucien Sittler, L'Alsace: terre d'histoire (Colmar 1972) S. 54 ff. und S. 77 ff.; Salch, Dictionnaire (wie Anm. 9) S. 8-10 und bes. S. 356; neuerdings Paul Stintzi, Der Sundgau. Landschaft – Geschichte – Kultur (Freiburg i. Br. 1985) S. 36 ff.
105 Vgl. die Bemerkungen über die elsässischen Motten von Burnouf, Les mottes castrales (wie Anm. 10) S. 18 ff. und Hübener (wie Anm. 43).
106 Die Zähringer 2 (wie Anm. 29) S. 114 ff.
107 Vgl. Kohler (wie Anm. 3) passim. - Leider fehlen meist neuere landesgeschichtliche Arbeiten über die angesprochenen Herrschaften und Themenkreise, vgl. beispielsweise Christoph Bühler, Die Herrschaft Geroldseck. Studien zu ihrer Entstehung, ihrer Zusammensetzung und zur Familiengeschichte der Geroldsecker im Mittelalter (Veröffentlichungen der Kommission für geschichtliche Landeskunde in Baden-Württemberg, Reihe B: Forschungen 96, Stuttgart 1981).

Herrenhäuser und Schlösser[108] im Katalog, obwohl diese Anlagen als solche nicht verzeichnet werden sollen[109].

III. Perspektiven: Das Beispiel der Niederungsburg Vörstetten

Den Burgen im Flachland des Breisgaus ist in der Vergangenheit wenig Aufmerksamkeit zuteilgeworden. In den eingangs genannten Burgenbüchern für Südbaden, die während der letzten Jahre erschienen sind, fehlen sie fast völlig; dort stehen die Burgruinen im Vordergrund, so daß der Eindruck entsteht, der Breisgau sei eine von Höhenburgen bestimmte Landschaft gewesen[110]. Die seitens des Landesdenkmalamtes Baden-Württemberg seit geraumer Zeit betriebene systematische Inventarisierung und Prospektion der Bodendenkmäler hat jedoch gezeigt, daß die mittelalterlichen Burgstellen in unserem Arbeitsgebiet bei weitem nicht alle bekannt sind. Ein erst kürzlich entdecktes bzw. wiederaufgefundenes Bodendenkmal, die Niederungsburg von Vörstetten, Kreis Emmendingen[111], mag daher als Beispiel für einige Aspekte unserer Arbeit dienen, die unter anderem auf eine umfassende Kenntnis der Burgenlandschaft Breisgau zielt. Viele landesgeschichtliche und burgenkundliche Fragen wird man erst beantworten können, wenn der gesamte Burgenbestand festgestellt sein wird. Das Beispiel fordert deswegen auch Bemerkungen zu den Perspektiven des Projekts heraus.

Daß den Niederungsburgen im Breisgau bisher geringes Interesse entgegengebracht wurde[112], hat viele Gründe, unter denen vor allem die gegenüber den Höhenburgen andersartigen nachmittelalterlichen Schicksale eine Rolle spielen. Anders als die Burgruinen auf abgelegenen Höhen und Bergen waren sie nach der Auflassung zum einen der landwirtschaftlichen Nutzung ausgesetzt. Angesiedelt inmitten fruchtbarer Fluren der Täler und der Rheinebene, verwischte der Pflug Wall und Graben. Burghügel und Gebäudereste sind fragmentarisiert und im Gelände, wenn überhaupt, nur noch in Spuren erkennbar. Zum anderen entstand auf den mittelalterlichen Burgstellen in der Niederung nicht selten ein neuzeitliches Schloß, wie zahlreiche Beispiele etwa im benachbarten, auch

108 R. VON FREYHOLD, Breisgauer Herrenhäuser (Diss. TH Stuttgart 1937, gedr. Würzburg-Aumühle 1939) Vorwort S. I ff. und 1 ff.

109 Bereits die älteren burgenkundlichen Sammlungen, etwa SCHUSTER (wie Anm. 2), verzeichnen die neuzeitlichen Anlagen, ferner jetzt: Ldkrs. Breisgau-Hochschwarzwald. Liste der Kulturdenkmale I: Die Bau- und Kunstdenkmale des ehemaligen Kreises Freiburg (Freiburg 1974) usf., jeweils unter den entsprechenden Gemeinden.

110 Vgl. oben bei Anm. 5. – Symptomatisch dafür ist auch das Schicksal der Motten in unserer Region. Als Joëlle Burnouf die Elsässer Anlagen 1969 zu sammeln begann, waren dort gerade vier künstliche Burghügel bekannt, beim Abschluß des Projektes Mitte der 70er Jahre waren es immerhin rund 90 gesicherte Burgen dieses Typs (!): BURNOUF, Les mottes castrales (wie Anm. 10) S. 3 f. – Über Südwestdeutschland HÜBENER (wie Anm. 43) bes. S. 69 ff.

111 Herrn Dr. P. Schmidt-Thomé vom LDA Baden-Württemberg, Außenstelle Freiburg, Bodendenkmalpflege verdanke ich die Einsicht in die Akten über Rettungsgrabungen zweier bis zur Flurbereinigung (›Rebumlegung‹) während der 70er Jahre unbekannter Burgen in Kiechlingsbergen und Amoltern.

112 Vgl. die Bemerkungen von BURNOUF, Les mottes castrales (wie Anm. 10) S. 4: ›En effet il faut bien dire que jusqu'à une époque récente en France, la motte appelée castrale aujourd'hui, féodale autrefois, n'avait jamais beaucoup attiré l'attention de l'historien de l'époque médiévale. Son caractère, il est vrai, n'en faisait pas un monument facile à étudier. Les préhistoriens plus que les médiévistes se sont posés des questions à son sujet: leur etude des *tumuli* les confrontait à cette réalité‹. Dieses Urteil gilt im großen und ganzen für die Niederungs- oder Tiefburgen allgemein und insgesamt; vgl. oben bei Anm. 5; allg. Heinrich FICHTENAU, Lebensordnungen des 10. Jahrhunderts. Studien über Denkart und Existenz im einstigen Karolingerreich (Monographien zur Geschichte des Mittelalters 30, Stuttgart 1984) S. 466 ff.

in dieser Hinsicht besser erforschten Elsaß zeigen[113], denn deren Lage in oder nahe den
Dörfern kam den Bauherren und Schloßarchitekten in vielerlei Hinsicht entgegen. Drittens
schließlich tragen Niederungsburgen gewöhnlich keinen eigenen Namen; sie heißen meist
wie die Siedlungen, an welche sie sich anlagerten, oder in deren Kern sie aus älteren
Strukturen erwuchsen[114].

Die Suche nach Burgstellen im Altsiedelland der Rheinebene und in den Tälern des
Schwarzwaldrandes ist daher allein mit historischen Methoden nicht zu bewältigen; sie
erfordert neben dem Studium der Schriftquellen den Einsatz eines umfänglichen hilfswis-
senschaftlichen Instrumentariums unter anderem aus den benachbarten Fächern, etwa die
Auswertung von Flurnamen und historischen Karten oder die Heranziehung der Altsied-
lungs- oder Wüstungskunde, und vor allem die Zurhilfenahme archäologischer Prospektionsverfahren wie Geländebegehung, Sammlung von Oberflächenfunden[115], Luftphoto-
graphie usf.[116].

Mithilfe archäologischer Prospektionsverfahren, aber auch im Zuge der großflächigen
Flurbereinigung etwa im Kaiserstuhl konnte in den vergangenen Jahren, von der Öffentlich-
keit fast unbemerkt, manche mittelalterliche Burgstelle in unserem Arbeitsgebiet gefunden
werden: die Niederungsburg Vörstetten, ein Burghügel bei Oberried/Kirchzarten, ein
solcher am Wolfsgraben bei Ehrenstetten/Ehrenkirchen usw. Dies ist nicht das Verdienst
unserer Arbeit, sondern des Landesdenkmalamts Baden-Württemberg, das sich dankenswer-
terweise zu der notwendigen Kooperation bereitgefunden hat[117]. Ein im Denkmalamt

---

113 SALCH, Dictionnaire (wie Anm. 9) S. 354/5 (Karte) und S. 356; vgl. auch die Karte bei BURNOUF, Les
mottes castrales (wie Anm 10) S. 15 sowie Text S. 16.
114 Vgl. für das Elsaß ebd. S. 13 f.
115 Vgl. ebd., S. 4 f.
116 Gerade die Prospektion per Luftbild hat in den vergangenen Jahren in Süddeutschland einen großen
Aufschwung genommen und kann, systematisch eingesetzt, beachtlichen Erfolg verbuchen: Otto
BRAASCH, Luftbildarchäologie in Süddeutschland. Spuren aus römischer Zeit (Aalen 1983) Vorwort S. 3 f.;
s. auch Dieter PLANCK – Rolf GENSHEIMER, Luftbildarchäologie in Baden-Württemberg (Archäologische
Ausgrabungen in Baden-Württemberg 1982, Stuttgart 1983) S. 13-17, sowie Dieter PLANCK – Wolfgang
STRUCK, Luftbildarchäologie in der südlichen Oberrheinebene (ebd.) S. 18-23; Rolf GENSHEIMER,
Luftbildarchäologie in Baden-Württemberg in den Jahren 1984/85 (Archäologische Ausgrabungen in
Baden-Württemberg 1985, Stuttgart 1986) S. 13-19. – Eindrucksvolle Beispiele der Ortung mittelalterlicher
Burgen per Luftbild in Bayern: Rainer CHRISTLEIN – Otto BRAASCH, Das unterirdische Bayern (Stuttgart
1982) S. 68-72 sowie S. 158-171 Nrn. 29-35. – Allg. beispielsweise Irvin SCOLLAR, Methoden der modernen
Luftarchäologie (Methoden der Archäologie, wie Anm. 41) S. 40-47 (mit Hinweisen S. 47). – Auch im Elsaß
hat man sich in der Burgenforschung mit Erfolg der Luftbildprospektion bedient: BURNOUF, Les mottes
castrales (wie Anm. 10) S. 5; das gleiche gilt für die Auswertung historischer Landkarten, welche in
unserem Arbeitsgebiet im Hinblick auf die Burgen noch nicht systematisch betrieben worden ist; vgl. dazu
allg. Eugen REINHARD, Inhalt und Wert alter Karten für die landeskundliche Forschung (Landkarten aus
vier Jahrhunderten. Katalog zur Ausstellung des Generallandesarchivs Karlsruhe = Karlsruher geowissen-
schaftliche Schriften, Reihe A: Kartographie und Geographie 3, 1986) S. 39-44 (mit Hinweisen); Hansmartin SCHWARZMAIER, Kartographie und Gerichtsverfahren: Karten des 16. Jahrhunderts als Aktenbeilagen.
Zugleich ein Katalog der ältesten handgezeichneten Karten des Generallandesarchivs Karlsruhe (Aus der
Arbeit des Archivars. Fs. f. Eberhard Gönner, hg. von Gregor RICHTER = Veröffentlichungen der
staatlichen Archivverwaltung Baden-Württemberg 44, Stuttgart 1986) S. 163-186; ferner Wolf-Dieter SICK,
Der alemannisch-schwäbische Sprachraum im historischen Kartenbild (Die historische Landschaft zwischen Lech und Vogesen: Forschungen und Fragen zur gesamtalemannischen Geschichte, hg. von Pankraz
FRIED und Wolf-Dieter SICK = Veröffentlichung des Alemannischen Instituts Freiburg i. Br. 59 = Studien
zur Geschichte des bayerischen Schwabens 17, Augsburg 1988) S. 137-163.
117 Auf dankenswerte Bemühungen der Herren Dr. D. Planck, Dr. P. Schmidt-Thomé und Prof.
Dr. H. Steuer hat das Landesdenkmalamt Baden-Württemberg ein Befliegungsprogramm eingeleitet, dessen Durchführung in den Händen von R. Gensheimer liegt.

Abb. 3 Luftbild der abgegangenen Burganlage am nordwestlichen Ortsrand von Vörstetten, Kreis Emmendingen (Foto: Landesdenkmalamt Außenstelle Freiburg, ? 1967)

Abb. 4   Ausschnitt aus Abb. 3

inventarisiertes, 1967 von einer anderen Behörde aufgenommenes Luftbild des westlichen Dorfrandes von Vörstetten[118] gibt nun höchst interessante Aufschlüsse über Lage und Gestalt einer abgegangenen Niederungsburg (Abb. 3 und 4). Die Anlage stößt an den Vörstetter Mühlbach im Gewann »Viehweide«, rund 250 m vom heutigen (und wohl auch mittelalterlichen) Ortskern entfernt[119]. Die unmittelbar benachbarte Flur »Brühl« sowie der Bachlauf weisen darauf hin, daß die Burg einst nicht nur durch die auf dem Luftbild deutlich sichtbaren Wälle und Gräben geschützt war, sondern auch im größeren Rahmen durch ihre Lage in der feuchten Niederung. Weiter nordwestlich zeigt der Flurname »Herrenholz« wahrscheinlich einen ehemaligen Bestandteil der Burgherrschaft an.

Der Vörstetter Mühlbach scheidet das Burggelände vom Dorf, das wenig weiter östlich auf der Niederterasse liegt; die Mühle am gegenüberliegenden Bachufer dürfte wohl erst im 18. Jahrhundert dort angesiedelt worden sein[120]. Auf dem Luftbild dominiert auf den ersten Blick ein kreisrundes, dunkel gefärbtes Muster, welches ein Grabensystem, einst wohl gespeist vom Bach, bezeichnet. Es handelt sich um die Reflexe zweier breiter, konzentrischer Gräben, getrennt durch einen schmalen Wall (im Bild heller). Ein dritter, wiederum konzentrischer und dunkler Ring ganz außen bezeichnet allem Anschein nach den Fuß eines mächtigen, die Gräben umfassenden Walls. Manche der auf dem Luftbild erkennbaren Strukturen sind heute noch im Gelände sichtbar, so beispielsweise das (im Bild helle) Zentrum der Anlage – ein geringfügig aus dem ebenen Umgelände herausgehobenes Plateau. Die landwirtschaftliche Nutzung der abgegangenen Burgstelle hat den ehemaligen Kern der Anlage zwar weitgehend eingeebnet, jedoch nicht völlig zu beseitigen vermocht. Dort dürften die Burggebäude zu suchen sein, die allein künftige archäologische Ausgrabungen wieder ans Licht fördern könnten. Weder die schwachen, heute kaum einer sicheren Deutung zugänglichen Strukturen (vielleicht Gruben? Zweckbestimmung?), die das Luftbild wohl von 1967 preisgibt, noch die vom Vf. beobachteten, hochgepflügten Buntsandsteinbrocken mit teilweise behauenen Kanten (Geländebegehung 1986) wollen nähere Auskunft über Baugestalt, Typ und Charakter der Vörstetter Burg geben. Auf Grund von – allerdings vorwiegend aus den deutschen Rheinlanden, England, Belgien und Nordfrankreich stammenden – Erkenntnissen moderner Grabungen[121] steht immerhin zu

118 Ortsakten LDA, Außenstelle Freiburg, Bodendenkmalpflege. – Herr Dr. P. Schmidt-Thomé hat unserem Projekt von Anfang an jede erdenkliche Unterstützung angedeihen lassen, wofür ihm auch an dieser Stelle herzlich Dank gesagt sei. – Im Rahmen einer Freiburger Luftbild-Ausstellung im Sommer 1985 (vgl. das Begleitblatt von Manfred KOTTERBA, ›Luftbildarchäologie‹, o.O. und o.J.) wurde kommentarlos ein weniger aussagefähiges, indessen farbiges Luftbild der Vörstetter Burg gezeigt; vgl. jetzt Wolfgang STRUCK, Archäologie in Südbaden aus der Vogelperspektive (Archäologische Nachrichten aus Baden 33, 1984) S. 7f. mit Abb. 7, wo eine weitere Aufnahme abgedruckt ist. – SCHUSTER (wie Anm. 2) S. 218 Nr. 403, notierte: ›Vörstetten. Reste eines Schlosses erwähnt, das von einem tiefen Graben und Wall umgeben war und wohl dem im 12. Jahrhundert vorkommenden Ortsadel als Sitz gedient hatte; heute ist davon nichts mehr vorhanden‹.
119 TK 1:25000 Bl. 7913; DGK 1:5000 Bl. 7912.16.
120 LDA-Freiburg, Ortsakten. – Elsässische Beispiele für das Zueinander von Dorf und Niederungsburg, in diesem Falle vom Typ der ›Motte‹, behandelt BURNOUF, Les mottes castrales (wie Anm. 10) S. 29, vgl. dazu ebd. S. 32ff., wobei hervorgehoben sei, daß dieser Typ des Zueinanders im Elsaß offenbar sehr häufig begegnet.
121 Ich nenne nur ein Beispiel der mittlerweile zahlreichen modernen Burgengrabungen, die Holzbaubefunde erbracht haben: Jacques LE MAHO, La motte seigneuriale de Mirville. XIᵉ-XIIᵉ siècles (Recherches historiques et archéologiques de Haute-Normandie, Rouen 1984) S. 7f. und S. 13ff.; vgl. ferner: Aspects de la construction de bois en Normandie, du Iᵉʳ siècle au XIVᵉ siècle. Travaux publiés sous la direction de Patrick HALBOUT et Jacques LE MAHO (Centre Archéologique de Normandie, Caen 1984) passim, bes. S. 94ff. - Im Hinblick auf die Elsässer Niederungsburgen behandelt das Problem BURNOUF, Les mottes castrales (wie Anm. 10) S. 6ff. (mit zahlreichen Hinweisen).

vermuten, daß die Burggebäude ursprünglich in Holzbauweise ausgeführt waren, im Verlaufe des späteren Mittelalters dann jedoch von Steinbauten abgelöst wurden. Dafür sprechen jedenfalls offenbar noch im Jahre 1758 sichtbare Reste[122].

Den von Wall und Doppelgraben geschützten Burghügel dürften dem Luftbild von 1967 zufolge noch weitere, vorburgartige Anlagen umgeben haben[123]. Wohl kaum zufällig zeigt das Foto zahlreiche dunkle Verfärbungen südlich und südöstlich der Kreisgräben; und nahe der Stelle, wo der Bachlauf auf das Grabensystem trifft, fallen Unregelmäßigkeiten auf, die auf eine Brücke vom Burginnern nach außen deuten mögen. Soweit zu den Anhaltspunkten, die das Luftbild darbietet.

Nachdem auf der Vörstetter Burgstelle bereits seit Jahren mittelalterliche Scherben aufgesammelt worden waren, berührten 1980 Kanalisationsarbeiten beim Bau eines Regenwasserklärbeckens das Gelände. Leider konnte damals keine planmäßige Ausgrabung, sondern nur eine Befunddokumentation in dem bereits ausgebaggerten Kanalgraben vorgenommen werden. Dieser zog sich entlang des linken Mühlbachufers und dürfte Teile des Grabensystems zerstört haben, während der zentrale Burgplatz vermutlich unberührt blieb. Er ist allerdings – wie die gesamte Anlage – durch die landwirtschaftliche Nutzung des Geländes (Maisanbau!) akut gefährdet; eine gründliche und planmäßige archäologische Untersuchung ist dringend angezeigt: Es wäre eine Rettungsgrabung!

Die aufgesammelten Scherben datieren großenteils ins 13./14. Jahrhundert[124]; vielleicht wird die noch ausstehende Bearbeitung dieses Materials erste Anhaltspunkte hinsichtlich der Fragen erbringen, welche die Vörstetter Niederungsburg aufgibt, beispielsweise, ob ihre Anfänge bereits in der Zähringerzeit zu suchen sind. Herren »von Vörstetten«, Personen also, die als ehemalige Burgbewohner vor allem in Frage kommen, genauer, Ministeriale der Zähringer, kennen wir nämlich schon im 12. Jahrhundert. Während der Ort erstmals 993[125] und dann 1008 bezeugt ist (*Verstat, Ferstete, Wersteten*)[126], treten in den Zähringer Urkunden seit 1111 als Zeugen Leute »aus dem Hause des Herzogs« (*de domo ducis*) auf, die sich nach Vörstetten zubenennen: zunächst *Berewardus de Verstat*[127],

122 Vgl. ebd., S. 16 mit interessanten statistischen Angaben zu solchen späteren Veränderungen. In eine ›Wasserburg‹ im Sinne des bei SALCH, Dictionnaire (wie Anm. 9) S. 360 f. vorgeschlagenen Typus ist Vörstetten allerdings nicht umgewandelt worden. – Zur Zeitstellung der kastellartigen Burgtypen: MECK-SEPER (wie Anm. 144).

123 Dazu allg. HINZ (wie Anm. 44) S. 45 ff.; zum folgenden S. 44 f.

124 Freundliche Auskunft von Herrn Dr. P. Schmidt-Thomé, LDA-Freiburg.

125 Carl George DÜMGÉ, Regesta Badensia. Urkunden des Großherzoglich Badischen General-Landes-Archives von den ältesten Zeiten bis zum Schlusse des 12. Jahrhunderts (Karlsruhe 1836) S. 12 Nr. A. 33 = MGH DO III Nr. 129 (ohne die von den jeweiligen Herausgebern besprochene Interpolation); vgl. jetzt: Die Zähringer 2 (wie Anm. 29) S. 50 ff. Nr. 29-30. – Zu bedenken bleibt freilich auch, daß die Zuordnung der Burgstelle zum Dorf Vörstetten in der schriftlichen Überlieferung letztendlich nicht explizit bezeugt ist. Die Wildbannurkunde von 1008 (MGH D HII Nr. 188) nennt nächst Vörstetten den (heute wüsten) Ort *Thiermondingen* (TK 7912: ›ehem. Thirmendingen‹) auf Vörstetter Gemarkung, der allerdings von der ehemaligen Tiefburg erheblich weiter entfernt liegt als das Dorf Vörstetten selbst; vgl. Albert KRIEGER, Topographisches Wörterbuch des Großherzogtums Baden 2 (Heidelberg ²1905) Sp. 1185 f.; vgl. jetzt die Karte ›Abgegangene agrarische und gewerbliche Siedlungen ...‹ (wie Anm. 38) mit Beiwort von SCHAAB.

126 Joseph TROUILLAT, Monuments de l'histoire de l'ancien évêché de Bâle 1 (Porrentruy 1852) S. 149 ff. Nr. 93, ferner Nr. 94 = MGH D HII Nr. 188; vgl. dazu jetzt: Die Zähringer 2 (wie Anm. 29) S. 227 f. Nr. 183 (mit Hinweisen).

127 Michael BORGOLTE, Urkunden zu den Besitzstreitigkeiten zwischen den Klöstern St. Gallen, St. Peter und St. Märgen (1111-1136) (Kelten und Alemannen im Dreisamtal, wie Anm. 94) S. 174 Nr. 1 Z. 92-3; vgl. jetzt auch: Die Zähringer 2 (wie Anm. 29) S. 129 f. Nr. 101-102.

dann *Reginhardus* (vor 1146), *Bertholdus*[128], schließlich *Walterus* und *Cuonradus de Virstetin* (1179)[129].

Wenn angesichts der Quellenlage unklar bleibt, wie sich die Besitz- und Herrschaftsverhältnisse im hochmittelalterlichen Vörstetten entwickelten, so seien doch einige Stationen genannt, die in der Überlieferung aufscheinen. Der Weiler nordwestlich Zähringens zählt nicht zu den ältesten mittelalterlichen Orten im Breisgau, deren Namen auf -ingen oder -heim enden und die meist nahe des Schwarzwaldrandes auf der »Hochterrasse« des Rheintals entstanden[130]. Ortsname und vorgeschobene Position in der Rheinebene weisen darauf hin, daß Vörstetten eine Siedlung des frühmittelalterlichen Landesausbaus, aus der Karolinger- und Ottonenzeit ist. Der Sulzburger Überlieferung zufolge gelangte der Ort um die Jahrtausendwende aus den Händen des Breisgaugrafen Birchtilo an dessen Kirchengründung St. Cyriak, 1008 schließlich mit dem mittlerweile an der Cyriakkirche eingerichteten Kloster an das Hochstift Basel; ob diese Traditionen jeweils den gesamten Ort Vörstetten oder nur Teile desselben betrafen, bleibt freilich offen, ebenso sein weiteres Schicksal bis zum ersten Auftreten der Zähringer Ministerialen »von Vörstetten« im Jahre 1111. In der bekannten Wildbannurkunde Heinrichs II. für den Basler Bischof, die gewiß nicht zufällig im gleichen Jahr ausgestellt wurde, da Sulzburg mit sämtlichem Zubehör an Basel fiel, erscheint Vörstetten unter anderen Orten lediglich als »Grenzmarke« des in diesem Dokument umschriebenen Wildbannes im Breisgau.

Wie Vörstetten und die sich spätestens seit 1111 nach dem Ort zubenennenden Leute unter die Herrschaft der Zähringer gerieten, oder ob sie dort von den Herzogen installiert worden sind, wissen wir nicht. Aber ähnliches gilt eben bezeichnenderweise auch für die Beziehungen der Zähringer zur Basler Bischofskirche insgesamt[131] und ebenso für die Frühgeschichte der im Breisgau besonders zahlreichen und dichten Schar zähringischer Ministerialen[132], so daß die Vörstetter Problematik als exemplarisch für diese Fragenkomplexe aus der hochmittelalterlichen Landesgeschichte des Breisgaus genommen werden darf. Sicher ist nur eines: Die Lage Vörstettens in unmittelbarer Nachbarschaft des

---

128 Friedrich VON WEECH, Der Rotulus Sanpetrinus nach dem Original im Großherzoglichen General-Landesarchiv in Karlsruhe (Freiburger Diözesan-Archiv 15, 1882) S. 150 sowie S. 167; vgl. HEYCK (wie Anm. 6) S. 558; KRIEGER (wie Anm. 125) Sp. 1296-1298.

129 Eduard HEYCK, Urkunden, Siegel und Wappen der Herzoge von Zähringen (Freiburg i. Br. 1892; ND in: HEYCK, wie Anm. 6, im Anhang) S. 15 f. Nr. XII; Abb.: Die Zähringer 2 (wie Anm. 29) S. 58 f. Nr. 35 Abb. 40.

130 Dazu Hildegard GRAF – Hans JÄNICHEN, Karten IV/2-3 ›Der alemannische und fränkische Siedlungsraum: 1. Ortsnamen auf -ingen, -heim und -dorf‹, sowie DIES., ›... 2. Ortsnamen auf -hausen, -hofen, -stetten, -statt und -weiler‹ (Historischer Atlas von Baden-Württemberg, wie Anm. 34); vgl. jetzt Dieter GEUENICH in diesem Band S. 207 ff.

131 So bereits HEYCK (wie Anm. 6) S. 500 ff.; vgl. Heinrich BÜTTNER, Die Zähringer im Breisgau und Schwarzwald während des 11. und 12. Jahrhunderts (Schauinsland 76, 1958, S. 3-18; wiederabgedruckt in: Schwaben und Schweiz im frühen und hohen Mittelalter. Gesammelte Aufsätze von Heinrich Büttner, hg. von Hans PATZE = Vorträge und Forschungen 15, Sigmaringen 1972) S. 143-162, und DERS., Basel, die Zähringer und die Staufer. Studien zum politischen Kräftespiel am Oberrhein im 11./12. Jahrhundert (Basler Zeitschrift für Geschichte und Altertumskunde 57, 1958, S. 5-22; wiederabgedruckt in: Schwaben und Schweiz) S. 209-224; jetzt auch: Die Zähringer 2 (wie Anm. 29) S. 114 f.

132 Über die Zähringerministerialen ist seit HEYCK (wie Anm. 6) S. 539-559 (mit Verzeichnis) kaum mehr geforscht worden. Kartierungen bei KOHLER (wie Anm. 3) S. 11, und jetzt: Die Zähringer 2 (wie Anm. 29) S. 54-56 mit Abb. 38. – Allg. und landschaftsübergreifend zuletzt: Benjamin ARNOLD, German Knighthood 1050-1300 (Oxford UP 1985); ferner Günther BRADLER, Studien zur Geschichte der Ministerialität im Allgäu und in Oberschwaben (Göppinger akademische Beiträge 50, 1973); zum Breisgau beispielsweise Josef FLECKENSTEIN, Vom Rittertum der Stauferzeit am Oberrhein (Alemannisches Jahrbuch 1979/80) S. 21-42.

breisgauischen Besitzkerns der Zähringer und nahe der Zähringerburg erklärt natürlich das starke Interesse der Herzoge für den Ort am Rande des Basler Wildbannbezirkes[133].

Nachdem schon während der letzten Jahrzehnte der Zähringerherrschaft, seit 1179, Ministerialen »von Vörstetten« höchstwahrscheinlich nicht mehr bezeugt sind, nehmen in späteren Zeiten andere ehemalige Zähringer Dienstleute, die Falkensteiner, Rechte im Dorf wahr, deren Vögte seit 1374 in der Überlieferung greifbar sind. Gericht, Zwing und Bann der Falkensteiner, schließlich dann der Markgrafen von Baden-Hachberg (seit 1405), sind später in Vörstetten nachweisbar[134]. Damit ist der Personenkreis umrissen, in dessen Händen sich die Tiefburg bis ins 16. Jahrhundert befunden haben dürfte. Während 1758 jedenfalls noch substantielle Reste der Anlage sichtbar gewesen zu sein scheinen[135], ist sie heute nur noch mithilfe der oben beschriebenen Prospektion im Geländerelief und durch Lesefunde erkennbar.

Einige abschließende Bemerkungen mögen, soweit dies heute möglich ist, den Standort der Vörstetter Niederungsburg im Rahmen des Burgenbaus am Hoch- und Oberrhein verdeutlichen. Angesichts des desolaten Kenntnisstandes kann es dabei freilich nur um erste, tastende Schritte gehen. In erster Linie kommen die Zähringerburgen in Frage[136], bei denen zumindest ein Vergleich hinsichtlich Größe und Typ gelingen dürfte, obgleich viele dieser Monumente des 12. und frühen 13. Jahrhunderts nicht mehr aufrechtstehen. Betrachtet man die Vörstetter Burgstelle im ganzen, so besaß sie beträchtliche Ausmaße. Ihr Durchmesser über Wall und Graben betrug rund 65 m[137]. Das eigentliche Burgplateau im Zentrum für sich genommen bot mit knapp 20 m Durchmesser jedoch keinen Raum für ein mächtiges Gebäude, wie es uns alte Ansichten für die Zähringerburgen über Freiburg im Breisgau[138] und in Breisach[139] bezeugen. Und mit dem in Bern ergrabenen zähringischen Donjon der Nydegg[140] sowie dem noch fast vollständig erhaltenen Thuner Schloß aus der Zeit Herzog Bertolds V. († 1218)[141] könnte Vörstetten einen Vergleich nicht bestehen und schon gar nicht mit der »Pfalzburg« der Zähringer zu Burgdorf[142], denn die genannten Donjons maßen zwischen 20 und 30 m Seitenlänge, die von Wall und Graben umfangenen inneren Burgplätze allein besaßen Dimensionen, welche die Gesamtanlage in Vörstetten übertrafen.

133 Vgl. die Bemerkungen von Büttner, Basel, die Zähringer und die Staufer (wie Anm. 131) S. 216. – Auf die alten Rechte des Klosters Sulzburg in Vörstetten verweist noch im späteren Mittelalter der ›Sultzhof‹, den die Klosterfrauen 1347 an die Johanniter zu Freiburg verkauften: Krieger (wie Anm. 125) Sp. 1297.
134 Ebd., Sp. 1296-1298.
135 Ortsakten LDA-Freiburg.
136 Darauf wies zuletzt wieder hin Jürg Schweizer in dem Vortrag: ›Das zähringische Burgdorf‹ (Freiburg i. Br., 11. Juni 1986).
137 Da ein Aufmaß mit Eintragung der Isohypsen bislang nicht vorliegt, müssen die hier genannten Maße einem Vergleich von Luftbild und Topographischer Karte entnommen werden und entbehren daher der erwünschten Genauigkeit. Der von Michael Müller-Wille, Mittelalterliche Burghügel (›Motten‹) im nördlichen Rheinland (Beihefte der Bonner Jahrbücher 16, Köln – Graz 1966) S. 6ff. erarbeiteten Einteilung zufolge (›große‹, ›normale‹ und ›kleine‹ Motten nach Maßgabe der Hügelhöhe) würde Vörstetten zu den ›kleinen‹ Motten rechnen, während der Hügeldurchmesser allerdings beachtlich wäre und eher zu einer Eingruppierung unter die ›normalen‹ Motten führte.
138 Die Zähringer 2 (wie Anm. 29) S. 229f. Nr. 185 sowie S. 149 Nr. 112; vgl. auch S. 33ff. Nr. 14 (mit Hinweisen).
139 Ebd., S. 281f. Nr. 246 sowie S. 91f. Nr. 69 mit Abb. 56.
140 Ebd., S. 250 Nr. 206. - Hier maß der von den Befestigungswerken umschlossene, ovale innere Burgplatz im Durchmesser ca. 60-70 m.
141 Ebd., S. 274 Nr. 239.
142 Ebd., S. 282f. Nr. 247.

Der Prospektion zufolge und im Lichte von Vergleichsbeispielen im Elsaß und in der Schweiz ist davon auszugehen daß das zentrale kreisförmige Plateau der Vörstetter Burg ursprünglich zwar ebenfalls ein eingliedriges Hauptgebäude, einen Wohnturm trug. Aber mehr als rund 10 m kann dessen Seitenlänge nicht betragen haben. Die genannten Größenverhältnisse würden sich gut zu dem fügen, was man aus dem Elsaß weiß[143]. Was nun den Typ der Vörstetter Anlage betrifft, kann zwar allgemein festgehalten werden, daß es sich um den altertümlichen, fast könnte man sagen, urtümlichen Typ der Rundburg handelt, doch könnte dieser Anhaltspunkt allein nicht eine Frühdatierung ins 11./12. Jahrhundert rechtfertigen. Betrachtet man aber die schriftliche Überlieferung und die Gestalt der Burg in der Zusammenschau, so wird man sagen dürfen: Die Anlage von Vörstetten könnte sehr wohl bereits unter der Zähringerherrschaft, im 12. Jahrhundert, entstanden sein[144]. Dann würde man die Bauherren unter den genannten zähringischen Ministerialen »von Vörstetten« oder in ihren Herren, den Herzogen von Zähringen, suchen. Der Burgentyp, dem Vörstetten zugehört, war freilich weit verbreitet, und wir kennen zu wenige der Zähringerburgen im Flachland gut genug, um mehr als die allgemeine Vermutung äußern zu können, die Herzoge und ihre Klientel hätten während des 12. Jahrhunderts einfache und althergebrachte Burgentypen bevorzugt[145].

Die Schar der Zähringer Vasallen und Ministerialen war groß und erwuchs zum einen aus dem vor der Übersiedelung Bertolds I. in den Breisgau dort ansässigen Adel, aber auch aus Leuten, die den Herzogen aus Innerschwaben an den Oberrhein folgten. Deshalb steht zu vermuten, daß die *familia ducis*, die in den Zeugenreihen der Zähringerurkunden immer wieder belegt ist, zumindest ihrer Herkunft nach eine in sich differenzierte und nicht sehr homogene Gruppe bildete[146]; Rangabstufungen innerhalb der Zähringer Ministerialität

---

143 Vgl. BURNOUF, Les mottes castrales (wie Anm. 10) S. 35 f.

144 Vgl. die Bemerkungen ebd., S. 34 ff., über die Zeitstellung und die ›Herren‹ der Elsässer Motten; wichtig auch der Exkurs ›Die Ministerialen-Burgen‹ bei KLEWITZ (wie Anm. 147) S. 99 ff., sowie METZ (wie Anm. 14) S. 13 f. – Allg. HINZ, MARÉCHAL sowie BRACHMANN (alle wie Anm. 44), ferner: Walter JANSSEN, Sozial- und verfassungsgeschichtliche Probleme der Burgen vom Motten-Typus. Ein Diskussionsbeitrag aus historischer Sicht (Château Gaillard. Etudes de Castellologie médiévale 6, Caen 1972) S. 121-124; André DEBORD, Motte castrale et habitat chevaleresque (Mélanges d'archéologie et d'histoire médiévales, wie Anm. 156) S. 83-89. – Eine Reihe bischöflich-straßburgischer Ministerialenburgen ist bereits vor 1200 schriftlich bezeugt: BURNOUF (wie Anm. 90) S. 187 ff.

145 Vgl. etwa die flandrischen Anlagen: Johnny DE MEULEMEESTER, Mottes castrales du Comté de Flandre. Etat de la question d'après les fouilles récentes (Château Gaillard. Etudes de Castellologie médiévale 11, Caen 1983) S. 101-115; zahlreiche Beispiele gibt HINZ (wie Anm. 44) passim, bes. S. 86 ff., wo auch auf die bekannten Darstellungen des Teppichs von Bayeux verwiesen wird. – Im Hinblick auf die Diskussion um die Zähringer Donjonburgen und ihre Herkunft (SCHLIPPE, Burgen der Zähringer, wie Anm. 3, S. 273 ff.) wäre darauf hinzuweisen, daß dieser Typ auch schon früh im südlichen Glacis des burgundischen Zähringerlandes, in Savoyen und an der Isère begegnete: Michel COLARDELLE – Chantal MAZARD, Les mottes castrales et l'évolution du pouvoir dans les Alpes du Nord. Aux origines de la seigneurie (Château Gaillard. Etudes de Castellologie médiévale 11, Caen 1983) S. 69-89 (mit Hinweisen). – Fürs Elsaß BURNOUF, Les mottes castrales (wie Anm. 10) bes. S. 16 f. – Zu den nachzähringischen Entwicklungen im südwestdeutschen, elsässischen und schweizerischen Burgenbau: Cord MECKSEPER, Ausstrahlungen des französischen Burgenbaus nach Mitteleuropa im 13. Jahrhundert (Beiträge zur Kunst des Mittelalters. Fs. f. Hans Wentzel zum 60. Geburtstag, hg. von Rüdiger BECKSMANN – Ulf-Dietrich KORN – Johannes ZAHLTEN, Berlin 1975) S. 135-144; ferner MEYER (wie Anm. 156) S. 287-293. – Allg. zum Forschungsstand über Burgen informiert laufend – das sei hier angefügt – die Serie der Kolloquiumsakten ›Château Gaillard‹ (zuletzt Bd. 13, 1986); wichtig auch die Sammelbände: Mélanges d'archéologie et d'histoire médiévales (wie Anm. 156); Medieval Moated Sites, ed. F. A. ABERG (CBA Research Report Nr. 17, London 1978); ferner: Medieval Moated Sites in North-West Europe, ed. F. A. ABERG and A. E. BROWN (British Archaeological Reports, International Series 121, Oxford 1981).

146 Hierzu allg. ARNOLD (wie Anm. 132) S. 248 ff.

treten vielleicht nicht nur in der Wahrnehmung von »Ehrenämtern« am Herzogshof (bezeugt sind ein Marschall und ein Truchseß)[147], der Ausübung weltlicher Herrschaft über Kirchen (Vogtei) und in kostbaren Stiftungen, etwa an Klöster, zutage[148], sondern möglicherweise auch im Burgenbau. Die Herren »von Staufen«, jedenfalls zeitweilig zähringische Ministeriale auf dem imposanten Inselberg am Ausgang des Münstertales, geben ein Beispiel dafür[149]; ihre Position dürfte de facto nicht erheblich anders als die der edelfreien Nimburger Grafen, der wichtigen Zähringervasallen im nördlichen Breisgau[150], gewesen sein. Ähnliches gilt wohl auch für den zweiten bezeugten Hofamtsinhaber, den *dapifer* Werner von Rheinfelden[151], der vielleicht die nicht minder eindrucksvolle Burg auf der felsigen Insel im Hochrhein verwaltete[152]. Der faszinierende Prozeß der Herausbildung des Rittertums an der Schwelle zum Spätmittelalter dürfte bei sorgfältiger Untersuchung unter anderem auch an den Burgen ablesbar werden.

Zahlreichen anderen Fragen, wie der nach der Lage der Burgen im Gelände, in bezug auf die Siedlungen, ihrer Rolle im Rahmen des hochmittelalterlichen Landesausbaus im Schwarzwald, hinsichtlich des Silberbergbaus usw.[153] wird ein Burgenbuch des Breisgaus gesteigerte Aufmerksamkeit widmen müssen. Im Zusammenhang des Bergbaus auf Silber werden in der Literatur immer wieder einige besonders exponiert gelegene Burgen genannt, beispielsweise die Keppenbach, Gem. Freiamt[154]. Zweifellos entstand diese Burg in unmittelbarer Nähe von Silbervorkommen, die im späteren Mittelalter nachweislich durch Bergbau erschlossen waren[155]. Systematische Forschungen um das Thema »Burg und Bergbau« sind jedoch noch nicht geleistet, hierzu fehlen bislang auch die Grundlagen wie etwa vergleichende Kartierungen[156]. Die landesgeschichtlichen Ziele und Perspektiven des hier zu erläuternden Burgenprojekts hätten anhand vieler anderer Einzelprobleme oder Burgenbeispiele dargesellt werden können. Ich denke etwa an die Problematik der ältesten schriftlichen Bezeugung von Adelsburgen im Breisgau[157], an den Auftakt der Zähringer-

147 Und zwar in der Urkunde Bertolds IV. für das Cluniazenserpriorat Rüeggisberg südlich von Bern (1175 Oktober 6), wo es heißt: *...et de familia ducis: marescalcus Gotefridus de Stoufen. et dapifer Garnerus de Rinfelden...* (HEYCK, wie Anm. 129, S. 11 Nr. VIII). - Zu den Ämtern vgl. allg. beispielsweise Hans-Walter KLEWITZ, Geschichte der Ministerialität im Elsaß bis zum Ende des Interregnums (Frankfurt/Main 1929) S. 14ff. und Joachim BUMKE, Höfische Kultur: Literatur und Gesellschaft im hohen Mittelalter 1 (München 1986) S. 262ff.

148 Ein hervorragendes Beispiel ist das Trudperter Kreuz (Die Zähringer 2, wie Anm. 29, S. 61ff. Nr. 37), welches wohl eben jener *marescalcus Gotefridus* und Anna (von Staufen) dem von ihnen bevogteten Kloster St. Trudpert im Münstertal stifteten. – Zum Kloster St. Trudpert und zur Vogteifrage: Beiträge zur Geschichte von St. Trudpert, hg. von Theodor MAYER (Veröffentlichungen des Oberrheinischen Instituts für geschichtliche Landeskunde Freiburg i. Br. 3, 1937) bes. S. 19ff. sowie den Beitrag von BÜTTNER (S. 138ff.).

149 Vgl. Die Zähringer 2 (wie Anm. 29) S. 59ff. Nr. 36.

150 Oben Anm. 100.

151 Oben Anm. 147.

152 MEYER, Burgen von A bis Z (wie Anm. 23), Art. ›Rheinfelden, Stein‹ S. 76f.

153 Vgl. etwa die bei BURNOUF, Les mottes castrales (wie Anm. 10) S. 16ff. angeschnittenen Fragen.

154 BENDER – KNAPPE – WILKE (wie Anm. 25) S. 87f.

155 Zum Bergbau am Oberrhein jetzt: Die Zähringer 2 (wie Anm. 29) S. 43-45 (mit Hinweisen), sowie Heiko STEUER in diesem Band S. 387ff.

156 Vgl. die Kartenbeilage ›Bergbau auf Silber...‹ in: Die Zähringer 2 (wie Anm. 29).

157 Hierher gehört beispielsweise das Problem der Lokalisierung jener Burg Falkenstein, die im Zusammenhang mit dem Aufstand Herzog Ernsts von Schwaben in den – bald danach niedergeschriebenen – Größeren St. Galler Annalen zum Jahr 1030 bezeugt ist: *1030. ...Interim Ernest quondam dux cuidam castro, quod Falchenstein dicitur, cum praedicto Werinhero milite suo insedit locaque vicina cum incolis non minima clade afflixit. Sed comes quidam Manegolt dictus, hoc vice imperatoris dolens, cum eo praelium*

herrschaft am Oberrhein, der neulich von Karl Schmid eingehend behandelt worden ist[158] (unter dem bezeichnenden Thema »Die Burg Wiesneck und die Eroberung des Breisgaus durch Berthold II. im Jahre 1079«) usf. Gewählt habe ich indessen eine bislang fast unbekannte Burgstelle, die auf den ersten Blick nebensächlich scheinen könnte, die Niederungsburg von Vörstetten. Sie bot sich – wie ich meine – insbesondere deshalb an, weil sie exemplarisch verweist auf interdisziplinäre Aspekte moderner Burgenforschung. Zwar besteht für den mittelalterlichen Breisgau bislang kein heutigen Anforderungen genügender Burgenkatalog und wenn auch ein solches Werk für das Fortkommen der Forschung wohl das vordringlichste Desiderat wäre, so vermag gerade das Beispiel Vörstetten auf die Notwendigkeit interdisziplinärer Zusammenarbeit von Landesgeschichte, Denkmalpflege, Kunstgeschichte und Archäologie und anderen Fächern am deutlichsten hinzuweisen. Manche Burgen, namentlich Höhenburgen, sind Baudenkmäler; ihre Reste wollen fachgerecht gepflegt sein, und diese Aufgabe ist nur in enger Verzahnung mit historischen und baugeschichtlichen Forschungen zu bewältigen[159]. Alle Burgen, und dies gilt in besonderem Maße für die obertägig meist verschwundenen Niederungsburgen, sind Bodendenkmäler. Sie fordern die Bodendenkmalpflege und die Landesgeschichte, das Zusammenwirken beider, in noch höherem Maße heraus, denn oft sind sie – wie das Beispiel Vörstetten besonders deutlich vor Augen führen kann – vielfältigen Gefährdungen ausgesetzt[160]. Unsere Katalogisierung und Untersuchung der Breisgauer Burgen wird

commisit. In quo uterque illorum cecidit aliique quamplurimi utrimque sunt interfecti ..., Annales Sangallenses maiores, hg. von Carl HENKING (Die annalistischen Aufzeichnungen des Klosters St. Gallen. Mittheilungen zur vaterländischen Geschichte, hg. vom historischen Verein in St. Gallen 19, 1884) S. 311 f. – Zur Datierung der Niederschrift: Johanne AUTENRIETH, Der Codex Sangallensis 915. Ein Beitrag zur Erforschung der Kapiteloffiziumsbücher (Landesgeschichte und Geistesgeschichte, Fs. f. Otto Herding zum 65. Geburtstag, hg. von Kaspar ELM – Eberhard GÖNNER – Eugen HILLENBRAND = Veröffentlichungen der Kommission für geschichtliche Landeskunde in Baden-Württemberg, Reihe B: Forschungen 92, Stuttgart 1977) S. 50 f.; Eckhard FREISE, Kalendarische und annalistische Grundformen der Memoria (Memoria. Der geschichtliche Zeugniswert des liturgischen Gedenkens im Mittelalter, hg. von Karl SCHMID – Joachim WOLLASCH = Münstersche Mittelalter-Schriften 48, München 1984) S. 481 ff. – HENKING (S. 312 Anm. 263) sucht das *castrum Falchenstein*, das nicht nur in den St. Galler Annalen, sondern auch bei Wipo und Hermann von Reichenau erwähnt wird (Harry BRESSLAU, Jahrbücher des Deutschen Reiches unter Konrad II., Leipzig 1879, Bd. 1, S. 288 f. und S. 301 ff.), in der gleichnamigen Burg bei Schramberg; vgl. auch Paul KLÄUI, Die schwäbische Herkunft der Grafen Werner (Zeitschrift des Vereins für hessische Geschichte und Landeskunde 69, 1958) S. 10; DERS. (wie Anm. 20) S. 34; vgl. H.-M. MAURER, Die Entstehung (wie Anm. 40) S. 302 f. – Es gibt indessen eine ganze Reihe von Burgen dieses Namens, von denen eine weitere im Schwarzwald liegt, nämlich die Falkenstein im Höllental, die – wenn sie gemeint ist – die ältestbezeugte Burg im Breisgau wäre. – Für das südliche Elsaß beschäftigt sich mit der Problematik der ältesten schriftlichen Burgbezeugungen neuerdings Christian WILSDORF, L'apparition des châteaux en Haute-Alsace d'après les textes, 1000-1200 (Archéologie militaire. Les pays du nord = Actes du 101e Congrès national des Sociétés savantes, Section d'archéologie et d'histoire de l'art, Lille 1976, 1978) S. 61-76. – S. jetzt auch meinen Anm. 165 zitierten Beitrag.

158 SCHMID (wie Anm. 98).

159 Vgl. etwa die entsprechenden Beiträge in: Archäologische Ausgrabungen in Baden-Württemberg 1985 (Stuttgart 1986): Hartmut SCHÄFER, Archäologische Untersuchungen auf Burg Amlishagen, Stadt Gerabronn, Kreis Schwäbisch-Hall (S. 257-260); Dietrich LUTZ – Hans PETERS, Die Ruine Mandelberg bei Bösingen, Gemeinde Pfalzgrafenweiler, Kreis Freudenstadt (S. 254-256); Margarete WALLISER – Matthias UNTERMANN, Neufunde spätstaufischer Architekturfragmente von Burg Ebersberg, Gemeinde Auenwald, Rems-Murr-Kreis (S. 204-208); Dietrich LUTZ, Mittelalterliche Burgen. Bemerkungen zu ihrer archäologischen Erforschung (Archäologie in Württemberg. Ergebnisse und Perspektiven, hg. von Dieter PLANCK, Stuttgart 1988). – Vgl. auch die Bemerkungen von Walter SAGE, Ausgrabungen an mittelalterlichen Burgen Südbayerns (Archäologisches Korrespondenzblatt 11, 1981) S. 255-269, sowie Werner MEYER (Arx, wie Anm. 16) S. 38.

160 Vgl. PLANCK (wie Anm. 157) S. 21 ff.; STRUCK (wie Anm. 118) S. 3 ff.

sicherlich eine wichtige Grundlage für die künftige Erforschung der Burgenlandschaft des mittelalterlichen Oberrheinlandes schaffen können; das sollte aber nicht darüber hinweg-täuschen, daß eine landeskundlich-prospektive Inventarisierung, wie wir sie im Rahmen unseres Projektes anstreben, die notwendige Spatenforschung – Burgengrabungen, die in unserem Arbeitsgebiet noch fast völlig fehlen[161] – vielleicht fördern, aber gewiß nicht ersetzen kann. Wesentliche landesgeschichtliche Fragen und Probleme wird – ähnliches gilt ja auch für Königshöfe und Pfalzen[162], Siedlungen und Wüstungen[163] – vor allem künftige Archäologie der Klärung näherführen müssen, denn allein sie vermag unseren Bestand an Quellen noch entscheidend zu vermehren. Zu der Hoffnung, auch im Breisgau möge die Burgenarchäologie bald Fortschritte verzeichnen können, gibt die Einrichtung des For-schungsverbundes »Archäologie und Geschichte des ersten Jahrtausends in Südwest-deutschland« durch die Provinzialrömische Archäologie, die Ur- und Frühgeschichte sowie die Landesgeschichtliche Abteilung des Historischen Seminars an der Universität Freiburg umsomehr Anlaß, als dem hier vorgestellten, vorwiegend von der Landesge-schichte getragenen Forschungsvorhaben »Hoch- und spätmittelalterliche Burgen« eine »Verlängerung« in die Frühgeschichte, getragen vom Institut für Ur- und Frühgeschichte, zur Seite treten soll[164]: die Erforschung der alamannischen Höhensiedlungen und der merowinger- sowie karolingerzeitlichen Burganlagen am Oberrhein[165].

---

161 Und wenn gegraben wurde, liegt kein entsprechender Bericht vor: Werner MEYER, Runde Haupt-türme auf Burgen in der Umgebung Basels (Mélanges d'archéologie et d'histoire médiévales en l'honneur du Doyen Michel de Boüard = Mémoires et documents publiés par la Société de l'Ecole des Chartes 27, Genève – Paris 1982) S. 288 mit Anm. 10; vgl. auch C. A. MÜLLER (wie Anm. 3) S. 118.

162 Vgl. FLECKENSTEIN (wie Anm. 75) S. 111; ferner ZOTZ (wie Anm. 75) S. 123.

163 Vgl. Peter MARZOLFF, Befunde und Probleme der Frühmittelalterarchäologie im Oberrheinraum (Koldewey-Gesellschaft. Vereinigung für baugeschichtliche Forschung e.V., Bericht über die 30. Tagung für Ausgrabungswissenschaft und Bauforschung vom 24.-28. Mai 1978 in Colmar, 1980) bes. S. 73 ff.; Dieter PLANCK, Archäologische Denkmalpflege in Baden-Württemberg (Der Keltenfürst von Hochdorf. Methoden und Ergebnisse der Landesarchäologie, Katalog zur Ausstellung in Stuttgart, 1985) bes. S. 21 ff.; Gerhard FINGERLIN, Hüfingen, ein zentraler Ort der Baar im frühen Mittelalter (ebd.), bes. S. 416.

164 STEUER (wie Anm. 52) S. 176.

165 Nachtrag: Seit der Fertigstellung des Manuskripts 1986 erschienene Literatur konnte nur in beschei-denem Rahmen nachgetragen werden, der Text wurde inhaltlich nicht verändert, sondern repräsentiert bewußt die Überlegungen, die am Anfang des Vorhabens standen und beim Kolloquium vorgetragen wurden. Mittlerweile ist das Burgenprojekt der Landesgeschichte fortgeschritten, wie unter anderem folgende Arbeiten, die aus ihm hervorgegangen sind, dokumentieren: A. Z., Zähringerburgen. Versuch einer landesgeschichtlichen und burgenkundlichen Beschreibung der wichtigsten Monumente in Deutsch-land und in der Schweiz (Die Zähringer. Schweizer Vorträge und neue Forschungen, hg. von Karl SCHMID = Veröffentlichungen zur Zähringer-Ausstellung III, Sigmaringen 1989); A. Z. und Regina DENNIG, Die Burgen in Nimburg, Köndringen und Landeck (Ortsgeschichte der Gemeinde Teningen, im Druck); A. Z., Frühe Burgen im Breisgau. Überlegungen zu den Anfängen adligen Burgenbaus am südlichen Oberrhein (Vortrag beim 2. Internationalen Colloquium zur oberrheinischen Geschichte: Frühe Burgen am Ober-rhein, Freiburg i. Br., 23. Oktober 1987, in Druckvorbereitung), vgl. dazu Hans Wilhelm HEINE, Tagungsbericht 2. Internationales Colloquium zur oberrheinischen Geschichte: Frühe Burgen am Ober-rhein (Burgen und Schlösser. Zeitschrift der Deutschen Burgenvereinigung 29, 1988) S. 44. In Arbeit befindet sich ferner ein Beitrag zum Burgenbau der Markgrafen von Baden.

Episkopat und Adel Alemanniens
im früheren Mittelalter

Von Gerd Althoff

Es scheint angemessen, an den Beginn der Arbeit eines Forschungsverbundes eine Standortbestimmung zu stellen, die sich über das bereits Erreichte vergewissert und zugleich Wege zu skizzieren versucht, die auf Neuland führen. Ein so breites Thema, wie es der ›Episkopat und Adel‹ im frühmittelalterlichen Alemannien darstellt, kann dabei jedoch kaum umfassend und flächendeckend behandelt werden, sondern zwingt zur Konzentration auf wesentliche Aspekte. Zu orientieren aber hat sich eine Standortbestimmung zweifelsohne an der Überlieferung, hier also an der Eigenart der alemannischen Überlieferung des Frühmittelalters. Daher sollen im folgenden zunächst einige Themen und Fragestellungen angesprochen werden, mit denen der gegenwärtige Forschungsstand charakterisiert werden kann, um dann an ausgewählten Beispielen zu demonstrieren, welche Forschungsmöglichkeiten bezüglich des frühmittelalterlichen Episkopats und Adels die schriftlichen Quellen Alemanniens noch bieten. Die ausgewählten Beispiele sind entsprechend den Maximen des Forschungsverbundes einer besonderen Umbruchzeit entnommen: der Phase des zerfallenden Karolingerreiches[1].

Es war wohl die außergewöhnlich reichhaltige und differenzierte Überlieferung des frühmittelalterlichen Alemannien, die den »Freiburger Arbeitskreis« Gerd Tellenbachs immer wieder zentrale Fragen der Erforschung des mittelalterlichen Adels auf der Basis dieser Überlieferung aufgreifen ließ, ohne sich auf sie zu beschränken. Die »Studien und Vorarbeiten zur Geschichte des großfränkischen und frühdeutschen Adels« mit Themen wie »Über die Herkunft der Welfen und ihre Anfänge in Süddeutschland« oder »Königtum, Adel und Klöster zwischen Bodensee und Schwarzwald« haben exemplarischen Charakter und mögen als Beispiele für diesen Sachverhalt ausreichen[2]. Die Forschungen erbrachten ein wesentlich vertieftes Verständnis für die historische Erscheinungsform des frühmittelalterlichen Adels. Karl Schmid konnte die offene Struktur der Adelssippen gerade an verschiedenen alemannischen Beispielen vorführen und die Auswir-

---

1 Sie gehören in den Zusammenhang eines Projekts zur Erschließung der Verbrüderungsbücher, an dem Karl Schmid und der Verf. z.Zt. arbeiten; vgl. demnächst Gerd ALTHOFF – Karl SCHMID, Amicitiae. Kommentierte Dokumentation einer Bündnisbewegung durch Verbrüderungen und Freundschaften im beginnenden 10. Jahrhundert.

2 Vgl. Studien und Vorarbeiten zur Geschichte des großfränkischen und frühdeutschen Adels, hg. von Gerd TELLENBACH (Forschungen zur oberrheinischen Landesgeschichte 4) Freiburg 1957 u. a. mit den zitierten Beiträgen von Josef FLECKENSTEIN und Karl SCHMID; zum ›Freiburger Arbeitskreis‹ vgl. Karl SCHMID, Der ›Freiburger Arbeitskreis‹. Gerd Tellenbach zum 70. Geburtstag (Zeitschrift für die Geschichte des Oberrheins 121, 1974, S. 331-347) mit einem ›Verzeichnis der bei Gerd Tellenbach gefertigten Dissertationen‹ von Eugen HILLENBRAND (S. 344 ff.); einen guten Überblick über die Bemühungen des Freiburger Arbeitskreises gerade um die Erforschung des frühmittelalterlichen Adels durch die Erschließung der Gedenküberlieferung vermittelt Gerd TELLENBACH, Der Liber Memorialis von Remiremont. Zur kritischen Erforschung und zum Quellenwert liturgischer Gedenkbücher (Deutsches Archiv 25, 1969, S. 64-110) bes. S. 95 ff.

kung dieser Eigenart auf die Herrschaftsbildung des Adels und sein Gewicht im politischen Kräftefeld in neuer Weise zeigen[3]. An der Geschichte der Udalrichinger, der Hunfridinger/Burkhardinger oder der Hirsauer Stiftersippe gewonnene Einsichten stellen heute Allgemeingut der Adelsforschung dar.

Die Arbeiten verdeutlichen aber auch, daß die Erforschung der mittelalterlichen Herrschaftsträger die Verflechtung von weltlicher und geistlicher Sphäre zu beachten hat. Alemannien bietet hierfür mit den Klöstern St. Gallen und der Reichenau, Einsiedeln oder Hirsau eindrucksvolle Forschungsfelder. Und die Vielzahl bedeutender alemannischer Kapelläne und Bischöfe, die Josef Fleckenstein in seinen Arbeiten über die Hofkapelle behandelte, vermögen einen Eindruck zu vermitteln von der Ausstrahlung dieser geistlichen Zentren Alemanniens: Mit den Namen Waldo, dem Abt von St. Gallen, der Reichenau und St. Denis, der auch Bischof in Pavia war, Grimald von St. Gallen, Salomo von Konstanz, Liutbert oder Hatto von Mainz, die alle zugleich auch andere geistliche Institutionen leiteten, seien Karrieren in Erinnerung gerufen, die alemannische Mönche und Kleriker, deren hochadelige Herkunft zumeist bezeugt ist, zu größter politischer Wirksamkeit und zu überragendem Einfluß am Königshof führten[4]. Wie stark das politische Wirken solcher kirchlicher Würdenträger von ihrem Verwandtenkreis begleitet und beeinflußt wurde, ist etwa an den Beispielen des Bischofs Noting von Brescia, Verona und Vercelli aus der Hirsauer Stiftersippe, an der sog. »Bischofssippe« der Salomone, die im endenden 9. und beginnenden 10. Jahrhundert mindestens fünf Bischöfe stellte, oder auch an der Sippe des heiligen Bischofs Ulrich von Augsburg gezeigt worden[5].

Besonders zum Tragen kommen mußte das Zusammenwirken weltlicher und geistlicher Herrschaftsträger naturgemäß dann, wenn die Macht des Königs sich verringerte, wie es im Verlaufe der Karolingerzeit in immer stärkerem Maße der Fall war. Folgerichtig sind gerade aus der Regierungszeit Ludwigs des Kindes und Konrads I. Bischofspersönlichkeiten aus Alemannien wie Salomo III. von Konstanz und Hatto von Mainz bezeugt, die im Zusammenwirken mit mächtigen Adelsgruppen und im Konflikt mit anderen als Reichsregenten und als einflußreiche Berater des Königs eine überragende Stellung im Ostfrankenreich innehatten. Daß sie während dieser Tätigkeit neben ihrem Bischofsamt auch die Abtwürde über St. Gallen bzw. die Reichenau sowie über weitere Klöster behielten, oder gar erst erhielten, wirft zusätzliches Licht auf die Macht, die sich in den Händen dieser alemannischen Kleriker angesammelt hatte[6].

3 Vgl. Karl Schmid, Zur Problematik von Familie, Sippe und Geschlecht, Haus und Dynastie beim mittelalterlichen Adel. Vorfragen zum Thema ›Adel und Herrschaft im Mittelalter‹ (Zeitschrift für die Geschichte des Oberrheins 105, 1957, S. 1-62); Ders., Über die Struktur des Adels im früheren Mittelalter (Jahrbuch für fränkische Landesforschung 19, 1959, S. 1-23); beide Arbeiten auch in Ders., Gebetsgedenken und adliges Selbstverständnis im Mittelalter. Ausgewählte Beiträge, Sigmaringen 1983.
4 Vgl. Josef Fleckenstein, Die Hofkapelle der deutschen Könige I: Grundlegung. Die karolingische Hofkapelle; II: Die Hofkapelle im Rahmen der ottonisch-salischen Reichskirche (Schriften der MGH 16, 1/2) Stuttgart 1959 und 1966; s. die Hinweise zu den genannten Personen im Register; zu Einsiedeln vgl. Hagen Keller, Kloster Einsiedeln im ottonischen Schwaben (Forschungen zur oberrheinischen Landesgeschichte 13) Freiburg 1964, bes. S. 98 ff.; zu Hirsau vgl. Karl Schmid, Kloster Hirsau und seine Stifter (ebd., 9) Freiburg 1959.
5 Zur Hirsauer-Stiftersippe vgl. Schmid (wie Anm. 4) S. 30 ff.; zu den ›Salomonen‹ Dens., Religiöses und sippengebundenes Gemeinschaftsbewußtsein in frühmittelalterlichen Gedenkbucheinträgen (Deutsches Archiv 21, 1965, S. 18-81) S. 64 ff.; auch in Ders (wie Anm. 4); zur Sippe Ulrichs von Augsburg vgl. Lore Sprandel-Krafft, Untersuchungen zur Geschichte Bischof Ulrichs von Augsburg, Phil. Diss. (masch.) Freiburg 1962; Teildruck in: Zeitschrift des Historischen Vereins für Schwaben 67, 1973, S. 9-38.
6 Vgl. Ernst Dümmler, Geschichte des ostfränkischen Reiches 3: Die letzten Karolinger. Konrad I., Leipzig 1888, S. 497 ff. u. ö.; Ulrich Zeller, Bischof Salomo III. von Konstanz, Abt von St. Gallen, Leipzig

Aber nicht nur die geistlichen Großen Alemanniens übernahmen in der Zeit schwinden-
der Königsmacht in verstärktem Maße politische Verantwortung und gewannen an Macht,
auch die Reaktionen weltlicher Großer auf die Veränderungen im politischen Kräftefeld
sind überdeutlich. Sie manifestieren sich vor allem in den Kämpfen um die Führung des
Stammes, wie sie im beginnenden 10. Jahrhundert nicht nur in Alemannien, hier aber in
besonderer Schärfe, entbrannten[7]. In den Kämpfen der Hunfridinger/Burkhardinger mit
den »schwäbischen Kammerboten« Erchanger und Berthold wurden auch die geistlichen
Magnaten und der König zur Parteinahme gezwungen, weil es in diesen Kämpfen um
Neuordnungen ging, von denen die Interessen aller Herrschaftsträger in Alemannien
betroffen wurden[8]. Nicht zufällig beobachten wir daher in dieser Zeit auch Bündnisse:
etwa das Heiratsbündnis zwischen Konrad I. und den beiden Brüdern Erchanger und
Berthold. Der König heiratete die Schwester dieser Brüder in der erklärten Absicht, so den
Frieden mit ihnen zu sichern. *Ipso anno (sc. 913) Erchanger cum rege pacificatus est, cuius
sororem, Liupoldi relictam rex tamquam pacis obsidem in matrimonium accepit*[9]. Aber
auch die Kammerboten und Bischof Salomo III. von Konstanz, die durch die Nähe ihrer
Besitzungen mannigfache Reibungspunkte hatten, versuchten, sich in den der Zeit gemä-
ßen Formen zu verbünden. Man lud sich zum *convivium*, machte sich Geschenke, trank
»Minne« und tauschte den Friedenskuß[10]. Wir kennen diese Rituale der Bündnisse sehr gut
aus den Berichten über die Treffen der karolingischen Könige in der 2. Hälfte des
9. Jahrhunderts, mit denen das *corpus fratrum* versuchte, den Zustand des Friedens und der
Eintracht zwischen den Herrschern zu demonstrieren, zu festigen oder wiederherzu-
stellen[11].

Die wenigen Hinweise auf Bündnisse der Herrschaftsträger in den spärlichen erzählen-

1910, S. 56 ff.; FLECKENSTEIN (wie Anm. 4) I, S. 198 ff.; vgl. dazu auch die Erzählungen Ekkehards IV. von
St. Gallen, die einen Einblick in die ungewöhnliche Machtfülle dieser Kleriker erlauben: Ekkehard IV.
Casus St.Galli, hg. von Hans F. HAEFELE (Ausgewählte Quellen zur deutschen Geschichte des Mittelalters 10) Darmstadt 1980, cap. 10 (über Salomo), cap. 11 (über Hatto): *Sic quoque ipse (sc. Salomo) et Hatto
ille Magontinus archiepiscopus sibi semper amicissimus, quem cor regis nominabant, cum et ipse, ut aiunt,
duodecim abbatiis praefuerit, post regem imperium tenuerant*; s. auch die Kommentare B 7 und B 122 in:
Die Klostergemeinschaft von Fulda (wie Anm. 27) Bd. 2.1 S. 321 und 340 mit weiteren Hinweisen.
7 Vgl. dazu DÜMMLER (wie Anm. 6) S. 569 ff.; Elisabeth MEYER-MARTHALER, Rätien im früheren Mittelalter, Zürich 1948, S. 87 f.; Hans-Werner GOETZ, ›Dux‹ und ›ducatus‹. Begriffs- und verfassungsgeschichtliche Untersuchungen zur Entstehung des sogenannten ›jüngeren‹ Stammesherzogtums an der Wende vom
9. zum 10. Jahrhundert, Bochum 1977, S. 347 ff.; Helmut MAURER, Der Herzog von Schwaben, Sigmaringen 1978, S. 36 ff.; Arno BORST, Die Pfalz Bodman (Bodman. Dorf – Kaiserpfalz – Adel, hg. von Herbert
BERNER, Sigmaringen 1977, S. 169-230) S. 212 ff.
8 Dies zeigt deutlich der Konflikt um Bodman und Stammheim zwischen Salomo III. und Erchanger und
Berthold, von dem wir durch die Berichte Ekkehards IV. (wie Anm. 6) cap. 12 und 16 wissen; vgl. außer
den in Anm. 7 genannten Arbeiten Karl SCHMID, Brüderschaften mit den Mönchen aus der Sicht des
Kaiserbesuchs im Galluskloster vom Jahre 883 (Churrätisches und st. gallisches Mittelalter. Festschrift für
Otto P. Clavadetscher, hg. von Helmut MAURER, Sigmaringen 1984, S. 173-194) S. 181.
9 Vgl. Annales Alamannici, hg. von Georg Heinrich PERTZ (MGH SS 1, Hannover 1826, S. 20-22 und
40-56) und Karl HENKING, Die annalistischen Aufzeichnungen des Klosters St. Gallen (Mitteilungen zur
vaterländischen Geschichte von St. Gallen 19, St. Gallen 1884, S. 224-265); vgl. auch Walter LENDI,
Untersuchungen zur frühalemannischen Annalistik (Scrinium Friburgense 1) Freiburg i. Ü. 1971; Karl
BRUNNER, Oppositionelle Gruppen im Karolingerreich, Wien – Köln – Graz 1974, S. 168 ff.
10 Vgl. Ekkehards IV. Casus (wie Anm. 6) cap. 13: *Invitantur post hęc viri (sc. Erchanger und Berthold)
ab episcopo Constantiam ad convivium et munera... Amoreque, ut moris est, osculato et epoto lętabundi
discedunt*.
11 Vgl. dazu Reinhard SCHNEIDER, Brüdergemeine und Schwurfreundschaft (Historische Studien 388)
Lübeck – Hamburg 1964, S. 113 ff.; ALTHOFF – SCHMID (wie Anm. 1), Untersuchungen mit Hinweisen auf
weitere Fälle.

den Quellen der Zeit aber lassen allenfalls ahnen, daß die Veränderungen im politischen Kräftefeld nachhaltig von Bindungen und Bündnissen beeinflußt wurden, die neben den herrschaftlich-hierarchischen Bindungen existierten. Die Angaben der Historiographie werden jedoch ergänzt und verdeutlicht durch Quellen aus einem gänzlich anderen Kontext, die gleichermaßen als Zeugnisse vom Zusammenwirken weltlicher und geistlicher Herrschaftsträger angesehen werden müssen. Durch sie eröffnen sich gegenwärtige und zukünftige Forschungsfelder, für die die alemannische Quellenlandschaft des Frühmittelalters exemplarisches Material bereitstellt. Die diesbezüglichen Quellen waren natürlich auch bisher nicht gänzlich unbekannt; sie sind jedoch in ihrer Aussagekraft nicht erkannt worden. Es wird wohl niemanden überraschen, daß diese »neuen Quellen« in Verbrüderungsbüchern zu finden sind.

Noch charakteristischer für die Quellenlandschaft Alemanniens im Frühmittelalter als der reiche St. Galler Urkundenschatz, als die zahlreichen historiographischen und hagiographischen Zeugnisse ist ja die Tatsache, daß sich aus dieser Landschaft vier Verbrüderungsbücher erhalten haben, wenn man den Liber memorialis von Remiremont einmal mitrechnet, wofür es gute Gründe gibt[12]. Diese Situation ist nur in Alemannien gegeben und eröffnet vielfach die Möglichkeit, Befunde der Verbrüderungsbücher in die Diskussion einschlägiger Zeugnisse aus anderen Quellengattungen einzubringen. In der Tat ist ja diese Methodik ein Charakteristikum vieler Arbeiten aus dem Kreis der Freiburger Forschungen zum alemannischen Frühmittelalter. Es kennzeichnet die früheren Arbeiten des Freiburger Arbeitskreises ebenso wie die heutigen Bemühungen. Wo aber liegt das angesprochene Neuland?

Man sollte nicht verschweigen, daß die zunehmende Erfahrung bei der Interpretation der Eintragungen in Verbrüderungsbücher zu Modifikationen ursprünglicher Annahmen und Vorstellungen geführt hat. Diese betreffen vor allem das Spektrum der Anlässe, die zu einer Eintragung von Personengruppen in die Verbrüderungsbücher führen konnten. Zunächst war man davon ausgegangen, daß diese Verbrüderungsbücher neben den Eintragungen geistlicher Gemeinschaften vor allem diejenigen adliger Familien und Sippen enthielten. Eine große Rolle spielte auch die Vorstellung, die eingetragenen Personen seien bei der Einschreibung im Kloster anwesend gewesen, was mit dem Begriff des »Präsenzeintrags« beschrieben wurde[13].

---

12 Nämlich die von der Reichenau (vgl. Das Verbrüderungsbuch der Abtei Reichenau. Einleitung, Register, Faksimile, hg. von Johanne AUTENRIETH – Dieter GEUENICH – Karl SCHMID, MGH Libri memoriales et Necrologia NS 1, Hannover 1979), von St. Gallen und Pfäfers (vgl. noch Paul PIPER, Libri confraternitatum Sancti Galli, Augiensis, Fabariensis, MGH Necrologia Germaniae, Berlin 1884, Neudruck München 1983, s. jetzt aber auch Michael BORGOLTE, Dieter GEUENICH, Karl SCHMID [Hg.], Subsidia Sangallensia I. Materialien und Untersuchungen zu den Verbrüderungsbüchern und zu den älteren Urkunden des Stiftsarchivs St. Gallen, St. Galler Kultur und Geschichte 16, St. Gallen 1986; zu Pfäfers vgl. ferner das Farbfaksimile Liber Viventium Fabariensis, hg. von Albert BRUCKNER u.a., Basel 1973) und schließlich das von Remiremont (vgl. Liber memorialis von Remiremont, hg. von Eduard HLAWITSCHKA – Karl SCHMID – Gerd TELLENBACH, MGH Libri memoriales, Zürich 1970, Nachdruck München 1981). Den Quellenwert des Liber memorialis von Remiremont auch für die alemannische Geschichte erweisen etwa Einträge der Hunfridinger (s. dazu ALTHOFF – SCHMID, wie Anm. 1, Dokumentation), Personengruppen um Basler Bischöfe (vgl. ebd.) oder auch die Reichenauer Konventsliste unter Abt Alawich, die zwischen fol./12ᵛ und 13ʳ in den Liber memorialis eingelegt wurde.

13 Zu den methodischen Prämissen und dem Erwartungshorizont bei der Erforschung der Verbrüderungsbücher vgl. etwa Eduard HLAWITSCHKA, Die Anfänge des Hauses Habsburg-Lothringen. Genealogische Untersuchungen zur Geschichte Lothringens und des Reiches im 9., 10. und 11. Jahrhundert (Veröffentlichungen der Kommission für saarländische Landesgeschichte und Volksforschung 4) Saarbrücken 1969, S. 12 ff.; vgl. zur Forschungsgeschichte auch die Bemerkungen bei Gerd ALTHOFF, Unerforschte

Die Präsenz einer Personengruppe in einem Kloster wie die Verwandtschaft der Eingetragenen sind jedoch nur zwei Möglichkeiten aus einem größeren Spektrum: Wir kennen
inzwischen Einträge, die ausschließlich Personen enthalten, die zum Zeitpunkt der Eintragung bereits verstorben waren[14]. Ihre Namen wurden von anderen, nicht Genannten, dem
Kloster mit der Bitte um Gebetshilfe übersandt oder übergeben. Wir kennen andere
Einträge, in denen neben den Verwandten ausdrücklich auch die *amici* in das Gedenken
einbeschlossen wurden, oder solche, in denen die Rede ist von *debitores*, denen eine Person
das Gebetsgedenken schuldet. Wir wissen gerade aus den Urkunden, daß der Kreis der
debitores den Kreis der Verwandten übersteigt[15]. In anderen Fällen hören wir davon, daß
Namen zur Eintragung in das Verbrüderungsbuch eines Klosters übersandt wurden; der
eingetragene Personenkreis hatte in solchen Fällen also nicht unbedingt einen Bezug zu
dem Kloster, das die Namen in sein Verbrüderungsbuch einschrieb; die Beziehung bestand
vielmehr zu der Person, die den Konvent um Gebetshilfe für den Kreis ihrer *debitores*
gebeten hatte[16]. Weder das Kriterium »Verwandtschaft« noch das Kriterium »Präsenz« ist
also – verabsolutiert – geeignet, den Befunden gerecht zu werden, die sich bei der Arbeit
mit Einträgen in Verbrüderungsbücher ergeben. Diese weisen nämlich über die Verwandtschaft hinaus auf Bindungen, die etwa durch die Begriffe *amici, fratres* oder *debitores*
beschrieben werden, ohne daß man zunächst erkennen könnte, auf welche Weise diese
Bindungen entstanden und welchen Stellenwert sie im Vergleich mit den anderen Bindungen eines mittelalterlichen Menschen hatten.

Es ist aber seit langem bekannt, daß sich die Menschen des Frühmittelalters über den
Kreis ihrer Verwandten hinaus in vielfältigen Formen darum bemühten, die Zahl derjenigen zu vergrößern, mit denen sie in Frieden leben und auf deren Schutz und Hilfe sie
rechnen konnten – wobei sie sich zu einem gleichen Verhalten verpflichteten. Wir kennen
Phänomene wie die »fränkische Schwurfreundschaft« oder die »karolingische Brüdergemeine« und wir wissen, daß eine *amicitia* im Frühmittelalter nicht der Ausdruck eines
subjektiven Gefühls war, sondern Vertragscharakter hatte, der auf ein genau festgelegtes
Verhalten verpflichtete[17]. Schon Tacitus wußte, daß bei den Germanen *amicitiae* wie

---

Quellen aus quellenarmer Zeit (III): Necrologabschriften aus Sachsen im Reichenauer Verbrüderungsbuch
(Zeitschrift für die Geschichte des Oberrheins 131, 1983, Festgabe Gerd Tellenbach zum 80. Geburtstag,
S. 91-108) S. 92 ff.

14 Vgl. ALTHOFF (wie Anm. 13) S. 95 ff.; ALTHOFF – SCHMID (wie Anm. 1) Dokumentation.
15 Vgl. GERD ALTHOFF, Adels- und Königsfamilien im Spiegel ihrer Memorialüberlieferung. Studien zum
Totengedenken der Billunger und Ottonen (Münstersche Mittelalter-Schriften 47) München 1984, S. 15 ff.
16 Vgl. etwa die Überlieferung zu einer Personengruppe im St. Galler Verbrüderungsbuch, die unter die
Überschrift ›*Nomina eorum qui nobis commissi sunt de Strazburg*‹ gestellt ist, bei Karl SCHMID, Auf dem
Weg zur Wiederentdeckung der alten Ordnung des Sankt Galler Verbrüderungsbuches (Florilegium
Sangallense. Festschrift für Johannes Duft zum 65. Geburtstag, St. Gallen und Sigmaringen 1980, S. 213-241)
S. 217 ff.; einen ähnlichen Fall stellen die Personen dar, die Erzbischof Liutbert von Mainz dem Reichen-
auer Konvent übermittelte und die auf pag. 106 unter der Überschrift verzeichnet wurden: *Nomina vero
quod (!) Liutbertus archiepiscopus nobis transmisit*, vgl. dazu Gerd ALTHOFF, Über die von Erzbischof
Liutbert auf die Reichenau übersandten Namen (Frühmittelalterliche Studien 14, 1980, S. 219-242).
17 Vgl. dazu unter verschiedenen Aspekten Wolfgang FRITZE, Die fränkische Schwurfreundschaft der
Merowingerzeit. Ihr Wesen und ihre politische Funktion (Zeitschrift der Savigny-Stiftung für Rechtsge-
schichte, Germ. Abt. 71, 1954, S. 74-125); Margret WIELERS, Zwischenstaatliche Beziehungsformen im
frühen Mittelalter, Phil. Diss. Münster, München 1959, S. 81 ff.; Ludwig BUISSON, Formen normannischer
Staatsbildung (9.-11. Jahrhundert) (Studien zum mittelalterlichen Lehnswesen, hg. von Theodor MAYER,
Vorträge und Forschungen 5, Sigmaringen 1960, S. 95-184); SCHNEIDER (wie Anm. 11) bes. S. 84 ff.;
Wolfgang FRITZE, Papst und Frankenkönig. Studien zu den päpstlich-fränkischen Rechtsbeziehungen von
754 bis 824 (Vorträge und Forschungen Sonderbd. 10) Sigmaringen 1973; Arnold ANGENENDT, Das
geistliche Bündnis der Päpste mit den Karolingern (Historisches Jahrbuch 100, 1980, S. 1-94).

inimicitiae vom Vater auf den Sohn vererbt wurden[18]. Vom Abschluß solcher *amicitiae*, die in den Quellen mit einer vielfältigen Begrifflichkeit angesprochen werden, hören wir gerade in Zeiten der Not, wie sie das endende 9. und das beginnende 10. Jahrhundert mit sich brachten, sehr häufig[19].

Bisher gänzlich unbekannt aber war, daß der Abschluß solcher Bündnisse begleitet werden konnte von Einschreibungen in einen Liber Vitae, ein Verbrüderungsbuch. Man könnte sich den Sinn dieser Eintragungen so erklären, daß man das Bündnis festigen, ja heiligen wollte, indem man die Namen der Teilnehmer Gott zur Kenntnis gab – so wie es üblich war, den Freundschaftsschwur auf den Reliquien von Heiligen zu leisten: *Sic me Deus adiuvet et istae sanctae reliquiae*[20].

In den alemannischen Verbrüderungsbüchern aber hat sich der Abschluß solcher Bündnisse aus verschiedenen Gründen niedergeschlagen. Einmal deshalb, weil mit Salomo III. von Konstanz in St. Gallen und mit Hatto von Mainz auf der Reichenau zu dieser Zeit Äbte regierten, die maßgeblich auf das politische Kräftefeld ihrer Zeit einwirkten und geradezu als die Initiatoren solcher Bündnisse angesehen werden müssen[21]. Wenig später aber wurde der Abschluß der Bündnisse dadurch entscheidend gefördert, daß König Heinrich I. sich an dieser Form der Herstellung des Friedens aktiv beteiligte. Die Reichsklöster haben in seiner Zeit die Gebetshilfe für die Bündnispartner offensichtlich als servitium regis geleistet. Dies ist thesenartig das Ergebnis der gegenwärtigen Bemühungen um die Erschließung der Gedenkbücher. Wie aber ist es zustande gekommen?

Bekanntlich sagen Namenreihen nichts aus über den Anlaß, dem sie ihre Entstehung verdanken und auch nichts über den Personenkreis, der sich hinter den Namen verbirgt. Nur deshalb konnte es ja dazu kommen, daß der Niederschlag einer – man muß direkt sagen – Bündnisbewegung in den Verbrüderungsbüchern bis vor kurzem unbemerkt blieb. Diese Grundvoraussetzung der Arbeit mit Gedenkbucheinträgen erfordert einen mehrstufigen Forschungsprozeß, der notwendigerweise zu unterschiedlich gesicherten Ergebnissen führt, weil die erhaltenen Quellen vielfach die nötigen Informationen nicht mehr bieten. Der erste Schritt dieser Arbeit besteht wohl immer in der Zuordnung der Namen zu bestimmten Personen, die erfahrungsgemäß nie für alle, in der Regel jedoch nur für wenige Personen eines Eintrags gelingt. In einem zweiten Schritt muß versucht werden, aus dem Personenkreis auf den Zeitpunkt und den Anlaß der Eintragung zu schließen. Von den Ergebnissen dieser Schritte hängt ab, ob Aussagen darüber möglich sind, welche Bindungen die eingetragenen Personen untereinander hatten. Dieser dritte Schritt erfordert die Einbeziehung aller anderen Quellen, in denen Anhaltspunkte für die Qualität der Beziehungen faßbar sind, die den eingetragenen Personenkreis miteinander verband.

Selten nur sind jedoch Personengruppen in Gedenkeinträgen und Aussagen erzählender oder urkundlicher Quellen so deckungsgleich, daß sie sich sozusagen nahtlos ergänzen[22]. Die Regel ist vielmehr, daß die unterschiedlichen Quellengattungen je auf ihre Weise Nachrichten von Ereignissen oder Personen geben, die zueinander in Beziehung gesetzt

---

18 Erich KOESTERMANN (Hg.), P. Cornelii Taciti libri qui super sunt, 2.2 Germania, Leipzig 1970, cap. 21: *Suscipere tam inimicitias seu patris seu propinqui quam amicitias necesse est.*

19 Vgl. die Zusammenstellung der Fälle bei ALTHOFF – SCHMID (wie Anm. 1) Untersuchungen.

20 So die Formulierung im sog. ›Bonner Vertrag‹ zwischen Karl dem Einfältigen und Heinrich I., der als *unanimitatis pactum ac societatis amicitia* bezeichnet wird; vgl. MGH Constitutiones et acta publica imperatorum et regum 1, hg. von Ludwig WEILAND, Hannover 1893, S. 1 f. Zum Schwur auf Reliquien vgl. Philipp HOFMEISTER, Die christlichen Eidesformen. Eine liturgie- und rechtsgeschichtliche Untersuchung, München 1957, S. 14 ff.

21 Vgl. zu ihnen die Hinweise in Anm. 5 und 6; ferner ALTHOFF (wie Anm. 13) S. 105 ff.

22 Vgl. dazu ausführlich ALTHOFF – SCHMID (wie Anm. 1) Untersuchungen.

werden müssen. Dies kann nur mit Hilfe von Hypothesen und Erklärungsmodellen gelingen, deren Tragfähigkeit sich nicht zuletzt daran mißt, inwieweit sie Lösungen für die Befunde aller Quellengattungen bieten. Die Technik dieser Arbeits- und Argumentationsschritte sei an konkreten Beispielen erläutert. Es soll an drei Beispielen der Nachweis geführt werden, daß in den alemannischen Verbrüderungsbüchern tatsächlich Bündnisse dieser Zeit ihren Niederschlag fanden, die für die Beurteilung der politischen Geschichte von unschätzbarem Wert sind.

Das erste Beispiel: Der hervorragende Einfluß Erzbischof Hattos von Mainz unter den Königen Arnulf, Ludwig dem Kind und Konrad I. hat sich in den Quellen in vielfacher Hinsicht niedergeschlagen. Hatto war vor seiner Erhebung zum Mainzer Erzbischof Mönch und seit 888 Abt der Reichenau gewesen, und er behielt diese Würde nach seiner Bischofspromotion nicht nur bei, sondern bekleidete zusätzlich noch die Abtsstellung in Ellwangen, Lorsch und Weißenburg[23]. Bekannt ist in der Forschung Hattos enge Zusammenarbeit mit den Konradinern, jenem mächtigen fränkischen Adelsgeschlecht mit lothringischen und elsäßischen Interessen, die er nicht nur in der berühmten Babenberger-Fehde unterstützte. Vielmehr geht deren Aufstieg zum Königtum auf den maßgeblichen Einfluß Erzbischof Hattos zurück[24].

Vor diesem Hintergrund verdient ein Eintrag auf pag. 71 des Reichenauer Verbrüderungsbuches Interesse, der in zwei Kolumnen 27 Namen aufführt, die von einem in Versalien geschriebenen *CHUONRAT DUX* angeführt werden. Links oberhalb des Namens Chuonrat wurde von einer anderen, aber wohl gleichzeitigen Hand ein Einzeleintrag gemacht: *Hatto episcopus*. Schon Paul Piper hat einen inhaltlichen Zusammenhang zwischen Einzel- und Gruppeneintrag angenommen, weil er Hatto mit dem Erzbischof von Mainz und Konrad mit dem späteren König Konrad identifizierte und ihm die enge Zusammenarbeit dieser beiden Personen natürlich bekannt war[25]. Aus welchem Anlaß aber entstand dieser Eintrag?

Von der Beantwortung dieser Frage hängt wohl entscheidend ab, inwieweit die Namenreihe überhaupt als historische Quelle nutzbar gemacht werden kann. Die zur Beantwortung notwendigen Schritte und Überlegungen aber scheinen typisch für die Erschließung derartiger Eintragungen. Schon eine erste Analyse zeigt, daß der Eintrag nicht von verwandtschaftlichen Bindungen geprägt zu sein scheint. Zwar handelt es sich bei den drei Namen am Beginn der Kolumnen um »Leitnamen« der Konradiner (Konrad, Gebhard, Eberhard) doch gilt gleiches für die folgenden 24 Namen keineswegs. Da unter diesen Namen keiner ist, der mehrfach begegnet, spricht auch nichts dafür, daß wir es mit anderen Verwandtengruppen zu tun hätten, etwa solchen, die mit den Konradinern verschwägert gewesen wären. Es handelt sich also wohl um einen der Einträge, die mit dem Kriterium »Verwandtschaft« nicht zu entschlüsseln sind. Die weitere Erschließung hängt somit

23 Vgl. zuletzt Friedrich KNÖPP, Hatto, Abt von der Reichenau, Ellwangen und Weißenburg, Erzbischof von Mainz 891-913 (Die Reichsabtei Lorsch. Festschrift zum Gedenken an ihre Stiftung 764, hg. von DEMS., Darmstadt 1973, S. 261-267).
24 Vgl. DÜMMLER (wie Anm. 6) S. 576; Heinrich BÜTTNER – Irmgard DIETRICH, Weserland und Hessen im Kräftespiel der karolingischen und frühen ottonischen Politik (Westfalen 30, 1952, S. 133-174) S. 145; vgl. auch GOETZ (wie Anm. 7) S. 378 mit Anm. 2. Zentrale Quelle für Hattos Verhältnis zu den Konradinern ist Die Sachsengeschichte des Widukind von Korvei, hg. von Hans-Eberhard LOHMANN und Paul HIRSCH (MGH SS rer. Germ.) Hannover ⁵1935, I, 22; vgl. dazu Helmut BEUMANN, Widukind von Korvei. Untersuchungen zur Geschichtsschreibung und Ideengeschichte des 10. Jahrhunderts, Weimar 1950, S. 81 und 223.
25 Vgl. PIPER (wie Anm. 12) S. 239 Anm.: *Non inepte hic iuxta Hattonis nomen ponitur cum Hatto Conradis semper favuerit.*

zunächst davon ab, ob die Personen des Eintrags überhaupt in anderer Überlieferung nachgewiesen werden können. Für die notwendige Suche aber bieten nur die Person Hattos von Mainz und die Sippe der Konradiner gewisse zeitliche und räumliche Vorgaben. Eine solche Ausgangslage wäre wohl als wenig aussichtsreich zu charakterisieren, wenn nicht moderne Hilfsmittel benutzt werden könnten.

Einer historischen Personengruppe zugeordnet werden konnte dieser Eintrag nämlich jetzt durch den Einsatz eines neuartigen Suchinstruments, einer in Freiburg von Manfred J. Schneider erstellten Datenbank[26]. Sie erlaubt Such- und Vergleichsoperationen innerhalb von rund 400 000 Personennamenbelegen, die vor allem aus dem früheren Mittelalter stammen, und bietet damit die Möglichkeit, alle Bezeugungen eines Namens in der Überlieferung aufzufinden und zu vergleichen. Damit ein Benutzer nicht in der Fülle der Informationen ertrinkt, bereitet der Computer bei einer Gruppe wie der hier vorgestellten die Informationsflut nach der Häufigkeit der Belege auf; das heißt, er zeigt zunächst die anderen Belegstellen der seltenen Namen, die naturgemäß besonders aufschlußreich sind. Auf diese Weise erhält der Benutzer gezielte Informationen darüber, wo das gesuchte Namengut an anderen Orten in der Überlieferung begegnet, seiner Suche werden also bestimmte Richtungen gegeben.

Im Falle unserer Gruppe zeichnete sich ein Befund ab, aus dem sich die in Anlage 1 wiedergegebene Tabelle erarbeiten ließ. Die seltenen wie auch die häufigen Namen unseres Eintrags finden sich nämlich in einer erstaunlichen Dichte im fuldischen Urkundenmaterial eines ganz bestimmten Zeitraums[27]. Als besonders aussagekräftig erwies sich eine Urkunde, die eine Datierung in das Jahr 889 aufweist. Man hat in der Forschung jedoch schon längst festgestellt, daß sie keinesfalls vor dem Jahre 893 ausgestellt worden sein kann, denn als erster Zeuge erscheint der Erzbischof Hatto von Mainz, der im Jahre 891 dieses Amt antrat, und als dritter Zeuge der Bischof Tuto von Regensburg, der sogar erst im Jahre 893 zum Bischof erhoben wurde[28]. Da auch alle drei Konradiner, die unseren Eintrag anführen, in der Zeugenreihe dieser Urkunde begegnen und auch weitere Namen von ansonsten unbekannten Zeugen in dem Eintrag wiederkehren, andere Namen des Eintrags überdies in zeitlich benachbarten Urkunden der gleichen Region, nämlich des thüringischen Grabfeldes, bezeugt sind, kann wohl kein Zweifel sein, daß wir durch diese urkundlichen Parallelquellen die Zeit und den Personenkreis bestimmt haben, denen unser Eintrag zuzuordnen ist. Damit aber ist die Arbeit der Erschließung keineswegs beendet. Es steht vielmehr zur Frage, warum Erzbischof Hatto von Mainz, drei Konradiner und zahlreiche Grundbesitzer des thüringischen Grabfeldes in das Reichenauer Verbrüderungsbuch eingeschrieben wurden. Expressis verbis sagt dies natürlich keine Quelle. Die politische Konstellation im Grabfeld im endenden 9. Jahrhundert liefert jedoch Anhaltspunkte zur genaueren Ansprache dieses merkwürdigen Eintrags[29].

Im Jahre 892 hatte König Arnulf den thüringischen dux Poppo aus der Sippe der Babenberger abgesetzt, in dessen Stellung niemand anderes als der Konradiner Konrad der

---

26 Vgl. Manfred J. Schneider, Eine Datenbank zur Erforschung von Personen und Personengruppen des Früh- und Hochmittelalters, Phil. Diss. Freiburg 1985.

27 Zur Kontrolle vgl. das ›Gesamtverzeichnis der fuldischen Personennamen‹ (Die Klostergemeinschaft von Fulda im früheren Mittelalter, hg. von Karl Schmid u.a., Münstersche Mittelalter-Schriften 8, 1-3) München 1978, Bd. 3, S. 78 ff.

28 Vgl. Johann Friedrich Böhmer, Regesta Imperii. Die Regesten des Kaiserreichs unter den Karolingern 751-918, neubearb. von Engelbert Mühlbacher ... und Ergänzungen von Carlrichard Brühl und Hans H. Kaminsky, Hildesheim 1966, Nr. 1819a; zu den Einzelheiten vgl. Althoff – Schmid (wie Anm. 1) Dokumentation.

29 Vgl. dazu Dümmler (wie Anm. 6) S. 356 f.

Ältere einrückte. Im gleichen Zeitraum aber wurde der Vertraute Arnulfs, Abt Hatto von der Reichenau, zum Erzbischof von Mainz erhoben[30]. Diese Kräftekonstellation und das Bündnis von Konradinern und Hatto von Mainz gegen die Babenberger hat dann ab 897 zu der berüchtigten Babenberger-Fehde geführt, in der die Babenberger vernichtet wurden[31]. Genau in diese Zeit aber fällt die Eintragung der vorgestellten Personengruppe in das Reichenauer Verbrüderungsbuch, deren Anlaß damit wohl nicht mehr zweifelhaft sein kann, auch wenn wir keine direkte Quellenaussage besitzen. Sie gibt Zeugnis von den Versuchen der Konradiner und Hattos von Mainz, sich mit dem regionalen Adel in der umstrittenen Region zu verbünden, und sich so einen Rückhalt in den Auseinandersetzungen zu verschaffen. Der Abschluß dieses Bündnisses ist offensichtlich auf Vermittlung Hattos von Mainz zur Reichenau gemeldet worden, wo man die Namen der Beteiligten in das Verbrüderungsbuch einschrieb.

Wir wären bei der Interpretation dieses Befundes nicht so sicher, wenn es sich um einen Einzelfall handeln würde. Doch stützen sich mehrere Fälle, die sich auf ein vergleichbares Zusammenwirken der Konradiner und Erzbischof Hattos von Mainz beziehen lassen, sozusagen gegenseitig. Im Jahre 899 trafen sich nämlich in St. Goar Erzbischof Hatto, die Konradiner Gebhard und Konrad und Vertreter des lothringischen und westfränkischen Adels zu Verhandlungen mit König Zwentibold von Lothringen[32]. Nach Regino von Prüm verhandelten sie die entscheidende Frage aber ohne den König: nämlich dessen Sturz. Im Reichenauer Verbrüderungsbuch aber findet sich wiederum ein Eintrag, in dem Hatto von Mainz, die Konradiner Gebhard und Konrad, sowie der lothringische Graf Otachar genannt sind, die auch bei Regino als die Initiatoren des Komplotts in Erscheinung treten[33]. Auch hier hat sich also das politische Bündnis offensichtlich in einem Gedenkeintrag niedergeschlagen, und wiederum ist Hatto als der Vermittler der Namen auf die Reichenau anzusehen[34].

Mit diesen ersten Beispielen ist der bemerkenswerte Tatbestand angesprochen, daß Bündnisse von Personen ihren Niederschlag an weit entfernten Orten finden konnten, weil ein Vermittler, in diesem Falle der Abtbischof Hatto von Mainz, tätig wurde. Die alemannischen Verbrüderungsbücher erweisen sich also nicht zuletzt deshalb als wichtige Quellen zur Reichsgeschichte, weil die Äbte dieser Klöster in bestimmten Zeiten aktiv an der »großen« Politik beteiligt waren.

Beim zweiten Beispiel sei ausgegangen von einer Königsurkunde. Am 24. Juni des Jahres

---

30 Vgl. die Hinweise in Anm. 6 und 23.

31 Vgl. DÜMMLER (wie Anm. 6) S. 522-527 und S. 541-544; Ferdinand GELDNER, Neue Beiträge zur Geschichte der ›alten Babenberger‹ (Bamberger Studien zur fränkischen und deutschen Geschichte 1) Bamberg 1971, S. 15 ff.; GOETZ (wie Anm. 7) S. 18 f.; Herfried STINGL, Die Entstehung der deutschen Stammesherzogtümer (Untersuchungen zur deutschen Staats- und Rechtsgeschichte NF 19) Aalen 1974, S. 65 ff.

32 DÜMMLER (wie Anm. 6) S. 469 ff.; Eduard HLAWITSCHKA, Lotharingien und das Reich an der Schwelle der deutschen Geschichte (Schriften der MGH 21) Stuttgart 1968, S. 179.

33 Vgl. Reginonis abbatis Prumiensis chronicon cum continuatione Treverensi, hg. von Friedrich KURZE (MGH SS rer. Germ. 50) Hannover 1890, a. 899: *Zuendibolch colloquium habuit cum optimatibus Arnulfi et Caroli et suis apud sanctum Goarem; ex regno Arnulfi interfuerunt Hattho archiepiscopus, Cuonradus et Gebehardus comites, ex parte Caroli Haschiricus episcopus et Odacar comes. Quid vero in eodem conventu seorsum sine presentia regis pertractatum sit, postea eventus rei luce clarius manifestavit.* Zu dem Eintrag auf pag. 67 des Reichenauer Verbrüderungsbuches vgl. ALTHOFF - SCHMID (wie Anm. 1) Dokumentation.

34 Auch auf pag. 66 des Reichenauer Verbrüderungsbuches findet sich ein Eintrag, der Erzbischof Hatto von Mainz, Konradiner und westfränkische Große enthält und der gleichfalls auf politische Verhandlungen in Lothringen im beginnenden 10. Jahrhundert weist; vgl. ALTHOFF - SCHMID (wie Anm. 1) Dokumentation.

903 bestätigte König Ludwig das Kind in Forchheim dem Kloster St. Gallen und seinem Abt Salomo alle bisherigen Privilegien und erneuerte die Immunität mit Königsschutz, das Inquisitionsrecht und die freie Abtwahl[35]. Als Intervenienten sind in dieser Urkunde eine beachtliche Anzahl von geistlichen und weltlichen Großen genannt, unter denen sich die wichtigsten Herrschaftsträger dieser Zeit finden. Aufgeführt sind sieben Bischöfe und 19 Grafen, von denen einige zusätzlich als *dux* oder *marchio* bezeichnet sind. Die Forschung hat sich schon eingehend mit diesem Personenkreis auf dem Forchheimer Reichstag beschäftigt und ihn in Zusammenhang mit der Babenberger-Fehde gebracht, über die dort verhandelt wurde. Sie hat festgestellt, daß Mitglieder dieses Kreises auch in anderen Urkunden für St. Gallen und Lorsch als politisch gemeinsam handelnde Gruppe in Erscheinung treten[36]. Wenn aber, was nicht in Zweifel gezogen werden soll, die gemeinsame Zeugentätigkeit als Indiz für eine bestimmte Gruppenbildung von Herrschaftsträgern gewertet werden darf, dann hilft diese Beobachtung auch bei der Erschließung von Gedenkeinträgen. Auch im Reichenauer Verbrüderungsbuch begegnen nämlich Mitglieder dieses Kreises, und zwar an einer ganz ungewöhnlichen Stelle. Auf pag. 3 des Gedenkbuchs hatte man bei der Anlage im Jahre 824/25 ein »Inhaltsverzeichnis« der Klosterverbrüderung eingetragen[37]. Danach war die Seite nicht mehr beschrieben worden; sie enthielt am Beginn des 10. Jahrhunderts noch gar keine Nameneinträge. Dann jedoch wurden die Räume neben dem Inhaltsverzeichnis in schneller Folge mit Eintragungen gefüllt. Im unteren Drittel der Seite (C3-D4) erscheint ein Eintrag von 9 Namen, der ein gutes Stück mit den Intervenienten in der Königsurkunde Ludwigs des Kindes übereinstimmt: *Odalrih, Arnolf, Chuonrat, Hug.* Bei den Grafen der Königsurkunde handelt es sich um alemannische Grafen aus verschiedenen Geschlechtern, die am Anfang des 10. Jahrhunderts lebten[38]. Auch die folgenden Namen des Reichenauer Eintrags, *Cozpret* und *Hiltibold* sind für alemannische Grafen dieses Zeitraums bezeugt[39]. Kein Zweifel also: Der Reichenauer Eintrag auf pag. 3 führt mindestens sechs alemannische Grafen aus dem beginnenden 10. Jahrhundert auf. Ein Familien- oder Sippeneintrag aber ist er damit aller Wahrscheinlichkeit nach nicht.

Doch ist nicht nur dieser Eintrag auf pag. 3 für uns von Interesse. Links neben den alemannischen Grafen wurde von anderer Hand der bayerische Markgraf Liutpold mit seiner Gemahlin Kunigunde eingetragen[40]. Liutpold erscheint gleichfalls unter den Forchheimer Zeugen. In der oberen Hälfte der Seite wurden die »schwäbischen Kammerboten« Erchanger und Berthold verzeichnet, die wir als Brüder der eben genannten Kunigunde

35 Vgl. MGH. Die Urkunden der deutschen Karolinger 4, Die Urkunden Zwentibolds und Ludwigs des Kindes, bearb. von Theodor SCHIEFFER, Berlin 1960, Nr. 20; vgl. dazu STINGL (wie Anm. 31) S. 101 ff.

36 Vgl. schon DÜMMLER (wie Anm. 6) S. 525 ff.; s. auch Bündner Urkundenbuch, bearb. von Elisabeth MEYER-MARTHALER und Franz PERRET, Chur 1955, Nrn. 85, 86, 88, 89; GOETZ (wie Anm. 7) S. 347; zu den Einzelheiten vgl. ALTHOFF – SCHMID (wie Anm. 1).

37 Vgl. dazu Johanne AUTENRIETH, Beschreibung des Codex (Das Verbrüderungsbuch der Abtei Reichenau, wie Anm. 12) S. XXI f.

38 Die bisher bekannten Belege zu diesen Grafen sind gesammelt von Michael BORGOLTE, Geschichte der Grafschaften Alemanniens in fränkischer Zeit (Vorträge und Forschungen Sonderbd. 31) Sigmaringen 1984, bes. Grafenlisten S. 230 ff., und DEMS., Die Grafen Alemanniens in merowingischer und karolingischer Zeit. Eine Prosopographie (in dieser Reihe Bd. 2) Sigmaringen 1986.

39 Vgl. die Hinweise in Anm. 38; zu Gozbert außerdem Otto P. CLAVADETSCHER, Wolfinus Cozperti palatini comitis filius. Eine neuentdeckte Quelle zur Geschichte des beginnenden 10. Jahrhunderts (Florilegium Sangallense, wie Anm. 16, S. 149-163).

40 Der Eintrag findet sich im Rasterfeld C4; vgl. zu den im folgenden referierten Einzelheiten auch ALTHOFF – SCHMID (wie Anm. 1) Dokumentation.

kennen[41]. Sie waren zwar offensichtlich nicht in Forchheim anwesend, gehörten aber zu den mächtigsten Adligen Alemanniens in dieser Zeit, denn sie griffen im Jahre 911 nach der schwäbischen Herzogswürde, nachdem der Hunfridinger Burkhard und sein Bruder Adalbert auf einem schwäbischen Stammestag erschlagen worden waren[42]. Mit diesen Hinweisen sind die Möglichkeiten der Zuordnung der Einträge auf pag. 3 des Reichenauer Verbrüderungsbuches aber noch nicht erschöpft. *Winehart* und *Amata* sind durch eine St. Galler Urkunde aus dem Jahre 903 bezeugt; sie wurden ein Stück unter Erchanger und Berthold eingetragen[43]. Ein *Ruodpert*, zusammen mit Winehart und Amata verzeichnet, dagegen tauschte im Jahre 904 Güter in Rätien mit Hatto, dem Lorscher und auch Reichenauer Abt, wie durch eine Lorscher Urkunde nachgewiesen wird[44]. Als Zeugen dieses Tausches werden unter anderen die eben behandelten Grafen Arnold und Konrad aufgeführt – ferner ein Graf Eremfrid, der uns gleich wieder begegnen wird. Zur Gesamtbeurteilung des Befundes ist es nämlich wichtig, daß auch auf pag. 73 des St. Galler Verbrüderungsbuches ein Eintrag mit Markgraf Liutpold, Erchanger und Berthold und weiteren Großen zu finden ist, und daß neben diesem Eintrag die Namenfolge *Adalbero, Adalheid, Eremfrid* geschrieben wurde[45]. Sie findet sich auf pag. 3 des Reichenauer Verbrüderungsbuches am linken unteren Rand der Seite in gleicher Reihenfolge. Adalbero aber hieß der Augsburger Bischof und Erzieher Ludwigs des Kindes, der bis 900 oder 901 Abt in Lorsch gewesen war[46]. Und in der eben zitierten Lorscher Urkunde von 904 wird ein Graf Eremfrid zusammen mit den schon mehrfach genannten Grafen Arnolf und Konrad erwähnt[47].

Hinter diesen verwirrenden Einzelbeobachtungen steht folgender Befund: Geistliche und weltliche Herrschaftsträger des alemannischen Raumes werden mehrfach bei der Beurkundung von Rechtsgeschäften als Gruppen faßbar, die am Beginn des 10. Jahrhunderts politisch handelnd in Erscheinung treten, sei es für den unmündigen König Ludwig, sei es zu anderen Gelegenheiten. Die weltlichen dieser Herrschaftsträger wurden aber auch – und zwar allem Anschein nach zur gleichen Zeit – in die Gedenkbücher der Klöster aufgenommen, die die geistlichen leiteten: eben Salomo St. Gallen und Hatto die Reichenau. Es dürfte wohl nicht ratsam sein, diese Koinzidenz für zufällig zu halten, auch wenn wir wieder kein direktes Zeugnis für einen inhaltlichen Zusammenhang von Urkundenausstellung und Gedenkeinträgen besitzen. Doch scheint die gemeinsame politische Tätigkeit auch die Einschreibung in die Gedenkbücher bewirkt zu haben. Wir werden daher wieder auf Bindungen und Bündnisse der Herrschaftsträger verwiesen, deren nähere Umstände und Anlässe bisher nicht im Blick sind.

Aus Reichenauer Quellen verlautet nun nichts über die Anlässe solcher Einschreibungen. Um so besser sind wir darüber aber aus St. Gallen informiert, wo sich einmal Niederschriften über Ablauf und Zweck von Klosterbesuchen aus der uns interessierenden

41 Eintrag im Rasterfeld B1.

42 Vgl. oben bei Anm. 7ff.

43 Eintrag in Rasterfeld B2 in Versalien; zur St. Galler Urkunde vgl. Urkundenbuch der Abtei Sanct Gallen, hg. von Hermann WARTMANN, 2, Zürich 1866, Nr. 729.

44 Vgl. Bündner Urkundenbuch (wie Anm. 36) Nr. 86; Codex Laureshamensis, hg. von Karl GLÖCKNER (Arbeiten der Historischen Kommission für den Volksstaat Hessen) 1, Darmstadt 1929, Nr. 59; zwar handelt es sich bei Ruodbert um einen sehr häufigen Namen, doch scheint der Hinweis auf die Urkunde angebracht, da als Zeugen wiederum folgende Grafen aufgeführt sind: *Adelbertus comes, Arnolfus comes, Cunradus comes, Erinfridus comes, Liutfridus comes.*

45 Vgl. dazu ALTHOFF – SCHMID (wie Anm. 1) Dokumentation.

46 Vgl. die Reichsabtei Lorsch (wie Anm. 23) S. 257-260; DÜMMLER (wie Anm. 6) S. 498f.

47 Vgl. Anm. 44.

Zeit erhalten haben, und wo andererseits Ekkehard IV. in seinen Casus St. Galli detailliert erzählt, wie es bei diesen Klosterbesuchen von Königen, Bischöfen und Laien im St. Galler Konvent zuging[48]. Selbst wenn man die Gaukler und Musikanten, die anstelle des Lektors bei solchen Besuchen den Mönchen im Refektorium ihre Vorträge hielten, als Übertreibungen der Klostertradition abtun mag, bleibt als Kern der Besuche ein *convivium* zwischen Besuchern und Mönchen, die Darbringung von Geschenken auf den Altären der Klosterkirche und die feierliche Einschreibung der als *fratres conscripti* in die Mönchsgemeinschaft aufgenommenen in den Liber vitae[49].

Daß es bei solchen Besuchen jedoch auch um politische Verhandlungen und Bündnisse ging, zeigt sich etwa am Besuch König Konrads I. in St. Gallen am 28. Dezember 911, dem Fest der unschuldigen Kinder. In der Begleitung Konrads befand sich nämlich nicht nur Salomo III. von Konstanz, der ja zugleich St. Galler Abt war, sondern auch die beiden sogenannten Kammerboten Erchanger und Berthold[50]. In eben diesem Jahre 911 aber hatte Erchanger die schwäbische Herzogsstellung an sich gerissen, nachdem Herzog Burkhard auf einem Stammestag erschlagen worden war – zusammen mit seinem Bruder Adalbert. In den Annales Alamannici wird ausdrücklich gesagt, daß Bischof Salomo an diesem Mordkomplott Teil hatte[51]. Der gerade gewählte König hat also mit den politisch relevanten Kräften Alamanniens Verhandlungen geführt und diese waren eingebettet in Klosterbesuch, Verbrüderung und gemeinschaftsstiftende convivia. Daß dies offensichtlich nicht nur beim Besuch Konrads I. in St. Gallen so war, vermag eine Urkunde aus dem Jahre 909 nachzuweisen, durch die – gleichfalls am Feste der unschuldigen Kinder – neben Bischof Salomo drei weitere Bischöfe und sechs alemannische Grafen in St. Gallen bezeugt sind[52].

Bezieht man diese St. Galler Nachrichten in die Interpretation der vorgeführten Reichenauer Einträge mit ein, spricht wohl viel dafür, auch für die Reichenau ähnliche Treffen, Verhandlungen und Bündnisse weltlicher und geistlicher Herrschaftsträger anzunehmen, von denen – im Unterschied zu St. Gallen – heute nur noch das Reichenauer Verbrüderungsbuch Zeugnis gibt. Die pag. 3 dieses Buches vermag jedenfalls einen Eindruck davon zu vermitteln, wie intensiv die Beziehungen alemannischer Großer zur Reichenau und untereinander im ersten Jahrzehnt des 10. Jahrhunderts gewesen sein müssen.

Ihre größte Dichte erreichten solche Eintragungen aber erst in der Regierungszeit Heinrichs I., des ersten sächsischen Herrschers. Wir können aus seiner Zeit fast alle wichtigen weltlichen und geistlichen Großen in einschlägigen Einträgen nachweisen – und dies zum Teil mehrfach in unterschiedlicher Umgebung. Damit sind wir aber wiederum aufgefordert, in anderen Quellen nach Aussagen zu suchen, die diesen Befund der

---

48 Vgl. die Aufzeichnungen über diese Besuche bei PIPER (wie Anm. 12) S. 136-143 und Ekkehard IV. Casus (wie Anm. 6) cap. 3-16; vgl. dazu SCHMID (wie Anm. 8) S. 173 ff.; Gerd ALTHOFF, Der Corveyer Konvent im Kontakt mit weltlichen und geistlichen Herrschaftsträgern des 9. und 10. Jahrhunderts (Der Liber Vitae der Abtei Corvey. Teil 2 Studien zur Corveyer Gedenküberlieferung und zur Erschließung des Liber Vitae, hg. von Karl SCHMID und Joachim WOLLASCH, Veröffentlichungen der Historischen Kommission für Westfalen. XL,2) Münster 1989, S. 29-38, bes. S. 32 f.

49 Dieses Zeremoniell melden übereinstimmend die Aufzeichnungen im St. Galler Cod. 915 und Ekkehard IV.

50 Vgl. Ekkehard (wie Anm. 6) cap. 15.

51 Vgl. Annales Alamannici (wie Anm. 9) a. 911.

52 Vgl. WARTMANN (wie Anm. 43) Nr. 761: *Signum episcopi Salomonis et advocati eius Domnici Curiensis. Signum Waldonis et advocati illius Erchangeri comitis. Signum Albrici decani et advocati illius Willeharii. Signa et aliorum astantium. Thracholf episcopus. Hiltine episcopus. Uodalrich comes. Chuonrat comes. Pertholt comes. Huc comes. Adalbret comes* und weitere Zeugen ohne Amtsbezeichnung; vgl. dazu auch STINGL (wie Anm. 34) S. 162.

Gedenkquellen zu erklären helfen. Und es ist wieder darauf hinzuweisen, daß direkte Äußerungen über diesen Vorgang nicht überliefert sind; sein Hintergrund muß vielmehr erschlossen werden. Im Unterschied zur Karolingerzeit und auch zur Zeit Konrads I. scheint der sächsische Herrscher sich aktiv an den Bündnissen, die hinter diesen Eintragungen stehen, beteiligt zu haben. Er selbst und seine Familie wurden nämlich mehrfach in verschiedenen Konstellationen in die Verbrüderungsbücher aufgenommen[53]. Es paßt zu diesem Befund, daß die erzählenden Quellen vielfach betonen, wie sehr sich dieser Herrscher darum bemüht habe, durch Bündnisse den Frieden wieder herzustellen, und wie häufig er zu diesem Zweck amicitiae mit auswärtigen Herrschern und auch mit den Großen seines Reiches eingegangen sei. Ein Zusammenhang zwischen den Einträgen in Verbrüderungsbücher und herrscherlichen Maßnahmen der Friedensstiftung oder auch der Ungarnabwehr wird so unmittelbar nahegelegt, auch wenn er nirgendwo konkret ausgesagt ist[54].

Am Beispiel einer Seite des St. Galler Verbrüderungsbuches sei ein Eindruck von der Dichte und der Komplexität des Befundes vermittelt, um zugleich noch einmal die Kluft zwischen Befund und Interpretation herauszuarbeiten, die es zu überbrücken gilt. Auf pag. 77 des St. Galler Verbrüderungsbuches findet sich ein Eintrag mit dem angelsächsischen König Adelstan und einer größeren Anzahl angelsächsischer Bischöfe, Äbte und weiterer Personen ohne eine Amtsbezeichnung[55]. In St. Gallen hielt man an anderer Stelle auch fest, daß an den Iden des Oktobers im Jahre 929 der angelsächsische Bischof Keonwald das Kloster St. Gallen besuchte, sich vier Tage dort aufhielt und dem Konvent reiche Schenkungen machte. Als Gegenleistung wurde er als frater in die Mönchsgemeinschaft aufgenommen. Keonwald, so wird außerdem berichtet, habe auch darum gebeten, die Namen von acht Personen aufzuschreiben, um für sie Gebetshilfe zu leisten. Diese acht Namen begegnen in unserem Eintrag, der jedoch erheblich mehr aufführt.

Die Gesandtschaft Keonwalds gehört in den Zusammenhang der Heirat Ottos des Großen mit der angelsächsischen Prinzessin Edgith, die aber auch ein Bündnis zwischen dem angelsächsischen und dem ottonischen Königshaus bedeutete, für dessen Zustandekommen Bischof Keonwald sorgte. Eine Eintragung solcher Gesandtschaften in Gedenkbücher ist denn auch kein Einzelfall; vielmehr scheint der Abschluß von Bündnissen, der durch Gesandte beschworen zu werden pflegte, auch zur Eintragung dieser Gesandten in Gedenkbücher geführt zu haben[56]. Weil so Datierung, Anlaß und Personenkreis des angelsächsischen Eintrags gesichert sind, bietet das Jahr 929 auch einen Anhalts- und Ausgangspunkt für die Erschließung der anderen Einträge auf dieser Seite. Hierbei ließen sich folgende Beobachtungen zusammentragen:

Links neben dem Eintrag der Angelsachsen steht eine Personengruppe, die von einem *Witfried* angeführt wird[57]. Durch mehrere Kölner Privaturkunden aus dem Jahre 927 erweist sich Witfried als der Kölner Erzbischof Wicfried, die nächsten Personen als

---

53 Vgl. ALTHOFF – SCHMID (wie Anm. 1) Dokumentation.
54 Vgl. ebd. Untersuchungen.
55 Vgl. ebd. Dokumentation. Zu den folgenden Ausführungen vgl. das Faksimile der betreffenden Seite in Subsidia Sangallensia I (wie Anm. 12) S. 164.
56 Ein zweiter Fall findet sich im Reichenauer Verbrüderungsbuch, pag. 56/57, wo am oberen Rand der Seiten eine Gesandtschaft mit westfränkischen Bischöfen und dem Markgrafen Arnulf von Flandern eingetragen ist, die im Jahre 938 ein Freundschaftsbündnis zwischen Otto dem Großen und dem westfränkischen Karolinger Ludwig vermittelte; vgl. ALTHOFF – SCHMID (wie Anm. 1) Dokumentation.
57 Ebd. Dokumentation. Vgl. die Belege zu den folgenden Angaben einstweilen bei Friedrich Wilhelm OEDIGER (Hg.), Die Regesten der Erzbischöfe von Köln im Mittelalter 1 (Publikationen der Gesellschaft für rheinische Geschichtskunde 21) Bonn 1954-61, Nrn. 311, 320, 328, 335 u.ö.

Dignitäre des Kölner Domkapitels, weitere als Laien aus dem Kölner Raum und die drei Frauen am Schluß des Eintrags schließlich als die Töchter einer Adelsfamilie, die als Schenker für eine Kölner Äbtissin namens Landswind in diesen Urkunden auftritt. Für die Äbtissin Landswind und ihren Konvent wurden zahlreiche Personen des Kölner Raumes tätig, weil diese von den Ungarn aus Gerresheim vertrieben worden waren und in Köln Unterschlupf fanden.

In der unteren Hälfte der ersten Kolumne steht dann ein Eintrag, der von einem *Toto* angeführt wird. Im Jahre 929 aber bestätigte Heinrich I. dem Kloster Kempten bestimmte Schenkungen, die ein Salacho dem Kloster gemacht hatte[58]. Als Vogt des Klosters wird in der Urkunde ein Toto genannt. Da am Beginn unseres Eintrags zweimal der Name Toto und einmal der Name Salacho begegnet, gibt es kaum einen Zweifel, daß hier eine Personengruppe um den Kemptener Vogt eingetragen wurde, mit dem Heinrich I. eben im Jahre 929 in Kontakt gekommen war. Ein ganz ähnlicher Eintrag mit Toto und Salacho findet sich auch im Reichenauer Verbrüderungsbuch. Hier erscheint er neben einer Personengruppe, die von dem thüringischen Grafen Meginwarch angeführt wird. Dieser gehörte zu den Personen, die durch verschiedene Einträge als die Protagonisten der Bündnisbewegung in der Zeit Heinrichs I. erwiesen werden[59].

Rechts neben den Angelsachsen wurde ferner eine Personengruppe eingetragen, die in der Forschung bereits mit einer elsässischen Grafensippe in Verbindung gebracht wurde, in der die Namen Bernhard und Konrad begegnen. Auch die Namen Gundram und Liutfrid dieses Eintrags erinnern nachhaltig an elsässische Grafen dieser Zeit. Zwar können wir bisher nicht sicher sagen, welche Adligen hier eingetragen worden sind, sicher wissen wir aber, daß die ersten Personen dieses Eintrags mehrfach auch im Reichenauer Verbrüderungsbuch begegnen, unter anderem wiederum mit dem thüringischen Grafen Meginwarch[60]. Es darf also als gesichert angenommen werden, daß auch diese Personen in den 20er oder 30er Jahren in die Verbrüderungsbücher aufgenommen wurden.

Gleiches gilt für die Personengruppe, die in der unteren Hälfte der dritten und in der oberen Hälfte der vierten Kolumne eingetragen wurde. Wir wissen unter anderem, daß die am Beginn dieses Eintrags genannten *Puobo, Suitburg und Kunigund* im Reichenauer Verbrüderungsbuch in Einträgen wiederkehren, die Personen um die niederlothringischen Grafen Wichmann von Hamalant und Arnulf von Flandern enthalten[61]. Diese gehören gleichfalls in den Zeitraum der 20er oder 30er Jahre des 10. Jahrhunderts. Damit wird aber die Tatsache höchst bedeutsam, daß in einer Urkunde Heinrichs I. aus dem Jahre 923 ein *Bobbo venerandus comes* genannt wird, den man in der Forschung zur Sippe der Babenberger rechnet. Überdies ernannte Heinrich I. im Jahre 931 einen Kleriker namens Bobbo zum Leiter seiner Kanzlei; dieser wurde später Bischof von Würzburg und wird in der Forschung gleichfalls mit guten Gründen als Babenberger geführt. Da auch ein Bruder des Grafen Bobbo namens Adalbert bezeugt ist und ferner der Name Kunigunde in dieser Sippe gebräuchlich war – beide Namen erscheinen auch in unserem Eintrag –, spricht alles

58 Ebd. Dokumentation. S. dazu MGH Die Urkunden der deutschen Könige und Kaiser 1. Die Urkunden Konrad I. Heinrich I. und Otto I. (Berlin ²1956) Nr. 19, S. 54f.

59 Ebd. Dokumentation; die Einträge finden sich auf pag. 56 des Reichenauer Verbrüderungsbuches (wie Anm. 12), zu dem Meginwarch-Eintrag s. Karl SCHMID, Unerforschte Quellen aus quellenarmer Zeit (II): Wer waren die ›fratres‹ von Halberstadt aus der Zeit König Heinrichs I.? (Festschrift für Berent Schwineköper, hg. v. Helmut MAURER und Hans PATZE, Sigmaringen 1982, S. 117-140) S. 117ff.; die Personengruppe um Toto und Salacho findet sich im Rasterfeld D3-D5.

60 Vgl. den fraglichen Eintrag auf pag. 49 des Reichenauer Verbrüderungsbuches (wie Anm. 12), er steht zwischen den Kolumnen.

61 Vgl. den Eintrag auf pag. 44 A1-A2, B2 des Reichenauer Verbrüderungsbuches (wie Anm. 12).

dafür, daß auf der hier behandelten Seite des St. Galler Verbrüderungsbuches auch die mainfränkische Sippe der Babenberger unter den Eingetragenen vertreten ist[62]. Mit ihr sind wiederum Personen verzeichnet worden, die im fraglichen Zeitraum um 929 enge Kontakte zu Heinrich I. hatten.

Nicht eindeutig zugeordnet ist bisher der letzte Eintrag auf dieser Seite, dessen Schriftbild sich auch deutlich von den anderen Eintragungen abhebt. In diesem Eintrag findet sich aber das Namengut der mächtigsten bayerischen Adelsfamilien so konzentriert, daß die Zuordnung dieser Personengruppe zum bayerischen Adel unzweifelhaft ist. Man spricht in der Forschung etwa von den älteren Otacharen (Name 1 und 20), von den Aribonen (4), und den Pilgrimiden (17). Arnulf (3) hieß der bayerische Herzog in der Regierungszeit Heinrichs I. und der Name Chadalhoh (6, 16) ist gleichfalls in den genannten Adelssippen bezeugt[63]. Auch hier besteht also kein Zweifel: Bei den Eingetragenen handelt es sich um Vertreter des bayerischen Adels, auch wenn wir bisher nicht sagen können, wer sich hinter den einzelnen Personen verbirgt, und ob sie gleichfalls der Zeit Heinrichs I. zuzuordnen sind.

Damit ergibt die Untersuchung der Einträge von pag. 77 des St.Galler Verbrüderungsbuches folgenden Gesamtbefund: Neben dem Eintrag einer angelsächsischen Gruppe aus dem Jahre 929 finden sich Personengruppen um den Kölner Erzbischof Wichfried, die im Jahre 927 in anderen Quellen bezeugt sind; es finden sich weiter Personen um den Kemptener Vogt Toto, der 929 in einer Königsurkunde auftritt. Weiter begegnen elsässische, mainfränkische und bayerische Adelige, die in den Verbrüderungsbüchern auch noch in anderen Konstellationen auftreten, und zwar mehrfach mit Herrschaftsträgern aus der Zeit Heinrichs I., so daß sie sich gleichfalls der Regierungszeit dieses Herrschers zuordnen lassen. Die ganze Seite des St. Galler Verbrüderungsbuches wurde – mit anderen Worten – in sehr kurzer Zeit mit Personengruppen gefüllt, aus denen jeweils einzelne in der gleichen Zeit nachweislich im Kontakt mit Heinrich I. standen. Bis hierhin handelte es sich nur um eine Beschreibung des Befundes, der jedoch nachhaltig die Frage aufwirft, ob nicht ein inhaltlicher Zusammenhang zwischen den Gedenkeinträgen und den Kontakten der Personen zu Heinrich I. besteht. Damit aber beginnt die Interpretation. Nun könnte man die Beobachtungen für Zufall halten, wenn sie sich nur auf einer Seite eines Verbrüderungsbuches machen ließen. Doch ist dem nicht so. Wichtige Herrschaftsträger der Zeit Heinrichs I. begegnen vielmehr so häufig und in so unterschiedlichen Konstellationen in den Verbrüderungsbüchern, daß der Schluß erlaubt ist: Die gleichzeitigen Einträge stehen auch in einem inhaltlichen Zusammenhang miteinander; sie weisen auf eine Bewegung, an der Heinrich I. zentral beteiligt gewesen sein muß. Vor allem der mehrfach erwähnte Graf Meginwarch aus Thüringen erscheint so häufig in verschiedenen Einträgen, daß viel dafür spricht, er habe in Alemannien eine ähnliche Rolle gespielt wie jener Graf Eberhard, von dem wir durch Flodoard von Reims wissen, daß Heinrich I. ihn nach Lothringen schickte mit dem Auftrag: *justitiam faciendi... et Lotharienses inter se pace consociat*[64]. Die Zeitgenossen scheinen schneller als wir verstanden zu haben, was *inter se pace consociare* bedeutet. Die Zusammenschau von Einträgen in Verbrüderungsbüchern und solchen

62 Zu den Babenbergern im 10. Jahrhundert vgl. Walter SCHLESINGER, Die Entstehung der Landesherrschaft, Dresden 1941, S. 161 ff.

63 Der Eintrag wurde nicht in die Dokumentation aufgenommen, da seine Datierung unsicher ist. Das bayerische Namengut des Eintrags erweist der Vergleich mit der Genealogie des altbayerischen Adels im Hochmittelalter, bearb. von Franz TYROLLER (Genealogische Tafeln zur mitteleuropäischen Geschichte, hg. von Wilhelm WEGENER) Göttingen 1962, S. 47 ff.

64 Les Annales de Flodoard, hg. von Philipp LAUER (Collection des textes) Paris 1905, a. 926, S. 36.

Bemerkungen in den erzählenden Quellen legt jedenfalls den Schluß nahe, daß es Personen gab, die im Auftrag des Königs den Abschluß von Friedensbündnissen vermittelten, und die deshalb so häufig in Verbrüderungsbüchern begegnen, weil der an solchen Bündnissen beteiligte Personenkreis ins Gedenken eingeschrieben wurde.

Drei Beispiele sind gewiß zu wenig, um einen Eindruck davon zu erhalten, welche Intensität die apostrophierte Bewegung hatte, die sich in den alemannischen Verbrüderungsbüchern abzeichnet. Fast wichtiger noch als die inhaltlichen Aussagen, die hier gemacht wurden, scheinen denn auch die methodischen Bemerkungen zur Erschließung der Gedenküberlieferung, die mit den vorgestellten Beispielen konkretisiert werden sollten. Es dürfte wohl deutlich geworden sein, auf welchen Feldern gerade die alemannische Überlieferung des Frühmittelalters günstige Forschungsvoraussetzungen bietet. Die sich zunehmend verdichtende Erkenntnis, daß bei den Bindungen und Bündnissen mittelalterlicher Menschen untereinander die gegenseitige Verpflichtung zur memoria eine große Rolle spielte, ermöglicht und erfordert neue Anstrengungen zur Erschließung der alemannischen Verbrüderungsbücher, denn es spricht einiges dafür, daß sich in ihnen – und nur in ihnen – die Personengruppen erhalten haben, die einen unmittelbaren Einblick in das Bindungs- und Bündnisgefüge der mittelalterlichen Gesellschaft erlauben, auch wenn die Schwierigkeiten, die Namenreihen zum Sprechen zu bringen, keineswegs als gering einzuschätzen sind.

Dies sei gerade angesichts bereits geäußerter Kritik betont: Man verkünde neuerdings – und damit sind die in Münster und Freiburg an der Erforschung der Memorialüberlieferung arbeitenden Wissenschaftler gemeint – der Geist der Zeit des Frühmittelalters spiegele sich nirgends so gut wie in den Memorialquellen, was völlig in die Irre gehe[65]. Dazu ist einstweilen nur zu sagen, daß es keinesfalls darum geht, eine Quellengattung zu favorisieren und andere zu vernachlässigen. Vielmehr zwingt gerade die quellenarme Zeit des Frühmittelalters dazu, jedwede Überlieferung zur Rekonstruktion vergangenen Geschehens zu nutzen. Angesichts dieser Lage wäre es wohl sehr problematisch, wenn man Überlieferung wie die Memorialquellen unbeachtet ließe, obgleich sie für die Menschen des Frühmittelalters doch einigen Stellenwert besessen haben müssen, sonst hätten sich kaum Tausende und Abertausende von Personen in sie eintragen lassen. Und unter diesen finden sich in großer Zahl Personengruppen aus dem frühmittelalterlichen Adel, über den ansonsten wenig Überlieferung existiert, weil er weder im Zentrum des Interesses von Historiographen stand noch selbst schriftliche Aufzeichnungen hervorbrachte. Die Eigenart dieser Adelsgruppen und ihr Zusammenwirken mit Episkopat, Klerus und Mönchtum aber wird gerade durch Einträge in Verbrüderungsbücher deutlich, die man wohl berechtigt als »Selbstzeugnisse« dieser Gruppen charakterisieren kann. Und Selbstzeugnisse politischer, sozial oder religiös motivierter Gruppen aus dem Frühmittelalter stellen wohl so wertvolle Quellenzeugnisse dar, daß sich jede Anstrengung zu ihrer Erschließung lohnt.

Korrekturnachtrag: Das Manuskript wurde im Herbst 1985 abgeschlossen. Danach erschienene Literatur konnte nicht mehr systematisch eingearbeitet werden.

---

65 So Hartmut HOFFMANN in einer Rezension in: Rheinische Vierteljahrsblätter 38, 1974, S. 485.

Anlage 1

Eintrag auf pag. 71 des Reich. VB.		Belege aus fuldischen Urkunden (vgl. Anm. 27)		
1	Chuonrat dux	C 631	889	comes
2	Gebehart	C 631	889	comes
3	Eburhart	C 631	889	comes
4	Hardman	C 631	889	Zeuge
		C 647	900	Zeuge
5	Sigefrid	C 631	889	Zeuge
		C 648	901	Zeuge
6	Adalbreht	C 631	889	episcopus
7	Chunemunt	C 634	889	Zeuge
8	Sigeboto	C 626	887	Zeuge
9	Sanderat	C 638	‹891	Zeuge
10	Reginbret	C 651	906	Zeuge
11	Helemger	C 559	850	Zeuge
12	Ato	C 644	895	Zeuge
13	Egilbret	C 648	901	Zeuge
14	Kagenhart	C 519	838	Zeuge
15	Cotediu	C 625	887	Aussteller
16	Uuolfpret			
17	Heidenrih			
18	Nordman	C 589	866	Aussteller
19	Echo	C 589	866	Zeuge
		C 648	901	Zeuge
20	Suiderih	(Name fehlt; evtl. Friedrich?)		
		C 648	901	Zeuge
21	Irmendrud	- - -		
22	Rihhart	C 644	895	Schreiber
23	Liupgart	- - -		
24	Alttuom	C 601	869	Zeuge
		C 679	‹936	Zeuge
25	Sigiburch	- - -		
26	Toto	C 631	889	episcopus
27	Otacher	C 647	900	Zeuge

Grundlagen und Zentren der Königsherrschaft im deutschen Südwesten in karolingischer und ottonischer Zeit[*]

Von Thomas Zotz

Die Herrschaft des auf Reisen regierenden Königs[1] im deutschen Südwesten stand während des 9. und 10. Jahrhunderts in mehrfacher Hinsicht unter ganz verschiedenartigen Bedingungen. Dies gilt zunächst und in vordringlichem Maße für die Frage, welche Rolle dem Südwesten im Wirkungsbereich des Königtums, wie die ältere Forschung, voran Theodor Mayer[2], etwas vereinfachend formuliert hat, zugefallen ist – oder anders gesagt: im Gegenüber von politischen Räumen mit periodisch-kontinuierlicher Königspräsenz und solchen mit sporadischer, um eine neuerdings von Eckhard Müller-Mertens[3] eingeführte und von Hagen Keller[4] weiter fruchtbar gemachte Differenzierung zu gebrauchen. So erlebte der Südwesten[5], d. h. der alemannische Dukat mit Rätien und bisweilen mit dem

---

* Geringfügig erweiterte Fassung eines am 22. Juni 1985 in Freiburg gehaltenen Vortrags. Der gesprochene Wortlaut wurde weitgehend beibehalten. Die Abkürzungen der in den Anmerkungen zitierten Reihen und Zeitschriften richten sich nach Dahlmann-Waitz, Quellenkunde zur deutschen Geschichte, 10. Aufl., hg. von H. Heimpel und H. Geuss, 1, 1960, S. 29ff. – Weitere Abkürzungen: BM² = J. F. Böhmer, Regesta Imperii I: Die Regesten des Kaiserreiches unter den Karolingern 751-918, 2. Aufl. neubearb. von E. Mühlbacher, Innsbruck 1908 (Nachdr. 1966) – MGH = Monumenta Germaniae Historica mit den Abteilungen Capit. = Capitularia regum Francorum, DD = Diplomata regum (et imperatorum) Germaniae (Zitat der einzelnen Urkunde mit D + Namenskürzel) und SS (rer. Germ.) = Scriptores (rerum Germanicarum) – Reg. Imp. II = J. F. Böhmer, Regesta Imperii II: Sächsisches Haus 919-1024, 1. Abteilung: Heinrich I., Otto I., neubearb. von E. von Ottenthal, Innsbruck 1893; 2. Abteilung: Otto II., neubearb. von H. L. Mikoletzky, Graz 1950; 3. Abteilung: Otto III., neubearb. von M. Uhlirz, Graz 1956; 4. Abteilung: Heinrich II., neubearb. von Th. Graff, Wien 1971.

1 Zur Reiseherrschaft des mittelalterlichen Königtums vgl. neuerdings H. C. Peyer, Das Reisekönigtum des Mittelalters, in: VjschrSozialWirtschG 51, 1964, S. 1-21, wieder in: Ders., Könige, Stadt und Kapital. Aufsätze zur Wirtschafts- und Sozialgeschichte des Mittelalters, hg. von L. Schmugge, R. Sablonier und K. Wanner, Zürich 1982, S. 98-115, C. Brühl, Fodrum, gistum, servitium regis. Studien zu den wirtschaftlichen Grundlagen des Königtums im Frankenreich und in den fränkischen Nachfolgestaaten Deutschland, Frankreich und Italien vom 6. bis zur Mitte des 14. Jahrhunderts (KölnHistAbhh 14), 1968 und, am Beispiel Polens, A. Gasiorowski, Rex ambulans, in: Quaestiones medii aevi 1, 1977, S. 139-162.
2 Th. Mayer, Das deutsche Königtum und sein Wirkungsbereich, in: Das Reich und Europa, ²1941, S. 52-74, wieder in: Ders., Mittelalterliche Studien, 1963, S. 28-44.
3 E. Müller-Mertens, Die Reichsstruktur im Spiegel der Herrschaftspraxis Ottos des Großen (Forsch- MAG 25), 1980.
4 H. Keller, Reichsstruktur und Herrschaftsauffassung in ottonisch-frühsalischer Zeit, in: FrühMaStud 16, 1982, S. 74-128.
5 Zum Südwesten des Reiches in karolingischer Zeit vgl. noch immer Chr. Fr. Stälin, Wirtembergische Geschichte 1, 1841, ferner H.-W. Klewitz, Das alemannische Herzogtum bis zur staufischen Epoche, in: Oberrheiner, Schwaben und Südalemannen = Arbeiten vom Oberrhein 2, hg. von Fr. Maurer, 1942, S. 79-110 und neuerdings K. Schmid, Königtum, Adel und Klöster zwischen Bodensee und Schwarzwald (8.-12. Jahrhundert), in: Studien und Vorarbeiten zur Geschichte des großfränkischen und frühdeutschen

Elsaß, in dem verwirrenden Hin und Her der karolingischen Reichsteilungen des 9. Jahrhunderts[6] die Herrschaft des Königs in rasch wechselnder Konstellation: In der Divisio regnorum Karls des Großen von 806 selbst Gegenstand einer Teilung[7], nach der Ordinatio imperii Ludwigs des Frommen von 817 zum Herrschaftsgebiet des mitregierenden Kaisers Lothar I. gehörig[8], seit Ende der zwanziger Jahre im Strudel unterschiedlicher Interessen innerhalb des Königshauses[9], seit dem Vertrag von Verdun 843 im ostfränkischen Reich Ludwigs des Deutschen mit seinen beiden Zentren Frankfurt und Regensburg[10] zunächst Fernzone der Königsherrschaft, dann Schwerpunkt mit länger dauernder Präsenz unter Karl III.[11], endlich wieder unter den letzten Karolingern und Konrad I. Fernzone.

Diesen Charakter der Fernzone behielt der Südwesten auch im Reich der Ottonen des 10. Jahrhunderts, als Durchzugsgebiet nach Italien zwar wichtig, doch nur selten eigenständiges Ziel des im Reich umherziehenden Herrschers[12]. Allerdings hat diese Konstellation zu Beginn der ottonischen Epoche dadurch einen besonderen Akzent erhalten, daß, gleichsam als Preis für die Anerkennung der Oberhoheit des nur von Franken und Sachsen gewählten Heinrich I., dem Herzog von Schwaben als Zwischengewalt, ebenso wie in Bayern, eine vizekönigliche Stellung zukam[13].

Gerade die Vielfalt der hier nur skizzierten Rahmenbedingungen der Königsherrschaft im deutschen Südwesten macht nun die Beschäftigung mit ihren Grundlagen und Zentren interessant, läßt danach fragen, was sich an ihr gewandelt, was gleichgeblieben ist, inwiefern die Königs- bzw. Herzogsherrschaft im 10. Jahrhundert Regierungsformen der Karolingerzeit fortgesetzt hat.

Dabei soll und kann nicht nur die Präsenz des Königs, ablesbar an seinem Reiseweg, am Itinerar mit seinen vielfältigen Aufenthaltsorten, voran den Pfalzen, Gegenstand des Interesses sein[14], sondern es gilt, damit verbunden nach Struktur, Eigenart und Wandel der

Adels, hg. von G. TELLENBACH = ForschObRhLdG 4, 1957, S. 225-334 und J. FLECKENSTEIN, Über Pfalzen und Königshöfe im karolingischen Alemannien, in: Bausteine zur geschichtlichen Landeskunde von Baden-Württemberg, 1979, S. 101-111.

6 Hierzu H. ZATSCHEK, Die Reichsteilungen unter Kaiser Ludwig dem Frommen. Studien zur Entstehung des ostfränkischen Reiches, in: MÖIG 49, 1935, S. 185-224, E. DÜMMLER, Geschichte des ostfränkischen Reiches, 3 Bde., ²1887/88, passim und neuerdings überblickhaft Th. SCHIEFFER, Das karolingische Großreich (751-843), in: Handbuch der europäischen Geschichte 1, 1976, S. 541-632.

7 MGH Capit. 1, Nr. 45 S. 126ff. Dazu vgl. P. CLASSEN, Karl der Große und die Thronfolge im Frankenreich, in: Festschrift für Hermann Heimpel (VeröffMaxPlanckInstG 36/3), 1972, S. 109-134, wieder in: DERS., Ausgewählte Aufsätze, hg. von J. FLECKENSTEIN (VortrrForsch 28), 1983, S. 205-229, D. HÄGERMANN, Reichseinheit und Reichsteilung. Bemerkungen zur Divisio regnorum von 806 und zur Ordinatio imperii von 817, in: HJb 95, 1975, S. 278-307 und jüngst J. FLECKENSTEIN, Divisio regnorum von 806, in: Lexikon des Mittelalters 3, 1986, Sp. 1133f.

8 MGH Capit. 1, Nr. 136 S. 270ff. Vgl. hierzu und zum folgenden ZATSCHEK, Reichsteilungen (wie Anm. 6) und SCHIEFFER, Großreich (wie Anm. 6) S. 588ff.

9 Vgl. unten S. 279f.

10 Zu Ludwig dem Deutschen Th. SCHIEFFER, Ludwig der Deutsche, in: Neue deutsche Biographie 15, 1987, S. 318-323. Zu den beiden Zentren vgl. die Itinerarkarte bei MAYER, Wirkungsbereich (wie Anm. 2).

11 Über ihn zusammenfassend Th. SCHIEFFER, Karl III., in: Neue deutsche Biographie 11, 1977, S. 181-184.

12 Dazu KELLER, Reichsstruktur (wie Anm. 4) S. 76ff.

13 Vgl. H. MAURER, Der Herzog von Schwaben. Grundlagen, Wirkungen und Wesen seiner Herrschaft in ottonischer, salischer und staufischer Zeit, 1978, S. 36ff., 129ff. mit Diskussion der älteren Literatur zu diesem Fragenkomplex und neuerdings G. ALTHOFF – H. KELLER, Heinrich I. und Otto der Große (Persönlichkeit und Geschichte 124/125), 1985, S. 66ff.

14 Zur karolingischen Zeit vgl. G. BAAKEN, Fränkische Königshöfe und Pfalzen in Südwestdeutschland, in: UlmObSchwab 42/43, 1978, S. 28-46 und FLECKENSTEIN, Pfalzen (wie Anm. 5), ferner V. HUTH, Kartenskizzen und Nachweise der Königsaufenthalte im Bodenseegebiet von der Karolinger- bis zum

materiellen, institutionellen und personellen Grundlagen der Herrschaft zu fragen, also nach Bestand und Organisation des Reichsgutes[15] ebenso wie nach der Funktion von Verwaltungseinrichtungen wie Grafschaften[16] und von kirchlichen Institutionen wie Bischofssitzen[17] und Klöstern für das Königtum. Gerade die zuletzt genannten Herrschaftselemente lenken den Blick auf das »Geflecht personaler Beziehungen«[18], ohne das Herrschaft trotz aller materiellen Grundlagen nicht funktionieren konnte. Es ist dementsprechend auf die Träger der Institutionen und ihre Beziehung zum Königtum wie umgekehrt zu achten, und dies gilt auch für die Bewertung der Vergabe oder Veräußerung von Reichsgut.

All dies sind Fragen, denen die historische und, was die Untersuchung der örtlichen Grundlagen angeht, auch die archäologische Forschung seit langem und gerade in jüngerer Zeit mit verfeinerter Methodik ihre Aufmerksamkeit gewidmet hat. Auf dieser Basis möchte ich einige Beobachtungen zur Herrschaftspraxis des Königs im deutschen Südwesten vorbringen und offene Fragen andeuten. Dabei ist es angesichts der Breite des gewählten Untersuchungsfeldes in zeitlicher wie räumlicher Hinsicht nicht möglich, ein durch zahlreiche Einzelergebnisse gesichertes Gesamtbild zu entwerfen; dies wird gewiß in ganz anderer Weise erst erreichbar sein, wenn die in Arbeit befindlichen Studien von Helmut Maurer über die königlichen Aufenthaltsorte in Baden-Württemberg im Rahmen des Pfalzenrepertoriums insgesamt vorliegen werden[19].

Bleibt daher vieles noch der konkreten Detailforschung vorbehalten, so mag doch der Versuch unternommen werden, Grundstrukturen und Merkmale der Königsherrschaft herauszuarbeiten. Dies soll vornehmlich innerhalb der karolingischen Epoche geschehen, und nur vergleichsweise werde ich kurz die Ottonenzeit mit ihrem Nebeneinander von Königs- und Herzogsherrschaft einbeziehen. In einem ersten Teil beschäftige ich mich überblickhaft mit dem 9. Jahrhundert, in einem zweiten dann genauer mit dem unter einzigartigen Bedingungen stehenden Königtum Karls III. Dabei dienen zwei Gesichts-

Ausgang der Stauferzeit, als Anhang zu K. SCHMID, Königtum, Adel und Klöster am Bodensee bis zur Zeit der Städte, in: SchrrVerGBodensee 99/100, 1981/82, S. 565-576. Zur ottonischen Zeit J. FLECKENSTEIN, Bemerkungen zum Verhältnis von Königspfalz und Bischofskirche im Herzogtum Schwaben unter den Ottonen, in: Schau-ins-Land 90, 1972, S. 51-59 und Th. L. ZOTZ, Der Breisgau und das alemannische Herzogtum. Zur Verfassungs- und Besitzgeschichte im 10. und beginnenden 11. Jahrhundert (VortrrForsch Sonderbd. 15), 1974, S. 52 ff.

15 Vgl. die Zusammenfassung von W. METZ, Zur Erforschung des karolingischen Reichsgutes (Erträge der Forschung 4), 1971, und zum Südwesten H. SCHWARZMAIER, Das Königsgut in karolingischer, ottonischer und salischer Zeit (Karte und Beiheft V. 2), in: Historischer Atlas von Baden-Württemberg, 1976 und die Regionalstudie von M. BORGOLTE, Das Königtum am oberen Neckar (8.-11. Jahrhundert), in: Zwischen Schwarzwald und Schwäbischer Alb. Das Land am oberen Neckar, hg. von Fr. QUARTHAL, 1984, S. 67-110.

16 Hierzu neuerdings mit besonderem Bezug auf Alemannien H. K. SCHULZE, Die Grafschaftsverfassung der Karolingerzeit in den Gebieten östlich des Rheins (SchrrVerfG 19), 1973, kontrovers M. BORGOLTE, Geschichte der Grafschaften Alemanniens in fränkischer Zeit (VortrrForsch Sonderbd. 31), 1984 und dazu neuestens wiederum H. K. SCHULZE, Grundprobleme der Grafschaftsverfassung. Kritische Anmerkungen zu einer Neuerscheinung, in: ZWürttLdG 44, 1985, S. 265-282. Vgl. auch Th. ZOTZ, Grafschaftsverfassung und Personengeschichte. Zu einem neuen Werk über das karolingerzeitliche Alemannien, in: ZGORh 136, 1988, S. 1-16.

17 Vgl. FLECKENSTEIN, Pfalzen (wie Anm. 5).

18 H. KELLER, Grundlagen ottonischer Königsherrschaft, in: Reich und Kirche vor dem Investiturstreit, hg. von K. SCHMID, 1985, S. 17-34, hier S. 20.

19 Die deutschen Königspfalzen. Repertorium der Pfalzen, Königshöfe und übrigen Aufenthaltsorte der Könige im deutschen Reich des Mittelalters, hg. vom Max-Planck-Institut für Geschichte, Bd. 3: Baden-Württemberg, Lfg. 1, bearb. von H. MAURER, 1988.

punkte als Leitfäden: zum einen das Itinerar des Königs, das nach den Worten von Karl Leyser »the most essentiell and carefully administered institution« des ottonischen und salischen Reiches war[20], das aber, wie sich zeigen wird, nicht geringere Aussagekraft für die Karolingerzeit hat; zum anderen das Verhältnis von Königtum und Kirche, das, wie Josef Fleckenstein herausgearbeitet hat[21], das Königsitinerar im Südwesten in ottonischer Zeit entscheidend geprägt hat, das aber darüber hinaus allgemein Aufschluß über die Königsherrschaft geben kann.

I.

Bevor ich den Merkmalen der karolingischen Herrschaftsausübung im Südwesten insgesamt nachgehe, möchte ich an zwei Beispielen des königlichen Itinerars im 9. und 10. Jahrhundert die oben angesprochene Vielfalt der Rahmenbedingungen für die Königsherrschaft erläutern. Begonnen sei mit der Ottonenzeit: Im Jahre 965 zog Kaiser Otto I. auf der Rückkehr von seinem etwa dreieinhalbjährigen Italienaufenthalt durch den Südwesten des Reiches[22]. Am 13. Januar, in der Oktav von Epiphanias, hielt er sich am Bischofssitz in Chur auf, am 18. Januar besuchte er das Kloster St. Gallen, und am 23. Januar urkundete er im Kloster Reichenau auf Intervention Herzog Burkhards II. von Schwaben für das Kloster Einsiedeln.

Es ist gewiß bezeichnend für das Königsitinerar im Südwesten in ottonischer Zeit, daß sich Otto I. damals auf dem Weg durch das Herzogtum Schwaben offenbar ausschließlich bei kirchlichen Institutionen aufgehalten hat[23]. Um so mehr fällt die nächste Station von Ottos Reise auf: Nach dem Bericht Adalberts von Magdeburg kamen dem Herrscher seine Söhne, König Otto und Erzbischof Wilhelm von Mainz, in der *villa Heimbodesheim*, in Heimsheim westlich von Stuttgart, entgegen[24]. Dieser Ort wird sonst in den Quellen bis zum 12. Jahrhundert nicht genannt[25], und wir können nicht einmal mit Sicherheit sagen, ob er zum Reichsgut gehörte[26]. Und doch kam ihm in der Herrschaftspraxis Ottos I. eine Bedeutung zu, auf die der Chronist Adalbert indirekt hinweist, wenn er mitteilt, der Ort habe *in confinio Franciae et Alamanniae* gelegen. Nicht nur, daß hiermit ein Markierungspunkt für die politische Grenze zwischen Schwaben und Franken im Frühmittelalter gewonnen ist[27]; es wird überdies deutlich, daß die Rückkehr des Kaisers aus Italien erst an der Grenze zum Kernbereich seiner Herrschaft, der *Francia* und *Saxonia*[28], gefeiert wurde,

20 K. LEYSER, Ottonian Government, in: EHR 96, 1981, S. 721-753, hier S. 746.
21 FLECKENSTEIN, Bemerkungen (wie Anm. 14) passim.
22 Zum folgenden vgl. Reg. Imp. II/1 Nr. 368c-372.
23 Zu diesem Merkmal der ottonischen Zeit vgl. FLECKENSTEIN, Bemerkungen (wie Anm. 14).
24 (Adalbert von Magdeburg) Continuatio Reginonis (MGH SS rer. Germ.), 1890, S. 175.
25 Vgl. Das Land Baden-Württemberg 5, 1976, S. 556 f. und Beschreibung des Oberamts Leonberg, 1852 (Nachdr. 1972), S. 153 f.
26 A. EGGERS, Der königliche Grundbesitz im 10. und beginnenden 11. Jahrhundert (QStudVerfGDt-Reich 3/2), 1909, S. 11 zählt Heimsheim zum Reichsgut, ebenso SCHWARZMAIER (wie Anm. 15). Vgl. noch die These von H. BÜHLER, Wie gelangten die Grafen von Tübingen zum schwäbischen Pfalzgrafenamt?, in: ZWürttLdG 40, 1981, S. 188-220, hier S. 208, Heimsheim habe zur Mitgift der Kaiserin Adelheid gehört.
27 Vgl. hierzu H. MAURER, Confinium Alamannorum. Über Wesen und Bedeutung hochmittelalterlicher »Stammesgrenzen«, in: Historische Forschungen für Walter Schlesinger, hg. von H. BEUMANN, 1974, S. 150-161 und DERS., Herzog (wie Anm. 13) S. 184 ff.
28 Dazu B. PÄTZOLD, »Francia et Saxonia« – Vorstufe einer sächsischen Reichsauffassung, in: JbGFeudalismus 3, 1979, S. 19-49, MÜLLER-MERTENS, Reichsstruktur (wie Anm. 3) S. 133 ff. und KELLER, Reichsstruktur (wie Anm. 4) S. 114 f. und neuerdings W. EGGERT – B. PÄTZOLD, Wir-Gefühl und Regnum Saxonum bei frühmittelalterlichen Geschichtsschreibern (BeihhArchKulturg 21), 1984, S. 190 ff.

daß Schwaben als Bereich des mit vizeköniglichen Rechten ausgestatteten Herzogs eine Sonderstellung zukam, die durch das ganze 10. Jahrhundert zu beobachten ist[29].

Wenn Adalbert weiter schreibt, die Söhne seien Otto I. in Heimsheim entgegengeeilt (*occurrerunt*) und hätten ihn dort *cum magna alacritate* empfangen (*susceperunt*), so ist diese Mitteilung, wie bereits Karl Hauck herausgearbeitet hat[30], nicht minder aufschlußreich für die ottonische Herrschaftspraxis: Die Begegnung vollzog sich offenkundig im Zeremoniell des *occursus* und der *susceptio* im Rahmen des herrscherlichen *adventus*[31]. Heimsheim war hierfür nur die erste Station; auf fränkischem Boden, am Bischofssitz Worms, fand das Zeremoniell wenig später seine Fortsetzung, als Ottos Bruder, Erzbischof Bruno von Köln, dem Kaiser am 2. Februar, dem Fest Mariä Reinigung, entgegeneilte[32]. Dabei verdient Beachtung, daß das Zusammentreffen Brunos mit dem Herrscher gerade an einem Tag stattfand, an dem die Kirche eine Begegnung mit dem göttlichen Herrscher feiert: Denn Mariä Reinigung ist ursprünglich ein altes Herrenfest, Hypapante, die Erinnerung an die Begegnung Simeons mit Jesus im Tempel[33]. Überdies hatte das Fest eine besondere Bedeutung für Otto I.: Auf den Tag genau drei Jahre zuvor war er in Rom zum Kaiser gekrönt worden, und so konnte sein erster Empfang als Kaiser nördlich der Alpen kaum sinnfälliger gestaltet werden[34].

Nachdem sich Otto I. dann noch mindestens drei Wochen in Worms aufgehalten hatte, feierte er in der Pfalz Ingelheim Ostern und zog im Laufe des Sommers vom Mittelrhein nach Köln und von dort nach Sachsen[35]. Damit ordnete sich der von Italien kommende Herrscher gleichsam wieder in den von Müller-Mertens betonten Rundweg durch das Reich mit den drei Schwerpunkten Sachsen, Mittelrhein und Lothringen ein, die sich durch die periodische Präsenz des Königs vor den anderen Reichsgebieten auszeichneten[36].

Auf den ersten Blick bietet demgegenüber das aus dem 9. Jahrhundert gewählte Beispiel eines königlichen Itinerars im deutschen Südwesten ein ganz anderes Bild, nämlich die mehrere Wochen dauernde Reise Kaiser Ludwigs des Frommen nach Alemannien im Frühjahr 839 und sein Aufenthalt in der Pfalz Bodman. Vergegenwärtigen wir uns zunächst den zeitlichen Kontext: Von Westfranken kommend, war es dem Kaiser gegen den anfänglichen Widerstand seines Sohnes, Ludwigs des Deutschen, gelungen, Anfang Januar den Pfalzort Frankfurt zu betreten[37]; diesem kam eine Art Schlüsselfunktion im ostfränkischen Reich zu, wie die gerade erschienene Darstellung von Elsbet Orth im

29 MAURER, Herzog (wie Anm. 13) S. 301 ff. und KELLER, Reichsstruktur (wie Anm. 4) S. 83, 101.

30 K. HAUCK, Erzbischof Adalbert von Magdeburg als Geschichtsschreiber, in: Festschrift für Walter Schlesinger, hg. von H. BEUMANN, 2 (MitteldtForsch 74/2), 1974, S. 276-353, hier S. 334. Zu Adalberts Werk zuletzt E. KARPF, Herrscherlegitimation und Reichsbegriff in der ottonischen Geschichtsschreibung des 10. Jahrhunderts (HistForsch 10), 1985, S. 47 ff.

31 Hierzu neuerdings O. NUßBAUM, Geleit, in: Reallexikon für Antike und Christentum 9, 1976, Sp. 908 ff., P. WILLMES, Der Herrscher-›Adventus‹ im Kloster des Frühmittelalters (MünsterMASchrr 22), 1976 und K. TENFELDE, Adventus. Zur historischen Ikonologie des Festzugs, in: HZ 235, 1982, S. 45-84.

32 Ruotger, Vita Brunonis cap. 41 (MGH SS rer. Germ. NS 10), 1951, S. 44: *redeunti* (sc. *imperatori*) *in omni gloria letus occurrit...*

33 Vgl. K. A. H. KELLNER, Heortologie, 1901, S. 116 ff. und H.-J. SCHULZ, Marienfeste, in: Lexikon für Theologie und Kirche 7, 1962, Sp. 65-69.

34 Reg. Imp. II/1 Nr. 309c.

35 Reg. Imp. II/1 Nr. 372-376, 386a-393a.

36 MÜLLER-MERTENS, Reichsstruktur (wie Anm. 3) S. 148 ff. und dazu die Ergänzungen von KELLER, Reichsstruktur (wie Anm. 4) S. 117 Anm. 202.

37 BM² 984a-f.

Pfalzenrepertorium zeigt[38]. Nach dem Bericht der Annales Bertiniani benutzte Ludwig der Fromme den Aufenthalt, um die ostfränkischen Marken und Völker zu ordnen und sie seiner *fides* enger zu verbinden[39], und diesem Ziel diente auch die von Frankfurt aus angetretene Reise nach Alemannien. Denn dort waren die Herrschaftsverhältnisse in Unordnung geraten, seitdem Ludwig der Fromme seinem jüngsten Sohn Karl 829 Alemannien, Rätien und das Elsaß als Dukat zugesprochen und damit die Ordinatio imperii von 817 gefährdet hatte[40].

Gegen die Ansprüche Ludwigs des Deutschen auf Alemannien seit 833, unter anderem ablesbar an der Datierung zahlreicher St. Galler Urkunden nach ihm als *rex Alamannorum*[41], versuchte nun der Kaiser, die Pläne für seine Söhne Karl und Lothar vorzubereiten, wie sie dann auf dem Hoftag zu Worms im Juni 839 mit der großen Zweiteilung des Reiches unter Ausschluß von Ludwigs des Deutschen Anteil Bayern verwirklicht wurden[42]. In St. Gallen und Konstanz waren 837/38 dem Kaiser nahestehende Würdenträger an die Stelle von Anhängern Ludwigs des Deutschen getreten, und im Argengau übernahmen Angehörige des Welfenhauses, dem die Kaiserin Judith entstammte, um die Jahreswende 838/39 das Grafenamt[43]. Auf der Reichenau stieß allerdings Ludwig der Fromme mit seinem Versuch, Walahfrid Strabo als Abt einzusetzen, auf Widerstand des Konvents[44]; diesen zu beseitigen, war sicher einer der Gründe, die den Kaiser im Frühjahr 839 an den Bodensee führten. Wie wichtig dabei die Sicherung des Abbatiats von Walahfrid gewesen sein muß, ermißt man, wenn man bedenkt, daß er der Hofmeister des jungen Königs Karl gewesen war[45].

Nachdem Ludwig der Fromme noch in Frankfurt im Vorfeld seiner Reise alemannische Getreue bzw. Vasallen begünstigt hatte[46], brach er in der Fastenzeit nach Süden auf. Die Bedeutung seines Aufenthalts am Bodensee wird durch eine ganze Reihe von Faktoren erkennbar: zunächst die zeitliche Dauer von mehreren Wochen[47]; nur noch einmal, und zwar bezeichnenderweise wiederum in Bodman, hat sich ein ostfränkischer Herrscher, nämlich Ludwig der Deutsche im Jahre 857, nachweislich so lange an einem Ort im Südwesten aufgehalten[48]. Und dieser Ort war eine Pfalz, ja neben dem unter Ludwig dem

38 Die deutschen Königspfalzen (wie Anm. 19) Bd. 1: Hessen, 2. und 3. Lfg., Art. Frankfurt, bearb. von E. ORTH, 1985/86, S. 131 ff.
39 BM² 984 f.
40 BM² 868 a.
41 Vgl. SCHMID, Königtum (wie Anm. 5) S. 286 mit Anm. 22.
42 BM² 993 c und B. SIMSON, Jahrbücher des fränkischen Reichs unter Ludwig dem Frommen 2, 1876, S. 205 ff. Zum Zusammenhang, auch des folgenden, vgl. SCHMID, Königtum (wie Anm. 5) S. 286 ff., A. BORST, Die Pfalz Bodman, in: Bodman. Dorf, Kaiserpfalz, Adel, hg. von H. BERNER, 1, 1977, S. 588-593.
43 Hierzu J. FLECKENSTEIN, Über die Herkunft der Welfen und ihre Anfänge in Süddeutschland, in: Studien (wie Anm. 5) S. 71-136, hier S. 120 f. und jüngst BORGOLTE, Grafschaften (wie Anm. 16) S. 193, 254.
44 Vgl. K. BEYERLE, Von der Gründung bis zum Ende des freiherrlichen Klosters (724-1427), in: Die Kultur der Abtei Reichenau, hg. von DEMS., 1, 1925, S. 99 f.
45 BEYERLE, Gründung (wie Anm. 44) S. 97.
46 BM² 985, 987. Vgl. jetzt ORTH, Frankfurt (wie Anm. 38) S. 192 f.
47 Ludwig der Fromme ist zuletzt am 27. Februar in Frankfurt nachweisbar, dann wieder – 11 Wochen später – am 18. Mai in Ingelheim. Der Aufenthalt in Bodman ist vom 6. bis 23. April gesichert; vgl. H. MAURER, Bodman, in: Die deutschen Königspfalzen (wie Anm. 19) S. 27 f.
48 Nachweislich vom 21. April bis 2. Juni. Vgl. BM² 1423-1427 und MAURER, Bodman (wie Anm. 47) S. 28.

Deutschen ins Blickfeld tretenden Ulm[49], *die* Pfalz in Alemannien[50]. Ihrer Bedeutung hat das äußere Bild Nachdruck verliehen: Auf Grund der archäologischen Befunde können wir sagen, daß die Anlage der Profanbauten in Bodman der Frankfurter Pfalz Ludwigs des Frommen vergleichbar war[51], und so hat die Architektur gewiß sinnfällig zum Ausdruck gebracht, daß Alemannien von Bodman aus zu beherrschen war, eine Auffassung, die noch ins 10. Jahrhundert nachwirken sollte, als um die schwäbische Herzogswürde gekämpft wurde[52].

Ferner ist von hohem Interesse, daß Ludwig der Fromme am Bodensee das Osterfest gefeiert hat[53]. Die Quellen nennen keine Örtlichkeit, und so muß offenbleiben, ob die Feier in der Fiskalkirche St. Peter in Bodman oder, was wahrscheinlicher ist, im Rahmen einer der benachbarten geistlichen Kongregationen stattgefunden hat. Arno Borst hat auf Konstanz verwiesen[54], nicht auszuschließen ist aber auch die Reichenau, die damals nachweislich von einem Gefolgsmann des Kaisers Besuch hatte[55]. Hier kann eine genaue Erforschung der Feiergewohnheiten in karolingischer Zeit vielleicht weiterhelfen.

Nicht minder wichtig ist im übrigen, daß Bodman oder besser gesagt: der Bodensee noch viermal, einmal nachweislich, dreimal vermutungsweise, Ausgangspunkt für die königliche Osterfestfeier im 9. Jahrhundert war: so 846, als Ludwig der Deutsche im Zeitraum von 833 bis 854 nur ein einziges Mal nach Alemannien kam, um *iuxta lacum Brigantinum* Ostern zu feiern – seine Politik für Alemannien machte er sonst von Bayern oder Franken aus! –, dann 857 im Zusammenhang mit dem bereits erwähnten mehrwöchigen Aufenthalt Ludwigs des Deutschen in Bodman, ferner 884, als Karl III. im April in Bodman und auf der Reichenau nachweisbar ist, und schließlich im Jahre 887, zu dem die Annales Fuldenses einen Aufenthalt desselben Kaisers in Bodman und die Feier des Osterfests unmittelbar nebeneinander erwähnen[56]. Achtet man auf solche Wiederholungen im Itinerar, dann kann man sicher mit gutem Grund davon sprechen, daß sich hier, gerade in Festgewohnheiten, Traditionen bildeten, wenigstens ansatzweise; sie spielten nicht zuletzt für die Legitimie-

49 Dazu W. SCHLESINGER, Pfalz und Stadt Ulm bis zur Stauferzeit, in: UlmObSchwab 38, 1967, S. 9-20, U. SCHMITT, Villa regalis Ulm und Kloster Reichenau. Untersuchungen zur Pfalzfunktion des Reichsklostergutes in Alemannien (9.-12. Jahrhundert) (VeröffMaxPlanckInstG 42), 1974; dazu vgl. H. MAURER, in: ZWürttLdG 33, 1974, S. 294-296. Ferner A. RIEBER und K. REUTTER, Die Pfalzkapelle in Ulm. Bericht über die Ergebnisse der Schwörhausgrabung 1953, 1974 und neuerdings zusammenfassend I. EBERL, Siedlung und Pfalz Ulm. Von der Gründung in der Merowingerzeit bis zur Zerstörung im Jahre 1134, in: ZWürttLdG 41, 1982, S. 431-457.

50 Ausführlich neuerdings BORST, Bodman (wie Anm. 42), H. G. WALTHER, Der Fiskus Bodman, in: Bodman (wie Anm. 42) S. 231-275 und MAURER, Bodman (wie Anm. 47) S. 43 f.

51 Hierzu W. ERDMANN, Zur archäologischen Erforschung der Pfalz Bodman, in: Bodman (wie Anm. 42) S. 69-114 und DERS., Zur archäologischen und baugeschichtlichen Erforschung der Pfalzen im Bodenseegebiet, in: Deutsche Königspfalzen 3 (VeröffMaxPlanckInstG 11/3), 1979, S. 136-210, hier S. 163 ff. Die Angabe Erdmanns S. 201, daß das Hauptgebäude in Bodman größer als die Frankfurter Pfalz gewesen sei, trifft allerdings nicht zu. Zu vergleichen sind die beiden Gesamtanlagen: Bodman mit Außenlängenmaßen von ca. 41 m, Frankfurt ca. 42 m. Dazu jetzt zusammenfassend ORTH, Frankfurt (wie Anm. 38) S. 162 und MAURER, Bodman (wie Anm. 47) S. 25.

52 Vgl. MAURER, Herzog (wie Anm. 13) S. 36 ff.

53 BM² 989b. Die Angabe des Regests »Bodoma villa r.« ist falsch. Zu den Orten königlicher Festfeiern in karolingischer Zeit vgl. BRÜHL, Fodrum (wie Anm. 1) Sachregister S. 859 s. v. Festtagsorte.

54 BORST, Bodman (wie Anm. 42) S. 188 f.

55 Vgl. BEYERLE, Gründung (wie Anm. 44) S. 100 f.

56 BM² 1386c, 1423 (Aufenthalt am 21. April 857 in Bodman, Ostern am 18. April), 1681 (Aufenthalt am 22. April auf der Reichenau, zuvor wohl am 15. April in Bodman, dazwischen am 19. April Ostern) und 1745a (Ostern am 16. April 887, worauf interessanterweise die Reichenauer Fälschungen des 10. Jahrhunderts – BM² 1746-48 – mit dem Ausstellungsort Bodman datiert worden sind).

rung von Herrschaft eine wichtige Rolle, wie Forschungen zum 10. Jahrhundert gezeigt haben[57].

Was die in den Urkunden sichtbar werdende Politik Ludwigs des Frommen 839 in Bodman, im *palatium regium*, angeht, so überschreiten die Dimensionen durchaus die Grenzen Alemanniens nach Ost und West[58], anders als im 10. Jahrhundert, als der Empfängerkreis der in Schwaben ausgestellten Königsurkunden grundsätzlich auf den Bereich des Herzogtums beschränkt blieb[59]. Doch unverkennbar stand die großzügige Privilegierung der Abtei Reichenau im Mittelpunkt. Ludwig schenkte ihr die zum Fiskus Bodman gehörige *villa* Dettingen und andere, kleinere Grundstücke[60], und als er wenig später im Juni 839 in Worms weilte, setzte er die Förderung der Reichenau mit der Überweisung jährlicher Zinsen aus mehreren Bezirken Alemanniens und dem Fiskus Sasbach am Kaiserstuhl fort[61].

Es verdient Beachtung, daß der erste nachweisliche Besuch eines Königs in der repräsentativ als Herrschaftszentrum angelegten Pfalz Bodman begleitet war von einer Schenkung aus dem eben diese Pfalz tragenden Fiskus an die Abtei Reichenau. Von Beginn an erscheint so die königliche Herrschaftspraxis im Alemannien des 9. Jahrhunderts mit der Kirche verbunden, und dies gilt in noch verstärktem Maße für das 10. Jahrhundert. So gesehen, sind die beiden hier vorgestellten Beispiele eines Königsitinerars aus karolingischer und ottonischer Zeit trotz deutlicher Unterschiede – hier ein mehrwöchiger Aufenthalt von eigenständigem Gewicht, dort ein kurzfristiger Durchzug anläßlich der Rückkehr aus Italien; hier die Benutzung einer Königspfalz, dort die Gastung bei kirchlichen Institutionen; hier politische Handlungen größerer Reichweite und Osterfeier, dort Privilegierung eines alemannischen Empfängers – durch eine gemeinsame Grundlinie gekennzeichnet, der nun weiter nachzugehen ist.

839 kam nicht zum ersten Mal ein karolingischer Herrscher nach Alemannien. Wir wissen aus den Miracula s. Genesii, daß König Pippin im Zuge der Reliquienübertragung zwischen 806 und 810 das Kloster Schienen westlich des Bodensees aufgesucht hat[62], und dieser Aufenthalt zeugt ebenso wie die Datierung nach Pippin in St. Galler Urkunden vom herrschaftlichen Zugriff dieses Königs auf den ihm durch die Divisio regnorum zugedachten Teil Alemanniens, wie Karl Schmid herausgearbeitet hat[63]. Die Funktion dieser Landschaft als eines wichtigen Bindeglieds nach Italien wird auch in der Folgezeit immer wieder sichtbar, so im Aufenthalt Lothars I. in Rankweil 823 auf dem Wege von Italien nach Frankfurt[64] oder 829, als sich die Abtei Reichenau auf dem Hoftag zu Worms von

---

57 Vgl. H.-W. KLEWITZ, Die Festkrönungen der deutschen Könige, in: ZSRG.Kan. 28, 1939, S. 48-96, H. J. RIECKENBERG, Königsstraße und Königsgut in liudolfingischer und frühsalischer Zeit (919-1056), in: AUF 17, 1941, S. 32-154, bes. S. 43 f. und neuerdings Th. ZOTZ, Königspfalz und Herrschaftspraxis im 10. und frühen 11. Jahrhundert, in: BllDtLdG 120, 1984, S. 19-46, bes. S. 34 ff.

58 Ludwig der Fromme urkundete für das Kloster Kempten und für einen Grafen von Autun. BM² 990, 993.

59 Vgl. KELLER, Reichsstruktur (wie Anm. 4) S. 79.

60 BM² 991. Dazu WALTHER, Bodman (wie Anm. 50) S. 250 f.

61 BM² 994.

62 Miracula s. Genesii c. 2 (MGH SS 15/1) S. 171. Vgl. Th. KLÜPPEL, Reichenauer Hagiographie zwischen Walahfrid und Berno, 1980, S. 22.

63 K. SCHMID, Zur historischen Bestimmung des ältesten Eintrags im St. Galler Verbrüderungsbuch, in: AlemannJb 1973/75, S. 500-532, hier S. 522 ff., wieder in: DERS., Gebetsgedenken und adliges Selbstverständnis im Mittelalter. Ausgewählte Beiträge, 1983, S. 481-513, hier S. 503 ff.

64 BM² 1019= MGH D LoI 2.

Ludwig dem Frommen verbriefen ließ, daß sie ihm und seinen Söhnen nur auf ihren Zügen nach und durch Konstanz und Chur mit Speise und anderem zu dienen habe[65]. Gastungspflicht eines Klosters und der Versuch, diese von herrschaftlicher Seite über Gebühr zu fordern, werden hier sichtbar wie auch die Präsenz der Könige auf dem Weg nach Italien und in der Ost-West-Richtung. Auf jenem Wormser Hoftag fiel die Entscheidung, an Karl die vorhin erwähnten Gebiete zu übertragen. Wie wichtig dabei die Reichenau war, geht nicht zuletzt daraus hervor, daß wohl noch 829 Karl, die *regum sancta proles*, auf der Reichenau feierlich empfangen wurde[66].

Nach Ausweis einer Privaturkunde war auch St. Gallen neben der Reichenau in Worms *palatio regio* zugegen[67], St. Gallen, das eine überaus eindrucksvolle Privilegierung durch die karolingischen Herrscher des 9. Jahrhunderts erfahren hat[68]. Der Beginn dieser Förderung des Klosters durch Ludwig den Frommen im Zeitraum um und nach 817, dem Jahr der Ordinatio imperii, zeugt vom Interesse des Kaisers am alemannischen Raum, wie es auch an Ludwigs Heirat mit der Welfin Judith im Jahre 819 sichtbar wird[69]. Ein Jahr zuvor nahm Ludwig das Kloster St. Gallen in seinen besonderen Schutz und leitete damit dessen Entwicklung zum Königskloster ein, wie sie dann 854 von Ludwig dem Deutschen abgeschlossen wurde[70]. Doch schon 817 fällt von zwei verschiedenen Seiten Licht auf die Verbindung St. Gallens mit dem Königtum: Der Kaiser wies die jährlichen Zinsen und Leistungen von 47 über Alemannien verstreuten Grundbesitzungen, die bislang den Grafen zustanden, dem Kloster zu[71], und diese Verlagerung königlicher Rechte auf Kosten der Grafen und zugunsten des Klosters ist hieran ebenso wichtig wie die breite Verankerung der Verbindung von Königtum und St. Gallen im alemannischen Raum. Eine Bestätigung dieser Verbindung liefert eine Urkunde des Grafen Chadaloh aus demselben Jahr 817[72]. In dieser Urkunde knüpft Chadaloh bestimmte Bedingungen an die Übertragung von Gütern an St. Gallen und verfügt, daß beim Bruch dieser Bestimmungen der nächste Verwandte das Recht haben soll, den Besitz zurückzunehmen und ihn *ad alia regi pertinentia coenobia* zu übertragen. Die Wendung, die die Forschung bisher kaum ausgewertet hat[73], zeigt, welche Stellung St.Gallen aus der Sicht des alemannischen Adels zuerkannt wurde und wie dieser offenbar – zumindest im vorliegenden Fall – darauf bedacht war, Schenkungen auf den Kreis der Königsklöster zu beschränken. Solchen Zeugnissen zum Verhältnis von Königtum, Adel und St. Gallen gebührt das Interesse der Forschung, etwa auch jener Besitzübertragung aus dem Jahr 827, die ein Immo, Gefolgs-

65 BM² 869. Hierzu Brühl, Fodrum (wie Anm. 1) S. 102 und Schmitt, Ulm (wie Anm. 49) S. 32 ff.

66 MGH Poetae latini 2, S. 406. Begrüßungsgedicht Walahfrid Strabos ›In adventu Caroli filii Augustorum‹. Dazu BM² 868a, Beyerle, Gründung (wie Anm. 44) S. 98 und Willmes, Herrscher-›Adventus‹ (wie Anm. 31) S. 86.

67 H. Wartmann, Urkunden der Abtei Sanct Gallen 1, Zürich, 1863, Nr. 326 S. 300 f.

68 Vgl. die Materialsammlung bei G. Meyer von Knonau, Die urkundlichen Beweise betreffend die Stellung St.Gallens als königliches Kloster, in: MittVaterlG 13, 1872, S. 239-246.

69 Zu Judith vgl. BM² 683a, B. Simson, Jahrbücher des fränkischen Reiches unter Ludwig dem Frommen 1, 1874, S. 146 f. und neuerdings zusammenfassend Th. Schieffer, Judith, in: Neue deutsche Biographie 10, 1974, S. 639 f. Vgl. zur Geschichte Alemanniens im Zeitraum um 817 auch Borgolte, Grafschaften (wie Anm. 16) S. 252, dessen Feststellungen allerdings zum Teil der Modifizierung bedürfen.

70 BM² 663, 1409-1411 = MGH D LdDt 69-71.

71 BM² 648. Dazu neuerdings ausführlich Schulze, Grafschaften (wie Anm. 16) S. 156 ff.

72 Wartmann 1 (wie Anm. 67) Nr. 228 S. 219 ff.

73 Lediglich Meyer von Knonau, Beweise (wie Anm. 68) S. 214 hat die Stelle in seiner Liste erwähnt. Zur Problematik der Urkunde allgemein jüngst Borgolte, Grafschaften (wie Anm. 16) S. 165 f. und dazu Schulze, Grundprobleme (wie Anm. 16) S. 279 f.

mann oder Vasall Ludwigs des Frommen, im Thurgau zum Seelenheil des Kaisers und seiner eigenen Familie vornahm[74].

Ludwig der Deutsche hat die Politik seines Vaters gegenüber St.Gallen konsequent fortgesetzt: Gleich seine erste Amtshandlung als *rex in orientali Francia* im Oktober 833 galt, übrigens von Frankfurt aus, dem Kloster[75], und als derselbe Herrscher 854 mit seinem Aufenthalt in Ulm erstmals die Existenz der dortigen Pfalz bezeugte, urkundete er, soweit wir wissen, ausschließlich für St. Gallen und bekräftigte dabei endgültig dessen Status als Königskloster[76]. In diesem Zusammenhang darf ein Hinweis auf Grimald, Ludwigs Kanzler und Erzkapellan und seit 841 Abt von St.Gallen[77], ebensowenig fehlen wie auf die unter Grimald neu errichtete Abtsresidenz, von *magistri palatini* gebaut, eine reich ausgestattete und von Reichenauer Malern verzierte *aula*, die, wie man mit gutem Grund annimmt, auch dem König als Aufenthaltsstätte bei seinen Besuchen im Kloster gedient hat[78].

Die eindrucksvolle Reihe von königlichen Privilegien für St. Gallen im 9. Jahrhundert muß hier im übrigen auf sich beruhen; erwähnt sei nur, daß Arnulf von Kärnten 892 rückblickend das Kloster als einen Ort bezeichnete, den seine Vorgänger *inter primos* gerechnet hätten[79]. Er sagte dies mit Blick auf die Empörung Bernhards, des Sohnes Karls III., gegen Arnulf, eine Empörung, die vom Abt Bernhard von St. Gallen mitgetragen worden war[80]. Ausgerechnet von diesem Vorort des Königtums aus war die Majestät des Königs verletzt worden; hier griff Arnulf sofort ein, er kam an den Bodensee und setzte 890 Salomo als neuen Abt ein, dem er im selben Jahr zusätzlich die Konstanzer Bischofswürde übertrug[81].

Der persönliche Eingriff Arnulfs in die Verhältnisse in Alemannien gibt Anlaß, sich den Merkmalen des königlichen Itinerars im Südwesten des 9. Jahrhunderts im größeren Zusammenhang zuzuwenden. Ludwig der Deutsche und Arnulf regierten von den Kernbereichen Bayern und Franken mit den Pfalzorten Regensburg und Frankfurt aus[82]; Alemannien war Fernzone ihrer Herrschaft, und hierin glich die Situation durchaus jener des 10. Jahrhunderts, als Franken und Sachsen die Gebiete periodischer Präsenz des Königs waren und dieser nur dann Alemannien berührte, wenn er sich auf dem Wege von oder nach Italien befand[83] oder eigens wegen Angelegenheiten des Landes anreiste, wie Otto III.

74 WARTMANN 1 (wie Anm. 67) Nr. 307 S. 284 f.
75 BM² 353= MGH D LdDt 1.
76 Vgl. oben Anm. 70.
77 Über ihn vgl. J. FLECKENSTEIN, Die Hofkapelle der deutschen Könige 1 (MGH-Schriften 16/1), 1959, Register S. 244 s. v., DERS., Grimald, in: Neue deutsche Biographie 6, 1966, S. 75 und jüngst D. GEUENICH, Beobachtungen zu Grimald von St. Gallen, Erzkapellan und Oberkanzler Ludwigs des Deutschen, in: Litterae medii aevi. Festschrift für Johanne Autenrieth, hg. von M. BORGOLTE und H. SPILLING, 1988, S. 55-68.
78 Hierzu ERDMANN, Pfalzen im Bodenseegebiet (wie Anm. 51) S. 178 ff.
79 BM² 1875= MGH D Arn 103.
80 Vgl. Th. ZOTZ, Bernhard, in: Lexikon des Mittelalters 1, 1980, Sp. 1983.
81 Über ihn vgl. U. ZELLER, Bischof Salomo III. von Konstanz, Abt von St. Gallen (BeitrrKulturgMARenaiss 10), 1910 und neuerdings FLECKENSTEIN, Hofkapelle 1 (wie Anm. 77) Register S. 249 s. v.
82 Zu Regensburg P. SCHMID, Regensburg. Stadt der Könige und Herzöge im Mittelalter (Regensburg-HistForsch 6), 1977; zu Frankfurt M. SCHALLES-FISCHER, Pfalz und Fiskus Frankfurt. Eine Untersuchung zur Verfassungsgeschichte des fränkisch-deutschen Königtums (VeröffMaxPlanckInstG 20), 1969 und zu Arnulf neuerdings E.-M. EIBL, Zur Stellung Bayerns und Rheinfrankens im Reiche Arnulfs von Kärnten, in: JbGFeudalismus 8, 1984, S. 73-113.
83 KELLER, Reichsstruktur (wie Anm. 4) S. 77 ff.

994, der nach dem Tode der Herzogin Hadwig deren Stützpunkte Hohentwiel und Sasbach durch seine Gegenwart wieder in Besitz nahm[84].

Ludwig der Deutsche hat zwar von Beginn seines ostfränkischen Königtums an alemannische Empfänger wie St. Gallen, das Bistum Chur oder das Fraumünster in Zürich begünstigt, tat dies aber, auch hierin den Ottonen vergleichbar, in der Regel von außeralemannischen Orten aus[85]. Umso mehr heben sich seine Aufenthalte in Ulm 854, 856 und 858[86] ab, als er eigens an den seinem bayerischen Herrschaftszentrum nahegelegenen Pfalzort kam, um unter anderem wiederum St. Gallen zu privilegieren und sich das Kloster Rheinau von Wolvene tradieren zu lassen, ein Akt, der allerdings erst in Frankfurt kurze Zeit später vollendet wurde[87]. Und noch einmal ist an den sechswöchigen Aufenthalt Ludwigs in und um Bodman im Frühjahr 857 zu erinnern; der König hat ihn auf dem Weg von Worms nach Italien eingeschoben, und doch handelte es sich ohne Zweifel um die gewichtigste Präsenz des Herrschers in Alemannien, zentriert in der alten, vom Vater übernommenen Pfalz, der der Sohn die nordostalemannische Pfalz Ulm zur Seite gestellt hatte[88]. Dieser auffälligen Häufung königlicher Präsenz in Alemannien zwischen 854 und 858 entspricht der herrschaftliche Zugriff Ludwigs des Deutschen auf diesen Raum, wie er sich unter anderem in der Umstrukturierung der Grafschaft im Alp- und Breisgau und in der Förderung der Udalrichinger als gräflicher Amtsträger gegenüber den Welfen beobachten läßt[89].

Von 859 bis zu seinem Tod 876 hat sich Ludwig der Deutsche nicht mehr in Alemannien aufgehalten, gleichwohl aber noch oft von Frankfurt[90], Regensburg[91] und Trebur[92] aus für alemannische Empfänger geurkundet, unter anderem auch für seinen Sohn Karl, den späteren König und Kaiser[93], der im Jahre 862 umfangreichen Grundbesitz im nördlichen Kaiserstuhl als Morgengabe für seine Gemahlin Richgard erhielt[94]. Mit Karl tritt jene Herrscherpersönlichkeit ins Blickfeld, die im Unterschied zu Vorgängern und Nachfolgern ihr Königtum auf Alemannien stützte und daher für unsere Frage nach Grundlagen und Zentren der Herrschaft von besonderem Interesse ist.

Wenn ich eben Karl etwas provozierend als alemannischen Empfänger bezeichnete und dies für das Jahr 862, 14 Jahre vor Beginn seines Königtums, so deshalb, weil ihm Ludwig der Deutsche bereits gegen Ende der 50er Jahre, das zugleich das Ende der kurzen Phase königlicher Präsenz in Alemannien war, mit dem Rektorat, d.h. einer grafengleichen

---

84 Reg. Imp. II/3 Nr. 1122a-1124b, 1127f. Zum Zusammenhang vgl. Zotz, Breisgau (wie Anm. 14) S. 140 ff.

85 St. Gallen: BM² 1353 = MGH D LdDt 1 von 833 Frankfurt; Chur: BM² 1393 = MGH D LdDt 56 von 849 Trebur; Fraumünster: BM² 1407 = MGH D LdDt 67 von 853 Regensburg.

86 BM² 1409-1411, 1418, 1420a, b. Vgl. auch Schmitt, Ulm (wie Anm. 49) S. 86 f.

87 BM² 1432 = MGH D LdDt 90. Zu den Vorgängen um das Kloster Rheinau vgl. Schmid, Königtum (wie Anm. 5) S. 252 ff.

88 Vgl. oben Anm. 48.

89 Dazu überblickhaft Borgolte, Grafschaften (wie Anm. 16) S. 255 und zur Elsaßpolitik Ludwigs des Deutschen Ders., Die Geschichte der Grafengewalt im Elsaß von Dagobert I. bis Otto dem Großen, in: ZGORh 131, 1983, hier S. 30 f..

90 Für St. Gallen 861 (2mal), 873 (2mal), 875: BM² 1445, 1447, 1491, 1493, 1505-1507; für Rheinau 870: BM² 1477 f.; für den Sohn Karl 862: BM² 1513.

91 Für St. Felix und Regula in Zürich 863: BM² 1452; für Bewohner des Argengaus 867: BM² 1466; für freigelassene Hörige 868: BM² 1473; für den Kleriker Baldinc 875: BM² 1513.

92 Für Faurndau 875: BM² 1511 f.

93 Zu ihm vgl. oben Anm. 11 und Dahlmann-Waitz (wie Anm. 1).

94 MGH D LdDt 108. Zur Sache H. Büttner, Reichsbesitz am nördlichen Kaiserstuhl, in: Schau-ins-Land 67, 1941, S. 26-31.

Stellung, im Breisgau und später, um 870, im *comitatus* Neudingen auf der Baar wichtige Positionen im Südwesten eingeräumt hat[95]. Sie dienten Karl offenbar als Vorstufe zur Übernahme des Reichsteils Alemannien mit Rätien, wie sie in der Teilung von 865 vorgesehen und 876 auch verwirklicht wurde[96].

II.

Einen ersten Zugang zu den Merkmalen der Königsherrschaft Karls III. gewinnen wir durch die Beschäftigung mit der Hauptquelle zu der eben erwähnten Reichsteilung 865, der von Notker von St. Gallen stammenden Continuatio Erchanberti[97]: Ludwig der Deutsche teilte das ostfränkische Reich unter seine drei Söhne, den erstgeborenen Karlmann mit dem Attribut *bellicosissimus*, Ludwig den Jüngeren und Karl; diesen nennt Notker *mansuetissimus*, sehr milde. Das Prädikat erscheint aufschlußreich für Karls Königsherrschaft aus der Sicht des St. Galler Mönches. Wie nämlich Rudolf Schieffer in seiner Untersuchung zum Beinamen Ludwigs des Frommen kürzlich festgestellt hat, gab es im ostfränkischen Reich – nach dem Zeugnis einer anonymen Regensburger Chronik – die Gewohnheit, Ludwig den Deutschen mit dem Prädikat *pius* auszuzeichnen, während nach derselben Quelle die Völker Galliens dessen Vater Kaiser Ludwig so benannt haben. In St. Gallen erkannte man offenbar beiden Ludwigen diesen Beinamen zu, wie Notkers Gesta Karoli und die hier entstandene erste Fortsetzung der Annales Alamannici zeigen[98].

Dabei verdient in unserem Zusammenhang Beachtung, daß der Beiname *pius* gerade auf jenen Aspekt von *pietas* zielte, der in antiker Tradition das rechte Verhalten gegenüber den Menschen betraf, daß *pietas* hier als »die väterliche Bereitschaft zur Milderung von Herrschaft« verstanden wurde[99]. Es ging um die eng verwandten Herrschertugenden Milde und Sanftmut (*clementia, mansuetudo, lenitas*)[100], und wenn Notker von St. Gallen Karl III. als *mansuetissimus* kennzeichnete, so sah er ihn unter den drei Brüdern offenkundig in einer Reihe mit den beiden »frommen« Ludwigen.

Weiter teilt die Continuatio Erchanberti zur Reichsteilung von 865 mit, daß die Söhne zu Lebzeiten des Vaters nur bestimmte *curtes* innehaben und kleinere Angelegenheiten

---

95 Vgl. neuerdings M. BORGOLTE, Karl III. und Neudingen. Zum Problem der Nachfolgeregelung Ludwigs des Deutschen, in: ZGORh 125, 1977, S. 21-55, hier bes. S. 25 ff. mit der überzeugenden Frühdatierung einer in Kirchen ausgestellten und den Breisgau betreffenden St. Galler Privaturkunde (*sub Karolo principe*) in das Jahr 859. Vgl. H. WARTMANN, Urkundenbuch der Abtei Sanct Gallen 2, Zürich 1866, Nr. 534 S. 147.

96 BM² 1459a, 1520a.

97 MGH SS 2, S. 329. Zur Verfasserschaft Notkers W. VON DEN STEINEN, Notker der Dichter und seine geistige Welt. Darstellungsband, Bern 1948, S. 492.

98 R. SCHIEFFER, Ludwig ›der Fromme‹. Zur Entstehung eines karolingischen Herrscherbeinamens, in: FrühMaStud 16, 1982, S. 58-72, hier S. 65, 67, 71.

99 SCHIEFFER, Ludwig (wie Anm. 98) S. 69f. mit weiterer Literatur (Zitat S. 70)

100 Vgl. die anonyme Regensburger Chronik MGH SS 30/2 S. 1489: *...pro nimia lenitate appellant Pium.* Die Wiedergabe von *lenitas* mit ›Langsamkeit‹ bei SCHIEFFER, a.a.O., S. 65 trifft nicht den Sachverhalt. Zur Bedeutung von *pius* = milde vgl. auch die Chronik des Gallus Öhem, hg. von K. BRANDI (QForschGAbtei-Reichenau 2), 1893, S. 18: *Köng Ludwig der milt, des grossen Karlis sun.* In diesem Sinne sprechen die Franzosen von Louis le Débonnaire (neben le Pieux). Zur Nachwirkung der antiken Bedeutungstradition von *pietas* im Hochmittelalter vgl. z. B. die Formulierung im Protokoll der Frankfurter Synode von 1007: *in deum erat credulus* (sc. Heinrich II.) *et in homines pius.* MGH D HII 143. Th. SCHIEFFER, Ludwig der Fromme, in: Neue deutsche Biographie 15, 1987, S. 311-318, hier S. 316f. versteht das Attribut *pius* als Kennzeichnung von Ludwigs »Frömmigkeit und Aufgeschlossenheit für Wesen und Anliegen der Kirche«.

entscheiden sollten, während sich Ludwig der Deutsche die Verfügungsgewalt über Bistümer, Klöster, Grafschaften und *publici fisci* ebenso wie die Entscheidungen aller großen Gerichtsfälle vorbehalten habe. Wilhelm Wattenbach wird in seiner Übersetzung des Textes der Sache sicher nicht gerecht, wenn er *curtes* mit »Höfe« und *publici fisci* mit »Königshöfe« wiedergibt[101]. Vielmehr waren die *curtes* selbst Königshöfe, und wir dürfen annehmen, daß damit Plätze wie Kirchen, Sasbach, Lustenau, Rottweil, Waiblingen oder Neudingen gemeint waren, die Karl III. in der Spätzeit seiner Herrschaft nachweislich als Aufenthaltsorte dienten[102]. Die *publici fisci*, die öffentlichen, königlichen Fiskalbezirke, werden hiervon unterschieden, aber wie? Hier bleibt der Reichsgutforschung in der Kombination von Begriffs-, Verfassungs- und Wirtschaftsgeschichte noch ein breites Feld. Das Beispiel Stammheim im Thurgau etwa zeigt, daß die *curtis* das oder ein Zentrum eines Fiskus sein konnte[103], und ähnliches spielt in der Diskussion um das Zürcher Königsgut eine Rolle[104].

Das Problem der Begrifflichkeit gibt Anlaß, noch etwas bei den Aspekten der Reichsgutforschung zu verweilen[105]: Hierzu gehören Fragen nach dem Verhältnis der Einkünfte von Königtum und Grafen, nach der Verwaltung von Königsgut durch Grafen, nach dem in jedem Einzelfall zu überprüfenden Charakter von Zinsen und Leistungen, alles Fragen, die unter anderem Hans K. Schulze[106], Peter Schmid[107] und kürzlich Michael Borgolte[108] eingehend diskutiert haben. Darüber hinaus wird man stärker als bisher auf die Bedingungen der königlichen Güterpolitik und ihren Wandel, das Nebeneinander von Königs- und Privatbesitz achten müssen[109], entweder an ein- und demselben Ort oder in benachbarter Zuordnung, wofür die St. Galler Position Dietingen nördlich von Rottweil ein Beispiel ist, die auf dem Weg durch Innerschwaben zum Rhein für das Kloster wichtig war[110].

Sieht man genau hin, so fällt auf, daß Ludwig der Deutsche und mitunter auch Karl III.

101 Der Mönch von St. Gallen über die Thaten Karls des Großen, übersetzt von W. WATTENBACH (Die Geschichtsschreiber der deutschen Vorzeit), 3. vermehrte Aufl. 1890, S. 92.
102 Vgl. BM² 1719, 1744f., 1750-53, 1755-59, 1760, 1765c. Literatur zu den Orten in DAHLMANN-WAITZ (wie Anm. 1) Abschnitt 184/509. (A. GAUERT). Ferner: H. MAURER, Der Königshof in Rottweil bis zum Ende der staufischen Zeit, in: Deutsche Königspfalzen 3 (wie Anm. 51) S. 211-220 und L. KLAPPAUF, Zum Stand der Ausgrabungen 1975-1977 auf dem Rottweiler Königshof. Mit einem Nachtrag zu den Grabungen 1978, ebd., S. 231-245; H. SCHWARZMAIER, Neudingen und das Ende Kaiser Karls III., in: ForschBerr-ArchäolMABadWürtt 6, 1979, S. 39-46 und W. HÜBENER, Probegrabungen im Gelände der Pfalz Neudingen an der Donau, Stadt Donaueschingen, Schwarzwald-Baar-Kreis, ebd., S. 5-32.
103 Karl III. schenkte 879 die *curta* Stammheim an das Kloster St. Gallen. BM² 1590= MGH D K III 13. Vgl. dazu unten S. 290. Doch blieben davon einige zum *fiscus regius* gehörige Güter zunächst unberührt, bis Konrad I. sie ebenfalls an St. Gallen übertrug. Ekkehard IV., Casus s. Galli, hg. und übers. von H. F. HAEFELE (Ausgewählte Quellen zur deutschen Geschichte des Mittelalters 10), 1980, S. 44. Zum Nebeneinander von *fiscus* und *curta* Rottweil vgl. MAURER, Rottweil (wie Anm. 102) S. 213.
104 Vgl. MAURER, Herzog (wie Anm. 13) S. 63 mit Anm. 152.
105 Dazu überblickhaft W. METZ, Zur Erforschung des karolingischen Reichsgutes (Erträge der Forschung 4), 1971.
106 SCHULZE, Grafschaftsverfassung (wie Anm. 16) S. 129ff.
107 SCHMID, Regensburg (wie Anm. 82) S. 226ff.
108 BORGOLTE, Grafschaften (wie Anm. 16) S. 118ff., 151ff.
109 Zu diesem Problem vgl. M. GOCKEL, Karolingische Königshöfe am Mittelrhein (VeröffMaxPlanck-InstG 31), 1970, S. 218ff.
110 Seit der großen Schenkung Gerolds von 786 verfügte das Kloster hier über Besitz, den es in der Folgezeit durch Kauf und Tausch erweiterte. WARTMANN 1 (wie Anm. 67) Nr. 108 S. 102, Nr. 122 S. 115 und WARTMANN 2 (wie Anm. 95) Nr. 620 S. 229. Vgl. G. MEYER VON KNONAU, Der Besitz des Klosters St. Gallen in seinem Wachsthum ..., in: MittVaterlG 13, 1872, S. 87-225, hier S. 182. – Von der *villa nostra* Dietingen als St. Galler Reisestation spricht Ekkehard IV., Casus (wie Anm. 103) S. 226.

Königsgut mit der Bedingung auf Lebenszeit ausgaben, daß es danach *ad regiam potestatem* zurückkehre[111]. Andererseits verfügten sowohl Karl als auch Arnulf, daß derart vergabter Besitz nach dem Tod des Empfängers an ein Kloster falle; zum Teil handelte es sich um dieselben Gegenstände, und einmal – bei Arnulfs Bestätigung der Übertragung Faurndaus durch Ludwig den Deutschen an den Diakon Liutbrand – sind St. Gallen und die Reichenau als wahlweise in Frage kommende Klöster genannt[112]. Dabei ist ausdrücklich davon die Rede, daß dies dann zum Zwecke einer Memorialstiftung für den Schenker und seine Familie geschehen solle; in ähnlicher Weise hatte Karl III. 870 bestimmt, daß an St. Gallen tradierte Güter, die von seinem Vater stammten, vom Kloster nicht zu Lehen ausgegeben werden dürften, sondern der *memoria* Ludwigs des Deutschen dienen sollten: *sin alias, in fiscum publicentur*[113]: Die verschiedenen Möglichkeiten, Reichsgut für das Königtum nutzbar zu machen, aber auch ihre Grenzen werden an solchen Beispielen auf interessante Weise deutlich.

Weiter ist auf langfristige Entwicklungen, auf Phasen der Reaktivierung von Reichsgut oder auch nur ihres Versuchs zu achten, was sich unter Otto II. in den 70er Jahren des 10. Jahrhunderts für Alemannien zeigen läßt: So hat der König 980 gegenüber St. Gallen darauf verzichtet, die Besitzrechte des Reiches an mehreren Orten, wie sie seine Boten festgestellt hatten (*rebus... quas missi nostri de vestitura eiusdem monasterii ad dominium nostrum legali ut aiunt iure quaesierunt seu querendum consuerunt*), wahrzunehmen, und hat die entsprechenden Besitzungen dem Kloster zugestanden[114]. Hierzu fügt sich, daß Otto II. Reichsgutplätzen wie Bruchsal[115] unmittelbar nördlich der schwäbischen Stammesgrenze oder dem traditionsreichen, seit Arnulf von Kärnten an Lorsch übergegangenen Brumath im Elsaß[116] neue Bedeutung als Herrschaftsmittelpunkte zukommen ließ, zu einer Zeit, als auch andernorts, z.B. in Sohlingen im Solling, Reichsbesitz für die königliche Herrschaftsausübung genutzt wurde[117].

Andererseits waren *fisci* wie Schleitheim und Sasbach, die nicht anders als Rottweil in engster Verbindung mit Plätzen römischer Besiedlung standen[118], im 10. Jahrhundert Lehen des schwäbischen Herzogs. Schleitheim fiel später an die Reichenau, um Sasbach bemühte sich St. Gallen vergeblich bei der Herzogin Hadwig[119]. Otto III. konnte dann das 994 nach dem Tode Hadwigs freigewordene Lehen seinem Vertrauten Gerbert von Aurillac übertragen, nicht ohne Widerstand, wie es scheint, von seiten des Erbansprüche anmeldenden

---

111 BM² 1511 (betr. Faurndau), 1587 (betr. Säckingen und Zürich), 1619 (betr. Klengen). Vgl. auch noch BM² 1505 mit Vorbem. zu MGH D LdDt 157.

112 Zu Karl III. vgl. z. B. BM² 1591, 1654, 1717, zu Arnulf BM² 1776 (betr. Klengen), 1780 (betr. Faurndau). Zum Empfänger Liutbrand vgl. FLECKENSTEIN, Hofkapelle 1 (wie Anm. 77) Register S. 246 s. v.

113 H. WARTMANN, Urkundenbuch der Abtei Sanct Gallen 3, St.Gallen 1882, Anhang Nr. 8 S. 688. Zum Zusammenhang vgl. auch BORST, Bodman (wie Anm. 42) S. 199.

114 Vgl. Reg. Imp. II/2 Nr. 831= MGH D OII 236.

115 Hierzu H. SCHWARZMAIER, Bruchsal und Brüssel. Zur geschichtlichen Entwicklung zweier mittelalterlicher Städte, in: ObRhStud 3, 1975, S. 209-235, hier S. 222 und Reg. Imp. II/2 Nr. 709/10 und 826-28.

116 Vgl. Historisch-topographisches Wörterbuch des Elsaß, bearb. von J. M. B. CLAUSS, Zabern 1895-1914, S. 173 ff. und FLECKENSTEIN, Bemerkungen (wie Anm. 14) S. 53, 58. Zur Schenkung des *fiscus* Brumath an Lorsch durch Arnulf von Kärnten BM² 1838.

117 Dazu ZOTZ, Königspfalz (wie Anm. 57) S. 21 ff.

118 Zu Rottweil und Sasbach vgl. die Überblicke in Ph. FILTZINGER, D. PLANCK und B. CÄMMERER, Die Römer in Baden-Württemberg, ²1976, S. 483 ff. und 495 ff., zu Schleitheim Ph. FILTZINGER, Die militärische Besitznahme durch die Römer (Karte und Beiwort III. 3), in: Atlas (wie Anm. 15).

119 Zusammenfassend MAURER, Herzog (wie Anm. 13) S. 142, 174 zu Schleitheim. Zu Sasbach vgl. Ekkehard IV., Casus (wie Anm. 103) S. 234.

bayrischen Herzogs[120]. Gerade Sasbach wäre im übrigen ein lohnendes Objekt für eine minutiöse Reichsgutforschung mit allen methodischen Mitteln, von der Patrozinienkunde bis zur archäologischen Grabung[121].

Nach diesen wenigen Bemerkungen möchte ich den Blick wieder auf Karl III. und seine Herrschaftszentren in Alemannien zurücklenken. Ausgangspunkt sei erneut das Itinerar. Leider läßt uns da allerdings die Überlieferung für die Zeit von 876 bis 879 im Stich, weil die Urkunden aus dieser Zeit keinen Actum-Vermerk enthalten[122]; nur ein Aufenthalt auf der Reichenau ist erschließbar[123] und ein anderer in Rottweil zu vermuten[124]. Karls Präsenz in Alemannien im genannten Zeitraum ist indes unzweifelhaft, und die Begünstigungen, die St. Gallen, die Reichenau, Zürich, aber auch das Elsaß betrafen, das seit 870 zum ostfränkischen Reich gehörte, sie alle wird Karl im Lande erteilt haben[125]. Später, in den 80er Jahren, als der Kaiser aus seinem ständig gewachsenen Herrschaftsbereich dann und wann nach Alemannien zurückkehrte, da hat er an Orten wie Waiblingen[126], Kirchen[127] oder Rottweil[128] für Empfänger aus entfernten Gegenden geurkundet – eine auffällige Umkehrung der sonst für das 9. Jahrhundert, aber auch für die Ottonenzeit geltenden Regierungsgewohnheiten[129]. Dies zeigt, genauso wie die konsequente Beibehaltung des aus Alemannien stammenden und auf der Reichenau erzogenen Erzkanzlers Liutward, wo für Karl das Zentrum seiner Herrschaft war und blieb[130].

Welche Rolle spielten dabei die Klöster St. Gallen und Reichenau, die, wie wir gesehen haben, für die Karolinger des 9. Jahrhunderts von großer Wichtigkeit für das Königtum

---

120 Vgl. ZOTZ, Breisgau (wie Anm. 14) S. 147 mit Anm. 173.

121 Hierzu G. FINGERLIN, Kastellorte und Römerstraßen im frühmittelalterlichen Siedlungsbild des Kaiserstuhls. Archäologische Aspekte fränkischer Herrschaftssicherung im südlichen Oberrheintal, in: Von der Spätantike zum frühen Mittelalter. Aktuelle Probleme in historischer und archäologischer Sicht, hg. von J. WERNER und E. EWIG (VortrrForsch 25), 1979, S. 379-409 und DERS., Ein neues römisches Lager am Oberrhein. Vorbericht über die Grabungen 1970-1971 in Sasbach, in: Studien zu den Militärgrenzen Roms 2 (BeihhBonnJbb 38), 1977, S. 131-138. – Vgl. ferner P. VOLK, Merowingischer Reihengräberfriedhof und ottonischer -ingen-Ort. Zu den frühen historischen Strukturen von Bischoffingen am Kaiserstuhl, in: AlemJb 1973/75, 1976, S. 470-499.

122 Vgl. P. KEHR in der Vorrede zur MGH-Edition der Urkunden Karls III., S. XXXVII, der diese Unterlassung »für uns Historiker eine unverzeihliche Rücksichtslosigkeit« des Kanzlers Liutward nannte. BM² 1577= MGH D K III 1 datiert noch aus der Zeit vor Übernahme der Königsherrschaft und ist offenkundig in Abwesenheit Karls verhandelt worden, wie die Nennung von Karls missus Adalbert im Eschatokoll zu erkennen gibt.

123 Um den 13. 1. 878 auf Grund der Narratio in BM² 1583= MGH D K III 6.

124 Es handelt sich um eine in der St. Galler Formelsammlung Notkers des Stammlers überlieferte königliche Musterurkunde, mit deren Aussteller *Karolus... rex Alemanniae* offensichtlich Karl III. gemeint ist. MGH Formulae merowingici et karolini aevi, S. 399 Nr. 5. Die Forschung hat diese in *Rotwila curte regali* verhandelte Urkunde mit Karls Aufenthalt in Rottweil im Februar 887 in Verbindung gebracht (BM² 1744f.), vgl. MAURER, Rottweil (wie Anm. 102) S. 213, doch hat BORGOLTE, Königtum (wie Anm. 15) S. 77 auch Karls alemannische Königzeit (876-879) in Erwägung gezogen.

125 BM² 1580= D K III 3 für Murbach; BM² 1582= MGH D K III 5 für St. Gallen; BM² 1583= D K III 6 für die Reichenau; BM² 1585= D K III 8 für St. Felix und Regula in Zürich; BM² 1586= D K III 9 für Münstergranfelden; BM² 1587= D K III 11 für St. Gallen.

126 BM² 1710 (885) für die Marienkapelle in Regensburg und die Kapelle in Altötting; BM² 1749 (887) für Corvey.

127 BM² 1751-53 (887) für St. Martin in Tours und St. Philibert in Tournus.

128 BM² 1744/45 (887) für S. Salvatore in Brescia und Obermünster in Regensburg. Gleiches ließe sich für Karls Aufenthalte in Bodman, Colmar, Lustenau, Schlettstadt, Ulm, Waiblingen zeigen.

129 Vgl. oben S. 282. Allenfalls bei Ludwig dem Frommen ist in Bodman 839 eine ähnliche Herrschaftspraxis ansatzweise zu beobachten. Vgl. oben S. 282 mit Anm. 58.

130 Hierzu FLECKENSTEIN, Hofkapelle 1 (wie Anm. 77) Register S. 246 s. v.

waren? Es steht doch zu erwarten, daß Karls III. Beziehung zu ihnen besonders intensiv war. Ich kann mich hier kurz fassen, weil erst jüngst Karl Schmid in einem Beitrag den Bericht Ratperts über den festlichen Empfang Karls in St. Gallen Ende 883 zum Anlaß genommen hat, der bruderschaftlichen Verbindung des Königs mit dem Konvent nachzugehen[131]. Diese Verbindung hing aufs engste mit der Wiedergutmachung für das Abt Otmar von St. Gallen Mitte des 8. Jahrhunderts zugefügte Unrecht zusammen; sie wurde später von Konrad I. weiter gefestigt[132]. Angelpunkt war dabei bezeichnenderweise der Fiskus Stammheim, eine wichtige Position Warins und Ruthards[133], der Widersacher Otmars, aber auch der königlichen Kammerboten Erchanger und Berthold, die Anfang des 10. Jahrhunderts gegen Salomo von St. Gallen und Konstanz agierten[134].

An der Otmar-Stammheim-Thematik ist nun von Interesse, daß sich die Umstände und Formen der Sühneleistung Karls für seinen *patronus* Otmar[135] offenbar mit den Bedingungen seines Königtums gewandelt haben. Ekkehard IV. von St. Gallen berichtet nämlich, daß Karl die Gewohnheit hatte, in der Woche des hl. Otmar, also vom 16. bis 23. November, drei Tage lang als *frater conscriptus* die Mönche aus dem *vicus* Stammheim zu verköstigen und dabei als Vorleger und Mundschenk zu dienen[136]. Wir erfahren hier nicht nur, daß Karl sicher des öfteren in der Otmarwoche in St. Gallen weilte, sondern gewinnen auch den Eindruck, daß Karl über diesen *vicus* Stammheim selbst verfügte. Beides paßt zu seinem Wirken in Alemannien bis zum Herbst 879, als er seinen Herrschaftsbereich nach Italien erweiterte. Und genau zu jenem Zeitpunkt übergab nun Karl die *curta* Stammheim zum Dienst für den hl. Otmar unter der Bedingung, daß acht hieraus unterhaltene *homines* dem Heiligen dienen und für den König ständig beten[137]. Das Datum der Urkunde, der 23. November, also das Ende der Otmar-Oktav, fällt auf und macht sehr wahrscheinlich, daß Karl damit auf die von ihm eingerichtete Festlichkeit anspielte. Mit der Ausweitung seiner Herrschaft über Alemannien hinaus hat Karl die Sühneleistung offenbar auf eine neue Stufe gestellt, hat den Hof Stammheim Otmar übertragen und seine gewohnheitsmäßige Gegenwart gleichsam durch die Gebetsmemoria ersetzt oder ergänzt. Denn nun wurde es üblich, daß Karl die Angelegenheiten des Klosters, um mit Ratpert zu reden, *absens per suos nuntios* regelte; nur selten, wie etwa am Ende des Jahres 883, tat der Herrscher dies *praesens per se ipsum*[138].

In welchem Maße Karl III. und St. Gallen auch über den Tod des Herrschers hinaus verbunden waren, geht schließlich daraus hervor, daß das Kloster über Arnulf in den Besitz

131   K. SCHMID, Brüderschaften mit den Mönchen aus der Sicht des Kaiserbesuchs im Galluskloster vom Jahre 883, in: Churrätisches und st. gallisches Mittelalter. Festschrift für Otto P. Clavadetscher, hg. von H. MAURER, 1984, S. 173-194. Vgl. auch O. G. OEXLE, Mahl und Spende im mittelalterlichen Totenkult, in: FrühMaStud 18, 1984, S. 301-420, hier S. 410f.

132   Ekkehard IV., Casus (wie Anm. 103) S. 44, 52.

133   Zum Gesamtzusammenhang vgl. FLECKENSTEIN, Welfen (wie Anm. 5) S. 97, 99, SCHMID, Königtum (wie Anm. 5) S. 243ff., 309ff. und J. DUFT, Sankt Otmar in Kult und Kunst 1 (105. Neujahrsblatt, hg. vom Historischen Verein des Kantons St. Gallen), 1965.

134   Vgl. MAURER, Herzog (wie Anm. 13) S. 40ff.

135   Notker der Stammler, Gesta Karoli magni imperatoris (MGH SS rer. Germ. NS 12) II/8 S. 61. Zum Werk vgl. neuerdings H.-W. GOETZ, Strukturen der spätkarolingischen Epoche im Spiegel der Vorstellungen eines zeitgenössischen Mönches. Eine Interpretation der ›Gesta Karoli‹ Notkers von Sankt Gallen, 1981.

136   Ekkehart IV., Casus (wie Anm. 103) cap. 6 S. 28.

137   BM² 1590= MGH D KIII 13. Die Urkunde enthält keinen Actum-Vermerk, ist aber bereits in Italien (Pavia oder Ravenna?) ausgestellt worden, das Karl III. am 26. Oktober betreten hat. BM² 1588d.

138   Ratpert, Casus s. Galli cap. 34, hg. von G. MEYER VON KNONAU, in: MittVaterlG 13, 1872, S. 63.

der zu Karls *capella* gehörenden Kreuzreliquie gelangte[139]; hier genügt der Hinweis auf Berent Schwineköpers Beitrag über Christusreliquien, um zu betonen, welche Bedeutung diese für das früh- und hochmittelalterliche Königtum besaßen[140]. Und doch hat sich Karl III. offenkundig nicht St. Gallen, sondern das Kloster Reichenau als Grablege erwählt[141], das gleichfalls eine *commemoratio pro anima imperatoris* aus den Einkünften eines ihr übertragenen Königshofes feierte[142].

Damit berühre ich die Thematik der herrscherlichen Grablegen; ihre Geschichte als »résidences des morts«, wie Georges Duby formuliert hat[143], bedarf weiterer Aufklärung[144]; denn hier, gleichsam im ruhenden Gegenpol zum Reisekönigtum der lebenden Könige und Fürsten, ist viel für das Verständnis und Selbstverständnis mittelalterlicher Herrschaft zu erwarten. Wenn Karl III. auf der Reichenau bestattet wurde, so gewiß nicht zuletzt, weil hier – und zwar an gleicher Stelle im Münsterchor – Gerold, der Bruder von Karls des Großen dritter Frau Hildegard, beigesetzt war[145], und es ist aufschlußreich, daß die Herzöge Hermann I. und Burkhard II. im 10. Jahrhundert die Tradition der Reichenau als herrscherlicher Begräbnisstätte fortgesetzt haben[146].

Doch nicht nur die Grablegen der Herrscher, sondern die ihrer Familie insgesamt, voran

139 Ekkehart, Casus (wie Anm. 103) cap. 10 S. 34 und hierzu Fleckenstein, Hofkapelle 1 (wie Anm. 77) S. 17 mit Anm. 36.

140 B. Schwineköper, Christus-Reliquien-Verehrung und Politik. Studien über die Mentalität der Menschen des frühen und hohen Mittelalters, in: BllDtLdG 117, 1981, S. 183-281, hier S. 205 mit Hinweis auf die Nachricht der Annales Fuldenses zu 887 (MGH SS rer. Germ. S. 106), daß Kaiser Karl III. an Arnulf von Kärnten das *lignum sanctae crucis* gesandt habe, auf das dieser ihm früher Treue geschworen hatte. Handelt es sich in beiden Fällen um dieselbe Reliquie?

141 Nach MGH D K III 43 hat Karl III. noch 881 den Ort seines Begräbnisses offengelassen. Vgl. dazu D. Geuenich, Zurzach – ein frühmittelalterliches Doppelkloster?, in: Festschrift für Berent Schwineköper, hg. von H. Maurer und H. Patze, 1982, S. 29-43, hier S. 37. Vgl. jüngst A. Zettler, Die frühen Klosterbauten der Reichenau (Archäologie und Geschichte 3), 1988, S. 106 f., der die Stiftungen Karls sowohl für St. Gallen als auch für die Reichenau ausführlich behandelt. Für Zettler stand die Frage der Begräbnisstätte noch zum Zeitpunkt von Karls Tod offen. Es sei Liutward, Chadolt und dem Reichenauer Konvent zuzuschreiben, »wenn Karl schließlich ins Inselkloster überführt wurde« (S. 107). Aus der erwähnten Urkunde von 881 geht allerdings deutlich hervor, daß der Kaiser eine Verfügung über seine Grablege zu machen beabsichtigte, so daß Karls Bestattung auf der Reichenau seinem Willen entsprochen haben dürfte. Vgl. noch Schwarzmaier, Neudingen (wie Anm. 102) S. 44, der S. 42 Anm. 21 erwägt, ob zuvor Lorsch als letzte Ruhestätte Karls (neben seinem Vater und seinem Bruder Ludwig) vorgesehen war.

142 Dazu Schmid, Brüderschaften (wie Anm. 131) S. 185 f.

143 Diskussionsbeitrag von G. Duby in: Ders. – J. Le Goff, Famille et parenté dans l'Occident médiéval (Collection de l'Ecole Française de Rome 30), 1977, S. 58. Vgl. auch O. G. Oexle, Die Gegenwart der Toten, in: Death in the Middle Ages, hg. von H. Braet und W. Verbeke (Mediaevalia Lovaniensia 9), 1983, S. 19-77, hier S. 48.

144 Dazu vgl. K. H. Krüger, Königsgrabkirchen der Franken, Angelsachsen und Langobarden bis zur Mitte des 8. Jahrhunderts (MünsterMASchrr 4), 1971, A. Erlande-Brandenburg, Le Roi est mort. Etude sur les funérailles, les sépultures et les tombeaux des rois de France jusqu'à la fin du 14e siècle, Paris 1975 und jüngst G. Streich, Burg und Kirche während des deutschen Mittelalters. Untersuchungen zur Sakraltopographie von Pfalzen, Burgen und Herrensitzen (VortrrForsch Sonderbd. 29), 1984, Sach- und Wortregister S. 711 s. v. Grablegen.

145 Chronik des Gallus Öhem (wie Anm. 100) S. 42 f., S. 59 (zu Karls Grab). Zu Gerold vgl. zusammenfassend K. Schmid, Gerold, in: Neue deutsche Biographie 6, 1964, S. 315. Zu den beiden Gräbern jetzt Zettler, Klosterbauten (wie Anm. 141) S. 102 ff.

146 Vgl. Hermann von der Reichenau, Chronicon z. J. 948 und 973, in: MGH SS 5, S. 114 und 116. Herzog Hermann I. wurde in der Kilianskapelle, Herzog Burkhard II. in der Erasmuskapelle beigesetzt. Zur Lage der Kapellen vgl. E. Reisser, Die frühe Baugeschichte des Münsters zu Reichenau (ForschDtKunstg 37), 1960, Register S. 124 s. v., Maurer, Herzog (wie Anm. 13) S. 170 f. und jetzt Zettler, Klosterbauten (wie Anm. 141) S. 109 ff.

ihrer Frauen, verdienen die Aufmerksamkeit der Forschung: Ludwig der Deutsche bestattet in Lorsch, seine Gattin Hemma in St. Emmeram in Regensburg[147] – die beiden Schwerpunkte dieser Königsherrschaft manifestierten sich in den Grablegen und zwar auf Dauer! Die Erweiterung des Blicks auf die Herrscherfamilie ist nun aber auch in anderer Hinsicht aufschlußreich. Ich denke an die den Angehörigen des Hauses zugewiesenen Wohnsitze, an denen das Königtum dadurch indirekt präsent war. Dies gilt im Alemannien des 9. Jahrhunderts in ganz besonderem Maße für Zürich[148]. Bereits Ludwig der Deutsche hat seinen Töchtern Hildegard und Berta die Fraumünsterabtei anvertraut[149]; Karl hat diese Tradition mit seiner Frau Richgardis und Herzog Burkhard I. bzw. Hermann I. wiederum im 10. Jahrhundert mit Reginlind fortgesetzt[150]. Die repräsentative bauliche Anlage auf dem Lindenhof, die man streng genommen für das 9. Jahrhundert nicht als Pfalz bezeichnen dürfte, da uns kein einziger Königsaufenthalt bekannt ist, legt gleichwohl hinreichend Zeugnis von der Bedeutung des Platzes für die Königsfamilie ab[151].

Wenn ich nun zum Schluß die Beobachtungen zur Herrschaft des Königs im 9. und des Königs und Herzogs im 10. Jahrhundert im deutschen Südwesten bündeln sollte, so ließe sich folgendes sagen: Die Herrschaftspraxis der karolingischen Könige in und über Alemannien wurde, wenn man von Karl III. absieht, im 10. Jahrhundert von den Ottonen in vielfacher Hinsicht fortgesetzt, während von Karls III. Königsherrschaft, die in Alemannien wurzelte, der Weg zur Herzogsherrschaft des 10. Jahrhunderts führte. Die Reichenau und St. Gallen waren als dauerhafte Institutionen die Hauptstützen und auch Zentren des Königtums im 9. Jahrhundert, auf die die Pfalzen Bodman und Ulm orientiert waren; gerade diese beiden Klöster blieben nun für die Herzogsherrschaft des 10. Jahrhunderts, die der spätkarolingischen Zeit und ihrem Typ von Fürstentum verhaftet war, von zentraler Bedeutung, wie Helmut Maurer, vor allem zu St. Gallen, ausgeführt hat[152]. Das ottonische Königtum hingegen hat seine Herrschaft zunehmend auf die Bischofskirchen gestützt und dabei Ansätze fortgeführt, die im späten 9. Jahrhundert sichtbar werden, damals bezeichnenderweise noch in Personalunionen wie St. Gallen – Konstanz oder Reichenau – Mainz[153].

Lassen Sie mich mit einem kurzen Ausblick auf den Beginn des 11. Jahrhunderts schließen, der die beiden Leitfäden meiner Untersuchung, Itinerar und Verhältnis des Herrschers zur Kirche, noch einmal aufgreift: Denn wiederum tritt der Stellenwert der Reichenau als eines der Herzogszentren in Schwaben zutage, als Heinrich II., eben erst von Bayern, Franken und Oberlothringern zum König gewählt[154], im Juni 1002 gerade dorthin zieht, um von da aus, vielleicht auf dem traditionellen Schlachtfeld von Wahlwies, gegen

---

147 Vgl. BM² 1517h und 1519b. Zu Lorsch als spätkarolingischer Grablege J. SEMMLER, Die Geschichte der Abtei Lorsch... 764 bis 1125, in: Die Reichsabtei Lorsch 1, hg. von F. KNÖPP, 1973, S. 75-173, hier S. 88f. und H.-P. WEHLT, Reichsabtei und König (VeröffMaxPlanckInstG 28), 1970, S. 34f. und STREICH, Burg und Kirche (wie Anm. 144) S. 311.
148 Dazu zusammenfassend MAURER, Herzog (wie Anm. 13) S. 57ff.
149 BM² 1407 und 1452.
150 BM² 1584 und Urkundenbuch der Stadt und Landschaft Zürich 1, hg. von J. ESCHER und P. SCHWEIZER, Zürich 1888, Nr. 202f. S. 94ff. Vgl. auch MAURER, Herzog (wie Anm. 13) S. 67, 168f.
151 Zur Pfalz in Zürich vgl. zusammenfassend ERDMANN, Pfalzen im Bodenseegebiet (wie Anm. 51) S. 144ff. und die Bemerkungen von KELLER, Reichsstruktur (wie Anm. 4) S. 88 Anm. 70.
152 MAURER, Herzog (wie Anm. 13) S. 172ff
153 Vgl. FLECKENSTEIN, Hofkapelle 1 (wie Anm. 77) Register S. 245 s. v. Hatto, S. 249 s. v. Salomo (III.).
154 Reg. Imp. II/4 Nr. 1483yy.

den schwäbischen Herzog Hermann II. die Entscheidung zu suchen[155]. Und St. Gallen, der andere Fixpunkt der Herzogsherrschaft? Er zählte damals zu den festen Anhängern Hermanns II.[156]. Nach dessen Unterwerfung in Bruchsal[157] im Oktober 1002 ist Heinrich II., wenn man von einem Besuch in Augsburg im November desselben Jahres absieht, in Kernbereichen Schwabens erst nach des Herzogs Tod im Mai 1003 nachweisbar, mit dem nach den Worten der Quedlinburger Annalen die *discordia Suevorum* aufhörte[158]: Im Juni 1004 hat der König bezeichnenderweise an Vororten des Herzogtums, in Zürich und Straßburg, Hoftage abgehalten[159]. Herzog Hermann II. hinterließ einen gleichnamigen Sohn im Kindesalter; an ihn ging unter königlicher Vormundschaft die Herzogswürde über. Zu seinem Tod im Jahre 1012 notieren die Annalen Sangallenses maiores: *Dux puer en patribus apponitur hic Herimannus*[160]. Wörtlich übersetzt heißt das: Herzog Hermann wird als Knabe hier bei seinen Vorfahren beigesetzt. Darf man von dieser Stelle ausgehend annehmen, daß St. Gallen den konradinischen Herzögen Konrad, Hermann II. und Hermann III., die das erste Mal in Schwaben eine Herzogsdynastie über drei Generationen bildeten[161], als Grablege gedient hat[162]? Die Bedeutung des Klosters für die Königs- und Herzogsherrschaft im deutschen Südwesten erhielte dadurch eine neue Dimension.

155 Reg. Imp. II/4 Nr. 1487b und c. BEYERLE, Gründung (wie Anm. 44) S. 112/25 vermutet, daß die in den Quellen ungenannte Örtlichkeit des Kampfplatzes bei Niederzell (wegen des von Heinrich II. gefeierten Peter- und Paulsfest) oder bei Allensbach zu suchen sei. Die Formulierungen in Adalbolds Heinrichsvita cap. 8 (MGH SS 4, S. 685: *ab Augia discessit, in quaedam prata amplissima et ad decertandum oportuna pervenit...*) lassen aber erkennen, daß der Ort jedenfalls nicht auf der Reichenau war. Seine Kennzeichnung durch Adalbold läßt durchaus an Wahlwies denken, einen Kampfplatz mit Tradition. Vgl. oben S. 281.
156 BEYERLE, Gründung (wie Anm. 44) S. 112/24.
157 Reg. Imp. II/4 Nr. 1508a.
158 MGH SS 3, S. 78. Zum Gesamtzusammenhang ZOTZ, Breisgau (wie Anm. 14) S. 172 ff.
159 Reg. Imp. II/4 Nr. 1570a, 1572a.
160 Hg. von C. HENKING, in: MittVaterlG 19, 1884, S. 304.
161 Vgl. die ›Liste der Herzöge‹ bei MAURER, Herzog (wie Anm. 13) S. 30.
162 Für alle drei Herzöge gilt das Wort von STÄLIN, Geschichte 1 (wie Anm. 5) S. 467: ›Die näheren Umstände seines Ablebens sind nicht angemerkt‹. Die Grabinschrift Hermanns und Udos in der Wetzlarer Kirche steht nach den kritischen Bemerkungen von E. E. STENGEL, Udo und Hermann, die Herzoge vom Elsaß, in: DERS., Abhandlungen und Untersuchungen zur hessischen Geschichte (VeröffHistKommHess-Waldeck 26), 1960, S. 441-479, hier bes. S. 448 und 461 f. der hier vorgetragenen Vermutung nicht im Wege.

Conversatio Cottidiana

Zeugnisse vom Alltag in frühmittelalterlicher Überlieferung

Von Michael Borgolte

Inhaltsübersicht:

Einleitung[*]

Zu den Feldern, auf denen Archäologen und Historiker »des ersten Jahrtausends« in gemeinsamer Arbeit reiche Früchte ernten können, gehört zweifellos der Alltag vergangener Zeiten. Was die Bodenforschung zutagefördert, sind vor allem Überreste des »gewöhn-

---

[*] Der folgende Beitrag wurde im Herbst 1985 abgeschlossen und den Herausgebern anvertraut. Als er dem Verfasser fast vier Jahre später textverarbeitet vorgelegt wurde, waren größere Eingriffe - schon angesichts des Umfangs und der fortlaufenden Zählung der Anmerkungen - nicht mehr möglich. Ich denke, daß der Beitrag trotzdem seinen Wert behält, und zwar im Hinblick auf den Band »Archäologie und Geschichte I« ebenso wie auf das geplante Quellencorpus. Die seit 1985 erschienene Literatur zum Thema vollständig nachtragen zu wollen, wäre hier unmöglich. Wenigstens einige Titel mögen aber die gegenüber 1985 veränderte Ausgangslage dokumentieren: Hans-Werner GOETZ, Leben im Mittelalter vom 7. bis zum 13. Jahrhundert, München 1986; Bernd HERRMANN (Hg.), Mensch und Umwelt im Mittelalter, Darmstadt 1986; Norbert OHLER, Reisen im Mittelalter, München 1986; Aaron J. GURJEWITSCH, Mittelalterliche Volkskultur. Probleme zur Forschung, Dresden 1986 (russ. Original 1981); Wolfgang PROTZNER - Klaus GUTH, Alltagsgeschichte und Alltagskultur in Bayern. Ein historisches Lesebuch, Kulmbach 1987; Hartmut BOOCKMANN, Das Mittelalter. Ein Lesebuch aus Texten und Zeugnissen des 6. bis 16. Jahrhunderts, München 1988.

lichen Lebens«, ob es sich nun um frühmittelalterliche Grabbeigaben handelt, also um Schmuck und Spielzeug, Hausgeräte und Waffen, Handelswaren, Werkzeuge und Münzen, um die menschlichen Skelette selbst mit ihren Hinweisen auf Krankheit, Gewalt und Mortalität; oder aber um die Spuren von Häusern, Siedlungen, Burganlagen und Verkehrswegen. Archäologische Ausstellungen, die diese Funde darbieten sollen, werden deshalb geradezu als Spiegel einer wiederentdeckten Alltagswelt konzipiert[1]. Einer solchen Sammlung von Sachzeugnissen kann die mittelalterliche Geschichte bis jetzt noch keine entsprechende Auswahl schriftlicher Quellen zur Seite stellen. Diese Beobachtung mag erstaunen, haben die Mediävisten die Alltagsgeschichte doch nicht erst seit dem Berliner Historikertag 1984 entdeckt[2]; wenn man von den fremdsprachigen Werken absieht, unter denen die imponierende Reihe »La vie quotidienne« hervorsticht[3], braucht man sich nur an Arno Borsts Werke »Lebensformen im Mittelalter« von 1973 und »Mönche am Bodensee« von 1978 zu erinnern[4] oder an die Forschungen des »Instituts für mittelalterliche Realienkunde Österreichs«, die seit 1970 zu mehreren Publikationen über die Sachkultur des Spätmittelalters geführt haben[5]. Noch erstaunlicher könnte der Mangel einer Quellensammlung zur Alltagsgeschichte aber erscheinen, nachdem 1983 eine umfangreiche Darstellung »Alltagsleben im Mittelalter« publiziert wurde[6], die – wie anzunehmen wäre – doch eine kritische Kontrolle und Aufbereitung der Überlieferung schon voraussetzte. Indessen war ebendies nicht geleistet, wie die Rezensenten des Buchs feststellen mußten[7]. Eine Quellensammlung der bezeichneten Art bleibt also noch immer ein Desiderat. Aber kann es sie überhaupt geben? In beachtenswerten »methodischen Überlegungen« zum »Alltag im Mittelalter« hat Hans-Werner Goetz vor kurzem seine Zweifel an einer derartigen Möglichkeit kaum verborgen[8]. Insbesondere im Hinblick aufs Früh- und Hochmittelalter scheint Goetz kaum damit zu rechnen, daß »geeignete, repräsentative Quellen für den Bereich des mittelalterlichen Alltags zu finden« seien[9]; und im Spätmittelalter verspricht er sich mehr

---

1 So war etwa – um ein Beispiel aus jüngster Zeit zu nehmen – die Ausstellung ›Hessen im Frühmittelalter. Archäologie und Kunst‹, die im Winter 1984/85 in Frankfurt gezeigt wurde, eingeteilt in die Abteilungen: ›Kindheit, Die Welt der Frau, Die Welt des Mannes, Krankheit und Tod, Sozialstrukturen, Die Wirtschaft, Siedlungswesen; Glaube, Aberglaube, Missionierung und Christentum; Dekor und Kunst‹; s. den bei Thorbecke, Sigmaringen 1984, erschienenen Katalog.

2 Vgl. den Bericht von Jürgen KOCKA, ›Geschichte von unten - Geschichte von innen‹ – Kontroversen um Alltagsgeschichte (Bericht über die 35. Versammlung deutscher Historiker in Berlin, 3. bis 7. Oktober 1984, Stuttgart 1985, S. 249f.) und die kritischen Bemerkungen von Hans-Ulrich WEHLER, Geschichte – von unten gesehen. Wie bei der Suche nach dem Authentischen Engagement mit Methodik verwechselt wird (DIE ZEIT Nr. 19 vom 3. Mai 1985, S. 64).

3 Von den weit mehr als hundert erschienenen Bänden seien hier erwähnt: Charles LELONG, La vie quotidienne en Gaule à l'époque mérovingienne, Paris 1963; Pierre RICHÉ, La vie quotidienne dans l'empire carolingien, Paris 1973; dt. Übers. unter dem Titel: Die Welt der Karolinger, Stuttgart 1980; Edmond POGNON, La vie quotidienne en l'an mille, Paris 1981.

4 Die ›Lebensformen‹ sind zuerst erschienen in Frankfurt - Berlin, die ›Mönche am Bodensee‹ in Sigmaringen.

5 Zuletzt: Die Erforschung von Alltag und Sachkultur des Mittelalters. Methode – Ziel – Verwirklichung. Internationales Round-Table-Gespräch Krems an der Donau, 20. September 1982 (Sitzungsberichte der Österreichischen Akademie der Wissenschaften, Philosophisch-Historische Klasse, Bd. 433), Wien 1984; und: Bäuerliche Sachkultur des Spätmittelalters (ebd., Bd. 439), Wien 1984. Vgl. auch: Alltag im Spätmittelalter, hg. von Harry KÜHNEL, Graz – Wien – Köln 1984, ²1985.

6 Von Otto BORST, erschienen in Frankfurt.

7 Thomas VOGTHERR, Deutsches Archiv 40, 1984, S. 743-745; GOETZ (wie A. 8) passim.

8 Hans-Werner GOETZ, Alltag im Mittelalter. Methodische Überlegungen anläßlich einer Neuerscheinung (Archiv für Kulturgeschichte 67, 1985, S. 207-225) S. 207, 215, 217f., 223.

9 Ebd., S. 217, vgl. S. 224.

von neuen Quellenfunden als von der Auswertung der schon bekannten Überlieferung[10]. Eine solche Verzagtheit ist aber kaum angebracht. Wenn es auch bis jetzt eine Alltagsgeschichte des Mittelalters eigentlich nicht geben kann, weil der Überblick über die Quellen fehlt, so liegen doch aus den letzten Jahren Bearbeitungen von Teilaspekten des mittelalterlichen Alltags vor, die mit Quellenanhängen ausgestattet sind[11]. Und noch kürzlich hat Margarete Weidemann, übrigens veranlaßt durch den Gang archäologischer Forschung, ihre monumentale »Kulturgeschichte der Merowingerzeit nach den Werken Gregors von Tours« vorgelegt, die den bedeutendsten Geschichtsschreiber des 6. Jahrhunderts auch als alltagsgeschichtliche Quelle erschließt[12]. Eine Quellensammlung zur Geschichte des Alltags wird also gewiß nicht am Mangel an Material scheitern.

In Zusammenarbeit mit Johannes Fried (Frankfurt), der die Anregung zu dem Unternehmen gegeben hat, bereite ich deshalb eine solche, zweisprachig konzipierte Auswahl vor; sie soll auf das Früh- und Hochmittelalter beschränkt sein[13]. Der folgende Aufsatz stellt eine der Vorarbeiten dar. Auf der Suche nach dem Alltag in mittelalterlicher Überlieferung kann man verschiedene Wege einschlagen; der Konzeption des vorgelegten Bandes »Archäologie und Geschichte« entsprechend beschränke ich mich hier auf die frühmittelalterlichen Quellen Alemanniens. Der Intention nach soll die gesamte schriftliche Überlieferung lateinischer Sprache gesichtet werden; Ziel ist keine Darstellung des Alltagslebens und auch nicht in erster Linie die vollständige Erhebung von Quellenhinweisen auf den Alltag, sondern die Ermittlung umfangreicherer Texte, die als solche als Zeugnisse der frühmittelalterlichen Alltagsgeschichte gelten können. Die alemannische Überlieferung eignet sich für eine derartige Untersuchung, weil sie mit Urkunden und sonstigen Rechtstexten, Briefen, erzählenden Quellen und Dichtung eine mindestens repräsentative, wenn nicht überdurchschnittlich gute Basis bietet. Bildliche Darstellungen sollen beiseitebleiben, mit Ausnahme des St. Galler Klosterplans. Was die zeitliche Abgrenzung betrifft, so bietet das Ende des ersten Jahrtausends keine geeignete Zäsur; aber die zweite Hälfte des 11. Jahrhunderts, die Zeit der Kirchenreform, das Zeitalter des Investiturstreits, ist schon längst als »Wende« der mittelalterlichen Geschichte erkannt[14]. Man darf vermuten, daß der »Investiturstreit« auch in einer Gesamtdarstellung des Alltags im Mittelalter zur Epoche würde, wenn in der nach ihm benannten Zeit etwa das Dasein der Mönche und Kleriker reformiert wurde und auch die Laien nach neuen Maßstäben

---

10 Ebd., S. 218.
11 Klaus ARNOLD, Kind und Gesellschaft in Mittelalter und Renaissance. Beiträge und Texte zur Geschichte der Kindheit (Sammlung Zebra, B 2), Paderborn 1980; Gerd ZIMMERMANN, Ordensleben und Lebensstandard. Die Cura Corporis in den Ordensvorschriften des abendländischen Hochmittelalters, I. Teil: Darstellung, II. Teil: Texte und Erläuterungen (Beiträge zur Geschichte des Alten Mönchtums und des Benediktinerordens, Heft 32), Münster 1973.
12 In zwei Teilen (Römisch-Germanisches Zentralmuseum. Forschungsinstitut für Vor- und Frühgeschichte, Monographien, Bd. 3, S. 1-2), Mainz 1982; hier bes. Teil 2, S. 359-385.
13 Quellen zur Geschichte des Alltags im frühen und hohen Mittelalter (6.-13. Jahrhundert), 2 Bde. (Ausgewählte Quellen zur deutschen Geschichte des Mittelalters. Freiherr vom Stein-Gedächtnisausgabe, Wissenschaftliche Buchgesellschaft Darmstadt).
14 Vgl. jetzt die Darstellungen von Alfred HAVERKAMP, Aufbruch und Gestaltung. Deutschland 1056-1273 (Die Neue Deutsche Geschichte, Bd. 2), München 1984; Hermann JAKOBS, Kirchenreform und Hochmittelalter 1046-1215 (Oldenbourg Grundriß der Geschichte, Bd. 7), München – Wien 1984. Ferner der die ›Wendezeit‹ vorzüglich charakterisierende Aufsatz von Karl JORDAN, Das Zeitalter des Investiturstreites als politische und geistige Wende des abendländischen Hochmittelalters (zuerst 1972; jetzt in: DERS., Ausgewählte Aufsätze zur Geschichte des Mittelalters, Kieler Historische Studien, Bd. 29, Stuttgart 1980, S. 11-20). Die Neubewertung der Epoche geht bekanntlich zurück auf das Buch von Gerd TELLENBACH, Libertas. Kirche und Weltordnung im Zeitalter des Investiturstreites, Stuttgart 1936.

MICHAEL BORGOLTE

religiös zu leben suchten; wenn sich durch Bevölkerungsvermehrung und Landesausbau die agrarische Welt von Grund auf wandelte, wenn sich das Rittertum ausbildete und das Bürgertum als Kommune zu formieren begann; wenn sich die Fürsorge von den Klöstern auf dem Lande in die Spitäler der Städte verlagerte; wenn sich Handwerker in Zünften verbanden und auch die Fernhandelskaufleute den Zusammenschluß suchten; wenn die Ausweitung des Handels die Erfahrungshorizonte erweiterte und auch die Mobilität der unteren Schichten zunahm, nicht zuletzt bedingt durch die Kreuzzugsbewegung, usw. Beschränken wir uns demnach im folgenden auf die Zeit vor dem Investiturstreit, so bilden in Schwaben etwa die Schriftsteller Hermann der Lahme († 1054) und Ekkehard IV. († ca. 1057) die Grenze.

Etwas ausführlichere Vorbemerkungen muß ich zum Gegenstand des Aufsatzes selbst machen. Was unter »Alltag« verstanden werden soll, ist in der Geschichtswissenschaft noch unklar. Neuerdings wird vorgeschlagen, »Alltag« zu definieren als »das menschliche Leben selbst«[15]. So unwiderlegbar dieses Urteil sein dürfte, so mangelt ihm doch jede begriffliche Schärfe; bei der Suche nach dem Alltag in mittelalterlicher Überlieferung hilft es darum wenig. In den Quellen erscheint der Alltag als *conversatio cottidiana, consuetudo cottidiana*, o. ä. Notker von St. Gallen wirft sich vor, er werde niemals dazu kommen, Karls des Großen *conversatio cottidiana* zu erzählen, wenn er sich bei den Kriegstaten des Kaisers nicht beschränke[16]. Der Verfasser der Vita Bischof Ulrichs von Augsburg, Gerhard, spricht von der *cottidiana consuetudo episcopi*[17]. Beide Belege enthalten einen doppelten Hinweis. Sie erinnern einmal daran, daß der Alltag zunächst der Alltag eines einzelnen ist, oder daß jeder Mensch seinen eigenen Alltag hat – im Mittelalter genauso wie in der Gegenwart. Bei der Erforschung des Alltags im Mittelalter muß man also den individuellen Alltagen ebenso nachgehen wie den weitgehend gleichen, den sogenannten typischen Alltagen von Angehörigen derselben sozialen Gruppen. Zum zweiten weisen die Zitate Notkers und Gerhards darauf hin, daß allenfalls aus forschungsgeschichtlichen, nicht aber aus methodischen Gründen eine Beschränkung der Alltagsgeschichte auf ein bestimmtes soziales Milieu gerechtfertigt werden kann. Die Gleichsetzung der Alltagsgeschichte mit einer »Geschichte von unten«, die im Bereich der Neueren Geschichte weithin vorgenommen und insofern Anlaß zu heftiger Polemik wurde, braucht sich die Mittelalterliche Geschichte nicht zu eigen zu machen, ja, sie darf es nicht, behält sie die Überlieferung selbst im Blick. Unlängst wurde behauptet, daß »keine Quelle (des Mittelalters) das Alltagsleben darstellen wollte«[18]; dies trifft nicht zu, wie abermals Notker und Gerhard belegen. Zwar hat Notker entgegen seiner Absicht dann doch die Beschreibung des Alltags Karls des Großen unterlassen; aber wir besitzen mindestens eine Darstellung des Alltags eines anderen germanischen Königs. Der römische Literat Sidonius Apollinaris hat in einem Brief an Agricola, den Sohn des Kaisers Avitus, den Tagesablauf (*actio diurna*) des Westgoten Theoderich II. († 466), z.T. auf die Stunde genau, beschrieben[19]. Die Beobachtung, daß es auch in der alemannischen Überlieferung des Frühmittelalters explizite

---

15 Goetz (wie A. 8) S. 216.
16 Notkeri Balbuli Gesta Karoli Magni Imperatoris, ed. Hans F. Haefele (MGH SS rer. Germ. NS XII), Berlin 1959, ND München 1980, S. 81 c. II.16: *Sed si bellicis rebus ab eo gestis aliquid non substraxerimus, numquam ad cottidianam eius conversationem revolvendam reducimur.*
17 Gerhardi vita Sancti Oudalrici episcopi, ed. Georg Waitz (MGH SS IV, Hannover 1841, S. 377-425) S. 384 Kapitelverzeichnis 3.
18 Goetz (wie A. 8) S. 218.
19 Apollinaris Sidonii Epistularum Liber Primus, II. (MGH AA VIII, rec. Christian Lütjohann, Berlin 1887), S. 2-4, bes. S. 3 f. Vgl. Dietrich Claude, Geschichte der Westgoten, Stuttgart etc. 1970, S. 51 f.

Aussagen über den Alltag Einzelner gibt, führt zur Konzeption eines ersten Untersuchungsabschnittes: »Das Alltägliche in der Darstellung des Alltäglichen«.

Die Existenz von Darstellungen des Alltags in mittelalterlicher Überlieferung ist methodisch von großer Bedeutung; denn durch sie wird eine kritische Kontrolle der Alltagsvorstellungen des Foschers selbst möglich. Sie bewahren uns davor, im Mittelalter ungehemmt wiederfinden zu wollen, was wir selbst als alltäglich empfinden mögen. Aber wir können unsere Alltagserfahrung auch nicht entbehren, wenn wir nach dem Alltag im Mittelalter suchen; es muß nur stets die Frage präsent bleiben, ob ein in der Geschichte beobachteter Vorgang für einen bestimmten Menschen oder eine Gruppe von Menschen zum gewöhnlichen Leben gehörte. Die Problematik einer Übertragung von modernen Alltagserfahrungen auf die Vergangenheit kann beispielhaft deutlich werden am Lebensbereich »Reisen«. Gewiß würden sich viele Angehörige der westeuropäischen Zivilisation darüber verständigen können, daß Reisen zum Alltag gehört, in dem Sinne, daß es jeder von uns wenn schon nicht täglich erlebt, so doch erleben könnte. Aber gilt das auch für die Menschen des Frühmittelalters? Sicher in viel geringerem Maße; aber für den König und seinen Hof oder den Bischof auf den Visitationen seines Bistums mochte das Reisen eher noch alltäglicher sein als für die Menschen der Gegenwart. Andererseits schreiben wir dem Sterben wohl viel mehr den Charakter des Außergewöhnlichen, des Ereignishaften, zu, als es im Mittelalter geschah. Trotz solcher mutmaßlicher Diskrepanzen zwischen der mittelalterlichen und der modernen Vorstellung vom Alltäglichen darf man versuchen, einen Katalog von Aspekten zusammenzustellen, die zum Alltagsleben gehören. Er soll sich orientieren an dem, was täglich geschieht (oder geschehen könnte), bzw. was jeder Mensch (oder doch sehr viele Menschen) im Leben mindestens einmal erfährt. Nach dem Raster von Tageslauf und Lebenslauf und in ständiger Auseinandersetzung mit der alemannischen Überlieferung des Frühmittelalters unterscheide ich die Erfahrungsbereiche Trinken und Essen, Wohnen, Schlafen, Kleiden und Körperpflege, Spiel und Lernen, Arbeit und Güterverkehr; bzw. Geburt, Kindheit, Freundschaft, Heirat und Sexualität, Reisen, Streit, Feindschaft und Verbrechen, Krankheit, Alter und Fürsorge, Tod[20]. Ein Teil dieser Aspekte begegnet in den individuellen Alltagen der alemannischen Quellen, viele aber nur in der Gestalt des Ereignisses. Ich werde deshalb die einschlägigen Nachrichten und Texte in einem zweiten Abschnitt unter dem Titel »Das Alltägliche in der Darstellung des Ereignishaften« behandeln.

I. Das Alltägliche in der Darstellung des Alltäglichen

1. Das tägliche Leben als Gegenstand versicherungsähnlicher Verträge

Die elementaren Bedürfnisse des Menschen, die – mit unerheblichen Einschränkungen – täglich befriedigt werden müssen, bestehen aus Trinken und Essen, Schlafen, Kleiden und Wohnen. Wer diese Bedürfnisse nicht selbst decken kann, sei es aus Not, Krankheit oder Alter, ist auf die Hilfe seines sozialen Umfeldes angewiesen. Im frühen Mittelalter oblag die Fürsorge dieser Art nach der Familie bekanntlich der Kirche, besonders dem Bischof

---

20 Die hier behandelten Aspekte entsprechen etwa den Themenkreisen des ersten der beiden A. 13 erwähnten Quellenbände. Im zweiten Band sollen darüberhinaus Quellen zu den Themen ›Beziehungen zwischen verschiedenen Gruppen und Geschlechtern, Mentalitäten, Einstellung gegenüber Neuem und Innovation, Begegnung mit dem Fremden, Orientierung in der Welt‹ wiedergegeben werden.

als dem *pater pauperum*, in der Karolingerzeit aber vor allem den Klöstern[21]. Daneben haben die Könige und die Adligen caritativ gewirkt. Die Sicherung des täglichen Lebens Bedürftiger tritt in der südwestdeutschen Überlieferung vor allem in zahlreichen Urkunden der Klöster Rheinau, Reichenau und St. Gallen in Erscheinung[22]. Dabei wird die Versorgungsleistung durch die Mönche als *nutrimentum, substantia, victus et vesti(men-)tum, cura, congruum (aptum conversandi) locum* bzw. mit einer Kombination dieser oder ähnlicher Elemente angesprochen[23]. Zweifellos ist immer der Unterhalt im Kloster durch Kost, Kleidung und Logis gemeint, auch wenn der Aufenthalt in der Umgebung der Mönche kaum einmal explizit erwähnt wird[24]. Die spezifischen Leistungen an Lebensmitteln oder Kleidung werden nur selten urkundlich festgelegt[25].

Allerdings gilt das offenkundig nur für Männer, die durch ihre Dotation des Klosters eine »Leibrente«[26] erwirken. Wenn Frauen durch eine Gabe den Lebensunterhalt von seiten einer Mönchsgemeinschaft zu gewinnen suchten, pflegte man Naturalien und Kleidungsstücke bestimmter Art und Menge zu vereinbaren und konnte dabei auch genaue Liefertermine festlegen. So verpflichteten sich die Brüder von St. Gallen gegenüber der Tradentin Adalpirin, dieser jedes Jahr bis zu ihrem Tod »vier Ladungen Korn, zwei von Dinkel, die anderen beiden von Hafer«(*quatuor carradas de grano, duas de spelta, alias duas de avena*) zu liefern, ferner »ein junges Schwein vom Wert eines Solidus, wenn es von der Schweinemast kommt, wenn aber nicht, im Wert von acht Denaren«(*et unum friskingum solido valentem, quando pastura porcorum proveniat, quando autem non, VIII denarios valentem*); in einem Jahr sollte Adalpirin außerdem ein Unterkleid vom Wert eines Solidus erhalten, im darauffolgenden aber ein Leinenkleid, »das Frauenhemd genannt wird«, vom Wert zweier Tremissen (*et uno anno tonica unum solidum valentem, altero vero anno lineam, qui dicitur smoccho, duas tremissas valentem*)[27]. Eine andere Dame namens Herisind verlangte von den Mönchen, »daß sie mir den nötigen Lebensunterhalt(*victus necessaria*) schenken, und zwar jährlich zwanzig Malter Dinkel und zehn Malter Hafer,

---

21 Zuletzt Egon Boshof, Armenfürsorge im Frühmittelalter: Xenodochium, matricula, hospitale pauperum (Vierteljahrschrift für Sozial- und Wirtschaftsgeschichte 71, 1984, S. 153-174); Ders., Untersuchungen zur Armenfürsorge im fränkischen Reich des 9. Jahrhunderts (Archiv für Kulturgeschichte 58, 1976, S. 265-339). Allgemein: Michel Mollat, Die Armen im Mittelalter, München 1984 (frz. Original Paris 1978); ferner der weit ausgreifende Beitrag von Otto Gerhard Oexle, Armut und Armenfürsorge um 1200. Ein Beitrag zum Verständnis der freiwilligen Armut bei Elisabeth von Thüringen (Sankt Elisabeth. Fürstin, Dienerin, Heilige. Aufsätze, Dokumentation, Katalog, Sigmaringen 1981, S. 78-100).

22 Rheinau: Urkundenbuch der Stadt und Landschaft Zürich, bearb. von J. Escher – P. Schweizer, Bd. I, Zürich 1888, S. 44 Nr. 113; Reichenau: Formulae Augienses, Coll. B Nr. 11 (Formulae Merowingici et Karolini Aevi, ed. Karl Zeumer, MGH Legum Sectio V, Hannover 1886, S. 339-377, hier S. 353).

23 Urkundenbuch der Abtei Sanct Gallen, bearb. von Hermann Wartmann, Theil I, Zürich 1863, S. 70 Nr. 72: *propter nutrimentum diebus vitae meę*; S. 266 Nr. 284: *et quamdiu vixero ab ipso rectore* (sc. monasterii S. Galli) *victus atque vestitum mihi tribuatur*; S. 210 Nr. 220: *ea scilicet ratione, ut in prefato coenobio nutrimentum et aptum conversandi locum ad tempus vitę meę habeam.* Vgl. ferner Nrn. 9, 45, 124, 288, 314, 352; s. auch AA. 24 f.

24 Aber: Wartmann (wie A. 23) I Nrn. 12, 220 (Zitat s. A. 23) 334; Theil II, Zürich 1866, Nrn. 416, 546.

25 Aber: Wartmann I (wie A. 23) S. 46 Nr. 44: *in ea ratione, ut tempus vitae meae de ipso monasterio accipiam substantiam, id est victum et vestimentum et calciamenta.* Zu Wartmann II Nr. 709 s. u. A. 28.

26 So die Formulierung von Hermann Bikel, Die Wirtschaftsverhältnisse des Klosters St. Gallen von der Gründung bis zum Ende des XIII. Jahrhunderts, Freiburg 1914, S. 36, 43 f.

27 Wartmann II (wie A. 24) S. 120 Nr. 506; zur Bedeutung von *smoccho* s. Stefan Sonderegger, Zu den althochdeutschen Sachwörtern in den lateinischen Urkunden der Schweiz (Archivalia et Historica. Fs. Anton Largiadèr, Zürich 1958, S. 203-218) S. 215.

zum Winter zwei junge Schweine und zwei andere, billigere, zum Sommer«[28]. Terminierung und Spezifikation der einzelnen Leistungen zum Lebensunterhalt bedürftiger Frauen[29], die sich von der pauschalen Vereinbarung über *nutrimentum* oder *victus et vestimentum* bei den fürsorgesuchenden Männern deutlich abheben, sind zweifellos darin begründet gewesen, daß die Frauen nicht im Kloster selbst bzw. seinem Hospital Aufnahme gefunden haben. Das bestätigt auch eine Prästarie Abt Salomos (III.) von St. Gallen (890-919) für eine Dame Wolfkart, eine Urkunde, die zugleich die vielfältigen Absicherungsmaßnahmen einer kleinen Grundbesitzerfamilie bei der wirtschaftlich starken Abtei hervortreten läßt. Das Dokument lautet in deutscher Übersetzung wie folgt: »Durch die Güte Christi Salomo, Abt des Klosters St. Gallen. Es gefiel uns, unter Zustimmung der Brüder und unseres Vogtes Gozpert die Güter, die Wolfkart früher gegen Zins besaß und uns (nun) vollständig übergab, anzunehmen und ihr dafür auf ihre Forderung hin den Lebensunterhalt (*sustentaculum vitae*) zu gewähren. Sie übereignete uns also jenes Erbe, das ihr ihr Vater Bernhart geschenkt hatte – das ist die Hälfte ihres Erbes –, damit sie dieses auf Lebenszeit unter dem Zins zweier Denare, die an das genannte Kloster abzuführen waren, besitze ohne jedes Rückkaufsrecht, es sei denn, ihr würde ein legitimer Erbe geboren. Dieses Erbgut also, das ihr unter solcher Bedingung von ihrem Vater geschenkt worden war, hat sie vollständig, indem sie ihre Armut bedachte (*consulens paupertati suae*), dem Kloster, wie wir gesagt haben, gegeben und übertragen durch die Hand ihres Vogtes Waldpert, und zwar mit Häusern und Gebäuden, Äckern und Wiesen, stehenden und fließenden Gewässern, bebautem und unbebautem Land und was sonst noch genannt oder bezeichnet werden kann, mit Ausnahme der Hälfte des Weinberges, den ihr Bruder Bernhart, Mönch desselben Klosters, auf Lebenszeit besitzen möge, während die andere Hälfte unverzüglich ans Kloster fallen soll; und der Zehnt des ganzen Weinberges soll jenem (oder ihr, d. h. Wolfkart?) jährlich gegeben werden, aber sie wollte, daß alles übrige vom heutigen Tag an und nächstdem zu ewigem Recht des genannten Klosters tradiert und geschenkt sei. Und zwar unter der Bedingung, daß sie jährlich vom Vorsteher des Klosters oder vom Dekan, der dort eingesetzt sein mag, das Nötige zum Lebensunterhalt erhält (*ad victus necessaria... annis singulis accipiat*), und das sind sechs Malter Korn und sechs Malter Hafer, die Hälfte Ende August und die (andere) Hälfte zum Martinsfest, ferner ein gemästetes Schwein zu Weihnachten (*et unum porcum saginatum in natale Domini*). Zwei Rinder sollen ferner immer vom Herrenhof versorgt werden, und ihre Schafe, Ziegen und Schweine sollen mit dem übrigen Vieh des Herrenhofes versorgt werden. Und wenn sie

---

28 WARTMANN (wie A. 23) S. 310 Nr. 336. Herisind behält bei der Gütertradition an St. Gallen die Hörige Gebilind zurück, erstrebte also nur eine partielle Versorgung durch das Kloster. Vgl. auch WARTMANN II (wie A. 24) Nr. 777. - Wie sonst nur Frauen verhielt sich nach WARTMANN II Nr. 709 der Priester Pero, der für seine Besitzübergabe in Goldach jedes Jahr ein Leinen- und ein Wollgewand verlangte, nach dem Tod des Priesters Engilbert aber auf Lebenszeit die Kirche in Manzell erhalten wollte.

29 In der Auffassung von Armut folge ich OEXLE (wie A. 21) S. 82: »Arm sind Menschen, die immer oder zeitweise in einem Zustand der Schwäche, der Bedürftigkeit, des Mangels leben, wobei es nicht nur um das Fehlen physischer Kraft und materieller Güter (Geld, Nahrung, Kleidung) geht, sondern insgesamt um einen Mangel an sozialer Stärke, die ein Ergebnis ist von sozialem Ansehen und Einfluß, von Waffengewandtheit und Rechtspositionen, von Gesichert-Sein durch soziale Bindungen, aber auch von Wissen und politischer Macht«. Vgl. MOLLAT (wie A. 21) S. 13. Eine andere Auffassung bei Thomas FISCHER, Städtische Armut und Armenfürsorge im 15. und 16. Jahrhundert (Göttinger Beiträge zur Wirtschafts- und Sozialgeschichte 4), Göttingen 1974, dem im Hinblick aufs Mittelalter Christoph SACHSZE – Florian TENNSTEDT folgen (Geschichte der Armenfürsorge in Deutschland. Vom Spätmittelalter bis zum Ersten Weltkrieg, Stuttgart etc. 1980, bes. S. 27). Vgl. auch Wolfram FISCHER, Armut in der Geschichte. Erscheinungsformen und Lösungsversuche der ›Sozialen Frage‹ in Europa seit dem Mittelalter, Göttingen 1982.

zum Gebet zum Kloster kommt, soll ihr Wohnung und das Notwendige zum Leben für einen Tag und für eine Nacht gegeben werden (*Et quando veniaet ad monasterium causa orationis, mansio et victus necessaria ad unum diem et ad unam noctem detur*). Vollzogen wurde das in Steinach«[30].

Wolfkart sollte bei gelegentlichen Besuchen im Galluskloster nur wenige Stunden als Gast Aufnahme finden; sie lebte auch nach ihrer versicherungsähnlichen Vereinbarung mit Abt Salomo außerhalb der Abtei und hatte sich einige ihrer Besitzungen zum eigenen Gebrauch zurückbehalten. Die unterschiedliche Behandlung männlicher und weiblicher Bedürftiger tritt in den Urkunden anscheinend deutlicher hervor als in der übrigen Überlieferung. Jedenfalls wissen wir aus karolingerzeitlichen Regelkommentaren – etwa dem des Abtes Smaragd von Saint-Mihiel –, daß man eher die Trennung der klösterlichen Xenodochien nach vornehmen und armen Gästen akzentuierte[31]. Auch der St. Galler Klosterplan vom Beginn des 9. Jahrhunderts, der die den Bedürfnissen der monastischen Lebenspraxis optimal angepaßte Idealanlage eines Klosters zeigt, ohne speziell für eine alemannische Abtei konzipiert zu sein, scheidet im Bild eine *domus hospitum* von einer *domus peregrinorum et pauperum*[32].

Gleichwohl verfügte St. Gallen im Bereich seiner ausgedehnten Grundherrschaft auch über eine Versorgungsstätte für wohlhabende Damen. Diese befand sich aber nicht in der Umgebung des Klosters an der Steinach, sondern in Kißlegg im Nibelgau; sie war also für Frauen ostalemannischer Grundherrenfamilien bestimmt[33]. In den Jahren 826 oder 827 tradierte eine Rachil der Abtei St. Gallen eine Hörigenhufe in Leutkirch, und zwar unter der Bedingung, daß sie in der Cella Ratpoti (Kißlegg) zum Recht des genannten Klosters eine angemessene Bleibe habe (*congruum locum ad manendum*) und ihr dort Nahrung und Kleidung wie einem Mönch (*victus et vestitus sicut unius monachi*) gewährt wurde. Falls Rachils Mutter dort ebenfalls ihren Aufenthalt nehmen wollte, sollte sie in der Cella unter den gleichen Bedingungen leben können[34]. Um 849 wurde in einer anderen Urkunde vereinbart, daß Diotpirc, die Nichte eines Priesters Lantpreht, für die Übergabe bestimmter Güter im Nibelgau bei der Ratbotszelle *locum et prebendam quasi unus monachus juxta facultates loci illius habeat tempus vite sue*[35].

Bei den bisher behandelten Fällen einer Sicherung des täglichen Lebens durch Klöster wird in der Regel nicht überliefert, weshalb die Tradenten die Hilfeleistung der Mönche in

---

30 WARTMANN II (wie A. 24) S. 389 f. Anh. Nr. 11.

31 Vgl. BOSHOF, Untersuchungen (wie A. 21) S. 292-296; Walter SCHÖNFELD, Die Xenodochien in Italien und Frankreich im frühen Mittelalter (Zeitschrift für Rechtsgeschichte 43, Kanonist. Abt. 12, 1922, S. 1-54) S. 21 f.

32 Faksimile: Der karolingische Klosterplan von St. Gallen, hg. vom Historischen Verein des Kantons St. Gallen, 1952, ND 1983. Vgl. zuletzt Konrad HECHT, Der St. Galler Klosterplan, Sigmaringen 1983, S. 149-152 u. ö. (zu Hechts Datierungsversuch kritisch Michael BORGOLTE, Zeitschrift für die Geschichte des Oberrheins 133, 1985, S. 450 f.). Zum Plan Alfons ZETTLER, Bd. 3 der Reihe Archäologie und Geschichte.

33 Vgl. Michael BORGOLTE, Geschichte der Grafschaften Alemanniens in fränkischer Zeit (Vorträge und Forschungen, Sonderband 31), Sigmaringen 1984, S. 176-178.

34 WARTMANN I (wie A. 23) S. 288 f. Nr. 311. Zur Bestimmung der Orte und der Zeit der Carta s. Michael BORGOLTE, Kommentar zu Ausstellungsdaten, Actum- und Güterorten der älteren St. Galler Urkunden (Subsidia Sangallensia I. Materialien und Untersuchungen zu den Verbrüderungsbüchern und zu den älteren Urkunden des Stiftsarchivs St. Gallen, hgg. von Michael BORGOLTE – Dieter GEUENICH – Karl SCHMID, St. Galler Kultur und Geschichte 16, St. Gallen 1986, S. 323-475) S. 382.

35 WARTMANN II (wie A. 24) S. 27 f. Nr. 406. Der Onkel Diotpircs, Lantpreht, war vielleicht Priester an der Cella Ratpoti.

Anspruch nahmen[36]; das ist aber in zahlreichen anderen Dokumenten geschehen, die sich auf besondere Notlagen beziehen[37] oder die verlangte Unterstützung mit den Defiziten des Lebensalters motivieren. Von den Urkunden, die die Oblation junger Söhne, Brüder oder Neffen an ein Kloster begleiten[38], enthält eine carta vom Jahr 808 (?) besonders differenzierte Regelungen: Cundarat tradierte demnach an St. Gallen bestimmte Güter unter der Bedingung, daß sein Sohn Albini dort alle Tage seines Lebens (*diebus vitę sueę*) Kost (*victum*) und in jedem Jahr (*omni anno*) Kleidung (*vestitum*) und andere Bedeckungen (*et reliqua tegumenta*) habe, ferner einen Platz im Refektorium (*et locum ingredi refectorum*), so daß er mit den Brüdern als Vertrauter speisen könne (*manducare cum fratribus ibique privitatem habeat inter illis*). In der Reifezeit solle er, falls er sich nach Verdiensten als würdig erweise, die Freiheit haben, nach der Regel (des hl. Benedikt) der Mönchskongregation beizutreten[39].

Unter den Schriftstücken, die den Eintritt Erwachsener ins Kloster zum Gegenstand haben[40], fallen gelegentlich spezifische Bedingungen ins Auge, besonders, was die Sicherung im Alter betrifft. Im Mai 816 schenkte ein einflußreicher Herr namens Gozbert St. Gallen bestimmte Güter und verlangte dafür vom Kloster eine Leibrente auf Lebenszeit. Solange er im weltlichen Leben verbleiben würde, sollte das *stipendium procurationis* jährlich aus acht Solidi, Kleidungsstücken oder Vieh und zwei Mancipien beiderlei Geschlechts bestehen. Falls Gozbert »zum Palast oder nach Italien« reisen würde – offenbar ist gemeint: in königlichem Auftrag –, sollte ihm St. Gallen einen gut ausgerüsteten berittenen Mann zum Dienst stellen. Wenn er aber ins Kloster würde eintreten wollen (*quando vero ad monasterium converti voluero*), dann sollten dessen Vorsteher und Mönche dazu verpflichtet sein, ihm einen beheizbaren Wohnraum einzurichten (*kaminata privatim deputata*), die doppelte Mönchsration (an Lebensmitteln) zu gewähren (*et ut duobus monachis debetur provehendam accipiam*), jedes Jahr (*annis singulis*) ein wollendes und zwei Leinenkleider (*unum laneum vestitum et II lineos*), sechs Schuhe (*sex calciamenta*) und zwei Handschuhe (*II manices*), eine Kappe (*I camalaucum*) und eine Wolldecke (*lectistramenta*) zu stellen, jedes dritte Jahr (*post duos annos*) aber einen Mantel (*I sagellum*). Falls er der Mönchskongregation selbst beitreten wollte, sollte ihm hier ein angemessener Platz offenstehen (*locumque quando voluero me mancipiandum congr[eg]ationi congrue patulum habeam*)[41]. Bescheidenere Ansprüche als Gozbert stellte Willebold. Dieser tradierte im Jahr 873 in Vorsorge für sein Alter (*senio meo providens*) ebenfalls an

36 Aber WARTMANN II (wie A. 24) Anh. Nr. 11 (s. Zitat oben bei A. 30). Im Fall von WARTMANN I (wie A. 23) Nr. 12 kennen wir die Umstände aus anderen Zeugnissen: BORGOLTE (wie A. 33) S. 78f.

37 Vgl. WARTMANN II (wie A. 24) Nr. 466.

38 WARTMANN I (wie A. 23) Nrn. 359, 363, 382, II (wie A. 24) Nrn. 391, 452, 461, 639; Theil III, St. Gallen 1882, Anh. Nr. 9, vgl. II Nr. 505.

39 WARTMANN I (wie A. 23) S. 188f. Nr. 198 (zum Datum: BORGOLTE, wie A. 34, zu Nr. 198), vgl. BIKEL (wie A. 26) S. 43.

40 Urkundenbuch Zürich I (wie A. 22) Nrn. 74, 124; Formulae Augienses B Nr. 12 (wie A. 22, S. 353); Formulae Sangallenses Miscellaneae (Formulae, wie A. 22, S. 378-390) S. 383 Nr. 7, Collectio Sangallensis Salomonis III. tempore conscripta (Formulae S. 390-433) S. 408 Nr. 22; WARTMANN I (wie A. 23) Nrn. 148, 222f., 242, II (wie A. 24) Nrn. 442f., 470, 485, 493, 504, 507, 511f, 525, 607, 643, 705, 768; Otto P. CLAVADETSCHER, Wolfinus Cozperti palatini comitis filius. Eine neuentdeckte Quelle zur Geschichte des beginnenden 10. Jahrhunderts (Florilegium Sangallense. Fs. Johannes Duft, hgg. von O.P.C. – Helmut MAURER – Stefan SONDEREGGER, St. Gallen – Sigmaringen 1980, S. 149-163) S. 151f.

41 WARTMANN I (wie A. 23) S. 211f. Nr. 221; zur Quelle und zu Gozbert vgl. Michael BORGOLTE, Besitz- und Herrschaftsverbindungen über den Schwarzwald in der Karolingerzeit (Kelten und Alemannen im Dreisamtal. Beiträge zur Geschichte des Zartener Beckens, hg. von Karl SCHMID, Veröffentlichung des Alemannischen Instituts Freiburg Nr. 49, Bühl 1983, S. 77-99) S. 85.

St. Gallen bestimmte Güter unter der Bedingung, daß sie dem Gästehaus zugutekommen (*ad domum peregrinorum serviat*) und er selbst dort aufgenommen und bis zu seinem Lebensende mit Speise und Kleidung versorgt werde (*et ego ibi in domum hospitum suscipiar et usque ad finem vitae meę ibi victum et vestitum habeam*), und zwar dies »wie der Erste unter den Jüngeren«, also wohl von Novizen (*sicut primus illorum juniorum*). Die jährlichen Leistungen des Klosters sollen aus einem Leinenkleid (*vestimentum lineum*) und einem wollenen Kleid (*et aliud laneum*) bestehen, in jedem dritten Jahr (*tertio anno*) soll er aber einen Mantel (*pallium*) erhalten, wenn der alte verschlissen ist (*si vetus ita attritum est*). Ferner soll Willebold Schuhe (*calciamenta*) und anderes Lebensnotwendige (*alias impensas*) erhalten, wie die übrigen Klosterinsassen (*sicut caeteri in ipso monasterio*). Sein an St. Gallen gegebenes Gut soll nicht verliehen werden; sollte es doch dem Spital genommen werden und Willebold dort seinen Lebensunterhalt verlieren, dann würde er das Seine wieder an sich nehmen[42].

Die Urkunde Willebolds wurde von Notker Balbulus ausgefertigt; es ist ein seltenes Glück für die Alltagsgeschichte dieser Zeit, daß Notker die carta auch in seine Sammlung von Musterurkunden aufgenommen, dabei aber den Text in höchst bemerkenswerter Weise verändert hat. Ich biete den Wortlaut des Formulars in deutscher Übersetzung: »Urkunde darüber: Wenn einer sein Erbe irgendwohin tradiert hat und sich dort Nahrung und Kleidung erwirbt. Ich N., der ich für mein Alter Vorsorge treffe und für das, was ihm gewöhnlich folgt, nämlich die Not, tradiere an jenen Ort, oder irgendeinem mächtigen Mann, was ich bekanntermaßen an Besitz habe, sei es nach Erbrecht, sei es durch käufliche Erwerbung; und zwar unter der Bedingung, daß derselbe Mann oder der Bischof oder die Vorsteher desselben Ortes jene Güter sofort für jetzt an sich nehmen und mich gleichzeitig in ihre Obhut aufnehmen und daß sie nicht zögern, mir bis zum Tag meines Todes jedes Jahr zwei Leinenkleider und ebensoviele wollene Kleider sowie genügend Lebensmittel an Brot und Bier, Hülsenfrüchten und Milch, an Feiertagen aber auch immer an Fleisch zu geben. Im dritten Jahr sollen sie mich mit einem kurzen Mantel versorgen; Handschuhe, Schuhwerk, Beinbinden, Seife und Bäder, die den Kranken besonders nötig sind, sowie Stroh sollen sie mir immer zukommen lassen, soweit ich das alles brauche. (Und zwar sollen sie das alles leisten,) weil ich weder meinem Sohn noch einem anderen Verwandten, sondern nur ihnen all mein Gut vermacht habe. Wenn sie mir aber etwas von den genannten Dingen wegnehmen sollten, sollen sie mir meinen Besitz wiedergeben, und zwar, wenn sie es auch nach Ermahnung und demütiger Bitte verschmäht haben, mich milder und menschlicher zu behandeln. Wenn sie aber, wie ich glaube, mich recht gütig behandeln wollen, dann sollen sich die Vorsteher des Ortes ohne jeden Widerspruch eines meiner Erben oder Verwandten mit machtvoller Hand all das Meine zu ewigem Besitz aneignen«[43].

Das Formular Notkers unterscheidet sich von der Urkunde Willebolds zunächst darin, daß der Stammler die vergleichbaren Leistungen kräftig erhöht[44]. Während Willebold jedes Jahr ein Leinen- und ein Wollkleid erhalten sollte, der Mantel alle drei Jahre aber nur dann auszutauschen war, wenn er abgenützt sein würde, sah Notker je zwei Leinen- und Wollkleider jährlich sowie in jedem dritten Jahr ohne Einschränkung einen Mantel vor. Da das Urkundenformular selbstverständlich ohne Rücksicht auf eine bestimmte dem Kloster

---

42 WARTMANN II (wie A. 24) S. 185 Nr. 572.
43 Collectio Sangallensis (wie A. 40) S. 405 f. Nr. 15.
44 Zur Interpretation der Quelle vgl. Wolfram VON DEN STEINEN, Notkers des Dichters Formelbuch (Zeitschrift für Schweizerische Geschichte 25, 1945, S. 449–490) S. 461 f.; BORGOLTE (wie A. 41) S. 85 f. A. 41.

tradierte Gütermenge konzipiert ist, muß Notker der Meinung gewesen sein, daß die von ihm festgesetzten Leistungen den Bedürfnissen der Spitaliten eher entsprachen als die von den Klosteroberen mit Willebold vereinbarten Gaben. Zweifellos übte er mit seinem Formular Kritik an der Zumessung einer Versorgungsleistung, die sich nicht am Bedarf des Hilfesuchenden, sondern – wie auch der Vergleich mit Gozberts Urkunde von 816 zeigt – am Maß ihrer Tradita orientierte. Der Vergleich zwischen Urkunde und Formular verdeutlicht aber auch, daß die Abmachungen, wie sie mit Männern wie Willebold und Gozbert seitens des Klosters getroffen wurden, auf genauen wirtschaftlichen Überlegungen beruhten und insofern eine »realistische« Alltagsplanung dargestellt haben. Im Unterschied zu der carta von 873 bietet Notkers Musterurkunde neben dem erhöhten Quantum an Leistungen eine größere Vielfalt. Abgesehen von Kleidern, Mantel und Schuhen führt der Dichter von St. Gallen unter den Kleidungsstücken noch Handschuhe und Beinbinden auf; er erwähnt ausdrücklich das erforderliche Maß an Seife, Bädern und Stroh, sorgt sich also um Hygiene und Ruhelager. Auch die Verköstigung durch Brot, Bier, Hülsenfrüchte und Milch, an Feiertagen darüberhinaus durch Fleisch, legt er ausdrücklich fest. Demgegenüber mußte sich Willebold mit der pauschalen Zusage begnügen, er werde wie die übrigen Klosterangehörigen versorgt werden. Abermals beweist der Blick auf die Gozbert-Urkunde, daß Notker die Einzelheiten in seinem Formular nicht so sehr aus der Freude des Literaten an der Fülle der Realien entfaltete, sondern in der detaillierten Zusammenstellung der Verpflichtungen des Klosters eine rechtssichernde Maßnahme zugunsten des Spitaliten bzw. einen moralischen Appell an die Nächstenliebe der Klosterleiter formulieren wollte. Man ahnt, welche Konflikte zwischen Mönchen und hospites um das tägliche Brot, den zerlöcherten Schuh, das heiße Bad und die Schütte Stroh den klösterlichen Alltag mitgeprägt haben müssen! Nicht umsonst hat Notker wohl auch an mehreren Stellen seines Formulars die Hilfsbedürftigkeit des alten Menschen besonders in Erinnerung gerufen. Andererseits ist bemerkenswert, daß der Tradent seines Urkundenmusters eine Altersversorgung außerhalb seiner Familie suchte, obwohl er einen Sohn und andere Verwandte hatte; unter den Fürsorgeeinrichtungen nennt er ausdrücklich statt eines Klosters den Bischof, daneben aber auch *quilibet potens vir*. Notker der Stammler rechnete also anscheinend durchaus mit privater Caritas.

Anders als der um sein Alter besorgte Aussteller von Notkers Musterurkunde haben kranke Tradenten gelegentlich den Übertritt ins Kloster erst für den Fall der Wiederherstellung ihrer körperlichen Kräfte vereinbart[45]; offenkundig glaubten sie, ihre Gesundung im Kreis ihrer Familie eher fördern zu können, doch planten sie, eine neugeschenkte Lebensspanne für die Sorge um ihr Seelenheil durch das Gebet am heiligen Ort zu nutzen.

Die Sicherung des täglichen Lebens durch ein Kloster haben nicht nur freie Grundherren und ihre Angehörigen erstrebt; Minderfreie, die ihre Schutzherrschaft bei einer Kirche suchten, bildeten eine zweite starke Gruppe[46]. Es kann hier genügen, ein besonders anschauliches Beispiel darzustellen. In einer Urkunde von ca. 856 erklärte Haycho, der Sohn Uodalberts, er habe das Lager einer Frau Otpirga geteilt (*devenit mihi, ut in conjunctionem quandam feminam mihi usurpassem, nomine Otpirgam*). Diese sei damals frei gewesen, danach aber durch den Vogt von St. Gallen für den Dienst des Klosters gewonnen worden. Aus der Verbindung Haychos und Otpirgas seien zwei Kinder namens

---

45 WARTMANN I (wie A. 23) Nr. 201, II (wie A. 24) Nr. 403 (Laienversorgung auch in *curtes* des Klosters vorgesehen!), vgl. Nr. 553.

46 Vgl. Clausdieter SCHOTT, Freigelassene und Minderfreie in den alemannischen Rechtsquellen (Beiträge zum frühalemannischen Recht, hg. von C. S., Veröffentlichung des Alemannischen Instituts Freiburg Nr. 42, Bühl 1978, S. 51-72).

Wolvini und Uoto hervorgegangen (*et ex ea* [sc. Otpirga] *mihi liberi II procreati fuerant, quorum nomina erant Wolvini et Uoto*). Aus Mitleid habe Haycho als Vater dem Kloster etwas von seinen Besitzungen gegeben, damit die Kinder nicht in die Knechtschaft gedrängt würden (*ne in conditionem servilem cogerentur*). Diese – im einzelnen bezeichneten – Güter seien in der Umgebung vorhandener klösterlicher Ländereien gelegen. Haycho machte zur Bedingung, daß Wolvini und Uoto auf seinen Tradita auf Lebenszeit bleiben und arbeiten könnten (*ut illic resideant et ibi laborant tempus vitę suae*) und jährlich einen Zins von einem Solidus leisten sollten; ferner sollten sie vier Tage (im Jahr) bei der Ernte und beim Heuen dem Kloster zur Verfügung stehen (*et IIII dies in messe aut ad foenum colligendum perficiant*). Wenn das Kloster die Güter entfremden sollte, sollte Haycho das Recht haben, sie zurückzunehmen. Würden sich Wolvini und Uoto aber durch Nachlässigkeit entfernen, sei es wegen der Verbindung mit fremden Frauen, sei es aus einem anderen Grund, dann allerdings sollten die Güter auf ewig an das Kloster fallen[47].

Sehr häufig gaben Grundbesitzer ihr Gut an ein Kloster, um es gegen Zins als Prekaristen zurückzunehmen. Dabei wird ein Jahreszins vereinbart, der in sachlicher Hinsicht und nach den Terminen der Leistung genau differenziert sein kann; gelegentlich werden auch jährlich zu erbringende Dienstleistungen erwähnt. Rechtsgeschäfte dieser Art zielen natürlich auf die Sicherung des täglichen Lebens; aber bei den Prekarien oder Prästarien handelt es sich nicht um alltagsgeschichtliche Quellen strictu sensu, insofern sie das tägliche Leben nicht selbst thematisieren, sondern auf Grund ihrer Bestimmungen darauf nur Rückschlüsse zulassen. Welche Belastungen der Status eines Prekaristen für Bauern des 8. Jahrhunderts darstellen konnte, zeigt eine letzte hier zitierte Urkunde von 787: Die Zinspflichtigen müssen jährlich sieben Malter Korn und ein junges Schwein vom Wert einer Tremisse abliefern; diese landwirtschaftlichen Produkte müssen sie, wie ausdrücklich festgehalten wird, in den Speicher des Klosters bringen (*et ipsum censum intus monasterium ad spicharium vestrum perducere debemus*). Außerdem waren sie verpflichtet, bei der nächstgelegenen *curtis* des Klosters auf einer Zelge ein Tagwerk des Hebdomadars zu beackern. Sechs Tage im Jahr müssen sie dem Kloster bei der Ernte oder beim Heuschneiden zwei Hörige zur Verfügung stellen (*et VI dies in anno, quando opus est foris operare sive in messe vel foenum secandum, mittamus duos mancipia in opus vestrum*). Wenn schließlich Brücken gebaut oder neue gemacht werden müssen, sollen sie einen Mann mit seiner Verpflegung schicken, der so viele Tage bleiben soll, wie es nötig ist (*et quando opus est pontes aedificare vel novas facere, mittamus unum hominem ad opus cum sua provenda, et sit ibi tantos dies, quantum necesse est*). Das alles bildet die Verpflichtung der Prekaristen auf Lebenszeit[48].

2. Tägliche Memoria als Gegenstand urkundlicher Vereinbarungen

Im Formular eines Königsdiploms hat Notker Babulus die Entstehungs- und Existenzbedingungen eines frühmittelalterlichen Benediktinerklosters durchdacht dargelegt: Nach seinem Text hat ein König Karl ein Kloster errichtet und einen ehrwürdigen Mann als Abt berufen, der nach der Benediktsregel zu ordinieren war. Darauf sollten vornehme und fromme Männer bei dem Kloster versammelt werden, die der Regel gemäß dem Gebet, den Lesungen und der Handarbeit obliegen sollten. Für die Mönche waren geeignete Wohn-

47 WARTMANN II (wie A. 24) S. 65 Nr. 447. Vgl. ebd. Nr. 537 und Formulae Sangallenses Miscellaneae (wie A. 40) S. 382 Nr. 6.
48 WARTMANN I (wie A. 23) S. 106f. Nr. 113; vgl. Nrn. 148, 271, II (wie A. 24) Nrn. 635, 637.

räume zu errichten. Der Besitz der Kirche sollte durch die Gunst des Königs und seiner Getreuen gegen offene oder verborgene Feinde geschützt werden, damit die Diener Gottes, die dort versammelt wären, die Fülle an Nahrung und Kleidung erlangen könnten; sie sollten ferner imstande sein, sich Tag und Nacht dem Lob Gottes und den Gebeten für den König und das ganze christliche Volk zu widmen, dies aber auf alle Zeit (*die noctuque Dei laudibus et precibus pro nobis et pro omni populo christiano ex tempore in tempus insistere sufficiant*). Keiner im Reich, der die Gnade des Königs genießen wollte, sollte den Klosterbrüdern Unruhe oder Drangsal bereiten oder ihnen etwas rauben; diese sollten vielmehr frei von der Macht jedes Menschen sein, mit Ausnahme der königlichen und der des Bischofs, zu dessen Sprengel das Kloster gehörte, doch sollten sie wissen, dem Diözesan nur nach Kirchenrecht, nicht als Sklaven, zum Gehorsam verpflichtet zu sein[49].

An zwei Stellen der Urkunde geht Notker auf die Tätigkeit der Mönche ein, die durch die Maßnahmen des königlichen Stifters ermöglicht und geschützt werden sollte. Er erinnert an die *orationes, lectiones* und *opera manuum* der Benediktsregel und an die Verpflichtung zum Gotteslob und zur Fürbitte für Herrscher und Volk. Nur Gotteslob und Fürbitte verbindet er ausdrücklich mit einer Zeitangabe: Beide sollten täglich, genau: Tag und Nacht, und zugleich auf Dauer vollzogen werden. Aus der Perspektive des Königs als Stifter kam es darauf in erster Linie an[50]. Königliche wie laikale Kloster- und Kirchenstiftungen, das frühmittelalterliche Eigenkirchenwesen selbst, hatte den Zweck, das ständige Gebet für den Gründer zu erwirken[51]. In der Überlieferung tritt diese tägliche Aufgabe der Priester und Mönche nur deshalb weniger in Erscheinung, weil das Gebetsgedenken für Lebende und Verstorbene insbesondere zyklisch angelegt war, d. h. sich meist an der Wiederkehr bestimmter Kalendertage im Jahresverlauf orientierte. Ausdrückliche Zeugnisse für die Memoria in der Planung des täglichen Lebens lassen sich in der südwestdeutschen Überlieferung, wie überhaupt[52], nur wenige finden. Abgesehen von den Königsdiplomen[53] habe ich folgende Dokumente ermittelt: Das Formular einer Freilassungsurkunde sieht vor, daß der Freigelassene Geistlicher wird (*ut divinis ipse mancipatus servitiis*) und sein ganzes Leben hindurch (*omni vitae suae tempore*) für den Freilasser und die Seinen betet (*pro me atque meis secura ac libera mente orare non cesset*). Steige er in den

---

49 Collectio Sangallensis (wie A. 40) S. 398 f. Nr. 4.

50 Vgl. Eugen Ewig, Der Gebetsdienst der Kirchen in den Urkunden der späteren Karolinger (Fs. für Berent Schwineköper, hgg. von Helmut Maurer – Hans Patze, Sigmaringen 1982, S. 45-86); Ders., Die Gebetsklausel für König und Reich in den merowingischen Königsurkunden (Tradition als historische Kraft. Interdisziplinäre Forschungen zur Geschichte des früheren Mittelalters, hgg. von Norbert Kamp – Joachim Wollasch, Berlin – New York 1982, S. 87-99); Gerd Althoff, Adels- und Königsfamilien im Spiegel ihrer Memorialüberlieferung. Studien zum Totengedenken der Billunger und Ottonen (Münstersche Mittelalter-Schriften 47), München 1984, S. 172-179.

51 Vgl. künftig Michael Borgolte, Der churrätische Bischofsstaat und die Lehre von der Eigenkirche (Fs. für Iso Müller).

52 Zum täglichen Gebet für den Herrscher, seine Kinder und den gesamten *populus christianus* beim Fuldaer Kapiteloffizium s. Otto Gerhard Oexle, Memorialüberlieferung und Gebetsgedächtnis in Fulda vom 8. bis zum 11. Jahrhundert (Die Klostergemeinschaft von Fulda im früheren Mittelalter, hg. von Karl Schmid, Bd. 1, Münstersche Mittelalter-Schriften 8.1, München 1978, S. 136-177) S. 140 f.

53 Vgl. Die Urkunden Ludwigs des Deutschen, Karlmanns und Ludwigs des Jüngeren, bearb. von Paul Kehr (MGH), Berlin 1932/34, S. 119 f. (D LdD Nr. 82, betr. Peterskapelle in Zürich), S. 227 ff. (DD LdD Nrn. 163 f. betr. Klösterchen Faurndau); Die Urkunden Arnolfs, bearb. von Paul Kehr (MGH), Berlin ²1956, S. 199 f. Nr. 133 (betr. Faurndau).

Stufen des heiligen Amtes empor, so die Erwartung des Manumittenten, so werde er um so wirkungsvoller für die Freilasser(familie) den Herrn (im Gebet) bitten können[54].

Um 894 hat Graf Udalrich dem von ihm beherrschten *monasterium* Aadorf bzw. den dort Tag und Nacht diensttuenden Brüdern (*illis fratribus, qui ibi Deo die noctuque deserviunt*) bestimmte Güter geschenkt; darunter befanden sich die Pacht des Begräbnisrechtes (*redemptio sepulturę*) und anderes Zubehör des Altars, mit Ausnahme von Gold und Silber, Seidenmänteln und anderen Seidengewändern. Als Gegenleistung sollten die Brüder dort täglich drei Messen für die Verstorbenen und eine für das Heil der Lebenden singen sowie wöchentlich drei Psalter für die Toten beten (*fratres... cottidie decantent ibi III missas pro defunctis et unam pro salute vivorum, similiter singulis ebdomadibus tria psalteria pro defunctis*)[55].

Ähnlich wie in Aadorf die Brüder täglich für die herrschaftliche Familie Fürbitte leisten sollten, war es auch im Kloster Rheinau. Nach Wolvenes Vorschrift sollten die dort lebenden Mönche ständig für Ludwig den Deutschen und seine Nachfolger, für Wolvene und seine *parentes* beten[56].

Auch bei Gebetsverbrüderungen wurden tägliche Memorialleistungen im engsten Sinne vereinbart. Als die Klöster St. Gallen und Reichenau unter ihren Äbten Craloh und Alawich im Jahr 945 ihren entsprechenden Vertrag vom Jahr 800 erneuerten, setzten die Beteiligten – anscheinend zusätzlich – folgendes fest: Jede der beiden Kongregationen sollte in sechs Scharen eingeteilt werden; an jedem Werktag (*cottidie privatis diebus*) sollte je eine von diesen Vigilien und Messen mit Oblationen für alle toten Gläubigen feiern (*unaquaque pars eorum die sibi definito vigilias et missam cum oblationibus generaliter pro omnibus defunctis fidelibus peragat*); bei jeder Versammlung sollte (darüberhinaus) am Ende des Gebets von allen das Gedächtnis der Toten gehalten werden (*et ad unamquamque synaxim in fine orationis ab omnibus eorum commemoratio fiat*)[57].

Der Bischof Konrad von Konstanz erneuerte 968 eine schon früher von ihm mit St. Gallen eingegangene Gebetsverbrüderung. Dabei gab er den Mönchen eine Lebensmittelration für Arme, die diesen täglich bis zu seinem Tod von den Brüdern zu gewähren war (*annonam quoque fratribus constitutam pro salute corporis atque animę, eius pauperibus erogandam, quousque uitę huius consummauerit cursum*). Nach seinem Tod sollte das Gut bei seinem Anniversar und beim Dreißigsten verwendet werden. Eine weitere Abmachung zeigt, daß zu Konrads Zeit in der St. Galler Friedhofskirche St. Peter täglich in bestimmter

54 Collectio Sangallensis (wie A. 40) S. 406 Nr. 17; vgl. Michael BORGOLTE, Gedenkstiftungen in St. Galler Urkunden (Memoria. Der geschichtliche Zeugniswert des liturgischen Gedenkens im Mittelalter, hgg. von Karl SCHMID – Joachim WOLLASCH, Münstersche Mittelalter-Schriften 48, München 1984, S. 578-602) S. 587.

55 WARTMANN II (wie A. 24) S. 292f. Nr. 691; vgl. Michael BORGOLTE, Die Grafen Alemanniens in merowingischer und karolingischer Zeit. Eine Prosopographie (Archäologie und Geschichte. Freiburger Forschungen zum ersten Jahrtausend in Südwestdeutschland, Bd. II), Sigmaringen 1986, S. 255ff., Art. UDALRICH (III, IV, V).

56 Urkundenbuch Zürich I (wie A. 22) S. 28f. Nr. 80; vgl. Karl SCHMID, Königtum, Adel und Klöster zwischen Bodensee und Schwarzwald (Studien und Vorarbeiten zur Geschichte des großfränkischen und frühdeutschen Adels, hg. von Gerd TELLENBACH, Forschungen zur oberrheinischen Landesgeschichte 4, Freiburg 1957, S. 225-334) S. 254-281.

57 St. Galler Todtenbuch und Verbrüderungen, hgg. von Ernst DÜMMLER – Hermann WARTMANN (Mittheilungen zur vaterländischen Geschichte, hg. vom Historischen Verein des Kantons St. Gallen 11 NF 1, 1869, S. 1-124) S. 23 = Libri Confraternitatum Sancti Galli, Augiensis, Fabariensis, ed. Paul PIPER (MGH), Berlin 1884, S. 140f. – Zur Überlieferung: Johanne AUTENRIETH, Der Codex Sangallensis 915. Ein Beitrag zur Erforschung der Kapeloffiziumsbücher (Landesgeschichte und Geistesgeschichte. Fs. Otto Herding, hgg. von Kaspar ELM – Eberhard GÖNNER – Eugen HILLENBRAND, Stuttgart 1977, S. 42-55).

Weise für Lebende und Verstorbene gebetet wurde. Der Konstanzer Bischof erwirkte nämlich bei den Brüdern, daß bei dem Gebet, das jeden Tag in der Basilika des hl. Petrus von allen für den Kaiser und die übrigen Wohltäter und Schützer des Klosters gesprochen werde, speziell für ihn der Psalm 142 gesungen werde; daß ferner in der Messe, die dort für die Verstorbenen gehalten wird, drei besondere Meßgebete für ihn vorgesehen werden, und zwar für ihn als Lebenden, als ob er verstorben wäre (*ut in oratione, quę omni die fit in basilica sancti Petri ab omnibus pro imperatore et pro cęteris benefactoribus et tutoribus nostris, et specialiter pro uinculo caritatis psalmi CXLII canetur et in eadem missa, quę ibi fit pro defunctis III missales orationes illo tam uiuo, quasi esst defuctus [!], agantur*)[58].

Ende des 10. Jahrhunderts hat die schwäbische Herzogin Hadwig († 994) in St. Gallen eine tägliche Memoria für sich zu erlangen gesucht. Jedenfalls berichtet Ekkehard IV., Hadwig habe von dem Kloster für die Übergabe des Hofes Sasbach verlangt, daß dort auf ewig täglich für sie eine Messe gehalten werde, zu ihren Lebzeiten wie nach ihrem Tode (*si ei missa cottidiana in loco pro viva et defuncta in perpetuam promittatur agenda*). Die Vereinbarung sei aber gescheitert, weil Hadwig Sasbach ihrem Lehrer, dem St. Galler Mönch Ekkehard II., vorbehalten wollte, dabei aber nicht die einhellige Zustimmung des Konvents gefunden habe[59].

3. Darstellungen individueller Alltage in erzählenden Quellen

a) Der Alltag des hl. Bischofs Ulrich von Augsburg in der Darstellung Gerhards

Bischof Ulrich von Augsburg[60] ist schon kurz nach seinem Tod (973) eine ausführliche Vita gewidmet worden; ihr Verfasser, der Propst Gerhard, hatte zu Ulrichs engster Umgebung gehört und konnte als Augenzeuge das Leben des Bischofs so genau schildern, daß sein Werk zu den wichtigsten historischen Quellen der Ottonenzeit wurde. Allerdings ging es Gerhard darum, Ulrichs Heiligkeit zu belegen, und in der Tat bildete die Vita auf einer römischen Synode des Jahres 993 die Grundlage für die feierliche Kanonisation des Augsburger Oberhirten.

In seiner Lebensbeschreibung hat Gerhard die chronologische und ereignisgeschichtliche Darstellung am Beginn von Ulrichs Episkopat unterbrochen, um das gewöhnliche Leben des Bischofs zusammenhängend zu charakterisieren. Kapitel 3 handelt *de cottidiana consuetudine episcopi*, also von Ulrichs täglichen Gewohnheiten[61]. Im folgenden Kapitel beschreibt Gerhard die davon abweichenden besonderen Tagesläufe in der Fastenzeit, am

---

58 Johannes DUFT, Bischof Konrad und St. Gallen (Der heilige Konrad – Bischof von Konstanz. Studien aus Anlaß der tausendsten Wiederkehr seines Todesjahres, hgg. von Helmut MAURER – Wolfgang MÜLLER – Hugo OTT, Freiburger Diözesan-Archiv 95, 1975, S. 56-66), S. 60, vgl. S. 61; frühere Edition: DÜMMLER – WARTMANN (wie A. 57) S. 17 f., PIPER (wie A. 57) S. 138.

59 Ekkehard IV., St. Galler Klostergeschichten, hg. und übers. von Hans F. HAEFELE (Ausgewählte Quellen zur deutschen Geschichte des Mittelalters. Freiherr vom Stein-Gedächtnisausgabe, Bd. X), Darmstadt 1980, S. 234 f. c. 120; Ekkeharti (IV.) Casus sancti Galli, hg. von Gerold MEYER VON KNONAU (St. Gallische Geschichtsquellen III, Mittheilungen zur vaterländischen Geschichte 15/16 NF 5/6, St. Gallen 1877) S. 392-394 c. 120. Vgl. Helmut MAURER, Der Herzog von Schwaben. Grundlagen, Wirkungen und Wesen seiner Herrschaft in ottonischer, salischer und staufischer Zeit, Sigmaringen 1978, S. 143, 174.

60 Vgl. zuletzt Werner GOEZ, Gestalten des Hochmittelalters. Personengeschichtliche Essays im allgemeinhistorischen Kontext, Darmstadt 1983, S. 25-40, Lit. S. 392.

61 WAITZ (wie A. 17) S. 384 c. 3, S. 389 f. – Für die Übersetzung der Vita benutze ich im folgenden die Ausgabe von Hatto KALLFELZ: Lebensbeschreibungen einiger Bischöfe des 10.-12. Jahrhunderts (Ausgewählte Quellen zur deutschen Geschichte des Mittelalters. Freiherr vom Stein-Gedächtnisausgabe, Bd. XXII), Darmstadt 1973, S. 35-167.

Gründonnerstag, den Kartagen und am Osterfest[62]. Die Abschnitte 5-9 sind dann den amtlichen Aufgaben des Bischofs gewidmet, sie zeigen also, wie Ulrich sein Bistum visitierte, wie er Kirchen weihte und die Diözesanen im Glauben unterwies; dabei unterbricht Gerhard seine typisierende Darstellung nur in Kapitel 8, um Ulrichs Umsicht bei der Förderung des Kirchbaus an einem Beispiel zu erläutern[63]. Den ganzen Abschnitt der Vita (capp. 3-9) könnte man – in Anlehnung an die Überschrift des Kapitels 3 – mit dem Titel »Vom Alltag des Bischofs Ulrich« versehen[64].

Die einzelnen Teile dieser individuellen Alltagsgeschichte erreichen freilich eine unterschiedliche Intensität und Konkretion. In der einleitenden Darstellung des gewöhnlichen Tagesablaufs ließ es sich Gerhard als Hagiograph angelegen sein zu zeigen, wie Ulrich »durch Gebet und Nachtwachen, Fasten und Almosengeben Gott näher zu kommen« suchte[65]. Es ging Gerhard also nicht darum, die doch recht vielfältigen Verrichtungen eines durchschnittlichen Tages zu beschreiben oder wenigstens zu erwähnen, sondern nur die vier genannten Aspekte darzustellen. Da Gebet und Vigil, Fasten und Wohltun zu den Amtspflichten des Bischofs gehörten, kam es ihm näherhin darauf an, Ulrichs heiligmäßigen Vollzug dieser Aufgaben zu vermitteln. Bleiben also gemäß der Konzeption des Werkes im Abschnitt *de cottidiana consuetudine episcopi* manche Gesichtspunkte ausgeklammert, so ist doch nicht geringzuschätzen, was Gerhard unter seinem eingeschränkten Blickwinkel zu sagen hatte. Wir erfahren immerhin, was den Tagesrhythmus Bischof Ulrichs bestimmte: »Das tägliche Stundengebet mit den Domgeistlichen im Chor des Domes hielt er gewissenhaft ein, wenn immer es ihm seine Aufgaben erlaubten, zu Hause zu weilen«[66]. Die Aussage ist um so glaubwürdiger, als Gerhard sie unter Rücksicht auf die Tätigkeit des Bischofs außerhalb seines Sitzes differenziert formuliert hat. Leider verläßt der Biograph Ulrichs dann aber gleich die Tageschronologie; die außerordentlichen Gebetsleistungen und Messen ordnet er dem Alltag nur pauschal zu: »Darüberhinaus war er (Ulrich) gewohnt, jeden Tag ein Offizium zu Ehren der heiligen Gottesmutter Maria, ein zweites vom heiligen Kreuz und ein drittes von Allen Heiligen, und noch viele andere Psalmen, ja den ganzen Psalter zu beten, es sei denn, daß eine dringende Verpflichtung ihn davon abhielt. Stets las er bis zu drei Messen am Tag, je nachdem, wieviel Zeit er hatte, und wenn ihn nicht Krankheit oder auch irgendein gutes Werk daran hinderten«[67]. Was für Gebet und Opfer gilt, bestätigt sich beim Essen bzw. Fasten. Gerhard berichtet nichts über den Tagestermin der Mahlzeiten; er schreibt auch nichts darüber, wie oft sich Ulrich zu Tisch zu setzen pflegte, wieviel Gänge aufgetragen wurden und – mit einer unerheblichen Ausnahme – woraus die Speisen im einzelnen bestanden. Nicht eigentlich das Essen und Trinken war sein Thema, sondern das Fasten und die Armensorge: »Lange Zeit hindurch enthielt er sich des Fleisches; den andern aber, die mit ihm speisten, ließ er es in Fülle vorsetzen. Bei den täglichen Mahlzeiten, wenn er mit den Seinen zu Tisch saß, wurde der erste Gang an Brot und anderen Speisen durch einen Kleriker, dem diese Aufgabe anvertraut war, fast ganz an die Armen verteilt, ausgenommen jene Krüppel und Siechen,

---

62 WAITZ S. 391-393 c. 4.

63 Ebd. S. 393-398 cc. 5-9.

64 Der Konzeption Gerhards folgte Abt Bern von Reichenau († 1048) in seiner späteren Vita Udalrici nicht: MIGNE PL 142, Sp. 1183-1204, vgl. bes. cc. 5 f. Sp. 1188-1190, und c. 10 Sp. 1192 f. Vgl. Werner WOLF, Von der Ulrichsvita zur Ulrichslegende. Untersuchungen zur Überlieferung und Wandlung der Viten Udalrici als Beitrag zu einer Gattungsbestimmung der Legende (Diss. phil. München 1967) bes. S. 79 f., S. 82; vgl. ebd. zur Ulrichsvita des Bischofs Gebhard von Augsburg (996-1000) S. 71-74.

65 WAITZ (wie A. 17) S. 390 Z. 37 f., KALLFELZ (wie A. 61) S. 68 f. c. 3.

66 WAITZ S. 389 Z. 36-38, KALLFELZ S. 64 f. Z. 21-23.

67 WAITZ S. 389 Z. 38-43, KALLFELZ S. 64 f. Z. 23-29.

die ans Bett oder an die Tragbahre gebunden waren oder sich nur mit Krücken und
Rollstühlen fortbewegen konnten; diese empfingen ihre tägliche Nahrung von den besten
Speisen und Getränken in seiner persönlichen Gegenwart. Außer ihm selbst aber ging
niemand, der bei ihm das Mahl einnahm, er mochte bekannt sein oder nicht, hungrig und
durstig davon, es sei denn, daß dies aus Lässigkeit oder Geiz der Diener gegen den Willen
des Bischofs einmal vorgekommen wäre«[68]. Vom Liebeswerk des Bischofs an den Armen
ausgehend schweift Gerhard dann ganz vom Thema des Tagesablaufs ab; assoziativ fügt er
an, wie Ulrich die Gastfreundschaft pflegte, ob nun Königsvasallen oder Mönche, Kleriker
oder Klosterfrauen den Bischof aufsuchten. Ergänzend charakterisiert er das Verhältnis
Ulrichs zu den verschiedenen Personengruppen seiner ständigen Umgebung: den Geistlichen an seinem Hof, den Laien, den Hörigen und den Amtsleuten. So gab Gerhard
schließlich generelle Hinweise auf die bischöfliche Tätigkeit: »Leerem Müßiggang zu
frönen, erlaubte er sich keinen Augenblick; irgendetwas Nützliches dachte oder vollbrachte er immer, sei es hinsichtlich der (Dom-)Kirche, die er an allen Ecken und Enden
eingefallen vorgefunden hatte, oder ihrer Ausstattung, sei es hinsichtlich der Ausrüstung
von Altären und Geistlichen, der Disziplin der Domherren, der Schule, oder des Unter-
halts und Wohlergehens seiner Leute. Oder er dachte darüber nach, wie er seine Stadt, die
er nur von unzureichenden Wällen und morschen Holzzäunen umgeben vorgefunden
hatte, mit Mauern umschließen könne. Denn damals hausten in dieser Gegend die wilden
Horden der Ungarn wie die bösen Geister. All das besprach und beriet er mit den
Seinen«[69]. Erst am Ende des Kapitels 3 fand Gerhard zur Beschreibung des typischen
Tagesablaufs zurück[70]. Nach einem allgemeinen Hinweis auf Ulrichs Frömmigkeit und
Askese erwähnt er, der Bischof habe stets ein wollenes Gewand auf bloßem Leib getragen
und insgeheim nach der Regel der Mönche gelebt. Nach der Komplet habe sich Ulrich
»niemals mehr Labung an Speise und Trank« gegönnt, »mochte ihn darum bitten, wer
wollte«. Man erfährt beiläufig, daß in Ulrichs Umgebung ein (weiteres) Mahl nach dem
Nachtgebet nicht unüblich war. Gerhard schließt seine Darlegungen *de cottidiana consuetudine episcopi* mit den Schlafgewohnheiten des Heiligen: »In weichen Federbetten (*in
mollitia plumatii*) schlief er nie, vielmehr lag er auf Stroh mit einem groben Stück Tuch auf
einem Teppich (*sed psiathio et sago aut tapetiis suppositis requievit*). Des Nachts, sobald das
Glockenzeichen zum erstenmal ertönte, erhob er sich und verrichtete mit größter Pünkt-
lichkeit die obenerwähnten Chorgebete«.

Erheblich genauer als den gewöhnlichen Alltag beschreibt Gerhard im folgenden vierten
Kapitel der Ulrichsvita den besonderen Alltag der Fastenzeit. Dabei geht er zwar wieder
von den kanonischen Tagzeiten aus, doch bildet jetzt der Rhythmus der einzelnen Horen
das chronologische Darstellungsschema, in das er Gebete und liturgische Feiern, Werke
der Barmherzigkeit und Mahlzeit einfügt und recht präzise benennt. Man kann erkennen,
daß Ulrich in der Fastenzeit nur einmal täglich speiste, wie es auch sonst üblich war.
Gerhard nähert sich in dieser Passage seines Werkes so sehr der Vorstellung von der
»Wirklichkeit«, daß er sogar einmal seine erbauliche Wirkabsicht beiseiteläßt und auf die
profane Verrichtung der Körperpflege zu sprechen kommt; die sehr präzisen Zeitangaben
über Ulrichs Gesichtswäsche zeigen, welcher Stellenwert der leiblichen Erfrischung und
Reinigung zugebilligt wurde, wenn Gottesdienst angesagt war. Der Passus über Ulrichs
tägliches Leben in der Fastenzeit lautet insgesamt folgendermaßen: »Mit welcher Fröm-

68 WAITZ S. 389 Z. 43 – S. 390 Z. 7, KALLFELZ S. 64f. Z. 29 - S. 66f. Z. 3.
69 WAITZ S. 390 Z. 30-37, KALLFELZ S. 66f. Z. 36 – S. 68f. Z. 5.
70 WAITZ S. 390 Z. 37-42, KALLFELZ S. 68f. Z. 5-14.

migkeit er die Fastenzeit beging, übersteigt, was ich mit meinen Worten ausdrücken kann. Und dennoch wäre es nicht recht, das, was ich gesehen habe, völlig zu übergehen. Wenn die Laudes beendet waren und das erste Licht des Tages sich zeigte, begann er nach Verrichtung verschiedener Orationen den Psalter zu beten. Wenn er diesen und die Litanei beendet hatte, verharrte er noch weiter im Gebet, bis das Zeichen zur Vigil für die Verstorbenen ertönte. Hierauf erhob er sich und betete mit den Brüdern die Vigil und die Prim. Nach der Prim, wenn die Brüder wie gewohnt mit dem Kreuz hinauszogen, blieb er selbst in der Kirche und betete inzwischen aus einem Büchlein mit kurzen Psalmentexten und anderen Gebeten, bis die Brüder mit dem Kreuz zurückkehrten und das Meßopfer zu feiern begannen. Er selbst reichte in Demut Gott das erste Opfer dar, indem er demutsvoll die Hand des Priesters küßte. Nach der Messe beging er mit den Brüdern die Terz. Wenn dann die Brüder zum Kapitel zogen, verharrte er selber in gewohnter Weise in der Kirche, bis das Zeichen zur Sext erklang. Nach der Sext umschritt er unter Kniebeugungen die Altäre und sang das ›Miserere mei Deus‹ und das ›De profundis‹. Dann erst zog er sich in sein Gemach zurück, um sein Gesicht zu waschen und sich zur Messe zu bereiten. Wenn die Meßfeiern beendet waren und die Vesper gesungen war, begab er sich zum Armenspital, wusch zwölf Armen die Füße und schenkte jedem von ihnen Geldstücke (?) im Wert von einem Denar. Von dort kehrte er zurück und ließ sich an der Tafel nieder, um zu speisen. Dabei wurde die Tischlesung gehalten, und die Armen waren, wie oben erzählt, in großer Zahl zugegen. Froh nahm er die vorgesetzten Speisen und verteilte sie mit dem größten Vergnügen an alle, die bei ihm waren, eingedenk des Apostelwortes: ›Den fröhlichen Geber liebt Gott‹. Einem jeden nämlich gab er das, was dieser nach seiner Meinung am liebsten haben wollte. Wenn das Mahl verzehrt und jeder gesättigt war, betete er zur entsprechenden Zeit die Komplet. Anschließend verrichtete er noch weitere Gebete. Dann zog er sich mit Stillschweigen in sein Gemach zurück und vermied persönlich jedes Gespräch, außer mit Gott und seinen Heiligen, bis des anderen Tags die Prim beendet war. Auf diese Weise beging er die vierzigtägige Fastenzeit bis zum ›Tag des Sündennachlasses‹, den man Palmsonntag nennt«[71].

Vom gewöhnlichen Alltag über den besonderen Alltag der Fastenzeit gelangt Gerhard zur Beschreibung von Kartagen und Ostern. Weder Ulrich noch sein Biograph können diese Tage als Alltag empfunden haben; vielmehr handelte es sich um Höhepunkte im Kirchenjahr, die immer wieder das Ereignis von Sterben und Auferstehung Christi vergegenwärtigten und so für die Beteiligten selbst zum Ereignis geworden sind. Gerhard konnte diese Tage wohl überhaupt nur in ihrem typischen Vollzug durch Ulrich darstellen, weil dieser ein halbes Jahrhundert lang Bischof gewesen war (923-973). Kartage und Ostern sind für Bischof Ulrich vermutlich, wenn die Formulierung erlaubt ist, gewöhnliche Festtage gewesen. Freilich ist es auch berechtigt, daß solche Feste aus der Perspektive der Forschung zur Alltagsgeschichte gerechnet werden. Denn wir wissen, daß das Leben im Mittelalter ganz entschieden durch Feste, besonders durch die vom Kirchenjahr veranlaßten Feiern, gegliedert war. Nicht für den selbst Erlebenden, aber für den modernen Beobachter erscheinen die Feste im Hinblick auf Jahreslauf und Lebenslauf als Teil der Alltagswelt.

Gerhards Darstellung der Karwoche[72] ist naturgemäß sehr stark von den liturgischen Vorgängen geprägt; öfter betont der Biograph Ulrichs die Vorschriften, die der Bischof aufs genaueste erfüllt habe. Nur gelegentlich wird daneben eine individuelle Prägung dieser

---

71 WAITZ S. 391 Z. 1-25, KALLFELZ S. 68f. Z. 14/15 – S. 70f. Z. 11/13.
72 WAITZ S. 391 Z. 25 – S. 392 Z. 49, KALLFELZ S. 70f. Z. 11/13 – S. 74f. Z. 19/21.

Tage deutlich; so, wenn Gerhard von der Palmprozession spricht, die sich zwischen der vorstädtischen Afrakirche und dem Dom bewegte und damit dem Dualismus in der Sakraltopographie Augsburgs Rechnung trug; oder wenn er erwähnt, Ulrich habe im Laufe seines Episkopats eine der beiden jährlich vorgeschriebenen Diözesansynoden auf den Montag, Dienstag und Mittwoch der Karwoche verlegt. Bemerkenswert ist der Speisebrauch am Karfreitag. «Erst zur Abendstunde«, sagt Gerhard von Ulrich, »stärkte er sich in seinem Gemach ohne Tafel und Tafelgenossen mit Brot und Gerstensaft, und allen in seiner Umgebung ließ er Brot und Gerstensaft nach Belieben vorsetzen«[73]. Hier, bei der Fastenspeise, ist zum ersten Mal ein vollständiges »Menü« dargestellt; nur diesmal scheint der Bischof – im Gedenken an den einsamen Kreuzestod Christi – allein gegessen und getrunken zu haben. Bei der Beschreibung des Karsamstags notiert Gerhard, Ulrich habe an diesem Tag, ansonsten aber in der betreffenden Zeit nur am Samstag vor Beginn der Fastenzeit und zur Mitte der Fastenzeit, je einmal ein Bad genommen[74]. Die Einschränkung erscheint nicht sehr eindrucksvoll, strebten doch mindestens die Mönche, denen Ulrich nacheiferte, einen spürbareren Verzicht auf den Badeluxus an[75].

Das Bad am Karsamstag war schon Ausdruck der österlichen Vorfreude; wenn sich der Bischof am Abend mit einer großen Menschenmenge zur Tafel setzte und allen reichlich zu essen gab, wie Gerhard ausdrücklich festhält[76], eröffnete er die Feier des Auferstehungsfestes. Beim Ostertag selbst verbindet sich in Gerhards Schilderung die Liturgie der Kirche, Augsburger Lokalkolorit und – offenbar – Ulrichs persönliche Prägung der Feierlichkeiten zu einem Gemälde frühmittelalterlicher Festlichkeit: »Wenn der heißersehnte hochheilige Ostertag anbrach, suchte er nach der Prim die Kirche des heiligen Ambrosius auf, wo er am Karfreitag den Leib Christi ins Grab gelegt und mit einem Stein bedeckt hatte. Hier feierte er mit einer kleinen Zahl Geistlicher die Messe von der Heiligen Dreifaltigkeit. Unterdessen sammelten sich die Geistlichen, angetan mit ihren Festgewändern, in der Halle neben der Kirche. Wenn die Messe beendet war, zog er an ihrer Spitze mit dem Leib Christi und mit dem Evangelienbuch, Lichtern und Weihrauch, würdig begrüßt vom Gesang der Knaben, durch die Vorhalle zur Kirche des heiligen Johannes des Täufers. Hier sang er die Terz. Dann zog er unter dem Gesang der Antiphonen, die für diesen Tag aufs trefflichste verfaßt worden waren, in einer feierlichen Prozession – wobei stets zwei Personen, so wie sie ihrem Rang nach zusammengehörten, nebeneinander gingen – zum Dom, um dort die Messe zu feiern. Das heilige Amt wurde in größter Andacht und Feierlichkeit begangen, und alle empfingen das Sakrament Christi. Wenn sie dann nach Hause zurückkehrten, begab er sich zum Mahl. Er fand drei festlich gedeckte Tafeln vor, die eine, an der er selbst mit denen, die er wollte, Platz nahm; die zweite für die Geistlichen der Domkirche und die dritte für das Stift Sankt Afra. Nach der Segnung der Speisen verteilte er Lammfleisch und Schinken, die während der Messe geweiht worden waren. Dann endlich nahm er mit ihnen in großer Freude das Mahl ein. Zu bestimmter Zeit erschienen sodann Spielleute, so viele, daß sie fast das ganze Podium füllten, wo sie der Vorschrift nach standen, und führten drei Singspiele auf. Wenn nun die Wogen der Freude immer höher schlugen, gab der Bischof ein Zeichen, daß die Domherrn den Minnewein erhalten und trinken sollten. Inzwischen sangen sie den Wechselgesang von der Auferstehung des Herrn. Wenn diese Minne getrunken war, machten es die vom Stift Sankt Afra am anderen Tisch ebenso. Wenn dann

---

73 WAITZ S. 392 Z. 34-36, KALLFELZ S. 72 f. Z. 34/40 – S. 74 f. Z. 3.
74 WAITZ S. 392 Z. 37-39, KALLFELZ S. 74 f. Z. 4-6.
75 Vgl. zum Baden bei den Mönchen: ZIMMERMANN (wie A. 11) S. 124-126. Allgemein: G. BAADER, Art. Badewesen (Lexikon des Mittelalters I. 7, München – Zürich 1980, Sp. 1340 f.).
76 WAITZ S. 392 Z. 47-49, KALLFELZ S. 74 f. Z. 16/18-19/21.

der Abend nahte, ließ der Bischof sich selbst und denen, die an seiner Tafel saßen, froh die Becher reichen und bat alle miteinander, die dritte Minne in Liebe zu trinken. Wenn diese Minne getrunken war, sang die ganze Geistlichkeit gemeinsam voller Freude den dritten Wechselgesang. Dann erhob man sich unter dem Gesang einer Hymne, um sich zur Vesper zu bereiten. Nach der Vesper kehrte der Bischof zusammen mit seinen Gästen und Rittern in seine Gemächer zurück, um alle zu erfreuen«[77]. Die Schilderung des Osterfestes klingt bei Gerhard aus mit einer kurzen Notiz über den Ostermontag, den die ganze Geistlichkeit mit dem Bischof in St. Afra begangen habe[78].

Im zweiten Teil seiner »alltagsgeschichtlichen« Darstellung behandelt Gerhard Ulrichs bischöfliche Tätigkeit außerhalb seiner Augsburger Sedes. Bei den Visitationen der Diözese, die Ulrich in jedem vierten Jahr durchführte[79], beschreibt Gerhard ausführlich die Sendgerichte und die Überprüfung der Tätigkeit der Landpriester; daneben erwähnt er Predigt und Firmung. Die beiden Kapitel über die privaten Kirchenstiftungen sollen belegen, wie der Bischof einerseits die frommen Werke unterstützte, doch andererseits auf die Integration der Eigenkirchen in die römische Kirchenverfassung achtgab[80]. Sehr umfangreich, aber wenig anschaulich, geriet Gerhard der Abschnitt über die Glaubensunterweisung Ulrichs; hier bietet die Vita fast nur eine Kompilation biblischer und kirchenrechtlicher Zitate[81]. Um so aufmerksamer hat Gerhard beobachtet, wie der heilige Bischof zu reisen pflegte: »Wenn das Osterfest vorüber war«, schreibt der Verfasser der Vita[82], »mochte es sein, daß er (Ulrich) aus irgendeinem Grund andere Orte oder Klöster seiner Diözese besuchen mußte (…). Wenn er (also) reiste, saß er in einem Wagen auf einem Sessel, der an einem Drahtseil von den seitlichen Wänden des Wagenaufbaus herabhing. Bei ihm saß einer seiner Kapläne, der mit ihm den ganzen Tag über Psalmen betete. Als er anfing, so zu reisen, tat er das nicht etwa deshalb, weil er nicht mehr hätte reiten können, sondern weil er sich dadurch von der Menge absondern wollte, um nicht durch das unnütze Geschwätz der Leute im Psalmengebet gestört zu werden. In seiner Begleitung wollte er stets einige von seinen erfahrensten Priestern und Kaplänen haben, um täglich den Gottesdienst würdig vollziehen zu können. Ebenso wollte er stets etliche seiner fähigsten Vasallen bei sich haben, damit er, wenn irgendetwas in kirchlichen oder weltlichen Dingen zu verhandeln war, jederzeit bereit wäre, auf ihren Beistand gestützt die Verhandlungen mit der nötigen Sicherheit zu führen. Von seinen Hörigen schließlich wählte man jedesmal eine Anzahl Männer aus, welche die Zugtiere führen und vor und hinter dem Wagen sowie rechts und links auf seinen Schutz bedacht sein mußten. Diese Leute bekamen von ihm selbst oder von seinen Dienern in seiner Gegenwart jeden Tag so reichlich zu essen, daß es auch für dreimal so viele gereicht hätte. Und endlich die Begleitung, die er am liebsten hatte, das einfache Volk, geleitete ihn stets von Ort zu Ort. Wer reiten konnte, ritt auf seinem Zelter mit; die anderen schlossen sich mit dem Gefährt, das sie eben hatten, dem Wagenzug an, der die Abgaben für den Bischof beförderte. Für ihre Unterkunft und ihre Verpflegung ließ er selbst durch einen seiner Diener täglich gewissenhaft sorgen«. Am meisten beschäftigte Gerhard der merkwürdige Sessel, auf dem Ulrich unterwegs psalmen-

---

77 Waitz S. 392 Z. 49 – S. 393 Z. 24, Kallfelz S. 74f. Z. 20/22 – S. 76f. Z. 17.
78 Waitz S. 393 Z. 24-29, Kallfelz S. 76f. Z. 17-23/24.
79 Waitz S. 394f. c. 6, Kallfelz S. 78-83.
80 Waitz S. 395f. cc. 7f., bes. c. 7, Kallfelz S. 82-85. Vgl. Lore Sprandel-Krafft, Eigenkirchenwesen, Königsdienst und Liturgie bei Bischof Ulrich von Augsburg (Zeitschrift des Historischen Vereins für Schwaben 67, 1973, S. 9-38).
81 Waitz S. 396ff. c. 9, Kallfelz S. 84-95.
82 Waitz S. 393 Z. 31 c. 5 – S. 394 Z. 6, Kallfelz S. 76f. Z. 24/25 – S. 78f. Z. 18/20.

betend saß. »So ahmte« der Bischof, schrieb er an anderer Stelle unter Bezug auf die Apostelgeschichte, »jenen Kämmerer nach, der den Propheten Isaias lesend in seinem Wagen fuhr, und dem sich auf Geheiß des Heiligen Geistes Philippus anschloß, von dem er die Botschaft hörte und die Taufe und den Glauben an die Heilige Dreifaltigkeit empfing« [83].

b) Die Alltage einer heiligen Frau: Wiboradas Lebenswandel in der Darstellung Ekkehards I. und Herimanns

So dicht, wie Gerhard den Alltag Bischof Ulrichs von Augsburg beschrieb, hat meiner Kenntnis nach kein anderer Literat des frühmittelalterlichen Südwestdeutschland über das tägliche Leben eines Menschen gehandelt. Aber die Biographen der heiligen Wiborada, die 926 dem Ungarneinfall zum Opfer fiel, gehen in verschiedenen Teilen ihrer Werke immer wieder auf das praktische Leben der heiligen Frau ein. Dabei charakterisieren sie verschiedene Alltage, die sich mit der Abfolge der Lebensalter und dem Wechsel der Lebensformen Wiboradas wandelten. Hatte noch Ekkehard I. in seiner um 960/70 verfaßten Lebensbeschreibung das tägliche Leben beschrieben, ohne dies ausdrücklich zu thematisieren, so sprach der zweite Autor, der St. Galler Mönch Herimannus, um 1075 [84] mehrfach von der *conversatio* Wiboradas [85]. Schon das erste Kapitel überschrieb er: *qualis eius* (sc. Wiboradae) *conuersatio in annis infantiȩ fuit*, und im vierten Kapitel wollte er schildern: *Qualis eius conuersatio fuit, quando ad intellegibilem aetatem peruenit* [86]. So bildet die Alltagsgeschichte thematisch die wichtigste Klammer in den Lebensbeschreibungen dieser stillen Frau, die freilich auch unerschrocken handeln konnte.

Über die Kindheit Wiboradas erfahren wir, daß die Heilige »alle Leichtfertigkeiten« dieses Alters »mit Strenge und Reife bändigte« (*cuncta infantilis ȩtatulȩ leuitates modesta grauitate restrinxit ac secura quadam maturitate edomuit*); Wiborada habe insbesondere »ungehörige Kinderspiele« (*inepta paruuolorum ludicra*) vermieden [87]. Stattdessen sei sie als Heranwachsende täglich und oft barfuß zur Kirche gegangen, die von ihrem Vaterhaus »eine bergige und schwierige Meile Wegs« abgelegen gewesen sei [88]. Danach hätte sie sich der Hausarbeit gewidmet; »denn sie aß nicht müßig ihr Brot«, wie die Biographen mit Worten des Alten Testamentes festhalten, »sondern lebte von der Mühe ihrer Hände« [89]. Wiboradas Sozialverhalten muß auch in diesem Lebensalter auffällig gewesen sein: »Häufigen Umgang nicht nur mit Fremden, sondern auch mit Bekannten, Verwandten, Hausgenossen, auch Brüdern und Schwestern floh sie, so weit es ging. Allein wollte sie verweilen, allein arbeiten, die Abgeschiedenheit immer lieben, um desto leichter überflüssige Reden

---

83 Waitz S. 394 Z. 17-19 c. 6, Kallfelz S. 78f. Z. 31/34-34/38.

84 Nach den Forschungsergebnissen von Walter Berschin gab es nur zwei (nicht drei) Vitae Wiboradae, von denen die erste Ekkehard I. von St. Gallen (nicht Hartmann) um 960/70 verfaßt hat. Anläßlich der Heiligsprechung Wiboradas 1047 habe Ekkehard IV. die Vita überarbeitet und ergänzt (dies ist in der im folgenden genannten Neuedition aber nicht gekennzeichnet). Um 1075 hat nach Berschin der St. Galler Mönch Herimannus (nicht Hepidannus) eine zweite Vita Wiboradae geschrieben. S. jetzt: Vitae Sanctae Wiboradae. Die ältesten Lebensbeschreibungen der heiligen Wiborada. Einleitung, kritische Edition und Übersetzung von Walter Berschin (Mitteilungen zur vaterländischen Geschichte 51), St. Gallen 1983. – Im folgenden bezeichne ich die Lebensbeschreibung Ekkehards I. als Vita I, das Werk Herimanns als Vita II. Bei der Übersetzung stütze ich mich auf Berschins zweisprachige Ausgabe.

85 Vgl. Vita II (wie A. 84) S. 120 c. 16, S. 138 c. 10.

86 Ebd., S. 116, 118.

87 Vita I S. 32, 36 c. 2, vgl. Vita II S. 124f. c. 1.

88 Vita I S. 36f. c. 4, vgl. Vita II S. 128f. c. 4 (zum Lebensalter S. 118f. c. 4).

89 Vita I und II (wie A. 88).

MICHAEL BORGOLTE

zu vermeiden und freier den hellen Geist in heiligen Betrachtungen zu versenken«[90]. Beim festtäglichen Kirchgang im Kreise ihrer Angehörigen lehnte sie schon bald kostbare Kleidung ab[91]. Von besonderer Bedeutung, die später nur noch durch den Abtbischof Salomo III. von Konstanz und St. Gallen übertroffen wurde, war für Wiborada ihr Bruder Hitto. Seitdem Hitto Kleriker geworden war, suchte Wiborada seine Nähe, um an seinem geistlichen Leben teilzuhaben, sogar über die Grenzen hinaus, die ihr das Geschlecht auferlegte. Als Hitto die Klosterschule von St. Gallen besuchte, »schickte sie« ihm zunächst »an bestimmten Tagen Kleider und anderes Notwendige durch treue Boten«; hier ergänzt die erzählende Überlieferung sehr schön die oben behandelten urkundlichen Quellen, indem sie zeigt, daß Klosterinsassen in St. Gallen durchaus nicht vollständig befriedigend versorgt wurden. Neben den Gaben für Hitto sandte Wiborada auch »gewissen, sehr ehrwürdigen Vätern in diesem Kloster« »schöne Umschläge zum Einbinden der heiligen Bücher«, die sie eigenhändig gewebt hatte[92]. Als Hitto Priester geworden war (und St. Gallen verlassen hatte), verlangte sie hartnäckig die Unterrichtung in den Psalmen[93]; und als dem Bruder eines Sonntags ein Schüler oder erfahrener Helfer für die (lateinischen) Gesänge der Liturgie fehlte, konnte Wiborada zum allgemeinen Erstaunen die Lücke füllen[94]. Zu Hause pflegte Wiborada nach dem Tod des Vaters die von Alter, Mühsal, Trauer und Krankheit gebeugte Mutter bis ans Ende ihres Lebens[95], sie übte aber auch im Haushalt ihres Bruders, des (Gemeinde-)Priesters Hitto, die Werke der Barmherzigkeit an Kranken und Schwachen[96]. Als Hitto auf ihr Zureden hin dann nach einer gemeinsamen Pilgerfahrt nach Rom als Priestermönch ins Kloster St. Gallen eintrat, verweilte Wiborada noch einige Zeit im weltlichen Leben. Die Schilderung Ekkehards I. zeigt, daß Wiborada dabei gleichwohl – ähnlich wie später die hl. Elisabeth auf der Wartburg – schon Askese übte: »Es verweilte die selige Jungfrau nach dem Übertritt des Bruders noch sechs Jahre in der Welt – im Leibe, aber nicht im Willen, äußerlich, nicht innerlich. Da sie sah, wie hinfällig und unbeständig die Welt mit all ihrem Reiz und all ihrer zeitlichen Pracht war, und wie durch ihre Unfestigkeit alsbald schon ihr Untergang drohte, erachtete sie alles Ergötzen dieser schmeichelnden Welt für nichts, wies es zurück, verachtete es und trat es mit Füßen. Und während sie ihr äußeres Leben in besonderer Liebe zur Freigiebigkeit führte, erfreute sie sich durch die hellen Augen des inneren Menschen immer mehr in der Betrachtung des Herrn ›von Angesicht zu Angesicht‹. Wer nämlich könnte im Vortrag darlegen, mit welch großer Beherrschung sie ihren zerbrechlichen Körper gegenüber den Lockungen der Welt im Zaume hielt und um des Christusdienstes willen das Fleisch dem Geist unterwarf? Schon war viel Zeit vergangen, daß sie sich den Genuß von Fleisch und Wein versagte, als weder von den Nachbarn noch aus ihrer eigenen Familie jemand etwas anderes vermutete, als daß sie täglich mit verschiedenen Delikatessen tafelte, außer zweien, die ihr vertraut waren, von denen eine Kebini, die andere Pertherad hieß. Diese Schwestern in frommer Verbundenheit blieben lange Zeit gemeinsam im Dienst der heiligen Jungfrau. Sie bereiteten ihr meist recht üppige und wohlschmeckende Speisen, setzten ihr aber auch gemäß ihrer Weisung Kraut oder Gemüse zum Essen vor. Wenn nun beides aufgetischt war, legte sie oftmals das schon zum Munde geführte Fleisch, das nun zwischen die Zähne

90 Vita I S. 36f. c. 4, vgl. Vita II S. 128f. c. 4.
91 Vita I S. 36-39 c. 5, Vita II S. 130-133 c. 5.
92 Vita I S. 38f. c. 6.
93 Vita I S. 38-41 c. 6, vgl. Vita II S. 132f. c. 6.
94 Vita I S. 42f. c. 7, Vita II S. 132-135 c. 7.
95 Vita I S. 42-45 c. 8.
96 Vita I S. 44f. c. 8.

hätte geschoben werden sollen, dennoch zurück, auf daß sie durch Enthaltsamkeit beim Fleischgenuß das Fleisch ihres Körpers bezwänge und den Geist stärke. Zufrieden mit einfacherer Nahrung teilte sie die Speise, die ihr zubereitet wurde, an die Armen und vorbeiziehende Fremde aus, denen, wie wir schon sagten, ihre größte Sorge galt, oder auch an das aufwartende Gesinde. Unter dem beständigen Schutze des Gebets bewahrte sie sich Tag und Nacht vor der Heimtücke des sie bedrängenden Feindes. Sie pflegte nämlich nachts unbemerkt aus dem Hause zu gehen, sich ohne Begleitung zur Kirche zu begeben und dort mit anhaltendem Gebet die Nacht zu verbringen. Wenn beim Untergang der Sonne von allen die Ruhe des Schlafes gesucht wurde, verschmähte sie das Lager, das immer mit aufwendigem Bettzeug geschmückt bereit stand (*ipsa lectuli qui semper sumptuose suppellectilis ornatu paratus assistebat spreuit accubitum*). Wenn die Türen geschlossen waren, bereiteten die oben erwähnten Schwestern eine rauhe Decke auf dem nackten Boden aus (*cilicium super nudam humum substernebant*) und legten statt des Kopfkissens einen Stein unter ihren Kopf (*proque capitali saxum aliquod capiti subdiderunt*). Und nachdem sie so ein wenig Schlaf gekostet hatte, und während willkommener Schlaf die Brust der anderen beschwerte, erhob sie sich heimlich und ging zur Kirche«[97].

Bevor Wiborada dann mit Hilfe Salomos III. die Existenz einer Inkluse wählen konnte, begegnete sie bei einem Aufenthalt in Konstanz der Einsiedlerin Cilia; Herimannus schildert am Beispiel Cilias, wie diese Lebensform betrügerisch mißbraucht werden konnte: »Zu der Zeit lebte dort eine Rekluse namens Cilia, die nur ihren Körper, nicht ihren Geist eingeschlossen hatte. Denn sie hatte noch nicht die Geldgier abgetötet, die die Wurzel aller Übel ist. Die selige Jungfrau bat nun diese aus dem Glauben heraus, sie sei eine geistliche Mutter, sie möge doch vom guten Schatz ihres Herzens ein gutes Wort ausströmen. Der Bitte folgten nicht nur Versprechungen, sondern eines Tages wurde sie sogar gerufen und stellte sich voller Vorfreude auf die Einlösung des Versprechens wieder ein. Jene öffnete das Fensterchen, und nach gegenseitiger Begrüßung sagte sie: ›Du kommst daher, liebe Schwester, äußerlich im Kleid der Schafe. Aber uns ist aufgetragen, den Geist zu prüfen, wie der Apostel sagt, ob er aus Gott ist, bevor dir zum Beispiel die Geheimnisse unseres religiösen Lebens eröffnet werden. Gehorsam ist ohne weiteres der erste Schritt zur Demut, und ohne sie kann niemand Gott würdig dienen, denn sie wird auch den Opfern vorgezogen. Gerade indem ich dir solches auferlege, will ich dich prüfen‹. Dabei zog sie ein Kästchen mit Münzen hervor und sagte: ›Nimm dieses Geld, Schwester; ich habe es von vielen Leuten als Opfergabe bekommen und bis jetzt aufbewahrt. Verleihe du es an die Reichen in der Stadt auf eine gewisse Zeit, dann laß es dir mit Zins zurückzahlen‹. Aber jene antwortete sehr verwundert: ›Eine solche Anweisung erhielt der Prophet nicht, als er nach der Vollkommenheit derer fragte, die im Tempel Gottes wohnten, oder derer, die auf seinem heiligen Berg ausruhen. Auch der Apostel droht den Zinsnehmern – oder ich sage besser: den Geizhälsen, denn Geiz ist ja nichts anderes als die Gier nach Geld – es gebe für sie, wie ich höre, keinen Anteil am Reiche Christi und Gottes. Und er nennt sie nicht nur einmal Götzendiener. Die Gemeinschaft mit denen sei fern von mir! Außerdem wäre es fahrlässig von mir, so etwas anzufangen, denn ich verstehe nichts davon, über Schekel und Obolen im Wert so vieler Talente zu wachen, denn ein Geschäft dieser Art habe ich noch nie betrieben. Wucherer und Zinsnehmer kennen sich mit so einem Geschäft besser aus. Denen übergib diese Aufgabe!‹ Als jene aber ihre Gesinnung erkannte, sagte sie: ›Einen schlechten Klang gibt ein

---

97 Vita I S. 46-51 c. 11, vgl. Vita II S. 136-139 c. 9.

ungebrannter Krug aus feuchtem Ton, wenn man ihn anstößt. Glaube mir: ohne Gehorsam ist dein Lebenswandel nichts wert. Deine Mühen kannst du dir sparen‹. Nach diesen Worten trennten sie sich«[98].

Während Cilias falsche Heiligkeit schließlich aufgedeckt wurde, so daß sie ihre Klause verlassen mußte, ließ sich Wiborada von Salomo zuerst bei der Georgskirche von St. Gallen, dann bei der Magnuskirche des Klosters einschließen. Hier fand sie wieder die Gesellschaft ihres Bruders Hitto, dem die liturgische Versorgung von St. Mangen anvertraut war; hier trugen sich aber auch die Begebenheiten zu, die Wiborada berühmt machten: die Belehrung des jungen Ulrich, des späteren Bischofs von Augsburg, der als Klosterschüler in St. Gallen weilte; die Zurechtweisung des Schwabenherzogs Burchard, der die Kirchen und Klöster seines Dukats bedrückte; vor allem aber die von Wiborada gesuchte Ermordung durch die Ungarn. Der Alltag der Klausnerin ist dagegen in der Vita durch diese Ereignisse und erbauliche Geschichten überdeckt. Über Wiboradas Wohnung erfahren wir gerade soviel, daß sie einen Altar barg[99], den die Heilige mit einem bestimmten Tuch zu bedecken pflegte[100]. Offenbar war das Haus unbeheizt, sollen doch Wiboradas Füße »wegen der Rauheit der strengen und allzu großen Kälte verstümmelt« gewesen sein[101]. Auf dem Leib trug die Heilige, jedenfalls zum Zeitpunkt ihres Martyriums im Mai, nur ein härenes Gewand[102]; daneben schund sie ihren Körper mit einer Kette, die sich tief ins Fleisch eingegraben hatte[103]. Zur Kommunikation nach außen diente der eingemauerten Frau ein Fensterchen, an dem sie durch eine Schelle auf sich aufmerksam machen konnte[104]. Immerhin wurde sie durch mehrere Dienerinnen versorgt[105]. Obwohl Wiboradas Zelle keinen Eingang hatte[106], konnte sie dreimal im Jahr mit Erlaubnis des Abtes von St. Gallen ein Bad nehmen[107]. Selbstverständlich wachte sie häufig im Gebet und enthielt sich weitgehend Speise und Tranks[108]. Von den Liebesgaben, die ihr gebracht wurden, gab sie den Armen, aber auch anderen Klausnerinnen in der Nachbarschaft[109]. Ihre eigene Mahlzeit pflegte sie zur neunten Stunde einzunehmen, ließ aber dazu immer einen bestimmten Armen hinzukommen[110]. Beiläufig wird noch erwähnt, daß Wiborada am frühen Nachmittag den Psalter las, darüber aber schon einmal einschlafen konnte[111]. Der Kamm der Heiligen wurde erst der Nachwelt interessant, als sich an ihm ein Wunder ereignete[112].

Neben diesen verstreuten Nachrichten bieten die Quellen eine Episode aus Wiboradas Leben, die einen merkwürdigen Zug individuellen Alltags vergegenwärtigt. Ekkehard I. berichtet: »Eines Tages erschien der seligen Wiborada im Traum ihre Dienerin, die, solange sie im Treiben dieser Welt gefangen war, ein vorbildliches Leben geführt hatte, und die

98 Vita II S. 146–149 c. 14.
99 Ebd. S. 84 f. c. 33, S. 88 f. c. 35.
100 Ebd. S. 96 f. c. 40.
101 Ebd. S. 88 f. c. 35.
102 Ebd. S. 84 f. c. 33.
103 Ebd. S. 88 f. c. 35.
104 Ebd., cc. 18, 20 f., 24.
105 Z. B. ebd., cc. 23 f.
106 Ebd. S. 84 f. c. 33. Hier ist auch von einem eigenen Dach der Klause die Rede.
107 Vita II S. 162 f. c. 20.
108 Vita I S. 52–55 c. 15.
109 Ebd., S. 54–57 c. 16.
110 Ebd., S. 66–69 c. 24.
111 Ebd., S. 74 f. c. 29; vgl. Vita II S. 190 f. c. 31.
112 Vita II, 2. Buch, S. 216 f. c. 4.

zum Herrn gegangen war. Sie sagte zu ihr: ›Meine liebste Herrin, ordne doch an, den Kelch und die Patene, das Korporale und auch den Manipel, womit du das Opfer darzubringen gewohnt bist, alles mit klarem, reinen Wasser zu reinigen! (*O domina karissima, calicem et patenam, uel corporale, sed et fanonem cum quo solita es offerre omnia pura et munda aqua lauare praecipias*). Auch die Hostien, die unlängst gemacht wurden, sind nicht rein, da eine treue Dienerin durch eine andere Arbeit aufgehalten war und ihrer Schwester auftrug, sie zu machen‹. Die heilige Jungfrau aber sagte: ›Und wer bist du?‹ Sie antwortete: ›Ich bin deine ehemalige Dienerin und hierher gesandt, um dir eben dies zu übermitteln‹. Und sie fragte: ›Sag mir, wie steht es mit dir?‹ Jene gab zur Antwort: ›Herrin, durch die Gnade Gottes und deine Verdienste erfreue ich mich unsäglicher Wohltaten und erquicke mich ergötzlicher Ruhe‹. Die Heilige erwiderte darauf: ›Gehe in die Ruhe ein, die dir bereitet ist, und geruhe, meiner zu gedenken‹. Am nächsten Morgen aber rief sie ihre Dienerin und fragte: ›Wer hat die Oblaten gebacken, die du dieses Mal genommen hast?‹ Sie antwortete: ›Ich, Herrin‹. Die Heilige erwiderte ihr: ›Warum gibst du vor, du hättest getan, was du nicht getan hast?‹ Sogleich bedachte sie ihre Schuld und Nachlässigkeit, bat um Verzeihung und sagte: ›Fromme Herrin, darf ich noch etwas fragen?‹ Jene aber sagte: ›Sag, was du willst‹. Sie entgegnete: ›Meine Herrin, woher kannst du wissen, was ich tue? Wer hat dir meine Tat verraten? Nichts, glaube ich, kann dir verheimlicht werden‹. Die selige Jungfrau antwortete: ›In dieser Nacht erschien mir, als ich schlief, im Traum meine ehemalige Dienerin, die jetzt in Christus eine liebe Schwester geworden ist, und offenbarte der Reihe nach dies alles, was uns anbelangt und was die göttliche Gnade ihr für ihre Verdienste vergelten wollte. Nun solltest du das uns Vorgeschriebene ohne Zögern erfüllen. Es soll dich nicht verdrießen, die Opfergefäße, das für den Gottesdienst vorbereitete Korporale und das Opferlinnen mit lauterstem Wasser zu reinigen. Hüte dich, daß kein Vorwurf mehr aufkommt, du wärest nachlässig in der Besorgung der Dinge für den Gottesdienst‹«[113]. Nach Ekkehard I. hat Wiborada an der Messe gewohnheitsmäßig in höchst eigenartiger Weise teilgenommen; sie soll das Opfer mit Kelch, Patene, Korporale und dem Manipel (oder Opfertuch) dargebracht haben. Obwohl der altkirchliche Opfergang der Gemeinde doch längst vom Opfer des Priesters am Altar abgelöst war[114], habe sie bei der Messe selbst das liturgische Gerät der Eucharistiefeier, ja mit dem *fano* vielleicht sogar einen Teil der priesterlichen Gewandung[115], verwandt. Der Bericht der Vita mag bizarr erscheinen, doch wüßte ich keine entscheidenden Einwände. Im Gegenteil spricht für die Glaubwürdigkeit der Quelle, daß Ekkehard auf den Sachverhalt nur nebenbei im Zusammenhang einer ganz anderen Erzählintention zu sprechen kommt; Anstoß scheint erst Herimann genommen zu haben, der die Bemerkungen Ekkehards stark abgeschwächt wiederholt[116]. Im übrigen entspricht Wiboradas Rolle als (Mit-)Zelebrant auch ganz einer beherrschenden Konstante, wie sie in den Lebensbeschreibungen hervortritt[117]. Seit ihrer

---

113 Vita I S. 64-67 c. 23.

114 Vgl. Theodor KLAUSER, Kleine Abendländische Liturgiegeschichte. Bericht und Besinnung, Bonn 1965, S. 14, 110 ff. Zum Problemkomplex zuletzt: Arnold ANGENENDT, Missa specialis. Zugleich ein Beitrag zur Entstehung der Privatmessen (Frühmittelalterliche Studien 17, 1983, S. 153-221).

115 KLAUSER (wie A. 114) S. 36 f. Zu *fano* (= *mappula sive mantile* bzw. ›drap liturgique sur lequel le cocélébrant offre le pain eucharistique‹) s. J. F. NIERMEYER, Mediae Latinitatis Lexicon Minus, Leiden 1976, S. 410.

116 Vita II S. 172 f. c. 24: *Hęc eadem beata uirgo uni ex ancillis suis id iniunxit officii, ut utensilia, quibus in sacrificio solita erat uti, sibi munda praeberet.* Übersetzung von Berschin: ›Die selige Jungfrau hatte einer ihrer Mägde das Amt übertragen, daß sie ihr die Geräte, die sie gewöhnlich zum Meßopfer benötigte, gereinigt zurichte‹.

117 Zum Folgenden vgl. bereits Michael BORGOLTE, Historische Zeitschrift 241, 1985, S. 159 f.

Jugend suchte demnach die Heilige den Umgang mit Priestern und Mönchen; die Teilhabe an Sakralhandlungen, die den Männern vorbehalten waren, hatte sie schon in der Zeit des Gemeindepriestertums Hittos erstrebt. Und statt in ein Damenstift einzutreten, wie es von frommen Frauen, wie sie es war, erwartet wurde[118], wählte sie die Klause in der Nähe eines Männerklosters. Hier nahm sie sogar äbtliche Funktionen wahr, als sie gegenüber dem weltlichen Fürsten die Rechte des Klosters St. Gallen vertrat, während der Abt selbst aus Furcht vor Herzog Burchard die Flucht vorgezogen hatte[119]. Ihre Standhaftigkeit bewies sie auch beim Ungarneinfall; indem sie jedoch das monastische Gelöbnis der *stabilitas* treuer erfüllte als die Klosterbrüder, darunter ihr leiblicher Bruder Hitto[120], paßte sie sich im Übermaß der mönchischen Lebensform an, die voll zu teilen das Geschlecht ihr verwehrte. In St. Gallen freilich begriff man schnell, welche Rolle Wiborada im Kloster gespielt hatte: Die Mönche reihten den Namen der Getöteten in ihr Profeßbuch ein[121].

II. Das Alltägliche in der Darstellung des Ereignishaften

1. Zeugung und Geburt

Die alltäglichen Vorgänge von Zeugung und Geburt erscheinen in der alemannischen Überlieferung des Frühmittelalters nicht in expliziten Alltagsschilderungen, sondern als Gegenstand normativer Regelungen und in der Darstellung des besonderen Schicksals, in dem das Natürliche zum Ereignis wurde. Die Sorge um die Fruchtbarkeit einer Ehe, vor allem die Geburt von Söhnen, hat ihren deutlichsten Niederschlag in den Miracula s. Verenae von ca. 1010 gefunden[122]. Verena von Zurzach wurde demnach um die Jahrtausendwende insbesondere von Angehörigen der burgundischen Königs- und alemannischen Herzogsfamilie um Hilfe bei der Sicherung der legitimen Erbfolge angefleht, der »in einer Zeit sich stabilisierender und konzentrierender Adelsherrschaften« erhöhtes Gewicht beigemessen wurde[123]. So wird berichtet, König Konrad von Burgund (937-993) habe von seiner rechtmäßigen Gemahlin (Mathilde) keine Kinder gehabt, aber heißen Herzens einen Erben begehrt, dem er sein Königreich hinterlassen könne. Er sei deshalb mit seiner Gattin nach Alemannien zur heiligen Jungfrau Verena gepilgert: »Sie kamen, beteten fromm, brachten Geschenke dar, legten Gelöbnisse ab, die sie nachher einlösten, gaben wie gebräuchlich großartige Almosen und kehrten dann nach Hause zurück. In der gleichen Nacht trat die Königin ins Gemach des Königs, empfing und gebar einen Sohn. Als dieser erwachsen war, übernahm er noch zu Lebzeiten des Vaters die Regierung und herrscht heute noch in guter Weise (= Rudolf III., 993-1032)«[124]. Weniger glücklich war der Besuch Herzog Hermanns I. von Schwaben in Zurzach. Er zeugte dort mit seiner Frau Reginlind

---

118 Vgl. Vita II S. 144-153 cc. 13-15.
119 Vita I S. 68-73 cc. 25f.
120 Vita I S. 78-85 cc. 31-33.
121 BERSCHIN (wie A. 84) S. 1.
122 Edition mit Übersetzung und Kommentar bei Adolf REINLE, Die Heilige Verena von Zurzach. Legende, Kult, Denkmäler, Basel 1948, S. 48-69.
123 Karl SCHMID, Heirat, Familienfolge, Geschlechterbewußtsein (zuerst 1977, jetzt in: DERS., Gebetsgedenken und adliges Selbstverständnis im Mittelalter. Ausgewählte Beiträge, Sigmaringen 1983, S. 388-423) S. 408-414, Zitat S. 413. Über Zurzach neuerdings: Dieter GEUENICH, Zurzach – ein frühmittelalterliches Doppelkloster? (Fs. Berent Schwineköper, wie A. 50, S. 29-43).
124 REINLE (wie A. 122) S. 52 c. 4. Ein (Mit-)Königtum Rudolfs III. bei seinem Vater Konrad scheint sonst nicht bezeugt zu sein, doch fehlen zwischen 985 und 993 datierte Diplome König Konrads, s.

lediglich eine Tochter – offensichtlich ist Ida gemeint, die spätere Gemahlin Herzog Liudolfs. Hermann, der »sehr weise« war, soll einen Traum Reginlinds bei der Empfängnis schon richtig auf die bevorstehende Geburt eines Mädchens gedeutet haben[125]. Wie wichtig das Geschlecht des Neugeborenen genommen wurde und wie zielstrebig man in Zurzach den diesbezüglichen Kult der hl. Verena propagiert hat, zeigt eine dritte Episode; sie soll vollständig aus den Miracula wiedergegeben werden: »Eine vornehme Matrone im Elsaß, schon lange mit einem Manne vermählt, war unfruchtbaren Leibes. Sie begann inständig den Namen der heiligen Odilia (von Hohenberg, im Elsaß) anzurufen, damit sie durch deren Güte ein Kind erhielte. Ihr Leib vergrößerte sich durch eine Empfängnis und sie gebar eine Tochter. Sie sah, daß das Kind ein Mädchen war; sie wollte aber einen Knaben haben und hörte nicht auf, die Hilfe der Jungfrau zu erflehen. Von neuem empfangend, gebar sie eine zweite Tochter, die sie sehr verabscheute. Aber sie ließ nicht ab, die heilige Odilia zu bitten. Doch nach der dritten Empfängnis gebar sie eine dritte Tochter. Als sie das erkannte, fiel sie auf ihr Schmerzenslager und konnte von niemandem getröstet werden. Und da sie nicht erhört worden war, lag sie halbtot am Boden. Es kam aber die heilige Odilia, die sich ihres Elends erbarmte, und tröstete sie mit sanften Worten: ›Warum tust du so? Was denkst du so unvernünftig? Was du von mir erbatest, tat ich, soweit ich konnte. Aber wenn du Söhne haben willst, so bitte die heilige und verehrungswürdige Jungfrau Verena. Diese nämlich, nicht ich, hat die Gnade, Söhne und Töchter zu schenken‹. Dies sagend entschwand sie ihren Augen. Die genannte Matrone aber nahm ihre Kräfte zusammen, rief die Priester jenes Ortes und erfragte von ihnen, wo der Leib der heiligen Verena ruhe. Nach ihrem Rate diente sie daraufhin der heiligen Verena alle Tage ihres Lebens. Sie begann beständig und ohne Unterlaß den Namen der heiligen Jungfrau Verena um einen Knaben anzuflehen. Sie empfing und gebar bei der lange erwarteten Niederkunft durch ihr Erbarmen Zwillinge, zwei Söhne. Von vielen noch könnten wir die Namen nennen, aber es ist nicht notwendig, sie im einzelnen zu beschreiben. Denn noch heute sind ihrer viele, die um die gleiche Gnade bitten. O Jungfrau Verena, würdig allen Lobes, bitte für unser Heil, damit wir auf dieser Pilgerschaft nicht untergehen«[126].

Mit dem Schutz schwangerer Frauen, der Abtreibung und dem Tod von Mutter und Neugeborenem im Kindbett befaßte sich die frühalemannische Gesetzgebung. Im Pactus Alamannorum wurde eine Strafe für den Delinquenten an einer Mutter festgesetzt, die ein totes Kind zur Welt brachte oder deren Kind die neunte Nacht nicht erlebte[127]. Die jüngere, unter Herzog Lantfrid († 730) revidierte Lex Alamannorum sah für Abtreibung folgende Strafen vor: »Wenn jemand einer Frau eine Frühgeburt zufügt, und zwar so, daß man schon erkennen kann, ob es ein Mann oder eine Frau (d. h. ein Knabe oder ein Mädchen) war, soll er, wenn es ein Mann hätte sein sollen, mit 12 Solidi die Sache bereinigen, wenn es aber eine Frau gewesen wäre, mit 24 Solidi. – Wenn aber weder das eine noch das andere zu erkennen und (der Fötus) noch nicht nach den Umrissen des Körpers gebildet war, soll er 12 Solidi entrichten. Wenn noch mehr erforderlich ist, soll er sich mit seinen Eideshelfern reinigen«[128]. Von erbrechtlicher Bedeutung war der Tod von Mutter und Kind bei der Geburt. Vorgesehen ist in der Lex der Fall, daß die Mutter das

Theodor SCHIEFFER, in: Die Urkunden der burgundischen Rudolfinger (MGH), München 1977, S. 19f. (der auf die Nachweise der Miracula aber nicht eingeht).
125 REINLE (wie A. 122) S. 52 c. 5. Der Name der Tochter Hermanns und Reginlinds wird nicht genannt.
126 Ebd. S. 52f. c. 6. Vgl. ferner S. 55f. c. 10, S. 61 c. 21
127 Pactus Legis Alamannorum § 12 (Leges Alamannorum, ed. Karl August ECKHARDT, MGH, Hannover 1966, S. 24).
128 Lex Alamannorum § 88 (89) (ebd., S. 150f.).

väterliche Erbe nach der Heirat erhalten hatte und bei der Geburt eines Sohnes verstarb. Falls das Kind mindestens so lange am Leben blieb, daß es die Augen öffnen und den Dachfirst und die vier Wände sehen konnte, sollte das Erbe nach seinem Tod an den Vater fallen[129].

Die Geburt in ihrem normalen biologischen Verlauf ist – den Erwartungen gemäß – nirgends eingehend beschrieben worden; aber Komplikationen haben die Aufmerksamkeit der südwestdeutschen Historiographen gefunden[130]. Burchard, der spätere Abt von St. Gallen (958-971) und Bischof Gebhard II. von Konstanz († 995) sollen durch eine *sectio in mortua*, den Schnitt an der toten Mutter, zur Welt gekommen sein[131]. Über Burchards I. Geburt berichtet Ekkehard IV.: »Als die Geburt heranrückte, wurde die Schwangere gefährlich krank, und vierzehn Tage vor der rechtzeitigen Entbindung starb sie. Das Kind wurde herausgeschnitten und in den Speck eines frisch ausgenommenen Schweines eingewickelt, wo es Haut ansetzen sollte (*infans excisus et arvinę porci recens erutę, ubi incutesceret, involutus*); und da es sich auch in kurzem als wohlbeschaffen erwies, wurde es getauft und Burchard genannt. Als man es dann der Brust der Amme entzog, legte der Vater, wie er mit der Mutter gelobt hatte, das Kind auf den Altar des heiligen Gallus und übergab es ihm zusammen mit Grundstücken in Höchst und mit Zehnten, wobei er die Mutter tief beklagte. Der Knabe war wunderschön und wurde im Kloster mit Feinheit erzogen. Die Brüder aber pflegten ihn den ›Ungeborenen‹ zu nennen. Und weil er vor der Zeit zur Welt gekommen war, konnte ihn später nicht einmal eine Fliege stechen, ohne daß das Blut herausbrach. Und deshalb sparte der Lehrer auch die Ruten an ihm. Auch zum Manne herangewachsen, hing er den Tugenden, die ihm eingeboren waren, obgleich er schwächlichen Leibes war, ohne Unterlaß an, und mit der Reife seines Geistes beherrschte er die Unreife seiner Leiblichkeit«[132]. Bemerkenswert an dieser Schilderung ist vielleicht weniger, daß man im 10. Jahrhundert in der Lage war, das Ungeborene aus dem Leib der toten Mutter zu bergen, als die Versorgung des unausgetragenen Babys. Die Vorstellung, daß die Lebensfähigkeit vor allem von der Ausbildung der Haut, nicht von der Entwicklung der inneren Organe, abhängig war, ist zu Ekkehards bzw. Burchards Zeit allerdings schon uralt gewesen. In seiner »Gesundheitslehre« hatte bereits Galen (129-199 n. Chr.) die Anweisung gegeben: »Das Neugeborene, das ohne Makel ist, wird in Windeln gewickelt, nachdem man es ganz und gar mit feinem Salz bestreut hat, damit die Haut fester wird als das Körperinnere«[133].

Die Schilderung Ekkehards stimmt mit derjenigen über die Geburt Gebhards II. von Konstanz weitgehend überein; allerdings bringt der anonyme Verfasser der Vita Gebhardi, ein um 1134 im Kloster Petershausen tätiger Mönch, auch einige ergänzende Züge. Wie er schreibt, war die Mutter Gebhards während der Schwangerschaft auf den Tod erkrankt.

---

129 Ebd. S. 151 § 89 (bzw. 92) Abschnitt 1: *Si quis mulier, qui hereditatem suam paternicam habet post nuptum, et prignans peperit puerum et ipsa in ipsa hora mortua fuerit, et infans vivus remanserit tantum spatium, vel unius horae, ut possit aperire occulos et videre culmen domus et quatuor parietes, et postea defunctus fuerit, hereditas materna ad patrem eius perteneat.* S. auch Abschnitt 2. – Zu dieser Bestimmung vgl. Adalbert ERLER, Art. Geburt (Handwörterbuch zur deutschen Rechtsgeschichte I, Berlin 1971, Sp. 1426 f.).
130 Vgl. dazu die Darstellung, die 1115 Guibert von Nogent in seiner Autobiographie gegeben hat, in deutscher Übersetzung abgedruckt bei ARNOLD (wie A. 11) S. 103 f.
131 Vgl. dazu Johannes DUFT, Notker der Arzt. Klostermedizin und Mönchsarzt im frühmittelalterlichen St. Gallen (112. Neujahrsblatt, hg. vom Historischen Verein des Kantons St. Gallen, 1972) S. 20-22.
132 Ekkehard IV., St. Galler Klostergeschichten (wie A. 59) S. 174-177 c. 85. Dt. Text hier unter Verwendung der Übers. von HAEFELE (ebd.) und DUFT (wie A. 131) S. 21.
133 Zitat nach der Quellensammlung bei ARNOLD (wie A. 11) S. 94.

Als sie auf dem Sterbebett lag, habe sie darum gebeten, nach dem Verscheiden ihren Bauch aufzuschneiden, das kleine Kind herauszuheben, es in einen Klumpen warmes Fett zu wickeln und es Gottes Vorsehung anzuvertrauen. Das sei auch so geschehen. Zu der Stunde, zu der das Kind hätte geboren werden sollen, wenn es im Uterus der Mutter hätte gewärmt werden können, habe es geschrien. Daraus habe man erkannt, daß es wieder ausgepackt und dem Licht dargeboten werden könne[134].

Von Feierlichkeiten anläßlich der Geburt oder der Taufe ist weder bei Burchard oder Gebhard noch bei anderen Menschen die Rede, deren Leben in frühmittelalterlichen Quellen Südwestdeutschlands geschildert werden. Wie man weiß, hat im Mittelalter auch weniger der Geburtstag als die Wiederkehr des Todestages im Jahreszyklus den Anlaß zum Gedenken an eine Person geboten. Gleichwohl dürfte mindestens im höheren Adel während des 10. und 11. Jahrhunderts der Geburtstag begangen worden sein. Jedenfalls hat der sächsische Bischof Thietmar von Merseburg seiner Chronik das Datum seiner Geburt am 25. Juli 975 inseriert[135], und in Schwaben hat der Reichenauer Gelehrte Hermann der Lahme in seiner Weltchronik die genauen Geburtsdaten seiner selbst (18. 7. 1013) und seines Bruders, des Mönches Werner (1. 9. 1021), notiert[136]. Er dürfte diese Tage aus einer familiengeschichtlichen Aufzeichnung gekannt haben, die vielleicht seine Mutter Hiltrud niedergeschrieben hatte[137].

2. Kindheit, Spielen und Lernen

Die Welt der Kindheit und Jugend, des Spielens und des Lernens entfaltet sich vor allem in erzählenden Quellen und in Briefen. Die Gefahren des ersten Lebensalters veranschaulicht das erste Kapitel von Gerhards Ulrichsvita. Danach war Ulrich nach seiner offensichtlich problemlosen Geburt »so mager, daß seine Eltern sich schämten, wenn ein Fremder sein Gesicht zu sehen bekam«[138]. Gerhard führt die schwächliche Konstitution des Kindes darauf zurück, daß es bis in die zwölfte Woche gestillt worden sei; erst auf den dringlichen Rat eines unbekannten Klerikers hin haben die Eltern Ulrich andere Nahrung gegeben, die ihren Sohn endlich prächtig gedeihen ließ.

134 Vita Gebehardi Episcopi Constantiensis, ed. Wilhelm Wattenbach (MGH SS X, Hannover 1852, S. 582-594) S. 585 c. 1; zur Datierung der Quellen: Eugen Hillenbrand, Das literarische Bild des heiligen Konrad von Konstanz im Mittelalter (Freiburger Diözesan-Archiv 100, 1980, S. 79-108) S. 91 f., Helmut G. Walther, Gründungsgeschichte und Tradition im Kloster Petershausen vor Konstanz (Schriften des Vereins für Geschichte des Bodensees und seiner Umgebung 96, 1978, S. 31-67) S. 43. – Eine der oben wiedergegebenen Darstellung entsprechende Notiz desselben Verfassers in der Chronik von Petershausen, neu hg. und übers. von Otto Feger (Schwäbische Chroniken der Stauferzeit 3), Sigmaringen ²1978, S. 46f. c. I.6; doch wurde der aus dem Uterus der Mutter geschnittene Gebhard danach bis zur Zeit seiner Geburt in Verbände gehüllt.

135 Thietmari Merseburgensis episcopi Chronicon, ed. Robert Holtzmann (MGH SS rer. Germ.), Berlin ²1955, S. 104 c. III.6. Vgl. Ludwig Storbeck, Die Nennung des eigenen Namens bei den deutschen Geschichtsschreibern des Mittelalters (Diss. phil. Halle – Wittenberg 1910) S. 17; vgl. Helmut Lippelt, Thietmar von Merseburg. Reichsbischof und Chronist (Mitteldeutsche Forschungen 72), Köln – Wien 1973, S. 46-64. – Zum Geburtstag bei den Liudolfingern s. die Bemerkungen bei Althoff (wie A. 50) S. 194.

136 Herimanni Augiensis Chronicon, ed. Georg Heinrich Pertz (MGH SS V, Hannover 1844, S. 67-133) S. 119f.; zu Hermann s. zuletzt Arno Borst, Ein Forschungsbericht Hermanns des Lahmen (Deutsches Archiv 40, 1984, S. 379-477).

137 Michael Borgolte, Über die persönlichen und familiengeschichtlichen Aufzeichnungen Hermanns des Lahmen (Zeitschrift für die Geschichte des Oberrheins 127, 1979, S. 1-15).

138 Waitz (wie A. 17) S. 385 f. c. 1, Kallfelz (wie A. 61) S. 52 f. c. 1. Der hier besprochene Passus der Vita in Übersetzung auch abgedruckt bei Arnold (wie A. 11) S. 99.

Die eine Generation ältere Wiborada verachtete in ihrer Jugend, wie wir wissen[139], das Spiel; sie teilte diesen asketischen Habitus mit einer dem Namen nach unbekannten Schwester. Immerhin lassen die Vitae Wiboradae erkennen, womit sich Wiboradas Altersgenossinnen vergnügten. Ekkehard I. nennt possenhafte Schaustellungen der Gaukler (*nugaces ioculatorum scurrilitates*), Ammenmärchen (*aniles ueteranarum fabulas*), aber auch anzügliche Lieder (*incesta quęque carmina*)[140]. Wiborads Schwester soll sich geweigert haben, anderen Mädchen zum Reigen zu folgen (*quam cum quadam die eius coęuulę, secum ad chorum exire hortarentur*). Sie habe im Sinne alttestamentlicher Sprüche reagiert – »Auf die Freude folgt zuletzt die Traurigkeit«, »Mein Sohn, wenn dich die Sünder locken, so folge ihnen nicht!« – und ausgerufen: »Welches Vergnügen dieser Welt könnte süß sein für mich, da ich doch die Chöre der Engel höre, die unablässig in süßklingender Melodie und Harmonie erklingen. Dort hinzugehen, danach sehne ich mich; diesen Chören mich einzureihen, das bereitet mir Freude«. Einige Tage darauf soll ihr Wunsch durch einen schnellen Tod erfüllt worden sein[141].

Eine weniger weltfeindliche Stimmung wird vom heiligen Fridolin überliefert. Fridolin soll bei seinem Kloster Säckingen einen seiner Schüler, der sehr streng war, mit der Aufsicht über die Knaben betraut haben. Wenn diese, wie es ihre Art war, in die Äste der Bäume kletterten, um Obst zu pflücken, habe Fridolin ihnen den Rücken zum Herabsteigen dargeboten. Wenn sie dann vor seinem Schüler, ihrem Lehrer, davonliefen, habe er sogar geraten: »Lauft weg, ihr Armen, lauft, daß der nicht kommt, der euch ohne Mitleid straft«[142].

Vielfältige Nachrichten über den Alltag der Klosterschüler überliefert St. Gallen. Auf dem Klosterplan, der freilich nicht die bauliche Realität der Abtei an der Steinach wiedergibt, wird eine *domus communis scolae* mit *mansiunculae scolasticorum* und einer wohl für den Lehrer bestimmten *mansio scolae* von einem *claustrum* der *pulsantes* (Novizen) unterschieden[143]. Zum Spielen waren nach Ekkehard IV. bestimmte Tage vorgesehen. Drei Spieltage soll König Konrad I. bei seinem Besuch im Jahr 911 den St. Galler Knaben verordnet haben[144]. Einen besonderen »Tag der Schüler« beging man am 29. Dezember. Als Abtbischof Salomo III. einmal das Weihnachtsfest im Kloster verbracht hatte und an seinen Bischofssitz in Konstanz zurückkehren wollte, soll er an diesem Tag auch Abschied von den Schülern genommen haben: »Er öffnete (…) die Tür, um zu prüfen, wie sie sich aufführten, und trat ein. An kein Gesetz gebunden, hatten sie, wie es ja heute noch gilt, unbedingt das Recht, eintretende Gäste gefangenzunehmen und die Gefangenen festzuhalten, bis sie sich loskauften. Wie nun jener als Herr des Klosters unbekümmert vorschritt und in ihrer Mitte stehenblieb, sagten sie untereinander: ›Wir wollen den Bischof, nicht den Herrn Abt ergreifen!‹ Salomo aber ging mit dem größten Vergnügen darauf ein und ließ es sich gern gefallen, wie immer sie mit ihm umgehen wollten. Sie aber packten ihn und setzten ihn, ob er wollte oder nicht, auf den Sitz des Lehrers. Da sprach er: ›Wenn ich schon den Sitz des Lehrers innehabe, muß ich auch sein

---

139 S. oben bei A. 87.
140 Vita I (wie A. 84) S. 34 f. c. 2; vgl. Vita II (wie A. 84) S. 124 c. 1.
141 Vita II S. 126-129 c. 3, vgl. Vita I S. 34 f. c. 3.
142 Vita Fridolini Confessoris Seckingensis auctore Balthero, ed. Bruno KRUSCH (MGH SS rer. Merov. III, Hannover 1896, S. 350-369) S. 367 c. 28; der Passus jetzt auch mit Übers. in: Quellen zur Geschichte der Alamannen, Heft IV, übers. von Camilla DIRLMEIER, mit Anmerkungen versehen von Klaus SPRIGADE, Heidelberg – Sigmaringen 1980, S. 54.
143 Vgl. das A. 32 zit. Faksimile und HECHT (wie A. 32) S. 128-132.
144 Ekkehard IV., St. Galler Klostergeschichten (wie A. 59) S. 42 f. c. 16.

Recht üben. Zieht euch alle aus!‹ Sie taten es ungesäumt, baten dann aber, daß sie sich, so
wie sie es vom Lehrer gewohnt seien, von ihm loskaufen dürften. Und als er dagegen
fragte: ›Wie das?‹, redeten ihn die ganz Kleinen nach ihrem Wissen lateinisch an, die
Mittleren rhythmisch, die übrigen aber metrisch, ja sogar rhetorisch wie für die Redner-
bühne. Von zweien haben wir die Worte von den Vätern überliefert bekommen; so sagte
der eine: ›Was haben wir dir getan, daß du uns Böses tust an? / Wir werden zum König
gehen, da wir auf unserem Recht bestehen‹. Und der andere Verseschmied sprach:
›Bischof, du neuer Gast, wir waren doch gar nicht gefaßt drauf, / daß Du das alte Recht
verkehren möchtest in Unrecht‹. Und voller Freude, daß die in St. Gallen stets heimischen
Studien auch noch zu seiner Zeit gediehen, erhob sich Salomo, umarmte sie alle, so wie sie
in ihren Leinenhemden dastanden, küßte sie und sprach: ›Zieht euch an! Ja, bei meinem
Leben‹, fuhr er fort, ›ich werde mich loskaufen und so tüchtige Jugend belohnen‹. Und in
aller Eile versammelte er vor dem Tor der Schule die Oberen der Brüder und verfügte
letztwillig zugunsten jener Knaben und all ihrer Nachfolger dies: Jahr für Jahr sollten sie
an den drei vom Herrscher (also Konrad I.) festgesetzten Spieltagen dort in ihren
Schulräumen Fleischkost bekommen, und jeder einzelne sollte dreimal täglich Speise und
Trank vom Abtshof erhalten. Und während er diese Spende alljährlich in persönlichem
Beisein ausrichten ließ, ist sie hernach in dieser Form weiter ausgerichtet worden bis zu den
Einfällen der Ungarn (...)«[145].

Abgesehen von den durch König und Abtbischof gestifteten Spieltagen und dem
29. Dezember durften die Klosterschüler jeden Festtag zum Spielen nutzen. Lediglich der
heilige Ulrich soll es vorgezogen haben, stattdessen Wiborada in ihrer Klause aufzusuchen
und sich dabei in den göttlichen Lehren unterweisen zu lassen. Eines Tages gab Wiborada
dem Heranwachsenden dabei den Gürtel der Keuschheit (*continentiẹ strophium*) und
verpflichtete so den künftigen Bischof auf ein enthaltsames Leben[146]. Durch seine Frömmigkeit dürfte Ulrich immerhin dem Schicksal seiner Mitschüler entgangen sein, denen
nach den Festtagen regelmäßig Züchtigungen drohten. Dabei soll sich Ratpert, der
bekannte Geschichtsschreiber und Lehrer, besonders hervorgetan haben[147]. Die Diszipli-
narmaßnahmen führten allerdings im Jahr 937 zu einem großen Klosterbrand. Ekkehard
schreibt: »Es war (...) der dem heiligen Markus geweihte Tag, und wie es denn die
Schülerlein an Festtagen sich oft einbrocken, daß man sie anderntags züchtigt, so hatten sie
für Montag durch Fürbitter Vergebung oder richtiger gesagt Aufschub erlangt. Doch am
Dienstag erinnerten die Aufseher, die wir Rundengänger nennen, den Lehrer wieder an
ihre Vergehen, und da ward allen befohlen, sich auszuziehen. Einen der Prügeljungen
schickte man in die oberen Räume des Hauses, um die dort verwahrten Ruten herunterzu-
holen. Der aber riß in der Absicht, sich und seine Kameraden zu befreien, blitzschnell ein
brennendes Scheit aus einem Öfchen, steckte es in das trockene Holz nächst dem Dach und
fachte es an, soviel Zeit ihm noch blieb. Wie ihm aber die Aufseher zuriefen, weshalb er
säume, schrie er lauthals zurück, das Haus brenne. Die trockenen Ziegel aber fingen Feuer,
und dazu wehte der Nordwind, und so ging das ganze Gebäude in Flammen auf«[148].

Ähnlich verheerende Folgen wie in der Klosterschule von St. Gallen konnte die Prügel-
strafe auch im familiären Milieu zeitigen. Der Herzog Eticho vom Elsaß soll, der Vita

145   Ebd., S. 64-67 c. 26
146   Ebd., S. 124-127 c. 57
147   Ebd., S. 84f. c. 37.
148   Ebd., S. 142f. c. 67.

der heiligen Odilia zufolge, seinen Sohn mit dem eigenen Stab im Zorn erschlagen haben[149].

Ekkehard IV. bezeugt, daß in St. Gallen Brett- und Würfelspiele gepflegt wurden; Salomo III. und sein Freund, der Erzbischof Hatto von Mainz, hätten sich dabei nach Kräften betrogen[150]. In der Zeit des aufkommenden Rittertums soll Abt Norbert (1034-1072) das Brettspiel junger Herren unter den Schülern geradezu gefördert haben[151]. Die Kenntnis des Schachspiels im deutschen Südwesten, ja – nach der Feststellung der Fachleute – in ganz Mitteleuropa, belegen zum ersten Mal zwei Einsiedler Handschriften; in ihnen haben Hände aus der Mitte des 10. bzw. vom Beginn des 11. Jahrhunderts ein 98 Verse umfassendes Gedicht vom Schachspiel überliefert[152].

Beim täglichen Unterricht der Klosterschüler wurde auf Sprachkenntnisse geachtet, allerdings auch auf unterschiedliche Begabungen Rücksicht genommen. Von Ekkehard II. will sein Namensvetter, der Geschichtsschreiber, wissen: »Als Lehrer war er so erfolgreich wie streng; denn als er bei seinem Gallus über seine beiden Schulen herrschte, da wagte außer den kleinen Knäblein niemand zum Mitschüler ein Wort zu äußern, wenn es nicht lateinisch war. Und die er zu schwerfällig für Studium und Wissenschaften fand, die beschäftigte er mit Schreiben und Buchstabenzeichnen. In beidem war er selber ein großer Könner, besonders was Majuskel- und Goldschrift betraf, wie es etwa in den von ihm stammenden Versen am Gallus-Bogen sichtbar wird: ›Diese Kirche, dem heiligen Gallus von Gozbert errichtet, / Ließ Abt Ymmo zum Schmuck mit Gold und Gemälden versehen‹. Diese Lettern schnitt er dort mit dem Messer ein und malte sie dann aus. In den Wissenschaften aber bildete er Geringere und Adelige gleichermaßen mit Sorgfalt aus. Von ihnen führte er jedoch eine ganze Anzahl in St. Gallen und anderswo zur Spitze hinauf. Mehrere nämlich unter ihnen« hat er selber noch als Bischöfe erlebt«[153].

Den einzigartigen Spiegel seines persönlichen Bildungsganges hat uns der Abt Walahfrid von der Reichenau († 849) hinterlassen. Walahfrid, selbst Zögling der Reichenauer Klosterschule, hat nämlich seit den 820er Jahren ein Vademecum geführt, in dem er Auszüge aus Schulbüchern für seinen persönlichen Gebrauch sammelte[154]. Die ältesten Notizen über Chronographie und Lateingrammatik wurden im Laufe der Jahrzehnte durch Natur- und Pflanzenkundliches, Medizinisches, Landwirtschaftliches und Historisches ergänzt. Walahfrids Handbuch entsprach, wie man festgestellt hat, selbst der Reihenfolge des klösterlichen Lehrplans, so daß es dem Abt schließlich auch zur Unterrichtung anderer dienen konnte. Ganz ohne Zweifel stellt Walahfrids Sammelhandschrift, die heute in der Stiftsbibliothek von St. Gallen ruht, im ganzen eine hervorragende alltagsgeschichtliche Quelle dar. Sollte einmal eine Ausstellung »Der Alltag im Buch – Das Buch im Alltag« geplant werden – dieser Codex müßte zu den Exponaten gehören.

Ekkehard IV. hebt nicht ohne Grund die Leistungen der St. Galler Schule hervor; vom Prestige der Lehrer hing der Zuzug der Schüler und zum guten Teil auch die wirtschaft-

---

149 Vita Odiliae abbatissae Hohenburgensis (MGH SS rer. Merov. VI, edd. Bruno KRUSCH – Wilhelm LEVISON, Hannover – Leipzig 1913, S. 24-50) S. 42 c. 8.

150 Ekkehard IV., St. Galler Klostergeschichten (wie A. 59) S. 58f. c. 23.

151 Ebd. S. 262f. c. 135. – Vgl. ferner S. 112f. c. 50.

152 Die lateinischen Dichter des deutschen Mittelalters, Fünfter Band: Die Ottonenzeit, Dritter Teil, hg. von Gabriel SILAGI in Verbindung mit Bernhard BISCHOFF (MGH Poetae Latini V.3), München 1979, S. 652-655.

153 Ekkehard IV., St. Galler Klostergeschichten (wie A. 59) S. 182-185 c. 89.

154 Bernhard BISCHOFF, Eine Sammelhandschrift Walahfrid Strabos (Cod. Sangall. 878) (zuerst 1950, ND in: DERS., Mittelalterliche Studien. Ausgewählte Aufsätze zur Schriftkunde und Literaturgeschichte, Bd. II, Stuttgart 1967, S. 34-51); vgl. BORST, Mönche am Bodensee (wie A. 4) S. 50.

liche Lebensfähigkeit der frühmittelalterlichen Benediktinerklöster ab. Das gilt zumal für eine Zeit wie die Mitte des 11. Jahrhunderts, in der die Klosterreformbewegung die alten Abteien in Bedrängnis brachte. Aber schon zweihundert Jahre vor Ekkehard hat man sehr sorgfältig nach dem besten Lehrer für die Ausbildung heranwachsender Adliger Ausschau gehalten, wie ein Text aus Walahfrids Briefbuch zeigt: »Dem rühmenswerten und klugen N., dem verehrungswürdigen N. Segenswunsch im Herrn. Ich bitte Eure Großherzigkeit inständig, daß Ihr jenen Jungen, den Neffen jenes Bischofs, recht streng im Lerneifer antreibt. Denn er (der Bf.) hätte jenen auch irgendwo anders, wohin er wollte, zur Erziehung hingeben können, doch vor allem auf meine Ermahnung hin übertrug er ihn zur Unterrichtung in Eurer Wissenschaft. Deswegen bitte ich, daß er künftig, bei Übung der Studien, merke, daß Unsere Bitte ihm bei Euch etwas nützt, und daß Ihr, woimmer Ihr hingeht, ihm erlaubt, Euch zu begleiten. Den Lohn aber Eurer Arbeit will ich bezahlen, soweit es zur Zeit sein kann. Ihr wißt auch, daß ich jenen Diener des Knaben bei jenem Bischof entschuldigt habe; deswegen bitte ich, daß Ihr jenen, der sich demjenigen (d.h. dem Knaben, oder einem Dritten?) als lästig erwiesen hat, in Eure Umgebung zu kommen gestattet und sie zur Eintracht zurückführt; die Buße für seine Schuld mag er aber tragen, nach dem, was Euch richtig scheint«[155].

Waren Schüler von der Herkunft des Bischofsneffen in Klöstern wie Reichenau und St. Gallen gewiß willkommen, so wurde der Zugang zur Mönchsgemeinschaft in der fränkischen Zeit doch noch nicht durch hohe Standesschranken versperrt. Walahfrid Strabo berichtet in den Gallus-Wundern von einem Klosterschüler, der der Sohn armer Eltern war[156]. Dieser sei sehr fleißig gewesen und habe in seinem Eifer auch nicht nachgelassen, als er nach dem Tod der Eltern sein tägliches Brot durch eigene Arbeit verdienen mußte. Dieser Schüler fand aber den Beistand des heiligen Gallus. Denn als er so schwer erkrankte, daß er »auf einer Seite von der Schulter herab bis zum letzten Körperteil an eiternden Geschwüren litt« und sich ohne die Hilfe anderer kaum noch bewegen konnte, habe ihn nach dem Versagen jeder Medizin am Gallustag Staub und Öl vom Gallusgrab geheilt. Berühmter als diese Episode ist die Geschichte des Grafensohnes Wolo, der das Leben in der Klausur nicht ertrug und als Schüler von St. Gallen zu Tode kam; sie ist auch deshalb so ergreifend, weil sie die Brüderlichkeit der Mönche – personifiziert in Notker dem Stammler – eindrucksvoll veranschaulicht: »Zur selben Zeit (Ende des 9. Jahrhunderts) lebte hier im Kloster ein junger, recht gebildeter Mönch, ein Grafensohn namens Wolo; der war ein unruhiger und unsteter Geist, und seinem inneren Trotz konnten weder der Dekan noch der Herr Notker noch die übrigen gebieten, und während er häufig mit Worten und Schlägen gezüchtigt wurde, ohne daß er sich läuterte, tat es allen leid um den Mann, der so schöne Begabung zeigte. Denn hatte auch St. Gallen immer nur Mönche von freier Geburt besessen, so wichen doch die Vornehmeren unter ihnen häufiger vom Wege ab. Bekümmert über ihn, kamen Wolos Eltern ins Kloster, und während er bei ihren Ermahnungen wohl etwas in sich ging, war er nach ihrem Weggang wieder der alte. Nun erschien aber der Teufel eines Tages in der Frühe dem Herrn Notker und sprach: ›Eine böse Nacht will ich dir und deinen Brüdern besorgen‹. Jener entgegnete: ›Böser Vogel pflegt böse Kunde zu melden‹. Doch gab er das Gehörte warnend den Brüdern bekannt, damit sie sich an dem Tage in acht nahmen. Da aber Wolo gleichfalls davon reden

---

155 Formulae Augienses, Coll. C (MGH Formulae, wie A. 22, S. 364-377) S. 373 Nr. 20. Zuweisung der Sammlung an Walahfrid: Konrad BEYERLE, Das Briefbuch Walahfrid Strabos (Historische Aufsätze. Aloys Schule zum 70. Geburtstag, Düsseldorf 1927, S. 82-98), vgl. hier S. 97.
156 Vita Galli confessoris triplex, ed. Bruno KRUSCH (MGH SS rer Merov. IV, Hannover – Leipzig 1902, S. 229-337) S. 334 c. II.38.

hörte, sagte er: ›Greise faseln ewig hohles Zeug‹. Es war aber just ein Tag, da ihm der Dekan, wie alle wußten, untersagt hatte, aus der Klausur irgendwohin zu gehen, wie er gewöhnlich tat. Und als er beim Schreiben saß, war die letzte Zeile, die er schrieb: ›Denn er war am Sterben‹. Und sogleich sprang er auf, indes ihm die anderen zuriefen: ›Wohin nun, Wolo, wohin?‹, und begann über die Stufen, die eben dazu für uns angelegt sind, zum Glockenturm der Galluskirche hinaufzusteigen; denn da er schon nicht hingehen durfte, wollte er die Berge und die Fluren ringsum mit den Augen schauen, um seinen unsteten Sinn wenigstens so zu befriedigen. Wie er aber emporstieg und über den Altar der Jungfrau gelangt war, stürzte er, wohl auf Einwirkung des Teufels, durch die Holzdecke herab und brach sich den Hals. Viele aber hatten es gesehen oder gehört und liefen herbei, und da man ihm eilig die Wegzehrung brachte, legte er die Beichte ab und empfing das Abendmahl. Doch als sie ihn hinaustragen und zum Krankensaal bringen wollten, sagte er: ›Laßt mich zuvor die heiligen Jungfrauen anrufen! Denn sie wissen, daß ich bei all meiner Verruchtheit doch nie ein Weib berührte‹. Derweil er laut wehklagte, eilte Notker herbei, und ihm streckte Wolo die Hände hin: ›Dir, mein Herr‹, sagte er, ›und den heiligen Jungfrauen, die du allezeit lieb hattest, befehle ich meine sündige Seele‹. Aber Notker warf sich bei ihm nieder und sprach: ›Ihr heiligen Jungfrauen, auf euch vertraue ich, und so nehme ich die Vergehen dieses Bruders auf mich und gebe uns beide in eure Hände‹. Und bei diesen Worten weinte und klagte er laut. Und da man Wolo hinausbrachte, bat er vor dem Portal um eine Weile Rast, und während er Notker ganz fest bei der Hand hielt, gab er unter den Gebeten der Brüder seinen Geist auf. – Bei der Totenfeier war es Notker, der ihn wusch und auf die Bahre legte; selber hielt er das Totenamt und besorgte sein ganzes Begräbnis, und immer, sein Leben lang, hat er dargetan, daß er in seiner Person die Pflichten zweier Mönche zu erfüllen habe. Während nun eben an Wolos Sterbetag die Komplet zu Ende ging, trug einer der Väter, der etwas beschränkt war, das Gebet vor, worin es heißt: ›So froh wie wir den Tag verlebten, so froh mögen wir auch die Nacht verbringen‹; da sprang der Gottesmann auf ›Was begehrst du da‹, sagte er, ›was begehrst du, wundersamer Bruder? Für heute möchte es mit des Tages Plage genug sein und mehr als genug; du aber erbittest dasselbe auch noch für die Nacht?‹ Am siebenten Tage aber nach dem Tode des Mannes verharrte er wachend die Nacht hindurch in der Kirche, und da er um die Zeit des nächtlichen Lobsingens sich für ein Weilchen auf den Knien ausruhte, dünkte ihn, sein Ratpert erscheine und wecke ihn mit den Worten: ›Ihm sind viele Sünden vergeben, denn er hat viel geliebt‹. Allein, wie er im Aufwachen erwiderte: ›Woher, mein Herz, woher weißt du das?‹, da war ihm, als entferne sich jener mit sanftem Schritt. Er dachte aber, Ratpert gehe zur Kirche hinaus, um dort freier sprechen zu können, und da er ihm vor den Vorhang folgte, konnte er keine Spur von ihm und keinen Ton von seinen Schritten wahrnehmen. Und nachdem er eine Kerze angezündet hatte, suchte er ihn in seinem Bette auf. Und er traf ihn, wie er gerade aufstand, um gleichfalls, wie er gewohnt war, vor der Zeit zu kommen und zu beten. Da löschte Notker die Kerze und ging in die Kirche zurück. Wie es aber Tag geworden war und Ratpert fragte, ob er in der Nacht gekommen sei, ihn zu wecken, offenbarte Notker seinem Freund, was er erlebt hatte. Und zuletzt blieb diese Hoffnung, die so tröstlich war, auch den übrigen Brüdern nicht verborgen«[157].

Die ungewöhnliche Sorge Notkers um Wolos Seelenheil war nicht allein aus Freundesliebe motiviert; sie gründete vielmehr – wie unlängst Hans F. Haefele gezeigt hat[158] – in der

---

157 Ekkehard IV., St. Galler Klostergeschichten (wie A. 59) S. 96-101 cc. 43 f.
158 Hans F. HAEFELE, Wolo cecidit. Zur Deutung einer Ekkehard-Erzählung (Deutsches Archiv 35, 1979, S. 17-32) S. 30.

verderbenbringenden Untat Wolos, die Ekkehard kaum anzudeuten wagte: daß nämlich der unglückliche Grafensohn in seiner Verzweiflung den Suizid gesucht hatte.

Die Unterrichtung der Klosterschüler beschränkte sich nicht auf Sprache und Wissenschaft oder Bücherschreiben; man holte auch Fachleute herbei, die ihre besonderen Fähigkeiten und Künste demonstrieren sollten. Aus Reichenau ist ein Brief überliefert, in dem offenbar ein Abt von Corvey seinen Amtsbruder Walahfrid um den Besuch eines Glaskünstlers namens Mathaeus bittet. Dieser sollte »unseren Kleinen« ein Beispiel für die Herstellung von Fenstern geben, und gewiß werde man ihn schon nach einer Woche wieder heimkehren lassen[159]. Andererseits haben die gelehrten Mönche auch Laien außerhalb des Klosters unterrichtet. Ekkehard II. durfte sich mit Erlaubnis seines Abtes lange Zeit auf dem Hohentwiel aufhalten, um mit der Herzogin Hadwig Vergil und Horaz zu lesen[160]; die ungewöhnliche Dame, die wie Wiborada und andere Frauen der Ottonenzeit die überkommenen Geschlechterrollen zu überwinden suchte und die weiblichen Handlungsräume erweiterte[161], konnte sogar selbst ihre griechischen Sprachkenntnisse an Klosterschüler weitergeben[162]. Die Erzählungen um Ekkehard II. und Hadwig, die durchaus auch eine erotische Spannung vermitteln, gehören zu den fesselndsten Passagen der Casus S. Galli und zugleich zu den interessantesten alltagsgeschichtlichen Quellen des frühmittelalterlichen Alemannien[163].

3. Freundschaft, Heirat, Sexualität

Von der Freundschaft ist in der südwestdeutschen Überlieferung, wie bekanntlich auch sonst[164], vor allem in Briefen die Rede. Notker der Dichter hat seiner Formularsammlung sechs eigene Briefe an die Brüder Waldo und Salomo eingefügt, die er als »teuerste Söhne«, »geliebteste Brüder« u. ä. anredet[165] und deren Freund zu sein er sich rühmt[166]. Bei den Briefen handelt es sich nach dem Urteil Wolfram von den Steinens »wohl (um) das stärkste persönliche Zeugnis, das wir in Prosa von dem großen Manne besitzen«; die Schreiben beruhten nicht auf Fiktionen, sondern gingen »vom lebendigen Augenblick mit seinen einmaligen Situationen« aus[167]. Ihren wohl schönsten Ausdruck hat Notkers Freundesliebe in der *Epistola ad duos quosque*, dem sogenannten »Osterbrief«, gefunden[168]. Von den Steinen hat die äußeren Voraussetzungen des Schreibens genau ermittelt[169]: Die Brüder

---

159 Formulae Augienses, Coll. C (wie A. 155) S. 370 Nr. 13, vgl. BEYERLE (wie A. 155) S. 96. Vgl. auch Formulae Augienses, Coll. C S. 374 Nr. 22, in der ein Briefsteller dem Abt und den Mönchen von Reichenau u. a. für die Dienste eines Bruders Schulmeister dankt.

160 Ekkehard IV., St. Galler Klostergeschichten (wie A. 59) S. 186f. c. 90, S. 194f. cc. 94f.

161 BORGOLTE, Historische Zeitschrift 241 (1985) S. 159f.

162 Ekkehard IV., St. Galler Klostergeschichten (wie A. 59) S. 194f. c. 94, vgl. S. 184f. c. 90; vgl. Walter BERSCHIN, Griechisch-lateinisches Mittelalter. Von Hieronymus zu Nikolaus von Kues, Bern – München 1980, S. 31, 179f.; Edith ENNEN, Frauen im Mittelalter, München 1984, S. 80f.

163 Wie A. 160, cc. 90-97.

164 Vgl. Giles CONSTABLE, Letters and Letter-Collections (Typologie des sources du moyen âge occidental, fasc. 17), Turnhout 1976, bes. S. 15f.

165 Zitat: Collectio Sangallensis (wie A. 40) S. 428 Nr. 46 (entsprechend S. 427 Nr. 44 an Waldo allein); S. 425 Nr. 43 (S. 412 Nr. 28: *uterinis fratribus adoptulus frater*); vgl. S. 429 Nr. 47: *primoribus dilectissimis, iuvenibus iocundissimis pauper et languidus ille*.

166 S. im folgenden das Zitat des Briefes Nr. 43; vgl. Collectio Sangallensis (wie A. 40) S. 423 Nr. 41 mit der Rubrik: *Amicus amico.*

167 VON DEN STEINEN (wie A. 44) S. 471f.

168 Collectio Sangallensis (wie A. 40) S. 425-427 Nr. 43; ›Osterbrief‹: VON DEN STEINEN (wie A. 44) S. 472.

169 VON DEN STEINEN (wie A. 44) S. 475-477.

Waldo und Salomo, die von ihrem Großoheim, Bischof Salomo I. von Konstanz, schon als Knaben zum geistlichen Stand bestimmt worden waren, seien bis Ende 878 als Schüler und Novizen unter Notkers persönlicher Obhut in St. Gallen gewesen. Dann haben sie sich an den Königshof begeben, um an der Jahreswende 879/880 in Ravenna Zeuge von Karls III. Erhebung zum König von Italien zu werden. Enttäuscht in der Hoffnung auf ein rasches Avancement und veranlaßt durch den Tod des Vaters sollen sich die Brüder im Frühjahr in ihre alemannische Heimat zurückbegeben haben. Ihr Besuch in St. Gallen habe Notker gezeigt, daß sie in ihrer Absicht, Bischöfe zu werden, schwankend geworden seien; auch die Verachtung seiner Mönchskutte habe dem Dichter von St. Gallen gezeigt, daß seine Freunde und Schüler die Rückkehr ins weltliche Leben planten. Hier lag der Anlaß für Notkers Brief, fürchtete er doch um die in Waldo und Salomo gesetzten Hoffnungen; freilich konnte sich Notker bei dem Gedanken beruhigen, daß auch Bischof Salomo II., der Onkel der Brüder, den Wankelmut seiner Neffen erkannt hatte und ihm entgegenzuwirken wußte. Der Brief Notkers setzt mit folgenden Worten ein: »Den geliebtesten Brüdern N. N. sendet der treueste Freund unerschöpfliche Segenswünsche im Heiland der Welt. Nachdem Ihr von uns wieder abgereist seid, bin ich in mein Gefängnis zurückgegangen und habe mich in so großer Trauer verzehrt, daß ich, wenn ich mich auch auf energischste Weise darum bemühte, den Schmerz des Herzens dennoch auf keine Weise verbergen konnte. Und ich ging weg, verbittert in der Erregung meiner Seele, erzürnt und streng mit mir selbst, weil ich doch gelernt hatte, nach der Liebe der Apostel und der Märtyrer, der Freundschaft der Bekenner und Jungfrauen, der Vertrautheit mit den Patriarchen und Propheten und der ständigen Versenkung in den Herrn selbst, worin alle Heiligen seinen Gläubigen überall helfen, Freunde in der Welt von Zeit und Raum zu haben (quod ... temporales et locales amicos habere didicerim), obzwar ich Euch (auch) in Christus, der mein Zeuge ist, lieben könnte. Schließlich war aber meine Traurigkeit beschwichtigt; mit ganzem Herzen dem Herrn zugewandt habe ich Tag und Nacht nicht geruht, sein Erbarmen anzuflehen, daß er, was er selbst in seiner Güte bei Euch gesät hat, durch neue Gnade zur angemessenen Reife führe«. Dann berichtet Notker, wie sehr er die Freunde beim Gotteslob vermißt habe und daß er ihnen hatte sagen wollen, »wie glorreich es sei, Gott zu dienen, wie wertlos hingegen, in der Welt zu regieren«. Er sei aber heiter gestimmt bei dem Gedanken, daß sich die Brüder in der Umgebung des Erzbischofs (Liutbert) von Mainz und des Bischofs Salomo (II. von Konstanz), ihrer Verwandten, befanden. Freilich fürchte er, die Brüder steuerten weniger entschieden die Größe einer derartigen (bischöflichen) Stellung an, so daß er ihnen die liturgischen Pflichten eines Bischofs an den (bevorstehenden) Kartagen nahebringen wolle. Notker erläutert die Riten des Gründonnerstags, Karfreitags und Karsamstags. Der Lehrer freut sich bei dem Gedanken, seine Unterweisung werde von den Schülern und Freunden sorgfältig aufgenommen werden, aber dann beunruhigt ihn doch gleich wieder, daß sie bestimmte Teile der Lex und der Propheten, wie er sich erinnere, nicht kennen und so den Unwillen des Bischofs auf sich und ihn, den Lehrer, lenken könnten. Darauf kommt Notker auf die drohende Rückkehr der Brüder ins weltliche Leben zu sprechen: »Weil Ihr daher die Bürde des bischöflichen Amtes und ebenso Eure Unerfahrenheit zu einem Teil kennengelernt habt, bitte ich Eure geliebte Hoheit in meiner Schwachheit inständig (obsecro dilectissimam vilitati meae indoliciam celsitudinis vestrae), daß Ihr, wenn Ihr zum Dienst des Altares heraufsteigen wollt, keinesfalls zum Haus Eures verstorbenen Vaters, das jetzt Eurem Bruder gehört, herabsteigt. Kehrt stattdessen sofort zum Kloster zurück, wenn Ihr mich zum Genossen haben wollt. Andernfalls besucht Euer Erbgut, teilt es mit Eurem Bruder, treibt Landwirtschaft, erbaut Häuser und übt die Jagd. Wenn Ihr Euch herbeilaßt, den hl. Gallus und mich zu besuchen, laßt Ihr Euch durch die Erfahrung überzeugen, weil ich Euch zu dienen vor allem anderen für das Erfreulichste halte. Wenn aber die Arme der Gattin Eures Bruders Euch umschlossen halten sollten, so wißt, so schön wie Ihr seid, daß Euch etwas Süßes von ihr und ihr etwas Süßes von Euch wachgerufen wird, was doch auf beiden Seiten in einem Grab verschlossen vor allen für angenehm galt. Rechnet daher zusammen, die Ihr durch bischöflichen und klösterlichen Aufwand in Italien und in Alemannien erzogen worden seid zur Regierung der Kirche Gottes, o Ihr, o Bischofsgeschlecht, mit welcher Schande und in welcher Gefahr für das gegenwärtige und das ewige Leben Ihr zum Vaterhaus zurückkehren wollt, noch nicht als Ehemänner, sondern als Beischläfer der Mägde, oder sogar als Ehebrecher Eurer Verwandten. Besucht oft die Bischofskirche, schreckt nicht zurück vor dem Königshof, die Ruinen von Bethäusern vermeidet auf alle Fälle, damit Ihr nicht, während Ihr dort Heil sucht, der Gefahr ewigen Todes verfallt«. Weiteren Ermahnungen zur Vorbereitung auf das Bischofsamt fällt Notker dann selbst mit einer Klage ins Wort, die die Adressaten seines Schreibens nur um so mehr in die Pflicht nehmen soll: »Töricht bin ich, der ich nicht müde werde, so vieles dem Schriftstück für Undankbare mitzuteilen! Aber wegen der Liebe zu Euch scheint es mir trotzdem eher kraftlos als zudringlich, der ich meine Mühen am liebsten Euch angedeihen zu lassen für das Angenehmste halte. Wenn ich nicht fürchten müßte, daß meine Kukulle Euch abschreckt, würde ich mich bemühen, Euch überall zu finden. Aber Ihr seht, ob Ihr wollt oder nicht, im Haus des Bischofs täglich die Kukulle!« Nach erneuten Mahnungen, den Tugenden zu leben und die Laster zu meiden, lenkt der bescheidene Lehrer endlich den Blick der Freunde auf sich selbst: »Ich vertraue Eurer Heiligkeit meine sündige Seele an, daß Ihr durch die Fürsprache der Gottesmutter beim Erbarmen des allmächtigen Vaters Nachlaß für meine Sünden zu erbitten Sorge tragt; ich glaube nämlich, daß Ihr als Unschuldige und mit den Sünden Unbekannte Gott gefallen und von ihm erwirken könnt, was Ihr Rechtes erbittet. Ich aber bete immer mehr für Euch als für mich. Der Friede Gottes, der allen menschlichen Verstand übersteigt, schütze Eure Herzen und Euren Verstand in Christus Jesus, unserem Herrn. O, wenn ich Euch zu sehen verdiente!«

Ein Freundschaftsbrief von der Art derjenigen Notkers für Waldo und Salomo ist auch unter den Schreiben des Abtes Bern von Reichenau (1008-1048) überliefert[170]. Aber während Notker den persönlichen Ton trifft und die Alltagswirklichkeit einer Freundschaft vergegenwärtigt, die sich unter den Spannungen zwischen Lehrer und Schülern, Älteren und Jüngeren, Mönch und weltfreudigen Adligen zu bewähren hatte, bleibt Berns Brief nur ein literarisches Machwerk mit bescheidener Moral. Der Reichenauer Abt schreibt an einen alten Freund, der nunmehr Bischof geworden war – es handelt sich wohl um Heinrich von Parma (1015-1026) –, und wirft ihm vor, eine Verabredung nicht eingehalten zu haben. So einer könne, droht er, *amici nomen* verspielen, und belegt die Normen wahrer Freundschaft mit einer Fülle klassischer Zitate.

Zu den Freundespflichten im Mittelalter gehörte das Gebet füreinander[171]; nicht zufällig endet Notkers eben zitierter Brief mit der druckstark plazierten Bitte und Zusage des Gebetsgedenkens. Auch bei flüchtigeren Freundschaften, als es die zwischen Notker und Waldo bzw. Salomo war, rückte die Gebetshilfe schnell zum wichtigsten Zeichen persönlicher Verbundenheit auf. Als Ludwig der Fromme im Frühjahr 839 in Bodman residierte,

---

170 Die Briefe des Abtes Bern von Reichenau, hg. von Franz-Josef SCHMALE (Veröffentlichungen der Kommission für geschichtliche Landeskunde in Baden-Württemberg, Reihe A, Quellen, 6. Bd.), Stuttgart 1961, S. 34-36 Nr. 9.

171 Künftig Karl SCHMID – Gerd ALTHOFF, Amicitiae.

besuchte einer seiner Gefolgsleute die Abtei Reichenau, deren Ruhm seine Neugier erregt hatte. In einem Dankbrief an Abt (Walahfrid) und die Mönche des Klosters schrieb er wenig später: »Nachdem es mir vergönnt war, Eure huldvolle und heiligmäßige Person von Angesicht zu sehen, war es mein Begehren, mich, obwohl vom Schlamm der Sünden beschwert, Eurem und der Eurigen Gebete zu empfehlen. Aus der Liebesfülle Eures Herzens habt Ihr und die Brüder meiner Bitte geneigtest entsprochen. Leider vermag ich Euch dafür keine würdige Gegengabe zu bieten. Doch werde ich es, soviel in meinen Kräften steht, nie unterlassen, Euch tiefen und ehrerbietigen Dank abzustatten. Für jetzt übermache ich Euch 30 Schillinge Silbers. In Demut gebeugt, bitte ich inständig, daß mein Andenken in Eurem eifrigen Gebete nicht erlösche, wie auch ich nach Kräften Euch immerwährende Freundschaft bewahren werde. Wenn nicht unsere Mannen und Pferde ermüdet wären über der langen Reise, die wir in diesem Jahr nach Rom hin und zurück vollbracht haben, würde ich keinesfalls versäumt haben, Euch zu erwünschter Zwiesprache aufzusuchen und den Friedensgruß mit meinen lieben Vätern, die unter Eurem Abtstab weilen, zu tauschen. Schreibt mir, ich bitte darum, daß es diesen und Euch selbst wohl ergehe, wenn es Euch nicht lästig ist, den Kiel einzutauchen und ihn, mit Tinte gefüllt, über ein Fell vom Kalb oder Schaf hinweggleiten zu lassen (...)«[172].

Zwischen den Lebensbereichen »Freundschaft« und »Ehe« müßte hier eigentlich von der »Liebe« die Rede sein. Aber wie man weiß, wurde die Liebe zwischen den Geschlechtern erst später, im 12. Jahrhundert, zu einem, – dann freilich bevorzugten – literarischen Thema[173]. Die südwestdeutsche Überlieferung kennt aber auch keinen Fall leidenschaftlicher Liebe, wie er in der Zeit Heinrichs II. im Mittelrheingebiet von sich reden machte. Daß Otto von Hammerstein um die Ehe mit seiner Verwandten Irmingard gegen Kaiser und Erzbischof kämpfte, ja sogar den Papst einschaltete, macht den »Hammersteinschen Ehehandel« bis heute zu einem bevorzugten Studienobjekt der Rechtshistoriker[174]. In der Überlieferung schlug sich freilich das Erstaunen über Ottos Aktionen in den Worten nieder, er sei *coeco furibundus amore* – rasend in blinder Liebe – gewesen[175].

Ehe und Eheschluß erscheinen in der alemannischen Überlieferung des Frühmittelalters nicht in Verbindung mit Liebe, sondern im Kontext von Gewalt oder Recht. Die politische Bedeutung einer Heirat im höheren Adel veranschaulicht eine Episode, die Hermann der Lahme seiner Chronik zum Jahr 902 eingefügt hat. »Im selben Jahr«, schreibt Hermann, »werden Beringer, Reginolf und Gerhard, leibliche Brüder edler Abkunft, Söhne des Grafen Ato und der Adelinde, von Feinden umringt und erschlagen, nicht weit von dem Nonnenkloster Buchau im alemannischen Eritgau, das ihre Mutter um diese Zeit in frommem Eifer zur Ehre der heiligen Märtyrer Cornelius und Cyprian erbaut hatte; das geschah, als sie ihre Schwester, die Nonne war, heimlich von dort entführten, um sie zu

---

172 Formulae Augienses, Coll. C (wie A. 155) S. 374 Nr. 21, Übersetzung von Konrad BEYERLE, Von der Gründung bis zum Ende des freiherrlichen Klosters (724-1427) (Die Kultur der Abtei Reichenau, hg. von K. B., Halbband 1, München 1925, ND Aalen 1970, S. 55-212/2) S. 101. Zum Text und zum politischen Zusammenhang ferner BEYERLE (wie A. 155) S. 90, 97 f.; Arno BORST, Die Pfalz Bodman (Bodman. Dorf, Kaiserpfalz, Adel, hg. von Herbert BERNER, Bd. 1, Sigmaringen 1977, S. 169-230) S. 191 f.
173 Ich weise hier nur hin auf das Buch von Jean LECLERQ, Monks and Love in Twelfth-Century France. Psycho-Historical Essays, Oxford 1979, in dem der Verf. die These aufstellt, Bernhard von Clairvaux hätte eine spezifisch zisterziensische Liebesliteratur inauguriert, die im Frankreich des 12. Jahrhunderts neben die weltliche Liebesliteratur der Troubadours getreten sei.
174 Vgl. Siegfried REICKE, Der Hammersteinsche Ehehandel im Lichte der mittelalterlichen Herrschafts-ordnung (Rheinische Vierteljahrsblätter 38, 1974, S. 203-224).
175 Annales Quedlinburgenses (MGH SS III, ed. Georg Heinrich PERTZ, Hannover 1839, S. 22-90) S. 85.

vermählen; sie wurden von ihrer Mutter bei dem Kloster begraben«[176]. Auch wenn man über die Hintergründe der Affaire nichts Näheres weiß, darf man vermuten, daß die Söhne des Grafen Ato ihre Schwester in einer Weise vermählen wollten, die andere Adlige herausforderte und zur Tötung der drei Brüder führte[177].

Als Hindernisse für eine Ehe galten in Alemannien bestimmte Verwandtschaftsverhältnisse; in der Lex Alamannorum sind die von der Kirche verlangten Inzestverbote genau definiert[178]. Die praktische Bedeutung der Regelungen belegt eine Notitia aus Reichenau; danach habe ein Graf einen Mann wegen Inzests sein Eigengut aberkannt, doch haben diesem danach Königsboten bei der Appellation Recht gegeben, »daß er für einen derartigen Inzest seine Eigengüter nicht verlieren müsse«[179].

Waren die Voraussetzungen für den Eheschluß gegeben, so stattete der Mann die Frau mit der *dos* (dem Wittum) aus[180]. Offensichtlich geschah diese wirtschaftliche Sicherung der Ehefrau häufig in schriftlicher Form; jedenfalls enthalten die alemannischen Formularsammlungen zahlreiche *libella* oder *cartae dotis*, die – nach den präzisen Maßangaben oder speziellen Rechtsbestimmungen zu schließen – überwiegend von tatsächlich ausgestellten Urkunden abgeleitet zu sein scheinen[181]. Eine im Volltext erhaltene Urkunde vom Jahr 895 verdeutlicht die Sorge um die Frau und auch einen möglichen Erben: »Ich, Thancholf, der Sohn Thancholfs, habe, als ich die Tochter Hartmanns namens Suongart zur Ehe nahm, ihr jenes Erbgut zur Aussteuer gegeben, das mir zu einem Teil vom Erbe meiner Mutter Chunigund zufiel; vor allem den Hof, der mit einem Zaun umgeben ist, und darin das errichtete Haus, das 12 Solidi wert ist; ferner den Pferdestall im Wert von fünf Solidi, 5 Juch Wald und 25 Juch unter Ackerböden und Wiesen; und falls noch etwas anderes von dem Erbe da sein wird, soll es zur selben *dos* verwendet werden; ferner zwei Sklaven in der Provinz, vier Ochsen und zwei Kühe, vom Vieh 20 Köpfe und Gebrauchsgegenstände im Haus, auf den Äckern und Wiesen, in den Wäldern und auf den Straßen, bei den stehenden und fließenden Gewässern, auf den Weiden; den Zu- und Abgang, den Holzschlag. Das alles habe ich jener unter der Bedingung übertragen, daß wir es zusammen nutzen, und wenn Gott uns einen Erben schenken sollte, soll jener es haben; wenn aber nicht, sollen die Güter nach unserer beider Tod an das Kloster St. Gallen auf ewigen Besitz fallen für das Heil unserer Seele und das unserer Eltern (...)«[182].

Wie von Geburt und Taufe sind auch von der Hochzeit Festlichkeiten nicht überliefert; Hermann der Lahme gab lediglich einen indirekten Hinweis, als er erwähnte, wie Hein-

---

176 Herimanni Augiensis Chronicon (wie A. 136) S. 111; Übers. von Rudolf BUCHNER: Quellen des 9. und 11. Jahrhunderts zur Geschichte der Hamburgischen Kirche und des Reiches (Ausgewählte Quellen zur deutschen Geschichte des Mittelalters. Freiherr vom Stein-Gedächtnisausgabe, Bd. XI, Darmstadt ³1973) S. 629.

177 Vgl. BORST, Mönche am Bodensee (wie A. 4) S. 73 f.; BORGOLTE (wie A. 55) Art. ATO (II).

178 Lex Alamannorum (wie A. 127) S. 98 f. § 39.

179 Formulae Augienses, Coll. B (wie A. 22) S. 357 Nr. 22.

180 Vgl. Werner OGRIS, Art. dos (Handwörterbuch zur deutschen Rechtsgeschichte I, wie A. 129, Sp. 775-778).

181 Vgl. Formulae Augienses, Coll. B (wie A. 22) S. 357 f. Nrn. 24 f. (*Libellum dotis*), Formulae Sangallenses Miscellaneae (wie A. 40) S. 385 Nrn. 12 f., S. 387 f. Nrn. 16, 18 f. (*Carta dotis*), Collectio Sangallensis (wie A. 40) S. 404 Nr. 12, S. 406 f. Nr. 18 (*Carta dotalis* bzw. *dotis*). – Besonders interessant ist die Bitte um den Schutz der Brautgüter durch den König in der Zeit des Kriegsdienstes, den der Bräutigam absolvieren mußte: Collectio Sangallensis S. 366 f. Nrn. 5 f. – In Formulae Augienses, Coll. B S. 359 Nrn. 26 f (nach Formulae Marculfi): gegenseitige Schenkung von Mann und Frau.

182 WARTMANN II (wie A. 24) S. 303 f. Nr. 701 = Urkundenbuch Zürich I (wie A. 22) S. 74 Nr. 163 = Thurgauisches Urkundenbuch, Erster Band: 724-1000, red. von Friedrich SCHALTEGGER, Frauenfeld 1924, S. 179 f. Nr. 150.

rich III. 1043 Agnes von Poitou ehelichte. Danach soll der ernste König allen »ein nützliches Beispiel« gegeben haben, indem er »die eitle Gunst der Spielleute nichts achtete und sie mit leeren Händen traurig entließ«[183]. In Hermanns eigener Familie war allerdings – ebenso wie bei den Vorfahren des reformeifrigen Grafen Eberhard von Nellenburg – das Hochzeitsdatum der historischen Aufzeichnung wert. Wir wissen so, daß Hermanns und Eberhards Eltern jeweils im Jahr 1009 geheiratet hatten[184]. Die historischen Notizen werden wohl aus der Praxis eines Gedenkens an die Vermählung – sicher im Gebet, vielleicht auch in der weltlichen Feier – erwachsen sein[185].

Auf die Eheethik gibt nur Ekkehard IV. einen Hinweis. Er schildert das Zusammenleben der Eltern Isos, des St. Galler Lehrers († 871), das von selbstauferlegtem Verzicht und kirchlichen und öffentlichen Regulativen geprägt war: »Iso war der Sohn nicht nur wohlgeborener, sondern auch frommer Eltern. Und wie sie sich denn häufig durch Enthaltsamkeit von Speisen und anderen Dingen in einstimmigem Verlangen für Gott zu kasteien pflegten, so hatten sie einmal die Fastenzeit hindurch getrennte Lager, bis sie endlich am Karsamstag ein Bad nahmen. Und nach Asche und rauhem Gewand schmückten sich beide zum Kirchgang mit den Bürgern, so wie sie es sich als Wohlgeborene erlauben konnten. Ermüdet von den Wachen ging die Frau nach dem Bade zum Schlafen in ihr Bett, das nunmehr entsprechend prächtiger aufgeschlagen war. Da kam unter Führung des Versuchers zufällig ihr Mann in jenes Gemach. Er trat zu ihr, und ohne daß sie sich sträubte, legte er sich an diesem heiligen Tage zu ihr. Nach vollbrachtem Frevel erhoben die beiden im Gemach dort so großes Wehklagen, daß das Gesinde, das rasch zur Stelle war, nicht zu fragen brauchte, was geschehen sei, da sie mit lautem Flehen zu Gott selber kundtaten, was sie getan. Unter Tränen gingen beide abermals sich waschen; wieder zogen sie die Bußkleider an, die sie so viele Wochen hindurch getragen hatten. Und mit Asche bestreut und barfüßig fielen sie angesichts aller Bürger dem Priester des Ortes zu Füßen. Er aber billigte in gütiger Einsicht ihre Bußfertigkeit und gab ihnen Erlaß, während das Volk für sie laut zu Gott rief; und da er sie aufgerichtet hatte, ließ er sie diesen Tag und die Nacht zur Strafe vor dem Kirchenportal stehen und nicht am Abendmahl teilnehmen. Nach Abschluß des Tagesoffiziums gingen sie dann zu einem Priester ins nächste Dorf, der im Rufe der Heiligkeit stand, und in derselben Gewandung enthüllten sie ihm und seinen Bürgern unter Wehklagen ihren Fehltritt und baten um seine Erlaubnis, am folgenden Tag das Abendmahl empfangen zu dürfen. Da schalt er sie ernstlich und verwies ihnen ihren Leichtsinn; gleichwohl erhielten sie seinen Segen, worauf sie nach Hause zurückkehrten und die Nacht unter Fasten und Weinen wachend verbrachten. – Der Ostertag brach an; frühmorgens standen sie vor dem Portal, und wie das Kreuz vor der Messe herausgetragen wurde, folgten sie als die letzten. Der Priester aber führte sie unter Zustimmung des ganzen Volkes während des Kyrieleison herein und wies ihnen zuhinterst einen Platz an. Weil es jenem schon genannten Priester mißfiel, unterließen sie es, um Teilnahme am Abendmahl zu bitten. Nachdem aber die Kommunion vollzogen war, trat – so schien es – hastig jener Priester herein, als ob er für sein Volk noch ein Meßamt halten wollte, ergriff sie bei den Händen und führte sie zum Altar. Er öffnete die Hostienbüchse und spendete den Tränenüberströmten die Kommunion, und eilig, als müßte er zu den Seinen zurück, gebot er ihnen, sich wieder umzukleiden und zu speisen; dann gab er ihnen Segen und Kuß und ging weiter. Es waren auch alle herzlich froh, daß jene die Kommunion auf Weisung eines

183 Herimanni Chronicon (wie A. 136) S. 124; BUCHNER (wie A. 176) S. 676f.
184 Herimanni Chronicon (wie A. 136) S. 119; Annales Scafhusenses (MGH SS V, ed. Georg Heinrich PERTZ, Hannover 1844, ND Stuttgart 1985, S. 388).
185 Vgl. BORGOLTE (wie A. 137) S. 13.

solchen Mannes bekommen hatten. Und dann verbrachten sie den Tag in Freuden und mit Almosenspenden, und als sie Stücke davon und Geschenke durch einen Reiter jenem Priester schickten, fand es sich, daß er an diesem Tage von den Seinigen nirgendshin weggegangen war; alles, was geschehen, hatte vielmehr ein Engel Gottes getan, und das ist auch an einer Synode kundgetan worden. Beide statteten sie darauf Tag und Nacht Gott Dank ab und gaben sich ihren gewohnten Tugendwerken nunmehr noch inniger hin«[186].

Viel stärker als von der Sexualität in der Ehe ist in der Überlieferung von der Unzucht die Rede. In Augsburg tradierte man das Leiden der Dirne Afra, die ihre Abkehr von Heidentum und Venusdienst in der diokletianischen Verfolgung mit dem Märtyrertod bezahlt haben soll[187]. Die Geschichte einer Prostituierten, die Mutter geworden war, erzählt Herimannus in der zweiten Vita Wiboradae. Nachdem die Dirne ihr Kind in einem Fischteich ertränkt habe, sei sie auf Beschluß des »Volkes der Gläubigen« an einen Pfahl gebunden und ausgepeitscht worden. Zusätzlich habe man ihr auferlegt, den Rest des Jahres an allen Festtagen mit gelöstem Haar und nackten Füßen in der Vorhalle der Magnuskirche zu stehen, »damit die, die von ihrem Verbrechen wußten und darüber betrübt waren, durch den Anblick ihrer Buße getröstet würden«. Als sich die Kindesmörderin dieselbe Strafe noch selbst über das gesetzte Zeitmaß hinaus auferlegte, habe ihr Wiborada die Versöhnung Gottes durch die Vision verkündet, der Knabe sei am Ort der Ruhe[188].

Besonders gefährdet waren die Insassen der Gynäceen, der schon aus der Antike bekannten Arbeits- und Wohnhäuser lediger Frauen[189]. Schon der Pactus und dann auch die Lex Alamannorum suchten sie vor Vergewaltigung zu schützen[190]. Notker kannte trotzdem »zwei Bastarde aus dem Frauenhaus von Colmar«[191]. Ähnlichen Zudringlichkeiten der Männer, wie die Mädchen der Gynäceen, waren Witwen ausgeliefert[192].

Trotz seines frommen Lebenswandels beging auch der heilige Ulrich einen Fehltritt. Jedenfalls weiß Ekkehard IV. zu berichten, Ulrich habe noch als Heranwachsender und Schüler die jungfräuliche Stieftochter eines befreundeten Gastgebers »erkannt«. Die junge Frau nahm zur Buße den Schleier im Kloster von Zürich, wo sie später mit Hilfe Ulrichs Äbtissin werden konnte. Das Mädchen, das aus dem Beilager hervorgegangen war, wurde ebenfalls in Zürich aufgezogen. Die uneheliche Geburt diskriminierte sie nicht, im Gegenteil bewahrte sie den vornehmen Stand ihrer Eltern. Als sie herangewachsen war »und reif dem Manne wurde«, vermählte sie sich mit dem Sprößling eines einflußreichen Adelsgeschlechtes in der Umgebung von St. Gallen. Wieviel stärker ihr Herkunftsstolz als der Makel ihrer Geburt ihr Selbstverständnis geprägt hatte, verrät Ekkehard mit folgender Episode: »Da man sie heimlich zur Buhlschaft mit König Arnulf drängte, soll sie den kupplerischen Werbern geantwortet haben: ›Weder von der Mutter noch vom Vater her

---

186 Ekkehard IV., St. Galler Klostergeschichten (wie A. 59) S. 70-73 c. 30.
187 Conversio et Passio Afrae (MGH SS rer. Merov. III, ed. Bruno KRUSCH, Hannover 1896, S. 41-64); Passio Afrae vetustior et de Passione Afrae Armenia, ed. Bruno KRUSCH (MGH SS rer. Merov. VII, Hannover – Leipzig 1920, S. 192-204).
188 Vita Wiboradae II (wie A. 84) S. 174-179 c. 26.
189 Vgl. Artt. gynaeceum, gynaecia (Thesaurus Linguae Latinae VI.2, Leipzig 1925/1934, Sp. 2382 f.). Neben den AA. 190 f. zit. Belegen s. zum Gynäceum im merowingischen Königshof Marlenheim Gregor von Tours, Historiarum libri X, edd. Bruno KRUSCH – Wilhelm LEVISON (MGH SS rer. Merov. I.1.3 , Hannover 1942, S. 459 c. IX.38; zu dem des Grafen Eberhard im Elsaß: Regesta Alsatiae aevi Merovingici et Karolini 496-918, Bd. I, bearb. von Albert BRUCKNER, Straßburg – Zürich 1949, S. 69 Nr. 127.
190 Pactus (wie A. 127) S. 33 § 32; Lex (wie A. 127) S. 140 § 75.2,3, vgl. 1.
191 Notkeri Balbuli Gesta Karoli Magni (wie A. 16) S. 52 c. II.4.
192 Ekkehard IV., St. Galler Klostergeschichten (wie A. 59) S. 172-175 c. 84.

entstamme ich einer solchen Sippe, daß es mir anstünde, meine Jungfernschaft irgendwem preiszugeben, und wäre es sogar dem König selbst‹. Und also ließ sie die unstatthaften Liebeswünsche des Königs zuschanden werden, indes sie hierhin und dorthin entfloh und sich so lange versteckte, bis sie sich dem vorgenannten Manne vermählte«[193].

Eine Buße, wie sie sich Ulrichs Geliebte selbst auferlegt hatte, verordnete der heilige Bischof zeit seines Lebens seiner ebenfalls gestrauchelten Schwester[194]; über seine eigene Seelennot und Wiedergutmachung erfahren wir dagegen nichts. Die andere schon mehrfach erwähnte Heilige Südwestdeutschlands, Wiborada, war gegen den Verdacht der Unzucht gefeit. Als sie eine ihrer Dienerinnen des inzestuösen Umgangs mit ihrem Bruder Hitto bezichtigte, bewies sie ihre Unschuld in einem Gottesurteil[195].

Die Keuschheit der Kleriker, Mönche und Nonnen war im übrigen eine heikle Frage. Nicht alle reagierten wie der irische Mönch Marcellus(–Moengal), der »vor Frauen die Augen verschloß«[196]. Das Gegenteil mußte der St. Galler Mönch und Künstler Tuotilo erfahren, als er bei einer Reise nach Mainz einen Mönch von St. Alban beim Stelldichein mit seiner Gevatterin überraschte[197]. Die schwere Schuld der Sodomie, d. h. insbesondere der Homosexualität, quälte in seiner Todesstunde den Visionär Wetti[198]. Auch außerhalb der Klostermauern gab es Männer, die Frauen verschmähten; der verwegene, ja todesmutige Soldat Konrad Kurzipold soll »Frauen und Äpfel« dermaßen verwünscht haben, »daß er nirgends Quartier nehmen wollte, wo er unterwegs auf eins von beiden« gestoßen sei[199]. Von heiligmäßigen, und dennoch der Sünde verfallenen Bischöfen schreibt Notker Balbulus[200]. Schließlich waren auch dem nüchtern-gelehrten, von körperlichen Gebrechen gezeichneten Hermann dem Lahmen die Versuchungen der Welt nicht unbekannt. In einem längeren Gedicht hielt er einer Gemeinschaft heiliger Frauen, die er seine Freundinnen nannte, ihre Unzucht ungeschminkt wie in einem Spiegel vor. Die Obsession der Damen ging in Hermanns Augen sogar so weit, daß sie seine zu ihnen entsandte Muse Melpomene für seine eigene Geliebte hielten[201].

4. Arbeit und Güterverkehr

Die wichtigste Quelle zum Thema »Arbeit« ist der St. Galler Klosterplan. Denn auf dieser Architekturzeichnung wird durch Bauten eine Fülle von Funktionen repräsentiert, durch deren Zusammenwirken das tägliche Leben der monastischen Kommunität und ihrer Gäste ohne Dienstleistungsimport gewährleistet sein sollte. Auf Liturgie und Wissenschaft verweisen Schreibstube (*sedes scribentium*), Hostienbäckerei und Ölpresse (*Domus ad*

---

193 Ebd. S. 70f. c. 29.
194 Ebd. S. 132f. c. 61.
195 Vita Wiboradae II (wie A. 84) S. 140-143 c. 11.
196 Ekkehard IV., St. Galler Klostergeschichten (wie A. 59) S. 78f. c. 34.
197 Ebd., S. 90-93 c. 40.
198 Heitonis Visio Wettini (MGH Poet. lat. II, rec. Ernst Dümmler, Berlin 1884, S. 267-275) S. 272f. c. 19, S. 274 c. 24; der entsprechende Passus in Walahfrid Strabos metrischer Bearbeitung (ebd., S. 301-333) S. 324f. Z. 633-661, dazu David A. Traill, Walahfrid Strabo's Visio Wettini: text, translation, and commentary (Lateinische Sprache und Literatur des Mittelalters, Bd. 2), Bern – Frankfurt 1974, S. 161-163.
199 Ekkehard IV., St. Galler Klostergeschichten (wie A. 59) S. 112f. c. 50.
200 Notkeri Balbuli Gesta Karoli Magni (wie A. 16) S. 29-31 c. I.22; vgl. S. 33 c. I.25.
201 Ernst Dümmler (Ed.), Opvscvlvm Herimanni diverso metro conpositvm ad amicvlas svas qvasdam sanctimoniales feminas (Zeitschrift für deutsches Altertum 13 NF 1, 1867, S. 385-434) bes. S. 386 vv. 50-57, S. 388, 390, 394, 404f., 416-421. Vgl. Borst, Mönche am Bodensee (wie A. 4) S. 75f., der die Nonnen in Buchau vermutet. Korrekturen an der Edition Dümmlers bei Borst (wie A. 136) S. 431 A. 121.

praeparandum panem sanctum et oleum exprimendum), die unmittelbar der Apsis und damit dem Hauptaltar der Klosterkirche zugeordnet sind[202]. Die verschiedenen Wohnhäuser der Klosteranlage – also Klaustrum der Mönche, Pilgerherberge, Gästehaus, Abtspfalz, Krankenhaus und Novizenhaus – sollten dem Plan gemäß durch eigene Wirtschaftseinheiten versorgt werden, zu denen Küche (*coquina, culina*), Speisekammer (*prŏmptuarium, repositio necessariorum*) bzw. Keller (*cellarium*) oder Speckkammer (*lardarium*), Bäckerei (*pistrinum*) und Brauerei (*domus conficiendae celiae* etc.) gehören konnten. Einzelne Gebäude oder Räume wurden nach bestimmten Berufen benannt. So war eine *domus medicorum* mit einer *mansio medici ipsius* in der Umgebung von Krankenhaus, Aderlaßhaus und Arzneikräutergarten geplant; auf der anderen Seite des Klosterareals sollte es ein Gärtnerhaus (*mansio hortolani, ipsa domus*) bei Obst- und Gemüsegarten und ein Haus für die Geflügelwärter (*mansio pullorum custodis, item custodis aucarum, domus communis*) zwischen Hühnerstall und Gänsestall geben. Ein eigenes Haus mit Werkstatt wurde für den Kämmerer eingezeichnet (*domus et officina camerarii*); als Anbauten wurden Arbeitsräume für Schuster (*sutores*), Sattler (*sellarii*), Schildmacher (*scutarii*), Gerber (*coriarii*), Drechsler (*tornatores*) und Schwertfeger (*emundatores vel politores gladiorum*) vorgesehen. Im Nachbargebäude sollten Goldschmiede (*aurifices*), Grobschmide (*fabri ferramentorum*) und Walker (*fullones*) arbeiten. In der Umgebung des Kellers und der Küche der Mönche wurden die Werkräume der Küfer und Töpfer (?) plaziert (*tunnariorum domus (et) tornariorum*)[203]. Der Darre (*locus ad torrendas annonas*), den Stampfen (*pilae*) und den Mühlen (*molae*) sind Wohnräume der jeweiligen Arbeiter zugeordnet (*eorundem famulorum cubilia*). Ein Haus der Ochsen- und Pferdeknechte (*domus bubulcorum et equos seruantium*) sollte sich inmitten der entsprechenden Stallungen befinden, bei denen zugleich Wohnräume für (weitere) Knechte vorgesehen waren (*ad hoc seruitium mansio, conclaue assecularum*). Jeweils eigene Ställe mit Wohnräumen für die Hirten und Knechte sind am äußersten Rand des Klosterbezirks für Schafe (*domus caulae, cubilia opilionum*), Ziegen (*Ista domus cunctas nutrit seruatque capellas; cubilia pastorum*), Kühe (*Hic arm(enta) tibi lac factus lac atque ministrant; cubilia seruientium, domus armentariorum*), Schweine (*Iste sues locus enutrit custodit ad ultas; cubilia pastorum, domus porcariorum*), Stuten und Fohlen (*Hic facetas seruabis equas tenerosque caballos; domus equaritiae, cubilia custodum*) eingezeichnet; daneben sollte noch ein separates Gesindehaus errichtet werden (*Hic requiem inueniat famulantum turba uicissim; domus famuliae quae cum seruitio aduenerit; cubilia custodientium*).

Die auf dem Klosterplan angesprochenen Berufe oder Fertigkeiten begegnen auch sonst gelegentlich im Erfahrungsbereich frühmittelalterlicher Mönche. So schrieb Walahfrid in seinem »Hortulus« der Schwertlilie u. a. folgende Wirkung zu: «Du gibst dem Walker das Mittel, mit dem er das Leinengewebe / Glänzend und steif appretiert und ihm Duft wie von Blumen verleihet«[204]. Da Kenntnisse und Fähigkeiten natürlich nicht gleichmäßig verteilt waren, forderten Bischöfe und Klöster häufig die Dienste bekannter Spezialisten von

---

202 Zum folgenden vgl. das A. 32 zit. Faksimile, das Schema von HECHT (wie A. 32) S. 60 f. und dessen Erläuterungen, passim, sowie Walter HORN – Ernest BORN, The Plan of St Gall. A Study of the Architecture and Economy of , and Life in a Paradigmatic Carolingian Monastery, bes. Vol. III, Berkeley – Los Angeles – London 1979, S. 1-88.

203 Zur umstrittenen Distinktion zwischen den *tornariores* und den vorher genannten *tornatores* s. HECHT (wie A. 32) S. 73 f.

204 Hans-Dieter STOFFLER, Der Hortulus des Walahfrid Strabo. Aus dem Kräutergarten des Klosters Reichenau, Sigmaringen 1978, S. 86 f. (Übersetzung von Werner NÄF); s. auch Walahfridi Strabi Carmina (MGH Poetae Latini II, rec. Ernst DÜMMLER, Berlin 1884, S. 259-423) S. 343 Z. 227 f.; im Gedicht auf den Kürbis wird die Arbeit des Drechslers angesprochen: STOFFLER S. 80 f., DÜMMLER S. 338 Z. 126-129.

befreundeten Kommunitäten an. Überliefert sind derartige Bitten vor allem durch Briefe[205]. Der Abt von Reichenau half beispielsweise einem Erzbischof mit einem Schildmacher und einem Bierbrauer aus (*Misimus, ut iussistis, scutarium et cervise confectorem...*)[206]. Die heilende Hand eines Arztes aus demselben Kloster schätzten die Brüder anderer Abteien so hoch ein, daß sie seine Hilfe erbaten und überschwenglich bedankten[207]. Durch Ekkehard IV. wissen wir, daß der vielfältig begabte St. Galler Mönch Tuotilo um der Kunst und Wissenschaft willen mit Erlaubnis des Abtes viel auf Reisen war[208]. Neben den auch anderweitig belegbaren Fertigkeiten fehlen auf dem Klosterplan einige Handwerke, die im monastischen Milieu sonst bezeugt sind. So erwähnt Notker einen St. Galler Glockengießer Tancho und einen ebenfalls aus St. Gallen stammenden Glasmacher Stracholf[209]. Daß die Mönche auch in der Gemeindeseelsorge tätig waren, zeigt ein Bericht Ekkehards IV.[210].

Die einzelnen Tätigkeiten selbst werden durch die Überlieferung in sehr unterschiedlichem Maße erhellt. Schriftsteller und Wissenschaftler reflektieren ihr eigenes Tun und das ihrer Kollegen, aber nur selten lassen sie ihr Auge auf der täglichen Arbeit von Illiteraten ruhen. Und es gibt – anders als bei den Inquisitionsprotokollen aus dem südfranzösischen Montaillou[211] – im frühmittelalterlichen Alemannien keine Quelle, in der die Bauern selbst zu Wort kommen und ihren Alltag schildern. Vom Thema des Alltags läßt sich freilich auch nicht trennen, was die Intellektuellen über die eigene Arbeit zu sagen hatten. Vorzüglich taten sie dies in Briefen; Notker Balbulus beschreibt beispielsweise die Entstehung seiner Sequenzen im Widmungsschreiben des Liber Ymnorum für Bischof Liutward von Vercelli[212], Hermann der Lahme berichtete dem Freund Herrand von seiner Erforschung des Mondmonats[213]. An dieser Stelle soll – stellvertretend für andere Zeugnisse dieser Art – der hochberühmte Brief Notkers des Deutschen an Bischof Hugo von Sitten von ca. 1015 zitiert werden, ein Beleg zugleich für die auch im Mittelalter aktuelle Frage von Wissenschaft und Muttersprache: »Dem Heiligen Herrn Bischof von Sitten H(ugo) entbietet Notker, Mönch des Heiligen Gallus, seinen Gruß. Sehr erfreut war ich, da ich durch Bericht des Boten Euer Wohlbefinden gehört habe. Ermahnt jedoch wegen meiner Antwort, was kann ich da anders sagen, als die Worte durch Taten zu ersetzen? Ich habe den Willen gehabt und habe ihn noch jetzt, aber beschlossen sind wir in der Hand des Herrn, wir und unsere Werke, und über das hinaus, was er gestattet, können wir nichts tun. Es ist, Hugo, die Notwendigkeit, die treibt, nicht der (freie) Wille, und dem Auferlegten können wir nicht widerstreben. Aus diesem Grunde führen wir unsere Wünsche nicht aus. Auf jene Wissenschaften nun, in welche ich mich nach Eurer Meinung ganz vertiefen soll, die Ihr mir auferlegen wollt, habe ich verzichten müssen, und nicht ist es mir verstattet, sie anders zu pflegen denn als Hilfsmittel (zu andern Zwecken). Denn es

205 Zum Reichenauer Glaskünstler Mathaeus, der sich an der St. Vitus-Kirche (von Corvey?) bewähren sollte, s. o. bei A. 159.
206 Formulae Augienses, Coll. C (wie A. 155) S. 375 Nr. 24; vgl. BEYERLE (wie A. 155) S. 98.
207 Formulae Augienses, Coll. C (wie A. 155) S. 374 Nr. 22; S. 369 Nr. 10; vgl. BEYERLE (wie A. 155) S. 95, 98.
208 Ekkehard IV., St. Galler Klostergeschichten (wie A. 59) S. 88-93 cc. 39f., vgl. S. 78f. c. 34, S. 58f. c. 22.
209 Notkeri Balbuli Gesta Karoli Magni (wie A. 16) S. 39 c. I.29, S. 93 c. II.22. Vgl. A. 205.
210 Ekkehard IV., St. Galler Klostergeschichten (wie A. 59) S. 240f. c. 124.
211 Emmanuel LEROY LADURIE, Montaillou. Ein Dorf vor dem Inquisitor 1294 bis 1324, Frankfurt – Berlin – Wien 1983 (frz. Original Paris 1975, dt. zuerst 1980).
212 Wolfram VON DEN STEINEN, Notker der Dichter und seine geistige Welt, Editionsband, Bern 1948, S. 8-11 (mit Übers.).
213 BORST (wie A. 136) S. 474-477.

müssen die kirchlichen Bücher, und diese in erster Linie, in der Schule gelesen werden, zu deren vollem Verständnis zu gelangen ohne Durchkostung jener (Hilfsmittel) unmöglich ist. Da ich wollte, daß unsere Schüler Zugang zu diesen hätten, wagte ich etwas bis dahin nahezu Unerhörtes zu unternehmen: nämlich lateinische Schriften versuchte ich in unsere Sprache zu übersetzen und das syllogistisch oder figürlich oder dialektisch Ausgedrückte durch Aristoteles oder Cicero oder einen anderen Gelehrten aufzuhellen. Während ich dies an zwei Büchern des Boethius, der über die Tröstung der Philosophie handelt, und an einigen über die heilige Dreieinigkeit durchführte, wurde ich gebeten, auch einige Werke in die nämliche Sprache zu übersetzen, den Cato, die Bucolica des Vergil und die Andria des Terenz. Bald auch wünschte man, daß ich mich an der Prosa und an den (sieben freien) Künsten versuche, und ich übertrug die Hochzeit der Philologie und die Kategorien des Aristoteles und die περὶ ἑρμηνείας und die Prinzipien der Arithmetik. Dann kehrte ich zu der geistlichen Literatur zurück und vollendete den ganzen Psalter, interpretierend und nach dem Augustin erklärend. Auch den Hiob begann ich, habe jedoch kaum den dritten Teil beendigt. Nicht nur dieses, sondern auch eine neue Rhetorik und einen neuen Computus und einige andere Werke habe ich lateinisch geschrieben. Vielleicht ist einiges davon wert, in Eure Hände zu gelangen. Aber wenn Ihr sie haben wollt (denn es verursacht Kosten), so schickt mehrere Pergamente und Geld für die Schreiber, und dann werdet Ihr Exemplare davon erhalten. Wenn sie zu Euch gelangt sind, so denkt, ich sei selbst zugegen. Jedoch ich weiß, daß Ihr am Anfang davor zurückschrecken werdet als vor etwas Ungewohntem. Aber nach und nach werden sie Euch wohl annehmbar werden und Ihr werdet eher imstande sein, sie zu lesen und zu verstehen, als man in der Muttersprache schneller begreift, was man in einer fremden Sprache entweder kaum oder nicht völlig begreifen kann. Man muß aber wissen, daß die deutschen Wörter nicht ohne Akzent geschrieben werden dürfen, ausgenommen die Artikel; sie allein werden ohne Akzent gesprochen, den Akut und den Zirkumflex. Ich aber werde, wenn der Herr es will, kommen. Länger aber bei Euch bleiben kann ich nicht aus vielen Gründen, die ich Euch jetzt nicht sagen kann. – Eure Bücher, d. h. die Philippica und den Kommentar zu Ciceros Topik, hat von mir der Abt von Reichenau erbeten, wofür er ein Pfand gegeben, das von größerem Wert ist. Denn teuer ist die Rhetorik Ciceros und Victorins trefflicher Kommentar, welche ich an Stelle jener in Ersatz habe, und er darf sie nicht ohne die Eurigen zurückverlangen, sonst gehören die Seinigen Euch und es erwächst Euch kein Schaden. Mein Herr Bischof lebe wohl in Ewigkeit«[214].

Der materielle Wert der Bücher resultierte, wie auch aus Notkers Brief an Hugo von Sitten hervorgeht, aus dem Aufwand an Pergament und Abschrift. Die Schreibertätigkeit selbst hat Ekkehard IV. thematisiert; er schildert in seinen Casus die Entstehung des noch heute erhaltenen Evangelium longum, für das der Elfenbeinschnitzer Tuotilo die Deckel und der Kalligraph Sintram auf ungewöhnlich zugeschnittenen Blättern den Text erstellten[215]. Ekkehard rühmte Sintrams Eleganz, aber auch seine Korrektheit, finde man doch

---

214 Übers. von Gustav EHRISMANN, Geschichte der deutschen Literatur bis zum Ausgang des Mittelalters, Erster Teil, ²1932, ND München 1966, S. 421; Edition: Paul PIPER, Die Schriften Notkers und seiner Schule, Erster Band, Freiburg – Tübingen 1882, S. 859-861. Vgl. BORST (wie A. 136) S. 416 f.; Stefan SONDEREGGER, Notker der Deutsche und Cicero. Aspekte einer mittelalterlichen Rezeption (Florilegium Sangallense, wie A. 40, S. 243-266) S. 244 f.; Ernst HELLGARDT, Notkers des Dichters Brief an Bischof Hugo von Sitten (Befund und Deutung. Fs. Hans Fromm, Tübingen 1979, S. 169-192).
215 Ekkehard IV., St. Galler Klostergeschichten (wie A. 59) S. 58 f. c. 22. Vgl. Johannes DUFT – Rudolf SCHNYDER, Die Elfenbein-Einbände der Stiftsbibliothek St. Gallen, Beuron 1984. – Zu Ekkehard cc. 89 und 43 f. s. oben bei AA. 153 bzw. 157.

auf einer Seite kaum ein einziges falsches Häkchen radiert. Bescheidener bat der St. Galler Schreiber Wolfcoz im Kolophon einer Bibelhandschrift: »Gescheiter Leser, wer immer Du auch seiest, habe – ich bitte Dich – Nachsicht mit dem unerfahrenen Schreiber; wenn Du das hier liest, radiere aus, was zu viel ist, und laß es Dich nicht verdrießen, zu ergänzen, was fehlt«[216]. In einer anderen Schlußschrift übernahmen St. Galler Mönche eine Kurzcharakteristik der Schreibarbeit irischer Herkunft, die wohl auch ihre eigenen Erfahrungen ausdrücken mochte: »Ich, Eadberct, habe dieses Buch nicht ohne körperliche Mühe abschreibend mit Gottes Hilfe zu Ende geführt. Wer nicht schreiben kann, meint, das sei keine Arbeit; zwar schreiben nur drei Finger, aber der ganze Körper strengt sich an«[217].

Auf Bücher war der Liturge am Altar oder der Lehrer in der Schule, aber auch der frühmittelalterliche Arzt angewiesen. Zwar liegen keine Selbstzeugnisse der Mediziner vor, aber namentlich Ekkehard IV. hat ihrer Tätigkeit ausführlichere Darstellungsabschnitte gewidmet. Von Iso wußte er zu berichten, daß er nach seinem Wechsel nach dem Kloster Moutier-Grandval mit Salben Aussätzige, Gelähmte und Blinde zu heilen wußte[218]. Ekkehards ganze Bewunderung gehörte jedoch der Diagnose Notkers des Arztes: »In der Heilkunde (…) vollbrachte Notker wunderbare und staunenswerte Leistungen, war er doch sowohl in den medizinischen Lehrsätzen als auch in den Arzneien und Gegengiften sowie in den Hippokratischen Prognostica ganz ungewöhnlich beschlagen. Das zeigte sich beispielsweise bei der Harnschau des Herzogs Heinrich, welcher ihn listig zu düpieren versuchte. Denn als er ihm den Urin einer Kammerjungfer statt des seinigen zum Untersuchen schicken ließ, sagte Notker: ›Ein Wunder und Zeichen will Gott offenbar tun, hat man doch nie gehört, daß ein Mann mit dem Schoße gebar. Denn der Herzog hier wird um den dreißigsten Tag von heute an einen Sohn aus seinem Schoße hervorbringen und an die Brüste legen‹. Da schämte sich jener, am Ende in die Enge getrieben, und schickte dem Gottesmann Geschenke, damit er sich nicht weigere, ihn ärztlich zu behandeln; denn hierzu hatte man ihn hergeholt. Jene Frau aber, die für eine Jungfrau gegolten hatte, brachte der St. Galler Arzt auf ihre flehentliche Bitte hin beim Herzog wieder zu Gnaden. Denn wirklich brachte sie, wie jener Prognostiker angekündigt, ein Kind zur Welt. Aber auch unserem Bischof Kaminold (von Konstanz, 975-979), zu dem man ihn holte und dessen anhaltenden Nasenfluß er raschestens stillte, sagte er aus dem Geruch des Blutes voraus, er werde am dritten Tage die Blatternkrankheit haben. Als aber zum genannten Zeitpunkt die Pusteln bei ihm auszubrechen begannen und er ihn bat, sie zurückzuhalten, sagte er: ›Gewiß könnte ich es tun; aber ich will nicht, weil ich so viele Bußtage für den Mord an dir nicht zu ertragen vermöchte: denn halte ich sie zurück, liefere ich dich dem Tode aus‹. Schließlich aber heilte er die ausgebrochenen Pusteln binnen kurzem so gut, daß der Bischof auch nicht von einer einzigen gezeichnet blieb (…)«[219].

Das hippokratische Prognostikon, von dem Ekkehard spricht, liegt noch heute in St. Gallen; es handelt sich um eine spätlateinische Übersetzung, durch die Notker der Arzt die Gedanken des griechischen Meisters – wie eine neuere Untersuchung gezeigt hat – in

216 Johannes DUFT, Mittelalterliche Schreiber. Bilder, Anekdoten und Sprüche aus der Stiftsbibliothek St. Gallen, St. Gallen 1964, S. 34 (nach Cod. Sangall. 28). – Vgl. Versus Sangallenses (MGH Poetae Latini IV.3, ed. Karl STRECKER, Berlin 1923, S. 1091-1112) S. 1109-1112.
217 DUFT (wie A. 216) S. 32 (nach Cod. Sangall. 243); vgl. Bernhard BISCHOFF, Paläographie des römischen Altertums und des abendländischen Mittelalters (Grundlagen der Germanistik 24), Berlin 1979, S. 55; Scriptorum Opus. Schreiber-Mönche am Werk, Wiesbaden 1971, S. 8 (Fridolin DRESSLER).
218 Ekkehard IV., St. Galler Klostergeschichten (wie A. 59) S. 74 f. c. 31; vgl. DUFT (wie A. 131) S. 23 f.
219 Ekkehard IV., St. Galler Klostergeschichten (wie A. 59) S. 238-241 c. 123; vgl. DUFT (wie A. 131) S. 45 ff.

der Tat hat rezipieren können[220]. Andere medizinische Texte waren in St. Gallen auf einige ineinandergelegte Blätter notiert, die ein Arzt als Vademecum mit sich geführt haben dürfte[221].

Bei der Therapie benötigte der Arzt vor allem Heilkräuter und die aus ihnen gewonnenen Mittel; nicht zufällig befindet sich deshalb der *herbularius* auf dem St. Galler Klosterplan neben Arztwohnung und Krankenhaus[222]. Auf der Insel Reichenau betreute Abt Walahfrid selbst einen Garten, den man nach den angebauten Pflanzen als »Apothekergarten« oder »Kräutergarten« bezeichnet hat[223]. In seinem darüber verfaßten Gedicht – dem Liber de cultura hortorum – läßt Walahfrid erkennen, daß seine Beschreibung von Gartenbau und Pflanzenwelt auf eigener Arbeit und Anschauung beruht, die sich freilich mit literarischen Anregungen (Vergil, Ovid; Columella?) glücklich verbanden[224]. Das persönliche Erleben kommt besonders im zweiten Gedicht über die »Schwierigkeit der übernommenen (Garten-)Arbeit« zum Ausdruck, auch wenn Walahfrid dabei Klassikerzitate, vor allem aus der Aeneis und den Georgica, integriert hat[225].

Wie Walahfrid seinen *hortulus* erst als Abt, wenn auch nicht in hohem Lebensalter, pflegte, so war die klösterliche Gartenarbeit allem Anschein nach auch sonst den gesetzteren oder den hinfälligen Brüdern vorbehalten. Notker der Stammler schildert in seinen Gesta, wie der verbannte Königssohn Pippin, der wegen seines Gebrechens »der Bucklige« genannt wurde, im St. Galler Klostergarten mit den älteren Mönchen Brennesseln und sonstiges Unkraut mit einer Hacke ausjätete, während die jüngeren Brüder außerhalb durch schwerere Arbeit festgehalten wurden[226]. Auch die heilige Odilia von Hohenburg betätigte sich im Gartenbau. Als sie ihr Kloster aus praktischen Gründen vom Berg ins Tal verlegte, soll sie – offenbar im neuen Klosterhof – auch drei Bäume gepflanzt haben. In der Odilienvita wird berichtet: »Als (Odilia) mit diesem Werk (des Klosterneubaus) befaßt war, geschah es aber, daß zu ihr ein Mann kam, der in der Hand drei Lindenzweige trug und zu ihr sagte: ›Herrin, nimm diese Zweige und pflanze sie, damit sie später zur Erinnerung an Dich dienen können‹. Jene nahm die Zweige und befahl, drei Gräben vorzubereiten. Inzwischen aber kam eine der Schwestern zu ihr und sagte: ›Pflanze diese Zweige nicht ein, Herrin; denn häufig gehen aus diesem Baum schlechte Würmer hervor‹. Sie aber antwortete: ›Sorge Dich nicht, denn niemals wird etwas Nachteiliges von diesen Bäumen kommen‹. Und sie nahm einen Zweig in die Hand und sprach: ›Im Namen des Vaters pflanze ich Dich‹; und sie ergriff den anderen und sagte: ›Und Dich im Namen des Sohnes‹, und den dritten nahm sie und sagte: ›Und Dich im Namen des Heiligen Geistes‹; und so erfüllte sie das Geheimnis der Dreifaltigkeit. Die Bäume aber geben bis heute durch

---

220 Vgl. Johanne AUTENRIETH, Medicus – vir iustus et bonus. Zu einer lateinischen Version des hippokratischen Prognostikon im Codex Sangallensis 44 (Florilegium Sangallense, wie A. 40, S. 1-13) S. 8-13.

221 Zu Cod. Sangall. 217 s. DUFT (wie A. 131) S. 31 (mit weiterer Lit.).

222 Vgl. oben bei A. 202.

223 ›Apothekergarten‹: Werner NÄF – Matthäus GABATHULER, s. Zitat bei DUFT (wie A. 131) S. 36; ›Kräutergarten‹: STOFFLER (wie A. 204).

224 Vgl. – außer der A. 204 zit. Arbeit – Hermann SIERP, Walahfrid Strabos Gedicht über den Gartenbau (Die Kultur der Abtei Reichenau, wie A. 172, Halbband 2, München 1925, ND Aalen 1970, S. 756-772); Alf ÖNNERFORS, Walahfrid Strabo als Dichter (Die Abtei Reichenau. Neue Beiträge zur Geschichte und Kultur des Inselklosters, hg. von Helmut MAURER, Sigmaringen 1974, S. 83-113) S. 85f., 104f.

225 STOFFLER (wie A. 204) S. 74-77; krit. Edition mit Klassikernachweisen in: Walahfridi Strabi Carmina (Poetae Latini II, wie A. 198, S. 335-350) S. 336f., bes. Verse 36-52. Weitere Hinweise auf Spuren lateinischer Autoren bei W.: ÖNNERFORS (wie A. 224) S. 86 mit A. 20.

226 Notkeri Balbuli Gesta Karoli Magni (wie A. 16) S. 73f. c. II.12.

ihren Schatten in der Hitze des Sommers den Mädgen Christi große Erfrischung, da sie sich über einen weiten Raum hin ausdehnen«[227]

Von den lebensnotwendigen Arbeiten auf dem Felde wird, im Unterschied zum Gartenbau, kaum einmal berichtet. Aus den Miracula s. Verenae geht immerhin hervor, daß Bauern selbst die Feiertage zum Holzsammeln im Wald oder zum Heuwenden auf den Wiesen nutzten[228]; in den Galluswundern erzählt Walahfrid die Geschichte vom Diebstahl eiserner Geräte, die die Arbeiter des Klosters am Abend auf dem Acker zurückgelassen hatten[229]. Stärkere Beachtung als die tägliche Mühsal fand die einbrechende Gefahr für die Ernte; so fürchteten die Leute von Zurzach das Hochwasser des Rheins[230].

Nur wenig ausführlicher als die Hinweise auf die Landwirtschaft sind in den Quellen die Notizen über die Errichtung von Gebäuden. Der Verfasser der Odilienvita beschreibt, wie beim Neubau des Klosters am Hohenberg die schweren Steine durch Ochsengespanne von der Höhe in die Ebene transportiert wurden[231]. Aufschlußreich für die Wiederverwendung von Baumaterial ist eine Episode aus den »Wundern der heiligen Verena« von Zurzach: »Einst stürzte ein großer Teil der Kirche der heiligen Jungfrau wegen der Weichheit des feuchten Geländes von oben bis unten zusammen, so daß niemand mehr hineingehen konnte. Da wurde vom Abt befohlen, man solle solche Fundamentsteine herbeischaffen, daß man weiterhin keine Reparatur mehr nötig habe. Sogleich vereinigten sich die Bürger dort, wo sie einen Haufen versunkener Steine wußten, an einem Ort, der Confluentia heißt, wo Aare und Rhein zusammenfließen. Sie waren gut beraten, als sie sich bemühten, sie herbeizuschaffen, wiewohl sie es normalerweise nicht zustande gebracht hätten. Kyrie eleison singend, wie gläubige Krieger, die in den Kampf eilen, sprangen sie in den Rhein. Gott aber, der Urheber alles Guten, gab ihnen durch die heilige Jungfrau einen festen Willen, nahm die Kälte weg – es war Winterzeit – und gab ihnen Mut. Er verlieh ihnen eine solche Kraft, daß soviel Steine, wie sonst zwanzig Männer auf dem Lande nicht tragen könnten, von fünfen oder sechsen im Wasser bis ans Ufer geschafft werden konnten. Und als sie diese Steine anschauten, sahen sie Schriftzeichen und menschliche Gestalten in sie gemeißelt. Daraus schlossen sie, die Steine seien einst bei einem Schiffbruch untergegangen; denn Inschriften sind im Wasser zu nichts nutze. Dann wurden sie mit großem Geschick im Fundament eingemauert und gut überbaut. Loben wir die heilige Jungfrau Verena, welche uns mit Christus versöhnt«[232].

Von denkwürdigen Bauleistungen berichtet auch Ekkehard von St. Gallen. Nach seinen Angaben machte sich der Dekan Walto »bei den Späteren durch die Konstruktion unseres Abortes, die sehr schwierig war, der Erinnerung wert«[233]; der Abt Kerho von Weißenburg, der einst als Visitator nach St. Gallen gekommen war, soll für Ekkehards Kloster Wasserleitungen konstruiert und die Mönche im Ausbohren der Rohre unterwiesen haben[234]. Aber Notker von St. Gallen habe schließlich die von seinem Vorgänger Anno begonnene Stadtbefestigung durch Turm- und Torbauten zu Ende geführt und im Klosterbereich zwei

---

227 Vita Odiliae (wie A. 149) S. 45. c. 15.
228 REINLE (wie A. 122) S. 56f. c. 12, S. 59 c. 17.
229 Vita Galli (wie A. 156) S. 331 c. II.30.
230 REINLE (wie A. 122) S. 54f. c. 8. – Zur Jagd vgl. Notkeri Balbuli Gesta Karoli Magni (wie A. 16) S. 60f. c.II. 8; Leben des heiligen Landelin (Quellen zur Geschichte der Alamannen, Heft IV, wie A. 142, S. 35-47) S. 40 c. I.9.
231 Vita Odiliae (wie A. 149) S. 47 c. 18.
232 REINLE (wie A. 122) S. 53f. c. 7.
233 Ekkehard IV., St. Galler Klostergeschichten (wie A. 59) S. 244f. c. 126. Ebd. auch der Hinweis, dies habe freilich auch zu den Amtspflichten des Dekans gehört.
234 Ebd., S. 208f. c. 102.

neue Speicher angelegt, darunter einen für »Wild und ungezähmte Tiere, für Geflügel und zahme Vögel«[235].

In seinen Gesta Karoli Magni geht Notker der Stammler auf die Bautätigkeit Karls des Großen ein. Er schreibt von Frondiensten bei der Errichtung und Instandsetzung von öffentlichen Verkehrswegen, Fiskalkirchen und der Aachener Pfalz; dabei schenkt der St. Galler Mönch auch den Eigenheiten der *procerum habitacula* und der Sorge für die *milites* und deren *servitores* Beachtung: «Zu jenen Zeiten bestand der Brauch: wo nach des Kaisers Gebot eine Arbeit zu verrichten war, z. B. Brücken, Schiffe, Fähren oder schmutzige Wege zu kehren, zu pflastern oder Löcher zu füllen, das führten die Grafen aus durch ihre Stellvertreter und Amtsleute, wenigstens bei weniger bedeutenden Sachen; von wichtigeren Sachen aber, vor allem von Neubauten, gab es für keinen Herzog oder Grafen, für keinen Bischof oder Abt irgendwelche Entschuldigung. Beweis dafür sind noch heute die Pfeiler der Mainzer Brücke, die ganz Europa in gemeinsamer, aber wohlverteilter Arbeit vollendet, aber die Hinterlist einiger Böswilligen, die von der Beförderung zu Schiff unbilligen Lohn einzustecken wünschten, vernichtet hat. Wenn aber Kirchen, die zum Königsgut gehörten, mit Holzdecken oder Wandgemälden auszustatten waren, das wurde von den benachbarten Bischöfen oder Äbten besorgt. Und wenn Neubauten zu errichten waren, dann mußten alle Bischöfe, Herzöge und Grafen, auch Äbte und wer sonst eine königliche Kirche leitete, samt allen, die ein Lehen vom König hatten, dies in emsiger Arbeit vom Grund bis zum Giebel aufführen. Dies bezeugt noch heute nicht bloß die Kirche in Aachen, sondern auch der weltliche Bau und die Häuser aller Menschen jeglichen Standes, die um die Pfalz des klugen Karl herum nach seiner Anordnung so gebaut sind, daß er durch das Gitter seines Söllers alles sehen konnte, was von Eintretenden und Austretenden, als ob es unbemerkt bliebe, gemacht wurde. Aber auch alle Wohnungen seiner Großen waren so auf Pfeilern über der Erde gebaut, daß unter ihnen nicht bloß die Soldaten und Diener seiner Krieger, sondern auch alle Menschen sich vor den Unbilden des Regens und Schnees, vor Kälte und Hitze schützen und sich doch nicht vor den Augen des scharfsichtigen Karl verstecken konnten. Die Beschreibung dieses Gebäudes überlasse ich Weltabgeschiedener Euren (sc. Karls III.) vollkommenen Kanzlern (...)«[236]. An anderer Stelle seines Werkes schildert Notker, wie Karl einmal vor Pavia in einem einzigen Tag ein *oratoriolum* errichten ließ: »Weil (...) die Bürger der Stadt an diesem Tage, sei es aus Verblendung, sei es wegen irgend einer Hoffnung auf Widerstand, ihn nicht aufnehmen wollten, sagte der kunstsinnige Karl zu den Seinen: Wir wollen heute etwas Denkwürdiges tun, damit man uns nicht vorwirft, wir hätten diesen Tag mit Nichtstun verbracht. Wir wollen uns beeilen und ein kleines Bethaus errichten, in dem wir, wenn man uns nicht bald aufmacht, dem Gottesdienst obliegen können. Und als er das gesagt hatte, liefen sie nach allen Seiten auseinander, schafften die einen Kalk und Steine, die andern Holz und Farben herbei und trugen es den Handwerkern zu, die ihn immer begleiteten. Diese erstellten von der vierten Stunde des Tages an noch vor der zwölften eine Kirche mit Mauern und Dächern, Decken und Malereien, unter Mitwirkung der Jungmannschaft und der Krieger, daß seitdem jedermann, der sie sieht, glaubt, ihre Erbauung sei nur im Laufe eines ganzen Jahres möglich gewesen«[237].

Der Güterverkehr durch Kauf, Tausch und Schenkung wird in der alemannischen Überlieferung sehr dicht durch die nahezu 1000 Schriftstücke umfassenden St. Galler

---

235 Ebd., S. 264-267 c. 136. S. auch unten bei A. 273. Vgl. Ekkehard S. 148f. c. 71.
236 Notkeri Balbuli Gesta Karoli Magni (wie A. 16) S. 40f. c. I.30.
237 Ebd., S. 84f. c. II.17.

Urkunden belegt. Die Rechtsgrundlage für die Schenkungen an die Kirche und für die schriftliche Form dieser Rechtsgeschäfte bietet bereits der erste Paragraph der Lex Alamannorum: »Die Vornehmen des alemannischen Volkes haben zusammen mit ihrem Herzog Lantfrid und dem übrigen herbeigeströmten Volk beschlossen, daß, wenn ein freier Mann seine Güter oder sich selbst an eine Kirche übertragen will, keiner das Recht haben soll, ihm zu widersprechen, weder der Herzog noch ein Graf oder eine andere Person; vielmehr soll es dem Christen erlaubt sein, Gott zu dienen und sich mit seinen Gütern zurückzukaufen (d. h. von der Sündenschuld freizukaufen). Und wer das machen will, soll durch eine Urkunde über seine Güter bei derjenigen Kirche, an die er schenken will, eine Sicherheit leisten und sechs oder sieben Zeugen hinzuziehen; deren Namen sollen auf der Urkunde enthalten sein, die er (der Tradent) vor dem Priester, der bei der Kirche dient, auf den Altar legen soll; und das Eigentum an den Gütern soll auf Dauer bei der Kirche bleiben«[238]. Wie diese Vorschriften eingehalten wurden und sich der Prozeß von Handlung und Beurkundung im einzelnen abspielte, zeigen die St. Galler Urkunden sehr genau; freilich läßt sich dies weniger expliziten Aussagen entnehmen, als aus paläographischen Beobachtungen an den original erhaltenen Dokumenten ermitteln[239].

Eine wichtige Quellengruppe für den Güter-, insbesondere den Geschenkaustausch, stellen neben den Urkunden wiederum die Briefe dar. In den Schreiben werden öfter bestimmte Bücher erwähnt, die gelegentlich erst noch angefertigt werden mußten[240]; um dem Wunsch des Absenders Nachdruck zu verleihen, konnte der Briefbote beauftragt werden, bis zur Vollendung der Transkription zu warten[241]. Der Mönch Tatto von der Reichenau († 847) schrieb an den Erzbischof Otger von Mainz: »Schickt mir gutes Pergament, um darauf ein Lektionar und ein Missale Gregorianum zu schreiben. Falls ich das durch Eure Hilfe vollenden kann, werde ich immer Euer eingedenk sein, solange ich lebe«[242]. Briefe begleiteten auch die Sendung von Teppichen und Pelzwerk, Handtuch und Kamm[243]. Hraban von Mainz schickte Walahfrid vier *banriles* Öl, sechs bockslederne Felle zur Herstellung von Schuhen und 30 Pfund Silber[244]. Zuvor, wie es scheint, hatte sich der Reichenauer Dichter in einem Hraban gewidmeten »Schuhgedicht« über die Nachlässigkeit seines Lehrers beklagt[245]; Hraban habe ihm, heißt es da, doch schon vor Monaten versprochen, im Herbst Boten mit nützlichen Dingen zu schicken, diese aber seien ausgeblieben. Nun müßte er barfuß gehen und leiden, aber ärger wäre es ihm, ohne die Erinnerung an Hrabans früheren Trost leben zu müssen. Wiederum an Walahfrid scheint ein Brief gerichtet zu sein, in dem sich ein ungenannter Bischof für ein Pferd bedankt[246]. Das Tier sei zwar gut, aber für den ins Auge gefaßten Zweck doch nicht recht geeignet: »Deshalb bitten wir Euer Hochwürden, mit aller Sorgfalt das bestmögliche zu suchen, das für mein Vorhaben eher geeignet ist und das uns einst zum Reiten dienen kann«. Ein

---

238 Lex Alamannorum (wie A. 128) S. 63 f.
239 Zuletzt Michael BORGOLTE, Chronologische Studien an den alemannischen Urkunden des Stiftsarchivs St. Gallen (Archiv für Diplomatik 24, 1978, S. 54-202) S. 92-134; zu den Schenkungen s. DENS. (wie A. 54).
240 Formulae Augienses, Coll. C (wie A. 155) S. 369 Nr. 9, S. 372 Nr. 15, S. 374 Nr. 22. Vgl. oben bei A. 214.
241 Formulae Augienses, Coll. C (wie A. 155) S. 372 f. Nr. 17.
242 Epistolae Variorum, ed. Ernst DÜMMLER (MGH Epp. V = Epp. Karolini Aevi III, o. O. ²1974, S. 299-360) S. 339 Nr. 24.
243 Formulae Augienses, Coll. C (wie A. 155) S. 369 Nr. 11; S. 372 Nr. 17; S. 373 Nr. 19; S. 375 Nr. 23.
244 Ebd. S. 370 Nr. 12; vgl. BEYERLE (wie A. 155) S. 90, 96.
245 Walahfridi Carmina (wie A. 225) S. 358 Nr. IX.2.
246 Formulae Augienses, Coll. C (wie A. 155) S. 371 Nr. 14; vgl. BEYERLE (wie A. 155) S. 96.

Geistlicher oder Mönch, der mit seinem Senior (Bischof?) ins westliche Frankenreich gereist war und einen Auftrag des Reichenauer Abtes zu erledigen hatte, schrieb diesem von unterwegs einen gewissenhaften Bericht: »Wegen der Gefäße, die Ihr verlangt habt, war ich sehr besorgt, welcher Art sie sein sollten: eisern, irden oder steinern. Ich habe nämlich einen gewissen Künstler von uns gefragt, wie sie beschaffen sein könnten und wo sie zu finden wären. Der sagte mir , daß es solche aus schwarzem Stein gäbe mit rötlichen Adern darin; sie werden bei uns einfach die ›steinernen‹ genannt und beim Heiligen Mauricius gefunden. Aber von dem Ort, an dem wir damals waren, bis dahin ist es ein Weg von drei Tagen und deshalb konnte ich sie nicht erwerben. Wenn Ihr freilich zu erkennen gebt, welcher Art sie sein sollen, werde ich Euren Befehl nach allen Kräften in dieser und in anderen Angelegenheiten sehr gern erfüllen. Ich hoffe, Ihr lebt lange glücklich im Herrn, heiligster Vater«[247]. Von besonderem Wert, gelegentlich von erlesener Kostbarkeit waren die Geschenke für Bischöfe und Herrscher. In dem – wohl fingierten – Brief des Bischofs von Brixen an einen Amtsbruder aus Notkers Sammlung heißt es: »Über Eure Gesundheit freue ich mich, und Ihr über die meine, wie ich glaube. Ich ergötze mich an Eurem Glauben und will dafür Sorge tragen, Euer Ehrwürden Gewürze und Heilmittel zu übersenden, die für Euch nach meinem Dafürhalten passend sind. Kleine Geschenke, die mir gerade zur Hand waren, habe ich Euch geschickt, und zwar einen zitronengelben und einen scharlachroten Mantel, ferner einen dritten aus saphirblauer Farbe. Ferner zwei Handtücher, zwei grüne Palmzweige, einen Zweig Mandeln und neuen Weihrauch. Wenn es Euch bequem ist, bitte ich Euch, mir einen hochedlen Zuchthengst, edel nach Schnelligkeit und Gestalt, ja sogar hervorragend und rassig im Gemüt, zu schicken, mir, Eurem Getreuen; ebenso werdet Ihr mich zu allem von größerem Wert, was Ihr mir auferlegt, stets bereitwillig finden. Lebt wohl!«[248]. Schwerlich dürfte sich einer der Bischöfe der Zeit zur Freude am Luxus wirklich je so unverblümt geäußert haben, und man erkennt schnell, wohin Notker mit diesem Brief als »Denkmuster« gezielt hat[249]. An alltagsgeschichtlicher Aussagekraft verliert das Formular durch den fiktionalen Charakter freilich nichts, eher ist das Gegenteil der Fall. Bei allem sittlichen Engagement hat Notker allerdings auch Freude an der Aufzählung exotischer Gegenstände gehabt. In dem Brief eines Bischofs an den König nennt er wiederum andere *xeniola*; Ernst Dümmler sah darin noch einen Beleg für »den Reichthum der alamannischen Prälaten damaliger Zeit und (...) zugleich (den) redende(n) Zeugen eines überseeischen Handelsverkehrs«[250]: »Die kleinen Geschenke, aus fremden Ländern oder von Übersee, die mir, wie ich glaube, die göttliche Vorsehung nur Euch zur Gunstbeweisung geschickt hat, habe ich Eurer kaiserlichen Herrschaft bestimmen lassen: eine lauchgrüne Kopfhülle und eine andere bunte, Palmzweige mit Datteln, Bündel von Zimt, Galgant, Gewürznelke, Mastix und Pfeffer, Feigen, Granatäpfel, einen Elfenbeinkamm und Koschenillen, Zikaden, Papageien, weiße Amseln und den langen Stachel eines Meeresfisches«[251]. Ohne Zweifel wurde Notkers Phantasie von orientalischen Realien erregt. Als er in seinen *Gesta* über die Gesandtschaftsgeschenke Karls des Großen schrieb, verleitete ihn die Überlieferung von dem tatsächlichen durch Hārūn ar-Rašīd dem

247 Formulae Augienses, Coll. C S. 365f. Nr. 3; vgl. BEYERLE (wie A. 155) S. 95.
248 Collectio Sangallensis (wie A. 40) S. 421 Nr. 39, vgl. die *Rescriptio* ebd. S. 421f. Nr. 39. Zum Briefformular Nr. 39 vgl. VON DEN STEINEN (wie A. 44) S. 467f. (hier als Nr. 40 bezeichnet); zu den Realien s. Ernst DÜMMLER, Das Formelbuch des Bischofs Salomo III. von Konstanz aus dem neunten Jahrhundert, 1857, ND Osnabrück 1964, S. 140f.
249 Vgl. VON DEN STEINEN (wie A. 44) S. 459.
250 DÜMMLER (wie A. 248) S. 123.
251 Collectio Sangallensis (wie A. 40) S. 415 Nr. 29; vgl. DÜMMLER (wie A. 248) S. 123-126.

346 MICHAEL BORGOLTE

Kaiser geschenkten Elefanten zur fabulösen Amplifikation[252]. Im Nachbarkloster Reichenau wurden dagegen »reale« Gegenstände von jenseits des Meeres, Reliquien aus dem Heiligen Land, Objekte der Verehrung und der Literatur, Orientierungspunkte in der monastischen und auch der laikalen Alltagswelt[253].

5. Essen, Trinken und was dazugehört

Die Überlieferung vom Essen und Trinken bei den Alemannen reicht bis in die vorchristliche Zeit zurück. Jonas von Bobbio schildert in seiner Vita s. Columbani, wie der Heilige († 615) ein *sacrificium profanum* in Bregenz störte: »Als er (sc. Columban) sich dort aufhielt und unter den Bewohnern jenes Ortes umherging, kam er dazu, wie sie ein heidnisches Opferfest feiern wollten und wie sie ein großes Gefäß, das im Volke cupa heißt und zwanzig Maß faßt, voll Bier in die Mitte gestellt hatten. Der Mann Gottes trat hinzu und fragte, was sie damit machen wollten. Sie sagten, sie wollten ihrem Gott opfern, Vodanus mit Namen, von dem sie auch, wie andere sagen, behaupten, daß er Mercurius sei. Als Columban von dem abscheulichen Vorhaben hörte, blies er das Gefäß an, und wunderbarerweise barst es krachend und zerfiel in Stücke. Eine gewaltig spürbare Macht brach zugleich mit dem herausfließenden Bier hervor, und man konnte deutlich sehen, daß der Teufel in dem Gefäß verborgen gewesen war, der durch das unheilige Getränk die Seelen der Opfernden packen wollte. Die Barbaren, die es sahen, sagten verblüfft, der Mann Gottes habe einen starken Atem, da er ein mit Reifen befestigtes Gefäß so auseinanderbrechen könne. Er aber schalt sie mit Worten des Evangeliums und sagte, sie sollten von solchen Opfern ablassen und heimgehen. Da ließen sich viele von ihnen durch Zuspruch und Belehrung des heiligen Mannes zum Glauben an Christus bekehren und erhielten die Taufe; andere, die zwar schon durch das Taufwasser gereinigt, aber in heidnischem Irrtum befangen waren, führte er durch seine Ermahnungen zur Ausübung der evangelischen Lehre zurück an den Busen der Kirche wie ein guter Hirt«[254].

Columbans Schüler Gallus, der in Alemannien als Einsiedler zurückblieb, hat anscheinend nicht immer karg gelebt; jedenfalls berichtet Wetti in der 820 entstandenen Vita, daß Gallus mit dem Prieser Willimar und dem Diakon Johannes in seiner Höhle ungesäuerte Brote, gebratene Fische und ein Fläschchen Wein verzehrte, dazu Öl, Butter und Honig[255]. Die Mahlzeit hätte demnach aus zwei Gängen bestanden. Ein solcher Aufwand wäre dem heiligen Lupicinus wohl schon unangemessen erschienen. Lupicinus hatte zusammen mit seinem Bruder Romanus u. a. in Alemannien das Kloster Romainmoutier gegründet und pflegte dieses gelegentlich zu inspizieren. Dabei sei er einmal, so Gregor von Tours († 594), um die Mittagszeit eingetroffen, als die Brüder noch auf dem Felde arbeiteten. Lupicinus

252 Vgl. Michael BORGOLTE, Der Gesandtenaustausch der Karolinger mit den Abbasiden und mit den Patriarchen von Jerusalem (Münchener Beiträge zur Mediävistik und Renaissance-Forschung 25), München 1976, S. 131-135.
253 Zuletzt Theodor KLÜPPEL, Reichenauer Hagiographie zwischen Walahfrid und Berno, Sigmaringen 1980, bes. S. 84ff.; noch nicht ersetzt: (P. A. MANSER) – Konrad BEYERLE, Aus dem liturgischen Leben der Reichenau (Die Kultur der Abtei Reichenau, wie A. 172, I S. 316-437) S. 342-378.
254 Ionae Vitae Sanctorum Columbani, Vedasti, Iohannis, rec. Bruno KRUSCH (MGH SS rer. Germ.), Hannover – Leipzig 1905, S. 213f. c. I. 27; Übers.: Quellen zur Geschichte der Alamannen (wie A. 142) Heft III, Heidelberg – Sigmaringen 1979, S. 19f.
255 Vita Galli confessoris triplex (wie A. 156) S. 266 c. 17, vgl. Walahfrids Version S. 297 c. 17 und Walahfrid S. 292 c. 11, wo von einem Mahl gebratener Fische und Brotes die Rede ist, das Gallus mit dem Diakon Hiltibold einnahm. Zur Datierung der Vita Wettis s. Walter BERSCHIN, Gallus Abbas Vindicatus (Historisches Jahrbuch 95, 1975, S. 257-277) S. 267.

beobachtete im Hause die Vorbereitung einer Mahlzeit aus mehreren Gängen, insbesondere einer Unmenge von Fischen. Das hielt er mönchischer Askese nicht für angemessen. Er ließ deshalb sofort einen großen Kessel herrichten und über Feuer erhitzen, tat alle vorbereiteten Speisen, Fisch, Kraut und Gemüse, hinein, und sagte: »Von diesem Brei sollen jetzt die Brüder essen, denn sie sollen sich nicht Genüssen hingeben, die sie am Werk Gottes hindern«[256]. Ähnlich genügsam wie Lupicinus gab sich Walahfrid Strabo. In dem Gelegenheitsgedicht *Versus in convivio* schrieb Walahfrid heiter: »Salz, Brot, Schnittlauch, Fische und Wein sind zur Speise da / Die königlichen Genüsse will ich mitnichten nur ansehn«[257].

Einen klösterlich-st. gallischen oder allgemein-alemannischen Speisezettel sah man früher in den »Benedictiones ad mensas«, die Ekkehard IV. verfaßt hat[258]. In dem 280 Verse umfassenden Gedicht wird eine Fülle von Nahrungsmitteln aufgeführt, angefangen vom Brot über Fische, Geflügel, Schlachtvieh und Wildpret bis zu den Desserts, Baumfrüchten, Wurzeln und den Getränken. Man hat sich gewundert über die nicht weniger als 17 verschiedenen Brotsorten und über die ebenso reichhaltige Palette an Fischen[259]; erstaunt nahm man zur Kenntnis, daß unter dem Geflügel auch Pfau und Schwan genannt wurden, obschon Ekkehard wenigstens beim Pfau warnte: »Laß es nicht den Magen verderben!«[260]. Wenn beim Wild neben Bär und Wildschwein, Hirsch und Hindin, Damhirsch, Reh- und Steinbock, Gemse, Hase und Murmeltier auch Wisent, Auerochse und Wildpferd erscheinen, so zog man rasch den Schluß, daß diese Tiere um die Jahrtausendwende in der Gegend von St. Gallen noch vorkamen und also verzehrt werden konnten[261]. Indessen hat eine philologische Untersuchung ergeben, daß das künstlerisch anspruchslose Gedicht eine Schularbeit war, die sich materiell von Isidors Etymologien inspirieren ließ. Ekkehards Tischsegnungen sind demnach bloß als »versifizierte Lexikographie« zu betrachten, deren Stoff nicht dem realen »Bezirk von Küche, Keller und Speisekammer« entnommen sei[262]. Trotzdem scheidet das Werk aus dem Kreis der alltagsgeschichtlichen Quellen nicht aus, und zwar aus mehreren Gründen. Einmal entsprechen die aufgeführten Speisen zweifellos partiell Ekkehards eigener Erfahrung, auf die er durchaus auch hinweist[263]; zum anderen dürften die literarisch rezipierten und literarisch von Ekkehard weitervermittelten Speisen die eigene und die kollektive Alltagserfahrung im näheren Umfeld des Dichters verändert haben – angefangen von der reinen Vorstellung einer alternativen Alltagswelt bis zu konkreten Umstellungen in der Klosterküche. Der wichtigste Grund aber für die Bedeutung des Gedichts für die Alltagsgeschichte liegt darin, daß es sehr viel über mittelalterliche

256 Liber vitae patrum (MGH SS rer. Merov. T. I, Pars II: Gregorii Episcopi Turonensis Miracula et Opera Minora, ed. Bruno KRUSCH, Hannover 1885, S. 211-294) S. 215 c. 3; mit Übers.: Quellen zur Geschichte der Alamannen (wie A. 142), Heft II, übers. von Camilla DIRLMEIER, mit Anmerkungen versehen von Gunther GOTTLIEB, Heidelberg – Sigmaringen 1978, S. 106.
257 Walahfridi Carmina (wie A. 225) S. 396 Nr. XLVII.11.
258 Maßgebliche Edition in: Der Liber Benedictionum Ekkeharts IV. nebst kleineren Dichtungen aus dem Codex Sangallensis 393, hg. von Johannes EGLI (Mitteilungen zur vaterländischen Geschichte, hg. vom Historischen Verein in St. Gallen XXXI, 1909, S. 281-315).
259 Vgl. EGLI S. X-XIV.
260 Ebd., S. 289 v. 75.
261 Ebd., S. XII.
262 Ernst SCHULZ, Über die Dichtungen Ekkeharts IV. von St. Gallen (Corona quernea. Fs. Karl Strecker, 1941, ND Stuttgart 1962, S. 199-235) S. 219; danach Hans F. HAEFELE, Art. Ekkehard IV. von St. Gallen (Die deutsche Literatur des Mittelalters. Verfasserlexikon, Bd. 2, Berlin–New York 1980, Sp. 455-465) Sp. 459.
263 Wie A. 258, S. 286 v. 49, 50; S. 293 v. 108, 111, 115; S. 302 v. 160.

Mentalität verrät. Die Speisen werden gesegnet, um leibliches Wohl zu bringen, Unglück oder Krankheit abzuwehren[264]. Darum muß eigentlich – Ekkehard hat dies auch mehrfach betont – Christus es sein, der die Nahrung heiligt[265]. Die »Benedictiones ad mensas« gehören überdies zu den unübersehbaren »Realbenediktionen« des Mittelalters, die alle Gegenstände des täglichen Lebens betreffen konnten[266] und insgesamt ein hochwichtiges Zeugnis für die Auseinandersetzung des mittelalterlichen Menschen mit seinem Milieu darstellen. Eine systematische Sammlung dieser Benediktionen könnte, über die Lebensmittel hinaus, ein Baustein zur Realienkunde des Mittelalters und zugleich zur Geschichte der menschlichen Welterfahrung sein.

Was in frühmittelalterlichen Klöstern wie St. Gallen oder Reichenau die Mönche tatsächlich verzehrt haben, läßt sich trotz einer im allgemeinen guten Überlieferung nur schwer ausmachen. Im Falle St. Gallens wissen wir immerhin von Consuetudines und Konflikten. Unter Abt Grimald († 872) soll der Klosterleiter Hartmut die Versorgung der Brüder durch Lebensmittel auf einen besseren Standard gebracht haben, der mindestens bis ans Lebensende des Geschichtsschreibers Ratpert († ca. 890/900) galt[267]. Im zehnten Jahrhundert glaubten die Mönche dann freilich, nicht ohne eigene Erwerbungen auskommen zu können. Die Zustände im Kloster, insbesondere der Privatbesitz und die häufigen Fleischspeisen, veranlaßten unter Otto dem Großen zwei Visitationen[268]. Sie werden, über hundert Jahre später, durch Ekkehard IV. mit deutlicher Aversion gegen das Reformmönchtum geschildert. Nach dem Rundgang einer aus Bischöfen und Äbten bestehenden Untersuchungskommission soll nach Ekkehard das tägliche Leben der Mönche erforscht worden sein und sich darauf unter den Visitatoren selbst eine Diskussion entsponnen haben: »Schließlich legte auf Anraten der anderen (Erzbischof) Heinrich (von Trier) dem Abt nahe, er möge einen der Brüder beauftragen, von dem Gange des Lebens, wie wir es damals führten, eine Darstellung zu geben (*ut aliquem fratrum viam vitę nostrę, qua tunc degeremus, iuberet edicere*). Da hieß jener den Dekan Ekkehard sowie Notker den Arzt, die der Mehrzahl unter ihnen gar wohl bekannt waren, aufstehen und von Prim zu Prim den Gang unseres Lebens schildern (*et a prima usque ad primam viam vitę nostrę edicere*). Als ihn nun der Dekan mit Unterstützung des Bruders ganz nach der Wahrheit darlegte, sagten Kebo (Abt Kerbodo von Lorsch) und die Äbte zu den Bischöfen: ›Tatsächlich entspricht alles, was wir gehört, der Regel Benedikts, ausgenommen den einen Punkt, daß sie ihr gemäß wohl arbeiten, nicht aber ihr gemäß das Dasein fristen. Aber eben dies ist auch der Anlaß für sie, daß sie von überallher sich zu verschaffen suchen, womit sie sich am Leben erhalten. Weil sie nun dies, was sie mit Erlaubnis des Abtes erworben haben, je nach seinem Gebot zurücklegen und es, was immer es sei, auf seinen Wink und Entscheid hin verbrauchen, werden wir wahrhaft bekräftigen können, es verstoße dies nicht gegen die Regel‹. Und Milo von Ellwangen sagte: ›Wofern ihr euch wegen des Fleischessens Skrupel macht, sage ich meine Meinung ganz unverblümt. Nämlich obzwar ja das Pferd nicht zum Essen erlaubt ist, wünschte ich doch eher, manch Mönch verzehre gehorsamst meinen

264 Ebd., S. 281 vv. 1-7; S. 283 v. 19; S. 287 v. 59; S. 288 v. 68; S. 289 vv. 75f.; S. 293 v. 117; S. 294 v. 118; etc.

265 Ebd. S. 281 v. 9; S. 282 v. 13, 16; S. 289 v. 73; S. 290 v. 81; S. 291 v. 85 etc.

266 Vgl. Georg LANGGÄRTNER, Art. Benediktionen (Lexikon des Mittelalters., Bd. I.9, München – Zürich 1980, Sp. 1903.)

267 Ratperti casus s. Galli (Mittheilungen zur vaterländischen Geschichte 13 NF 3, St. Gallen 1872, S. 2-64) c. 27 = MGH SS II S. 70f. (ed. Ildephons VON ARX).

268 Vgl. Kassius HALLINGER, Gorze – Kluny. Studien zu den monastischen Lebensformen und Gegensätzen im Hochmittelalter, Bd. I, 1950, ND Graz 1971, S. 187-199.

Zelter, als daß er andere Gebote der Regel überträte. Und daher fälle ich an Benedikts Statt mit Überzeugung den Spruch: Was der freie Entscheid des Abtes genehmigt, mag der Mönch essen und trinken; der Abt soll zusehen, mit welchem Selbstentscheid er was genehmige‹. Da aber bei seinen Worten einige lachten, warf Heinrich ein: ›Verwunderlich‹, sagte er, ›daß ein so weiter See sich hier dehnt und sich keine Fülle von Fischen findet‹. ›Weder ist er ganz unser‹, sagte Ekkehard, ›noch ist er so reich an Fischen, daß die kärgliche Ausbeute mitunter auch nur für unseren Herrn Abt alleine reichte. Wenn wir aber einmal Fische zu kaufen finden, könnten wir um den Preis, umgerechnet auf das Essen, das einem einzigen von uns vorzusetzen wäre, einen genügsamen Mann eine ganze Woche durchfüttern‹. ›Ja wahrhaftig‹, sagte (Bischof) Dietrich (von Metz), ›während ich ehedem hier zur Schule ging, verstrichen jeweils viele Tage, ohne daß ich mich entsänne, einen Fisch aus jenem Gewässer gesehen zu haben. Indessen pflegte damals der größere Teil der Brüder auch kein Fleisch zu essen; ihre Genügsamkeit schien nun freilich übertrieben. Es gab aber andere, die einzig Geflügel aßen, mit Recht, weil es mit den Fischen zur selben Kreatur gehört. Nur einige dagegen haben in Räumlichkeiten, die der Abt innerhalb der eigenen vier Wände zur Verfügung stellte, auch Fleisch von Vierfüßlern genossen. Einen vortrefflicheren Mönch aber werde ich, glaube ich, niemals sehen, als einer von ihnen war, der manchmal Fleisch verzehrte‹«[269].

Trotz dieser Einwände legten die Visitatoren den St. Galler Mönchen auf, die Eigengüter in den Gemeinschaftsbesitz überzuführen und Fleischspeisen der Regel gemäß nur den Bedürftigen zu gestatten[270]. Eine Verbesserung der wirtschaftlichen Lage scheinen die Stiftungen für das Seelenheil gebracht zu haben, die namentlich seit dem späten 11. Jahrhundert dem Tisch der Mönche unmittelbar zugutegekommen sein dürften[271]. Die erste Liebesgabe dieser Art stammte wohl von eben dem Dekan Ekkehard I. († 973), der gegenüber den Beauftragten Ottos I. die Belange des Klosters vertreten hatte und mit den Nöten der Brüder bestens vertraut war. Ekkehard soll »mit Mitteln von Jonschwil her, das er (...) selber erworben und verwaltet hat, eine Woche zu sieben Essen täglich« angesetzt haben, »mit reichlich Brot dazu und fünf Maß Bier. Und die fünfte hiervon, die Maß zur Non also«, wird weiter berichtet, »beschloß er durch Wein auszugleichen«[272]. Ekkehards Zeitgenosse, der Abt Notker (971-975), der auch den neuen Speicher für Wild und Geflügel errichten ließ[273], soll das 170 Köpfe zählende Gesinde des Klosters erstmals mit Korn statt, wie zuvor, mit Hafer verköstigt haben[274]. Einschneidende Reformmaßnahmen, die freilich schon in die Wendezeit des Investiturstreites gehören, scheint dann der Abt Norbert (1034-1072) durchgeführt zu haben, der aus der lothringischen Abtei Stablo stammte. Norbert vermehrte die Mönchspraebende, so daß die Brüder u. a. in der Osterwoche auch am Mittag Wein und Oblaten erhielten[275]. In der klösterlichen Überlieferung galt er außerdem als der erste Abt, der ein Anniversar stiftete; an seinem Todestag,

269 Ekkehard IV., St. Galler Klostergeschichten (wie A. 59) S. 210-213 cc. 104 f. Vgl. cc. 100, 102.

270 Ebd., S. 214 f. c. 106.

271 Wichtigstes Zeugnis ist das sog. Zweite St. Galler Totenbuch, hg. von Hermann WARTMANN (Mittheilungen zur vaterländischen Geschichte 19, 1884, S. 369-463), das in einem Zusammenhang mit der Reformtätigkeit Abt Norberts aus Stablo gesehen werden muß (s. u. bei A. 275).

272 Ekkehard IV., St. Galler Klostergeschichten (wie A. 59) S. 166 f. c. 80.

273 S. oben bei A. 235.

274 Ekkehard IV., St. Galler Klostergeschichten (wie A. 59) S. 264-267 c. 136.

275 Casuum S. Galli Continuatio II, ed. Ildephons VON ARX (MGH SS II, Hannover 1829, S. 148-163) S. 155.

dem 2. September, erhielten die Mönche zu seinem Gedenken Wein, Fleisch (bzw. Fisch), Käse, Eier, Erbsen und einen großen Laib Brot[276].

Abgesehen vom monastischen Lebensraum gibt es wiederum nur wenige Hinweise auf die Praxis der Ernährung. Man muß schon froh sein, im Zusammenhang mit der Geschichte Wendilgarts, der Gemahlin Graf Udalrichs »von Buchhorn«, einen Hinweis auf soziale Unterschiede in den Genußmöglichkeiten zu finden: »Wendilgart (…) wurde als angebliche Witwe – hieß es doch, ihr Mann sei gefallen – sehr umworben, wollte sich aber nach Gottes Wink nicht mehr vermählen. Vielmehr zog sie mit Salomos (III.) Einverständnis nach St. Gallen; dort ließ sie sich neben Wiborada eine Kemenate bauen, lebte von ihrem Vermögen und verteilte viel an Brüder und Arme für die Seele des vermeintlich toten Gemahls. Nun war sie aber, da man sie verzärtelt erzogen und hieran gewöhnt hatte, begehrlich nach Naschwerk und ständig auf Abwechslung aus; wofür sie von Wiborada gescholten wurde, weil es bei einer Frau kein Zeichen von Züchtigkeit sei, nach all den Dingen zum Essen zu verlangen. Als sie nun eines Tages vor der Klause der Jungfrau zum Gespräch verweilte, bat sie, Wiborada möchte ihr Obst zu essen geben, falls sie süßes da hätte. ›Von dem, wie es die armen Leute verzehren, habe ich ganz herrliches‹, sagte jene und brachte die sauersten Holzäpfel (*poma… mala de silva acidissima*) zum Vorschein und überließ sie ihr, die gierig danach griff und sie ihr aus den Händen riß. Doch Wendilgart verspeiste mit verzogenem Mund und Gesicht kaum einen halben, warf die übrigen weg und sagte: ›Herb bist du, und herb sind deine Äpfel‹ Und da sie gebildet war, setzte sie hinzu: ›Wären alle Äpfel des Schöpfers von der Art gewesen, nie hätte Eva gekostet vom Bösen‹. ›Passend‹, sagte jene, ›hast du gerade Eva erwähnt; tatsächlich war sie wie du so lüstern nach guten Dingen und ist darum beim Verspeisen eines einzigen Apfels schuldig geworden‹. Die edle Frau ging hinweg, schamrot gemacht durch die niedrige Magd. Und seitdem legte sie sich Zwang auf und enthielt sich der Leckereien, die ihr unterkommen mochten«[277].

Gleichheit in der Ernährung wurde wohl nur bei einem allgemeinen Fasten erreicht. In der Formularsammlung Notkers findet sich der Brief eines Bischofs an einen Erzpriester, in dem nach königlicher Anordnung genaue Vorschriften für ein dreitägiges Fasten formuliert werden. Motiv war wohl die Buße des Volkes zur Abwehr äußerer Gefahren für die karolingischen Reiche des späten 9. Jahrhunderts, doch ist ein konkreter Anlaß nicht nachgewiesen. Die Armen sollten einerseits an den frommen Werken mitwirken, andererseits in den Genuß der beim Fasten erübrigten Güter kommen: »Brief an einen Priester. Durch göttliche Vorsehung N., Bischof jener Kirche, dem N., dem Erzpriester jenes Pagus, Segen und Heil. Lieber Bruder, es sei Dir mitgeteilt, daß unsere Herren Könige, als sie vor kurzem sich versammelt haben, unter vielem anderen, das sie frommer Gesinnung und gut beraten zur Beachtung vorgeschrieben haben, auch das beschlossen, daß wir wegen der vielen Nöte zur selben Zeit ein dreitägiges Fasten beachten sollten. Das soll auf folgende Weise geschehen: An den 14., 13. und 12. Kalenden des Juni sollen alle, nachdem sie reinen Herzens das Bekenntnis abgelegt und Frieden geschlossen haben, fasten bis zur Non, es sei denn, es hindere sie Schwachheit, Kindes- oder Greisenalter am Verzicht. Und alle sollen zerknirscht und demütigen Herzens zur Kirche gehen; das ganze Volk soll dem Kreuz unter Litaneigesang folgen und Kyrie eleison rufen, mit Asche bestreut und in

---

276 Das zweite St. Galler Totenbuch (wie A. 271) S. 409; Casuum S. Galli Continuatio II (wie A. 275) S. 156.

277 Ekkehard IV., St. Galler Klostergeschichten (wie A. 59) S. 170-173 cc. 82f. – Zu Wendilgarts Sohn, dem späteren Abt Burchard von St. Gallen, s. o. bei A. 132, zu ihrem Ehemann BORGOLTE (wie A. 55) Art. UDALRICH (VI).

Bußgewänder gehüllt, wer solche finden kann. Die anderen, die darüber verfügen, sollen am Körper Wollkleider tragen. Den Armen und denen, die nichts haben, genügt ihr Mangel zur Demütigung. Alle sollen unbeschuht der Messe gemeinsam lauschen, in Furcht und frommer Andacht. Die Priester sollen an allen diesen Tagen die Messe singen; die übrigen Kleriker und alle, die es können, Männer und Frauen, sollen 50 Psalmen beten und dabei die Gnade unseres Schöpfers anflehen, daß er seine Kirche vor den Nachstellungen der unsichtbaren Feinde und den Einfällen der Heiden schütze und daß er sie in seinem Frieden, der alles menschliche Denken übersteigt, im Innern bewahre, damit sie nicht in Versuchung fällt, sich gegen sich selbst zu erheben und sich selbst zu zerfleischen. Er möge die verschiedenen Seuchen und Krankheiten von Mensch und Tier fernhalten, milde Luft schenken, die Erde fruchtbar machen, die Früchte zur Reife bringen, die Erträge der Bäume vermehren, damit wir, durch äußere Not übermäßig bedrängt, mit dem rechten Glauben, mit fester Hoffnung und reiner Liebe Gott lieben und seinen Befehlen anhangen können, und – indem wir diese Hilfsmittel gebrauchen – zur ewigen Vergeltung in der (himmlischen) Heimat zu gelangen verdienen. Alle aber sollen sich mit trockenem Brot und rohem Kraut, mit Salz und Obst ernähren; wer es aber nötig hat, soll das Kraut mit Saße verspeisen; (im übrigen sollen sich alle) durch ein kleines Maß reinen Gerstensaftes erquicken; alle sollen sich gänzlich des Fleischs und des Fetts und alles dessen enthalten, was aus Milch gemacht wird. Fische und Eier soll niemand, er sei denn krank, genießen, ebensowenig Wein und alles, was mit Honig versüßt ist. Und ein jeder soll nicht zögern, das, was er sich vorenthalten hat, einem Bedürftigen zu geben; deswegen, weil man durch das Fasten ein unschuldiges Leben erwirbt, weil die Frömmigkeit durch das Gebet wächst, und durch das Almosen das Mitleid, das erforderlich ist, gefunden wird. Und das, was ich neulich in Deinem Amtsprengel nur halbverbessert zurücklassen mußte und, von Dir Abschied nehmend Deiner Strenge anvertraut habe, führe sorgfältig, soweit Du es nur vermagst, zu einem guten Ende. Leb wohl«[278].

Den tatsächlichen Vollzug des Fastens schildert in mehreren Episoden wiederum Notker in seinen Gesta. So habe Karl der Große, einst an einem Freitag zu Gast bei einem Bischof, keinen Fisch, sondern fettgelben Käse vorgesetzt bekommen, den der Kaiser kaum hinuntergebracht habe[279]. Ein ansonsten heiliger Bischof sei in der Fastenzeit den Lockungen des Teufels erlegen und habe, was er später durch strenge Selbstkasteiungen büßte, einmal der Fleischspeise nicht widerstehen können[280]. Der Versucher wußte freilich, die Stunden der Unaufmerksamkeit besonders zu nutzen. Ein anderer heiliger Bischof, der wie Ulrich von Augsburg[281] nach dem mitternächtlichen Osteramt feierte und dabei dem Elsässer Sigolsheimer in allzu reichlichem Maße zusprach, erlag darauf widerstandslos den Reizen einer sehr schönen Frau[282]. Nur das öffentliche Bekenntnis seines Fehltritts, Buße und das Zureden des Volkes konnten ihn tags darauf bewegen, die Messe zu lesen.

Von Tischsitten ist in der Überlieferung kaum einmal die Rede. Wie später Liutprand von Cremona aus eigener Anschauung[283], so berichtete Notker Balbulus von merkwürdi-

---

278 Collectio Sangallensis (wie A.40) S.416f. Nr.31, vgl. S.417 Nr.32. Dazu DÜMMLER (wie A.248) S.127-129.
279 Notkeri Balbuli Gesta Karoli Magni (wie A.16) S.18f. c.I.15.
280 Ebd., S.27-29 c.I.21.
281 S. oben bei A.77.
282 Notkeri Balbuli Gesta Karoli Magni (wie A.16) S.29-31 c.I.22.
283 Vgl. Liudprandi relatio de legatione Constantinopolitana (Liudprandi Episcopi Cremonensis Opera, ed. Joseph BECKER, MGH SS rer. Germ., Hannover – Leipzig ³1915, S.175-212); dazu Johannes KODER – Thomas WEBER, Liudprand von Cremona in Konstantinopel, Wien 1980; ferner: Michael RENTSCHLER, Liudprand von Cremona. Eine Studie zum ostwestlichen Kulturgefälle im Mittelalter, Frankfurt 1981; Jon

gen Bräuchen am byzantinischen Kaiserhof. Ein mit Tunke übergossener Fisch habe nur von oben herab, also ohne auf dem Teller umgewendet zu werden, verspeist werden dürfen[284]. Ekkehard erwähnt den Gebrauch von Löffel (*coclearium*) und Serviette (*manutergium*) bei den Mahlzeiten[285]. Die eigenen Tischsitten wurden ihm aber erst bewußt, als er sie mit denen der Ungarn vergleichen konnte. Als die Fremden 926 das von den Mönchen verlassene Kloster heimsuchten, haben sie sich zum Essen in den inneren Klosterhof gesetzt, und zwar nach ihrer Gewohnheit auf das grüne Gras. Der im Kloster zurückgebliebene Mönch Heribald und ein von den Ungarn gefangengenommener und mitgeführter Kleriker haben sich dagegen zur Mahlzeit kleine Sessel aufgestellt. »Die Ungarn aber zerrissen halbrohe Schulterstücke und andere Teile geschlachteter Tiere ohne Messer mit ihren Zähnen, und hatten sie das Fleisch verschlungen, bewarfen sie sich untereinander zum Spaß gegenseitig mit den abgenagten Knochen. Auch Wein, in vollen Kufen in der Mitte aufgestellt, schöpfte jeder nach Belieben, soviel ihn gelüstete«[286]. Das Gelage der Heiden habe dann im Gesang gotteslästerlicher Lieder, im Tanz und einer allgemeinen Rauferei geendet. Dem Mönch Heribald, den Ekkehard allerdings als Einfaltspinsel charakterisiert, hatte das Abenteuer freilich gefallen. Noch später schwärmte er den Brüdern vor: »Glaubt mir, ich kann mich nicht erinnern, jemals fröhlichere Leute in unserem Kloster gesehen zu haben; verteilen sie doch Speise und Trank mit vollen Händen. Vorher nämlich konnte ich unseren Geizkragen von Kellermeister kaum darum bitten, mir auch nur einmal einen Trunk für meinen Durst zu reichen; sie aber gaben mir, wenn ich bat, im Überfluß (…). (Wenn sie mich einmal gezüchtigt hatten), machten sie ihre Sünde an mir sogleich wieder gut; denn sie boten mir Wein an, und das täte gewiß keiner von euch«[287].

Höfischen Glanz beim Mahl entfalteten bisweilen die Bischöfe der Karolingerzeit. Notker kritisierte dies, indem er es beschrieb. Königsboten Karls sollen von einem prunksüchtigen Oberhirten einst nach der Messe zum Essen geladen worden sein: »Sie betraten eine mit bunten Teppichen und Tüchern aller Art geschmückte Halle, in der in großartiger Weise das Mahl in goldenen, silbernen und edelsteinverzierten Gefäßen den an Unlust und Übelkeit leidenden Appetit erregen konnte. Dabei saß (der Bischof) selbst auf den weichsten überzogenen Daunenkissen, mit prächtigster Seide, in kaiserlichen Purpur gehüllt, so daß ihm bloß noch ein Szepter und der Königstitel fehlte, umgeben von Scharen reichster Ritter, neben denen jene Höflinge, d. h. die Großen des siegreichen Karl, sich selbst ganz ärmlich vorkamen. Als diese nach diesem wunderbaren und für Könige ungewöhnlich prächtigen Mahl um Urlaub baten, ließ er, um ihnen seine Pracht und seinen Ruhm noch sinnfälliger zu zeigen, die kundigsten Meister der Musik mit allen möglichen Instrumenten auftreten, vor deren Lied und Spiel die härtesten Herzen schmolzen und die flüssigsten Wellen des Rheins erstarrten. Die verschiedensten Arten von Getränken, mit mancherlei Gewürzen und Zutaten versetzt, bekränzt mit Kräutern und Blumen, die den Glanz von Gold und Edelstein auffingen und ihren roten Schein auf jene zurückwarfen, blieben, da der Magen schon übervoll war, ungeleert im Becher. Inzwischen bereiteten die

N. SUTHERLAND, The Mission to Constantinople in 968 and Liudprand of Cremona (Traditio 31, 1975, S. 55-81).
284 Notkeri Balbuli Gesta Karoli Magni (wie A. 16) S. 54f. c. II.6.
285 Ekkehard IV., St. Galler Klostergeschichten (wie A. 59) S. 218f c. 110.
286 Ebd., S. 118-121 c. 54.
287 Ebd., S. 134f. c. 62.

Bäcker und Fleischer, die Köche und Wurstler für die vollen Mägen mit erlesenen Künsten allerlei Leckerbissen, ein Mahl, wie es für den großen Karl nie bereitet worden ist«[288].

Ausführlicher noch als Notker die bischöfliche Gasterei schilderte Ekkehard IV. das Festmahl Konrads I. Weihnachten 911 in St. Gallen[289]. Es war einem König angemessen, ließ Konrad doch statt der als besonderes Mönchsmenü gepriesenen Bohnen mit Brot reichlich Wild und Fleisch auftragen und dazu Gaukler und Musikanten tanzen und spielen. Auch wenn es nicht ausdrücklich bezeugt ist, werden Mönche und ihr königlicher Gönner auch Minne miteinander getrunken haben[290].

Gegen die Belastungen des Körpers, die mit allzu reichlicher oder schwer bekömmlicher Speise verbunden sind, wandte man natürliche Pflanzenmittel an. In seinem *Hortulus* empfahl Walahfrid den Genuß von Sellerie »mit dem zarten Trieb« des Gewächses; Sellerie verdaue die »Reste von Speisen, die noch im Innern des Magens rumoren. / Wenn den Tyrannen des Körpers würgender Brechreiz belästigt, / Trinke man Sellerie gleich mit herbem Essig und Wasser, / Dann wird, vom sicheren Mittel besiegt, die Übelkeit weichen«[291]. Blähungen könne auch der Same des Fenchels abhelfen, der mit der Milch einer Mutterziege eingenommen werden solle[292]; Verstopfungen löse Frauenminze, wenn man die Wurzel der Pflanze koche[293]. Gekochte Poleiminze erziele denselben Effekt als Trank oder Umschlag[294].

Welchen Verdruß die Konstruktion funktionstüchtiger Abtritte in einem Großkloster wie St. Gallen bereiten konnte, geht aus dem Lobe hervor, das Ekkehard IV. für das gelungene Werk dem Dekan Walto gespendet hat[295]. Freilich dürften die St. Galler Mönche und ihre Gäste kaum so komfortable Anlagen gehabt haben, wie sie der bei ihnen gezeichnete Klosterplan vorsah; demnach sollte fast jedes Wohnhaus mit Aborten gut ausgerüstet werden, wenn auch nach einem unterschiedlichen Frequenzschlüssel. Man hat ausgerechnet, daß auf acht bis neun Mönche ein Sitz kommen sollte, für den Abt und seine Gäste aber fast die Ausstattung moderner Hotelzimmer eingeplant war[296]. Bis an die Wand zum *necessarium* führte seine Hörer und Leser einmal der redselige Geschichtsschreiber Ekkehard; Anlaß war der – allerdings ungeheuerliche – Einbruch des Reichenauer Abtes Ruodmann in die Klausur von St. Gallen: »(Ruodmann) stieg von der Kirche her in den Schlafsaal und stieg tappend zum Abort der Brüder und setzte sich dort verborgen hin. Ihm auf den Füßen folgte Ekkehard (II.), der allemal Umsichtige, der sich vom Lager erhob, ohne zu ahnen, daß es Ruodmann sei. Und da er den Mann alleine traf, wunderte er sich, wer denn von den Brüdern so verstohlen jenen Weg gehe, den wir nachts gewöhnlich nicht betreten. Bei dem trüben Licht nämlich in jenem Raum saß Ruodmann unerkannt. Einige Zeit war Ekkehard im Zweifel, wer es sei, erkannte aber dann den Ruodmann an dem Schnauben der Nase, das er jeweils von sich gab, wenn er erregt war. Und alsogleich ließ er die Lampe des Abtes, die einer der Brüder auf seine heimliche Anweisung hin herbringen mußte, aufflammen und stellte sie vor jenen hin, legte Strohwische zurecht und

288 Notkeri Balbuli Gesta Karoli Magni (wie A. 16) S. 23f. c. I.18; Übers. von Reinhold Rau in: Quellen zur karolingischen Reichsgeschichte, Dritter Teil (Ausgewählte Quellen zur deutschen Geschichte des Mittelalters. Freiherr vom Stein-Gedächtnisausgabe, Bd. VII), Darmstadt ²1969, S. 347, 349.
289 Ekkehard IV., St. Galler Klostergeschichten (wie A. 59) S. 40-45 cc. 14-16.
290 Vgl. ebd., S. 40f. c. 13, vgl. oben bei A. 77.
291 STOFFLER (wie A. 204) S. 94f. Nr. 20; Walahfridi Carmina (wie A. 204) S. 346f.
292 STOFFLER S. 86f. Nr. 11, Walahfridi Carmina S. 342.
293 STOFFLER S. 90f. Nr. 17, Walahfridi Carmina S. 345.
294 STOFFLER S. 92f. Nr. 19, Walahfridi Carmina S. 346.
295 S. oben bei A. 233.
296 HECHT (wie A. 32) S. 106f.

postierte sich – in Vertretung des Kaplans – abseits in einiger Entfernung. Und den Brüdern, die wie gewöhnlich dazu kamen, bedeutete er mit Winken zu schweigen, wunderten sie sich doch, für wen die Laterne dastand; denn der Abt, für den man sie sonst als einzigen hinträgt, war nicht in St. Gallen. Endlich, nach langem Warten und ratlos, was er tun sollte, stand er auf; da hob Ekkehard die Laterne hoch und ging dem Abziehenden auf demselben Wege voraus, auf dem er ihn kommen gespürt. Und als sie zum Eingang der Kirche, wo sich das Sprechzimmer befindet, gelangt waren, hieß er ihn leise, sich da zu setzen, bis er ihn dem Oheim Dekan und den Brüdern gemeldet hätte, nicht daß sie einen so bedeutenden Gast einfach übersähen«[297].

Unerwünschte Eindringliche im Klosterbereich wußten auch sonst den geheimen Ort von St. Gallen nicht zu nutzen. Der verhaßte Visitator Sandrat soll nach übermäßigem Weingenuß des nachts den Abtritt gar nicht erst aufgesucht und mit den Folgen seiner Trunksucht die Möbel eines ehrwürdigen St. Galler Bruders in Mitleidenschaft gezogen haben[298]. Und ein wilder Ungar, der begierig nach dem Gold des Wetterhahns den Turm der Klosterkirche bestiegen hatte, erdreistete sich gar, dort oben den Leib zu entleeren. Dabei verlor er dann aber das Gleichgewicht und stürzte in den Tod[299].

6. Kleiden, Wohnen, Schlafen, Körperpflege

Nach Isidor von Sevilla († 636) gehörten die Alemannen neben den Persern, Alanen, Schotten (Iren), Indern, Chinesen und Armeniern zu den Völkern, die sich von anderen durch Tracht und Sprache unterschieden. Freilich wußte Isidor in seinen Etymologien nur das *sagum*, den kurzen Mantel, als Charakteristikum der Kleidung zu nennen[300]. Ausführlichere Beschreibungen von Gewandungen sind aber auch in der südwestdeutschen Überlieferung des Frühmittelalters selten. Notker der Stammler schildert in seinem Karlsbuch die Kleidung des Kaisers (bzw. der Franken), wobei er sich von Einhard anregen ließ[301]: »Der ruhmreiche Karl kleidete sich zum Nachtgebet in ein tief herabhängendes weites Gewand, dessen Gebrauch und Name nicht mehr üblich ist. Nach den Morgenhymnen aber kehrte er in sein Gemach zurück und legte, wie es die Zeit erforderte, seine kaiserlichen Gewänder an. Die Geistlichen aber kamen alle zum Frühgottesdienst schon so gekleidet, daß sie entweder in der Kirche oder in der Vorhalle, damals Höflein genannt, den Kaiser auf seinem Weg zum Hochamt wachend erwarteten, oder wer es nötig hatte seinen Kopf ein wenig in den Schoß seines Gefährten legte (…). (Bei jenem tief herabhängenden Nachtgewand des Kaisers) handelt es sich um die alte Tracht und Ausstattung der Franken: Schuhe, die außen mit Gold besetzt und mit drei Ellen langen Riemen versehen sind, scharlachfarbene Binden um die Schienbeine und darunter aus Linnen Hosen zwar aus derselben Farbe, aber mit höchster Kunst verziert. Über diese und die Binden wurden kreuzweise innen und außen, vorne und hinten, diese langen Riemen befestigt. Dann kam das glanzweiße Hemd und darüber das Wehrgehänge mit dem Schwert. Dieses steckte in einer dreifachen Hülle, erst die Scheide, dann ein Leder und drittens ein ganz weißes mit

297 Ekkehard IV., St. Galler Klostergeschichten (wie A. 59) S. 188-191 c. 91.
298 Ebd., S. 276f. c. 142.
299 Ebd., S. 118f. c. 53.
300 Isidori Hispalensis Episcopi Etymologiarum sive Originum Libri XX, rec. W. M. LINDSAY, Bd. II, Oxford 1911, ND 1971, c. XIX.23.6; Übers. in: Quellen zur Geschichte der Alamannen III (wie A. 254) S. 11.
301 Einhardi Vita Karoli Magni, ed. Oswald HOLDER-EGGER (MGH SS rer. Germ.), Hannover ⁶1911, S. 27f. c. 23.

hellem Wachs verstärktes Leinen, so daß es mit seinen erhabenen Kreuzchen in der Mitte zum Verderben für die Heiden erhalten blieb. Das letzte Stück ihrer Tracht war ein graublaues Tuch, viereckig, doppelt gefaltet, so daß es auf die Schultern gelegt vorn und hinten die Füße berührte, auf den Seiten aber kaum die Knie bedeckte. Dann trug man in der Rechten einen Stecken von einem Apfelbaum, durch seine gleichmäßigen Knoten bewundernswert, kräftig und schrecklich, mit einem Handgriff aus Gold und Silber mit schönen erhabenen Figuren. In dieser Tracht habe ich, der ich, langsam und träge wie eine Schildkröte, nie nach Francien gekommen bin, das Haupt der Franken im Kloster des heiligen Gallus aufleuchten sehen (wohl Ludwig den Deutschen) und mit ihm zwei goldlockige Früchte seiner Lenden, von denen der Erstgeborene ihm an Größe gleichkam, während der spätere, allmählich emporwachsend, den Gipfel seines Stammes mit höchstem Ruhm zierte und ihn schließlich überragend verdeckte. Aber wie es die Art des menschlichen Geistes ist, als die Franken, inmitten von Galliern im Heere dienend, diese in gestreiften Kriegsmäntelchen glänzen sahen, gaben sie aus Freude am Neuen den alten Brauch auf und fingen an, sie nachzuahmen. Der strenge Kaiser verbot indessen das deshalb nicht, weil diese Tracht für den Krieg zweckmäßiger erschien. Als er aber sah, wie die Friesen seine Nachsicht mißbrauchten, und erfuhr, daß sie diese kurzen Mäntel so teuer wie vorher die großen verkauften, ordnete er an, daß man von ihnen nur jene großen breiten und langen Mäntel um den üblichen Preis kaufe, indem er hinzusetzte: Was nützen diese kleinen Fetzen? Im Bett kann ich mich damit nicht zudecken, auf dem Pferd kann ich mich nicht gegen Wind und Regen schützen, und wenn ich austreten muß zu einem natürlichen Bedürfnis, dann sterbe ich, weil mir die Beine erstarren«[302]. An anderen Stellen seines Werkes beschreibt Notker Karl in der Kriegsrüstung, *ferreum Karolum*, oder bei der Jagd, bei der der Kaiser – im Unterschied zu seinen putzsüchtigen Hofleuten – den praktischen Schafspelz getragen habe[303]. Zum Bad in den Aachener Heilquellen pflegte Karl in Hemd und Schuhen, aber auch bewehrt mit dem Schwert zu gehen[304], während sein Sohn Ludwig der Fromme samstags nur deshalb ein Bad genommen haben soll, um seine Kleider seinen Dienern schenken zu können[305].

Beiläufig erwähnt Notker, daß es unter den Geistlichen Karls auch so arme Männer gab, daß ihre Kleidung nur Lumpen (*panni*) genannt werden könnten; überdies seien sie von dem Haushofmeister Liutfrid, der die Kleider zu waschen und zu flicken hatte und sie im übrigen auch an Handwerker und Gesinde verteilen mußte, schnöde übervorteilt worden[306]. Viele Leinenkleider waren am Hof erforderlich, wenn Massentaufen durchzuführen waren. Als die Gewänder bei der Taufe der Normannen einmal ausgegangen waren, soll Karl die Anweisung gegeben haben, Hemdenstoff zu zerschneiden »und wie eine Hecke zusammen(zu)nähen und wie Weinstücke (zu) bearbeiten. Als man nun unerwartet einem der älteren Täuflinge eines dieser Taufhemden umwarf, betrachtete er es mit recht verwunderten Augen eine Zeitlang, dann aber bekam er eine nicht geringe Wut und sagte zu dem Kaiser: Schon zwanzigmal hat man mich hier gebadet und mir die besten und weißesten Kleider angetan, aber so ein Sack steht keinem Krieger, sondern einem Schweinehirten zu. Und wenn ich mich nicht meiner Nacktheit schämte, nachdem man mir meine Kleider weggenommen, aber nicht die von Dir gegebenen angelegt hat, würde ich Dir Dein Gewand samt Deinem Christus lassen«[307].

---

302 Notkeri Balbuli Gesta Karoli Magni (wie A.16) S.42 c.I.31, S.46-48 c.I.34; Übers. (wie A.288) S.369, 375.
303 Notkeri Balbuli Gesta Karoli Magni (wie A.16) S.83f., 86f. c.II.17.
304 Ebd., S.80 c.II.15.
305 Ebd., S.93 c.II.22.
306 Ebd., S.42-44 c.I.31.
307 Ebd., S.90 c.II.19; Übers. (wie A.288) S.423.

Was vornehme Damen des 10. Jahrhunderts zu tragen pflegten, geht aus der Conversionsgeschichte der heiligen Wiborada hervor: »Als sie an einem großen Festtag zur Kirche ziehen wollte und von den Eltern gezwungen feinere Kleider anzog, den Scheitel mit Haarschmuck zierte und die schlaffen Falten des sehr kostbaren Gewandes mit goldfarbenen Fibeln raffte, zu Pferd saß und mit ihrer Mutter und Gefährten dahinritt, da überfiel sie plötzlich mitten auf dem Weg heftiges Kopfweh, und sogleich fühlte sie sich durch den Geist in göttlicher Heimsuchung ermahnt, sprang vom Pferd, setzte sich auf die blanke Erde, zog die Hände in den Übermantel zurück und löste zuerst das Gold von der Brust. Dann zog sie unter dem Schleier den kunstvollen Kopfputz herab, riß ihn ab und barg ihn im inneren Gewandbausch. Sogleich kam die Mutter hinzu und fragte, warum sie dort stehe und verweile. Sie verschwieg zunächst den Grund, bat die Mutter weiterzugehen und versprach alsbald zu folgen. Als ihre Begleiter sie drängten, das Pferd wieder zu besteigen, willigte sie durchaus nicht ein, sondern ging den ganzen Weg bis zur Kirche zu Fuß. Das war der letzte Tag, der an ihr etwas von geziertem Überfluß oder überflüssiger Zier sah. Nach diesem Tag sah sie keiner mehr, solange sie lebte, auf einem Reittier oder Wagen, ausgenommen als sie (…) nach Rom ging um zu beten, wenn sie etwa über einen Fluß oder Sturzbach setzten mußte«[308].

Zu einem Konflikt um den Mönchshabit kam es zu spätkarolingischer Zeit in St. Gallen. Der ehemalige Klosterschüler Salomo (III.), der inzwischen Hofkapellan geworden war, pflegte die Klausur im Leinengewand der Laien zu betreten und erregte dadurch Anstoß bei den regelbewußten Mönchen. Diesen genügte auch nicht die *cappa* (Kapuze), die Salomo kompromißbereit anlegte. Nach kontroversen Beratungen, bei denen die Furcht vor dem einflußreichen Höfling die entscheidende Rolle spielte, sollen die Brüder Salomo schließlich gestattet haben, sich in der Klausur im Mönchskleid zu bewegen, ohne doch Mönch zu sein[309].

Bei der Versorgung der Mönche mit Schuhwerk scheinen Engpässe an der Tagesordnung gewesen zu sein; darauf weist schon die zitierte Korrespondenz zwischen Walahfrid und Hraban hin[310]. Nach Ekkehard soll der gottvertrauende Heribald beim Einfall der Ungarn im Kloster St. Gallen zurückgeblieben sein, weil der Kämmerer ihm das Jahresquantum an Schuhleder noch nicht ausgehändigt hatte[311]. Dem Lehrer Ratpert freilich haben zwei Schuhe im Jahr genügt, weil er das Kloster selten verließ[312].

Auf die Frage, wie die Menschen des frühen Mittelalters gewohnt haben, gibt der St. Galler Klosterplan einige Antworten[313]. Der Planzeichner unterschied verschiedene Heizungssysteme: Fußbodenheizung, offene Feuerstellen und Öfen. Beim Mobiliar beschränkte er sich offenkundig auf das praktisch allgemein Notwendige; zum Sitzen dienten demnach Bänke oder Schemel; die Betten scheinen relativ groß berechnet zu sein, doch berühren wir damit das umstrittene Thema von Maß und Zahl. Für das Geschirr kannte man Schränke, für die Bücher Lesepulte. Ein Leuchter stand im Abtritt der Mönche.

Näher an die Wirklichkeit des monastischen Alltags führen aber wohl einige Gelegenheitsgedichte Walafrid Strabos heran. Neben Stab, Peitsche und Messergriff besang Walah-

---

308 Vita I (wie A. 84) S. 36-39 c. 5; vgl. Vita II S. 130-133 c. 5.
309 Ekkehard IV., St. Galler Klostergeschichten (wie A. 59) S. 20-29 cc. 3-6.
310 S. oben bei AA. 244f.
311 Ekkehard IV., St. Galler Klostergeschichten (wie A. 59) S. 116f. c. 52; zu Heribald s. oben bei A. 287.
312 Ekkehard IV., St. Galler Klostergeschichten (wie A. 59) S. 78f. c. 34; vgl. dagegen die Versorgung des reichen Spitaliten, oben bei A. 41.
313 Zum folgenden HECHT (wie A. 32) S. 65-78, 103-105.

frid sein Handtuch, seine Handschuhe, seine Schreibtafel (»Tu kund, was ich nicht weiß, und widersprich nicht dem Bittenden!«), eine Wachskerze und das Fenster über dem Bett[314]. Ein wertvolles Zeugnis stellt das kleine Gedicht *Super lectum ipsius Strabi* dar; es handelt sich nicht etwa um die Beschreibung des Bettes, sondern um Walahfrids Nachtgebet. Mag der Ton auch kindlich klingen, so wird doch der Schutz des Schlafenden in ungewöhnlich persönlicher Weise erfleht: »Der Du durch ewige Liebe immerwach die Welt regierst, / Dreieiniger Gott, schütze den hier ruhenden Menschen. / Steh' auch dabei, heilige Wache der Engelschar, / Damit nicht den Dämonen hierher offenstehe der Weg, / Heilige Gottesmutter, Märtyrer, Bekenner und wer es auch sei / So auch Du, Jungfrau, helfet, ich bitte, mir bei dem Herrn«[315].

In das Schlafzimmer Karls des Großen begleitet literarisch Notker einen armen Geistlichen, der den Frankenherrscher vor der Verschwörung seines Sohnes Pippin warnte. Abgesehen von dem Blick in den intimen Lebensbereich des Kaisers hat die Passage Gewicht durch den Hinweis auf die Kleidung des Klerikers und auf die Gebärdensprache der Dienerinnen Karls: »Als er (der Geistliche) unter den größten Schwierigkeiten durch sieben Schlösser und Türen endlich zum Schlafgemach des Kaisers vorgedrungen war, klopfte er an die Türe und setzte den allezeit wachsamen Karl in größtes Erstaunen, wer ihn zu dieser Zeit zu stören wage. Immerhin befahl er den Frauen, die ihn im Dienst der Königin oder seiner Töchter zu begleiten pflegten, hinauszugehen und nachzusehen, wer vor der Türe sei und was er verlange. Sie gingen hinaus, und als sie seine geringe Person sahen, schlossen sie unter lautem Lachen und Kreischen die Türe und suchten sich, ihre Kleider vors Gesicht pressend, in den Ecken zu verstecken (*quae exeuntes cognoscentesque personam vilissimam, obseratis ostiis cum ingenti risu et chachinno se per angulos, vestibus ora repressae, conabantur abscondere*). Aber der scharfsichtige Karl, dem nichts unter dem Himmel entgehen konnte, fragte die Frauen eindringlich, was sie hätten und wer an die Tür klopfe. Und als er die Antwort erhielt, es sei ein geschorener, dummer törichter Schelm, der nur mit Hemd und Hose angetan (*linea tantum et femoralibus indutus*) ihn zu sprechen wünschte, ließ er ihn hereinführen. Der warf sich sofort zu Füßen und eröffnete ihm alles der Reihe nach (...)[316].

Über das herrscherliche und monastische Wohnen erfahren wir aus der Überlieferung mehr als über das anderer Bevölkerungsgruppen. Immerhin geht aber aus der Lex Alamannorum hervor, wie ein Pfarrhof ausgestattet war, den der Gesetzgeber unter besonderen Schutz stellte[317]. Demnach gehörten zu der *presbiteri curtis, qui in parochia positus est ab episcopo*, der männliche und der weibliche Hörige, der Ochse und das Pferd sowie weitere Tiere. Der Typ einer unverheirateten, womöglich mit dem Pfarrherrn verwandten Haushälterin, war schon im Frühmittelalter bekannt. So wie Wiborada ihren Bruder Hitto betreute[318], schloß sich auch die heilige Verena einem Priester an: »(Verena gelangte) in eine Stadt, die von altersher Zurzach genannt wird. Dort fand sie eine Kirche, erbaut zu Ehren der heiligen Gottesmutter Maria. Und sie begann darin zum Herrn zu beten: ›Unsichtbarer Gott (...), Du weißt, daß ich hier eine einsame Waise und Fremde

---

314 Walahfridi Strabi Carmina (wie A. 225) S. 395 f. Nr. XLVII, S. 409 Nr. LXVII.
315 Ebd., S. 409 Nr. LXVII.
316 Notkeri Balbuli Gesta Karoli Magni (wie A. 16) S. 72 c. II.12, Übers. (wie A. 288) S. 401, 403.
317 Lex Alamannorum (wie A. 127) S. 76 § 10 (11), S. 74 f. §§ 6-8, S. 82 § 21. Vgl. Franz BEYERLE, Das Kulturporträt der beiden alamannischen Rechtstexte: Pactus und Lex Alamannorum (zuerst 1956, dann in: Zur Geschichte der Alemannen, hg. von Wolfgang MÜLLER, Wege der Forschung C, Darmstadt 1975, S. 126-150) S. 129.
318 S. oben bei A. 96.

bin. Laß mich mit Deiner Barmherzigkeit hier das Ende meines irdischen Lebens erwarten‹. Als sie ihr Gebet vollendet hatte, betrat der Priester die Kirche, um die Messe zu feiern. Die heilige Jungfrau trug eine Flasche mit Wein in ihren heiligen Händen und brachte sie an den Altar in die Hände des Priesters. Als dieser die Messe beendigt hatte, sprach er zu ihr: ›Woher bist Du, Weib?‹ Verena antwortete ihm: ›Ich bin eine Thebäerin und war im Gefolge des heiligen Märtyrers Mauritius. Ich bin eine Christin und will hier bleiben bis zum Ende im Dienste Gottes und seiner heiligen Mutter Maria‹. Der Priester erwiderte: ›Wenn Du hier bei uns sein willst, so bleibe in meinem Haus und gebrauche meine Güter‹. Er anvertraute ihr auch den Schlüssel seiner Speisekammer und alles, was er hatte. Und die heilige Verena diente dem Herrn Jesus Christus Tag und Nacht mit Nachtwachen, Fasten und heiligen Gebeten. So viel wie möglich gab sie den Armen Almosen«[319].

Vom Baden ist in dieser Arbeit schon wiederholt im Zusammenhang mit Askese und Heilung die Rede gewesen[320]. Anscheinend ging man nackt ins Wasser. Jedenfalls verstörten den Diakon des heiligen Gallus, als er seine Netze an einem Gewässer auswerfen wollte, zwei unbekleidete Damen am Ufer. Durch ihr unzüchtiges Benehmen gaben sich die beiden freilich schnell als Dämonen zu erkennen, die der Heilige durch die Macht seines Gebetes zu verbannen wußte[321]. Der heilige Fridolin soll die Wehrlosigkeit eines Badenden ausgenutzt haben, um von ihm Spenden für den Gottesdienst zu erlangen[322]. Unter den noch nicht vollständig erhobenen Benediktionen in St. Galler Handschriften befindet sich auch ein Seifensegen[323].

7. Reisen

Das Reisen gehörte im Frühmittelalter gewiß nicht zu den alltäglichen Erfahrungen aller Menschen[324], aber wenn man einmal in den Krieg ziehen mußte oder eine Pilgerschaft unternehmen wollte, stellten sich immer die gleichen Probleme. Wer sollte in der Abwesenheit des Herrn das Haus hüten? Wie konnten die zurückgebliebenen Familienangehörigen geschützt und versorgt werden, besonders, wenn den Reisenden auf seiner Fahrt der Tod ereilte? Sehr häufig hat man dann die Kirche als Partner und Versicherung in Anspruch genommen. Die Güter wurden für die Zeit der Reisen an ein Gotteshaus oder Kloster übertragen, die den Verwandten die Nutznießung überließen und dem Tradenten, oder, falls er nicht mehr heimkehrte, seinen Angehörigen den Rückkauf zusicherten. Ungewöhnlich detaillierte Regelungen wurden dabei ins Auge gefaßt, wie ein St. Galler Urkundenformular zeigt: »Urkunde von einem, der in den Krieg oder anderswohin ziehen will und der seine Mutter mit seiner Ehefrau, mit dem Sohn oder mit seiner kleinen Tochter zurücklassen muß und sein Erbgut, das allen seinen Verwandten zugewandt und von ihnen rückkaufbar sein soll, an ein Kloster übertragen will. Ich, N., der ich über die Unsicherheiten dieses Lebens nachdachte, übertrage das, was ich im Thurgau in jenem und jenem Ort zu eigen besitze, an Kloster St. Gallen, welchem hochheiligen Ort der ehrwürdigste Abt N. vorsteht. Und zwar tradiere ich die genannten Güter unter der Bedingung,

---

319 Reinle (wie A. 122) S. 39f., Vita Posterior c. 4.
320 S. oben bei AA. 71, 74f., 107, 186, 304.
321 Vita Galli confessoris triplex (wie A. 156) S. 263 c. 12 (Wetti), S. 293f. c. 12 (Walahfrid).
322 Vita Fridolini (wie A. 142) S. 366 c. 25; mit Übers.: Berthe Widmer, Die Vita des heiligen Fridolin (Jahrbuch des Historischen Vereins des Kantons Glarus 65, 1974, S. 100-191) S. 180f.
323 Egli (wie A. 258) S. X.
324 Vgl. oben vor A. 20.

daß ich, wenn ich durch Gottes Güte gesund in die Heimat zurückgekehrt sein werde, den Besitz, falls ich es will, unter Zahlung von einem Denar als Zins innehaben kann; außerdem soll mir das Rückkaufsrecht jederzeit mit vier Denaren offenstehen. Wenn ich aber dort (auf der Reise) getötet werden oder auf andere Weise sterben sollte, dann soll meine Mutter den dritten Teil dieser Güter bis zum Tag ihres Todes besitzen und dafür an das genannte Kloster zwei Denare als Zins zahlen. Die anderen beiden Teile soll dann meine Frau zusammen mit dem kleinen Sohn (oder mit meiner Tochter) zeit ihres Lebens besitzen und denselben Zins an das Kloster abführen. Und wenn sie meine Mutter überleben sollten, sollen sie deren Anteil an sich nehmen und dafür dem Kloster vier Denare zahlen. Wenn aber mein Waise(nknabe) mannbar wird und eine rechtmäßige Ehefrau heimführt (oder wenn meine verwaiste Tochter ins Heiratsalter kommt und sich einem rechtmäßigen Gemahl vermählt), soll er (sie) das Rückkaufsrecht zu einem Solidus haben. Wenn aber jener vorher stirbt, sollen meine Brüder dieselben Besitzungen zurückkaufen können unter der Bedingung, daß sie meinem Waisen zu Lebzeiten alle Menschlichkeit und Liebe erwiesen haben; und jeder von beiden soll mit einem Pfund Silber zurückzahlen. Wenn aber einer von ihnen ihn (den Waisen) so sehr gehaßt hat, daß es öffentlich ruchbar wurde, dann soll der andere allein mit zwei Pfund zurückkaufen und dem Pflichtverletzer soll keine Gemeinschaft an diesen Dingen eingeräumt werden. Schließlich, wenn beide ihn gehaßt haben und zu unterdrücken suchten, dann soll keinem von ihnen als unfrommen und gottlosen Männern die Möglichkeit gegeben werden, jenen zu beerben. Stattdessen soll der Sohn meines Onkels von den Vorstehern des Klosters innerhalb von sechs Jahren die Freiheit erhalten, für einen Preis von zwei Pfund zurückzukaufen. Falls jener aber in der vorgeschriebenen Frist nicht zurückgekauft haben sollte, dann sollen die Söhne meiner Schwester mit demselben Geld in sechs Jahren zurückkaufen können. Schließlich aber, wenn auch die nicht zurückkaufen, sollen die genannten Orte an das genannte Kloster fallen mit allem Zubehör, also mit Hörigen, Zug- und Kleinvieh, Geflügel, Gebäuden, Hütten und Hufen, Äckern, Wiesen, Wäldern, Marken, stehenden und fließenden Gewässern, eigenen Hainen und den Nutzungsrechten an den gemeinsamen Viehtriften und mit allem insgesamt, wie ich selbst es zu nutzen gewohnt war «(...)»[325]. Man mag sich fragen, ob hier nicht eine »Schreibtischarbeit« vorliegt, eine juristische Spielerei, die alle erdenklichen Möglichkeiten, dem Willen des Abwesenden (oder Toten) zur Geltung zu verhelfen, berücksichigen will. Dem ist aber nicht so; aus eben dem Kloster St. Gallen sind tatsächlich ausgefertigte Urkunden überliefert, die kaum weniger komplizierte Regelungen abreisender Grundherren enthalten[326].

Güterdepositionen bei einer geistlichen Institution beruhten auf Vertrauen, das enttäuscht werden konnte. So berichtet Ekkehard IV. davon, der Erzbischof Hatto von Mainz habe, als er einmal in königlichem Auftrag nach Italien reiste, in St. Gallen Station gemacht und seinem Kumpan (*sodes*) Salomo III. seine Schätze übergeben; denn er habe Mißtrauen gegen seine Mainzer Diözesanen gehegt. Die beiden Bischöfe hätten vereinbart, daß die wertvolle Habe von Salomo zu beider Seelenheil verschenkt werden sollte, falls der

---

325 Collectio Sangallensis (wie A. 40) S. 401 f. Nr. 8, dazu die *Precaria* S. 402 f. Nr. 9. Vgl. hierzu Hans Rudolf HAGEMANN, Übertragungen mit Nutzungsvorbehalt in alemannischen Formeln und Urkunden (Archiv des historischen Vereins des Kantons Bern 44, 1958, S. 339-358) S. 348. Vgl. auch Formulae Augienses, Coll. C (wie A. 155) S. 366 Nr. 4.

326 Vgl. WARTMANN (wie A. 23) I S. 299 f. Nr. 325; S. 316 f. Nr. 342; vgl. HAGEMANN (wie A. 325) S. 348 A. 1, BIKEL (wie A. 26) S. 38. Zu WARTMANN I S. 219-222 Nr. 228 s. Michael BORGOLTE, Die Alaholfingerurkunden. Zeugnisse vom Selbstverständnis einer adligen Verwandtengemeinschaft des früheren Mittelalters (Subsidia Sangallensia I, wie A. 34), S. 313.

Konstanzer Oberhirte vom Tod seines Freundes in Italien hören würde. Nun seien die Freunde, schreibt Ekkehard, immer darauf bedacht gewesen, sich gegenseitig zu betrügen. Einen Monat nach Hattos Abreise habe Salomo so auch Kaufleute, die aus Italien heimkehrten, veranlaßt, das Gerücht auszustreuen, Hatto sei gestorben. Als das geschehen war, habe Salomo Hattos Schreine erbrechen, das Geld den Armen verteilen und von kostbarem Edelmetall den Pelagiusschrein und anderes Kirchengerät verfertigen lassen[327].

Die gegenseitige Unterstützung von Bischöfen bei den mit ihrem Amt und ihrer Stellung verbundenen Reisen[328] sind der Gegenstand mehrerer Briefe, die Notker Balbulus in sein Formelbuch aufgenommen hat. So bittet ein Bischof von Konstanz (Salomo II.) seinen Straßburger Kollegen um Beherbergung auf dem Weg nach Burgund: »N., der geringe Bischof der Stadt Konstanz, an den geliebten Vater und höchst lobenswerten Bischof N. von Straßburg. Ihr, ehrwürdiger Vater, mögt zur Kenntnis nehmen, daß unser Herr, König K., meine Nichtswürdigkeit zum Kloster Luxeuil zu entsenden geruhte. Deshalb bitte ich Eure Freigebigkeit, daß Ihr dafür Sorge tragt, daß mir in dem Dorf Eurer Herrschaft, in Ruffach, mit Wohnung und allem Notwendigen gedient und auch den mir Folgenden Bewirtung und aller Aufwand gestellt wird. Ohne Zweifel wißt Ihr ja, daß ich ohne Verzug leisten werde, was Ihr meiner Wenigkeit anzuvertrauen Euch herbeilaßt. Und wenn Ihr irgendwo einmal bei uns vorbeikommt, so sollt Ihr wissen, daß ich zu Eurem Gehorsam in größter Eile bereitstehen werde. Eure Heiligkeit und die Euch anvertraute Herde empfehlen wir dem Herrn in unaufhörlichen Gebeten; dasselbe, bitten wir demütig, tut auch Ihr für die unserem Glauben anvertraute Kirche und unsere eigene Hinfälligkeit. Lebt wohl«[329].

Der Aufwand, der mit einer Bischofsgastung verbunden war, geht aus einem anderen Briefformular hervor; allerdings kann man sich fragen, ob Notker in seiner bekannten Aversion gegen das höfische Verhalten der Bischöfe hier nicht doch etwas übertrieben hat: »Brief an den Kastvogt N., durch Gottes Gnade Bischof, entbietet dem Kastvogt, seinem Getreuen N., Gruß und Segen. Deiner Rüstigkeit will ich mitteilen, daß G., der Bischof von Speyer, der nach Rom reisen will, von mir Unterkunft in Bohlingen erbeten hat, und zwar an den 3. Iden des Mai, also am Montag kommender Woche. Deshalb trage dafür in jeder Hinsicht Sorge, daß ihm dort dann nichts Notwendiges abgeht, vielmehr diene ihm mit allem reichlich: Also mit vier Maltern Brot, einer Wagenladung Bier, das sind 30 Eimer; vom Wein sechs Eimer; mit vier jungen Schafen, einem Schwein, einer halben Seite Speck, einem Lämmchen, einem Jungschwein, einer Gans, zwei Enten, vier Hühnchen, und irgendeinem Fisch, wenn Du es vermagst; ferner mit Holz für den Herd und Geschirr, Federbetten und Kopfkissen für das Bett; mit drei Maltern von geriebenem und geschwungenem Hafer zur Fütterung der Pferde, und Heu auf den Wiesen und Äckern; mit einem Bündel für jedes einzelne Pferd der Vasallen und Diener. Und wenn Du es bei aller Belastung und großem Schaden an anderen Dingen schaffst, sorge doch dafür, ihm selbst zu dienen, so zwar, daß es zur Beliebtheit beiträgt, was wir machen, und wir, wenn uns einmal die Not zwingt, auf seine Dörfer zu gehen, ihn durch unsere Wohltaten übertroffen haben, so daß er weiß, was er uns umgekehrt zurecht schuldet. Leb wohl«[330]. Notker schloß diesem Formular eine *Epistola ad procuratorem* an, einen Brief des Kastvogts in derselben Sache an den Schaffner von Bohlingen. Dabei legte er darauf wert, die Mast der Schlachttiere für den Besuch des (Speyerer) Bischofs im einzelnen zu beschreiben. Gemäß

---

327 Ekkehard IV., St. Galler Klostergeschichten (wie A. 59) S. 56-59 c. 22.
328 Zu Ulrich von Augsburg s. oben bei A. 82.
329 Collectio Sangallensis (wie A. 40) S. 417 Nr. 33.
330 Ebd., S. 418 Nr. 34.

dem Wunsch des (Konstanzer) Bischofs wollte sich der Viztum aber auch selbst um die Vorbereitungen kümmern. »Wenn ich dorthin komme«, drohte er dem Verwalter von Bohlingen an, »möchte ich alles gerichtet finden, wenn Du Haut und Haare retten willst«[331].

Ein anderer Bischofsbrief Notkers, der letzte, der hier zitiert werden soll, gibt Einblick in das Postwesen der Zeit: »Bischof N. an seinen Verwalter N. Nimm diesen Brief, vertrau ihn einem unserer Zinspflichtigen an, der ein Pferd hat, und befiehl ihm, daß er weder Tag noch Nacht ruhe, bis er ihn bei Tengen jenem Meier überbracht hat. Wenn Dir aber keiner gehorchen will, dann bring ihn selbst dorthin, und befiehl jenem, daß er ihn am selben Tag und in der folgenden Nacht dem Herebert überstellt; und diesen offenen Brief sende mit jenem abgezeichneten (geschlossenen) zusammen ab; Du aber und Dein Genosse und Herebert selbst, Ihr sollt wissen, daß Ihr, wenn es durch die Nachlässigkeit von einem von Euch geschieht, daß der Brief selbst Bischof Regenhard vor jenem Sonntag nicht erreicht, alles bei mir und meine Gunst verliert. Wenn der Brief aber zu Dir kommt, Herebert, erwarte mich an dem Ort und bereite mir ein Quartier vor, weil ich in der kommenden Woche mit göttlicher Gnade zu Dir nach jenem Ort kommen muß, um von dort nach Straßburg weiterzureisen; und sende einen kräftigen Boten ab, der jenen Brief dem Regenhard möglichst schnell vorweisen kann. Allen Deinen Mitpriestern gib Nachricht von meiner Ankunft, weil ich hoffe, daß mich der Abt von Reichenau und der Graf Udalrich begleiten, so daß ich ihnen etwas auferlegen könnte. Leb wohl«[332].

Die Gefahren des Reisens werden in der frühmittelalterlichen Überlieferung vielfach beschworen. Gewalttaten an alleinreisenden Mädchen oder Frauen suchte die Lex Alamannorum durch höchst differenzierte Strafmaßnahmen vorzubeugen: »Wenn eine freie Jungfrau zwischen zwei Dörfern ihres Weges zieht und es begegnet ihr einer, der ihr mit mutwilligem Griff das Haupt entblößt, soll er das mit sechs Solidi büßen. Und wenn er ihre Kleider hochhebt und sie bis zu den Knien enthüllt, soll er sechs Solidi zahlen. Wenn er sie aber entkleidet bis zu den Genitalien oder bis zum Hinterteil, soll er zwölf Solidi zahlen. Falls er sich schließlich gegen ihren Willen an ihr vergeht, soll er 40 Solidi zahlen. Wenn aber dies einer Frau geschieht, soll von allem das Doppelte als Buße geleistet werden, was wir vorher hinsichtlich der Jungfrau festgesetzt haben«[333]. Auch Männer hatten freilich Grund, sich bedroht zu fühlen. Anfang des 7. Jahrhunderts mußte der heilige Landelin, als er vom Elsaß auf die rechte Rheinseite wechselte, erfahren, weshalb die Gegend *Mortinaugia* (Mortenau; Ortenau) hieß. »Sie hat deshalb diesen Namen bekommen«, schrieb Landelins Biograph im 10. Jahrhundert, »weil sie voll dienstbarer Geister der Dämonen und bedeckt von der Finsternis aller Arten von Sünden war. Wer kann alle Wegelagerer schildern, die dort hausten, und die Räuber, die das Volk Gottes erschlugen? Da nun die Einwohner dieser Gegend die Diener Gottes totschlugen und durch den Raubmord an ihnen jeweils ihr Leben fristeten, nannten die Alten verdientermaßen die Gegend Mortinaugia. Bis heute sind noch viele von dieser Sorte am Leben, die von Raub, Überfällen,

---

331 Ebd., S. 418f. Nr. 35.
332 Ebd., S. 419 Nr. 36. Zum Grafen Udalrich vgl. BORGOLTE (wie A. 55). – Ein Entlassungsschreiben (*epistola dimissoria*) gab der Konstanzer Bischof Wolfleoz 831/32 dem Kleriker Elgilmannus mit, der in der alemannischen Diözese unterrichtet und tonsuriert worden war. Gleichzeitig empfahl Wolfleoz den Kleriker dem Bischof Rampert von Brixen und gab diesem die Erlaubnis, Elgilman zu den heiligen Graden zu promovieren, falls er ihn nach Kenntnissen und Sitten würdig finde: Epistolae Variorum (wie A. 242) S. 322f. Nr. 16. – Daß Bischöfe zu Pferd, Äbte zu Fuß reisten, belegt die Vita Fridolini (wie A. 142) S. 360 c. 12; Übers. (wie A. 322) S. 165. – Odilia benützte einen Wagen: Vita Odiliae (wie A. 149) S. 42 c. 8.
333 Lex Alamannorum (wie A. 127) S. 115f. §56; vgl. BEYERLE (wie A. 317) S. 137f.

Ausplünderung der Armen leben«[334]. Besonders im Wald waren Leib und Leben in Gefahr. Walahfrid läßt das in einer Geschichte der Galluswunder deutlich hervortreten: »Als ein Mann seinen Weg durch einen Wald nahm und umsichtig durch Eile einen Überfall der Räuber, die sich darin gewöhnlich aufhielten und viele schädigten, zu vermeiden suchte, befiel ihn plötzlich so große Schläfrigkeit, daß er kaum weiterschreiten konnte. Da er aber aus Furcht vor der Gefahr auf dem Weg Unglücksfälle argwöhnte und, um ein Weilchen zu schlafen, beiseitegehen wollte, bemerkte er einen Bauern, der ihm entgegenkam. Er bat diesen, solange sein Wächter zu sein, bis er das Drängen des Schlafes durch eine kurze Ruhe vertrieben hätte. Jener aber täuschte Frieden vor und versprach, treu zu wachen. Deshalb legte der Reisende, etwas zur Seite gegangen, seine Kapuze unter, streckte sich aus und rief die Hilfe des heiligen Mannes mit folgenden Worten an: ›Heiliger Gallus, bewahre mich in Deinem Schutz!‹ Als er dann, bewehrt mit dem Kreuzzeichen, entschlummerte, vergaß der ungetreue Wächter sein feierliches Versprechen, nahm die Waffen und ging auf den Schläfer los, wie um zu töten. Er zog ihm das Kleid über den Nacken, um den Schlafenden desto leichter mit einem Hieb zu töten. Aber als er das Schwert zum Schlag niedergehen lassen wollte, konnte er, an den Gelenken durch Starrheit betäubt, die Arme nicht mehr krumm machen. Inzwischen stand einer dem Schlafenden im Traum bei und sprach zu ihm: ›Was zieht Dich in den Schlaf hinab, den ich doch gerade vor der drohenden Tötung gerettet habe?‹. Und jener erwachte und erblickte den treuen Genossen, wie er mit entblößtem Schwert sein Haupt bedrohte; er sprang auf und fragte den Entdeckten, weshalb er dieses Verbrechen verüben wollte. Jener bekannte, daß er es hatte tun wollen, um die Rüstung zu gewinnen; in diesem Moment konnte er seine Arme, die durch Gottes Befehl erstarrt waren, fallen lassen. Der andere aber bedachte bei sich, daß er durch göttliche Milde wegen der Verdienste des heiligen Gallus vor der Erschlagung gerettet worden sei, machte Frieden mit jenem und ließ ihn unverletzt von dannen ziehen«[335].

Wer viel reiste, wie der Künstler Tuotilo, mußte sich deshalb Begleiter suchen, gut bewaffnet sein und Mut haben. Ekkehard IV. verhehlt seine Bewunderung für den wehrhaften Maler und Bildhauer nicht: »Man erzählte sich (...) von ihm ein Stückchen, das ich, ob es gleich einem Mönch nicht wohl anstand, zur Charakterisierung des Mannes dennoch zum besten geben will. Er zog einmal durch einen Wald, ein richtiges Räuberrevier, und ließ sich von zwei eigenen Leuten begleiten, einem Reisigen mit und einem Reisigen ohne Lanze. Und siehe, da wurde er von zwei verwegenen Kerlen überfallen, wobei jeder der beiden einen der Seinen vom Pferde warf. Während sie noch mit der Beute beschäftigt waren, erspähte er eine kräftige Eichenkeule, riß sie an sich und kam drohend mit großem Schrecken über sie. Aber kaum erblickten die Räuber den reckenhaften Mann, so ließen sie die Beute fahren und kehrten ihre Schilde, die sie auf den Rücken geworfen hatten, gegen ihn. Und Tuotilo hieß seine Leute, die Lanzen der Räuber, die diese aus Sorglosigkeit weitab hingeworfen hatten, eiligst ergreifen, und feuerte sie grimmig an, sich zu wehren. Rasch bemächtigten sich die abgeworfenen Knechte der Lanzen; da sahen die Feinde ein, daß sie den Anstrum eines solchen Führers nicht bestehen würden, und von ihm entwaffnet, schlugen sie sich in die Büsche. So zogen denn die Männer unerschrocken durch den Wald, nachdem sie auch noch die eigene Lanze aufgenommen hatten, um sie allenfalls dem Herrn zu geben, wenn die Räuber zurückkommen sollten«[336]. Kein Wunder,

---

334 Leben des heiligen Landelin (Auszüge mit Übers.) (Quellen zur Geschichte der Alamannen IV, wie A. 142, S. 35-42) S. 37 c. I.4.
335 Vita Galli confessoris triplex (wie A. 156) S. 327 f. c. 22.
336 Ekkehard IV., St. Galler Klostergeschichten (wie A. 59) S. 92 f. c. 40.

daß der Schulmeister Ratpert angesichts solcher Abenteuer »Ausgehen den Tod nannte« und den reisefrohen Tuotilo oft unter Umarmungen beschwor, sich vorzusehen[337].

Der Wald konnte allerdings auch eine Zuflucht sein. Salomo III., der im Streit mit den »Kammerboten« Erchangar und Bertold lebte, flüchtete vor diesen einmal in den Wald von Turbenthal, »der zu dieser Zeit wüst und öde war«[338].

Mit dem Reisen war in mehrfacher Hinsicht der Reliquienkult verbunden, sei es, daß Kaufleute oder Gesandte die Heiltümer erwarben und verbreiteten, sei es, daß die Gläubigen zu den Stätten der Märtyrer und Bekenner pilgerten. Es ist an dieser Stelle nicht nötig, noch einmal die gut erforschten Züge des Wallfahrtswesens vorzustellen[339], die auch in den Heiligenmirakeln Südwestdeutschlands begegnen[340]. Hingewiesen sei aber auf die Reichenauer Orientgeschichten, in denen der Reliquienerwerb mit historisch faßbaren Persönlichkeiten verknüpft wurde und manche bemerkenswerte Erfahrung, wie die Angst vor Seereisen, zutage tritt[341]. Literarisch auf ungleich höherem Niveau und voller Anschaulichkeit erweist sich Notker bei seiner Schilderung der Bildungsbemühungen Karls des Großen; Wissenschaft wurde nach Notker auf dem Markt feilgeboten, und die Händler waren zugleich Pilger: »Als (Karl) in den westlichen Ländern der Erde allein zu herrschen angefangen hatte, und die Beschäftigung mit den Wissenschaften überall in Vergessenheit geraten und daher die Verehrung der wahren Gottheit abgekühlt war, da geschah es, daß zwei Schotten aus Irland mit bretonischen Kaufleuten an die Küste Galliens kamen, Männer, die in weltlichen wie geistlichen Schriften unvergleichlich bewandert waren. Ohne irgendwelche Waren zum Verkauf vorzuzeigen, pflegten sie der zum Kauf herbeiströmenden Menge zuzurufen: Wer Weisheit begehrt, komme zu uns und empfange sie; denn sie ist bei uns zu haben. Daß sie aber diese zu verkaufen hätten, sagten sie, um das Volk, weil sie sahen, daß es nur das kaufte, was für Geld, nicht aber, was umsonst zu haben war, dazu zu bringen, daß es die Weisheit wie die übrigen Dinge kaufte, oder aber, wie das Folgende zeigt, durch solche Anpreisung zum Verwundern und Erstaunen zu veranlassen. Kurz und gut, dieser Ruf ertönte so lange, bis er von denen, die sich darüber verwunderten oder sie für verrückt hielten, dem König Karl zu Ohren gebracht wurde, der immer ein Liebhaber und Freund der Weisheit war. Er ließ sie in aller Eile vor sich bringen und fragte sie, ob sie, wie man ihm zugetragen habe, wirklich Weisheit mit sich führten. Sie erwiderten: Wir tun das und sind bereit, sie denen zu geben, die im Namen Gottes würdig danach verlangen. Als er nach dem Preis fragte, den sie dafür forderten, entgegneten sie: Nur geeignete Orte, empfängliche Seelen und was für unsere Pilgerfahrt unerläßlich ist, Nahrung und Kleidung. Als er dies vernahm, freute er sich sehr (...)«[342].

337 Ebd., S. 78 f. c. 34.

338 Ebd., S. 36 f. c. 12.

339 Vgl. zuletzt u. a.: Norbert OHLER, Menschen unterwegs zu mittelalterlichen Wallfahrtsstätten (Das Münster 2, 1985, S. 105-118); DERS., Zur Seligkeit und zum Trost meiner Seele. Lübecker unterwegs zu mittelalterlichen Wallfahrtsstätten (Zeitschrift des Vereins für Lübeckische Geschichte und Altertumskunde 63, 1983, S. 83-103); Wolfgang BRÜCKNER, Zu Heiligenkult und Wallfahrtswesen im 13. Jahrhundert. Einordnungsversuch der volksfrommen Elisabeth-Verehrung in Marburg (Sankt Elisabeth, wie A. 21, S. 117-127), und ebd. der Katalog S. 450-462.

340 Z. B. vgl. die Galluswunder (wie A. 156) S. 311-337, die z. T. nachweislich auf die Vita Galli Vetustissima zurückgehen.

341 Vgl. jetzt KLÜPPEL (wie A. 253) bzw. Theo KLÜPPEL – Walter BERSCHIN, Vita Symeonis Achivi (Die Abtei Reichenau, wie A. 224, S. 115-124). Paraphrasen der Quellen bei BEYERLE (wie A. 253). – Furcht vor Seereisen: Translatio sanguinis Domini cc. 4, 8, jetzt ediert von KLÜPPEL S. 154 f. – Zum historischen Gehalt dieser Quellen zuletzt BORGOLTE (wie A. 33) S. 221-229; DERS. (wie A. 55) Artt. ADALBERT (I), RUADBERT (II); zu dem der Genesius-Mirakel DERS. (wie A. 252) S. 49 ff. u. ö.

342 Notkeri Balbuli Gesta Karoli Magni (wie A. 16) S. 1 f. c. I. 1, Übers. (wie A. 288) S. 323.

MICHAEL BORGOLTE

8. Feindschaft, Streit, Verbrechen, Gericht

Über legitime und illegitime Gewaltanwendung informieren am besten Pactus bzw. Lex Alamannorum. »Von den Dingen, die häufig im Volk zu geschehen pflegen«, ist der Abschnitt über die Blutrache betitelt, der in der Lex nach der Terminologie der Rechtshistoriker zugleich den dritten, die »Volkssachen« betreffenden Teil eröffnet: »Wenn ein Streit entstanden ist zwischen zwei Männern, sei es auf der Straße oder auf dem Feld, und der eine hat den anderen getötet und der, der getötet hat, flüchtet danach und jene Gesippen (des Getöteten) verfolgen ihn mit Waffen bis in sein Haus und es tötet einer im Haus den Mörder; dann soll er sich mit einem Wergeld lösen. Wenn sie (die Gesippen) aber auf dem Feld, wo sich vorher der Kampf erhoben hat, bei ihrem Toten bleiben und nicht (dem Mörder) in das Haus gefolgt sind und danach geht einer in die Nachbarschaft und sammelt die (übrigen) Gesippen, während die Waffen ruhen, und danach verfolgt ihn (ein)er im Haus und tötet ihn, so soll er neun Wergelder zahlen«[343]. Die Blutrache im Affekt wird also weniger streng unter Strafe gestellt als der organisierte Überfall; in jedem Fall aber sucht der Gesetzgeber die Selbsthilfe zugunsten des staatlichen Gewaltmonopols zurückzudrängen. Ein anderes Beispiel für die Sippengebundenheit von Rechtshändeln und zugleich für die Mühen um die Etablierung einer unabhängigen Gerichtsbarkeit stellt der Paragraph 81 (84) »Über die, die sich über ihr Land streiten«, dar: »Wenn ein Streit entsteht unter zwei Sippen (*genealogiae*) über die Grenzen ihrer Ländereien, und der eine sagt: ›Hier ist unsere Grenze‹, während der andere an einen anderen Platz geht und sagt: ›Hier ist unsere Grenze‹, dann soll dort sofort der Graf sein aus jenem Volk und mit einem Zeichen markieren, wo die einen und wo die anderen den Grenzverlauf haben wollten, und so sollen sie den Kampf vermeiden. Dann sollen sie in die Mitte kommen und in Gegenwart des Grafen von derselben Erde, die die Alemannen ›Torf‹ nennen, nehmen und in dieselbe Erde von den dortigen Bäumen einen Zweig stecken; die Sippen sollen diese Erde aufheben und dem dabeistehenden Grafen in die Hand legen. Jener soll sie in ein Tuch wickeln, ein Siegel darauf setzen und alles der Hand eines Getreuen anvertrauen bis zum festgesetzten Gerichtstag. Darauf sollen sie untereinander einen Zweikampf geloben. Wenn sie zum Kampf bereit sind, soll die Erde in die Mitte gelegt werden, und (die beiden Kämpfer) sollen jene Erde mit ihren Schwertern berühren, mit denen sie kämpfen wollen, und sie sollen Gott den Schöpfer zum Zeugen anrufen, daß er dem den Sieg schenke, bei dem das Recht sei, und dann sollen sie kämpfen. Demjenigen von ihnen, der siegt, soll durch diesen Kampf das Besitzrecht zufallen, jene anderen aber sollen wegen der Anmaßung, mit der sie das Eigentum bestritten hatten, zwölf Solidi zahlen«[344].

Abgesehen von Blutrache und falschen Besitzansprüchen führt die alemannische Gesetzgebung eine Fülle von Delikten an. Hingewiesen sei auf die Grabschändung, einen Tatbestand, der aus dem Pactus in die Lex übernommen wurde und noch die Sitte der Grabbeigaben reflektiert[345]; oder auf den Frauenraub, der nach einer Sonderbestimmung durch die nachträgliche Anerkennung seitens des Ehemannes sogar rechtskräftig werden konnte[346]. Am instruktivsten für die Gewaltausübung in der frühmittelalterlichen Gesell-

---

343 Lex Alamannorum (wie A. 127) S. 104f. § 44; vgl. BEYERLE (wie A. 317) S. 134f.; Clausdieter SCHOTT, Art. Lex Alamannorum (Handwörterbuch zur deutschen Rechtsgeschichte I, wie A. 129, Sp. 1879-1886) Sp. 1884.
344 Lex Alamannorum (wie A. 127) S. 145-147 § 81 (84), vgl. BEYERLE (wie A. 317) S. 141f.
345 Pactus (wie A. 127) S. 25 § 16.3, Lex (ebd.) S. 108 § 49 (50), vgl. BEYERLE S. 135.
346 Lex S. 109ff. §§ 50-54, BEYERLE S. 137, 139. Zu den Schutzbestimmungen für Insassen von Gynäceen gegen Vergewaltigung s. oben bei A. 190.

schaft ist aber ohne Zweifel der umfangreiche Bußenkatalog für jede Art körperlicher Schädigung. Man muß den entsprechenden Abschnitt der Lex Alamannorum einmal im Zusammenhang lesen, um zu verstehen, wieviel für die soziale Kompetenz eines Mannes von seiner physischen Integrität abgehangen hat: »Wenn einer einen anderen im Zorn so verletzt, daß die Alemannen vom ›Beulenschlag‹ sprechen, soll er mit einem Solidus büßen. Wenn aber Blut vergossen wird, daß es die Erde benetzt, soll er anderthalb Solidi zahlen. Wenn er ihn so schlägt, daß die Hirnschale sichtbar und berührt wird, soll er drei Solidi zahlen. Wenn er ein vom Kopf abgeschlagenes Knochenstück so weit werfen kann, daß es über eine öffentliche Straße von 24 Fuß Breite hin im Schild noch einen Ton gibt, soll er mit sechs Solidi büßen. Wenn aber der Arzt den Knochen verloren hat und nicht vorlegen kann, soll er zwei Zeugen hinzuziehen, die gesehen haben, daß jener den Knochen bei jenem Schlag verlor, oder der Arzt soll bezeugen, daß es wahr sei, daß jener den Knochen durch den Schlag verlor. Wenn aber die Schädeldecke durchschlagen ist, so daß das Gehirn erscheint und der Arzt es mit Sonde (pinna) und Tampon (fano) berührt, soll er (der Täter) mit 12 Solidi büßen. Wenn aber durch jenen Schlag das Gehirn austritt, wie es gewöhnlich geschieht, so daß es der Arzt mit einem Medikament oder mit Seidentupfer (siricum) zurückstopft und es heilt danach, und es ist erwiesen, daß es sich wirklich so verhält, dann muß der Täter 40 Solidi zahlen (...). Wenn das obere Augenlid so verstümmelt wird, daß es nicht geschlossen werden kann, steht darauf eine Buße von sechs Solidi. Wenn aber das untere Lid verstümmelt ist, so daß die Tränen nicht gehalten werden können, gilt eine Buße von 12 Solidi. Wenn das Augenlicht geschädigt ist, so daß ein Glasauge zurückbleibt, soll er 20 Solidi zahlen. Wenn aber Sehkraft und Augapfel herausgeschlagen sind, soll er 40 Solidi zahlen (...). Wenn die ganze Zunge abgeschnitten wird, gilt eine Buße von 40 Solidi. Wenn nur die Hälfte, so daß verstanden werden kann, was der Geschädigte sagt, 20 Solidi (...). Wenn einer die Hand durchsticht, so daß ein glühendes Eisen nicht eindringen muß, um die Venen auszutrocknen oder das Blut zum Stillstand zu bringen, dann soll der Täter anderthalb Solidi zahlen. Wenn aber zur Stillung des Blutes ein heißes Eisen draufgesetzt werden muß, soll er drei Solidi zahlen. Wenn einer den Arm bricht, so daß er die Haut nicht zerreißt, was die Alemannen ›Balgschnitt‹ vor dem Ellenbogen nennen, soll er drei Solidi zahlen. Wenn dies aber über dem Ellenbogen passiert, soll er sechs Solidi zahlen. Wenn er (der Arm) aber im Ellenbogen gebrochen ist, so daß (der Geschädigte) nicht mehr tragen kann oder die Hand zum Mund führen kann, soll (der Täter) mit 12 Solidi büßen. Wenn aber der ganze Arm so verstümmelt ist, daß mit ihm nichts mehr anzufangen ist, soll eine Buße von 20 Solidi fällig sein (...). Wenn die inneren Organe verwundet sind, was sie hrevovunt nennen, soll der Täter mit 12 Solidi büßen. Wenn sie durchstochen sind, mit 24 Solidi. Wenn aber die Eingeweide so verletzt sind, daß Kot austritt, soll er 40 Solidi zahlen. Wenn einer dem anderen die Genitalien vollständig abschneidet, soll er 40 Solidi zahlen. Wenn er ihn aber kastriert, so daß er die männlichen Organe nicht mehr trägt, soll er 20 Solidi zahlen (...)«[347]. Die Schädigung der verschiedenen Körperteile wird aber nicht nur nach dem Grad der Funktionsbeeinträchtigung bewertet; auch den Verlust an leiblicher Schönheit stellt der Gesetzgeber in Rechnung: »Wenn es aber durch den Schlag in das Gesicht eines anderen geschieht, daß Kopfhaar oder Bart (die Narbe) nicht mehr überdecken, sollen sechs Solidi Buße gezahlt werden«[348].
Das Gericht, das die festgesetzten Strafen zu verkünden hatte, sollte nach der Lex straff

347 Lex S. 116-127 § 57.1-7, 11-14, S. 26 §§ 33-38, 55-59. Vgl. zu allem den Pactus, der insgesamt einen Bußenkatalog darstellt.
348 Lex S. 121f. § 57.27, vgl. BEYERLE (wie A. 317) S. 136, vgl. ebd., S. 135, 137.

organisiert sein: »Nach alter Gewohnheit soll in jeder Centene eine Versammlung vor dem Grafen oder seinem Boten oder dem Centenar stattfinden. Jene Versammlung soll von Samstag zu Sonntag stattfinden oder an einem anderen Tag nach jeweils sieben Nächten, den der Graf oder der Centenar bestimmt, und zwar dann, wenn in der Provinz nur schwacher Friede herrscht. Wenn aber der Friede besser ist, soll die Versammlung in jeder Centene nach 14 Nächten so stattfinden, wie wir oben gesagt haben«. Dann folgen genaue Anweisungen für die Durchführung des Verfahrens; dabei wurde u.a. eingeschärft, die Abhängigen (*pauperes*) kein Unrecht erleiden zu lassen, damit sie sich nicht rechtlos wähnten und den Herzog oder den *populus terrae* verwünschten[349].

In den erzählenden Quellen sind selbstverständlich ungezählte Gewaltaktionen überliefert, denen die Gesetzgebung steuern wollte. Wenn man von den Martyrien der Heiligen absieht[350], die – wie das Beispiel des heiligen Otmar zeigt – auch von den Trägern der staatlichen Gewalt selbst verursacht sein konnten[351], wird über viele kleinere Verbrechen berichtet. So weiß Walahfrid einen Frauenräuber namhaft zu machen. Frumold soll zwei Mägde aus dem Besitz des Klosters St. Gallen mit Gewalt entführt und seiner Dienstbarkeit unterworfen haben. Von dem Klostervogt deshalb oft vergeblich zur Rede gestellt, hätte ihm schließlich ein Gerichtsspruch auferlegt, die Klostergüter zurückzugeben oder – und dies war in der Lex ausdrücklich vorgesehen – mit seinem Eid vor dem Altar des heiligen Gallus zu bekräftigen, daß sie ihm rechtmäßig gehörten. Diesen Eid habe Frumold für nichts geachtet; er sei mit den Seinen, den Eideshelfern, zum Kloster gezogen und habe anmaßend den Reinigungseid abgelegt, zu dem er verurteilt worden war. Aber wo die weltliche Gerichtsbarkeit versagte, gab es noch die göttliche. Als Frumold nach Hause zurückkehren wollte, machte ihn der Heilige zum Gespött; dreimal versuchte Frumold, sein Pferd zu besteigen, kam jedoch durch die Macht des heiligen Gallus immer mit dem Gesicht zum Schwanz zu sitzen. Schamrot konnte er das Kloster erst verlassen, als er mit Hilfe seiner Diener auf das Pferd gesetzt worden war. Bald darauf begannen aber seine Augen zu schmerzen, und er verlor die Sehkraft. Was danach aus den beiden Mägden geworden ist, schreibt Walahfrid nicht[352]. Andere Geschichten Walahfrids handeln von einer Brandstiftung im Klosterstall, von einem Holzdiebstahl in der Schweinemast und von dem Einbruch bei einem Klosterschüler, bei dem u.a. ein Codex verlorenging[353].

Gegen körperliche Delikte halfen Walahfrids Heilkräuter. Kopfverletzungen sollte man mit Betonie behandeln: »Wenn Dein Kopf von feindlicher Wunde getroffen / Leidet und krankt, dann lege die heilige Pflanze, zerrieben, / Fleißig als Umschlag Dir auf, und alsogleich wirst Du bewundern / Ihre heilende Macht, denn fest wird die Wunde sich schließen«[354]. Gegen Fleischwunden empfahl Walahfrid Odermennig: »Hat ein feindliches Messer uns einmal am Körper verwundet, / Rät man uns wohl, zu seiner Hilfe Zuflucht zu nehmen, / Aufzulegen der offenen Stelle zerstoßene Sprosse, / Um durch dieses Verfahren Gesundheit wieder zu finden, / Wenn der Umschlag dazu noch mit beißendem Essig getränkt wird«[355]. Geradezu als Seitenstück zum *Schönheitsparagraphen* der Lex Alaman-

---

349 Lex S. 94-96 § 36, vgl. BEYERLE S. 133.

350 Vgl. František GRAUS, Sozialgeschichtliche Aspekte der Hagiographie der Merowinger- und Karolingerzeit. Die Viten des südalemannischen Raumes und die sogenannten Adelsheiligen (Mönchtum, Episkopat und Adel zur Gründungszeit des Klosters Reichenau, hg. von Arno BORST, Vorträge und Forschungen 20, Sigmaringen 1974, S. 131-176).

351 Zuletzt BORGOLTE (wie A. 55) Artt. RUTHARD, WARIN.

352 Vita Galli confessoris triplex (wie A. 156) S. 327 c. II.21.

353 Ebd., S. 326f. cc. 19f., S. 330f. c. 28.

354 STOFFLER (wie A. 204) S. 94f. Nr. 20, Walahfridi Carmina (wie A. 204) S. 347.

355 STOFFLER S. 96f. Nr. 22, Walahfridi Carmina S. 347f.

norum erscheint, was Walahfrid über die Katzenminze zu sagen weiß. Mit dem Öl der Rose vermischt, ergebe ihr Saft eine Salbe, die Schrammen und Narben zu tilgen vermöchte, aber auch die Haare erneuere, »die manchmal ein schwärendes Übel / Frischer Verwundung durch Gift und Eiter gänzlich zerstört hat«[356]. Schließlich kannte Walahfrid auch ein Mittel gegen Giftanschläge: » Sollten Dir Stiefmütter je feindselig bereitete Gifte / Mischen in das Getränk oder trügenden Speisen verderblich / Eisenhut mengen, so scheucht ein Trank heilkräftigen Andorns, / Unverzüglich genommen, die drohenden Lebensgefahren«[357].

Gerichtsverfahren vor dem Grafen werden in den Urkunden verhältnismäßig selten faßbar[358]. Die Mörder des heiligen Trudpert († 643?) im Breisgau sollen dem Grafen Bobo ausgeliefert worden sein. In der Passio Trudperti, spätestens vom Ende des 9. Jahrhunderts, wird berichtet, daß die Täter, die Brüder waren, zunächst durch den Schwarzwald nach Inneralemannien geflohen waren, dann aber den Ort ihres Verbrechens wieder aufgesucht haben und dort gefaßt worden seien. Der Adlige Otpert, der Trudpert bei der Errichtung der Einsiedelei am Neumagen geholfen hatte, »befahl, sie mit auf den Rücken gefesselten Händen zu Bobo zu schleppen, der zu der Zeit Graf war, damit sie durch sein Gericht verurteilt würden. Als sie von wackeren Reitknechten dorthin geschleppt wurden, begab es sich, daß sie mitten auf dem Weg an einen Bach kamen. Als einer von den Begleitern dieser Übeltäter sich auf seine Lanze stützte und vorsichtig über den Randstein dieses Baches steigen wollte, da stürzte der Missetäter, der ihm folgte, plötzlich über die Lanze seines Begleiters und durchbohrte sich, und sogleich endete er sein elendes Leben mit einem jämmerlichen Tod (...). Er also ging auf solche Weise, wie wir sagten, zugrunde; sein Bruder ward vor den oben genannten Grafen geführt und starb unverzüglich durch die ihm zukommende Strafe des Aufhängens am Galgen«[359].

Feindseligkeit und Streit erreichten nun freilich nicht immer die Dimension des Verbrechens, sie äußerten sich auch in der täglichen Unbarmherzigkeit. Einen Fall schlimmer Diskriminierung schildert Notker. Karl habe, schreibt Notker einleitend, das Gebot erlassen, daß sich jeder Bischof durch die Predigt seines Amtes würdig erweise. Einer der Oberhirten, der im Bischofsamt nur das hoffärtige Leben gesucht hatte, sei dadurch in große Not gekommen, als zwei Gesandte des Hofes an seinem Sitz weilten. »Er bestieg nach der Verlesung des Evangeliums die Kanzel, wie wenn er zu dem Volk sprechen wollte. Das war so unvermutet, daß alle staunend herzuliefen bis auf einen sehr rothaarigen armen Mann, der ein Lederkäppchen trug, weil er keinen Hut hatte und sich seiner Haarfarbe gar sehr schämte. Da sagte der Bischof, der es nur dem Namen nach, nicht in Wirklichkeit war, zu seinem Türsteher oder Schergen (...): Hol mir jenen Mann neben der Kirchentüre mit dem Hut auf dem Kopfe herbei. Dieser eilte, den Auftrag seines Herrn auszuführen, packte den Armen und begann, ihn vor den Bischof zu schleppen. Aus Angst vor einer schweren Bestrafung, weil er es gewagt hatte, im Hause des Herrn mit bedecktem Haupte zu stehen, sträubte sich dieser mit aller Kraft dagegen, daß man ihn sozusagen vor den Richterstuhl des strengsten Richters ziehe. Da schrie der Bischof, der von oben herunter zusah und bald seinen Diener ansprach, bald den Unglücklichen anfuhr, mit lauter Stimme: Zieh ihn herbei, laß ihn ja nicht los. Du mußt kommen, ob Du willst oder

356 STOFFLER S. 96 f. Nr. 24, Walahfridi Carmina S. 348.
357 STOFFLER S. 86 f. Nr. 10, Walahfridi Carmina S. 342.
358 Vgl. BORGOLTE (wie A. 33) S. 93-96, 171-178, 221.
359 Passio Thrudperti martyris Brisgoviensis (MGH SS rer. Merov. IV, ed. Bruno KRUSCH, Hannover – Leipzig 1902, S. 352-363) S. 360 f. cc. 6 f.; Übers. in: Quellen zur Geschichte der Alamannen IV (wie A. 142) S. 18 f., Zitat S. 19. Zu Bobo: BORGOLTE (wie Anm. 55) Art. BOBO.

MICHAEL BORGOLTE

nicht willst. Als er schließlich sich der Gewalt fügend oder aus Angst nähertrat, sagte der Bischof: Komm noch näher, immer noch näher. Dann faßte er nach seiner Kopfbedeckung, riß sie weg und verkündete dem Volk: Da seht Ihr, liebe Leute, der Taugenichts hat rotes Haar. Dann kehrte er wieder zum Altar zurück und hielt das Hochamt oder tat wenigstens so«[360].

Recht unfromm ging es auch im Kloster mitunter zu. Nach Ekkehard IV. hatte sich der spätere Dekan Sindolf als Vertrauter des Abtbischofs Salomo im Kloster St. Gallen so unbeliebt gemacht, daß er eines Tages von den Freunden Notker, Ratpert und Tuotilo eine regelrechte Abreibung bezog: »Die drei Unzertrennlichen besaßen die Gewohnheit, mit Erlaubnis freilich des Abtes, in der nächtlichen Zeitspanne zwischen den Laudes im Skriptorium zusammenzukommen und Bibelgespräche miteinander zu führen, wie sie einer solchen Stunde wohl angemessen sind. Aber Sindolf, im Bild über Zeit und Zusammenkünfte, schlich sich eines Nachts von außen her an das Glasfenster, an dem Tuotilo saß, heftete sein Ohr an die Scheibe und horchte, ob er etwas erhaschen könne, um es verzerrt dem Bischof zu hinterbringen. Tuotilo ward seiner gewahr, und unerschütterlich und seiner Muskelkraft gewiß wandte er sich auf lateinisch, damit es Sindolf, der nichts hiervon verstand, verborgen bleibe, an die Gefährten: ›Jener ist da und hält sein Ohr ans Fenster gedrückt. Aber Du Notker, weil du zaghaft bist, zieh dich in die Kirche zurück! Mein Ratpert dagegen, hole du rasch die Peitsche der Brüder, die im Kapitelsaal hängt, und lauf von außen herzu! Sowie ich nämlich merke, du kommst heran, werde ich das Fenster aufreißen, ihn bei den Haaren greifen und zu mir herziehen und ihn gewaltsam festhalten. Du aber, mein Herz, rüste dich und sei stark, und mit der Peitsche lege los gegen ihn mit allen Kräften und nimm für Gott Rache an ihm!‹ Ratpert aber, wie immer leicht entflammt zu Maßnahmen der Zucht, ging unauffällig hinaus, holte dann flink die Peitsche, stürmte hin und züchtigte den Menschen, der mit dem Kopf nach innen gezerrt war, aus Leibeskräften von hinten mit Schlägen wie Hagel. Und siehe, wie Sindolf sich mit Händen und Füßen widersetzte, kriegte er die geschwungene Peitsche zu fassen und hielt sie fest. Aber der andere sah eine Rute ganz in der Nähe, erwischte sie und versetzte ihm die kräftigsten Streiche. Nachdem Sindolf schon übel zugerichtet war, jedoch umsonst um Gnade gebeten hatte, sagte er: ›Ich muß rufen‹, und brach in lautes Zetern aus. Aber ein Teil der Brüder hörte das Rufen, das zu solchem Zeitpunkt ungewöhnlich erschien; sie eilten mit Lichtern verblüfft herbei und fragten, was denn los sei. Tuotilo aber wiederholte ein um das andere Mal, er habe den Teufel gefangen, und bat, ein Licht heranzuhalten, um deutlicher zu erkennen, in wessen Gestalt er ihn ertappt habe. Er drehte aber den Kopf des Widerstrebenden überall in Richtung der Zuschauer hin und fragte, als ob er's nicht wüßte, ob es Sindolf sei. Da nun alle laut schrien, er sei es wirklich in Person, und baten, ihn loszulassen, gab er ihn frei mit den Worten: ›O, ich Unglückseliger, daß ich den Ohrenbläser und Busenfreund des Bischofs angetastet habe!‹ Ratpert aber war beiseite getreten, während die Brüder herzugelaufen kamen, und hatte sich fortgeschlichen. So konnte denn selbst der Betroffene nicht wissen, von wem er geprügelt worden ward. Es fragten aber einige, wo denn nur der Herr Notker und Ratpert geblieben seien; da sagte Tuotilo: ›Als sie den Teufel witterten, sind beide zum Chorgebet weggegangen und haben mich allein gelassen mit jener Pest, die da umgeht im Dunkel. Ihr sollt aber alle der Wahrheit gemäß wissen, daß ihm ein Engel des Herrn die Schläge mit eigener Hand beigebracht hat!‹«[361].

---

360 Notkeri Balbuli Gesta Karoli Magni (wie A. 16) S. 22 f. c. I.18, Übers. (wie A. 288) S. 347.
361 Ekkehard IV., St. Galler Klostergeschichten (wie A. 59) S. 80-83 c. 36.

Sindolf, der an Salomo III. einen starken Rückhalt behielt, wußte sich bei anderer Gelegenheit zu revanchieren[362]; aber in anderen Fällen steigerten sich die Konflikte in der Klostergemeinschaft zum Selbstmord eines einzelnen[363], mindestens aber bis zur Flucht oder Verbannung. In den Gallus-Wundern ist ganz ungeschützt von vielen die Rede, die das Kloster verlassen hätten; nur dem Klosterpatron sei es zuzuschreiben, wenn sie zurückgeführt werden konnten, während andere ins Unglück stürzten[364]. Andererseits mußten Äbte wortreich gebeten werden, einen Mönch wieder aufzunehmen, den sie einmal verstoßen hatten. So richteten Mönche – vielleicht von Fulda – an Abt und Brüder eines anderen Klosters, wohl der Reichenau, einen Brief, in dem sie um die Begnadigung eines fehlsamen Mönchs, wahrscheinlich Walahfrids selbst, supplizierten: »Es geschieht, daß die, die in anderer Hinsicht die Unsrigen beleidigen, bei Euch Ansehen besitzen, ebenso wie der hier weilende Bruder bei uns, jener, der schon so lange für seine Sünden, wie er selbst bekennt, die Annehmlichkeit seines Platzes (im Heimatkloster) entbehrt. Deshalb hat der Vater dieses Bruders den Heiligen N. unter Tränen angefleht und unsere Fürsprache bei Euch gefordert, daß (der Sohn) bei Euch einstimmig wieder aufgenommen werde. In der Angelegenheit fordern wir in demütiger Bitte, daß Ihr nicht mehr zögert, jenen aufzunehmen und das lange irrende Schaf Eurer ehrwürdigen Herde wieder einzufügen. Mag er auch vieles gegen Euch verübt haben, glauben wir dennoch nicht, daß er von Euch zurückgewiesen, sondern um der Liebe zu uns willen in Großherzigkeit wiederaufgenommen werden solle. Tut an ihm das, was wir von Euch mit Vertrauen erwarten«[365].

Um einen Konflikt ganz anderer Art ging es in dem Brief eines Priesters Atto an Ludwig den Frommen. Attos Schreiben verdeutlicht die Ambivalenz des Eigenkirchenwesens, das ihn zwar vorübergehend in Brot gesetzt hatte, das ihn aber auch ohne den bischöflichen Schutz der Willkür seiner Herrschaft auslieferte: »Beschwerdebrief. Im Namen unseres Herrn Jesus Christus. Ludwig, der große Kaiser. Eure Herrschaft zu sprechen, mein Herr, würde ich nicht wagen, aber ich gehe Eure Heiligkeit an aus meiner großen Not. Ich, Atto, wiewohl unwürdiger Priester, bin seit meiner Geburt Euer Diener. Ich bitte Eure Heiligkeit nur, meiner Sündhaftigkeit Euer Mitleid zu schenken, weil ich keine andere Zuflucht habe, wenn nicht bei Euch, wo doch das ganze Volk seine Zuflucht hat. Der Kleriker Frotwin besitzt eine Kirche in der Grafschaft Erkengars. Einst forderte mich Frotwin auf, in jener Kirche zu singen; und über alles andere hinaus sollte ich die Hälfte von dem Zehnten dort haben. Unter diesen Bedingungen habe ich bei der Kirche anderthalb Jahre Dienst getan, wofür ich nie etwas erhalten habe, was wir vereinbart hatten. Danach erbat ich meinen Anteil an dem Zehnt. Er aber geriet über mich in rasende Wut; er kam in der Nacht über mich mit seinen Verwandten Albrich, Gebhard und Wolfram. Sie verprügelten mich so, daß sie mir bald die Seele aus dem Leib schlugen. Ich armer, ärmster, flehte Gottes Mitleid an und den heiligen Remedius und widersprach laut durch Deinen Namen. Aber sie sagten, weder die Heiligen noch ein Mensch könne mich befreien aus ihren Händen. Danach zerrten sie mich zum Altar des heiligen Remedius und ließen mich dauernden Aufenthalt bei jener Kirche schwören. Und noch einen anderen Eid ließen sie mich sprechen, daß ich nicht dieser Vorkommnisse wegen bei Euch oder Eurem Boten mich beschweren sollte, falls sie mir Gerechtigkeit widerfahren ließen. Dann habe ich von ihnen mein Recht gefordert, aber es nicht bekommen. Jetzt fürchte ich um meine Weihe, deshalb, weil sie keinerlei Furcht hegen. Deswegen flehe ich Eure Heiligkeit an, mir Gerechtigkeit

362 Ebd., S. 83f. c. 36, S. 88f. c. 39, S. 102-105 c. 42.
363 Oben bei A. 158.
364 Vita Galli confessoris triplex (wie A. 156) S. 329 c. II.25.
365 Formulae Augienses, Coll. C (wie A. 155) S. 372 Nr. 16, vgl. BEYERLE (wie A. 155) S. 93f.

widerfahren zu lassen. Weil ich bei jenen nämlich weder Gerechtigkeit noch Barmherzigkeit finden kann, es sei denn durch Eure Milde; und um des Loskaufs der Seele Eures Vaters willen, dessen Diener ich früher gewesen bin«[366].

Vor Ludwig dem Frommen klagte auch das Kloster St. Gallen unter seinem Abt Gozbert gegen das Bistum Konstanz unter Bischof Wolfleoz, um sich aus der jahrzehntelangen Abhängigkeit zu lösen. Die St. Galler hatten gehofft, Wolfleoz werde ihnen von sich aus entgegenkommen, da er zuvor selbst Mönch an der Steinach gewesen war; doch erwies sich das Gegenteil. Der Konstanzer Bischof bedrückte das Kloster so sehr, daß er sogar das Amt des Kellermeisters und andere klösterliche Funktionen Laien übertrug. Das löste große Not in St. Gallen aus, bis schließlich den Mönchen alles Lebensnotwendige, sogar die Nahrung, abging. Nach der Schilderung Ratperts vollzog sich dann der Glückswechsel auf folgende Weise: »So bedrängt begaben sich die Brüder des Gallusklosters zu Kaiser Ludwig, dem überaus frommen, und forderten, daß seine Milde Tröstung in ihrem Elend sei. Der Bischof aber war damals auch zugegen und vertraute in die Unterstützung der Mitbischöfe und der anderen Hofgenossen des Königs, von denen er wußte, daß sie alle Helfer bei seiner Sache und Gegner der Mönche seien. Größtes Vertrauen bei seiner Rechthaberei setzte er aber auf eine Urkunde, die von einem Diener des Teufels durch Machenschaften des Teufels fabriziert worden war und die ganz falsch verkündete, daß nicht nur dasselbe Kloster, sondern auch nicht wenige andere Orte dem Bischofssitz wie zu Erbbesitz gehörten. Die Mönche aber hatten zu jener Zeit demgegenüber keine Urkunde zu ihrer Sicherheit; eine war, wie wir gesagt haben, verbrannt, die andere aber, die die Mönche aus einem bestimmten Grund nicht anerkennen wollten, wurde, wie wir ebenfalls gesagt haben, vom Bischof zurückgehalten. Als sich nun der Zank zwischen dem Bischof und den Mönchen in Gegenwart des Herrschers erhob, bat der Bischof, daß seine Urkunde vor dem Kaiser verlesen und danach die Angelegenheit entschieden würde. Er gedachte aber jene oben erwähnte vorzulegen, die voller Lügengespinst war. Aber Gott hat den Seinen, die ohne menschlichen Trost waren, auf Fürsprache des heiligen Gallus Hilfe gebracht. Als nämlich der Bischof glaubte, aus der Hand eines eigenen Dieners die Urkunde seines Willens entgegenzunehmen, die in Wirklichkeit eine widerwärtige Schlinge zur Vernichtung der Gallusdiener war, wies er nicht diejenige vor, die er wollte, sondern zeigte durch einen uns vorteilhaften Irrtum eine andere Urkunde dem Kaiser und den anderen Fürsten, ohne daß er im mindesten hätte einsehen können, weshalb das geschah, eine Urkunde nämlich, die Kaiser Karl zur Zeit des Bischofs Johannes für uns ausgestellt hatte, die aber von unseren Vorgängern, wie oben erwähnt, wegen des Schandmals einer ruchlosen Zufügung nicht angenommen worden war. Als der frömmste Kaiser diese Urkunde entgegennahm, blickte er das Siegel an und erkannte es als das seines Vaters, er küßte es ehrerbietig und gab es auch allen Dabeistehenden zum Kuß in Ehrfurcht. Dann gab er die Urkunde weiter zur Verlesung. Als nun der Bischof hörte, wie ein Text gegen seinen Plan zum Vorschein kam, wies er die Urkunde sogleich zurück, sagte, sie sei falsch und hoffte, die andere Urkunde seiner eigenen Fälschung vorbringen zu können. Dem stimmte der gutmütige Kaiser aber nicht zu, vielmehr übergab er die Sicherungsurkunde von so hoher Autorität den Mönchen und setzte aufs neue fest, daß sie als Freie nach Hause zurückkehren sollten, daß sie künftig das Recht haben sollten, sich Äbte zu wählen, und daß die Bischöfe über sie künftig keine Macht haben sollten außer dem der geistlichen

366 Epistolae Variorum (wie A. 242) S. 339 f. Nr. 25. Die Lage des Comitats Erkengars, in dem Atto unter Frotwin und seinen Verwandten zu leiden hatte, ist nicht sicher bestimmt (Elsaß?), s. BORGOLTE (wie A. 55) Art. ERCHANGAR (I).

Leitung. Ausgenommen war nur ein Zins, der vom Kloster jedes Jahr an den Bischofssitz zu entrichten war, das ist ein Pferd und eine Unze Gold, wie es die oben genannte Urkunde bestimmt hatte. Darüber hinaus gab der genannte Herrscher ihnen mit eigener Autorität zur Vermehrung ihrer Sicherheit eine Freiheitsurkunde«[367].

Die Alemannen haben schon unter Chlodwig ihre Selbständigkeit verloren; das erklärt wohl, weshalb der Krieg in ihrer Überlieferung bzw. in der Tradition über sie keine große Rolle spielt. Der griechische Geschichtsschreiber Agathias berichtet ausführlich über eine Expedition, die die Brüder alemannischer Herkunft, Leuthari und Butilin (†554/555), in fränkischem Auftrag nach Italien unternahmen. Sie führten ein Heer aus Franken und Alemannen, dessen Bewaffnung Agathias genau beschreibt[368]. Eine ausführliche Darstellung von der Verteidigung Augsburgs gegen die Ungarn 955 durch Bischof Ulrich gibt dessen Biograph Gerhard[369]. Ekkehard von St. Gallen erwähnt, daß unter Abt Hartmann (†925) die Meier auf den klösterlichen Gütern begannen, ihre Pflichten zu vernachlässigen und stattdessen selbst »blanke Schilde und Waffen« (*scuta et arma polita*) zu führen. Sie sollen auch gelernt haben, den Hörnern einen anderen Klang als die übrigen Bauern zu geben und seien selbst auf die Jaged gegangen[370].

9. Krankheit und Fürsorge

Wunderheilungen oder das Gegenteil – der schmähliche Tod – bieten in den erzählenden Quellen Anlaß, den Zustand der Kranken und den Verlauf der Krankheiten zu beschreiben. Insbesondere von Walahfrid, der in den dreißiger Jahren des 9. Jahrhunderts die St. Galler Hausüberlieferung bearbeitet hat, sind derartige Texte von hervorragender Anschaulichkeit erhalten. Bischof Sidonius (†760), der den fränkischen Grafen Warin und Ruthard bei der Unterwerfung St. Gallens unter Konstanzer Botmäßigkeit geholfen hatte, wurde dafür mit einer todbringenden Krankheit bestraft; nach Walahfrid waren die

367 Ratperti casus s. Galli (wie A. 267) S. 24-27 = MGH SS II S. 65f. Zu den Vorgängen zuletzt BORGOLTE (wie A. 33) S. 101f. (mit der älteren Lit.). Zum Fälschungsproblem im Mittelalter zuletzt der Vortrag von Horst FUHRMANN auf dem Internationalen Historikertag in Stuttgart 1985, abgedruckt in der Süddeutschen Zeitung 206, 1985, vom 7./8. 9. 1985, S. 129: Die Macht der Fälschung.
368 Agathias, Historiae (Auszüge mit Übers.) (Quellen zur Geschichte der Alamannen, wie A. 142, Heft II, übers. von Camilla DIRLMEIER, mit Anmerkungen von Gunther GOTTLIEB, Heidelberg – Sigmaringen 1978, S. 79-97) S. 91f. Zu Leuthari und Butilin zuletzt (mit Lit.): Michael BORGOLTE, Art. Dux. Dukat (Lexikon des Mittelalters, Bd. III.7, Zürich – München 1985, Sp. 1487-1491) Sp. 1489; Dieter GEUENICH – Hagen KELLER, Alamannen, Alamannien, Alamannisch im frühen Mittelalter. Möglichkeiten und Schwierigkeiten des Historikers beim Versuch der Eingrenzung (Die Bayern und ihre Nachbarn, Teil I, hgg. von Herwig WOLFRAM – Andreas SCHWARCZ, Österreichische Akademie der Wissenschaften, Philosophisch-historische Klasse, Denkschriften, 179. Bd., Wien 1985, S. 136-157).
369 WAITZ (wie A. 17) S. 401f. c. 12. Vgl. Leopold AUER, Der Kriegsdienst des Klerus unter den sächsischen Kaisern (MIÖG 79, 1971, S. 316-407; 80, 1972, S. 48-70); Friedrich PRINZ, Klerus und Krieg im früheren Mittelalter. Untersuchungen zur Rolle der Kirche beim Aufbau der Königsherrschaft (Monographien zur Geschichte des Mittelalters 2), Stuttgart 1971.
370 Ekkehard IV., St. Galler Klostergeschichten (wie A. 59) S. 108-111 c. 48, vgl. S. 110f. c. 49, S. 136f. c. 63. Vgl. Josef FLECKENSTEIN, Zur Frage der Abgrenzung von Bauer und Ritter (Wort und Begriff ›Bauer‹. Zusammenfassender Bericht über die Kolloquien der Kommission für die Altertumskunde Mittel- und Nordeuropas, hgg. von Reinhard WENSKUS – Herbert JANKUHN – Klaus GRINDA, Abhandlungen der Akademie der Wissenschaften in Göttingen, Philologisch-Historische Klasse, III. Folge, Nr. 89, Göttingen 1979, S. 246-253); Otto Gerhard OEXLE, Tria genera hominum. Zur Geschichte eines Deutungsschemas der sozialen Wirklichkeit in Antike und Mittelalter (Institutionen, Kultur und Gesellschaft im Mittelalter. Fs. Josef Fleckenstein, hgg. von Lutz FENSKE – Werner RÖSENER – Thomas ZOTZ, Sigmaringen 1984, S. 483-500) bes. S. 497f.

Symptome so abstoßend, daß niemand den Bischof pflegen wollte und Sidonius einsam sterben mußte: »Als (Sidonius) bei einem Besuch des Klosters (St. Gallen) mit einer gewissen Heftigkeit den Ort dem Bistum zu unterwerfen und die seiner Zwingherrschaft widerstrebenden Mönche wie Rechtsbrecher mit vielfacher Gewalttat zu behandeln versuchte, gelangte Tello, der Bischof der Churer Kirche, mit der demütigen Bitte an ihn, er möge ihm zuliebe, weil einige Klosterbrüder mit ihm blutsverwandt waren, von deren ungerechter Behandlung ablassen und den Dienern Gottes keinen Schaden zufügen. Wutentbrannt wies er dieses Gesuch stolz zurück und ließ ihm sagen, er gehe mit seinen Bitten keinesfalls einig, sondern werde über die Widerstrebenden eine rasche Strafe für ihre Mißachtung verhängen. Und alsbald ging er, als ob er beten wollte, in die Kirche des seligen Bekenners Gallus und trat vor den seinem Namen geweihten Altar; doch weil er heilsame Erhörung nicht verdiente, zog er die Bedrängnis, die er den andern beizufügen geschworen hatte, in wirklich angemessener Vergeltung sich selber zu. Denn seine Eingeweide gerieten wie ein über das Feuer gestellter Kessel in Wallung, und plötzlich befielen ihn so schreckliche Bauchkrämpfe, daß er ohne die Hilfe anderer unmöglich hinausgehen konnte; sondern die natürliche Entleerung – man schämt sich, es zu sagen – brach mit garstigem Drang hervor und belästigte die Anwesenden mit solchem Gestank, daß er unverzüglich aus der Kirche gestoßen und auf einen Wagen geladen wurde, um auf seine eigene Bitte vom Kloster möglichst fortzukommen. Und so schied er, wegen des unmäßigen und geradezu unnatürlichen Durchfalls auf einen Kotkübel sitzend, und wurde in das benachbarte Kloster Reichenau, dem er ebenfalls vorstand, gebracht. Als sich die Krankheit dort noch verschlimmerte, wurde er seinen Dienern wegen des schrecklichen Gestanks so unerträglich, daß ihm fast keiner mehr die gewohnten Dienste leisten konnte. Gepeinigt von solcher Strafe zur Vergeltung seiner Machenschaften hauchte er nach einigen Tagen seinen Geist aus der Kloake des Leibes«[371].

Durch Folterwerkzeuge, oder vielmehr durch seine Schuld, wurde ein Mörder so sehr gepeinigt, daß er schwer erkrankte und erst durch den heiligen Gallus geheilt werden konnte: »Ein armer Mann, der des Mordes beschuldigt mit Eisenringen um den Hals und an beiden Armen gefesselt war, was ihn täglich mit schweren Martern quälte durch die Einschnitte, die das Eisen dem Fleisch zufügte, legte allen ein Bekenntnis ab, die ihn sahen. Um Heilung von dieser Folter und Vergebung für das zugegebene Verbrechen zu finden, bereiste er viele Orte der Heiligen; nachdem sich der gütige Gott schließlich seiner erbarmt hatte und er die Verkettungen um den Hals und um einen Arm lösen durfte, kam er einmal in die Umgebung des Gallusklosters; dort wurde ihm durch eine Vision, wie er oft berichtet hat, befohlen, zum Kloster zu gehen, um den Schutz des heiligen Mannes anzuflehen, und zugleich wurde ihm bedeutet, daß er dort den Eisenring, den er noch an einem Arm trug, verlieren und die ersehnte Gnade der Gesundheit erlangen werde. Jener aber verlangte glühend nach dem versprochenen Heil, weil er so schrecklich gefoltert wurde, daß schon der ganze Arm durch das in ihn eingegrabene Fleisch zu einer Geschwulst geworden war, und so eilte er zu dem Kloster. Als er dort an den Nachtwachen teilnahm, fiel er in einen tiefen Schlaf und sah einen ehrwürdigen Greis in grauem Haar stehen, der mit einem Meßgewand angetan war und zu ihm sprach: ›Warum versinkst Du in der Trägheit des Schlafes, während die anderen dem Herrn Lob singen?‹ Erschreckt durch die Anwesenheit des Mannes wagte jener nicht zu antworten, aber der Greis berührte mit dem Stab, den er in der Hand hielt, seine Wunde. Da zersprang das Eisen ganz

---

371 Vita Galli confessoris triplex (wie A. 156) S. 324f. c. II.17; Übers. von Johannes Duft, Sankt Otmar. Die Quellen zu seinem Leben. Lateinisch und deutsch, Zürich – Lindau – Konstanz 1959, S. 47, 49.

und gar, aber wegen des Schmerzes, den er bei der Berührung spürte, erschreckte er die Anwesenden durch furchtbare Schreie. Als sie ihn fragten, weshalb er die Psalmensänger beunruhigte, legte er alles der Reihe nach dar, was er gesehen hatte, und wenn er auch noch nicht gänzlich frei war von der frischen Wunde, so war er doch über die Lösung des Eisens, durch dessen Verschlingungen er gequält worden war, von unendlicher Freude erfüllt, weil die Gesundheit sichtbar vor Augen stand«[372].

Die Krankheit, die Bischof Sidonius und den gefolterten Mörder als Strafe ereilte, führte Walahfrid in einem anderen Fall auf eine Infektion zurück. Eine genaue Beobachtungsgabe läßt ihn dabei die Gefahren des Arztberufes erkennen: »Ein Bruder aus dieser Kongregation, der in der medizinischen Wissenschaft nicht gerade mäßig unterrichtet war, hat sich einmal selbst durch eine Lanzette die Vene aufgeschnitten; und weil er das irgendwie übereilt und unvorsichtig tat, wurde nicht nur sofort der Arm, dessen Vene er durch den Schnitt verletzt hatte, sondern sein ganzer Körper durch ein Geschwür aufgebläht. Aus diesem Grunde geschah es, daß er begann, den Tod zu erwarten, wußte er doch, daß jede Bemühung seiner Kunst, bei ihm angewandt, nichts nützen würde«. Wie dem eisenbeschwerten Mann sei ihm aber Gallus in der Gestalt eines Greises erschienen; der Heilige habe ihm geraten, die Wunde mit dem Öl einzureiben, das bei seinem Grab vor dem Altar brannte, und als der Arzt dies befolgte, habe er die Gesundheit wiedererlangt[373].

In einprägsamen Bildern läßt Walahfrid andernorts das Leiden von Geburt an Kranker hervortreten. Beim Grab des heiligen Otmar suchte beispielsweise ein Taubstummer Heilung: »Eines Tages kam ein Tauber und Stummer mit einigen aus der Nachbarschaft zum Gebet nach dem Kloster, und weil er vom frühesten Lebensalter an die Fähigkeit zu sprechen und zu hören hatte entbehren müssen, trug er um den Hals zwei Täfelchen, durch deren Zusammenschlagen und Ton er das Werk der Barmherzigkeit erbat, da er doch nicht seine Stimme gebrauchen konnte. Als er mit seinen Pilgergenossen die Kirche betrat, sah er sie die Wachsteilchen, wie es die Gewohnheit der Armen ist, auf die Altäre legen. Er aber stieg zum Grab des Heiligen Gottes empor und legte darauf die Täfelchen nieder, die er getragen hatte; dann warf er sich dort wie zum Gebet nieder, wurde aber gleich in tiefen Schlaf versenkt«. Auch dem Taubstummen begegnete dann im Traum der Greis im Mönchsgewand, jetzt aber der hl. Otmar; als der ihn fragte, weshalb er schlafe, habe der Kranke nicht antworten können. Da habe ihm der Alte gesagt: »Steh auf und wisse, daß Dir durch mich die Heilung von den Beschwerden, unter denen Du bis jetzt gelitten hast, erwirkt ist! Nachdem Du die Tafeln dort niedergelegt hast und jetzt unverzüglich das Kloster verläßt, eröffne das Dir von Gott gegebene Geschenk an diesem Ort niemand«. Beim Schluß der Erzählung gibt Walahfrid einen wertvollen Hinweis auf die laikale Armensorge und zugleich auf die Skepsis der caritativ Tätigen gegenüber dem Wunder: »Als der Kranke erwachte, erhob er sich schnell und eilte vom Kloster weg; da sich der Tag schon neigte, kehrte er am Abend bei der Herberge eines mächtigen Mannes namens Ratgoz ein. Als er von dem gefragt wurde, woher er komme, legte er der Ordnung nach dar, wo, wann und auf welche Weise er das Geschenk der Gesundheit erlangt hätte. Aber jener glaubte seiner Erzählung nicht, ließ ihn festhalten und bewachen, und um selbst die Wahrheit der Sache genau zu untersuchen, begab er sich noch in derselben Nacht zum Kloster; dort fand er auf das Grab gelegt die Tafeln. Als er auch die Mitpilger des Geheilten fand, die aber bis jetzt von dem Geschehen gar nichts wußten, frage er sie sorgfältig aus, ob sie bei ihrem Weg zum Kloster bei sich jenen Menschen gehabt hätten, und gleich darauf

372 Vita Galli confessoris triplex (wie A. 156) S. 332 c. II.33.
373 Ebd. 333 c. II.36.

MICHAEL BORGOLTE

erfuhr er durch deren Erzählung, daß wahr sei, was er zu Hause gehört hatte. Er berichtete den Anwesenden schnell von der Geschichte, und so ist sie durch verläßliche Erzählung auf uns gekommen«[374].

Das Elend der Kranken verdichtete sich im Klosterspital. Daß aber noch so großes eigenes Leid nicht von der Pflicht zum Beistand des anderen entband, lehrt Walahfrid in der Geschichte vom Blinden und vom Lahmen. Der Blinde soll in der Nacht zum Sonntag den Wunsch gehabt haben, in der Kirche zu beten, doch habe der Junge, der ihn zu führen pflegte, wegen der großen Kälte den Ausgang verweigert. Da habe sich seiner ein junger Mann erbarmt, der an allen Gliedern so verkrüppelt war, daß er sich nur mit den Händen ziehend vorwärts bewegen konnte. Dieser habe den Blinden in die Kirche und vor das Otmarsgrab gebracht; dafür sei er geheilt worden[375].

Dem Bild Walahfrids von dem Blinden und dem Lahmen ist die Beschreibung Hermanns von Reichenau aus der Feder des Annalisten Bertold an die Seite zu stellen. Bertold sah Hermann aus der Perspektive des liebenden Schülers und war gerade deshalb in der Lage, das Leiden des großen Gelehrten mit schmerzhafter Deutlichkeit wiederzugeben: »Herimannus, der in der Tat ein großer Held (*heros magnus*) war, war der Sohn des frommen Grafen Wolverad und von Jugend an im äußeren Menschen durch das Leiden der Gicht an allen Gliedern bis zur Bewegungsunfähigkeit gelähmt; was die Innenseite angeht, ragte er aber durch seine geistige Begabung vor allen Männern seines Zeitalters bewundernswert hervor (...). Er war durch diese entsetzliche Krankheit an allen Gliedern kraftlos, so daß er an dem Ort, an den man ihn gesetzt hatte, sich nicht ohne die Hilfe eines andern in eine andere Richtung bewegen und sich nicht einmal auf die andere Seite drehen konnte. Im Gegenteil: Wenn er von seinem Diener auf einen Tragsessel gesetzt worden war, konnte er kaum gekrümmt sitzen, um etwas zu tun. Darin hat nun dieser nützliche und bewunderungswürdige Zögling des heiligen Werkes, obgleich im Mund Zunge und Lippen erschlafft waren, gebrochene und kaum verstehbare Töne der Wörter irgendwie langgezogen gebildet, seinen Hörern trotz allem ein beredter und eifriger Dogmatiker, ein Heiterer trotz allen Eifers und ein sehr Schlagfertiger im Disput, und hat so nie unterlassen, auf seiner Hörer Fragen bereitwillig zu antworten. Sei es, daß er etwas Neues mit gleichfalls nur schwachen Fingern schrieb, sei es, daß er sich oder anderen vorlas, oder daß er anderen nützlichen oder wirklich notwendigen Beschäftigungen nachging, auf die er immer versessen war: er war in der Tat ein Mensch ohne Klage, und glaubte, daß ihm nichts Menschliches fremd sei (...)«[376].

Hermann der Lahme hatte als Kind reicher Eltern als Oblate in einem vornehmen Kloster Aufnahme gefunden, wo der Krüppel immerhin 41 Jahre alt werden konnte. Von Tötungen lebensunfähiger Kinder scheint in der alemannischen Überlieferung nicht die Rede zu sein. Die blind geborene Odilia soll aber nur durch List dem Tötungsbefehl ihres Vaters entkommen sein[377].

Bei heilbaren Leiden standen, wie schon mehrfach deutlich wurde, mindestens in den großen Klöstern Ärzte zur Verfügung, die die medizinische Überlieferung pflegten und Arznei aus Kräutern zu gewinnen wußten[378]. Nach dem Liber de cultura hortorum[379] war

---

374 Vita s. Otmari, ed. Ildephons VON ARX (MGH SS II, Hannover 1829, S. 40-58) S. 45 c. 10.
375 Ebd., S. 46 c. 13. - Vgl. auch S. 51 c. 11 (Iso).
376 Bertholdi Annales, ed. Georg Heinrich PERTZ (MGH SS V, Hannover 1844, S. 264-326) S. 267.
377 Vita Odiliae (wie A. 149) S. 38-41 cc. 2-6.
378 Vgl. oben bei AA. 131, 202, 207, 218-223, 248.
379 Zum Folgenden vgl. bereits bei AA. 354-357 und STOFFLER (wie A. 204) S. 78-99 bzw. Walahfridi Carmina (wie A. 204) S. 338-348, passim.

bekannt, daß gegen Fieber Eberraute und Wermut halfen; Vergiftungen konnte man außer mit Andorn ebenfalls mit Eberraute oder Raute bekämpfen; gegen Kopfschmerz wurde Wermut, gegen Schmerz jeder Art Gartenkerbel empfohlen, dessen Wirkung freilich durch Minze oder Mohn zu steigern war; die Qualität des Mohns als Betäubungsmittel auch bei seelischen Krankheiten war bekannt, doch sollte er ebenfalls gegen Magengeschwüre helfen; bloße Magenschmerzen konnte man auch mit Odermennig angehen; gegen Augenleiden war Fenchel gewachsen, das auch gegen Keuchhusten half; für Husten galt auch Rettich, für rauhe Stimme und Heiserkeit Minze als Medizin; Blasenleiden ließen sich durch Schwertlilie dämpfen, Quetschungen und Gliederverrenkungen mit Lilie heilen; schließlich stillte Gartenkerbel auch den Fluß des Blutes, das Ambrosia reinigte, und vor dem Sonnenstich konnte man sich durch einen Zweig Poleiminze mit Aurikel schützen, den man um den Kopf legte.

Außerhalb der Klöster und Bischofssitze[380] kümmerten sich vor allem wohlhabende, aber auch einfache Frauen um die Liebeswerke an den Kranken und Armen[381]. In Erinnerung gerufen seien Wiborada und Wendilgart[382], aber auch Hermann der Lahme hat seine Mutter Hiltrud als *mater egenorum* bezeichnet und von ihr gesagt: »Wohltätig half sie den Armen mit Kleidung, Speise und Fürsprach, / Bittgang und allem Bemühn, das ihrer Gottesfurcht entsprang«[383]. Wie Wiborada nutzte die heilige Verena ihre Stellung im Haushalt eines Priesters, um die Armen zu pflegen; dabei fand sie aber nicht die Zustimmung des Herrn, wie aus der Vita posterior hervorgeht: »Es war nahe des Rheins eine Stadt, in der es viele Aussätzige und andere arme Leute gab. Die heilige Jungfrau Verena wanderte täglich zu ihnen und gab ihnen zu essen und zu trinken, wusch ihre Köpfe und salbte sie. Da kam ein Knecht des Priesters zu seinem Herrn und sagte: ›Herr, diese Frau, die bei dir ist und deine Schlüssel hat, nimmt täglich von deinem Wein und deinen Gütern und trägt es zu den Aussätzigen, die in der Stadt draußen sind‹. Und jener antwortete: ›Wie kann das geschehen, da ich niemals von ihr dergleichen erfahren habe, wie ich nun von dir höre?‹ Und jener erwiderte ihm: ›Wenn du willst, folge mir. Ich will dich auf die Straße führen, auf der sie täglich einhergeht. Dort kannst du alles sehen, was ich dir sage‹. Während sie zusammen gingen, kamen sie zu der Straße, wo ihnen die Jungfrau Verena begegnete, mit Brot und Wein in ihrem Krüglein. Da sagte der Priester zu ihr: ›Wohin willst du gehen und was trägst du in deinem Krüglein?‹ Die Jungfrau Verena antwortete: ›Ich will zu den Armen hinaus. Und in diesem Krüglein ist Wasser; damit will ich ihnen Köpfe und Füße waschen‹. Der Priester sprach zu ihr: ›Ich will schauen, ob es Wein oder Wasser sei‹. Und als er das Krüglein in seine Hände nahm, sah er darin feurige Kohlen liegen. Und im selben Augenblick hatte sich die Röte des Weins in die Farblosigkeit des Wassers verwandelt. Da gab er ihr das Krüglein, fiel ihr zu Füßen und bat: ›O heilige Jungfrau Verena, gedenke nicht meiner Sünden, die ich vor dir beging. Der bei mir ist, hat mich hierher gegen dich geführt‹. Die heilige Jungfrau antwortete ihm: ›Jener, um dessen Liebe willen ich hierher zu wandeln unternahm, möge selbst dir alle Sünden

380 Neben den A. 378 zit. Stellen s. auch oben bei AA. 68, 71, 83 (Bischof Ulrich von Augsburg).
381 Zur Errichtung eines klösterlichen Spitals in dem Frauenkloster Hohenburg s. Vita Odiliae (wie A. 149) S. 44f. c. 14. - Zum reichen Ratgoz, der ein *hospitium* führte, s. o. bei A. 374; vgl. auch Zitat bei A. 43. – Zur Armensorge s. auch bei A. 278.
382 Oben bei AA. 95f., 277.
383 Herimanni Augiensis Chronicon (wie A. 136) S. 130f. ad a. 1052; Übers. (wie A. 176) S. 697. – Zur Unterstützung von Einsiedlern durch fromme Frauen vgl. Leben des heiligen Landelin (wie A. 334) S. 38f. c. I.6, S. 42f. c. II.2; Vita S. Meginrati, ed. Oswald HOLDER-EGGER (MGH SS XV.1, Hannover 1887, S. 444-448) S. 446 c. 5. Ein Gegenbeispiel: Vita Fridolini (wie A. 142) S. 365 c. 24.

vergeben. Dem aber, der dich hierher geführt hat, soll er nicht vergeben. Er soll nicht sterben, ohne schlimme Zeichen an seinem Körper erduldet zu haben. Und seine ganze Nachkommenschaft soll vor ihrem Tod solche Zeichen tragen‹. Und als jener Priester nach Hause kam und in seine Speisekammer, sah er alle Gefäße voll Wein. Und als jener Knecht nach Hause kam, wurde er plötzlich blind und lahm. Auch seine ganze Nachkommenschaft hatte bis zum heutigen Tag vor dem Tod einen leiblichen Schaden. Einer ist blind, einer taub, einer stumm, einer lahm und behindert, einer verwachsen, einer kahl. Einer ertrinkt im Wasser, ein anderer verbrennt im Feuer. Die Jungfrau Verena aber ging zu den Aussätzigen und gab ihnen zu essen und zu trinken und wusch sie am ganzen Körper. Und als die Jungfrau zur Kapelle der heiligen Jungfrau Maria zurückkehrte, bat sie den Priester, ihr eine Zelle zu bauen, damit sie darin allein bis zum Lebensende wohnen könnte«[384].

Noch unmittelbarer an die wahrscheinlich doch alltägliche private Armensorge führt vielleicht eine Episode aus den Casus monasterii Petrishusensis heran, die noch in die Zeit vor dem Investiturstreit datiert ist: »Von dem Prieser Ursus. Ungefähr zu dieser Zeit geschah es, daß ein ehrwürdiger greiser Prieser, ein Landfremder namens Ursus, der durch sein Alter die Sehkraft verloren hatte, im Dorfe Petershausen in der Hütte eines alten Weibleins krank zu Bett lag. Er wurde von einer Frau aus Konstanz aus Liebe zu Gott auf das vorbildlichste gepflegt, was sehr beschwerlich war, da er unheilbar von Würmern befallen war; sobald man ihm ein frischgewaschenes Gewand angelegt hatte, wimmelte es darin nach kaum einer Stunde wie in einem Ameisenhaufen. Wenn ihn der ehrwürdige Abt Meginrad besuchte und bei ihm saß, pflegte er zu sagen: ›Alles, was mir von Sehern und Weissagern prophezeit wurde, ist über mich gekommen, außer daß ich, wie sie voraussagten, durch Eisen getötet würde. Ich wundere mich, auf welche Weise dies einem derart hinfälligen und gelähmten Menschen zustoßen sollte‹. Dieser Priester war übrigens sehr gebildet und körperlich wohlgestaltet. Als nun die ehrwürdige Frau die Mühen nicht länger ertragen konnte, da sie oft den Rhein überqueren mußte, brachte sie ihn nach Konstanz hinüber in ihr Haus und pflegte ihn dort. Es geschah aber, daß am Tage vor Allerheiligen ein Tollwütiger bei Tagesanbruch in das Haus eindrang und, vom Wahnsinn getrieben, nach Speisen umhersuchte. Als nun jener ehrwürdige Prieser, der im Bett lag, ihn essen hörte, rief er ihm zu: ›Mann, zu dieser Stunde solltest du fasten‹. Aber, so wie geschrieben steht: ›Der Törichte haßt die Schelte‹, so schrie jener zornig: ›Was redet der daher wie ein Bischof?‹ Er ergriff einen Spaten und zerschlug dem andern den Schädel, so daß dieser gleich den Geist aufgab. Daraufhin wollten einige den Täter am Galgen aufhängen. Andere waren vernünftiger, führten ihn hinweg und ließen ihn unbehelligt laufen«[385].

Wenn der Tollwütige, der den todkranken Priester erschlug, nicht festgehalten wurde, so war das Ausdruck einer Hilflosigkeit gegenüber Geisteskranken. Auch in der jüngeren Wiborada-Vita ist von einer Wahnsinnigen die Rede, die überall umherschweifte, »bis sie in große Armut geriet und (...) zum Tod hinüberwanderte«[386].

Die Werke der Barmherzigkeit zu suchen, war den Armen und Kranken notwendig, aber auch manchem Faulen bequem. Daß man sich gegen betrügerische Bettler zu schützen hatte, wußte man aber nicht erst im Hoch- oder Spätmittelalter, wo zahlreiche Spitalord-

384 REINLE (wie A. 122) S. 40 f. c. 5. – Von der Kopfwäsche der Aussätzigen und der Wäsche der Kleider anderer Kranker mit einem Gemisch aus warmen Wasser und Asche ist in den Miracula c. 20 (ebd. S. 60) die Rede.
385 Chronik des Klosters Petershausen (wie A. 134) S. 100 f.
386 Vita II (wie A. 84) S. 144 f. Zur Entstehung der Irrenhäuser s. Dieter JETTER, Grundzüge der Geschichte des Irrenhauses, Darmstadt 1981.

nungen von dieser Sorge zeugen[387], sondern bereits vorher. Dafür gibt Ekkehard IV. einen
Beleg in einer zugleich amüsanten Erzählung: »Ekkehard (I., der Dekan) war (...) auch auf
eigene Faust Almosengeber (...). Er hatte nämlich einen Mann aus der Dienerschaft dazu
bestellt, die Armen oder Fremden, die er ihm bezeichnete, heimlich in dem dafür
bestimmten Hause zu baden und zu scheren, zu kleiden und zu speisen, und sie bei Nacht
fortzuschicken mit der Weisung, reinen Mund zu halten. Also begab es sich eines Tages,
daß Ekkehard einen Lahmen von welscher Herkunft, der auf einem Karren herangefahren
kam, wie gewohnt seiner Wartung überließ. Der Mensch war aber fett und feist, und als der
Diener, wie er geheißen war, die Tür hinter sich und ihm zugesperrt hatte, wälzte er ihn
unter voller Anspannung seiner Kräfte gerade knapp in die Badewanne. Da brach er in
Lästerungen aus – denn er war jähzornig – und rief: ›Wirklich, einen jemals einfältigeren
Menschen als meinen Herrn kenn' ich nicht, der da nicht zu unterscheiden weiß, wem er
wohltun soll, und mir auferlegt hat, einen so dicken Vielfraß auf meinen Buckel zu
nehmen‹. Jedoch den Gelähmten dünkte sein Badewasser zu heiß, und so rief er in seiner
Bauernsprache: ›Cald est, cald est!‹. Worauf der andere – denn im Deutschen bedeutet das
›es ist kalt‹ – entgegnete: ›Und ich will's erwärmen!‹ Und er schöpfte Wasser aus dem
kochenden Kessel und goß es ins Bad. Aber jener schrie mit schrecklichem Gebrüll: ›Ei mi,
cald est, cald est!‹ ›Wahrhaftig‹, sagte der Diener, ›wenn es immer noch kalt ist, dann werde
ich es dir jetzt, bei meinem Leben, heiß machen!‹ Und schöpfte noch heißeres und goß es
zu. Doch da hielt jener die Siedehitze des Wassers nicht mehr aus; er vergaß seine
Lähmung, schnellte hoch und sprang aus dem Bad, und da er zur Türe stürzte, sie
aufzuschließen und zu entfliehen, mühte er sich eine ganze Weile an dem Riegel ab. Doch
auch der Diener blieb nicht faul und riß, wie er begriff, daß der Mensch ein Betrüger sei, im
Umdrehen ein halb brennendes Scheit vom Feuer und maß dem nackten Kerl ungezählte
Streiche auf. Doch Ekkehard im oberen Stockwerk vernahm den Aufruhr und das
Geschrei. Er kam schleunigst herab, und in deutsch und in romanisch fuhr er heftig auf die
beiden los; den einen schalt er, warum er betrüge, den anderen, warum er den Kerl nicht
ihm zur Bestrafung überlassen habe. ›Ach ja‹, versetzte der Diener ›mein gestrenger Herr!
Würdest denn du ihm ein Härchen krümmen und dem Schwindler mehr Schläge aufbrum-
men als ich jetzt? Meiner Treu, weit anders würdest du handeln! Du würdest den Schurken
kleiden und sättigen, und ihn mit einem Kuß des Nachts von dir entlassen – und das wirst
du, wie ich dich kenne, auch heute wieder tun‹. Und Ekkehard sagte: ›O, du Galgenstrick
von einem Knecht! Darf ich denn nicht tun, was ich will?‹ und so fort. Nachdem dies
geschehen war, wies er den Mann wenigstens mit Worten zurecht und nahm ihm das
eidliche Versprechen ab, nie wieder eine solche Schandtat zu begehen; dann ließ er ihn
laufen«[388].

10. Alter und Tod

Als der Jüngling Wolo starb, war ihm die Mönchsgemeinschaft, in der er gelebt hatte,
verhaßt[389]. Trotzdem begleiteten die Brüder seine letzten Atemzüge – sie hörten sein
Bekenntnis, gaben ihm die Kommunion und beantworteten das Wehklagen des Sterbenden
mit dem Gebet für seine Seele. Notker wandte sich Wolo gar in so persönlicher Weise zu,

---

387 Vgl. die Spitalordnung vom Heiligen Geist in Lübeck von 1263: Urkundenbuch der Stadt Lübeck,
Erster Theil, Lübeck 1843, S. 255-264 Nr. 275.
388 Ekkehard IV., St. Galler Klostergeschichten (wie A. 59) S. 180-183 c. 88.
389 Oben bei A. 157.

daß er dessen Sünden auf sich nehmen wollte, nach Wolos Tod den Leib wusch, das Totenamt zelebrierte und die Leiche bestattete; in seiner dauernden Gebetssorge soll Notker sogar dem leichtfertig vom Leben Geschiedenen zur Seligkeit des Himmels verholfen haben.

Nicht alle Menschen freilich sind umgeben von Familienangehörigen oder Freunden gestorben. Abgesehen von denen, die sich gesellschaftlich diskreditiert hatten[390] oder die das Schicksal in einen einsamen Tod zwang, galt es als Zeichen besonderer Heiligmäßigkeit, den Tod allein zu erleiden. So starb die Inkluse Wiborada aus freiem Entschluß getrennt von ihrem leiblichen Bruder Hitto und der St. Galler Kommunität, deren Nähe sie zeitlebens gesucht hatte[391]. Die heilige Odilia, Vorsteherin eines Damenstifts, schickte die Schwestern ausdrücklich fort, als es zum Sterben kam. Als die heiligen Frauen zurückkehrten und die Mutter tot fanden, waren sie in größter Sorge, glaubten sie doch die Seele Odiliens, die ohne die heilige Wegzehrung abgeschieden war, in Gefahr. Indessen hatten sie nicht verstanden, daß die Kommunion der Heiligen nicht mehr unentbehrlich gewesen war. Es erscheint fast wie eine Entwertung des Sakraments, wenn weiter berichtet wird, Odilia sei unter den flehentlichen Gebeten der Schwestern noch einmal zum Leben erwacht, habe vorwurfsvoll berichtet, sie sei schon in die himmlische Schar der heiligen Jungfrau Lucia aufgenommen, habe aber dann doch den dargebotenen Kelch mit Leib und Blut Christi genossen[392].

Den alltäglichen Tod eines sündenbeladenen Menschen schildert Heito, später Bischof von Basel. Der Reichenauer Mönch Wetti, der am 4. November 824 starb[393], wurde Gegenstand eines kleinen Werkes Heitos, weil er vor seinem Tod zwei Visionen gehabt und diese aufzuschreiben befohlen hatte. In der »Visio Wettini« datiert Heito Krankheit und Sterben Wettis genau, angefangen vom ersten Unwohlsein am Samstag über die erste Vision am folgenden Dienstag abend bis zum Tod bei anbrechender Nacht des Donnerstag. »Als der genannte Bruder«, hebt Heito an, »am Samstag mit einigen unserer Brüder einen Trank zur Besorgung des leiblichen Wohls nahm, fing er an, diesen wieder unverdaut von sich zu geben, während ihn die anderen gut vertrugen. Sogleich ekelte er sich auch vor der Nahrung, die er zur Erquickung des Körpers hätte zu sich nehmen sollen. Frühmorgens am folgenden Tag, das war ein Sonntag, fühlte er sich etwas besser und speiste mit den anderen, die sich bei ihm zur Sorge um die genannten leiblichen Nöte eingefunden hatten, aber der alte Widerwille wollte nicht weichen. Trotzdem schätzte er die Lage keineswegs so ein, daß er deswegen den Wendepunkt seines körperlichen Lebens erleiden werde, weil ihn die Mahlzeiten am Montag und Dienstag bei abnehmendem Ekel keineswegs dazu bestimmten, der Hoffnung auf das gegenwärtige Leben zu mißtrauen. – Am Dienstag aber, als schon die Abenddämmerung hereinbrach und sich die Brüder zur Mahlzeit setzten, sagte er, daß er dort mit ihnen nicht auf das Ende des Essens warten könne. Während sie speisten, ließ er inzwischen in eine andere Zelle, die derselben benachbart war, so daß sie nur durch eine Wand voneinander getrennt waren, aus dem Raum der genannten Sitzung sein Strohlager bringen, damit er dort in Ruhe das Ende der Mahlzeit und dann die Rückkehr zum Ort seines eigenen Bettes erwarten könne«. Als er so dalag und die Augen geschlossen hielt, ohne jedoch eingeschlafen zu sein, habe Wetti, so Heito weiter, die erste

---

390 Vita II (wie A. 84) S. 144 f. c. 12.
391 Oben bei A. 120.
392 Vita Odiliae (wie A. 149) S. 49 f. c. 22.
393 S. die Zeitangaben in der Praefatio, die allerdings nicht exakt zusammenpassen: Heitonis Visio Wettini (wie A. 198) S. 267.

Vision erlebt. Dabei sei ihm auch zum ersten Mal das Zeichen des Todes erschienen und bewußt geworden, daß es keine Hoffnung auf Entrinnen gebe[394].

»Als der Bruder erwachte, sich aufsetzte und umherblickte, ob einer für ihn da sei, sah er zwei, den Propst des Klosters und einen anderen Bruder, die zu seiner Tröstung zurückgelassen waren, während die anderen nach dem Mahl schon zur Ruhe entlassen waren. Als er die beiden herbeigerufen hatte, legte er ihnen alles der Reihe nach dar, was ihm in so kurzer Zeit gezeigt worden war, so , wie es hier schriftlich festgehalten ist, zitternd noch vor dem Schrecken der beschriebenen Vision, so daß er die Schwere der körperlichen Beschwerden ganz vergaß und nur von einer unerträglichen Unruhe aus Angst gequält wurde. In dieser namenlosen Furcht warf er sich auf die Erde vor die beiden Brüder, breitete den ganzen Körper in Kreuzesform aus und forderte, daß sie mit aller Inbrunst, deren sie fähig wären, für seine Sünden Fürbitte einlegten. Als er so dalag, begannen die genannten Brüder, die sieben Bußpsalmen und andere, die für eine so große Bedrängnis geeignet waren, wie sie ihnen ins Gedächtnis kamen, für ihn zu singen. Als das geschehen war und er sich erhob und auf das Bett setzte, bat er darum, ihm den Dialog (!) des seligen Gregor vorzulesen. So hörte er die Anfänge des letzten Buches dieses Dialogs bis zur Vollendung des neunten oder zehnten Blattes. Nach der Lesung ermahnte er die Brüder, sie sollten die Ermüdung, die sie im Wachen für ihn unterdrückt hatten, durch die Rast der Körper mildern und sich den kleinen Teil der Nacht, der übrig war, als Frist der Ruhe gönnen«[395]. Als diese seinen Rat befolgt und sich in ihre Zelle zurückgezogen hatten, erschien Wetti ein Engel aus der ersten Vision; der führte ihn nun in der zweiten, längeren, Vision an den Fluß der Verdammten, ins Fegefeuer und vor den Thron Gottes. Dabei erfuhr Wetti auch, daß er am folgenden Tag sterben werde[396]. Als am nächsten Morgen die Vögel mit ihrem Gesang den Tag ankündigten, erwachte Wetti; er schilderte den Brüdern, immer noch angsterfüllt, das Geschaute und hieß sie, es auf Wachstafeln zu notieren[397]. Dann brachen die Stunden seines Sterbens an: »Als inzwischen die Hymnen der Matutin beendet waren, kam der Vater des Klosters mit einigen Brüdern zum Besuch herbei. Als er bei dem Liegenden stand, bat dieser um eine vertrauliche Unterredung. Nachdem daher die übrigen den Raum verlassen hatten, blieb der Abt nur mit fünf Brüdern zurück. Die Tafeln, auf denen in aufgeregter Eile in der nächtlichen Ruhe Buchstaben eingegraben worden waren, wurden vorgelegt, und er (W.) wiederholte jedes geschriebene Wort; als er sich dann vom Bett erhob und auf die Erde warf, erflehte er Vergebung für seine Taten und bat, daß sie für ihn bei Gott Fürbitter sein möchten. Als sie ihn aber betrachteten und ihn weder durch Blässe gezeichnet noch durch Magerkeit abgehärmt fanden, er sich auch nicht über einen Schmerz der Glieder beklagte noch bei Berührung der Ader sich der Tod durch eine Verletzung ankündigte, ermunterten sie ihn voller Vertrauen durch tröstende Worte zur Hoffnung auf das diesseitige Leben. Denen gab er aber dieselbe Antwort wie oben, er werde, daran hege er keinen Zweifel, am nächsten Tag sterben. – Jenen ganzen Tag, die darauffolgende Nacht und den ganzen folgenden Tag bis zum Abend brachte er damit zu, Angst vor seiner Abberufung zu äußern, unter Stöhnen und Seufzen zu leiden, sich jedem einzelnen anzuvertrauen und mit Briefen, die für verschiedene Menschen bestimmt waren, darum zu bitten, daß sie für den Nachlaß seiner Sünden Fürbitter werden möchten. Schließlich rief er bei der Abenddämmerung am nächsten Tag, als schon die Nacht hereinbrach, die Brüder zusammen, teilte ihnen mit, daß er das Ziel des gegenwärtigen Lebens erreicht habe und bat

---

394 Ebd., S. 268 cc. 1-3.
395 Ebd., S. 269 c. 4.
396 Ebd., S. 272 c. 16.
397 Ebd., S. 274 c. 28.

sie allseitig um den Psalmengesang. Er ließ die Antiphonen und die Anfänge der Psalmen singen, indem er sie wie ein Vorsänger anstimmte. Danach atmete er kurz auf und ging, als die Brüder zu seinem Lager zurückkamen, erregt hin und her. Als ihn der Tod immer mehr bedrängte, ließ er sich auf das Bett fallen, nahm die Wegzehrung und schloß die letzte Stunde dieses unbeständigen Lebens«[398].

Dem Tod ging im Mittelalter nicht häufig ein langes Alter voraus. Zu den Ausnahmen gehörte der Bischof Ulrich von Augsburg, dessen Biograph Gerhard die Vorbereitungen des Heiligen auf sein Hinscheiden genau beschrieben hat. Wenn man Gerhards Chronologie trauen darf, hat Ulrich bald nach der Ungarnschlacht von 955 bei der Restauration der Afrakirche für sich selbst dort ein Grab geschaffen; Ulrich wäre damals über 65 Jahre alt gewesen. Das Grab wurde vor der nördlichen Außenwand der Kirche angelegt, mit einer Mauer umgeben und nach einem Wanddurchbruch mit dem Kircheninnern verbunden. Sodann ließ Ulrich, schreibt Gerhard weiter, »einen Sarg zimmern, groß genug, um seinen Leib aufzunehmen; schließlich wollte er noch, daß man eine dicht schließende, mit aller Sorgfalt angefertigte getäfelte Holzdecke darüber ziehe, die auf lange Zeit nicht morsch werden würde. Nachdem er auf diese Weise für sein Begräbnis vorgesorgt hatte, pflegte er allwöchentlich am Freitag diese Stätte aufzusuchen und dort das Meßopfer darzubringen, wenn immer er zu Hause weilte und nicht durch anderweitige Verpflichtungen daran gehindert wurde«[399].

Sehr viel später, als schon über Achtzigjähriger, begann Ulrich von der Welt Abschied zu nehmen. »Als er von Tag zu Tag das Nachlassen seiner Kräfte spürte« habe er, so Gerhard, ein letztes Mal Rom mit den Apostelgräbern und den Papst besuchen wollen. Die Reise sei für den Greis überaus beschwerlich gewesen: »Nachdem er einen kleinen Teil der Strecke im Wagen zurückgelegt hatte, wurden die Wege schwierig, und er konnte die Reise erst fortsetzen, als man ihn in ein Bett gelegt hatte, das von Pferden getragen wurde«[400]. Auf dem Rückweg bemühte sich Ulrich bei Otto dem Großen in Ravenna um eine Nachfolgeregelung, die sich als äußerst anfechtbar erweisen sollte. Er wollte seinem Neffen Adalbero zu Lebzeiten die Verwaltung des Bistums Augsburg übertragen lassen, während er sich selbst auf die geistliche Leitung beschränkte und dem Gebet oblag. Auch sollte Adalbero die Sukzession im Episkopat zugesichert werden.

Nachdem Ulrich Ottos Zustimmung gewonnen hatte, trat der Neffe im Bistum wie ein Bischof auf. Adalbero ließ sich von den Rittern des Bischofs und den Hörigen den Treueeid leisten, legte aber auch zur Abschreckung seiner Neider und Konkurrenten bischöfliche Insignien an[401]. Das führte auf der Ingelheimer Synode von 972 zu einem schweren Konflikt zwischen Ulrich und seinen Mitbischöfen. Dabei stellte sich heraus, daß Ulrich sich jetzt ganz von dem Bischofsamt zurückziehen wollte und Adalbero die Vollgewalt zugedacht hatte. Ulrich, der »wegen seiner Altersschwäche sein Anliegen nicht mit so lauter Stimme vorzutragen (vermochte), daß ihn die ganze Synode hätte verstehen können«, beauftragte den Kleriker Gerhard mit seiner Vertretung. Gerhard habe erklärt: »Erhabene Kaiser, hochwürdige Bischöfe! Der Wunsch meines Herrn ist: die Welt zu verlassen, gemäß der Regel des heiligen Benedikt fromm zu wandeln und in einem Leben der Beschaulichkeit den Tag seines Todes zu erwarten. An seinem äußeren Gewand könnt ihr mit Sicherheit erkennen, welche Absicht er im Innern trägt«. Trotz dieses Plädoyers haben sich die Bischöfe unter Hinweis auf das Kirchenrecht und den Präzedenzcharakter

---

398 Ebd., S. 274f. cc. 29-31.
399 WAITZ (wie A. 17) S. 403 c. 14, KALLFELZ (wie A. 61) S. 113, 115.
400 WAITZ S. 407 c. 21, KALLFELZ S. 127.
401 WAITZ S. 407f. c. 22, KALLFELZ S. 129.

des Falles gewehrt und Ulrich überzeugt, daß er in dem Amt ausharren müsse, in dem er begonnen habe, Gott zu dienen. Mit ihrer Zustimmung sei es Adalbero von Otto I. nur erlaubt worden, Ulrich zu vertreten und unter dessen Oberaufsicht »die Verwaltung des ganzen Bistums auf allen Gebieten wahrzunehmen«. Allerdings haben die Bischöfe Ulrich auch versichert, nach seinem Tod Adalbero zum Bischof von Augsburg zu machen[402]. Der Plan wurde dann dadurch vereitelt, daß Adalbero vor Ulrich starb; der Heilige bereitete dem Neffen das einem Bischof würdige Grab neben dem seinen in der Kirche St. Afra[403].

Noch in seinen letzten Lebenswochen pflegte Ulrich täglich die Messe zu lesen; auch bei den in größerem Kreis eingenommenen Mahlzeiten saß er an der Tafel, »ohne jedoch Nahrung zu sich zu nehmen; höchstens,« schreibt Gerhard, »daß er kleine, in Wasser getauchte Brotstücke in den Mund steckte; und auch diese gab er meistens wieder von sich, wenn er das Wasser ausgesaugt hatte. Dann und wann labte er sich, wenn er bei Tisch saß, an einem Schluck Wasser«[404]. Nach einer letzten Reise, auf der er die Nachricht vom Tode seines Herrschers, Ottos I. (7. 5. 973), erhalten hatte, erwartete Ulrich die Auflösung seines Leibes. Gerhard gibt folgende ausführlichere Schilderung: »Nachdem er durch die Tore Augsburgs eingezogen war, gab er sich tiefer Trauer hin über den Tod Adalberos, seines Neffen, und über den Tod des Kaisers, dem er immer und in allem die Treue gewahrt hatte und den er in tiefer Zuneigung aus innerster Seele verehrte. Für die Seelenruhe der beiden vergab er ungezählte Almosen an die Armen und sandte tägliche Gebete und Bitten in großer Zahl zum Herrn empor, daß er sich ihrer gnädig erbarme. Das Meßopfer feierte er nach wie vor an jedem Tag, bis endlich seine Kräfte so sehr nachgelassen hatten, daß er unmöglich mehr ohne fremde Hilfe stehen konnte. Doch saß er noch bei Tisch und gab denen, die bei ihm waren, das Mahl. Er selber aber blieb so gut wie nüchtern und labte sich erst danach in der Kirche oder in seinem Gemach am süßen Gesang der Psalmen oder am Vortrag heiliger Lesungen. Nachdem ihm die Kräfte des Körpers so sehr dahingeschwunden waren, daß er die Messe nicht mehr selber lesen konnte, ließ er sich täglich in die Kirche führen, um sie in tiefster Andacht anzuhören und dabei inbrünstig dem Gebet zu obliegen. Nach der Messe zog er sich wieder in sein Gemach zurück. Aber auch da gönnte er sich vor der Abendstunde keine Bettruhe, sondern saß in voller Kleidung auf seinem Sessel, in ein Kissen bald nach der rechten, bald nach der linken Seite, dann wieder nach hinten auf die Rückenlehne des Sessels gelehnt. Wenn die Stundengebete und der ganze Psalter verrichtet waren, ließ er sich vom Propst Gerhard aus heiligen Schriften vorlesen und führte bisweilen im Anschluß daran mit ihm ein trautes Zwiegespräch. Am Ende eines solchen fragte ihn Gerhard einmal: ›Herr, erfüllt dich diese deine Schwäche mit der Hoffnung, daß dein Tod nahe bevorsteht?‹ Darauf gab ihm der Bischof, fast ungehalten, zur Antwort: ›Warum sagst du das so? Ich hoffe nicht, ich weiß ganz genau, daß es nicht mehr lange dauert, bis der Tag meines Todes anbricht‹. Betrübt darüber bat der Priester um Verzeihung und fragte ihn: ›Herr, welchen Bischof sollen wir zu deiner Beisetzung rufen?‹ Darauf antwortete Ulrich: ›Zu der Zeit, da meine Seele den Leib verlassen wird, könnt ihr keinen von ihnen hierher bekommen. Denn mein Komprovinziale, Bischof Konrad (von Konstanz), ist so krank, daß er nicht kommen kann; die bayerischen Bischöfe aber sind zu

---

402 WAITZ S. 408 f. c. 23, KALLFELZ S. 129-133.
403 WAITZ, S. 409 c. 24, KALLFELZ S. 135. – Ulrich war auch sonst bemüht, seinen Verwandten in Augsburg würdige Grabstätten zu bereiten (s. WAITZ S. 402 c. 13, vgl. S. 400 c. 10), obwohl er auch das Grab seiner Eltern in Wittislingen pflegte (S. 410 c. 25). Zusammen genommen mit der Förderung seines Neffen Adalbero ergibt sich daraus die Tendenz, den Bischofssitz selbst zum geistlich-politischen Zentrum seiner Sippe zu machen.
404 WAITZ S. 410 c. 25, KALLFELZ S. 139.

einem Reichstag in Franken versammelt‹. Gerhard fuhr fort: ›Herr, was sollen wir dann tun?‹ Darauf entgegnete ihm der heilige Bischof: ›Ihr wißt doch, wie der Leib eines Menschen zu beerdigen ist‹. Darauf Gerhard: ›Wenn es ein Mensch wäre, dessen Bestattung uns zusteht, so hätten wir keine Bedenken‹. Da sagte der Bischof zu ihm: ›Macht es, wenn es soweit ist, wie ihr es am besten könnt. Der Herr wird schon für einen sorgen, der meinen Leib bestattet‹. Nach diesen Worten fuhr der Priester mit der Lesung fort und las, wie gewöhnlich, bis das Glockenzeichen die Stunde der Vesper ankündigte. Zur Lesung aber dienten die Lebensbeschreibungen der heiligen Väter und die sogenannten ›Dialoge‹ des heiligen Gregor, deren letztes Buch zum großen Teil von Menschen handelt, die, aus dem Leib entrückt, vieles im Geiste schauten und dann wieder in den Leib zurückgekehrt sind. So erwartete er in würdiger Haltung den Tag seines Todes. Zuweilen schaute er vieles im Geist, wovon er einiges wenige den Menschen seiner Umgebung mitteilte. Zu Werner, dem Abt von Fulda, der zu Besuch bei ihm weilte, sagte er unter anderem einmal: ›Du solltest nach mir hier Bischof werden, denn alle haben dich gewählt, bis auf zwei. Wenn nur diese zwei den anderen noch zustimmten, so wäre deine Wahl ohne Zweifel vollkommen‹. Nach diesen Worten faßte er den Etzel, der damals Viztum war, und Hiltine, den Kämmerer, bei der Hand und empfahl ihnen den Werner. Dann entließ er ihn in Liebe. Ein andermal erwachte er eines Tages wie aus tiefem Schlaf und sagte allen Umsitzenden hörbar: ›Wehe, wehe, daß ich diesen meinen Neffen Adalbero je gesehen habe, denn weil ich seinem Wunsch willfährig war, wollen sie mich nicht ungestraft in ihre Gemeinschaft aufnehmen‹. Nach diesen Worten verstummte er sofort wieder. Seine Kräfte aber ließen von Tag zu Tag nach und waren schließlich so gering, daß er sich nur noch gestützt auf zwei Begleiter in die Kirche bewegen konnte. Am Fest der Geburt der heiligen Markus und Marcellianus – das ist der 18. Juni – hatte man ihn wieder zur Kirche geführt, um der Messe beizuwohnen. Als die Messe vorüber war, ließ er vor dem heiligen Kreuz einen Teppich ausbreiten und legte sich auf ihn nieder. Nachdem er etwa eine halbe Stunde so dagelegen hatte, erhob er sich und ließ seinen Kämmerer, den Priester Liutbold, zu sich kommen. Dann befahl er ihm, seine ganze Habe, die unter der Verwaltung des Kämmerers stand, herbeizubringen und vor dem Altar niederzulegen, ausgenommen nur eine Garnitur für das Haus, eine Tischgarnitur und einen Pelzumhang, die er für seinen Nachfolger bestimmte. Als man alles vor ihm ausgebreitet hatte, schaute er es an und sagte: ›Was soll mir das jetzt alles?‹ Und obgleich es ihm sehr viel zu sein schien, war es doch nicht mehr als ein paar Hemden, sieben oder acht Tafeltücher, zwei Mäntel und zehn Silberschillinge. Die Schillinge übergab er dem Propst Gerhard, damit er sie umgehend unter die Armen verteile. Von allem übrigen wollte er, daß es unter die Geistlichen seiner Stadt aufgeteilt werde. Von seinen Gewändern schickte er einige dem Ato, einem ehrwürdigen Mann, den er früher einmal im Namen Gottes als Klausner in Ottobeuren eingeschlossen hatte. Auch einen gewissen Rouzo bedachte er mit Kleidungsstücken. Dieser Rouzo war bis zu den Armen hinauf gelähmt, und man hatte ihm daher auf dem Friedhof des Klosters Kempten ein Gehäuse gebaut, das nach Art eines Bettes über den Erdboden erhöht war, damit das, was er von sich gab, zur Erde herunterfallen konnte, und so seine Wohnstatt sauber blieb. Der Bischof hatte nämlich früher einmal, als er sich im Kloster Kempten aufhielt, diesen Armen persönlich besucht und seinen erbaulichen Reden mit Freuden gelauscht, da dieser arme Mensch hinter seinem verschlossenen Türchen Tag und Nacht allzeit im Lob Gottes und im Gebet verharrte (…). Nachdem er das verfügt hatte, beauftragte er den Viztum und andere von seinen Vasallen und Dienern, man solle alles, was sich in sämtlichen dem Bischof dienstbaren Gütern vorfände, in drei Teile teilen und den Priestern und Armen umgehend, noch zu seinen Lebzeiten, den dritten Teil verschenken. Das wurde auch ausgeführt. Ja, die schwere Krankheit fesselte zwar seinen Leib; seinem Geist aber, seiner Seele und seiner Willenskraft konnte sie nichts anhaben, so daß sie nicht weiterhin ihre frommen Ziele verfolgt hätten!‹[405].

Eine knappe Woche, nachdem Ulrich letztwillig über seine Habe verfügt hatte, am Tag des hl. Johannes des Täufers (24. 6.), feierte er noch einmal zwei Messen: eine Totenmesse und die Tagesmesse. Seiner Umgebung, die sich das angesichts seines körperlichen Zustandes nicht erklären konnte, gab der Bischof an, das sei auf die göttliche Weisung in einer Vision geschehen. Der Tod indessen, von Ulrich herbeigesehnt und zudem für einen bestimmten Termin erhofft, ließ noch auf sich warten, wie Gerhard berichtet: »Obwohl er es nicht sagte, so brachte er doch durch sein Verhalten zum Ausdruck, daß er des Glaubens war, er werde am Vorabend des Festes der Apostel Petrus und Paulus diese Welt verlassen. An diesem Tag (28. 6.), bevor das Vesperlob begann, während die Küster alle Glocken zusammenläuteten, legte er sich, gebadet und gehüllt in die Gewänder, die er für seinen Tod aufgehoben hatte, nieder um zu sterben. Als aber die Vesper vorüber war, erhob er sich mit Hilfe anderer wieder von der Erde und sagte gleichsam für sich: ›O heiliger Petrus, jetzt hast du doch nicht getan, wie ich geglaubt habe!‹ Und er war darüber sichtlich betrübt. Da sagte der Priester Gerhard zu ihm: ›Herr, sei nicht traurig! Bedenke, daß es andern frommen Bischöfen ganz ähnlich ergangen ist! Dem einen nämlich wurde gesagt: ›Um das Fest der Apostel wirst du aus dieser Welt zur Ruhe eingehen‹. Während er nun hoffte, er werde am Fest der Apostel sterben, wurde ihm die Frist verlängert bis zum Oktavtag, und dann ist er gestorben. Dem Bischof Cassius von Narni wurde durch einen Priester, den ein Engel geißelte, gesagt: ›Deine Hand ermüde nicht und dein Fuß erlahme nicht, tu was du tust, vollbringe, was du vollbringst, am Fest der Apostel wirst du zu mir kommen!‹ In der Annahme, er werde am nächstfolgenden Apostelfest sterben, traf der Bischof alle erdenklichen Vorkehrungen für seine Beisetzung. Dann kam der Festtag, und der Bischof blieb gesund und wohlbehalten und blieb es noch volle sieben Jahre lang. Dann aber schied er an eben diesem Tag, wie ihm gesagt worden war, glücklich aus dieser Welt, nachdem er zuvor noch viel Gutes gewirkt und sein Amt voll ausgefüllt hatte‹. Bischof Ulrich hörte sich die Erzählung an, erinnerte sich, daß sie stimmte, und gab zur Antwort: ›Gut hast du das gesagt, Bruder!‹ Erleichtert und wieder guter Dinge, zeigte er sich seinen Mitmenschen freundlich und nachsichtig, warf keinem etwas vor, schalt keinen, zürnte keinem, fiel niemand zu Last, war niemand gram; kein Wort der Klage kam über seine Lippen«[406].

Menschlich anrührend ist der letzte Wunsch Ulrichs gewesen. Der Sterbende hoffte, noch einen Verwandten, den Grafen Riwin, wiedersehen zu können, der gerade auf dem Reichstag weilte. In der Nacht vor seinem Tod ließ Ulrich auf die Erde ein Aschenkreuz streuen und es mit Weihrauch besprengen; darauf legte er sich bis zum Morgenlicht. Als Riwin dann erschien und eine Botschaft des Kaisers überbrachte, erkannte der heilige Bischof, daß Gott den Willen derer tut, die ihn fürchten, daß er ihr Flehen erhört und sie rettet. »Und in derselben Stunde empfahl der Bischof, während die Geistlichen andachtsvoll eine Litanei sangen, Gott seine Seele und wurde von einem glücklichen Tod, wie in sanften Schlaf gesunken, aus dem Gefängnis des Leibes erlöst und ging hinüber in die Ruhe, im Jahr 973 nach der Geburt unseres Herrn Jesus Christus, im 83. Jahr seines Lebens, dem 50. Jahr seiner Weihe, am Freitag, den 4. Juli, vier Tage vor den Nonen dieses Monats«[407].

405 Waitz S. 411–413 c. 26, Kallfelz S. 141–145.
406 Waitz S. 413 c. 27, Kallfelz S. 147, 149.
407 Waitz S. 414 c. 27, Kallfelz S. 149.

Der Leichnam wurde gewaschen, mit den vorherbestimmten Gewändern bekleidet und in der Domkirche aufgebahrt. Dort wurden bis zum Sonntag Gebete gesprochen und Meßfeiern gehalten. Nach dem Seelenamt im Anschluß an die Prim überführten Kleriker, Nonnen und Volksscharen den toten Bischof in die Afrakirche, wo sein Grab schon lange hergerichtet war. Zur Bestattung hatte man den Bischof Wolfgang von Regensburg gebeten, der sich auf der Heimreise vom Reichstag befand. Da Wolfgang nicht rechtzeitig eintreffen konnte, wurde die Beisetzung auf den Montag verschoben. Bemerkenswert, wie noch kurz vorher eine Verwandte an Ulrich einen letzten Liebesdienst tun konnte: »In dieser Nacht kam Hildegart, die Gemahlin des obenerwähnten Grafen Riwin, eine Frau, die, obgleich verheiratet, ein überaus frommes Leben führte. Sie brachte ein wachsgetränktes Hemd und bat die höchsten geistlichen Würdenträger, man möge den ehrwürdigen Leib in aller Stille sorgfältig darin einhüllen, damit sein priesterlicher Ornat, mit dem er bekleidet war, nicht so bald von der Erde verzehrt würde, denn er hatte ja zu Lebzeiten bestimmt, seinen Leichnam nicht auf einen Holzboden, sondern auf die bloße Erde zu legen und nur mit einem hölzernen Deckel zu bedecken. Ihrer Bitte gemäß hüllten sie den ehrwürdigen Leib in das Hemd«. Das Begräbnis selbst wurde am nächsten Morgen von Bischof Wolfgang vollzogen. Wie es Ulrich selbst angeordnet hatte, wurde auf seinen Sarg ein Holzdeckel gelegt. Eine zweite Holzplatte verschloß die Grabkammer, die außerdem mit Steinen zugemauert wurde[408].

Schlußbemerkungen

Die Suche nach alltagsgeschichtlichen Texten in der südwestdeutschen Überlieferung bis zum Investiturstreit hat überraschend reiche Früchte getragen. Ohne weiteres läßt sich behaupten, daß das früh- mit dem hier beiseitegelassenen hochmittelalterlichen Quellenmaterial zusammen schon einen ansehnlichen Band ausgewählter Zeugnisse füllen könnte. Das gilt um so mehr, als in dieser Arbeit bestimmte Aspekte der Alltagsgeschichte, wie die Mentalitäten, das Verhältnis des Menschen zur Natur oder die nonverbale Kommunikation, nur am Rande gestreift worden sind. Die Fülle der Schriftzeugnisse ergab sich daraus, daß »Alltagsgeschichte« nicht auf die »Geschichte der kleinen Leute« reduziert wurde, vor allem aber aus einer höchst mannigfaltigen Gesamtüberlieferung der behandelten Landschaft. So lassen sich zum Schluß auch einige Aussagen über die Quellenbasis einer früh- und hochmittelalterlichen Alltagsgeschichte überhaupt wagen. Keine Quellengruppe darf von vorn herein beiseitebleiben; nicht nur, daß überall von alltagsgeschichtlichen Erscheinungen die Rede ist, es lassen sich auch überall Texte größeren Umfangs zum Alltag im Mittelalter finden. Das gilt aus strukturellen Gründen sicher am wenigsten für die Annalen an Ostertafeln (die hier gar nicht zitiert werden konnten), in beträchtlichem Maße aber schon für annalistisch aufgebaute Chroniken. Aus dem Bereich dieser Arbeit kann man auf Hermann den Lahmen verweisen. Neben den erzählenden Quellen dürfen die Urkunden, Verträge und Briefe nicht vergessen werden. Ein »Kulturporträt« – wie es Franz Beyerle nach Pactus und Lex Alamannorum gezeichnet hat, wäre – anders akzentuiert als »Alltagswelt« – auch aufgrund der St. Galler, Züricher und Rheinauer Urkunden möglich. Die

408 WAITZ S. 414f. c. 27, KALLFELZ S. 151, 153. – Mit Gerhards Vita Udalrici vgl. die Schilderung des Todes und bes. der Streitigkeiten um den Bestattungsort des Bischofs Gebhard II. von Konstanz († 995): Vita Gebhardi (wie A. 134) S. 589f. cc. 22f. Dazu Michael BORGOLTE, Salomo III. und St. Mangen. Zur Frage nach den Grabkirchen der Bischöfe von Konstanz (Churrätisches und st. gallisches Mittelalter. Fs. für Otto P. Clavadetscher, hg. von Helmut MAURER, Sigmaringen 1984, S. 195-224) bes. S. 213f.

Verbrüderungsverträge sind schon im Frühmittelalter wichtig, gewinnen allerdings im hohen und späten Mittelalter in Form der Anniversarstiftungen und im Rahmen eines neuen Typs der Totenbücher noch größere alltagsgeschichtliche Konkretion. Mit besonderem Nachdruck sei auf die Briefe hingewiesen. Trotz aller literarischen Konvention, die sie prägt, und bei aller Problematik der Überlieferung führen sie doch oft ganz nah an die »wirkliche Alltagswelt« heran. Sehr lohnend wäre eine Sammlung von Gelegenheitsgedichten und »Realbenediktionen«; beide Quellenarten zusammen ließen erfahren, was den (literarisch tätigen) Menschen des Mittelalters gewöhnlich unmittelbar vor Augen stand und zur Hand war, in der Konfrontation aber könnten sie verschiedene Formen der »Wirklichkeitswahrnehmung« hervortreten lassen. Schließlich darf noch eine letzte Lehre aus der Quellendurchsicht zu dieser Arbeit gezogen werden, eine Lehre, die allenfalls auf den ersten Blick verblüffen mag: Wer den Alltag im frühen und hohen Mittelalter erforschen will, muß vor allem die besten Schriftsteller lesen. Immer wieder waren hier Walahfrid Strabo, Notker Balbulus und Ekkehard IV. zu zitieren. Alle Werke dieser Autoren, ob es sich nun um Erzählung, um Dichtung oder um Briefe handelte, prägte eine Beobachtungsgabe, die den Alltag ihrer Zeit und Umwelt plastisch und in vielen Details hervortreten läßt. Daß es sich dabei sozusagen um ein Gesetz der Alltagsgeschichte handelt, zeigt nicht nur der Seitenblick auf Thukydides und Herodot (auf die H.-U. Wehler, allerdings in polemischer Absicht, einmal hinwies[409]), sondern auch auf Gregor den Großen, Gregor von Tours oder Thietmar von Merseburg.

Dieser Arbeit war nicht die Aufgabe gestellt, den frühmittelalterlichen Alltag darzustellen, es war aber auch nicht beabsichtigt, alle Sachfragen anzugehen, die sich von Text zu Text stellen mochten. Die vorgeführten Schriftzeugnisse dürften aber aufs Neue verdeutlicht haben, daß alltagsgeschichtliche Foschung seriös nur in enger, nach allen Seiten offener Kooperation mit anderen Wissenschaften durchgeführt werden kann[410], darunter der Archäologie. Insofern stellt sie höchste wissenschaftliche Ansprüche. Wenn es weiterhin so ist, daß der Alltag vergangener Epochen das gewiß unreflektierte, aber deshalb doch nicht geringzuschätzende Interesse weiterer Kreise findet und damit den Zugang zur Geschichte erschließt, dann mag »Alltagsgeschichte« zu einem Begegnungsfeld von hochspezialisierter Wissenschaft und den Menschen werden, denen Forschung und Lehre allemal zu dienen hat.

---

409 WEHLER (wie A. 2).
410 Vgl. Arthur E. IMHOF, Die verlorenen Welten. Alltagsbewältigung durch unsere Vorfahren – und weshalb wir uns heute so schwer damit tun, München 1984.

Zur Frühgeschichte des Erzbergbaus und der Verhüttung im südlichen Schwarzwald

Literaturübersicht und Begründung eines Forschungsprogramms

Von Heiko Steuer

1. Das Programm

Das Institut für Ur- und Frühgeschichte der Universität Freiburg begann 1987 in Zusammenarbeit mit dem Geologischen Landesamt und dem Landesbergamt Baden-Württemberg sowie dem Forschungsinstitut für Edelmetalle und Metallchemie in Schwäbisch-Gmünd ein Forschungsprogramm, das sich zum Ziel gesetzt hat, den Nachweis von Erzgewinnung, vor allem von Blei und Silber, im Mittelalter zu erbringen. Dabei sollen der Beginn der Bergbautätigkeit in karolingischer oder erst ottonischer Zeit näher erfaßt, die Gewinnungsmethoden erkannt und die Verarbeitungsverfahren ebenso als Aufgabe gesehen werden wie die Erschließung der Siedlungen sowie Aufbereitungs- und Verhüttungsanlagen der Bergleute außerhalb des Berges.

Gefördert wird das Forschungsvorhaben von der Stiftung Volkswagenwerk (Bewilligung unter dem Aktenzeichen I/62 706 vom 9. März 1987).

Bergbau wurde im Schwarzwald mindestens seit dem 10. Jahrhundert, überliefert in Schriftquellen, betrieben und kam erst im 19. Jahrhundert oder in einzelnen Bereichen gar erst in den 1950er Jahren zum Erliegen, d. h. der jahrhundertelang betriebene Bergbau hat die älteren Spuren (Verhaue, Pingen, Stollen und Schächte, Halden, Wasserkünste, Pochwerke etc.) oftmals zerstört, abgetragen bzw. in den meisten Fällen verschüttet. Da Betriebsformen bis hin zu den Arbeiten vor Ort ebenfalls über Jahrhunderte gleich geblieben sind, lassen die Relikte des Bergbaus selbst kaum chronologische Aussagen zu. Die Feuersetzmethode und Arbeiten mit Schlägel und Eisen sind noch im 19. Jahrhundert durchgeführt worden. Die von K. Schwarz (1971) im bayerischen Alpenvorland registrierten vier technisch verschiedenen Abbauphasen stellen – jedenfalls im Schwarzwaldbereich – keine relativchronologische Abfolge dar. Vielmehr charakterisieren sie unterschiedliche Unternehmerstrukturen vom Kleinbetrieb bis zur aufwendigen Anlage, die oft zeitlich parallel anzusetzen sind. Von wissenschaftlicher Seite (Mineralogie, Geologie, Lagerstättenkunde und vor allem auch Historische Geographie bzw. Landeskunde), von der Seite der zuständigen Landesämter (Landesbergamt, Geologisches Landesamt) und von Seiten der Heimatforschung gibt es umfassende Aufnahmen der Bergbaurelikte im Gelände. Sie sind teilweise systematisch zusammengefaßt (vgl. Lit. in 2.1-39), doch selten chronologisch gestaffelt, wobei man dabei auch nur auf Vermutungen angewiesen ist. Fast vollständig unbekannt sind die Verhüttungsplätze, d. h. es gilt vor allem Schlackenhalden zu finden und diese bestimmten Gangzügen zuzuordnen, wobei unmittelbare räumliche Nachbarschaft nicht gegeben zu sein braucht.

Aufgabe des zeitlich begrenzten Forschungsvorhabens ist daher in erster Linie die Erarbeitung von Verfahren am Beispiel des Südschwarzwaldes, die Erkenntnisse zum Beginn und zur Geschichte des frühmittelalterlichen Bergbaus gewinnen lassen.

Das Forschungsvorhaben ist somit in gewisser Hinsicht auf archäologische Prospektion angelegt, die Spuren des alten Bergbaus selbst, der Bergleutesiedlungen und der Weiterver-arbeitungsplätze erkennbar und vor allem datierbar machen soll.

Die archäologische Arbeit kann zwar die eigenen Quellen zeitlich einordnen und funktional deuten, die Beurteilung der Rohstoffe selbst, der Gangmaterialien und der Struktur der Lagerstätten sowie der verschiedenen Erze und Metallschlacken setzt die Zusammenarbeit mit entsprechenden naturwissenschaftlichen Einrichtungen voraus.

Während des Kolloquiums 1985 ›Archäologie und Geschichte des ersten Jahrtausends in Südwestdeutschland‹ hat Prof. Dr. R. Metz (Karlsruhe) über ›Bergbau-Städte und Berg-au-Siedlungen‹ referiert und den Forschungsstand zum genannten Programm um-rissen. Leider konnte er die schriftliche Fassung zu diesem Band nicht beisteuern. Meine Übersicht gibt im wesentlichen den Inhalt des Antrags bei der Volkswagen-Stiftung wieder.

2. Der Forschungsstand

Die Voraussetzung für die archäologische Erforschung des frühen Bergbaus im Schwarz-wald, die Registrierung der Erzgänge sowie aller alten Bergbauspuren, ist gegeben, das sind Pingen, Verhaue, Schächte, Stollen im Berg, Halden am Berg. Kaum bekannt sind die Lagen der Bergleutesiedlungen, der Pochwerke, Wäschen und Schmelzhütten. Schließlich müssen die Burgen zur Sicherung der ›Silbertransportwege‹ sowie die Städte in den Bergbaurevieren berücksichtigt werden.

Über die Lagerstätten des Schwarzwaldes informieren:

1. M. HENGLEIN, Erz- und Minerallagerstätten des Schwarzwaldes (Stuttgart 1924, Nachdruck).

2. A. OSANN, Die Mineralien Badens (Stuttgart 1927, Nachdruck).

3. R. METZ, M. RICHTER, H. SCHÜRENBERG, Die Blei-Zink-Erzgänge des Schwarz-waldes. Monogr. der Dt. Blei-Zink-Erzlagerstätten 14, Beihefte zum Geolog. Jahrb. 29 (Hannover 1957) (umfassende Zusammenstellung der Blei-Zink-Erzgänge mit vorhande-nen Bergbaurelikten wie Verhaue und Pingenreihen).

4. M. BLIEDTNER, M. MARTIN, Erz- und Minerallagerstätten des mittleren Schwarz-waldes, eine bergbaugeschichtliche und lagerstättenkundliche Darstellung. Geolog. Landesamt Baden-Württemberg (Freiburg i. Br. 1986).

Es hat sich gezeigt, daß eigentlich alle heute registrierten Erz- und Mineraliengänge schon im Mittelalter den Prospektoren bekannt gewesen sind.

Über die Relikte des historischen Bergbaus im Schwarzwald informieren:

a) allgemein:

5. R. SLOTTA, Technische Denkmäler in der Bundesrepublik Deutschland, Bd. 4, Der Metallerzbergbau, Teil II, Deutsches Bergbau-Museum (Bochum 1983).

b) Für den Nordschwarzwald:

6. R. METZ, Mineralogisch-landeskundliche Wanderungen im Nordschwarzwald, besonders in dessen alten Bergbaurevieren (Lahr/Schwarzwald, 2. vollständig überarbeitete Auflage 1977).

Für das Gebiet südlich von Heidelberg:

6a. W. SEIDENSPINNER, Industriearchäologische Bodendenkmale. Bodenurkunden zum Bergbau als Zeugnisse der Technik-, Wirtschafts- und Sozialgeschichte. Denkmalpflege in Baden-Württemberg 15, 1986, S. 102–111.

c) Für den mittleren Schwarzwald: vor allem (3) und (4) sowie

7. R. METZ, Einige Gesteins- und Mineralfundpunkte im Schwarzwald in der Umgebung von Freiburg. In: Vom Kaiserstuhl zum Münstertal, 7. Sonderheft zur Zeitschrift ›Der Aufschluß‹ 1959, S. 33-58.

8. R. METZ, Geologischer Bau und Erzgänge sowie zur Geschichte des Bergbaus am Schauinsland. In: Der Schauinsland. Der Schwarzwald in Einzeldarstellungen, Bd. 1 (Lahr 1966), S. 27-47 und 80-147.

9. G. FISCHER, Die Gesteine und Erzgänge der Umgebung von St. Ulrich im südwestlichen Schwarzwald (Diss. Freiburg i. Br. 1943).

10. G. ALBIEZ, Geschichte des Bergbaus im Münstertal (Südschwarzwald). Badische Heimat 53. Jg., H. 1, 1973, S. 111-128.

11. H. MAUS, Schaubergwerk Teufelsgrund, Gem. Münstertal 1977; Besuchsbergwerk Teufelsgrund, Gem. Münstertal 1988 (4. Aufl.).

12. R. METZ, Der frühere Bergbau im Suggental und der Urgraben am Kandel im Schwarzwald. Alemannisches Jahrb. 1961, S. 281-316.

13. A. AMMANN, R. METZ, Die Bergstadt Prinzbach im Schwarzwald. Alemannisches Jahrb. 1956, S. 283-313.

14. E. MARZI, Der Schwarzwälder Bergbau – von der Steinzeit zum Atomzeitalter. Förderkreis der Schwarzwälder Bergbaugeschichte e. V., Sonderausstellung Freiburg 1985.

15. K. VON GEHLEN, Erzgänge und Bergbau zwischen Schönau im Schwarzwald und Belchen. Berichte der Naturforschenden Gesellschaft zu Freiburg i. Br. 43, 1955, S. 93-120. Außerdem sind zu nennen die

16. Erläuterungen zur geologischen Karte 1:25 000 von Baden-Württemberg, z. B.

R. GROSCHOPF, A. SCHREINER, Erläuterungen zu Blatt 7913 Freiburg i. Br. NO (Stuttgart 1980).

R. HÜTTNER, W. WIMMENAUER, Erläuterungen zu Blatt 8013 Freiburg i. Br. SO (Stuttgart 1967).

R. GROSCHOPF, G. KESSLER, J. LEIBER, H. MAUS, W. OHMERT, A. SCHREINER, W. WIMMENAUER mit Beiträgen von G. ALBIEZ, R. HÜTTNER, W. WENDT, Erläuterungen zur geologischen Karte in Freiburg i. Br. und Umgebung (Stuttgart 1977).

d) für den Südschwarzwald

17. R. METZ, Geologische Landeskunde des Hotzenwaldes, mit Exkursionen, besonders in dessen alten Bergbaugebieten (Lahr 1980).

Über das Alter und die Geschichte des Bergbaus im Schwarzwald, wobei nur die älteren Perioden bis gegen 1300 interessieren, informieren

a) für die römische Zeit

18. H. MAUS, Römischer Bergbau bei Sulzburg. Der Aufschluß 28, 1977, S. 165-175.

19. St. MARTIN-KILCHER, H. MAUS, W. WERTH, Römischer Bergbau bei Sulzburg ›Mühlematt‹, Kreis Breisgau-Hochschwarzwald. Fundberichte aus Baden-Württemberg 4, 1979, S. 170-203.

20. F. Kirchheimer, Das Alter des Silberbergbaus im südlichen Schwarzwald (Freiburg i. Br. 1971), S. 18-24.

21. W. Werth, Römische Eisenverhüttung im ›Hebelhof‹ Hertingen. Basler Geographische Hefte 15, 1977, S. 1–12; Ders., Vormittelalterlicher Bergbau im Markgräflerland. Das Markgräflerland 8, H. 3/4, 1977, S. 215 ff.

22. F. Kirchheimer, Bericht über Spuren römerzeitlichen Bergbaus in Baden-Württemberg. Der Aufschluß 27, 1976, S. 361–371; auch Arch. Nachrichten aus Baden 19, 1977, S. 16–24.

b) für den Beginn des Bergbaus im Mittelalter: vor allem (3) und

23. R. Sprandel, Bergbau und Verhüttung im frühmittelalterlichen Europa. In: Artigianato e technica nella società dell'alto medioevo. Settimane di studio del centro italiano di studi sull'alto medioevo 18 (Spoleto 1971), S. 583-607.

24. F. Kirchheimer, Das Alter des Silberbergbaus im südlichen Schwarzwald (Freiburg i. Br. 1971).

25. R. Metz, Bergbau und Hüttenwesen in den Vorlanden. In: Vorderösterreich, hg. von F. Metz (Freiburg i. Br., 3. Aufl. 1967), S. 139-194 (zum Bergbau in den Vogesen).

26. Über die gegenwärtigen Unternehmen in den Vogesen vgl. Ph. Braunstein, Mines et métallurgie dans la France ancienne, in: Dossiers/Histoire et Archéologie No. 107, Juillet/Aout 1986, S. 18-22 und vor allem P. Benoit, Mines et métallurgie dans l'est de la France, Programme d'archéologie historique, a.a.O., S. 30-33 mit Karte. Ph. Braunstein, Mines et métallurgie en France du Moyen Age. Der Anschnitt Beiheft 2 (Bochum 1984), S. 86-94 (13.-15. Jahrhundert).

27. R. Brill, Geschichte der Grube Schauinsland einschließlich der benachbarten Grubenbaue im Breisgau. Ber. Naturforsch. Ges. Freiburg 47, 1957, S. 5-54.

28. A. Schlageter, Der mittelalterliche Bergbau im Schauinslandrevier. Schau-ins-Land 88, 1979, S. 125-171; 89, 1971, S. 95-134.

29. G. Albiez, Bergbau-Flurnamen im Schwarzwald. Der Anschnitt 18, H. 5, 1966, S. 3-35 (zu Kropbach).

30. A. Schäfer, Geschichte des Dorfes Todtnauberg (Todtnauberg 1966).

31. P. Priesner, Die Geschichte der Gemeinde Hofsgrund. Der Bergbau im Schauinsland von 1340-1954, Bd. I (Freiburg 1982).

32. V. Dennert, Geschichte des Bergbaus, In: Baden-Württemberg als Bergbauland (München 1982), S. 9-16.

33. H. Nehlsen, Die Freiburger Patrizier-Familie Snewlin, Rechts- und sozialgeschichtliche Studien zur Entwicklung des mittelalterlichen Bürgertums. Veröff. aus dem Archiv der Stadt Freiburg im Breisgau 9 (Freiburg i. Br. 1967).

34. H. Steuer, Bergleute: Bergbau auf Silber im südlichen Schwarzwald zur Zeit der Zähringer, in: Die Zähringer. Anstoß und Wirkung, Veröff. zur Zähringer Ausstellung II (Sigmaringen 1986), S. 43 ff. mit Karte.

35. Vgl. jetzt auch – mit Behandlung von Prinzbach – B. U. Hucker, Die untergegangene Bergstadt Blankenrode im Diemel-Eder-Kupfererzrevier. Beobachtungen zum Problem abgegangener Bergstädte. In: Montanwirtschaft Mitteleuropas vom 12. bis 17. Jahrhundert. Forschungsprobleme. Der Anschnitt Beiheft 2 (Bochum 1984) S. 103-110. A. Schnürer, Zum Dieselmuter Bergweistum von 1372. Der Anschnitt 40, 1988, S. 122–127.

c) altes, aber noch wichtiges Schrifttum

36. E. GOTHEIN, Beiträge zur Geschichte des Bergbaus im Schwarzwald. Zeitschrift für die Geschichte des Oberrheins NF 6, 1887, S. 385-448.
37. J. B. TRENKLE, Geschichte des Bergbaus im südwestlichen Schwarzwald (1028-1869). Zeitschrift für Bergrecht 11, 1870, S. 185-230.
Für die Geschichte des Bergbaus sind auch die Arbeiten (4) – (17) zu berücksichtigen.

Karten-Übersichten

38. D. PLANCK, Zivile römische Besiedlung. Historischer Atlas von Baden-Württemberg, Erläuterungen III,4 (Bergbau)
39. R. METZ, Gewinnung von Bodenrohstoffen im Schwarzwald. Historischer Atlas von Baden-Württemberg. Karte XI,10 (Stuttgart 1985) mit Erläuterungen.

3. Daten zur Frühgeschichte des Bergbaus im Schwarzwald (Abb. 1 und 2)

Der mittlere und südliche Schwarzwald ist außerordentlich reich an Metallerzgängen, vor allem an Blei- und Silbererzen, deren Ausbeutung Grundlage für die mittelalterliche Münzprägung des Gebietes gewesen ist und die unter anderem für die Wohlhabenheit der Stadt Freiburg und ihrer Patrizier gesorgt haben.

Auch Kupfererze stehen an, und noch im 18. Jahrhundert konnten einige Tonnen gediegenen Kupfers gewonnen werden. Eisenerze fehlen fast völlig im südlichen Schwarzwald, zumindest im Bereich der zentralen Blei-Zink-Erz-Reviere. In der Zone der Schwarzwaldrandverwerfung gibt es Eisenerzgänge, die auch in historischer Zeit ausgebeutet worden sind. Doch soll die Eisenerzgewinnung im Rahmen dieses Forschungsprogrammes weitgehend ausgespart bleiben. Die Silbergewinnung im Schwarzwald wird parallel zur Öffnung der Gruben im Rammelsberg am Harz (erwähnt seit 965) ebenfalls im 10. Jahrhunderts eingesetzt haben. In einer Urkunde Kaiser Konrads II. (1024-1039) aus dem Jahr 1028 werden Silbergruben des Breisgaus dem Bischof von Basel verliehen, waren also damals in Betrieb.

Obwohl der Bergbau, vor allem auf Silber, von Anfang an eine entscheidende Rolle im Wirtschaftsleben und in den territorialen Auseinandersetzungen gespielt hat, sind die Nachrichten in der schriftlichen Überlieferung vor dem 13. und 14. Jahrhundert außerordentlich spärlich, die sich nur durch einige sprachwissenschaftliche und naturwissenschaftliche Zeitansätze ergänzen lassen.

1) Römischer Bergbau auf Blei und Silber ist indirekt nachgewiesen für Badenweiler (Nr. 20) und für Sulzburg (Nr. 18, 19) sowie auf Eisen am Mauracher Berg (Nr. 16) bei Denzlingen am Eingang des Suggentals (C^{14}-Datierung), im Hagenschieß bei Pforzheim und im Bohnerzrevier von Kandern im Markgräflerland.

2) Die Gesta Dagoberti, im 9. Jahrhundert aufgeschrieben, aber die Zeit König Dagoberts I. betreffend (623-639) berichtet, daß Dagobert dem Kloster St. Denis 8000 Pfund Blei, das ihm als Zins ›ex metallo‹ in jedem zweiten Jahr geliefert wurde, überwiesen habe. Die Forschung schließt seit langem auf Melle, südlich Poitiers, als Bergbaugebiet, wo seit der Antike Bergbau umging und ausgedehnte Stollensysteme vorhanden sind. Die Nachricht in den Gesta Dagoberti wurde aber zeitweilig auf das Elsaß bezogen.

Bei Prokop heißt es im Gotenkrieg III,33, daß König Theudebert I. (534-548) aus gallischem Gold, aus Bergwerken in Gallien, Münzen prägen ließ (Nr. 23).

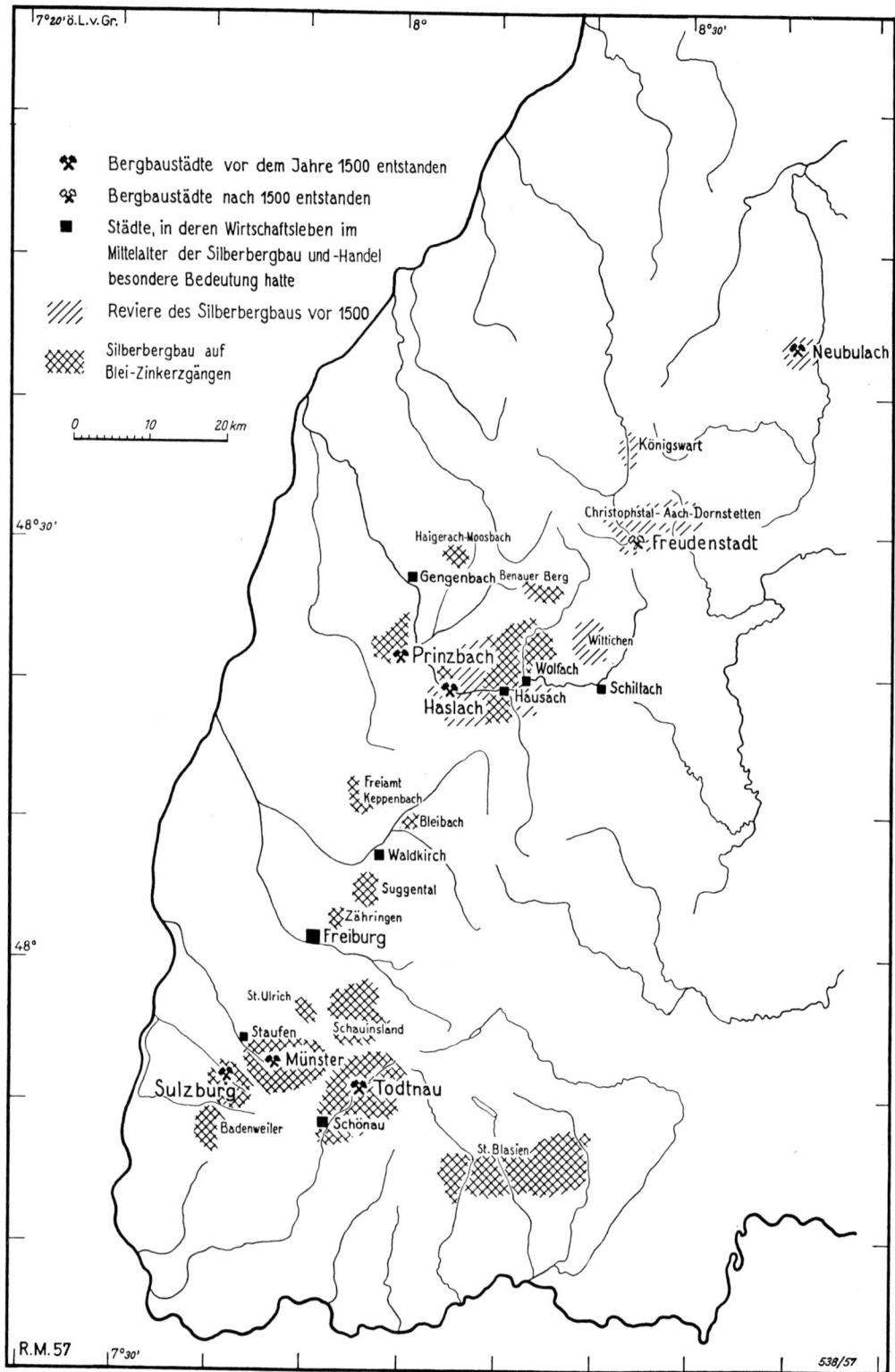

Abb. 1   Bergbauareale auf Blei/Silber im Schwarzwald (nach Metz in Metz, Richter, Schürenberg 1957, 212, Abb. 108, Lit. Nr. 3)

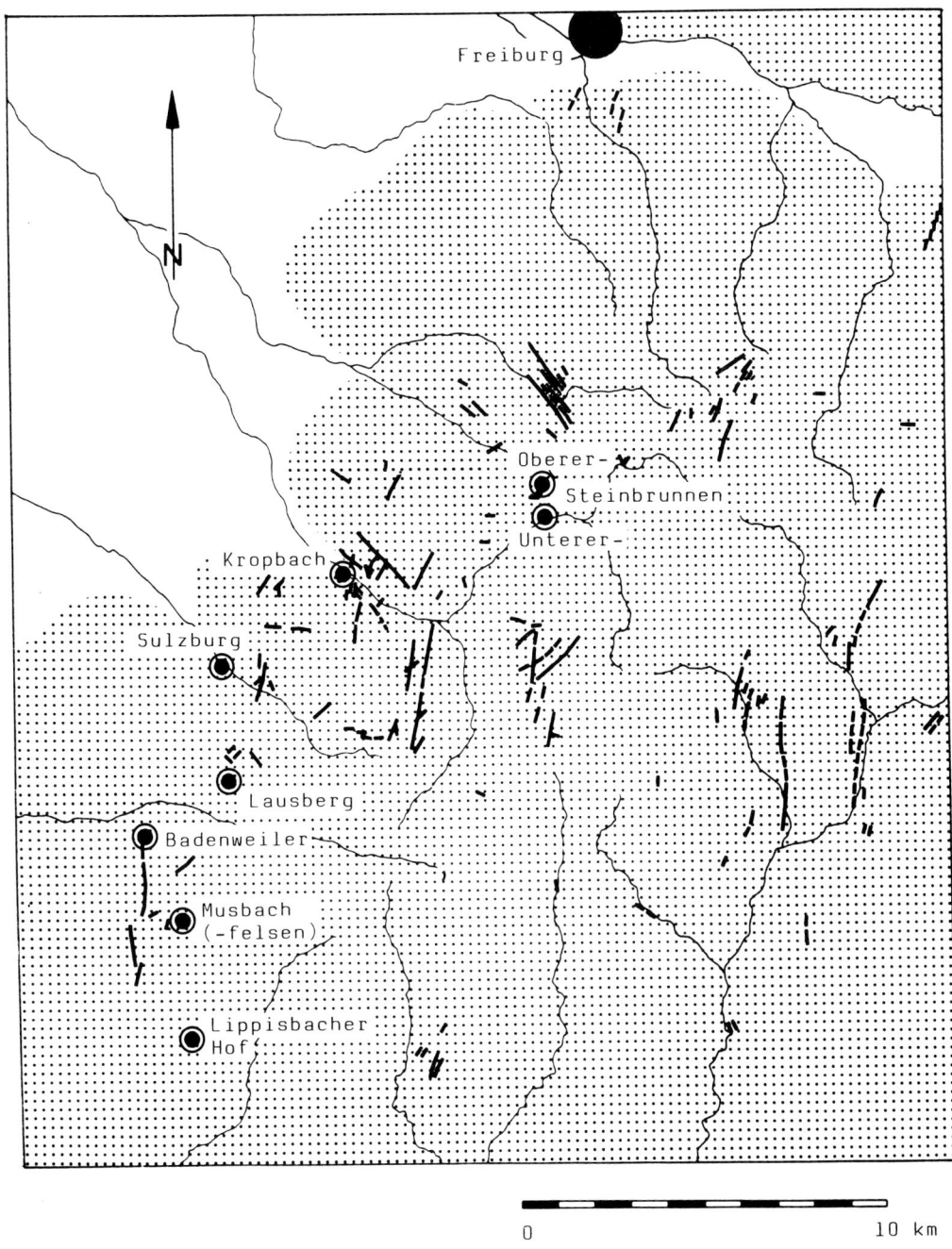

Abb. 2   Erzgänge und für 1028 urkundlich erwähnte Silbergruben

Dies sind die einzigen Hinweise auf Metallerzbergbau im Gebiet nördlich der Alpen während der Merowingerzeit. Anders liegt es bei der Gewinnung und Verhüttung von Eisenerz, die wohl mit der 2. Hälfte des 8. Jahrhunderts belegt sind, wie es in einem Capitular heißt: ›in pago Brisigowe in villa Cantara (Kandern)‹ (Cap. Regum Francorum). Hierbei handelt es sich um Bohn- oder Doggererz in der Ebene, deren Verhüttung auch anderweitig schon für die frühe Alemannenzeit über ^{14}C-Datierung belegt ist, z. B. sind die Verhüttungsplätze von Eisenerzen aus dem Grundgebirge bei Vörstetten zu nennen.

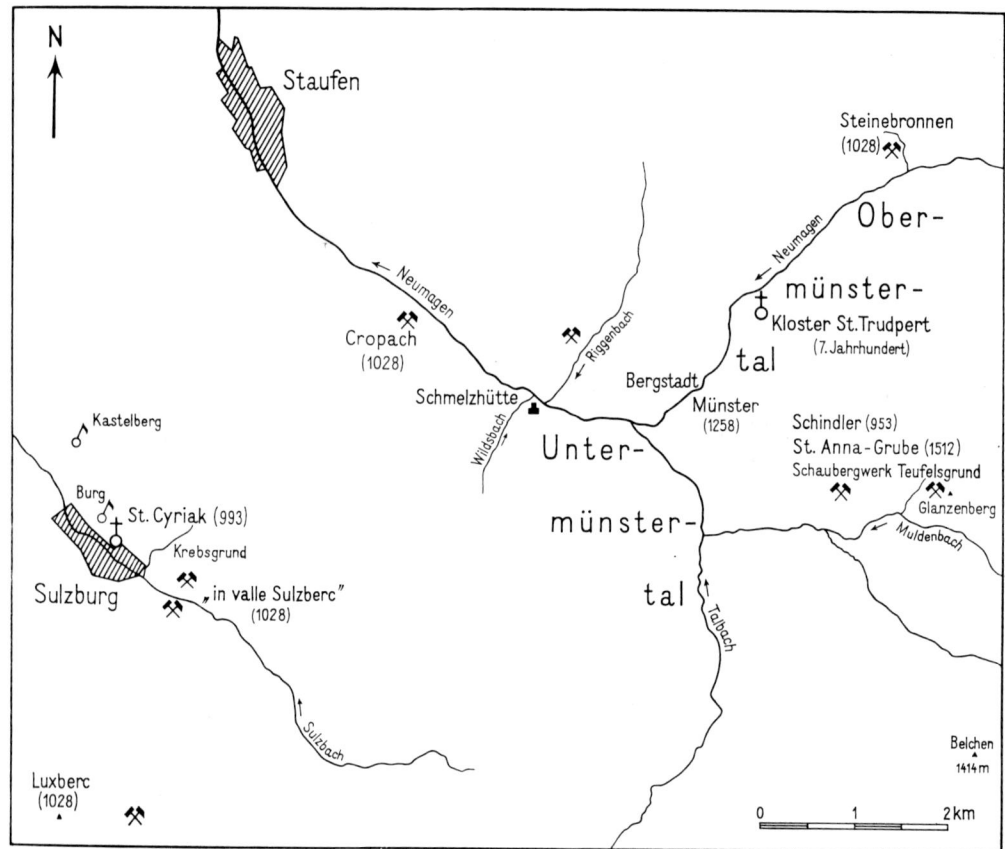

Abb. 3 Datierter mittelalterlicher Silberbergbau im Münstertal und bei Sulzburg-Badenweiler (nach Kirchheimer 1971, 5, Abb. 2, Lit. Nr. 24)

3) a) In einer Urkunde aus dem Jahr 1028, bestätigt 1073 durch Heinrich IV. und 1131 durch Lothar III., verlieh Kaiser Konrad II. (1027-1039) Erzgruben im Schwarzwald *in comitatu Bertholdi et in pago Brisichgouwe* an die bischöfliche Kirche in Basel (*quasdam venas et fossiones argenti in comitatu Bertholdi et in pago Brisichgouwe atque in locis Moseberch, Lupercheimhaha, Cropach, Steinebronnen superius et inferius et in valle Sulzberc, Baden, Luxberg nominatis aliisque inibi locis inventas et sitas*, Luxberg am Etzenbach gelegen, wenn identisch mit dem 1351 genannten Luxberg, oder Lausberg bei Badenweiler). Die Erzgänge sind also bekannt und werden ausgebeutet, über das Alter ist weiter nichts zu erschließen, doch wird mit den Namen das Areal des frühen Bergbaus umrissen (Abb. 2 und 3).

b) Der Name ›Cropach‹ geht zurück auf althochdeutsch ›cropa-Grube‹ und ›aha-bach‹. Da die Lautverschiebung zu ›gruoba‹ noch nicht vollzogen ist, weist der Name auf das 8. Jahrhundert zurück, was ein Hinweis auf frühen Bergbau sein kann (Nr. 29).

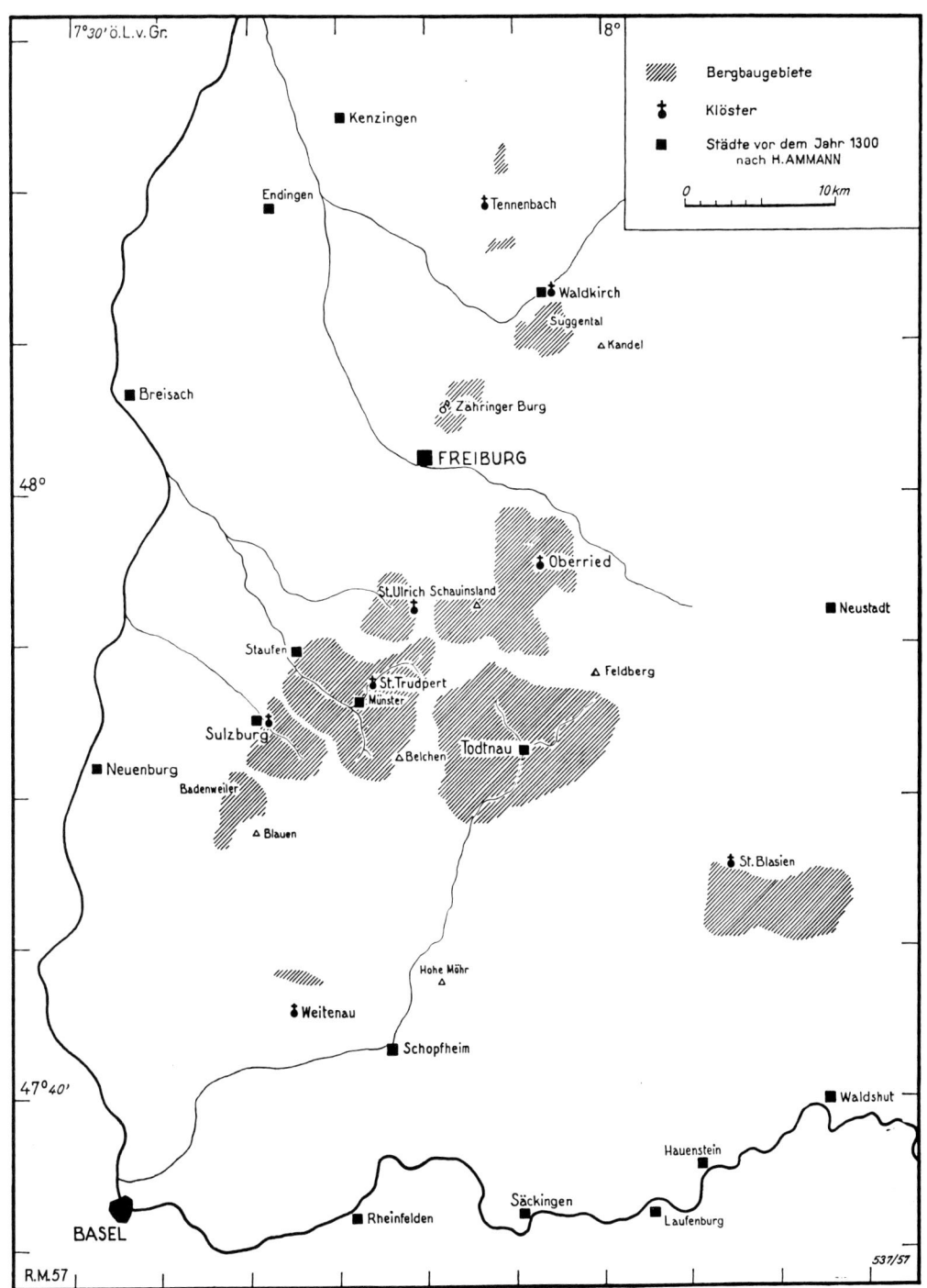

Abb. 4 Mittelalterlicher Silberbergbau im Südschwarzwald (nach Metz in Metz, Richter, Schürenberg 1957, 210, Abb. 107, Lit. Nr. 3)

c) Eine Feuersetzstufe über der 4. Sohle der Grube Teufelsgrund im Untermünstertal enthielt eingeschmolzene Buchen-Holzkohle-Stückchen, die das ^{14}C-Alter von 1015 ± 60 vor heute ergeben haben (H 2860-2149 von 1968), womit nach Kalibration die Zeitspanne vom späten 10. bis zum 12. Jahrhundert erfaßt wird. F. Kirchheimer weist darauf hin, daß damit nicht der Beginn des Silberbergbaus datiert wird, denn die feuergesetzten Baue befinden sich ungefähr 100 m unter der Haspelbank des im vergangenen Jahrhundert entdeckten mittelalterlichen Schachts und haben eine erhebliche Ausdehnung, die jahrzehntelange Arbeit voraussetzt.

d) Mörtel im Mauerwerk der 993 geweihten Kirche St. Cyriak in Sulzburg enthält Reste von weingelbem Fluorit aus dem benachbarten Riestergang, im Turm wurde Holz einer Tanne verbaut, die 996 gefällt worden ist, wie die dendrochronologische Bestimmung sagt, womit ebenfalls das ausgehende 10. Jahrhundert erreicht wird. Fluorit aus dem Riestergang findet sich auch im Mörtel der Burg Kastelberg über Sulzburg.

e) Der Name des 1025/6 erstmals erwähnten Ortes Todtnau ›Totenouwa = Tote Aue‹ könnte auf ein durch Bergbauaktivitäten entwaldetes Gebiet hindeuten. Keramikfunde im Bereich der Pingenreihe in Todtnauberg weisen auf Aktivitäten um 1300 hin.

f) Im Ganggebiet von St. Ulrich im Möhlintal wurden 1943 (Nr. 9) und wieder 1986 Scherben im Grubenbereich gefunden, die in das 13. Jahrhundert datiert werden können.

g) Mörtel im Mauerwerk der 1158 erstmals erwähnten, sehr früh erbauten Burg Badenweiler enthält Haldenreste aus dem Quarzriff.

Die wenigen Angaben belegen die Existenz eines Bergbaus seit dem 10. Jahrhundert. Alle Angaben in der von mir erneut durchgesehenen älteren und neuen wissenschaftlichen Literatur beruhen nur auf Vermutungen, die einerseits davon ausgehen, daß die Zähringer Förderer des Bergbaus gewesen sein müßten, und daß andererseits alte Bergbauspuren ›mittelalterlich‹ sein werden.

Die mit dem 11. Jahrhundert für den Breisgau in die entscheidende Phase tretenden Zähringer haben um 1080 ihre namengebende Burg auf dem ›Zähringer Burgberg‹ nördlich von Freiburg, woraus auf zeitgleichen Bergbau am Zähringer Berg und im Suggental geschlossen wird, ohne daß jedoch tatsächlich Belege vorhanden sind. Als Vögte der Bischöfe von Basel verfügen sie jedoch über die Bergbau-Reviere, die z.B. 1028 genannt werden.

Man kann also davon ausgehen, auf die Urkunde von 1028 gestützt, daß der Bergbau an den Schwarzwaldrandbergen im Revier von Badenweiler, im Revier von Sulzburg und im Revier von Staufen im unteren Münstertal, vielleicht in den Revieren von St. Ulrich und dem Möhlintal, von Zähringen und vom Suggental, begonnen hat (Abb. 4).

Bis um 1200 werden dann die Reviere im Schwarzwald-Inneren erschlossen, der Kamm des Schauinslandes ist erreicht, wie der Streit der Klöster St. Ulrich und St. Trudpert über die Zugehörigkeit der Bergleutesiedlung Willnau erhellt, der mit einer Urkunde von 1213 entschieden wird. Es sind die Reviere im oberen Münstertal, am Schauinsland, um Todtnau und auch um St. Blasien.

Im mittleren Schwarzwald folgt die Erschließung erst im 13. Jahrhundert. Es sind die Reviere (von Süd nach Nord) Freiamt (zuerst erwähnt 1276) und Bleibach (schon als Bleibach 1178 überliefert, wenn Bergbau urkundlich auch erst für das 14. Jahrhundert belegt ist), das Revier um die Bergbaustadt Prinzbach, in deren Befestigungsring Gruben einbezogen sind und die 1262 indirekt erstmals erwähnt wird, um Wolfach im Kinzigtal und ganz im Norden um Neubulach (erste Erwähnung 1267) (Abb. 1 und 5).

Die schriftliche Überlieferung läßt also erkennen, daß die frühe Geschichte des Bergbaus auf Silber im Schwarzwald an seinen Randbergen und den sich öffnenden Taleinschnitten

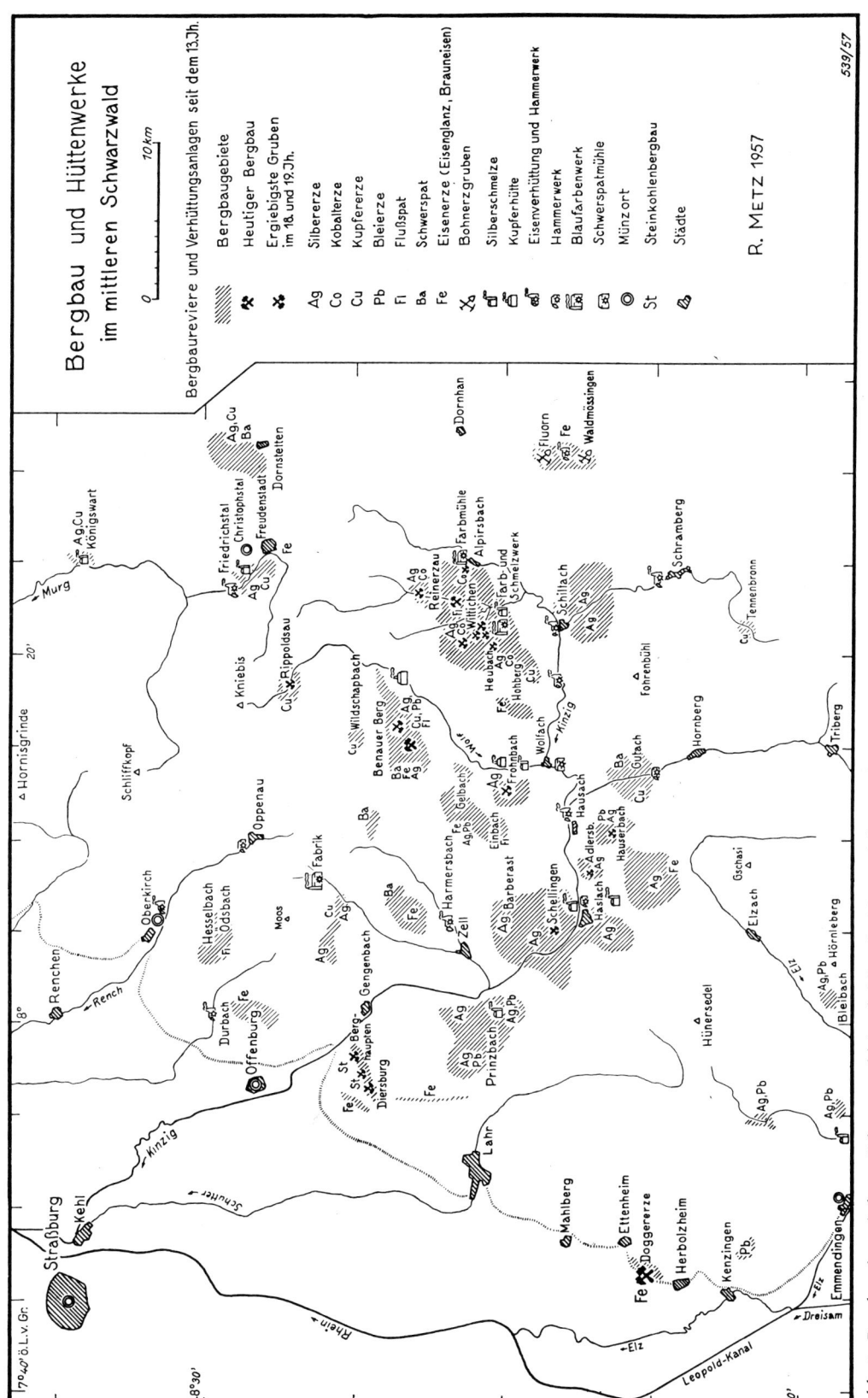

Abb. 5 Bergbau im mittleren Schwarzwald (nach Metz in Metz, Richter, Schürenberg 1957, 190, Abb. 104, Lit. Nr. 3)

eingesetzt hat und daß dort die ältesten Spuren zu suchen sind. Eine gewisse Übereinstimmung zwischen dieser Lage und der einfachsten Form der Erzgewinnung, dem Verhau-
Bau (furchenartige, spaltenartige Pingenzüge) läßt sich registrieren, wenn natürlich auch
sonst der Abbau auf seigeren Gängen, die an steilen Hängen ausstrichen, begonnen hat.

Die Blütezeit des Silberbergbaus im 13. und 14. Jahrhundert bestimmt aber das Bild der
überlieferten Spuren im Gelände, wozu auch derartige technische Großleistungen wie der
15 km lange ›Urgraben‹ im Suggental zählen, dessen Bau 1284 genehmigt wird und der für
die Wasserzufuhr zu den Grubenbetrieben und Aufbereitungsanlagen am Taleingang
sorgte, ein Hangkanal, ausgehend vom Plattenhof über das Gebiet des Klosters St. Peter am
Kandelsüdhang.

4. Das Siedlungs- und Herrschaftsgefüge

Die Geschichte des Bergbaus ist ohne Kenntnis der frühen Besiedlungsgeschichte und der
widerstreitenden Interessen der verschiedenen Territorial- und Grundherren nicht zu
erschließen.

Konrad II. verlieh mit der Urkunde von 1028 Bergwerke im südlichen Schwarzwald an
das Bistum Basel. Von diesem bekamen die Herzöge von Zähringen die Rechte übertragen,
die nach deren Aussterben 1218 an die Grafen von Urach bzw. Freiburg übergingen. Im
Jahr 1234 entschied König Heinrich VII. nach aufkommenden Streitigkeiten, daß das
Bistum Basel Regalherr sei und die Rechte an den Silberbergwerken an Graf Egino von
Freiburg verliehen habe. Von den Freiburger Grafen gingen diese Rechte auf die Stadt
Freiburg über, deren patrizische Unternehmerfamilien über den Silberbergbau verfügten,
als sich die Stadt 1368 Österreich unterstellte.

Im Kinzigtal lagen die Silbergruben in der Hand des Bischofs von Straßburg; in
Prinzbach verfügten die Herren von Geroldseck über den Bergbau.

1) Die Besiedlung und Erschließung des Schwarzwaldes erfolgte sichtlich durch die
Aktivitäten der zahlreichen *Klöster* (Abb. 4), z. B. St. Cyriak in Sulzburg (Kaiser Otto III.
schenkt 993 dem Kloster Sulzberc das Sulzbachtal), St. Trudpert (seit 1. Hälfte 7. Jahrhundert Einsiedelei, seit dem 9. Jahrhundert Benediktinerkloster), St. Blasien (Zelle des
Klosters Rheinau seit der Mitte des 9. Jahrhunderts, Abtei seit dem 11. Jahrhundert),
St. Ulrich (vor 1072 erste mönchische Niederlassung auf dem Tuniberg, gegründet von
dem Breisgauer Edelfreien Hesso; zwischen 1077 und 1080 Verlegung nach Grüningen,
abgegangen bei Rimsingen; 1087 Gründung des Cluniazenserpriorats an wiederum neuem
Ort einer ehemaligen ›cella‹ des Klosters St. Gallen am Ursprung der Möhlin durch Ulrich
von Cluny), St. Peter (seit 1093), die Klöster von Oberried und Tennenbach,
St. Margarethen in Waldkirch, die Klöster Wittichen im Kinzigtal und in Gengenbach.
Beispielhaft für die Rolle der Klöster ist die schon genannte Übereinkunft von 1213
zwischen St. Trudpert und St. Ulrich, daß die Bergleutesiedlung Willnau bei St. Trudpert
bleiben soll.

2) Die Sicherung der in den Schwarzwald ausgeweiteten Territorien sowie der Silbertransportwege durch *Burgen* hat ein ganzes Netz von Höhenburgen seit dem späten
11. Jahrhundert entstehen lassen, deren Gründer und ihre Beziehungen durch ein schon im
Forschungsverbund laufendes, von A. Zettler geleitetes Unternehmen ›Burgenbuch des
Breisgaus‹ erschlossen werden. Neben der Burgenlokalisierung werden auch archäologische Untersuchungen erfolgen. Als Beispiel sei die Stammburg der Zähringer auf dem
Zähringer Burgberg genannt, die etwa seit 1080 vorhanden ist, weiterhin die Birchiburg,

von der Forschung bei St. Ulrich mitten im Grubenrevier des Möhlintales lokalisiert, für die alte Verhaue als Burggräben genutzt worden zu sein scheinen.

3) Wesentlich für die Geschichte des frühen Bergbaus sind die für und durch den Bergbau gegründeten *Städte*, nicht in erster Linie der Zentralort Freiburg (Marktgründung 1120), sondern Bergbaustädte wie Sulzburg, 993 genannt, Münster im Münstertal, erstmals 1258 genannt, aber wohl schon vorher ummauerter Ort für die Weiterverarbeitung des Silbers, Standort der Schmelzen, oder Prinzbach, vor 1262 ummauerte Stadt, in deren Bering auch die Gruben zur Erzgewinnung selbst gelegen haben (Abb. 1 und 6). Dazu gehören auch Todtnau, erstmals 1025 genannt, seit den 1270/80er Jahren stadtähnliche Siedlung, sowie Schönau und im Südosten Grafenhausen. Im Norden folgen Waldkirch, seit 1283 genannt, Elzach, im späten 13. Jahrhundert erwähnt, Haslach und Wolfach im mittleren Kinzigtal und Neubulach, erstmals für 1281 erwähnt, schon im nördlichen Schwarzwald.

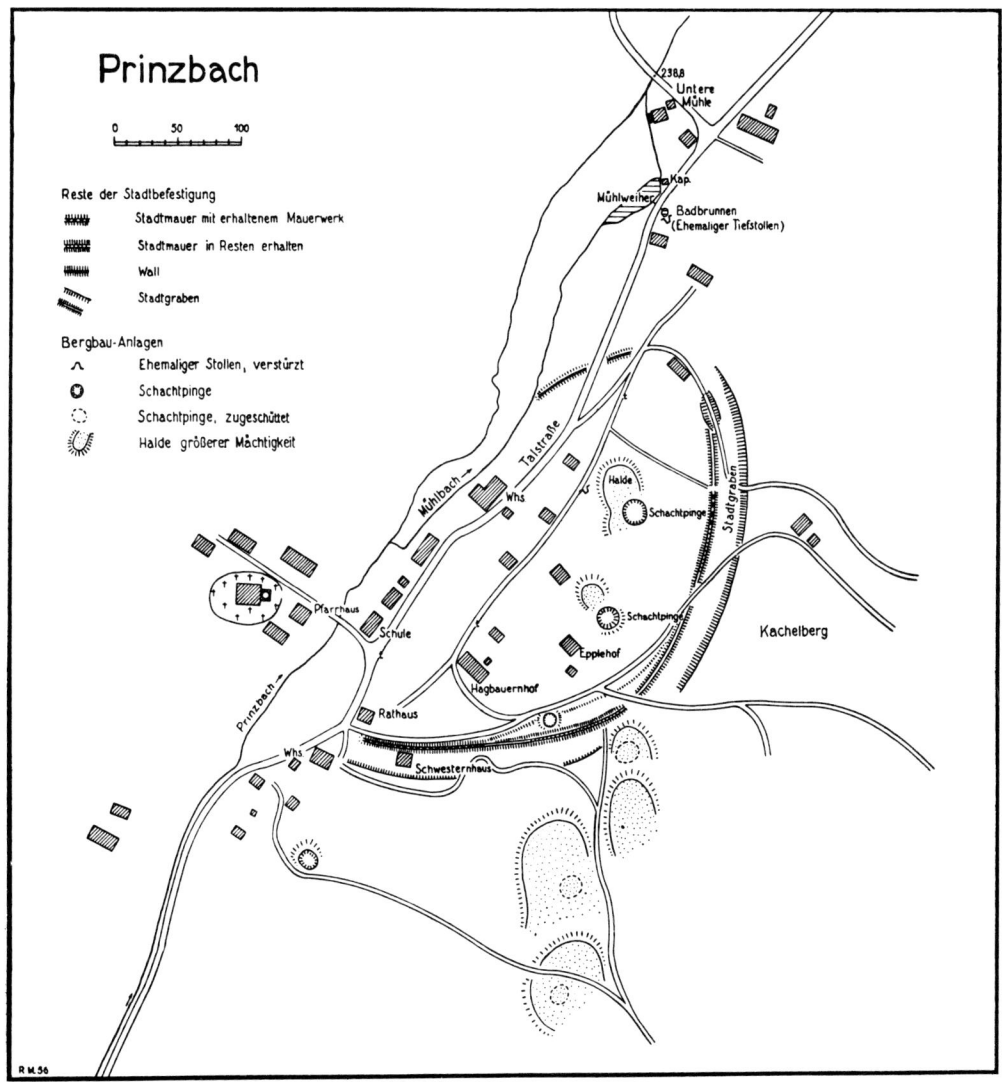

Abb. 6 Die Bergbaustadt Prinzbach (nach Ammann, Metz 1956, 299, Abb. 6, Lit. Nr. 13)

Eine ganz ähnliche Problematik für die Slowakei wird ebenfalls von archäologischer Seite angegangen: A. VALLASEK, Zur Problematik der Erforschung von Bergbauorten in der Slowakei. Archaeologica historica 9, 1984, S. 147-156, dt. S. 156f.

4) Den entscheidenden Einblick in die Frühgeschichte des Bergbaus, in seine soziale Organisation und seine wirtschaftliche Struktur, können die Erforschung der *Bergleutesiedlungen* selbst, der einfachen Wohn- und Arbeitsplätze bei den Gruben, sowie die Untersuchung von Pochen und Schmelzplätzen, von denen in den Schriftquellen auch für die Blütezeit des Bergbaus nur selten gesprochen wird, geben.

Am Schauinsland/Stohren ist die Lage der frühen Bergleutesiedlung Willnau (Wildenaue, seit 1184 *curtem in Wildenouua cum appendiciis suis,* immerhin eine Siedlung in extremer Lage (1000-1150 m hoch), bekannt und die beim Vordringen des Bergbaus von der Seite Oberrieds zum Schauinsland hinaus entstandene Siedlung Diesselmut, in einer Fälschung um 1250 für das Jahr 1213 erstmals genannt.

Weitere Siedlungen und Werkstätten gilt es erst zu lokalisieren. Das Kloster St. Blasien erzielt 1353 Einkünfte aus 42 Mühlen, von denen einige wohl Poch- und Schmelzwerke waren; andere Pochwerke werden für das Münstertal und zu Füßen von Todtnauberg genannt. Die Standorte dieser Werkplätze in den ältesten Bergbaurevieren sind noch unbekannt, doch gibt es erste Vermutungen, die überprüft werden müssen.

Die Zuordnung derartiger Siedlungen, Werkplätze und Burgen zu Territorialherren und die Entwicklung der Eigentumsverhältnisse lassen Schlüsse auf die fortschreitenden Richtungen des Bergbaus zu und umgekehrt auch Rückschlüsse auf die Ausgangsgebiete.

5. Die Erze

Im Rahmen des historischen, vor allem des vorgeschichtlichen (?) und des frühen mittelalterlichen Bergbaus sind die gesuchten Erze und ihre Lagerstätten getrennt vom übrigen Bergbau zu betrachten. Die Gewinnung von Silber, und damit von Blei, war Hauptziel des mittelalterlichen Bergbaus. Später kam auch die Ausbeute von Eisen in Gestalt von sekundären Brauneisenvererzungen hinzu, so im Suggental, auch im Möhlintal bei St. Ulrich und vielleicht am Zähringer Burgberg. Das Eisenerz liegt vor in hydrothermal gebildeten, gangförmigen Lagerstätten im kristallinen Grund- und Deckgebirge als Brauneisengänge, so im Bundsandstein aufsetzend, oder als Eisensteingänge, in Granit oder Gneis aufsetzend. In den klassischen, von uns gewählten Blei-Silber-Erzrevieren kommt Eisen nicht vor. Ausnahmen sind die Reviere von Badenweiler und am Zähringer Burgberg. Eisenerzgewinnung wird von uns registriert werden, die nähere Erforschung aber einem anderen, späteren Programm vorbehalten bleiben.

Die nicht so seltenen, von archäologischer Seite vermuteten Kupfererzlagerstätten, oftmals nicht schwer zu verhüttende Erze, werfen die Frage auf, inwieweit Kupfer auch vom vorgeschichtlichen Menschen gewonnen worden ist. Dafür gibt es bisher direkt aus dem Schwarzwald keinerlei Belege, wenn auch gerade die Kupfergegenstände mancher vorgeschichtlicher Kulturepochen schon immer die Frage nach der Herkunft des Materials aufgeworfen haben. Abgebaut wurden Kupferfahlerze bei Neubulach und Freudenstadt, Kupferkies im Wildschapbachtal, im Suggental, im Münstertal (Riggenbach), im Hotzenwald bei Gersbach und sogar gediegen Kupfer im Revier von Rippoldsau (unter den 1709 bis 1714 geförderten 36,4 t waren immerhin 1,05 t gediegen Kupfer). Im Ehrenstetter Grund südlich Freiburg steht als Kupfererz Malachit an, das ebenfalls abgebaut worden sein kann.

6. Zielsetzung des Vorhabens

Angestrebtes Ziel des Forschungsvorhabens ist es, die Frühgeschichte des Bergbaus im Schwarzwald paradigmatisch zu erfassen, und zwar über die sporadischen Kenntnisse anhand der schriftlichen Quellen hinaus, die aber zumindest ahnen lassen, daß der Bergbau schon lange im Schwarzwald umging. Während die Erforschung der geschichtlichen Hintergründe, was Träger und Nutznießer des Bergbaus angeht, im Rahmen des oben genannten Foschungsverbundes stattfinden wird, müssen zur Erfassung und vor allem Datierung von realen Resten frühgeschichtlichen Bergbaus intensive Geländearbeiten durchgeführt werden.

Dies ist Aufgabe des beantragten Forschungsvorhabens. Späteren Projekten wird es vorbehalten bleiben, dann mit archäologisch-bergmännischen Verfahren die entdeckten frühen Plätze weiter zu untersuchen.

Nach Überprüfung der bisher bekannten Bergbaurelikte und ihrer Ordnung in bezug auf Erze und Art der Reste (von der Pinge bis zum noch zu findenden Schmelzplatz) gilt es, die zeitliche Staffelung zu erreichen. Während für die Zuordnung von Schlackenplätzen zu Erzgängen als Grundlage die Analyse der Schlacken in bezug auf das Ausgangserz (Blei-, Kupfer-, Eisen- oder gar Glasschlacken) notwendig ist, müssen kleine archäologische Grabungen zum Zwecke der Gewinnung von datierendem Fundmaterial, seien es Keramik-scherben oder Proben für Dendrochronologie und C-14-Datierung, und zwar innerhalb und außerhalb des Berges, durchgeführt werden. Ausgangspunkt sind die durch die Schriftquellen und durch die altertümlichen Verhau-Abbaumethoden als ältere Bergbau-Areale nachgewiesenen Zonen, so um Sulzburg, um Staufen und im Untermünstertal, im Möhlintal bei St. Ulrich. Aber auch die Gebiete am Schauinsland mit den Bergleutesiedlungen oder die Bergbaustädte Prinzbach und Münster sollten berücksichtigt werden. Es ist nicht auszuschließen, daß bei systematischer Durchsicht der bisher als die ältesten erkannten Bergbauregionen nicht nur frühmittelalterliche, sondern auch römische und vorgeschichtliche Spuren erfaßt werden, die mit gleicher Intensität erforscht werden sollten.

Ziel ist also, Bergbauspuren vor dem Jahr 1200 zu finden, damit auf diesen wie aber auch auf Werkplätzen (Pochen, Meiler, Schmelzen) archäologische Untersuchungen stattfinden können, seien diese Reste nun urgeschichtlich oder aus der karolingisch-ottonischen Zeit bzw. hochmittelalterlich.

7. Zur Bergbauforschung in Deutschland

Die Frühgeschichte des Bergbaus ist mit archäologischen Mitteln in Deutschland nur in Ausnahmefällen erforscht worden. Sieht man von den Untersuchungen zum neolithischen Flintbergbau ab, so lassen sich nur einige Unternehmungen zum römischen Bergbau in der Eifel, zur Eisengewinnung in Süddeutschland während der keltischen Zeit und dem Mittelalter sowie zur Eisenverhüttung während der vorrömischen Eisenzeit und der Römischen Kaiserzeit in Norddeutschland nennen. Vergleichbare Fragestellungen waren jedoch bisher nur verbunden mit den umfangreichen Ausgrabungen der Bergleutesiedlung Altenberg im Siegerland aus dem 13. Jahrhundert und den Untersuchungen zur Frühge-schichte des Bergbaus im Harz.

Die auf Silber gerichtete Bergbausiedlung Altenberg hat neben den Schachtanlagen und den Verhüttungsplätzen vor allem auch die Bergleutesiedlung selbst erbracht, d. h. es konnte festgestellt werden, daß Siedlung und Grubenbetrieb unmittelbar miteinander verzahnt gewesen sind, so wie es der Annaberger Altar aus dem frühen 16. Jahrhundert auch bildlich wiedergibt.

1. W. WEBER, G. WEISGERBER, Ausgrabungen des Deutschen Bergbau-Museums Bochum auf dem Altenberg bei Müsen 1980. Der Anschnitt 33, H. 3, 1981, S. 117-118.

Die Bergbausiedlung Altenberg. Hrsg. Verein Altenberg e. V. (Hildenbach 1979) 40 S. mit Literatur zu den einzelnen Grabungen.

G. WEISGERBER, Kegeln, Kugeln, Bergmannssagen. Der Anschnitt 31, 1979, S. 194-214, Anm. 78: Literaturzusammenstellung zu den Ausgrabungen in Altenberg.

DERS., Vier Jahrzehnte Montanarchäologie am Deutschen Bergbau-Museum. Der Anschnitt 39, 1987, S. 192-208, hier 198 und Bibliographie.

Parallele Untersuchungen gibt es für eine Bergbausiedlung in Sachsen:

2. W. SCHWABENICKY, Archäologische Untersuchungen in der mittelalterlichen befestigten Bergbausiedlung auf dem Treppenhauer bei Sachsenburg, Sächsische Heimatblätter 1988, H. 3, S. 110-113, ähnlich in: Neue Bergbautechnik 18, 1988, S. 35-38.

DERS., Die mittelalterliche Bergbausiedlung auf dem Treppenhauer bei Sachsenburg (Kr. Hainichen). Ein Vorbericht. Arbeits- und Forschungsberichte zur sächsischen Bodendenkmalpflege 32, 1988, S. 237-266.

Inzwischen hat sich das Spektrum der archäologisch-lagerstättenkundlichen Aktivitäten erweitert:

2a. W. SCHWABENICKY, Mittelalterliche Bergbaureste und Verhüttungsplatz in der Gemarkung Etzdorf-Gersdorf, Kr. Hainichen. Ausgrabungen und Funde 32, 1987, S. 48-51.

A. GÜHNE, Archäologische Quellen zum spätmittelalterlichen Bergbau in Freiberg (Sachsen). Urgeschichte und Heimatforschung 26, Weimar 1989, S. 38–43.

H. PFEIFFER, Ostthüringische Silbergruben der Rixa von Niederlothringen als Rohstoffquelle ihrer um 1050 zu Saalfeld geprägten Hochrandpfennige. Zeitschrift für Archäologie 20, 1986, S. 51-63.

H.-H. KASPER, H.-J. BLANKENBURG, U. JOSINGER und ein Beitrag von V. GEUPEL, Mineralogisch-geochemische Untersuchungen an den Eisenschlacken von Niederlauterstein, Kr. Marienburg, im Erzgebirge. Arbeits- und Forschungsberichte zur sächsischen Bodendenkmalpflege 29, 1985, S. 365-375.

Außerdem sind vergleichbare Untersuchungen in der Slowakei, in Polen und in Frankreich angelaufen, die sowohl Bergbaurelikte als auch die Höhensiedlungen der Bergleute zum Forschungsziel haben:

3. J. LABUDA, Archeológia a výrobné objekty v banských regiónoch Slovenska. Archaeologica historica 10, 1985, S. 197-202 (Produktionsobjekte in den Montanregionen der Slowakei und die Archäologie).

DERS., Stredoveké architektúry na Starom meste v Banskej Štiavnici, ich konzervácia a využitie (Mittelalterliche Architekturen in Staré město bei B. Štiavnica, ihre Konservierung und Auswertung). Archaeologica historica 11, 1986, S. 67-76.

DERS., Neue Erkenntnisse aus archäologischen Untersuchungen des Museums in B. Štiavnica. Archaeologica historica 13, 1988, S. 31–34.

H. KÓČKA-KRENZ, Silbererz in den polnischen Landgebieten im Frühmittelalter. In: Surowce mineralne w pradziejach i we wczesnym średniowieczu Europy środkowej (Wrocław etc. 1988) S. 81-90.

Unbedingt genannt werden müssen die französischen Unternehmungen, vor allem auch die in den Vogesen (vgl. oben Nr. 26 auf S. 390):

J.-E. Guilbaut, Mines et Metallurgie. Dossiers. Histoire et Archéologie No. 120, oct. 1987, S. 64-67 (mit farbiger Karte für Frankreich).

M.-Chr. Bailly-Maitre, J. Bruno, Brandes es Oisans, Huez-Isère. Un village minier de haute montagne au Moyen Age. Centre d'Archéologie historique de Grenoble et de l'Isère 1979.

Actes du colloque: Les mines et la métallurgie en Gaule et dans les provinces voisines. Caesarodunum 22, 1987, darin: M.-Ch. Bailly-Maitre, Mines et métallurgie au Moyen Age. Le site de Brandes-en-Oisans (Huez-Isère) XIII-XIV siècles, S. 297–306.

Seitens der historischen Geographie gibt es neuere Zusammenstellungen der Bergbaurelikte im Harz:

4. D. Denecke, Erzgewinnung und Hüttenbetriebe des Mittelalters im Oberharz und im Harzvorland. Erläuterungen zu einer Übersichtskarte. Archäologisches Korrespondenzblatt 8, 1978, S. 77-85 mit Lit.

H. Sperling, D. Stoppel, Die Blei-Zink-Erzgänge des Oberharzes Lfg. 3 und 4. Geologisches Jahrb. D. 34, 1979 und D. 46, 1981.

G. Laub, Bemerkungen zu den Unterscheidungsmerkmalen alter Schlacken aus der Verhüttung von Rammelsberger Erzen. Harz-Zeitschr. 30, 1978, S. 107-112.

H. W. Böhme, Der Erzbergbau im Westharz und die Besiedlung des Oberharzes seit dem frühen Mittelalter. Führer zu vor- und frühgeschichtlichen Denkmälern 36, 1978, S. 59-126.

Ders., Der Erzbergbau am Rammelsberg. Ebenda 35, 1978, S. 169-180.

W. Brockner, H. E. Kolb, Archäometrische Untersuchungen an Erz- und Schlackenfunden aus der Grabung Düna. In: Düna/Osterode – ein Herrensitz des frühen Mittelalters. Arbeitshefte zur Denkmalpflege in Niedersachsen 8 (Hildesheim 1986) S. 74-77; die Verhüttung von Rammelsberger Erz scheint im 3./4. bzw. 5.-7. Jahrhundert im Südharz bei Düna nachweisbar zu sein.

L. Klappauf, Düna und die Montanforschung im Harz. Berichte zur Denkmalpflege in Niedersachsen 6, 1986, S. 90-91.

K. Wilhelmi, L. Klappauf u. a., Monatarchäologie im Harz. Berichte zur Denkmalpflege in Niedersachsen 9–2, 1989, S. 61–120.

Soweit die bisher publizierten Untersuchungen zum frühgeschichtlichen Bergbau erkennen lassen, ist die Situation des Forschungsstandes etwa überall gleich. Paradigmatisch sind vorerst die Ausgrabungen des Deutschen Bergbau-Museums und des Vereins Altenberg e. V. auf der Bergbausiedlung Altenberg. Die bisherigen Ergebnisse werden für das im Südschwarzwald geplante Forschungsunternehmen herangezogen und für diesen Fall entsprechend ausgewertet.

Wie man über die lagerstättenkundliche Registrierung der Bergbau-Spuren hinaus, wie sie für den Schwarzwald vorliegt (vgl. Nr. 3 und 4 oben S. 388), zu einer typologischen Beschreibung und Gliederung kommen kann, haben für die Eisenerzgewinnung im Alpenvorland K. Schwarz und H. Frei gezeigt:

5. K. Schwarz, Frühgeschichtlicher Bergbau im Eisenerzrevier am Kressenberg, am Freibergl und am Schwarzenberg bei Neukirchen, Ldkr. Laufen. Führer zu vor- und frühgeschichtlichen Denkmälern 19: Rosenheim, Chiemsee, Traunstein, Bad Reichenhall, Berchtesgaden (Mainz 1971) S. 96-125.

K. Schwarz, H. Tillmann, W. Treibs, Zur spätlatènezeitlichen und mittelalterlichen Eisenerzgewinnung auf der südlichen Frankenalb bei Kelheim. Jahresbericht der bayer. Bodendenkmalpflege 6/7, 1965/66, S. 35-66.

H. Frei, Der frühe Eisenerzbergbau im nördlichen Alpenvorland. Jahresbericht der bayer. Bodendenkmalpflege 6/7, 1965/66, S.67-137.

DERS., Trichtergruben – Zeugen früheren Eisenerzbergbaus. In: Archäologische Wanderungen um Augsburg. Führer zu arch. Denkmälern in Schwaben 1 (1977) S. 40-45.

DERS., Trichtergruben von frühem Eisenerzabbau auf dem Dachsberg bei Biburg, a.a.O., S. 103-165.

Dabei handelt es sich jedoch nur um die Beschreibung verschiedener Erzgewinnungsverfahren, die nicht als chronologische Aussage verstanden werden darf, etwa als Abfolge frühes und hohes Mittelalter sowie Neuzeit.

Römische Bergbauaktivitäten in deutschen Mittelgebirgen haben datierbare Spuren hinterlassen, die im Gelände registriert worden sind, zum Teil auch archäologisch erschlossen werden konnten. Oftmals wird für diese Areale auch eine Wiederaufnahme der Erzgewinnung im Mittelalter vermutet, ohne daß Ausgrabungen dies jedoch bestätigen:

6. H.-G. CONRAD, Römischer Bergbau. Erläutert am Beispiel des Emilianusstollens bei Wallerfangen/Saar. 15. Ber. der Staatl. Denkmalpflege im Saarland 1968, S. 113-131; auch: Erzmetall 21, 1968, S. 132-133.

R. SCHINDLER, Studien zum vorgeschichtlichen Siedlungs- und Befestigungswesen des Saarlandes (Trier 1968) S. 24 ff. und 76 f. (Kupferbergbau bei Wallerfangen/Saar).

DERS., Römischer Kupferbergbau im unteren Kylltal. Kurtrierisches Jahrb. 7, 1967, S. 5-11.

DERS., Vor- und frühgeschichtliche Befestigungen im unteren Kylltal. Führer zu vor- und frühgeschichtlichen Denkmälern 33 (Mainz 1977) S. 207-220, hier S. 215.

W. SÖLTER, Archäologische Untersuchungen zur antiken Wirtschaft und Technik in der Nordeifel. Führer zu vor- und frühgeschichtlichen Denkmälern 25 (Mainz 1974) S. 50-68.

O. DAHM, Der römische Bergbau an der unteren Lahn. Bonner Jahrb. 101, 1897, S. 117-127.

H. W. BÖHME, in: Führer zu vor- und frühgeschichtlichen Denkmälern 36 (Mainz 1978) S. 122 Anm. 12.

B. HEUKEMES, Neue Entdeckungen zum römerzeitlichen und hochmittelalterlichen Silbererzbergbau bei Wiesloch und Nußloch (Rhein-Neckar-Kreis). Mineralische Rohstoffe als kulturhistorische Informationsquelle (Hagen 1978) S. 64-65.

H. LAUMANN, Belve-Garbeck, Märkischer Kreis. Archäologie in Deutschland 1988, H. 1, S. 12 (Bleibergbau 1. Jahrhundert n. Chr.).

Conrad und Schindler registrieren die mit großer Sicherheit als römisch zu datierenden Stollen- und Schachtsysteme zur Kupfer-Gewinnung, so bei Wallerfangen und Kordel, wo jedoch erneute Erzgewinnung erst für das späte Mittelalter bzw. die frühe Neuzeit nachweisbar ist. Zugleich wird auf die oftmals ungenügende Absicherung der Datierung anderer Bergbauspuren in römischer Zeit hingewiesen, so in der Arbeit von Dahm. Genannt werden auch die auf Blei und Silber ausgerichteten Bergwerke der römischen Zeit in Frankreich.

Inzwischen konnten wohl – wenn auch nur indirekt über die Schlackenhalden – Bergbauaktivitäten karolingischer Zeit erfaßt werden:

7. L. HILDEBRANDT, U. GROSS, Frühmittelalterliche Erzverhüttung in Leimen, Rhein-Neckar-Kreis. Arch. Ausgrabungen in Baden-Württemberg 1986 (Stuttgart 1987) S. 311–314.

Es scheint, daß in Wiesloch nicht nur römischer, sondern – nur indirekt zu belegen – vielleicht keltischer Bergbau auf Blei und Silber umgegangen ist:

8. L. HILDEBRANDT, H. MOHR, Der Bergbau bei Wiesloch. Über 2000 Jahre Silber-, Blei- und Zinkgewinnung. In: 2000 Jahre Bergbau in Wiesloch. Große Kreisstadt. Sonderdruck aus: Lapis 12, 1985, S. 15-22.

U. ZWICKER, N. H. GALE, Z. STOS-GALE, Keltisches Münzsilber aus dem Blei-Silber-Erz von Wiesloch? Lapis 12, 1985, S. 45-46.

Pingenfelder zur Eisengewinnung in römischer Zeit scheinen für die Eifel nachgewiesen zu sein, wie Sölter erläutert, und werden jetzt auch wieder für das Mittelalter in Süddeutschland erforscht:

9. W. SÖLTER, Archäologische Untersuchungen zur antiken Wirtschaft und Technik der Nordeifel. Führer zu vor- und frühgeschichtlichen Denkmälern 25 (Mainz 1974) S. 50-68.

E. KELLER, Ein mittelalterliches Schürfgrubenfeld auf Raseneisenerz in Graßlfing bei Olching, Landkreis Fürstenfeldbruck, Oberbayern. Das archäologische Jahr in Bayern 1982 (Stuttgart 1983) S. 144-146.

8. Zur Schlackenanalyse

Erstes Ziel chemisch-physikalischer Analysen ist die Identifikation von Schlacken aus aufgespürten Halden und aus den Bachläufen, wo sie in kleinteiliger Form nachweisbar sind und Hinweise auf die Lokalisierung der durch das Wasser abgetragenen Schlackenplätze geben: Es gilt, Blei-, Kupfer-, Eisen- und (für den mittleren und südlichen Schwarzwald zu erwartende) Glasschlacken zu unterscheiden.

Der Nachweis von kleinsten Schlackenpartikeln in Bächen durch mikroskopische Untersuchungen kann den Weg zu Schlackenhalden weisen. Qualitative Infrarotspektroskopie dient zur Identifizierung von Blei-, Eisen-und Glasschlacken.

1. H.-G. BACHMANN, The identification of slags from archaeological sites. Univ. of London, Institute of Archaeology. Occasional Publication No. 6 (London 1982).

2. G. SPERL, Schlacke als historische Quelle. Mitt. Österreich. AG für Ur- und Frühgeschichte 32, 1983 (1984) S. 133-141.

3. I. KEESMANN, Chemische und mineralogische Untersuchung von Eisenschlacken aus der hallstattzeitlichen Siedlung von Niedererlbach. Arch. Korrespondenzblatt 15, 1985, S. 351-357.

4. W. BROCKNER, H. E. KOLB, Archäometrische Untersuchungen an Erz- und Schlackenfunden der Grabung Düna. In: Düna/Osterode – ein Herrensitz des frühen Mittelalters. Arbeitshefte zur Denkmalpflege in Niedersachsen 6 (Hildesheim 1986) S. 74-77.

Wie schwierig die Schlackenansprache ohne Analyse ist, hat jüngst J. Waldhauser für die Kupferverhüttung der vorrömischen Eisenzeit in Böhmen zeigen können. Eisenschlacken aus Werkstattkomplexen, in denen Schmelztiegel Buntmetallgießerei bezeugen, sprechen nicht für eine Werkstattverbindung des Schmiedehandwerks mit dem Metallgießen, sondern es ist auch möglich, daß ›einige solcher Schlackenstücke Produkte des Röstprozesses von sulfidischen Eisen-Kupfer-Erzen sein können, wobei das Kupfer extrahiert wurde und das Eisen in die Schlacke überging‹:

5. J. WALDHAUSER, Kupfergewinnung und -verhüttung in Böhmen während der Späthallstatt- und Latènezeit (Forschungsstand). In: Veröffentlichungen des Museums für Ur- und Frühgeschichte Potsdam 20, 1986, S. 197-212.

Ein weiteres Problem folgt aus der unterschiedlichen Mineralisation der zu gewinnenden Blei-Silber-Erze im Gang, je nach Entfernung von der Oberfläche. Am Ausgehenden der Erzgänge sind oftmals die primär sulfidischen oder arsenidischen Erze in oxidische umgewandelt worden. Diese Mineralien lassen sich leicht verhütten, während die tieferliegenden größere Schwierigkeiten bereiten. Der frühe Bergbau hat daher auch deshalb die Ausbeutung eines Ganges nicht weiter in die Tiefe verfolgt. Auf diese Veredelung der Erze in Oberflächennähe durch Oxidation und Reduktion bis hin zu gediegenem Silber und die Verdrängung des silberführenden Bleiglanzes zugunsten der wertärmeren Zinkblende bei zunehmender Tiefe hat jüngst H. Pfeiffer hingewiesen:

6. H. Pfeiffer, Ostthüringische Silbergruben der Rixa von Niederlothringen als Rohstoffquelle ihrer um 1050 zu Saalfeld geprägten Hochrandpfennige. Zeitschrift für Archäologie 20, 1986, S. 51-63.

9. Ausgewählte Reviere im mittleren und südlichen Schwarzwald

Die Situation bei den ausgewählten Bergbau-Revieren des frühen Mittelalters sieht etwa wie folgt aus:

1) Das *Revier um St. Ulrich* und im Möhlintal ist gekennzeichnet durch eine dichte Folge von Erzgängen an steilen Hängen, die begleitet sind von Ketten von Pingen (Abb. 7 und 8). Über den Beginn des Bergbaus ist nichts bekannt; mitten im Revier wurde eine Burganlage, vielleicht die Birchiburg errichtet, die ältere Verhaue als Burggraben benutzt. Im Streit zwischen der Stadt Freiburg und der Familie Snewlin ist eine Birchiburg 1379 zerstört und nicht wieder aufgebaut worden. Für 1291 ist überliefert, daß die Gruben im Bau standen. Der Bergbau scheint dann im 15. Jahrhundert aufgegeben worden zu sein, und seither liegen die Areale mehr oder weniger unverändert unter Wald, was sowohl für die Bergbau-Relikte, als auch für die Aufbereitungsanlagen (‹Schmelzplatz›) gute Erhaltungsbedingungen verspricht. Durch den mittelalterlichen Grubenbetrieb ist der gesamte Abhang des Birkenberges mit Gangmaterial bedeckt (Metz 1959, hier Nr. 7).

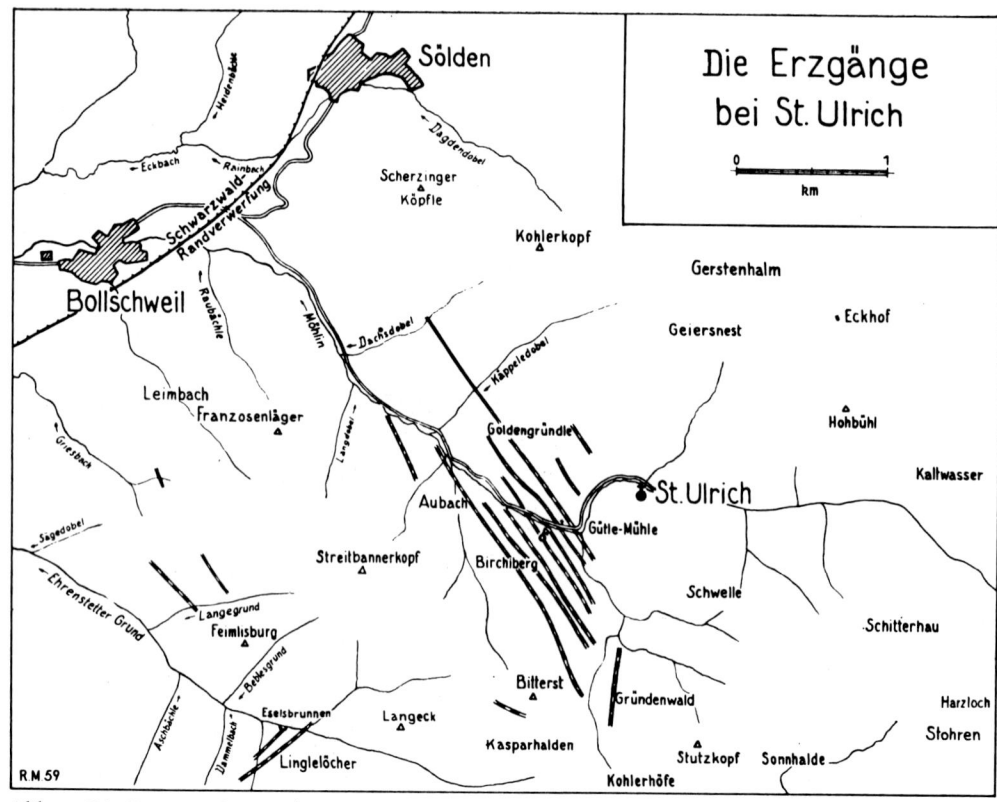

Abb. 7 Die Erzgänge im Bergbaurevier St. Ulrich (nach Metz 1959, 47, Abb. 13, Lit. Nr. 7)

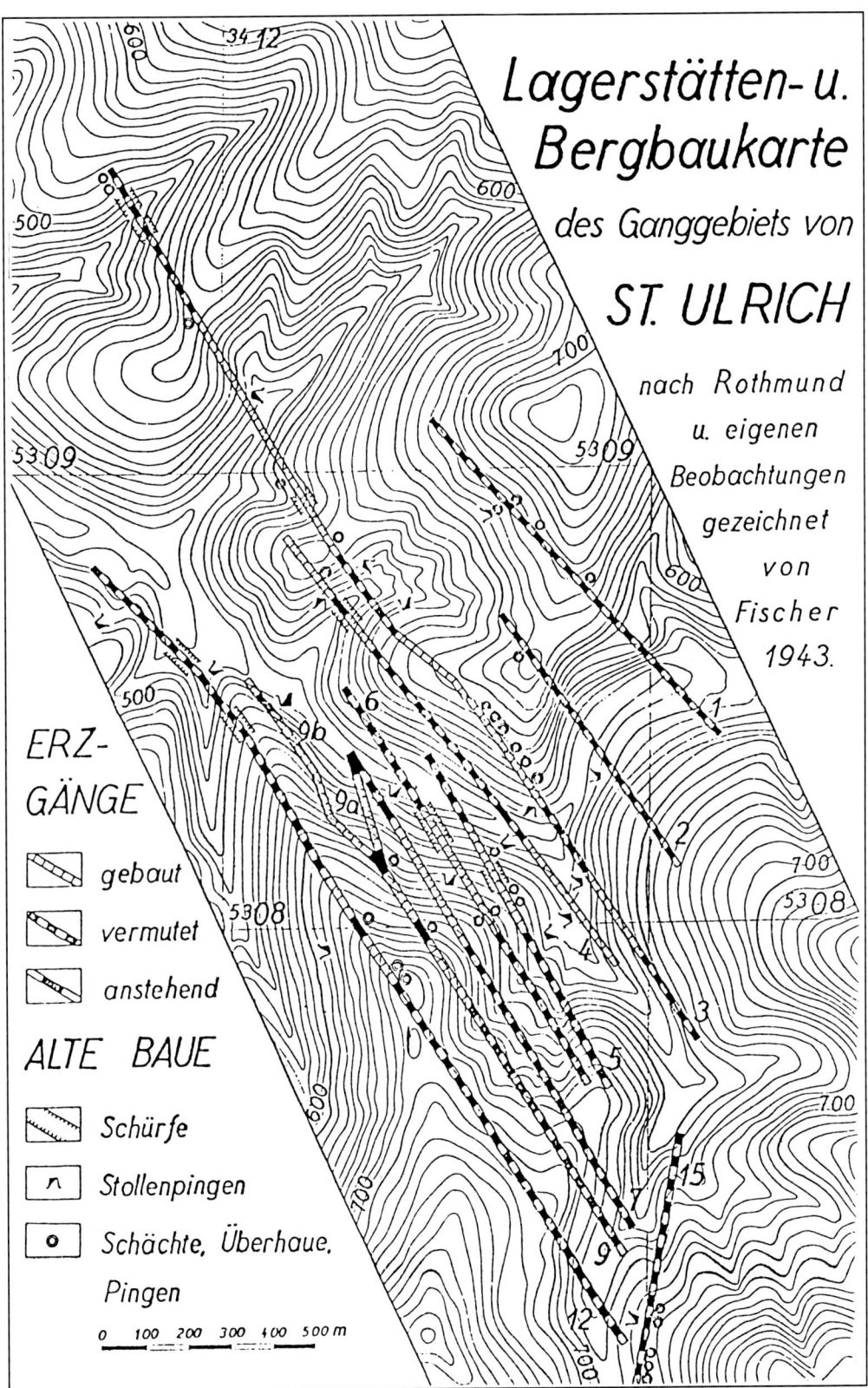

Abb. 8 Lagerstätten- und Bergbaukarte des Ganggebiets von St. Ulrich (nach Fischer 1943, Lit. Nr. 9)

2) Das kleine *Revier Zinswald-Wildtal* umfaßt den namengebenden Burgberg der Zähringer. Ein SSW–NNE streichender Quarzgang mit Blei-Zink-Erzen ist im Südwesten, im Zinswald, durch mehrere parallele kurze Pingenzüge markiert sowie durch den Friderici-Stollen im Nordosten erschlossen (1949 als Brunnenstube gefaßt). Ein breiter tagebauartiger Eingriff mit Zufahrtswegen ist – anscheinend jünger – an den Gangzug herangeschoben worden.

Auf dem in alamannischer Zeit (4./5. Jahrhundert) zu Terrassen umgestalteten Plateau des Burgberges liegen weitere Pingen und Halden; sie überschneiden einen Befestigungsgraben, der den Zähringer Burgberg am Hang umzieht und in alamannische Zeit oder in die vorchristliche Eisenzeit gehört. Es wird vermutet, daß der Beginn des Stollenbergbaus im Raum Zähringen ins 11. Jahrhundert fällt, weil sich das Grafengeschlecht der Zähringer gegen 1080 mit einer Burg auf dem Berg festsetzt. Ende des 14. Jahrhunderts soll der Bergbau um die Burg zum Erliegen gekommen sein.

Eine Wiederaufnahme des Bergbaus auf Bleierze im 18. Jahrhundert – worauf der zweite tagebauartige Eingriff zurückzugehen scheint – hatte wenig Erfolg. Doch Gewannbezeichnungen wie Pochgasse und Vordere Poche gehen wohl auf diese Zeit zurück. Die Beziehung des Silberbergbaus und vielleicht auch der Eisenerzgewinnung zu den Zähringern am eigenen Burgberg gibt der Untersuchung dieser Bergbaurelikte eine besondere Bedeutung.

Aus den Grabungen auf dem Zähringer Burgberg stammen Schlacken, datiert in die alamannische Zeit (4./5. Jahrhundert) und in die karolingische Zeit (7./9. Jahrhundert), die auf Eisenverhüttung zurückgehen (vgl. Brief vom 8. 5. 1987 Prof. Dr. W. Brockner, Forschungsgruppe Archäometrie an der Technischen Universität Clausthal).

Die Analyse von Tiefbohrkernen aus den künstlichen Terrassen auf dem Burgberg hat Eisenerzbrocken, Schlacken und Flußmittel bis in etwa 4 m Tiefe – inmitten der Auftragungsschichten – nachweisen können (Dr. H. Maus, Geologisches Landesamt Baden-Württemberg, Schreiben vom 24. 2. 1987).

Auch die großen Schürfe, die den frühgeschichtlichen Graben am Hang des Zähringer Burgberges überschneiden, scheinen auf Eisenerz ausgerichtet gewesen zu sein.

3) Das *Revier bei Sulzburg* ist in der erwähnten Urkunde von 1028 genannt (›in valle sulzberc‹) (Abb. 9). Gangmaterial ist im Mörtel der Kirche St. Cyriak verbaut, vielleicht aus dem Riestergang. 993 schenkte Kaiser Otto III. dem Kloster in Sulzburg das Sulzbachtal zur Nutzung. Ab 1000 entwickelte sich neben dem Kloster eine Marktsiedlung; in der zweiten Hälfte des 13. Jahrhunderts gründen die Herren von Üsenberg, denen der Bischof von Basel die Vogtei über das Kloster St. Cyriak und die Silbergruben verliehen hatte, eine Stadt (Nr. 3, S. 248 f.). Auch ist hier römischer Bergbau nachgewiesen (Nr. 18 und 19). Mächtige Verhaue auf dem Riestergang und dem Himmelsehre-Gang könnten in die Frühzeit des mittelalterlichen Bergbaus gehören.

4) Das *Revier Staufen und das Münstertal* mit der Bergbaustadt Münster hat die meisten frühen Belege; denn in der Urkunde von 1028 werden Cropach, Steinebronnen (inferior und superior) und Luxberg (sofern dieses mit dem später erwähnten Lusberg am Etzenbach identisch ist und nicht zu Lausberg bei Badenweiler gehört) genannt, und außerdem stammt hier ein C-14-Datum aus einem Stollen im Schindler-Gang. Die wüst gewordene Bergbaustadt Münster, 1258 erstmals genannt, aber mit älteren Entwicklungsphasen, ist heute zwar teilweise überbaut, läßt sich aber lokalisieren, und Reste ehemaliger Bebauung, auch in Holz erhalten, sind bei den Arbeiten der Bodendenkmalpflege geborgen worden. Im Talbereich zwischen Kropbach und Etzenbach sind Spuren der Poch- und Schmelzplätze zu erwarten, wenn man von den Erhaltungsmöglichkeiten ausgeht (Abb. 3, 10, 11).

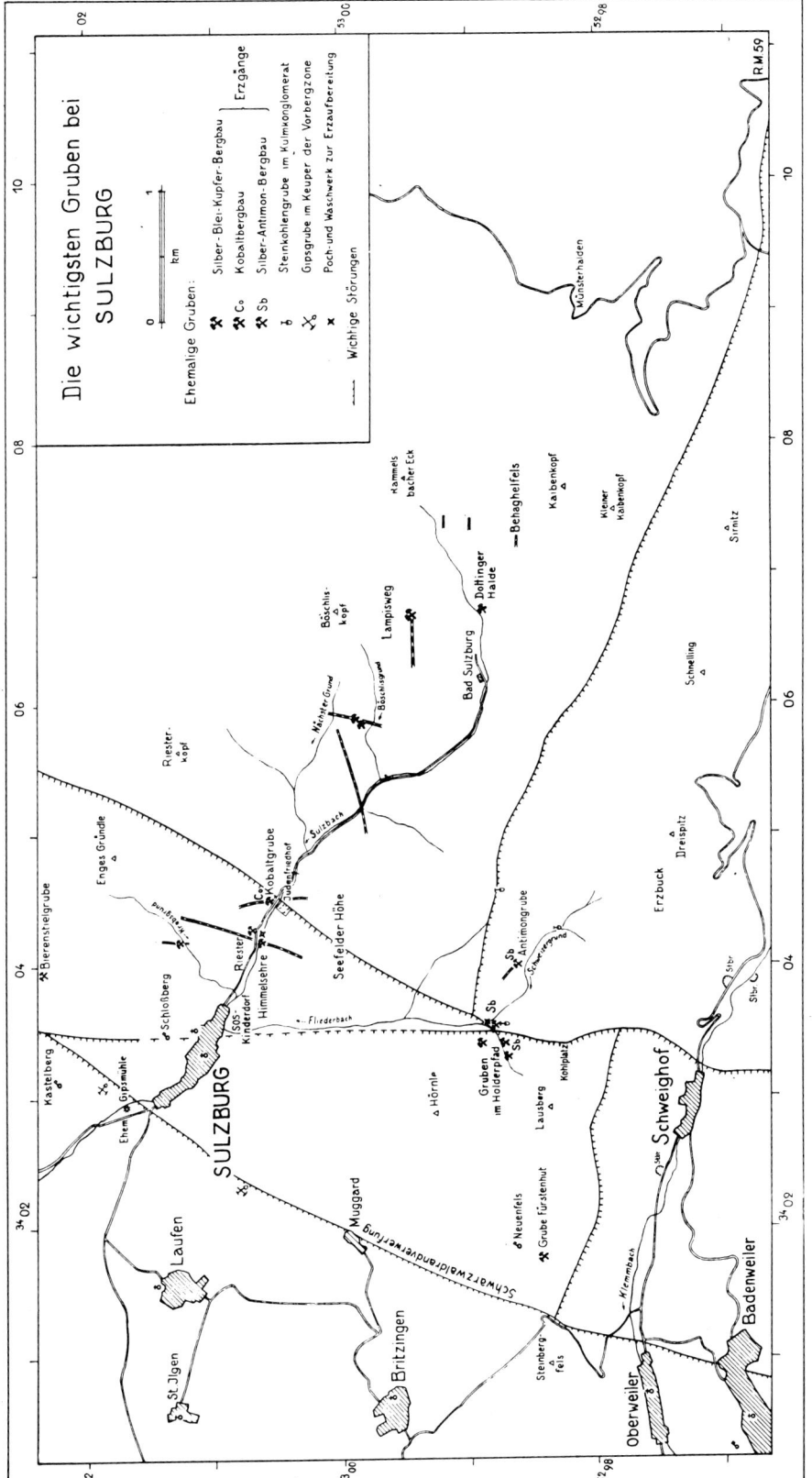

Abb. 9 Erzgänge und ehemalige Gruben im Bergbaurevier Sulzburg (nach Metz 1959, 54, Abb. 18, Lit. Nr. 7)

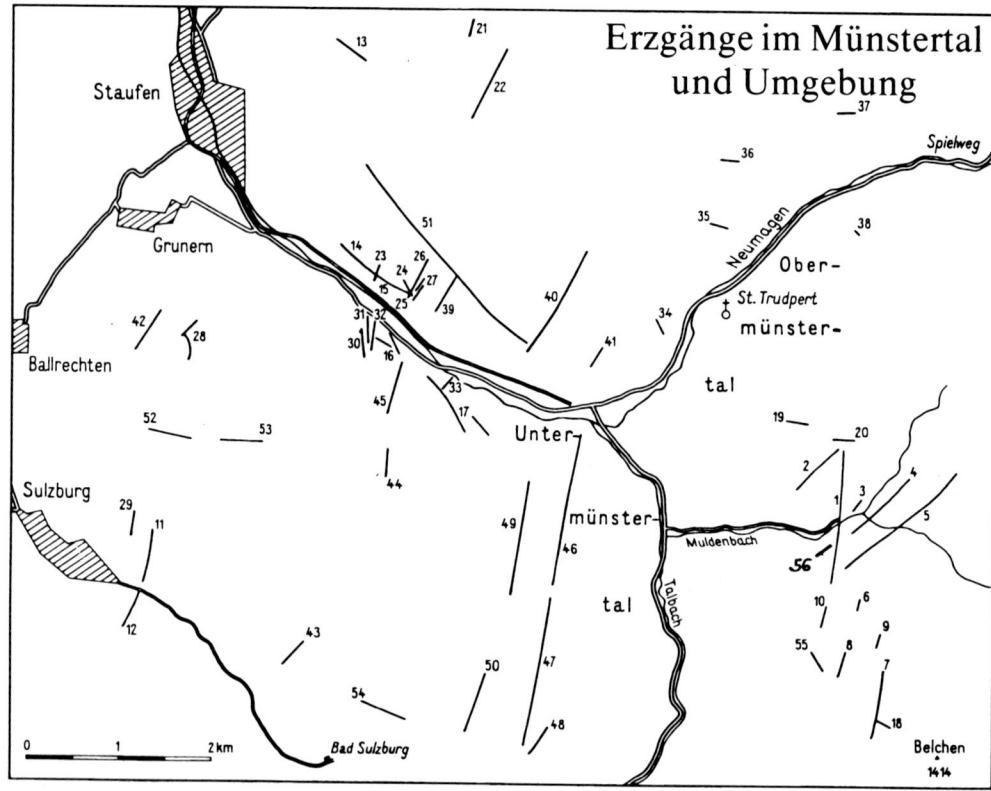

Abb. 10 Lage der Erzgänge in der Umgebung des Münstertals (nach Maus 1977, 13, Abb. 2, Lit. Nr. 11)

5) Das *Revier im Suggental* liegt wie das am Zähringer Burgberg im unmittelbaren Kerngebiet der im 11. Jahrhundert in den Breisgau vordringenden Zähringer. Die wissenschaftliche Literatur bis zum vorigen Jahrhundert bringt immer wieder Daten zur Frühgeschichte des Bergbaus, die sich jedoch nicht verifizieren lassen. So heißt es, Bertold II. habe im Jahr 1092 die Gruben anlegen lassen, im Jahr 1099 sei die Silber- und Bleigrube bei der Martinskapelle aufgetan und ein Schmelzwerk errichtet worden, und nachdem diese durch Feuer vernichtet worden seien, wäre 1218 eine neue Schmelze am Ausgang des Elztals gebaut worden. Eine andere Überlieferung spricht für das Jahr 1211 von der Entdeckung eines neuen Silberganges. Ein sicheres Datum liefert erst die Urkunde von 1284, in der Graf Egon III. von Freiburg einer Reihe von Bergwerksunternehmern gestattet, einen Wassergraben, den 15 km langen ›Urgraben‹, zu bauen und ihn über die Güter von St. Peter, die Wasserscheide, und über alle anderen Güter, über die der Graf Gewalt hat, zum Ausgang des Suggentals zu führen. Durch eine Katastrophe nach 1298 und vor 1348 wird der Bergbau im Suggental vernichtet und lange Jahrhunderte nicht wieder aufgenommen (vgl. Nr. 12). Es gibt Hinweise, daß die Gänge im Suggental schon in der vorrömischen Eisenzeit oder in der römischen Zeit bekannt gewesen sein könnten und daß Erze in einer Hütte am Mauracher Hof östlich von Denzlingen verarbeitet wurden, wofür auch ein C-14-Datum von in Schlacken eingeschlossener Holzkohle von 80 ± 250 n. Chr. (Niedersächsisches Landesamt für Bodenforschung) vorliegt (vgl. Nr. 16, R. Groschopf) (Abb. 12, 13).

6) Das *Revier Prinzbach* mit der wüst gefallenen Bergbaustadt Prinzbach ist von besonderem Interesse, da Teile der Gruben, deren Halden noch heute sichtbar sind, in den Befestigungsring einbezogen worden sind (Abb. 6 und 14). Es gehörte im früheren Mittelalter zur Herrschaft der Herren von Geroldseck. Prinzbach erscheint zuerst in einer

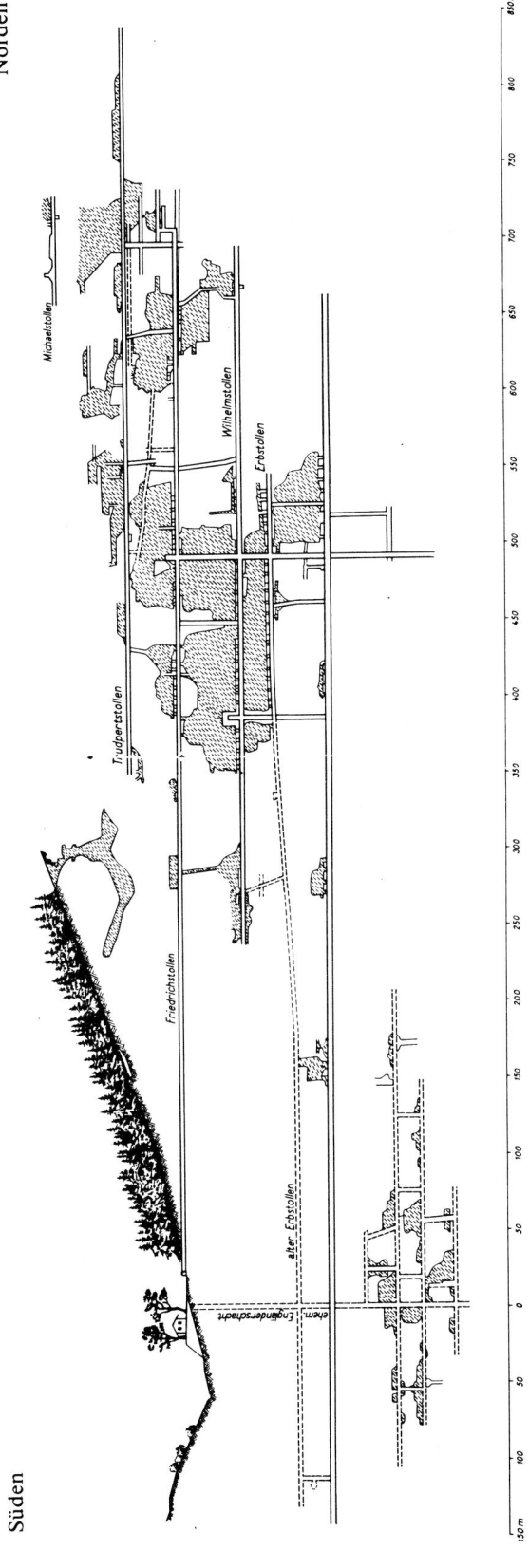

Abb. 11 Seigerriß durch den Schindlergang der Grube Teufelsgrund
(nach Maus 1977, 16, Abb. 4, Lit. Nr. 11)

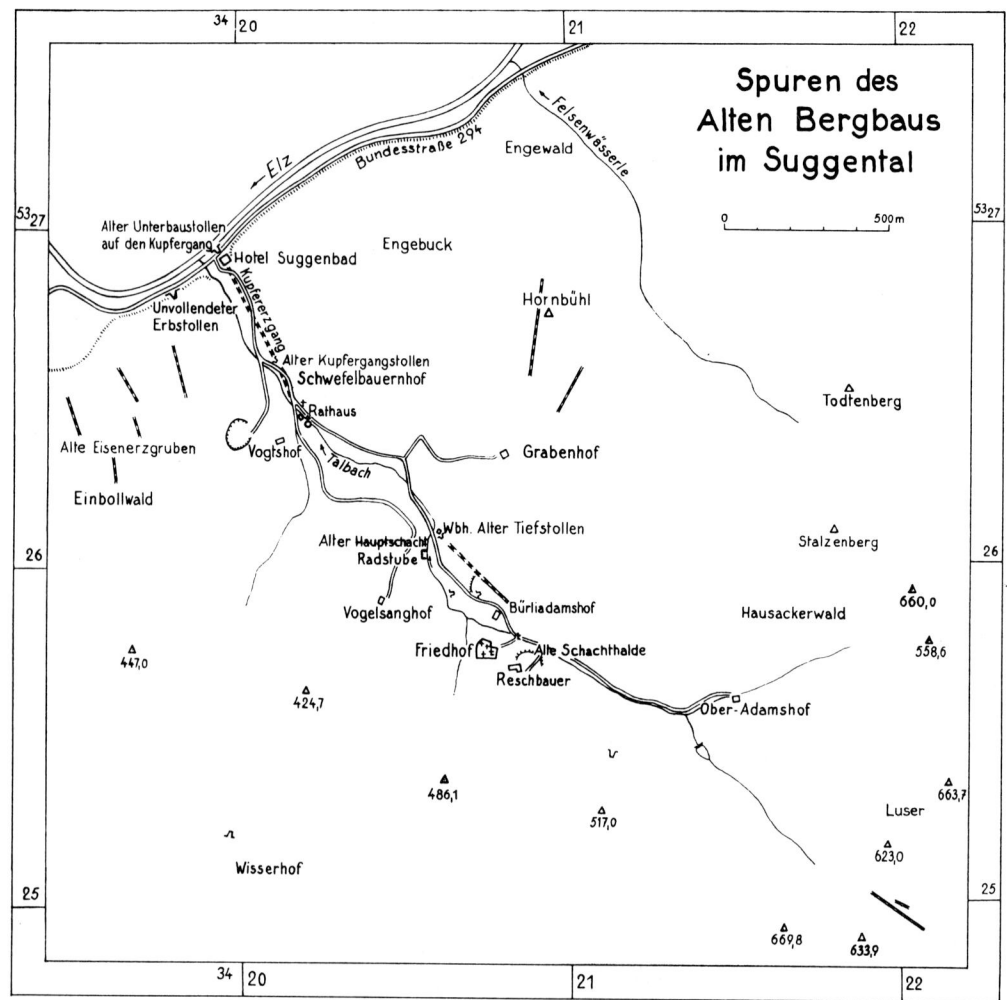

Abb. 12 Lage der wichtigen Bergbau-Anlagen im Suggental (nach Metz 1961, 313, Abb. 7, Lit. Nr. 12)

Urkunde von Straßburg, die die erhebliche Menge von 320 Mark Silber nennt. Es gilt, in Prinzbach die Poch- und Schmelzplätze zu finden, sowie das Alter der später zur Stadt gewordenen Bergleutesiedlung zu erschließen. Zur Blütezeit wird die Einwohnerzahl von Prinzbach auf 500-1000 geschätzt.

7) Im jüngeren *Revier Schauinsland* sind die Bergleute-Siedlungen Willnau und Diesselmut bekannt (erwähnt 1213 bzw. 1350). Es sollte geprüft werden, ob von den lokalisierten Siedlungen noch Spuren der Bauten etc. im Gelände erfaßt werden können, wobei datierendes archäologisches Material über die Frühgeschichte dieser Orte neue Auskunft geben könnte, wenn auch zu befürchten ist, daß durch den jüngeren Bergbau sowie die Erschließung der Gipfelregionen für den Wintersport die meisten Überreste vernichtet worden sein werden (Abb. 15).

⁕

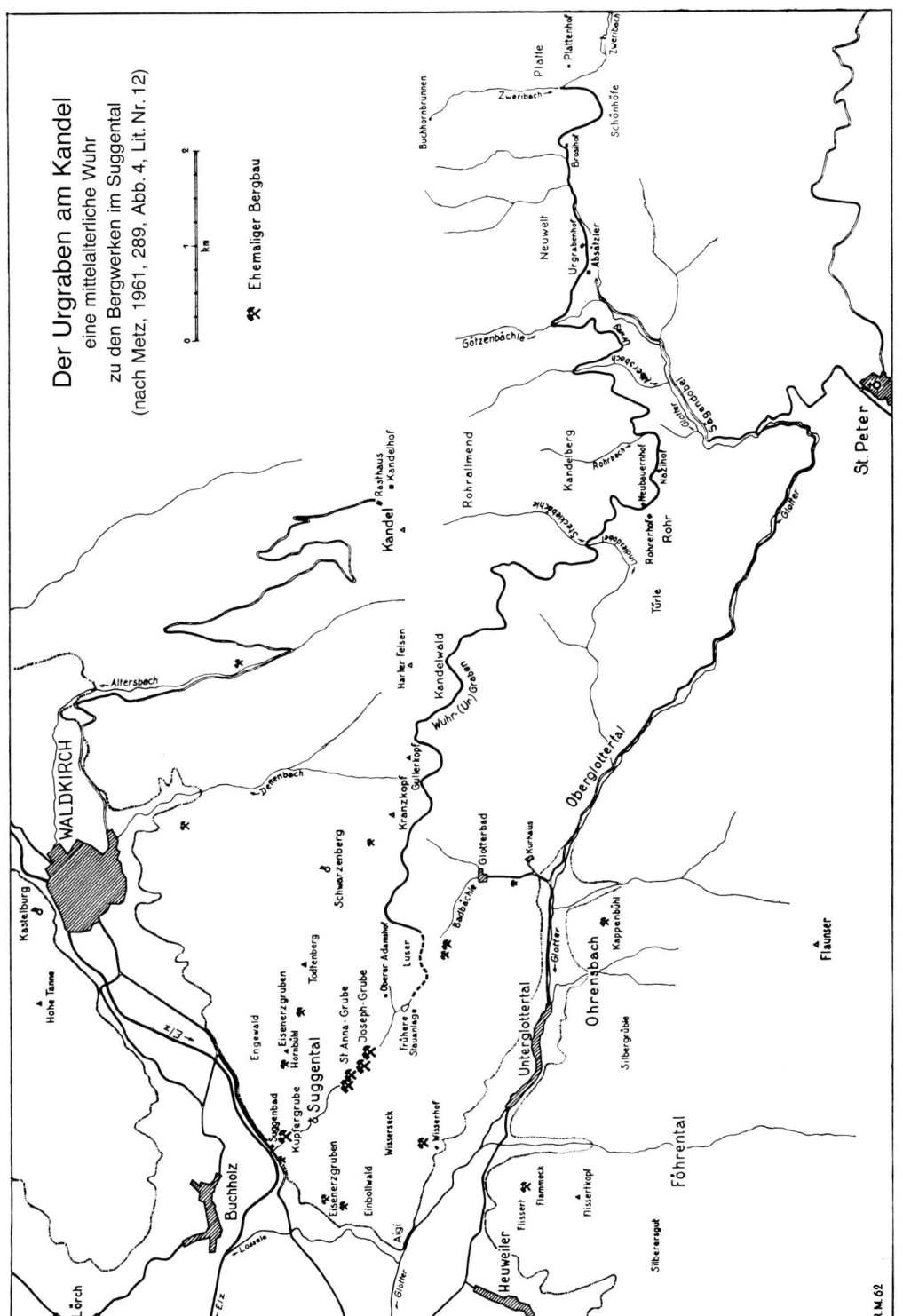

Abb. 13 Der Urgraben am Kandel, eine mittelalterliche Wuhr zu den Bergwerken im Suggental (nach Metz, 1961, Abb. 4, Lit. Nr. 12)

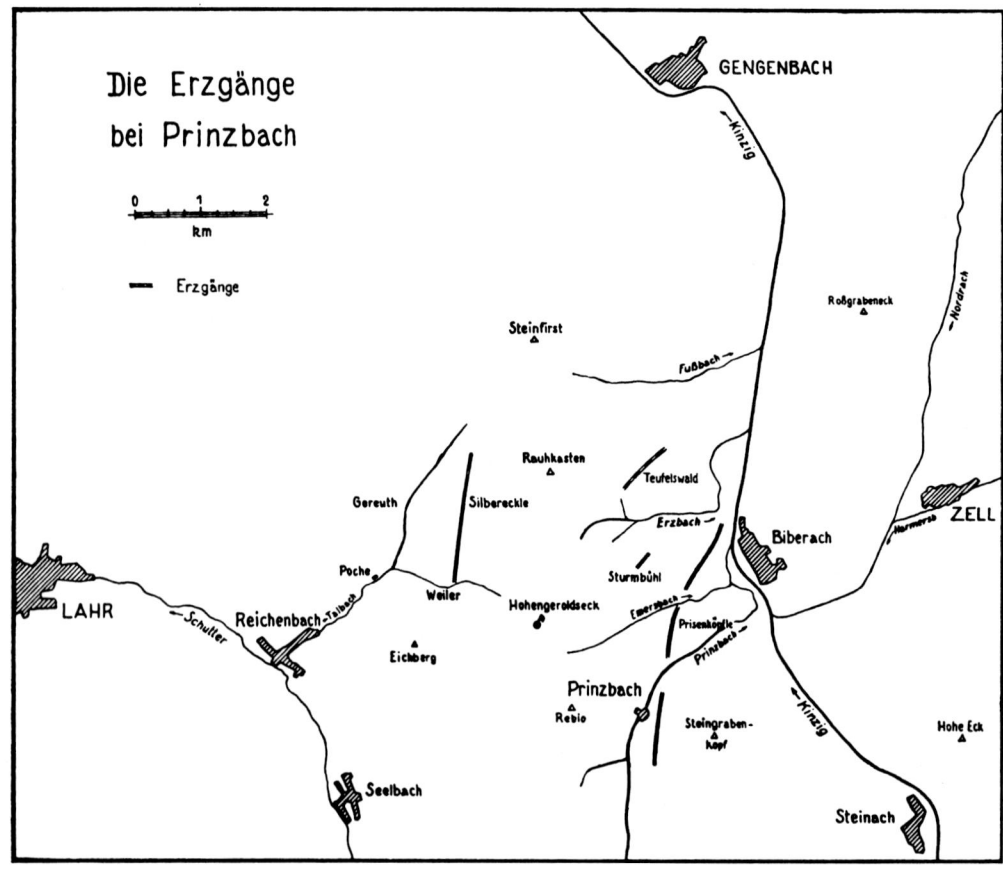

Abb. 14 Die Erzgänge bei Prinzbach (nach Ammann, Metz 1956, 309, Abb. 12, Lit. Nr. 13)

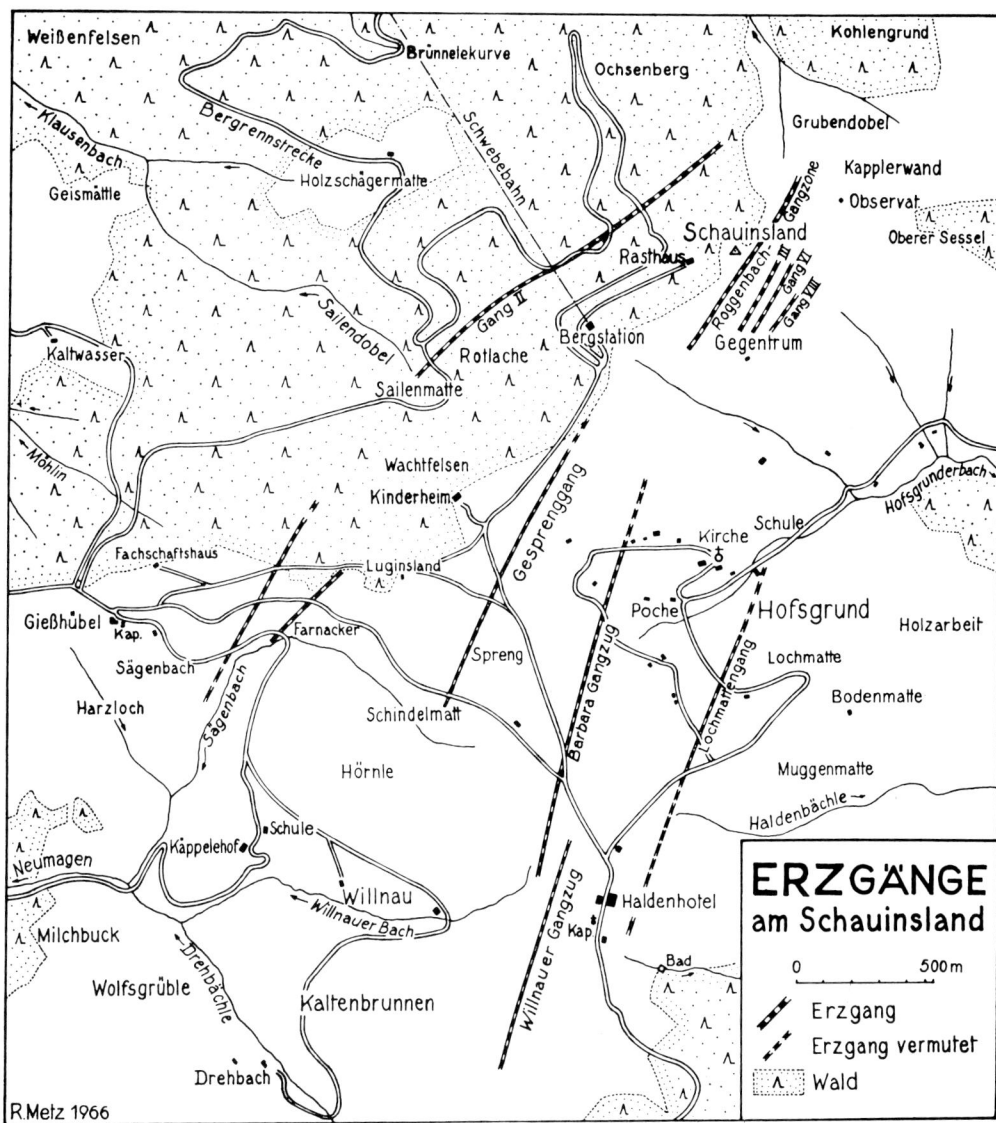

Abb. 15 Verlauf der Erzgänge am Schauinsland (nach Metz 1966, Lit. Nr. 8) mit der Bergleute-Siedlung
Willnau

Das Forschungsvorhaben hat mit Geländebegehungen und Ausgrabungen im Spätsommer 1987 begonnen und wurde 1988 fortgesetzt.

Zwei Arbeitsberichte sind erschienen:

H. STEUER, G. GOLDENBERG, U. ZIMMERMANN, Untersuchungen zur Frühgeschichte des Erzbergbaus und der Verhüttung im südlichen Schwarzwald. Archäologische Ausgrabungen in Baden-Württemberg 1987 (Stuttgart 1988) S. 328-336; DIES., Montanarchäologische Untersuchungen im südlichen Schwarzwald. Archäologische Ausgrabungen in Baden-Württemberg 1988 (Stuttgart 1989) S. 194-202.

Vorstädtische Siedlung und ›Gründungsstädte‹ der Zähringer – der Beitrag der Archäologie zur Entstehungsgeschichte von Markt und Stadt

Von Hans Schadek

Karl Schmid gewidmet

Vorbemerkung

»Es wollen etliche, er (Hertzog Berchtold der vierdt) hab die stadt Villingen auf dem Schwarzwalt auch gestifftett, wiewol etliche andere wollen, es hab sie sein son Berchtoldus der fünft, Hertzog von Zeringen, gestift – das las ich bleiben«[1].

Es versteht sich von selbst: so leicht wie der Chronist des 16. Jahrhunderts, in diesem Fall der aus Weilheim u. T. stammende Freiburger Münsterkaplan Johann Sattler, kann es sich der Historiker heute nicht mehr machen. Nicht gewillt, sich mit dem Ungefähren zufriedenzugeben, sucht er durch eindringende Interpretation aller verfügbaren Quellen das Licht gesicherter Erkenntnis in das Anstoß erregende Dunkel der Geschichte zu bringen. Freilich, vor jede Erkenntnis hat das Geschick die Quellenlage gesetzt, und diese ist für das Thema, das hier zu behandeln ist, die Frühgestalt der Zähringerstadt, außerordentlich problematisch. Zwar tritt den wenigen schriftlichen Zeugnissen, die zeitgenössisch sind, eine Reihe späterer, überwiegend chronikalischer Texte zur Seite. Deren Aussagewert ist jedoch, Sattler belegt es, nicht einfach zu beurteilen. Überdies ergibt die schriftliche Überlieferung insgesamt, wie wir inzwischen wissen, auch bei sorgfältigster Auswertung kein eigentlich detailliertes Bild der frühen Zähringerstadt. Dieses kann, sofern überhaupt, nur mit zusätzlicher Hilfe des von der archäologischen Forschung entwickelten Instrumentariums herausgearbeitet werden. Deshalb soll es im folgenden auch in erster Linie um die *archäologische* Erforschung der Frühgestalt der Zähringerstädte gehen.

Auf den Versuch, die ›Zähringerstadt‹ oder gar den noch enger gefaßten Begriff der ›Zähringer Gründungsstadt‹ zu definieren, dürfen wir hier guten Gewissens verzichten. Es genügt für unser Vorhaben, an die formale Gliederung zu erinnern, die im Rahmen der Freiburger Zähringerausstellung von 1986 erarbeitet und so formuliert worden ist: Als Gründungsstädte ausgewiesen seien Freiburg im Breisgau, Freiburg im Üchtland und Bern, »die ihre Entstehung einem bewußten und zeitgenössisch belegten Gründungsakt der Zähringer verdanken und schon zu ihren Lebzeiten stadtähnliche Strukturen aufwiesen«. Von diesen zu unterscheiden seien jene Orte, die als schon länger bestehende »Burg- oder Dorfsiedlungen« an die Zähringer gelangten, teilweise von ihnen ausgebaut wurden, eine städtische Struktur aber möglicherweise erst nach 1218 erhielten – wie Villingen, Offenburg, Neuenburg, Rheinfelden, Burgdorf, Murten und Thun –, weiterhin aber auch

[1] Johann SATTLER, Origines civitatis Friburgi in Brisgoia. Chronicke der Stadt Freyburg im Brisgaw, Straßburg 1698, S. 22. Zu Johann Sattler vgl. den Beitrag des Verfassers, in: Zähringerkatalog (wie Anm. 2) S. 317 ff.

jene, die bereits als städtische Siedlungen an die Zähringer fielen – wie Zürich, Breisach und Solothurn [2].

Zur Diskussion stehen mithin hier wenigstens jene drei genannten ›Gründungsstädte‹, dann aber doch auch jene Orte, die vielleicht zum Teil unter den Zähringern noch nicht den Charakter der Stadt erreichten, aber auf dem Weg dorthin waren. Denn uns interessieren, weil die Entstehungsgeschichte von Markt und Stadt zu betrachten ist, insbesondere auch die Vorformen der Stadtgestalt – zumal, wie schon heute erkennbar ist, in absehbarer Zeit von der Zähringerforschung neue Erkenntnisse zu erwarten sind, die durchaus zu Verschiebungen innerhalb des vorgestellten Gliederungsschemas führen werden [3]. Daß dies selbstverständlich nicht in erster Linie von Belang ist für die Einrichtung einer ›stimmigen‹ Gruppierung der Zähringerstädte, muß nicht eigens betont werden. Kann diese doch immer nur Mittel zum Zweck sein, darauf abzielend, die Bedeutung der Zähringer für die Ausbildung der mittelalterlichen Stadt in ihren topographischen, städtebaulichen, rechtlichen und verwaltungstechnischen Aspekten schärfer herauszuarbeiten.

Der Begriff der ›Gründungsstadt‹ impliziert, es war bereits angeklungen, einen ›Gründungsakt‹, der als ›bewußter‹ und ›planvoller‹ Anstoß latent vorhandener Entwicklungsmöglichkeiten die Entstehung einer städtischen Siedlung auf den Weg gebracht hat. Allerdings hat inzwischen das antithetische Begriffspaar der ›gegründeten‹ und der ›gewachsenen‹ Stadt, das früher gerade in der Diskussion um die Entstehung der Zähringerstädte eine hervorragende Rolle gespielt hat, einer differenzierteren Betrachtungsweise weichen müssen. »Neuere Forschungen konnten zeigen, daß die meisten mittelalterlichen Städte an Vorgängersiedlungen anschlossen und keine ›auf der grünen Wiese‹ geplanten Neugründungen waren« [4]. H. Strahm hat schon 1950 darauf aufmerksam gemacht, »daß nur selten eine Stadt ausschließlich dem einen oder dem anderen Typus (der ›allmählich gewachsenen‹ beziehungsweise der ›gegründeten‹ Stadt) zuzuweisen« sei: auch bei Stadtgründungen, »die durch einen einmaligen, bewußten politischen oder städtebaulichen Gründungsakt ins Leben gerufen wurden«, sei zu berücksichtigen, »daß sich auch die ›gegründeten‹ Städte immer an einen vorstädtischen Siedlungskern anlehnen, der die Voraussetzung bot, daß sich die Stadt rasch und erfolgreich entwickelte«. H. Strahm ließ freilich schon durch die Formulierung seines Themas – ›Zur Verfassungstopographie der mittelalterlichen Stadt mit besonderer Berücksichtigung des Gründungsplanes der Stadt Bern‹ – keine Zweifel daran aufkommen, daß für ihn bewußter (politischer oder städtebaulicher) Gründungsakt, Gründungs-(= Bebauungs-)plan und Planmäßigkeit des späteren Ausbaus zentrale Kriterien für die Definition der mittelalterlichen Stadt waren [5]. Dieser Auffassung folgte später im Grundsätzlichen gänzlich – bei Abweichungen im Detail – P. Hofer, der für die archäologische Erforschung der frühen Zähringerstadt der Schweiz eine ähnliche Wirkung zeigte wie H. Strahm für die historische.

2 Eine dritte Gruppe schließlich umfaßt die sogenannten Traditionsstädte, die trotz Berufung auf die Zähringer nie in einem engeren Verhältnis zu ihnen gestanden haben: Bräunlingen, Kenzingen und Rottweil. Marita BLATTMANN und Jürgen TREFFEISEN, Die Städte, in: Die Zähringer, Anstoß und Wirkung, Veröffentlichungen zur Zähringer-Ausstellung II (Katalog), hg. von Hans SCHADEK und Karl SCHMID, Sigmaringen 1986, S. 220ff.
3 Ebd. S. 221. Außer Betracht bleiben im folgenden wegen ihrer besonderen Problematik Offenburg und Neuenburg, zu denen überdies stadtarchäologische Untersuchungen ganz fehlen; ebd. S. 265f. Unergiebig sind in dieser Hinsicht auch Breisach, Solothurn und Murten; ebd. S. 221, 266, 291f.
4 Ebd., S. 200.
5 Hans STRAHM, Zur Verfassungstopographie der mittelalterlichen Stadt mit besonderer Berücksichtigung des Gründungsplanes der Stadt Bern, in: Zeitschrift für Schweizerische Geschichte 30, 1950, S. 372-410; hier insbesondere S. 387, 394f., 396, 402.

Unverkennbar hat sich allgemein die Auffassung durchgesetzt, daß zu den wesentlichen Elementen, die den Städtebau des Hochmittelalters und damit auch den der Zähringer prägte, neben der räumlichen Lage, die die Ausformung der Stadtgestalt mitbestimmte, insbesondere der sogenannte ›vorstädtebauliche Kern‹ in Gestalt einer älteren kirchlichen, gewerblichen oder bäuerlichen Siedlung, einer Burg, eines Meierhofs zählte, an den sich die Gründung anlehnte, dann aber auch der ›Gründungsplan‹, der in den vorgegebenen Rahmen seine ›rationale Ordnung‹ setzte[6]. Daß dieser allerdings wohl nicht, wie der Begriff suggeriert, schon immer mit der Siedlungsgründung die entstehende Stadtgestalt bestimmte, sondern zum Teil mit erheblicher zeitlicher Verzögerung auftrat, wird sich im weiteren Verfolg zeigen.

So hat sich unser Interesse nun insbesondere zu richten auf die von der Forschung vielfach nur ansatzweise erkannte Siedlungssituation im Vorfeld der Gründung, auf das Erscheinungsbild der Neusiedlung in der Gründungsphase und schließlich auf die Frage, ob diese bereits mit der planerisch-rationalen Gestalt der fortgeschrittenen Markt- bzw. Stadtanlage identisch ist, die mit dem beginnenden 13. Jahrhundert deutlicher erkennbar wird. Vorgeführt werden soll dies an ausgewählten, nach dem jeweiligen Forschungsstand zu gewichtenden Beispielen: an Bern und Freiburg im Breisgau, Burgdorf, Thun und Villingen, Rheinfelden und Freiburg im Üchtland.

Wir hatten bereits darauf hingewiesen, daß die Schriftquellen selbst dort, wo sie bereits in der Frühzeit stärker fließen, über die städtebaulich ausschlaggebende innere Anlage einer Siedlung kaum Nachrichten vermitteln[7]. Diese gibt uns die noch junge Disziplin der Mittelalterarchäologie[8] an die Hand, die mit ihren durch Grabung erschlossenen Sachquellen Auskunft geben kann über die Entstehung einer Stadt und ihre frühe Entwicklung in den ersten Jahrzehnten ihres Bestehens[9]. Obwohl die archäologische Stadtkernforschung damit sehr rasch ihre Bedeutung für die Erschließung der mittelalterlichen Stadtgestalt hat erweisen können, sind die Schwierigkeiten, die vor Ort einem sachgerechten Arbeiten entgegenstehen, häufig immer noch unüberwindbar.

Das gravierendste Hindernis ist in der innerstädtischen Bauentwicklung der jüngsten Zeit begründet. Hatte in den deutschen Städten, wie etwa in Freiburg im Breisgau, der Bombenkrieg bereits zu irreparablen Schäden an der Stadtgestalt geführt, so verringerte sich seit 1945 im gesamten europäischen Raum von Jahr zu Jahr in dramatischem Tempo durch Baumaßnahmen die frühe Bausubstanz. Dies gilt nicht nur für die äußere Baugestalt, die durch Bauordnungen und öffentliche Meinung wenigstens neuerdings einigermaßen vor der Zerstörung geschützt ist. Die unter der Oberfläche verborgenen ›Bodenurkunden‹ waren und sind noch viel entschiedener dem freien Zugriff ausgeliefert. So gehen unterhalb des Erdgeschoßniveaus Bauprojekte und Baumaschinen unbehelligt in die Tiefe und räumen radikal mit den Untergeschossen auf, deren historischer Wert dem Bürger

6 Paul HOFER, Die Städtegründungen des Mittelalters zwischen Genfersee und Rhein, in: Flugbild der Schweizer Stadt, hg. von Hans BOESCH und Paul HOFER, Bern 1963, S. 85-116; hier S. 95f.
7 Paul HOFER, Der Kellerplan als Quelle der Stadtgeschichte, in: Der Kellerplan der Berner Altstadt, hg. von Paul HOFER, Beat GASSNER u. a. Schriften der historisch-antiquarischen Kommission der Stadt Bern Nr. 4, Bern 1982, S. 3-19; hier S. 3.
8 Zu den Forschungsfeldern der Mittelalterarchäologie im Stadtraum vgl. etwa Günther P. FEHRING, Der Beitrag der Archäologie zum ›Leben in der Stadt des späten Mittelalters‹, in: Das Leben in der Stadt des Spätmittelalters. Sitzungsberichte der Österreichischen Akademie der Wissenschaften, Phil.-Hist. Klasse 325. Band = Veröffentlichungen des Instituts für mittelalterliche Realienkunde Österreichs Nr. 2, Wien 1977, S. 9-35.
9 Dietrich LUTZ, Probleme der Stadtsanierung aus archäologischer Sicht, in: Denkmalpflege in Baden-Württemberg, 14. Jg., 1985, S. 76-83; hier S. 77.

gewöhnlich ganz unbekannt ist. Selbst den Bauverwaltungen ist dieser kaum tief ins Bewußtsein gedrungen, trotz der zahlreichen Hiobsbotschaften, die inzwischen in den Fachpublikationen der Denkmalpflege erschienen sind[10]. Daran werden wohl auch die hier vorgelegten Fallstudien wenig ändern können, die immerhin den außerordentlichen Wert der von der Stadtkernarchäologie ermittelten Bodenrelikte für die Erforschung der Zähringerstädte beispielhaft belegen können.

Bern

Die Altstadt Bern liegt auf einem von einer Aareschleife umschlossenen, nach Westen hin offenen Sporn, der sich am Scheitel rund 20 m über dem Flußspiegel erhebt und nach Westen bis auf 30 m ansteigt. Der Sporn ist durch natürliche, nord-südlich verlaufende Geländeeinschnitte gegliedert, die beim Bau und Ausbau der Stadt zu Zäsuren wurden.

Ein Handelsweg, der in römischer, vielleicht auch frühmittelalterlicher Zeit von der offenen Westseite über die Halbinsel zum Aareübergang geführt hat, wird vermutet. Ältere Siedlungen konnten freilich im Bereich der Altstadt und am Flußübergang bisher nicht ergraben werden. Solche sind jedoch in der näheren Umgebung Berns nachgewiesen: in kelto-römischer Zeit eine ausgedehnte gewerbliche Niederlassung innerhalb der Enge-Halbinsel, einer Aareschleife etwa 3 km nördlich der Stadt; in Bümpliz, ungefähr 4 km westlich, Gräberfelder aus frühburgundischer und fränkischer Zeit, ferner ein vermutlich karolingischer Königshof und eine unter den Fundamenten der hochburgundischen Kirche nachgewiesene römische Villa, eine zweite 1 km östlich auf dem Obstberg; in Köniz schließlich, 4 km südwestlich, dessen Kirche Mutterkirche von Bern war, ebenfalls ein römischer Gutshof[11]. Der so charakterisierte Raum mag also von alters her günstige Voraussetzungen für Siedlungsansätze geboten haben. Von einer ununterbrochenen Siedlungskontinuität kann jedoch keineswegs die Rede sein, und es bleibt für unser Thema ausschlaggebend, daß für die Gründungszeit Berns und für den Ort der Gründung selbst keine sicheren Spuren einer älteren Siedlung beobachtet werden konnten[12].

10 Paul HOFER, Ausgrabungen in Bern. Burg und Stadt im 12. Jahrhundert, in: DERS., Fundplätze, Bauplätze. Aufsätze zu Archäologie, Architektur und Städtebau, Basel und Stuttgart 1970, S. 10 f.; DERS., Kellerplan (wie Anm. 7) S. 3; LUTZ (wie Anm. 9) S. 80 f.; Heiko STEUER, Zum Stand der archäologisch-historischen Stadtforschung in Europa. Bericht über ein Kolloquium 1982 in Münster, in: Zeitschrift für Archäologie des Mittelalters 12, 1984, S. 35-72; hier S. 35 f., S. 71 f.; Peter SCHMIDT-THOMÉ, Quellenforschung in letzter Minute: Erfahrungen der Stadtkernarchäologie in Zähringerstädten am Beispiel Freiburgs im Breisgau, in: Zähringerkatalog (wie Anm. 2) S. 416-418. Vgl. auch die Schadenspläne für Heidelberg und Konstanz mit Ausweisung der bereits zerstörten und der akut gefährdeten archäologisch relevanten Flächen der Altstadt: Dietrich LUTZ, Die Archäologie des Mittelalters, in: Archäologische Ausgrabungen in Baden-Württemberg 1984, Stuttgart 1985, S. 187-199, hier S. 195; Judith OEXLE, Stadtkernarchäologie in Konstanz – Stand und Perspektiven, in: Archäologische Nachrichten aus Baden H. 33, 1984, S. 32-40, hier S. 36. Daß die Vernichtung der archäologischen Quellen in den Städten nach wie vor rasch voranschreitet, macht der Beitrag von Egon SCHALLMAYER auf dem 2. Landesdenkmaltag Baden-Württemberg 1986 (mit dem Schwerpunktthema Stadtkernarchäologie) drastisch klar: Stadtkerngrabungen aus der Sicht der Archäologischen Denkmalpflege, in: Denkmalpflege in Baden-Württemberg, 16. Jg., 1987, S. 14-21. Eine konkrete Vorstellung vom reichen Fundmaterial, das andernorts ›tagtäglich auf die Müllkippe wandert‹, vermittelt der Göttinger Forschungsbericht: Sven SCHÜTTE u. a., 5 Jahre Stadtarchäologie. Das neue Bild des alten Göttingen, Göttingen 1984.
11 Hans STRAHM, Bern, in: Badische Heimat 50, 1970, S. 36-54, hier S. 36 ff.; Paul HOFER, Die Stadt Bern (Die Kunstdenkmäler des Kantons Bern 1), Basel 1952, S. 17 ff.
12 HOFER, Stadt Bern (wie Anm. 11) S. 32 f.; DERS., Ausgrabungen (wie Anm. 10) S. 12. Berichte des 18. und 19. Jahrhunderts über angebliche Funde aus keltisch-römischer Zeit auf dem Boden der späteren

Trotz dieses Befundes gingen H. Strahm und zunächst auch P. Hofer von der »alten Maxime ex nihilo nihil« aus und meinten: »Wo Vorläufersiedlungen zu fehlen scheinen, da heißt Nichtexistenz besser Nichtkenntnis, Verborgenheit hinter dem Schleier unzureichender Befunde«[13].

H. Strahm hatte schon 1948 darauf hingewiesen, daß im Gründungsbericht des Berner Chronisten Konrad Justinger vom Anfang des 15. Jahrhunderts eine dreifache Zeitstufung im Bau der zähringischen Stadtanlage erkennbar werde, die in der Neuzeit in Vergessenheit geraten und erst wieder durch archäologische Befunde in Erinnerung gerufen worden sei[14]. Mauerreste, die 1941/42 bei Tiefbauarbeiten an der Rathaus- bzw. Kreuzgasse zutage getreten waren und die als Stadtmauer, Grabenwand und Eckturm interpretiert worden sind, hatten gemeinsam mit dem Nachweis eines durch nachfolgenden Ausbau wieder zerstörten Abzweigkanals zum Stadtbach vor diesen Mauerzügen zu einer ersten Neubewertung des Gründungsvorgangs geführt[15]. Die Grabungsergebnisse in eine interpretierende Analyse des Stadtplans der Altstadt (Straßenführung und Grundstücksparzellen) einbeziehend[16], gelangte H. Strahm, dem sich P. Hofer zunächst wieder in allen Belangen anschloß, zu folgender, zeitlich differenzierender Gliederung der chronikalisch auf 1191 angesetzten Gründung des gesamten zähringischen, vom Scheitelpunkt der Aare bis zum Zeitglockenturm sich erstreckenden Burgum von Bern:

1) Als Siedlungskern der späteren Stadt sei eine kleine ältere Fluß(übergangs)siedlung östlich der Burg Nydegg anzusehen. Diese setze sich mit ihren unregelmäßigen Siedlungskleinformen von der rationalen Grundrißgestaltung des westlich anschließenden Burgum ab. Der Bautyp der teilweise ergrabenen Nydegg selbst weise freilich ›eher‹ in die zweite Hälfte des 12. Jahrhunderts. Die zeitliche Kontinuität der Burganlage zum vorstädtebaulichen Siedlungskern könne jedoch mit der (hypothetischen) Annahme eines Vorgängerbaues des 11., »sicher« (Hofer) frühen 12. Jahrhunderts als gesichert gelten.

2) Der untere Bereich des durch einen Graben von der Nydegg getrennten Burgum gehöre in seiner unregelmäßigen Grundrißgestaltung noch zur Ausbauphase der Nydeggsiedlung. Dieses, das ältere Burgum, habe mit einer Mauer an der Kreuzgasse abgeschlossen. Die Grundrißgestaltung zeige planerische Konzeption: Beidseits der Hauptgasse, der Märitgasse (Marktgasse) mit dem offenen, künstlich zugeleiteten Stadtbach, zu der parallel zwei Seitengassen verlaufen, seien zwei Baublöcke von doppelter Hofstättentiefe feststellbar, die gassenseits durch Lauben und hofseits durch die Ehgräben, die Kloakenabflüsse, begrenzt seien.

3) Dieselbe planerische Qualität zeige das westlich anschließende jüngere Burgum, mit

---

Zähringerstadt (vgl. Hans STRAHM, Studien zur Gründungsgeschichte der Stadt Bern. Neujahrsblatt der Literarischen Gesellschaft Bern NF 13, Bern 1935, S. 14-24) sind methodisch unzuverlässig und kaum beweisfähig; Paul HOFER, Die Wehrbauten Berns. Burg Nydegg und Stadtbefestigung vom 12. bis zum 19. Jahrhundert, Bern 1953, S. 11 Anm. 1.

13 HOFER, Ausgrabungen (wie Anm. 10) S. 10.

14 Hans STRAHM, Der zähringische Gründungsplan der Stadt Bern, in: Archiv des Historischen Vereins des Kantons Bern 39, 1948, S. 361-390, hier S. 386ff. Vgl. Die Berner Chronik des Conrad Justinger, hg. von G. STUDER, Bern 1871, S. 7, und Zähringerkatalog (wie Anm. 2) S. 245ff.

15 STRAHM, Gründungsplan (wie Anm. 14) S. 375f.; HOFER, Stadt Bern (wie Anm. 11) S. 73f.; DERS., Wehrbauten (wie Anm. 12) S. 18.

16 Im Stadtgrundriß sah H. Strahm eine wichtige historische Quelle zur Rekonstruktion auch der frühesten Stadtgestalt; vgl. hierzu insbesondere seinen Beitrag zur Verfassungstopographie der mittelalterlichen Stadt (wie Anm. 5). Die kritischen Einwände, die hiergegen zu erheben sind, ergeben sich aus den im Text dargelegten Detailerkenntnissen der archäologischen Forschung.

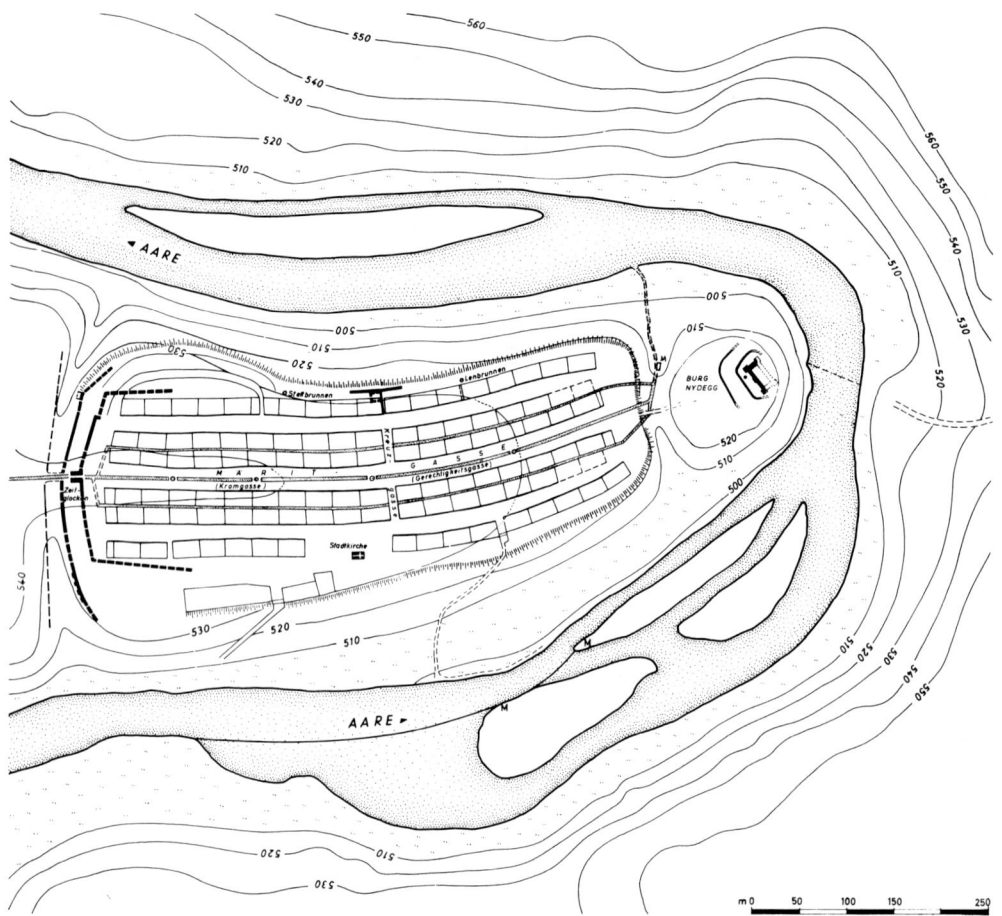

Abb. 1 Zähringerstadt Bern: Älteres und jüngeres Burgum. Quelle: Rolf Spörhase, Karten zur Entwicklung der Stadt: Bern, Stuttgart 1971, Bl. 2

dem der Ausbau der Stadt bis zum Graben beim Zeitglockenturm vorangetrieben worden sei[17].

Im chronikalisch überlieferten Gründungsjahr 1191 sah Strahm den Abschluß, nicht den Beginn der zähringischen Bauperiode. Diesen setzte er für das ältere Burgum in die Regierungszeit Bertolds IV.: Die Gründung Berns sei nur im gleichzeitigen Zusammenhang mit dem um 1157 gegründeten, nur eine Tagereise entfernten und ›in denselben Plan von Rastorten oder Straßenstützpunkten‹ gehörenden Freiburg im Üchtland sinnvoll und ›historisch zu rechtfertigen‹. Bertold V. habe die zweite Bauphase initiiert, er sei Gründer des jüngeren Burgum[18].

17 STRAHM, Bern (wie Anm. 11) S. 40 ff.; DERS., Verfassungstopographie (wie Anm. 5) S. 407 f.; DERS., Gründungsplan (wie Anm. 14) S. 366 f., S. 377 ff.; HOFER, Stadt Bern (wie Anm. 11) S. 20, S. 63 ff.; DERS., Wehrbauten (wie Anm. 12) S. 12 ff.

18 STRAHM, Gründungsplan (wie Anm. 14), S. 376, S. 377 Anm. 49; DERS., Verfassungstopographie (wie Anm. 5) S. 408. Insgesamt zustimmend zunächst HOFER, Stadt Bern (wie Anm. 11) S. 23 f.; DERS., Wehrbauten (wie Anm. 12) S. 18 ff. Von einer Stiftung der Stadt Bern durch Bertold IV. berichtet schon der Freiburger Münsterkaplan Johann Sattler zu Beginn des 16. Jahrhunderts in seiner ›Chronicke der Stadt Freyburg im Brisgaw‹ (wie Anm. 1): Nachdem er (S. 21 f.) die Gründung der Stadt Bertold V. zum Jahre 1191 zugewiesen hat, läßt er (S. 22 f.) diesen den »angefangen baw der stadt Bern in Ichtlandt« vollenden,

Die Ergebnisse der zahlreichen Grabungen – es sind inzwischen ein gutes Dutzend –, die in den Jahren 1951-1974 unter der Leitung von P. Hofer im Bereich der Nydegg und der Zähringerstadt durchgeführt worden sind, haben H. Strahms zeitlichen Ansatz möglicherweise als scharfsinnige historische Spekulation erwiesen. Ein abschließendes Urteil kann derzeit allerdings noch nicht gefällt werden, weil trotz der inzwischen 30jährigen Grabungstätigkeit die Grabungsergebnisse weitgehend noch nicht publiziert sind. Vor einigen Jahren hat P. Hofer die Gesamtauswertung und Veröffentlichung seiner Arbeiten am Stadtkern von Bern angekündigt, freilich mit dem Hinweis, daß diese noch geraume Zeit auf sich warten lassen werde[19]. Erst dann wird also eine eingehende kritische Beurteilung der Grabungsergebnisse möglich sein.

Für P. Hofer ergibt sich aus den archäologischen Befunden die folgende topographische und zeitliche Schichtung in der Entstehung des zähringischen Bern:

Durch die Grabungen sei die Abfolge der Bauphasen im zähringischen Burgum bestätigt worden. Doch hätten diese ebenso gezeigt, daß die Rückdatierung des älteren Teils nicht zu halten sei. Nicht Bertold IV., sondern sein Sohn Bertold V. habe, wie es der Berner Überlieferung entspricht, 1090/91 die Burg Nydegg mit einem mächtigen Donjon erbaut – wie er auch in Thun begegnet – und zeitgleich die zunächst bis zur Kreuzgasse emporführende Stadt anlegen lassen[20]. Der Zeitansatz für das jüngere Burgum bis zum Zeitglockenturm, zunächst von P. Hofer auf das frühe 13. Jahrhundert gesetzt, hat sich freilich inzwischen auf die Zeit nach dem Aussterben der Zähringer verschoben: In einer Publikation von 1980 vertritt er die These, der Ausbau bis zum Zeitglockenturm sei 1220-1230 im Zuge des Aufstiegs der Stadt Bern zur Reichsstadt unter Verwendung des zähringischen »Anlagerasters« von Burgum I vor sich gegangen als erste von drei Ausbauphasen des Mittelalters[21].

die »sein vatter gestiftet hatt«. Auf das Gründer(*fundator*)-Problem wird im übrigen bei der Darstellung Villingens noch einzugehen sein.

19 Paul HOFER, Strukturanalysen zur Anlage und Entwicklung des Berner Stadtkerns, in: Paul Hofer an der Architekturschule. Publikation zur Ausstellung ›Stadt – Geschichte – Entwurf‹, hg. von Heinrich HELFENSTEIN, Zürich 1980, S. 26-29, hier S. 27.

20 HOFER, Städtegründungen (wie Anm. 6) S. 94, S. 115 Anm. 18, der damit von der ›von H. Strahm 1945 aufgestellten, vom Schreibenden lange übernommenen Zurückdatierung des ersten zähringischen burgum in die Zeit der Gründung von Freiburg i. Ü.‹ abrückte.

21 HOFER, Strukturanalysen (wie Anm. 19) S. .30. Die Stadtkirche St. Vinzenz lag damit übrigens zunächst außerhalb vor dem Westabschluß der Stadt – ein Unikum für eine Zähringerstadt. Erst durch die Erweiterung erhielt sie ›die für Neumarkt- und Zähringergründungen typische exzentrische Stellung an einer Nebengasse‹ (HOFER, Stadt Bern, wie Anm. 11, S. 36). Der naheliegenden Frage, wie es zu dieser Sonderentwicklung kommen konnte, ist bisher nicht intensiv nachgegangen worden. Zwar hat H. Strahm in einer frühen Untersuchung (Studien, wie Anm. 12, S. 27ff.), indem er St. Vinzenz zu einem im 12. Jahrhundert unzeitgemäßen Kirchenpatron stempelte, beweisen wollen, ›daß die Stiftung der Kirche wie die ersten Anfänge der Siedlung städtischen Charakters auf fränkische Mission und fränkische Kolonisation zurückzuführen‹ sei. Doch hat der energische Widerspruch, den seine Thesen zum Teil erfuhren, die Diskussion über St. Vinzenz weitgehend beendet (vgl. Ulrich STUTZ, in: Zeitschrift für Rechtsgeschichte Germ. Abt. 56, 1936, S. 588 ff.; Pierre de ZÜRICH, in: Zeitschrift für Schweizerische Kirchengeschichte 30, 1936, S. 153 ff.). St. Vinzenz war bis ins 13. Jahrhundert Filialkirche von Köniz, hatte zwar um 1233 Pfarrechte erhalten, war aber erst 1276 selbständige Pfarrei geworden. Archäologische Beobachtungen beim Einbau einer Heizungsanlage wiesen Teile der Grundmauern zweier Vorgängerkirchen des jetzigen Baus nach (die zweite zwischen 1276 und 1289 erbaut). Doch erlauben es die damals gemachten lückenhaften, sich mitunter widersprechenden Aufzeichnungen heute nicht mehr, eine präzise Vorstellung vom ersten Kirchenbau zu entwickeln, zumal spätere Aufdeckungen im Kirchenboden alle Mauerreste dieser ersten Kirche zerstört haben. So blieb auch Luc Monjon wohl keine andere Wahl, als diese Kirche, H. Strahms Vorstellungen von der Entwicklung Berns folgend, auf die Jahre um 1155-1160 anzusetzen (Das Berner Münster, Die Kunstdenkmäler des Kantons Bern 4, Basel 1960, S. 3ff.).

Abb. 2   Luftbild der Zähringerstadt Bern. Trotz des zeitlichen Abstandes sind auch am heutigen Bestand die
Entstehungsstufen der Zähringergründung noch gut erkennbar. Quelle: Swissair Photo und Vermessungen
AG, Zürich

Für die Frage nach dem vorstädtebaulichen Kern der Gründungsstadt Bern ist zunächst
P. Hofers Feststellung wichtig, daß Burg und Burgum gleichzeitig, nicht nacheinander,
entstanden sind: »Sämtliche datierbaren Bauteile der Burg weisen klar ins ausgehende 12.
und frühe 13. Jahrhundert«. Eine Vorgängerburg konnte ebenso wenig nachgewiesen
werden wie ein vorstädtischer Siedlungskern unterhalb der Burg am Fluß. Für P. Hofer ist
die Siedlung in der Flußniederung offenbar erst spät ins 13./14. Jahrhundert zu setzen,
insbesondere in die Zeit nach der Zerstörung der Burg durch der Berner selbst (vor 1273)[22].

Damit ist die Frage nach einer Siedlung im Vorfeld der Stadtgründung, die hypothetisch
bereits gelöst schien, wieder völlig offen. Gewiß muß im Blick behalten werden, daß auch
intensive Grabungen auf dem städtischen Areal meist nur schmale Ausschnitte aus der
historischen Bodensubstanz bieten und daß es in Bern insgesamt doch nur relativ wenige
Einzelaufschlüsse bis auf den gewachsenen Boden gegeben hat. Es ist deshalb auch
keineswegs ausgeschlossen, daß künftige Grabungsfunde das Bild erneut verändern werden. Einstweilen ist jedoch davon auszugehen, daß die Zähringer ihr Vorhaben auf einem
siedlungstechnisch geeigneten, aber doch kaum vorbereiteten Boden ausgeführt haben.
Nur wenig tragfähige Spuren, wie etwa ein »wichtiger Komplex unglasierter Gebrauchske-
ramik« des späten 11. und frühen 12. Jahrhunderts, der sich im Füllschutt des Burggrabens
fand und der ein Hinweis auf eine vorzähringische Besiedlung sein könnte[23], sollten

22 HOFER, Ausgrabungen (wie Anm. 10) S. 13 ff.; DERS., Städtegründungen (wie Anm. 6) S. 94 f., S. 116
Anm. 19.; DERS., Strukturanalysen (wie Anm. 19) S. 29.
23 HOFER, Ausgrabungen (wie Anm. 10) S. 12.

jedenfalls nach den bisherigen Erfahrungen allein nicht mehr zu weitreichenden Spekulationen über einen vorstädtebaulichen Siedlungskern auf dem Boden des zähringischen Bern verführen.

Sind mit den schriftlichen Quellen schon die großräumigen Gliederungen der frühen Stadtgestalt kaum genau auszumachen, so gilt dies vollends für die kleinteilige Ausformung im einzelnen. Zur Erschließung der Feinstruktur und Ermittlung der ›Realien der hochmittelalterlichen Stadtanlage‹, also etwa Gesamtzahl und Erstparzellierung der Hofstätten, Innengliederung der Einzelliegenschaft, Wohnhausstandort in der Parzelle, Normierung der Frontstellung zur Straße wie Festlegung der Haustiefen – zur Ermittlung also dieser und anderer Details sind wir auf die nichtschriftlichen Primäraussagen angewiesen. Hier ist in den letzten Jahren neben Stadtplan, Bodenaufschluß und aufgehendem Baubestand zunehmend die Kellersubstanz in den Blick der Stadtkernforschung getreten. Lange Zeit waren die Keller, die in vielen Fällen, wie sich heute etwa am Beispiel von Freiburg im Breisgau zeigen läßt, zu den ältesten Gebäudeteilen zählen, allenfalls im Rahmen des Einzelhauses interessant. Inzwischen dürfte allgemein klar geworden sein, daß die Kelleraufnahme im Verbund, sozusagen der Stadtplan auf Kellerniveau, ein elementar wichtiges, wenn auch keineswegs unproblematisches Instrument der Stadtgeschichtsforschung ist[24].

Seit 1982 liegt der Kellerplan der Berner Altstadt – allerdings nur der Gesamtplan – mit einer Einführung in die Zielsetzung und Methode der Aufnahme im Druck vor. Der Kellerplan insgesamt besteht aus den Einzelplänen (Grundriß und Schnitt des einzelnen Kellers), dem Einzel-Inventar mit historisch wichtigen Details wie Bodenbelägen, Mauerwerksarten, Profilierungen von Gewänden usw., den Gesamtplänen einzelner Gassenabschnitte, der Bewertung aus denkmalpflegerischer Sicht und schließlich einer ersten, fragmentarischen Auswertung (die Gesamtauswertung steht auch hier noch aus)[25].

Die erste Auswertung erbrachte ›als Ganzes keine spektakulären Ergebnisse‹: Sowohl die Grundstruktur des Kellerplans als auch zahlreiche Einzelbefunde lassen sich offenbar ziemlich problemlos in das Gerüst der bisherigen Kenntnisse einfügen. Das mag allerdings auch daran liegen, daß der Kellerplan zeitlich nicht strukturiert ist, also vermutlich einen vielfach nachzähringischen städtebaulichen Endzustand dokumentiert, ohne daß dies erkennbar ist, auf dem aber gleichwohl die bisherige Sicht von der Gestalt der Zähringerstadt beruht. Es wäre also gewissermaßen ein Zirkelschluß, wollte man aus dem vorliegenden Kellerplan eine Bestätigung geläufiger Anschauungen herleiten. Soviel kann derzeit immerhin gesagt werden: Die vorläufige Auswertung legt, obwohl vieles noch Hypothese ist, bereits erhebliche Schwierigkeiten offen, Hofstättengrenzen und Kellerbereiche durchweg zur Deckung zu bringen[26]. Sie belegt weiter »die Existenz turmartig fester, wie auf

24 HOFER, Kellerplan (wie Anm. 7) S. 3, S. 10, S. 13 f. Vgl. für Göttingen SCHÜTTE (wie Anm. 10) S. 48. Ein relativ frühes und durch die Umstände besonders eindrucksvolles Beispiel für eine Beschäftigung der Archäologie mit der Kellersubstanz bieten die ab 1948 in der zerstörten Altstadt von Magdeburg vorgenommenen Untersuchungen. Wilhelm UNVERZAGT und Ernst NICKEL, Ausgrabungen in der Altstadt von Magdeburg, in: Neue Ausgrabungen in Deutschland, Berlin 1958, S. 582-595.

25 Beat GASSNER und Janine MATHEZ, Bericht über die Aufnahme des Kellerplans der Berner Altstadt, in: Der Kellerplan der Berner Altstadt (wie Anm. 7) S. 20-45.

26 Ebd., S. 41 f. Dieses Problem hat H. Strahm durchaus auch schon gesehen: Die ›stadtrechtlich‹ festgesetzten ›Gründerhofstätten‹, zur Straße hin in einer Breite von 100 Fuß, in die Tiefe von 60 Fuß, müßten, wenn man eine Kontinuität der Bebauung annehmen will, jeweils auf die heute noch bestehenden Scheidemauern oder Hausparzellengrenzen treffen. »Das ist jedoch nicht mit erforderlicher Regelmäßigkeit und Genauigkeit der Fall«, bemerkt Strahm. Er sieht auch deshalb in der »stadtrechtlichen Normierung der Hofstättenlänge von 100 Fuß bloß die ideale Berechnungseinheit ..., nach welcher der Hofstättenzins von 12 Pfennig zu entrichten war.« Die durchweg kleineren Bauparzellen seien »einfache Teile« dieses

dem Thuner Schloßberg von innen an die Stadtmauer stoßender Säßhäuser« ohne Einbindung in eine geschlossene Häuserflucht[27]. Damit ist ansatzweise die insbesondere von H. Strahm für Bern begründete Sicht einer gründungszeitlich geschlossenen Hofstättenbebauung mit regelmäßiger Parzellenbildung[28] in Frage gestellt zugunsten der Möglichkeit einer schrittweisen Entwicklung aus frühen unregelmäßigen Bauformen. In Burgdorf und im vorzähringischen Thun sind ähnliche Beobachtungen gemacht worden: locker disponierte Überbauung mit Einzelhöfen und einzeln stehenden Baukomplexen, die nicht durchweg am Gassenrand plaziert sind, konnten dort ergraben werden. Freiburg im Breisgau, von dem ebenso wie von Burgdorf und Thun noch die Rede sein wird, bestätigt den Befund von weitreichender Konsequenz für die frühe Stadtgestalt: Die bisherige Vorstellung einer »klaren Regelmäßigkeit« des Gründungsplans als »Folge einer vorbedachten Aufteilung des Siedlungsgeländes in Straßen und in Hofstätten von genau abgegrenztem Ausmaß«[29] und damit auch einer von Anbeginn kompakten Bauflucht und geschlossenen Gassenfront (zähringisch mit traufständigen Häusern) als der allein gültigen Bebauungsweise des Mittelalters ist, vorsichtig gesprochen, mit dem archäologischen Befund nicht durchgängig zur Deckung zu bringen.

Diese Feststellung kann sicher ebenso noch konkretisiert werden wie die zeitliche Abfolge der im Berner Kellerplan dokumentierten geschlossenen Bebauung. Voraussetzung ist allerdings eine genaue Datierung der Einzelkeller[30], die, wie bemerkt, weitgehend noch fehlt. Derzeit vermittelt der Kellerplan den trügerischen Eindruck eines Ist-Zustands von 1191/1218. Das ändert freilich nichts daran, daß die Kellerdatierung, sofern sie gelingt (in Bern ist nämlich der dendrochronologisch genau zu datierende Holzbalkenkeller die Ausnahme), im Verbund mit den übrigen archäologischen Befunden etwa am aufgehenden Mauerwerk eine der wenigen Möglichkeiten bietet, eine konkrete Anschauung von der frühen Stadtgestalt im Detail zu gewinnen und damit auch genauer in der Frage weiterzukommen, in welchem Maß und Umfang die Zähringer als Städtegründer planend die Stadtentstehung bestimmt haben.

Einheitsmaßes, »nämlich 1/4, 1/5, 1/6 und 1/8 von 100 Fuß«; STRAHM, Gründungsplan (wie Anm.14) S. 381. Der dort beigegebene Plan über »das Schema der tatsächlichen Parzellierung« (ebd. nach S.390) zeigt freilich, daß auch diese Teile nicht selten nur annähernd genau nachzuweisen sind.
27 Paul HOFER, Die Stadtanlage von Thun, Thun 1981, S. 148 und Anm. 11.
28 Vgl. grundsätzlich Hans STRAHM, Die Area in den Städten, in: Schweizer Beiträge zur allgemeinen Geschichte 3, 1945, S. 22-61; DERS., Verfassungstopographie (wie Anm.5) S.409f.; DERS., Bern (wie Anm. 11) S. 43f.
29 STRAHM, Gründungsplan (wie Anm. 14) S.367.
30 Auf das Altersproblem – es ist bekannt, daß auch im Mittelalter Keller nachträglich angelegt oder abgetieft wurden, also jünger sein können als der aufgehende Bestand – und auf die Schwierigkeiten der Datierung wird zu Recht in den vorliegenden Rezensionen eindringlich hingewiesen, etwa von Dietrich LUTZ, in: Denkmalpflege in Baden-Württemberg 12.Jg., 1983, S.204f., oder von Peter EGGENBERGER und Werner STÖCKLI, in: Zeitschrift für Schweizerische Archäologie und Kunstgeschichte 40, 1983, S.151f.

Freiburg im Breisgau

In seiner Untersuchung ›Über den Charakter Freiburgs in der Frühzeit der Stadt‹[31] hat H. Keller überzeugend dargetan, daß der Gründungsbericht der rekonstruierten Konrad-Urkunde von 1120 und die in ihr enthaltenen Rechtszusagen zeitgenössische Quellen zur Gründung des Marktes Freiburg und damit zum Beginn der Freiburger Stadtgeschichte sind. Diesem Quellentext ist im Hinblick auf unser Thema zunächst zu entnehmen, daß Konrad 1120 beschloß, in einem Ort namens Freiburg, der ihm zu eigen gehörte, einen Markt zu errichten. Der Markt wurde demnach bei einer bereits bestehenden Siedlung begründet, die offenbar schon den Namen Freiburg führte. Wichtig ist ferner die Beobachtung, daß die in der Urkunde mehrfach genannten *burgenses* nicht einfach mit den anzusiedelnden *mercatores* in eins zu setzen sind, sondern außer diesen Kaufleuten weitere Personen mitbezeichnen, die als Bewohner des genannten Ortes, als Vorbewohner des Marktes angesehen werden müssen[32]. Damit aber stellt sich die Frage nach einer älteren Siedlung im Bereich des Marktes, nach ihrem verfassungsrechtlichen und – uns vor allem interessierend – nach ihrem topographischen Charakter.

Die Diskussion um Vorgängersiedlungen des späteren Marktes Freiburg ist alt. Als Ergebnis der bisherigen Untersuchungen darf festgehalten werden: Wohl älter als die Marktanlage, allenfalls gleichzeitig mit ihr entstanden ist die urkundlich erst später bezeugte Burg auf dem Schloßberg[33]. Als Siedlungskern ist die bereits im Wildbannbeschrieb von 1008 genannte Wiehre vermutet worden, die sich beiderseits der damals weiter nördlich fließenden Dreisam vermutlich in lockerer Bebauung hinzog und ihrerseits, wie es scheint, zwei Kerne aufwies: im Westen die St. Peterskirche, Filialkirche von Umkirch, im Osten die Au mit dem Grafenhof, etwa an der Stelle des heutigen Adelhauser Klosters, und die Grafenmühle.

Dieser gesamte Siedlungsbereich hat mit seinem nicht nur bäuerlichen, sondern wohl auch schon gewerblichen Charakter eine nicht gering zu veranschlagende Bedeutung für die Markt- und Stadtgründung gehabt. Er blieb freilich bis ins 13. Jahrhundert topographisch und damit auch rechtlich außerhalb der Stadt. Der »locus scilicet Friburg« der Konrad-Urkunde kann deshalb nicht die Wiehre und diese damit nicht der Siedlungskern gewesen sein, an den sich die Marktgründung baulich anschloß[34]. Auch die spätere Klosterkirche der Franziskaner, die zum Gut der Zähringer gehörende St. Martins-Kirche, ist, vielleicht im räumlichen Verbund mit einem Herrenhof, offenbar früh anzusetzen – Hinweise auf eigenkirchliche Verhältnisse liegen vor. Sie ist deshalb mehrfach schon als Keimzelle der späteren zähringischen Marktgründung zur Diskussion gestellt worden – jüngst wieder in zwei Arbeiten, deren resümmierende These besagt: »Um die Eigenkirche St. Martin mit einem Freihof entwickelte sich bis zum 10./11. Jahrhundert ein Ort mit Marktgelegenheit, der vermutlich bewehrt war und den Namen ›fribourh‹ getragen haben

---

31 Hagen KELLER, Über den Charakter Freiburgs in der Frühzeit der Stadt, in: Festschrift für Berent Schwineköper, hg. von Helmut MAURER und Hans PATZE, Sigmaringen 1982, S.249-282 (dort auch die umfangreiche ältere Literatur). Vgl. ferner DERS., Die Zähringer und die Entwicklung Freiburgs zur Stadt, in: Die Zähringer. Eine Tradition und ihre Erforschung, hg. von Karl SCHMID (Veröffentlichungen zur Zähringerausstellung I), Sigmaringen 1986, S. 17-29.

32 KELLER, Charakter Freiburgs (wie Anm. 31) S. 254ff.

33 Vgl. Hans SCHADEK, Burg und Stadtbefestigung von Freiburg bis zum Ende des 16. Jahrhunderts, in: Stadt und Festung Freiburg 2, hg. v. Hans SCHADEK und Ulrich ECKER (Veröffentlichungen aus dem Archiv der Stadt Freiburg i. Br. 22) Freiburg i. Br. 1988, S. 9ff.

34 KELLER, Charakter Freiburgs (wie Anm. 31) S. 262ff.

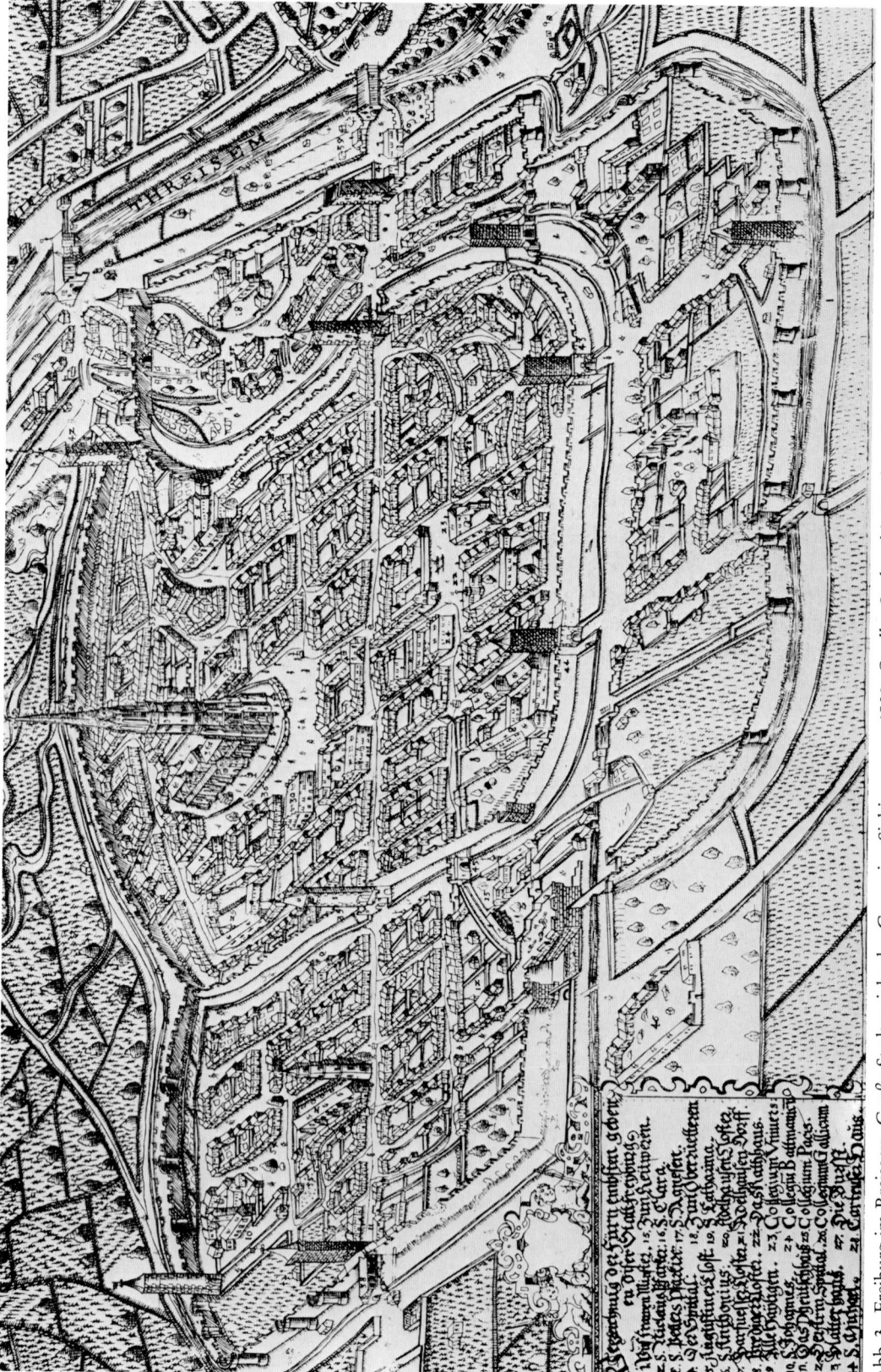

Abb. 3 Freiburg im Breisgau: Große Stadtansicht des Gregorius Sickinger von 1589. Quelle: Stadtarchiv Freiburg i. Br.

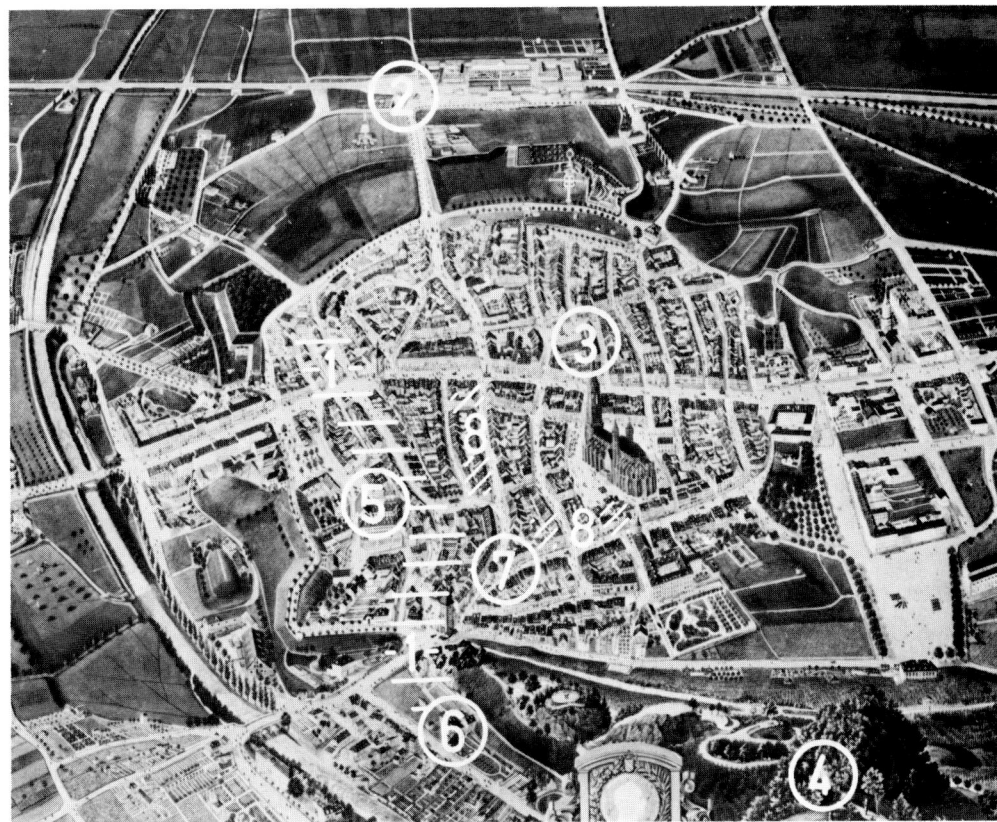

Abb. 4 Das Panoramabild von J. W. Lerch (1852) zeigt Freiburg im Breisgau nach Schleifung der Festungsanlagen wieder auf den Umfang der Stadtanlage zum Ausgang der Zähringerzeit reduziert. Die Einzeichnungen markieren Siedlungsansätze vor der Begründung des Marktes 1120: Die Wiehre (1), die St. Peterskirche (2), St. Martin (3), die Burg auf dem Schloßberg (4), Wirtschaftshof (5) und Mühle (6), Oberlinden (7) und *burgus* (8). Quelle: Stadtarchiv/Planungsamt der Stadt Freiburg i. Br.; nach Jürgen Treffeisen, Zähringerkatalog (wie Anm. 2) S. 228 Abb. 136

kann«[35]. In unserem Zusammenhang interessiert insbesondere der Versuch, den topographischen Charakter und Umfang der Siedlung um St. Martin aus dem Plan der Altstadt, der uns mit relativer Genauigkeit seit dem 16. Jahrhundert vor Augen steht, herauszupräparieren: Die gekrümmte Führung der Franziskanergasse, die sich in der Nordwand von St. Martin widerspiegelt, und die bogenförmige ›Fortsetzung‹ in der Brunnengasse und der Niemensstraße sollen noch heute die Westbegrenzung des ›kleinen Ortes‹ erkennen lassen, die dortige unregelmäßige Straßenführung und die wenig planvoll angelegte Bebauung auf hohes Alter und vorzähringisch-frühmittelalterliche Verhältnisse hindeuten[36]. Erwartungsgemäß fehlt es jedoch bei näherem Zusehen im Stadtplan nicht an Partien, deren Anlage die Beweisführung empfindlich stört. Wird schon die erschlossene westliche Begrenzung durch Teile planmäßiger Bebauung durchbrochen, so erst recht die östliche, die »über später rechtwinklig angelegte Grundstücke gelaufen sein« muß[37]. Wiederum

35 Dieter M. HENSLE, St. Martin zu Freiburg, eine frühmittelalterliche Eigenkirche und eine alte Pfarrkirche, in: St. Martin in Freiburg i. Br. – Geschichte des Klosters, der Kirche und der Pfarrei, hg. vom Kath. Pfarramt St. Martin, München – Zürich 1985, S. 10-25.
36 Ebd., S. 12.
37 Ebd., S. 16; vgl. die dort S. 13 und in einem weiteren Beitrag desselben Autors wiedergegebenen Planskizzen vom ›kleinen Ort‹. Dieter M. HENSLE, Waren Rimsingen und Freiburg friesische Stützpunkte

wäre also die Frage nach der Verläßlichkeit des Stadtgrundrisses für die Rekonstruktion frühester Siedlungsverhältnisse zu stellen. Für Bern war diese Problematik bereits begegnet. Dort galt die unregelmäßige Bebauung, die im Nydeggquartier festzustellen ist, lange Zeit als schlüssiger Beleg für das hohe Alter dieses Stadtviertels, während sie nun als Beweis für eine jüngere Phase vom Ende des 13. Jahrhunderts einzustehen hat. Ähnliches wird bei der Erörterung der Burgdorfer Verhältnisse begegnen. Dort gilt eine wenig normierte Bebauungsstruktur der östlichen Oberstadt als Ausweis für eine Entstehung unter den Kiburgern. Auf der anderen Seite belegen die neuesten archäologischen Erkenntnisse in Thun, Burgdorf, Freiburg im Breisgau und auch in Bern die Existenz nicht normierter Bauweise *vor* allen Stadtgrundrissen, d. h. die Existenz von Siedlungsverhältnissen, die später erst nach genormten Vorstellungen baulich weiter entwickelt worden sind – und erst diese fanden Aufnahme in die bekanntlich relativ jungen Stadtpläne[38]. Zu fordern ist also die kritische Überprüfung einer Quellengattung, die in der Stadtgeschichtsforschung lange Zeit höchst unbefangen angewendet worden ist.

Um zu Freiburg zurückzukehren: Die erstmals formulierte Annahme einer frühen Ortsbefestigung durch eine Ummauerung, die »um 1000« eine Siedlung bei St. Martin umschloß und erst im 12. Jahrhundert durch die weiter ausgreifende Stadtmauer abgelöst worden sein soll, wird archäologisch auf auffallende Mauerreste in der Langhaus-Nordwand der Franziskanerkirche sowie im Keller eines Hauses in der Niemensstraße gegründet, die als Reste dieser Ortsbefestigung gedeutet werden[39]. Der Befund in St. Martin wurde allerdings bisher als Folge einer von der Bürgerschaft erzwungenen Unterbrechung im Bau des Langhauses erklärt. Es gab gegen Ende des 13. Jahrhunderts erhebliche Widerstände gegen das Bauvorhaben der Franziskaner, die erst 1318 ausgeräumt werden konnten. Erst dann konnte das Langhaus vollendet werden[40]. Während der Mauerbefund in der Franziskanerkirche archäologisch bisher noch keineswegs zureichend erforscht ist, ist die Chance, dies tun zu können, für das im Zweiten Weltkrieg zerstörte Haus »zur guten Stunde«, Niemensstraße 13, endgültig dahin[41]. Hier kann nur noch auf den Beschrieb zurückgegriffen werden, den M. Wingenroth im Bürgerhäuser-Buch gegeben hat[42]. Dieser hat bereits erwogen, ob das vorgefundene »über 2 Meter starke unregelmäßige Mauerwerk des Kellers« zur Straßenseite hin als Relikt einer Stadtmauer zu deuten sei. Da jedoch an dieser Stelle des Stadtgrundes die Existenz einer Stadtmauer wenig wahrscheinlich schien, hat Wingenroth das Mauerwerk schließlich als Rest »eines besonders stark geschützten Baues« interpretiert, ja überdies den »Eindruck« formuliert, »daß der vordere Keller... möglicherweise den Umfang eines uralten Hauses widergibt.« Die vage Zeitstel-

frühmittelalterlicher Flußschiffahrt?, in: Zeitschrift des Breisgau-Geschichtsvereins (Schauinsland) 105, 1986, S. 165-204; hier S. 186.

38 Vgl. hierzu etwa die Bemerkungen bei FEHRING (wie Anm. 8) S. 12 und STEUER (wie Anm. 10) S. 45.

39 HENSLE, St. Martin (wie Anm. 35) S. 15.

40 Joseph SCHLIPPE, Die drei großen Bettelordenskirchen in Freiburg, in: Freiburg im Mittelalter, hg. von Wolfgang MÜLLER (Veröffentlichung des Alemannischen Instituts Freiburg Nr. 29), 1970, S. 109-140; hier: S. 128. Peter SCHMIDT-THOMÉ, Zur mittelalterlichen Baugeschichte der ehemaligen Franziskanerklosterkirche St. Martin in Freiburg, in: St. Martin (wie Anm. 35) S. 125-137; hier: S. 131. Die archäologische Notgrabung 1974 legte im Bereich des heutigen Kirchenschiffs Fundamentzüge frei, die mit aller Vorsicht als Vorgängerbau aus dem späten 12. Jahrhundert gedeutet werden können; ebd. S. 126ff.

41 Der Keller, der als einziger Hausteil unzerstört geblieben war, wurde im Zuge des Wiederaufbaus ausgebaggert und in Beton neu aufgeführt. Die alte Bausubstanz ist restlos beseitigt. Freundliche Mitteilung von Dr. Immo Beyer, Planungsamt der Stadt Freiburg.

42 Peter Paul ALBERT / Max WINGENROTH, Freiburger Bürgerhäuser aus vier Jahrhunderten, Augsburg-Stuttgart 1923, S. 207f.

lung legt besonders drastisch die damaligen Schwierigkeiten offen, den bauanalytisch
aufgenommenen Befund archäologisch genauer zu deuten. Es liegt deshalb auch auf der
Hand, daß Wingenroths Beobachtungen zunächst im Kontext der noch zu schildernden
jüngsten Erkenntnisse über die baugeschichtliche Entwicklung der Stadt erneut überdacht
werden müssen, ehe auf seine Feststellungen weitreichende Thesen gegründet werden
können[43]. Da insgesamt keine wirklich stichhaltigen Argumente zu erkennen sind,[44] die die
frühdiskutierte »Siedlungszelle St. Martin« in einem neuen Licht erscheinen ließe, gehen
wir hier mit H. Keller weiterhin von der Annahme aus, daß der in der Konrad-Urkunde
angesprochene präurbane Siedlungskern nicht mit dem Raum um St. Martin identisch ist[45].

Dieser ist vielmehr offenbar im Bereich der Straßengabel Salz-/Herrenstraße zu suchen,
ein Raum, dessen vorstädtebauliche Siedlungssituation seit längerem diskutiert wird. Hier
macht H. Keller einen im Zuge des Ausbaus der Burg auf dem Schloßberg durch Bertold II.
nach westfränkisch-burgundischem Vorbild angelegten, in den Marbacher Annalen zu
1091 überlieferten Burgus dingfest. Die Entwicklung zur Stadt wurde 1120 durch die
Errichtung des Marktes eingeleitet, dessen Lokalisierung durch die fortgeschrittene Bebauung des Burgus-Bereichs im Osten und durch die Begrenzung durch den Herrenhof bei
St. Martin im Westen erklärt werden könnte[46].

Die intensive Beschäftigung mit der schriftlichen Quellenüberlieferung hat, insbesondere in den letzten Jahren, für die Frage der Siedlungstopographie Freiburgs ein sehr
respektables Ergebnis gezeitigt. Die städtebauliche Feinstruktur der Gründungsphase
konnte allerdings von hier aus nicht geklärt werden. Fixiert auf das Raster des urkundlich
vorgegebenen Hofstättenmaßes von 50 x 100 Fuß, das allerdings erst als späterer Zusatz
durch Bertold IV. in den Text der Markturkunde von 1120 aufgenommen wurde[47], sah
man hierzu zunächst auch keine zwingende Notwendigkeit. Das Hofstättenmaß, das mit
dem Stadtgrundriß wenigstens partiell in Einklang zu stehen schien, hat die Entwicklung

43 Sollte überdies ein Freiburg, das in den Schriftquellen keine Erwähnung fand, bereits um die
Jahrtausendwende eine bauliche Entwicklung erreicht haben, die z.B. das von einem vermögenden
Stadtherrn geförderte Basel erst im letzten Drittel des 11.Jh. durch den von Bischof Burkhard veranlaßten
Mauerbau erlangte? Vgl. Dorothee RIPPMANN u.a., Basel-Barfüßerkirche. Grabungen 1975-1977. Ein
Beitrag zur Archäologie und Geschichte der mittelalterlichen Stadt, Olten und Freiburg i.Br. 1987, S. 19f,
S. 97f, S. 121ff. In Konstanz konnte die These von einer Ummauerung der Marktsiedlung schon im
10./11.Jh. bisher archäologisch nicht bestätigt werden – ja die Zweifel an der Existenz einer frühen
Stadtummauerung wurden durch die negativ verlaufenen Grabungen erheblich verstärkt. Hans STATHER,
Konstanzer Grabungsberichte. Neue Ausgrabungsfunde Alt-Konstanzer Baulichkeiten – Zeugnisse früh-
mittelalterlichen Lebens, Konstanz 1984, S. 16ff. Für Eichstätt ist jüngst festgestellt worden, daß die
Marktsiedlung »im 12.Jh. wohl bereits mit einer Mauer an die Domburg angeschlossen worden war.
Ausreichende Befunde hierzu stehen allerdings noch aus, so daß definitive Antworten... erst in Zukunft
möglich sein werden. Vorläufig läßt sich die Ausdehnung der frühen Bürgerstadt ebenfalls nur aus dem
Stadtgrundriß interpretieren. Ende des 12.Jh., sicher jedoch zu Beginn des 13.Jh., war dann die Befestigung vollendet, die heute noch weitgehend im Stadtbild zu beobachten ist.« Karl Heinz RIEDER,
Stadtkernarchäologie in der Bischofsstadt Eichstätt, in: Schönere Heimat 76, 1987, S. 85-90, hier: S. 89f.
44 Zu weiteren Argumenten D.M. Hensles für die These einer frühen Ummauerung wie für die hier nicht
zu behandelnde These einer frühmittelalterlichen »Schiffslände« an der Dreisam vgl. Schadek, Burg und
Stadtbefestigung (wie Anm. 33) S. 36f Anm. 76 und 77.
45 KELLER, Charakter Freiburgs (wie Anm. 31) S. 267f.
46 Ebd., S. 268ff. Vgl. zum Vorhergehenden auch Zähringerkatalog (wie Anm. 2) S. 224ff.
47 Vgl. Marita BLATTMANN, in: Zähringerkatalog (wie Anm. 2) S. 251 mit knappem Hinweis, und jetzt
ausführlich in ihrer Dissertation: Die Freiburger Stadtrechte zur Zeit der Zähringer. Rekonstruktion der
verlorenen Urkunden und Aufzeichnungen des 12. und frühen 13. Jh., Diss. phil. Freiburg i. Br. 1988,
S. 127ff, S. 568ff. Die Arbeit erscheint in Kürze in der Reihe der ›Veröffentlichungen aus dem Archiv der
Stadt Freiburg‹.

eines Problembewußtseins erkennbar verhindert. Jedenfalls ist der Wert systematischer Grabungen zunächst kaum und, wie anderswo auch, der Wert des unter dem Niveau des Erdgeschosses liegenden Baubestandes so gut wie gar nicht erkannt worden.

Am 27. November 1944 wurde mit einem einzigen Luftangriff die Freiburger Altstadt zum größeren Teil in Schutt und Asche gelegt. Verschont blieben allein die Bereiche Rathausgasse, südöstlicher Münsterplatz, östlicher Teil der Salzstraße, Oberlinden, Gerberau, Fischerau. Soweit die Keller nicht durch Sprengbomben vernichtet waren, wurden sie zum Teil mit den niedergelegten Hausruinen samt Fundamenten ausgebaggert. Im Umlegungsverfahren, mit dem alte, technisch unzulängliche Grundstücksformen ›bereinigt‹ wurden, entstand über den zerstörten Bereichen ein völlig neues Netz von Parzellengrenzen, das bei der anschließenden Bebauung ebenfalls seine negativen Konsequenzen für die unterirdische Bausubstanz hatte. In diesen, den kriegszerstörten Teilen der Altstadt gibt es heute, »von einzelnen inselartigen Bereichen abgesehen ..., mit archäologischen Methoden kaum mehr etwas zu dokumentieren«.

Diese resignierte Feststellung trifft L. Schmidt vom Landesdenkmalamt Freiburg in seinem 1985 veröffentlichten Beitrag über ›Kellerkartierung und Hausforschung in Freiburg im Breisgau‹ [48]. Er kann allerdings auch darauf hinweisen, daß es Quellenüberlieferungen gibt, die den Versuch erlauben, die Vorkriegssubstanz der Freiburger Kellerräume zu rekonstruieren und zu einem Kellerplan zusammenzufügen. Neben den Aufnahmen des 1923 erschienenen Bürgerhäuser-Buches, das sein Hauptaugenmerk jedoch auf den aufgehenden Baubestand richtet [49], ist dies ein kleiner Bestand an Planbeilagen alter Bauakten des Stadtarchivs [50], dann aber vor allem ein Quellenkomplex, der durch seine Vollständigkeit und durch seine spezifische Aufmerksamkeit für die unteren Hausbereiche die Erarbeitung eines flächendeckenden Kellerplans erst ermöglicht: die Hausentwässerungsakten des städtischen Tiefbauamts, zwischen 1888 und 1900 aus der Auflage an die Hausbesitzer entstanden, für den Anschluß an die städtische Kanalisation Hauspläne im Maßstab 1:100 einzureichen, die neben Geschoßgrundrissen meist auch einen Schnitt durch das Gesamthaus bieten, der über die Gestalt des Kellers Auskunft gibt. Der auf diesem Quellenmaterial basierende Kellerplan, der den Zustand um 1890 widerspiegelt, ist inzwischen vom Landesdenkmalamt erarbeitet und am genannten Ort publiziert worden [51].

Nur mit großer Vorsicht kann allerdings von hierher auf frühe vorstädtebauliche Zustände und auf die Stadtgestalt im ersten Jahrhundert nach der Anlage des Marktes geschlossen werden. Insbesondere fällt ins Gewicht, daß der Kellerplan und die ihm zugrundeliegenden einzelnen Hauspläne keine direkten Anhaltspunkte für die Altersbestimmung der einzelnen Keller bieten. Eine genauere Datierung ist jedoch unabdingbar, will man den Kellerplan zur Bestimmung älterer Baustrukturen mit Erfolg nutzen. So bleibt nur die Möglichkeit, durch den Vergleich mit erhaltenen und datierbaren Kellern in der Freiburger Altstadt zu einer Typologie der Kellerform zu finden, die eine Auswertung des Kellerplans zur Identifizierung von Frühformen der Stadtanlage ermöglichen würde.

Diesen methodischen Weg, der gewiß nicht unproblematisch ist, hat bereits J. Diel beschritten, dem das Verdienst gebührt, die Bedeutung des Kellerplans, also die systematische Erforschung aller Kellerbereiche im Verbund, in Freiburg bewußt gemacht und zu

48 In: Denkmalpflege in Baden-Württemberg, 14. Jg., 1985, S. 112-122. Vgl. DERS., Archäologie ohne Spaten – Der Kellerplan Freiburg i. Br., in: Archäologische Informationen 7, Heft 2, 1984, S. 120-124.
49 ALBERT – WINGENROTH (wie Anm. 42).
50 Der Planbestand ist inzwischen von Arbeitskräften des Landesdenkmalamtes Freiburg in einem ungedruckten Spezialinventar erfaßt worden.
51 Wie Anm. 48.

seiner Verwirklichung die ersten Schritte unternommen zu haben[52]. Seine baugeschichtlichen Untersuchungen haben nun für das Oberlindenquartier und insbesondere für den Bereich der oberen Herrenstraße eine Bebauung erkennbar werden lassen, die noch in die Zeit vor der Marktgründung zurückweisen könnte: »Die Keller der Hauszeile Herrenstraße 58-44, die nicht in einer klaren Flucht stehen und oft große Nachbarabstände bilden, dann wieder auf ›Traufgassenbreiten‹ an die Nachbargrenze rücken, deuten auf eine landwirtschaftlich bestimmte Gehöftsiedlung, die in die alte Wiehredorfbebauung eingeordnet werden kann«[53]. Allerdings, die Dichte der Bebauung auf relativ kleinen, aneinandergrenzenden Grundstücken, wenn auch ohne geschlossene, auf Straßenflucht und Nachbarhaus bezogene Bauweise, und die Art der Bauausführung mit unterkellerten (Stein-) Häusern beweisen andererseits, daß wir es hier nicht mehr, wie bei der Wiehre, mit einer dörflichen Siedlung zu tun haben, auch wenn sie ihrem Aussehen nach noch nicht als städtische Siedlung im späteren, uns geläufigen Sinn bezeichnet werden kann[54]. Der Baubefund der Kellerebene untermauert also im wahrsten Sinne des Wortes die von Historikern seit längerem vertretene These, daß die Vorgängersiedlung der Marktgründung am ehesten in diesem Bezirk unterhalb der Burg gelegen haben könnte.

Freilich muß mit allem Nachdruck darauf hingewiesen werden, daß aufgelockerte Bebauung allein wohl noch nicht rechtfertigt, einen vorstädtebaulichen Zustand zu konstatieren, es sei denn, man will als Stadt nur die Baugestalt gelten lassen, die uns ab etwa 1250 entgegentritt. Der von L. Schmidt unternommene Versuch, die Stadtgestalt Freiburgs um 1200 anhand der Kellerbefunde zu veranschaulichen, zeigt noch gegen Ende der Zähringerherrschaft, wenn der Versuch einer kritischen Betrachtung standhält – auf bereits formulierte Einwände wird gleich noch einzugehen sein –, »eine aufgelockerte Bebauung mit Bürgerhäusern, die sich nur abschnittweise zu längeren Ketten aneinanderfügen«[55]. Auch die bauliche Gestalt der Stadt entwickelte sich also wohl aus den allmählich erkannten Notwendigkeiten, an deren Anfang der Herrensitz, der der Siedlung Schutz verlieh, und das Marktareal standen. Dort, am Markt, wird man noch am ehesten eine schnelle Verdichtung der Bebauung erwarten, und in dem alten burgabhängigen Siedlungsbereich, wo die für die Marktwerdung ebenfalls wichtigen herzoglichen Gefolgsleute saßen und wo bestehende ältere Siedlungsformen veränderten wirtschaftlichen Gegebenheiten schnell baulich angepaßt werden konnten[56].

Der Versuch, aus dem Kellerplan um 1890 «die Hauskerne durch Eliminieren der jüngeren Erweiterungen herauszuschälen«[57], setzt voraus, daß aus Einzeluntersuchungen gewonnene und gesicherte Ergebnisse weiterreichende, typologisch verfahrende Folgerungen möglich machen. Nun konnte in den letzten Jahren durch die dendrochronologische Bestimmung von Holzbauteilen eine Reihe exakter Daten für den Kellerbereich gewonnen werden. Diese Daten sind insofern von ausschlaggebender Bedeutung, als mit archäologisch-kunsthistorischen Kriterien meist nur annähernde Zeitwerte mit relativ hoher Toleranz zu erzielen sind. Nachdem in einer ersten Serie von Untersuchungen Daten des

52 Josef DIEL, Die Tiefkeller im Bereich Oberlinden. Zeugnisse der baulichen Entwicklung Freiburgs im 12. und 13. Jahrhundert (Stadt und Geschichte. Neue Reihe des Stadtarchivs Freiburg i. Br., H. 2), Freiburg 1981. Vgl. hierzu die Rezension von Leo SCHMIDT, in: Denkmalpflege in Baden-Württemberg, 13. Jg., 1984, S. 119-120.

53 DIEL (wie Anm. 52) S. 28ff., S. 34f.

54 KELLER, Charakter Freiburgs (wie Anm. 31) S. 268f.

55 SCHMIDT, Kellerkartierung (wie Anm. 48) S. 120ff.

56 Vgl. zum Vorhergehenden auch den Katalogbeitrag des Verfassers ›Gestalt der Zähringerstadt, Freiburg i.Br.‹, in: Zähringerkatalog (wie Anm. 2) S. 253f.

57 Wie Anm. 55.

13. Jahrhunderts ermittelt werden konnten[58], förderte die Analyse von Balkendecken im Keller des Hauses Herrenstraße 34 das erste zähringerzeitliche Datum (1173) zutage[59].

Gestützt auf die dendrochronologisch gesicherten Daten der Keller mit Balkenlage war die Forschung zunächst davon ausgegangen, daß in der Regel – von den oben geschilderten Kellern der Herrenstraße 58-44 abgesehen – die älteste Bausubstanz straßenseitig und die jüngere hofseitig gelegen habe: Im Zuge der mehrfach belegten, zum Teil datierbaren Abtiefung des vorderen Balkenkellers sei die Grundfläche des Hauses nach hinten in den Hofraum erweitert worden, wodurch sich ein eingeschossiger jüngerer Keller an der Hofseite ergeben habe[60]. Durch weitere Detailuntersuchungen, die im Auftrage der Stadt Freiburg von I. Beyer durchgeführt worden sind, konnte jedoch wahrscheinlich gemacht werden, daß dieser hintere eingeschossige ›Keller‹ häufig der älteste Teil des gesamten Hauskomplexes ist.

Als Beispiel sei das ›Turmhaus‹ in der Salzstraße 20 angeführt[61]. Der hofseitig liegende Keller, der bisher als der jüngste Bauteil galt, ist als Sockelgeschoß eines freistehenden Steinhauses anzusehen. Das Geschoß besteht aus einem Tonnengewölbe, das zunächst straßenseitig verschlossen war und das hofseitig durch eine in Hausteinen gefaßte Arkade geöffnet ist. Das ursprüngliche Hofniveau lag, wie dies inzwischen für zahlreiche andere Hofräume festgestellt werden konnte[62], gegenüber dem heutigen um etwa 2 m tiefer. Damit ist der heutige Keller als das Erdgeschoß wohl eines Turmhauses mit trapezoidem Grundriß von knapp 8 x 7 m erwiesen, von dem die Ostwand noch bis zum zweiten Obergeschoß mit einem Schlitzfenster erhalten ist. Das Turmhaus, das eine Höhe von 4 bis 5 Geschossen gehabt haben mag, wurde bei der Erweiterung zur Salzstraße hin bis auf das zweite Obergeschoß abgetragen. Mit diesem Bestand ging es auf in einem breit gelagerten Giebelhaus mit einem eingeschossigen, straßenseitig liegenden Keller, der mit dem ehemaligen Sockelgeschoß durch ein Rundbogentor in Hausteinen verbunden wurde. Der Bauschutt aus dem Umbau führte zu einer ersten Anhebung des Hofniveaus. Ein in Hausteinen gefaßtes Rundbogenfenster im Obergeschoß und ein Rechteckfenster im Erdgeschoß der Giebelwand des neuen Hauses lassen erkennen, daß auch dieses, jedenfalls nach Osten, immer noch freistehend war. Ein Holzsturz im Rundbogenfenster, der dendrochronologisch auf 1133 datiert wurde, liefert das Datum für den Bau des Giebelhauses und den Terminus ante quem für die Errichtung des Turmhauses – vorausgesetzt allerdings, daß das Holzbalkenstück hier nicht in sekundärer Verwendung auftritt, als Material aus dem Abbruch des Turmhauses oder aus anderen baulichen Gegebenheiten. Dann nämlich wäre die Datierung beider Bauten neu zu überdenken.

Der geschilderte Baubefund scheint immerhin die These zu bestätigen, daß der vor der Marktgründung anzusetzende Siedlungskern im Bereich der Weggabel Salzstraße – Oberlinden – Herrenstraße aus einzelstehenden, wenigstens zum Teil noch nicht an die Flucht der Straße heranreichenden Häusern bestand, von denen eine Anzahl wohl mit dem Sockelgeschoßtypus ohne Keller identisch gewesen ist, wie er in der Salzstraße 20

58 Schusterstr. 33: 1220; Schusterstr. 36: 1270; Diel (wie Anm. 52) S. 22ff. Salzstr. 22: 1254; Salzstr. 24: 1253; Schmidt, Kellerkartierung (wie Anm. 48) S. 117.

59 Ebd., S. 117f.

60 Diel (wie Anm. 52) S. 21f. Leo Schmidt, Kulturdenkmale in der Freiburger Altstadt, in: Denkmalpflege in Baden-Württemberg, 12. Jg., 1983, S. 169-178; hier S. 175.

61 Vgl. den Beitrag von Immo Beyer, in: Zähringerkatalog (wie Anm. 2) S. 231f., der eine Reihe weiterer Keller untersucht hat. Auch hier muß leider wieder konstatiert werden, daß eine verläßliche und detaillierte Publikation seiner bisher gewonnenen Erkenntnisse noch aussteht.

62 Diel (wie Anm. 52) S. 23, S. 42. Peter Schmidt-Thomé, Archäologie in der Altstadt von Freiburg im Breisgau, in: Archäologische Ausgrabungen in Baden-Württemberg 1985, Stuttgart 1986, S. 239-245; hier S. 241f., S. 244.

herausgearbeitet werden konnte: so offenbar die Häuser Oberlinden 8-12[63] oder das oben besprochene Haus Herrenstraße 34, das 1173 an die Straße vorrückte. Mit komplexerem Befund spricht auch das Haus Salzstraße 22, unter dessen rückwärtigem Keller – und tiefer in den heutigen Hofraum hineinführend – sich ältere Mauerzüge ergraben ließen, für eine zunächst unregelmäßige, erst später normiert an den Gassenrand herangeführte Bebauung[64]. Eine ähnliche Entwicklung – Vorrücken der Hausbauten an die Straße nach der Mitte des 12. Jahrhunderts – konnte in Basel beobachtet werden[65].

Die Anlage der Marktstraße, aufgesetzt auf die ältere Wegführung der Salzstraße, war offenbar der erste planerische Ansatz zu einer Normierung der Bebauung, die aber in den Einzelparzellen möglicherweise erst unter Bertold IV. stärker hervortrat, wenn man den Eingang der Hofstättennorm in den Text der Markturkunde in dieser Zeit als Indiz gelten lassen will. Auch wenn das Hofstättenmaß insbesondere als Grundlage für die Berechnung des Hauszinses gegolten hat, so muß dieses doch in Relation zum Grundstück gestanden haben, wenn das Berechnungsmaß einen Sinn gehabt haben soll. Die bisherigen Versuche freilich, die Größennormierung der Einzelparzellen im neuzeitlichen Stadtplan nachzuweisen, haben nicht überzeugen können[66]. So wird man zunächst darauf abzielen müssen, die archäologischen Einzeldaten zu sammeln, um sie schließlich wenigstens partiell zu einem Gesamtbild zusammenzufügen, das eine Überprüfung der Hofstättengrößen und der Entstehung einer an der Gassenflucht orientierten, traufständigen und abstandsfreien Bauweise erlaubt. Diese als ›typisch zähringisch‹ anzusehen, ist jedenfalls nach den bisherigen Erkenntnissen nicht mehr möglich. Denn erst nach 1200, als Bertold V. um die Siedlung eine Ringmauer legte[66a] und damit das Siedlungsareal endgültig in seinen äußeren Grenzen fixierte, fand das Stadtbild Freiburgs zu jener Geschlossenheit, die man früher in die frühe Zähringerzeit zurückzuprojizieren pflegte.

63 Besonders aufschlußreich ist möglicherweise die Baugeschichte des Gasthauses ›zum roten Bären‹ (Oberlinden 12). ›Seine bisherige, noch nicht abgeschlossene Bauanalyse ergab ein hofseitig liegendes romanisches Kernhaus in Gestalt eines monumentalen Arkadenhauses. Von ihm konnte ein Eckpfeiler mit seinen Arkadenbögen gesichert werden. Damit gibt sich ein Haustypus zu erkennnen, der selten zu finden ist. Er gehört in den Entwicklungsstrang feudaler Architekturen und kann hier die Funktion des Amtshauses, Hospizes oder Gasthauses erfüllt haben. Das romanische Arkadenhaus... wird in einem ersten Schritt nach Oberlinden hin in ein romanisches, sicher traufständig ergänztes Giebelhaus des 12. Jahrhunderts erweitert.‹ Wohl im 13. Jahrhundert erhält das Haus einen Tiefkeller; Immo BEYER, Die Baugeschichte. Jubiläumsbroschüre ›Zum roten Bären in Freiburg i.Br. 1387-1987‹, Freiburg 1987, S. 5-7. Trotz beigegebenem Grundrißplan erlaubt der äußerst knappe Bericht keine Beurteilung der vorgetragenen Ergebnisse.

64 SCHMIDT-THOMÉ, Archäologie (wie Anm. 62) S. 241 ff. Um 1255 rückte das Haus, wie die dendrochronologische Untersuchung des Holzbalkenkellers ergab, an die Salzstraße vor.

65 Ch. Ph. MATT und P. LAVICKA, Zur baugeschichtlichen Entwicklung eines hochmittelalterlichen Siedlungskerns. Vorbericht über die Grabungen an der Schneidergasse 4-12, in: Basler Zeitschrift für Geschichte und Altertumskunde 84, 1984, S. 329-344. Derselbe Befund in Esslingen; vgl. Bericht in der Stuttgarter Zeitung Nr. 78 v. 5.4.1988 S. 18.

66 Es sei an dieser Stelle nur auf den jüngsten Versuch hingewiesen: Wolfgang KLUG, Zum Problem der Hofstätten in Freiburg i.Br., in: Zeitschrift des Breisgau-Geschichtsvereins (Schauinsland) 104, 1985, S. 177-194. Vgl. hierzu die Bemerkungen von Berent SCHWINEKÖPER, Der ›Sparkassenblock‹ in Freiburg, in: ebd., S. 167-176; hier S. 174 f. Vgl. auch oben Anm. 26 und weiter unten Anm. 79, 88 und 116. Für Zürich wurde festgestellt, daß sich »bis ins Spätmittelalter auf dem Platze Zürich keine verbindliche Norm des Grundrisses ausmachen läßt.« Jürg SCHNEIDER, Daniel GUTSCHER u.a., Der Münsterhof in Zürich (Schweizer Beiträge zur Kulturgeschichte und Archäologie des Mittelalters 9) Teil I. Olten und Freiburg i.Br. 1982, S. 144.

66a Vgl. SCHADEK, Burg und Stadtbefestigung (wie Anm. 33) S. 19 ff. Eine eingehende Behandlung der zähringischen Stadtbefestigung Freiburgs wird in Kürze in Band III der Veröffentlichungen zur Zähringer-Ausstellung (vgl. Anm. 2, 31) erscheinen (gemeinsam mit Peter Schmidt-Thomé).

Burgdorf

Spätestens seit 1236 befand sich die Stadt Burgdorf (*oppidum B.*) in der Hand der Kiburger, die es verstanden hatten, sich mit Hilfe ihrer Miterben, der Grafen von Urach-Freiburg, wohl schon kurz nach dem Tode Bertolds V. zunächst die Burg zu sichern. Einen indirekten Beleg für die Existenz der Burg schon vor 1130 hat man in der Nennung des emmeaufwärts gelegenen Oberburg sehen wollen, das eine ›untere Burg‹ (Burgdorf) als Pendant verlange. Burgdorf selbst wird 1175 durch zwei Ministerialen Bertolds IV., Albertus de Porta und Anselmus Juvenis, beide *de Burtorf*, faßbar. Der Name setzt eine dörfliche Siedlung im Verbund mit einer Burganlage voraus, die 1210 als Ausstellungsort einer Urkunde Bertolds V. – *in castello Burgtorf* – bezeugt ist[67]. 1175 beziehungsweise 1210 und 1236 sind damit die urkundlich gesicherten Daten für die Existenz von Siedlung, Burg und Stadt. Genauer jedoch ist die baugeschichtliche Entwicklung in den drei Bereichen bzw. die Siedlungsabfolge, die die Frage nach dem Zeitpunkt der Stadtentstehung mitbeinhaltet, für den Historiker nicht zu klären. Hier konnte deshalb nur die Untersuchung des Baubestandes, der vor allem im Bereich der Burganlage überraschend vollständig auf uns gekommen ist, weiterführende Erkenntnisse bringen.

Wie entschieden die archäologische Erforschung der Bausubstanz im Bereich der Burg unsere Einsichten in die Entstehung der zähringischen Stadt im allgemeinen und der Burgdorfs im besonderen erweitert hat, belegt das jüngst in den ›Kunstdenkmälern der Schweiz‹ von J. Schweizer publizierte Ergebnis dieser Bemühungen[68] – angesichts der teils unveröffentlichten, teils nur in knappen Vorberichten publizierten Daten ähnlicher Unternehmungen in anderen Zähringerstädten geradezu ein Glücksfall der Zähringerforschung.

Archäologische Funde auf dem Schloßberg, die bis in die späte Bronzezeit zurückreichen, belegen die naheliegende Vermutung, daß der topographisch außergewöhnlich begünstigte Burgfelsen früh besiedelt war. Allerdings sind Form und Dauer dieser Besiedlung unklar. Von einer Siedlungskontinuität kann einstweilen nicht die Rede sein. Die immer wieder begegnende Vermutung, der Burgberg sei mit einem römischen Kastell besetzt gewesen, scheint jedenfalls völlig aus der Luft gegriffen. Siedlungsspuren im weiteren Umfeld, wie etwa ein frühmittelalterliches Erdwerk mit doppeltem Wall und Graben auf einer östlich der Emme gelegenen Fluh, müssen hier außer Betracht bleiben, da eine Beziehung zum Siedlungsplatz Burgdorf nicht erkennbar ist[69].

Die archäologischen und bauanalytischen Untersuchungen, die in den Jahren 1971 bis 1983 auf dem Burgareal durchgeführt worden sind, erbrachten ein klares Bild von den Bauphasen der heutigen Burganlage, mußten freilich die Frage nach dem Alter der vorausgehenden Befestigungsanlage, die festgestellt werden konnte, weitgehend offenlassen[70].

Nachdem zunächst anhand der Mauerverbände und der Fundationsverhältnisse nachgewiesen war, daß die drei dominierenden Großbauten Wehrturm (Bergfried), Wohnturm (Palas) und Halle gemeinsam und »in zügigem Tempo« ausgeführt worden sind, stellte sich die Frage nach dem Zeitpunkt ihrer Entstehung. In der Literatur wurden bis dahin zwei voneinander abweichende Meinungen vertreten, von denen die eine die beiden Türme

---

67 Zähringerkatalog (wie Anm. 2) S. 118, 268, 273 f., 282. SCHWEIZER, Burgdorf (wie Anm. 68) S. 2, 4, 81.
68 Jürg SCHWEIZER, Die Stadt Burgdorf (Die Kunstdenkmäler des Kantons Bern. Landband I), Basel 1985. Vgl. den Vorbericht: Schloß Burgdorf, hg. vom Hochbauamt des Kantons Bern, Bern 1984, und die zusammenfassende Darstellung von Jürg SCHWEIZER, in: Zähringerkatalog (wie Anm. 2) S. 282 ff.
69 SCHWEIZER, Burgdorf (wie Anm. 68) S. 3 f.
70 Das Folgende ebd., S. 78 ff.

Abb. 5 Burgdorf. Gesamtansicht des Schlosses von Südwesten mit den drei zähringischen Großbauten: Wehrturm, Donjon (Wohnturm) und Halle. Quelle: Inventarisation des Kantons Bern

generell – aber ohne nähere Begründung – der zweiten Hälfte des 12. Jahrhunderts, die andere den Palas den Kiburgern (nach 1218), den Bergfried gar dem Haus Neukiburg (nach 1274) zuweisen wollte. P. Hofer vertrat dagegen nach einer genauen Analyse der Steinbearbeitung die Auffassung, daß der Palas um 1200 entstanden sein müsse. Dendrochronologische Untersuchungen haben diesen zeitlichen Ansatz bestätigt: Eichenbalken aus dem Mauerverband und Tannenproben aus der Balkenlage im ersten Obergeschoß ergaben als Fällungsjahre 1200 und 1192, Proben aus dem Dachstuhl das Datum »1199 plus wenige Jahre«. Da auch die Bauformen, Fenster, Kapitelle und Profile übereinstimmend in die Zeit um 1200 weisen, konnten alle drei im Verband stehenden Großbauten in die späte Zähringerzeit datiert werden.

Während der Hauptbauphase um 1200 wurde ferner ein erstes Stück der verteidigungstechnisch entscheidenden Nordmauer auf einer Länge von 24 m im Bereich des Bergfrieds erneuert. Die zeitliche Zuweisung wurde unter anderem möglich durch den Nachweis, daß hier Kalksteinquader aus Solothurnstein Verwendung fanden, der sonst nur noch an Bergfried und Palas sowie an der Mauer zwischen diesen beiden, den Bauteilen des zähringischen Ausbaus also, auftritt. Auch die unter dem heutigen, 1559/61 errichteten Torturm der Vorburg erhaltenen Eckverbände des Vorgängerturms aus groben Findlingsquadern stammen aus vorkiburgischer Zeit, da sich Megalithmauerwerk vereinzelt im zähringischen Abschnitt der Nordmauer und im Sockel des Palas, jedoch nicht mehr in den kiburgischen Bauteilen findet.

Vermutlich gehen die Torfundamente sogar auf die Zeit vor der zähringischen Hauptbauphase um 1200 zurück. Gesichert ist dies für ein Teilstück der oben genannten, unter

Bertold V. erneuerten Nordmauer aus sonst nicht mehr auftretendem Kieselverband. Dieses Mauerstück läßt erkennen, daß die Nordflanke des Burghügels schon vor 1200 befestigt gewesen ist. Wann genau diese Befestigung – und der ältere Torturm – errichtet wurden, muß aus archäologischer Sicht vorläufig offenbleiben. J. Schweizer weist beide Bauten dem 12. Jahrhundert zu[71].

Burgdorf besitzt, wie sein seit 1175 bezeugter Name besagt, zwei vorstädtebauliche Kerne: Die Burg mit dem Alten Markt und eine dörfliche Siedlung, die von der Forschung mit dem 1276 erstmals bezeugten Weiler Holzbrunnen identifiziert wird. Dieser ist freilich erst nach 1287 ummauert und in das Stadtrecht mit einbezogen worden; er ist damit möglicherweise ein städtebauliches Element, das – ähnlich wie in Freiburg i. Br. die Wiehre – die Gründung der Stadt wohl mitgetragen hat, ohne jedoch zunächst in ihr aufzugehen. Ähnlich steht es mit dem sogenannten Alten Markt, der topographisch, fortifikatorisch und auch rechtlich eng mit dem Burgareal verbunden war. Erst 1322 wurde er in den Rechtsbereich der Stadt einbezogen. Der auf einem Plateau vor der Burg liegende Bezirk war befestigt, seine Mauer bildete den äußeren Wehrgürtel der Burg. Sie wurde offenbar um 1190 in mehreren Etappen gemauert. Eine von Justinger überlieferte Bauinschrift am Tor beim Aufgang zum Alten Markt nannte den Zähringer Bertold als den Erbauer des Tores. Da der Text auch auf den burgundischen Adelsaufstand von 1190 anspielt, kann es sich nur um Bertold V. handeln, der damit wenigstens als Vollender der Anlage gesichert ist.

Der Bereich des Alten Marktes ist deshalb so aufschlußreich für die Frage nach frühen Siedlungsansätzen im Vorfeld der Stadtgründung, weil die archäologischen Grabungen innerhalb der Wehrmauer an der westlichen Hangkante Sockelpartien von vier in zahlreichen Etappen veränderten Wohnhäusern zutage treten ließen. Es handelt sich um eine »lockere Agglomeration von turmartigen Steingebäuden über quadratnahem Grundriß«, neben denen Holzbauten bestanden. Die Häuser wandten sich noch nicht zur Gasse, wie zwei rückwärtige Eingänge belegen, und hielten deutlichen Abstand vom Gassenrand. Durch die genannte Torinschrift sind die ältesten, durch den Baubefund der Mauerzüge klar voneinander zu unterscheidenden Häuser dem 12. Jahrhundert zuzuweisen. Sie sind demnach spätestens in der Hauptbauphase der Burganlage entstanden, wenn sie nicht älter sind. J. Schweizer hat allerdings den Vorbehalt gemacht, daß der Stand der Auswertung in dieser Frage bisher nur summarische Feststellungen erlaube. Insofern steht auch noch aus, ob sich der zeitliche Ansatz vielleicht nicht doch präzisieren läßt. Es fällt immerhin auf, daß die Chance für dendrochronologische Untersuchungen im Kellerraum eines romanischen Turmhauses am Nordostrand des alten Marktes, wo Reste der alten Bebauung stehen geblieben sind, bisher nicht genutzt wurde. Soviel läßt sich jedenfalls jetzt schon sagen: Die Bebauung des Alten Marktes war bereits zur Zeit der Zähringer nicht mehr dörflicher Natur, sondern kam einer städtischen Architektur nahe. Der Abbruch der Häuser im 13./14. Jahrhundert – geringe Reste blieben am Nordostrand erhalten – dürfte nicht nur auf die Verlagerung des Marktgeschehens in die Stadt zurückzuführen, sondern wenigstens ebenso sehr durch fortifikatorische Überlegungen veranlaßt worden sein[72].

Die von J. Schweizer geleiteten Grabungen in der Stadtkirche von Burgdorf, über die 1971 eingehend berichtet wurde[73], hatten weitgehende Konsequenzen auch für die Beurteilung der zähringischen Stadtgründung. Durch die Grabungen konnte der Vorgängerbau

---

71 Ebd., S. 140 f., S. 165.
72 Ebd., S. 175 ff.
73 Jürg SCHWEIZER, Die Grabungen in der Stadtkirche Burgdorf 1968/69, in: Burgdorfer Jahrbuch 1971, S. 15-57. DERS., Burgdorf (wie Anm. 68) S. 188 ff.

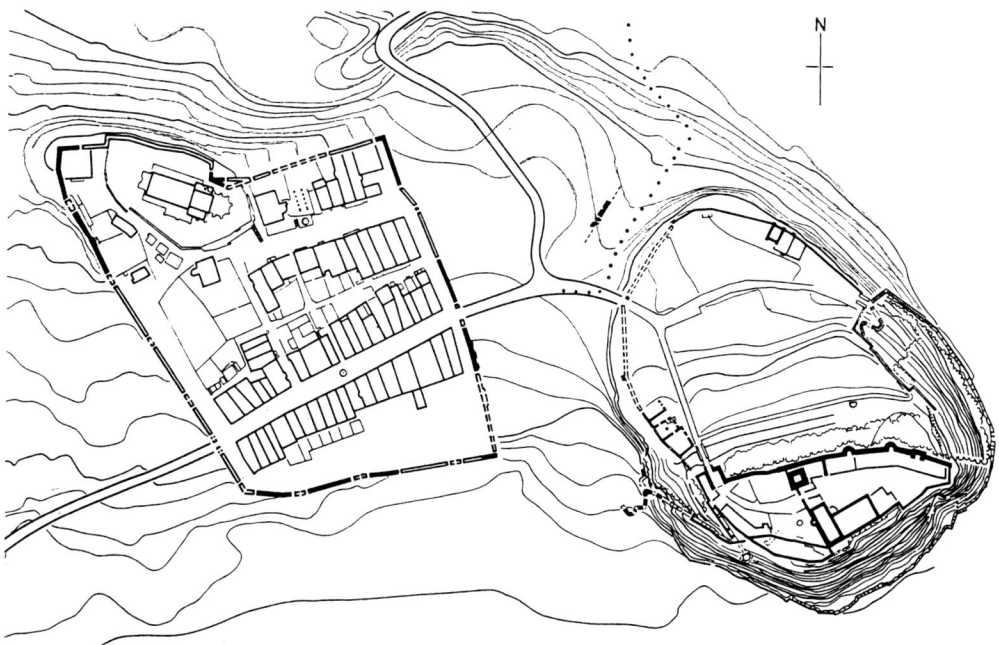

Abb. 6 Schloß und Alter Markt als vorstädtebaulicher Kern von Burgdorf, davon abgesetzt die Zähringergründung (letztes Viertel des 12. Jh. oder um 1200), die Oberstadt West. Quelle: Jürg Schweizer, Die Stadt Burgdorf (Die Kunstdenkmäler des Kantons Bern. Landband I), Basel 1985, S. 28 Abb. 23

der heutigen Stadtkirche nachgewiesen werden. Angelegt auf völlig unberührtem Boden, bestand er aus einem gerade geschlossenen, fast quadratischen Chor mit seitlichen, um Mauerstärke zurückgestaffelten Nebenräumen – Kapelle und Sakristei –, westlich anschließendem Schiff, dem noch während der Bauzeit ein ursprünglich offenbar nicht vorgesehenes nördliches Seitenschiff beigegeben wurde. Kunsthistorische, aus der Gestalt des Chores mit den wenig zurückgestaffelten Nebenräumen gewonnene Argumente datieren den Kirchenbau in das letzte Viertel des 12. Jahrhunderts, eine zeitliche Zuweisung, die durch die Steinbearbeitung von spätromanischen Werkstücken, die in den Fundamenten des Neubaus von 1471/90 vermauert waren, bestätigt wird. Die Verwendung von Backsteinen in den Fundamenten des Chors, des Schiffs und als Material für die ›Stiftergruft‹[74] weist ebenfalls auf einen zeitlichen Zusammenhang mit dem Bau der

74 Auf eine Sensation ersten Ranges geht J. Schweizer merkwürdigerweise gar nicht näher ein – auf das von ihm als ›Stiftergruft‹ bezeichnete, mit der Kirche als zeitgleich eingestufte Grab an der nördlichen Chorinnenmauer. Bei diesem müßte es sich ja, wenn die Datierung der Kirche und insbesondere die des Grabes und seine Charakterisierung als ›Stiftergruft‹ zutrifft, um eine von Bertold V. initiierte, für sich bestimmte Grablege handeln. Das wäre neben Bertolds V. Grablege im Münster zu Freiburg i. Br. die zweite, die uns bekannt würde und die uns zudem erhebliche zusätzliche Rätsel aufgäbe. Ist doch schon Bertolds V. Verzicht auf die Bestattung in der Grablege seiner Familie im Kloster St. Peter auf dem Schwarzwald und seine Bestattung im Freiburger Münster rätselhaft genug. Vgl. hierzu Dieter GEUENICH, Bertold V., der ›letzte Zähringer‹, in: Zähringer-Vortragsband (wie Anm. 31) S. 101-116, hier S. 109 f.; Dieter MERTENS, Die Habsburger als Nachfahren und als Vorfahren der Zähringer, in: ebd., S. 151-174, hier: S. 165 ff. (Exkurs zum Grab Bertolds V.) und Berent SCHWINEKÖPER, Hochmittelalterliche Fürstenbegräbnisse, Anniversarien und ihre religiösen Motivationen. Zu den Rätseln um das Grab des letzten Zähringers (Bertold V., 1186-1218), in: Person und Gemeinschaft im Mittelalter. Karl Schmid zum 65. Geburtstag, hg. v. Gerd ALTHOFF u.a., Sigmaringen 1988, S. 491-539. Es scheint deshalb angeraten, den Begriff der ›Stiftergruft‹ einstweilen zu vermeiden, auch wenn der Rang des Grabes dadurch unterstrichen wird, daß sich sonst im Chor, im Gegensatz zu den zahlreichen Bestattungen im Schiff, keine weitere

spätzähringischen Burgbereiche hin – Backstein von hervorragender Qualität und in
technisch perfekter Verwendung findet sich an Bergfried, Palas, Halle und Quermauer –
und erlauben, den Baubeginn auf die Zeit »kaum wesentlich vor 1200« zu präzisieren. Da
überdies zwischen der Kirche und der Stadtmauer, über deren Entstehung und Verlauf die
Grabungen auf dem Kirchhügel ebenfalls Aufschlüsse erbrachten, ein enger zeitlicher
Zusammenhang konstatiert werden konnte, folgerte J. Schweizer zunächst, daß der westliche Teil der Oberstadt, der bis dahin den Kiburgern zugeschrieben worden war, als
Fortsetzung des älteren östlichen Teils schon unter den Zähringern angelegt worden ist,
während dieser, »weil keine der typisch zähringischen Elemente sicher abzulesen« sei,
»früh- oder vorzähringisch (um 1127 oder früher)« sein müsse[75]. In den ›Kunstdenkmälern‹ erscheint diese Sicht nicht unwesentlich modifiziert: Als frühestes Element der
zähringischen Stadtgründung gilt nun nicht die östliche, sondern die westliche Oberstadt
mit der Stadtkirche, die als befestigte Siedlung eine alte Durchgangstraße einbezog und
diese zum Gassenmarkt werden ließ, zu dem als Pendant ein zweiter Gassenmarkt an der –
zum Gassenverlauf seitlich versetzten – Kirche angelegt wurde. Erst im 13. Jahrhundert
(vor 1287/1300), also sicher nicht mehr unter den Zähringern, soll nun der östliche Teil der
Oberstadt angelegt worden sein, wodurch der freie Sattel zwischen Burg mit Altem Markt
und westlicher Oberstadt ausgefüllt wurde und außerdem Burg und Stadt topographisch
zusammengeschlossen worden sind[76]. Hauptargument für diese neue Sicht ist die Gestalt
des östlichen Abschnittes der zähringischen Ringmauer, dessen leichte Krümmung nach
Osten zeigt und damit die gegen den Alten Markt weisende Seite als Feldseite erkennbar
werden läßt. Die Form der zwei Gassenmärkte, die durch eine östliche Erweiterung um
40-50 m verlängert wurden, scheint als zusätzlicher Beleg dienen zu können: »Die zwei
kurzen (östlichen) Gassenarme… sind nur als Erweiterung der westlichen Gassenmärkte
verständlich. Kehrt man zur (älteren) Betrachtungsweise… zurück, so hätten die zwei
kurzen Stummel die spätere Entwicklung nach Westen gleichsam vorbereitet, was in dieser
Form undenkbar ist«[77].

Die Abfolge der verschiedenen Entwicklungsphasen in der Stadtwerdung Burgdorfs, so
wie sie im Augenblick gesehen wird, erscheint plausibel und durch archäologische,
historisch gestützte Argumente hinreichend begründet. Dennoch läßt der Weg, auf dem

Grabstätte fand. Auch wird nicht klar, ob das Grab tatsächlich belegt war, obwohl J. Schweizer ohne
weiteren konkreten Hinweis annimmt, daß »die Gebeine in der Stiftergruft… unmittelbar vor Abbruch
geborgen« worden seien. Die Gebeine eines Zähringers können es aber, da wir deren Gräber kennen, doch
wohl nicht gewesen sein. Auf gar keinen Fall kann also J. Schweizers Gleichung ›Stadtgründer = im
Stiftergrab bestatteter Kirchenstifter‹ richtig sein, wenn er in Bertold V. den Gründer der Stadt Burgdorf
sieht (SCHWEIZER, Grabungen, wie Anm. 73, S. 19, 24, 28, 35). Aber selbst wenn die Gruft schließlich
unbelegt blieb, ist ihre Bestimmung für Bertold V. aus den obengenannten Gründen sehr unwahrschein-
lich. Wer aber käme sonst in Frage? Ganz hypothetisch könnte man vermuten, daß das Grab von Bertold V. – wenn er schon als Stifter gelten soll – für seine Gemahlin Clementia von Auxonne gestiftet
worden ist, da er ihr auch das castrum Burgdorf als Morgengabe und – später hart umkämpftes – Wittum
ausgesetzt hat; vgl. Zähringerkatalog (wie Anm. 2) S. 115, 118, 174. Doch wird sich für eine solche
Annahme schwerlich ein Beweis erbringen lassen. – Vgl. zur Problematik von »Kirchenstiftung und
Stiftergrab« die klarstellenden Ausführungen von Michael BORGOLTE, Stiftergrab und Eigenkirche. Ein
Begriffspaar der Mittelalterarchäologie in historischer Kritik, in: Zeitschrift für Archäologie des Mittelalters 13, 1985, S. 27-38.
75 SCHWEIZER, Grabungen (wie Anm. 73) S. 36 folgt hier Paul HOFER, Die Zähringerstädte. Katalog der
Ausstellung im Schloß Thun, Thun 1964, S. 47 f. Vgl. Max WINZENRIED, Das alte Burgdorf, Burgdorf 1972,
S. 8 f., der in Abbildung und Text den damals von J. Schweizer formulierten Kenntnisstand wiedergibt.
76 SCHWEIZER, Burgdorf (wie Anm. 68) S. 26, S. 58 ff.; DERS., Zähringerkatalog (wie Anm. 2) S. 287 f.
77 SCHWEIZER, Burgdorf (wie Anm. 68) S. 41, S. 60 Anm. 325.

man zu diesem Ergebnis fand, deutlich die methodischen Schwierigkeiten erkennen, die sich daraus ergeben, daß vornehmlich anhand des neuzeitlichen Stadtplans, ergänzt durch archäologische und historische Befunde, das Erscheinungsbild, das die Stadt zur Zähringerzeit bot, rekonstruiert werden soll. Galt die unregelmäßige Struktur der östlichen Oberstadt zunächst als stringentes Indiz für das hohe Alter dieses Stadtbezirks, so wird sie derzeit als ein Argument benutzt, das eine Entstehung nach Ausgang der Zähringerherrschaft wahrscheinlich machen soll. Angesichts der vielfach hypothetisch geführten Diskussion um die Entstehung der Zähringerstadt lohnt es sich, sich dieser Problematik ebenso bewußt zu sein wie der Tatsache, daß in Burgdorf schon einzelne archäologische Befunde das gesamte frühere, wohlbegründet erscheinende Argumentationsgefüge umzuwerfen vermochten.

Thun

1981 hat P. Hofer den ersten Teil seiner Untersuchungen über die Stadtanlage von Thun publiziert, der Burg und Stadt in vorzähringischer Zeit behandelt[78]. Die angekündigte Darstellung der Zähringer-Stadt Thun[79] ist zwar bisher nicht erschienen. Dennoch sind die vorgelegten Ergebnisse selbstverständlich auch für unser Thema von hohem Interesse. Lassen sie doch die Gestalt der Vorgängersiedlung in einer Geschlossenheit erkennbar werden, wie es sonst, von Burgdorf abgesehen, noch nicht gelungen ist.

Thun war spätestens seit 1130 Sitz einer Adelsfamilie, die sich nach dem Ort benannte. Diese wurde um 1190 durch den Zähringer Bertold V. aus ihrer Herrschaft verdrängt, der den wehrtechnisch, aber offenbar auch wirtschaftlich wichtigen Platz als Stützpunkt seiner Interessen zu nutzen gewillt war.

Als *Stadt* ist das vorzähringische Thun urkundlich nicht zu fassen. Hektor Ammann hat deshalb die Auffassung vertreten, Thun habe bis gegen Ende des 12. Jahrhunderts aus einer am Flußübergang der Aare gelegenen, von der Adelsburg auf der Ostkuppe des Schloßbergplateaus geschützten, aber sonst wohl unbewehrten Siedlung von Fischern, Bauern und Dienstleuten bestanden. Als Vorgängersiedlung der von Bertold V. mit und unterhalb einer neuen Burg errichteten zähringischen Stadtanlage habe sie weder rechtlich noch baulich Stadtcharakter besessen[80]. Widerspruch hat Ammanns These von rechtshistorischer Seite erfahren, der die Ausstattung Thuns mit städtischen Rechten schon in vorzähringischer Zeit nicht unmöglich schien. Aber auch eine stadtähnliche bauliche Verfassung des Ortes bereits vor dem Auftreten des Zähringers wurde von der Forschung in Erwägung gezogen[81].

Eine Klärung der kontroversen Auffassungen konnte nach Lage der Dinge nur auf dem Wege und mit Hilfe archäologischer und bauanalytischer Sondierungen erbracht werden. Die seit 1963 unter der Leitung P. Hofers ans Tageslicht gehobenen Einzelbefunde ergaben schließlich für die Gestalt des vorzähringischen Thun das folgende Gesamtbild:

78 Paul HOFER, Die Stadtanlage von Thun. Burg und Stadt in vorzähringischer Zeit, Thun 1981.
79 Ebd., S. 10: »Gegenstand des zweiten... Hauptteils wird die zähringische Gründungsstadt und ihr Zentralproblem, der Hofstättenplan des späten 12. Jahrhunderts... sein; im Mittelfeld der Untersuchung wird der Versuch unternommen werden, im Anschluß an zwei wichtige archivalische Belegstücke zur Zahl der Hausplätze um 1250 diese Kernfrage jeder Auseinandersetzung mit dem zähringischen Thun einer Klärung entgegenzuführen«.
80 Hektor AMMANN, Die Anfänge der Stadt Thun, in: Zeitschrift für Schweizerische Geschichte 13, 1933, S. 327-378.
81 Vgl. HOFER, Thun (wie Anm. 78) S. 9ff. mit Literaturhinweisen.

Abb. 7 Das Thuner Schloß mit dem zähringerzeitlichen Donjon. Aquarellierte Federzeichnung um 1670.
Quelle: Bernisches Historisches Museum, Bern

Auf der Basis freigelegter Mauerzüge, deren Deutung zwar nicht immer gelang, die aber
als vorzähringisch bestimmt werden konnten – sie liegen zum Teil unter dem Mauerwerk
des zähringischen Donjons – und gestützt auf Beobachtungen an Kellerbeständen und
aufgehendem Mauerwerk konnte die Burganlage der Herren von Thun gegenüber früheren
Ansätzen in Disposition und Gesamtgestalt genauer definiert werden: als ein dreiteiliges
System mit dem Burgkern auf der Mittelkuppe, mit zwei vorgeschobenen Außenwerken,
die eine durch den zähringischen Donjon und das Schloß des 15. Jahrhunderts verdrängte
Bautengruppe schützten, und mit einer ›Vorburg‹ auf der unteren Terrasse des Burghügels
zur Sicherung des Hauptaufgangs. Das äußere, aufgehende Erscheinungsbild der in ihrer
Anlagetypologie gut erkennbaren Adelsburg blieb freilich im Dunkeln[82].

Zur vorzähringischen Überbauung des Schloßbergs zählte weiterhin ein in der Stadtkirchengrabung 1967/68 aufgedeckter Kirchenbau – ein schlichter Einapsidensaal mit
zunächst halbelliptischem, später (Ende des 12. Jahrhunderts) rechteckigem Chorraum –,
der auf Grund seiner Bauform dem »mittleren oder späteren 10. Jahrhundert« zugewiesen
worden ist[83]. Eine auf einer Länge von 180 m erhaltene bzw. durch Grabung nachgewiesene Ringmauer, deren Schlichtheit und »Armut des fortifikatorischen Apparats... dem
Schluß auf vorzähringische Errichtung annähernd Gewißheit verleiht«, umschloß Burg,
Kirche und eine seit dem 14. Jahrhundert urkundlich belegte Siedlung aus Einzelbauten,
deren sporadisch anzutreffender älterer Baubestand ebenso wie die noch fehlende »städte-

82 Ebd., S. 17 ff., S. 25 ff.
83 Ebd., S. 44 ff.

bauliche Normierung im Gesamtverband« auf ein höheres Alter dieser Besiedlung schließen lasse. Ob die aufgedeckten Baureste allerdings bis in die Zeit des ersten Kirchenbaus, der doch eine wie auch immer geartete und für die Frage der Orts- und Stadtwerdung höchst bedeutsame Siedlung voraussetzt, zurückgehen, ist fraglich. Jedenfalls erbrachten die archäologischen und bauanalytischen Bemühungen der letzten Jahre eine gewiß nicht lücken- und problemlose, aber doch ausreichend gesicherte Vorstellung von der vorzähringischen Bebauung des Thuner Schloßbergs im 12. Jahrhundert[84].

Es wurde bereits erwähnt, daß von der Forschung der zweite bevorzugte Siedlungspunkt des vorzähringischen Thun beim Flußübergang der Aare im Bereich der Sinnebrücke zwar allgemein erkannt, jedoch hinsichtlich seiner rechtlichen und baulichen Gestalt kontrovers diskutiert worden ist. Hier konnte durch Bodenaufschlüsse für den linksufrigen Brückenkopf des Sinnequartiers eine »aus ursprünglich freistehenden Einzelhöfen locker disponierte Überbauung« ähnlich der vorzähringischen Schloßbergsiedlung nachgewiesen werden, darüber hinaus aber ein Teilstück (22 m) eines ca. 120 m langen Mauerrings, der den Brückenkopf umschloß. Das Alter dieser Wehrmauer konnte durch Vergleich der Mauerstruktur mit den gleichstrukturierten Mauerzügen, die unter dem zähringischen Donjon entdeckt worden waren, als gleichzeitig und damit vorzähringisch bestimmt werden. Die hervorragende Bedeutung des Brückenkopfs als Warenumschlagsplatz und Markt liegt auf der Hand und ist ausreichend gesichert[85].

Für den rechtsufrigen Brückenkopf, dem Quartier zwischen Brücke und Schloßberg, gibt es bisher keinerlei archäologische Aufschlüsse, die vor die Zeit der kiburgischen Herrschaft zurückgreifen. Trotz fehlender Erkenntnisse ist nach P. Hofer dennoch anzunehmen, daß dieses Quartier ebenso wie die zwei anderen Siedlungskerne schon in vorzähringischer Zeit in noch nicht geschlossener, wenig planmäßiger Form bebaut war. Die auf uns gekommenen Stadtpläne zeigen hier freilich den »Überbauungstypus der Riemenparzellierung«, also eine regelmäßige, »der älteren, intermittierenden Stadtanlage« entgegenstehende Form der Überbauung. Diese wird von P. Hofer als Ergebnis eines Parzellierungsvorgangs frühestens unter den Kiburgern gedeutet, da sich aus den Riemenparzellen die Überbauungseinheit der zähringischen Hofstatt nicht rekonstruieren lasse, eine einheitliche Parzellierung *vor* den Zähringern aber nicht denkbar sei. Dies muß einstweilen ebenso als eine – sicher diskutierbare – These bezeichnet werden wie die Annahme, die Siedlung sei wenigstens an den beiden durch Fluß und Steilhang nicht geschützten Seiten durch einen Mauerzug befestigt gewesen: »Nur durch die Bewehrung gerade der zwei schwächsten, weil landseitigen Zugänge durch Mauer und Graben war der lebenswichtige Übergang gesichert«. P. Hofer verweist hierzu auf analoge Lösungen des mittelalterlichen Städtebaus, in denen Siedlungen zu Füßen einer hochgelegenen Burg mit dieser durch hangschneidend aufsteigende Mauerzüge verbunden und damit zusätzlich geschützt wurden[86].

An die in ihrer Dreigliedrigkeit (Burg, links- und rechtsufriger Brückenkopf) erkennbar gewordene, »spätestens seit dem mittleren 12. Jahrhundert mauerumschlossene Stadt« der Herren von Thun schloß um 1190 die Stadtneugründung – oder richtiger: die Stadterweiterung – durch Bertold V. an. Dieser besetzte den Nordwestsporn des Schloßbergs, unter Einbeziehung der älteren Burganlage, mit einem monumentalen Donjon und errichtete unterhalb davon die zähringische Stadt mit dem 190 m langen Gassenmarkt in topogra-

---

84 Ebd., S. 58 ff., S. 76 ff.
85 Ebd., S. 89 ff., S. 148.
86 Ebd., S. 121 ff.

444   HANS SCHADEK

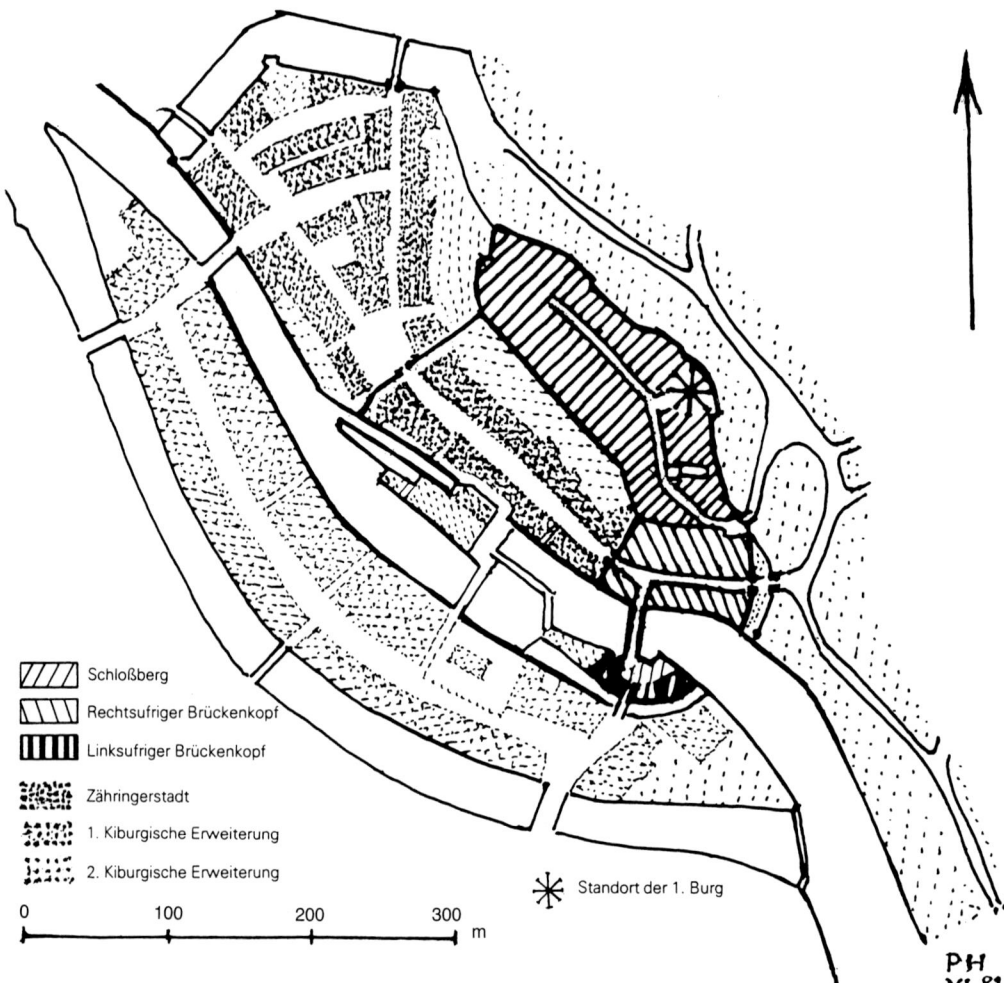

Abb. 8   Die drei Einheiten der vorzähringischen Stadtanlage Thuns, darin eingezeichnet die Zähringerstadt
und die beiden kiburgischen Erweiterungen. Quelle: Paul Hofer, Die Stadtanlage von Thun. Burg und Stadt
in vorzähringischer Zeit, Thun 1981, S. 152 Abb. 65

phisch enger Situation, die keine Parallelgassen zuließ[87]. Über die Innengliederung dieser
Stadtanlage, die vorerst gegenüber den vorausgegangenen Siedlungsteilen den Eindruck
einer ursprünglich regelmäßigen Bebauung macht, wissen wir bisher wenig. Zwar darf bei
dieser relativ späten Erweiterung ein planmäßiges Vorgehen in der Bestimmung der
Gesamtanlage und in der Ausführung der Einzelbebauung erwartet werden. Noch heute
scheinen »beidseits der Oberen Hauptgasse... 12 Hofstätten... katastermäßig bestimmbar«
zu sein[88]. Doch sind spätere Neuparzellierungen, die das ursprüngliche, möglicherweise
nicht durchgehend planmäßige Bild erheblich verändert haben könnten, auch hier keineswegs von vornherein auszuschließen. Auch für die späte Zähringerstadt Thun gilt also:
Erst durch eingehende archäologische Untersuchungen kann annähernd Klarheit über die
innere Substanz der Stadt und ihre Ausformung gewonnen werden.

87 Ebd., S. 14, S. 148, S. 152.
88 Ebd., S. 121. Vgl. zur Zähringerstadt auch die knappe Darstellung von Peter KÜFFER, Thun.
Geschichtliche Zusammenfassung von einst bis heute, Thun 1981, S. 28 ff.

Villingen

Die Grabungen, die in den Jahren 1978/79 im Villinger Münster durchgeführt worden sind, haben zwei Vorgängerbauten zutage gefördert, deren periodische Abfolge im Boden wie am aufgehenden Mauerwerk sicher nachgewiesen werden konnte, deren absolute Datierung jedoch, insbesondere hinsichtlich des ersten Kirchenbaus, erhebliche Schwierigkeiten bereitet. Aus den uns vorliegenden, allerdings wieder äußerst knappen Vorberichten[89] wird immerhin soviel deutlich, daß der Kirchenbau II auf Grund der Technik des Mauerwerks, der architektur- und kunstgeschichtlichen Beurteilung des erhaltenen romanischen Westportals und durch Kleinfunde insbesondere von Keramik, die sich im Auffüllungs- und Planierungsschutt vom Kirchenbau I fanden, in die Zeit wenig nach 1220, also nach dem Ausgang der Zähringerherrschaft, datiert werden kann[90]. Den daraus gewonnenen Terminus ante quem für den Kirchenbau I – einer Saalkirche mit einer Hauptapsis und zwei Nebenapsiden – glaubte der Ausgräber Th. Keilhack noch weiter eingrenzen zu können. Da die Fundamente des ersten Kirchenbaus auf dem gewachsenen Boden aufsaßen und da in Schichten, die diesem Bau zugehören, angeblich Keramikfunde der zweiten Hälfte des 12. Jahrhunderts zutage traten, meinte er, die erste Villinger Stadtkirche »sicher nach 1119«, dem chronikalisch überlieferten Gründungsdatum der Stadt, und »wohl eher in die Mitte des Jahrhunderts« datieren zu können. »Die geringe Ausbeute an verwertbaren Kleinfunden«, die Keilhack konstatierte, hat sich freilich in der Zwischenzeit weiter verringert: In der jüngsten Behandlung des Themas wird vermerkt, daß das Bauniveau vom Kirchenbau I »keinerlei datierbare Begleitfunde« enthielt[91]. Schichtzusammenhänge und Keramikformen hatten sich bei genauerem Zusehen als nicht eindeutig interpretierbar erwiesen. Die Datierung des ersten Kirchenbaus ist demnach wieder völlig offen.

Th. Keilhack hatte sich mit der Bestimmung des Terminus post quem für den ersten Kirchenbau auf ein Stadtgründungsdatum verlassen, das ihm von historischer Seite angeboten wurde: 1119. Nun ist dieses Datum, das erst in späteren Zusätzen zu einer Chronik des 16. Jahrhunderts überliefert ist, keineswegs über jeden Zweifel erhaben. Darauf hat B. Schwineköper jüngst erneut in überraschender und weiterführender Weise aufmerksam gemacht, indem er nachwies, daß jener *dux de Zeringen fundator ville Vilingen*, der als Eintrag in einem Anniversarblatt aus der ersten Hälfte des 14. Jahrhunderts erscheint – das sonst verlorene Anniversar ist möglicherweise für das Villinger Münster selbst angelegt worden –, ganz eindeutig mit Bertold V. zu identifizieren ist[92]. Ist also mit ihm jener Zähringer gefunden, der den im Jahre 999 bezeugten Markt von dem schon 814 begegnenden Dorf Villingen verlegt und damit die Stadt an neuer Stelle begründet hat? Mit dem Begriff des *fundator* allein kann diese Frage nicht zweifelsfrei beantwortet werden. Als ›Gründer‹ kann auch jener auftreten und bezeichnet werden, der eine bestehende Einrichtung – sei es eine Kirche, ein Kloster oder auch eine Stadt – in besonderer Weise gefördert

89 Thomas KEILHACK, Das Münster Unserer Lieben Frau zu Villingen, in: Jahresheft des Geschichts- und Heimatvereins Villingen 5, 1980, S. 24-37. Peter SCHMIDT-THOMÉ, Das Villinger Münster, in: Zähringerkatalog (wie Anm. 2) S. 276-278.

90 Vgl. Thomas KEILHACK, Archäologische Untersuchungen im Münster U. L. F. zu Villingen, in: Jahresheft des Geschichts- und Heimatvereins Villingen 4, 1978/79, S. 23-30; hier S. 25 ff.

91 SCHMIDT-THOMÉ (wie Anm. 89) S. 277.

92 Berent SCHWINEKÖPER, Die heutige Stadt Villingen – eine Gründung Herzog Bertolds V. von Zähringen (1186-1218), in: Zähringer-Vortragsband (wie Anm. 31) S. 75-100.

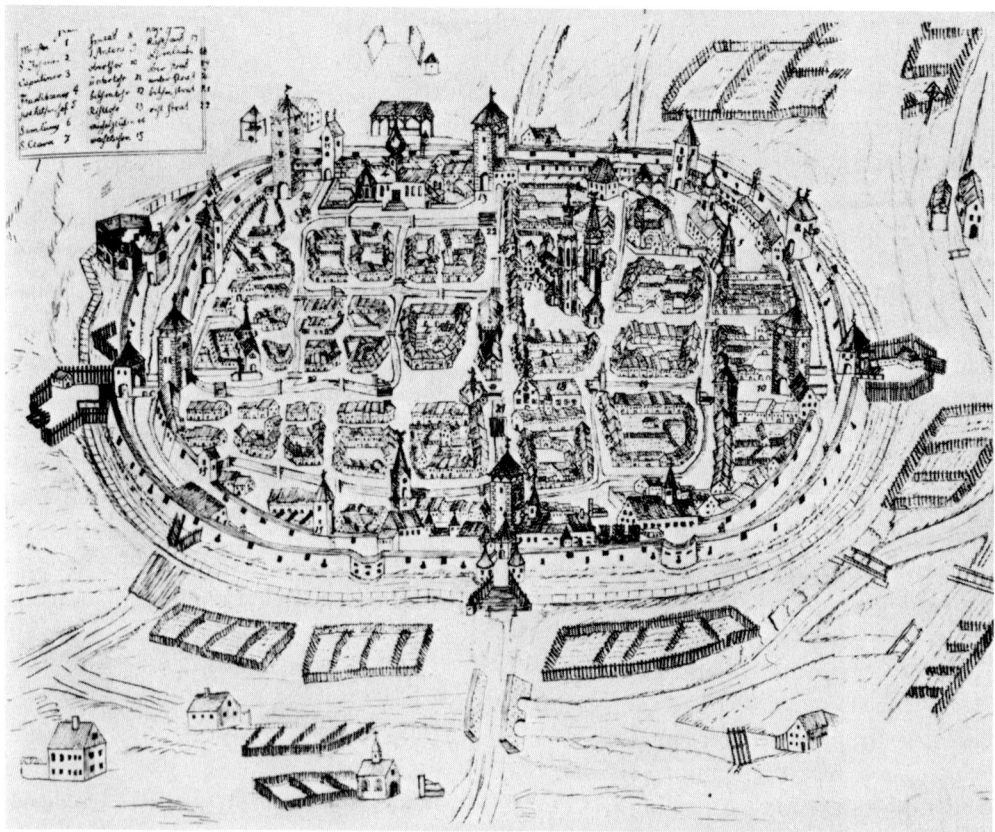

Abb. 9 Villingen aus der Vogelschau. Federzeichnung vom Ende des 17. Jahrhunderts. Quelle: Paul Revellio, Beiträge zur Geschichte der Stadt Villingen, Villingen 1964, S. 463

hat[93]. So könnte sich auch Bertold V. diese Benennung allein durch den weiteren Ausbau und durch die Vollendung der in ihren Anfängen bereits früher begründeten Stadtanlage erworben haben. B. Schwineköper weist deshalb auf die andernorts schon diskutierte Möglichkeit hin, daß die Entwicklung Villingens bis zur Vollendung als Stadt in zwei oder gar drei Bauschüben erfolgt, daß also die Siedlung schon etwa unter Bertold IV. angelegt worden sein könne, wie es chronikalische Quellen des 16. Jahrhunderts überliefern. Die These der stadtgeschichtlichen Mehrphasigkeit, mit der sich C. Meckseper eingehend beschäftigt hat[94], basiert auf einer Interpretation der Stadtgestalt, wie sie in Plänen seit dem beginnenden 19. Jahrhundert begegnet[95]. Nun scheint sie jedoch auch archäologisch Bestätigung zu finden. Bei Grabungen im Bereich des ehemaligen Franziskanergartens an der Rietgasse und auf dem Gelände des ehemaligen Kapuzinerklosters (Kircheninneres und Hof) wurden Mauerzüge freigelegt, die – auf Grund von Keramik- und Ofenkachelfunden aus der Mitte des 12. bis zum Ende des 13. Jahrhunderts – datiert werden konnten. Als »bedeutendstes Ergebnis« hält B. Jenisch die Erkenntnis fest, »daß ... das Areal der

93 STRAHM, Verfassungstopographie (wie Anm. 5) S. 389 f., S. 391 Anm. 31.
94 Im Zentrum seiner Untersuchung steht Rottweil, doch behandelt er eingehend auch Villingen; Cord MECKSEPER, Rottweil. Untersuchungen zur Stadtbaugeschichte im Hochmittelalter, Diss. (masch.) Stuttgart 1970, S. 260 ff.
95 Vgl. auch die informative Kurzübersicht über den Stand der Forschung von Jürgen TREFFEISEN, in: Zähringerkatalog (wie Anm. 2) S. 263 ff.

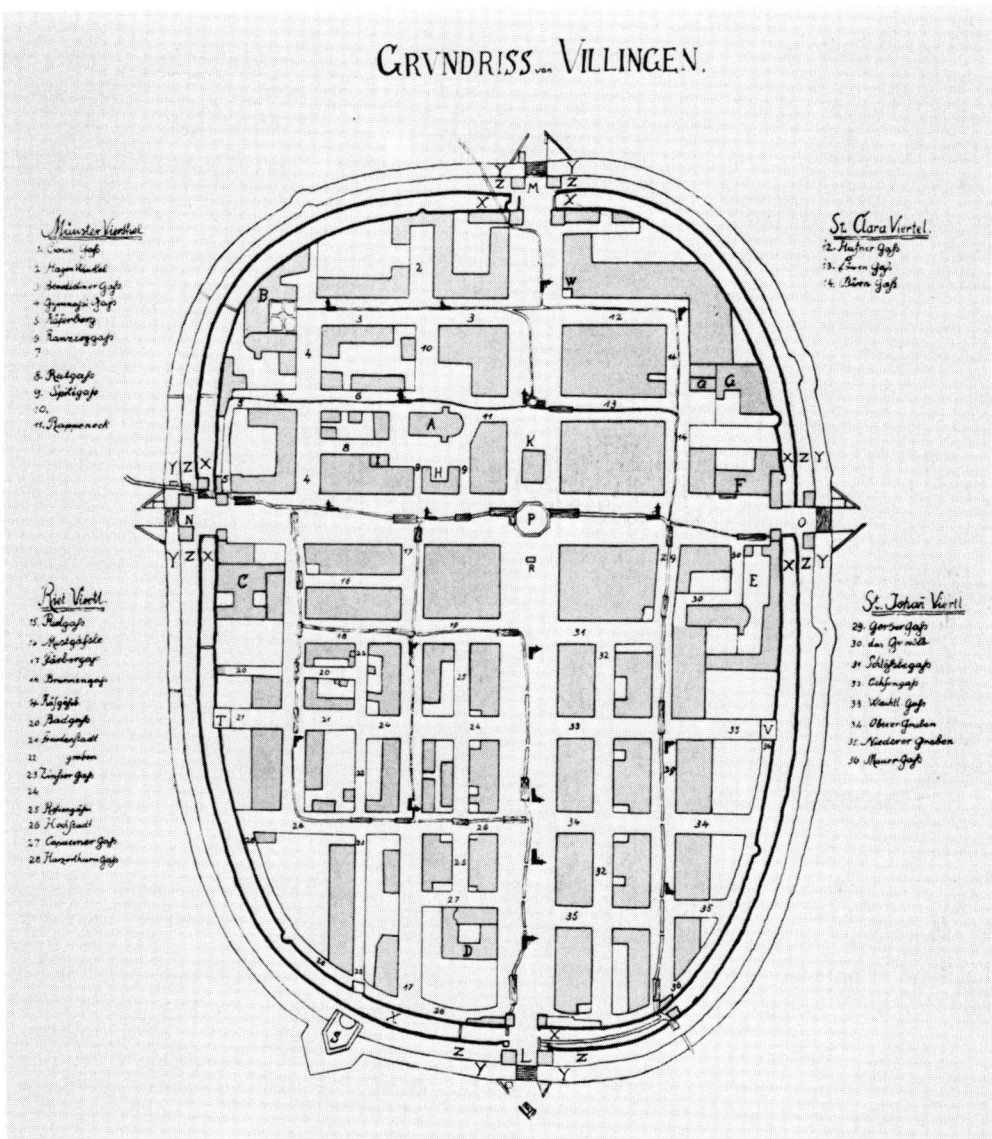

Abb. 10 Plan der Stadt Villingen von Martin Blessing, 1806. Quelle: Paul Revellio, Beiträge zur Geschichte der Stadt Villingen, Villingen 1964, S. 68

Stadterweiterung schon seit der Mitte des 12. Jahrhunderts relativ dicht besiedelt war« und wagt die Schlußfolgerung: »Folglich liegt der Zeitpunkt der Gründung der eigentlichen Kernsiedlung in der Nordhälfte des Mauerrings bedeutend näher an dem in der Hug'schen Chronik überlieferten Datum 1119 als an dem von B. Schwineköper vorgeschlagenen.«[96]

96 Bertram JENISCH, Bericht über den aktuellen Stand der archäologischen Ausgrabung im ehemaligen Kapuzinerkloster zu Villingen, in: Jahresheft des Geschichts- und Heimatvereins Villingen 12, 1987/88, S. 29-30. DERS., Die Ausgrabungen im ehemaligen Franziskanergarten an der Rietgasse. Ein Beitrag zur Stadtarchäologie Villingens, in: Ebd. S. 21-27. Bertram JENISCH und Peter SCHMIDT-THOMÉ, Ausgrabung im ehemaligen Franziskanergarten an der Rietgasse in Villingen, in: Archäologische Ausgrabungen in Baden-Württemberg 1986, Stuttgart 1987, S. 232-236.

Wichtiger freilich als die Klärung des weiterhin dubiosen ›Gründungsjahres‹ 1119 scheint die Aufgabe, den neu entdeckten und nicht beiseite zu schiebenden archivalischen Beleg mit den neuen Grabungsfunden, deren zeitliche Zuordnung sich hoffentlich nicht, wie beim Kirchenbau I, nach einiger Zeit wieder in Nichts auflöst, in Einklang zu bringen. Hier bietet sich die These von der Mehrphasigkeit in der Stadtentwicklung Villingens als Erklärungsmodell an.

Bleibt als Fazit festzuhalten: Die Zähringer nutzten als Siedlungsansatz ihrer Stadt einen bestehenden Markt, den sie an freier Stelle neu lokalisierten, abgesetzt vom dörflichen Siedlungsplatz, dem alten Marktort[97], der nicht integriert wurde. Solche Verlegungen sind häufiger zu beobachten, wir erinnern für die Zähringer nur an Murten[98]. Wie die Neuanlage Villingens konkret beschaffen war, wie sie im einzelnen baulich fortschritt und wie sie sich schließlich zur geschlossenen Stadt zusammenfand, das wird trotz der neu gewonnenen archäologischen Erkenntnisse bisher noch nicht mit der erwünschten Klarheit und im Detail erkennbar. Hier bedarf es weiterer archäologischer Bemühungen.[99]

Rheinfelden

Der auf den Forschungen K. Schibs[100] aufbauende Versuch P. Hofers, die Wachstumsphasen der Stadtanlage Rheinfelden zu rekonstruieren[101], beruht im wesentlichen auf einer Interpretation der Stadtgestalt, wie sie im Stadtplan G. Kalenbachs von 1875 mit dem Baubestand von 1744/1765 entgegentritt[102]. An planmäßigen archäologischen Untersuchungen mit modernen Grabungsmethoden hat es in Rheinfelden bisher ebenso gefehlt wie an einer fachgerechten Beobachtung aufgegrabener Bereiche des Stadtgrundes und freilie-

97 Karl Siegfried BADER hat die Vermutung ausgesprochen, daß schon der Markt von 999 rechts der Brigach gelegen und daß dort möglicherweise auch bereits eine »Marktkapelle« gestanden habe, deren Fundamente unter dem Münster liegen müßten (Villingen im Zwiespalt zwischen Reichsstadt und landesherrlichem Gerichtsort, in: Jahresheft des Heimat- und Geschichtsvereins 4, 1978/79, S. 5-10, hier S. 6). Die »altertümliche Bautradition«, die sich im Villinger Kirchenbau I widerspiegelt und der deshalb auch schon ins 11. Jahrhundert gesetzt werden könnte, stützt diese These scheinbar. Doch bleibt zu beachten, daß sich in abgelegeneren Regionen, worauf SCHWINEKÖPER (wie Anm. 92, S. 90) zu Recht eindringlich hinweist, andernorts überholte Architekturformen z. T. zäh halten oder daß gelegentlich auf ältere Formen zurückgegriffen wird.
98 Vgl. die Beiträge von Marita BLATTMANN, in: Zähringerkatalog (wie Anm. 2) S. 291 f.
99 Den Stand der stadtarchäologischen Forschung in Villingen – nach vielfachen Versäumnissen in der Vergangenheit und vor den jüngsten Grabungen (vgl. Anm. 96) – skizziert knapp Werner HUGER in seiner Arbeit: Die Gründungsidee der Stadt Villingen. Ein Beitrag zur Gründungs- und Standorttheorie, in: Jahresheft des Geschichts- und Heimatvereins Villingen 11, 1986/87, S. 6-35. Mit historischen Argumenten wird darin die Ausgliederung des Marktes und die Stadtwerdung Villingens als Prozeß charakterisiert, der mit dem Tod Bertolds II. († 1078) eingesetzt und sich unter Herzog Konrad vollendet habe.
100 Karl SCHIB, Geschichte der Stadt Rheinfelden, Rheinfelden 1961, S. 16-42.
101 Paul HOFER, Die Stadtanlage Rheinfeldens, mschr. Manuskript. Ich danke Herrn A. Heiz, Fricktaler Museum Rheinfelden, für die Vermittlung der Studie, die P. Hofer 1975 als Mitglied der Rheinfelder Altstadtplanungskommission verfaßt hat. Die mehrfach angekündigte Publikation der dort knapp dargestellten Ergebnisse ist bisher nicht erschienen.
102 ›Übersichtsplan der Stadt Rheinfelden mit ihren Befestigungen‹, gezeichnet 1875 von Gustav Kalenbach. Original im Fricktaler Museum Rheinfelden, Tusche und Wasserfarben auf Papier, 61 x 87,5 cm, Maßstab 1:1000; abgedruckt in: Kunstmappe Alt-Rheinfelden, Lausanne 1919, 2. Aufl. Zürich 1955. Der Plan gibt die 1744/45 zerstörten Festungsanlagen wieder. Die Darstellung der Liegenschaftsgrenzen im Stadtinnern beruht sehr wahrscheinlich auf der ›Gebäude- und Häuserschatzung der Stadt Rheinfelden zur landständischen Feurssocietät 1764‹ (Stadtarchiv Rheinfelden). Freundliche Mitteilung von Herrn A. Heiz.

gender Strukturen des aufgehenden Baubestands[103]. Vorstädtebauliche Elemente sind archäologisch nicht nachgewiesen. An Spuren für eine vorrömische Besiedlung fehlt es ganz. Aber auch das keltisch-römische *castellum Magidunum*, dessen Wiederherstellung um die Mitte des 4. Jahrhunderts durch eine in Augst aufgefundene römische Inschrift belegt ist, wird Rheinfelden nur auf Grund von Indizien zugewiesen; eine Lokalisierung und Bestätigung im Boden steht noch aus. Dennoch hat P. Hofer Lage und Grundriß dieser Niederlassung als »Glockenkastell« aus dem Stadtplan gemeint erschließen zu können[104].

Abb. 11 Luftbild der Zähringerstadt Rheinfelden. Quelle: Swissair Photo und Vermessungen AG, Zürich

Auf die Siedlung Rheinfelden fällt urkundliches Licht erst 1146 durch die Nennung im Reisebericht Bernhards von Clairvaux, in dem die Rede ist von dem *castrum Rinvelt*[105] und der dortigen *ecclesia*. Auf Grund der bedeutenden politischen Stellung der Rheinfeldener Grafen darf vermutet werden, daß der Ort, der damals bereits vorhanden gewesen sein muß, nicht erst unter den Zähringern entstanden ist. Es wird deshalb auch angenommen, daß eine »von Fischern, Bootsleuten und Handwerkern bewohnte offene Ufersiedlung« bereits unter den Rheinfeldenern existiert hat, im Schutz der später bezeugten Altenburg, die schon von diesen, neben ihrer Burg auf dem ›Stein‹ im Rhein, angelegt worden sein

---

103 HOFER zu den 1963-1965 von A. Mauch vorgenommenen Grabungssondierungen (vgl. die Berichte in: Rheinfelder Neujahrsblätter 1964, S. 49-58 bzw. 1966, S. 81-85): »Problematisch bleiben Auswertung und Ergebnis dieser unzureichend beobachteten und dokumentierten Unternehmung«; wie Anm. 101, S. 2.
104 In: Albin MÜLLER und Arthur HEIZ, Rheinfelden (Schweizer Heimatbücher 46), 2. Aufl. Bern 1980, S. 12.
105 Bei SCHIB (wie Anm. 100) S. 31 fälschlich: ›castra‹.

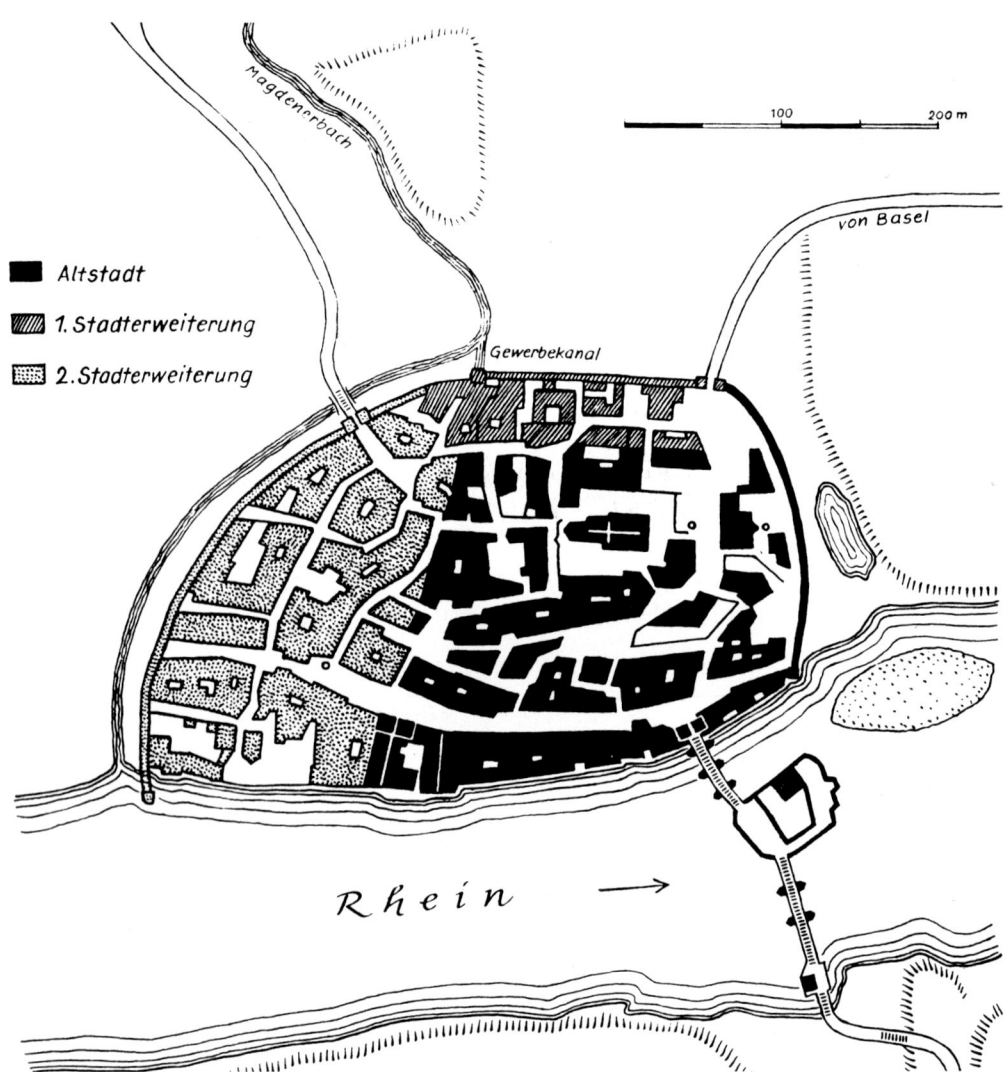

Abb. 12 Hypothetische Entwicklungsphasen Rheinfeldens zur Zähringerzeit.
Quelle: Karl Schib, Geschichte der Stadt Rheinfelden, Rheinfelden 1961, S. 38 Abb. 4

soll[106]. Ein »dreieckförmiges Areal«, das nach P. Hofer aus dem heutigen Stadtplan herausgelesen werden kann und »dessen Bebauung mit der planmäßigen Disposition der hochmittelalterlichen Gründungsstadt nicht zusammengeht«, könnte als Indiz für die Existenz eines derartigen vorstädtebaulichen Siedlungskerns genommen werden. Auch dies bleibt freilich solange Hypothese, »als nicht zusammenhängende Untersuchungen im Stadtboden die archäologische Bestätigung einbringen«[107].

Die Ausweitung der erschlossenen Siedlung zur Stadt wird von der Forschung als Werk Herzog Konrads von Zähringen angesehen, als politisches Element in der Folge seines Anschlags auf Schaffhausen, der Übernahme der Klostervogtei über St. Blasien und seiner Betrauung mit dem Rektorat über Burgund. Städtebauliche und bauliche Details (unter anderem Verlauf und Abzweigungen des Magdenerbachs, Lage und Verlauf der Markt-

106 Ebd., S. 23.
107 HOFER (wie Anm. 101) S. 11.

gasse) führten P. Hofer, wie vor ihm schon K. Schib[108], zur Annahme von zwei Erweiterungen der auf 1130-1140/45 angesetzten Gründungsstadt. Der erste Anstoß sei, wahrscheinlich im Zusammenhang mit dem Bau der 1198 indirekt belegten Rheinbrücke, unter
Bertold IV. zwischen 1155 und 1170 erfolgt, und zwar an der östlichen Flanke mit der
Erweiterung des bestehenden Gassenmarktes durch Hinzufügen eines neuen, ungleich
breiteren Marktareals. In der zweiten Ausbauphase um 1195-1210 habe die Stadt schließlich unter Bertold V. durch Erweiterungen auf allen drei Landseiten zu ihrer später in der
Substanz nicht mehr veränderten Stadtgestalt gefunden[109]. Es liegt auf der Hand, daß die
geschilderte Abfolge der Stadterweiterungsphasen in jeder Hinsicht nur hypothetischer
Natur sein kann, solange sie sich allein auf wenige baugeschichtliche Beobachtungen und
auf die Ausdeutung des neuzeitlichen Stadtplans berufen kann. Es stimmt deshalb auch
umso bedenklicher, daß Sondierungen im Bereich der erschlossenen ersten Stadtmauer und
des Stadtgrabens völlig ergebnislos geblieben sind und von diesen keine Spur zutage
gefördert haben[110]. Die zeitliche Eingrenzung der Erweiterungsphasen beruht vollends auf
der Methode der historischen Wahrscheinlichkeit. So steht am Ende des Versuchs, Gestalt
und Wachstum der Zähringerstadt Rheinfelden zu bestimmen, »die Erkenntnis, wie gering
die Zahl der gesicherten Fakten bleibt. Die offenen und erst halb geklärten Fragen
dominieren«[111].

Freiburg im Üchtland

Mit dem letzten Exempel, Freiburg im Üchtland, kehren wir gewissermaßen wieder zum
Beginn unseres archäologischen Rundgangs durch die Zähringerstädte zurück. Die Stadt,
deren Gründung durch Bertold IV. um 1157 angesetzt wird, bietet eine Bern ganz ähnliche
topographische und verkehrstechnische Situation: Sie ist gelegen an einem von einer
Schleife der Saane dreiseitig flankierten Sporn, nordwestlich durch einen natürlichen
Graben geschützt. Auf Grund der Lage, aber erkennbar auch ausgehend von ähnlichen
Fragestellungen hat man wie für Bern gefolgert, daß hier ebenfalls in der Niederung der Au
am Flußübergang eine – archäologisch nicht belegte – Vorgängersiedlung existiert haben
müsse[112]. Verkehrsweg und Übergang seien ferner von einem »adeligen Wohnturm«

---

108 Wie Anm. 100, S. 37 ff.
109 HOFER (wie Anm. 101) S. 13 ff.; DERS. (wie Anm. 104) S. 12-13.
110 Hier ist in erster Linie der Befund der im Kernbau des sog. Spiserhauses durchgeführten Grabungen
zu nennen: »Unsere Vermutung, allenfalls unter dem Kernbau Spuren der ältesten Stadtbefestigung zu
finden, erwies sich als falsch.« Peter FREY, Das Spiserhaus in Rheinfelden, mschr. Manuskript 1985, S. 1 f.
Eine von Paul Hofer selbst 1975 vorgenommene Sondierung an anderer Stelle verlief ebenfalls negativ, und
Aufgrabungen in der Marktgasse ca. 1970 im Zuge von Kanalisationsarbeiten erbrachten ebenfalls keine
Spur von Mauer und Graben. Freundliche Mitteilung von Herrn A. Heiz.
111 HOFER (wie Anm. 101) S. 17. Ein beim Bauamt der Stadt Rheinfelden liegender Plan der Kellergrund-
risse – allerdings ohne erläuternden Text – ist bisher, wie ein parallel dazu erarbeiteter Plan des
Brandmauersystems, nicht publiziert worden. Ohne gesicherte Angaben zur Zeitstellung der Einzelkeller
ist freilich ein solcher Plan, darauf wurde schon hingewiesen, von geringem Erkenntniswert für die
Frühgestalt der Stadt.
112 Pierre DE ZURICH, Les origines de Fribourg (Mémoires et Documents, publ. pour la Société
d'Histoire de la Suisse Romande, 2e série, 12), Lausanne 1924, S. 93 f.; Auguste GENOUD, La construction
de Fribourg et les premiers édifices de la ville au XIIe siècle, in: Zeitschrift für Schweizerische Archäologie
und Kunstgeschichte 6, 1944, S. 1-18; 9, 1947, S. 80-94; hier S. 4; Marcel STRUB, L'image d'une ville
Zaehringienne, in: Fribourg-Freiburg 1157-1481, hg. von der Société d'Histoire und dem Geschichtsfor-
schenden Verein, Fribourg 1957, S. 327-357, hier S. 330 f.; DERS., La ville de Fribourg (Les Monuments

Abb. 13 Luftbild der Zähringerstadt Freiburg im Üchtland. Quelle: Swissair Photo und Vermessungen AG, Zürich

beherrscht worden, der sich »im Eckhaus der Zähringergasse und des Staldens« (Haus Techtermann, Zähringergasse 96) teilweise erhalten habe und dessen Mauerwerk noch ins 11. Jahrhundert datiert werden könne[113]. An diese Situation habe die Gründung der Stadt angeknüpft, mit der zeitgleich die 1463 abgetragene Burg, die durch Graben und eigenes Befestigungswerk von der Stadt getrennt war, entstanden sei.

Möglich ist auch – und vielleicht sogar wahrscheinlicher –, daß bei der in den Quellen als *perantiqua* bezeichneten Marienkapelle, die nach der Gründung der Stadt vor den Mauern zu liegen kam, bereits in vorzähringischer Zeit eine kleine Siedlung lag, die dem Kloster Peterlingen zugehört haben könnte[114]. Dieses Kloster besaß dort vor den Zähringern Besitz, den sich bekanntlich Bertold IV. widerrechtlich aneignete und den er 1177 mit der darauf errichteten Nikolauskirche zurückgeben mußte[115].

Von dem frühen baulichen Zustand der Stadt hat P. de Zurich 1924 ein Bild zu geben versucht: Ausgehend von dem Hofstättenmaß von 100 x 60 Fuß, das im heutigen Stadtplan

d'Art et d'Histoire du Canton de Fribourg I), Basel 1964, S. 3 f., 40 f. Nur von der Kontinuität des Flußübergangs – ohne auf die Frage einer Siedlung einzugehen – sprechen; Hans WICKI, Die geschichtlichen Grundlagen der Freiburger Stadtgründung, in: Fribourg-Freiburg 1157-1481, S. 19-53, hier S. 47; Alfred A. SCHMID, Freiburg im Üchtland, in: Badische Heimat 50, 1970, S. 55-73, hier S. 55.
113 Heribert REINERS, Das malerische alte Freiburg-Schweiz (Schweizer Städtebilder 1), Augsburg 1930, S. 8; HOFER, Städtegründungen (wie Anm. 6) S. 94 und Anm. 17, der darauf hinweist, daß die Datierung unsicher sei und nur durch archäologische Untersuchungen geklärt werden könne.
114 WICKI (wie Anm. 112) S. 50; STRUB, La ville (wie Anm. 112) S. 86.
115 Vgl. Zähringerkatalog (wie Anm. 2) S. 238 ff.

FONDATION 1157

INCORPORE PEU APRES 1157

INCORPORE VERS 1224

INCORPORE EN 1253 ET 1254

INCORPORE ENTRE 1280 ET 1290

INCORPORE EN 1392

Abb. 14 Hypothetische Entwicklungsphasen von Freiburg im Üchtland: I Gründungsphase 1157, II »wenig nach 1157«. Quelle: Marcel Strub, La ville de Fribourg (Les Monument d'Art et d'Histoire du Canton de Fribourg 1), Basel 1964, S. 39 Abb. 35

noch nachweisbar sein soll[116], sah er diese Grundstücke jeweils überbaut mit isoliert stehenden Gehöften aus Wohnhaus und Stallungen – insgesamt also eine eher dörfliche Siedlung – die sich erst allmählich in eine Stadt mit geschlossener Bebauung verwandelt haben sollte[117]. Gegen diese Sicht hat H. Strahm erwartungsgemäß in dem Sinn Stellung bezogen, das »zweifellos schon von Anfang der Bebauung an die geschlossene Bauweise, Traufenstellung der Häuser und gleichförmige Fassadenflucht der Hausfronten« vorgeherrscht habe[118].

Obwohl das lange als überholt angesehene Bild, das P. de Zurich vom gründungszeitlichen Freiburg gezeichnet hat, nach den neuesten archäologischen Entdeckungen, von denen oben die Rede war, wieder aktuelle Konturen gewonnen hat[119], muß doch mit aller

116 SCHMID (wie Anm. 112) S. 60 – eine Annahme übrigens, die nicht auf wirklich fundierten Untersuchungen beruht.
117 DE ZURICH (wie Anm. 112) S. 99f.; von GENOUD (wie Anm. 112) S. 6ff. später noch genauer ins Bild gesetzt.
118 STRAHM, Gründungsplan (wie Anm. 14) S. 371 Anm. 31; DERS., Area (wie Anm. 28) S. 57.
119 Vgl. Marita BLATTMANN, in: Zähringerkatalog (wie Anm. 2) S. 239f.: »Genouds Aufrißskizze idealisiert und überzeichnet die Einzelheiten, vermittelt aber doch ein Bild von der... relativen Unstrukturiertheit der frühen Zähringerstadt.«

Deutlichkeit darauf hingewiesen werden, daß es – ebenso wie das Bild einer ursprünglichen Planmäßigkeit[120] – auf ingeniöser Spekulation beruht. Archäologische Sondierungen im Stadtboden hat es zur Klärung dieser Frage ebenso wenig gegeben wie eine systematische (oder auch nur punktuelle) Erforschung der Kellersubstanz. Nur das oben genannte Haus Zähringergasse/Stalden an der Südwestecke des zähringischen Burgus, das wahrscheinlich zum ältesten Baubestand der Stadt zählt, ist inzwischen im Gebäudeinnern, und besonders intensiv im Kellerbereich, vom archäologischen Dienst des Kantons baugeschichtlich untersucht worden.[121] Hierbei konnte in zwei ursprünglich zum Stalden hin ausgerichteten Kellerräumen »romanisches Mauerwerk« festgestellt werden. Mit diesem ältesten Teil des im 18. Jahrhundert zu einem Gebäude vereinigten Hauses könnte ein Relikt jenes hypothetisch vermuteten »adligen Wohnturms des 11. Jahrhunderts« auf uns gekommen sein. Doch gibt gerade die Frage der Datierung Anlaß zur Skepsis. Denn da die Zeitstellung »weder mit naturwissenschaftlichen noch mit kunsthistorischen Methoden klar gefaßt werden« konnte, ist, wenn wir die Entwicklung der übrigen Zähringerstädte ins Auge fassen, eine Datierung ins 12./13. Jahrhundert sicher eher vertretbar als eine ins 11. Jahrhundert.

Schlußbemerkung

Rückblickend darf festgestellt werden: Der überlegte Einsatz jenes Instrumentariums, das die Stadtkernarchäologie in den letzten drei Jahrzehnten entwickelt hat, bietet die konkrete Chance, über die bereits vorliegenden Ergebnisse hinaus die Gestalt der Zähringerstadt in ihren einzelnen Entwicklungsphasen deutlicher herauszuarbeiten und die vielfach noch offenen Fragen, die gewiß nicht einfach zu klären sind, schließlich doch schlüssig zu beantworten. Das setzt freilich voraus, daß in den Zähringerstädten endlich mit den stadtarchäologischen Forschungen ernst gemacht wird und daß diese rasch und auch in dem erforderlichen Umfang einsetzen. Die Übersicht über den Stand der Forschung hat zeigen können, daß bisher kaum einmal breit angelegte stadtarchäologische Vorhaben realisiert worden sind. Angesichts der in den Zähringerstädten eifrig gepflegten Zähringertradition ist das geringe offizielle Engagement bei der Sicherung der zähringerzeitlichen Bodenrelikte auffallend. Die Zurückhaltung ist wohl zurückzuführen auf die Tatsache, daß bei angemessener Durchführung auch nur der dringendsten Forschungsprojekte ein hoher personeller und damit auch kostenintensiver Einsatz zu leisten ist. Bleibt dieser allerdings weiterhin aus, dann wird die ungezügelt fortschreitende Bautätigkeit bald die letzten im Boden ruhenden Quellen der Zähringerzeit vernichtet haben[122]. Was in

120 STRUB, La ville (wie Anm. 112) S. 34 f.
121 Frau Prof. Dr. Schwab, Kantonsarchäologie Freiburg, und Frau Dr. Keller, Kantonsarchäologie Zug, die seinerzeit die Bauuntersuchungen durchführte, habe ich herzlich für die Überlassung des mschr. vorläufigen Untersuchungsberichts zu danken.
122 »Durch die mannigfaltigen Sanierungs- und Bauvorhaben der jüngsten Vergangenheit und auch der nächsten Jahre ist ein Großteil der archäologischen Quellen zur vielfältigen Geschichte der Stadt Zürich schon zerstört und dem verbliebenen Rest droht die unmittelbare Vernichtung. Die Altstadt wird spätestens im Jahre 2000 eine archäologische Wüste sein. Das ist anderswo nicht anders.« Jürg HANSER, Armin MATHIS, Ulrich RUOFF und Jürg SCHNEIDER, Das neue Bild des alten Zürich, Zürich 1983, S. 60; vgl. oben Anm. 10.

(Not-)Grabungen zutage gefördert werden kann, sollte, um die Seite der Forscher anzusprechen, möglichst rasch publiziert werden, auch wenn die vorgelegten Einzelergebnisse
noch keine eindeutigen Folgerungen erlauben. Eine nüchterne Bestandsaufnahme hat
überhaupt im Augenblick im Vordergrund zu stehen. Es wäre niemandem damit gedient,
wenn an die Phase der von Historikern bestimmten Theseneuphorie nun, wie dies
gelegentlich schon zu beobachten ist, eine von Archäologen getragene anschließt. Sollten
sich zudem Archäologen und Historiker stärker als bisher zu der sachlich zwingend
notwendigen, engen Zusammenarbeit verstehen, dürfte ein Weg gefunden sein, der zu
einer differenzierten Vorstellung von den Leistungen der Zähringer für die Entstehung von
Markt und Stadt führen wird.

Breisach – ein Refugium für Rebellen im früheren Mittelalter?

Von Gerd Althoff

Als im Jahre 1298 für König Adolf von Nassau die militärische Lage im Elsaß gegen den anrückenden Habsburger Albrecht bedrohlich zu werden drohte, zog er über die Rheinbrücke bei Breisach – die einzige zwischen Basel und Straßburg in dieser Zeit – in Richtung Offenburg ab. Wenig später fand er in der Schlacht von Göllheim den Tod und Albrecht wurde sein Nachfolger. Der Straßburger Geschichtsschreiber Ellinhard, der über diese Geschehnisse ausführlich berichtet, bemerkt zu dem Rheinübergang Adolfs von Nassau bei Breisach: Immer wenn Könige diese Brücke quasi fliehend benutzt hätten, wären sie bald darauf ihrer Ehre und ihrer Herrschaft verlustig gegangen[1]. Natürlich ist dies ein vaticinium ex eventu, eine Prophezeiung aus der Rückschau. Doch scheint die Frage erlaubt, an welche Fälle der Geschichtsschreiber des endenden 13. Jahrhunderts gedacht haben, wann also Breisach und der Rheinübergang eine bedeutsame und unheilbringende Rolle in der Geschichte der deutschen Könige gespielt haben könnte.

Der Historiker, der dieser Frage nachgeht, stößt schnell auf die Ereignisse des Jahres 1212, als in Breisach so etwas wie eine Vorentscheidung in der Auseinandersetzung um die Königsherrschaft zwischen dem Welfen Otto IV. und dem Staufer Friedrich II. fiel[2]. Im Jahre 1212 war der junge, in Sizilien aufgewachsene Friedrich II. auf Veranlassung Papst Innozenz III. nach Deutschland gezogen, um die Königsherrschaft, das Erbe seiner Väter, anzutreten. Eine Gruppe von Fürsten hatte ihn bereits 1211 in seiner Abwesenheit in Nürnberg zum Gegenkönig gegen Otto IV. erhoben[3]. Die Reise erfolgte ohne ein Heer und war mehr als ein Wagnis. In Konstanz kam Friedrich nur wenige Stunden vor Otto IV. an. Die Stadt, die sich eigentlich für den Empfang des Welfen gerüstet hatte, nahm jedoch auch den Staufer auf und Friedrich fand die nötige Zeit, den Stauferanhang zu mobilisieren und zu sammeln. Kaiser Otto IV. blieb nichts anderes übrig, als an den Oberrhein auszuweichen, und er begab sich nach Breisach, in eine Stadt, in der zu dieser Zeit sowohl

---

1 Vgl. Ellinhardi Argentinensis Annales et Chronica, hg. von Philipp JAFFÉ (MGH SS 17, Hannover 1861, S. 91-141) S. 137: *Transivit ergo pontem in Brisacho, in quo ponte omnes reges quasi fugiendo transeuntes non brevi post tempore ab omni honore destituti fuerunt*; zu Ellinhard vgl. Wilhelm WATTENBACH – Franz-Josef SCHMALE, Deutschlands Geschichtsquellen im Mittelalter. Vom Tode Heinrichs V. bis zum Ende des Interregnums 1, Darmstadt 1976, S. 340 ff. Zum Vorgehen Albrechts vgl. Alfred HESSEL, Jahrbücher des deutschen Reichs unter König Albrecht I. von Habsburg, München 1931, S. 51 ff.

2 Eduard WINKELMANN, Philipp von Schwaben und Otto IV. von Braunschweig (Jahrbücher der deutschen Geschichte) 2, Leipzig 1878, S. 324 ff.; Ernst H. KANTOROWICZ, Kaiser Friedrich der Zweite, 2 Bde., Berlin 1927/31, 1, S. 58 und 2, S. 28; unter besonderer Berücksichtigung der Politik Innozenz III. vgl. Manfred LAUFS, Politik und Recht bei Innozenz III. (Kölner Historische Abhandlungen 26) Köln – Wien 1980, S. 162 ff.

3 Zu der Formulierung *inter alios principes specialiter pre ceteris in imperatorem nos elegit* (MGH Constitutiones et acta publica imperatorum et regum, hg. von Ludwig WEILAND, 2, Hannover 1896, Nr. 43) vgl. Heinrich MITTEIS, Die deutsche Königswahl, Brünn – München – Wien ²1944, S. 145 ff.; zum Problem zuletzt Wolfgang GIESE, Der Reichstag vom 8. September 1256 und die Entstehung des Alleinstimmrechts der Kurfürsten (Deutsches Archiv 40, 1984, S. 562-590) S. 563 ff.

der Bischof von Basel als auch die Herzöge von Zähringen Rechte und Einfluß ausübten[4]. In Breisach trieben die Ritter und Gefolgsleute des Welfen, die bei den Bürgern der Stadt einquartiert waren, jedoch so ihr Unwesen, wie ein französischer Geschichtsschreiber ausführlich berichtet, daß die Bürger auf Selbsthilfe sannen[5]. Quelle des Ärgernisses waren die unzweideutigen Absichten, die die Kriegsleute mit den Frauen, Töchtern und Mägden der Breisacher Bürger hatten. Die Bürger beschlossen auf einer Zusammenkunft, sie sollten auf ein Glockenzeichen der Ortskirche hin über die ungebetenen Gäste in ihren Häusern herfallen und sie umbringen. Jeder, der sich dieser Verpflichtung entzöge, sollte aus der Stadt verbannt werden. Diese plötzliche Aktion der Breisacher Bürger hatte vollen Erfolg. Die Begleitung Ottos IV. wurde teils umgebracht, teils fand sie auf der Flucht den Tod. Dem Kaiser selbst, der von dem Gemetzel unterrichtet wurde, gelang es nur durch die Hilfe eines Üsenbergers, heimlich aus Breisach zu entkommen; und er zog sich anschließend nach Norddeutschland zurück[6]. Die Breisacher Ereignisse haben also den Siegeszug Friedrichs II. nicht unerheblich begünstigt. An sie könnte Ellinhard, der Straßburger Geschichtsschreiber, gedacht haben, als er ein Jahrhundert später seine Bemerkungen über die Flucht der Könige über die Breisacher Brücke machte.

Man muß dann weit in die Geschichte des Mittelalters zurückgehen, wenn man weitere Fälle aufspüren will, in denen sich das Geschick von Königen bei Breisach entschied oder zu entscheiden drohte. In ganz erstaunlicher Weise fündig wird man jedoch in dieser Hinsicht in der Ottonenzeit, in der Breisach nicht weniger als viermal im Zusammenhang von Auseinandersetzungen um die Königsherrschaft genannt wird. Natürlich ist man in der Forschung längst auf diese Belege aufmerksam geworden und hat sie zum Teil sehr ausführlich behandelt[7]. Die Diskussion scheint dennoch nicht abgeschlossen, weil eine ganze Reihe von Fragen bisher noch nicht beantwortet ist. Ohne mit dem Anspruch aufzutreten, diese Antwort nun in allen Fällen liefern zu können, sei die Diskussion dennoch mit einigen neuen Beobachtungen und Hinweisen weitergeführt. Sie scheint im übrigen deshalb von besonderem Interesse, weil sie tief hineinführt in die Probleme frühmittelalterlicher Königs- und Herzogsherrschaft, in die Frage nach der herrschaftlichen Struktur des Breisgaus, wie in Fragen der genossenschaftlichen Bindungen im früheren Mittelalter.

Genug der Vorrede: Breisach erscheint in den mittelalterlichen Quellen erstmals im Jahre 939. Es handelt sich um einen der vier Belege, die wir uns näher anschauen müssen, denn zu diesem Jahr ist von einer Belagerung Breisachs durch König Otto I., den Großen, die Rede[8]. Das Schweigen vorheriger frühmittelalterlicher Quellen über Breisach ist im

4 Vgl. Eduard K. H. HEYCK, Geschichte der Herzoge von Zähringen, Freiburg 1891, Nachdruck 1980, S. 472 ff.; Günther HASELIER, Geschichte der Stadt Breisach am Rhein, Breisach 1969, S. 80 ff.; vgl. die diesbezügliche Quelle, eine Urkunde Heinrichs VI. vom Juli 1185 bei Joseph TROUILLAT, Monuments d'histoire de l'ancien évêché de Bale, I, Porrentruy 1852, S. 399.
5 Vgl. Richeri Gesta Senoniensis ecclesiae, hg. von Georg WAITZ (MGH SS 25, Hannover 1880, S. 249-345) S. 292 f. cap. 13: *De promotione Octonis in imperatorem, et de infortunio quod ei apud Brisac evenit.*
6 Vgl. die Zusammenstellung der Quellen bei Johann Friedrich BÖHMER, Regesta Imperii V, Die Regesten des Kaiserreichs unter Philipp, Otto IV., Friedrich II., Heinrich (VII.), Conrad IV., Heinrich Raspe, Wilhelm und Richard, neu hg. von Julius FICKER, 1, Innsbruck 1881/2, Nr. 488b; s. auch HEYCK (wie Anm. 4) S. 473, Anm. 1413.
7 Vgl. Helmut MAURER, Der Herzog von Schwaben, Sigmaringen 1978, S. 77 ff.; Thomas L. ZOTZ, Der Breisgau und das alemannische Herzogtum (Vorträge und Forschungen, Sonderbd. 15) Sigmaringen 1974, S. 111 ff. und S. 160 ff.; HASELIER (wie Anm. 4) S. 56 ff.
8 Vgl. (Adalberti) Continuatio Reginonis (Reginonis abbatis Prumiensis Chronicon cum continuatione Treverensi, hg. von Friedrich KURZE, MGH SSrG, Hannover 1890) a. 939: *Quo expulso* (sc. König

übrigen erstaunlich, nicht zuletzt deshalb, weil der Mons Brisiacus in spätantiken Quellen mehrfach genannt wird und weil sich hier, wie allgemein bekannt, ein römisches Kastell von beträchtlicher Größenordnung befand, das die frühmittelalterlichen Jahrhunderte weiterbestand, wie die Bezeichnung *castrum munitissimum* in der Ottonenzeit zur Genüge beweist und wie natürlich auch die archäologischen Grabungen gezeigt haben[9].

Dies ändert aber nichts daran, daß wir über die Funktion und Bedeutung Breisachs in der Merowinger- und Karolingerzeit keine gesicherten Aussagen machen können. Im Jahre 939 aber belagerte Otto der Große Breisach mit einem Heer, denn das castrum war von Truppen des aufständischen Herzogs Eberhard von Franken besetzt. Zusammengefunden hatten sich in diesem Aufstand in der Anfangsphase der Regierungszeit Ottos des Großen Heinrich, der Bruder des Königs, Herzog Giselbert von Lothringen, der Schwager Ottos, und eben Herzog Eberhard von Franken aus der Sippe der Konradiner, auf dessen Rat hin im Jahre 919 noch Ottos Vater Heinrich I. zum ersten sächsischen König im ostfränkischen Reich gewählt worden war[10]. Es sei hier einstweilen nur angedeutet, daß man den ›Aufstand‹ eigentlich besser als ›Fehde‹ charakterisieren sollte, mit der sich die Großen den gesteigerten und ihrer Meinung nach ungerechtfertigten Herrschaftsansprüchen Ottos des Großen widersetzten.

Die Ereignisse um Breisach haben in diesen Auseinandersetzungen einen hohen Stellenwert, weil es hier zu einer förmlichen Herrscherverlassung Ottos kam, die von den Bischöfen Friedrich von Mainz und Rudhart von Straßburg inszeniert wurde[11]. Sie ließen nämlich in einer bestimmten Situation ihre Zelte und ihr Gerät vor Breisach im Stich, verließen das königliche Heer und begaben sich in das Lager der Aufständischen. Ihnen folgten so viele aus dem königlichen Heer, daß die Sachsen, wie Widukind von Corvey aus der Rückschau der 60er Jahre des 10. Jahrhunderts sagt, »jede Hoffnung verloren, weiter den König stellen zu können«[12]. Den eigentlichen Grund für diese Herrscherverlassung nennen die Quellen nicht ausdrücklich. Es wird jedoch soviel deutlich, daß Otto der Große sich den Bemühungen Friedrichs von Mainz widersetzt hatte, durch einen Vertrag den

Ludwig) *Brisacam castellum munitissimum obsedit, ubi quam plura utrimque fortia et bellica gesta sint, futura posterorum successio non ignorabit;* vgl. weitere Angaben in Anm. 11.

9 Rudolf NIERHAUS, Zur Topographie des Münsterberges von Breisach (Badische Fundberichte 16, 1940, S. 94-113); Helmut BENDER – Rolf DEHN – Ingo STORK, Neuere Untersuchungen auf dem Münsterberg in Breisach (1966-1975) (Archäologisches Korrespondenzblatt 3, 1976, S. 213-224 und 4, 1976, S. 309-320); Michael SCHMAEDECKE, Archäologische Ausgrabungen in Breisach a. Rh. Breisgau-Hochschwarzwald (Archäologische Ausgrabungen in Baden-Württemberg 1982, S. 186-190, und 1983, S. 202-205 mit weiteren Hinweisen).

10 Vgl. dazu Rudolf KÖPKE – Ernst DÜMMLER, Kaiser Otto der Große, Leipzig 1876, S. 81 ff.; Wolfgang GIESE, Der Stamm der Sachsen und das Reich in ottonischer und salischer Zeit, Wiesbaden 1976, S. 115 ff.; Gerd ALTHOFF, Zur Frage nach der Organisation sächsischer coniurationes in der Ottonenzeit (Frühmittelalterliche Studien 16, 1982, S. 130-142); zur Wahl Heinrichs I. s. zuletzt Ernst KARPF, Königserhebung ohne Salbung. Zur politischen Bedeutung von Heinrichs I. ungewöhnlichem Verzicht in Fritzlar (919) (Hessisches Jahrbuch für Landesgeschichte 34, 1984, S. 1-24).

11 Vgl. Continuatio Reginonis (wie Anm. 8) a. 939: *Unde Fridericus archiepiscopus Mogontiensis et Ruodhardus episcopus Strazburgensis fixis in obsidione tentoriis et relictis copiarum, quas detulerant, sarcinis nocte clam aufugerunt et Mittensem urbem adeuntes Gisalberto et Heinrico se occursuros, ut coniuraverant, speraverunt;* vgl. die ergänzenden Bemerkungen Widukinds von Corvey in Anm. 12.

12 Vgl. Die Sachsengeschichte des Widukind von Korvei, hg. von Hans-Eberhard LOHMANN und Paul HIRSCH, MGH SS rG, Hannover 1935, II, 24: *Haec cum audiuntur in castris regis – nam ea tempestate rex erat pugnans contra Briseg et alias urbes, quae erant Evurhardi ditionis –, multi se a castris eruebant, nec ultra spes erat regnandi Saxones. Rex vero ea turbatione tanta constantia ac imperio usus est, licet raro milite constiparetur, acsi nichil ei difficultatis obviasset. Nam summi pontifices relictis tentoriis et alia qualibet suppellectili, ipsi etiam defecerunt a fide.*

Frieden zwischen den Parteien wieder herzustellen[13]. Die ablehnende Haltung Ottos gegen diesen Vertrag reichte für viele Große aus, den Herrscher zu verlassen und sich der Partei seiner Gegner anzuschließen, und damit den Bestand des Königtums Ottos des Großen grundsätzlich in Frage zu stellen.

Es kam allerdings ganz anders, als es die Anhänger des Königs befürchtet hatten: Die Herzöge Eberhard und Giselbert wurden im Oktober 939 von Truppen Ottos bei Andernach überrascht und bei diesem Treffen getötet. Auf diese Nachricht hin ergaben sich die *castellani*, die Besatzung von Breisach[14]. Für unsere auf die Funktion und Bedeutung Breisachs in der Ottonenzeit gerichtete Fragestellung bleibt für die weitere Untersuchung folgendes festzuhalten: Es ist bisher nicht geklärt, wie eigentlich die Anhänger des fränkischen Herzogs Eberhard in den Besitz Breisachs gekommen sind. Man hat hingewiesen auf die elsässischen Herrschaftspositionen der Konradiner im frühen 10. Jahrhundert und darauf, daß nach dem ottonischen Geschichtsschreiber Liutprand von Cremona Breisach *in partibus Alsatiae* gelegen sei[15]. Es könnte also sein, daß Breisach bis 939 in den Händen der konradinischen Sippe war, wobei die Vermutung naheliegt, daß ein ehemaliger Reichsgutkomplex durch die Konradiner mediatisiert, entfremdet worden ist. Beweise, das muß betont werden, gibt es für eine solche Erklärung aber ebensowenig wie für die Vorstellungen, die in der Forschung bezüglich Breisachs für die Zeit nach 939 bestehen.

Man geht nämlich davon aus, daß Breisach nun ein ›Vorort‹ des alemannischen Herzogs, ein Zentrum der Herzogsherrschaft geworden sei, wie es etwa Zürich war[16]. Die Funktion eines Vorortes des alemannischen Herzogtums impliziert wohl residenzähnliche Gebäude zum Aufenthalt des Herzogs und seines Gefolges sowie häufige Aufenthalte desselben. Otto der Große, so wird angenommen, habe Breisach nach dem Scheitern des Eberhard-Aufstandes an seinen treuen Helfer, den alemannischen Herzog Hermann I. gegeben. Belege für diese Funktion Breisachs nach 939 aber finden sich in den schriftlichen Quellen nicht – sie erwähnen die alemannischen Herzöge in der Ottonenzeit nicht ein einziges Mal im Zusammenhang mit Breisach. Belege hierfür liefern vielmehr ausschließlich Münzen[17].

Es gibt mehrere in Breisach geprägte Münzen, die die Namen der alemannischen

---

13 Vgl. Widukind (wie Anm. 12) II, 25: *Summus pontifex* (sc. Friedrich von Mainz) *missus ad Evurhardum pro concordia et pace, cum esset earum rerum desiderantissimus, pacto mutuo suum interposuit iuramentum, et ideo ab eo non posse desipere fertur narrasse. Rex autem per pontificem officio suo congruentia dirigens responsa, nil ad se pertinere voluit, quicquid episcopus egisset sine suo imperio.* Die Einlösung des *iuramentum* aber war die in Anm. 11 und 12 zitierte Herrscherverlassung (*ut coniuraverant*); vgl. dazu schon Helmut NAUMANN, Rätsel des letzten Aufstandes gegen Otto I. (Archiv für Kulturgeschichte 46, 1964, S. 133-184) Wiederabdruck in: Otto der Große, hg. von Harald ZIMMERMANN, Darmstadt 1976, S. 70-136) dort bes. S. 97 ff.

14 Zu den Ereignissen vgl. KÖPKE – DÜMMLER (wie Anm. 10) S. 88 ff.; die Kapitulation Breisachs meldet die Continuatio Reginonis (wie Anm. 8) a. 939: *Quo audito* (sc. den Tod Giselberts und Eberhards) *Brisacenses castellani regiae dominationi subduntur et castellum obsidione absolvitur.*

15 Vgl. Liutprandi antapodosis (Die Werke Liutprands von Cremona, hg. v. Joseph BECKER, MGH SS rG 41, Hannover – Leipzig 1915) IV,27: *Est in Alsatiae partibus castellum Brisicau patrio vocabulo nuncupatum, quod et Rhenus in modum insulae cingens et naturalis ipsa loci asperitas munit. In hoc itaque suorum Heverardus posuerat multitudinem militum, quorum terrore non solum magnam sibi partem praefatae provinciae vendicabat, verum etiam circumcirca regis fideles misere laniabat;* vgl. dazu MAURER (wie Anm. 7) S. 77; ZOTZ (wie Anm. 7) S. 111 ff.

16 MAURER (wie Anm. 7) S. 75 ff.; ZOTZ (wie Anm. 7) S. 112 ff.

17 Vgl. Hermann DANNENBERG, Die deutschen Münzen der sächsischen und fränkischen Kaiserzeit, 5 Bde., Berlin 1876-1905, Bd. 1, S. 340 ff.; HASELIER (wie Anm. 4) S. 60 ff. mit Abbildungen nach S. 64; MAURER (wie Anm. 7) S. 77 f. und Abb. 10-13 (S. 315).

Herzöge Hermann, Liudolf und Burkhard II. aufweisen. Die Münzen tragen zumeist auch das Bild und den Namen Ottos des Großen, teilweise aber auch nicht. In Breisach bestand in der Regierungszeit Ottos I. also unzweifelhaft eine königliche und herzogliche Münzstätte. Es muß aber doch gefragt werden, ob diese Tatsache ausreicht, um Breisach als einen ›residenzähnlichen Vorort‹ des alemannischen Herzogtums zu charakterisieren. Die Antwort auf diese Frage ist im übrigen auch allgemein für die Charakteristik der Herrschaftsverhältnisse im Breisgau so wichtig, daß es geraten erscheint, auch die anderen Quellenaussagen über Breisach sehr genau zu prüfen, zumal sie nur schwer mit einer Qualität Breisachs als herzoglicher Vorort in Einklang zu bringen sind.

Damit kommen wir zur zweiten Erwähnung Breisachs in den schriftlichen Quellen der Ottonenzeit. In den 50er Jahren des 10. Jahrhunderts kam es noch einmal zu einem großen Aufstand gegen Otto I., als dessen Rädelsführer vor allem Liudolf, der Sohn Ottos und alemannische Herzog, Konrad der Rote, der Schwiegersohn des Herrschers und Herzog von Lothringen, sowie der uns schon bekannte Erzbischof Friedrich von Mainz in den Quellen entgegentreten[18]. Ohne auf die Gründe, die zu diesem Aufstand führten, ausführlicher einzugehen, sei angemerkt, daß wie bei dem ›Aufstand‹ des Jahres 939 der Begriff Fehde dem Sachverhalt besser gerecht zu werden scheint. Im Unterschied zu 939 richtete sich die Fehde zunächst nicht gegen den König, sondern gegen dessen Bruder Heinrich, der Ottos Sohn Liudolf in Italien durch Intrigen geschadet hatte. Erst dadurch, daß der König sich auf die Seite seines Bruders und nicht auf die seines Sohnes schlug, wurde er in die Fehde verwickelt.

Breisach wird diesmal nicht im Zusammenhang von Kampfhandlungen erwähnt. Vielmehr meldet der Fortsetzer der Chronik Reginos von Prüm, bei dem es sich um den späteren Erzbischof Adalbert von Magdeburg handelt, Erzbischof Friedrich von Mainz sei angesichts der drohenden militärischen Auseinandersetzungen aus Mainz geflohen und habe die Stadt den Feinden des Königs überlassen: *Quo audito Fridericus archiepiscopus Mogontia secessit et civitatem inimicis regis tuendam commisit. Ipse Brisacam castellum, latibulum semper Deo regique rebellantium, intravit totamque ibi pene aestatem rei eventum expectaturus permansit*[19].Die Forschung hat es sich mit dieser Nachricht über den Breisacher Aufenthalt Friedrichs einfach, und wohl zu einfach gemacht. Da der Sohn Ottos und Führer des ›Aufstands‹, Liudolf, zur fraglichen Zeit alemannischer Herzog war, nahm man an, er habe dem ihm verbundenen Erzbischof den herzoglichen Vorort Breisach zum Aufenthalt zur Verfügung gestellt[20]. Was der Geschichtsschreiber aber mit der Charakterisierung Breisachs als Schlupfwinkel von Rebellen gegen Gott und den König gemeint haben könnte, hat man nicht sehr entschieden gefragt. Diese Frage sei auch jetzt zurückgestellt, um die weitereren Nennungen Breisachs in der Ottonenzeit in die Diskussion einbeziehen zu können.

Die nächste Nennung steht im Zusammenhang der Versuche Heinrichs des Zänkers, des ehemaligen bayerischen Herzogs, anstelle des unmündigen Otto III. im Jahre 983 selbst die

---

18 Zum Verlauf vgl. KÖPKE – DÜMMLER (wie Anm. 13) S. 89 ff.; Karl BRUNNER, Oppositionelle Gruppen im Karolingerreich, Köln – Wien – Graz 1979, S. 191 ff.; ALTHOFF (wie Anm. 10) S. 136 ff; zuletzt Franz-Reiner ERKENS, Fürstliche Opposition in ottonisch-salischer Zeit (Archiv für Kulturgeschichte 64, 1982, S. 307-370) S. 315 ff.

19 Continuatio Reginonis (wie Anm. 8) a. 953.

20 MAURER (wie Anm. 7) S. 77, vgl. schon Heinrich BÜTTNER, Franken und Alemannen in Breisgau und Ortenau, S. 52; DERS., Breisgau und Elsaß, S. 78; beide Arbeiten wiederabgedruckt in: Schwaben und Schweiz im frühen und hohen Mittelalter. Gesammelte Aufsätze von Heinrich Büttner, hg. von Hans PATZE, Sigmaringen 1972.

Königswürde zu übernehmen[21]. Beim frühen Tod Ottos II. befand sich der Zänker, der diesen Beinamen wegen mehrerer ›Aufstände‹ gegen Otto II. erhielt, beim Bischof von Utrecht in Haft. Aus dieser Haft wurde er sofort nach dem Tode des Kaisers entlassen, und er übernahm in Köln von Erzbischof Warin, wohl in seiner Eigenschaft als nächster männlicher Verwandter, die Vormundschaft und Sorge für den jungen Otto III., ein dreijähriges Kind. In den folgenden Monaten wurde schnell deutlich, daß die Aktivitäten des Zänkers gar nicht auf eine Vormundschaftsregierung zielten, sondern auf die Übernahme der Königsherrschaft selbst. Teil dieser Aktivitäten war eine Gesandtschaft an den französischen König Lothar, die diesen zu einem Treffen nach Breisach einlud.

Um die Datierung dieses Treffens hat es in der Forschung einige Diskussionen gegeben[22]. Man darf heute jedoch als gesichert annehmen, daß die Zusammenkunft Lothars und Heinrichs für den 1. Februar 984 vorgesehen war. Wir wissen von diesem Vorhaben aus zwei westfränkisch-französischen Quellen: aus einem Brief des berühmten Gerbert von Aurillac[23], der zu dieser Zeit an der Reimser Domschule tätig war, und durch den Reimser Geschichtsschreiber Richer, der ausführlich auf den Zug des französischen Königs Lothar zu Heinrich zu sprechen kommt, ohne den Ort Breisach direkt zu nennen[24]. Für unsere Frage nach der Bedeutung Breisachs in dieser Zeit aber sind diese Nachrichten von größtem Interesse. Heinrich der Zänker muß nämlich angesichts des in Aussicht genommenen Termins für das Treffen direkt nach seiner Haftentlassung, die frühestens Ende Dezember/Anfang Januar 983/4 passiert sein kann, die genannte Gesandtschaft zum französischen König geschickt haben. Er hat mit anderen Worten nach mehrjähriger Haft in Utrecht sofort Breisach als Ort der Zusammenkunft benennen können, obgleich er als ehemaliger bayerischer Herzog doch wohl kaum Rechte an diesem Ort gehabt haben dürfte[25]. Der alemannische Herzog dieser Zeit, Konrad, war überdies ein erklärter Gegner des Zänkers und ein prononcierter Vertreter der Partei, die dem jungen Otto III. das Königtum erhalten wollte[26]. Zur Frage steht also wohl, aus welchem Grund Heinrich

21 Zu den Vorgängen vgl. Mathilde UHLIRZ, Jahrbücher des deutschen Reiches unter Otto II. und Otto III., Bd. 2, Leipzig – Berlin 1954, S. 12 ff.; Rudolf KOHLENBERGER, Die Vorgänge des Thronstreits während der Unmündigkeit Ottos III. 983-985, Phil. Diss. Erlangen 1931; GIESE (wie Anm. 10) S. 23 f.; Gerd ALTHOFF, Adels- und Königsfamilien im Spiegel ihrer Memorialüberlieferung. Studien zum Totengedenken der Billunger und Ottonen (Münstersche Mittelalter-Schriften 47) München 1984, S. 96 ff.
22 Vgl. UHLIRZ (wie Anm. 21) S. 432 ff. Exkurs III: Die Breisacher Zusammenkunft und die Feldzüge König Lothars gegen Verdun 984/85; zuletzt ZOTZ (wie Anm. 7) S. 160 mit Anm. 238; MAURER (wie Anm. 7) S. 81 ff.
23 Die Briefsammlung Gerberts von Reims, hg. von Franz WEIGLE (MGH Briefe der deutschen Kaiserzeit 2) Berlin – Zürich – Dublin 1966, Nr. 39: *Germanum Brisaca Rheni litoris Francorum reges clam nunc adeunt, Heinricus rei publicae hostes dictus kal. febr. occurrit. Consule, mi pater, modis omnibus resistendum, ne conveniant adversus Dominum et adversus Christum tuum. Turba regnans regnorum perturbatio.*
24 Richeri Historiarum libri IIII, hg. von Georg WAITZ (MGH SS rG) Hannover 1877, III, cap. 97: *Hic* (sc. Heinrich der Zänker) *regnandi avidus, omnes sacrilegos aut iuditiis convictos, sive etiam pro factis iuditium timentes, postremo omnes flagitiosos, quos conscius animus exagitabat, sibi proximos ac familiares fecit. Talium dolis regis defuncti superstitem filium Ottonem parvum rapuit, eius loco sese regnaturum ratus. Regnum ergo sic in suum ius refundi arbitrans, sceptrum et coronam sibi paravit. Quod dum a Lothario expetendum cogitaret eumque concessa Belgica sibi sotium et amicum facere moliretur, legatos premisit, apud quos sacramento commune negocium firmaretur; quo etiam sacramento utrique reges sibi policerentur, sese super Rhenum loco constituto sibi occursuros.*
25 Die Versuche, Heinrichs Zugriff auf Breisach mit Besitzungen und Einfluß der schwäbischen Herzogs-witwe Hathwig, die eine Schwester des Zänkers war, zu erklären – so ZOTZ (wie Anm. 7) S. 81 – müssen angesichts fehlender Quellen reine Vermutungen bleiben.
26 Vgl. ZOTZ (wie Anm. 7) S. 159 f.

gerade einen Ort wählte, der nach Meinung der modernen Forschung ein ›residenzähnlicher Vorort‹ eines seiner potentiellen Gegner war. Daß Herzog Konrad in der Tat nicht gewillt war, das Zusammentreffen Heinrichs des Zänkers mit dem französischen König in Breisach zu dulden, zeigt sich übrigens schlagend dadurch, daß er es war, der die Franzosen mit militärischen Mitteln aus dem Elsaß vertrieb[27].

Die Probleme werden im übrigen dadurch nur noch vergrößert, daß die Forschung neuerdings eine in Breisach geprägte Münze, die einen *Heinricus dux* ausweist, nicht mehr auf einen alemannischen Herzog der Salierzeit, sondern auf Heinrich den Zänker bezieht – und die Prägung in einen unmittelbaren Zusammenhang mit dem Breisacher Treffen rückt[28]. Dieses Problem sei hier nur erwähnt und die Entscheidung offengelassen, ob auf der Münze wirklich Heinrich der Zänker gemeint sein kann. Einige Zweifel sind nämlich durchaus angebracht: Immerhin strebte Heinrich in dieser Zeit nachweislich nach dem Königtum, ließ sich zu Ostern 984 in Quedlinburg von seinen Anhängern öffentlich König nennen, und einer seiner Anhänger, der berühmte Trierer Erzbischof Ekbert, ließ wohl in dieser Zeit eine liturgische Prunkhandschrift anfertigen, die auf einer Zierseite die Medaillons von vier ottonischen Königen aufweist, und zwar die von Heinrich I., Otto I., Otto II., und als viertem das von einem weiteren *Heinricus rex*, womit wohl nur Heinrich der Zänker gemeint sein kann[29]. Es müßte also wohl erklärt werden, warum Heinrich in Breisach in der gleichen Zeit Münzen schlagen ließ, auf denen er sich mit dem Titel ›dux‹ begnügte.

Zur Beurteilung der Bedeutung der Breisacher Zusammenkunft gehört sicher auch die Frage, welche Absichten der französische König und der deutsche ›Usurpator‹ mit ihrem Treffen verbanden. Hierüber macht vor allem Richer von Reims ganz klare Aussagen: Heinrich habe sich Lothar zum Genossen und Freund (*sotium et amicum*) machen wollen. Als Preis für dieses Bündnis sei er bereit gewesen, Lothar *Belgica* zu übergeben, womit wohl ein Teil Lothringens gemeint ist[30]. Geplant war also ein Freundschaftsbündnis und Heinrich wollte sich die Unterstützung des benachbarten und verwandten Herrschers durch Gebietsabtretungen erkaufen. Ebenso klar sagt Richer, daß das Bekanntwerden dieses Treffens und dieser Absichten Heinrichs Ansehen unter den deutschen Großen verschlechtert habe, weshalb er sich schließlich auch entschloß, dem Treffen fernzubleiben; und dies, obgleich er sich durch seine Gesandten eidlich verpflichtet hatte, nach Breisach zu kommen[31].

---

27 So eine spätmittelalterliche Überlieferung aus dem Elsaß, das Chronicon Mediani monasterii des Jean von Bayon, vgl. UHLIRZ (wie Anm. 21) S. 434: *Rex Lotharius Francorum, mota expeditione anno DCCCCLXXXIIII, ut predicti infantis imperium invaderet, ad Rheni alveum pergens, Chuononis ducis Sueviae, qui eiusdem imperatoris tuebatur infantiam, occursu fugatur.*

28 Nach einer ersten Vermutung von Hagen KELLER, Kloster Einsiedeln im ottonischen Schwaben (Forschungen zur oberrheinischen Landesgeschichte 13) Freiburg 1964, S. 120 f. Anm. 172 hat ZOTZ (wie Anm. 7) S. 160 ff. versucht, diese Zuordnung mit numismatischen und historischen Argumenten zu begründen.

29 Zur kontroversen Diskussion vgl. zuletzt die Angaben in Percy Ernst SCHRAMM, Die deutschen Kaiser und Könige in Bildern ihrer Zeit 751–1190 Neuauflage hg. von Florentine MÜTHERICH, München 1983, S. 215 und Abb. 121; s. auch Rainer KAHSNITZ, München in der mittelalterlichen Buchmalerei - Ornamentenschmuck und Kaiserportrait (Münzen in Brauch und Aberglaube, Ausstellungskatalog hg. von Hermann MAUÉ und Ludwig VEIT, Mainz 1982) S. 147 f. und Farbabbildung Nr. 4. Egbert von Trier, der potentielle Auftraggeber des Codex lat. 8851 der Bibliothèque Nationale, Paris aber war zunächst ein Parteigänger Heinrichs des Zänkers; vgl. den Brief Gerberts von Aurillac (wie Anm. 23) Nr. 26 und UHLIRZ (wie Anm. 21) S. 13 und 29.

30 Vgl. Anm. 24: *concessa Belgica sibi sotium et amicum facere moliretur...*

31 Richer (wie Anm. 24) III, cap. 98: *Quibus per legatos iuratis, Lotharius tempore statuto cum exercitu per Belgicam transiens, ne teneretur sacramenti obnoxius, ad locum Rheni condictum devenit. Hezilo sese*

Fassen wir einstweilen die für uns wichtigen Befunde dieses dritten Auftauchens von
Breisach in den ottonenzeitlichen Quellen so zusammen: Auch im Jahre 984 war es nicht
der alemannische Herzog, der ein Treffen in Breisach plante, sondern wieder in gewisser
Hinsicht ein Gegner des ottonischen Königtums, der zuvor schon durch Aufstände von
sich reden gemacht hatte, nun aber als Usurpator des Königsthrones Breisach zu einem
Treffen mit dem französischen König auserkor. Nicht unwichtig erscheint auch, daß er an
diesem Ort ein Freundschaftsbündnis abschließen wollte, und daß er Breisach auswählte,
obgleich er nach mehrjähriger Haft Niederlothringen noch nicht verlassen hatte und der
alemannische Herzog zu seinen Gegnern zählte. Hier scheinen Beziehungen des ehemaligen Herzogs von Bayern zu Breisach gegeben zu sein, die wir einstweilen noch nicht
erklären können.

Auch bei der vierten Erwähnung Breisachs in ottonischer Zeit besetzen eigentlich wieder
die falschen Truppen den Breisacher Berg. Nach dem Tode Ottos III. im Jahre 1002 strebte
nicht nur der Bayernherzog Heinrich, der Sohn des Zänkers und spätere König Heinrich II., nach der Königsherrschaft, sondern auch der alemannische Herzog Hermann II.,
der durchaus über einen beträchtlichen Anhang verfügte[32]. Nicht unterstützt wurde er
allerdings von den Bischöfen von Straßburg und Basel, die vielmehr den Bayernherzog
favorisierten[33]. Deshalb kam es auch zu kriegerischen Auseinandersetzungen am Oberrhein, die ihren Höhepunkt in der Plünderung Straßburgs durch die Truppen Herzog
Hermanns hatten, bei der auch die Kathedrale in Flammen aufging und der Kirchenschatz
geraubt wurde[34].

Aber auch um Breisach kam es zu Kampfhandlungen, wie wir durch einen Zeitgenossen,
den sächsischen Geschichtsschreiber Thietmar von Merseburg, wissen. Breisach war aber
nicht, wie man denken könnte, von Truppen des alemannischen Herzogs besetzt, sondern
von solchen der Bischöfe von Straßburg und Basel, die sich sogar selbst in der *civitas
munitissima*, wie Thietmar sagt, aufgehalten haben sollen[35]. Da die bischöflichen Kriegs-
knechte, so erzählt er weiter, täglich ausritten, um Pferdefutter zu beschaffen, griffen die
herzoglichen Truppen zu einer List, um ohne Belagerung in den Besitz des Berges zu
kommen. Sie kamen *simili habitu sarcinatisque equis ad urbem cantantes pergunt et pro
sociis a custodibus intromittuntur. Proiectis ilico oneribus magna voce se hostes manifestant
episcopisque vix elapsis omnia diripiunt*[36].

Auch diese Anekdote Thietmars von Merseburg paßt also eigentlich nicht zu der
unterstellten Qualität Breisachs als Vorort der alemannischen Herzogsherrschaft, denn
einen herzoglichen Vorort hätten dessen Gegner doch wohl kaum kampflos in die Hand
bekommen. Wenn wir daher die vier Ereignisse, zu denen uns Breisach in der Ottonenzeit

---

*metuens in suspitionem principum venire, si Lothario occurreret, acsi eum in regnum recipere vellet, periurii
reus, occurrere distulit.*

32 Vgl. dazu zuletzt Hagen KELLER, Schwäbische Herzöge als Thronbewerber: Hermann II. (1002),
Rudolf von Rheinfelden (1077), Friedrich von Staufen (1125). Zur Entwicklung von Reichsidee und
Fürstenverantwortung, Wahlverständnis und Wahlverfahren im 11. und 12. Jahrhundert (Zeitschrift für die
Geschichte des Oberrheins 131, 1983, Festgabe Gerd Tellenbach zum 80sten Geburtstag, S. 123-162)
S. 135 ff. mit weiteren Hinweisen.

33 Vgl. dazu Siegfried HIRSCH, Jahrbücher des deutschen Reichs unter Heinrich II., Berlin 1862, 1,
S. 212 ff.

34 Vgl. Die Chronik des Bischofs Thietmar von Merseburg und ihre Korveier Überarbeitung, hg. von
Robert HOLTZMANN (MGH SS rG NS 9) Berlin ²1955, V,12.

35 Ebd. V,21: *Fuere in alia civitate munitissima, Brizach dicta, episcopi duo, Argentinensis et Basiliensis,
ad presidium ...*

36 Ebd., V,21.

in den schriftlichen Quellen begegnet, noch einmal zusammenfassend mustern, dann ist nicht zu übersehen, daß es immer andere Personen oder Gruppen als der alemannische Herzog gewesen sind, die den Mons Brisiacus und das *castrum munitissimum* besaßen und den Ort militärisch oder zum Aufenthalt nutzten.

Daneben und scheinbar dagegen stehen jedoch die in Breisach geprägten Münzen der gleichen Zeit, deren Quellenwert natürlich nicht unterschätzt werden darf. Es fragt sich daher, ob die scheinbare Diskrepanz zwischen numismatischen und historiographischen Quellen unüberbrückbar ist, oder ob die Quellen nicht vielleicht auf der einen Seite einen Anspruch des Herzogs und des Königs und auf der anderen Seite die Wirklichkeit spiegeln, die komplexer war, als es die Charakteristik Breisachs als Vorort alemannischer Herzogs-herrschaft erscheinen läßt.

Anhaltspunkte dafür, daß dies so ist, und daß sich die sogenannten Aufständischen der Ottonenzeit nicht zufällig mehrfach und mit bestimmten Absichten in Breisach aufhielten, aber liefert die Beobachtung, daß Breisach gar nicht der einzige Ort im Reich der Ottonen war, an dem diese Aufständischen unter bemerkenswerten Umständen mehrfach bezeugt sind. Es wird in den Quellen nämlich ein zweiter Ort genannt, und auch auf ihn wird von den Schriftstellern eine ähnlich negative Beurteilung angewandt, wie sie Breisach mit der Bezeichnung ›Schlupfwinkel‹ der Rebellen aufweist.

Bei dem Ort handelt es sich um das thüringische Saalfeld[37]. Topographisch ist Saalfeld in gewisser Weise mit Breisach vergleichbar, denn der sog. ›Hohe Schwarm‹, auf dem man das zum Jahre 1057 bezeugte mittelalterliche castellum vermutet, liegt doch einigermaßen hoch über dem Ufer der Saale. Der Ort hat also gleichfalls militärischen Schutz geboten[38].

Besonders aufschlußreich ist aber das, was die Geschichtsschreiber der Ottonenzeit über dieses Saalfeld zu erzählen haben, über das es aus älterer Zeit nur die Nachricht gibt, daß dort ein Babenberger Besitzungen gehabt habe[39]. In der Ottonenzeit wird Saalfeld, wie Breisach, zum ersten Male im Jahre 939 und gleichfalls im Zusammenhang des Aufstands gegen Otto den Großen genannt. Der schon erwähnte Geschichtsschreiber Widukind von Corvey beginnt nämlich seinen Bericht über den Aufstand Heinrichs, Eberhards und Giselberts mit folgender Darstellung: *Post haec Heinricus ardens cupiditate regnandi celebre parat convivium in loco qui dicitur Salaveldun. Cumque esset magnus ac potens maiestate et potestate regali, plurimis plurima donat et factionis huiuscemodi plurimos ob id sibi associat*[40].

Man kann mit dieser Erzählung allein zunächst nicht viel anfangen. Ihre eigentliche Bedeutung gewinnt sie denn auch erst durch die Tatsache, daß auch ein weiterer Aufstand, der uns schon beschäftigt hat, mit einem *convivium*, einem großen Fest, in Saalfeld begonnen wurde. Über den Aufstand des alemannischen Herzogs Liudolf, in dessen Verlauf sich ja Erzbischof Friedrich von Mainz nach Breisach zurückzog, berichtet nämlich der gleiche Widukind von Corvey folgendermaßen: *Quod cum vidisset filius eius Liudulfus tristis a rege discessit, profectusque in Saxoniam aliquamdiu moratus est in loco consiliis funesto Salaveldun*[41].

Der von uns gleichfalls schon herangezogene Fortsetzer der Chronik Reginos von Prüm

37 Vgl. dazu den Art. ›Saalfeld‹ in: Handbuch der Historischen Stätten 9: Thüringen, hg. von Hans PATZE, Stuttgart 1968, S. 369-377
38 Vgl. ebd. S. 371 die Hinweise auf die Lokalisierung des zum Jahre 1057 erwähnten castellum.
39 Vgl. ebd. S. 370 den Hinweis auf die Königsurkunde Arnulfs von Kärnten vom 11. März 899 (MGH Die Urkunden der deutschen Karolinger 3, bearb. von Paul KEHR, Berlin ²1955) Nr. 174.
40 Widukind (wie Anm. 12) II,15; zum folgenden s. schon ALTHOFF (wie Anm. 10) S. 136ff.
41 Widukind (wie Anm. 12) III,9.

schildert die ungewöhnliche Reise Liudolfs von Italien nach Saalfeld in noch eindeutigerer Weise: *Liudolfus dux de Italia revertens regio ambitu natale Domini Salefeld celebravit, ubi Fridericum archiepiscopum omnesque, qui in promptu erant, regni maiores secum detinuit. Quod convivium iam multis suspitiosum coepit haberi, et plus ibi destructionis quam utilitatis ferebatur tractari*[42]. In den Quellen wird also zweimal ein *convivium* am gleichen Ort als Ausgangspunkt einer ›Verschwörung‹ gegen den König geschildert. Beide Autoren betonen, daß schon die Ortswahl und die Zusammenkunft den Zeitgenossen als verdächtig erschien. Und in dem einen Falle reisten immerhin der schwäbische Herzog Liudolf und der Mainzer Erzbischof Friedrich aus Italien an diesen doch entlegenen Ort in Thüringen. Dies dürfte wohl kaum zufällig gewesen sein: Wahrscheinlicher ist vielmehr, daß der Ort eine bestimmte Bedeutung hatte und bewußt aufgesucht wurde!

Die mehrfachen Äußerungen der Geschichtsschreiber, daß die Ortswahl Saalfeld auf nichts Gutes schließen lasse, aber haben eine eindeutige Parallele in dem schon zitierten Hinweis, Breisach sei schon ›immer ein Schlupfwinkel der Rebellen gegen Gott und den König‹ gewesen[43]. Es hat in der Ottonenzeit also offensichtlich Orte gegeben, an denen sich Personengruppen zu versammeln und zu beraten pflegten, bevor sie das machten, was die offiziösen Quellen eine *coniuratio, conspiratio* oder *rebellio* nennen, und was wir in der Regel als einen Aufstand oder eine Empörung bezeichnen. Diese Beobachtung aber wirft notwendigerweise die Frage auf, welche Qualität die Bindung der sogenannten Aufständischen untereinander hatte, oder anders ausgedrückt, wer sich eigentlich zu solchen Aufständen zusammenfand.

In den historiographischen Quellen der Ottonenzeit werden die Rädelsführer dieser Aufstände übereinstimmend dargestellt als von Herrschbegier und Ehrgeiz verleitet und vom Teufel besessen. Diejenigen, die ihnen Folge leisteten, stachelte die Aussicht auf Beute an, sie waren Abenteurer und meist sehr junge dazu[44]. Diese Darstellung und Wertung der offiziösen Quellen darf nicht überraschen, denn ihre Absicht ist es ja zu zeigen, wie sich in der Herrschaft des Königs Gottes Wille manifestiert. Widerstände gegen den König waren daher notwendigerweise vom Teufel angestiftet; sie werden dargestellt als Prüfungen, in denen sich der König zu bewähren hatte, und deren glücklicher Ausgang bewies, daß der Herr seinen Diener, den König, aus den Händen seiner Feinde zu erretten bereit war, wie er es nach dem Zeugnis der Bibel auch mit den bekannten alttestamentlichen Königen vielfach getan hatte[45]. Für eine differenzierte Darstellung der Motive und Ziele der Gegner des Königs blieb angesichts dieser Voraussetzungen natürlich wenig Raum.

Schaut man sich den Teilnehmerkreis an den Aufständen der Ottonenzeit dagegen unvoreingenommen an, so macht man gleich mehrere erstaunliche Beobachtungen: Einmal sind es Angehörige der höchsten Adelsschicht im Reich, die sich zur Teilnahme an den Erhebungen entschlossen. Zum zweiten finden sich unter den Aufständischen immer wieder Erzbischöfe und Bischöfe. Drittens gelingt die Aktivierung der Teilnehmer an den Erhebungen in einer auffallend kurzen Zeitspanne. Und schließlich kann man feststellen, daß im Laufe der Zeit einzelne Adlige an verschiedenen Aufständen teilnahmen, oder daß Angehörige verschiedener Generationen der gleichen Familien als Teilnehmer genannt

---

42 Continuatio Reginonis (wie Anm. 8) a. 952.

43 Vgl. oben Anm 19.

44 Vgl. ALTHOFF (wie Anm. 10) S. 130.

45 Vgl. Hagen KELLER, Grundlagen ottonischer Königsherrschaft (Reich und Kirche vor dem Investiturstreit. Gerd Tellenbach zum achtzigsten Geburtstag, hg. von Karl SCHMID, Sigmaringen 1985, S. 17-34) S. 31 f.

werden. Der Teilnehmerkreis ist von den 30er bis in die 80er Jahre des 10. Jahrhunderts in auffälliger Weise konstant[46].

Alle diese Beobachtungen lassen es als ziemlich ausgeschlossen erscheinen, daß sich die Teilnehmer dieser Verschwörungen jeweils erst zum Zwecke einer solchen Verschwörung zusammengefunden haben könnten. Daß also, wie die Quellen uns glauben machen wollen, die Rädelsführer erst durch Versprechungen und Überredungskünste latent Unzufriedene und Abenteurer um sich gesammelt hätten[47]. Vielmehr scheinen bereits bestehende Bindungen und Kontakte im Zusammenhang der Aufstände genutzt worden zu sein. Sonst wäre die Konstanz des Teilnehmerkreises wie die Schnelligkeit, mit der die Teilnehmer aktiviert werden konnten, nicht zu erklären. Und in diesem Kontext scheinen Orte wie Saalfeld und Breisach eine besondere Rolle gespielt zu haben.

Welcher Art aber war die Bindung der Personen untereinander, die selbst eine Beteiligung an militärischen Aktionen gegen den König einschloß? Zur Lösung dieser Frage hilft uns die Beobachtung weiter, daß sich die Personengruppen nicht nur an bestimmten Orten trafen, sondern daß im Mittelpunkt ihres Treffens ein *convivium* stand. Ein *convivium* aber ist jenes gemeinschaftsstiftende Festmahl, das zu den konstituierenden Elementen genossenschaftlicher Vereinigungen im Frühmittelalter zählt[48]. Immer, wenn im Mittelalter Menschen genossenschaftliche Bindungen eingingen, sei es, daß sie gildeartige Vereinigungen gründeten, sich verbrüderten oder Freundschaftsbündnisse schlossen, fand die eingegangene Bindung nicht nur zeremoniellhaften Ausdruck im *convivium*, im festlichen Gastmahl, – das durchaus zum Gelage werden konnte und wurde –, sondern die Bindung wurde durch dieses *convivium* erst eigentlich vollzogen. Solche mittelalterlichen Vereinigungen, Bindungen und Bündnisse aber verpflichteten die Teilnehmer zu gegenseitigem Schutz und gegenseitiger Hilfe in allen Lebenslagen. Sie erweiterten für den mittelalterlichen Menschen den Kreis derjenigen, mit denen er in Frieden lebte und auf deren Hilfe er rechnen konnte über den Kreis der Verwandten hinaus. Deshalb heißen solche Vereinigungen in den mittelalterlichen Quellen nicht selten auch *pax*, während sie in der Forschung auch als ›künstliche‹ oder ›gemachte‹ Verwandtschaften charakterisiert werden[49]. Zu Schutz und Hilfe in allen Lebenslagen gehörte im Mittelalter im übrigen die gegenseitige Hilfe durch das Gebet, auch oder gerade über den Tod hinaus. Daher bestätigt und ergänzt es die bisherigen Beobachtungen, daß wir in der Tat in einem Necrolog, einer Quelle des Gebetsgedenkens für Verstorbene, den Teilnehmerkreis an den Aufständen der Ottonenzeit so gut wie vollständig wiederfinden[50]. Es handelt sich um das Necrolog von St. Michael in Lüneburg und dieses Kloster war ein Eigenkloster der Billunger. Mehrere Billunger aber hatten sich an den Aufständen der Ottonenzeit beteiligt, und zwar sowohl an den frühen Erhebungen der 30er und 50er Jahre des 10. Jahrhunderts wie auch an den späteren Aufständen Heinrichs des Zänkers.

Es zeigt sich also wohl, daß diese Billunger den Konvent ihres Eigenklosters für die

---

46 Althoff (wie Anm. 10) S. 131.

47 Ebd. S. 130.

48 Vgl. Otto Gerhard Oexle, Gilden als soziale Gruppen in der Karolingerzeit (Das Handwerk in vor- und frühgeschichtlicher Zeit, hg. von Herbert Jankuhn u. a., Göttingen 1981, S. 248-354) S. 309 ff.; Ders., Conjuratio und Gilde im frühen Mittelalter (Gilden und Zünfte, hg. von Berent Schwineköper, Vorträge und Forschungen 29, Sigmaringen 1985, S. 152-214) S. 154 f. u. ö.; Gerhard Dilcher, Die genossenschaftliche Struktur von Gilden und Zünften (ebd. S. 71-111) S. 104 f.

49 Otto Gerhard Oexle, Die mittelalterlichen Gilden: ihre Selbstdeutung und ihr Beitrag zur Formung sozialer Strukturen (Soziale Ordnungen im Selbstverständnis des Mittelalters, hg. von Albert Zimmermann (Miscellanea Mediaevalia 12, 1, Berlin – New York 1979, S. 203-226) S. 208.

50 Althoff (wie Anm. 10) S. 133; Ders., (wie Anm. 21) S. 79 ff.

Personen beten ließen, mit denen sie in der geschilderten Weise verbunden waren. Sowohl die Versammlungen am gleichen Ort, die *convivia* bei diesen Versammlungen, als auch das Gebetsgedenken für Teilnehmer an den Versammlungen deuten also in die gleiche Richtung: Wir haben es mit Versammlungen genossenschaftlich aneinander gebundener Personen zu tun, die sich also nicht erst zum Zwecke eines Aufstandes zusammenfanden. Vielmehr war ihre Bindung aneinander dergestalt, daß sie auch eine Hilfe bei einem bewaffneten Vorgehen gegen den König einschloß, wenn die Mitglieder solcher Vereinigungen der Meinung waren, daß ein gerechter Fehdegrund gegen den König vorlag. Deshalb wurde schon eingangs darauf hingewiesen, man solle die Aufstände der Ottonenzeit besser als Fehden charakterisieren. Unter dem hier vorgetragenen Blickwinkel wird auch besser verständlich, warum die Quellen schon die Tagungen in Saalfeld als verdächtig und Unheil ankündigend schildern. Wir wissen von späteren Gilden etwa, daß es üblich war, daß Gildegenossen vor ihrer Vereinigung Klage führten über ungerechtfertigte Behandlung oder ähnliches[51]. Genau dies aber scheinen die späteren Rädelsführer der Aufstände auch getan zu haben. Sie überzeugten ihre Genossen, wie man sagen darf, davon, daß ihnen Unrecht widerfahren oder sie in ihrer Ehre gekränkt worden waren. Und da ihre Argumente überzeugten, verhalfen ihnen ihre Genossen zur Wiederherstellung ihrer Ehre, indem sie ihnen Hilfe in der Fehde leisteten. Es ist wohl leicht einsichtig, wie gefährlich solche horizontalen Bindungen in der mittelalterlichen Gesellschaft für den König oder andere Amtsträger waren: Durch sie hatte man es in der Regel nicht mit einem einzelnen Widersacher oder einer Verwandtengruppe zu tun, sondern die Widersacher fanden darüber hinaus Hilfestellung auf Grund der Bindungen und Bündnisse, die sie zuvor eingegangen waren. So ist es auch nicht verwunderlich, daß in den frühmittelalterlichen Quellen häufig von Verboten und Einschränkungen solcher Vereinigungen die Rede ist. Generell bemühte man sich etwa, den Eid als Bindemittel solcher Gruppen zu verbieten. Kirchlicherseits griff man daneben auch die vorgeblich heidnischen Praktiken und Bräuche an, die bei den *convivia* vorkamen oder sogar Usus waren, wenn der Alkoholkonsum überhandnahm[52]. Der Umweg über Saalfeld war für die Beurteilung der Breisacher Verhältnisse wohl äußerst nützlich, denn bei diesem Ort ließen die Quellen deutlicher erkennen, wer sich dort traf, welchen Zwecken die Treffen dienten, und warum sie schon im Ansatz als gefährlich eingestuft wurden.

Es fragt sich daher jetzt, ob wir für Breisach eine ähnliche Qualität und Funktion annehmen dürfen, wie sie Saalfeld besaß. Expressis verbis geben die Quellen hierauf keinen Hinweis. Aber vergegenwärtigen wir uns noch einmal die Anhaltspunkte, die zur Verfügung stehen: Breisach wird im Kontext von allen drei großen Aufständen der Ottonenzeit genannt. Einmal wird es vom König belagert, weil es Aufständische in der Hand haben; einmal hält sich Erzbischof Friedrich von Mainz unbehelligt über längere Zeit während eines Aufstandes hier auf; und einmal plant ein Aufständischer oder besser ein ›Usurpator‹ ein Treffen mit dem französischen König in Breisach. Es wird auch gesagt, was er mit diesem Treffen bezweckte: Er wollte sich mit König Lothar als *socius* und *amicus* verbinden. Das sind aber wiederum genau die Termini, die auf eine genossenschaftliche Bindung weisen in der Art jener, von der im Saalfelder Zusammenhang die Rede war.

Man wird sich also ernsthaft überlegen müssen, ob man all diese Anhaltspunkte in den kargen und spröden Quellenaussagen der Ottonenzeit für zufällig halten, oder ob man

---

51 Vgl. etwa Hans-Friedrich Schütt, Die dänischen St. Knutsgilden (Gilden und Zünfte, wie Anm. 48, S. 231-280) S. 265 ff.
52 Oexle, Gilden als soziale Gruppen (wie Anm. 48) S. 309 ff.

nicht auch Breisach in ähnlicher Weise als einen Treffpunkt für genossenschaftlich orientierte Verbindungen ansehen will wie das thüringische Saalfeld.

Gerade die Tatsache, daß Heinrich der Zänker nach seiner Gefangenschaft und aus der Ferne Breisach als Ort für den Abschluß eines Freundschaftsbündnisses mit dem französischen König bestimmen konnte, scheint ja ein starkes Indiz dafür zu sein, daß dem Ort eine bestimmte Tradition dieser Art anhaftete. Und keinen Zweifel gibt es darüber, daß die Traditionen aus der Zeit der ersten Aufstände in den 80er Jahren des 10. Jahrhunderts noch gegenwärtig waren. Schließlich war Heinrich der Zänker der Sohn des Heinrich, der den ersten Aufstand gegen Otto den Großen begonnen hatte. Sein enger Helfer, der Billunger Egbert ›der Einäugige‹, aber hatte bereits in den 50er Jahren am Aufstand Herzog Liudolfs von Schwaben teilgenommen. Belege für solche Kontinuitäten ließen sich noch vermehren[53]. Damit läßt sich zumindest mit Sicherheit sagen, daß Funktion und Rolle Breisachs in den frühen Aufstandsphasen den Personen um Heinrich den Zänker bekannt gewesen sein müssen: Die Entscheidung für Breisach als Treffpunkt bekommt dadurch programmatischen Charakter.

Wie aber ist bei einer solchen Sicht die Tatsache der königlich-herzoglichen Münzstätte in Breisach einzuschätzen, die zumindest für längere Zeit, für die Zeit zwischen 939 und 973, als funktionsfähig anzunehmen ist? Wir haben schon darauf hingewiesen, daß es durchaus eine Diskrepanz zwischen Anspruch und Wirklichkeit gegeben haben kann. Da sich die Geschichte Breisachs also in dem Spannungsfeld vollzogen haben könnte zwischen den Versuchen von Herzog und König einerseits, hier die herzogliche Gewalt auf Dauer zu etablieren und präsent zu halten, und den Bündnissen bestimmter Adelsgruppen andererseits, die Breisach als ihren traditionellen Versammlungsort reklamierten. Beides muß übrigens nicht einmal grundsätzlich unverträglich gewesen sein, denn die genossenschaftlichen Bindungen im Adel zielten ja nicht von vorneherein gegen jemand bestimmten, wie es uns die offiziösen Quellen suggerieren, wenn sie im Zusammenhang der Aufstände über sie urteilen.

Daß sich gerade in dieser Zeit verschiedene Interessen am gleichen Ort begegnen und auch miteinander kollidieren konnten, wissen wir denn auch durch mehrere Beispiele. Ein solches ist die Burg Stammheim am südlichen Bodenseeufer im Kanton Zürich. Hier befand sich ein königlicher fiscus, ein Verwaltungsmittelpunkt von Königsgut, und diesen fiscus hatte bereits Karl III. teilweise, König Konrad I. dann ganz an St.Gallen geschenkt[54]. Die mächtigen schwäbischen Adligen Erchanger und Berthold, die sogenannten Kammerboten, aber hatten über Stammheim eine Burg errichtet, die sie als ihr Eigen reklamierten. Der König griff nicht grundsätzlich gegen diesen Burgenbau ein, sondern beschrieb das Problem so: ›Castellum‹, inquit, ›sine oppidanorum dampno habere nequibitis; quibus si iniuriosi quidem fueritis, mei gratia carebitis‹[55]. Erst, nachdem die unterstellte Rechtsverletzung geschehen war, überließ er die Burg den St. Gallern zur Zerstörung.

Im gleichen Zeitraum befestigten Erchanger und Berthold auch den Hohentwiel. Auch dieser uneinnehmbare Berg aber lag im unmittelbaren Einzugsbereich der Pfalz Bodman, einem königlichen Vorort also, der zu dieser Zeit von König Konrad I. gleichfalls

---

53 Vgl. ALTHOFF (wie Anm. 10) S. 131.

54 Vgl. Karl SCHMID, Brüderschaften mit den Mönchen aus der Sicht des Kaiserbesuchs im Galluskloster vom Jahre 883 (Churrätisches und st. gallisches Mittelalter. Festschrift für Otto P. Clavadetscher, hg. von Helmut MAURER, Sigmaringen 1984, S. 173-194) S. 179 ff.; MAURER (wie Anm. 7) S. 42 f.; s. auch den Beitrag von Alfons ZETTLER, in diesem Bd. S. 234.

55 Vgl. Ekkehardi IV. casus sancti Galli, hg. von Hans F. HAEFELE (Ausgewählte Quellen zur deutschen Geschichte des Mittelalters, Freiherr vom Stein-Gedächtnisausgabe 10, Darmstadt 1980) cap. 16.

zumindest teilweise an Bischof Salomo von Konstanz gegeben worden war. Schon kurze Zeit nach dieser Befestigung aber mußte Konrad seine Gegner auf diesem Hohentwiel belagern – erfolglos übrigens[56]. Hier kann nicht weiter auf die komplizierte Geschichte Bodmans und des Hohentwiel eingegangen werden, wichtig scheint jedoch zu sein, daß auch hier adlige Herren Berge im unmittelbaren Vorfeld königlicher oder bischöflicher Plätze besitzen und befestigen konnten. Auch an diesen Orten liegt also ein Spannungsfeld verschiedener Interessen und Kräfte vor. Schließlich ist auch darauf hinzuweisen, daß das eben behandelte Saalfeld in der Forschung als Königspfalz geführt wird. Otto der Große ist hier im Jahr 942, Otto II. im Jahre 979, bezeugt, und Heinrich II. verschenkte den Ort an eine rheinische Adelssippe, die Ezzonen[57]. Zusammengefaßt heißt dies aber: Die Existenz einer königlich-herzoglichen Münzstätte in Breisach schließt keinesfalls aus, daß früher, gleichzeitig oder später, auch andere Kräfte diesen Ort aufsuchen und für ihre Zwecke nutzen konnten.

Fragen wir weiter, ob die Annahme einer solchen Funktion Breisachs in irgendeiner Weise kollidiert mit dem, was wir über die herrschaftliche Struktur und Organisation der Gegend um Breisach oder des Breisgaus im 10. Jahrhundert wissen. Nun wissen wir darüber sehr wenig. Der für unseren Zusammenhang wichtigste Vorgang ist wohl der Sturz des Grafen Gunthram durch Otto den Großen im Jahre 952[58]. Als Grund für diesen Sturz wird in den Quellen Untreue angegeben, ohne daß wir etwas über die näheren Umstände in Erfahrung bringen könnten. Aus dem konfiszierten Besitz dieses Gunthram, der von Otto an verschiedene geistliche Institutionen, vor allem an Einsiedeln, gegeben wurde, wird aber ersichtlich, daß Gunthram ein mächtiger Mann im Breisgau gewesen sein muß. Durch den Prozeß ist also eine wichtige adlige Herrschaftsbildung dieses Raumes gestoppt und zerstört worden. Und es ist wohl kein Zufall, daß eine vergleichbare im Breisgau erst mit der zähringischen des 11. und 12. Jahrhunderts faßbar wird[59]. Inwieweit die geistlichen Institutionen, die im Breisgau über Fernbesitz verfügten – neben Einsiedeln, Konstanz, Straßburg und Chur vor allem St. Gallen –, in der Lage waren, diesen Raum herrschaftlich zu durchdringen, ist im Einzelnen wohl nicht zu beurteilen, man wird jedoch auch nicht zuviel voraussetzen dürfen. Dies gilt noch mehr für die geistlichen Institutionen dieses Raumes selbst, wie etwa für St. Trudpert oder das herzogliche Frauenkloster Waldkirch. Auch wenn man mit solchen Überlegungen nichts beweisen kann, ist zumindest zu sagen, daß die Situation im Breisgau für genossenschaftliche Treffen nicht ungünstig war, denn eine straffe herrschaftliche Organisation des Raumes ist nicht zu erkennen. Die Randlage des Breisgaus, vom Elsaß

---

56 Vgl MAURER (wie Anm. 7) S. 41 ff.; Arno BORST, Die Pfalz Bodman (Bodman. Dorf – Kaiserpfalz – Adel, hg. von Herbert BERNER, Sigmaringen 1977, S. 169-230) S. 212 ff.; Helmut G. WALTHER, Der Fiskus Bodman (ebd. S. 231-276) S. 256 ff.

57 Vgl. Handbuch der Historischen Stätten (wie Anm. 37) S. 370.

58 Vgl. dazu zuletzt ZOTZ (wie Anm. 7) S. 26 ff. Angesichts der Tatsache, daß im Jahre 939 vor Breisach ein namentlich unbekannter Graf, der als *praedives* charakterisiert wird (vgl. Liudprand, Antapodosis, wie Anm. 15, IV, 28), Otto den Großen in seiner Notlage zu erpressen versuchte, sei darauf hingewiesen, daß in den Acta Murensia (Die ältesten Urkunden von Allerheiligen in Schaffhausen, Rheinau und Muri, hg. von Franz L. BAUMANN, Gerold MEYER VON KNONAU und Martin KIEM, Quellen zur Schweizer Geschichte 3, Basel 1883, S. 17) ein Kanzelin (=Gunzelin) erwähnt wird, den man *filium Guntramni divitis* nennt. Damit spricht aber einiges dafür, daß der nicht namentlich genannte comes von 939 vor Breisach, der 952 von Otto dem Großen abgesetzte Guntram und der Vorfahre der Habsburger identisch sind.

59 KELLER (wie Anmn. 28) S. 118 ff.; MAURER (wie Anm. 7) S. 219 ff.; Gerd ALTHOFF, Die Zähringer im Urteil Ottos von Freising (Die Zähringer, hg. von Hans SCHADECK und Karl SCHMID, Sigmaringen 1986, S. 43-58).

durch den Rhein und von Inneralemannien durch den Schwarzwald getrennt, ist denn auch immer wieder betont worden[60].

Mit diesen Überlegungen ist eine von der bisherigen Forschung abweichende Darstellung und Bewertung der sogenannten ›Aufstände‹ der Ottonenzeit erarbeitet. Während man bisher weitgehend dem Urteil der offiziösen Quellen des 10. Jahrhunderts gefolgt war, und die Rebellen gegen Gott und den König eindeutig ins Unrecht gesetzt hatte, wurde hier zu zeigen versucht, daß trotz der Verteufelung der Motive durch die Geschichtsschreiber an mehreren Stellen erkennbar wird, welches Bewußtsein die vorgeblichen Rebellen von ihrem Tun hatten, und welche Wege sie beschritten, um ihre Ziele zu erreichen. Deutlich trat die genossenschaftliche Bindung der Personengruppen aus dem höchsten Adel in Erscheinung, die eine Schutz- und Hilfeverpflichtung beinhaltete. Diese nahmen bestimmte Personen dann in Anspruch, wenn sie in ihren Rechten und ihrer Ehre verletzt waren oder dies zumindest glaubten. Ihre Freunde und Genossen waren in solchen Fällen bereit, zur Wiederherstellung ihrer Ehre die Waffen notfalls auch gegen den König zu erheben. Im Zusammenhang diesbezüglicher Beratungen und Aktionen aber taucht in den Quellen neben dem thüringischen Saalfeld mehrfach auch Breisach auf, das *castellum munitissimum*, über dessen Geschichte wir sonst bis ins 12. Jahrhundert nur ganz wenig wissen. Trotz fehlender ausdrücklicher Quellenaussagen wird man daher auch für Breisach annehmen dürfen, daß es im Kontext der Bindungen hochadliger Personengruppen eine bestimmte Funktion gehabt hat, die sich nicht auf die Rolle als Vorort des alemannischen Herzogtums bezog.

Fast noch wichtiger für die Geschichte des 10. Jahrhunderts aber scheint zu sein, daß sich mit Hilfe der Beobachtungen zu Saalfeld und Breisach zeigen läßt, wie wirksam und wie dauerhaft horizontale Bindungen in der Adelsgesellschaft waren. Genossenschaftliche und freundschaftliche Bindungen, zu denen sich geistliche und weltliche Große zusammenfanden, besaßen einen erheblichen Stellenwert in der politischen Auseinandersetzung einer Zeit, in der den Bindungen an den König – was leicht vergessen wird – nicht von vorneherein ein absoluter Vorrang zugebilligt wurde. Und der Erfolg der sogenannten Aufstände gegen Otto den Großen, die diesen Herrscher mehrfach an den Rand der Niederlage brachten, verdeutlicht schlagend, wieviele Große des 10. Jahrhunderts sich für ihre Genossen und Freunde und gegen den König entschieden, wenn es zu Konfliktsituationen kam, in denen beide Seiten Argumente für ihre Rechtspositionen hatten.

Ob der eingangs zitierte Straßburger Geschichtsschreiber Ellinhard allerdings diese Dinge im Auge hatte, als er über die Bedeutung Breisachs in der Geschichte der Könige orakelte, weiß man nicht. Ganz ausschließen sollte man allerdings den Gedanken wohl auch nicht, daß in seiner Äußerung noch eine Erinnerung an die besondere frühmittelalterliche Bedeutung Breisachs anklingen könnte.

Korrekturnachtrag: Das Manuskript wurde im Herbst 1985 abgeschlossen. Auf die Einarbeitung der seither zu verschiedenen Fragen erschienenen Literatur mußte aus praktischen Gründen verzichtet werden.

60 Vgl. etwa die Arbeiten Heinrich BÜTTNERS (wie Anm. 20); zuletzt ZOTZ (wie Anm. 7) passim, bes. S. 208 ff.; MAURER (wie Anm. 7) S. 193 f., 198 f.

Register

Personenregister

Ortsregister